Herausgeberin: Dr. Imke Barbara Peters

Dr. Imke Barbara Peters, Edith Kerkhoff, Sabine Kuska-Pickert, Claudia Lenders,
Apl. Prof. Dr. Britta Wulfhorst

Kosmetik

Das Buch zum Beruf

5. Auflage

Bestellnummer 7435

Bildungsverlag EINS

Haben Sie Anregungen oder Kritikpunkte zu diesem Produkt?
Dann senden Sie eine E-Mail an 7435_005@bv-1.de
Autoren und Verlag freuen sich auf Ihre Rückmeldung.

www.bildungsverlag1.de

Bildungsverlag EINS GmbH
Hansestraße 115, 51149 Köln

ISBN 978-3-8237-**7435**-8

Inhaltsverzeichnis

Die Autoren dieses Buches waren bemüht, die Informationen sachlich richtig, logisch aufeinanderfolgend und verständlich darzulegen. Kann dieses Buch verbessert werden? Für Anregungen und Verbesserungsvorschläge, die an den Bildungsverlag EINS, Hansestraße 115, 51149 Köln gerichtet werden können, sind die Autoren sehr dankbar!

Die Autorinnen dieses Fachbuches für die Kosmetikausbildung haben jahrzehntelange Erfahrungen als Kosmetikerinnen, als Lehrerinnen an Berufsschulen und staatlichen oder privaten Berufsfachschulen im Bereich Körperpflege/Kosmetik, als Journalistinnen für kosmetische Fachzeitschriften, als Organisatorin, Referentin oder Moderatorin auf Kosmetikfachmessen oder an Universitäten in der Lehrerausbildung in den Bereichen Biotechnik/Kosmetologie und Dermatologie/Körperpflege.

Einführung in den Umgang mit diesem Buch

Dieses Buch „Kosmetik – Das Buch zum Beruf" weist einen hohen Praxisbezug und eine verständliche Sprache auf. Durchgehend farbige Abbildungen erläutern die Textinformationen.

Das Buch ist in drei Bereiche gegliedert, die nach den Ampel-Farben geordnet sind: **rot** = Fachwissen/Grundlagen der Kosmetik, gelb = Fachlexikon/Stichwortverzeichnis sowie **grün** = Aufgaben und Fragen zur Kontrolle des Lernerfolgs.

Teil 1: Fachwissen/Grundlagen der Kosmetik

Der erste Teil informiert über die zentralen Grundlagen der Kosmetik und die erforderlichen Fachkenntnisse. Er ist in neun Themenkapitel unterteilt (siehe rechte rote Griffleiste).

Die wichtigsten Fachbegriffe sowie Fremdwörter sind in **Fettschrift** gedruckt. Weitere Informationen zum Verständnis des Gesamtzusammenhangs und zusätzliche, aufklärende Querverweise können Sie im zweiten Teil des Buches, dem Fachlexikon/Stichwortverzeichnis nachschlagen.

Ausgewählte Internetadressen zu den Themen finden Sie jeweils am Ende der Kapitel in hellblau unterlegten Kästen.

Teil 2: Fachlexikon/Stichwortverzeichnis

Der zweite Teil beinhaltet ein Fachlexikon und ein Stichwortverzeichnis. Er ist in alphabetischer Reihenfolge gegliedert. Die Ihnen damit zur Verfügung stehende schnelle und fundierte Übersicht können Sie mehrfach nutzen.

Erstens: Sie können Fachinformationen und Fachwörter in verschiedenen Zusammenhängen verstehen und richtig anwenden. Zum schnellen Nachschlagen ist das Fachlexikon sehr hilfreich.

Zweitens: Sie können sich über Grundbegriffe, z. B. aus der Chemie, informieren.

Drittens: Auch nach Ihrer Ausbildung bietet dieses Buch durch das Fachlexikon und das Stichwortverzeichnis bei der täglichen Arbeit im Kosmetikinstitut als Nachschlagewerk eine gute Hilfe. Es ist also eine langfristige Investition.

Teil 3: Aufgaben und Fragen zur Kontrolle des Lernerfolgs

Der dritte Teil dient der Kontrolle des Lernerfolgs. Die inhaltliche Reihenfolge der Aufgaben und Fragen entspricht der Informationsabfolge im ersten Teil dieses Buches. Bei richtiger Beantwortung haben Sie schon viel geleistet, d. h. „grünes Licht" für Ihre berufliche Tätigkeit!

Die Lösungen zu den Aufgaben finden Sie in „Kosmetik. Das Buch zum Beruf – Lösungen." (Bildungsverlag EINS, Bestellnummer 07436).

1 Entwicklung und Aufgaben der Kosmetik

1 Ausbildung und Arbeitsbereiche in der Kosmetik

Motive für die Entscheidung, den Beruf der Kosmetikerin zu erlernen und auszuüben, sind meistens der Umgang mit Menschen mit dem Ziel der Pflege und des Wohlbefindens und das hygienische Arbeitsumfeld. Auch der hohe Anteil fachpraktischer Arbeiten und die erforderliche Kreativität spielen eine Rolle. Der Beruf hat eine recht hohe medizinische Bedeutung bei Hautproblemen und in Bezug auf die Gesunderhaltung. Die berufliche Tätigkeit einer Kosmetikerin ist abwechslungsreich mit immer wieder neuen Modeerscheinungen und Trends.

1.1 Wie man Kosmetiker/-in wird

Kosmetische Behandlungen beruhen auf Anamnese- und Diagnoseergebnissen. Diese Maßnahmen setzen berufsbezogene fachtheoretische Kenntnisse in den Bereichen **Anatomie/Physiologie**, **Dermatologie**, Chemie/Rohstoffkunde, Warenkunde und Physik/Apparatekunde voraus. Weiterhin sind fachpraktische Fertigkeiten, z. B. pflegende und dekorative Techniken, kosmetische Massagen, Maniküre und Pediküre, sowie im Bereich der apparativen Kosmetik erforderlich. Zum berufsfeldübergreifenden Lernbereich zählen allgemeinbildende Unterrichtsfächer wie Deutsch, Betriebswirtschaft, Rechnungswesen, Politik, Religion und eine Fremdsprache.

Die Ausbildungsdauer, die Ausbildungsangebote und -einrichtungen und der Abschluss der Ausbildung zur Kosmetikerin sind unterschiedlich. Seit August 2003 kann die Berufsausbildung zum Kosmetiker oder zur Kosmetikerin im dualen System absolviert werden. Das bedeutet: Ein Teil der Ausbildung wird in einem Kosmetikinstitut und ein Teil in der Berufsschule durchgeführt. Die Ausbildungsdauer beträgt drei Jahre. Dieses Bildungsangebot ist bundeseinheitlich geregelt. Man unterschreibt einen Ausbildungsvertrag, in dem alle Rechte und Pflichten der Auszubildenden und der Ausbilderin geregelt sind.

Der Ausbilder verpflichtet sich,

- dafür zu sorgen, dass dem/der Auszubildenden die Fertigkeiten und Kenntnisse vermittelt werden, die zum Erreichen des Ausbildungsziels erforderlich sind,
- dem/der Auszubildenden kostenlos die Arbeitsmittel, insbesondere Werkzeuge und Werkstoffe zur Verfügung zu stellen,
- dem/der Auszubildenden die Berichtshefte zur Dokumentation kostenfrei auszuhändigen und die Führung zu überwachen,
- dafür zu sorgen, dass der/die Auszubildende charakterlich gefördert sowie sittlich und körperlich nicht gefährdet wird.

Die Pflichten des Ausbilders sind durch den Ausbildungsvertrag festgelegt.

Der/die Auszubildende hat sich zu bemühen, die Fertigkeiten und Kenntnisse zu erwerben, die erforderlich sind, um das Ausbildungsziel zu erreichen. Er/sie verpflichtet sich,

- die ihm/ihr im Rahmen seiner/ihrer Berufsausbildung übertragenen Aufgaben sorgfältig auszuführen,
- am Berufsschulunterricht und an den Prüfungen teilzunehmen,
- die für die Ausbildungsstätte geltende Ordnung zu beachten,
- Werkzeuge, Maschinen und sonstige Einrichtungen pfleglich zu behandeln,
- über Betriebsgeheimnisse Stillschweigen zu wahren,
- ein Berichtsheft ordnungsgemäß zu führen.

Die Pflichten des/der Auszubildenden sind durch den Ausbildungsvertrag festgelegt.

Lernfelder Nr.		Zeitrichtwerte (Anzahl der Unterrichtsstunden) 1. Jahr	2. Jahr	3. Jahr
1	Analysieren betrieblicher Arbeitsabläufe	80		
2	Beurteilen der Haut	80		
3	Reinigen der Haut	80		
4	Pflegen und Gestalten der Hände und der Nägel	40		
5	Waren bewirtschaften		40	
6	Anwenden von kosmetischen Massagen		80	
7	Schützen und Pflegen der Haut		80	
8	Pflegen und Gestalten der Füße und der Nägel		80	
9	Präsentieren und Verkaufen von Waren und Dienstleistungen			40
10	Unterstützen kosmetischer Behandlungen durch gesundheitsfördernde Maßnahmen			80
11	Unterscheiden kosmetischer Spezialbehandlungen			80
12	Gestalten mit dekorativer Kosmetik			80
Summe (insgesamt 840 Stunden)		**280**	**280**	**280**

Übersicht über die Lernfelder (Inhalte und Zeitrichtwerte), die nach dem Rahmenlehrplan vom 14.12.2001 im Ausbildungsberuf Kosmetiker/-in in der Berufsschule berufsbezogen unterrichtet werden.

1

In den meisten Fällen wird allerdings die „klassische" ein- bis zweijährige Ausbildung zur Kosmetikerin an einer Berufsfachschule für Kosmetik gewählt. Sie führt zur geschützten Berufsbezeichnung „staatlich geprüfte Kosmetikerin" oder „staatlich anerkannte Kosmetikerin". Neben den staatlichen Schulen bieten auch Schulen in privater Trägerschaft (Privatschulen) diese Ausbildungsform an. Sie richtet sich z. B. an Frauen, für die nach der Familienphase eine Berufsausbildung im dualen System nicht mehr in Betracht kommt.

Lernfelder	Zeitrichtwert der Unterrichtsstunden
Kosmetische Diagnosen erstellen	340
Haut und Anhangsgebilde reinigen und vorbereiten	180
Haut und Anhangsgebilde pflegen	200
Spezialbehandlungen durchführen	120
Dekorative Maßnahmen anwenden	120
Kosmetische Massagen durchführen	280
Betriebswirtschaftlich handeln	160
Kunden betreuen und Verkaufsgespräche führen	160
Gesundheitsorientiert beraten und unterstützen	120
	1.680

Lernfelder aus den Rahmenrichtlinien für den fachrichtungsbezogenen Lernbereich in der Berufsfachschule Kosmetik (Beispiel Niedersachsen, Stand: Juni 2007)

Weitere Infos unter:
www.bbs.nibis.de
www.bibb.de/redaktion/aweb/2003/kosmet.htm
www.kmk.org/beruf/home.htm

1.2 Tätigkeitsfelder in der Kosmetik

Der Beruf der Kosmetikerin zählt zu den personenorientierten Dienstleistungsberufen. Er umfasst im Wesentlichen gesunderhaltende, pflegende und dekorative Tätigkeiten.

In Deutschland existieren etwa 25.000 Kosmetikbetriebe. Meistens arbeiten die selbstständigen Kosmetikerinnen in diesen Instituten allein. Teilweise beschäftigen sie Praktikantinnen oder ausgebildete Kosmetikerinnen im Angestelltenverhältnis. Neben der Unternehmertätigkeit sind z. B. Sanatorien, Seniorenresidenzen, Schönheitsfarmen, Arztpraxen, Hautkliniken sowie Drogerien, Parfümerien und Kosmetikabteilungen in Warenhäusern weitere Tätigkeitsfelder von Kosmetikerinnen. Saisonal kann z. B. auch in Hotels oder auf Kreuzfahrtschiffen gearbeitet werden.

Eine klare Trennung der Tätigkeitsfelder im hautkosmetischen Bereich zwischen **Friseur**en und **Kosmetiker**n ist nur schwierig möglich. Allerdings sind die Behandlungsmaßnahmen für Kosmetikerinnen, bedingt durch die Konzentration auf die Haut, durch vielfältige Spezialisierungen und durch die notwendigen Ausstattungen sehr viel umfangreicher. Andererseits können derartige Maßnahmen, sofern die Einrichtungen z. B. in einem, an einen Friseurbetrieb angegliederten Kosmetikinstitut vorhanden sind, von derart qualifizierten Friseurinnen adäquat angeboten und durchgeführt werden.

Mit zusätzlichen Kenntnissen im Bereich Journalismus und Marketing kann die Kosmetikerin haupt- oder nebenberuflich als Fachjournalistin tätig sein. Sie kann in Redaktionen von Kosmetikfachzeitschriften, von Frauenzeitschriften oder in Werbe- und Presseabteilungen mitarbeiten. Für eine haupt- oder

Selbstständige Kosmetikerin	Kosmetikinstitut, Kureinrichtung, Sanatorium
Selbstständige Fußpflegerin	Fußpflege-Institut
Mitarbeiterin oder Abteilungsleiterin	Kosmetikinstitut, Kosmetik-Fachgeschäft, Schönheitsfarm, Kosmetikabteilungen in Friseurbetrieben, Apotheken, Drogerien, Reformhäusern, Parfümerien, Warenhäusern
Mitarbeiterin	Kureinrichtung, Sanatorium, Seniorenresidenz, Hautklinik, Arztpraxen (Dermatologie, Kosmetische Chirurgie)
Verkaufsassistentin, Verkaufsberaterin, Reisekosmetikerin, Gebietsrepräsentantin, Chefkosmetikerin, Laborassistentin	Kosmetische Industrie, Hersteller kosmetischer Präparate
Fachjournalistin	Kosmetikfachzeitschriften, Frauenzeitschriften
Fachpraxislehrerin	Berufsfachschulen, Berufsschulen, Volkshochschulen, Einrichtungen der Erwachsenenbildung

Die Kosmetikerin kann in zahlreichen Bereichen tätig sein. Dazu sind zum Teil Zusatzausbildungen notwendig.

Maskenbildnerinnen arbeiten z. B. am Theater oder beim Fernsehen. Häufig haben sie eine Friseurausbildung absolviert oder den Beruf der Kosmetikerin erlernt und sich dann fortgebildet.

Das Ergebnis einer Maskenbildnerin-Arbeit. Kontrastreiche und fantasievolle Farbakzente erzielen verblüffende Effekte.

nebenberufliche Tätigkeit als Fachlehrerin muss die Kosmetikerin über hervorragende Fachkenntnisse verfügen und in der Lage sein, diese Informationen nach pädagogischen Grundsätzen zu vermitteln.

Viele Spezialisierungen im Bereich der Kosmetik sind durch Fortbildungen möglich. Für eine **Maskenbildnerin** bieten sich z. B. Tätigkeitsfelder beim Theater oder bei Fernsehanstalten. Die Kosmetikerin kann kosmetische Maßnahmen an den Füßen und Beinen durchführen. Medizinische Fußbehandlungen können auf Basis einer zweijährigen Zusatzausbildung zur **Podologin** (mit staatlicher Prüfung) angeboten werden.

Kooperationen mit dermatologischen Arztpraxen, Hautkliniken oder im Bereich der kosmetischen Chirurgie bieten verantwortungsreiche Arbeitsfelder für eine Kosmetikerin. Hier kann die Kosmetikerin die fachärztliche Behandlung durch eine kosmetische Begleitbehandlung unterstützen und ergänzen. Die Zusammenarbeit zwischen Kosmetikerin und Hautarzt gewinnt zunehmend an Bedeutung. Allerdings haben Hautärzte häufig erhebliche Vorbehalte gegenüber Kosmetikerinnen, vor allem die der älteren Generation. Es ist aber auch richtig, dass viele Kosmetikerinnen diese Tatsache als eine Entschuldigung dafür verwenden, nicht initiativ werden zu müssen. Ein häufiges Argument von Kosmetikerinnen ist auch: „Wenn ich meiner Kundin einen Dermatologen empfehle, bleibt sie vielleicht dort, weil die Krankenkasse ihre Behandlung bezahlt". Dies ist nicht im Sinne der Kundinnen. Der Dermatologe kann im Einzelfall spezielle Therapien verordnen und Medikamente verschreiben. Die neben der Medikation notwendige Hautreinigung und Hautpflege könnte der Dermatologe theoretisch ebenfalls vornehmen, aber daran hat er bei einem Kostensatz von etwa fünf Euro, die er dafür abrechnen könnte, kaum Interesse. Hier besteht die Möglichkeit einer Annäherung durch die Kosmetikerin. Ergänzende Maßnahmen im kosmetischen Bereich sind z. B. die Hautreinigung und -pflege bei **Akne**, die **Lymphdrainage** als Narbennachbehandlung, die **Camouflage** bei störenden Hautpigmentierungen und Narben und die **Epilation** bei Überbehaarung.

2 Geschichte der Kosmetik

Zunächst vermutet man gravierende Unterschiede zwischen der „anspruchsvollen" Kosmetik unserer modernen Welt und der Kosmetik längst vergangener Zeiten. Bei näherer Betrachtung stellt sich aber heraus, dass Anspruch und Nutzen heutiger Kosmetik und Körperpflege gar nicht so anders sind als zu früheren Zeiten. Aus der Geschichte der Kosmetik können grundsätzliche Kenntnisse über die Motive der Menschen aller Zeiten abgeleitet werden, ihren Körper zu pflegen und zu gestalten. Ein Ausflug in die Vergangenheit kann deshalb unseren Blick für die Wünsche und Erwartungen unserer Klienten von heute und morgen schärfen.

Die Kosmetik ist keinesfalls eine moderne Erfindung unserer Zeit. Sie hat sich bereits vor mehr als 6 000 Jahren mit den Anfängen aller menschlichen Kulturen entwickelt. Lange Zeit ist die Kosmetik ein fester Bestandteil der Medizin gewesen. Seit Beginn aber ist der Zweck der Kosmetik im Wesentlichen immer gleich geblieben. Gegenstand der **Kosmetik** war und ist jede Tätigkeit, die der Pflege und Verschönerung der Haut und aller anderen Körperteile dient.

Die Gründe der Menschen aller Zeiten für die Pflege und Gestaltung ihres Körpers waren und sind vor allem die Pflege zur Erhaltung der Gesundheit, die Hygiene und Sauberkeit zur Verhütung von Krankheiten und die Erhaltung und Wiederherstellung der Schönheit des menschlichen Körpers. Kosmetik war und ist aber immer auch Ausdruck für die Lebensfreude, die Steigerung des eigenen Wohlbefindens, den Luxus durch das „sich Verwöhnen lassen", das Erlangen von Anerkennung oder Macht durch ein gepflegtes Äußeres, die menschliche Sehnsucht nach körperlicher und seelischer Vollkommenheit.

1

Altertum
(etwa 3000 vor Christi bis 500 nach Christi)

3000 1500

Altes Ägypten (3000 bis 300 vor Chr.)

Etwa vor 5000 Jahren wurde dieser Schminkbehälter aus Speckstein hergestellt. Er hat die Form eines Fisches. Der Deckel kann abgenommen werden.

Rasiermesser wie diese aus dem 16. Jahrhundert bestanden aus Gold, Bronze oder Kupfer. Sie zählten zu den alltäglichen Gebrauchsgegenständen der Ägypter. Deshalb wurden sie auch den Toten für das Leben im Jenseits mit in das Grab gegeben.

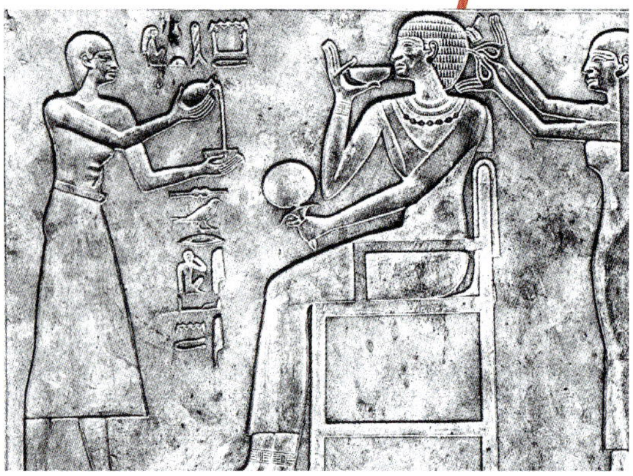

Dieses Relief auf einem Sarg von 2040 vor Christus zeigt ägyptische Sklavinnen, die ihre Königin pflegen und ihr die Haare kämmen. Die Königin hält einen Spiegel aus Bronze in der Hand. Ätherische Öle wurden im Altertum geschätzt.

2.1 Kosmetik im Altertum

Die Kosmetik im Altertum (**Antike**) betrifft die Zeit 3000 vor bis 500 nach Christi Geburt. Das alte Ägypten (3000 bis 300 vor Chr.) gilt als die eigentliche Wiege der Kosmetik. Insbesondere die wohlhabenden Menschen dieser hoch entwickelten Kultur legten größten Wert auf die Pflege und die Gestaltung des Körpers. Kosmetik war Ausdruck für die feine Lebensart.

Gegen die brennende Sonne schützten sich die Ägypter durch leichte Kleidung und kunstvoll verzierte Kopftücher. Zum weiteren Schutz gegen Austrocknung der Haut benutzten die Menschen Salben aus Ölen und Wachsen. Verschiedene Zusätze wie Bienenhonig und Duftstoffe wurden in die Salböle eingearbeitet. Diese verfeinerten Salben wurden von Frauen und Männern gleichermaßen benutzt. Für die Pflege kannten die Ägypter auch Packungen und Masken. Dazu wurde z. B. Heilerde mit Birkenkraut, Maulbeersaft oder Wein angerührt. Andere Masken bestanden aus Kieselerde, Eigelb, Honig und Milch.

Die Durchführung der Körperpflege war damals vor allem eine Aufgabe von Sklavinnen. Diese badeten, massierten, salbten und schminkten die reichen Ägypterinnen.

Die Dinge, die den Ägyptern zu Lebzeiten zur Verfügung standen, wurden auch den Toten für das Leben im Jenseits mit in das Grab gegeben. Heute noch erhaltene Grabbeigaben sind z. B. steinerne Waschgefäße, Spiegel aus Bronzeflächen und Kämme aus Elfenbein, Rasiermesser und Salbölgefäße aus Ton oder Bronze. Auch für die farbige Verschönerung der Toten ist gesorgt worden. Bei Ausgrabungen hat man Schminktöpfchen und -paletten aus Kalkstein oder Schiefer und Reibsteine für Schminke gefunden.

Nofretete, die angeblich sehr schöne Frau des ägyptischen Königs Echnaton, hat etwa um 1370 vor Christi gelebt. Ihr Name „Nofretete“ bedeutet übersetzt „Die Schöne kommt“. Die bis heute erhaltene, bemalte Kalksteinbüste der Nofretete verdeutlicht, welche Mittel damals von den Menschen verwendet worden sind, um Schönheit zu erlangen oder zu unterstrei-

Altertum
(etwa 3000 vor Christi bis 500 nach Christi)

1500 — 500

Griechen (1500 vor bis 150 nach Chr.)

Die ägyptische Königin Nofretete lebte 1370 vor Christi. Ihr Name bedeutet „die Schöne kommt“. Die bis heute erhaltene Büste verrät viel über die dekorative Kosmetik der Ägypter. Die Augenbrauen, Wimpern und Augenlider wurden mit schwarzer Bleiglanzschminke nachgezogen. Lippen und Wangenpartie wurden mit zinnoberroten Pasten geschminkt.

Für die Aufbewahrung von Salbölen wurden verschiedene Gefäße und auch Figuren in Frauengestalt von den Ägyptern genutzt. Dieses Gefäß aus Bronze wurde vor etwa 2500 Jahren hergestellt.

Färberei. Henna-Rot ist auch heute im Orient ein oft verwendetes Färbemittel.

Der auf der Rückseite mit einer Gravur verzierte Spiegel besteht aus einer Bronzefläche. Er wurde im vierten Jahrhundert vor Christi hergestellt.

chen. Je nach Mode ist die Gesichtshaut goldglänzend oder mit Bleiweiß gefärbt worden. Grundsätzlich galt eine helle Haut als vornehm und war Ausdruck für Reichtum. Die Augenbrauen, Wimpern und Augenlider sind mit schwarzer Bleiglanzschminke nachgezogen worden. Dies hat die Augen noch größer erscheinen lassen. Lippen und Wangenpartie sind mit verschiedenen Rottönen geschminkt worden. Hierzu haben die Ägypter fetthaltige zinnoberrote Pasten benutzt. Diese Pasten sind häufig in hohlen, weichen Pflanzenstängeln aufbewahrt worden. Dadurch ist es möglich gewesen, sie wie aus einer Tube herauszudrücken.

Die Haare haben sich die Ägypter mit Pflanzenfarben gefärbt. Mit Indigo haben sie eine Schwarzfärbung der Kopfhaare und Augenbrauen erreicht. Das rot färbende Henna haben sie nicht nur für die Kopfhaare, sondern auch für das Färben der Finger- und Zehennägel benutzt.

Auch die Schönheit der ägyptischen Pharaonin **Kleopatra** soll bis über die Grenzen Ägyptens hinaus bekannt gewesen sein. Kleopatra lebte etwa tausend Jahre nach Nofretete 68 bis 30 vor Christi. Sie soll ihre Schönheit auch dazu genutzt haben, um Macht und Erfolg zu erreichen.

Das jüdische Nachbarvolk der Ägypter hatte ebenfalls ein hohes kosmetisches Wissen. Im Alten Testament ist im Buch Esther eine Beschreibung enthalten, wie eine junge Jüdin ein ganzes Jahr für die Brautschau am persischen Hof Susa vorbereitet worden ist: Täglich ist sie mit Myrrhenöl und anderen Schönheitsmitteln eingerieben worden.

1

Zeitwende Christi Geburt

0

500

Mittelalter (etwa 500 bis 1500 nach Christi)

Römisches Reich (500 vor Chr. bis 500 nach Chr.)

Der römische Schminktisch ist etwa zweitausend Jahre alt. Er wurde aus Bronze, Marmor und Travertin gefertigt und besitzt ein Fach, in dem Schminkpaste aufbewahrt werden konnte.

In der Antike hat es noch keine Unterscheidung zwischen Kosmetik und Medizin gegeben. Es ist nicht getrennt worden zwischen dem Funktionellen und dem Schönen des menschlichen Körpers.

Ein berühmter Arzt des Altertums und Begründer der klassischen Medizin war **Hippokrates**, der in den Jahren 460 bis 377 vor Chr. lebte. Hippokrates beschrieb sehr ausführlich die heilende Wirkung von Pflanzen. Die Medizin mit Kräutern wie Rosmarin, Salbei und Schafgarbe hatte z. B. für die Behandlung verschiedener Frauenleiden große Bedeutung. Die Kräuter wurden entweder frisch gepresst als Saft eingenommen oder in getrockneter Form als Tee aufgebrüht. Mit den Kräuterauszügen wurden aber nicht nur Krankheiten behandelt. Hippokrates erstellte auch eine umfangreiche Sammlung verschiedener kosmetischer Rezepturen. So wurden Kräuter ebenso als Badezusätze und mit Ölen vermischt als Salben zur Schönheitspflege genutzt.

Die Griechen (1500 vor bis 150 nach Chr.) haben die Kosmetik dazu genutzt, der natürlichen Schönheit des Körpers gemäß dem klassischen Schönheitsideal Ausdruck zu verleihen. Die Bezeichnung „**Kosmetik**“ stammt von dem griechischen Wort „kosmein“. Übersetzt bedeutet es das Ordnen, Schmücken und Reinigen. Auch der Begriff Kosmos (das Weltall) ist aus diesem Wort abgeleitet. Kosmos bezeichnet die Schönheit, die aus der Ordnung kommt. Übertragen auf die Kosmetik bedeutet es die Harmonie mit dem eigenen Körper. Kosmetik dient somit der Pflege, Wiederherstellung oder Verbesserung der Schönheit des menschlichen Körpers. Für die Gestaltung eines wohlgeformten menschlichen Körpers trug auch in der griechischen Antike vor allem die sportliche Betätigung und eine gesunde Ernährung bei. „Schönheit kommt von innen“ ist also eine Erkenntnis, die mehr als zweitausend Jahre alt ist. Darin stellen die Griechen auch für die Gegenwart ein erstrebenswertes Ideal dar.

Auch die Griechen ließen sich durch geschulte Sklavinnen, den **Kosmeten**, bei der Pflege und Gestaltung des Körpers helfen. Die Schminke der Griechinnen bestand aus sehr hellen Farbtönen. Wie bei den Ägyptern wurden auch die Augen und Lippen farbig betont.

Die Kosmetik vor zweitausend Jahren im **Römischen Reich** (500 vor bis 500 nach Chr.) hatte ihren Höhepunkt in der hochentwickelten Badekultur. Für die Römer waren Badeanlagen (**Thermen**) die Zentren für die Körperpflege. Die obere Gesellschaftsschicht hielt sich oft einen ganzen Tag in diesen Thermen auf. Die Menschen trafen sich im Bad auch zur Kommunikation und hier wurde sogar Politik gemacht. Reste dieser Badelandschaften können heute z. B. noch in Pompeji besichtigt werden. Die Thermen der Römer mit Schwimmbecken, Sitzbädern, Kalt-und-Warm-Wechselduschen, Schwitz- und-Abkühlräumen sind mit unseren heutigen Badelandschaften durchaus vergleichbar. Die römische Sauna hat hier ihren Ursprung.

Das „einfache“ Wasserbad zur Körperpflege wurde bei den reichen Römerinnen oftmals auch durch ein kostspieliges Bad aus Ziegen- oder Eselsmilch

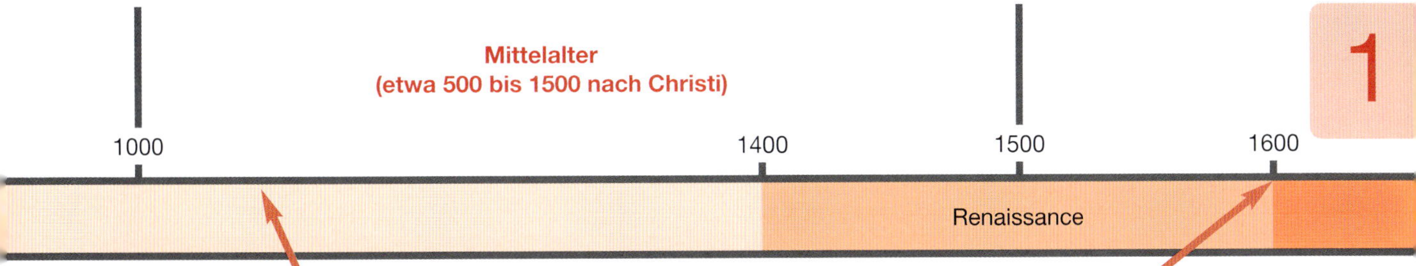

Die Nonne Hildegard von Bingen hat Kräuter für die pflegende Gesichtsbehandlung bereits im Mittelalter erfolgreich verwendet.

Badestube aus dem Jahr 1470

Das blonde Haar der Germanen entsprach dem Schönheitsideal im römischen Reich. Die Römerinnen bleichten ihr dunkles Haar mit verschiedenen Mitteln wie Henna, Kamille und Eigelb. Der Jahrhunderte später im Jahr 1593 entstandene Kupferstich zeigt eine Venezianerin beim Bleichen ihrer Haare mithilfe der Sonne.

ersetzt. Die ärmeren Römerinnen verwendeten stattdessen die Molke, die bei der Käseherstellung als Nebenprodukt geronnener Milch übrig blieb.

Auch bei den Römern war die Kosmetik immer noch fester Bestandteil der Medizin. Ein berühmter Arzt im römischen Kaiserreich war Galenos von Pergamon, der 129 bis 199 nach Chr. lebte. Er beschrieb neben Rezepturen für verschiedene Extrakte und Tinkturen z. B. auch die Herstellung einer Kaltcreme, die „Unguentum refrigans". Diese Creme, die vergleichbar ist mit unserer heutigen „Cold Cream", wurde aus Olivenöl, Bienenwachs und Rosenwasser angerührt.

Das Wort „**dekorative Kosmetik**" stammt von den Römern dieser Zeit. Das römische Wort „decoratio" bedeutet schmücken und farbiges Gestalten. Weil das blonde Kopfhaar der **Germanen** (1500 vor bis 500 nach Chr.) ein Schönheitsideal der Römer darstellte, versuchten die Römerinnen, ihr dunkles Haar zu bleichen. Dazu hielten sie sich z. B. stundenlang in der Sonne auf. Sie benutzten auch verschiedene Mittel wie Henna, Kamille und Eigelb, um eine blonde oder hellrote Haarfarbe zu bekommen. Auch Goldstaub wurde von den Römern benutzt, um das Haar heller erscheinen zu lassen. Bei den Germanen selbst nahm die Schönheits- und Körperpflege im Vergleich zu den anderen beschriebenen Kulturen der Antike dagegen kaum eine hervorragende Bedeutung ein.

2.2 Kosmetik im Mittelalter

Im **Mittelalter** (500 bis 1500 nach Christi Geburt) entwickelte sich die Badekultur der Römer zum Volksbad. Aufgrund der großen Nachfrage in allen Bevölkerungsschichten entstanden viele Badehäuser. Auch der Beruf des Baders entstand. Seine Aufgaben waren sehr vielfältig. Der Bader bereitete das Bad, massierte und salbte die Badegäste mit verschiedenen Ölen. Außerdem behandelte er kleine Wunden, Hühneraugen und war auch für das Zähneziehen, die Rasur und die Frisur der Badegäste zuständig.

Die Ausbreitung des Christentums im frühen Mittelalter (500 bis 900 nach Chr.) war nicht nur einer der Gründe für den Zusammenbruch des römischen Reiches, sondern hatte auch große Auswirkungen auf die Körperpflege der Menschen. Die Kirche hat die Verwendung von Kosmetik verbannt und als heidnisch bezeichnet.

1

Neuzeit
(etwa 1500 nach Christi bis heute)

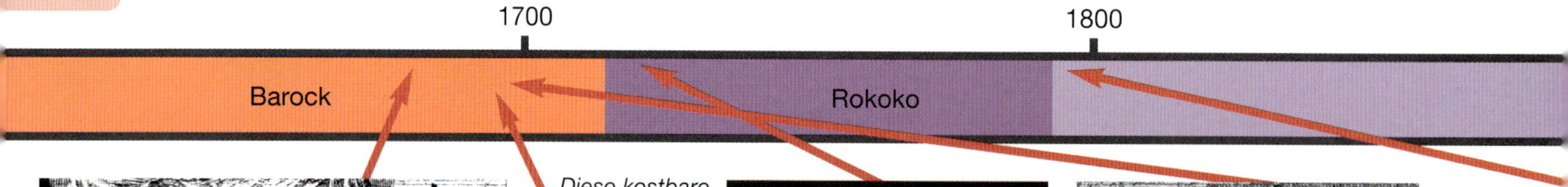

Die Arbeiten der Bader in den Volksbädern des Mittelalters sind auf diesem Kupferstich aus Deutschland aus dem Jahr 1694 zu sehen. Ihre Aufgabe war es, die Bäder zu bereiten, die Badegäste zu massieren und zu salben. Außerdem behandelten Bader kleine Wunden und waren auch für die Frisur und Rasur der Badegäste zuständig.

Diese kostbare Schminkschatulle aus Silber und Elfenbein stammt aus dem Barock-Zeitalter aus dem Jahr 1710. Sie enthält noch Reste alter Puder und Schminkpasten.

Zeitweilig gab es den Beruf des Parfümeurs. Auf diesem Kupferstich aus dem Jahr 1697 bietet der Parfümeur Duftstoffe, parfümierte Salben und Öle in einem Bauchladen an. Auf dem Kopf trägt er einen rauchenden Duftkocher.

Im Barock war es modern, die Gesichtshaut dick mit kosmetischem Puder aus Reismehl abzudecken. Weil dies die Entstehung von Hautunreinheiten förderte, klebten die Frauen Schönheitspflästerchen aus Seide auf die unreinen Stellen. Dies ist auch auf dem Bild einer Frau aus dem Jahr 1699 zu sehen.

Das Mittelalter in Europa war zudem bestimmt durch Kriege, Armut und Hungersnöte. Die Menschen haben kaum Körperpflege betrieben. Durch die mangelnde Hygiene haben sich schnell Krankheiten und Seuchen ausbreiten können. Durch die Völkerwanderungen wurden auch Seuchen nach Europa eingeschleppt. Die Bevölkerung ganzer Landstriche wurde z. B. durch Cholera, Pest und Pocken ausgerottet.

Die Krankheiten wurden außerdem begünstigt, weil die Menschen aus Angst vor Ansteckung keine Badestuben mehr aufsuchten. Die Volksbäder wurden nach und nach geschlossen. Stattdessen verwendeten die Menschen Duftstoffe, die die Ritter von ihren Kreuzzügen aus dem Mittelmeergebiet, vor allem aus dem Orient, mitbrachten. Neben Pflanzenduftstoffen zählten hierzu auch verschiedene tierische Düfte wie Ambra, Moschus und Zibet.

Zu dieser Zeit hat man verschiedene Kräuter entdeckt, die auch für die Schönheitspflege verwendet worden sind. Die Kräuter sind z. B. für Dampfbäder aufgebrüht worden. Die Reinigung des Körpers hat damals aber auch immer etwas mit der „inneren Reinheit“ zu tun gehabt. So ist z. B. das Rezept einer Nonne, der Heiligen Hildegard von Bingen, die 1098 bis 1179 gelebt hat, überliefert. Diese Ordensfrau hat Folgendes notiert: „Ein heilsamer Duft, der das Gesicht von allen Übeln befreit und dabei wundersam lieblich macht: Nimm eine Handvoll Lindenblüten und Rosmarin, auch vom Salbei, das gut reinigt, auch ein wenig Fenchel, sodass es ein glattes Gesicht macht. Alles muss vor Morgentau gesammelt werden, damit keine Kraft verloren geht“.

Lediglich die Araber haben im Mittelalter ausführlich Kosmetik betrieben. Alkohol, eine Entdeckung der Araber, wird auch zur Körperbehandlung verwendet.

Neuzeit
(etwa 1500 nach Chrsti bis heute)

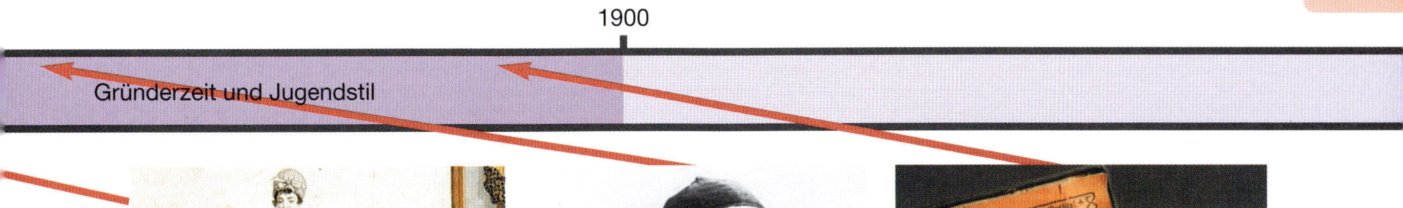

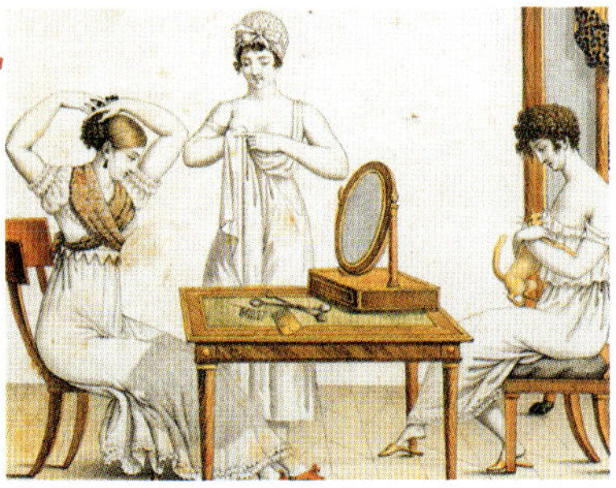

Kosmetikszene um 1790

Der Pfarrer Sebastian Kneipp überzeugte ab 1840 mit der Kneippkur.

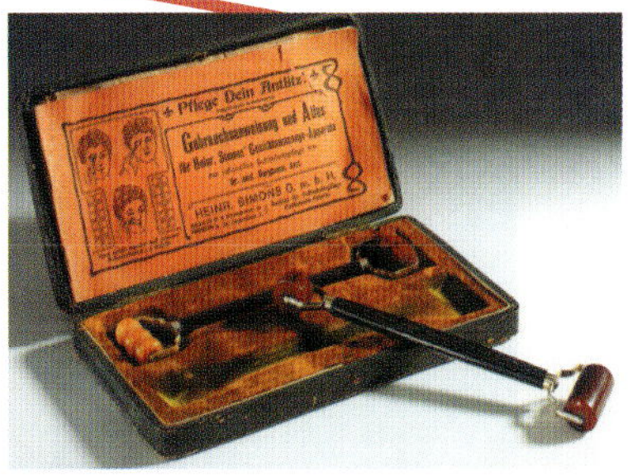

Massagerollen für das Gesicht werden nicht nur heute verwendet. Diese Gesichtsroller mit Gebrauchsanweisung stammen aus dem Jahr 1895.

Die Trennung von Kosmetik und Medizin ist erst im späten Mittelalter vor etwa 500 Jahren erfolgt. So wird z. B. in einem medizinischen Lehrbuch aus dem 14. Jahrhundert genau abgegrenzt zwischen den krankhaften Veränderungen der Haut und der Hautbehandlung, die der Verschönerung dient. Kosmetische Präparate wurden nun häufig von Chemikern hergestellt. Das Mittelalter ist aber auch durch Magie und Aberglaube bestimmt worden. So haben auch einige Scharlatane Elixiere, z. B. für ewiges jugendliches Aussehen, gemixt und mit Erfolg angeboten.

2.3 Kosmetik in der Neuzeit

Die Kosmetik in der Neuzeit betrifft die Jahre 1450 nach Christi Geburt bis heute. In der **Renaissance** (1450 bis 1600), also vor etwa 400 Jahren, orientierten sich die Menschen in Europa an der Lebensart der Antike. Das Wort Renaissance bedeutet „Wiedergeburt". Diese Rückbesinnung führte in Europa zu tief greifenden Veränderungen. Allerdings ist das Verhältnis zur Körperpflege der Menschen dieser Zeit ganz anders als bei den hochentwickelten Kulturen des Altertums. Die Reinigung des Körpers mit Wasser wurde lediglich von den unteren Bevölkerungsschichten betrieben. Die eleganten und reichen Menschen hielten das Baden dagegen für unfein. Sie stellten sich sogar vor, das Badewasser könne durch die feinen Hautporen in den Körper eindringen und ihn auf diese Weise verunreinigen. Statt sich zu waschen, verwendeten sie verschiedene Parfüms und Duftwässer. Die stark riechenden Düfte sollten die eigenen Körpergerüche, die durch die mangelnde Hygiene zwangsläufig entstanden, übertönen. Die Düfte wurden großzügig aufgetragen und mit großen Fächern verströmt.

In der Renaissance liebten die Menschen die Kunst, das Schöne und Überschwängliche. Aufwendig gestaltete Frisuren mit betont hoher Stirn entsprachen der Mode in der Renaissance. Diese Vorliebe hatte ihren Höhepunkt im **Barock** (1600 bis 1720). Die Frauen des Barock schminkten ihre Augen mit kräftigen Farben und die Augenbrauen wurden mit dunklen Schminken nachgezogen. Wangen wurden rötlich gepudert und die Lippen mit einem kräftigen Rot betont. Die echten Haare wurden abrasiert und durch üppige und stark parfümierte Lockenperücken ersetzt. Auch im Barock badeten die Menschen der höher gestellten Schichten noch nicht. Nur mit den Fingerspitzen betupften sie ihr Gesicht mit parfümiertem Wasser. Die Gesichtshaut wurde dick mit kosmetischen Pudern aus Reismehl abgedeckt. Die mangelnde Hygiene und die ständige dicke Puderschicht förderte allerdings die Entstehung von Hautunreinheiten im Gesicht. Diese Unreinheiten überklebten die Frauen mit seidenen Schönheitspflästerchen. Es zählte also nur die künstliche Schönheit.

Die elegante und fraglich vornehme Lebensführung des 17. Jahrhunderts wurde vor allem an den französischen und spanischen Höfen umgesetzt. Die Produktion kosmetischer Puder und verschiedener Parfümartikel nahm durch diese Mode ein so hohes Ausmaß wie nie zuvor an. Die Höfe bestanden teilweise aus mehreren tausend Räumen. Allerdings gab es oft kein einziges Bad. Da die Räume schon nach kurzer Zeit durch Gestank und Unsauberkeit nicht mehr bewohnbar waren, musste der Hofsitz mehrmals im Jahr gewechselt werden.

1

Neuzeit
(etwa 1500 nach Chrsti bis heute)

Die Make-up-Mode wurde in den Zwanzigerjahren auch von der „Schönheitsgöttin" Marlene Dietrich beeinflusst. Modern waren schmal gezupfte Augenbrauen, ein herzförmiger, roter Mund sowie ein fast dramatisch-verruchtes Äußeres.

In den 70er-Jahren des 20. Jahrhunderts waren die Löwenmähne und ein natürlich wirkendes Make-up aktuell.

In den 80er-Jahren des 20. Jahrhunderts machte die Punkermode mehr Mut zu Farbkontrasten.

Im 18. Jahrhundert und vor allem im Zeitalter des **Rokoko** (1720 bis 1789) wurde wieder mehr Natürlichkeit zugelassen. Es wurden wieder die eigenen Haare verspielt lockig frisiert und auch in Locken zum Teil offen getragen. Make-up wurde eher zurückhaltend verwendet und Puder und Parfüm galten eher als unfein. Schönheitspflästerchen in verschiedenen Farben galten als erotisches Utensil. Sie wurden großzügig auf Gesicht und Dekolleté geklebt.

Nach über fünfhundert Jahren Waschabstinenz haben die Menschen des **Empire** (1800 bis 1815), **Biedermeier** (1815 bis 1948) und des **Jugendstils** (1870 bis 1900) wieder gebadet. Neue Maßstäbe setzte auch der Pfarrer Sebastian Kneipp (1821–1897). Er empfahl Bäderkuren, Wasseraufgüsse und Wickel, die bis heute Anwendung finden. Auch in den höheren Gesellschaftsschichten schminkte man sich kaum. Schirme boten Schutz vor Sonnenstrahlen. Da die Arbeit auf dem Feld zwangsläufig auch zu gebräunter Haut führte, war die durchscheinend blasse Haut Ausdruck für Reichtum.

Nach dem Ersten Weltkrieg in den „Goldenen Zwanzigern" gab es keine festen Regeln für die Verwendung dekorativer Kosmetik. Die Menschen aller gesellschaftlichen Schichten schminkten sich nach ihrem eigenen Geschmack und je nach Moderichtung. Aus Frankreich kam die Mode der Charleston-Zeit mit betont dunkel geschminkten Augen und dunkelroten Lippen. In der Zeit des Zweiten Weltkriegs war das Schminken vergessen. Erst in der Nachkriegszeit wurden, jetzt beeinflusst durch die USA, wieder Kosmetik und Mode großgeschrieben.

Kosmetische Präparate sind bis in das 20. Jahrhundert fast immer von Hand angefertigt worden. Deshalb waren die Preise für die Präparate der Schönheitspflege bis zu dieser Zeit relativ hoch und wurden darum fast ausschließlich von oberen Bevölkerungsschichten verwendet. Erst die industrielle Herstellung Ende des letzten Jahrhunderts hat Kosmetik auch für andere Gesellschaftsschichten erschwinglich gemacht. Heute ist Kosmetik ein fester Bestandteil unserer Gesellschaft.

Altertum (3000 v. Chr. bis 500 n. Chr.)
Altes Ägypten (3000 bis 300 v. Chr.)
Griechen (1500 bis 150 n. Chr.)
Römisches Reich (500 v. Chr. bis 500 n. Chr.)
Germanen (1500 v. Chr. bis 500 n. Chr.)

Mittelalter (500 bis 1500 n. Chr.)
Frühes Mittelalter (500 bis 900 n. Chr.)
Hochmittelalter und Romanik (900 bis 1200 n. Chr.)
Spätmittelalter und Gotik (1250 bis 1500 n. Chr.)

Neuzeit (1500 n. Chr. bis heute)
Renaissance (1450 bis 1600 n. Chr.)
Barock (1600 bis 1720 n. Chr.)
Rokoko (1720 bis 1789 n. Chr.)
Empire (1800 bis 1815 n. Chr.)
Biedermeier (1815 bis 1948 n. Chr.)
Gründerzeit und Jugendstil (1870 bis 1900)
20. Jahrhundert

Die Geschichte der Pflege und Schönerhaltung des menschlichen Körpers beginnt vor über 6000 Jahren. In jeder Kultur hat die Kosmetik eine besondere Bedeutung. Menschen nutzten die Kosmetik für das Erreichen von Macht und Status.

3 Gesundheitsschutz, Unfallschutz, Umweltschutz und Hygiene

3.1 Hygiene im Kosmetikinstitut

Den Begriff Hygiene nur auf Sauberkeit oder Körperpflege zu beziehen, wäre zu kurz gegriffen. Vielmehr sind die Aufgabenbereiche der Hygiene sehr weitgefasst. Es geht um alle äußeren Einflüsse auf die Gesundheit des Menschen.

Hygiene soll Krankheiten verhüten und das Wohlbefinden und die Leistungsfähigkeit erhalten oder sogar steigern. Somit hat die Hygiene eine große Bedeutung bei der Verhütung von Krankheiten. **Hygieia** war in der griechischen Antike die Göttin der Gesundheit. Sie war die Tochter von **Asklepios**, dem Gott der Heilkunst.

Wichtige Hygienebestimmungen finden sich auf Bundesebene im **Bundesseuchengesetz** und auf Länderebene in den **Hygieneverordnungen**. Diese sind die gesetzliche Grundlage zur Verhütung übertragbarer Krankheiten. Sie richten sich an Personen, die beruflich im Bereich der Körperpflege und Kosmetik tätig sind.

Zur **Krankheitsverhütung** können verschiedene Maßnahmen ergriffen werden. Dazu zählt die Reinigung mit Wasser und Tensiden, die Desinfektion und die Sterilisation. **Desinfektion** bedeutet das Abtöten krankheitserregender Mikroorganismen, z. B. von Bakterien und Viren. Wichtig ist, dass bei der Desinfektion nicht sämtliche Mikroorganismen abgetötet werden, sondern nur die, von denen eine Krankheits-

Die griechische Göttin Hygieia wurde in der Antike als Göttin der Gesundheit verehrt. Hygiene umfasst vor allem vorbeugende Maßnahmen zum Schutz vor Krankheiten.

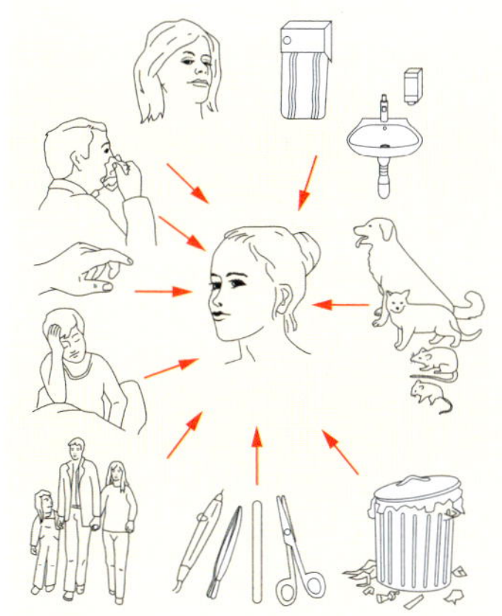

Krankheitserreger können auf vielfältige Weise übertragen werden. Die Hygiene hat deshalb eine große Bedeutung bei der Verhütung von Krankheiten.

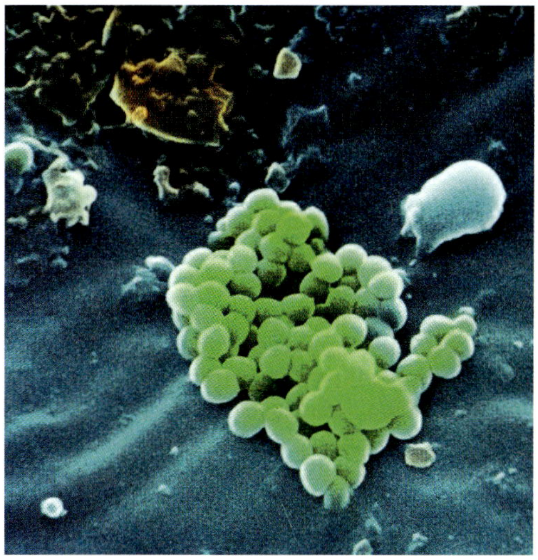

Krankheitserreger auf der Haut: rasterelektronenmikroskopische Aufnahme von Staphylokokken auf der Hautoberfläche

§ 1 Geltungsbereich	„Diese Verordnung gilt für berufs- oder gewerbsmäßige Tätigkeiten im Friseurhandwerk, in der Kosmetik und Fußpflege, sowie für das Tätowieren, Ohrlochstechen und in der Akupunktur ...“
§ 2 Pflichten, Absatz 1	„Wer Tätigkeiten nach § 1 ausübt, ist zur sorgfältigen Beachtung der allgemein anerkannten Regeln der Hygiene verpflichtet.“
§ 2 Pflichten, Absatz 3	„Geräte, die zu den in § 1 genannten Tätigkeiten mehrfach verwendet werden und deren Verwendung mit Verletzungen der Haut verbunden ist oder dazu führen kann, sind nach jeder Anwendung sorgfältig zu desinfizieren und dann zu reinigen.“

Hygieneverordnungen sollen übertragbare Krankheiten verhüten. Ein Auszug aus einer solchen Verordnung verdeutlicht den Geltungsbereich und die Pflichten.

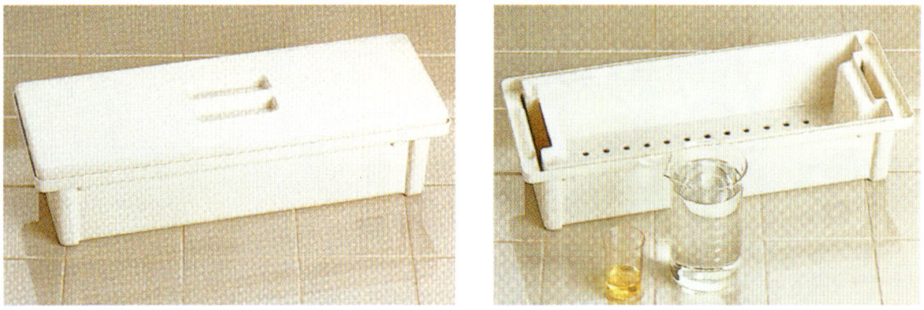

Desinfektionswanne für die Nassdesinfektion von Instrumenten

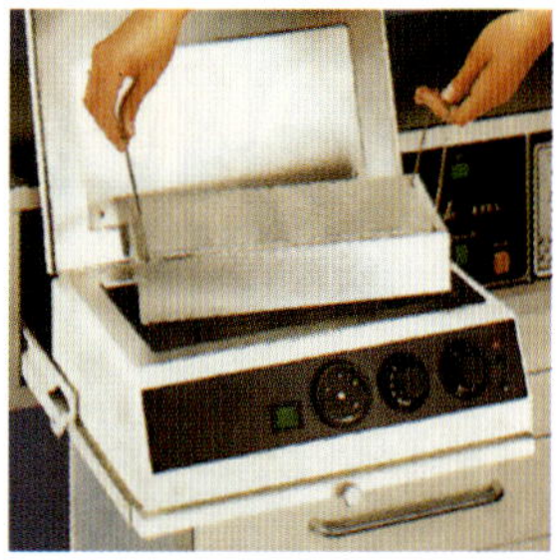

In Heißluftsterilisatoren erfolgt die Sterilisation der Instrumente mit trockener Hitze.

gefahr ausgeht. Dadurch versetzt man einen Gegenstand oder eine Fläche in einen Zustand, von dem keine Infektionsgefahr mehr ausgeht. Unter **Sterilisation** versteht man die Abtötung aller Mikroorganismen, die sich in oder an einem Gegenstand befinden.

Zunächst steht die peinliche Sauberhaltung des Arbeitsplatzes und der Arbeitsgeräte und Hilfsmittel, zu denen z. B. auch Decken, Kompressen und Handtücher zählen, im Vordergrund. Für die Reinigung von Böden und sanitären Anlagen genügt in der Regel die Anwendung eines Haushaltsreinigers. Arbeitsgeräte, die direkt mit der Haut der Kundin in Kontakt kommen (z. B. Pinzetten) müssen immer desinfiziert oder sterilisiert werden. Zuerst erfolgt die Desinfektion oder Sterilisation und danach die manuelle Reinigung mit einem Reinigungsmittel.

Verklebte Wachserhitzer, verschmutzte Schüsseln, Instrumente, Bürstenaufsätze und Pinsel sowie zerquetschte und verschmierte Behälter sind nicht nur „Nachlässigkeiten", sondern verstoßen gegen die Hygieneverordnung!

Die Abtötung von Mikroorganismen durch Desinfektion oder Sterilisation kann durch physikalische oder chemische Mittel erfolgen. Zu den physikalischen Mitteln zählt die Anwendung hoher Temperaturen. Das Auskochen bewirkt eine **Desinfektion**. In der Hygieneverordnung ist festgeschrieben, dass nur zugelassene Desinfektionsmittel verwendet werden dürfen.

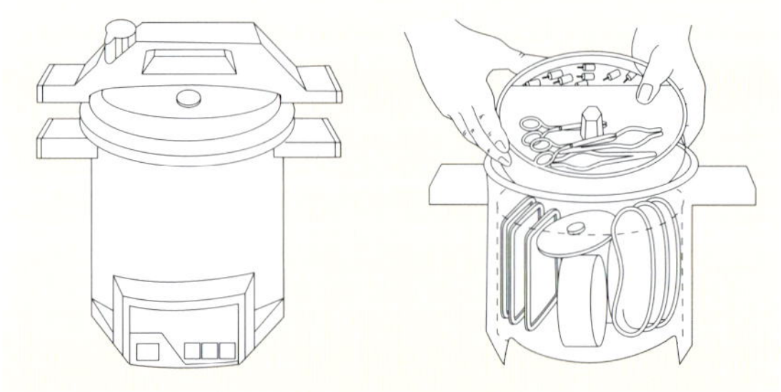

Der Autoklav wird zur Sterilisation verwendet. Die Sterilisation erfolgt hier durch unter Druck stehenden Wasserdampf.

Sterilisationsmethoden sind die **Heißluftsterilisation** mit trockener Hitze (ca. 180 °C für 30 Minuten oder 160 °C für 120 Minuten) und die Sterilisation mit feuchter Hitze in **Autoklaven**. Autoklaven enthalten gesättigten, unter Druck stehenden Wasserdampf. Bei chemischen Verfahren zur Keimtötung werden Substanzen wie Ethylenoxid, Aldehyde, Alkohole, Phenole, Halogene, Oxidationsmittel und oberflächenaktive Substanzen (**Detergenzien**) angewendet.

Eine Desinfektionswanne für die Nassdesinfektion enthält einen Siebeinsatz, auf den die Instrumente gelegt werden. Die Werkzeuge werden dann mit Desinfektionsmittel bedeckt.

Neben der Hygiene im Kosmetikinstitut ist die **persönliche Hygiene** der Kosmetikerin besonders

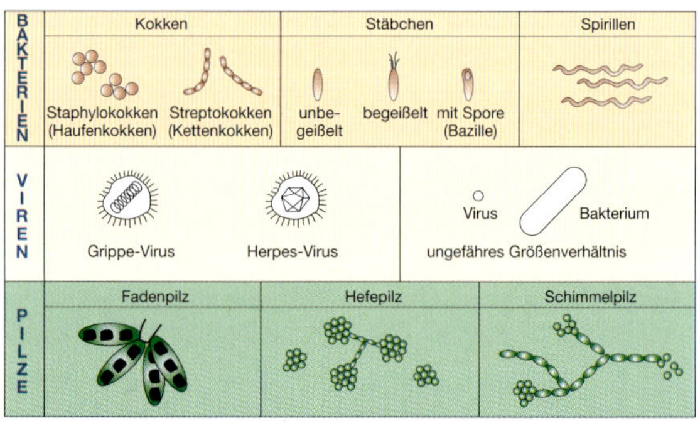

Mikroorganismen sind unter dem Mikroskop sichtbar. Bakterien, Viren und Pilze unterscheiden sich in Aussehen, Form und Größe.

wichtig. Sie sollte selbstverständlich sehr sorgfältig betrieben werden. Zur persönlichen Hygiene zählen das Duschen, die regelmäßige Zahnpflege und das Tragen sauberer, gepflegter Arbeitskleidung. So darf es keine Frage des Geschmacks sein, ob Arbeitskleidung getragen wird oder nicht. Die Hände müssen nach jedem Toilettengang und Naseputzen gewaschen und ggf. desinfiziert werden.

Der **Mundhygiene** muss eine besondere Bedeutung zugemessen werden. **Karies** (Mundfäule) ist die weltweit am weitesten verbreitete Krankheit. Die Entstehung dieser Volksseuche lässt sich entscheidend durch eine gründliche Mundhygiene und eine ausgewogene Ernährung beeinflussen. Durch mangelnde Reinigung der Mundhöhle erhalten Bakterien die Möglichkeit, sich in Kolonien an den Zähnen festzusetzen: Zahnbelag (Plaque) entsteht. Durch die Zufuhr von zuckerhaltigen Nahrungsmitteln bilden die Bakterien Säuren, die den Zahn angreifen. Durch die so entstandenen Säuren wird die Oberfläche des Zahns angegriffen und ein Loch entsteht. Auch die **Parodontose**, die zweithäufigste Zahnerkrankung entsteht durch Zahnbelag. Die Stoffwechselprodukte von Bakterien wandern in das Zahnfleischgewebe und können dort zu Entzündungen bis zu dauerhaften Schädigungen des Zahnbettes führen. Um diese Schäden zu vermeiden, müssen Regeln der Zahnhygiene beachtet werden: regelmäßiges, richtiges Zähneputzen, ggf. Zahnpflegekaugummi kauen, zuckerhaltige Speisen möglichst vermeiden sowie regelmäßige Kontrollbesuche beim Zahnarzt einhalten.

Hygiene ist immer auch eine Frage der Einstellung. Wenn die Hygiene im Kosmetikinstitut nicht „stimmt", besteht häufig eine gewisse Doppelmoral. Einerseits sollen die Behandlungen gesundheitsförderlich sein, andererseits fragen sich einige Kosmetikerinnen, „was denn schon passieren kann". Oft ist es der Alltag, der durch seinen Trott Nachlässigkeiten aufkommen lässt. Das ist menschlich. Wem aber bestimmte Regeln „in Fleisch und Blut" übergegangen sind, der ist kaum anfällig für solche Nachlässigkeiten. Fehler, die unbedingt vermieden werden müssen, sind z. B. Teppichböden in der Kabine, nur ein Schminkpinselset pro Kabine, mehrmaliges Verwenden von Handtüchern, kein Mundschutz während der Nagelpflege, kein Arbeitskittel, zu lange Fingernägel sowie Haare, die bei der Behandlung über der Kundin hängen.

3.2 Arbeits- und Unfallschutz im Kosmetikinstitut

Im Kosmetikinstitut gibt es eine Reihe allgemeiner und spezieller **Unfallgefahren**. Zu den allgemeinen Gefahren zählt z. B. die Gefahr, sich durch Stolperfallen Knochenbrüche oder ähnliche Verletzungen zuzuziehen. Hier gilt es, darauf zu achten, dass Gerätekabel ordentlich verlegt sind und ein rutschsicherer Bodenbelag verwendet wird. Auch sollte festes Schuhwerk getragen werden. Nasse Flecken müssen sofort vom Boden entfernt werden, um ein Ausrutschen zu vermeiden.

Stromunfälle vermeidet man am besten dadurch, dass man nur technisch einwandfreie elektrische Geräte verwendet. Insbesondere bei der apparativen Kosmetik müssen verschiedene **Unfallverhütungsmaßnahmen** beim Umgang mit elektrischem Strom eingehalten werden.

Weiterhin muss auf eine ergonomische Arbeitsplatzgestaltung geachtet werden. Dazu gehören gute Lichtverhältnisse, um die Augen nicht zu schädigen, eine ausreichende Belüftung sowie eine angenehme Raumtemperatur und eine möglichst rückenschonende Arbeitshaltung. Ein Rollhocker muss in der Sitzhöhe auf die jeweilige Körpergröße einzustellen sein.

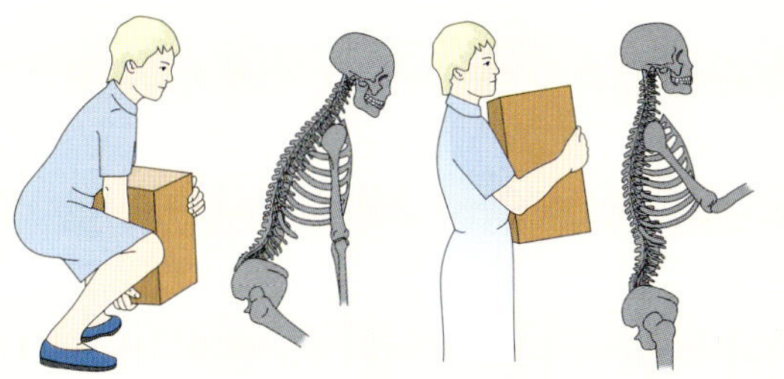

Korrekte Haltung beim Heben und Tragen schwerer Gegenstände. Wichtig ist das Anheben aus der Hocke heraus und das Vermeiden eines Hohlkreuzes. Die Gegenstände sollten möglichst nahe am Körper getragen werden.

Auch beim Heben und Tragen ist auf eine rückenschonende Haltung zu achten. Ein schwerer Gegenstand muss aus der Hocke heraus angehoben werden. Allerdings wird nicht empfohlen, auch beim Aufheben leichter Gegenstände jedes Mal in die Hocke zu gehen, weil diese Bewegung die Knie sehr belastet. Beim Stehen und Gehen mit schweren Gegenständen muss ein Hohlkreuz vermieden werden. Insgesamt ist bei einem überwiegend stehenden und sitzenden Beruf wichtig, in der Freizeit für einen angemessenen Bewegungsausgleich zu sorgen.

Zu den berufsbedingten Unfallgefahren gehört das Risiko, eine Hauterkrankung zu entwickeln. Somit ist Hautschutz ein Teil des Arbeitsschutzes. Hautschutz bedeutet hier in der Regel Handschutz. Die Anwendung von Hautschutzmitteln ist am wirksamsten, wenn sie von Anfang an konsequent durchgeführt wird und nicht erst dann, wenn bereits Hautschäden eingetreten sind.

1

Präparativer Hautschutz	Vor und während hautbelastender Tätigkeiten	Maßnahmen, die den Kontakt zwischen Schadstoffen und Haut unterbinden, z. B. Hautschutzsalben, Schutzhandschuhe
Reparativer Hautschutz	– vor Beginn der Arbeit – nach hautbelastenden Tätigkeiten – in Pausen – zu Hause	Auftragen von Hautpflegepräparaten
Hautreinigung	– nach verschmutzenden Tätigkeiten – zur persönlichen Hygiene	– milde, schonende, der Art der Verschmutzung angepasste Reinigungsmittel – pH-hautneutrale Syndets – schonendes Trocknen der Hände

Systematischer Hautschutz beugt der Entstehung von Abnutzungsekzemen und Allergien vor.

Hautschutzmaßnahmen können unterteilt werden in solche, die vor und während der hautbelastenden Tätigkeiten angewendet werden, und solche, die nach deren Beendigung durchzuführen sind. Zu den präparativen Hautschutzmaßnahmen zählen **Hautschutzpräparate** in Form von Salben, Cremes, Gelen, Sprays, Puder und Schutzhandschuhen. Sie sollen das Eindringen schädigender Stoffe in die Haut verhindern. Wichtig ist darüber hinaus die Verwendung von **Schutzhandschuhen**, um einer zu starken Austrocknung der Haut vorzubeugen. Schutzhandschuhe müssen verwendet werden, wenn für die Kundin oder die Kosmetikerin die Gefahr einer **Infektion** besteht. Das ist bei der Aknebehandlung der Fall, weil Blut oder Gewebsflüssigkeit austreten kann. Dies gilt auch für die Maniküre und Pediküre, wo zum einen eine Verletzungsgefahr und zum anderen eine Infektionsgefahr durch Pilze besteht. Hier muss außerdem ein Mundschutz getragen werden. Für die Behandlung am Kunden sollten Einmalhandschuhe verwendet werden. Für Reinigungs-, Putz- und Desinfektionsarbeiten sowohl im Institut als auch bei der Hausarbeit können Haushaltshandschuhe mehrfach eingesetzt werden.

3.3 Umweltschutzmaßnahmen

Umweltschutz kann als ein Bestandteil von Hygiene verstanden werden. Umwelthygiene behandelt die Einflüsse von Wasser, Luft und Klima auf die Gesundheit des Menschen. Bereiche der Umwelthygiene sind z. B. der Stromverbrauch, die Trinkwasserversorgung, die Abwasserbeseitigung, die Reinhaltung von Luft, Wasser und Boden sowie die Abfallbeseitigung. Umweltschutz bedeutet zugleich auch Gesundheitsschutz und sollte im Kosmetikinstitut sorgfältig betrieben werden.

Die Qualität der **Raumluft** im Kosmetikinstitut kann durch Baumaterialien und die Einrichtung, durch Haushalts-, Putz- und Reinigungsmittel, sog. „Luftverbesserer" oder Zigaretten- und Tabakrauch belastet sein. Deshalb ist ein regelmäßiges, d. h. mindestens tägliches Lüften zur Beseitigung dieser und anderer Schadstoffe in der Raumluft unerlässlich.

Eine weitere wichtige Maßnahme des Umweltschutzes ist der richtige Umgang mit **Abfall**. Hierbei steht an erster Stelle die **Abfallvermeidung**. Sie hat Vorrang vor der Abfallverwertung und diese wiederum hat Vorrang vor der Abfallbeseitigung. Unter Abfallverwertung wird die Umwandlung von Abfällen in Rohstoffe (z. B. die getrennte Sammlung von Glas, Papier, Altkleidern etc.) verstanden. Konkret heißt dies für das Kosmetikinstitut: Überflüssige Verpackungen sind möglichst zu vermeiden. Besser verwendet man z. B. Nachfüllpackungen, Großgebinde und Mehrwegflaschen. Anfallender Müll sollte getrennt werden, z. B. nach dem grünen Punkt, Papier und Glas. Einwegwerkzeuge sollten möglichst nicht verwendet werden. Die Entsorgung von Abfällen wird auch in **Hygieneverordnungen** geregelt. Spitze und scharfe Gegenstände (z. B. Nadeln), die zu Verletzungen führen können, dürfen dem Abfall (Hausmüll) nur in stichfesten, geschlossenen Gefäßen zugeführt werden.

Ein weiterer wichtiger Ansatzpunkt für den Umweltschutz ist der sparsame und umweltbewusste Umgang mit **Wasser**. Die Erde ist zu drei Vierteln mit Wasser bedeckt. 97,2 % davon sind aber salziges Meerwasser, 2,2 % entfallen auf die Gletscher und das Polareis und nur 0,6 % sind als Süßwasser in Seen, Flüssen und als Grundwasser für den Menschen verfügbar. Das Wasser befindet sich in einem ständigen Kreislauf. Durch die Sonneneinstrahlung verdunstet ein Teil des Wassers. Es steigt als Wasserdampf in die Atmosphäre. Durch Kondensation bilden sich Wolken. Niederschläge bringen das Wasser zurück auf die Erde, wo es im Boden versickert und zu Grundwasser wird.

Täglich verbrauchen wir etwa 145 Liter kostbares Trinkwasser, z. B. zum Waschen, Duschen, für die

Toilette und zum Kochen. In den letzten Jahren hat der Wasserverbrauch auch in den Kosmetikinstituten zugenommen. Das führt zu größeren Mengen von Abwasser, das in Kläranlagen gereinigt werden muss. Da Wasser ein knapp werdender Rohstoff ist, sollten die Möglichkeiten von **Wassereinsparungen** im privaten und gewerblichen Bereich auch genutzt werden. Jeder von uns kann durch einen sparsamen Umgang und die Vermeidung unnötiger Verunreinigungen, z. B. durch den Verzicht auf umweltbelastende Reinigungsmittel, Lösungsmittel und Pflanzenschutzmittel dazu beitragen, dass auch morgen noch einwandfreies Wasser aus unseren Leitungen fließt.

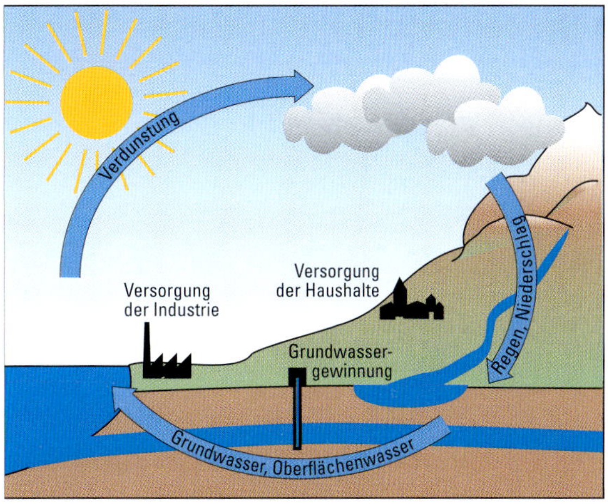

Der Wasserkreislauf: Ein Teil des Grundwassers verdunstet ständig. Es steigt als Wasserdampf auf, kondensiert in kälteren Luftschichten und fällt als Niederschlag auf die Erde zurück.

4 Gesetzliche Grundlagen

Für die Arbeit der Kosmetikerin gibt es gesetzliche Grundlagen. Diese beziehen sich zum einen auf die kosmetischen Präparate und zum anderen auf den Bereich des Unfall- und Arbeitsschutzes.

Kosmetische Mittel unterliegen in der gesamten Europäischen Union der Kosmetikrichtlinie. In Deutschland ist die EG-Kosmetikrichtlinie in der Kosmetikverordnung umgesetzt. Die **Kosmetikverordnung** wiederum unterliegt dem Lebensmittel- und Bedarfsgegenständegesetz.

Nach der Kosmetikrichtlinie werden kosmetischen Mitteln sechs Zweckbestimmungen zugeordnet: „Reinigen", „Parfümieren", „Aussehen verändern", „Körpergeruch beeinflussen", „Schützen" sowie „in gutem Zustand halten". Entsprechend ist in der Kosmetikrichtlinie in Artikel 1, Absatz 1 festgelegt, was kosmetische Mittel sind und was sie dürfen: „Kosmetische Mittel sind Stoffe oder Gemische, die dazu bestimmt sind, äußerlich mit den verschiedenen Teilen

Wassersparmaßnahmen

- Die Spülstopptaste für die Toilettenspülung benutzen.
- Spezialperlatoren (Wasserstrahlregler) für den Wasserhahn einbauen.
- Installation eines Sparduschknopfs, um den Wasserfluss beim Einseifen, Peelen etc. zu unterbrechen. Beim Abduschen muss die Temperatur nicht erneut reguliert werden. Das Zumischen von Kalt- und Warmwasser entfällt dadurch.
- Eine Auffangvorrichtung für Brauchwasser, z. B. Duschwasser, installieren, um es für die Toilettenspülung weiterzubenutzen.
- Einen Temperaturbegrenzer für die Dusche einbauen. Die geeignete Temperatur ist dann sofort erreichbar. Das spart Energie und Wasser.
- Regenwasser zum Blumengießen auffangen.

Gewässerschutzmaßnahmen

- Watteabfälle (Wattestäbchen, Tampons, Binden etc.) gehören nicht in die Toilette.
- Farben, Lacke und Lösungsmittelreste aufbewahren und zu einer speziellen Sammelstelle bringen.
- Phosphatfreie Waschmittel verwenden.
- Waschmittel sparsam dosieren.
- Gering verschmutzte Kochwäsche wird auch bei 60 °C sauber!
- Nach Möglichkeit die Vorwäsche einsparen.
- Energiesparprogramme nutzen.
- Das Fassungsvermögen der Öko-Waschmaschine nach Möglichkeit ausnutzen.
- Kosmetikabfälle von Masken, Ölen etc. gehören nicht ins Abwasser. Zum Teil verstopfen sie sogar die Wasserleitungen.
- Reinigungs- und Putzmittel sparsam dosieren.
- Auf Weichspüler verzichten.
- Kein farbiges und kein gebleichtes Toilettenpapier verwenden.

Wassersparmaßnahmen und Gewässerschutzmaßnahmen, die im Kosmetikinstitut angewendet werden sollten.

1

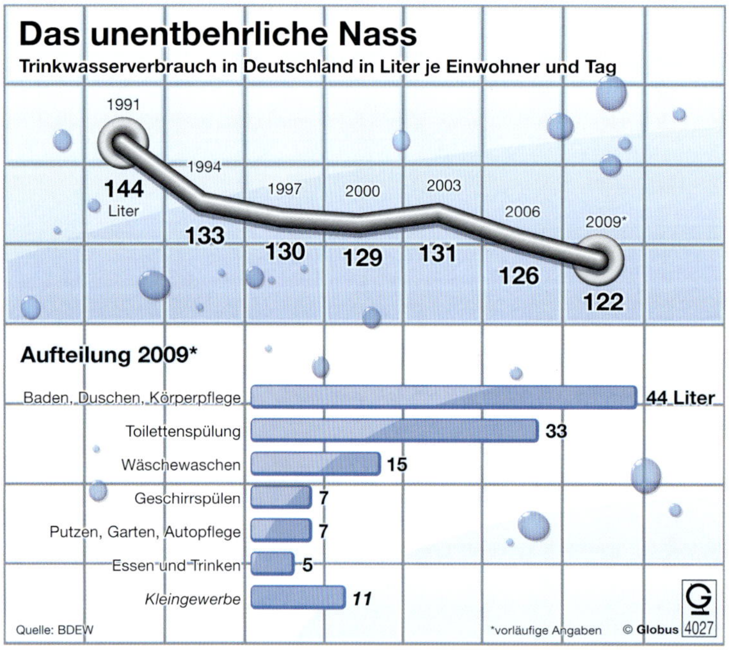

Durchschnittlicher Tagesverbrauch von Wasser pro Person im Haushalt.

des menschlichen Körpers (Haut, Behaarungssystem, Nägel, Lippen und intime Regionen) oder mit den Zähnen oder Schleimhäuten der Mundhöhle in Berührung zu kommen, und zwar zu dem ausschließlichen oder überwiegenden Zweck, diese zu reinigen, zu parfümieren, ihr Aussehen zu verändern und/oder den Körpergeruch zu beeinflussen und/oder um sie zu schützen oder in gutem Zustand zu halten". In Artikel 2 der Kosmetikrichtlinie wird festgelegt, was kosmetische Mittel nicht dürfen. Sie dürfen die menschliche Gesundheit bei bestimmungsgemäßem oder vorhersehbarem Gebrauch nicht schädigen.

In der Kosmetikrichtlinie werden Kennzeichnungsvorschriften sowie Anforderungen für Produktangaben festgelegt. Die Durchführung von **Tierversuchen** zur Prüfung kosmetischer Mittel ist seit dem Jahr 1998 verboten. Weiterhin enthält die Kosmetikrichtlinie Negativlisten und Positivlisten für kosmetische Mittel. Die drei Positivlisten nennen erlaubte Farbstoffe, Konservierungsstoffe und UV-Filter für kosmetische Mittel. Die eine Negativliste enthält die Stoffe, die in kosmetischen Mitteln nicht zugelassen sind. Eine andere Negativliste nennt eingeschränkt zugelassene Stoffe. Hier gibt es z. B. Konzentrationsbeschränkungen und Reinheitsanforderungen. Auch Warnhinweise auf Verpackungen müssen berücksichtigt werden. Die Kosmetikrichtlinie nennt weiterhin Verbote für Stoffe, die nach dem Arzneimittelgesetz der Verschreibungspflicht unterliegen.

Für die Kennzeichnung kosmetischer Mittel und der Inhaltsstoffdeklaration müssen verschiedene Anforderungen erfüllt sein. Die **Verpackung** muss Angaben zur Firmenanschrift, zum Inhalt, zur Mindesthaltbarkeit, zum Verwendungszweck sowie ggf. Warnhinweise und Vorsichtsmaßnahmen enthalten. Diese Angaben können bei Platzmangel auch auf einem Beipackzettel angebracht werden. Die Inhaltsstoffe des kosmetischen Mittels müssen auf der äußeren Verpackung in Form einer Liste deklariert werden. Manchmal genügt dafür aber auch ein schriftlicher oder symbolischer Hinweis auf die Packungsbeilage auf der äußeren Verpackung.

Um die **Inhaltsstoffe** allgemein einheitlich angeben zu können, hat man sich auf ein international einheitliches Begriffssystem, die sogenannte **INCI-Nomenklatur** geeinigt. Die Bezeichnung ist die Abkürzung für „International-Nomenclature-of-Cosmetic-Ingriedients". Farbstoffe werden entsprechend des sogenannten Colour-Indexes angegeben. Ein einheitliches Begriffssystem und die generelle Deklaration der Inhaltsstoffe ist vor allem für **Allergiker** von Bedeutung, die bestimmte Produkte bzw. bestimmte Inhaltsstoffe aufgrund der Angaben auf der Verpackung vermeiden können. Die Kosmetikerin stellt mit einer soliden Kenntnis der Nomenklatur und der Inhaltsstoffe ihre Beratungskompetenz unter Beweis. Die Inhaltsstoffe des Produkts werden in abnehmender Reihenfolge der Konzentration angegeben. Allerdings lässt die in der 6. Änderungsrichtlinie der EU-Kosmetikrichtlinie festgeschriebene Deklarationspflicht noch immer Lücken frei. Für allgemeine Begriffe gibt es keine verbindlich einheitliche Nomenklatur. Für Riech- und Aromastoffe genügt z. B. die Angabe „enthält Parfum" oder „enthält Aromastoffe", wobei hier zahlreiche Einzelstoffe infrage kommen.

Die Hersteller kosmetischer Mittel sind weiterhin verpflichtet, Produktangaben bereitzuhalten. Diese Angaben betreffen z. B. die Zusammensetzung des Erzeugnisses, die Herstellungsweise gemäß festgesetzter Richtlinien sowie die Sicherheitsbewertung. Darüber hinaus ist ein Nachweis über die beabsichtigte Wirkung des Produkts zu erbringen. Hier ist jedoch offen, mit welchen Methoden dieser Wirksamkeitsnachweis erbracht wird.

Die Kosmetikerin unterliegt als Selbstständige und als Angestellte **Arbeitsschutzvorschriften**. Die Organisation des Arbeitsschutzes beruht auf zwei Grundpfeilern: Rechtsnormen können sowohl von staatlichen Stellen (Bund, Länder) und von Trägern der gesetzlichen **Unfallversicherung** (z. B. Berufsgenossenschaften) erlassen werden. Aus dieser Zweispurigkeit des Arbeitsschutzrechts ergibt sich auch eine Zweiteilung der Organisation und Durchführung bzw. Überwachung von **Arbeitsschutzmaßnahmen**. Der staatliche Arbeitsschutz wird von den Ländern, d. h. von durch sie bestimmten Stellen – für Gewerbebetriebe sind dies die **Gewerbeaufsichtsämter** –, durchgeführt und überwacht. Die von den Trägern der gesetzlichen Unfallversicherung erlassenen Arbeitsschutzvorschriften werden von den Unfallversicherungsträgern durch Technische Aufsichtsbeamte durchgeführt und überwacht. Darüber hinaus ist es Aufgabe des Präventionsdienstes, die Mitglieder zu beraten und Einzelfallanordnungen zur Durchführung von **Unfallverhütungsvorschriften** oder zur Abwehr besonderer Unfall- oder Gesundheitsgefahren zu erlassen.

Der **Arbeitsschutz** ist in einer Vielzahl von Einzelgesetzen und -verordnungen geregelt. Hierzu zählt das Bürgerliche Gesetzbuch (BGB). In Paragraf 618 des BGB ist die Verpflichtung des Arbeitgebers, die zum Unfall- und Gesundheitsschutz erforderlichen Maßnahmen zu treffen, festgelegt. Bis 1999 wurden Maßnahmen zum Arbeits- und Gesundheitsschutz auch in der Gewerbeordnung aufgeführt.

Die Arbeitsstättenverordnung regelt Arbeitsschutzanforderungen im Hinblick auf die von der Arbeitsstätte ausgehenden Unfall- und Gesundheitsgefahren. Das Sozialgesetzbuch VII ist die Rechtsgrundlage für die Verhütung von Arbeitsunfällen und Berufskrankheiten durch die gesetzlichen Unfallverhütungsvorschriften. In der Unfallverhütungsvorschrift „Grundsätze der Prävention“ (BGV A1) ist in Paragraf 29 Folgendes festgelegt: „Der Unternehmer hat (...) geeignete persönliche Schutzausrüstungen zur Verfügung zu stellen.“ In Paragraf 14 heißt es: „Die Versicherten (Arbeitnehmer) haben die zur Verfügung gestellten persönlichen Schutzausrüstungen zu benutzen.“

Zweck des **Chemikaliengesetzes** ist es, Mensch und Umwelt vor schädlichen Einwirkungen gefährlicher Stoffe zu schützen. Dies kann durch die Verpflichtung zur Prüfung, Anmeldung, Einstufung, Kennzeichnung und Verpackung gefährlicher Stoffe geschehen. Das Chemikaliengesetz sieht besondere Schutzmaßnahmen bei gefährlichen Stoffen und Zubereitungen vor. Die **Gefahrstoffverordnung** erfasst dementsprechend Stoffe und Zubereitungen, die für den Menschen gefährlich sind und enthält Bestimmungen über das Inverkehrbringen von und den Umgang mit gefährlichen Stoffen und Zubereitungen.

Die **Technischen Regeln Gefahrstoffe** (**TRGS**) geben den Stand sicherheitstechnischer, arbeitsmedizinischer, hygienischer sowie arbeitswissenschaftlicher Anforderungen an einzelne Gefahrstoffe hinsichtlich des Inverkehrbringens und des Umgangs wieder. Für den Bereich der Kosmetikerin ist insbesondere die TRGS 401 „Hautgefährdung“ von Bedeutung. Sie regelt die Schutzmaßnahmen und die Arbeitsorganisation bei hautbelastenden Tätigkeiten im feuchten Milieu.

Europäische Richtlinien und Normen enthalten Bestimmungen zum Inverkehrbringen von Geräten. Hersteller und Importeure sind verpflichtet, nur solche Geräte in den Verkehr zu bringen, die den allgemeinen anerkannten Regeln der Sicherheitstechnik entsprechen.

Arbeitgeber sind durch das Arbeitsschutzrahmengesetz verpflichtet, Betriebsärzte und Fachkräfte für Arbeitssicherheit zu bestellen. Damit soll eine regelmäßige arbeitsmedizinische und sicherheitstechnische Betreuung der Mitarbeiter und des Betriebs sichergestellt werden.

Neben den alle Arbeitnehmer betreffenden Gesetzen und Verordnungen bestehen weitere Vorschriften, die den Schutz besonderer Arbeitnehmergruppen bezwecken. Hierzu zählen das **Jugendarbeitsschutzgesetz** und das **Mutterschutzgesetz**.

Weitere Infos

– zu Inhaltsstoffen INCI unter:
www.haut.de
www.ikw.org
www.wasistdrin.de

– zu Umweltschutzmaßnahmen unter:
www.umweltlexikon-aktuell.de
www.wasser-wissen.de

– zu verschiedenen Vorschriften und Gesetzen unter:
www.arbeitsschutz.nrw.de
www.bgw-online.de
www.gesetze-im-internet.de
www.regelwerk.unfallkassen.de
www.dguv.de
www.ikw.org

2 Dermatologie

2

1 Die Haut

Die Haut ist das Arbeitsfeld der Kosmetikerin. Sie ist nicht nur eine äußere Hülle, die den Körper zusammenhält, sondern sie übt verblüffend viele Aufgaben aus. Dementsprechend ist es wichtig, den Aufbau und die vielfältigen Funktionen der Haut zu verstehen. Dies ist Grundlage für eine seriöse Berufsausübung, nicht zuletzt um professionell unseriöse Werbeaussagen von tatsächlich zu erzielenden Ergebnissen durch kosmetische Behandlungen und Präparate zu unterscheiden. Wichtig ist auch, einen Überblick über häufige Hauterkrankungen zu bekommen, da diese zum Teil auch von der Kosmetikerin behandelt werden (z. B. Akne) und um präventiv (d. h. vorbeugend) tätig zu werden. Die Kosmetikerin hat bei der Einschätzung des Hautzustandes von Kundinnen eine große Verantwortung, nicht zuletzt auch, da sie die Möglichkeiten und Grenzen ihres Berufs einschätzen muss.

1.1 Aufbau und Funktion der Haut

Rechnet man die unterste Hautschicht, das Unterhautfettgewebe, nicht mit ein, misst unsere **Haut** auch an den dicksten Stellen (Handinnenflächen und Fußsohlen) nur wenige Millimeter. Doch diese Millimeter haben es in sich: Sie üben lebenswichtige Schutzfunktionen aus und stellen neben anderen Sinnesorganen den Kontakt zur Umwelt her.

Die Haut besteht aus drei **Hautschichten**; von innen nach außen sind dies das Unterhautfettgewebe (Subcutis), die Lederhaut (Corium) und die Oberhaut (Epidermis). In Fachbüchern findet man unterschiedliche Bezeichnungen für die einzelnen Hautschichten: Oberhaut = Epidermis, oberer Teil der Cutis (Kutis), Lederhaut = Corium (Korium) = Dermis = unterer Teil der Cutis, Unterhautfettgewebe = Hypodermis = Subcutis (Subkutis). Das Kürzel „sub“ ist ein lateinischer Wortteil mit der Bedeutung „unter, unterhalb“. Hier bedeutet es „unterhalb der Cutis“, die wiederum aus Epidermis und Corium besteht.

Die wichtigste Schutzfunktion gegen chemische und physikalische Einflüsse übernimmt die **Oberhaut** (**Epidermis**). Sie ist ein sich ständig erneuerndes Gewebe, das aus mehreren Zellschichten besteht. Da die Epidermis einem hohen Verschleiß ausgesetzt ist, werden von der untersten Zellschicht ständig neue Zellen gebildet. Die Zellen verhornen im Verlauf

Die Haut – unser Arbeitsfeld

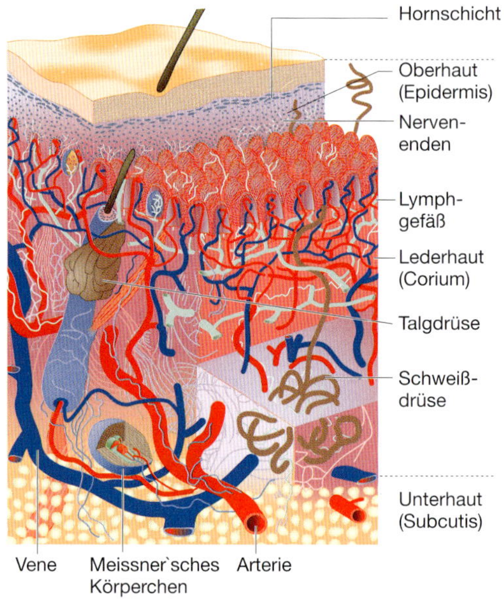

Die Haut – das Arbeitsfeld der Kosmetikerin – besteht aus drei Schichten: Oberhaut (Epidermis), Lederhaut (Corium) und Unterhautfettgewebe (Subcutis). Die Haut ist mit einer Fläche von rund zwei Quadratmetern eines der größten menschlichen Organe. Sie ist nicht nur eine äußere Hülle, die den Körper zusammenhält, sondern übt darüber hinaus Schutz- und Kontaktfunktionen aus.

ihrer Wanderung durch die Epidermis nach und nach, bis sie zuletzt als kernlose Hornplättchen unmerklich von der Hautoberfläche abgeschilfert werden. Dieser Prozess, beginnend mit der **Zellteilung** bis zur Abschilferung dauert etwa vier Wochen.

Man unterscheidet von unten nach oben Zellschichten der Epidermis, deren Schichtung Ausdruck der unterschiedlichen Aufgaben ist, die sie wahrnehmen. Diese sind die Keimschicht, die Stachelzellenschicht, die Körnerzellenschicht und die Hornschicht. In der innersten **Keimschicht** (**Stratum basale**) finden die Zellteilungen statt. Die hier gebildeten Zellen, die **Keratinozyten**, werden durch ständig neu gebildete Zellen in die darüberliegenden Zellschichten geschoben. In der **Stachelzellenschicht** (**Stratum spinosum**) werden die Keratinozyten der oberen Zelllagen durch biochemische Regulationsprozesse bereits langsam flacher und nehmen ein stacheliges Aussehen an. In der **Körnerzellenschicht** (**Stratum granulosum**) sind in den Zellen unter dem Mikroskop Körner sichtbar. Dies sind die Vorläufer der Hornschichtlipide. In dieser Schicht werden die Zellen flacher und die Zellkerne abgebaut. Von den Zellen wird eine zement-

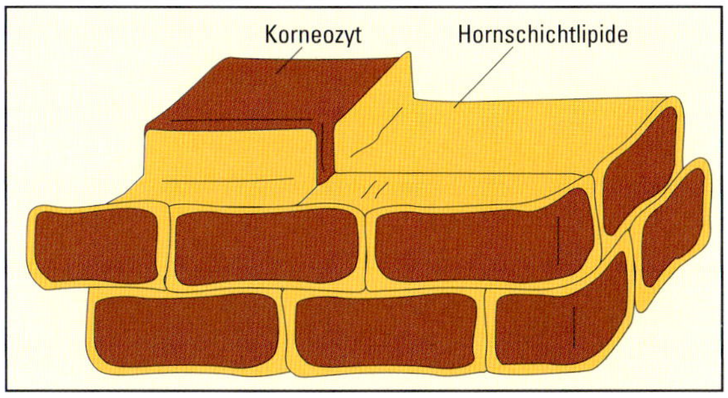

Die Hornschicht als „Ziegelsteinmauer": Die Zellen der Hornschicht, die Korneozyten, sind durch Hornschichtlipide miteinander verbunden.

artige Fettsubstanz (Hornschichtlipide) in die Zellzwischenräume freigesetzt. Diese ist für die Barrierefunktion der Epidermis von großer Bedeutung.

Die **Hornschicht** (**Stratum corneum**) ist die äußerste Zellschicht und deshalb als erste schädigenden Umwelteinflüssen ausgesetzt. Ihre volle Funktionsfähigkeit ist deshalb von größter Bedeutung für die Gesunderhaltung der Haut. Die Zellen, die im Stratum basale, Stratum spinosum und Stratum granulosum als Keratinozyten bezeichnet werden, werden im Stratum corneum **Korneozyten** genannt. Sie sind vollständig verhornt. **Verhornung** bedeutet, dass die Zellen keinen Kern mehr aufweisen, starr und unbeweglich werden und fast vollständig mit der Hornsubstanz Keratin angefüllt sind. Sie sind in einer streng geometrischen Anordnung, ähnlich einer Ziegelsteinmauer angeordnet. Die hauteigenen Lipide (Hornschichtfette) üben die Funktion des „Mörtels in einer Ziegelsteinmauer" aus. Diese Fixierung wird in den obersten Zelllagen langsam gelöst, sodass die Zellen in Form von Hornplättchen abgeschilfert werden können.

Die Epidermis besteht zu 90 % aus **Keratinozyten**, die in der Hornschicht **Korneozyten** genannt werden. Es befinden sich jedoch noch andere Zellarten

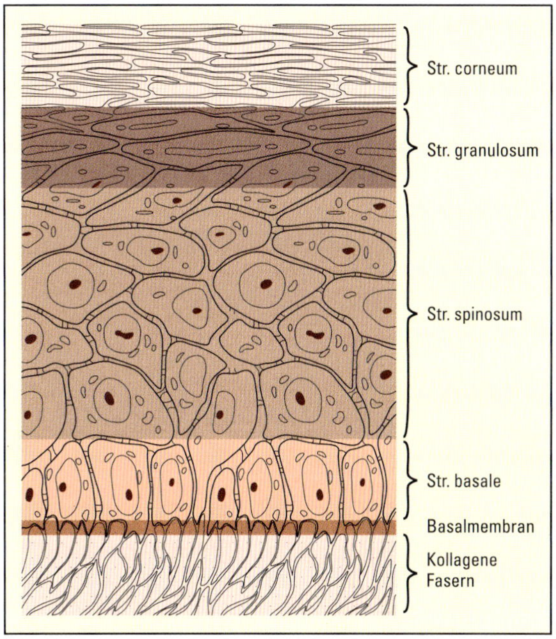

Aufbau der Epidermis: Es werden vier Zellschichten – die jeweils spezielle Aufgaben übernehmen – unterschieden. Dies sind von innen nach außen die Keimschicht (das Stratum basale), die Stachelzellenschicht (das Stratum spinosum), die Körnerzellenschicht (das Stratum granulosum) und die Hornschicht (das Stratum corneum).

in der Oberhaut, die verschiedene Aufgaben übernehmen.

Die **Melanozyten** bilden das Hautpigment Melanin. Melanin kann eine rote, gelbe, braune oder schwarze Farbe haben. Melanozyten befinden sich in der Keimschicht der Epidermis und im Haarfollikel. Sie haben lange Zellausläufer, die in höhere Epidermisschichten reichen. Über diese Fortsätze geben sie Pigmente an die Keratinozyten ab. Ein Melanozyt versorgt durchschnittlich 36 Keratinozyten. Eine Aufgabe der Melanozyten bzw. der von ihnen produzierten Pigmente ist der körpereigene Lichtschutz.

Bezeichnung	Funktion	Bemerkung
Keratinozyten/ Korneozyten	Ausbildung eines wirksamen Schutzwalls gegen Eindringlinge, Mitwirkung an Reaktionen des Immunsystems	Machen 90 % aller Zellen in der Epidermis aus. Von der Keimschicht bis zur Körnerzellenschicht heißen sie Keratinozyten, in der Hornschicht Korneozyten.
Melanozyten	Körpereigener Lichtschutz	Bei den verschiedenen Hauttypen überwiegen unterschiedliche Melaninfarben (rot, gelb, braun, schwarz).
Langerhanszellen	Außenposten des Immunsystems, erkennen und verarbeiten eingedrungene Fremdstoffe	Werden auch „Fresszellen" genannt, können Fremdstoffe aufnehmen und abtransportieren.

Die Zellen der Epidermis: Bezeichnung, Funktion und Besonderheiten

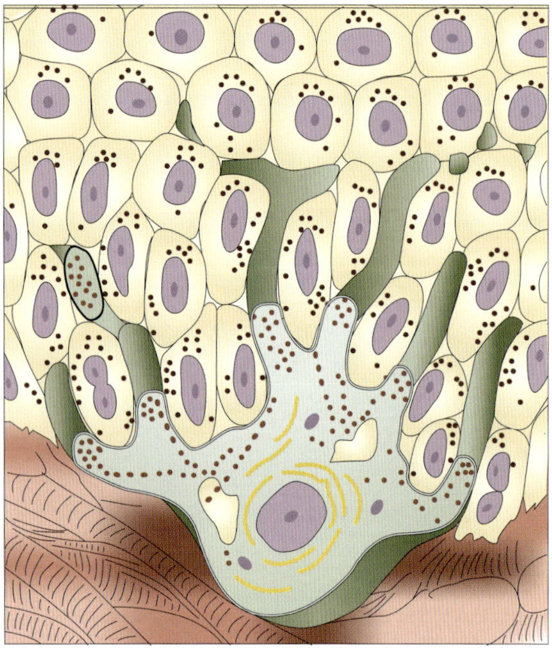

Melanozyten befinden sich in der Basalzellenschicht der Epidermis. Sie können ihre Zellausläufer weit bis in höhere Schichten ausstrecken. Über die Zellausläufer geben sie das von ihnen produzierte Melanin an die Keratinozyten ab.

Die **Langerhanszellen** werden als „Außenposten" des Immunsystems bezeichnet. Sie befinden sich im Stratum basale und spielen z. B. bei der Entstehung allergischer Kontaktekzeme eine große Rolle. Auch diese Zellen besitzen Fortsätze, die sich in die Zellzwischenräume der Keratinozyten ausstrecken.

Die **Lederhaut** (das **Corium**) besteht aus dichtem Bindegewebe. Sie ist durch die Basalmembran mit der darüberliegenden Epidermis durch zapfenartige Kollagenfaserschleifen, den **Bindegewebspapillen**, verbunden. Die Lederhaut ist je nach Beanspruchung etwa 0,3 – 2,4 mm dick. Die zarte Haut unter dem Auge ist dünner und mit flacheren Papillen mit der Epidermis verzahnt als die stark beanspruchte Haut an den Ellenbeugen. Unterhalb der Basalmembran verlaufen zahlreiche feinste Blut- und Lymphgefäße, die die Oberhaut (**Epidermis**) mit Nährstoffen versorgen und den Abtransport von Schadstoffen übernehmen. Man unterteilt das Corium noch einmal in zwei Schichten: in das feinfaserige **Stratum papillare** (Stratum = lat. Schicht, Lage), das mit der Epidermis verzapft ist und aus elastischen und collagenen Fasern besteht. Die Bindegewebsfasern sind hier locker gewebt. In sie eingebettet finden sich die Blut- und Lymphkapillaren sowie feine Nervenendigungen. Die darunterliegende Schicht, die an die Subcutis grenzt, wird **Stratum reticulare** (Reticulum = lat. kleines Netz) genannt. Diese enthält größere Nerven- und Blutgefäße sowie Schweißdrüsen und Haarfollikel.

Das Corium mit seinen collagenen und elastischen **Bindegewebsfasern** ist für die Festigkeit und die Belastbarkeit der Haut durch mechanische Einwirkungen (z. B. Stoß, Zug und Schub) verantwortlich. Die Bindegewebsfasern werden von bestimmten Zellen hergestellt: Die **Fibroblasten**, auch einfach **Bindegewebszellen** genannt, produzieren faserige **Collagene** (**Kollagene**). Dies sind Gerüstproteine des Coriums. Sie weisen eine gewisse Biegsamkeit auf, dehnen kann man sie allerdings nicht. Das einmal synthetisierte Collagennetzwerk des Coriums wird im Gegensatz zu dem Gewebe der Epidermis nur sehr langsam wieder abgebaut und erneuert. Ein anderes Gerüstprotein der Dermis ist das **Elastin**, aus dem die elastischen Fasern bestehen. Das Elastin ist, wie der Name andeutet, sehr elastisch und sehr stark dehnbar. Die elastischen Fasern umgeben die collagenen Fasern und gewährleisten so die Dehnbarkeit und Reißfestigkeit der Haut. Neben diesen beiden Faserarten aus Collagen und Elastin gibt es noch andere **Gerüstproteine**, die z. B. für die Haftung von Zellen an den Fasersträngen des Bindegewebes aus collagenen und elastischen Fasern sorgen.

In das Collagennetzwerk sind eine Reihe von weiteren Zellen eingelagert. Dazu zählen neben den **Fibroblasten**, die das Collagen und Elastin produzieren, u. a. die Mastzellen, Histiozyten und Nervenzellen. **Mastzellen** produzieren Histamin und andere Botenstoffe, die in der Mastzelle eingelagert werden. Sie werden bei bestimmten Entzündungsreaktionen freigesetzt. **Histamin** ist dann z. B. für die Auslösung des Juckreizes und zum Teil für die Weitstellung der Gefäße verantwortlich.

Histiozyten – sogenannte „wandernde Bindegewebszellen" – können Fremdkörper phagozytieren (= einen Fremdstoff in die Zelle aufnehmen, „fressen") und speichern. Das Corium enthält darüber hinaus eine ganze Reihe von Nervenzellen bzw. Nervenendigungen, die über ein feines Fasergeflecht ihrer Zellausläufer die Tast-, Temperatur- und Schmerzreize vermitteln. Sie sorgen zudem für die vegetative Versorgung von Gefäßen, Haarpapillen und Drüsen. Freie Nervenendigungen reichen bis in die Epidermis. Als besonders ausgeprägte Sinneszellen sind die **Meißnerschen Tastkörperchen** sowie die auf Druck reagierenden **Vater-Pacini-Körperchen** im tiefen Corium hervorzuheben. Beide kommen an den Handinnenflächen und Fußsohlen besonders zahlreich vor.

Die zwischen die Maschen des Gerüstproteinnetzes eingelagerten Zellen und Nervenfasern füllen die Hohlräume des Netzes nur zu einem ganz geringen Teil aus. Hauptfüllsubstanz ist ein stark wasserbindendes Gel. Dieses Gel besteht aus Protein- und

Zellarten	Funktion
Fibroblasten	Hauptzellen des Coriums, produzieren die faserigen Collagene
Histiozyten	wandernde Bindegewebszellen, erkennen Fremdkörper und phagozytieren („fressen“) sie
Mastzellen	produzieren Botenstoffe, die bei Entzündungsreaktionen freigesetzt werden
Nervenzellen	vermitteln Tast-, Temperatur- und Schmerzreize

Die wichtigsten Zellarten des Coriums

Schichten des Coriums	Gefäße/Fasern/ Anhangsgebilde	Funktion
Stratum papillare	locker verknüpftes Bindegewebe, feine Blutkapillaren, Lymphgefäße, Nervenendigungen	Verzahnung von Epidermis und Corium durch die Papillarstruktur (wellenförmige Ausbildung), Dehnbarkeit der Haut, Versorgung der Epidermis, Abtransport von Stoffwechselprodukten und Fremdstoffen, Reizübertragung
Stratum reticulare	eng verknüpftes Bindegewebe, tieferes Gefäßnetz, Haarfollikel, Schweiß- und Talgdrüsen, gelartige Füllsubstanz	Festigkeit und Belastbarkeit der Haut (Stoß, Druck, Schub), Wasserbindung

Die beiden Schichten des Coriums: Aufbau, Bestandteile und Funktion

Die Haut ist ein sensibles Tastorgan. Sie kann bei Blinden einige Funktionen des Gesichtssinnes übernehmen, z. B. das Lesen der Blindenschrift.

Zuckermolekülen, die ein Vielfaches ihres eigenen Gewichts an Wasser binden können. Diese extreme Wasserbindungsfähigkeit füllt und spannt das Collagennetz. Die Haut wirkt prall, glatt und jugendlich. Die Wasserbindungsfähigkeit lässt jedoch mit der Hautalterung nach. Der Flüssigkeitsgehalt des Gewebes bedingt einen **Spannungszustand** (**Turgor**). Der **Tonus** ist dagegen der (An-)Spannungszustand, z. B. von Muskeln, Gefäßen oder Nerven. Aussehen und Beschaffenheit der Haut werden entscheidend von diesen beiden Faktoren mitbestimmt.

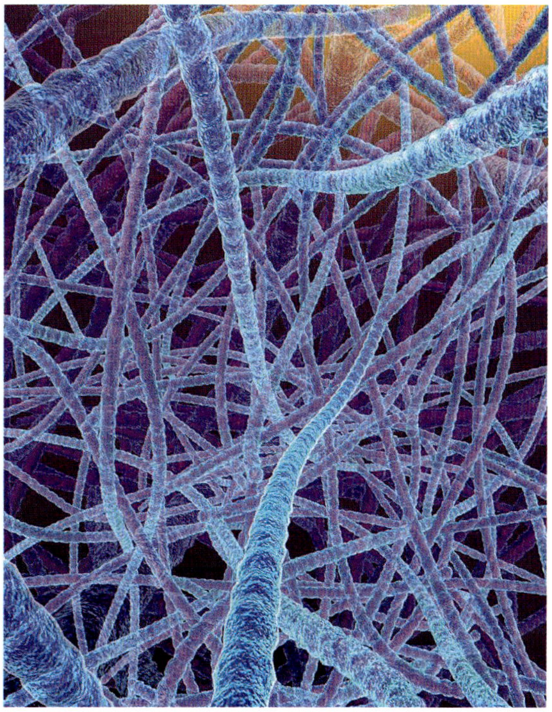

Das Collagennetzwerk: Ein Collagenmolekül besteht aus langen, ineinander gewundenen Eiweißketten. Diese sind parallel und versetzt zueinander als Collagenfibrillen angeordnet, zu Collagenfasern gebündelt und netzartig miteinander verbunden (rasterelektronenmikroskopisches Bild).

2

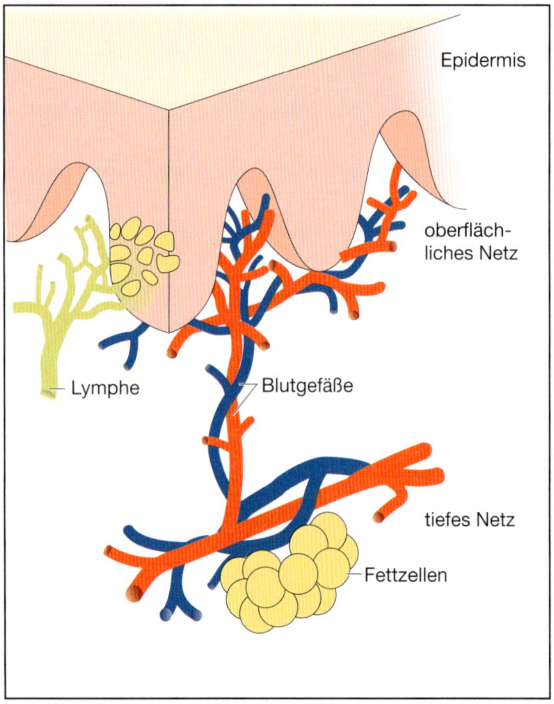

Oberflächliches und tiefes Gefäßnetz der Haut: Das fein verzweigte oberflächliche Gefäßnetz übernimmt die Versorgung der gefäßlosen Epidermis mit Nährstoffen. Es ist mit dem tiefen Gefäßnetz verbunden, das über Arterien Sauerstoff und Nährstoffe ins Gewebe bringt und über Venen den Abtransport von Stoffwechselprodukten gewährleistet. Auch Lymphgefäße sind an solchen Transportprozessen beteiligt.

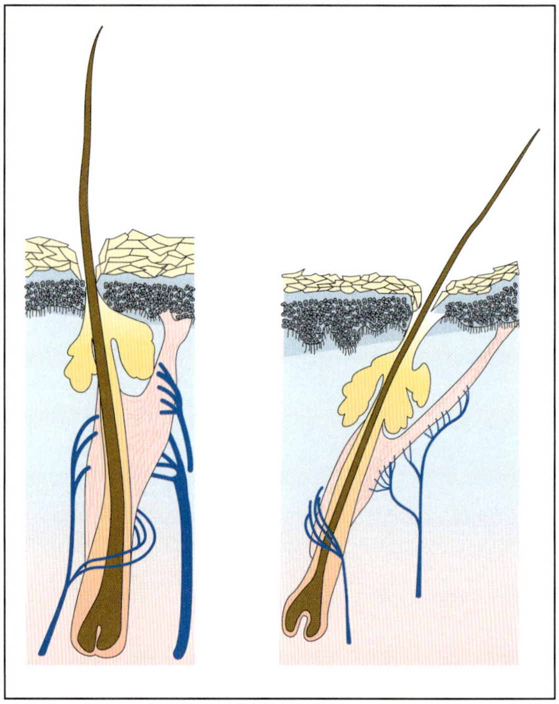

Der Haarbalgmuskel kann sich bei Kälte zusammenziehen. Sichtbar wird dieses Phänomen als Gänsehaut.

Im Wesentlichen wird die Haut von zwei **Blutgefäßnetzen** versorgt: Das tiefere Gefäßsystem befindet sich an der Grenze zwischen Corium und Subcutis (tiefes Netzwerk). Das obere Gefäßsystem liegt in der Papillarschicht des Coriums (oberflächliches Netzwerk). Beide Systeme sind durch senkrechte Verbindungsgefäße miteinander verbunden. **Arterien** bringen Nährstoffe und Sauerstoff in das Hautbindegewebe. Der Abtransport von Stoffwechselprodukten verläuft über die Venen und zum Teil auch über die Lymphgefäße. Das obere System verfügt über sehr feine Kapillaren (Blutgefäße), die auch der Versorgung der gefäßlosen Epidermis dienen. Das **Lymphgefäßsystem** ist ein eigenes „Röhren"-System zur Ableitung von Gewebewasser.

Alle Bewegungen des Menschen werden mithilfe der **Muskulatur** ausgeführt. Die **Muskeln** bestehen aus langgestreckten, zusammenziehbaren Zellen, den Muskelfasern. Die Muskeln, die unserem Willen unterworfen sind, werden willkürliche Muskeln oder quer gestreifte Muskeln genannt. Demgegenüber werden Muskeln, die sich ohne unseren Willen bewegen, unwillkürliche Muskeln oder glatte Muskeln genannt. Die quergestreiften, willkürlichen Muskeln befinden sich jedoch nur im Gesichts- und Halsbereich in der Haut und bestimmen unsere **Mimik**.

Ein unwillkürlicher Muskel des Coriums ist der **Musculus arrector pili** (**Haarbalgmuskel, Haaraufrichtemuskel**). Jedes Haar hat einen eigenen Muskel, der an der äußeren Wurzelscheide verankert ist. Bei Menschen erfüllen diese Haarbalgmuskeln keine wichtige Funktion mehr. Bei Kälte, Furcht oder Ekel ziehen sie sich zusammen und richten das Haar auf. Es kommt zur „Gänsehaut". Dabei drücken sie auf die Talgdrüsen. Über das „Auspressen" der Talgdrüsen kommt es zur Fettung und Wärmeisolierung der Haut.

Das **Unterhautfettgewebe**, die **Subcutis**, enthält fast den gesamten Fettanteil der Haut. Die Subcutis besteht aus lockerem **Bindegewebe**, in das träubchenförmige Fettzellhaufen, Blutgefäße und Nervenzellen eingebettet sind. Nach oben schließt sich die Cutis ohne scharfe Abgrenzung an. Die Subcutis schützt die darunterliegenden Organe vor Druck und Stoß. Gleichzeitig dienen die Fetteinlagerungen der Wärmeisolierung und als Speicher für Nährstoffe, auf die in schlechten Zeiten zurückgegriffen werden kann. Auch bei Diäten werden diese Fettzelleinlagerungen abgebaut. Die Dicke des Unterhautfettgewebes hängt demnach stark von der Ernährung ab. Hinzu kommen anlagebedingte Faktoren wie hormonelle Einflüsse und andere Stoff-

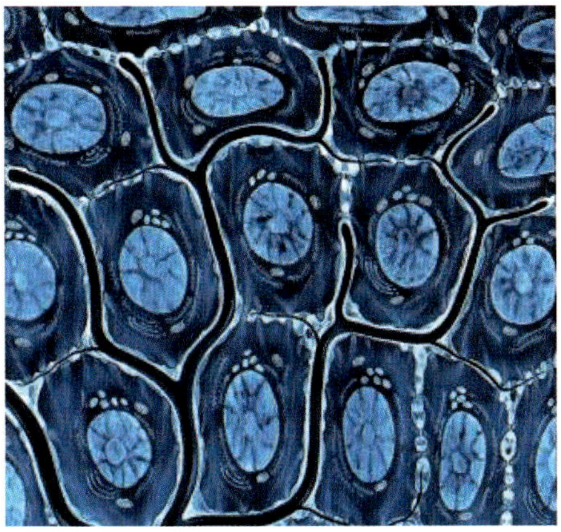

Die Subcutis enthält zahlreiche Fettzellen, die in Trauben angeordnet in das lockere Bindegewebe eingebettet sind. Außerdem enthält die Subcutis Blutgefäße und Nervenzellen.

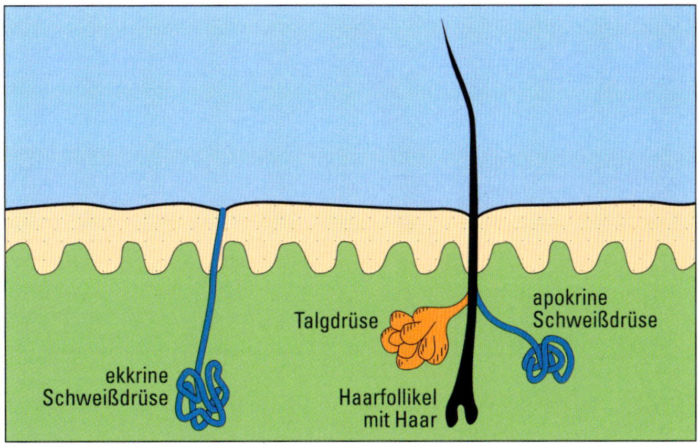

Zu den Hautanhangsgebilden zählen neben den Nägeln Haare, Talgdrüsen sowie apokrine und ekkrine Schweißdrüsen.

wechselfaktoren. Eine Überernährung in der Kindheit führt dazu, dass übermäßig viele **Fettzellen** angelegt werden und lebenslänglich die Fettablagerung in dieser Hautschicht gefördert wird. Wenn Bindegewebe und Fettzellen in einem unausgewogenen Verhältnis zueinander stehen, kommt es z. B. zur **Cellulite**.

1.2 Aufbau und Funktion der Hautanhangsgebilde

Zu den **Hautanhangsgebilden** zählen die Haare, die Nägel, die Talg- und die Schweißdrüsen. Sie sind alle epidermalen Ursprungs, aber tief im Corium verankert.

Eine wichtige physiologische Funktion erfüllen **Haare** bei Menschen heute kaum noch. In früheren Zeiten und bei Tieren hatte und hat das Haar wichtige Funktionen: vor allem der Schutz vor Kälte, vor Sonneneinstrahlung und zur Abwehr von Insekten. Volles und kräftiges Haar ist ebenso wie eine straffe glatte Haut Ausdruck für Jugend und Schönheit. Die Kosmetikerin ist sowohl mit der Entfernung von als störend empfundener Körperbehaarung konfrontiert, als auch mit der Pflege des Kopfhaares.

Die Haare liegen im **Haarfollikel** (**Haarbalg**). Der Haarfollikel ist eine Einstülpung in die Epidermis. Die Haare selbst setzen sich aus der **Haarwurzel** und dem **Haarschaft** zusammen. Die **Haarzwiebel** ist der untere, etwas verdichtete Teil der in der Haut liegenden Haarwurzel. Der Haarschaft ist der Teil des Haares, der außerhalb der Haut liegt. Die Haarzwiebel liegt direkt über der Haarpapille. Die Haarpapille ist ein Teil des Coriums, sie ist für die Produktion der Haarzellen zuständig. In der **Haarpapille** liegen Blutgefäße, die die **Keratinozyten** auf der Haarpapille mit Nährstoffen versorgen.

Die Zellschichten, die das Haar umgeben, werden innere (epidermale) und äußere (dermale, dem Corium zugehörige) Wurzelscheide genannt. Die äußere Wurzelscheide besteht aus collagenem Gewebe. Um den Haarfollikel liegt ein dichtes Netz sensorischer Nervenfasern, die für die Aufnahme von Sinnesreizen verantwortlich sind. In den Follikel münden außerdem eine oder mehrere Talgdrüsen. Der Talg dieser Drüsen gelangt über den Haarfollikelausgang an die Hautoberfläche. Jedem Haar (mit Ausnahme der Wimpern und Augenbrauen) steht außerdem ein Muskel, der **Haaraufrichtemuskel**, zur Seite.

Weil im Bereich der Haarzwiebel ständig neue Zellen durch Zellteilung produziert werden, wird das Haar nach außen geschoben. Bei diesem Vorgang verhornen die Keratinozyten immer mehr. Die Keratinozyten strecken sich spindelförmig in Längsrichtung und bilden den **Cortex**, auch Faserstamm genannt. Im Cortex sind die verhornenden Keratinozyten zu Fibrillen, das sind Bündel aus einzelnen Fasersträngen, angeordnet. Oberhalb der Haarzwiebel finden ebenfalls Zellteilungen statt. Diese Zellen verhornen hier jedoch zu flachen Plättchen, die sich als Schuppenschicht (**Cuticula**) um das entstehende Haar legen. Betrachtet man den Querschnitt eines Haares, so erscheinen Cuticula und Cortex-Fibrillen wie ein Elektrokabel. In der Haarmitte gibt es bei dickeren Haaren noch eine weitere Substanz, die Marksubstanz oder **Medulla**, die aus unvollständig verhornten Zellen und Gasbläschen besteht.

Je nach Aufbau und Funktion werden drei **Haararten** unterschieden. 1. Das **Lanugohaar** (**Flaumhaar**) ist

2

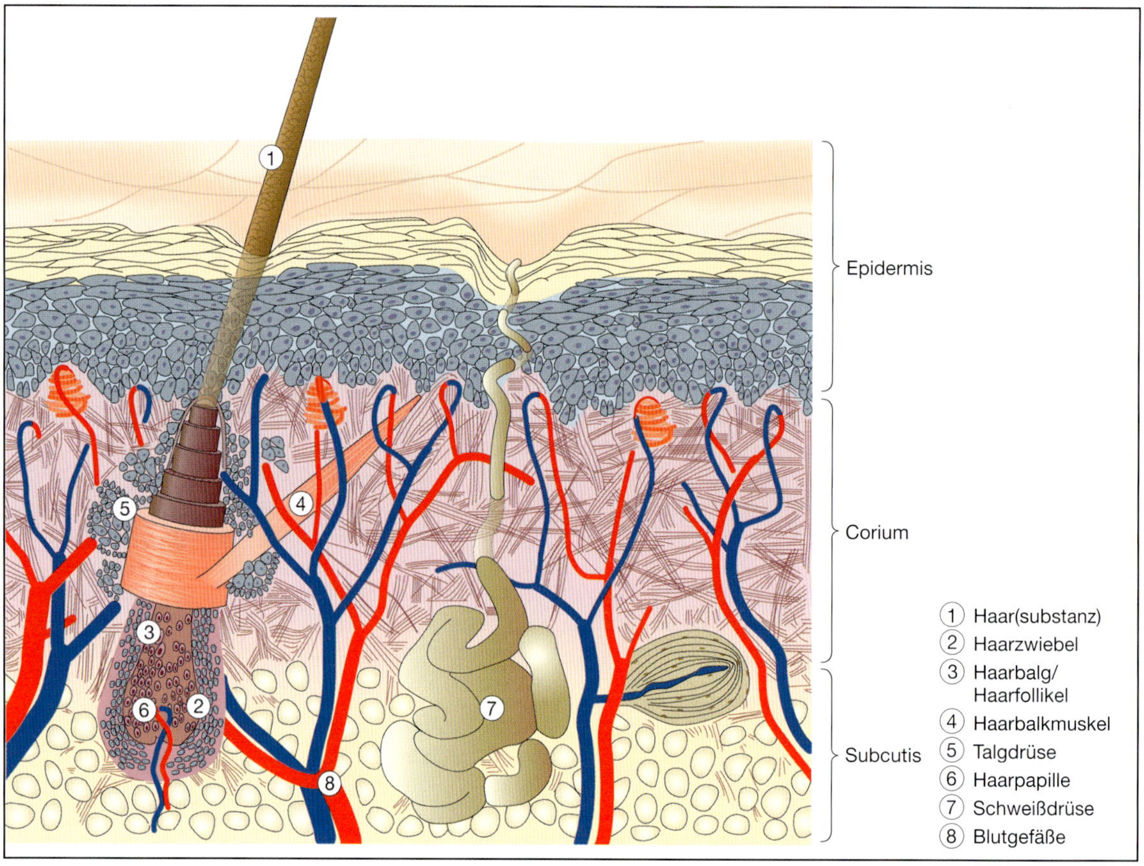

Das Haar ist tief in das Corium eingebettet. Zum Haar gehört eine Talgdrüse, die ihren Talg über den Haarfollikel an die Hautoberfläche ausscheidet.

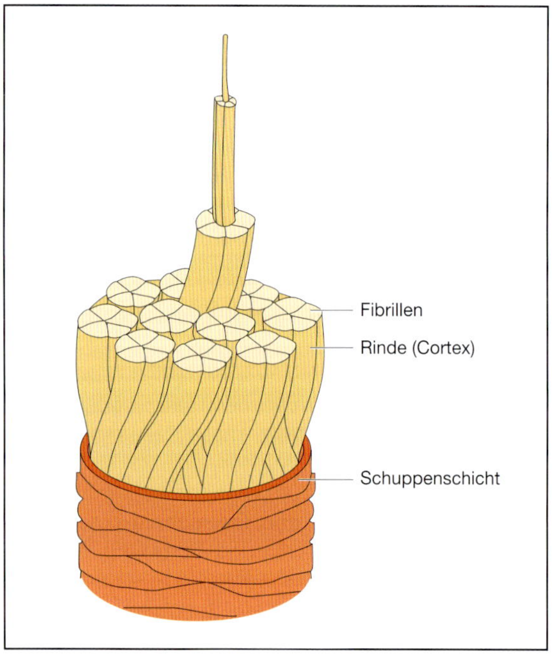

Der Querschnitt durch ein Haar verdeutlicht den komplexen Aufbau: Viele einzelne Keratinfasern sind zu Fibrillen verdrillt, die von einer Rinde (Cortex) und einer Schuppenschicht (Cuticula) umgeben sind.

Mikroskopische Aufnahme eines Haares mit deutlich sichtbarer Schuppenschicht und umliegenden Hautzellen der Hornschicht.

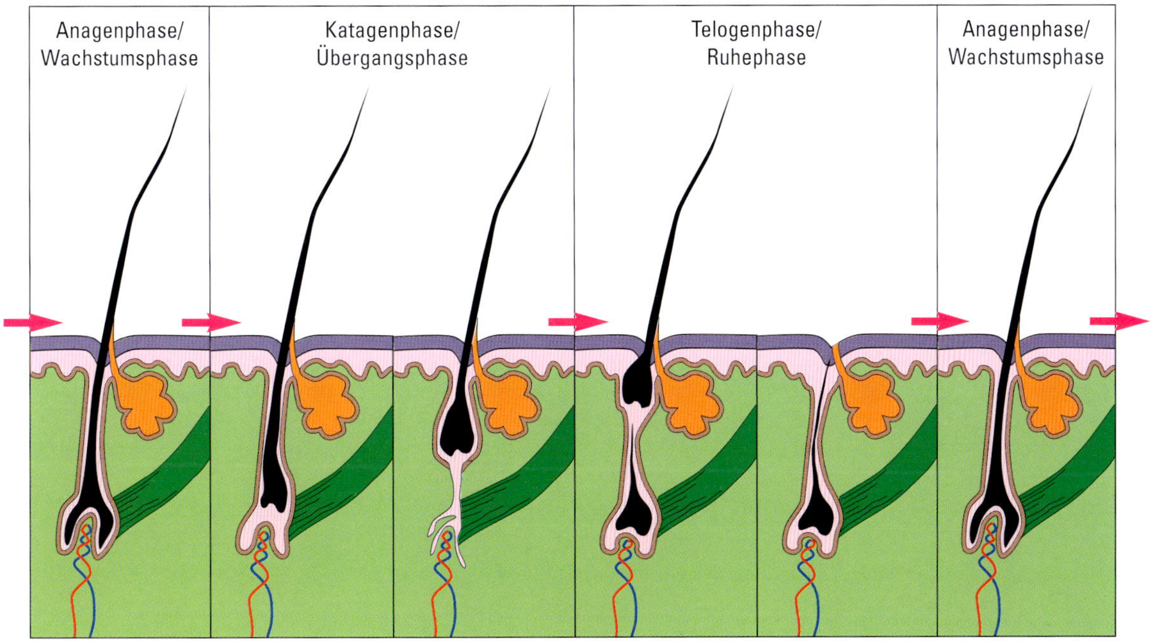

Wachstumsphasen des Haares: Man unterscheidet die Anagenphase, das ist die eigentliche Wachstumsphase, die kurze Katagenphase, in der das fertige Haar im Follikel ruht, um dann in die Telogenphase überzugehen, in der sich die Verankerung des Haares im Follikel langsam löst und das Haar ausfällt.

die zarte Behaarung von Föten und Neugeborenen. 2. Das **Vellushaar** (**Wollhaar**) bezeichnet die zarte Körperbehaarung. Bis zur vollen Geschlechtsreife werden an verschiedenen Körperregionen diese Haare z. B. durch die sekundäre Geschlechtsbehaarung ersetzt. 3. Das **Terminalhaar** ist das Haupthaar. Dazu zählen Kopfhaar, Schambehaarung, Wimpern und Augenbrauen. Die Wimpern und Augenbrauen werden auch Borstenhaare genannt.

Haare haben einen vorgegebenen Lebenszyklus, der sich in verschiedene **Wachstumsphasen** unterteilen lässt. Jede Phase ist an einer charakteristischen Haarstruktur zu erkennen. Die Wachstumsphase eines Haares beträgt ca. zwei bis sechs Jahre. In dieser Phase befinden sich ständig ca. 85–90 % aller Haare. Dieses Stadium wird **Anagenphase** genannt. Etwa 1 % der Haare befinden sich in einer kurzen Übergangsphase (**Katagenphase**), die etwa zwei Wochen dauert. Daran schließt sich die Ruhephase (**Telogenphase**) an, die etwa zwei bis vier Monate dauert. Während der Telogenphase löst sich die Verankerung des Haares im Follikel. Wenn die Ruhephase abgeschlossen ist, fallen die Haare aus. Ein Haarverlust von 40–100 Haaren täglich gilt als normal. Ein neues Haar wächst aus dem entsprechenden Follikel erst nach ca. eineinhalb bis drei Monaten nach, dabei kann es etwa einen Zentimeter im Monat bzw. etwa 0,2–0,5 mm täglich wachsen. Die Gesamtzahl der Kopfhaare beläuft sich bei Europäern auf etwa 100.000. Unmerklich erneuern sich die Terminalhaare ständig, dabei halten sich die Neubildung und der Ausfall im Normalfall die Waage. Das liegt daran, dass sich die einzelnen Haare in unterschiedlichen Wachstumsphasen befinden. Der Haarzyklus verläuft asynchron.

Nägel sind bei der Handpflege (Maniküre) und Fußpflege (Pediküre) zentrales Objekt der Arbeit der Kosmetikerin. Der **Nagel** ist genau wie die Haare und die Schweiß- und Talgdrüsen ein Hautanhangsgebilde. Er besteht (wie die Hornschicht und die Haare) aus verhornten **Keratinozyten**. Die unterschiedliche Beschaffenheit von Haaren, Hornschicht und Nägeln beruht auf deren unterschiedlichem Verhornungsgrad und Schwefelgehalt. Der Nagel dient als eine Art Widerlager beim Tasten und Drücken und ermöglicht dadurch ein feineres Tastempfinden. Außerdem bietet der Nagel Schutz für die blut- und nervenreichen Endglieder der Finger und Zehen.

Der Nagel ist eine durchscheinende, mäßig gebogene und etwa 0,5–0,7 mm dicke **Nagelplatte**, die aus kernlosen Korneozyten besteht. Die Nagelplatte liegt auf dem **Nagelbett** (**Hyponychium**). Das Nagelbett ist reich mit Blutgefäßen durchzogen und versorgt die zwischen Nagelplatte und Nagelbett liegende **Keimschicht** (Matrix).

Das **Nagelwachstum** ist in hohem Maß von der Blutversorgung abhängig. Gebildet wird der Nagel von der **Nagelmatrix** (oder Mutterschicht), die unter dem hinteren von der Haut bedeckten Teil des Nagels (**Nagelwurzel**) liegt. Vor der Nagelwurzel ist das

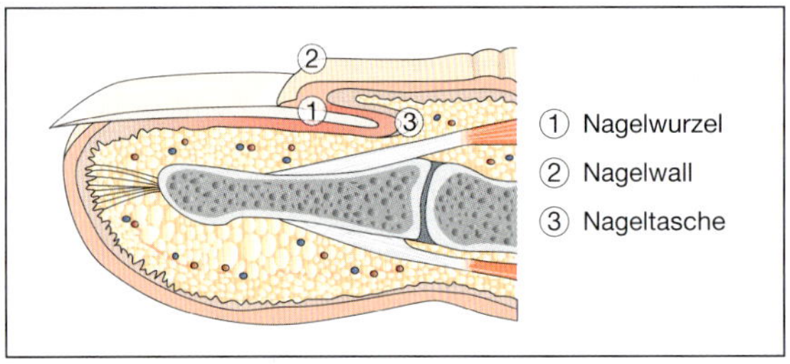

Unterhalb des Nagelwalls befindet sich im Bereich der Nagelwurzel eine etwa 5 Millimeter tiefe Nageltasche.

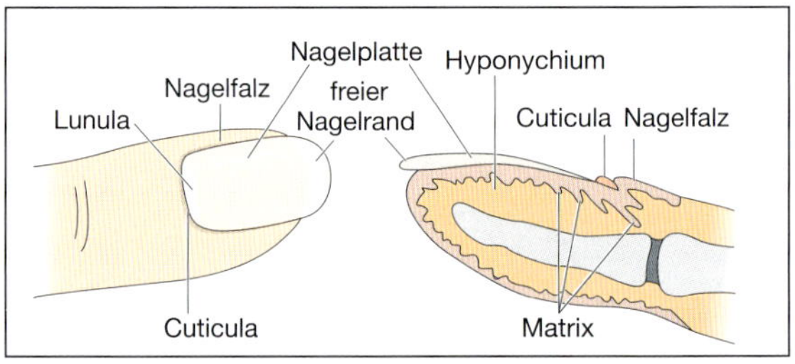

Der Aufbau des Nagels: Die Nagelplatte aus verhornten Keratinozyten liegt dem Nagelbett auf und steckt seitlich in der Nagelfalz. Der Nagel wird von der Nagelmatrix gebildet, die durch die Nagelhaut geschützt wird.

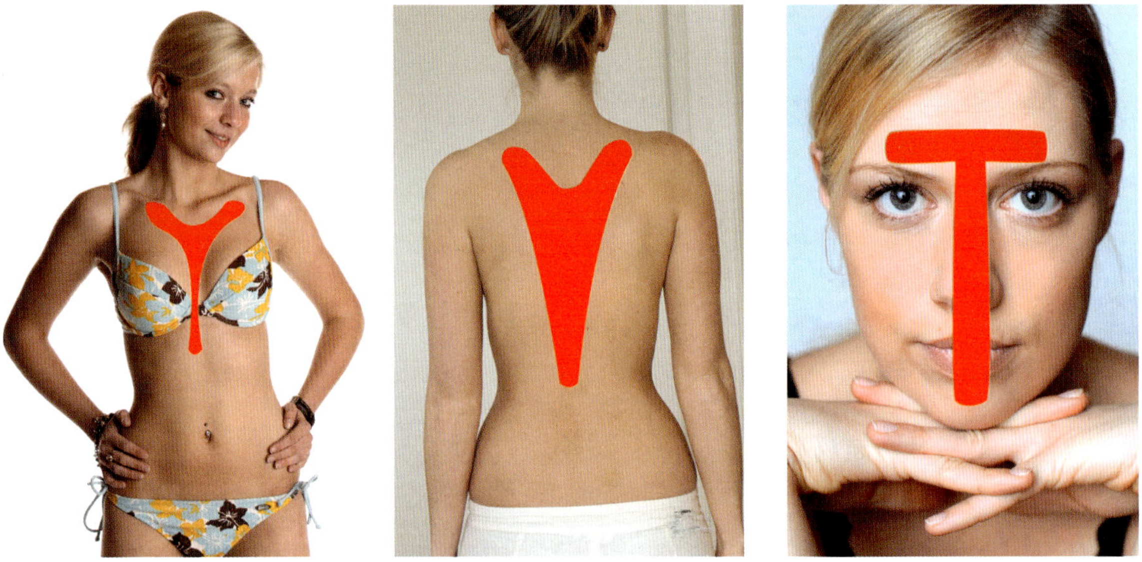

Areale mit besonders vielen Schweiß- und Talgdrüsen: die vordere und die hintere Schweißrinne und die T-Zone im Gesicht

weißlich schimmernde **Möndchen** (**Lunula**) sichtbar, das teilweise von der Nagelhaut (Cuticula) bedeckt wird. Die **Nagelhaut** wiederum dient als Infektionsschutz der Matrix. Die Nagelplatte wird seitlich von der **Nagelfalz** umwölbt. Die Hauterhebungen um den Nagel werden als **Nagelwall** bezeichnet.

Die Finger- und Fußnägel wachsen durch Zellteilung der Matrixzellen. Die Dicke der Nägel ist von der Anzahl dieser Zellen abhängig. Im Lauf des Lebens verlangsamt sich das Wachstum. Die Wachstumsgeschwindigkeit ist sehr verschieden. Sie schwankt zwischen 0,5 und 1,2 mm pro Woche und kann sogar zwischen den Nägeln eines Individuums unterschiedlich sein. Zehennägel wachsen etwa halb so schnell wie Fingernägel. Es dauert ca. sechs Monate, bis sich ein Fingernagel vollständig erneuert hat.

Bei der **Nagelpflege** (**Maniküre**) sollte die Kosmetikerin darauf achten, dass die Nagelhaut nicht zu stark zurückgeschoben oder geschnitten wird, weil hierdurch die empfindliche Matrixschicht leichter geschädigt werden kann. Dann können Erreger leicht eindringen.

Die **Drüsen der Haut** werden nach der Art ihres Absonderungsvorgangs unterschieden. **Ekkrine Drüsen** scheiden Stoffe aus und verändern sich selbst dabei nur wenig. **Apokrine Drüsen** scheiden bei der Sekretion auch einen Teil der Zelle aus. **Holokrine Drüsen** (z. B. **Talgdrüsen**) scheiden ganze Zellen mit aus.

Ekkrine Schweißdrüsen sind bereits mit dem bloßen Auge als Pore an der Hautoberfläche erkennbar. Sie sind über den ganzen Körper verteilt – am dichtesten – ca. 600/cm^2 – sind sie an den Fußsohlen und am spärlichsten am Oberschenkel – ca. 100/cm^2 – vorhanden. Es handelt sich um im Corium liegende Drüsen, die einen an der Hautoberfläche frei mündenden, korkenzieherartigen Ausführungsgang haben. Wichtig ist in diesem Zusammenhang die vordere und hintere **Schweißrinne**. In der Schweißrinne befinden sich zahlreiche Schweiß- und auch Talgdrüsen. Hier sind z. B. die Effloreszenzen der Akne besonders ausgeprägt. Die vordere Schweißrinne verläuft am Rumpf zwischen den Brüsten und die hintere zwischen den Schulterblättern.

Schweißdrüsenart	Vorkommen	Funktion
Ekkrine Schweißdrüsen – Drüsen produzieren Schweiß und scheiden ihn aus	– etwa zwei Millionen am ganzen Körper – besonders dicht an Handtellern und Fußsohlen – dicht in der vorderen und hinteren Schweißrinne	Ekkriner Schweiß hält die Hornschicht geschmeidig, ist Bestandteil des Wasser-Fett-Films auf der Hautoberfläche und ist beteiligt an der Thermoregulation der Haut.
Apokrine Schweißdrüsen – Drüsenteile werden durch Abschnürung mit dem Sekret zusammen ausgeschieden	– besonders dicht in der Achsel- und Genitalregion und um die Brustwarzen herum	– sorgen für individuellen Körpergeruch – spielen eine Rolle bei der sexuellen Anziehung – nehmen ihre Funktion erst während der Pubertät auf

Art und Funktion von Schweißdrüsen

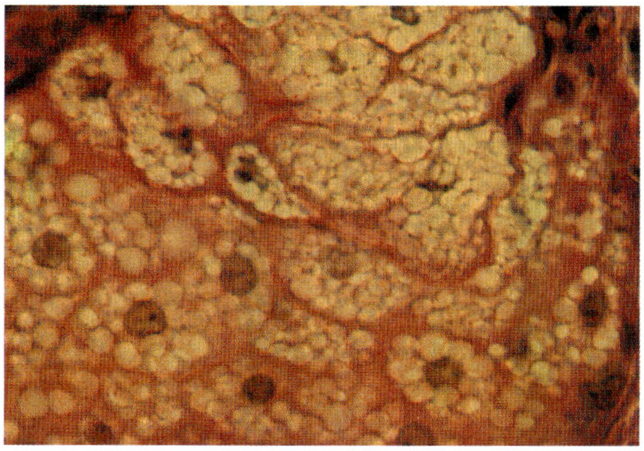

Mikroskopische Aufnahme eines Längsschnitts durch eine Talgdrüse: Die Drüsenzellen werden zu Sekret und gehen bei der Bildung des Talgs zugrunde.

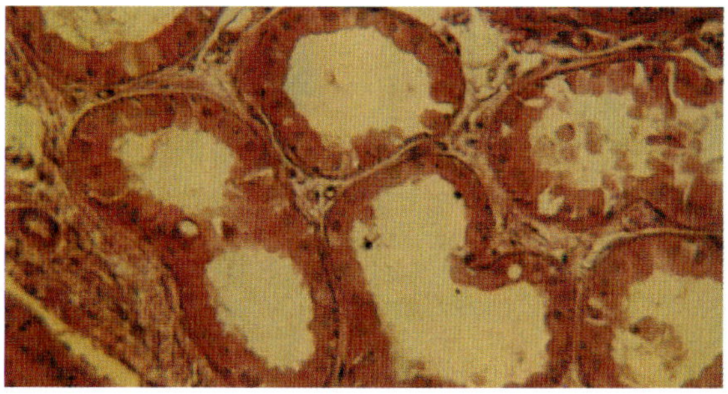

Mikroskopische Aufnahme eines Querschnitts durch eine Schweißdrüse: der aufgeknäuelte Drüsenschlauch ist mehrfach angeschnitten.

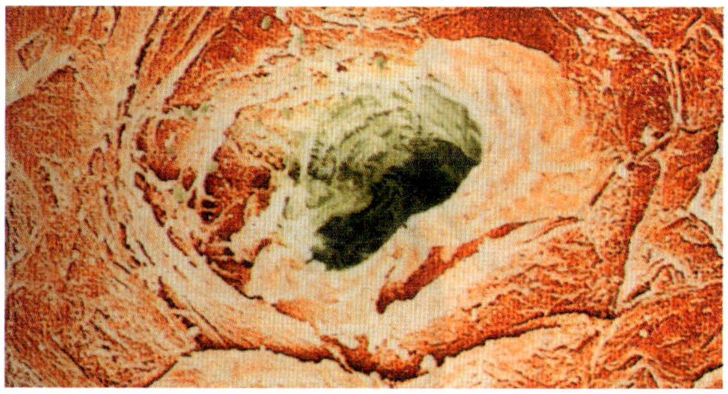

Mikroskopische Aufnahme des Endes eines Schweißdrüsengangs an der Hautoberfläche: eine Schweißpore

Eine ekkrine Schweißdrüse hat einen eigenen korkenzieherartig gewundenen Ausführungsgang, über den der produzierte Schweiß an die Hautoberfläche gelangt. Talgdrüsen sind fast immer an Haarfollikel gebunden, über die der Talg austreten kann. 1 Talgdrüse, 2 Schweißdrüse, 3 Schweißpore

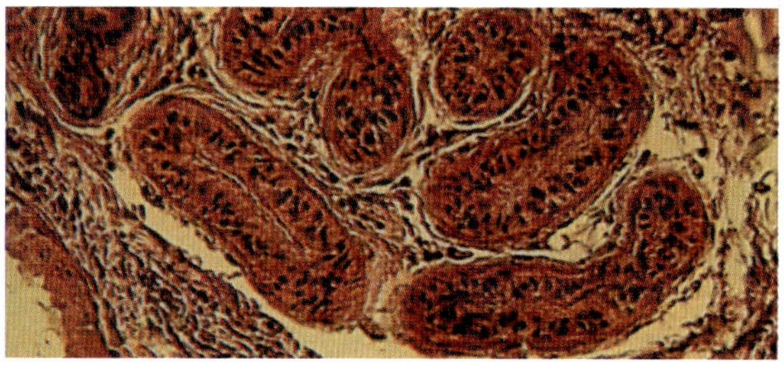

Mikroskopische Aufnahme eines Querschnitts durch eine apokrine Schweißdrüse (Duftdrüse)

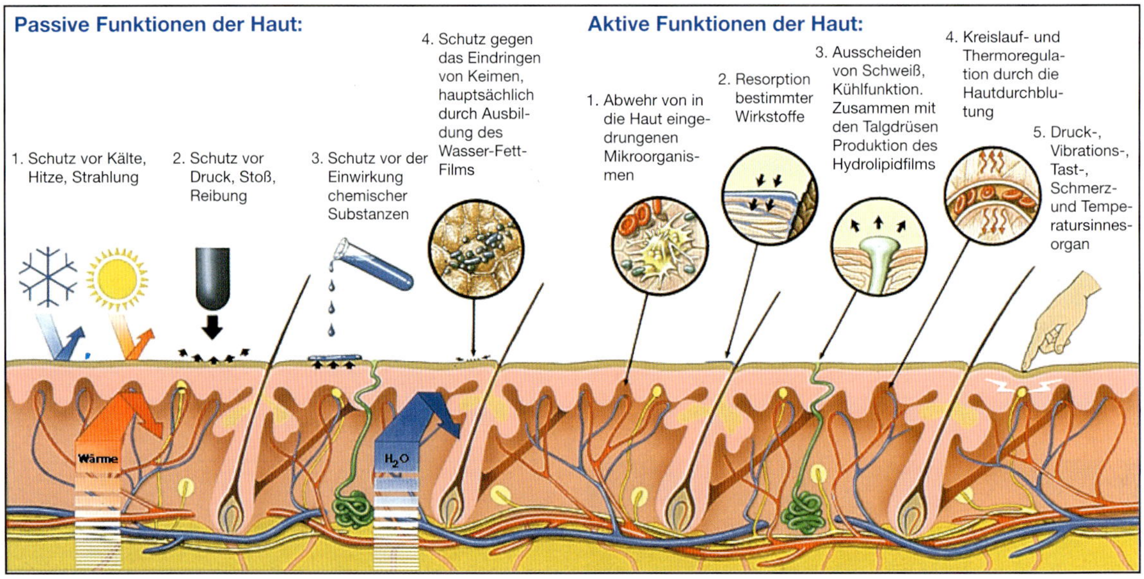

Die Schutzfunktionen der Haut werden nach aktiven und passiven Funktionen unterschieden. *© Eucerin®*

Im Normalfall scheidet der erwachsene Mensch durch **Transpiration** am Tag ca. 0,5 bis 1 Liter **Schweiß** aus. Unter extremen Umständen können es bis zu zehn Liter sein. Der ekkrine Schweiß besteht überwiegend aus Wasser, in dem Eiweiße, Harnstoff und Fettsäuren gelöst sind. Zu einem geringen Teil werden auch andere Stoffe im Schweiß gelöst ausgeschieden. So ist es z. B. möglich, für kriminalistische Zwecke Drogen im Schweiß nachzuweisen. Der Schweiß hat einen leicht sauren **pH-Wert** und bildet zusammen mit dem Talg der Talgdrüsen den **Wasser-Fett-Film** (früher auch **Säureschutzmantel**) der Hautoberfläche. Dieser Film hemmt das Wachstum von schädlichen Bakterien und Pilzen, da diese Mikroorganismen in der Regel besser im alkalischen Milieu gedeihen. Frischer ekkriner Schweiß ist geruchlos. Der typische **Schweißgeruch** entsteht erst durch die mikrobielle Zersetzung des Schweißes auf der Hautoberfläche. Dabei entsteht u. a. Buttersäure, die auch in Käse und geronnener Butter vorkommt. Man spricht deshalb bei stark riechenden Füßen auch von „Käsefüßen".

Der Schweiß ist außerdem ein Bestandteil der Wärmeregulationsmechanismen der Haut. Der abgesonderte Schweiß verdunstet und entzieht so über die entstehende **Verdunstungskälte** dem Körper Wärme.

Die Funktion und der Wirkungsmechanismus von apokrinen Schweißdrüsen (Duftdrüsen) ist relativ wenig untersucht. Diese Schweißdrüsen sorgen jedoch für den individuellen Körpergeruch eines Menschen, der meist nur unterbewusst von anderen wahrgenommen wird. Die individuellen Düfte scheinen eine Rolle bei der sexuellen Anziehungskraft der Geschlechter zu spielen. Auch im allgemeinen Sprachgebrauch scheint der Körpergeruch – und hiermit ist nicht ein unangenehmer Schweißgeruch gemeint – Ab- oder Zuneigung zu begründen: Man kann z. B. jemanden gut oder nicht riechen. Die Erkenntnisse über die Wirkung apokrinen Schweißes macht sich die kosmetische Industrie zunutze. So sind typischen Herrendüften z. B. häufig Moschusextrakte aus den Hoden von Ochsen beigefügt, die Frauen sexuell anziehen sollen. Die apokrinen Schweißdrüsen befinden sich vor allem in der Achsel- und Genitalregion sowie um die Brustwarzen und münden jeweils in einen Haarfollikel. Frauen haben mehr apokrine Schweißdrüsen als Männer.

Die Kosmetikerin wird im Kosmetikinstitut recht häufig Funktionsstörungen der **Talgdrüsen** feststellen. Eine Überfunktion der Talgdrüsen führt z. B. im Gesicht oft zu Hautunreinheiten. Demgegenüber ist eine Talgdrüsenunterfunktion eine Ursache für trockene Haut. Pflegende Präparate und Maßnahmen können in beiden Fällen zu einer deutlichen Verbesserung des Hautzustandes führen.

Talgdrüsen münden in die Haarfollikelausgänge. Sie umgeben die Haarfollikel in der Regel in einer Gruppe von drei bis fünf Drüsen. Talgdrüsen sind holokrine Drüsen, d. h., sie haben an ihrem Rand sich teilende Zellen, die zum Zentrum hin immer mehr mit Fett durchsetzt sind und schließlich ausgeschieden werden. Talgdrüsen sind beutelförmig verzweigt.

Die Anzahl der Talgdrüsen schwankt am Körper nur gering, ihre Größe ist jedoch regional verschieden. Im seborrhöischen (sebum = Talg, rhei = fließen) Bereich sind sie viellappig und zeigen eine verstärkte Absonderung. Zu den seborrhöischen Bereichen zählt insbesondere die **T-Zone** im Gesicht (Stirn, Nase, Kinn) und die vordere und hintere **Schweißrinne** am Rumpf. Mit Beginn der Pubertät nehmen sie an Größe zu und die Produktion von Talg wird beschleunigt. Im Verlauf des Lebens ist ihre Funktion wieder rückläufig. Im Normalfall werden ein bis zwei Gramm Talg pro Tag abgegeben. Aufgabe der Talgdrüsen ist es, die Hornschicht geschmeidig zu erhalten und das Haar zu fetten. Der **Talg** besteht aus Glyceriden, Wachsen, Kohlenwasserstoffen, Fettsäuren und Cholesterin.

1.3 Schutzfunktionen der Haut

Durch die Anwendung von pflegenden und schützenden kosmetischen Mitteln können die natürlichen Schutzfunktionen der Haut unterstützt werden. Dies ist besonders dann notwendig, wenn durch bestimmte Umstände die Haut stark beansprucht wird. Es muss jedoch bedacht werden, dass bei übermäßigem Gebrauch kosmetischer Präparate das Gleichgewicht der hauteigenen Schutzfunktionen auch gestört werden kann.

Die Haut übt eine ganze Reihe von lebenswichtigen **Schutzfunktionen** aus, die in aktive und passive Funktionen unterteilt werden können. Die passive Schutzfunktion ist durch den Aufbau und die Struktur der Haut gegeben. Beim aktiven Hautschutz wird aktiv auf einen äußeren Reiz reagiert. Zu den aktiven Schutzfunktionen der Haut zählen die Abwehr von in die Haut eingedrungenen Mikroorganismen durch das **Immunsystem**, die Resorption von Wirkstoffen, das Ausscheiden von Schweiß (Kühlfunktion) und Talg (zusammen mit dem Schweiß wird so der **Wasser-Fett-Film** hergestellt), die Verstärkung oder Verminderung der Durchblutung und das Empfinden von Druck-, Vibrations-, Tast-, Schmerz- und Temperaturreizen. Zu den passiven Schutzfunktionen zählt der Schutz vor Kälte, Hitze, Strahlung und hier insbesondere Sonnenstrahlung. Auch Druck, Stoß und Reibung wird, bedingt durch den Aufbau der Haut, „abgefangen". Weiterhin verhindern der Aufbau und die Struktur der Haut das Eindringen von chemischen Substanzen und von Krankheitskeimen.

1.3.1 Hautphysiologische Schutzfunktionen

Die intakte Hornschicht ist eine gute physikalische Barriere. Eine überaus wichtige Schutzfunktion liegt in der Abwehr von Fremdstoffen. Dies können Chemikalien jeglicher Art – aber auch Bakterien, Pilze, Viren und andere Mikroorganismen oder ihre Stoffwechselprodukte – sein. Die Hornschicht verhindert zum einen das Eindringen dieser Fremdstoffe in lebende Hautschichten. Zum anderen verhindert sie auch weitgehend den Verlust von Wasser aus dem Körper. Sie wird deshalb als **Hornschichtbarriere** bezeichnet. Ohne die Hornschicht würde der Körper etwa zwanzig Liter Wasser pro Tag verlieren. Die Funktion des „Wasserrückhalts" wird durch die fetthaltige Kittsubstanz, die von den Keratinozyten freigesetzt wird und die Zellzwischenräume abdichtet und durch die wasserbindenden Substanzen der Korneozyten ermöglicht.

Auf der Haut liegt ein Oberflächenfilm, der **Wasser-Fett-Film** (**Säureschutzmantel, Hydro-Lipid-Film**). Dieser Film setzt sich aus einer Wasser- und einer Fettphase zusammen. Beide Phasen sind durch natürliche **Emulgatoren** zu einer **Emulsion** verbunden, die sich gut auf der Haut verteilt und sie

Schädigende Einflüsse	Schutzmechanismen
Biologisch: Mikroorganismen	Ein saurer pH-Wert bietet ungünstige Lebensbedingungen für schädigende Krankheitskeime. Unschädliche Keime können dagegen unter diesen Bedingungen leben und halten den vorhandenen Platz besetzt. Mikroorganismen müssen die Hornschicht aus toten Zellen und fetthaltigen Kittsubstanzen überwinden, um Schaden an lebenden Zellen anrichten zu könnnen.
Chemisch: z. B. Säuren, Laugen	Pufferkapazität der Hornschicht: Durch im Schweiß gelöste Aminosäuren können schwache Säuren oder Laugen neutralisiert werden. Die Chemikalien müssen zunächst die Hornschicht überwinden, bevor sie Schaden an lebenden Zellen anrichten können.
Physikalisch: Strahlung (vor allem UV-Strahlung), mechanische Einflüsse	Die abgestorbenen Hornzellen fangen Strahlen ab (durch Reflexion und Absorption). Durch eine im Schweiß gelöste Lichtschutzsubstanz werden ebenfalls Strahlen abgefangen. Bei starker UV-Einstrahlung verdickt sich die Hornschicht (Lichtschwiele). Bei mechanischen Einflüssen werden zunächst die toten Hornzellen „abgerieben". Hält der Einfluss an, wird die Hornschicht verdickt (mechanische Schwiele).

Die Barrierefunktion der Hornschicht schützt die Haut vor verschiedenen biologischen, chemischen und physikalischen Einflüssen.

2

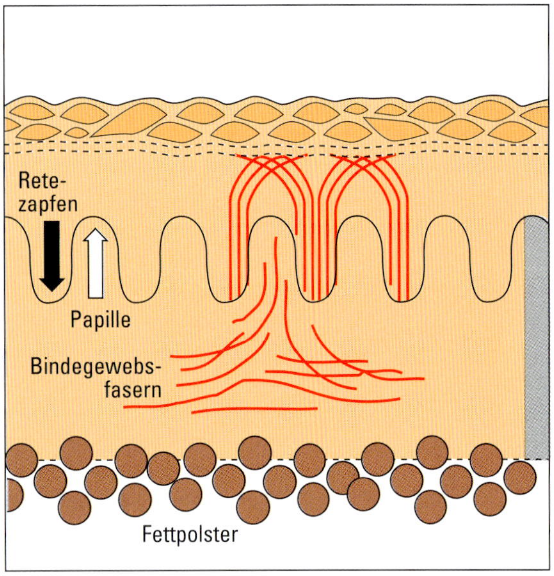

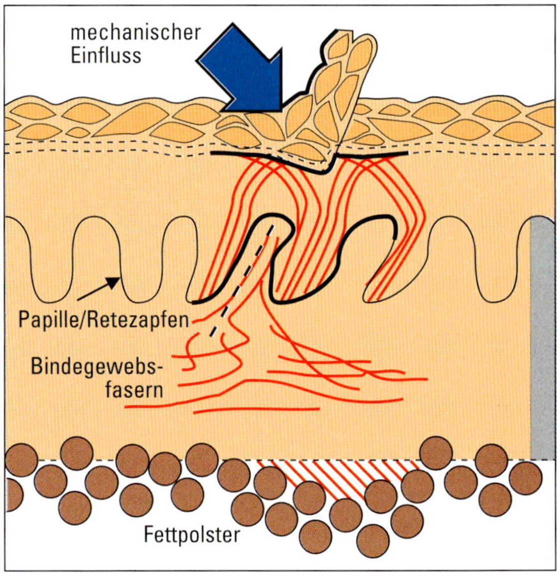

Die mechanischen Schutzfunktionen der Haut werden durch die zapfenartige Verzahnung der Epidermis mit dem Corium, die elastischen Bindegewebsfasern und die tieferen Fettpolster in der Subcutis gewährleistet.

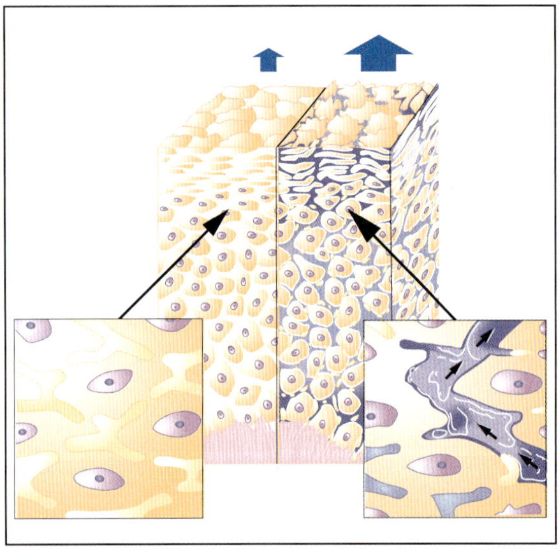

Die Barrierefunktion der Hornschicht: Die Hornschicht verhindert unter anderem den Wasserverlust aus tieferen Hautschichten. Wenn die Hornschichtfette und die wasserbindenden Substanzen ausgewaschen werden, steigt die Wasserabdampfung drastisch. Die Folge ist die Austrocknung der Haut.

geschmeidig hält. Der größte Anteil der wässrigen Phase stammt aus dem Schweiß, ein kleinerer Anteil stammt direkt aus dem durch die Hautschichten nach außen gelangenden Wasser (transepidermale Wasserabgabe). In dieser wässrigen Phase sind u. a. Aminosäuren gelöst, die wesentlich zu der **Pufferkapazität** der Haut beitragen.

Die **Fette auf der Hautoberfläche** setzen sich zu einem größeren Anteil aus dem von den Talgdrüsen produzierten Talg und zu einem kleineren Anteil aus den bei der Verhornung aus den Keratinozyten freigesetzten Fetten (den Hornfetten) zusammen. Wird die Haut entfettet, kann dies zum erhöhten Wasserverlust und zur Austrocknung der Haut führen.

Die **Barrierefunktion der Hornschicht** kann zwar viele schädigende Einflüsse abwehren – sie hat aber auch physiologische Lücken. Diese Lücken sind notwendig, um einen minimalen Flüssigkeits- und Stoffaustausch zwischen Organismus und Umwelt zu gewährleisten. Durch diese Lücken wird es jedoch möglich, dass auch schädigende Stoffe von außen in die Haut eindringen können.

Die Hornschicht hält als mechanische Barriere die gröbsten Schädigungen durch äußere Einflüsse ab. Dass die Haut in ihrer Struktur so schnell nicht geschädigt wird und die einzelnen Schichten, z. B. bei Zug oder Stoß, miteinander verhaftet bleiben, liegt u. a. an der zapfenförmigen Verzahnung von Epidermis und Corium. Diese **Retezapfen** werden auch **Papillen** oder **Papillarkörper** genannt. Die Ausprägung dieser Verzapfung ist für das typische Hautrelief verantwortlich und wird im Alter langsam flacher. Eine weitere Milderung von mechanischen Einflüssen ist durch den Aufbau des Bindegewebes, des Coriums, gesichert. Ein wichtiges Polster gegen mechanische Einflüsse ist zudem das Unterhautfettgewebe.

Eine weitere wichtige Aufgabe der Haut ist der Strahlenschutz. Verschiedene Schutzsysteme mildern

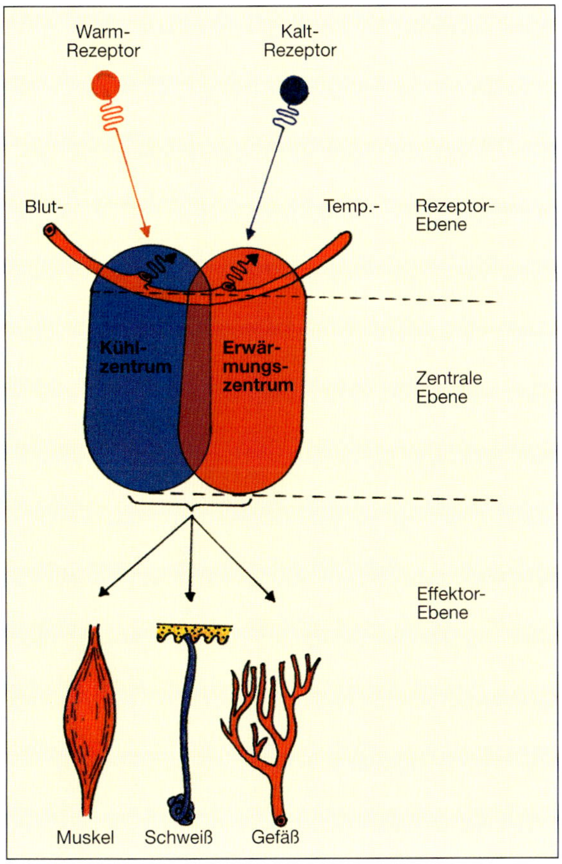

Die Temperaturregulation der Haut: Über Rezeptoren für Kälte und Wärme werden die Temperaturverhältnisse weitergeleitet.

die schädigenden Einflüsse von **UV-Licht**. Eine Hornschichtverdickung (**Lichtschwiele**) trägt wesentlich dazu bei, dass schädigende Strahlen schon von der Hornschicht reflektiert und absorbiert werden und nicht in tiefere Hautschichten gelangen. Des Weiteren werden bei der **Sofortpigmentierung** – d. h. unmittelbar nach dem Sonnenbad – farblose Melaninvorstufen in braunes Melanin umgewandelt. Bei der **Spätpigmentierung** – diese setzt erst etwa einen Tag nach dem Sonnenbad ein – wird von den Melanozyten neues Melanin gebildet und an die Keratinozyten abgegeben. Diese dunklen Pigmente absorbieren ebenfalls einen großen Teil der Strahlung, um die lebenden Zellen und insbesondere die Zellkerne mit dem Erbgut zu schützen. Die Haut produziert aus Aminosäuren außerdem eine körpereigene **Lichtschutzfilter**substanz, die Urocaninsäure, die sich im Wasser-Fett-Film auf der Hautoberfläche befindet.

Für die Funktion des Gesamtorganismus ist eine konstante Körperkerntemperatur notwendig. Die Haut übernimmt dabei die wichtige Rolle der **Temperaturregulation**. Sie sorgt für Abkühlung bei Hitze und Erwärmung des Körperkerns bei Kälte. So werden die Gefäße bei Kälte eng und bei Wärme weit.

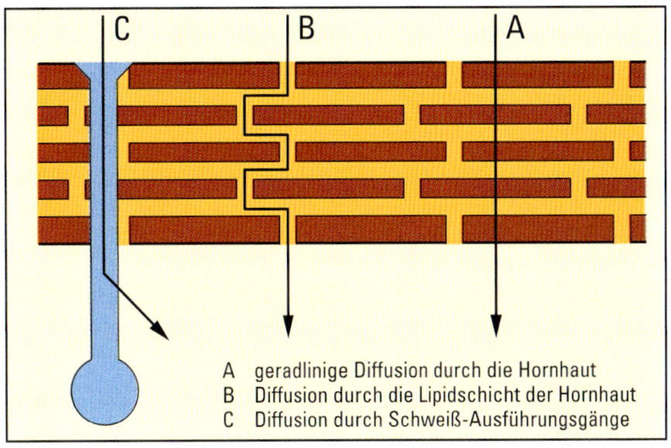

Stoffaufnahme (Resorption) durch die Haut: Je nach Löslichkeit können Stoffe durch die Hornzellen (wasserlösliche Stoffe), durch die fetthaltige Kittsubstanz (fettlösliche Stoffe) oder auch durch die Schweißdrüsenausführungsgänge und Haarfollikel von der Haut aufgenommen werden.

Bei sehr hohen Außentemperaturen wird aktiv Schweiß produziert, der bei Verdunstung für Kälte sorgt. Auch durch eine Tonuszunahme der Muskeln kann Wärme erzeugt werden. Dies geschieht u. a. wenn man Sport treibt, z. B. joggt. **Rezeptoren** der Haut (Kälte- und Wärmerezeptoren) melden die Temperaturverhältnisse an das zentrale Nervensystem. Von dort aus wird wiederum die Absenkung oder Heraufsetzung der Temperatur geregelt.

Die Haut übt außerdem **Stoffwechselfunktionen** aus. Dies sind die **Stoffausscheidung** (**Sekretion**), die **Stoffaufnahme** (**Resorption**) und die Stoffspeicherung. Zusammen mit dem Schweiß scheidet die Haut **Stoffwechselschlacken** aus, z. B. Kochsalz, organische Säuren und Harnstoff. Etwa ein Fünftel der täglichen Wasserausscheidung verläuft über die Haut. Die anderen vier Fünftel Wasser werden über die Nieren bzw. die Blase, über die Lunge und den Darm ausgeschieden. In nur geringem Maße ist die Haut an der **Atmung** beteiligt: Etwa 4–5 % des Kohlendioxids werden durch die Haut ausgeschieden, aber nur ca. 1% des Sauerstoffbedarfs wird durch die Haut aufgenommen. Die Haut als Atmungsorgan zu bezeichnen ist deshalb übertrieben.

Neben Sauerstoff nimmt die Haut trotz ihrer Barrierefunktion weitere Stoffe auf. Hierbei werden fettlösliche Substanzen wasserlöslichen Stoffen vorgezogen. Wasserlösliche (polare) Substanzen können die Epidermis in geringem Umfang entlang der Keratinfasern durchdringen. Fettlösliche (unpolare) Substanzen gelangen über die fetthaltige Kittsubstanz zwischen den Hornzellen in tiefere Hautschichten. Außerdem können Stoffe über die Haarfollikel und die Schweißdrüsenausführungsgänge in tiefere Hautschichten gelangen. Umgekehrt findet eine Wasserfreigabe durch passive **Diffusion** von Wasser durch die Hornschicht statt (transepidermaler Wasserverlust, Perspiration).

2

Hautstoffwechselfunktion	Art	Funktion
Stoffausscheidung (Sekretion)	Schweißabgabe, Talgabgabe, Kohlendioxidabgabe	Thermoregulation, Bildung des Wasser-Fett-Films, Ausscheidung von Stoffwechselendprodukten, Atmung
Stoffaufnahme (Resorption)	z. B. Sauerstoff, Arzneistoffe	Atmung, Versorgung tieferer Gewebe, Aufnahme von Wirkstoffen (z. B. Kortison)
Stoffspeicherung	Körperfett in den Fettzellen	Wärmespeicher, Energiespeicher, Polster gegen Druck und Stoß

Stoffwechselfunktionen der Haut

Die kosmetische Industrie verspricht bei Präparaten bzw. Wirkstoffen immer wieder, dass diese in bestimmte Hautschichten vordringen und dort ihre Wirkung entfalten können. Diese Aussagen sollten kritisch betrachtet werden. Zum einen können viele Wirkstoffe – z. B. von außen auf die Haut aufgebrachtes Collagen, gar nicht in tiefere Schichten gelangen. Sollte dies der Fall sein, müssten sie sich dort noch in die jeweilige Gewebestruktur einfügen, d. h. sich genau so anordnen, wie es die Haut für körpereigene Gewebebestandteile macht. Zum anderen ist die Grenze der kosmetischen Anwendungen überschritten, wenn lebende Gewebe beeinflusst werden, d. h. bereits nach Überwinden der Hornschicht. Wird lebendes Gewebe beeinflusst, fällt dieses Vorgehen unter die Arzneimittelverordnung. Eine Möglichkeit, Wirkstoffe tiefer in die Haut einzuschleusen, besteht z. B. darin, sie in **Liposomen** einzupacken. Hier müssen allerdings Wirkungen und Nebenwirkungen sehr sorgfältig gegeneinander aufgewogen werden. Mögliche Nebenwirkungen bzw. Risiken bestehen darin, dass mit den Liposomen die Wirkstoffe und Zusatzstoffe (z. B. Konservierungsmittel) in die Hautschichten eingeschleust werden und eine **Allergie** auslösen können. Ebenso können auf diese Art und Weise Verunreinigungen der Produkte zu einer **Infektion** führen. Der Einsatz von sogenannten „Nanopartikeln" in Kosmetika muss gekennzeichnet werden. Gesundheitliche Risiken (z. B. allergische Reaktionen) können noch nicht abschließend bewertet werden.

Die Funktion der **Stoffspeicherung** in der Haut wird von der Subcutis übernommen. Das im Unterhautfettgewebe gespeicherte Körperfett (Depotfett) ist ein wärmeisolierendes Fettpolster und ein wichtiges Energiereservoir. Das dort angesammelte Fett kann bei Nahrungsmangel oder Hungerkuren abgebaut werden.

Nehmen Sie Stellung: Eine Kundin berichtet von einer Bekannten, die über das Internet eine sehr teure, collagenhaltige Tagescreme bestellt hat. Sie möchte von Ihnen eine Einschätzung zur Wirksamkeit des Collagens in der Creme erhalten.

1.4 Immunsystem und Haut

Durch kosmetische Behandlungen kann das **Immunsystem** in verschiedener Weise gestärkt und unterstützt werden. An erster Stelle steht der Entspannungs- und Wohlfühleffekt, der sich positiv auf den gesamten Organismus auswirkt. Durch Massagen – und hier besonders die Lymphdrainage – kann aber auch ganz gezielt das Immunsystem in seiner Arbeit unterstützt werden, indem z. B. der Abtransport von Schlackestoffen beschleunigt wird.

Das Immunsystem ist ein komplexes Zusammenspiel verschiedenster Organe, Zellen und von ihnen ausgesandter Botenstoffe. Es ist über den ganzen Organismus verteilt und kann an jedem Organ wirksam werden. Das **Knochenmark**, der Thymus, die **Milz** und die **Lymphknoten** sind die wichtigsten Organe des Immunsystems. Das Immunsystem dient der Gesunderhaltung des Menschen, indem körperfremde Substanzen abgewehrt und anormale Körperzellen entsorgt werden. Bakterien, Viren und andere Mikroorganismen greifen täglich unseren Organismus an. Ohne Immunsystem würde der Organismus innerhalb kürzester Zeit zusammenbrechen und von Krankheitskeimen und Tumoren überwuchert.

Man unterscheidet unspezifische Abwehrmechanismen des angeborenen Immunsystems und spezifische Abwehrmechanismen des sog. erworbenen Immunsystems. In Bezug auf die angeborene, unspezifische Immunabwehr ist die intakte Haut mit ihren Schutzmechanismen eine sehr wirksame Barriere gegen Eindringlinge von außen (z. B. Mikroorganismen). Durchdringt ein Fremdstoff trotzdem die Hautoberfläche, treten zunächst die „Hilfspolizisten" auf den Plan. Es handelt sich hierbei um **Fresszellen** (**Phagozyten**). Phagozyten haben die Aufgabe, kleine Fremdstoffe, z. B. Krankheitserreger, zu fressen. Dazu nehmen sie den Fremdkörper in das Zell-

Komponente des Immunsystems	Art der Abwehr	Funktion/Beschreibung der Abwehr
Angeborene (unspezifische) Immunabwehr	Hornschichtbarriere	mechanischer „Schutzwall"
	Hautoberflächenfilm (Talg aus den Talgdrüsen und Schweiß aus den Schweißdrüsen)	schlechter Nährboden für schädigende Mikroorganismen
	Langerhanszellen (Phagozyten)	erkennen Fremdstoffe, transportieren und bauen sie ab, locken über Botenstoffe andere Entzündungszellen in die Haut
Erworbene (spezifische) Immunabwehr	Langerhanszellen (Phagozyten)	erkennen Fremdstoffe und vermitteln sie an spezielle T-Lymphozyten weiter
	T-Lymphozyten	steuern die Immunantwort über von ihnen freigesetzte Boten- und „Killerstoffe"
	B-Lymphozyten	produzieren Antikörper, die gegen ganz spezielle Fremdstoffe eingesetzt werden

Immunsystem und Haut: Die Haut verfügt über eine angeborene (unspezifische) und erworbene (spezifische) Immunabwehr.

innere auf und bauen ihn dann ab. Diese direkte Abwehr durch das Auffressen von Fremdkörpern reicht aber in der Regel nicht aus, um eine Infektion zu bekämpfen. Die Phagozyten der Epidermis nennt man auch **Langerhanszellen**. Langerhanszellen und andere Zellen der Haut senden über Botenstoffe, die sie freisetzen, Signale an andere Zellen aus, die sich dann an der Abwehrreaktion beteiligen.

Die erworbene (spezifische) Immunantwort wird erst im Laufe eines Lebens durch Auseinandersetzung des Körpers mit verschiedensten Mikroorganismen und anderen Fremdstoffen der Umwelt ausgeprägt. Diese Art der Immunantwort wird vor allem durch **Lymphozyten** vermittelt. Man unterscheidet hier zwei große Gruppen von Zellen, die B-Lymphozyten (B-Zellen) und die T-Lymphozyten (T-Zellen). Die B-Zellen lösen Immunreaktionen durch Antikörper aus, die sie produzieren und freisetzen. Die T-Zellen steuern die Immunantwort durch von ihnen freigesetzte Botenstoffe, sie werden auch als „Einsatzleiter des Immunsystems" bezeichnet.

Einige Zellen des Immunsystems können den Fremdstoff durch bestimmte Strukturen (**Rezeptoren**) auf ihrer Oberfläche erkennen. Dies funktioniert stark vereinfacht nach dem Schlüssel-Schloss-Prinzip, d. h. wenn eine passende Struktur an den Rezeptor auf der Zelloberfläche andockt, beginnt die Zelle, eine Immunantwort auszulösen.

Die Gedächtnisleistung des Immunsystems besteht darin, dass gegen viele einmal in den Organismus eingedrungene Schadstoffe sogenannte Gedächtniszellen gebildet werden, die bei jedem neuen Kontakt mit dem betreffenden Stoff sehr schnell wieder die Einsatzleitung informieren, die dann wirksam gegen den Schadstoff vorgehen kann.

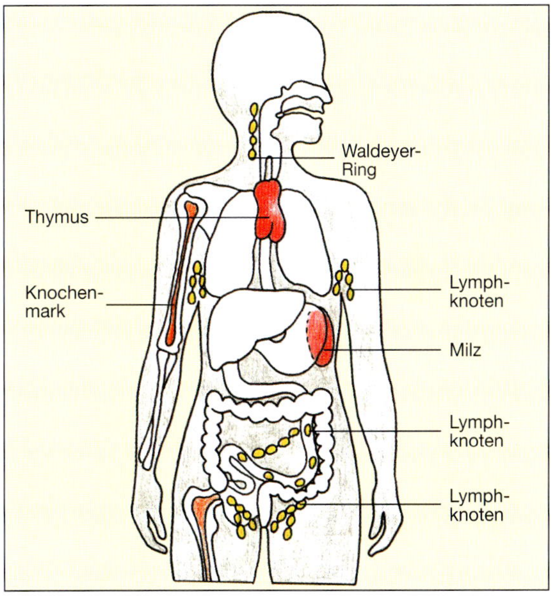

Das Immunsystem ist über den gesamten Körper verteilt. Die wichtigsten Organe des Immunsystems sind der Thymus, die Lymphknoten, das Knochenmark und die Milz.

1.5 Hormonsystem und Haut

Hormone übernehmen wichtige Steuerungs- und Regelfunktionen im menschlichen Organismus. Dabei wirken sie als Informationsüberträger (Botenstoffe) zwischen den verschiedenen Zellarten des Organismus. Um auf wechselnde Umwelteinflüsse

2

Hormondrüse	Hormone und Wirkung	Wirkung auf die Haut
Hirnanhangsdrüse	– Wachstumshormone – Hormone mit Wirkung auf die Geschlechtsdrüsen – Steuerungshormone für andere Hormondrüsen	– bei Überfunktion Riesenwuchs mit verdickter und gefältelter Hautoberfläche – bei Unterfunktion Kleinwuchs mit blasser, nicht bräunender Haut
Schilddrüse	– Stoffwechselregulation – Förderung der Skelettreife	– bei Unterfunktion Gewichtszunahme, Haut ist warm, weich, gerötet, vermehrtes Schwitzen – bei Überfunktion Gewichtsverlust, Nervosität, kalte, blasse und trockene Haut
Nebenniere – Rinde – Mark	– Stoffwechselhormone – Hormone mit Wirkung auf sekundäre Geschlechtsorgane – Produktion von „Stresshormonen" Adrenalin und Noradrenalin	– Wirkung auf Blutdruck und Muskelspannung – Überfunktion der Nebennierenrinde: Vermännlichung von Frauen mit Bartwuchs, starker Körperbehaarung
Bauchspeicheldrüse	– Insulinproduktion zur Regulation des Blutzuckerspiegels	– bei Unterproduktion Diabetes mellitus, schlechte Durchblutung von Fingern und Zehen, brüchige und harte Nägel, Neigung zu Geschwüren
Thymusdrüse	– Regulation der Geschlechtsorgane in ihrer Entwicklung – Wachstumsregulation	
Geschlechtsdrüsen – Hoden – Eierstöcke	– Reifung der Geschlechtsorgane – Reifung von Eizellen und Samenzellen	– Steuerung der Geschlechts- und Körperbehaarung – Einfluss auf Wassereinlagerung – Überschuss an Androgenen: Haarausfall, gesteigerte Talgproduktion, Vermännlichung bei Frauen – Überschuss an weiblichen Geschlechtshormonen: Pigmentflecken, Teleangiektasien, Pilzinfektionen, Wassereinlagerungen – Absinken weiblicher Hormone: Faltenbildung, Hautverdünnung

Das Hormonsystem und seine Einflüsse auf die Haut

reagieren zu können und um ein gleichbleibendes inneres Milieu zu sichern, müssen z. B. einzelne Organe zu vermehrter Tätigkeit angeregt oder in ihrer Aktivität gebremst werden. Für die Kosmetikerin ist das Hormonsystem von Bedeutung, weil der Zustand der Haut durch Hormone beeinflusst werden kann. Einige Hautkrankheiten werden durch Änderungen im Hormonhaushalt entscheidend beeinflusst. Und nicht zuletzt werden kosmetischen Präparaten häufig Hormone zugesetzt, die gezielte Wirkungen auf die Haut haben sollen.

Hormone werden von verschiedenen Hormondrüsen produziert. Die wichtigsten sind die **Hirnanhangsdrüse** (**Hypophyse**), die **Schilddrüse**, die **Nebenniere**, die **Thymusdrüse**, die **Bauchspeicheldrüse** sowie die **Geschlechtsdrüsen** (Eierstöcke und Hoden). Die Hormone werden von den Drüsen an das Blut abgegeben und zu den Zellen transportiert, die sie in ihrer Aktivität beeinflussen sollen. Die Hirnanhangsdrüse ist die Schaltzentrale des **Hormonsystems**. Sie übernimmt die Steuerung aller anderen Hormondrüsen. Die wichtigsten von der Hypophyse produzierten Hormone sind Wachstumshormone sowie sog. gonadotrope Hormone, die auf die Aktivität der Keimdrüsen bei Mann und Frau wirken und Steuerungshormone für die Schilddrüse und die Nebennierenrinde sind.

1.6 Die Haut als Sinnes- und Kontaktorgan

Sinneseindrücke können über die Haut wahrgenommen werden. Zu den unangenehmen zählen z. B. Schmerz, Juckreiz oder Kälteeindrücke. Zu den angenehmen zählen Berührungen und eine wohlige Wärme. Dann gibt es noch Grenzeindrücke, wie Vibrationen oder Kitzeln, die je nach Situation und Vorlieben als angenehm oder unangenehm empfunden werden.

Für die verschiedenen Sinneseindrücke der Haut sind Nervenenden zuständig. Die Vater-Pacini-Körperchen ermöglichen die Tiefensensibilität. **Meißnersche Tastkörperchen** sind für den oberflächlichen Feinsinn verantwortlich. Andere Nervenendkörperchen machen die Empfindung von Wärme-, Kälte- und Schmerzreizen möglich. Diese speziellen **Sinnesrezeptoren** sind in der Haut nicht gleichmäßig verteilt. Die **Kälterezeptoren** sind z. B. an der Nasenspitze viel zahlreicher vorhanden als auf dem Rücken. Die Nervenkörperchen für den Feinsinn, die Meißnerschen Tastkörperchen, befinden sich hoch konzentriert an den Fingerspitzen. Deshalb spricht man auch vom Fingerspitzengefühl. Sinneseindrücke kommen bei der kosmetischen Massage zum Tragen, wobei „Streicheleinheiten" auf dem Rücken trotz der dort weniger dicht vertretenen Tastkörperchen als sehr angenehm empfunden werden.

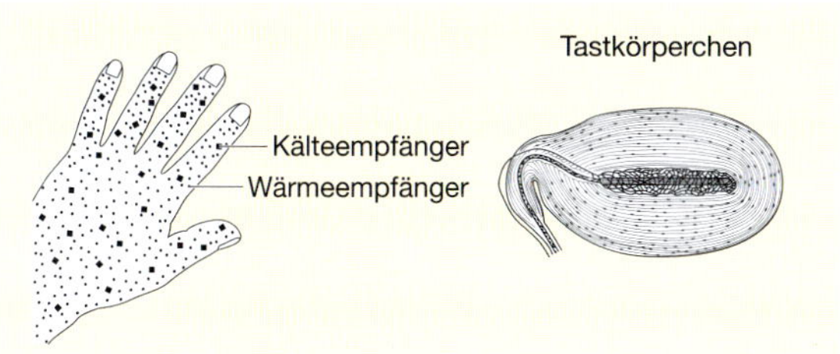

Sinnesempfänger der Haut

2 Beurteilung der gesunden Haut

Die Beurteilung der gesunden Haut bei der Kundin ist die wichtigste Voraussetzung für jede Behandlung. Sie gibt z. B. Antworten auf die Frage, welche Massagearten oder Reinigungsmethoden angewendet und welche Präparate verwendet werden dürfen. Wichtig ist, die Ergebnisse einer Hautdiagnose nicht für unveränderlich zu halten. Der aktuelle Hautzustand einer Kundin muss immer beurteilt werden. Eine Veränderung kann nicht zuletzt durch kosmetische Behandlungen herbeigeführt werden. Außerdem kann an verschiedenen Körperstellen ein unterschiedlicher Hautzustand vorliegen.

2.1 Die Hautdiagnose

Das äußere Erscheinungsbild der Haut wird von verschiedenen Faktoren bestimmt. Diese müssen alle zur Beurteilung der gesunden Haut (**Hautdiagnose**) herangezogen werden. Das **Hautbild** setzt sich zusammen aus der Hautfarbe, dem Hautrelief, der Hautelastizität und der Hautspannung sowie der Hautfeuchtigkeit und dem Fettgehalt.

2

Mit verschiedenen Methoden lassen sich diese Hauteigenschaften bestimmen. Wenn keine **Hautdiagnosegeräte** zur Bestimmung der physiologischen Hautfunktionen zur Verfügung stehen, sind die wichtigsten Methoden: das Betrachten der Haut unter Zuhilfenahme einer Lampenlupe, das Befühlen der Haut und die Befragung der Kundin. Die Befragung ist sehr wichtig, da nur so wichtige Informationen über Hautprobleme, bisherige Pflegegewohnheiten, Veränderungen des Hautzustandes und vieles andere mehr erhalten werden können.

Die **Hautfarbe** wird durch die Pigmentierung, durch die Durchblutung und durch die Eigenfarbe der Epidermis bestimmt. Aus der Beurteilung der normalen Pigmentierung der ungebräunten Haut, der Haare, der Iris sowie des Bräunungsverhaltens kann eine Zuordnung zu den **Hauttypen** erfolgen. Hierbei nimmt die Hautempfindlichkeit vor allem gegenüber Sonnenlicht mit zunehmender Dunkelhäutigkeit ab, am empfindlichsten reagiert der sogenannte keltische Typ mit roten Haaren, sehr heller Haut, Sommersprossen und meist blauen oder grünen Augen. Die Zuordnung der Kundin zu einem Hauttyp ist für die Auswahl der Solarienart und die Dauer der Bestrahlung sehr wichtig, um Verbrennungen und die Beschleunigung der ohnehin schnelleren Hautalterung durch UV-Licht zu vermeiden. Die Hautfarbe kann nach ihrer Helligkeit, nach dem Rötungsgrad und ihrem Glanz mit speziellen optischen Messgeräten erfasst werden.

Die Durchblutung der Haut sorgt wesentlich für ein frisches, rosiges oder ein müdes, fahles, blasses Aussehen. Das Durchscheinen der Blutgefäße bzw. der feinen Kapillaren in der Papillarschicht hängt stark von der Dicke der Epidermis ab. Menschen mit dünnerer Epidermis sehen deshalb rosiger aus als Menschen mit einer „dickeren" Haut. Zur genauen Bestimmung der Hautdurchblutung benötigt man aufwendige und teure Geräte. Der Durchblutungsgrad der Papillarschicht des Coriums kann z. B. mithilfe eines Laserstrahls bestimmt werden (Laser-Doppler-Flowmetrie).

Häufig wird der Durchblutungsgrad einfach durch das Anheben des unteren Augenlids an der Augenschleimhaut eingeschätzt. Man prüft dann auf der Innenseite, wie stark die Schleimhaut gerötet ist.

2

Merkmale für eine empfindliche Haut	wohltuende Behandlung	belastende Behandlung
• Trockenheit – durch verminderte Talgproduktion (Sebostase) – durch veränderte Hornschichtfette (Xerosis) – durch verminderte Wasserbindungsfähigkeit • weißer Dermografismus • Durchscheinende Blutgefäße, Teleangiektasien • atopische Hautdisposition • Spannen, Brennen, Rötung nach Anwendung von bestimmten Präparaten • sehr helle Haut, rote Haare, Sommersprossen, helle Augenfarbe	• ausreichende Rückfettung der Haut • Zufuhr von feuchtigeitsbindenden Wirkstoffen (Moisturizer) • sanfte Massagen • Lymphdrainagen • sanfte, milde Reinigung • Verwendung von Präparaten ohne Duftstoffe und Emulgatoren • Verwendung von Lichtschutzpräparaten	• Entfettung, Austrocknung oder Reizung der Haut – durch Verwendung scharfer Reinigungsmittel – durch mechanische Peelings – durch alkoholische Gesichtswässer, Tenside, Emulgatoren, Duftstoffe, Konservierungsmittel – durch den Aufenthalt in sehr warmen Räumen mit geringer Luftfeuchtigkeit • UV-Licht

Was die empfindliche Haut kennzeichnet und wie man sie behandeln sollte

Diese Methode erlaubt aber nur bedingt Rückschlüsse auf die Durchblutung der gesamten Haut. Unabhänig von der Durchblutung der Augenschleimhaut kann durch die Dicke der Hornschicht ein ganz anderes Bild entstehen.

Die **Hauteigenfarbe**, d. h. die Eigenfärbung der Epidermis und der Pigmentierung kann beurteilt werden, wenn man mit einem Plexiglasspatel auf die Haut drückt. Dabei wird das Blut aus den feinen Kapillaren der Papillarschicht gedrückt. Die Eigenfarbe der Haut scheint dann durch. Diese Durchscheinprobe nennt man auch **Diaskopie**.

Es bestehen individuelle Unterschiede in der Empfindlichkeit bzw. Reizbarkeit der Haut. Ein Zusammenhang zwischen **Hautempfindlichkeit** und der Zugehörigkeit zu einem Hauttyp in Abhängigkeit von der **Sonnenempfindlichkeit** (Typ I bis IV) scheint zu bestehen. Das heißt, rothaarige, hellhäutige und meist blau- oder grünäugige Menschen, deren Haut viele Sommersprossen zeigt, sind in der Regel empfindlicher als dunkelhäutigere. Menschen mit trockener (**sebostatisch**er) Haut und einem herabgesetzten Wasserbindungsvermögen reagieren in der Regel empfindlicher auf äußere Reize als Menschen mit eher fettiger (**seborrhöisch**er) Haut. **Empfindliche Haut** neigt zu Trockenheit, Schuppung, Rötung, kleinen Einrissen oder entzündlichen Veränderungen. Belastend wirken äußere Umstände wie kalte Witterungsverhältnisse draußen und warme trockene Heizungsluft drinnen. Präparate, welche die Haut stark entfetten, wie alkoholhaltige Gesichtswässer, Peelings oder auch Tenside in Reinigungsmitteln reizen die Haut zusätzlich. Durchblutungsfördernde Präparate und UV-Licht sollten ebenfalls gemieden werden. Eine empfindliche Haut ist nicht gleichzusetzen mit einer **Allergie**. Denn Allergien werden erworben.

Die Hautempfindlichkeit wird von der Kosmetikerin häufig nur mithilfe des **Dermographismus**, das bedeutet soviel wie „Hautschrift“, beurteilt. Hierzu wird mit einem Spatel unter gleichmäßigem Druck ein Strich oder Kreuz auf der Haut gezogen. Durch diese Hautreizung entwickelt sich zunächst ein blasses Areal im Bereich des Spateldrucks, nach wenigen Sekunden zeigt sich dann meistens eine Hautrötung. Diese Rötung ist auf eine Gefäßerweiterung zurückzuführen, es ist die normale Reaktion der Haut auf diese äußeren Reize. Die Rötung bleibt für kurze Zeit bestehen und verschwindet dann wieder. Wenn die Haut weiß bleibt, ist dies ein Anzeichen für eine empfindliche Haut. Die Blutgefäße reagieren paradox, das heißt, sie verengen sich, statt sich zu weiten. Der Dermographismus ist eine beliebte, weil einfache Methode zur Bestimmung der Hautempfindlichkeit. Zu bedenken ist aber, dass die so bestimmte Reaktion der Gefäße auf Reibung nur ein Merkmal unter vielen ist, die eine besondere Hautempfindlichkeit bedingen. Ist die Haut sehr trocken, ist dies ein mindestens ebenso wichtiger Hinweis auf ihre Empfindlichkeit.

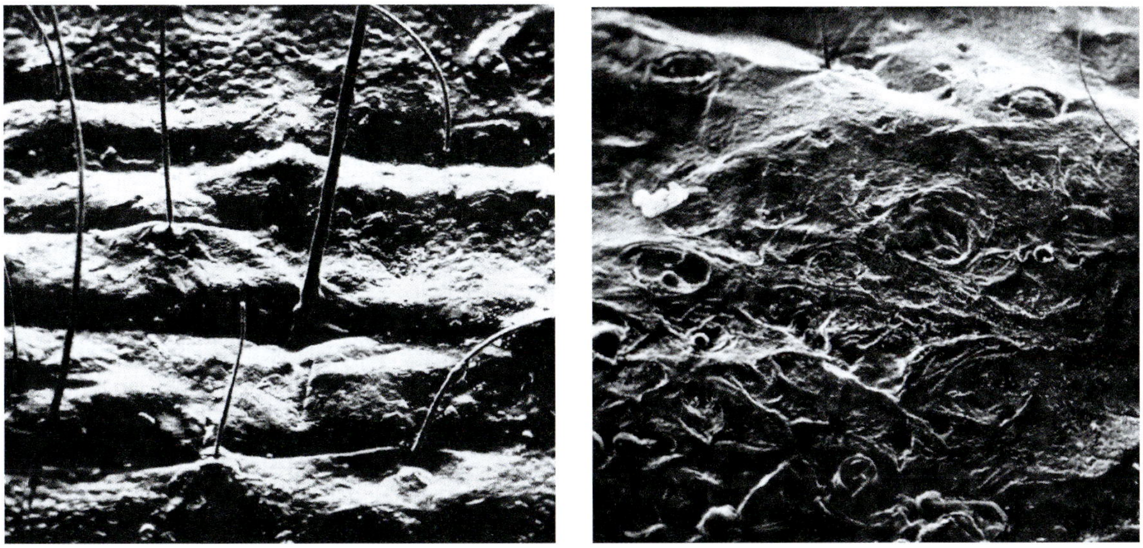

Gesunde Haut: Felderhaut durch das Elektronenmikroskop betrachtet: Die einzelnen Felder werden von den Haarfollikelausgängen begrenzt. Links ist die Stirnhaut eines sechs Jahre alten Mädchens und rechts die Stirnhaut eines 84 Jahre alten Manns dargestellt.

Wenn die Kosmetikerin vom **Feuchtigkeitsgehalt der Haut** spricht, meint sie in der Regel nicht nur den der Hornschicht, sondern auch den in den tieferen Schichten der Dermis. In diesem Zusammenhang wird der Begriff „**Turgor**" verwendet. Das Ausmaß des Wasserverlustes durch die Hornschicht (transepidermaler Wasserverlust) kann mit einem Gerät über zwei Fühlerpaare, die die Wasserdampfabgabe messen, bestimmt werden (**Evaporimetrie**). Der Wassergehalt der Hornschicht kann durch die Bestimmung der elektrischen Leitfähigkeit ermittelt werden, die bei steigendem Wassergehalt zunimmt (**Corneometrie**). Es ist sehr schwierig, den **Turgor** unabhängig vom Tonus zu beurteilen. Denn der Turgor bezieht sich auf den Flüssigkeitsgehalt des Gewebes und der Tonus auf den Grad der Elastizität des Gewebes, die durch die elastischen und collagenen Fasern gegeben ist. Deshalb beurteilt man beide Hauteigenschaften in der Regel zusammen. Auch die **Elastizität** der Haut kann mit einem Messgerät – dem **Cutometer** – erfasst werden. Hierbei klemmt ein Messkopf ein kleines Hautstück ein, zieht es in die Höhe und lässt es wieder los. Die Zeit, die die Haut braucht, um in ihre Ursprungslage zurückzuschnellen, ist das Maß für die Elastizität. Das heißt, je länger die Haut braucht, um die so entstandene Hautfalte wieder zu glätten, desto weniger elastisch ist sie. Die Kosmetikerin kann mit den Fingern ähnliche Effekte auslösen: Sie hebt ein Stück Haut vorsichtig unter dem Auge an und lässt es wieder los. Eine Haut, die sich sehr leicht abheben lässt und lange braucht, um ihren Ursprungszustand wieder herzustellen, hat eine geringe Elastizität, d. h. einen schwachen Tonus.

Das Oberflächenprofil oder **Hautrelief** ist abhängig von äußeren Einflüssen, die auf die Hautoberfläche einwirken und dem Zustand aller Hautschichten. Äußere Einflüsse können mechanische, physikalische oder chemische Einwirkungen sein. Der Zustand der einzelnen Hautschichten hängt von ihrem Wasser- und Fettgehalt ab. An der Hautoberfläche sind **Furchen**, **Falten** und **Felder** zu erkennen. Große Furchen finden sich z. B. an den Handgelenken und entstehen durch die ständige Bewegung. Im Gesicht gibt es mimische Furchen. Wenn die Haut an Elastizität verliert – z. B. durch starke Abmagerung oder durch **Alterungsprozesse** – entstehen ebenfalls Furchen und Falten. An den Schnittpunkten der Furchen befinden sich die Poren. Diese Furchung wird als **Felderhaut** bezeichnet. Die Haut an Handinnenflächen und Fußsohlen besitzt keine Haarfollikel. Sie wird als **Leistenhaut** bezeichnet. Ihr Profil ergibt sich durch die Papillen, die Epidermis und Dermis verzahnen.

Unterschieden werden kann bei der Profilbeurteilung der Hautoberfläche die **Hautrauigkeit**, die durch eine geschädigte Hornschicht zustande kommt, die Faltentiefe und die Faltenanzahl. Dies geschieht durch Betrachten und Befühlen der Haut. Auch für dieses Merkmal gibt es ein technisches Messverfahren: das **Silikon-Abdruck-Verfahren** (**Profilometrie**). Dieser „Negativabdruck" wird von einer mechanischen Nadel oder einem Laserstrahl abgetastet und ein Schreiber erstellt Daten bzw. Kurven, die Auskunft über die Hautrauigkeit und die Faltentiefe geben. Die Profilometrie wird eingesetzt, wenn die Wirksamkeit kosmetischer Präparate in Bezug auf die Hautglättung beurteilt werden soll.

Bei der Bestimmung der **Hautdicke** ist die Dicke von Epidermis und Dermis gemeint. Praktisch nimmt die Kosmetikerin hier die Haut an der Schläfenregion zwischen zwei Finger und rollt sie etwas hin und her. So „erfühlt" man die doppelte Dicke von Epidermis und Dermis. Das Unterhautfettgewebe spielt an dieser Stelle nur eine untergeordnete Rolle, weil es an den Schläfen so gut wie gar nicht ausgebildet ist. Aus der Bestimmung der Hautdicke nach der sog. **Röllchenmethode** lassen sich aber kaum Erkennt-

2

Merkmal	Prüfung durch die Kosmetikerin: Durchführung und Hilfsmittel	Prüfung mit hautphysiologischen Messmethoden
Hautfarbe • **Pigmentierung** • **Eigenfarbe** • **Durchblutung**	• Zuordnung zu Hauttypen nach Bräunungsverhalten • subjektive Beurteilung des Farbtons der Haut und der Pigmentierung durch Diaskopie (Wegdrücken der Kapillaren mit Objektträger) • Prüfung der Durchblutung durch Anheben des Augenlids • Messung der Hauttemperatur mit einem Fingerthermometer	• Bestimmung des Rötungsgrades, der Helligkeit und des Glanzes mit optischen Geräten (Chromametrie) • Bestimmung der kapillaren Mikrozirkulation durch Laser-Doppler-Flowmetrie
Hautempfindlichkeit	• Befragung der Kundin nach Reaktionen der Haut auf Kosmetika, Kälte, Wärme usw. • Prüfung des Dermographismus • Eine Aussage über die Hautempfindlichkeit wird erst anhand der Ergebnisse aus allen anderen Merkmalsbeurteilungen möglich	• Aussage ist nach Interpretation der Ergebnisse aus verschiedenen hautphysiologischen Messungen möglich (z. B. sehr hoher transepidermaler Wasserverlust, niedrige Hornschichtfeuchte)
Wassergehalt der Hornschicht	• optische Beurteilung der Trockenheit und Schuppung, Verwendung der Lupenleuchte	• Messung des elektrischen Hautwiderstands (Corneometrie): je größer die elektrische Leitfähigkeit, desto höher der Wassergehalt
Turgor und Tonus, Elastizität	• Abheben der Haut unter den Augen mit zwei Fingern, Beurteilung der Zeit, die die Haut benötigt, um in ihre Ursprungsposition zurückzukehren	• Einklemmen, Abheben und Loslassen der Haut durch einen Messkopf, Zeitmessung bis Ausgangspunkt wieder erreicht ist (Cutometer)
Hautoberflächenprofil	• optisch mit Lupenleuchte • Betasten der Haut	• Ausmessen der Hautrauigkeit und der Faltentiefe an einem Silikonhautabdruck (Profilometrie)
Hautdicke	• „Röllchenprobe": Zusammenkneifen und Abheben eines Hautröllchens im Schläfenbereich, zwischen den Fingern wird die doppelte Epidermis- und Dermisdicke ertastet	• Messung durch Ultraschall
Fettgehalt	• Andrücken eines saugfähigen Papiers oder Pergamentpapiers auf Stirn, Kinn, Nase und Beurteilung der Größe des sichtbar werdenden Fettflecks	• Andrücken eines undurchsichtigen Pergamentpapiers auf die Haut und photometrische Bestimmung des aufgenommenen Fetts durch das Ausmaß der so entstandenen Lichtdurchlässigkeit (Sebumetrie)

Verschiedenene Merkmale der gesunden Haut ermöglichen die Einschätzung des aktuellen Hautzustandes. Die Kosmetikerin beurteilt diese Merkmale in der Regel ohne technische Hilfsmittel, die sehr viel genauere Ergebnisse liefern. Sie hat diesen Geräten jedoch ihre Erfahrung voraus, die eine sichere Beurteilung auch ohne genaue Messdaten möglich machen.

Merkmale	normal	fettig (Seborrhö) Seborrhö oleosa	Seborrhö sicca	trocken (Sebostase)
Porengröße	normal	größere Poren (großporig) im Gesicht und am Dekolleté	größer in der T-Zone und normal im übrigen Bereich	normal bis feinporig im gesamten Gesicht
Hautunreinheiten	selten	neigt im gesamten Gesichtsbereich, am Dekolleté und am Rücken zu Hautunreinheiten	neigt in der T-Zone (Stirn, Nase, Kinn) zu Hautunreinheiten	
Glanz/Fettigkeit	normal glänzend	ölig und stärker glänzend	teils fettig glänzend (T-Zone), teils normal bis trocken und stumpf (übrige Gesichtshaut)	Neigung zu glanzloser bis spröder, rauer Haut
Schuppigkeit	keine Schuppen		manchmal leicht schuppig an der Nasolabialfalte und am Kinn	oftmals feine, trockene Schuppen an Stirn und Nasenwurzel
Hautdurchblutung	normal	schlechter	normal	normal
Hautempfindlichkeit	gering	gering	empfindlich	empfindlich
Kopfhautglanz/ -fettigkeit		stärker fettende Kopfhaut, Neigung zu schnell fettigem Haar		Neigung zu trockener Kopfhaut und trockenem Haar

Hauttypen sind zwar für die Diagnose eine gute Orientierungshilfe, jedoch ist die Einteilung nur eingeschränkt gültig.
1. Der Hauttyp ist selten eindeutig ausgeprägt, meistens liegen Mischformen vor.
2. Die Ausprägung eines Hauttyps wird stark beeinflusst, z. B. von Hormonen (Anti-Baby-Pille, Schwangerschaft, Alter).

nisse gewinnen, die für die spätere Behandlung der Kundin von Bedeutung sind. Technisch kann man die Hautdicke z. B. mit Ultraschall bestimmen.

Einen Hinweis auf den Fettgehalt der Haut gibt oft schon der erste Eindruck beim Betrachten der Kundin. Hier zeigt sich, in welchem Ausmaß die Talgdrüsen Talg, d. h. überwiegend Fett, produzieren. Fettet die Haut stark, kann man dies auch fühlen. Natürlich kann dieser Eindruck aber auch von außen, d. h. durch die Kundin beeinflusst worden sein: So kann ein Hautglanz auch von einer aufgetragenen Fettcreme herrühren oder ein ursprünglich glänzender Teint durch Puder und Make-up mattiert sein. Deshalb muss die Kundin hierzu befragt werden. Die ungeschminkte normale Haut zeichnet sich durch einen matt-seidigen Schimmer, die fettige Haut durch Fettglanz und die trockene Haut durch einen eher stumpfen Eindruck aus. Ein Hinweis auf eine seborrhöische Haut sind auch große oder vergrößerte, gut sichtbare Poren. Dies ist vor allem in der T-Zone der Fall, in der sich auch der stärkste Fettglanz zeigt. Zur Beurteilung der Porengröße wird eine Lupenlampe verwendet. Zu den „Poren" gehören die **Schweißdrüsenausführungsgänge** und die **Haarfollikelausgänge**, durch die der Talg abgesondert wird. Nur die Haarfollikelausgänge sind zum Teil vergrößert und gut sichtbar.

Man kann die **Talgproduktion** ungefähr einschätzen, indem man ein saugfähiges oder ein Pergamentpapier auf verschiedene Hautpartien an Stirn, Nase, Wange und Kinn andrückt. Je deutlicher dann ein Fettfleck sichtbar wird oder je deutlicher das zuvor undurchsichtige Pergamentpapier durchscheinend wird, desto fettiger ist die Haut. Apparativ wird zur Feststellung des Sebumgehalts ein ganz ähnliches Verfahren angewendet. Hier wird ein Messkopf auf die Haut gedrückt, in den ein Pergamentpapier eingespannt ist. Das Ausmaß des Fettgehalts wird dann genau mit einer photometrischen Methode bestimmt.

Neben den Talgdrüsenfetten spielen die **Hornschichtfette** für die Geschmeidigkeit der Haut eine Rolle. Eine veränderte Zusammensetzung der Hornschichtfette führt zu Trockenheit, Rauigkeit und

2

Schuppung der Haut. Die genaue Bestimmung der Hornschichtfette kann nur biochemisch in einem Labor erfolgen.

Das Ergebnis der Beurteilung des Fettgehalts der Hautoberfläche und der Porengröße führt zu der Einteilung in die Kategorien „**normale Haut**", „übermäßig **trockene Haut**" (**Sebostase** bzw. **Xerosis**) und „übermäßig **fettende Haut** (**Seborrhö**)". Daneben beeinflusst die Menge des abgegebenen Schweißes den Hautoberflächenfilm. Je mehr Schweiß abgegeben wird, desto glänzender bzw. fettiger erscheint die Haut (**Seborrhö oleosa**). Bei der **Seborrhö sicca** kann eine leichte, kleieförmige, fettige Schuppung auftreten. Die Haut an den Wangen ist oft eher trocken. Ein solcher Hautzustand wird aufgrund der gegensätzlichen Merkmale oft als „Mischhaut" eingestuft.

Nehmen Sie Stellung: Eine Kundin bezeichnet ihre Haut als besonders empfindlich. Sie ist stark gebräunt, die Haut zeigt einen leichten Fettglanz, insbesondere an der Stirn. Wie sichern Sie die Einschätzung der Kundin in Ihrer Hautdiagnose ab?

2.2 Männer und Frauen: der kleine Unterschied auch bei der Haut

Die wesentlichen Unterschiede zwischen männlicher und weiblicher Haut betreffen die Vernetzung der kollagenen Fasern im Bindegewebsnetz der Dermis, die Hormonproduktion und deren Wirkung auf die Haut und den Fettanteil im subkutanen Fettgewebe, der bei Frauen deutlich höher liegt. Am Beispiel der **Cellulite** lassen sich diese Unterschiede gut erläutern. Dass nur Frauen von Cellulite betroffen sind, ist bekannt. Aber warum bleiben Männer von der gefürchteten „**Orangenhaut**" verschont? Mit dem Begriff Cellulite oder Orangenhaut wird eine Veränderung des Unterhautfettgewebes bei Frauen vor allem im Oberschenkel- und Gesäßbereich beschrieben. Beim Zusammenschieben der Haut – oder bei besonders starker Ausprägung auch ohne Schieben – werden Dellen sichtbar, die an die Haut einer Orange erinnern. Das Unterhautfettgewebe ist vermehrt und dadurch entsteht ein Missverhältnis von Bindegewebe zu Fettgewebe. Die kollagenen und elastischen Fasern des Bindegewebes sind bei Frauen zudem etwas lockerer vernetzt als bei Män-

Weibliche Haut	Männliche Haut
dünnere Epidermis (ca. 14-20 Zelllagen)	dickere Epidermis, weist einige Zelllagen mehr auf (ca. 30 Zelllagen)
hellere Hautfarbe, da weniger pigmentiert	dunklere Hautfarbe, da stärkere Pigmentierung durch Hormoneinfluss
frühere, jedoch flachere Faltenbildung	spätere, aber dann schnelle und tiefere Faltenbildung
eher trockene Haut aufgrund niedrigerer Talgproduktion, Akne verläuft in der Regel weniger ausgeprägt	weniger trockene Haut aufgrund stärkerer Talgproduktion unter Androgeneinfluss, Akne verläuft meist schwerer
geringe Behaarung	stärkere Behaarung, weil die männlichen Sexualhormone auf die Haarfollikel des Körpers stimulierend wirken
Frauen leiden sehr viel seltener unter Haarausfall	Haarfollikel der Kopfhaut reagieren stark auf männliche Sexualhormone, sie verkümmern, Resultat: Haarausfall
Frauen schwitzen weniger; denn sie besitzen weniger ekkrine Schweißdrüsen	Männer besitzen mehr ekkrine Schweißdrüsen und schwitzen deshalb mehr
dünnere Dermis, mehr elastische Fasern im Bindegewebe, aber etwas schwächere Bindegewebsvernetzung	dickere Dermis mit anderer Vernetzungsstruktur
mehr Unterhautfettgewebe, lockerer angeordnete Bindegewebsstränge	weniger Unterhautfettgewebe, festere Bindegewebsstränge

Unterschiede zwischen Männer- und Frauenhaut: Vieles beruht auf den Wirkungen der Sexualhormone.

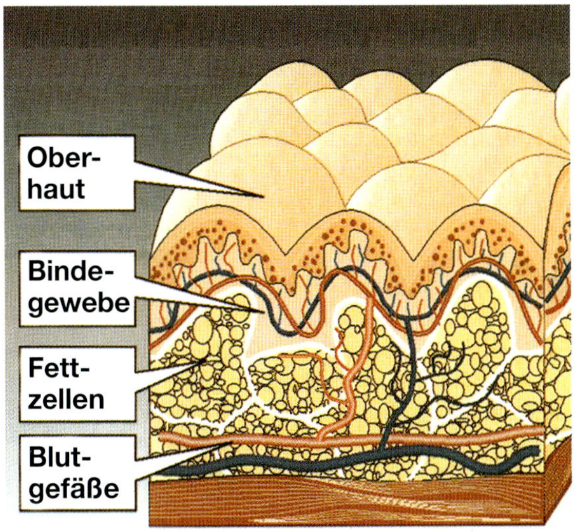

„Orangenhaut": Durch vermehrte Fetteinlagerung im Unterhautfettgewebe und ein schwaches Bindegewebe drücken sich Fettzellen zwischen das Fasernetz und verursachen an der Haut sichtbare Dellen, die an eine Orange erinnern.

nern, weil sie bei Schwangerschaften stärker dehnbar sein müssen. So können die Fettzellen, die in Trauben angelagert sind, das Bindegewebe leicht verformen. Zum Teil wird von den betroffenen Frauen auch ein Spannungs- oder sogar Schmerzgefühl beschrieben. Es kann auch eine Lymphstauung mit Ödemen im dermalen Bindegewebe bestehen. Die Dermis von Männern enthält weniger elastische Fasern und ist wie die Epidermis dicker als bei Frauen. Die Bindegewebsstränge sind fester und auf andere Weise vernetzt als bei Frauen. Der Anteil an Fettgewebe liegt bei Männern niedriger als bei Frauen.

Wenn sich Cellulite einmal entwickelt hat, ist ihr nur schwer beizukommen. Durch gezielte Gymnastik, spezielle Massagen, Lymphdrainagen und eine Gewichtsreduktion sind jedoch Erfolge zu erzielen. Die ausschließliche Anwendung von Anti-Cellulite-Präparaten, die meist durchblutungsfördernde Effekte haben, ist hingegen nicht erfolgversprechend.

Weitere Unterschiede zwischen Männer- und Frauenhaut liegen in der verstärkten Behaarung und dunkleren Pigmentierung des männlichen Körpers. Auch sind die Talgdrüsen bei Männern größer und produzieren mehr Talg als die von Frauen. Alle diese Merkmale männlicher Haut hängen von den Auswirkungen der männlichen Sexualhormone, den **Androgenen**, ab. Diese wirken auf das Pigmentsystem und die Hautanhangsgebilde. Aus diesem Grund sind Männer stärker von Akne betroffen als Frauen, denn Akne wird wesentlich vom Ausmaß der Talgdrüsenaktivität gesteuert. Ebenso verhält es sich mit dem männlichen **Haarausfall**, der auf die Wirkung der Androgene auf die Haarfollikel zurückzuführen ist.

Männer neigen stärker zu ekkrinem Schwitzen, weil sie mehr ekkrine Schweißdrüsen besitzen als Frauen. Auch bezüglich der Hautalterung bestehen Unterschiede: Während diese bei Frauen schon früh beginnt und in langsamen Schritten fortschreitet, setzt sie beim Mann später ein und verläuft dann rapider. Die Falten sind bei Männern tiefer als bei Frauen, was durch die dickere Epidermis bedingt ist.

2

2.3 Hautalterung

Der **Alterungsprozess der Haut** läuft bei allen Menschen gleich ab. Tendenzen, z. B. eine zunehmende Trockenheit der Haut, lassen sich feststellen. Dennoch bekommen Kunden mit dem Alter nicht alle denselben Hauttyp, sondern weisen weiterhin unterschiedliche Ausprägungen der Merkmale zur Hautbeurteilung auf. Auch hier gilt es, immer wieder den aktuellen Hautzustand zu bestimmen und dann gezielt auf die besonderen Bedürfnisse der alternden Haut einzugehen.

Physiologisch beginnt die Haut etwa ab dem 30. Lebensjahr zu altern. Die Alterungsprozesse an der Haut lassen sich nicht einfach aufhalten. Schon gar nicht, wenn lange Zeit schädliche Einflüsse auf die Haut eingewirkt haben. Wer mit 60 Jahren gut aussehen will, muss die Weichen dafür schon mit 20 stellen. Insbesondere ist schon in jungen Jahren auf eine gesunde Ernährung, ausreichend Schlaf, die Meidung übermäßiger Sonnenbestrahlung und des Rauchens zu achten. Zum Teil ist die Hautalterung auch genetisch bedingt. Das bedeutet, dass erblich festgelegt ist, wann und wie schnell jemand altert. Durch eine angemessene Pflege lässt sich jedoch der Hautzustand von älteren Menschen positiv beeinflussen.

Altershaut erscheint dünn und pergamentartig, sie kann leicht schuppen und ist oft sehr trocken. Augenscheinig sind die oberflächlichen Fältchen und die tieferen Falten und Furchen, eine schlechte Hautdurchblutung (Blässe) und eine allgemeine Schlaffheit der Haut. Häufig sind auch Altersflecken (Lentigo senilis) und Alterswarzen (seborrhöische Warzen) vorhanden.

Die Alterung der **Epidermis**: Die Epidermis verdünnt sich, die Retezapfen, durch die die Epidermis mit der Dermis verbunden ist, flachen ab oder verschwinden zum Teil ganz. Diese Veränderungen beruhen auf einer Verringerung der epidermalen Basalzellen. Die Abflachung der Retezapfen führt zu einer größeren Verletzlichkeit bei Verschiebungen der Haut. Durch die reduzierte Teilungsrate der Basalzellen kommt es zu einer Verlangsamung der Zeit, in der ein Keratinozyt durch die Epidermisschichten wandert und schließlich abgeschilfert wird. Durch diese Ver-

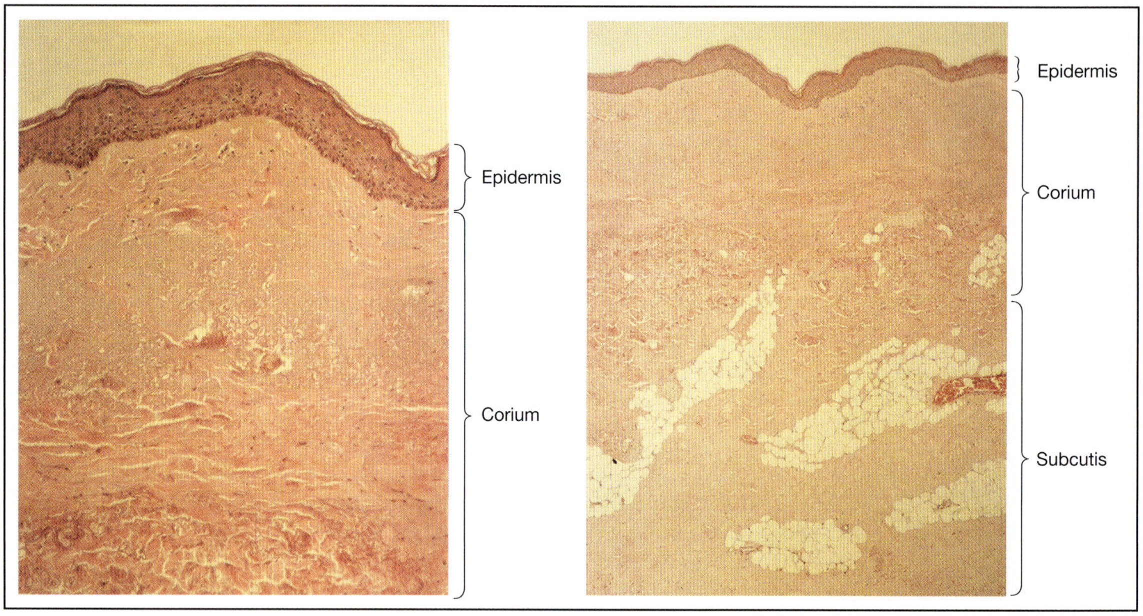

Mikroskopische Aufnahmen der Altershaut: links mit gestreckt verlaufenden Kollagenfaserbündeln und verdickten elastischen Fasern; rechts mit in das Corium eingerückten Fettzellkomponenten

langsamung verzögert sich auch die Wundheilung nach Verletzungen. Außerdem ist die Hornschichtbarriere durch die veränderte Zusammensetzung der Hornschichtlipide eingeschränkt. Diese Einschränkung äußert sich vor allem in einer erhöhten Reizbarkeit der Haut durch wasserlösliche Irritanzien. Außerdem ist die Zusammensetzung der Hornschichtlipide mit der besonders trockenen Haut im Alter verbunden. Die Melanozyten und die Langerhanszellen nehmen im Verlauf des Alterungsprozesses ab. Deutlich zeigt sich das am Ergrauen der Haare durch die verringerte Melaninproduktion. Die Unregelmäßigkeiten in der Melaninproduktion äußern sich auch in den typischen Pigmentflecken oder **Altersflecken**. Die Abnahme der Langerhanszellen führt zu einer Schwächung des Immunsystems.

Die Alterung der **Dermis**: Alle Bestandteile der Dermis werden im Verlauf des Alterungsprozesses vermindert. Die gelartige Füllsubstanz zwischen den Bindegewebsfasern schwindet. Dadurch nimmt die Wasserbindungsfähigkeit des Gewebes und somit der **Turgor** rapide ab. Aus dem reduzierten Turgor erklärt sich die Schlaffheit der Haut. Durch die schwindende Füllsubstanz verändert sich die Anordnung der kollagenen Fasern. Kollagen wird normaler-

Epidermis	• Wasser-Fett-Film ist durch die verminderte Talg- und Schweißproduktion gestört. • Haut ist trocken und durch veränderte Hornschichtlipide leichter reizbar.	• Altersflecken und graue Haare durch unregelmäßige und verminderte Pigmentierung • Langerhanszellen sind verringert, das Immunsystem wird geschwächt
Dermis	• Die Verzahnung von Epidermis und Dermis ist vermindert, die Haut ist verletzlicher. • Schweiß- und Talgdrüsen verringern ihre Produktion.	• Kollagene und elastische Fasern sind in ihrer Anordnung verändert, in Folge von Verklumpungen und Versteifungen bilden sich Falten. Der Turgor nimmt stark ab. • Das Gefäßsystem wird geschwächt, Folge sind Teleangiektasien, Blässe und eine schlechte Thermoregulation.
Unterhautfettgewebe	• Das Unterhautfettgewebe kann vermindert oder vermehrt werden.	

Hautalterung: Die Haut altert in allen Schichten.

weise nur sehr langsam oder überhaupt nicht abgebaut. Aus diesem Grund nimmt die Quervernetzung des Kollagens immer weiter zu. Das bedeutet, dass das Kollagen im Laufe des Alterungsprozesses fester und auch spröder wird. Auf der anderen Seite verlieren die kollagenen Fasern im Alter an Festigkeit. Dieser Festigkeitsverlust ist auf Schädigungen der Proteinstruktur zurückzuführen, z. B. durch UV-Bestrahlung. Auch die elastischen Fasern sind verändert und die einzelnen Fasern verklumpen häufig. Die Folgen sind ein Verlust an Elastizität und Faltenbildung.

Die Alterung des **Unterhautfettgewebe**s: Im Vergleich zu den Alterungsprozessen der anderen Hautschichten zeigen sich diese im Unterhautfettgewebe nicht so deutlich. Im Alter kann sowohl eine Verminderung als auch eine Zunahme des Unterhautfettgewebes vorliegen.

Die Alterung der Hautanhangsgebilde: Die Haare werden durch die abnehmende Anzahl an Melanozyten und die verminderte Produktion von Melanin weiß. Außerdem kommt es zu einer Verdünnung und Verminderung sowohl des Kopfhaares als auch der Körperbehaarung. In anderen Regionen kann es aber auch zu einem verstärkten Haarwachstum kommen, z. B. können die Augenbrauen sehr viel buschiger werden oder kräftige Haare aus den Ohren wachsen. Die Schweiß- und Talgdrüsen schränken ihre Produktion ein. Daraus und aus den veränderten Hornschichtlipiden resultiert die besondere Trockenheit der Haut im Alter. Die verminderte Schweißproduktion kann außerdem zu einer Verschlechterung der Thermoregulation führen.

Die Alterung des Gefäßsystems: Viele sichtbare Alterungsprozesse beruhen auf Veränderungen am Gefäßsystem. So kommt es häufig zu einer Erweiterung der Gefäße und zu einer Starrheit der Gefäßwände. Außderdem nimmt die Zahl der Kapillaren ab. Die Durchblutung ist verschlechtert. Teleangiektasien, eine typische Blässe und eine schlechte Thermoregulation sind die Folgen.

3 Veränderungen der Haut (Effloreszenzenlehre)

Bestimmte Veränderungen der Haut (Effloreszenzen) sind für bestimmte Hauterkrankungen typisch. Für das Verständnis der Dermatologie ist die Kenntnis der Effloreszenzen sozusagen als das kleine Einmaleins zu betrachten. In der Praxis sollte die Kosmetikerin sichtbare Effloreszenzen erkennen können. Denn sie geben Hinweise darauf, welche Behandlungen durchgeführt werden können und welche eher schädlich wären.

Das Wort **Effloreszenzen** stammt aus dem Lateinischen (lat.: efflorescere – erblühen) und kann am besten mit „Hautblüten" übersetzt werden. Bei besonders auffälligen Effloreszenzen, insbesondere wenn die Vermutung besteht, dass es sich um **Hautkrebs-** oder **Hautkrebsvorstufen** handelt, sollte die Kosmetikerin ihren Kundinnen immer zu einem Arztbesuch raten. Außerdem zeichnet die Kosmetikerin die souveräne Verwendung der Begriffe zur Beschreibung der verschiedenen Effloreszenzen als kompetent aus.

Primäre Effloreszenzen werden unmittelbar durch die Erkrankung verursacht. Die **sekundären Effloreszenzen** sind eher Anzeichen für Heilungsprozesse oder chronische, lang andauernde Veränderungen. Manchmal findet man auch eine weitere Unterteilung in **tertiäre Effloreszenzen**, hiermit sind dann nicht mehr entzündliche und meist dauerhafte Schädigungen der Haut gemeint, z. B. Narben.

3.1 Primäre Effloreszenzen

Zu den **primären Effloreszenzen** zählen: Flecken, Quaddeln, Bläschen, Blasen, Pusteln, Knötchen, Knoten, Tumore, Zysten und Geschwüre. Weiterhin gehören oberflächliche und tiefere Hautabschürfungen sowie Hauteinrisse dazu.

Der **Fleck** (**Macula**) ist eine umschriebene Änderung der normalen Hautfarbe ohne tastbare oder sichtbare Änderungen der Konsistenz oder der Struktur der Hautoberfläche. Ein Fleck kann durch verschiedene Ursachen entstehen: Braune Flecken entstehen durch Pigmentvermehrungen, dazu zählen z. B. **Café-au-lait-Flecken** oder **Lentigo simplex**. Rote Flecken entstehen durch vermehrte Durchblutung und Weitstellung der Gefäße. **Erytheme** unterschiedlicher Art aber auch **Teleangiektasien** – z. B. bei **Rosacea** – zählen dazu. Weiße Flecken können durch einen Pigmentmangel oder einen Pigmentverlust entstehen, typisch sind sie bei **Vitiligo**. Blaue Flecken entstehen durch kleine Einblutungen in die Dermis (Hämatom) sowie durch eine Pigmentvermehrung bzw. -verschiebung in die Dermis (Blauer Nävus). **Tätowierungen** sind Pigmenteinlagerungen, die im weitesten Sinne zu den Flecken gezählt werden können.

Die **Quaddel** (**Urtica**) ist eine umschriebene entweder rote oder hautfarbene Effloreszenz, die in der Regel juckt. Sie entsteht durch ein vorübergehendes **Ödem** in der oberen Dermis, das sich durch eine gesteigerte Gefäßdurchlässigkeit bildet. Einfluss auf die Gefäßdurchlässigkeit hat u. a. das Histamin, das im Rahmen einer Entzündungsreaktion aus den Mastzellen freigesetzt wird.

2

Bei **Bläschen** (**Vesicula**) und **Blasen** (**Bulla**) handelt es sich um Flüssigkeitsansammlungen in oder unter der Epidermis. Sind sie bis erbsengroß, spricht man von Bläschen, bei größerem Ausmaß von Blasen. Der Inhalt von Bläschen und Blasen besteht aus Serum oder Blut.

Pusteln (**Pustula**) sind mit Eiter gefüllte, gelblich-weiße oder grün-gelbe Bläschen. Häufig entstehen sie aus ehemals klaren Bläschen, in denen sich die Bläschenflüssigkeit später eintrübt. Viele Pusteln haben einen schmalen, entzündlich geröteten Randsaum.

Ein **Knötchen** (**Papula**, **Papel**) entsteht durch eine Zell- oder Gewebsvermehrung oder die Ablagerung von Stoffwechselprodukten und kann bis erbsengroß sein. Sie liegt deutlich über dem Hautniveau und ist somit gut sicht- und tastbar. Je nach Lage der Papel unterscheidet man epidermale Papeln, dermale Papeln und gemischte Papeln.

Bei **Knötchen** (**Nodulus**), **Knoten** (**Nodus**) und **Tumoren** handelt es sich, wie bei der Papel, um Zell- oder Gewebsvermehrungen. Dies sind gut- oder bösartige Neubildungen. Je nach Größe unterscheidet man Knötchen, die bis mandelkerngroß sein können, Knoten, die bis walnussgroß sein können und bei noch größerem Ausmaß spricht man von Tumoren.

Zysten (**Cystis**) können sehr weit oben in der Haut liegen (z. B. Milien) oder auch sehr tief (z. B. **Atherome**). Eine Zyste ist eine bindegewebige Hülle, mit flüssigem, teigigem oder breiigem Inhalt, der aus Talg, Schweiß, Serum, Epidermiszellen, Haaren oder Schleim bestehen kann. **Milien** sind kleinste weiße Zysten (bis stecknadelkopfgroß), die in der Epidermis liegen und mit Keratin gefüllt sind. Sie sind nicht durch Herausdrücken, sondern nur durch Anritzen zu entfernen.

Bei einer oberflächlichen **Hautabschürfung** (**Erosion**) handelt es sich um einen Defekt, der nur auf die Epidermis beschränkt ist. Sie kann entstehen durch das Platzen von Bläschen, Pusteln und Blasen, durch Aufweichen der Haut oder durch Schürfung. Sichtbar ist eine gerötete und durch Absonderung von Gewebsflüssigkeit feuchte Fläche, die brennt und schmerzt. Bei der Abheilung entstehen jedoch keine Narben.

Bei einer tieferen **Hautabschürfung** (**Exkoriation**) sind auch die Papillenspitzen, die Epidermis und Dermis miteinander verzahnen, betroffen. Diese werden gekappt und es kommt zu einer punktförmigen Blutung. Sie entsteht durch Abschürfungen oder Kratzen. Bei der Abheilung bilden sich in der Regel keine Narben.

Hauteinrisse (**Rhagaden**) entstehen meist durch die Bewegung wenig elastischer, stark verhornter oder sehr trockener Hautpartien und reichen bis in die Dermis hinein. Sie sind sehr schmerzhaft. Bevorzugt treten sie an der Haut über den Fingergelenken, in den Handinnenflächen und im Lippen- und Mundwinkelbereich auf.

Ein **Geschwür** (**Ulcus**) betrifft alle Hautschichten und heilt immer mit Narbenbildung ab. Die Ursachen können vielfältig sein. Es kann sich z. B. um einen bakteriellen Gewebszerfall handeln, der nach einer chemischen oder physikalischen Gewebsschädigung oder bei Durchblutungsstörungen entsteht.

3.2 Sekundäre Effloreszenzen

Zu den **sekundären Effloreszenzen** zählen die Verdickung oder Verdünnung der Haut, die Flechtenbildung, die Hautvergröberung sowie Verhornungsstörungen, Schuppen, Krusten und Narben.

Bei einer **Hautverdickung** (**Akanthose**) sind das Stratum basale und des Stratum spinosum durch die Zunahme der Zellenanzahl verbreitert. Eine Akanthose tritt vorübergehend bei allen epidermalen Entzündungen auf.

Mit **Hautverdünnung** (**Atrophie**) ist eine Verdünnung der Epidermis und/oder der Dermis gemeint, von der dann auch die Hautanhangsgebilde betroffen sind. Sie kann altersbedingt entstehen, nach Entzündungen auftreten oder hormonell bedingt sein. Auch eine Kortisonanwendung über längere Zeit führt zu einer Verdünnung der Haut.

Mit **Flechtenbildung**, **Hautvergröberung** (**Lichenifikation**) ist eine Verdickung der Haut gemeint, die durch eine Akanthose, eine Hyperkeratose mit Schuppung und oft durch eine Hyperpigmentierung am Rand gekennzeichnet ist. Die Verdickung der Haut führt zu einer vergröberten Felderzeichnung und juckt oft stark. Typisch ist eine Lichenifikation (eine flächenhafte lederartige Veränderung) der Haut bei chronischen Ekzemen.

Verhornungsstörungen: Durch die Verbreiterung der Hornschicht mit einer Massenzunahme durch eine erhöhte Zellteilungsrate oder eine verminderte Abstoßung von der Hautoberfläche kommt es zu einer verstärkten Verhornung, einer **Hyperkeratose**. Wenn sich in der Hornschicht durch eine Fehlverhornung kernhaltige Zellen befinden, spricht man von **Parakeratose**.

Schuppen (**Squama**) sind große Verbände aneinander haftender abgestorbener Hornzellen. Einzelne Hornzel-

Primäre Effloreszenzen

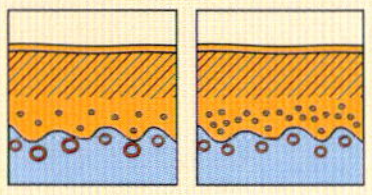	Fleck (Macula)	Veränderung der Hautfarbe durch Gefäßweitstellung oder Pigmenteinlagerung	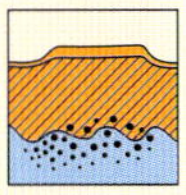	Knötchen (Papula, Papel)	Zell- oder Gewebsvermehrung oder Ablagerung von Stoffwechselprodukten
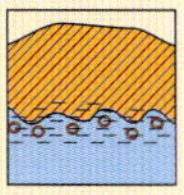	Quaddel (Urtica)	Ödem in der oberen Dermis durch gesteigerte Gefäßdurchlässigkeit	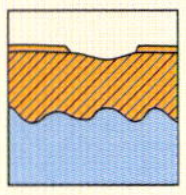	Oberflächliche Hautabschürfung (Erosion)	z. B. durch Platzen von Bläschen oder Schürfung
	Bläschen (Vesicula)	kleiner, mit Flüssigkeit gefüllter Hohlraum in oder unter der Epidermis	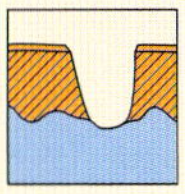	Tiefe Hautabschürfung (Exkoriation)	Kappung von Papillenspitzen, punktförmige Blutung
	Blase (Bulla)	größerer, mit Flüssigkeit gefüllter Hohlraum in oder unter der Epidermis	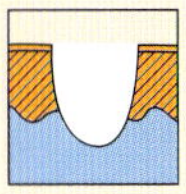	Geschwür (Ulcus)	Gewebszerfall, z. B. durch chemische oder physikalische Schädigungen oder durch Durchblutungsstörungen
	Pustel (Pustula)	mit Eiter gefüllter Hohlraum in oder unter der Epidermis	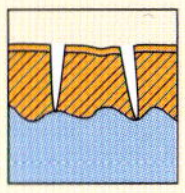	Hauteinrisse (Rhagaden)	Risse in stark verhornten oder sehr trockenen Hautpartien

Sekundäre Effloreszenzen

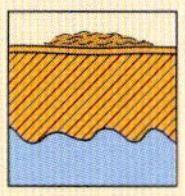	Schuppe (Squama)	lose oder fest haftende Auflagerungen von Hornzellverbänden	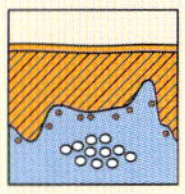	Hautverdünnung (Atrophie)	Verdünnung von Epidermis und/oder Dermis durch Gewebsschwund
	Kruste (Crusta)	Auflagerungen aus eingetrocknetem Sekret und/oder körperfremden Stoffen	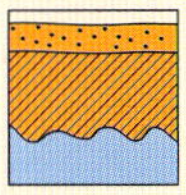	Vermehrte Verhornung (Hyperkeratose)	Verbreiterung der Hornschicht durch erhöhte Zellteilungsrate oder verminderte Abschilferung
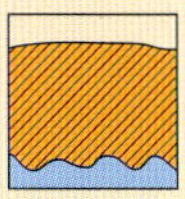	Hautverdickung (Akanthose)	Verbreiterung der Epidermis durch Zellzunahme	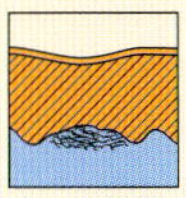	Narbe (Cicatrix)	unvollkommen regeneriertes Gewebe mit wenigen elastischen Fasern

Primäre Effloreszenzen entstehen als direkte Folge einer Erkrankung, sekundäre Effloreszenzen entwickeln sich aus primären Effloreszenzen, sie sind entweder Anzeichen eines Heilungsprozesses oder chronische Hautblüten.

len, die ständig von der Hautoberfläche abgeschilfert werden, sind mit dem bloßen Auge nicht sichtbar. Schuppen entstehen durch Hyperkeratosen.

Krusten (**Crusta**) sind Auflagerungen, die aus eingetrocknetem Sekret (Blut, Eiter, Serum) und/oder körperfremden Stoffen, z. B. Schmutz, bestehen. Schorf besteht aus abgestorbenem Gewebe und ist fest mit der Unterlage verbunden. Schorfkrusten sind gelbgrün bis tiefschwarz.

Narben (**Cicatrix**) entstehen aus allen Defekten der Haut, die tiefer als bis zur Epidermis-Dermis-Grenze reichen. Sie bestehen aus unvollkommen regeneriertem Gewebe, das sehr straff ist und wenig elastische Fasern aufweist. Die Hautoberfläche zeigt kein ortstypisches Hautrelief, d. h., dass z. B. Haare, Talgdrüsen oder Schweißdrüsen fehlen können. Die Epidermis ist verdünnt, die Dermis ist papillenlos, gefäß- und zellenarm. Es gibt eingezogene (atrophische) Narben, hoch stehende (hypertrophische) Narben und Keloide. **Keloide** entstehen durch eine massive Bindegewebsvermehrung durch stetige Neubildung des Kollagens. Diese Narbenart kann regelrecht wuchern, d. h. über den eigentlichen Ort der Gewebsschädigung hinausgehen. Sehr straffe Narben können Präkanzerosen sein.

2

Nehmen Sie Stellung: Eine Kundin hat sich Blasen am Fuß aufgestochen, die sich nun entzündet haben. Sie fürchtet nun die Bildung von Narben. Ist ihre Befürchtung begründet?

4 Hauterkrankungen

4.1 Akne

Akne ist gerade für die Kosmetikerin eine bedeutende Hauterkrankung. Obwohl sich auf diesem Gebiet in vielen Fällen eine gute und sinnvolle Kooperation mit Dermatologen entwickelt, wird oft nur die Kosmetikerin konsultiert. Sie hat somit eine große Verantwortung bei der Behandlung und Beratung.

Am häufigsten ist die Akne im Jugendalter (**Akne vulgaris**), es gibt jedoch noch andere Formen der Akne. Die Behandlung von Jugendlichen mit Akne erfordert eine besondere Sensibilität der Kosmetikerin, für die Betroffenen ist die Situation einer kosmetischen Behandlung oft sehr ungewohnt und vielleicht auch peinlich. Die meisten Betroffenen leiden sehr unter ihren Hauterscheinungen, obwohl diese eigentlich ganz normal für ihr Alter sind. Hier kann die Kosmetikerin mit dem nötigen Einfühlungsvermögen helfen, das Selbstwertgefühl der Klienten zu stabilisieren.

Die Akne ist eine Erkrankung der talgdrüsenreichen Haut. Sie ist außerordentlich verbreitet, fast jeder Mensch ist zumindest in einer Minimalform während der Pubertät betroffen. Männer und Frauen erkranken etwa gleich häufig an Akne, der Verlauf ist bei Männern jedoch oft schwerer. Der Beginn der Akne liegt in der Pubertät, bei Frauen tritt sie ungefähr ab dem 12., bei Männern etwa ab dem 13. Lebensjahr auf. Das Ende der Akneerkrankung ist im Normalfall auch das Ende der Pubertät (18.–20. Lebensjahr), nicht selten bleibt die Erkrankung jedoch bis zum 30. Lebensjahr bestehen. Am häufigsten tritt die Akne in den talgdrüsenreichen Arealen der Haut auf, d. h. in der **T-Zone** im Gesicht und in den „**Schweißrinnen**“ an Brust und Rücken.

Die Akne hat viele Ursachen. Schwere Akneformen treten familiär gehäuft auf, d. h. die Neigung zur Akne ist genetisch mitbestimmt. Während der Pubertät bedingen die **Androgene** (männliche Sexualhormone, die in geringerem Ausmaß aber auch von Frauen produziert werden) eine Größenzunahme der Talgdrüsen sowie eine Steigerung der Lipid(Talg)produktion (Seborrhö). Männer sind daher häufiger von den schwereren Akneformen betroffen. Bei Frauen kann sich eine Akne vor der Menstruation verschlechtern.

Der Verlauf einer Akne beginnt mit der Größenzunahme der Talgdrüsen und der vermehrten Talgproduktion. Es kommt zu einer vermehrten und veränderten Verhornung des Follikelabschnitts, der in die Talgdrüse mündet. Auf diese Weise entsteht ein Hornpfropf, der den Haarfollikel ausfüllt (verstopft) und nach oben treibt. Durch den Hornpfropf kommt es zu einem Stau des vermehrt produzierten Talgs, auf diese Weise entsteht ein mit Lipiden und Keratin gefüllter Sack, der **Komedo** (**Mitesser**). Gleichzeitig mit der Komedonenbildung kommt es zu einer sprunghaften Vermehrung des Bakteriums **Propionibacterium acnes** (auch: **Corynebacterium acnes**), das normalerweise immer als apathogener (unschädlicher) Keim in und auf der Haut vorkommt. Die Bakterien finden jedoch im talgreichen Komedo ideale Lebensbedingungen, sodass sie sich besonders stark ausbreiten können. Sie setzen Enzyme (Lipasen) frei, die die Neutralfette des Talgs in kleinere Teile (freie Fettsäuren) spalten. Diese freien Fettsäuren haben eine entzündungsauslösende Wirkung. Durch sie werden z. B. Entzündungszellen und Entzündungsflüssigkeit vermehrt an den Ort des Geschehens gelockt. Es wird eng, und der Druck auf den Komedo, der durch den Hornpfropf nicht nach oben ausweichen kann, wächst. Wenn der Komedo dem Druck nicht mehr standhalten kann, platzt er spontan und gibt seinen Inhalt an das umliegende Bindegewebe frei. Dies führt zu einer heftigen Entzündung. Es entsteht mindestens eine **Pustel**.

Die **Akne vulgaris** kann in verschiedenen Stadien ablaufen, die jedoch nicht bei jedem Betroffenen eintreten. Häufig bleibt es bei dem Stadium, in dem nur Komedonen sichtbar sind oder auch einige entzündliche Veränderungen am Komedo auftreten.

Kennzeichnend für die **Akne comedonica** ist das Vorhandensein von **Komedonen**. Diese können häufig über Monate und Jahre (Pubertät) bestehen bleiben. Hier unterscheidet man zwischen offenen und geschlossenen Komedonen. Bei den **geschlossenen Komedonen** ist der Follikelausgang verschlossen, es schimmert eine weißliche Papel, der Talg-Horn-Pfropf durch. Geschlossene Komedonen neigen zur Entzündung und zu einer eitrigen Einschmelzung, da der Druck im Follikel nicht nach außen entweichen kann. Bei den **offenen Komedonen** klafft die Follikelöffnung auf, es ist ein schwarzer Kopf

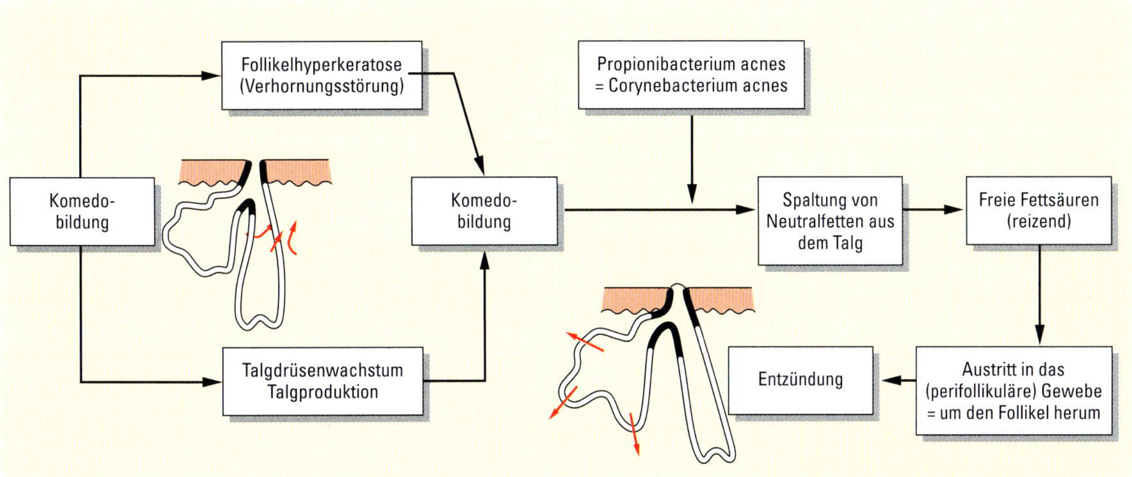

Akne vulgaris: Unter dem Einfluss der Androgene kommt es zu einer vermehrten Talgproduktion und einer Verhornungsstörung des Follikelausgangs: Ein Comedo entsteht. Bakterien spalten Lipide aus dem Talg zu entzündungsfördernden freien Fettsäuren.

sichtbar. Hierbei handelt es sich nicht um Schmutz, wie vielfach vermutet wird, sondern der Horn-Lipid-Propf ist durch den Luftsauerstoff oxidiert. Diese Tatsache sollte die Kosmetikerin ihren Kunden deutlich machen, viele Betroffenen glauben nämlich, dass es sich um Schmutz handle oder werden von anderen damit aufgezogen („wasch dich mal richtig ...") und leiden sehr unter dieser Vermutung.

Das nächstschlimmere Stadium der Akne ist die **Acne papulo-pustolosa**. Hier haben sich bereits entzündliche Veränderungen am Komedo eingestellt, es sind Papeln und Pusteln entstanden. Die Dauer dieses Stadiums kann Jahre betragen. Fast jede Pustel hinterlässt eine eingezogene (selten auch eine abgehobene) Narbe, die meist jedoch sehr unauffällig sind. Verschlimmert sich die Akne weiter, entwickelt sich in seltenen Fällen eine **Acne conglobata**. Hier kann es durch die Entzündung um den Follikel herum zu knotigen Infiltraten und **Abszessen** kommen, nach der Abheilung bleiben entweder eingezogene (atrophe) oder abgehobene (hypertrophe) Narben zurück.

Es gibt eine Reihe von Sonderformen der Akne und auch akneähnliche Erkrankungen, die zwar im äußeren Erscheinungsbild der Akne ähneln, aber eine andere Ursache haben. Ein kurzer Überblick über diese Erkrankungen kann die Diagnosesicherheit der Kosmetikerin schärfen, denn bei anderen Ursachen ist natürlich auch eine andere Behandlung bzw. die Weiterleitung an den Arzt notwendig.

Bei der **Acne tropica** handelt es sich um eine besonders intensive Form der Akne, die durch eine Superinfektion mit Staphylokokken entsteht. Bei einer **Acne cosmetica** findet man mäßig entzündliche Akneeffloreszenzen und tief sitzende, entzündliche Papeln. Die Ursache sind **komedogene** (komedo-auslösende) Substanzen in Kosmetika, oft wird der Verlauf durch Manipulation an den Knötchen ungünstig beeinflusst.

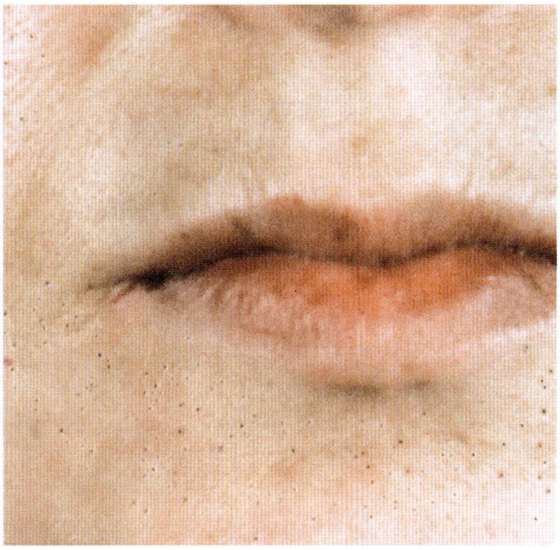

© Eucerin®

Bei geschlossenen Komedonen können Talg und Horn nicht entweichen. Sie neigen zu Entzündungen. Offene Komedonen sind durch Oxidation dunkel gefärbt. Talg und Horn können entweichen, sie sind wenig entzündlich.

Mit dem Namen **Acne excoriée des jeunes filles** wird eine vorhandene geringgradige Acne vulgaris (mäßige und unscheinbare Komedonen) bezeichnet, die durch heftige Manipulationen (Herumdrücken und Kratzen an den Effloreszenzen) erst zu sichtbaren und entzündlichen Hautveränderungen führt. Oft ist es sehr schwer, die Betroffenen von ihren Drück- und Kratzaktivitäten abzubringen.

2

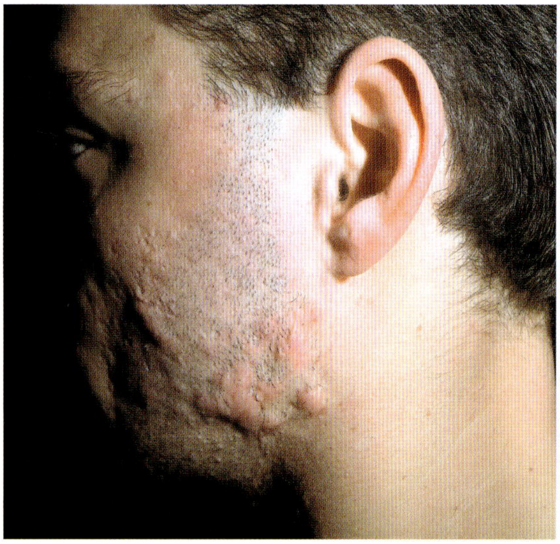

Akne conglobata: Schwere Form der Akne, bei der es zu tiefen Entzündungen, Infiltraten und narbiger Abheilung kommt.

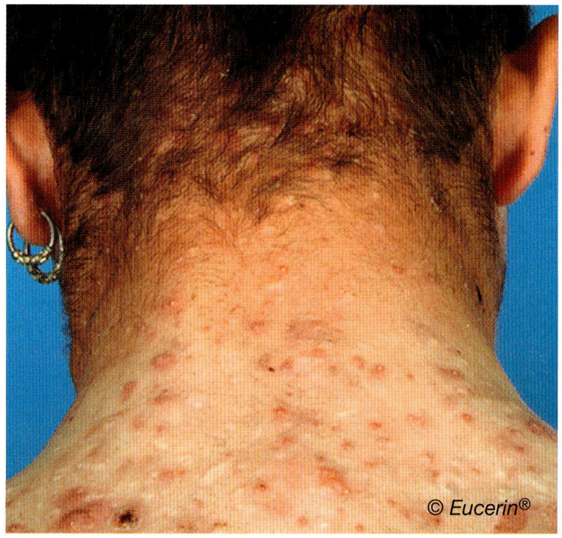

Akne papulo-pustolosa: Es haben sich entzündliche Veränderungen am Komedo eingestellt, Papeln und Pusteln prägen das Erscheinungsbild.

Primäre Effloreszenzen (nicht entzündlich)	Sekundäre Effloreszenzen (entzündlich)	Tertiäre Effloreszenzen (nicht mehr entzündlich)
Mikrokomedonen	Papeln	Zysten (nicht mehr entzündliche Knoten)
Geschlossene Komedonen	Pusteln	Fistelkomedonen (fuchsbauartige Gänge zwischen zwei Follikeln)
Offene Komedonen	Knoten Abzesse	Narben

Bei den drei Verlaufsformen der Akne vulgaris unterscheidet man die auftretenden Hautveränderungen nach primären, sekundären und tertiären Akneeffloreszenzen.

Bei einer **medikamentösen Akne** handelt es sich meist um gerötete Papeln, die um die Follikel herum angeordnet sind. Sie können durch die Einnahme einiger Medikamente hervorgerufen werden, z. B. kurz nachdem hochdosiert Kortison verabreicht wurde. Bei einer **exogen bedingten Akne** entstehen Akneeffloreszenzen durch äußerlich auf die Haut einwirkende Substanzen, z. B. Öle, Teere, Fette. Betroffen sind z. B. Mechaniker, denen bei Autoreparaturen Öl in das Gesicht gelangt ist. Diese Substanzen wirken komedogen und sie verstopfen zudem die Follikelausgänge von außen.

Bei der **Aknetherapie** ist eine enge Zusammenarbeit zwischen Arzt und Kosmetikerin gefragt, um optimale Ergebnisse zu erzielen. Häufig wird bei leichteren Akneformen jedoch nur die Kosmetikerin aufgesucht. Sie sollte deshalb genau wissen, an welche Akneeffloreszenzen sie sich heranwagen darf. Sie sollte den Patienten auch auf therapeutische Möglichkeiten durch den Dermatologen hinweisen können. Grundsätzlich setzt die Aknetherapie und Behandlung an den verschiedenen Entstehungsfaktoren an. Ansatzpunkte sind u. a. die Seborrhö, die übermäßige Verhornung und die Corynebakterien.

Aknetherapie: Ansatzpunkt Seborrhö. Hier kann die Kosmetikerin erfolgreich zur Behandlung und Prävention beitragen, durch entsprechende Hautreinigung mit gut hautverträglichen Produkten, die Anwendung von fettaufnehmenden Tagescremes (evtl. getönt, um Unreinheiten zu kaschieren), sanfte Peelings etc. kann der Hautzustand günstig beeinflusst werden. Von ärztlicher Seite können in schweren Fällen Hormone verordnet werden, welche die übermäßige Talgproduktion bremsen, die durch Androgene angeregt wird. Die Gabe von solchen Antiandrogenen (z. B. Östrogene) kommt jedoch nur für Mädchen und Frauen in Frage. Zum Teil verhüten junge Frauen im „Aknealter" ohnehin mit der Pille, was sich dann quasi als Nebenwirkung auch günstig auf die Akneentwicklung auswirkt.

Aknetherapie: Ansatzpunkt **Follikelkeratose** (übermäßige Verhornung). Hier sind keratolytische (hornlösende) Maßnahmen gefragt, die ebenfalls z. T. von der Kosmetikerin durchgeführt werden können. Äußerlich angewendet hat z. B. Vitamin-A-Säure eine solche Wirkung. Seit einigen Jahren werden verstärkt auch sogenannte Fruchtsäuren (AHAs) angeboten. Behandlungen mit Säuren sollten sehr vorsichtig durchgeführt werden und wenn höhere Konzentrationen angewendet werden, nur in Zusammenarbeit mit dem Dermatologen. Hierbei wird eine Hautreizung bzw. eine Entzündungsreaktion provoziert, die die Keimzellen in der Basalzellenschicht dazu anregt, den Defekt durch eine gesteigerte Zellteilung zu beheben. Unsachgemäß angewendet kann hier großer Schaden entstehen, bis hin zur Narbenbildung. **Vitamin-A-Säure**-Derivate (Retinoide) können vom Arzt verordnet auch eingenommen werden. Sie bewirken eine Reduktion der Seborrhö, eine Talgdrüsenverkleinerung und haben eine entzündungshemmende Wirkung. Allerdings haben solche Präparate starke Nebenwirkungen und werden daher nur in schweren Fällen der Akne verordnet. Besonders hervorzuheben ist die fruchtschädigende Wirkung von Retinoiden, wenn sie kurz vor oder während der Schwangerschaft eingenommen werden. Ein sicherer Empfängnisschutz muss während und mindestens drei Monate nach einer solchen Therapie gewährleistet sein.

Aknetherapie: Ansatzpunkt **Corynebakterien**. Um die bakterielle Beteiligung bei der Akneentstehung zu beeinflussen, werden antibakteriell wirksame Mittel eingesetzt. Die Kosmetikerin kann hier eine antiseptische Behandlung mit alkoholischen Lösungen und Gesichtspackungen vornehmen. Von ärztlicher Seite ist der Einsatz von Antibiotika innerlich und äußerlich möglich. Häufig wird auch Benzoyl-Peroxid, das eine antibakterielle und komedolytische Wirkung hat, eingesetzt.

Weitere Maßnahmen, die häufig im Zusammenhang mit einer Aknetherapie durchgeführt werden, sind Diäten und UV-Bestrahlungen. Zum Thema Diäten finden sich immer wieder Vertreter, die eine strenge **Aknediät** empfehlen. So soll z. B. auf den Verzehr von Schokolade verzichtet werden. Es gibt jedoch keine generelle Aknediät, die wissenschaftlich nachgewiesen sinnvoll ist. Hier gilt, dass der Betroffene sich selbst beobachten sollte und Nahrungs- oder Genussmittel, die aus seiner Sicht negativ auf den Hautzustand wirken, reduziert zu sich nehmen sollte. Ein generelles Verbot bestimmter Nahrungsmittel kann eher negative Wirkungen haben, da ein auferlegter ständiger Verzicht auf evtl. heiß begehrte Speisen zusätzlichen psychischen Stress auslösen kann. Natürlich gilt auch hier, dass eine gesunde Ernährung mit mäßigem Fett- und Zuckergehalt immer sinnvoll ist und sich insgesamt positiv auf den Gesundheits- und insbesondere den Hautzustand auswirkt.

Akneeffloreszenzen: Zu den primären Akneeffloreszenzen gehören offene (1) und geschlossene (2) Komedonen, als sekundäre Effloreszenzen treten entzündliche, geplatzte Komedonen (3) und Aknepapeln (4) auf.

Bei einer von einem Arzt durchgeführten **Phototherapie** wirkt sich häufig eine Bestrahlung mit UV-A und UV-B-Licht positv auf den Hautzustand aus. Bei einer Bestrahlung in Eigeninitiative gilt jedoch, dass immer auch die Risiken einer solchen Bestrahlung durch Höhensonnen, Sonnenbänke und Solarien (z. B. vorzeitige Hautalterung, Entstehung von Hautkrebs bei übermäßiger Bestrahlung) bedacht werden sollten. Zudem ist der Besuch von Solarien für Minderjährige gesetzlich verboten.

Die Kosmetikerin sollte ihren Kunden immer in Grundzügen die Entstehungsursachen ihrer Erkrankung erklären und sicher entscheiden können, welche Effloreszenzen sie behandelt und in welchem Stadium auch eine ärztliche Therapie erforderlich ist. Das oberste Gebot ist hier: Weniger ist oft mehr! Direkt behandelt werden darf nur die Akne im Stadium der Komedonen. Pusteln und Papeln dürfen nicht ausgedrückt oder -gequetscht werden, da die Gefahr einer Entzündung und später auch der Narbenbildung sehr hoch ist. Erwarten die Kunden trotzdem eine solche Behandlung, erweist sich eine Kosmetikerin als kompetent, wenn sie diese bestimmt ablehnt und auf den Dermatologen verweist. In diesem Stadium der Papeln und Pusteln sind unterstützende (reinigende und pflegende Maßnahmen) jedoch sehr wichtig.

Nehmen Sie Stellung: Eine Kundin (17 Jahre alt) berichtet enttäuscht, dass sich ihre Akne trotz ihres weitgehenden Verzichts auf Süßigkeiten nicht gebessert habe. Welche Ernährungsempfehlungen geben Sie ihr?

4.2 Rosacea

Die **Rosacea** wird häufig als akneähnliche Erkrankung bezeichnet, es gibt jedoch nur wenige Gemeinsamkeiten: So ist die Rosacea wie die Akne häufig mit einem seborrhöischen Hauttyp verbunden. Auch die Talgdrüsen können direkt an der Erkrankung

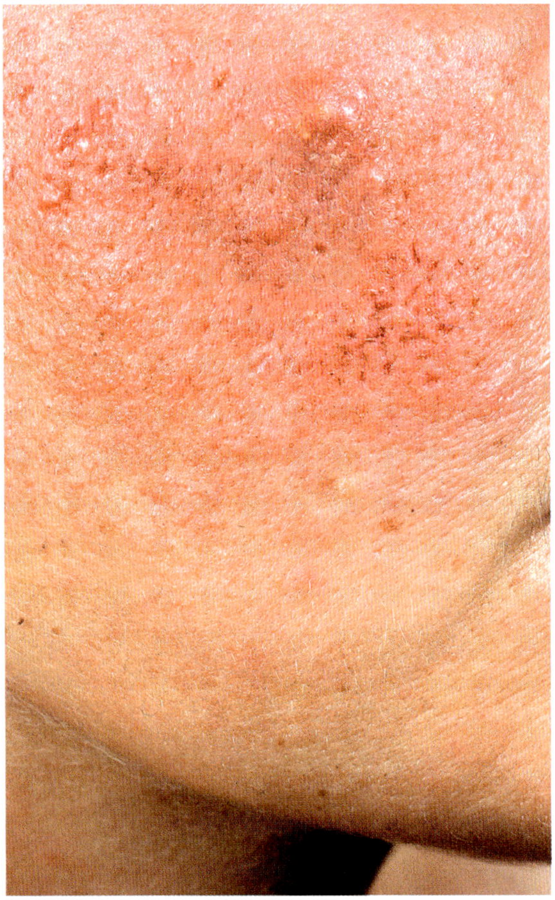

Bei der Rosacea handelt es sich um entzündliche Veränderungen der Gesichtshaut. Typische Effloreszenzen sind Erytheme, Teleangiektasien, Papeln und Pusteln.

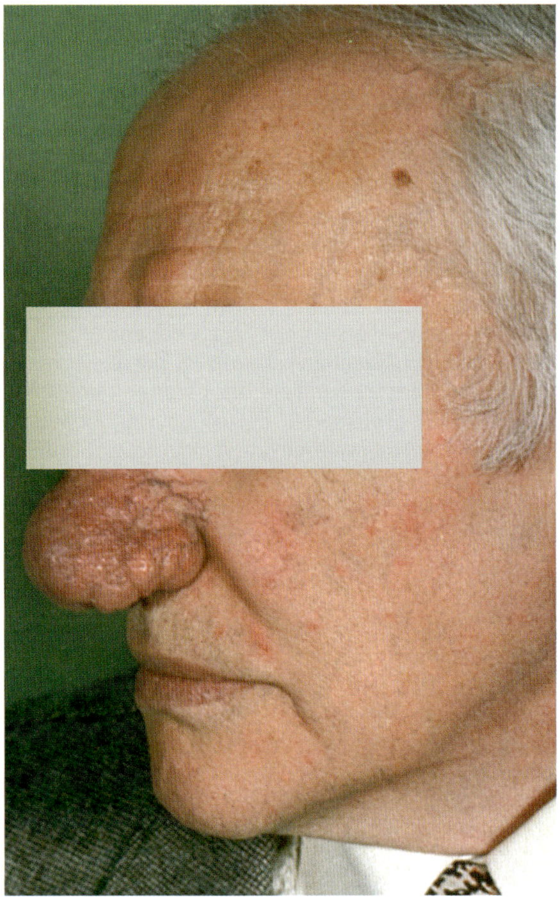

Das Rhinophym ist die schlimmste Form der Rosacea mit starker Vergrößerung der Talgdrüsen und unförmigen Bindegewebsveränderungen. Betroffen sind fast nur Männer.

beteiligt sein. Wie bei der Akne gilt auch hier, dass die Erkrankung, gerade weil sie im Gesicht auftritt, besonders belastend für die Betroffenen ist und hier Hilfestellung durch die Kosmetikerin geleistet werden kann, um die Lebensqualität der Betroffenen zu verbessern.

Bei der **Rosacea** handelt es sich um eine entzündliche Veränderung der Gesichtshaut, die in der Regel erst in der zweiten Lebenshälfte auftritt. Typisch ist die Lokalisation der Hautveränderungen in der Gesichtsmitte, die Bereiche um den Mund und um die Augen herum sind ausgespart. Typische Effloreszenzen sind Erytheme, Teleangiektasien, Papeln und Pusteln. Die Papeln und Pusteln sind aber nicht wie bei der Akne an die Follikel gebunden. Die eigentliche Ursache der Rosacea ist nicht geklärt, eine erbliche Anlage wird vermutet. Auch werden Zusammenhänge zu inneren Erkrankungen (z. B. Bluthochdruck) diskutiert. Häufig kann eine Verschlechterung der Rosacea durch äußere Einflüsse wie Wechsel von kalter in warme Luft (schnelle Temperaturschwankungen), starke Sonneneinwirkung, den Genuss von Alkohol oder scharfen Gewürzen beobachtet werden. Typisch ist nach den genannten Einflüssen eine Rötung des Gesichts.

Eine Rosacea entwickelt sich häufig zunächst sehr unauffällig und kann dann in mehreren Stadien verlaufen: Im Stadium 1 treten zunächst vorübergehende Erytheme auf, die bei Fortschreiten der Erkrankung immer länger bestehen bleiben. Außerdem finden sich häufig Teleangiektasien. Im Stadium 2 entwickeln sich dann über längere Zeit (Monate bis Jahre) gerötete Verdichtungen von Papeln, später auch Pusteln. Komedonen treten bei der Rosacea nie auf. Im schlimmsten Fall, und davon sind meistens Männer betroffen, entwickelt sich eine starke Vergrößerung der Talgdrüsen (**Hyperplasie**), die mit unförmigen Bindegewebsveränderungen und Gefäßerweiterungen einhergehen kann: das **Rhinophym**, eine knollenartige Verdickung der Nase.

Therapeutisch wird die Rosacea häufig mit Antibiotika innerlich und/oder äußerlich behandelt. Kosmetisch steht eine milde Reinigung im Vordergrund, bei der auf alkoholische Lösungen verzichtet werden sollte, um weitere Irritationen der Haut zu vermeiden.

Nicht angewendet werden sollten durchblutungsfördernde Präparate. Massagen und Lymphdrainagen haben positive Effekte. Im Bereich der dekorativen Kosmetik können für die Patienten sehr befriedigende Ergebnisse erzielt werden, z. B. durch das Abdecken der Teleangiektasien. Auf keinen Fall sollte die Kosmetikerin an Papeln und Pusteln manipulieren (drücken, eröffnen etc.), dies kann zu einer drastischen Verschlechterung der Erkrankung führen.

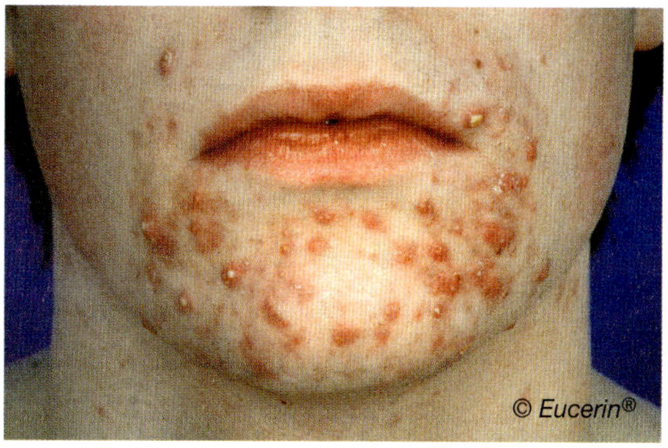

Periorale Dermatitis: Typische Hautveränderungen um den Mund herum. Als Ursache wird eine Überfeuchtung der Haut durch Pflegepräparate, Inhaltsstoffe von Kosmetika und eine mechanische Irritation vermutet.

4.3 Periorale Dermatitis

Die Erkennung von und Beratung bei **Perioraler Dermatitis** ist eine echte Herausforderung für die Kosmetikerin, denn hierbei stehen die eigenen Arbeitsstoffe – nämlich die Kosmetika – im Verdacht, Ursache für die Hautveränderungen zu sein. Perioral bedeutet „um den Mund herum" und Dermatitis „Hautentzündung".

Als Ursachen werden Inhaltsstoffe von Kosmetika und eine mechanische Irritation der Haut vermutet. Häufig ist eine übersteigerte Anwendung von vermeintlich pflegenden Präparaten der Grund für die Erkrankung. Hiervon sind dann besonders Personen mit einer anlagebedingt trockenen Haut (Sebostase oder Xerosis) betroffen. Durch die ständige Anwendung von z. B. Feuchtigkeitscremes kommt es zu einer Quellung und Überfeuchtung der Epidermis. Teilweise ist auch eine länger dauernde Anwendung von Kortisonsalben im Gesicht eine (Mit-)Ursache. Häufig konnten Pilze und Bakterien nachgewiesen werden, sie werden jedoch nicht als Ursache, sondern als Folge der perioralen Dermatitis eingestuft.

Die periorale Dermatitis ist von der Akne durch das Fehlen von Komedonen zu unterscheiden und von der Rosacea durch die jeweils typische Lokalisation. Es finden sich perioral und in den Nasolabialfalten leicht schuppende Erytheme mit Papeln oder auch Pusteln. Direkt um die Lippen herum bleibt ein schmaler unbefallener Rand frei. Bei schweren Formen kann sich die periorale Dermatitis auch bis zu den Augenlidern, auf die Stirn und die Wangen ausbreiten. Es handelt sich häufig um einen chronischen Verlauf, der sich über Wochen und Monate hinziehen kann.

In der ärztlichen Therapie der perioralen Dermatitis werden z.T. Antibiotika (innerlich und/oder äußerlich) angewendet. Auf keinen Fall dürfen kortisonhaltige Präparate eingesetzt werden. Ansonsten besteht die Therapie eher in einem weitgehenden Verzicht auf die Anwendung von Kosmetika, insbesondere auf Cremes und Salben. Aufgrund der vermuteten Ursachen (Kosmetika-Inhaltsstoffe als direkte Auslöser bzw. „Überpflegung") ist eine Beratung der Kundinnen hinsichtlich ihrer Anwendungsgewohnheiten von Kosmetika besonders wichtig. Hier gilt das Motto: „Weniger ist mehr." Die kosmetische Behandlung sollte sich auf beruhigende Anwendungen und eine milde Reinigung (gegebenenfalls nur mit warmem Wasser) beschränken.

4.4 Nagelerkrankungen

Die Kosmetikerin hat häufig mit Nagelveränderungen und auch Nagelerkrankungen zu tun. Hierbei muss unterschieden werden zwischen kosmetisch störenden Veränderungen, die z. B. durch entsprechende Maniküre beeinflusst werden können und Erkrankungen, die eine Behandlung durch den Arzt erforderlich machen.

Die Ursachen für **Nagelerkrankungen** und **Nagelveränderungen** sind vielfältig, häufig treten Nagelveränderungen nicht allein auf, sondern sind typischer Bestandteil von weiter reichenden Erkrankungen (z. B. **Psoriasis**). Aus diesem Grunde wird in diesem Kapitel nur ein grober Überblick über mögliche Nagelveränderungen und ihre Ursachen gegeben. Weitere Informationen finden sich dann bei bestimmten Erkrankungen, z. B. bei den Pilzerkrankungen und der Psoriasis.

Grundsätzlich können Nagelveränderungen entweder angeboren oder erworben sein. Es gibt viele allgemeine oder Stoffwechselfaktoren, die das Nagelwachstum beeinflussen. Störungen in der Sauerstoffversorgung, ein Mangel an Mineralien oder Eisen, eine allgemeine Fehlernährung, der Umgang mit Chemikalien und Feuchtigkeit oder auch Verletzungen bzw. die ständige mechanische Irritation der Nagelmatrix (Keimschicht) können

Aussehen der Nagelveränderungen	Beschreibung und Ursachen der Nagelveränderungen
Hohlnägel und Löffelnägel 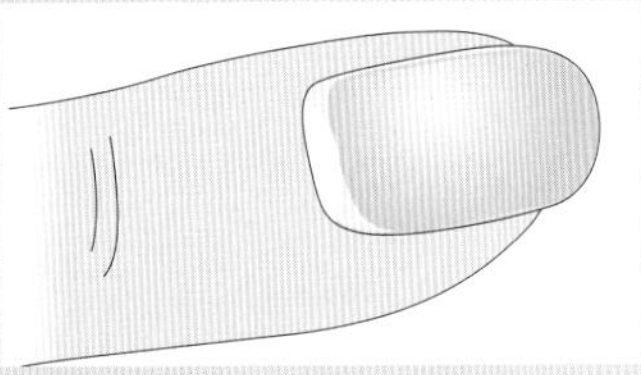	Bei Hohlnägeln und Löffelnägeln sind die Nägel dünn und brüchig. Die Nagelplatte ist eingedellt. Meist handelt es sich um eine normale Alterserscheinung. Sie können aber auch durch Eisenmangel, Durchblutungsstörungen oder durch Einwirkung von Chemikalien entstehen.
Krallennägel 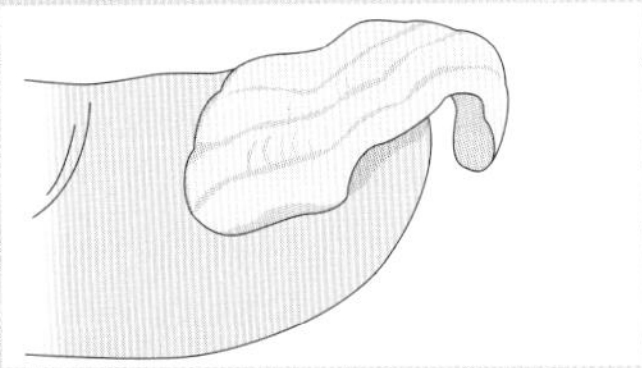	Krallennägel sind krallenartig verformt, verdickt und außergewöhnlich hart. Häufig zeigen sie auch eine farbliche Veränderung. Sie können durch Durchblutungsstörungen und mechanische Einwirkung, z. B. durch Druck von zu engen Schuhen entstehen.
Ablösung der Nagelplatte 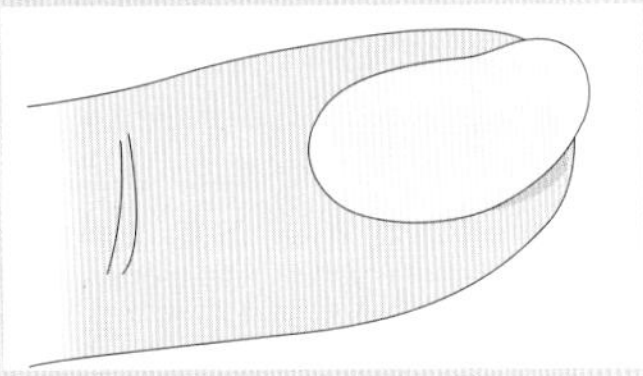	Bei der Ablösung der Nagelplatte löst sich die Nagelplatte vom Nagelbett ab. Häufige Ursachen sind Infektionen im Bereich des Nagels, z. B. mit Bakterien oder Pilzen und die Einwirkung von Alkalien und Waschmitteln.
Aufsplitterung der Nägel (brüchig) 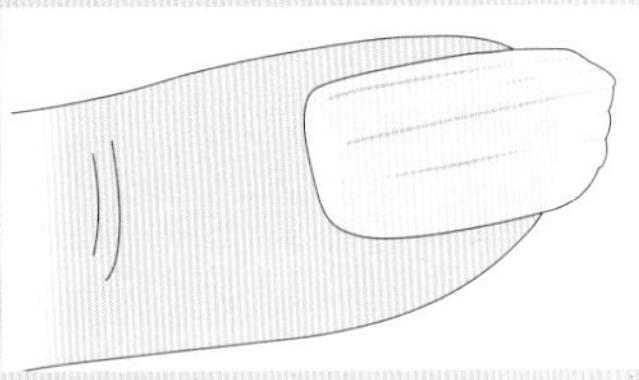	Bei der Aufsplitterung der Nägel splittert die Nagelplatte auf und reißt vom Nagelrand her ein. Ursachen sind eine unzweckmäßige Maniküre, mechanische Belastung der Nagelspitzen und die häufige Einwirkung von Wasser und Chemikalien.
Tüpfelnägel 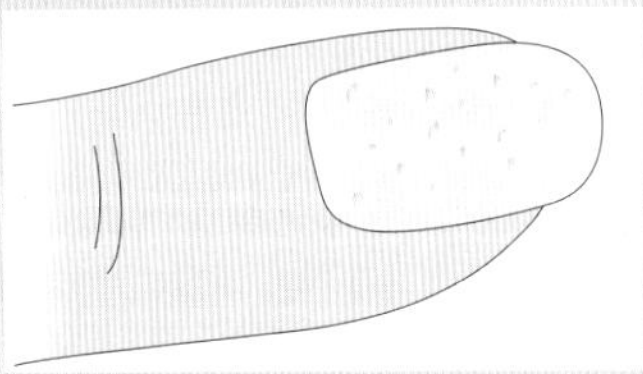	Bei Tüpfelnägeln zeigt die Nagelplatte „Grübchen". Sie können durch Organerkrankungen, Vergiftungen und durch lokale Infektionen entstehen. Typischerweise kommen Tüpfelnägel bei einer Psoriasis vor.
Querrillen der Nägel 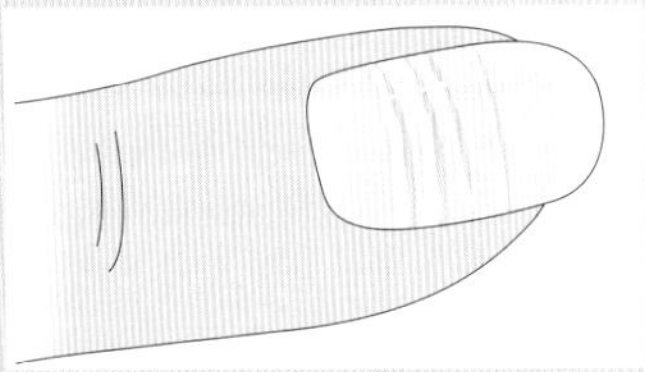	Querrillen der Nägel sind quer über die Nagelplatte verlaufende Rillen unterschiedlicher Länge und Breite. Ursache können Quetschungen und Verletzungen der Nagelmatrix sein. Dies passiert auch durch unsachgemäße Nagelhautentfernung! Außerdem können sie anlagebedingt sein oder durch Organerkrankungen, Vergiftungen und lokale Entzündungen entstehen.
Längsrillen der Nägel 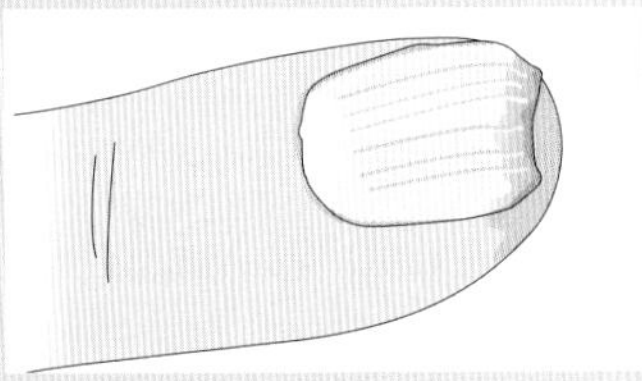	Längsrillen der Nägel sind Unebenheiten, die in Längsrichtung über die Nagelplatte laufen. Die Nagelplatte fühlt sich durch die Rillung streifig und rau an und splittert häufig auf. Längsrillen können mit zunehmenden Alter, bei Durchblutungsstörungen oder durch mechanische Einwirkungen entstehen.

Übersicht: häufige Veränderungen der Nagelplatte

Ursache für die Nagelveränderungen sein. Hinzu kommt die Möglichkeit einer Pilz- oder bakteriellen Infektion und bestimmte Hauterkrankungen (Ekzeme, Psoriasis, Neurodermitis). Nagelerkrankungen sind deshalb zu unterscheiden als Folge einer Erkrankung oder als Folge einer schädigenden und krankheitsverursachenden Einwirkung von außen (Chemikalien, Verletzung, Pilzinfektion). Unterschieden werden kann dann noch zwischen Störungen der Nagelmatrix, die herauswachsen und des Nagelbetts, die ihre Lokalisation nicht verändern.

Häufige **Nagelveränderungen** sind z. B. **Hohlnägel**, **Löffelnägel**, **Krallennägel**, die **Ablösung der Nagelplatte**, die **Aufsplitterung der Nägel** sowie Rillen und Furchen im Nagel. Die Ursachen können vielfältig sein und reichen von Stoffwechselstörungen über Infektionen und Irritationen bis zu Allgemeinerkrankungen.

Eine häufige **Nagelverfärbung** ist die **Weißfärbung der Nägel**. Sie kann alle Bereiche (punktförmig, streifenförmig, gesamter Nagel) betreffen und unterschiedliche Ursachen haben. In der Regel ist eine Weißfärbung harmlos, sie kann z. B. angeboren sein oder durch kleine Verletzungen der Nagelmatrix (u. a. unsachgemäße Maniküre) entstehen. Eine Braun-Schwarz-Verfärbung tritt bei einer Schimmelpilzinfektion der Nägel häufig auf. Bei einer bakteriellen Infektion mit einem bestimmten Erreger (Pseudomonas) tritt häufig eine Grünfärbung auf. Der Keim erzeugt verschiedene Pigmente, die in den Nagel eingelagert werden. Bei dem sogenannten Yellow-Nail-Syndrom ist der Nagel gelblich-verdickt. Diese Verfärbung tritt häufig bei Lungenerkrankungen und Ödemen auf.

Weitere Verfärbungen der Nägel können durch Vergiftungen und Medikamente auftreten. Phenolpthalein und Silber lagern sich im Bereich der **Lunula** grau ab. Antimalariamittel führen zu einer blau-braunen Verfärbung an der Nagelplatte. Karotine können die Nagelplatte gelblich-orange verfärben. Nagelplatten-, Nagelbett- und Nagelmatrixveränderungen können durch **Melanin** entstehen. Nävi und **Melanome** können auch unter dem Nagel vorkommen und führen dann zu einer durchscheinenden braun-schwarz Verfärbung. Auch die Nagelplatte selbst kann braune Längsstreifen aufweisen.

Die Kosmetikerin sollte eine Kundin mit auffälligen Nagelveränderungen zunächst dahingehend beraten, diese ärztlich abklären zu lassen. Handelt es sich um Veränderungen, die ursächlich nicht zu behandeln sind, lassen sich durch eine Maniküre und eine entsprechende Nagelpflege gute Erfolge erzielen. Kosmetisch störende Nagelveränderungen können z. T. mit Nagellack oder auch durch Kunstnägel kaschiert werden. Bei der Behandlung von pilzbefallenen Nägeln steht neben dem Verweis auf den Hautarzt auch der eigene Schutz im Vordergrund: Immer Handschuhe tragen, Hände desinfizieren! Resultiert die Nagelveränderung aus einer übermäßigen Beanspruchung der Nägel (der Hände) durch Chemikalien, Feuchtarbeit etc., muss große Sorgfalt auf die Handpflege gelegt werden und die Kundinnen sollten darauf hingewiesen werden, sich bei derartigen Tätigkeiten durch das Tragen von Handschuhen zu schützen.

4.5 Erkrankungen der Schweißdrüsen

4.5.1 Hyperhidrosis

Bei starker körperlicher Anstrengung oder hohen Außentemperaturen gerät man ins Schwitzen. Das ist normal und notwendig, um die Körpertemperatur durch die entstehende Verdunstungskälte unter 37 °C zu halten. Wenn emotionale Einflüsse die Transpiration in bestimmten Hautbereichen auslösen oder auch ganz ohne ersichtlichen Grund eine verstärkte **Schweißproduktion** erfolgt, leiden die Betroffenen in der Regel unter einer **Hyperhidrosis** (**Hyperhidrose**), einer verstärkten Schwitzneigung. Diese ist in der Regel auf die Bereiche Handflächen, Fußsohlen und Achselhöhlen beschränkt, häufiger sind aber auch noch Stirn- und Schläfenregion mit einbezogen. Diese vermehrte Schweißneigung ist meistens anlagebedingt. Durch die häufige Einwirkung bestimmter Chemikalien, z. B. Dauerwellflüssigkeit bei Friseurinnen, kann eine Hyperhidrose aber auch erst erworben werden.

Wer diese vermehrte Schwitzneigung hat, leidet häufig sehr darunter. Die Angst, andere könnten das verstärkte Schwitzen bemerken, z. B. durch nasse Flecken unter den Achseln oder nasse Hände beim Händeschütteln, stellt eine große Belastung dar. Schwitzen, ohne dass es dafür einen nachvollziehbaren Grund gibt, wird dann als Unsicherheit, Schwäche oder gar mangelnde Körperhygiene interpretiert.

Eine Begleiterscheinung der Hyperhidrosis ist eine starke Durchfeuchtung der Haut an den betroffenen Stellen. Das fördert z. B. an den Händen das Eindringen von Allergenen oder Keimen und an den Füßen vor allem die Entstehung von **Fußpilz**. An den Füßen sollte man deshalb immer für eine richtige Fußkleidung sorgen: Funktionssocken, offene Schuhe und häufiges Wechseln der Schuhe. Für die Körperkleidung empfiehlt es sich auch, möglichst luftdurchlässige Textilien zu verwenden und auf rein synthetische Materialien zu verzichten.

Zur Therapie der Hyperhidrose stehen verschiedene Möglichkeiten zur Verfügung.

1. Die Verwendung von **Antitranspirantien**. Diese enthalten meistens Aluminumsalze, die die Schweißdrüsenausführungsgänge verengen. Die Behandlung mit Metallsalzen muss als Dauertherapie durchgeführt werden.
2. Die Einnahme von Medikamenten, die die Aktivierung der Schweißdrüsen hemmen (**Anticholinergika**).
3. Die Leitungswasser-Iontophorese, bei der die Hände oder Füße in zwei flache, mit Wasser gefüllte Schalen gelegt werden, durch die dann ein schwacher Gleichstrom geleitet wird. Die Stromreize bewirken vermutlich eine direkte Schädigung der Schweißdrüsen. Da sich die Schweißdrüsen schnell wieder erholen, muss diese Therapie zu Beginn über zwei bis drei Wochen täglich durchgeführt werden, später genügt eine sog. Erhaltungstherapie im Abstand von ein bis zwei Wochen.
4. Die operative Entfernung oder Verödung der Schweißdrüsen wird nur in sehr schweren Fällen vorgenommen.
5. Durch Entfernung der Achselhaare wird die Fläche verkleinert, auf der der Schweiß sich ausbreiten und dann von Bakterien zersetzt werden kann.
6. Behandlung durch Botulinumtoxin: Durch Einspritzen des Nervengifts „Botox" werden die Schweißdrüsen für mehrere Wochen in ihrer Funktion geschädigt.

4.5.2 Hypohidrosis und Anhidrosis

Hypohidrosis bezeichnet ein vermindertes und **Anhidrosis** ein gar nicht vorhandenes Schwitzvermögen. Wenn diese Erscheinungen auf den gesamten Körper bezogen sind, liegt meist ein angeborenes Fehlen von Schweißdrüsen vor. Die **Thermoregulation** ist dadurch stark beeinträchtigt. Andere Ursachen für eine fehlende Schweißproduktion am gesamten Körper können verschiedene neurologische Störungen sein. Wenn sich eine Hypo- oder Anhidrosis nur auf einzelne Schweißdrüsen bezieht, handelt es sich um Abflussstörungen im Schweißdrüsenausführungsgang. Diese kommen durch eine Pfropfbildung aus Bakterien und gequollenen Keratinmassen zustande.

Von bakteriellen Entzündungen können sowohl ekkrine als auch apokrine Schweißdrüsenausführungsgänge betroffen sein. Das Ausmaß der Entzündung hängt davon ab, wie tief Bakterien in den Ausführungsgang eingedrungen sind. Bei den ekkrinen Schweißdrüsen ist die Entzündung häufiger oberflächlich, es zeigt sich dann nur eine Pustel, die von einem roten Randsaum umgeben ist. Ein Übergang zu einer tiefen eitrigen Entzündung ist aber möglich. Tiefe eitrige Einschmelzungen sind an apokrinen Drüsen im Achselbereich häufiger. Hier zeigen sich dann äußerst schmerzhafte entzündliche Knoten in der Achselhöhle. Als Therapie kommt eine antiseptische äußerliche Behandlung und unter Umständen das Eröffnen der Pusteln und Knoten durch den Arzt infrage.

4.6 Erkrankungen der Haare und des Haarwachstums

Unsere gesamte Haut ist bis auf die Handinnenflächen und die Fußsohlen behaart. Häufig geht es in der Kosmetik um die Entfernung von Haaren durch die Epilation oder Depilation. Oft wird sowohl eine übermäßige Behaarung als auch ein übermäßiger Haarausfall nur subjektiv von den Kundinnen so empfunden. Hier ist die Kosmetikerin gefragt, einfühlsam abzuschätzen, welche Verhaltensweise der Kundin gegenüber am besten angemessen ist: Ein unkritisches Entfernen störender Haare und der Verkauf von wunderwirkenden Haarwässern oder der Versuch, das Selbstbewusstsein der Kundin zu stärken, indem man sie darauf hinweist, dass die Stärke der Körperbehaarung nun einmal individuell variiert und ein Haarausfall von bis zu 100 Haaren täglich als normal anzusehen ist.

Zu den Erkrankungen, die die Haare betreffen, zählen der vermehrte Haarwuchs oder der verminderte Haarwuchs bis hin zum Haarausfall. Außerdem gibt es verschiedene Formen von Haarschaftsanomalien.

Bei vermehrter Körperbehaarung (**Hypertrichiosen**) werden verschiedene Formen unterschieden, grob unterteilt man sie nach „umschriebenen Hypertrichiosen", das heißt, das Areal der vermehrten Behaarung ist begrenzt und nach „diffusen Hypertrichiosen", das heißt, es kann mehr oder weniger die gesamte Köperbehaarung betroffen sein. Eine umschriebene Hypertrichiose ist z. B. die Behaarung eines Pigmentnävus mit langen dunklen Haaren. Solche Haare sollten nie ausgezupft oder depiliert werden, da diese Irritation die Nävuszellen zum Wachstum anregen könnte. Wenn die Kundin eine Entfernung wünscht, können diese Haare abgeschnitten werden. Diffuse Hypertrichiosen können durch die Einnahme bestimmter Medikamente (z. B. Antibiotika und Kortisonpräparate) verursacht werden. Die Medikamente können zum Wachstum und zu einer verstärkten Pigmentierung von sonst unauffälligen Vellushaaren führen.

Beim **Hirsutismus** sind z. B. Oberlippe, Kinn, Wangen, Schultern, Brust von Frauen verstärkt behaart. Man spricht von einem männlichen Behaarungsmuster. In den meisten Fällen lässt sich keine besondere Ursache feststellen, sicher ist, dass eine unterschiedliche Empfindlichkeit der Haarfollikel auf männliche

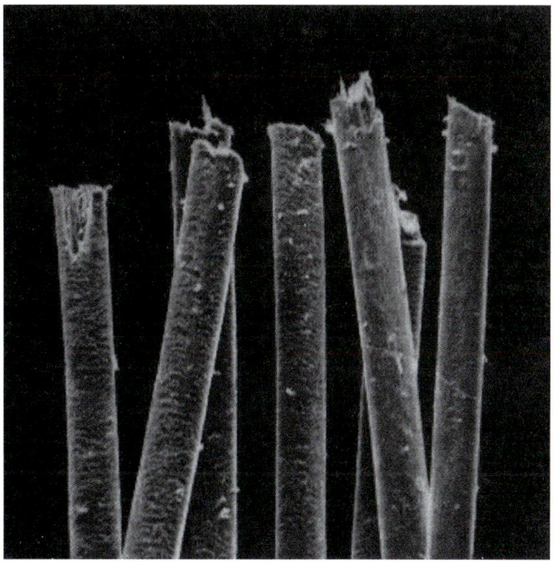

Mikroskopische Aufnahmen von Haarspitzen im Vergleich. Beim Haarspliss (links) sind alle Fasern der Haare aus dem Verband gelöst. Im Gegensatz dazu haben „gesunde" oder frisch geschnittene Haare (rechts) ein stumpfes Ende.

Sexualhormone (Androgene) eine Rolle spielt. Diese unterschiedliche Empfindlichkeit ist erblich. In wenigen Fällen kann ein direkter Auslöser festgestellt werden, z. B. Eierstocktumore, die Androgene produzieren. Manchmal findet gleichzeitig mit einer verstärkten Körperbehaarung nach dem männlichen Behaarungsmuster auch eine sogenannte **Virilisierung** (Vermännlichung) statt. Dabei kann z. B. die Stimme tiefer und der Körperbau männlicher (Verkleinerung des Busens) werden. Die Menstruation kann ausbleiben und die Kopfbehaarung spärlicher werden. Das Hauptproblem der betroffenen Frauen ist häufig ihre enorme psychische Belastung durch die als unschön empfundene Behaarung. Hier kann die Kosmetikerin wirkungsvoll eingreifen und von den verschiedenen Möglichkeiten der temporären oder dauerhaften Enthaarung Gebrauch machen.

Unter **Haarschaftanomalien** versteht man verschiedene Störungen, die bei der Bildung des Haarschafts aufgetreten sind und dann außerhalb des Follikels sichtbar werden. Schädigungen können jedoch auch erst nach dem Austreten des Haares aus der Kopfhaut entstehen, z. B. durch eine übermäßige Strapazierung. Solche Schäden äußern sich dann im Aufsplittern der Haare in Längsrichtung (**Haarspliss**). Zum Teil sind die Haarbildungsstörungen vererbt, zum Teil entstehen sie erst durch die mechanische Belastung oder falsche Behandlung der Haare. So findet man manchmal Haare, die wie eine Perlenkette abgeschnürt sind (**Monilethrix**), in Längsrichtung verdrehte Haare (**Pili torti**), knotige Verdickungen der Haare (**Trichorrhexis invaginata** oder **Bambushaare**). Vererbte Haarschaftveränderungen können therapeutisch in der Regel nicht beeinflusst werden.

Ein **Haarausfall** von bis zu 100 Haaren täglich ist normal und entspricht dem Anteil der Haare, die nach einem 2- bis 4-monatigen Verweilen in der **Telogenphase** (14 %) schließlich ausfallen. In verschiedenen Lebensphasen ist ein Haarausfall mehr oder weniger als physiologisch zu bezeichnen. Schuld daran sind häufig die Hormone. Denn unser Haarwachstum ist hormongesteuert. Deutlich wird dies schon durch die unterschiedlich dichte Körperbehaarung bei Mann und Frau. Kommt es bei Frauen zu Haarausfall – insgesamt ist dies sehr viel seltener als bei Männern – sind männliche Sexualhormone (Androgene) zu 95 % der Auslöser (**Hirsutismus**). Im Rahmen des normalen Alterungsprozesses werden die Kopfhaare insgesamt dünner und es kommt zu einer langsamen Abnahme der Haarfollikel. Insgesamt vollzieht sich ein Haarausfall bei Frauen sehr viel unauffälliger als bei Männern. Das Haar wird eher dünner oder schütter, völlig kahle Stellen treten jedoch sehr selten auf.

Androgenetischer Haarausfall ist das Schicksal vieler Männer. Der Name dieser Art von Haarausfall deutet auf die Ursache hin: Es sind die Androgene. Die Wirkung der Androgene auf die Haarfollikel äußert sich in einer Verkürzung der Wachstumsphase (Anagenphase), das bedeutet, der Haarzyklus wird beschleunigt. Zudem findet bei jedem Haarwechsel eine zunehmende Rückbildung der Haarfollikel statt, sodass die Haare immer dünner werden und sich letztendlich in flauschige **Wollhaare** umwandeln. Häufig kommt es schon zu Beginn der Pubertät zum Haarausfall, typisch sind hier beginnende Geheimratsecken. Diese Art des Haarausfalls setzt sich dann meist schleichend fort, bis hin zur völligen Kahlköpfigkeit.

2

Name	Ursache	Aussehen und Verlauf	Therapie
Haarausfall der Neugeborenen	synchrones Eintreten aller Anagenhaare in die Katagenphase durch hormonelle Einflüsse	6–8 Wochen nach der Geburt völlige Kahlköpfigkeit, asynchroner Haarzyklus pendelt sich danach ein	nicht notwendig
Haarausfall bei Frauen nach der Entbindung	hormonell bedingtes längeres Verweilen der Haare in der Anagenphase während der Schwangerschaft, synchrones Übertreten in die Katagenphase nach der Entbindung	6–8 Wochen nach der Entbindung mäßiger Haarausfall durch Geburtsschock, schnelle Normalisierung	in der Regel nicht notwendig, bei extremer Ausprägung Hormontherapie
Seniler Haarausfall	Abnahme der Haarfollikel im Alter	stetiges und langsames Ausdünnen der Haare	nicht möglich
Androgenetischer Haarausfall der Männer	vererbte Anlage zu gesteigerter Empfindlichkeit der Haarfollikel gegen Androgene, Ausmaß der Androgenproduktion	Beginn und Verlauf an charakteristischen Stellen: zunächst Geheimratsecken, dann Tonsur, später Haarkranz und Glatzenbildung	schwierig, unter Umständen mit Hormonen oder hormonähnlichen Präparaten möglich
Androgenetischer Haarausfall bei Frauen	Störungen des Hormonhaushalts	milder als bei Männern, fast nie völlige Glatzenbildung	Hormontherapie
Diffuser Haarausfall	einseitige Ernährung, Infektionen, Entzündungen, Stresssituationen, Schilddrüsenerkrankungen, Medikamente, Vergiftungen	Haarausfall am gesamten Kopf (diffus), meist Rückgang bei Beseitigung der Ursache	Behandlung der Grunderkrankung
Alopecia areata	Autoimmunreaktion gegen Haarfollikel, erbliche Anlage	kreisrunder Haarausfall, Ausbreitung und Zusammenfließen einzelner Herde, teils spontane Heilung, teils chronischer Verlauf, teils Glatzenbildung	Auslösen eines allergischen Kontaktekzems
Mechanisch bedingter Haarausfall	Zug, Druck, Reibung, z. B. durch Gummiband, straffen Dutt oder nervöses Ziehen an den Haaren	kahle Stellen am Ort der mechanischen Belastung, Neubewuchs bei Ausschalten der Ursache	Ausschalten der mechanischen Belastung

Ursachen für Haarausfall können vielfältig sein. Neben hormonellen Einflüssen können mechanische Belastungen, Vergiftungserscheinungen, Medikamente, Stresszustände, Mangelerscheinungen, Schilddrüsenerkrankungen oder auch immunologische Störungen ausschlaggebend sein.

Neben den hormonellen Einflüssen der Androgene können weitere Gründe für das Ausgehen der Haare verantwortlich sein: eine einseitige Ernährung, Fastenkuren (u. a. Eisenmangel), schwere Infektionen, Entzündungen, Stresssituationen, Schildrüsenerkrankungen, die Einnahme bestimmter Medikamente, bei der Chemotherapie oder der Umgang mit giftigen Stoffen (z. B. Insektizide, Pflanzenschutzmittel). Je nach Ursache und Ausmaß der genannten Einflüsse ist die Stärke und die Dauer des Haarausfalls unterschiedlich. Sofern die Haarpapille nicht geschädigt ist, normalisiert sich das Haarwachstum wieder.

Der **diffuse Haarausfall** ist nicht auf bestimmte Regionen der Kopfbehaarung beschränkt. Er verläuft auch nicht in einer bestimmten Reihenfolge wie der androgenetische Haarausfall.

Eine der häufigsten Arten des Haarausfalls ist der **kreisrunde Haarausfall** (**Alopecia areata**). Diese Art des Haarausfalls beginnt mit dem plötzlichen Ausfall der Haare an einer oder mehreren Stellen im Kopf- und Bartbereich. Diese Stellen breiten sich dann häufig aus, am Rand können die Haare büschelweise ausgezogen werden. Einzelne Haare bleiben an der kahlen Stelle zurück. Teilweise kommt es zum Ausfall der Haare auf dem gesamten Kopf, man spricht dann von Alopecia areata totalis, wenn auch die Körperhaare betroffen sind, spricht man von Alopecia areata universalis. Der Verlauf der Krankheit ist sehr unberechenbar und kann von einigen Monaten bis zu mehreren Jahren dauern. Bei etwa einem Drittel der Patienten wächst die einzelne kahle Stelle oder wachsen auch mehrere Kahlstellen innerhalb weniger Monate wieder zu.

Eine weitere Ursache für Haarausfall können mechanische Belastungen sein. Dazu zählen: ständiger Druck oder Zug, etwa durch Zusammenbinden der Haare mit einem einfachen Gummiband, bestimmte Frisuren, z. B. ständiges Tragen eines strengen Dutts, das häufige Tragen von Kopfbedeckungen oder Perücken. Auch das ständige nervöse Ziehen oder Eindrehen der eigenen Haare kann eine Ursache sein.

4.7 Erregerbedingte Hauterkrankungen: Bakterien

Erregerbedingte Hauterkrankungen werden durch **Mikroorganismen** hervorgerufen. Zu diesen Kleinstlebewesen, die nur unter dem Mikroskop sichtbar sind, zählen Bakterien, Viren und Pilze. Aufgrund der Häufigkeit dieser Erkrankungen muss die Kosmetikerin zu ihrem eigenen Schutz und zum Schutz der Kunden ein gutes Grundwissen über diese Kleinstlebewesen und die durch sie hervorgerufenen Erkrankungen besitzen. Zur Vermeidung von Infektionen mit Mikroorganismen steht die genaue Einhaltung der **Hygienevorschriften** an erster Stelle.

Bezüglich der Hautpflege kommt es darauf an, dass die normale Hautflora möglichst nicht gestört wird, da die Besiedelung der Haut mit apathogenen Keimen die dauerhafte Ansiedlung von pathogenen Keimen verhindert. Eine länger anhaltende Störung des Hautoberflächen-pH-Wertes begünstigt die Infektionsmöglichkeiten.

Bakterien sind einzellige Lebewesen, die sich hauptsächlich durch eine einfache Querteilung fortpflanzen. Eine Bakterienzelle ist begrenzt durch eine **Zellmembran**, die noch einmal von einer festen Zellhülle umgeben ist. Die Zellmembran umgibt das **Zellplasma**. Bakterien besitzen keinen echten **Zellkern** – aber ein sogenanntes Kernäquivalent, das die genetischen Informationen enthält. Im Unterschied zu **Viren** haben die Bakterien einen selbstständigen Stoffwechsel, sie können sich ohne fremde Hilfe vermehren. Die Pathogenität mancher Bakterien liegt in ihrer Fähigkeit, Giftstoffe (**Toxine**) zu bilden.

Es gibt drei Grundformen von **Bakterien**, die sich in ihrer äußeren Form voneinander unterscheiden: **Kokken** sind kugelförmige Bakterien, die in Haufen (**Staphylokokken**), Ketten (**Streptokokken**) oder paarweise (**Diplokokken**) aneinanderhaften. Weiterhin gibt es gerade stäbchenförmige Bakterien, die begeißelt oder unbegeißelt sein können, eher keulenförmig oder in Form von Sporen vorliegen können. Als dritte wichtige Form unterscheidet man die gekrümmten oder schraubenförmigen Stäbchen, wobei sie einfache, spiralige oder schraubenförmige Krümmungen aufweisen können.

Die normale Hautflora enthält eine Reihe von Bakterien, die unter den eher schwierigen Lebensbedingungen auf der Hautoberfläche und in den Haarfollikeln leben können. Diese normale Keimbesiedlung ist die **residente Flora** oder auch **Standortflora**.

Unter bestimmten Umständen können die Bakterien der normalen Standortflora Erkrankungen bewirken. Außerdem gibt es eine große Zahl primärer und sekundärer bakterieller Hautinfektionen durch pathogene Keime. Hierzu zählen das Erythrasma, die Entzündung der Schweißdrüsenausführungsgänge sowie bakteriell-eitrige Infektionen.

Erythrasma: Durch Störung des Gleichgewichts der Standortflora kommt es zu einer Vermehrung eines bestimmten Corynebakteriums. Eine Störung der Standortflora wird begünstigt durch die Aufweichung der Haut infolge einer Hyperhidrose, oder infolge des Tragens von schweißundurchlässiger Kleidung. Ein Erythrasma äußert sich durch scharf begrenzte größere Erytheme, die leicht schuppen. Eine Behandlung erfolgt durch Austrocknung und mit antimikrobiellen Lösungen.

Entzündung der Schweißdrüsenausführungsgänge im Bereich der Achselhöhlen (**Hidradenitis suppurativa**): Bei dieser Erkrankung handelt es sich um eine bakterielle Entzündung der Schweißdrüsenausführungsgänge in den Achselhöhlen durch Corynebakterien und Staphylokokken. Häufig treten solche Entzündungen bei einer Akne conglobata auf.

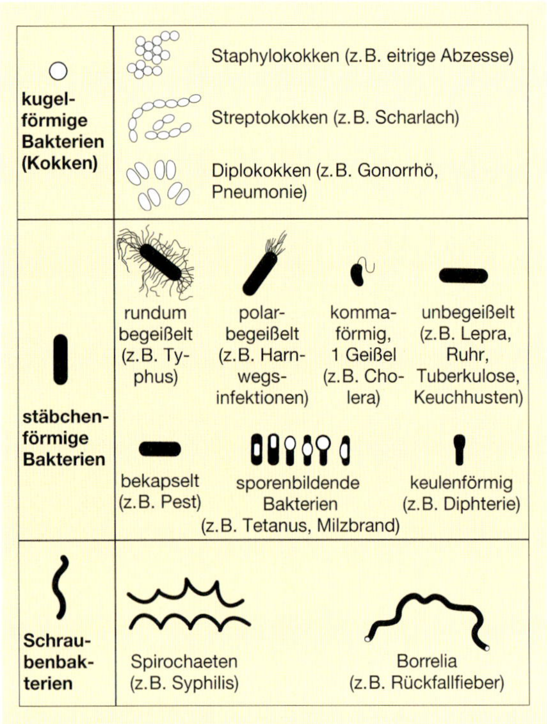

Verschiedene Bakterien lösen typische Erkrankungen aus. Die drei Grundformen der Bakterien sind Kokken (kugelförmige Bakterien), gerade und gekrümmte Stäbchen, die aufgrund ihrer Anordnung oder anderer Merkmale weiter unterteilt werden können.

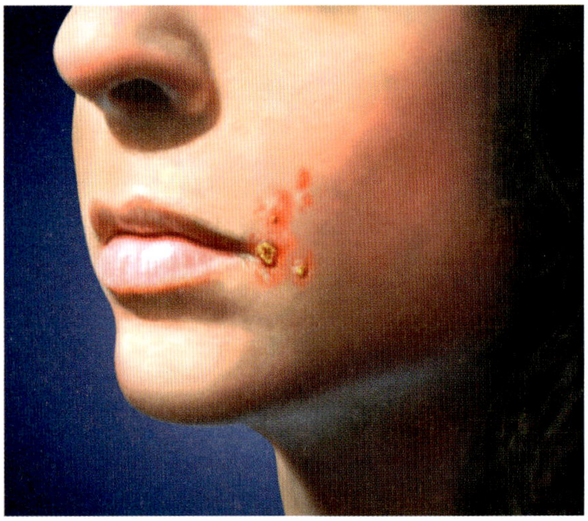

Impetigo contagiosa: Eiterflechte durch oberflächliche Infektion mit Streptokokken. Betroffen sind vor allem Kinder, die sich durch Schmierinfektion anstecken.

Pyodermien sind bakteriell-eitrige Infektionen durch pathogene Keime. Die meisten primären bakteriellen Hauterkrankungen werden durch Staphylokokken und Streptokokken hervorgerufen. Sie werden als Pyodermien, das bedeutet so viel wie bakteriell-eitrige Infektionen der Haut, bezeichnet. Oft sind sie an die Ausführungsgänge der Hautanhangsgebilde – und hier meist die Haarfollikel – gebunden.

Ein weiteres Unterscheidungsmerkmal für die verschiedensten bakteriellen Hautinfektionen sind die betroffenen Hautschichten. Zu den bakteriellen Infektionen der Epidermis zählt die Eiterflechte. Die bakterielle Infektion der **Eiterflechte** (**Impetigo contagiosa**) ist sehr ansteckend (Schmierinfektion) und kommt häufig in kleinen Epidemien, vor allem bei Kindern, vor. Erreger sind in der Regel Streptokokken. Sichtbar sind kleine Bläschen und Pusteln, die schnell platzen.

Bakterielle Infektionen der oberen Dermis werden unterschieden nach oberflächlicher Haarbalgentzündung und oberflächlich bakteriellen Geschwüren. Erreger der oberflächlichen **Haarbalgentzündung** (**Follikulitis**) sind Staphylokokken, die zu einer oberflächlichen Entzündung der Haarfollikel führen. Diese Entzündung äußert sich in kleinen Pusteln rund um den Haarfollikel, die Umgebung ist gerötet. Häufig treten diese Follikelentzündungen im Bartbereich, am Gesäß und an den Oberschenkelstreckseiten auf. Die Behandlung erfolgt antiseptisch oder auch mit Antibiotika. Bei **Ecthyma** handelt es sich um oberflächliche bakterielle Geschwüre, die aus kleinen Verletzungen oder bei Durchblutungsstörungen durch Streptokokkeninfektion entstehen. Ecthyma werden lokal antiseptisch und antibiotisch behandelt.

Zu den bakteriellen Infektionen der tieferen Dermis zählen Furunkel, Karbunkel, die Wundrose und Phlegmone. **Furunkel** und **Karbunkel** sind tiefe Haarbalgentzündungen. Ausgehend von einem Haarfollikel kommt es zu einer schweren bakteriellen Entzündung mit Abzessbildung in der Tiefe durch Staphylokokken. Ein Furunkel kann sich entweder spontan nach außen entleeren oder auch nach innen resorbiert werden. Komplikationen treten auf, wenn Bakterien in die Lymphbahnen gelangen und dort Entzündungen mit Fieberschüben auslösen. Treten Furunkel im Oberlippen- oder Nasenbereich auf, besteht die Gefahr, dass über ein kleines Blutgefäß, das eine direkte Verbindung zu den großen Gehirngefäßen hat, eine **Thrombose** entsteht. Furunkel dürfen nicht manipuliert werden! Wenn mehrere, über den Körper verteilte Furunkel vorliegen, weist dies auf eine schlechte Abwehrlage und/oder schlechte hygienische Verhältnisse hin.

	Staphylokokken	Streptokokken	Schema
Epidermis	Großblasige Eiterflechte (Impetigo contagiosa)	Kleinblasige Eiterflechte (Impetigo contagiosa)	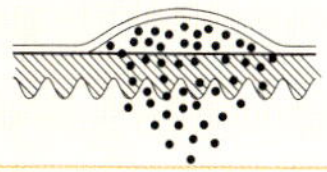
	Lyell-Syndrom		
Obere Dermis	Oberflächliche Haarbalgentzündung (Follikulitis)		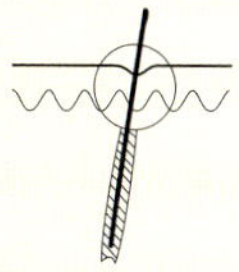
	Oberflächliche bakterielle Geschwüre (Ecthyma)		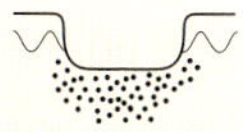
Tiefe Dermis bis Subcutis	Tiefe Haarbalgentzündungen (Furunkel und Karbunkel)		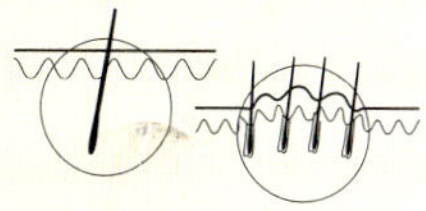
		Erysipel (Wundrose)	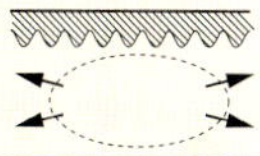
	Phlegmone		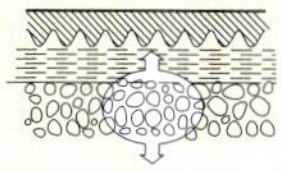

Primär bakterielle Infektionen der Haut durch Staphylokokken und Streptokokken: Eitrige Pyodermien können verschiedene Hautschichten betreffen und sind zum Teil an die Hautanhangsgebilde gebunden.

Karbunkel stellen eine sehr schwere Verlaufsform von Furunkeln dar, hier sind mehrere Follikel nebeneinander befallen und es kommt zu großen Einschmelzungsherden, aus denen sich bei leichtem Druck aus mehreren Follikelöffnungen Eiter entleert. Oft sind Karbunkel von starken Schmerzen und Fieber begleitet.

Bei einer **Wundrose** bzw. einem Erysipel handelt es sich um eine Infektion in den Lymphspalten der Dermis durch Streptokokken, die über eine Eintrittspforte (Einrisse, Mikroverletzungen o. Ä.) in die Haut gelangt sind. Das Erysipel ist mit Kopfschmerzen, Fieber, Schüttelfrost und einem allgemeinen, schweren Krankheitsgefühl verbunden. An der Haut tritt ein leuchtendes Erythem mit ödematöser Schwellung auf. Ein Erysipel kann sich entlang der Lymphgefäße ausbreiten und führt dann zu typischen, zungenförmigen Ausläufern. Tritt ein Erysipel im Gesicht auf, kann es zu einer lebensgefährlichen Hirnthrombose kommen.

Eine **Phlegmone** ist eine schwere, flächige Infektion der tiefen Dermis und Subcutis, die entlang der Sehnen, Gefäße und der Muskulatur verläuft und sowohl durch Staphylokokken als auch (seltener) durch Streptokokken verursacht wird. In der Regel entsteht eine Phlegmone nach Verletzungen, Operationen oder aus bestehenden Geschwüren.

Sekundäre bakterielle Infektionen der Haut werden **Superinfektionen** genannt. Besonders häufig kommt es bei Hauterkrankungen zu einer zusätzlichen bakteriellen Infektion, wenn die Epidermisbarriere geschädigt ist. Dies kann z. B. auch durch heftiges Kratzen geschehen. Deshalb werden Ekzeme häufig superinfiziert. Auch ein Fußpilz, der zu kleinen Einrissen in den Zehenzwischenräumen führt, kann somit die Eintrittspforte für Bakterien sein. Bei einer Aknebehandlung mit Antibiotika kann es zu einer Superinfektion mit stäbchenförmigen Bakterien kommen.

Einige bekannte systemische bakterielle Hauterkrankungen gehen mit Hautbeteiligungen einher. Dazu gehört z. B. der **Scharlach**, der durch Streptokokken verursacht wird. Die Übertragung erfolgt durch Tröpfcheninfektion und es kommt zu einem Exanthem. Systemische Krankheitszeichen sind Fieber, Rachenentzündung und Lymphknotenschwellung sowie die typische rote Zunge mit geschwollenen Zungenpapillen (Himbeerzunge). Auch bestimmte Tuberkuloseformen können mit Hautbeteiligungen verbunden sein. Symptome sind z. B. Geschwüre mit regionärer Lymphknotenschwellung sowie eine Abszess- und Fistelbildung.

4.8 Erregerbedingte Hauterkrankungen: Viren

Viren (Einzahl: das Virus) unterscheiden sich von den anderen Mikroorganismen dadurch, dass sie keine Zellen sind. Sie werden als große Moleküle (Makromoleküle) oder auch infektiöse Einheiten bezeichnet, die aus Proteinen und je nach Virusart der genetischen Information (Nukleinsäure) in Form von RNA oder DNA bestehen. Sie haben keinen eigenen Stoffwechsel und sind deshalb nicht in der Lage, sich ohne fremde Hilfe zu vermehren. Sie sind auf den Zellstoffwechsel einer Wirtszelle angewiesen. Viren schleusen zu ihrer Vermehrung ihre genetische Information in eine Wirtszelle ein und zwingen sie, neue Viren herzustellen.

Warzen sind **Viruserkrankungen** der Haut. Eine bestimmte Art von Viren, die humanen Papillomviren, sind für das Auftreten von gutartigen Tumoren wie Warzen an der Haut und an den Schleimhäuten verantwortlich. Papillomvirusinfektionen sind weltweit verbreitet, Kinder und Jugendliche sind bevorzugt befallen. Eine einmalige Infektion mit diesen Viren hinterlässt in der Regel eine spätere Immunität. Die Ansteckung erfolgt von Mensch zu Mensch und die Zeit zwischen Ansteckung und Auftreten der Warzen beträgt Wochen bis Monate. Man unterscheidet verschiedene Formen von Warzen. **Flachwarzen** (**Plane Warzen**) treten gehäuft an der Stirn, an den Wangen, um den Mund herum und an den Händen auf, häufig heilen die Warzen von selbst ab. **Vulgäre Warzen** (**Verrucae vulgares**) sind derbe Knötchen mit einer rauen, unregelmäßigen Oberfläche. Die Oberfläche wird durch die zunehmende Verhornung grau-gelblich. Durch eine Ausbreitung entstehen in der Umgebung Tochterwarzen. Diese Warzen bestehen häufig sehr hartnäckig über längere Zeit, sodass eine Therapie durch den Hautarzt notwendig ist. **Dornwarzen** (**Verrucae plantares**) befinden sich an den Fußsohlen, eine Ansteckung erfolgt durch Barfußlaufen, z. B. in Schwimmbädern. Dornwarzen tragen kleine bräunliche Punkte oder Streifen, die durch punktartige Blutungen aus den feinen Kapillaren entstehen. Beim Gehen und Stehen sind die Dornwarzen aufgrund ihres unglücklichen Sitzes unter der Fußsohle sehr schmerzhaft. Bei der Fußpflege sollte die Kosmetikerin sicher sein, ein Hühnerauge nicht mit einer Dornwarze zu verwechseln. Die Entfernung der Warze ist schmerzhaft, nicht erlaubt und die Gefahr, sich selbst anzustecken oder Viren auf der Haut der Kundin weiterzuverbreiten, ist groß.

Herpes-simplex-Viren, die Auslöser der **Herpes-Infektionen**, können in zwei Typen unterteilt werden. Das Virus vom Typ I führt zu den bekannten Lippenbläschen (**Herpes labialis**). Die Infektion von

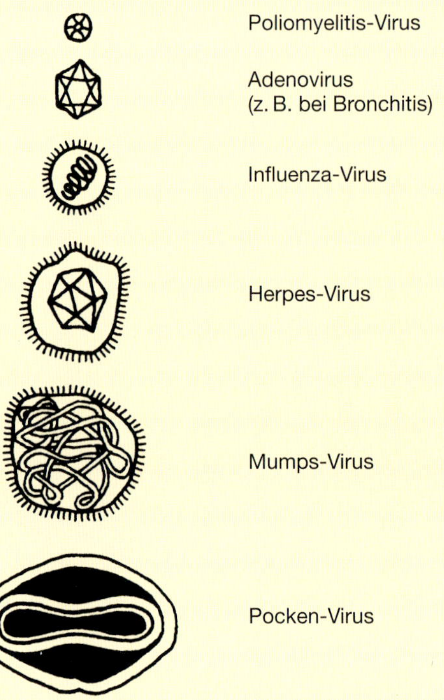

Viren können verschiedene Formen und Größen haben. Sie unterscheiden sich durch die Art ihrer Nukleinsäure (DNA oder RNA). Sie sind jedoch alle sehr klein, die dargestellten Viren sind maßstabsgetreu in eine Bakterienzelle eingezeichnet.

Penis, Scheide oder Darm, die zu den sexuell übertragbaren Krankheiten zählt, erfolgt entweder durch den Virus-Typ I oder auch einen zweiten Typ (Typ II). Diese Infektionen bezeichnet man als **Herpes genitalis**.

Infektionen mit Herpes-simplex-Viren kommen weltweit vor. Die Gesamtbevölkerung ist zumindest mit dem Virustyp I fast zu hundert Prozent befallen. Nach dem ersten Kontakt mit den Herpesviren setzt sich das Immunsystem in den meisten Fällen mit dem Virus auseinander und es werden Antikörper gebildet, ohne dass die infizierte Person etwas davon bemerkt. Die eigentlichen Folgen einer Herpesinfektion zeigen sich oft erst Jahre später. Während der Erstinfektion dringen die Viren nämlich über die Haut in die lokalen Nervenendigungen ein und wandern über die Nervenfasern in die am nächsten gelegenen regionalen Nervenknoten. Hier können die Viren in einer inaktiven Form überleben. Bei manchen Menschen können Herpes-Erkrankungen, sog. Rezidive (Rückfälle), mehrmals im Jahr auftreten. Manchmal genügen schon geringe Reize, um einen neuen Herpes-Schub auszulösen. Solche Reize können z. B. Fieber, Sonnenlicht, die Menstruation, emotionaler Stress oder ein geschwächtes Immunsystem sein. Dann werden die Viren „reaktiviert“ und wandern

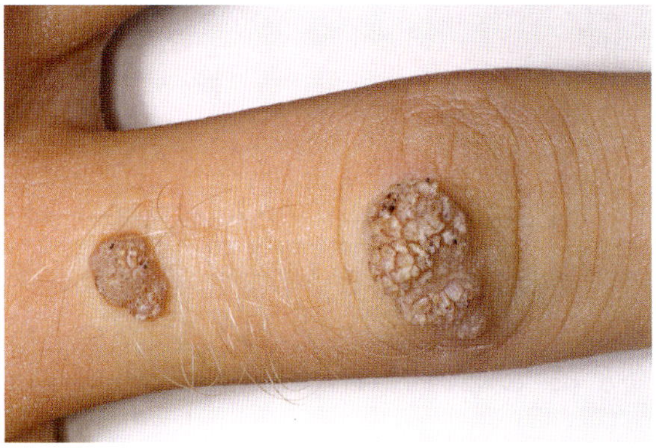

Vulgäre Warzen an der Hand: Erreger sind humane Papillomviren, die zu Knötchen mit einer rauen Oberfläche führen.

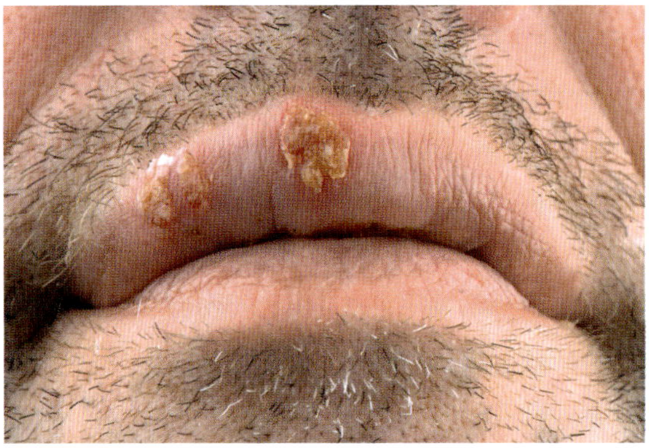

Herpes: typische Lippenbläschen durch Herpes-simplex-Viren vom Typ I

über die Nervenbahnen wieder in die Haut hinab. Die Viren breiten sich dort von Zelle zu Zelle aus und rufen die typischen Schädigungen hervor: Bei den Viren vom Typ I sind am häufigsten die Lippen betroffen, die Bläschen können aber auch in anderen Teilen des Gesichts auftreten. Es zeigt sich dann ein etwa münzgroßer, geröteter Herd, der aus vielen Bläschen mit wasserklarem Inhalt besteht. Im Laufe einiger Tage trüben sich die Bläschen ein, es kommt zu einer Vereiterung und Verkrustung, auf die dann die narbenlose Abheilung folgt. Besonders charakteristisch ist auch der starke Juckreiz, der oft schon auftritt, bevor die ersten Bläschen sichtbar werden. Die genitalen Herpes-Rezidive, die meistens durch das Typ II-Virus hervorgerufen werden, verlaufen ähnlich.

Der **Herpes zoster**, auch **Zoster** oder **Gürtelrose** genannt, wird ebenfalls durch ein Virus aus der Gruppe der **Herpes-Viren** hervorgerufen. Es handelt sich dabei um das **Varizella zoster Virus** (VZV). Die Erstinfektion mit diesem Virus erfolgt meist in der Kindheit und führt zu einer bekannten Kinderkrankheit: den **Windpocken** (**Varizellen**). Das Virus wandert über die Nervenfasern in die Nervenknoten. Dort ruht das Virus im Allgemeinen über Jahre. Eine Reaktivierung des Virus führt dann zum Erscheinungsbild des Herpes Zoster. Die Erkrankung an Windpocken führt zu einer lebenslangen Immunität gegen Windpocken, nicht aber gegen den Herpes zoster. Bei den meisten Menschen mit einem gut funktionierenden Immunsystem kommt es nie oder nur einmal zum Auftreten der Herpes-Zoster-Erkrankung. Bei Menschen mit geschwächtem Immunsystem kann es häufiger zu Rezidiven und auch Komplikationen kommen.

Den eigentlichen Zoster-Erscheinungen an der Haut gehen häufig Vorboten voraus, diese äußern sich in Müdigkeit, Abgeschlagenheit, Magen- und Darm-Störungen und vor allem in starken Nervenschmerzen in dem Hautsegment, in dem etwas später die Hautveränderungen sichtbar werden. Diese entwickeln sich aus einem zunächst scharf umschriebenen Erythem, dem bald neue Herde folgen. Es entwickeln sich dann gruppenartig angeordnete Bläschen. Nach einigen Tagen trüben sich diese Bläschen eitrig, danach klingt die Rötung ab und die Bläschen trocknen ein. Nach zwei bis drei Wochen werden die Krustenablagerungen abgestoßen, häufig bleiben Narben zurück.

AIDS ist nicht ausschließlich eine Erkrankung der Haut, häufig ist eine **HIV-Infektion** jedoch auch mit Hauterscheinungen verbunden. Um sich an der Diskussion über „AIDS" sachlich beteiligen und das Risiko einer möglichen Ansteckung realistisch einschätzen zu können, muss man jedoch genau wissen, was „AIDS" überhaupt ist und wie man sich vor einer Ansteckung schützen kann. Der Begriff „AIDS" ist die englische Abkürzung für „Acquired Immune Deficiency Syndrome". Übersetzt bedeutet dies: „Erworbenes Immunschwächesyndrom". Die Immunschwäche bei „AIDS" wird durch ein Virus hervorgerufen, das HI-Virus. HIV ist die englische Abkürzung für „Human Immunodefiency Virus" und bedeutet „menschliches Immunschwächevirus". Dieses Virus befällt bevorzugt Zellen des Immunsystems, in erster Linie bestimmte T-Lymphozyten, die T-Helfer-Zellen. Auch Makrophagen, die den T-Helfer-Zellen Teile von Fremdkörpern (z. B. Virusbestandteile) präsentieren und einige weitere Zellen werden befallen.

Ohne therapeutische Maßnahmen werden diese Zellen im Verlauf der Krankheit durch das HI-Virus so geschädigt und vermindert, dass das Immunsystem im Endstadium der Krankheit nicht mehr in der Lage ist, auch nur harmlose Keime, die für den Körper ansonsten keine große Gefahr darstellen, abzuwehren.

Dringt das Virus durch kleine Haut- oder Schleimhautverletzungen in den Körper ein, spricht man von einer HIV-Infektion. Die betroffene Person ist dann

2

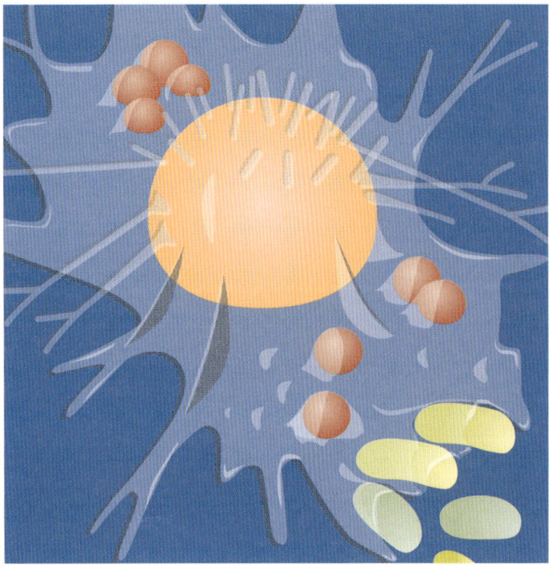
Eine Makrophage phagozytiert Keime, die in die Haut eingedrungen sind.

HIV-positiv. Diese Tatsache sagt noch nichts über mögliche Krankheitssymptome aus. Oft wird die Infektion mit dem Virus gar nicht bemerkt. Es kann jedoch auch einige Wochen nach dem Eindringen des Virus in den Organismus zu einem akuten Krankheitsbild, das dem anderer harmloser Virusinfektionen ähnelt, kommen. Der Betroffene hat dann Fieber, geschwollene Lymphknoten und oft auch einen Hautausschlag. Der Infektion mit dem HI-Virus folgt eine oft Jahre andauernde Phase der Latenz, d.h. dass das Virus (bzw. Antikörper gegen das Virus) zwar im Blut nachgewiesen werden kann, der Patient jedoch ohne Symptome ist. Unbehandelt folgt nach dieser Phase eine oft monatelang andauernde Schwellung mehrerer Lymphknoten, die bis zum Endstadium der Krankheit besteht. Im weiteren Verlauf treten dann Symptome wie lang andauernde Durchfälle, Nachtschweiß, Fieber und Konzentrationsstörungen auf.

Vom „Vollbild AIDS", dem Endstadium, spricht man erst dann, wenn die Betroffenen von Infektionen durch an sich harmlose Erreger, z.B. Pilzinfektionen, Lungenentzündungen u. a. betroffen sind. Zusätzlich treten häufig bösartige Tumore (Kaposi-Sarkome) auf, die sich schnell ausbreiten. Ein so strenger Phasenverlauf ist durch die Fortschritte in den Behandlungsmöglichkeiten heute gut zu beeinflussen. Inwieweit aber schon von einer Heilungsmöglichkeit gesprochen werden kann, muss offen bleiben, hier streiten sich die Experten weiterhin.

Das Virus wird hauptsächlich durch Blut bzw. Blutprodukte und Sperma übertragen. Es wurde jedoch auch im Speichel und im Scheidensekret sowie in der Muttermilch nachgewiesen. Der häufigste Übertragungsweg ist der durch Sexualkontakte. Eine Infektion ist jedoch generell durch den Kontakt mit fremdem Blut – z.B. bei Verletzungen – möglich. Bei normalem Kontakt mit HIV-Infizierten (Händeschütteln, Umarmungen, kosmetische Behandlungen der erscheinungsfreien Haut) besteht keine große Infektionsgefahr. Wird aber bei kosmetischen Behandlungen die Haut verletzt, z.B. bei Aknebehandlungen, und die Kosmetikerin kommt mit dem Blut des Kunden in Kontakt, ist eine Infektion möglich.

Wie kann man sich schützen? Im privaten Bereich sind bei Sexualkontakten Kondome anzuwenden, auch sollte man unbedingt mit dem Partner über AIDS sprechen, im Zweifelsfall ist ein AIDS-Test durchzuführen. Im Beruf müssen eigene Verletzungen der Haut mit Pflaster oder Verband abgedeckt werden. Blutspritzer auf der unverletzten Haut können mit Wasser und Seife abgewaschen werden, Blutspritzer in Mund und Augen mit Wasser ausspülen. Bei einem Fremdblutkontakt auf verletzter Haut muss die Wunde desinfiziert und mit einem Pflaster abgedeckt werden. Wenn durch die Behandlung beim Kunden Verletzungen entstanden sind, ist ein Blutkontakt unbedingt zu vermeiden (Einmalhandschuhe tragen), die Blutung sollte gestillt und mit einem Pflaster abgedeckt werden. Das HI-Virus ist außerhalb des Körpers nicht lange lebensfähig und wird durch übliche Reinigungsmittel abgetötet. Werden alle Arbeitsgeräte ordnungsgemäß desinfiziert (siehe Hygieneverordnungen der Länder), besteht kein erhöhtes Risiko, sich selbst oder Kunden zu infizieren. Bei Verletzungen mit Blutaustritt ist jedoch unbedingt Blutkontakt zu vermeiden! Im Zweifel immer einen AIDS-Test durchführen lassen!

Nehmen Sie Stellung: Eine Kundin sagt bei ihrer ersten Sitzung, dass sie HIV-positiv sei. Welche besonderen Vorsichtsmaßnahmen müssen Sie für die Behandlung treffen?

4.9 Erregerbedingte Hauterkrankungen: Pilze

Die Kosmetikerin wird in ihrer praktischen Tätigkeit – insbesondere bei der Fußpflege – häufig mit **Pilze**n zu tun haben. Hierbei geht es zum einen darum, durch entsprechende Hygienemaßnahmen (Handschuhe und Mundschutz tragen, ausreichende Desinfektion vornehmen) sich selbst vor Ansteckung zu schützen. Zum anderen ist die Kundin über eine Therapie, die durch den Hautarzt durchgeführt werden sollte, zu beraten. Dies gilt auch für anschließende Maßnahmen der Prävention.

Die wenigsten Pilze sind bei einem Hautkontakt immer pathogen, die meisten benötigen zudem begünstigende Faktoren wie eine mangelnde oder übertriebene Hygiene, ein feuchtwarmes Milieu (Füße, Intertrigo-Bereiche), der häufige Umgang mit Waschlösungen, eine Antibiotika- oder Cortisontherapie, eine allgemeine Immunschwäche (z. B. AIDS), allgemeine Erkrankungen (z. B. Diabetes), die Einnahme der Anti-Baby-Pille sowie das Säuglings- oder Greisenalter oder die Schwangerschaft.

Pilze werden in das sogenannte **DHS-System** eingeteilt:

1. D = **Dermatophyten** sind Fadenpilze, auch **Tinea** genannt. Dermatophyten befallen ausschließlich die Haut und die Hautanhangsgebilde.
2. H = **Hefepilze** sind Sprosspilze. Der bekannteste Hefepilz ist wahrscheinlich **Candida albicans**. Hefepilze können sowohl die Haut als auch die Schleimhäute befallen.
3. S = **Schimmelpilze**: Eine bekannte Art ist z. B. der Aspergillus. Schimmelpilze treten nur sehr selten an der menschlichen Haut auf.

Hautpilzerkrankungen durch Dermatophyten werden **Dermatomykosen** genannt. Die Fadenpilze, die die Haut- und Hautanhangsgebilde befallen, stammen aus dem Erdreich. Sie besitzen die seltene Fähigkeit, das enorm widerstandsfähige menschliche Keratin abzubauen. Die Ansteckung erfolgt entweder über Kontakte zu befallenen Tieren (z. B. Meerschweinchen, Mäuse, Rinder) oder Menschen. Letzteres geschieht dann häufig indirekt, über Schuhe, Strümpfe, Fußmatten oder Roste, z. B. in Badeanstalten oder in der Sauna.

Ein Oberbegriff für eine Pilzerkrankung durch Dermatophyten ist „**Tinea**". An den Begriff Tinea wird dann noch die Bezeichnung der Lokalisation gehängt, z. B.: Tinea capitis (behaarter Kopf), Tinea barbae (Bartregion), Tinea corporis (am Körper, am Stamm), Tinea inguinalis (in der Leistenregion, den Leistenfalten), Tinea manuum (an der Hand), Tinea peduum (am Fuß), Tinea unguinum (am Nagel).

Beispiele für Erkrankungen durch Dermatophyten sind die oberflächliche und die tiefe Trichophytie, Tinea corporis und der Fußpilz (Tinea peduum). Die **oberflächliche Trichophytie** ist am gesamten behaarten Körper möglich. Sichtbar sind rote Flecken, eine Bläschenbildung und auch Papeln. Es erfolgt eine rasche Ausbreitung und durch das Zusammenfließen mehrerer Flecken entstehen große, landkartenartige Herde. Typisch ist ein Randsaum, an dem sich Papeln und Vesikel befinden, während im Zentrum schon eine Abheilung beginnt. Die Trichophytie-Herde jucken in der Regel.

Bei der **Tiefen Trichophytie** (z. B. **Tinea capitis**, **Tinea barbae**) erfolgt die Ansteckung mit dem Erreger häufig über Kälber und Rinder. Charakteristisch ist vor allem der Befall des behaarten Kopfes bei Kindern und der Bartregion bei Männern. Es können aber auch andere behaarte Regionen betroffen sein. Zu Beginn sind an Follikel gebundene Knötchen zu sehen. Die Haarstümpfe sind oft schon unter der Hautoberfläche abgebrochen. Dies geschieht durch die Wanderung der Pilze am Haarschaft entlang. Sie durchdringen dann auch das Haar und füllen es vollständig aus.

Bei der **Tinea corporis** sind Bläschen, Papeln, Pusteln und Schuppen sichtbar. Typisch für einen Pilzbefall mit Dermatophyten ist eine bogen- oder ringförmige Begrenzung mit Betonung der äußeren Ränder und einer Abheilung in der Mitte des Herdes.

Der **Fußpilz** (**Tinea peduum**) ist die häufigste Pilzerkrankung überhaupt. Das liegt daran, dass die Füße besonders gute Wachstumsbedingungen für Pilze bieten: Eine starke Zerklüftung der Haut und Zergliederung durch die Zehenzwischenräume bietet viele Schlupfwinkel. Es besteht zudem eine Belastung durch Fußkleidung, die häufig ein von Pilzen geliebtes feuchtwarmes Klima herbeiführt. Die Übertragung des Fußpilzes erfolgt von Mensch zu Mensch, meist indirekt durch Hautschuppen auf dem Boden. In den Zehenzwischenräumen nimmt der Fußpilz seinen Anfang. Oft ist zunächst nur eine leichte Schuppung zu sehen, später kann es dann zu Entzündungszeichen kommen, die sich in einer Rötung, stärkeren Schuppung, Hauterweichung und Hauteinrissen äußert. Ohne Behandlung greifen die Dermatophyten auch auf den Fußrücken über.

Hefepilze können Haut- und Schleimhäute befallen. Am häufigsten führt **Candida albicans** zu Hauterkrankungen. Candida albicans wird in feuchtem Milieu wie der Mundhöhle, dem Magen-Darm-Trakt und dem Genitalbereich nachgewiesen, ohne dass Beschwerden bestehen. Candida-Infektionen führen aber unter ungünstigen Bedingungen zu typischen klinischen Bildern an Haut und Schleimhaut. An der Schleimhaut findet man weißliche, leicht wegwischbare Beläge auf einem geröteten Grund. An der Haut finden sich zunächst immer oberflächliche Pusteln mit entzündlich gerötetem Hof. Die Pusteln platzen schnell und wandeln sich dann in düsterrote, nässende und kreisrunde Erosionen mit einer randständigen Schuppenkrause um. Typische Lokalisationen für Candida-Infektionen der Haut sind die Finger- und Zehenzwischenräume, die Anal- und Genitalregion, die großen Hautfalten, die Bereiche um die Brustwarzen herum, die Mundwinkel und die Nägel- bzw. die Nagelumgebung.

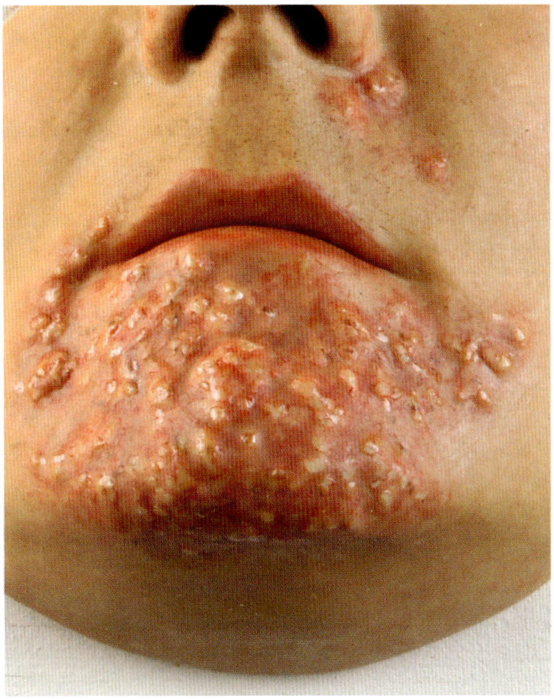

Tiefe Trichophytie (Tinea barbae) durch Dermatophyten-Befall

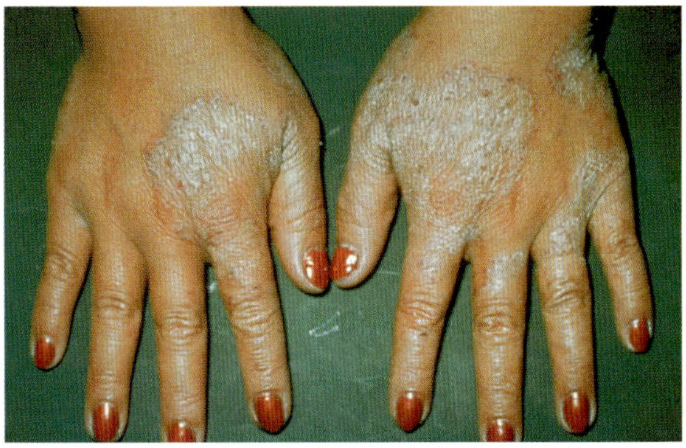

Tinea manuum durch Dermatophyten-Befall

Beispiele für Erkrankungen durch Hefepilze sind intertriginöse Candidosen und interdigitale Candidosen sowie Paronychia candidosa und Onychia candidosa. Bei **intertriginösen** und **interdigitalen Candidosen** zeigen sich in den Fingerzwischenräumen – seltener in den Zehenzwischenräumen – anfangs Papeln und Pusteln. Dann bilden sich schnell weißliche Hauterweichungen und Rhagaden. Eine intertriginöse, d. h. in den großen Hautfalten lokalisierte Candidose, kommt besonders häufig bei sehr dicken Menschen, aber auch bei Menschen, die unter Diabetes mellitus leiden, vor. Im Bereich der Leistengegenden, der Bauchfalten, unter der Brust, im Anal- und Genitalbereich, manchmal auch in den Achselhöhlen und im Bereich des äußeren Ohres kann man die typischen Effloreszenzen finden: Erythem, blauweißlich erweichte Haut, die kleine Bläschen, Pusteln und z. T. Schuppung aufweist.

Paronychia candidosa betrifft den Nagelwall. **Onychia** betrifft direkt den Nagel. Bei Befall des Nagelwalls ist dieser gerötet und weist oft eine Schwellung auf, die sehr schmerzhaft ist. Bei einem chronischen Verlauf der Paronychie wird häufig auch das Nagelwachstum mit Quer- und Längsrillenbildung beeinträchtigt. Als Ursache für Hefepilzinfektionen werden z. B. Durchblutungsstörungen der Hände und Füße angesehen. Ein direkter Nagelbefall ist relativ selten. Meist sind die seitlichen Nagelanteile betroffen, wobei es zu einer gelblichen bis braunschwarzen Verfärbung des Keratins kommt. Sehr dunkel gefärbte Nägel weisen meist auf eine Beteiligung von Schimmelpilzen hin.

Bei der **Pityriasis versicolor** (**Kleieflechte**) handelt es sich um eine harmlose, aber weltweit sehr verbreitete Mykose. Die Voraussetzung für die Erkrankung sind bestimmte individuelle Faktoren, z. B. eine besondere Schweißneigung (Hyperhidrose), eine gesteigerte Talgproduktion und ein feuchtwarmes Klima. Es besteht kein Zusammenhang mit hygienischen Gewohnheiten. Der Pilz kann auch auf gesunder Haut nachgewiesen werden, führt aber nicht immer zur Erkrankung. Auf der befallenen Haut zeigt sich ein typisches Bild: Am häufigsten ist der obere Stamm mit Ausdehnung auf die Oberarme, den Nacken und seltener auch den Bauch befallen. Sichtbar sind linsen- bis münzgroße, unregelmäßig begrenzte Herde von gelblich-brauner bis rötlicher Farbe. Typisches Anzeichen ist auch eine zarte, glanzlose Schuppung. Bei dunkelhäutigen Menschen oder nach einer Sonnenbräunung tritt das folgende Phänomen auf: Im Bereich der betroffenen Hautareale kommt es zu einer Depigmentierung. Diese Stellen bräunen nicht, weil die Melaninproduktion durch Stoffwechselprodukte des Erregers gehemmt wird.

Die meisten **Schimmelpilze** (**Schimmelpilz-Mykosen**) sind für den Menschen nicht pathogen, sondern leben von abgestorbener organischer Substanz. Einige Schimmelpilze können aber durchaus auf der menschlichen Haut als Parasiten, oft zusammen mit Dermatophyten und Hefepilzen nachgewiesen werden. Sie werden nur unter bestimmten begünstigenden Bedingungen pathogen. Erst wenn die Immunabwehr geschwächt ist, können die Schimmelpilze zu Krankheitszeichen an der Haut führen. Ein größeres Problem sind die Atemwegsallergien gegen Schimmelpilzsporen oder ein systemischer Befall, der lebensbedrohlich ist. Andere Schimmelpilze befallen nicht selten Zehennägel, insbesondere die Großzehennägel. Typisch für Schimmelpilzinfektionen der Nägel ist eine grün-schwarze Färbung.

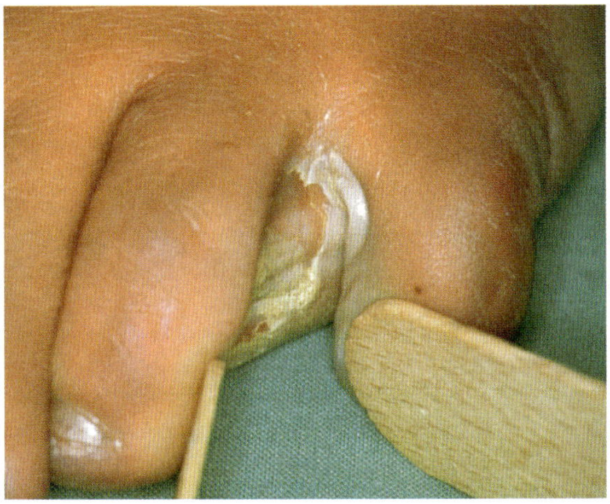

Fußpilz: Ein Befall ist sowohl mit Candida albicans als auch auch mit Dermatophyten möglich.

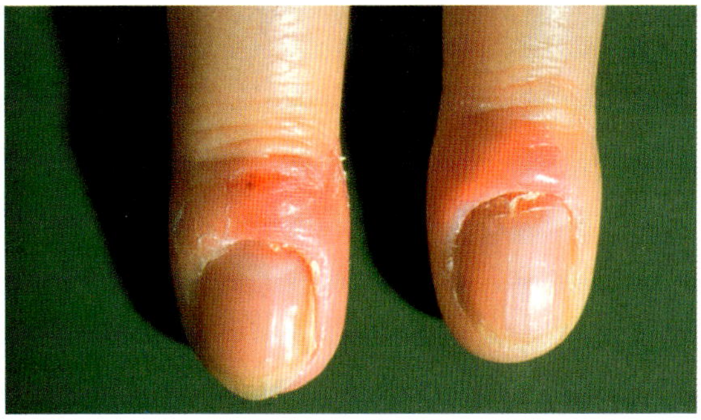

Befall des Nagelwalls mit Candida albicans: Sichtbar ist eine leichte Schwellung und Rötung.

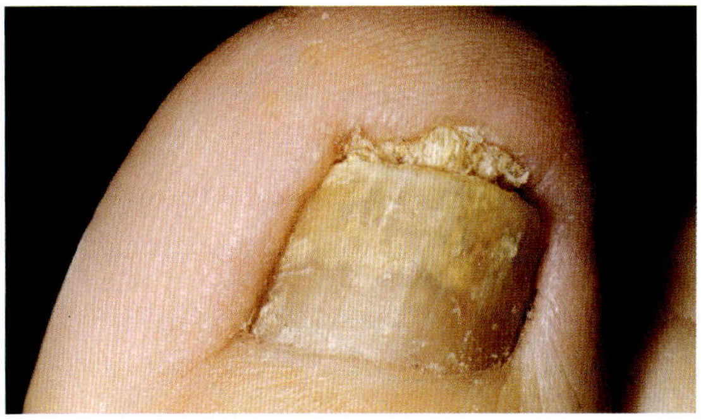

Pilzbefall des Nagels: Typisch ist die gelblich-braune Verfärbung des Keratins.

Ein Hautpilz gehört in dermatologische Behandlung. Doch bei der Wiederherstellung der normalen Hautflora und der Vermeidung von (Wieder-)Ansteckung kann die Kosmetikerin durch entsprechende Pflege- und Hygienemaßnahmen oder Tipps einiges tun. Durch Abkühlung, Austrocknung und Entquellung der Haut wird ein entzündungshemmender Effekt erzielt. Durch eine solche Behandlung lassen sich Auflagen entfernen und eine relativ rasche Austrocknung feuchter Wundflächen erreichen. Durch Körper-, Sitz-, Fuß- und Handbäder werden die Wundflächen ausgetrocknet und Wundsekret sowie Schuppenmaterial entfernt. Für die Reinigung sollten sauer eingestellte Syndets verwendet werden. Durch das Einlegen von Mull- oder Leinenstreifen in die intertriginösen Areale oder die Interdigitalräume der Hände und Füße werden die Lebensbedingungen für Pilze ungünstig beeinflusst: Der Haut-auf-Haut-Kontakt wird vermieden und das Sekret kann aufgesaugt werden. Bei einer Nagelmykose ist ein konsequentes Kurzhalten der Nägel gefragt. Durch geeignete Desinfektionsmaßnahmen sollte eine erneute Infektion durch Kleidungsstücke und Gebrauchsartikel ausgeschlossen werden. Schuhe müssen ausgetrocknet und desinfiziert werden.

Ort des Befalls	Häufige Erreger
behaarter Kopf	Dermatophyten, Hefepilze
Bartbereich	Dermatophyten
große Hautfalten	Dermatophyten, Hefepilze
Rücken, Oberarme	Hefepilz (Pityriasis versicolor)
Finger- und Zehenzwischenräume	Dermatophyten, Hefepilze
Nagelwall	Dermatophyten, Hefepilze
Nagel	Dermatophyten, Hefepilze, (Schimmelpilze)

Pilze können verschiedene Körperstellen befallen. Bevorzugt werden die feuchtwarmen Stellen in den großen Hautfalten sowie die Finger- und Zehenzwischenräume. Hier finden Pilze optimale Wachstumsbedingungen.

2

4.10 Erregerbedingte Hauterkrankungen: Epizoonosen

Die Kosmetikerin wird wahrscheinlich nicht häufig in die Situation kommen, eine Kundin über einen Befall mit Läusen, Flöhen oder Milben in Kenntnis setzen zu müssen. Aber wer häufig mit Haut und Haaren zu tun hat, wird sicher früher oder später solchen Fällen begegnen. Ein Befall mit Parasiten, die auf der Körperoberfläche leben, ist nicht immer ein Zeichen mangelnder Hygiene.

Man unterscheidet **Epizoonosen** durch **Parasiten**, die auf der Körperoberfläche leben (Ektoparasiten) nach der Gruppe der Insekten und der Spinnentiere. **Läuse**, **Flöhe** und **Wanzen** gehören zu den Insekten. Bei Läusen werden Kopfläuse, Kleiderläuse und die Filzläuse unterschieden.

Kopfläuse befallen den behaarten Kopf. Die Übertragung erfolgt durch den direkten Kontakt mit Personen, die Kopfläuse haben, manchmal auch durch Mützen und Kämme. Die Läuse sind 2 bis 3,5 mm lang, relativ beweglich und schlank. Sie nehmen mehrmals täglich durch einen Biss Blut auf. Hierbei geben sie ihr Speichelsekret in die Haut ab. Die Folgen sind dann Juckreiz, Kratzeffekte und eine Ekzembildung auf dem Kopf (**Läuseekzem**). Den Befall des Kopfhaares mit Läusen kann man an den **Nissen** (Läuseeier) feststellen. Diese kleinen ovalen Gebilde werden von der Laus palmkätzchenartig am unteren Haarschaft festgeklebt und lassen sich nur sehr schwer abstreifen. Jede Laus legt etwa drei bis vier Eier pro Tag, aus denen nach acht Tagen die Larven schlüpfen. Die leere Nisse bleibt am Haar hängen und wächst unbehandelt mit ihm aus. Stellt man einen Lausbefall fest, sollte sofort in einer Apotheke ein entsprechendes Präparat gekauft werden und die Haare damit behandelt werden. Ein Kurzscheren der Haare ist nicht notwendig.

Kleiderläuse sind etwas größer als Kopfläuse. Sie leben in der Kleidung und hier insbesondere in der Unterwäsche. Sie suchen die Haut nur zur Nahrungsaufnahme auf und legen auch ihre Eier in der Wäsche ab.

Filzläuse leben besonders gern in Gebieten mit apokrinen Drüsen, d. h. unter den Achseln, in der Schambehaarung, in den Wimpern und Augenbrauen. Sie vermehren sich langsam und lösen durch ihren Biss keinen starken Juckreiz aus. Die Ansteckung erfolgt bei Filzläusen meistens über den Geschlechtsverkehr. Im Genitalbereich sind häufig kleine bläuliche Ekzeme zu sehen.

Menschenflöhe sind zwei bis vier Millimeter lange flügellose Insekten. Ein Floh hält sich teils in der Kleidung, aber auch in Möbelritzen oder Teppichen auf. Die Stichstellen des Flohs jucken, sind gerötet und häufig zeigen sich auch kleine Quaddeln. Die Therapie besteht in einer Entwesung von Wohnung und Kleidung.

Wanzen sind ovale, etwa fünf Millimeter lange Insekten von gelblich-transparenter Farbe. Mit Blut vollgesogen erscheinen sie jedoch dunkelrot. Sie sind sehr lichtscheu und verkriechen sich deshalb tagsüber. Nachts werden sie jedoch aktiv und kriechen im Bett zum schlafenden Wirt – dem Menschen. Ein Wanzenbefall ist gut an mehreren, typischerweise hintereinander liegenden Bissen zu erkennen, die Wanzenstraße genannt werden. Die Haut reagiert auf den Wanzenbiss mit heftigem Jucken und einer Quaddelbildung. Im Laufe der Zeit erfolgt jedoch eine Gewöhnung an die Bisse. Die Therapie besteht in der Entwesung der Wohnung.

Bei der **Krätze** und bei **Zeckenbissen** sind **Spinnentiere** die Auslöser. Die Krätze wird durch rundliche, bis 0,3 mm große **Milben** verursacht. Diese Milben leben in der Hornschicht und führen zu starkem Juckreiz, wobei sich durch Kratzen sehr ausgedehnte ekzemartige Hautreaktionen entwickeln. Die weiblichen Milben bohren Gänge in die Hornschicht und legen dort ihre Eier ab. Die Männchen leben auf der Hautoberfläche und sterben schnell. Weibchen hingegen werden bis zu drei Monate alt. Larven schlüpfen nach drei bis fünf Tagen aus den Eiern und sind nach drei Wochen geschlechtsreif. Ein Milbengang ist zu erkennen an mehreren Millimeter langen, strichförmigen Abhebungen, wobei hin und wieder dunkle Punkte sichtbar werden. Hierbei handelt es sich um Milbenkot. Am Ende des Ganges findet sich eine kleine Erhebung, hier sitzt die Milbe. Die Milben bevorzugen Körperstellen mit hoher Temperatur und dünner Hornschicht. Die Übertragung von Milben erfolgt durch direkten Kontakt.

Zecken sind ebenfalls Spinnentiere, die an Sträuchern, Bäumen, Gräsern leben und sich auf den Menschen herabfallen lassen. Beim Kontakt mit der Haut bohrt sich die Zecke mit ihren Mundwerkzeugen in die Haut und verbleibt dort, bis die Nahrungsaufnahme abgeschlossen ist. Dies kann bis zu einer Woche dauern. Die eingebohrte Zecke wird mehrere Millimeter groß. Sie sieht wie ein prall gefüllter, bläulich-brauner Sack aus. Man zieht Zecken mit einer Pinzette heraus. Bleibt der Kopf in der Haut, entwickelt sich häufig ein chronisch entzündlicher Knoten (**Zeckengranulom**).

Das Gefährliche an Zecken sind häufig die **Viren** und eine bestimmte **Bakterien**gruppe (**Borrelien**), mit denen sie infiziert sind und die sie an den befallenen Menschen weitergeben. Durch Viren wird z. B. die

Epizoonosen durch Insekten	Epizoonosen durch Spinnentiere
Läuse – Kopflaus: Blutaufnahme durch Biss, Absonderung von Speichelsekret führt zu Juckreiz. Nissen kleben am unteren Haarschaft. – Kleiderlaus: Lebt in der Kleidung, führt zu starkem Juckreiz und Quaddeln, kann Fleckfieber übertragen. – Filzlaus: Bevorzugt Gebiete mit apokrinen Drüsen (Schambehaarung, Achselhöhle, Wimpern), ihre Vermehrung erfolgt langsam, sie verursachen keinen großen Juckreiz.	Milben – Krätze (Skabies): Die Milben leben in der Hornschicht, in die sie Gänge graben und ihre Eier ablegen. Sie rufen einen heftigen Juckreiz hervor. Tier- und Nahrungsmittelmilben können die Haut kurzzeitig besiedeln, aber keine Milbengänge bauen. – Erntekrätze: Milben, die an Pflanzen leben, beißen sich an der Haut fest und fallen nach der Nahrungsaufnahme wieder ab.
Flöhe – Menschflöhe leben auf dem Menschen, aber auch in Teppichen oder Möbelritzen, die Stichstellen jucken stark. – Tierflöhe können in der Not kurzzeitig auf Menschen übergehen, hier überleben sie aber nicht lange.	Zecken – Zecken sind große Milben, die sich von Blutsaugen an Säugern ernähren. Bei Kontakt bohren sie sich mit ihren Mundwerkzeugen in die Haut und fallen von selbst etwa nach einer Woche ab. Zecken können über Viren und Bakterien, mit denen sie infiziert sind verschiedene Krankheiten übertragen.
Wanzen – Diese lichtscheuen Insekten werden nachts aktiv und lassen sich von der Zimmerdecke auf den Menschen fallen. Ihre Bisse erfolgen mehrmals in gerader Linie hintereinander und hinterlassen die typischen Wanzenstraßen aus juckenden Quaddeln.	

Epizoonosen durch Ektoparasiten aus der Gruppe der Insekten und der Spinnentiere. Die Parasiten leben in der Kleidung, auf der Haut, in der Hornschicht oder suchen den Menschen nur zur Nahrungsaufnahme auf.

gefürchtete **Enzephalitis** (Gehirnentzündung) hervorgerufen. Die von Zecken übertragenen Borrelien können ganz verschiedene Krankheitsbilder auslösen, die von Erythemen, Schwellungen und kleinen Knötchen bis zu Organbeteiligungen, vor allem am Zentralnervensystem reichen können. Jahre später kann es noch zu Gelenkbeschwerden kommen. Gegen die Infektion mit Borrelien kann man sich impfen lassen.

Nehmen Sie Stellung: Sie stellen bei einer Kundin den Befall der Augenbrauen mit Filzläusen fest. Wie sprechen Sie sie darauf an und welche hygienischen Maßnahmen müssen Sie treffen?

4.11 Hauterkrankungen durch Licht

Zu allen Zeiten der Menschheitsgeschichte und in den verschiedenen Kulturkreisen wurde die Sonne als göttliches Wesen verehrt und in Mythen gepriesen. Aber auch damals war schon bekannt, dass Sonnenstrahlen nicht nur segensreiche, sondern auch schädliche Wirkungen haben können.

Als **Licht** wird der Bereich des elektromagnetischen Spektrums bezeichnet, der uns optische Eindrücke vermittelt. An die Farbe Violett des sichtbaren Spektralbereichs schließt sich, wie der Name schon sagt, der **Ultraviolettbereich** an, der nach energetischen Gruppen unterteilt wird in: **UV-A** = 315–380 nm (UV-A 1 = 340–380 nm, UV-A 2 = 315–340 nm), **UV-B** = 280–315 nm, und **UV-C** = 100–280 nm.

UV-A-Licht dringt bis in die Dermis ein, UV-B-Licht wird zum größten Teil nur in der Epidermis absorbiert, dort allerdings auch in lebenden Zellschichten, bis hin zum Stratum basale. **UV-C-Strahlung** ist der energiereichste Teil des Ultraviolettspektrums. Sie wird in der Stratosphäre fast vollständig abgefiltert bzw. von der Ozonhülle absorbiert. Trifft dennoch UV-C-Strahlung auf die Haut, wird diese zu 99 % vom Stratum corneum absorbiert. Die Restenergie, die in die Epidermis gelangt, reicht dennoch aus, um zunächst Verbrennungen und als Spätfolge **Hautkrebs** zu erzeugen.

Erst vor einigen Jahren erfolgte eine weitere Unterteilung des UV-A-Spektrums in UV-A-1 und UV-A-2. Das hängt mit den schädigenden Wirkungen auf die Haut zusammen. UV-A-2, das kurzwelligere UV-A, verhält sich fast wie UV-B und hat noch stärkere krebsauslösende Wirkung. UV-A-1, das langwelligere Licht, dringt zwar tiefer in die Haut ein, hat jedoch weniger schädigende Wirkungen. Allerdings ist zu bedenken, dass alle Teilbereiche des Sonnenspektrums ein Energiepotenzial darstellen, das sich mehr oder weniger in seiner Gesamtheit auf den Organismus auswirkt.

2

Durch UV-Bestrahlung wird eine in der Epidermis gespeicherte Vorstufe des Vitamin D_3 in **Vitamin D_3** überführt. **Vitamin D_3-Mangel** vermindert die Kalziumresorption aus dem Darm. Eine Folge von akutem Vitamin D_3-Mangel ist die **Rachitis**, bei der Skelettveränderungen sowie eine Erschlaffung der Muskulatur auftreten. Vitamin D_3 ist jedoch in vielen Nahrungsmitteln enthalten und wird bei einer einigermaßen ausgewogenen Ernährung ausreichend zugeführt. Für eine ausreichende körpereigene Vitamin-D_3-Synthese genügt ein täglich 10-minütiger Aufenthalt im Freien, wobei mindestens die Hände unbedeckt sein müssen.

Der Körper bildet nach seiner inneren Uhr bei Helligkeit ein Hormon, das bei Tag anregend und stimulierend wirkt. Bei Dunkelheit wird die Produktion zurückgeschraubt, der Körper schaltet auf Schlaf-/Ruhebereitschaft um. Einige Formen von Depressionen werden u. a. mit diesen Reaktionen in Zusammenhang gebracht, eine „Lichttherapie“ (Bestrahlung mit sehr hellem sichtbaren Licht) kann oft schon gute Besserungen herbeiführen.

Neben den genannten positiven Wirkungen von UV-Licht sind die negativen Wirkungen nicht zu vergessen. Am häufigsten werden Lichtschäden der Haut durch Überforderung der Schutzfunktionen und Reparaturmechanismen verursacht, wobei die Schäden sich addieren. Zunächst versucht die Haut, über verschiedene Schutzmechanismen die negativen Wirkungen abzufangen.

Das Hautpigment **Melanin** soll verhindern, dass tiefer liegende Teile unserer Körperoberfläche von eindringenden Strahlen geschädigt werden. Die Melaninpigmente können hervorragend UV-Licht absorbieren und reflektieren. In den Keratinozyten ordnet sich das Melanin um den Zellkern herum an, um das genetische Material zu schützen. Je nach ererbter Pigmentbildungsfähigkeit und Sonnenempfindlichkeit werden **Hauttypen** unterschieden.

Eine **Sofortpigmentierung** oder **Direktpigmentierung** findet unter dem Einfluss von UV-A-Strahlung statt. UV-A-Strahlen bewirken durch einen Oxidationsprozess eine intensive Färbung bereits vorhandener, schwach gefärbter Pigmente in einem Zeitraum von ca. 24 Stunden. Bei der indirekten oder **Spätpigmentierung** handelt es sich um eine Pigmentneubildung, ausgelöst durch eine Bestrahlung mit UV-B-Licht, die erst nach mehreren Stunden bis Tagen eintritt und relativ lange anhält.

Die Hornschicht der Epidermis kann Licht abfiltern, durch Streuung (**Reflexion**) abschwächen und absorbieren. Das **Absorption**svermögen der Hornschicht hängt von der Dicke dieser Schicht ab. Mit zunehmender Dicke steigt die Absorptionsfähigkeit. Eine Verdickung der Hornschicht erfolgt ausschließlich über UV-B-Strahlung. Eine vollständige Ausbildung der sog. **Lichtschwiele** erfolgt durch eine zwei- bis dreiwöchige Sonnenbestrahlung. Es wird eine verstärkte und beschleunigte Zellteilung im Stratum basale in Gang gesetzt. Dadurch kommt es zu einer Ansammlung von Zellen im Stratum granulosum (**Akanthose**) und zu einer **Hyperkeratose** (Verdickung der Hornschicht).

Eine vollständig ausgeprägte Lichtschwiele hat etwa einen **Lichtschutzfaktor** von 4, d. h., sie schützt die lebenden Epidermiszellen 4-mal länger als ohne Lichtschwiele.

Bei der Einstrahlung von UV-B-Strahlen kann es zu Veränderungen der Nucleinsäuren (DNS) im Zellkern der Keratinozyten im Stratum basale kommen. Der weitaus größte Teil der Schädigungen wird erkannt und Sekunden nach Eintritt des Schadens setzen **Reparaturmechanismen** ein. Die geschädigten Stellen werden erkannt, herausgeschnitten und ersetzt. Die Reparaturmechanismen werden von Enzymen in den Zellen gesteuert. Der hauteigene Reparaturmechanismus ist jedoch begrenzt. Manchmal ist die Schädigung so stark, dass entweder die Zelle abstirbt, oder die Zelle fehlerhaft repariert wird. Es entsteht eine sich weiter teilende Zelle mit falschen Erbinformationen. Die Zelle kann letztendlich bis zur Entwicklung eines malignen Melanoms entarten. Die Chance solcher fehlerhafter Reparaturvorgänge wächst mit der in einem Leben aufgenommenen UV-Strahlung.

Im Schweiß ist eine körpereigene Lichtfiltersubstanz, die **Urocaninsäure**, enthalten. Sie bildet sich aus einer in den Keratinozyten enthaltenen Aminosäure. Bei Sonneneinstrahlung steigt die Menge der normalerweise im Schweiß enthaltenen Konzentration stark an. Urocaninsäure absorbiert UV-Strahlungen im Bereich von 265 nm.

Der **akute Lichtschaden** (**Sonnenbrand**, **Dermatitis solaris**) äußert sich in der Regel in einem Erythem der Haut. Die verantwortlichen Wellenlängen liegen im UV-B-Bereich. Nach intensiver Bestrahlung ist dies auch durch UV-A2 möglich. Die Schäden an Epidermis, im Bindegewebe und an den Gefäßen sind zunächst vorübergehender Natur, bei weiterer Über-

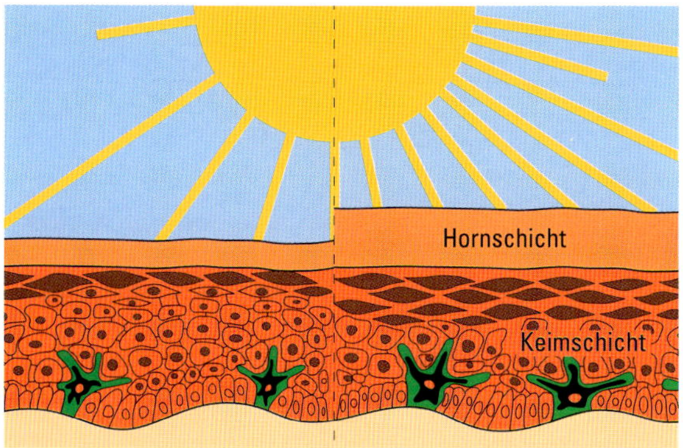

Verdickung der Hornschicht durch UV-Licht: Eine ausgeprägte Lichtschwiele entspricht etwa einem Lichtschutzfaktor von 4.

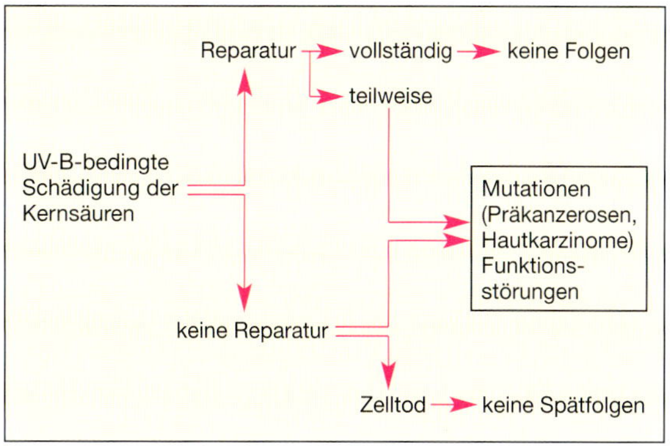

UV-bedingte Schädigung der Oberhautzellen und ihre Folgen

forderung der Schutz- und Reparaturmechanismen summieren sich die Schäden jedoch, es kommt zu einem chronischen Lichtschaden.

Das klinische Bild eines Sonnenbrandes zeigt sich drei bis vier Stunden nach der Sonneneinwirkung. Die Schwere eines Sonnenbrandes wird in Stufen eingeteilt: Grad 1: **Erythem** und Schwellung, Grad 2: Grad 1 und Bläschen und Blasen, Grad 3: Grad 1 und Grad 2 plus **Nekrose** (totes, abgestorbenes Gewebe). Die Entzündungsreaktionen haben nach 24 Stunden ihren Höhepunkt und klingen dann langsam ab.

Spät- und Langzeitfolgen übermäßigen Sonnenbadens führen zu **chronischen Lichtschäden**. Darunter versteht man die vorzeitige lichtbedingte Hautalterung, sowie bösartige Veränderungen im Sinne von Präkanzerosen (Krebsvorstufen) und Hautkrebs. Es sind Spätfolgen immer wiederkehrender, übertriebener Sonnenbestrahlungen und oft auch Summierungen von durchstandenen Sonnenbränden. Die UV-A-Strahlung ist für Bindegewebsschädigungen und die UV-B-Strahlung für Schäden in der Epidermis verantwortlich.

Durch die **Ozonschicht** werden besonders die gefährlichen UV-C- und auch UV-B-Anteile abgefiltert. Durch eine Schädigung der Ozonschicht kommt es zu erhöhter Hautkrebsgefahr. Pro 1% Ozonverlust wird mit einer Zunahme des malignen Melanoms von 2,3% gerechnet.

Die Überempfindlichkeit gegen Sonnenlicht (**polymorphe Lichtdermatose**) wird häufig auch als „**Sonnenallergie**" bezeichnet. Sie ist eine erworbene Unverträglichkeitsreaktion gegen Licht (UV-A und UV-B) mit unbekannter Ursache. Nach kurzer Sonnenbestrahlung kommt es zu Ausschlägen besonders im Gesicht, zu Erythemen, Quaddeln, Papeln oder Bläschen. Diese Symptome sind von heftigem Juckreiz und Schmerzen begleitet. Teilweise kann die Haut durch beginnende, ganz geringe Strahlendosen, die dann langsam gesteigert werden, abgehärtet werden (nur vom Arzt durchzuführen). Die sog. **Mallorca-Akne** wird als eine Sonderform der polymorphen Lichtdermatose bezeichnet, früher dachte man an Unverträglichkeitsreaktionen gegen Sonnenschutzmittel.

Die UV-A-Strahlung bei einem Aufenthalt unter **Sonnenbänken**, **Solarien** oder sog. Turbobräunern entspricht einem mehrstündigen Sonnenbad in der Karibik. Heute wird überwiegend UV-A-Strahlung in den Solarien benutzt. Allerdings ist UV-A-Strahlung weniger bräunungswirksam als UV-B-Strahlung. Die Strahlungsintensität von UV-A ist deshalb in einigen Geräten häufig erhöht. Es besteht allerdings bei höherer UV-A-Bestrahlung ein ähnliches Spätfolgenrisiko wie durch UV-B. Darüber hinaus wird angenommen, dass UV-A2 genauso schädlich ist, wie UV-B. Hinzu kommt häufig, dass sich die Strahlungsspektren in den Strahlern von selbst verstellen können, also z.B. von UV-A nach UV-B. Eine regelmäßige Überprüfung der Geräte muss unbedingt erfolgen! Bezüglich einer Vorbräunung in Solarien vor einem Sonnenurlaub muss bedacht werden, dass die Melaninneubildung und die Lichtschwielenbildung erst durch UV-B-Bestrahlung erreicht wird, die Benutzung von UV-A-Strahlern zur Erzielung eines Lichtschutzes ist somit kaum sinnvoll.

4.12 Hitze- und Kälteschäden der Haut

Sowohl bei **Hitzeschäden** als auch bei **Kälteschäden** der Haut unterscheidet man akute und chronische Schäden. Die akuten Schäden betreffen die tägliche Arbeit der Kosmetikerin nicht so sehr, es kann aber sinnvoll sein, Kunden im Gespräch über die richtige Sofortbehandlung bei Verbrennungen aufzuklären. Chronische Hitze- und Kälteschäden können die Kundin zur Kosmetikerin führen oder auch durch bestimmte Behandlungsformen erzeugt werden.

2

Eine **Verbrennung** ist ein akuter Hitzeschaden der Haut, der z. B. durch UV-Strahlen, Stromunfall oder kochendes Waser verursacht wird. Der Schaden wird nach der Ausdehnung, der Tiefe und dem Vorhandensein von Allgemeinsymptomen charakterisiert. Hieraus ergibt sich die folgende Einteilung: Bei einer Verbrennung ersten Grades ist nur ein Erythem sichtbar, die Abheilung erfolgt ohne Narben. Bei einer Verbrennung zweiten Grades besteht ein Erythem und es bilden sich Blasen, die Abheilung erfolgt ohne Narben. Bei einer Verbrennung dritten Grades kommt es zu einer **Koagulationsnekrose** von Epidermis und Dermis. Das bedeutet, dass das Gewebe nach Ausflockung und Gerinnung abstirbt. Bei einer Verbrennung vierten Grades kommt es zu einer völligen Verkohlung.

Bei leichten Verbrennungen sollte das entsprechende Körperteil möglichst lange unter kaltem Wasser gekühlt werden. Bei schwereren Verbrennungen sollten zunächst die Kleider entfernt werden und die Wunden mit sauberen Tüchern abgedeckt werden. Die weitere Behandlung muss dann durch einen Arzt erfolgen.

Durch ständige Überwärmung der Haut kann es bei besonders empfindlichen Personen zum **chronischen Wärmeschaden** kommen. Die Überwärmung kann durch die ständige Verwendung von Wärmflaschen oder auch durch **Tiefenwärme**, z. B. bei sehr häufiger Behandlung mit Interferenzstrom erfolgen. An der Haut zeigen sich dann unscharf begrenzte Pigmentierungen, die durch eine chronische Gefäßweitstellung und eine Melaninhyperpigmentierung hervorgerufen werden.

Erfrierungen sind akute Kälteschäden der Haut. Genau wie bei Verbrennungen können verschiedene Schweregrade unterschieden werden: Grad I: Erythem, narbenfreie Abheilung, Grad II: Erythem und Blasen, narbenfreie Abheilung, Grad III: Nekrosen mit weißen, steifgefrorenen Bezirken. Nach dem Auftauen erfolgt ein Übergang in die sogenannte Mumifikation, das bedeutet, dass sich lederartige, schwarze, trockene Nekrosen bilden. Die Abheilung erfolgt mit Narbenbildung und häufig unter Verlust von Körpergliedern.

Frostbeulen sind chronische Kälteschäden der Haut. Sie sind im Winter besonders weit verbreitet. Es handelt sich dabei um Gefäßschäden durch längere Kälteeinwirkung ohne Einfrieren des Gewebes. Es kommt in den Gefäßen zur Freisetzung von Entzündungsstoffen aus den Mastzellen. So entstehen rot-bläuliche, teigige, schmerzhafte Schwellungen an den der Kälte ausgesetzten Körperteilen. In der Regel sind dies die Finger, das Gesicht, die Unterschenkel und die Zehen.

4.13 Exogen bedingte Hautschädigungen durch Säuren und Laugen

Sowohl durch starke **Säuren** als auch durch starke **Laugen** kann es zu einer **Verätzung** mit Gewebezerstörung kommen. Bei Verätzungen mit Säuren kommt es zu einer Ausflockung und Gerinnung von Gewebebestandteilen (**Koagulation**). Der entstehende Schorf bildet eine Barriere gegen das weitere Eindringen der Säure, somit ist die Ausbreitung einer Verätzung begrenzt. Verätzungen mit Laugen führen zu einer Verschmelzung und Verflüssigung des Gewebes. Dadurch kann es zu einer weiteren Ausbreitung der Lauge im Gewebe kommen.

4.14 Ekzeme und andere Intoleranzreaktionen

Ekzeme gehören zu den häufigsten Hauterkrankungen. Aus diesem Grunde sind sie auch für die Kosmetikerin von Bedeutung. Zum einen, weil Kundinnen mit bestehenden Ekzemen entsprechend vorsichtig behandelt werden müssen und zum anderen, weil Kosmetikerinnen selbst durch berufsbedingte Belastungen Ekzeme entwickeln können. Dem lässt sich jedoch durch entsprechende Hautschutzmaßnahmen vorbeugen.

Der Begriff Ekzem sagt zunächst nichts über die Ursache und den Verlauf der Hauterkrankung aus. Er fasst lediglich alle Hauterkrankungen zusammen, die folgende Gemeinsamkeiten aufweisen: Ekzeme zeichnen sich durch eine Entzündung der Epidermis und der oberen Dermis aus und sind nicht infektiös (d. h. durch Ansteckung) erworben.

Ekzeme können verschiedene Ursachen haben. Grob können sie in die Gruppen „durch innere Einflüsse bedingt“ und „durch äußere Einflüsse bedingt“ unterteilt werden. Zu den Ekzemen, die durch äußere Einflüsse verursacht werden (**exogene Ekzeme**), zählt man toxische Kontaktekzeme, die wiederum in akut toxische Kontaktekzeme und subtoxisch-kumulative Kontaktekzeme (Abnutzungsekzeme) unterteilt werden können. Außerdem fallen in diese Gruppe die allergischen Kontaktekzeme, die wiederum auch akut oder chronisch sein können. Die Ekzeme, die durch innere Einflüsse verursacht werden (**endogene Ekzeme**), werden atopische Ekzeme genannt. Darüber hinaus gibt es noch Mischformen bzw. mikrobiell verursachte Ekzeme.

Das **akut-toxische Kontaktekzem**: Wenn ein Hautkontakt mit stark toxischen (giftigen) Stoffen erfolgt, reagiert jeder Mensch unmittelbar nach Einwirkung dieser Stoffe mit einer (akuten) Entzündung. Das Ausmaß dieser Entzündung ist jedoch abhängig von der persönlichen Hautempfindlichkeit, der Konzentration und der Einwirkzeit des Stoffes. Typisch für akut toxische Ekzeme ist, dass die Hautveränderungen streng auf den Einwirkungsort begrenzt sind. Wenn der Kontakt mit den auslösenden Stoffen einmalig war, heilt das Ekzem in der Regel rasch ab. Viele Chemikalien wie Laugen, Säuren, Lösungsmittel, aber auch verschiedene Strahlen (Wärmestrahlen, UV-Strahlen, Röntgenstrahlen) können toxisch wirken.

Das **Abnutzungsekzem** (**subtoxisch-kumulatives Kontaktekzem**): Unter den Ekzemerkrankungen tritt das Abnutzungsekzem am häufigsten auf (ca. 40 %). Das Abnutzungsekzem hat eine wichtige Vorreiterfunktion bei der Entstehung von allergischen Kontaktekzemen. Ursache für dieses Ekzem ist die langfristige Einwirkung eines oder mehrerer nur gering hautschädigender Stoffe. Bei immer neuen Reizungen summieren sich die Schäden langsam und werden oft erst lange nach Beginn der schädigenden Einflüsse sichtbar. Wenn z. B. täglich stundenlang im feuchten Milieu gearbeitet wird – und dazu kann man die Tätigkeit der Kosmetikerin durchaus zählen – kann die hautreizende Wirkung oft auch von gesunder Haut nicht mehr ausgeglichen werden.

Die Stoffe, die zur Ausprägung eines Abnutzungsekzems führen, können bei gelegentlichem Hautkontakt sehr harmlos sein, so gehören z. B. Seifen, Detergenzien, Desinfektionsmittel und verschiedene Kosmetika dazu. Sogar Wasser kann nach Eindringen in die Hornschicht schädigend auf lebende Epidermisschichten wirken.

Die Erscheinungsformen von Abnutzungsekzemen sind vielfältig. Je nach Konzentration und Einwirkungszeit der Irritantien bestehen sie häufig nur in einer leichten Rötung und Schuppung sowie kleinen Einrissen der Haut. Oft sind sie unscharf begrenzt. Solche Anzeichen sollten jedoch als höchste Alarmstufe erkannt werden. Denn in den Anfängen ist ein Abnutzungsekzem gut zu behandeln und nach Ausbleiben der auslösenden Hautbelastungen heilt es rasch ab. Bestehen die auslösenden Ursachen (z. B. Feuchtarbeit) aber weiter, wandelt es sich häufig im späteren Verlauf in ein allergisches Kontaktekzem um. Dann spricht man von einem **2-Phasen-Ekzem**.

Allergien nehmen zu, allerdings werden auch viele Hautveränderungen bzw. -empfindungen zu schnell von den Betroffenen als Allergie eingestuft. Für die Kosmetikerin ist wichtig, dass sie diesbezügliche Äußerungen von Kundinnen richtig einschätzen

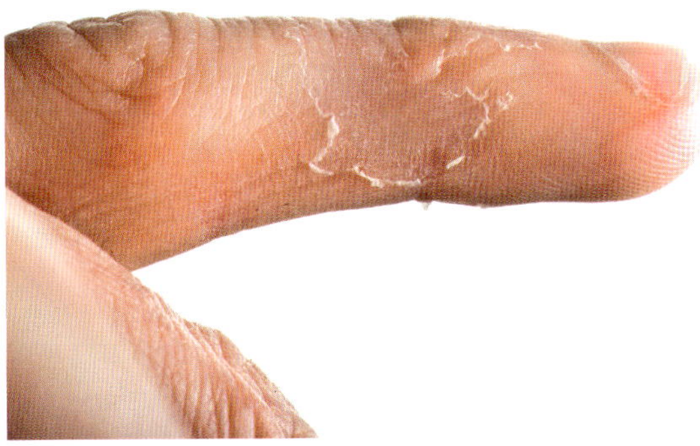

Das Abnutzungsekzem: Durch die Summierung vieler und ständiger unterschwelliger Reize wird die Barrierefunktion der Hornschicht überfordert und die Schädigungen können nicht mehr rechtzeitig ausgeglichen werden.

kann, bei tatsächlich vorhandenen Allergien gegen Kosmetika-Bestandteile in der Lage ist, Präparate auszuwählen, die diese Bestandteile nicht enthalten, die Kundin fachlich zu beraten und nicht zuletzt sich selbst vor der Entstehung von Allergien gegen Inhaltsstoffe von Kosmetika zu schützen.

Bei einer Allergie handelt es sich um eine erworbene Änderung der Reaktionsbereitschaft des Immunsystems gegenüber bestimmten körperfremden Stoffen, die unter normalen Umständen vom Körper als harmlos eingestuft werden. Erster Schritt einer allergischen Reaktion ist eine Sensibilisierung gegen einen ganz bestimmten Stoff (**Allergen**). Der Körper wird in einer ersten Phase mit dem Allergen „bekannt gemacht". Dieser Schritt (**Sensibilisierungsphase**) läuft unmerklich ab. Erst nachdem das Immunsystem gegen einen bestimmten Stoff aufgerüstet hat, d. h. bestimmte Zellen und/oder **Antikörper** gebildet hat, die das Antigen bei einem erneuten Kontakt im Sinne einer Gedächtnisfunktion sofort erkennen, kann eine allergische Reaktion erfolgen.

Man unterscheidet heute vier Allergieformen (Typ I – IV). Kriterien für die Unterscheidung sind die verschiedenen immunologischen Mechanismen, die an der Auslösung der Reaktion beteiligt sind. Hier sollen nur die beiden häufigsten Allergieformen vom Typ I und IV beschrieben werden.

Typ I-Allergien können die Haut und die Schleimhäute sowie die Atemwege betreffen. Die Hautreaktionen sind keine Ekzeme, werden jedoch trotzdem im Zusammenhang mit den Allergien an dieser Stelle besprochen. Typ I-Allergien werden auch als Reaktionen vom Soforttyp bezeichnet. Hier kommt es bei einer bestehenden Sensibilisierung direkt (Minuten bis Stunden) nach Kontakt mit dem **Antigen** zu allergischen Reaktionen wie Asthmaanfällen, Fließschnupfen (z. B. bei Pollenallergie) oder Quaddelbildung (Urticaria) an der Haut. Diese Reaktionen

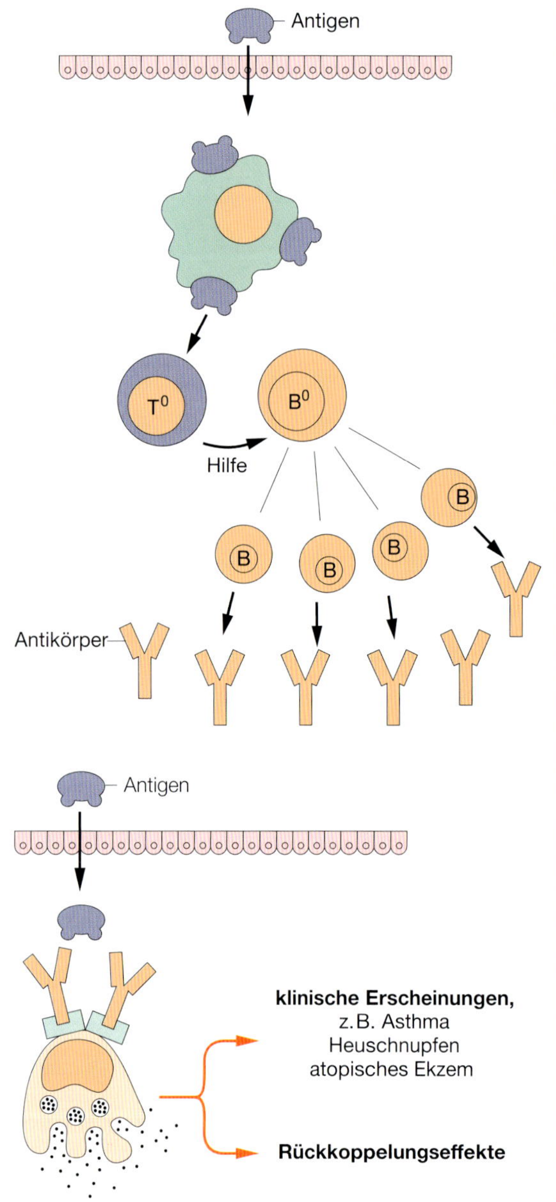

Allergie vom Soforttyp, z.B. Heuschnupfen oder Quaddelbildung an der Haut

In Haut, Schleimhäute oder Atemwege eingedrungenes Antigen

Das Antigen wird von antigenpräsentierenden Zellen (z.B. Makrophage) aufgenommen und T- sowie B-Zellen präsentiert. Mithilfe von T-Zellen werden ruhende B-Zellen dazu angeregt, sich zu teilen und Antikörper zu produzieren.

Die Antikörper binden sich über spezielle Rezeptoren an Mastzellen. Bei erneutem Kontakt mit der jetzt sensibilisierten Mastzelle werden die Antikörper quervernetzt und die Zelle setzt Entzündungsstoffe, wie z.B. Histamin, frei, die zu den Symptomen, wie z.B. Quaddelbildung an der Haut, Heuschnupfen (tränende Augen, Bindehautentzündung, laufende Nase etc.) bis hin zu schweren Asthmaanfällen und anaphylaktischen Schocks, führen können.

Typ-I-Antikörper-vermittelte allergische Reaktionen können die Haut, die Schleimhäute und die Atemwege betreffen. Bei einer Sensibilisierung kommt es durch Antikörper direkt nach dem Kontakt zu Haut-, Schleimhaut- oder Atemwegsreaktionen.

werden durch Antikörper vermittelt. Diese Antikörper werden von **B-Zellen** produziert. Die Antikörper binden sich an das Antigen. Damit lösen sie dann eine Reihe von Reaktionen aus, die zur Ausschaltung des Antigens führen. Es werden z.B. Fresszellen aktiviert, die den Komplex von Antigen und Antikörper aufnehmen oder andere Zellen werden dazu befähigt, bestimmte Entzündungsstoffe auszuschütten, die wiederum weitere (Ketten-)Reaktionen auslösen. Beteiligt sind die Mastzellen, die u. a. Histamin ausschütten. Histamin hat eine gefäßerweiternde Wirkung, die sich in einer Hautrötung bemerkbar macht und an der Quaddelbildung beteiligt ist. Durch die Wirkung auf sensible Nervenendigungen kommt es zu Schmerzen und vor allem zu Juckreiz.

Bei **allergischen Kontaktekzemen** handelt es sich um **Typ IV-Allergien**. Diese werden auch Reaktionen vom Spättyp genannt, weil erst ca. 24 Stunden nach Kontakt mit dem Antigen Entzündungszeichen sichtbar werden. Sie erreichen nach 48 Stunden oder später ihren Höhepunkt und klingen dann langsam wieder ab. Dieses späte Auftreten der Ekzeme ist ein Grund dafür, warum die auslösenden Stoffe oft so schwer zu ermitteln sind. Die betroffenen Personen erinnern sich häufig nicht mehr, welcher Stoff bei welcher Gelegenheit vor 24 Stunden in Kontakt mit ihrer Haut gestanden hat.

Die Typ-IV-Reaktionen werden in erster Linie durch spezialisierte **Fresszellen** (Makrophagen, Langerhanszellen) und **T-Zellen** vermittelt. Die T-Zellen sind die Einsatzleiter des Immunsystems.

Damit es zu einer Sensibilisierung kommen kann, muss sich ein Allergen nach Eindringen in lebende Hautschichten an körpereigene Proteine binden. Erst dieser Komplex wird dann von den Langerhanszellen, den Außenposten des Immunsystems, als Antigen erkannt. Das Antigen wird dann von den Langerhanszellen aufgenommen, verarbeitet und in einzelnen Teilen an der Zelloberfläche gezeigt. Die Langerhanszellen wandern aus der Epidermis über die Lymphgefäße in den nächstgelegenen Lymphknoten. Hier suchen sie ruhende T-Helfer-Zellen, die einen passenden **Rezeptor** für das mitgebrachte Antigen besitzen. Haben sie diese gefunden (das passende Schloss für den von ihnen gefundenen Schlüssel), werden die T-Zellen aktiviert. Die Aktivierung und viele weitere Reaktionen, die darauf folgen, werden von Botenstoffen (**Cytokinen**), die aus den an der Immunantwort beteiligen Zellen freigesetzt werden, unterstützt. Die Zellen, die genau den für das präsentierte Antigen passenden Rezeptor besitzen, beginnen sich zu vermehren. Von nun an patroullieren diese Zellen als „**Gedächtniszellen**".

Kommt es zu einem neuen Kontakt mit dem jetzt bekannten Antigen, lösen sie eine Reaktion vom Spättyp aus. Die Präsentation des Antigens erfolgt wieder durch die Langerhanszellen, die Gedächtniszellen (T-Zellen) vermehren sich und schütten Botenstoffe aus, die u. a. dazu führen, dass Entzündungszellen an den Eintrittsort des Antigens (die Haut) gelockt werden und die als Ekzem deutlich werdende Entzündungsreaktion ausgelöst wird.

Die Hautveränderungen beim allergischen Kontaktekzem äußern sich vorwiegend durch eine Rötung, durch Knötchen und Bläschen, Schwellungen, Oberflächendefekte und Krustenbildungen. Wenn der Kontakt mit dem auslösenden Stoff nicht unterbunden wird, wird das Ekzem chronisch. Dann können starke Hornschichtverdickungen und Einrisse auftreten. Ein typisches Erkennungsmerkmal ist, dass ein allergisches Kontaktekzem im Gegensatz zu einem akut toxischen Kontaktekzem nicht scharf begrenzt ist, sondern zu Streuungen neigt.

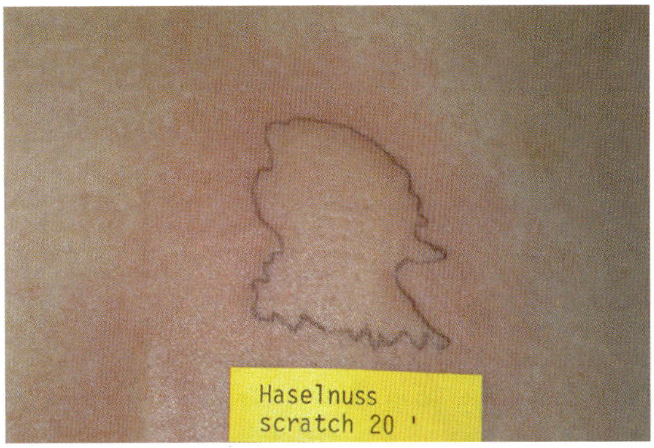

Quaddelbildung als typische Hautreaktion auf einen Kontakt mit einem Typ-I-Antigen bei vorangegangener Sensibilisierung

Eine einmal erworbene Typ IV-Kontaktallergie ist bis heute nicht heilbar. Besonders beeinträchtigend sind Allergien gegen Berufsstoffe, die sich nur schwer meiden lassen. Deshalb ist es ausgesprochen wichtig, dass man Allergien bzw. Sensibilisierungen beruflich und privat vorbeugt. Der beste Schutz ist eine gesunde Haut, deren Barrierefunktion intakt ist. Dies wird erreicht, wenn konsequent auf einen adäquaten Schutz, eine schonende Reinigung und eine sorgfältige Hautpflege geachtet wird.

Bei **Allergien gegenüber kosmetischen Präparaten** handelt es sich nicht um eine Allergie gegen ein bestimmtes Präparat, sondern gegenüber einem oder mehreren bestimmten Inhaltsstoff(en). Deshalb genügt es nicht, z. B. eine Reinigungsmilch der Firma X, gegen die eine allergische Reaktion besteht, einfach gegen eine andere der Firma Y auszutauschen. Vielmehr ist festzustellen, gegen welchen Stoff sich die Allergie richtet (Allergietest beim Hautarzt, auf keinen Fall in eigener Regie durchführen). Ist das entsprechende Allergen identifiziert, muss geprüft werden, wo es enthalten sein kann. Denn sein Einsatz muss sich nicht nur auf die Produktart (z. B. Reinigungsmilch) beschränken. Emulgatoren oder Duftstoffe werden z. B. in ganz unterschiedlichen Produkten verwendet. Außerdem kann das Allergen auch in ganz anderen Zusammenhängen als dem der Kosmetika-Anwendung in Kontakt mit der Haut kommen. Wer z. B. eine Allergie gegen bestimmte Acrylate durch den Umgang mit Klebstoffen oder Lackfarben entwickelt hat, kann unter Umständen auch auf seinen Nagellack allergisch reagieren.

Berichtet eine Kundin von allergischen Reaktionen gegen bestimmte Kosmetika, ohne dass diese allergologisch abgeklärt sind, sollte eine Kosmetikerin zu einem Besuch beim Hautarzt raten. Ist dieser erfolgt und tatsächlich eine Allergie festgestellt worden, kann die Kosmetikerin wichtige Beratungsarbeit leisten, wenn es z. B. darum geht, Produkte heraus-

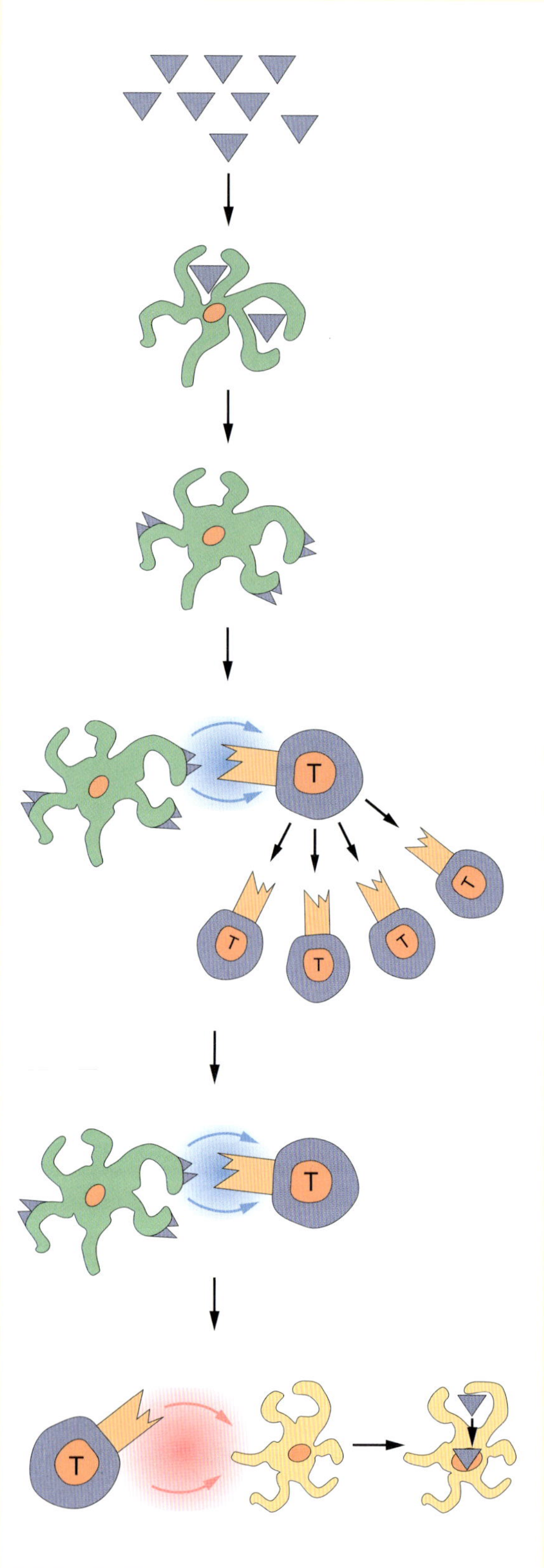

Allergie vom Spättyp (allergisches Kontaktekzem)

In lebende Epidermisschichten eingedrungenes Antigen

Antigen wird von den Langerhanszellen aufgenommen und verarbeitet.

Verarbeitetes Antigen erscheint auf der Zelloberfläche der Langerhanszellen. Diese wandern über die Lymphgefäße zum nächsten Lymphknoten.

Im Lymphknoten suchen sie die T-Zelle, die den passenden Antigenrezeptor hat (Schlüssel-Schloss-Prinzip) und binden sich an ihn. Sie schütten zusätzlich noch einen Botenstoff aus. Diese beiden Signale veranlassen die T-Zelle, sich zu teilen. Es entstehen viele gleiche Zellen, die alle den für das Antigen passenden Rezeptor haben. Die Phase der Sensibilisierung ist abgeschlossen. Die neuen T-Zellen sind Gedächtniszellen, die im Lymphknoten, im Blut und in der Lymphflüssigkeit dem Antigen auflauern.

Beim nächsten Kontakt mit dem Antigen finden die Langerhanszellen viel schneller passende T-Zellen. Diese werden wieder über den Rezeptor und Botenstoffe aktiviert und wandern zum Eindringungsort des Antigens (in die Haut). Dort schütten sie Botenstoffe aus, die Fresszellen anlocken und aktivieren. Außerdem lösen sie eine Reihe von Entzündungsreaktionen aus, die sich dann als allergisches Kontaktekzem bemerkbar machen.

Allergie vom Spättyp – allergisches Kontaktekzem: Diese Allergien werden durch spezialisierte Zellen des Immunsystems ausgelöst und treten erst viele Stunden nach dem Kontakt mit dem Antigen auf.

zufinden, die das entsprechende Allergen nicht enthalten. Hier hat sie den Vorteil, die oft verschlüsselten Deklarationen von Inhaltsstoffen übersetzen zu können. Reicht die Deklaration auf der Packung nicht aus, besteht die Möglichkeit, die Hersteller nach genaueren Angaben insbesondere über unerwünschte Wirkungen zu befragen. Diese sind dazu verpflichtet, Produktangaben bereitzuhalten.

Auch kosmetische Präparate, die als „**hypoallergen**" bezeichnet werden, sind keine Garantie dafür, dass sie keine Inhaltsstoffe enthalten, die Allergien auslösen können. Solche Hinweise deuten bestenfalls darauf hin, dass sie Stoffe, die dafür bekannt sind, besonders häufig Allergien auszulösen, nicht enthalten. Auch Hinweise wie „klinisch getestet" oder „dermatologisch getestet" sagen nichts über die besondere Verträglichkeit der Präparate aus. Solche Tests sind für alle Kosmetika gesetzlich vorgeschrieben. Außerdem besteht bei einem Test immer auch die Möglichkeit, dass er schlecht ausfällt. Die Kosmetikerin kann dazu beitragen, dass die betroffene Kundin sich Kontaktmöglichkeiten bewusst macht. So können z. B. im Gesicht und am Hals Ekzeme auftreten, wenn eine Allergie gegen Nagellackbestandteile vorliegt, weil die Kundin sich unbewusst nach dem Lackieren der Nägel mit den Fingern dorthin greift.

Ein großer Irrtum sollte von Kosmetikerinnen aufgeklärt werden: Viele Menschen mit Allergien machen pauschal „die Chemie" dafür verantwortlich und weichen dann auf vermeintlich harmlosere Naturprodukte aus. Doch diesen Produkten kommt häufig sogar eine größere Gefahr zu, Allergien auszulösen, da sie Allergene in schwankender Menge enthalten können. Bestimmte Inhaltsstoffe von Pflanzen variieren in ihrem Mengenanteil z. B. von Ernte zu Ernte. Industriell bzw. synthetisch hergestellte Präparate haben oft den Vorteil, wirklich immer die gleiche Menge und Zusammensetzung von Inhaltsstoffen zu enthalten, d. h. standardisiert zu sein. Außerdem finden sich hier weniger Verunreinigungen z. B. durch **Pestizide**. Häufig werden Produkte auch in zu hohen Konzentrationen eingesetzt, so können **ätherische Öle** z. B. sowohl toxische Reaktionen auslösen als auch zu Allergien führen. Auch die eigene Herstellung von Kosmetika kann Allergie-Risiken in sich bergen. So werden z. B. Konservierungsmittel leicht überdosiert („lieber noch ein paar Tröpfchen mehr"). Dies passiert bei industrieller Fertigung nicht. Der Körper kennt keine Unterschiede zwischen „Natur" und „Chemie", sondern nur zwischen körperfremd und körpereigen.

Allergien gegen Kosmetika-Inhaltsstoffe bei Kosmetikerinnen selbst sollten sehr ernst genommen werden. Sie gelten unter bestimmten Umständen als Berufskrankheit. Hier gilt, dass die Kosmetikerin stärker gefährdet ist als die Kundin, solche Allergien zu entwickeln. Zum einen ist ihre Haut berufsbedingt stärker vorbelastet im Sinne einer ständigen Schädigung durch Feuchtarbeit (Umgang mit Wasser, Desinfektionsmitteln, aber auch mit vermeintlich pflegenden Präparaten). So können leicht Abnutzungsekzeme entstehen, die dann das Eindringen von Allergenen in die Haut erleichtern. Durch den beruflichen Umgang mit Reinigungsmilch, Gesichtswässern, Feuchtigkeitscremes, Packungen und Masken tritt die pflegende Wirkung dieser Produkte in den Hintergrund. In den Vordergrund tritt dann der Faktor „Feuchtarbeit". Zum anderen hat die Kosmetikerin viel häufiger und viel intensiver Kontakt mit den potenziell allergieauslösenden Stoffen als die normale Anwenderin. Deshalb sollte die **Prävention** von Abnutzungsekzemen und Allergien in Form von **Hautschutzmaßnahmen** besonders ernst genommen werden. So gilt es, beim Umgang mit Reinigungs- und Desinfektionsmitteln (auch privat) Handschuhe zu tragen. Auch die Pflege der eigenen Haut sollte auf keinen Fall vernachlässigt werden, denn der beste Schutz vor Allergien ist eine intakte Barrierefunktion.

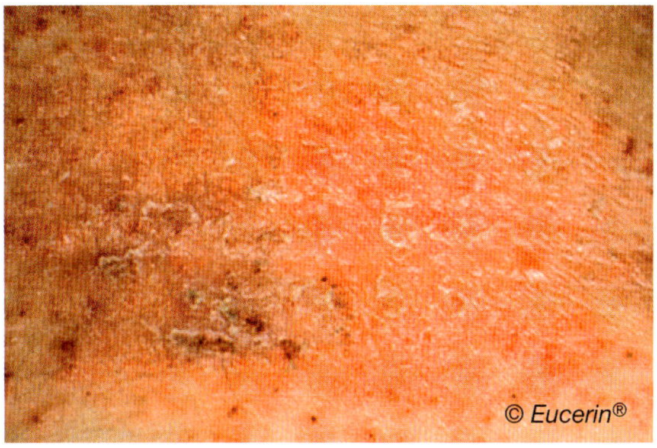

Allergisches Kontaktekzem: Die Hautveränderungen beim allergischen Kontaktekzem variieren je nach Stadium und können sich in Rötung, Bläschen, Knötchen, Schwellungen und Krustenbildungen äußern. Allergische Reaktionen sind oft nicht scharf auf den Einwirkungsort begrenzt, sondern streuen.

Das **atopische** (**endogene**) **Ekzem**, häufig auch **Neurodermitis** genannt, gehört zu den Erkrankungen des sog. atopischen Formenkreises. Der Begriff „**Atopie**" bezeichnet eine anlagebedingte Überempfindlichkeit von Haut- und Schleimhäuten gegenüber Umweltstoffen. Es findet sich eine erhöhte Bereitschaft, gegen bestimmte Allergene sensibilisiert zu werden. In der Folge können Bronchialasthma, Fließschnupfen, Quaddeln und Ekzeme auftreten. Atopiker neigen vor allem dazu, Allergien vom Soforttyp zu entwickeln, z. B. gegen Pollen (Heuschnupfen).

Entstehung eines 2-Phasen-Ekzems

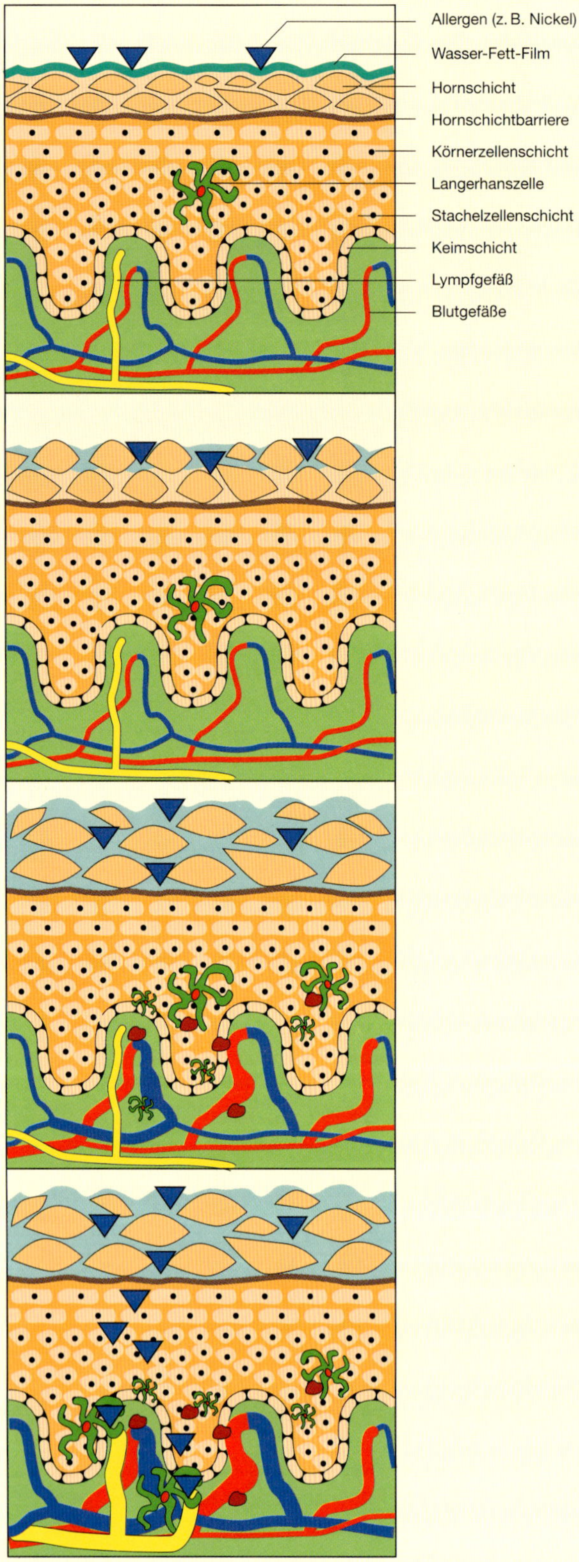

1 Intakte Barrierefunktion: Allergene und andere Schadstoffe haben keine Chance, in die Haut einzudringen.

2 Gestörte Barrierefunktion: Durch Feuchtarbeit angegriffener Wasser-Fett-Film. Wasser quillt die Hornschicht auf, der Zellverband wird gelockert. Die Hornschichtbarriere weist Lücken auf. Allergene können leichter in die Haut eindringen. Wird die Haut gut gepflegt und nicht weiter durch Feuchtarbeit belastet, erholt sie sich schnell.

3 Abnutzungsekzem (Phase 1): Die Hornschicht wurde durch Feuchtarbeit weiter geschädigt. Die Barrierefunktion kann nun den Belastungen nicht mehr standhalten. Aus den Gefäßen treten Entzündungszellen aus. Die Haut juckt, ist gerötet, geschwollen und schuppt. Allergene haben freien Eintritt.

4 Entstehung eines allergischen Kontaktekzems (Phase 2): Allergene (z. B. Nickel) sind bis in lebende Hautschichten vorgedrungen. Sie treffen dort auf Langerhanszellen, die sie aufnehmen und über die Lymphgefäße in die Lymphknoten transportieren. Dort lernen die T-Zellen, die Einsatzleiter des Immunsystems sind, die Allergene kennen. Beim nächsten Kontakt mit dem Allergen erkennen sie es wieder und lösen eine Entzündungsreaktion aus. Nun handelt es sich um eine Allergie, die nicht heilbar ist.

Entstehung eines 2-Phasen-Ekzems: Aus einer zunächst harmlosen Vorschädigung der Haut kann ein Abnutzungsekzem entstehen. Da die Barrierefunktion dann nicht mehr intakt ist, ist auch Allergenen ein Eindringen in lebende Hautschichten erleichtert, in einer zweiten Phase entsteht dann häufig ein allergisches Kontaktekzem.

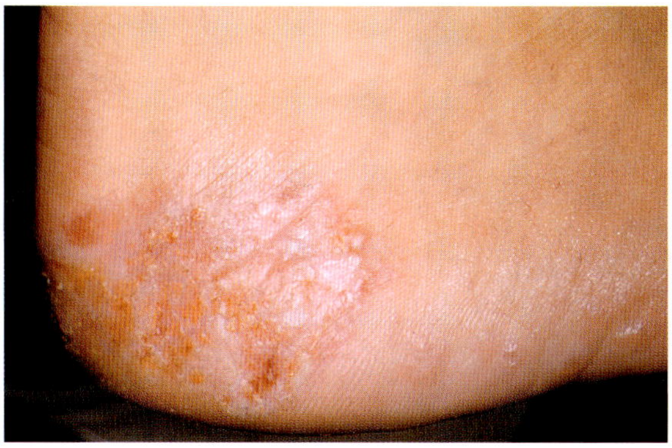

Atopisches Ekzem am Fuß: Typisch sind die kleinen Bläschen, die nach einer Weile platzen und mit starkem Juckreiz verbunden sind.

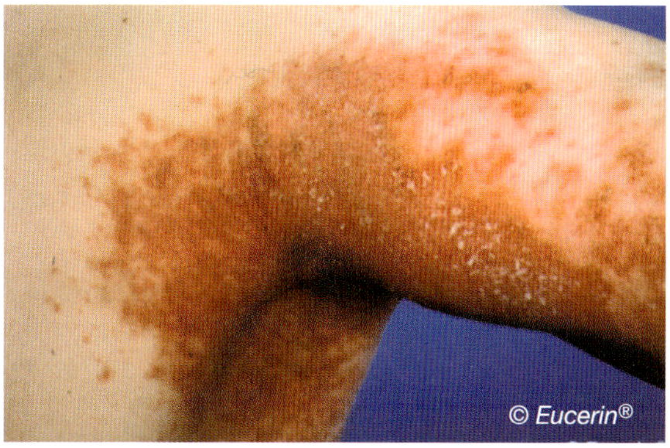

Atopisches Beugenekzem: Von der Neurodermitis werden sehr häufig die großen Gelenkbeugen betroffen.

Von dieser atopischen Anlage sind etwa 10–20 % der Bevölkerung betroffen. Das bedeutet aber nicht, dass alle unter Neurodermitis oder atopischen Ekzemen leiden. Zunächst einmal besteht nur die genetische Anlage, d. h., manchmal tritt die Erkrankung erst sehr spät oder gar nicht auf.

Bezogen auf eine atopische Hautanlage bestehen Schwächen einzelner Hautfunktionen. Eine ungünstigere Zusammensetzung der Hornschichtfette führt dazu, dass zum einen Wasser nicht so gut in tieferen Hautschichten gebunden wird und somit verloren geht, was zu einer trockenen Haut führt (**Xerosis**). Umgekehrt ist dadurch die Hornschicht auch leichter für Stoffe von außen zu durchdringen. Insbesondere liegt eine Störung des Lipidstoffwechsels vor. Weiterhin führt eine verminderte Zellteilungsrate in der Keimschicht der Epidermis zu einer etwas verdünnten Haut. Aus diesen Defekten resultiert eine verminderte Barrierefunktion.

Die Symptome der **Neurodermitis** reichen von sehr trockener Haut, über Rötungen und stark juckende Ekzeme bis hin zu tiefen Einrissen. Durch unwillkürliches Kratzen wird das Entzündungsgeschehen verschlimmert.

Die Ekzeme können an ganz unterschiedlichen Körperregionen auftreten. Oft sind zunächst die Gelenkbeugen (Ellenbeugen, Kniekehlen, Handgelenkbeugen) betroffen. Häufig sind auch atopische Handekzeme. Diese können am Handrücken, in den Handinnenflächen oder an den Fingerseitenkanten auftreten. In den Handinnenflächen und an den Fingerseitenkanten findet sich dann oft eine Bläschenbildung. Bei minimaler Ausprägung bemerken die Betroffenen häufig nur eine trockene Schuppung, nachdem die Bläschen aufgeplatzt und eingetrocknet sind. An den Füßen haben atopische Ekzeme meist einen eher nässenden Charakter. Hier kommt oft auch eine sehr trockene, schuppende und mit Einrissen verbundene Variante zum Tragen, diese Erscheinungen werden auch als atopischer „Winterfuß“ bezeichnet.

Das atopische Ekzem ist eine chronische Erkrankung, d. h., es kann in Schüben immer wieder auftreten. Hierbei ist nicht immer ein direkter Auslösefaktor zu identifizieren, es besteht also eine gewisse „Eigendynamik“. Dennoch spielen äußere Faktoren wie eine Überlastung der Haut durch häufige Feuchtarbeit oder viele weitere Faktoren, wie Stress, Infekte, Ernährung und emotionale Belastungen eine Rolle. Welchen Anteil welcher Faktor für die Entwicklung neuer Schübe hat, ist bis heute nicht zu sagen. Auf diesem Gebiet bestehen viele Angebote außerhalb der medizinischen Versorgung, einzelne oder alle Einflussgrößen zu beeinflussen. Weil es sich um eine chronische Erkrankung handelt, die letzlich nicht kausal zu heilen ist, versuchen gerade hiervon auch „Scharlatane“ zu profitieren. Deshalb sollten bestehende Angebote genau geprüft werden. So kann es u. U. sinnvoll sein, eine Diät einzuhalten, wenn gesichert ist, dass bestimmte Nahrungsbestandteile nicht vertragen werden. Häufig wird Patienten aber auch ohne eine solche Absicherung ein strenger Verzicht auf zahlreiche Nahrungs- und Genussmittel auferlegt, der dann so schwer durchzuhalten ist, dass er wiederum für sich zum Stressfaktor werden kann.

Bei den Ekzemen gibt es Mischformen und/oder mikrobiell verursachte Ekzeme. Oft ist eine direkte Zuteilung in der Praxis auftretender Ekzeme zu einer der oben genannten Gruppen nicht möglich. Es gibt Überschneidungen, wo z. B. endogene (innere) Faktoren mit exogenen (äußeren) Faktoren ineinandergreifen (z. B. das durch Feuchtarbeit provozierte atopische Handekzem). Bestehende Abnutzungsekzeme, allergische Kontaktekzeme und atopische Handekzeme ziehen häufig eine mikrobielle Besiedlung des Ekzemherdes nach sich. Hierzu zählen mikrobielle Ekzeme und das seborrhöische Ekzem.

Rein **mikrobielle Ekzeme** durch Besiedlung der Haut mit Keimen sind typischerweise münzförmig. Sie können endogen beeinflusst sein; so kann eine besondere Bereitschaft für diese mikrobiellen Ekzeme in einer trockenen Haut, wie sie z. B. bei Atopikern besteht, gesehen werden.

2

Das **Seborrhöische Ekzem** tritt im Bereich talgdrüsenreicher Hautbezirke auf, häufig zusätzlich an Hautbereichen, in denen Feuchtigkeit nicht gut abdampfen kann, z. B. unter dem Busen, zwischen den Zehen, in großen Hautfalten. Als Auslöser wird in erster Linie eine endogen bedingte, vermehrte Talgproduktion angenommen. Außerdem finden sich in den Ekzemherden oft Mikroorganismen (z. B. Hefepilz). Entscheidend ist ein für Mikroorganismen günstiges Wachstumsklima, das z. B. durch besonders viele/wenig oder veränderte Hautfette beeinflusst werden kann.

4.15 Schuppenflechte (Psoriasis)

Bis zu 3 % der Bevölkerung leiden unter **Schuppenflechte** (**Psoriasis**). Eine Kosmetikerin wird also mit Kunden, die diese Krankeit haben, zu tun haben. Hierbei kommt es neben einer korrekten Behandlung vor allem darauf an, die Kunden richtig zu beraten. Denn die Psoriasis ist wie die Neurodermitis eine chronische Erkrankung, die letztlich nicht heilbar ist. Die Kosmetikerin kann sich durch die Behandlung von Kunden, die an Psoriasis erkrankt sind, einen Namen machen und somit eine Marktlücke besetzen. Dazu müssen die Hintergründe dieser Krankheit bekannt sein.

Eine akute Psoriasis wirkt zunächst häufig abstoßend. Spürt eine Kundin diese Abneigung, ist der Behandlungserfolg, der nicht zuletzt durch entspannende Effekte erzielt wird, gefährdet. Denn Abneigung und Ablehnung erfahren Psoriatiker in ihrem Alltag häufig genug. Dabei können unbewusste Ängste vor Ansteckung eine Rolle spielen. Die Psoriasis ist jedoch nicht ansteckend. Es handelt sich um eine erbliche Anlage.

Die Veränderungen bei der Psoriasis beruhen auf Verhornungsstörungen der Epidermis. Die Zellteilungsrate der Basalzellen ist auf das Achtfache erhöht. Der Zellzyklus von einer Teilung zur nächsten ist von 20 Tagen auf 1,5 Tage verkürzt. Die gesteigerte Zellteilungsrate in der Basalzellschicht beruht auf einem Ausfall der normalen Kontrollmechanismen. Die Zeit, die eine Zelle braucht, um von der Basalzellenschicht bis in die Hornschicht zu wandern und dort abgeschilfert zu werden, ist von 28 Tagen auf 3 bis 4 Tage verkürzt. Man kann die Psoriasis vulgaris und verschiedene Sonderformen der Psoriasis unterscheiden.

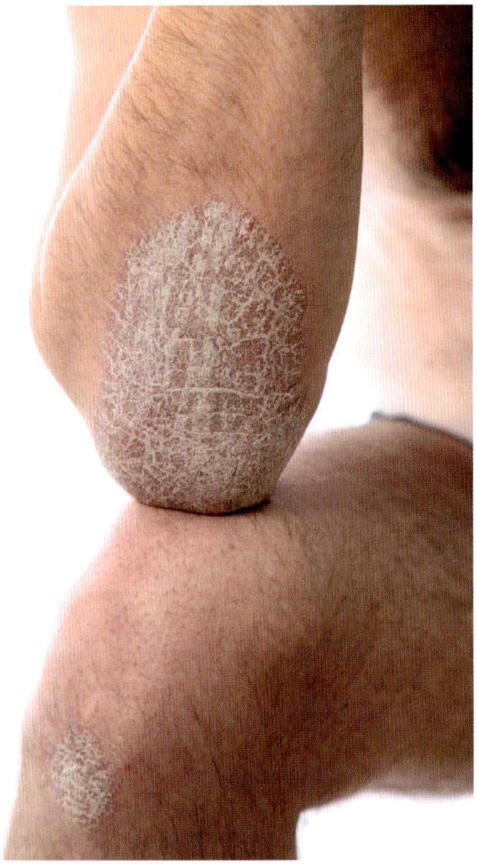

Durch die gesteigerte Zellteilungsrate und die überstürzte Wanderung der Tochterzellen durch die Epidermis entsteht der Psoriasis-Herd. Er ist entzündlich gerötet, scharf begrenzt und trägt eine silbrig-glänzende, trockene, feine Schuppung.

Eine „normale" **Psoriasis** (**Psoriasis vulgaris**) ist an charakteristischen Merkmalen zu erkennen. Die Grunderscheinung bei der Psoriasis ist die **Psoriasispapel**. Es handelt sich dabei um eine kleine, intensiv gerötete Papel mit silberweißer Schuppung, die oft von einem wenig durchbluteten weißlichen Hof umgeben ist. Die Größe der einzelnen Herde kann von weniger als einen Millimeter bis zur Ausbreitung auf der gesamten Haut reichen. Auch können mehrere kleine Einzelherde zusammenfließen.

Die Psoriasis kann an vielen Körperstellen auftreten und verschiedene Verlaufsformen annehmen. Sie tritt aber bevorzugt an den Knien und an den Ellenbogen sowie insgesamt an den Streckseiten von Armen und Beinen sowie am behaarten Kopf auf. Auch die Steißbeinregion ist relativ häufig betroffen. Der Verlauf kann zum einen exanthematisch sein, d. h., an den gesamten Extremitäten und am Rumpf befinden sich kleine Psoriasis-Herde, die jedoch relativ rasch wieder abheilen. Zum anderen gibt es die chronisch-stabile Form, hier finden sich wenige größere Herde. Die Psoriasis kann in jedem Alter beginnen, häufig tritt der erste Schub zwischen dem 15. und dem 30. Lebensjahr auf. Der Verlauf ist individuell sehr verschieden: Es kann zu erscheinungsfreien Wochen bis Jahren kommen, es kann eine nur unvollständige Abheilung erfolgen oder einzelne Psoriasisherde können über Jahre bestehen bleiben.

Damit ein Psoriasisschub auftritt, sind in der Regel äußere oder innere Reize nötig. Zu den äußeren Reizen zählen z. B. physikalische oder chemische Reize wie Kratzen, Reiben, Druck, Verletzungen, Verätzungen oder Irritationen. Man hat diese typische Reaktion auf äußere Reize nach dem Mann benannt, der sie zuerst beschrieben hat und sie „**Köbner-Phänomen**“ genannt. Gerade das Köbner-Phänomen ist für die Kosmetikerin von Bedeutung, da sie unter Umständen einen neuen Psoriasis-Schub auslösen kann, wenn sie die Haut der Kunden mechanisch reizt. Zu den inneren Reizen gehören Infektionen der oberen Luftwege, z. B. grippale Infekte, Schutzimpfungen oder auch die Einnahme bestimmter Arzneimittel. Nicht zuletzt berichten viele Psoriasis-Erkrankte, dass Stress zur Auslösung neuer oder der Verschlimmerung bereits bestehender Psoriasis-Schübe führt.

Wenn die Psoriasis am behaarten Kopf auftritt, finden sich zwischen den Haaren linsen- bis münzengroße gerötete schuppige Herde. Die befallenen Hautstellen auf der Kopfhaut jucken häufig, sodass durch das Kratzen der auslösende Reiz weiter aufrechterhalten wird. Ein Haarausfall kommt nur vor, wenn die Kopfhaut so tief entzündet ist, dass die Haarpapillen geschädigt werden.

Ein Nagelbefall ist bei der Psoriasis häufig. Dabei finden sich oft **Tüpfelnägel**. Das sind bis stecknadelkopfgroße, grübchenförmige Einsenkungen der Nagelplatte. Bei einem unter dem Nagel gelegenen Psoriasisherd schimmert dieser durch die Nagelplatte und erscheint dabei wie ein Ölfleck. Er kann die Nagelplatte auch vom Nagelbett abheben. Wenn die Nagelmatrix und das Nagelbett gleichzeitig befallen sind, geht der Nagel zugrunde, es wird dann nur noch lockeres, unvollständiges Nagelmaterial gebildet, das Ergebnis sind sogenannte **Krümelnägel**.

Die Psoriasis vulgaris tritt an den Streckseiten der Extremitäten und am behaarten Kopf am häufigsten auf. Es gibt jedoch auch einige weniger häufige Sonderformen der Psoriasis. Diese sind die Psoriasis inversa, die Psoriasis pustulosa und die Psoriasis arthrophica. Bei der **Psoriasis inversa** sind genau die entgegengesetzten Hautbezirke wie bei der Psoriasis vulgaris betroffen: d. h. die Beugeseiten der Extremitäten, und hier besonders die Kniekehlen und die Ellenbeugen, sowie auch die Handteller und die Fußsohlen. Bei der **Psoriasis pustulosa** finden sich im Bereich der Psoriasisherde Pusteln mit einem entzündlichen Randsaum. Diese Psoriasiserkrankung ist mit schweren Allgemeinsymptomen verbunden und kann lebensbedrohlich verlaufen. Bei der **Psoriasis arthrophica** finden sich sowohl normale Psoriasis-Herde auf der Haut als auch Gelenkveränderungen.

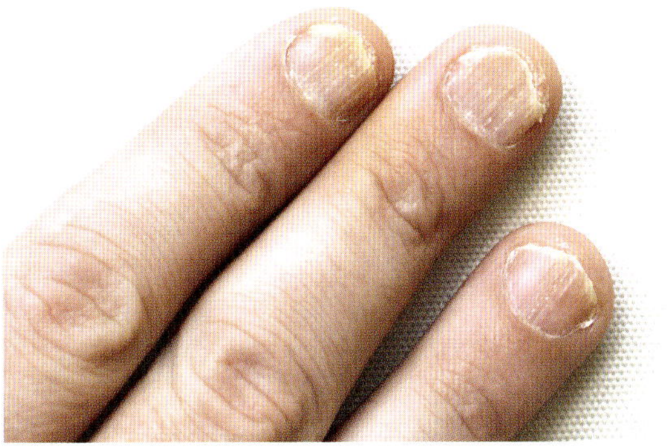

Nagelveränderungen sind für die Psoriasis typisch und werden Tüpfelnägel genannt.

Von ärztlicher Seite wird therapeutisch vor allem mit keratolytischen Präparaten und auch mit UV-Bestrahlung gearbeitet, wobei bei letzterer die Zellteilung in der Epidermis gehemmt wird. Eine **Photochemotherapie**, die aus einer Kombination von UV-Licht und Medikamenten besteht, soll ebenfalls die gesteigerte Zellteilungsrate in der Epidermis hemmen. Beliebt ist auch eine Klimatherapie mit einer Kombination aus salzhaltigem Wasser und Sonne.

Die Kosmetikerin kann auf verschiedene Weise zu einer Linderung bei bestehenden Schüben und zu einer Vorbeugung neuer Schübe beitragen. Zunächst einmal kann sie die Faktoren Stress, Selbstwertgefühl und Lebensqualität postitiv beeinflussen. Indem sie sich den Erkrankten ohne Scheu nähert und sie eine beruhigende Behandlung erfahren, kann schon viel für die oft angeschlagene Psyche getan werden. Übermäßige Reizungen der Haut sollten vermieden werden. Eine **Camouflage** ist sinnvoll, wenn große Körperpartien betroffen sind.

Eine **Maniküre** und **Pediküre**, evtl. mit dem Aufsetzen von Kunstnägeln, die die Nagelveränderungen kaschieren, kann einen entspannteren Umgang mit Mitmenschen ermöglichen. Um die Erfolge in der Behandlung von Psoriasis-Kunden zu optimieren, bietet sich die Zusammenarbeit mit Dermatologen und mit Selbsthilfegruppen an.

4.16 Weißfleckenkrankheit (Vitiligo)

Die **Vitiligo** ist eine relativ häufige und harmlose Hauterkrankung. Diese Erkrankung wird auch **Weißfleckenkrankheit** genannt. Oft stellt sie eine große psychische Belastung für die Betroffenen dar.

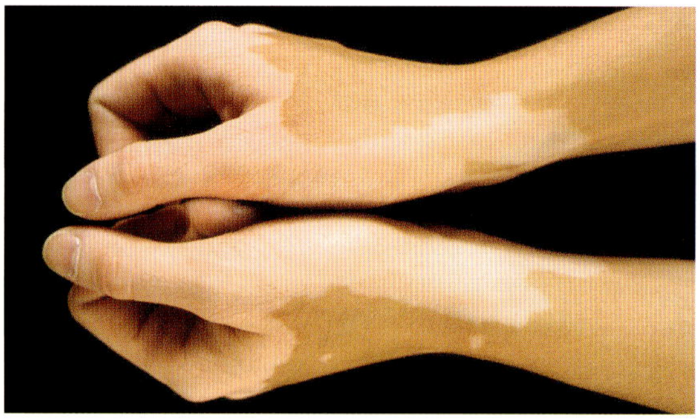

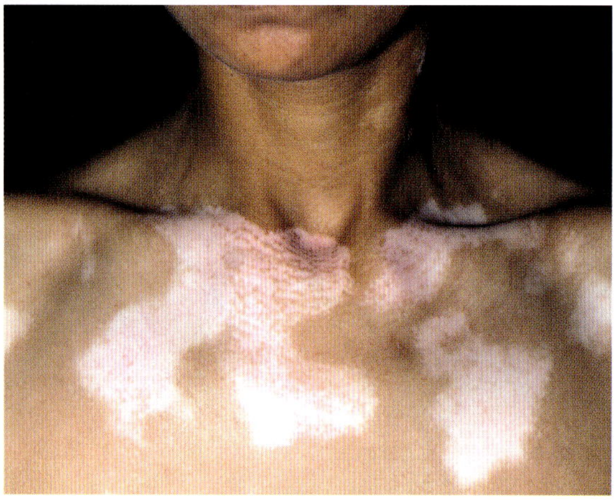

Vitiligo wird auch Weißfleckenkrankheit genannt.

Bei der Vitiligo handelt es sich um einen fleckartigen Pigmentverlust durch das Zugrundegehen von Melanozyten. Je dunkler die Grundpigmentierung der Haut ursprünglich ist, desto auffälliger ist die Vitiligo. Da die therapeutischen Möglichkeiten sehr begrenzt sind, ist gerade die Kosmetikerin gefragt, den Erkrankten durch Camouflage zu mehr Lebensqualität zu verhelfen.

Die genauen Entstehungsmechanismen dieser Erkrankungen sind nicht geklärt. Es handelt sich jedoch um eine **Autoaggressionskrankheit**, d. h., bestimmte Abwehrmechanismen des Immunsystems werden gegen körpereigene Strukturen eingesetzt. In diesem Fall werden die Melanozyten bekämpft.

Die Vitiligo kann sehr unterschiedlich verlaufen. Typisch sind scharf begrenzte, bizarr geformte weiße Flecke. Auch die Haare können betroffen sein, es finden sich dann weiße Strähnen (Poliosis). Die Erkrankung kann sich auf einzelne Flecken beschränken und in diesem Stadium stehen bleiben, sie kann sich aber auch auf ausgedehnte Gebiete beziehen oder sogar die gesamte Haut befallen.

Weil in den betroffenen Hautbereichen keine Melanozyten mehr vorhanden sind, ist die Haut hier sehr lichtempfindlich und bekommt leicht einen Sonnenbrand. Die Spätfolge häufiger Sonnenbrände kann die Entwicklung von Hautkrebs sein.

Zum Teil kann durch die Anwendung von Selbstbräunern eine Abmilderung der krassen Farbunterschiede erreicht werden. Oft bleibt aber ein scheckiger Eindruck bestehen. Bei großflächigen Arealen ist die Anwendung von Camouflage sinnvoll.

4.17 Sklerodermie

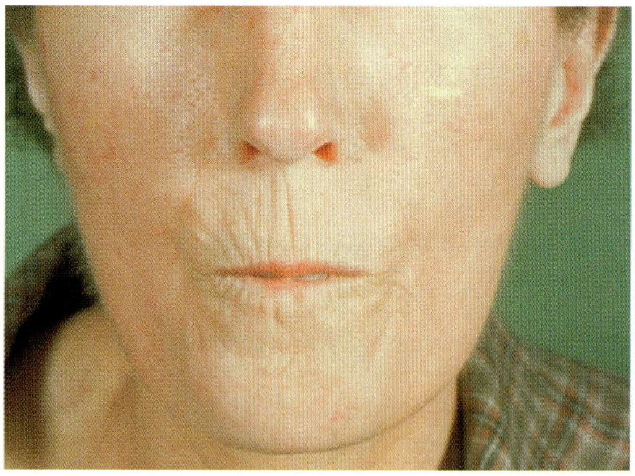

Sklerodermie: Die Kundin ist 50 Jahre alt, wirkt aber jünger. Die Haut ist sehr straff gespannt, mimische und Altersfalten werden daher glatt gezogen. Häufig tritt eine Kräuselung um den Mund herum auf.

Die **Sklerodermie** gehört zu den **Autoimmunkrankheiten**. In diesem Fall wird die Autoimmunreaktion gegen das Bindegewebe und hier speziell gegen die kollagenen Fasern gerichtet. Es kommt über eine Kollagenvermehrung, ein Ödem und eine Verhärtung des Gewebes zu einer Atrophie des Bindegewebes.

Sklerose bedeutet eine krankhafte Verhärtung eines Organs, hier der Haut und noch genauer des Bindegewebes. Sie ist bedingt durch die Zunahme von Kollagen, das verhärtet. Gleichzeitig nimmt die Wasserbindungsfähigkeit ab.

Die Therapie besteht in entzündungshemmenden und durchblutungsfördernden Maßnahmen. Außerdem wird versucht, die gesteigerte Kollagensynthese zu reduzieren. Wichtig sind Wärmeanwendungen, Massagen und Bäder.

4.18 Gutartige und bösartige Neubildungen der Haut

Die **gutartigen Neubildungen** der Haut von **bösartigen Neubildungen** zu unterscheiden, ist schwerer, als das ABC zu lernen. Doch gerade in diesem Punkt kommt der Kosmetikerin eine sehr verantwortungsvolle Aufgabe zu. Sie sieht die Haut vieler Kunden und kann mit einem geschulten Auge vielleicht dazu beitragen, Leben zu retten, indem sie bei auffälligen Hautveränderungen den Kunden empfiehlt, einen Hautarzt aufzusuchen. Aus diesem Grunde werden einige wichtige Regeln zur Beurteilung gut- und bösartiger Neubildungen der Haut vorangestellt. Diese Regeln nennt man auch **ABCD-Regeln**, wobei die Buchstaben für die englischen Wörter Asymmetry (Asymmetrie), Border (Begrenzung), Color (Farbe) und Diameter (Durchmesser) stehen.

Harmlose Pigmentmale haben folgende Eigenschaften: Sie sind in der Regel symmetrisch aufgebaut, sie grenzen sich gegen die umgebende Haut mit einem scharfen Rand ab, sie haben einen einheitlichen Farbton und sie sind klein, d. h., ihre Größe beträgt ca. 5 bis 10 mm im Durchmesser. Bei einer Abweichung besteht die Möglichkeit, dass es sich um bösartige bzw. Vorstufen von bösartigen Hautveränderungen handelt, die dann nach der ABCD-Regel die folgenden Eigenschaften haben können: A: Asymmetrischer Aufbau, B: Unscharfe Begrenzung zur umgebenden Haut, C: Uneinheitliche Farbe und D: Ungewöhnliche Größe.

4.18.1 Pigmentierte Hautveränderungen

> Der eine liebt sie, der andere hasst sie: Sommersprossen! Sie werden in Schlagern besungen („Ich bin ja so verschossen, in deine Sommersprossen") oder heftig bekämpft.

Sommersprossen (**Epheliden**) werden zu den „epidermalen pigmentierten Hautveränderungen" gerechnet. Die Bezeichnung weist darauf hin, dass sich die Veränderungen fast ausschließlich in der Epidermis befinden und durch Pigmente (Melanin) bzw. die pigmentbildenden Zellen (Melanozyten) entstehen. Unter diesem Oberbegriff werden eine ganze Reihe verschiedener Hautveränderungen zusammengefasst: Sommersprossen (Epheliden), **Café-au-lait-Flecken**, **Linsenflecken** (**Lentigo simplex**), **Altersflecken** (**Lentigo senilis**) und **Alterswarzen** (**Seborrhöische Warzen**). Diese Hautveränderungen haben alle gemeinsam, dass sie durch Melanozyten in veränderter Anzahl und/oder veränderter Melaninproduktion verursacht werden. Bis auf die Alterswarzen sind sie außerdem nicht tastbar.

Sommersprossen werden besonders durch Licht (Sonne) hervorgerufen bzw. in ihrer Farbintensität verstärkt. Sie sind kleinfleckige, scharf begrenzte **Hyperpigmentierungen** an den dem Sonnenlicht ausgesetzten Körperregionen. Besonders zahlreich sind sie bei Personen mit dem sogenannten **keltischen Hauttyp** mit roten Haaren, heller Haut und meist blauen Augen. Sommersprossen beruhen nicht auf einer Vermehrung der Melanozyten, sondern auf einer Funktionsänderung. Das heißt, von den Melanozyten wird mehr Melanin produziert als üblich. Dieses Melanin lagert sich in der Basalzellenschicht ab.

2

Aus dermatologischer Sicht sollte man die Sommersprossen in keiner Weise manipulieren, sondern sie am besten so belassen, wie sie sind. Subjektiv können sie ihren Träger jedoch zum Teil stark belasten, sodass teilweise zu **Bleichmitteln** gegriffen wird. Die Kosmetikerin sollte bei solchen Kundenwünschen zunächst versuchen, die Kundin in ihrer natürlichen Schönheit zu bestärken. Nur nach eingehender Beratung sollte eine Bleichung vorgenommen werden. Besser sind abdeckende Schminktechniken.

Linsenflecken (**Lentigo simplex**) sind stark pigmentierte, scharf begrenzte, rundliche oder ovale, maximal linsengroße Flecken. Die Melanozyten sind in der Basalzellenschicht in ihrer Anzahl etwas vermehrt, das von ihnen produzierte Melanin wird hier eingelagert. Die Reteleisten der Haut sind geringfügig verlängert. Bevorzugt treten sie in geringer Zahl in der Kindheit an Licht ausgesetzten Körperregionen auf. Ihre Farbintensität wird durch Licht jedoch nicht beeinflusst. Linsenflecken sind völlig harmlos.

Die **Altersflecken** (**Lentigo senilis**) werden durch Licht ausgelöst. Sie sind ein Teilsymptom der **Altershaut**. Sie treten gehäuft an Licht ausgesetzten Stellen auf und sind mit den Alterswarzen eng verwandt. Die Altersflecken sind scharf begrenzt und geringfügig unterschiedlich pigmentiert. Die Melanozyten in der Basalzellenschicht sind in normaler Anzahl vorhanden oder gering vermehrt. Das von ihnen produzierte Melanin wird vermehrt in der Basalzellenschicht eingelagert, die Reteleisten sind unregelmäßig verlängert. Im **Stratum papillare** finden sich einige Makrophagen. Auch hier gilt, dass Altersflecken kosmetisch verdeckt werden können, ansonsten aber keiner Behandlung bedürfen.

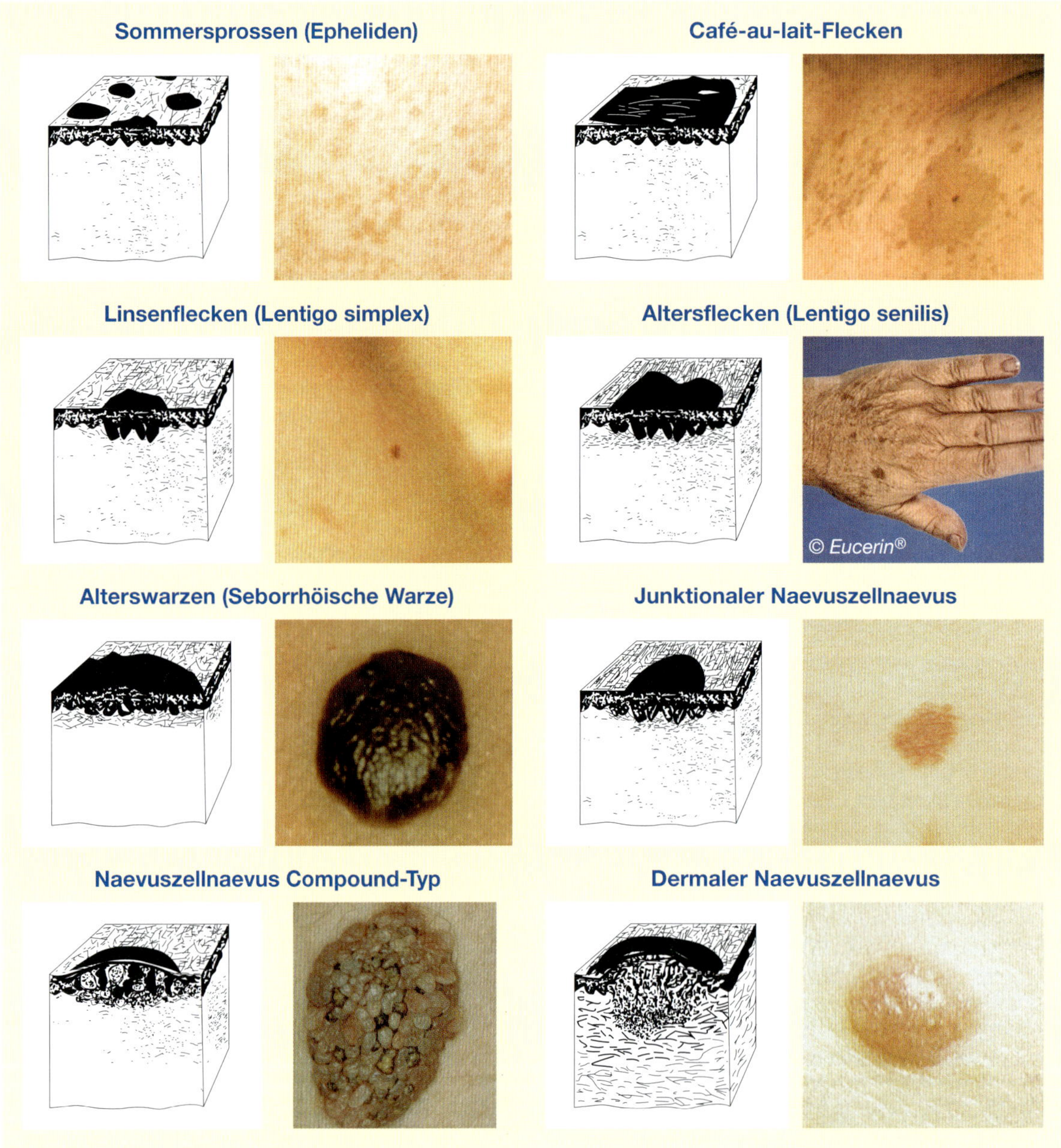

Bei den pigmentierten Hautveränderungen handelt es sich um Pigmenteinlagerungen in der Epidermis. Die Naevi haben gemeinsam, dass es sich um eine umschriebene Vermehrung von Melanozyten in der Epidermis oder der Dermis handelt.

Alterswarzen (**seborrhöische Warzen**) sind außerordentlich häufig, fast jeder Mensch entwickelt sie in der zweiten Lebenshälfte. Ihre Zahl kann von einigen wenigen bis zu mehreren hundert reichen. Zu Beginn entwickeln sich zart-bräunliche, matte, scharf begrenzte Flecken, die langsam anwachsen und dann tastbar werden. Alterswarzen können mehrere Zentimeter groß und mehrere Milimeter hoch werden und bis zu dunkelbraun-schwarz gefärbt sein. Es handelt sich um eine Pigmentvermehrung in der Basalzellenschicht. Häufig findet sich gleichzeitig eine aktinische Elastose. Sie haben eine regelmäßige Oberfläche, erweiterte Haarfollikel und zum Teil Hornpfröpfe. Sie sehen wie „aufgeklebt" aus und greifen sich glatt (fettig) an. Eine bösartige Entartung von Alterswarzen kommt nicht vor, aus diesem Grund ist eine Entfernung aus medizinischem Grund nicht nötig.

4.18.2 Muttermale (Naevi)

Unter dem Begriff **Pigmentnaevi** wird eine Gruppe gutartiger, durch Melanozyten entstandener Tumoren zusammengefasst, die zu den häufigsten Veränderungen der Haut gehören. Sie sind deshalb von

	Ort der Naevuszellen	Name	Aussehen
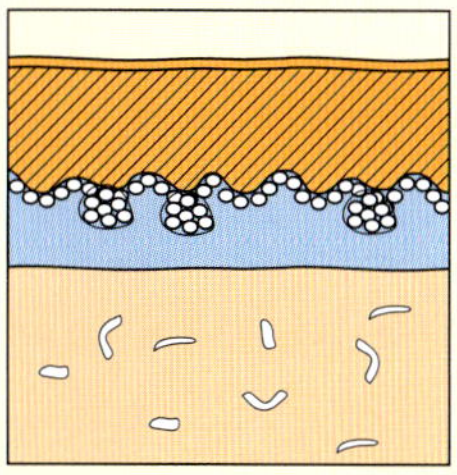	Junktionszone (Grenze zwischen Dermis und Epidermis) in Nestern	Junktionaler Naevuszellnaevus	klein, rund, leicht erhaben (tastbar), einheitliche Färbung und Oberfläche, helldunkelbraun
	Abtropfen in die Dermis, Zwischenstation ↓		
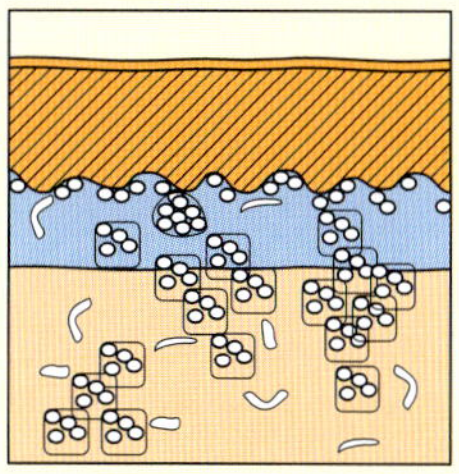	Junktionszone und obere Dermis in Nestern	Naevuszellnaevus vom Compound-Typ	komplexer Aufbau, knotig erhaben, tastbar, Oberfläche vergröbert, einheitliche Färbung (hell- bis schwarzbraun), evtl. behaart
	Weiteres Abtropfen, Verlust der Fähigkeit der Naevuszellen, Melanin zu produzieren ↓		
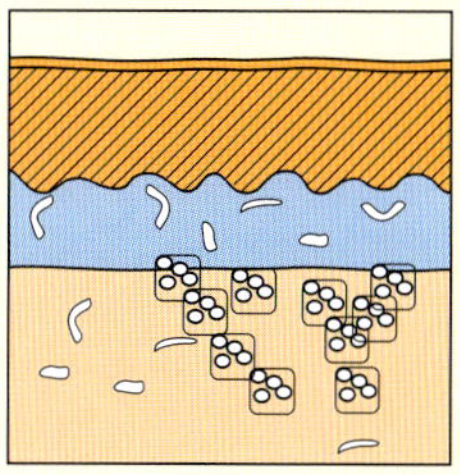	Naevuszellen in der Dermis	Dermaler Naevuszellnaevus	halbkugelig, evtl. vereinzelt behaart, derbe hautfarbene Papel

Lebensweg eines Naevuszellnaevus. Ein Naevuszellnaevus durchläuft typischerweise drei Stadien.

großer Bedeutung, weil ihre Unterscheidung vom **Melanom** (bösartigster Tumor der Haut) schwierig sein kann.

Allen Pigmentnaevi ist gemeinsam, dass sie umschriebenen Vermehrungen von Melanozyten entsprechen. Im Durchschnitt finden sich bei einem Menschen etwa dreißig bis fünfzig **Muttermale** (**Naevi**). Bei der Geburt sind zunächst meist nur sehr wenige Naevi ausgebildet, die oberflächlich und sehr hell sind. Diese wachsen in Proportion zum Körperwachstum mit. Weitere Naevi entwickeln sich erst im Laufe der Kindheit und erreichen etwa mit der Pubertät ihre endgültige Zahl und Größe. Auch im Erwachsenenalter können noch neue Naevi hinzukommen. Solche Naevi haben eine höhere Wahrscheinlichkeit, sich in Melanome umzuwandeln. Alle Naevi wirken sowohl im Aufbau als auch in der Farbe einheitlich.

Ein **Naevus** entsteht durch die Bildung von Naevuszellnestern. An der Grenze zwischen Dermis und Epidermis (Junktionszone) bilden sich kugelige Zellnester, die von einer Vermehrung von Melanozyten ausgehen. Diese Zellhaufen können stark anwachsen und tropfen im Laufe der Jahre nach unten in die Dermis ab. Den Naevuszellen (veränderte Melanozyten) geht mit dem Abtropfungsvorgang die Fähigkeit verloren, Melanin zu produzieren. Dermale Naevuszellnester sind deswegen häufig unpigmentiert.

Bei einem **junktionalen Naevuszellnaevus** handelt es sich um kleine (Durchmesser einige Millimeter), flache und gerade noch tastbare Veränderungen, die rund oder oval sind. In ihrem Aufbau und ihrer Farbe sind sie einheitlich. Sie kommen am ganzen Körper vor. Auch die Schleimhäute, die Nagelmatrix und das Nagelbett können betroffen sein. An den Hand- und

Fußinnenflächen bleiben die Naevi meist in diesem Stadium bestehen, an den anderen Körperstellen wandeln sie sich häufig in Compoundnaevi und später auch in dermale Naevi um. Aus Junktionsnaevi entstehen nur selten maligne Melanome.

Compoundnaevi entstehen bevorzugt bei älteren Kindern und Erwachsenen. Sie kommen am gesamten Körper vor, bevorzugt ist jedoch der Rumpf. Auch Schleimhäute können betroffen sein. Sie entstehen aus Junktionsnaevi und können sich zu dermalen Naevi weiterentwickeln. Durch die Volumenvermehrung (Abtropfung) sind sie knotiger und haben eine gröbere Oberfläche. Ihre Farbe reicht von hell- bis schwarzbraun und ist ebenfalls homogen. In älteren Compoundnaevi finden sich gelegentlich hautfarbene Knötchen, die dermalen Naevi entsprechen. In den Compoundnaevi wachsen oft dunkel pigmentierte, borstenartige Haare.

Dermale Naevi kommen meist erst in der zweiten Lebenshälfte vor und werden häufig als Warzen gedeutet. Sie kommen am gesamten Körper, bevorzugt am Rumpf und im Gesicht vor. An den Schleimhäuten, den Hand- und Fußinnenflächen sind sie außerordentlich selten. Sie entwickeln sich aus Compoundnaevi und können sich komplett zurückbilden. In der Dermis liegen Nester und Stränge aus Naevuszellen. Dermale Naevi sind hautfarben, meist halbkugelig erhabene, derbe Gebilde, aus denen manchmal noch einzelne, borstige Haare ragen. Es gibt eine weitere Reihe von Sonderformen der Naevi.

4.18.3 Krebsvorstufen (Präkanzerosen)

Zu den **Krebsvorstufen** (**Präkanzerosen**) zählen sichtbare Veränderungen der Haut, die zu einem überdurchschnittlichen Prozentsatz zu Krebs entarten. Sie sind auf die Epidermis beschränkt. Im weiteren Sinne gehören alle chronischen Entzündungen der Haut zu den Präkanzerosen. Zu den wichtigsten Präkanzerosen gehören die aktinischen Keratosen, die aktinische Cheilitis und die Leukoplakie. Diese Präkanzerosen zu erkennen, ist eine wichtige Aufgabe der Kosmetikerin, denn wenn eine Kundin mit einer Präkanzerose rechtzeitig den Arzt aufsucht, kann diese entfernt und die Entwicklung eines Hautkrebses vermieden werden.

Aktinisch bedeutet soviel wie durch Strahlung hervorgerufen. Hiermit ist in diesem Fall die UV-Bestrahlung durch das Sonnenlicht gemeint. Die **aktinische Keratose** wurde früher auch als „senile Keratose" bezeichnet, weil sie in der Regel erst im Alter auftritt. Die Keratosen, die durch übermäßige Verhornungen

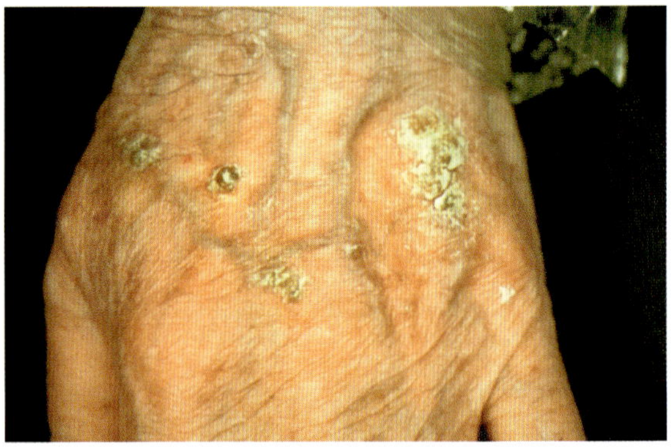

Aktinische Keratosen: aus zunächst harmlos erscheinenden Hautrauigkeiten an Stellen, die besonders häufig dem Sonnenlicht ausgesetzt sind, können sich riesige Hornhöcker entwickeln.

gekennzeichnet sind, treten an Hautstellen auf, die besonders dem Sonnenlicht ausgesetzt sind. Bevorzugte Stellen sind die Gesichtshaut und hier am häufigsten die Stirn und der Nasenrücken. Häufig befinden sich aktinische Keratosen auch auf Glatzen. Die aktinischen Keratosen sind zunächst meist unauffällige, kleine raue Knötchen. Sie haben eine matte Oberfläche, eine hellbräunliche bis schmutziggraue Farbe und treten meistens in Verbindung mit einer senilen Elastose, **Teleangiektasien** und Pigmentverschiebungen (**Altersflecken**) auf. Die unauffälligen, aber gut tastbaren Hautrauigkeiten können im Laufe von Monaten bis Jahren in die Breite und in die Höhe wachsen. Die Oberfläche erinnert an **Warzen**. Aktinische Keratosen fühlen sich sehr hart an. Entfernt man sie gewaltsam, bluten die betroffenen Hautstellen. Aktinische Keratosen können im Extremfall zu riesigen hornartigen Höckern auswachsen. In diesem Fall ist eine Entartung zu einem **Plattenepithelkarzinom** sehr wahrscheinlich. Aktinische Keratosen müssen vom Dermatologen entfernt werden. Es kann in seltenen Fällen im Anfangsstadium noch zu Rückbildungen kommen, vor allem wenn eine weitere Sonneneinwirkung vermieden wird.

Die **aktinische Cheilits** äußert sich in weißfleckigen Verfärbungen des Lippenrots. Häufiger ist die Unterlippe betroffen. Aus den fleckigen Verfärbungen entwickeln sich leicht Erosionen und **Fissuren**. Auch eine aktinische Cheilitis kann sich im Anfangsstadium von selbst zurückbilden, die Regel ist jedoch bei Nichtbehandlung die Entartung zum Plattenepithelkarzinom.

Die **Leukoplakie** ist eine begrenzte weißliche Verfärbung der Mundschleimhaut. Die weißliche Verfärbung beruht auf einer **Hyperkeratose** – d. h. einer übermäßigen Verhornung der Mundschleimhaut. Es werden flache und papilläre bzw. warzenartige Leukoplakien unterschieden. Die **flachen Leukoplakien** sind meist harmlos. Die **papillären oder warzenartigen Leukoplakien** entarten eher. Die Bildung von

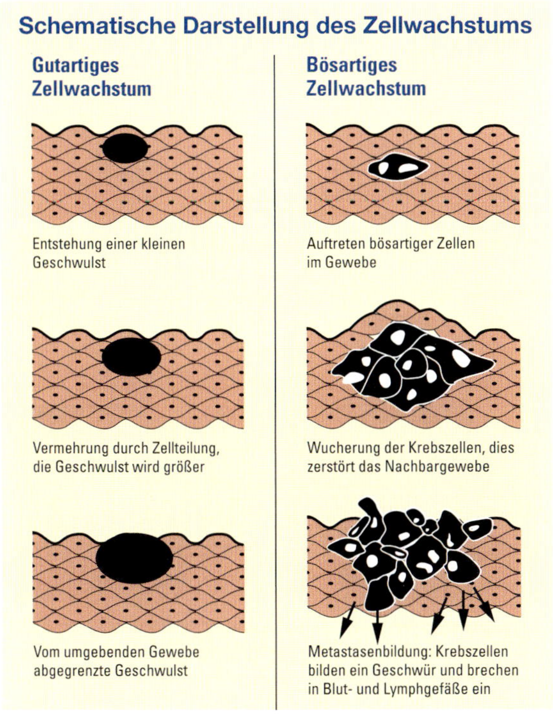

Gutartige Geschwulste können zwar an Volumen zunehmen, sie bleiben aber in ihrem Ursprungsgewebe. Bösartiges Zellwachstum ist gekennzeichnet durch eine schrankenlose Ausbreitung von entarteten Zellen in Nachbargewebe.

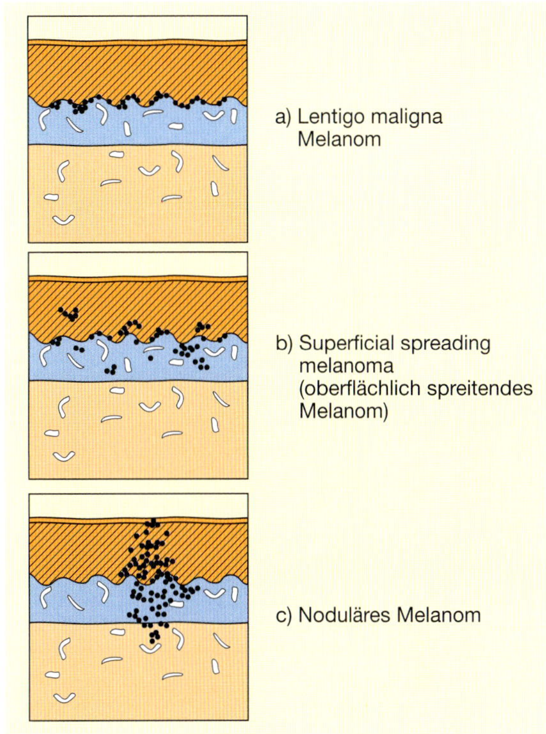

Die drei Melanomformen werden nach ihrem äußeren Erscheinungsbild, aber vor allem nach ihrer Tendenz, die dermo-epidermale Junktionszone zu verlassen, unterschieden. Je weniger Tendenzen die Melanomzellen zeigen, in ihrer natürlichen Umgebung zu verbleiben, desto schlechter ist die Heilungsprognose.

Leukoplakien ist mit der Schwielenbildung durch mechanische Belastung von Händen und Füßen zu vergleichen. An der Mundschleimhaut kommt es häufig durch unterschiedliche äußere Reize zu der übermäßigen Verhornung: Schlecht sitzende Zahnprothesen, eine schlechte Zahnstellung, die häufig zu einem Biss in die Wangenschleimhaut führt oder auch der Genuss von heißen Getränken können Ursachen für eine flache Leukoplakie sein. Diese zeichnet sich durch eine glatte Oberfläche und eine regelmäßige Form aus (ABCD-Regel). Die papillären Leukoplakien sind unregelmäßig begrenzt und haben eine rauere Oberfläche. Sie werden oft durch Inhaltsstoffe (Teer) von Zigaretten oder Pfeifenrauch bei Rauchern hervorgerufen.

4.18.4 Hautkrebs

Krebs geht von einzelnen Zellen aus – **Hautkrebs** von Hautzellen. Normalerweise haben Zellen eine bestimmte Aufgabe für eine bestimmte Lebensdauer zu erfüllen. Sie gehen dann zugrunde. In der Regel werden sie durch neue Zellen, die durch Zellteilung entstehen, ersetzt. Diese Abläufe werden von komplizierten Steuerungsmechanismen kontrolliert. Kommt es zu einer Fehlsteuerung, können bestimmte Zellen entarten und sich maßlos vermehren, ihren angestammten Platz verlassen und in das Gewebe auswandern. Durch dieses schrankenlose Wachstum kann letztlich der Organismus lebensbedrohlich geschädigt werden.

Beim Hautkrebs unterscheidet man drei Arten: das **maligne Melanom**, das **Basaliom** (**Basalzellenkrebs**) und das **Plattenepithelkarzinom** (**Stachelzellenkrebs**). Zum Erkennen aller drei Krebsarten ist wieder die **ABCD-Regel** zu verwenden.

Besteht bei einer Kundin der Verdacht auf Hautkrebs, sollte die Kosmetikerin mit Nachdruck darauf hinwirken, dass sie so schnell wie möglich einen Hautarzt aufsucht. Aber auch die eigene Haut sollte immer aufmerksam auf Veränderungen hin beobachtet werden. Stellen, die man selbst nicht gut einsehen kann, sollten z. B. vom Partner, der Mutter oder der Freundin regelmäßig inspiziert werden. Das heißt, es sollte erfasst werden, ob neue **Naevi** im Erwachsenenalter auftreten oder ob sich bestehende hinsichtlich Farbe, Form, Größe und Tastbarkeit verändern.

Auf keinen Fall sollte eine Kosmetikerin an Hautveränderungen manipulieren, die sie nicht genau bezeichnen kann. Denn der Versuch, z. B. eine **Präkan-**

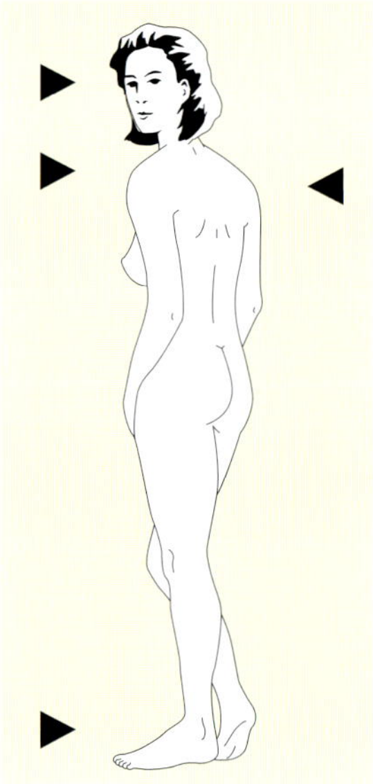

Die Sonnenterrassen des Körpers. An den markierten Stellen, die der Sonneneinstrahlung besonders häufig ausgesetzt sind, bilden sich häufig Basaliome, aber auch Plattenepithelkarzinome.

zerose zu entfernen, kann der entscheidende Reiz sein, damit diese entartet. Bei allen Hautkrebsarten gilt, dass die Früherkennung das A und O ist und einen schweren Verlauf verhindern kann. Es ist Aufgabe der Kosmetikerin, einige Grundregeln der äußeren Erscheinung zu kennen, die unter Umständen zu Hautkrebs führen können.

Schwarzer Hautkrebs, das **maligne Melanom** ist der bösartigste Hautkrebs. Weltweit wird ein Anstieg von Melanomerkrankungen festgestellt. Besonders in Regionen, die von einer intensiven Sonneneinstrahlung betroffen sind, tritt das Melanom gehäuft auf. In mittleren Breiten erkranken etwa 12 von 100.000 weißen Menschen jedes Jahr neu an einem Melanom.

Das Sonnenlicht ist ein wichtiger Faktor für die Entstehung der Melanome. Die Verteilung der Melanome entspricht aber nicht den Stellen, die am häufigsten der Sonne ausgesetzt sind, wie die „**Sonnenterrassen**“ des Körpers, vor allem Gesicht, Handrücken und Unterarme. Sie treten ziemlich gleichmäßig über den gesamten Körper auf. Bei Männern besteht eine relative Häufigkeit für das Auftreten am Rücken und bei Frauen an den unteren Extremitäten. Melanome kommen auch an den Fingern und Zehen vor, z. B. unter den Nägeln. Ebenso können die Schleimhäute betroffen sein. Diese Melanome haben eine vergleichsweise schlechtere Heilungsprognose als Melanome an der Körperhaut.

Melanome entwickeln sich häufig aus angeborenen oder im Laufe der Zeit erworbenen Pigmentmalen. Deshalb immer die ABCD-Regel auf alle Pigmentmale anwenden! Es scheint aber auch erbliche Faktoren für die Entwicklung eines malignen Melanoms zu geben, so gibt es regelrechte „Melanomfamilien“.

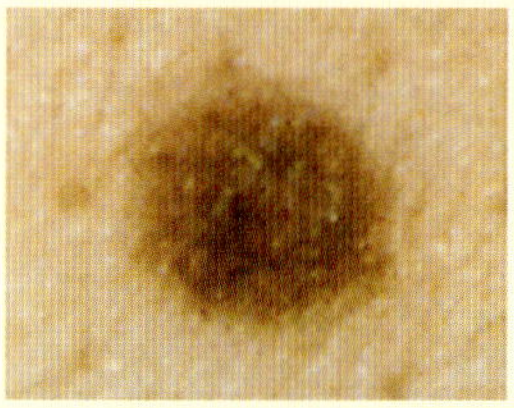

Pigmentmale gibt es viele: Leberflecke, Muttermale, Sommersprossen. Sehen sie so aus, sind sie so schön wie harmlos.

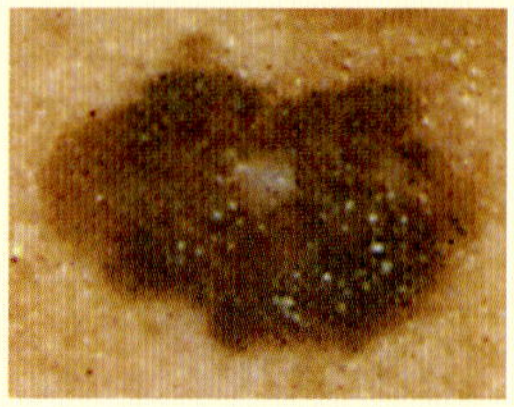

Sind Form und Farbe unregelmäßig, kann es sich bereits um die Vorstufe eines Melanoms handeln, das umgehend von einem Arzt untersucht werden muss.

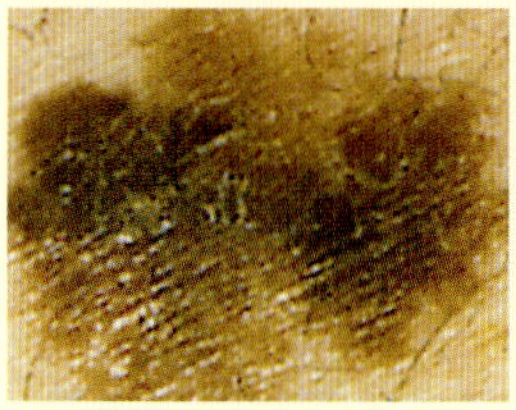

Lebensbedrohend wird es erst dann, wenn es so aussieht. Lassen Sie es am besten gar nicht erst so weit kommen.

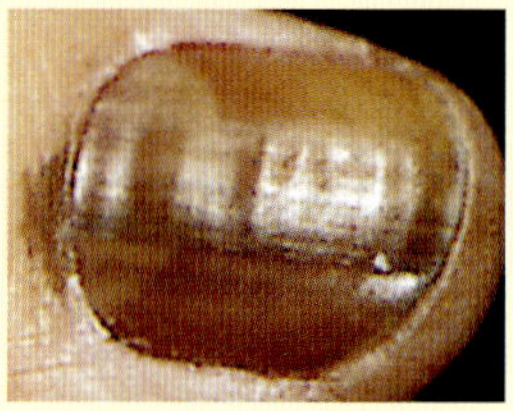

Erkennt man häufig erst im ausgewachsenen Stadium: ein Melanom unter dem Nagel.

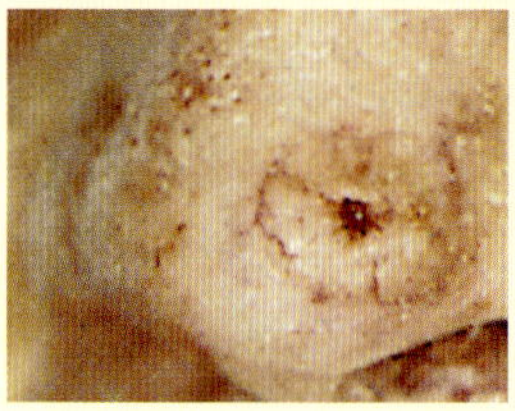

Gefährlich: ein Basalzellkrebs am Nasenflügel, der umgehend behandelt werden muss.

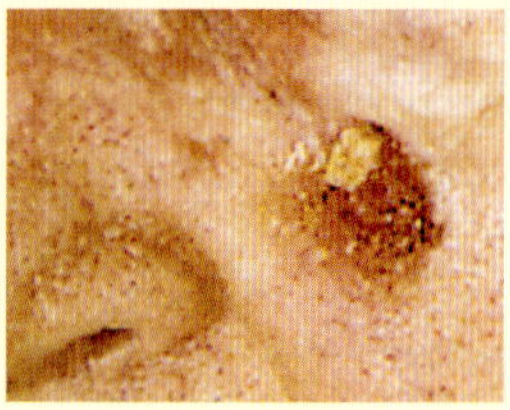

Mit Rötungen, die sich wie Sandpapier anfühlen, kündigt sich dieser Tumor an: der Stachelzellkrebs.

Ein harmloses Pigmentmal im Vergleich zu Hautkrebs. Die drei Hautkrebsarten können ganz unterschiedliche Erscheinungsbilder haben.

Die malignen Melanome können generell in drei Untergruppen unterteilt werden. Dies sind das Lentigo maligna Melanom, das oberflächlich spreitende Melanom und das noduläre Melanom.

Lentigo maligna Melanom: Die Melanomzellen sind nur in einem geringen Maße entartet und wachsen flächenhaft entlang der Junktionszone. Sie entsprechen dann einem Fleck. Die Basalmembran zur Dermis ist noch nicht durchbrochen. Bis zu diesem Stadium wird die Entartung auch als **Präkanzerose** (Lentigo maligna) bezeichnet. Durch eine weitere Entartung kommt es aber später zum Durchbrechen der Basalmembran, erst dann spricht man vom Lentigo maligna Melanom. Es finden sich dann auch Knötchen und Erhabenheiten innerhalb des Flecks.

	Malignes Melanom	Basaliom	Plattenepithelkarzinom
Neuerkrankungen auf 100.000 Einwohner pro Jahr	12	80	20
Risikofaktoren	UV-Strahlung (häufige Sonnenbrände), Pigmentmale, Vorkommen in der Familie	UV-Strahlung	UV-Strahlung, Präkanzerosen
Besonders bevorzugte Hautstellen	an beliebigen Hautpartien, auch unter den Nägeln	„Sonnenterassen" (besonders Gesicht und Ohren)	„Sonnenterassen" (Gesicht, Kopfhaut, Handrücken, Unterarme)
Wachstumsverhalten/ Aussehen	unterschiedlich schnelles Wachstum, in der Regel uneinheitliche bräunlich-schwarze Farbe und unscharfe Begrenzung, teils knotige Oberfläche	langsam wachsender Tumor, der das umliegende Gewebe zerstört, glänzende Knötchen, teils eingefallenes Zentrum, Teleangiektasien	relativ langsam wachsend, aber schneller als das Basaliom, Entstehung auf aktinischen Keratosen, starke Verhornung, raue, derbe Oberfläche
Bildung von Metastasen	häufig	keine	relativ spät ab einer bestimmten Größe des Tumors
Behandlung	Operation, Bestrahlung, Chemotherapie	Operation, Bestrahlung, Vereisung	Operation, Bestrahlung, Chemotherapie

Die drei Hautkrebs-Arten treten unterschiedlich häufig auf. Sie unterscheiden sich auch durch die Tendenz, die Basalmembran zu durchbrechen und Metastasen zu bilden. Am gefährlichsten ist das maligne Melanom, am harmlosesten das Basaliom.

Oberflächlich spreitendes Melanom: Zu dieser Melanomform kommt es bei stärker entarteten Melanomzellen. Diese haben eine mangelnde Haftung an der Junktionszone. Die Folge ist, dass ein Teil der Melanomzellen von den aufsteigenden Keratinozyten mitgerissen wird und die ganze Epidermis durchsetzen kann. Zum anderen wird die Basalmembran leicht durchbrochen. Das oberflächlich spreitende Melanom entspricht dann nicht mehr einem Fleck, sondern einer beetartigen Erhabenheit.

Noduläres Melanom: Wenn die Melanomzellen vollständig entartet sind, zeigen sie überhaupt keine Tendenz mehr, in der Junktionszone zu verbleiben und wuchern vertikal in die Dermis hinein. Sicht- und tastbar ist dann ein sehr knotiges Melanom. Diese Melanomform ist die gefährlichste Variante mit der schlechtesten Heilungsprognose.

Das wichtigste Kriterium für die Heilungsprognose ist das Stadium, in dem das Melanom entdeckt und die Therapie begonnen wird. Das Ausmaß, in dem das Melanom vertikal in das Gewebe eingedrungen ist, ist ausschlaggebend für eine gute Prognose. Ein weiterer wichtiger Punkt ist die allgemeine Abwehrlage des Organismus. Bei einem geschwächten Immunsystem haben Melanome einen rasanteren Verlauf. Maligne Melanome werden immer operativ entfernt, bei einigen Patienten kommt eine Röntgenbestrahlung in Frage. Bei einer Metastasenbildung wird auch eine Chemotherapie vorgenommen.

Basaliome, auch **Basalzellenkrebs** genannt, sind relativ häufig. Jährlich erkranken etwa 80 von 100.000 Einwohnern. Basaliome sind Tumore der Haut, die als semimaligne bezeichnet werden. Das bedeutet so viel wie nur geringgradig bösartig. Ein Basaliom kann zwar schrankenlos wachsen. Es bildet aber nie Metastasen aus. Daher kann es nur durch die lokale Zerstörung wichtiger Strukturen zum Tode führen, z. B. indem der Tumor in die Schädelkapsel eindringt. Die Basaliome entstehen in Abhängigkeit von der UV-Bestrahlung besonders an den sogenannten Sonnenterrassen des Körpers. Fast 90 % treten im Gesicht und hier besonders oft an der Nase, um die Augen herum und an den Ohren auf.

Basaliome treten gehäuft erst im Alter auf. Sie beginnen als Basaliomknötchen. Dieses ist einige Millimeter groß, derb, halbkugelig rund und hat einen perlmuttartigen Glanz. Das Basaliomknötchen ist häufig von Teleangiektasien umgeben oder überzogen. Ein Basaliom besteht aus einem oder mehreren solcher Knötchen, die sehr langsam wachsen.

2

Nach jahrelangem Bestehen kommt es häufig auch zu einem Gewebszerfall. Auch Basaliome werden in der Regel chirurgisch entfernt. Zum Teil können sie auch durch Vereisung oder durch Bestrahlung therapiert werden. Die Heilungsprognose bei dieser Hautkrebsart ist gut, die Wahrscheinlichkeit, ganz geheilt zu werden, liegt bei 95 %.

Plattenepithelkarzinome, auch **Stachelzellenkrebs** genannt, entstehen häufig – wie das Basaliom – im Alter. Im Jahr erkranken etwa 20 von 100.000 Einwohnern. Fast immer sind sie die Folge eines chronischen UV-Schadens. Die bevorzugt befallenen Stellen sind das Gesicht und die Handrücken, die zu den Sonnenterrassen des Körpers gehören. Seltener können aber auch die Schleimhäute – und hier die Lippenschleimhaut betroffen sein. Plattenepithelkarzinome entwickeln sich fast immer aus aktinischen Keratosen. Sie wachsen langsam und eine Metastasenbildung erfolgt erst spät. Zu erkennen sind Plattenepithelkarzinome als eine meist auf der aktinischen Keratose festhaftende Hornkruste, die zu einem Tumor heranwächst. Die Oberfläche fasst sich sehr rau und derb an, die Unterlage ist durch eine Infiltration buckelig. Sie schmerzen und fangen schnell an zu bluten.

Der Stachelzellenkrebs kommt bei Männern etwas häufiger vor als bei Frauen. Die Heilungsprognose bei dieser Hautkrebsart ist abhängig von der Größe des Tumors. Wenn er noch kleiner als ein Zentimeter ist, liegt sie bei fast 100 %. Plattenepithelkarzinome werden in der Regel chirurgisch entfernt, zum Teil erfolgt auch eine Vereisung oder Bestrahlung.

Nehmen Sie Stellung: Bei der Massage einer Kundin entdecken Sie am linken Schulterblatt einen unregelmäßig in Braun- und Schwarztönen gefärbten, leicht erhabenen Fleck, der etwa 2 cm im Durchmesser misst und eine scharfe, runde Begrenzung hat. Sprechen Sie die Kundin darauf an? Welchen Ratschlag geben Sie ihr gegebenenfalls?

Weitere Infos unter:
www.unserehaut.de
www.hautkrebs-screening.de

4.18.5 Gutartige Tumore

Es gibt eine Reihe von gutartigen Tumoren, wobei alle Hautschichten betroffen sein können. Zu den gutartigen Tumoren gehören auch einige pigmentierte Hautveränderungen, wie die **Naevuszellnaevi** oder die **seborrhöischen Warzen**.

Manchmal wird es der Kosmetikerin nicht leicht fallen, gutartige von bösartigen Geschwulsten zu unterscheiden, hier sollte immer an die ABCD-Regel gedacht werden. Im Zweifel gilt natürlich, der Kundin einen Hautarztbesuch anzuraten. Häufig wird die Kosemtikerin jedoch auch gebeten, kleine störende Neubildungen, zu denen z. B. Zysten jeglicher Art gehören, zu entfernen. Hier muss sie ihre Grenzen kennen, damit es keine blutigen Verletzungen der Haut mit eventuellen Entzündungen gibt.

Bindegewebige Tumore sind harte oder weiche **Fibrome**. **Weiche Fibrome** sind Knoten der Haut, die bevorzugt in Faltenregionen der Haut auftreten. Sie entstehen wie die harten Fibrome im Bindegewebe der Dermis. Sie sind hautfarben und schmerzen nicht. Weiche Fibrome können auch wie auf einem kleinen Stiel sitzen. Die weichen Fibrome sind vom Dermatologen mit einem Scherenschlag zu entfernen, wenn sie kosmetisch stören.

Harte Fibrome (**Histiozytome**) sind derbere Knoten der Dermis. Sie sind daran zu erkennen, dass sie in die Haut einsinken, wenn man vom Rand in zwei Richtungen zieht. Sie können auf Druck hin schmerzhaft sein und sind häufig leicht rötlich pigmentiert oder haben einen rot-bräunlichen Pigmentrand. Die harten Fibrome bilden sich manchmal auf bestimmte Reize hin neu – z. B. nach einem Insektenstich oder im Rahmen der Narbenbildung. Wenn sie kosmetisch stören oder auf Druck schmerzen, können sie chirurgisch entfernt werden.

Keloide gehören zu den gutartigen Neubildungen der Haut, die im Rahmen einer überschießenden **Narbenbildung** entstehen. Sie entstehen im Umfeld der eigentlichen Verletzung als knotige oder flächige Ausdehnungen, die zunächst stark gerötet sind und jucken. Nach einigen Monaten bis Jahren gehen die stark geröteten Keloide in verdickte Narben über. Nehmen die Keloide große Hautflächen in Anspruch, kann die Beweglichkeit betroffener Gelenke eingeschränkt sein. Keloide können auch aus Aknenarben entstehen. Sie werden dermatologisch behandelt. Wenn es zu starken Bewegungseinschränkungen kommt, werden auch Operationen durchgeführt.

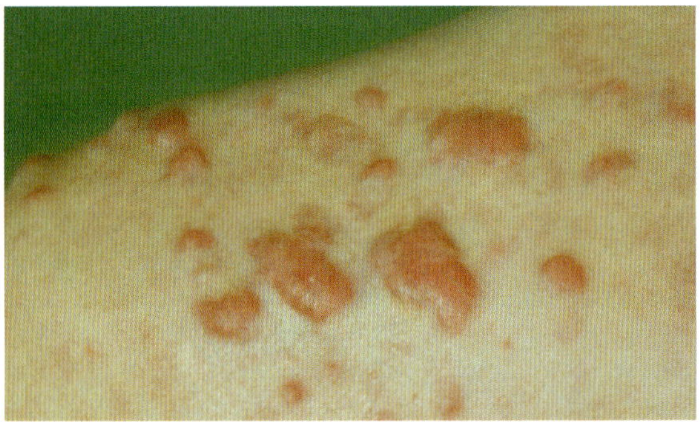

Keloide entstehen im Rahmen einer überschießenden Narbenbildung.

Zysten sind Hohlräume, die von einer Wand umkleidet sind. Sie können sehr weit oben in der Haut liegen oder tiefere Hautschichten betreffen. Zysten können von stecknadelkopf- bis faustgroß sein. Man unterscheidet Milien, Epidermiszysten und Atherome.

Milien sind die kleinsten Zysten der Haut. Sie liegen in der Epidermis und sind mit Keratin gefüllt. Sie können nicht durch Ausdrücken, sondern nur durch Anritzen entfernt werden.

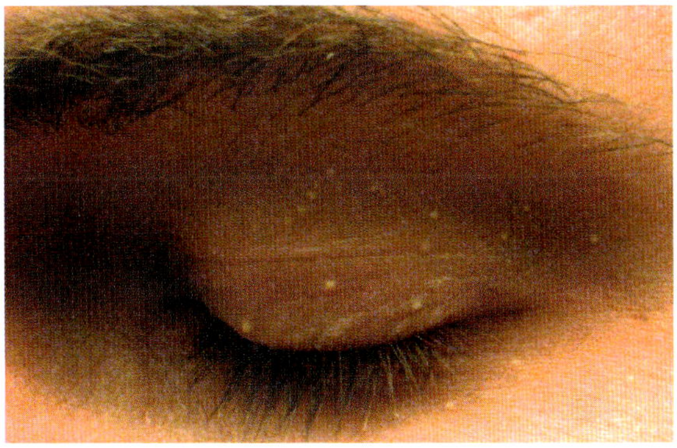

Milien sind winzige Zysten der Epidermis. Sie sind mit Keratin gefüllt und können nur durch Anritzen entfernt werden.

Epidermiszysten können erbsen- bis pflaumengroß werden und sind derbe Knoten in der Epidermis. Sie entstehen durch eine Ausweitung des Follikelausführungsganges, der Inhalt besteht aus Hornmassen. Entfernt werden können sie nur chirurgisch.

Atherome (**Grützbeutel**) sind nuss- bis faustgroße Zysten, die überwiegend an der Kopfhaut auftreten. Die Zysten sind mit Hornmassen und mit Talg gefüllt. Bei großen Atheromen oder großer Spannung ist die Zystenwand sehr dünn und unbehaart, da die Haarfollikel verkümmert sind. Atherome können nur chirurgisch entfernt werden.

Lipome sind gutartige Tumore der Subcutis. Sie können recht groß werden oder auch nur als kugelige Knötchen auftreten. Tastet man Lipome, fühlen sie sich prall-elastisch an. Weil Lipome tief in der Subcutis liegen, können sie auf Nerven drücken und so zu Schmerzen führen. Sie sollten dann chirurgisch entfernt werden.

4.19 Sexuell übertragbare Krankheiten

Sexuell übertragbare Krankheiten werden häufig mit **Geschlechtskrankheiten** gleichgesetzt. Der bessere Begriff ist jedoch der der sexuell übertragbaren Krankheiten, da er etwas über den Übertragungsweg aussagt – nämlich den Geschlechtsverkehr – und nichts über den Ort der eigentlichen Krankheitszeichen. Denn diese müssen nicht zwangsläufig auf die Geschlechtsorgane beschränkt sein. Geschlechtskrankheiten unterliegen besonderen gesetzlichen Regelungen, die dazu dienen, ihre Verbreitung zu verhindern. Nach dem **Gesetz zur Bekämpfung von Geschlechtskrankheiten** werden Patienten, Ärzten und dem öffentlichen Gesundheitswesen besondere Pflichten im Zusammenhang mit sexuell übertragbaren Krankheiten auferlegt, z. B. eine Meldepflicht, Behandlungs- und Aufklärungspflicht.

Zu den Geschlechtskrankheiten zählen nach dem Gesetz nur vier durch Bakterien hervorgerufene Erkrankungen: Syphilis, Gonorrhö, Ulcus Molle und das Lymphogranuloma inguinale. Es gibt zahlreiche weitere Erkrankungen, die sexuell übertragbar sind, u. a. die HIV-Infektion. Bezüglich der HIV-Infektion sind die Laboratorien, in denen HIV-Tests durchgeführt werden, seit 1987 verpflichtet, dem Bundesgesundheitsamt positive Tests ohne Angabe von Namen zu melden.

Die **Syphilis** (**Lues, harter Schanker**) wird von **Bakterien** (Treponemen) hervorgerufen und ist erstmals bereits im Jahr 1495 in Neapel beschrieben worden. Syphilis ist heute eine in Stadien verlaufende schwere, chronische Geschlechtskrankheit. Sie ist mit Penicillin gut zu behandeln. Die Krankheitszeichen bei der Syphilis können sich auf alle Organsysteme beziehen, deshalb ist das klinische Bild sehr vielfältig.

Die **Gonorrhö** (**Tripper**) wird wie die Syphilis beim Geschlechtsverkehr durch Bakterien übertragen. Bevorzugt tritt die Gonorrhö im Bereich der Schleimhäute des Urogenitaltraktes, des Analkanals, des Rachens und der Bindehäute auf. Die ersten Anzeichen für eine Gonorrhö sind zwei bis zehn Tage nach der Infektion zu bemerken. Dann kommt es zu einer akuten Entzündung der infizierten Schleimhäute. Bei Männern tritt eine Entzündung der vorderen Harnröhrenschleimhaut auf, die mit einem gelb-grünlichen Ausfluss und einer erschwerten, schmerzhaften Harnentleerung verbunden ist. Als Komplikation kann die Gonorrhö zu Unfruchtbarkeit führen. Bei Frauen verläuft die Gonorrhö zunächst unauffälliger als beim Mann, hier kommt es zu einer leichten Harnröhren- und Gebärmutterhalsentzündung, die oft unbemerkt bleibt. Zu Komplikationen kommt es hier erst, wenn die Gonokokken weiter aufsteigen und es u. a. zu einer sehr schmerzhaften Eileiterentzündung kommt. Die Eileiterentzündung kann leicht zu einer Unfruchtbarkeit führen. Durch verschiedene Sexualpraktiken kann es auch zu einer Gonorrhö an anderen Körperregionen, z. B. dem Analkanal oder der Mund- und Rachenschleimhaut kommen. Die Behandlung der Gonorrhö erfolgt mit Antibiotika.

2

Stadium 1: Einige Wochen nach der Infektion mit den Bakterien tritt an der Eintrittspforte (Geschlechtsorgane) eine Papel auf, die sich in ein Geschwür mit hartem Rand umwandelt. Eine Woche später sind auch die umliegenden Lymphknoten geschwollen. Wird das Geschwür nicht behandelt, heilt es von selbst nach einigen Tagen oder Wochen unter Narbenbildung ab.
Stadium 2: Nach etwa weiteren zehn Wochen kommt es zu einer Auseinandersetzung des Immunsystems mit den Bakterien mit typischen Hautausschlägen am ganzen Körper und allgemeinen Krankheitszeichen (Fieber, Abgeschlagenheit etc.). Die Lymphknoten sind stark geschwollen. Weitere Krankheitszeichen können hinzukommen, z. B. Mandelentzündungen, entzündliche Veränderungen an den Geschlechtsorganen oder Papeln an der Mundschleimhaut. Nach einigen Monaten heilen die Hautausschläge wieder ab. In den folgenden zwei Jahren treten aber immer wieder Rückfälle auf. Hinzu kann etwa ein halbes Jahr nach der Erstinfektion ein fleckförmiger Haarausfall kommen.
Stadium 3: Nach Jahren ohne Krankheitszeichen kann die Syphilis in das Stadium 3 übergehen. An der Haut können knötchenförmige Veränderungen auftreten. Auch können das Nervensystem, die Herzgefäße und andere Organe betroffen sein.
Stadium 4: Von einem vierten Syphilisstadium spricht man, wenn die Abwehrlage bei den Patienten sehr geschwächt ist und deshalb die Symptome des dritten Stadiums besonders heftig auftreten. Durch den Befall des Nervensystems kommt es dann häufig zu Lähmungserscheinungen.

Syphillis: Unterschieden werden vier Stadien, die allerdings nur durchlaufen werden, wenn die Krankheit nicht behandelt wird.

Der weiche Schanker (**Ulcus Molle**) kommt vor allem in tropischen Ländern vor, in Deutschland werden nur sehr wenige Erkrankungen beobachtet. Er wird durch Bakterien hervorgerufen, die nach einer Inkubationszeit von wenigen Tagen im Genitalbereich zu schmerzhaften kleinen Geschwüren führen. Diese können spontan wieder abheilen oder auch an anderen Stellen neu wieder auftreten. Nach einigen Tagen bis Wochen sind die Lymphknoten in der Leiste geschwollen, es tritt eine Rötung auf, und durch die Entzündungsreaktion kann es zu eitrigen Einschmelzungen kommen. Die Therapie des Ulcus Molle erfolgt ebenfalls mit Antibiotika.

Die Geschlechtskrankheit **Lymphogranuloma inguinale** wird durch eine bestimmte Chlamydienart übertragen. Chlamydien sind sehr kleine Bakterien. Das Lymphogranuloma inguinale kommt in Deutschland nur sehr selten vor, häufiger ist es in tropischen Regionen. Eine Infektion mit den Bakterien macht sich zunächst als kleines Bläschen im Genitalbereich bemerkbar, das von selbst abheilt. Erst nach einigen Wochen kommt es dann zu einem Krankheitsgefühl, die Lymphknoten in der Leistenregion sind jeweils nur einseitig geschwollen. Die Schwellung kann erhebliche Ausmaße annehmen und zu eitrigen Einschmelzungen und Verklebungen führen. Es kann zu Fistelbildungen kommen, über die Fisteln entleert sich dann der Eiter. Die Behandlung erfolgt mit Antibiotika.

Nehmen Sie Stellung: Sind Sie als Kosmetikerin einem höheren Risiko ausgesetzt, sich mit einer sexuell übertragbaren Krankheit zu infizieren als z. B. eine Bürokauffrau?

4.20 Gefäßerkrankungen

Erkrankungen der Gefäße können in den Arterien und in den Venen auftreten. Die häufigsten **Gefäßerkrankungen**, die Krampfadern (Varizen) sind Erkrankungen der Venen. Da besonders die Krampfadern als Volkskrankheit bezeichnet werden können, wird die Kosmetikerin häufig mit Kunden zu tun haben, die unter Besenreisern oder Krampfadern leiden. Hier kommt es darauf an, in der Behandlung keine Fehler zu machen, die die Gefäßerkrankungen verschlimmern können. Sehr wichtig ist aber auch eine unterstützende Behandlung, die die Beschwerden lindern kann. Ein dritter Punkt ist die präventive Arbeit, d. h., die Kosmetikerin sollte die Kundin hinsichtlich möglicher vorbeugender Maßnahmen beraten.

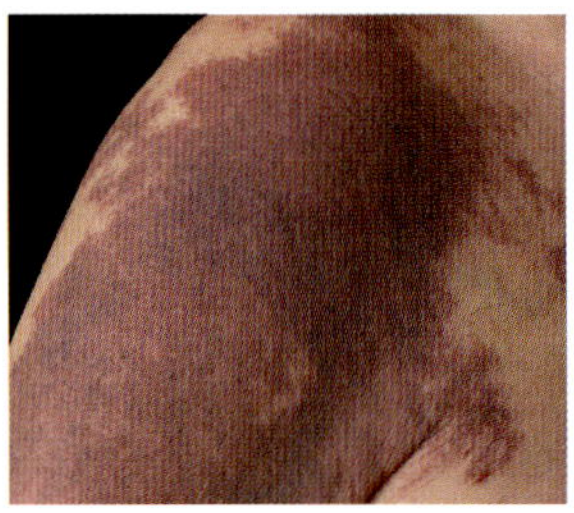

Feuermale sind meist angeborene Erweiterungen der Hautkapillaren.

Teleangiektasien und **Feuermale** (Naevus flammeus) entstehen durch erweiterte Hautkapillaren. Sie zeichnen sich durch unscharf begrenzte Bereiche mit einem feinen Netz von rot durchschimmernden Gefäßen aus. Bei der **Rosacea** gehören Teleangiektasien zum Krankheitsbild. Äußere Einflüsse, die zu ihrem Auftreten führen können sind: Chronische Sonnen- und Witterungseinwirkungen, Röntgenbestrahlung, langdauernde Anwendung von Kortisonsalben und chronische Kälteschäden. Teleangiektasien an sich sind harmlos, die auslösende Ursache sollte aber durch einen Arzt geklärt werden. Wenn sie die Betroffenen sehr stören, können sie verödet

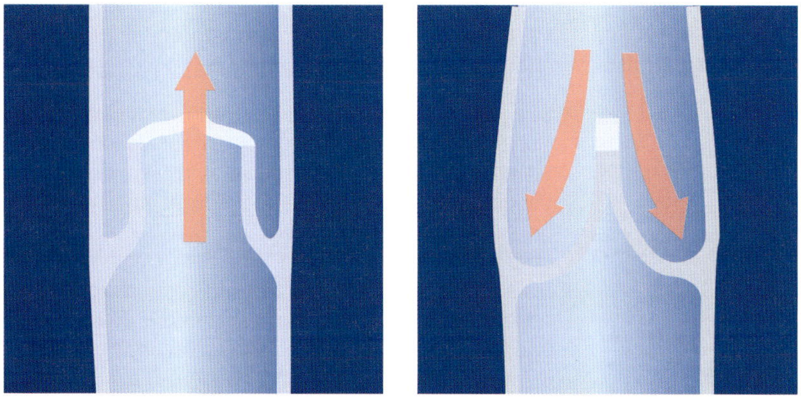

Geschlossene und offene Venenklappe: Ist die Venenklappe geöffnet, kann das Blut herzwärts fließen. Die geschlossene Venenklappe verhindert den Rückfluss des Blutes.

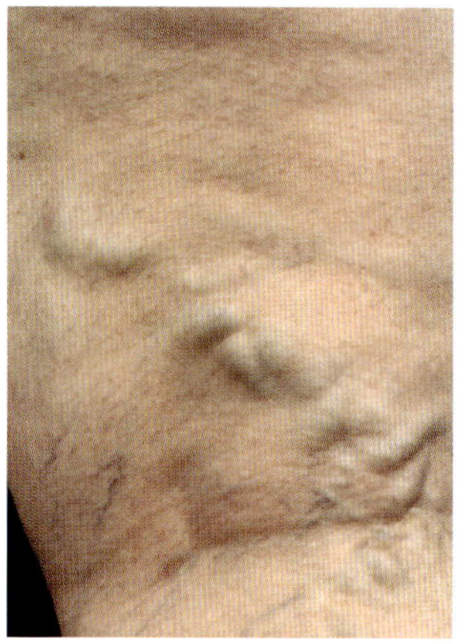

Echte Krampfadern am Bein, die auf einer Klappeninsuffizienz einer Beinvene und kleiner Nebenäste beruht. Es erfolgt ein Rückstrom des normalerweise nur herzwärts fließenden Blutes in Richtung Füße.

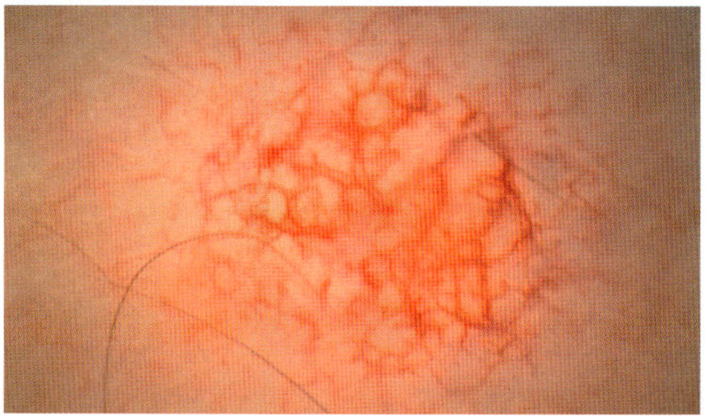

Teleangiektasien im Gesicht: Die Hautkapillaren schimmern rötlich durch die Haut.

werden. In der Regel genügt jedoch eine kosmetische Abdeckung mit Make-up oder Camouflage. Es sollte auf alle Maßnahmen verzichtet werden, die gefäßerweiternd wirken. Es dürfen keine alkoholhaltigen oder andere durchblutungsfördernden Präparate angewendet werden. Wärmebehandlungen oder die Anwendung von Reizströmen müssen ebenso vermieden werden wie Solarienbesuche oder Sonnenbäder. Peeling und Masken, unter denen ein starker Wärme- und Feuchtigkeitsstau entsteht, sind ebenfalls nicht angezeigt. Die Reinigung der Haut sollte manuell unter Verwendung eines milden Reinigungsmittels erfolgen. Die Pflege sollte sich auf entstauende und gefäßstärkende Maßnahmen konzentrieren. Empfehlenswert ist eine Bindegewebsmassage oder auch die manuelle Lymphdrainage, beides jedoch ohne großen Massagedruck. Außerdem sollte die Haut vor Wind und Wetter – insbesondere vor Sonneneinstrahlung geschützt werden.

Venen sind die Gefäße, die das **Blut** zum Herzen hinleiten. An den Beinen verläuft der Rücktransport unter besonders erschwerten Bedingungen entgegen der Schwerkraft. Um das Blut entgegen der Schwerkraft weiterpumpen zu können, besitzen die Venen Venenklappen, die ein Zurückfließen des Blutes verhindern. Über Muskelkontraktionen, die sogenannte **Muskelpumpe**, wird das Blut weitergepumpt. Das Auspressen der Venen unter den Fußsohlen bei jedem Schritt und die allgemeine Tätigkeit der Beinmuskulatur sind wichtige Faktoren für den Rückfluss des venösen Blutes zum Herzen. Außerdem geht vom Herzen ein Sog- oder Ansaugeffekt aus. Durch den beim Atmen entstehenden Druckwechsel geht auch von der Lunge ein Ansaugmechanismus aus.

Auch das **Lymphsystem** spielt für den Gewebestoffwechsel eine wichtige Rolle. Gewebsflüssigkeit sammelt sich in Spalten des Bindegewebes, von wo sie über die blind endenden Lymphgefäße abtransportiert wird. Wenn die Kapazität des Lymphgefäßsystems überschritten wird, kommt es zu einem **Lymphödem**. Kommt es zu Störungen in dem Rücktransportsystem, entstehen Venenerkrankungen.

Krampfadern (**Varizen**) sind unregelmäßig geschlängelte Venen mit sackartigen Erweiterungen. Kommt es zur Entwicklung von Krampfadern, steht das Blut beim Stehen oder Sitzen in den betroffenen Venen des oberflächlichen Venensystems völlig still. Auch in den Verbindungsvenen zwischen oberflächlichem und tiefem Venensystem herrscht keine Strömung. Die Venenklappen der betroffenen Venen schließen nicht mehr. Sie sind insuffizient oder ganz zugrunde gegangen. Wenn dann die Muskelpumpe durch Bewegung des Beins einsetzt, fließt das Blut durch diese **Klappeninsuffizienz** nach unten zurück, die Strömungsrichtung hat sich somit umgekehrt. Durch diesen Rückstrom entsteht ein Überdruck in dem betroffenen Areal des oberflächlichen Venensystems. Die Verbindungsvenen zwischen dem oberflächlichen und dem tiefen Venensystem werden durch das vermehrte Blutangebot erweitert und auch ihre Klappen werden insuffizient. So fließt das Blut aus den oberflächlichen Krampfadern zwar noch über die Verbindungsvenen in die tiefen Venen,

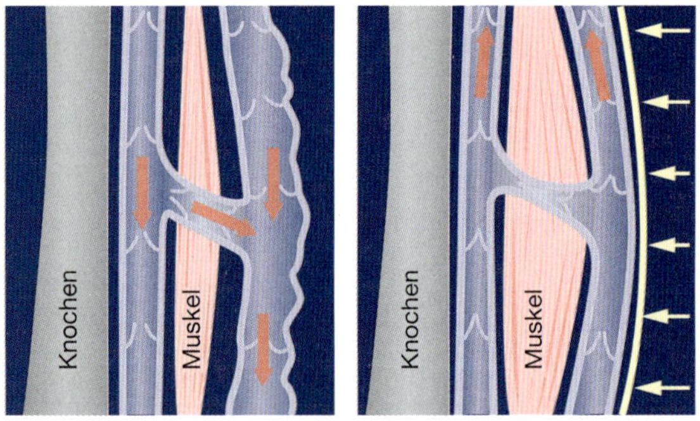

Durch das Tragen von Kompressionsstrümpfen oder Kompressionsstrumpfhosen können krankhaft veränderte Venen wieder voll funktionstüchtig werden. Der Druck von außen sorgt für ein Schließen der Venenklappen und das Blut fließt nicht mehr nach unten zurück.

umgekehrt ist durch die Klappeninsuffizienz aber auch ein Blutfluss von innen nach außen möglich. Die tiefen Venen werden mit der Zeit dann auch von einer Klappeninsuffizienz betroffen.
Man unterscheidet verschiedene Typen von Krampfadern: **Besenreiservarizen** sind oberflächliche, in der Dermis gelegene feine Krampfäderchen. Sie schimmern als Geflecht blauviolett durch die Haut. Sie treten vor allem an den Beinen auf. Spätestens beim Auftreten von Besenreisern sollten vorbeugende Maßnahmen einsetzen. **Netzartige Krampfadern** liegen an der Grenze zwischen Dermis und Subcutis. **Stammvarizen** sind Krampfadern, die die Hauptvenenstränge der oberflächlichen Beinvenen betreffen. Diese verlaufen vom Fuß einmal an der Innen- und einmal an der Außenseite des Beins. **Nebenastvarizen** können an der Vorder- oder Hinterseite des Oberschenkels auftreten.

Durch die bestehenden Varizen und dem damit verbundenen Missverhältnis zwischen Flüssigkeitszustrom und -abstrom kommt es zur Ödembildung. Das Ödem tritt häufig zunächst vor allem im Knöchelbereich auf. Besteht dieses Ödem über längere Zeit, kommt es zu einer Verhärtung des Unterhautfettgewebes und entzündlichen Veränderungen. Durch die Entzündung kann es auch zu einem Stauungsekzem kommen. Eine weitere Komplikation ist die Entstehung eines Geschwürs, häufig im Bereich der Unterschenkel. Dieses Geschwür (**Ulcus cruris**) wird auch als „**offenes Bein**" bezeichnet.

Die Neigung, Krampfadern zu entwickeln, ist erblich. Daneben spielen das Alter, hormonelle Belastungen und das Bewegungsverhalten eine große Rolle. So wirken sich Berufe, in denen man sehr viel stehen muss, begünstigend auf die Entwicklung von Krampfadern aus. Ebenso ungünstig ist stundenlanges Dauersitzen, weil auch so die Muskelpumpe nicht wirksam wird. Bei Krampfadern sollte den Kundinnen zunächst ein Artzbesuch empfohlen werden, damit dieser eine genaue Diagnose stellen kann. Dazu können z. B. Ultraschall, eine Venendruckmessung oder eine Untersuchung mit Kontrastmitteln, die die Schwachstellen sichtbar machen, angewandt werden.

Man kann Varizen veröden, wobei mit einer Nadel Substanzen in die entsprechenden Venen injiziert werden, die eine Entzündung und Verklebung der Venenwände hervorrufen. Die Folge ist eine Stilllegung der erkrankten Vene. Das Blut sucht sich nun über andere Venen seinen Weg zum Herzen. Weiterhin kann eine Lasertherapie durchgeführt werden. In besonders schweren Fällen werden die Krampfadern operativ „gezogen". Diese Therapieverfahren dürfen nur von Ärzten durchgeführt werden. Die Kosmetikerin kann jedoch vorbeugend und unterstützend tätig werden. Mit der manuellen Lymphdrainage kann bei operierten oder verödeten Krampfadern der Heilungsprozess beschleunigt werden und außerdem der Neubildung von Krampfadern vorgebeugt werden.

Wichtig sind Maßnahmen, die die Kundin selbst durchführen muss. Die Kosmetikerin kann hier beratend tätig sein. Bei müden und schweren Beinen oder bei leichten Schwellungen sollten vorbeugend und auch bei bestehenden Krampfadern Kompressionsstrümpfe oder -strumpfhosen getragen werden. So kann eine krankhaft veränderte Vene durch den Druck von außen den Rücktransport des Blutes wieder voll übernehmen. Die Beine dürfen vor dem Anziehen der Kompressionsstrümpfe oder -hose nicht eingecremt werden, weil diese sonst an Elastizität verlieren. Nach dem Ausziehen am Abend sollten die Beine aber mit Creme, die immer Richtung Herz verteilt wird, verwöhnt werden. Die Beine sollten so oft wie möglich hochgelegt werden, auch kalte Duschen oder Abgüsse wirken sich positiv aus. Wichtig ist viel Bewegung. Langes Sitzen oder Stehen ist durch Pausen zu unterbrechen, in denen man umherläuft. Außerdem kann man im Sitzen oder Stehen häufig die Füße kreisen lassen, auf Zehenspitzen wippen oder die Zehen anziehen. Negativ wirken sich außerdem zu hohe oder enge Schuhe sowie starke Wärmebelastungen und Übergewicht aus.

Eine **oberflächliche Venenentzündung** äußert sich in einer Rötung und Schwellung der Haut. Bei Druck entsteht Schmerz. Die entzündete Vene ist als fester Strang oder Knoten zu fühlen. Selten kann auch leichtes Fieber auftreten. Zu einer oberflächlichen Venenentzündung kann es nach Insektenstichen, nach einer Injektion oder im Rahmen von Infektionskrankheiten oder anderen Systemerkrankungen kommen. Die Therapie besteht in viel Bewegung. Eine wichtige und wirksame Maßnahme ist ein Kompressionsverband und die Anwendung von entzündungshemmenden Salben.

Bei einer **Thrombose** tiefer Venen (**Phlebothrombose**) kommt es zu einem Verschluss der Venen. Die Phlebothrombosen entstehen durch die Verlangsa-

Teleangiektasien	dauerhafte Weitstellung der feinen Hautkapillaren im Stratum papillare der Dermis
Besenreiservarizen	oberflächliche feine Krampfäderchen in der Dermis
Varizen	Krampfadern der Beinvenen mit Klappeninsuffizienz und sackartigen Einstülpungen einer Vene
Chronisch venöse Insuffizienz	Krampfadern mit Stauungsekzem, Ödem und Geschwür
Oberflächliche Venenentzündung	Entzündung der oberflächlichen Venenstämme, z. B. durch Insektenstich oder Infektionskrankheit, Rötung und Schwellung, auf Druck Schmerzen
Thrombose tiefer Venen	Verlangsamung der Blutströmung, Wandveränderungen der Venen und Blutgerinnungsstörungen führen zum Thrombus, Gefahr einer Lungenembolie

Übersicht über die Gefäßkrankheiten

mung der Blutströmung, Wandveränderungen der Venen und Blutgerinnungsstörungen. Ursache für diese Veränderungen können Verletzungen, Operationen oder Entzündungen sein. Die Verlangsamung der Blutströmung hängt oft mit Bettlägerigkeit oder extremer Bewegungsarmut zusammen. Bemerkbar macht sich eine Phlebothrombose durch Schmerzen im Bereich der Leisten, der Kniekehlen oder auch der Fußsohlen. Die gefährlichste Komplikation ist eine Lungenembolie, die oft zum Tode führt. Die Therapie besteht in einer medikamentösen Auflösung oder in einer chirurgischen Entfernung des Thrombus. Bei Verdacht auf Thrombose darf die Kundin nicht behandelt werden und es muss ein (Not-)Arzt gerufen werden!

Nehmen Sie Stellung: Was raten Sie einer Kundin, die beruflich überwiegend am Schreibtisch sitzt und abends über geschwollene Füße sowie Besenreiser an den Unterschenkeln klagt?

5 Nutzen und Risiken kosmetischer Behandlungen

Selbstverständlich sollen kosmetische Behandlungen für die Kundin von Nutzen sein. Risiken hingegen müssen weitgehend ausgeschlossen werden. Bei der Beurteilung von Nutzen und Risiken kosmetischer Behandlungen sollten stets zwei Gesichtspunkte im Vordergrund stehen: Erstens ist nach der Wirksamkeit bestimmter Präparate, Apparate und Behandlungsmethoden zu fragen. Diese ist abzugrenzen von unlauteren Wirksamkeitsversprechungen, die nicht zu halten sind, und Behandlungsrisiken, die durch eine falsche Anwendung entstehen können. Zweitens muss berücksichtigt werden, dass neben direkten Wirkungen der Präparate, Apparate und Behandlungsmethoden immer auch subjektiv erlebte Wirkungen erzielt und psychische Befindlichkeiten beeinflusst werden. Hierbei geht es darum, positive Wirkungen zu erzielen, ohne unseriöse Versprechungen zu machen.

Die Kosmetikerin kann mit pflegenden Behandlungen viel zur Optimierung des Hautzustandes bei gesunder Haut sowie zur Verbesserung des Hautzustandes bei erkrankter Haut (z. B. Akne, Neurodermitis, Psoriasis) beitragen. Durch dekorative Kosmetik kann das äußere Erscheinungsbild stilsicher positiv unterstützt werden.

Die sich durch kosmetische Behandlungen einstellenden Entspannungseffekte wirken sehr wohltuend. Sie haben Rückwirkungen auf die Stressbewältigung des Alltags. Auch die Steigerung des Selbstwertgefühls von Kundinnen, die z. B. mit kosmetisch störenden oder auffälligen Hautveränderungen kommen, kann erheblich zur psychischen Stabilisierung beitragen. So kann die Anwendung von Camouflage Kundinnen helfen, sich ohne seelische Belastung wieder in die Öffentlichkeit oder sogar ins Schwimmbad zu wagen. Damit kann einer häufig bei sichtbaren Hauterkrankungen erfolgenden sozialen Isolation vorgebeugt werden. Insgesamt trägt eine kosmetische Behandlung zur Steigerung des allgemeinen Wohlbefindens bei, womit im weitesten Sinne gesundheitsfördernde Effekte ausgelöst werden.

Die gut ausgebildete Kosmetikerin leistet auch ganz konkrete Arbeit auf dem Gebiet der Prävention, z. B. bei Erkennung eventuell bösartiger Hautveränderungen (**ABCD**-Regel). Bei der Unterstützung ärztlicher Therapie, z. B. bei Akne, Psoriasis oder Neurodermitis, kann der Heilungsverlauf durch die Kosmetikerin beschleunigt werden.

2

Auch sind soziale Aspekte, die die Kosmetikerin quasi „nebenbei" mitabdeckt, nicht zu vernachlässigen. Häufig ist sie eine wichtige Vertrauensperson. Sie erfährt viel über persönliche Probleme. Ein einfühlsamer Umgang mit solch vertraulichen Informationen kann der Kundin helfen, Sorgen und Probleme psychisch zu bewältigen.

Die Risiken, die durch kosmetische Behandlungen entstehen können, sind in erster Linie durch eine mangelhafte Ausbildung begründet. Aus Unwissenheit können leicht Präparate falsch ausgewählt und Apparate sowie Behandlungsmethoden falsch angewendet werden. Wenn z. B. bestimmte Hautveränderungen und deren Behandlungsmöglichkeiten verwechselt werden, kann es zu schmerzhaften bis gefährlichen Beeinträchtigungen der Kundin kommen. Eine mögliche Verwechslung ist die eines Hühnerauges, das bei der Fußpflege entfernt werden kann, mit einer Warze, deren Entfernung in der Hand des Hautarztes liegt. Auch die Manipulation an entzündlichen Hautveränderungen, z. B. Pusteln, kann zu einer Verschlimmerung der Entzündung und einer Infektionen führen. Wenn Behandlungen durchgeführt werden, die Verletzungen an der Epidermis-Dermis-Grenze herbeiführen, kann es zu Blutungen und auch zu Narbenbildungen kommen.

Die gut ausgebildete Kosmetikerin ist in der Lage, ihre Kompetenzen von denen der Dermatologen abzugrenzen. Sie darf z. B. nie einen Allergietest durch das Auftragen eines unverdünnten Präparates in der Ellenbeuge selbst durchführen. Sie sollte Kundinnen die Unverträglichkeitsreaktionen gegenüber Kosmetika beschreiben und immer einen Arztbesuch anraten.

Die Risiken, die von den kosmetischen Präparaten an sich ausgehen, sind vor allem bei sachgemäßer Anwendung gering. Dennoch können bei Kundinnen auch allergische Reaktionen auf bestimmte Inhaltsstoffe von Kosmetika auftreten. Das Risiko, eine Allergie gegen kosmetische Inhaltsstoffe zu bekommen, ist aber für die Kosmetikerin höher als für die Kundin, da letztere einen weniger häufigen und intensiven Kontakt mit entsprechenden Präparaten hat.

Viel häufiger als allergische Reaktionen sind irritative Reaktionen auf kosmetische Produkte. Hierzu kommt es besonders dann, wenn sehr hautempfindliche Personen leicht reizende Präparate anwenden (z. B. Deodorants, austrocknende Seifen oder Syndets). Die Überpflegung der Haut kann sich in einer sehr starken Austrocknung durch zu häufiges Duschen oder Baden oder auch die Anwendung entfettender Präparate äußern. Die **periorale Dermatitis** entsteht durch eine Überfeuchtung der Haut durch die Anwendung feuchtigkeitshaltiger „Pflege"-cremes. Hier liegt es in der Hand der Kosmetikerin, für die Behandlung hautempfindlicher Personen die richtigen Pflegepräparate auszuwählen und die Kunden über den Zusammenhang von falschen Reinigungs- und Pflegegewohnheiten und möglichen irritativen Reaktionen aufzuklären.

Die pauschale Empfehlung, bei empfindlicher Haut Naturkosmetik zu verwenden, greift zu kurz. Diese Präparate können ebenso allergische oder irritative Reaktionen auszulösen wie synthetische („chemische") Präparate.

Was die genaue Diagnose bei Hautveränderungen betrifft, sollte sich die Kosmetikerin eher zurückhaltend äußern. Ihre Aufgabe besteht darin, sensibel für mögliche bösartige Hautveränderungen zu sein und der Kundin beim leisesten Verdacht zwecks Diagnosestellung einen Arztbesuch anzuraten.

In den Zusammenhang möglicher Hautkrebsrisiken fallen auch Höhensonnen, Sonnenbänke und Solarien, deren Benutzung von vielen Kosmetikinstituten angeboten wird. Neben einer sorgfältigen Wartung der Geräte gehört auch eine kritische Beratung von Kundinnen zu einem seriös geführten Institut. So erweist sich eine Kosmetikerin als wirklich kompetent, wenn sie in der Lage ist, übermäßig häufigen Solarienbenutzerinnen auch einmal von einem Besuch abzuraten. Für minderjährige Kundinnen ist der Besuch eines Solariums ohnehin verboten.

Ein weiterer Bereich, der als Risiko kosmetischer Behandlungen bezeichnet werden kann, ist der Umgang mit Werbeaussagen oder Werbeversprechen und mit Kundenerwartungen. Es versteht sich von selbst, dass eine kompetente Kosmetikerin erstens in der Lage ist, unseriöse von seriösen Wirksamkeitsaussagen zu unterscheiden und zweitens ihr Wissen auch an die Kundin weiterzugeben.

Die Kosmetikerin sollte auch kritisch und sensibel mit Kundenerwartungen umgehen. Denn vielfach führt eine unkritische Behandlung von objektiv gar nicht vorhandenen „Schönheitsfehlern" zu einer Verstärkung der bei der Kundin vorhandenen Probleme, sich selbst zu akzeptieren. Auf diese Art und Weise wird das Selbstwertgefühl der Kundin nicht gestärkt, sondern geschwächt. Vielmehr sollte die Kosmetikerin bei überzogenen Erwartungen und unberechtigter Unzufriedenheit mit der äußeren Erscheinung durch Gespräche auf die Kundin einwirken.

Weitere Infos über die Haut und Hautkrankheiten unter:
www.biotonus.de
www.derma.de/patienteninfos (offizielle Seite der Deutschen Dermatologischen Gesellschaft)
www.derminform.de
(Informationsplattform für Hautärzte und Patienten)
www.hautstadt.de (Infos rund um die Haut)
www.hautundberuf.de
(Infos zu beruflich bedingten Hauterkrankungen)
www.wasistdrin.de

3 Kosmetische Präparate und ihre Anwendung

1 Wasser

Wasseranwendungen haben schon seit der Antike ihren festen Platz in der täglichen Schönheits- und Gesundheitspflege. Wasser ist die Basis unserer Ernährung und Körperhygiene. Cremes, Lotionen, Fluids, Masken und Ampullen sind auf der Basis von Wasser hergestellt. Wasser ist Lösungs- und Transportmittel sowohl für Nährstoffe und Stoffwechselendprodukte als auch für Kräuterextrakte, Wirkstoffe, Duft- und Farbstoffe. Es kann der Haut thermische und mechanische Reize vermitteln.

1.1 Wasser – der Hauptbestandteil des menschlichen Körpers

Der menschliche Körper besteht überwiegend aus **Wasser**. Beim Erwachsenen macht das Wasser ca. 60 % des Körpergewichts aus. Bei Frauen ist der Wasseranteil etwas geringer, weil das wasserarme Fettgewebe im Vergleich zu den Männern stärker ausgeprägt ist.

Wasser ist die Grundlage für alle Körperflüssigkeiten. Der Hauptanteil dieses Körperwassers befindet sich in den Zellen (intrazelluläre Flüssigkeit) und in den Zellzwischenräumen (extrazelluläre Flüssigkeit, **Interstitium**). Die flüssige Komponente des Blutes, das **Blutplasma**, macht ca. vier Liter aus. Zusammen mit der **Lymphe** beinhaltet das Interstitium ca. zehn Liter Gewebeflüssigkeit. Weiterhin verfügt der Körper über einen Liter Flüssigkeit, der Körperhöhlen ausfüllt, wie z. B. das Kammerwasser des Auges oder die Gelenkflüssigkeit.

Unter normalen Bedingungen nimmt der Mensch täglich 1,5 Liter Flüssigkeit durch Getränke und 0,6 Liter durch feste Nahrung auf. Wasser ist die Grundlage für den Stoffaustausch zwischen den **Kapillaren** und dem Interstitium sowie den Zellen. **Diffusion** und **Osmose** sind Transportvorgänge, die ohne Wasser nicht ablaufen. Das macht deutlich, warum der Mensch ohne feste Nahrung einige

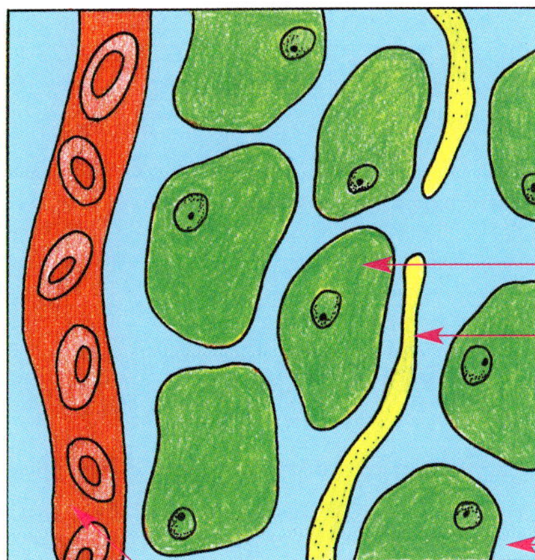

Die Flüssigkeitsräume des Menschen. Flüssigkeit befindet sich als Zellwasser im Zellplasma (intrazelluläre Flüssigkeit), außerhalb der Zelle als Gewebeflüssigkeit (interzelluläre Flüssigkeit), als Lymphe in den Lymphbahnen und als Blutplasma in den Blutgefäßen.

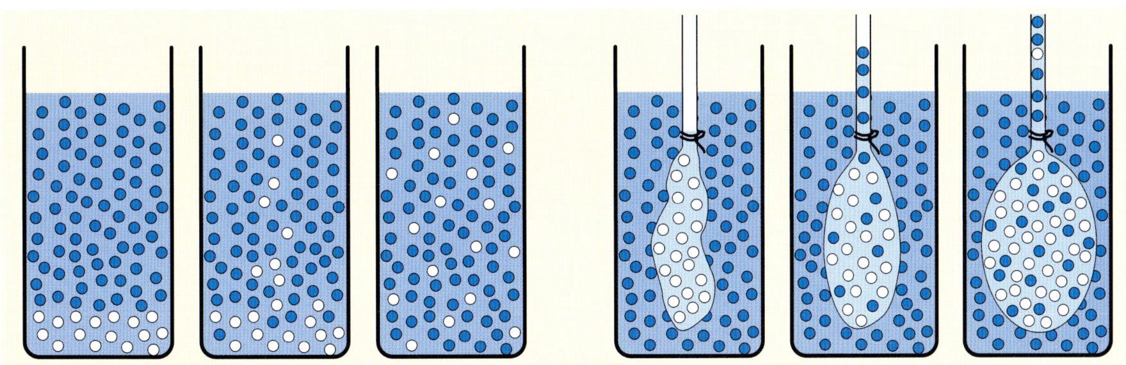

Diffusion und Osmose. Die Diffusion ist die Verteilung eines Stoffes in einem Lösungsmittel. Der Vorgang ist abgeschlossen, wenn der gelöste Stoff, z. B. Zucker, gleichmäßig im Lösungsmittel, z. B. Wasser, verteilt ist. Die Osmose ist die Diffusion von Wasser durch eine semipermeable (halbdurchlässige) Membran bis zum Konzentrationsausgleich. Sie ist zu beobachten, wenn eine wässrige Lösung hoher Konzentration, z. B. eine Zuckerlösung, durch eine Membran vom Wasser getrennt ist. Die Membranporen sind für reines Wasser leicht durchlässig, für größere Moleküle wie Zucker jedoch nicht. Somit kann nur das Wasser in die Richtung der Lösung mit der hohen Zuckerkonzentration strömen, um einen Konzentrationsausgleich zu bewirken.

Wochen auskommen kann, ohne Wasser jedoch nur drei Tage. Über den Urin scheidet der gesunde Mensch täglich ca. 1,5 Liter, über den Stuhl ca. 0,2 Liter, über die Haut ca. 0,3 Liter und über die befeuchtete Atemluft ca. 0,5 Liter Wasser aus.

Bereits mit 40 Jahren lässt das Durstgefühl bei den meisten Menschen nach. Wer aber wenig trinkt, behindert die Entgiftung des Körpers. Die Nieren benötigen zum Auswaschen der Stoffwechselprodukte aus dem Blut mit zunehmendem Alter mehr Wasser. Fehlt das Wasser als Verdünnungs- und Transportmittel, wird das Blut dickflüssig. Das Herz wird dadurch stark belastet. Nieren und Darm werden in ihrer Ausscheidungsfunktion beeinträchtigt. Die Gewebe „verdursten". Die Haut erschlafft. Kalorienarme Getränke, wie Mineralwässer, Früchte- und Kräutertees, wirken insofern auch als Kosmetikum. Sie decken den Flüssigkeits- und Mineralbedarf, die Stoffwechselleistungen des Organismus werden aufrechterhalten und auf diese Weise die Hautzellen mit Feuchtigkeit versorgt.

3

1.2 Wasser in der kosmetischen Praxis

Die innerliche Anwendung von Wasser dient der Gesunderhaltung des gesamten Organismus und somit auch der „Schönheit" der Haut. Deshalb ist die Aufnahme von ca. zwei Litern Wasser täglich nicht nur gesund, sondern auch kosmetisch sinnvoll. Trinkkuren mit Mineral- oder Heilwässern, mit Tees oder Molke sind oft Teil eines kosmetischen Behandlungsprogrammes. Äußerlich angewendet übt das Naturheilmittel Wasser eine Tiefenwirkung auf den Organismus aus. Es reizt die Nerven der Haut durch die jeweilige Temperatur und durch den Wasserdruck. Außerdem wirkt Wasser auf das Hautkeratin.

Moderne Bedampfungsgeräte verteilen den Wasserdampf fein auf der Hautoberfläche. Der Dampf lässt sich mit der Reinigung der Haut, der Ausreinigung von Unreinheiten, mit enzymatischen Schälkuren und „biologischen" Peelings sowie mit Packungen kombinieren. Der Wasserdampf kann ätherische Öle aus Kräutern, Blüten oder Früchten transportieren. Auf diese Weise wirkt er nicht nur auf die Haut, sondern über den Geruchssinn auch auf die Seele.

Gerötete Hautpartien wie Teleangiektasien und Couperose sollte man bei einer Bedampfung mit feuchten Wattepads abdecken, damit sich diese Hautzustände nicht verschlimmern. Die Dampfintensität sollte mit der Kundin abgesprochen werden, damit sie sich während der Behandlung wohlfühlt. Der Nebel sollte in etwa dreißig Zentimeter Entfernung auf das Kinn der Kundin gerichtet werden. Bei Schilddrüsenüberfunktion und Bluthochdruck werden warme Dampfbehandlungen häufig nicht so gut vertragen.

Warmes Wasser und warmer **Wasserdampf** quellen und erweichen die Hornschicht. Dadurch wird die Ausreinigung für die Kosmetikerin erleichtert und für die Kunden weniger schmerzhaft. Durch den Quellungsprozess ist die Haut aufnahmefähiger für wasserlösliche Wirkstoffe. Die kosmetische Wirkung einer Wasserkur wird über die Haut in Form von Bädern, Güssen, Waschungen und Wickeln ausgeübt. Wasser kann aber auch mithilfe des Dampfes, z. B. bei der Aromatherapie, über die Schleimhäute seine Wirkung entfalten.

Bei den **Wasseranwendungen** erfüllt die Haut in erster Linie zwei Aufgaben:

1. Die Hautnerven nehmen die Temperatur- und Berührungsreize auf und leiten heilsame Impulse über das vegetative Nervensystem zu den inneren Organen.

2. Die Haut kann während und nach der Wasserbehandlung bis zu einem Drittel der gesamten Blutmenge aufnehmen. Herz und Kreislauf werden dadurch für eine Weile entlastet. Eine Ausnahme stellen längere Heißwasserbäder dar. Wechselduschen, **Wechselbäder** und Saunagänge dagegen trainieren das Blutgefäßsystem, steigern das Wohlbefinden, stärken das Immunsystem und fördern den Hautstoffwechsel und die Ausscheidung von Stoffwechselschlacken. Durch die wechselnden Temperaturreize wird das „Stresshormon" Adrenalin über die Nebennieren ausgeschüttet. Auf diese Weise wird der Organismus darauf trainiert, auf Stressfaktoren angemessen zu reagieren. Solchermaßen „abgehärtete" Menschen kommen z. B. auch mit wechselnden Wetterlagen besser zurecht.

Die Wirkung von **Wasserbädern** in der Kosmetik ist abhängig von der Temperatur des Wassers und von der Art des Badezusatzes. Kalte Bäder unter 15 Grad Celsius haben eine anregende Wirkung auf das Nervensystem. Sie sind stoffwechselfördernd und werden deshalb gerne bei Diabetes und Rheumatismus angewendet.

Warme Bäder zwischen 33 und 37 Grad Celsius lockern die Muskulatur, erweitern die Blutgefäße und beruhigen das Nervensystem. Sie lindern Hautentzündungen, Schlafstörungen, chronische Nierenbeschwerden, Entzündungen und Versteifungen der Muskeln, Sehnen und Gelenke. Heiße Bäder über 38 Grad Celsius wirken allgemein anregend auf die Organfunktionen.

Wechselbäder steigern die periphere Durchblutung und regen das Atmungssystem an. Ansteigende

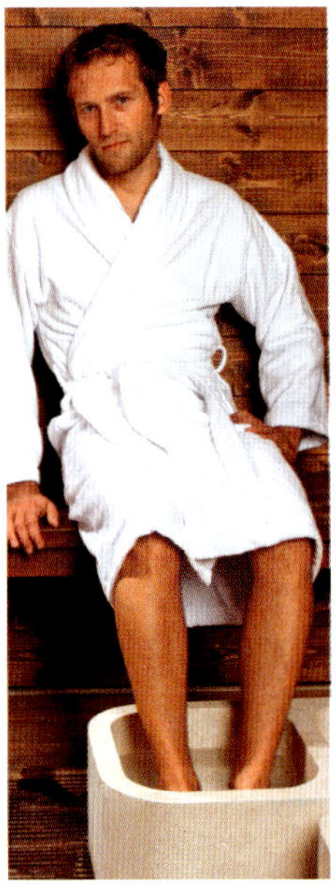

Das Fußbad dient der Reinigung und Erweichung der Haut oder der Ableitung und Abhärtung.

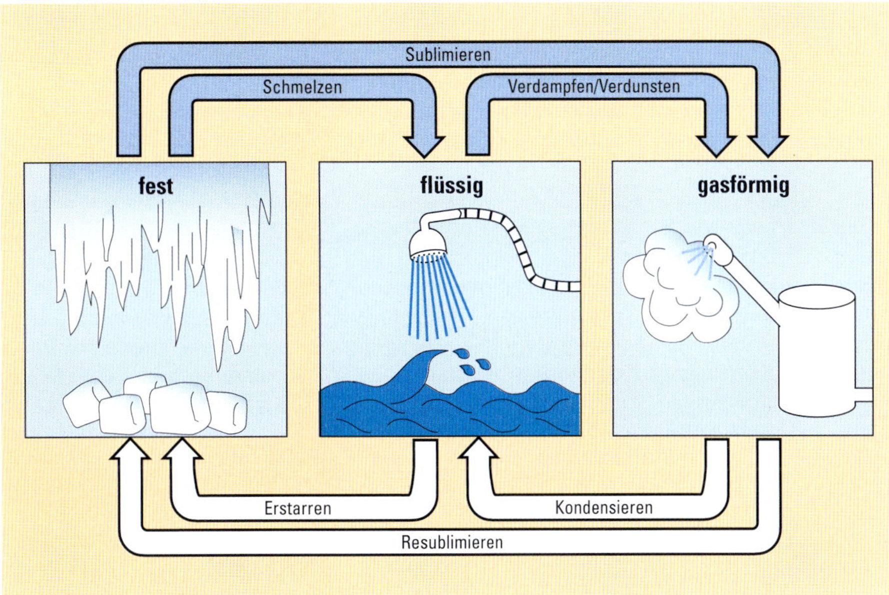

Die Aggregatzustände des Wassers: Wasser wird in der Kosmetik in seinen drei Aggregatzuständen als warmer Dampf, als Wasser in verschiedenen Temperaturen und als Eis genutzt.

bzw. absteigende Bäder durch langsame Erhöhung bzw. Senkung der Wassertemperatur dienen der Kreislaufstärkung bei erhöhtem bzw. zu niedrigem Blutdruck. Weiterhin wirken sie regulierend bei Durchblutungsstörungen.

Verschiedene Badezusätze haben weitere Effekte auf den Gesamtorganismus und die Haut:

Milch- und Ölbäder haben einen hautglättenden Effekt. **Mehlbäder** mit Hafer- oder Weizenmehl empfehlen sich aufgrund ihrer adsorptiven Wirkung bei schuppender und zu Unreinheiten neigender Haut. Ein mit Mehl gefülltes Leinensäckchen wird in die Wanne gehängt und während des Wassereinlaufs mehrfach gründlich ausgedrückt.

Salzbäder haben eine entwässernde, entgiftende und damit kurzfristig gewichtsreduzierende Wirkung. Dabei werden je nach Körpergewicht ein bis zwei Kilogramm Kochsalz in heißem Wasser gelöst. Vorsicht! Die rasche Entwässerung kann zu einer erheblichen Kreislaufbelastung führen. Salzwasserbäder empfehlen sich auch bei der Psoriasis und bei verschiedenen Ekzemen. Hierzu werden für ein Vollbad 150 Gramm Meer- oder Kochsalz aufgelöst und dem Badewasser zugefügt. Die Badezeit beträgt 20 Minuten. Bei Ekzemen haben sich auch **Salzwickel** bewährt, da Salz den Juckreiz stillt.

Schaumbäder dienen der Entspannung. Sie haben außerdem je nach zugegebenen Tensiden eine milde bis stark entfettende Reinigungswirkung. **Saure Bäder** werden mit Zitronensaft oder Obstessig angereichert. Sie eignen sich aufgrund ihrer adstringierenden Wirkung vor allem bei fettiger und unreiner Haut. Sie wirken allgemein stimulierend auf die Körperfunktionen.

Die Wirkung von **Blütenbädern** und **Kräuterbädern** ist abhängig von der Art ihrer Aufbereitung. Hier unterscheidet man den Aufguss (Infus), die Abkochung (Absud), den Kaltauszug (Mazeration) und den Pflanzenauszug (Extrakt). Beim **Aufguss** werden die jeweiligen Pflanzenteile (Blüten, Blätter, Stängel, Wurzel oder Samen) mit kochendem Wasser übergossen, abgedeckt acht Minuten ziehen gelassen und abgeseiht. Der Aufguss ist die häufigste Art der Teezubereitung. Bei der **Abkochung** werden zerkleinerte Pflanzenteile mit kaltem Wasser übergossen, dann eine halbe Stunde gekocht und schließlich abgeseiht. Beim **Kaltauszug** werden die Pflanzenteile mit einer kalten Flüssigkeit, z. B. Öl, Alkohol, Wasser angesetzt und mehrere Stunden oder Tage ziehen gelassen. Der **Pflanzenauszug** ist ein eingedickter, konzentrierter Saft, der wie der Kaltauszug mit wässrigen, alkoholischen oder ätherischen Lösungsmitteln gewonnen wird. Die aromatischen Dämpfe der ätherischen Öle entfalten in Verbindung mit warmem Wasser eine besonders anregende oder entspannende Wirkung, weil sie beim Einatmen über die Schleimhäute resorbiert werden.

Fußbäder dienen der Reinigung und Erweichung der Haut, der Erwärmung des Fußes (warme Bäder, Wechselbäder, in der Temperatur ansteigende

Bäder) oder der Ableitung und Abhärtung (kalte Kurzbäder). Sie finden im Allgemeinen vor einer medizinischen Fußpflege statt. Je nach Kräuterzusatz wirken sie entzündungshemmend, gewebekräftigend, krampflösend, durchblutungsfördernd oder beruhigend.

In der Kosmetik werden außerdem kalte oder feuchtwarme **Kompressen**, Packungen, Umschläge und Wickel verwendet, die dem Körper Wärme entziehen oder zuführen sollen. Feuchtwarme Kompressen oder Windeln werden vor allem zur Hautreinigung eingesetzt. Feuchtkalte Kompressen werden wegen ihrer adstringierenden und erfrischenden Wirkung gerne zum Schluss einer Gesichtsbehandlung angewendet.

Kalte Gesichtsbäder aus Kamillen-, Salbei- oder Grüntee beleben und straffen die Haut. Haut und Schleimhäute werden dabei gut durchblutet. Das beugt Erkältungskrankheiten im Nasen-Rachen-Raum vor.

Ist der Hals einer Kundin besonders pflegebedürftig, eignen sich ölgetränkte Vliese, die mit einem Zellstofftuch, einer warmen Kompresse, Frischhaltefolie und einem Handtuch feuchtwarm gehalten werden.

Wechselwarme Kompressen sind zur Anregung einer fahlen, stark verhornten oder fettigen Haut als Vorbereitung auf die Wirkstoffbehandlung zu empfehlen. Zum Behandlungsabschluss wirkt das Pattern, eine Klopfmassage mit kühlen, lotiongetränkten Wattepads, sehr erfrischend und stimulierend.

Diese Beispiele zeigen, dass Wasser sehr variabel in der kosmetischen Praxis eingesetzt werden kann. Weiterhin dient es als Lösungs- und Verdünnungsmittel für Wirkstoffe und kosmetische Präparate. Es eignet sich zum Anrühren und Verdünnen von Schälkuren, Peelings, Packungen und Erden und: „Wasser ist zum Waschen da“. Wasser ist – mithilfe von Waschzusätzen ein Reinigungsmittel für Haut und Haare.

Wasser wird zu kosmetischen Zwecken in all seinen **Aggregatzuständen** (Zustandsformen) benötigt, z. B. als gewebestraffende „Eismaske“ mit Eiswürfeln, als flüssiges Behandlungsmittel zum Waschen, Duschen, Baden und als Dampf aus dem Bedampfungsgerät zum Erweichen, Erwärmen und Quellen der Haut.

Weitere Infos unter:
www.gesundheit.com
www.naturdrogerie.ch
www.p-jentschura.de

1.3 Der Aufbau des Wassers und seine Eigenschaften

Die kleinsten Teilchen, aus denen Stoffe aufgebaut sind, werden **Atome** genannt. Wasser ist aus zwei verschiedenen „Atomarten“ aufgebaut, **Elemente** genannt. Die Wasserstoffatome tragen das Elementsymbol „H“ (Hydrogenium). Das Sauerstoffatom trägt das Elementsymbol „O“ (Oxigenium).

Die kleinste Verbindung aus Atomen in einem Stoff wird **Molekül** genannt. Das **Wassermolekül** ist eine Verbindung aus zwei Wasserstoffatomen und einem Sauerstoffatom. Entsprechend der Symbole wird das Wassermolekül verkürzt als H-O-H, also H_2O, dargestellt.

$$2\,H_2 + O_2 \Rightarrow 2\,H_2O$$

Wasserstoff + Sauerstoff => Wasser

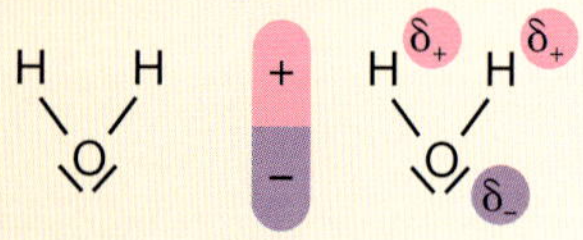

δ_+ und δ_- : Polarisierungszeichen

Polarer Aufbau des H_2O-Moleküls. Das Wassermolekül ist gewinkelt. Das Sauerstoffatom zieht die Elektronen der Wasserstoffatome in der Atombindung stärker „zu sich hin“. Es erhält dadurch eine negative Teilladung. Die Wasserstoffatome erhalten eine positive Teilladung. Durch diese Ladungsverschiebung innerhalb der Atombindung ergibt sich die gewinkelte Form des Dipolmoleküls.

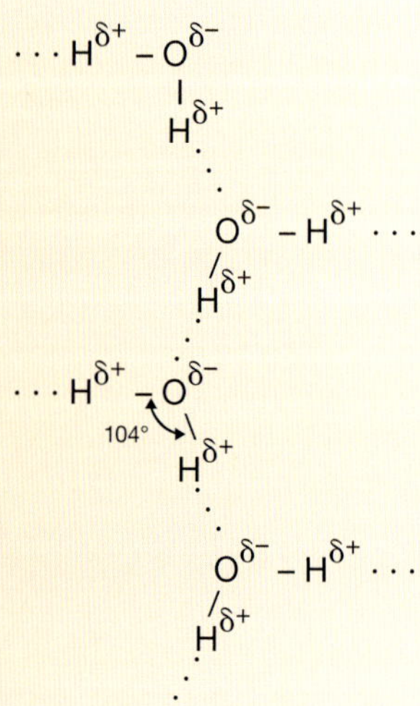

Wasserstoffbrückenbindungen: Aufgrund des Dipolcharakters ziehen sich die Wassermoleküle gegenseitig an. Sie bilden Wasserstoffbrückenbindungen zwischen den positiv und negativ teilgeladenen Polen.

Wassertropfen auf einem Blatt: Aufgrund der Tropfenbildung des Wassers lassen sich auch Haut und Haar nur schwer benetzen. Die Reinigung von Haut und Haar wird durch dieses Phänomen behindert.

Die beiden Wasserstoffatome des Wassermoleküls stehen in einem Winkel von ca. 104° zueinander. Das Sauerstoffatom zieht die Elektronen der Atombindung zu sich hin. Es ist deshalb doppelt negativ teilgeladen. Die Wasserstoffatome sind jeweils einfach positiv teilgeladen. Es entsteht ein Molekül mit zwei unterschiedlich geladenen Seiten. Da man diese Seiten auch als „Pole" bezeichnet, nennt man solche Moleküle **Dipole**. Positive und negative Ladungen ziehen sich gegenseitig an. Deshalb haben die Wassermoleküle das Bestreben, ihre negativ polarisierten Sauerstoffatome mit den positiv polarisierten Wasserstoffatomen eines anderen Wassermoleküls zusammenzubringen. Dabei bilden sich schwache Bindungen aus, die **Wasserstoffbrückenbindungen** genannt werden.

Wasserstoffbrückenbindungen haben schwächere Bindungskräfte als Atombindungen. Wasserstoffbrückenbindungen bestimmen die charakteristischen Eigenschaften des Wassers. In flüssigem Wasser sind immer eine Anzahl von Wassermolekülen durch Wasserstoffbrücken zu Molekülgruppen vernetzt. Wasserdampf dagegen besteht aus einzelnen Molekülen, da die Brücken beim Verdampfen gelöst werden. Dazu ist Energie erforderlich. Wasser hat deshalb einen relativ hohen Siedepunkt von 100 °C.

Im Eis sind alle Moleküle durch Wasserstoffbrückenbindungen vernetzt. Sie bilden ein weitmaschiges Kristallgitter. Beim Schmelzen bricht ein Teil der Brücken auf. Das Kristallgitter fällt in sich zusammen. Die Moleküle können sich jetzt wieder enger aneinanderlegen. Da die Moleküle im Eis weniger dicht zusammenliegen als die im flüssigen Wasser, kann man sagen, dass Eis eine kleinere Dichte hat als Wasser. Der Stoff mit der geringeren Dichte schwimmt auf dem mit der höheren Dichte. Deshalb schwimmt Eis auf Wasser. Wasser hat bei +4 °C seine größte Dichte erreicht. Steigt die Wassertemperatur, wird die Wärmebewegung der Moleküle immer heftiger. Sie benötigen jetzt mehr Platz und so dehnt sich das Wasservolumen aus.

Eine Rasierklinge schwimmt auf der Wasseroberfläche: Die Grenzflächenspannung zwischen Wasser und Luft trägt die Rasierklinge.

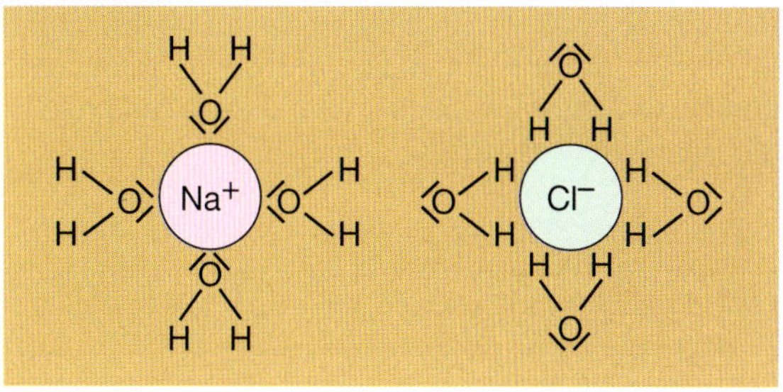

Wasser ist ein gutes Lösungsmittel für Salze und andere Stoffe: hydratisierte Natrium- und Chlorid-Ionen von Kochsalz.

Die Anziehungskräfte zwischen den Dipolen bewirken die **Grenzflächenspannung** zwischen Wasser und anderen Oberflächen, wie z. B. Luft, Textilien und Haut. Legt man eine Rasierklinge oder eine Büroklammer flach auf eine Wasseroberfläche, so stellt man fest, dass sie nicht sinkt. Auch die typische Tropfenbildung wird durch die Grenzflächenspannung verursacht. Wasser perlt ab. Das erschwert zunächst die Arbeit der Kosmetikerin.

Erst durch den Zusatz von **Tensiden** werden Haut und Haar benetzbar und lassen sich waschen. Tenside (von lat. tensio = Spannung) setzen die Grenzflächenspannung herab. Füllt man ein Becherglas bis zum Rand mit Wasser und lässt einige Münzen vorsichtig in das Glas gleiten, so bildet sich ein flacher Wasserberg über dem Glasrand. Gibt man jetzt ein bis zwei Tropfen eines Tensides, z. B. Seifenlösung, verdünntes Waschgel oder Spülmittel hinzu, kann man beobachten, dass der Wasserberg verschwindet und das Wasser überläuft.

Die polare Struktur des Wassers führt neben dem Phänomen der Grenzflächenspannung auch dazu, dass Wasser ein gutes Lösungsmittel für viele Salze und andere Stoffe mit polarer Atombindung ist. Gibt man z. B. eine Messerspitze Kochsalz (NaCl-

Kristalle) in Wasser, so findet zwischen den Ionen des Kristalls und den polaren H_2O-Molekülen eine Anziehung statt. Dadurch werden die äußeren Ionen eines Kristalls durch die Wassermoleküle abgelöst und im Wasser gelöst. Die H_2O-Moleküle dringen tiefer in das Kristallgitter und lösen immer mehr Ionen aus dem Gitter. Diesen allmählichen Vorgang nennt man Dissoziation des Salzes. Das bedeutet, dass Salz in Wasser und Ionen zerfällt. Die gelösten Ionen werden von H_2O-Molekülen umhüllt. Sie werden hydratisiert. Die Wasserhülle verhindert den Aufbau eines neuen Gitters. Dadurch sind die Ionen in der Lösung frei beweglich. F^- (Fluor), Cl^- (Chlor), K^+ (Kalium), Na^+ (Natrium), Ca^{++} (Calcium) und Fe^{++} (Eisen) sind Beispiele für Mineralstoffe, die im Wasser als Ionen vorliegen.

Ampullen enthalten wässrige Wirkstofflösungen. Wirkstoffe sind dabei an positive oder negative Ionen gekoppelt. In einer Ampullenflüssigkeit liegen in Wasser gelöste Ionen vor. Mit der Iontophorese (Ionenwanderung) versucht man, diese Wirkstoffe in die Haut einzuschleusen.

Thermalwasser ist wegen seines Gehalts an Mineralstoffen und Spurenelementen sehr beliebt als Grundlage für kosmetische Lotionen, Sprays, Cremes und Masken. Es gilt als medizinisches Heilwasser, wenn es an der Quelle eine Temperatur von mindestens 20 °C hat. Beim Durchlaufen verschiedener Gesteinsschichten wird das Wasser mit Spurenelementen und Mineralien angereichert. Eisen fördert z. B. die Abwehrkräfte, Zink kurbelt die Zellregeneration an und hemmt Entzündungen. Silica (Kieselerde) stimuliert den Kollagenaufbau und beugt Hautirritationen vor. Kalzium regt die Zellteilung an und reguliert die Durchlässigkeit der Zellmembran. Kupfer unterstützt die Energiegewinnung der Hautzellen und wehrt ebenso wie Zink freie Sauerstoffradikale ab. Selen beruhigt gereizte Haut. Magnesium bindet Hautfeuchtigkeit und wirkt antioxidativ. Bei sensibler Haut stellt reines Thermalwasser eine sanfte Alternative zum Gesichtswasser dar.

Das in der Kosmetik verwendete Thermalwasser stammt z. B. aus der „Lucas-Quelle“ im französischen Vichy, aus „La Roche-Posay“ in Frankreich und aus den kieselsäurehaltigen Quellen im deutschen Baden-Baden.

Weitere Infos zum Thermalwasser unter:
www.avene.de
www.kosmetik-hautnah.de
www.larocheposay.de
www.lebenselexier-wasser.de
www.vichy.de

1.4 Die Wasserhärte

sehr weich (unter 4° dH):
Freiburg i. Br. – Kaiserslautern – Remscheid
weich: (4 – 8° dH):
Essen – Marburg
mittelhart (8 – 12° dH):
Bochum – Flensburg – Konstanz
ziemlich hart (12 – 18° dH):
Baden-Baden – Hamburg – München
hart (18 – 30° dH):
Göttingen – Köln – Mannheim – Osnabrück
sehr hart (über 30° dH):
Mainz – Stuttgart – Würzburg

Unser Wasser wird in sechs Härtebereiche eingeteilt.

Wasser kommt in der Natur nicht „chemisch rein“ vor. Neben gelösten Gasen wie Kohlendioxid (CO_2) und Sauerstoff (O_2) enthält es auch gelöste Salze, z. B. Calcium- und Magnesiumsalze. Die im Leitungswasser enthaltenen Salze sind **Härtebildner**. Sie verursachen die **Wasserhärte**. Nach der Menge der Härtebildner wird unser Wasser in sechs Härtebereiche eingeteilt. Sie wird in Grad deutscher Härte (° dH) angegeben.

Kalkablagerungen auf einem Wasserhahn

Die Härtebildner verursachen **Kalkablagerungen** (**Kesselstein**) in Wasserleitungen und an den Heizstäben von Heißwassergeräten. Spülmaschinen, Kaffeemaschinen und Wasserdampfgeräte in der kosmetischen Praxis können aufgrund dieser Ablagerungen überhitzen. Das führt zu geringerer Leistung und erhöhtem Energieverbrauch.

Bei der Benutzung von **Seife** und hartem Wasser bildet sich ein weiß-grauer, wasserunlöslicher Belag, die sogenannte **Kalkseife**. Durch die Kalkseifenbildung nimmt die Reinigungskraft der Seife ab. Deshalb waschen wir heute Textilien, Haare und meistens auch die Haut nicht mehr mit Seife, sondern mit synthetischen Waschmitteln (Syndets), die auch in hartem Wasser ihre Waschkraft entfalten und keine Kalkseife bilden.

Für kosmetische Behandlungen wird neben Leitungswasser in erster Linie enthärtetes oder destilliertes Wasser (aqua destillata) verwendet. Wasserdampfgeräte werden z. B. mit destilliertem Wasser aufgefüllt. Auch bei der Herstellung von Kosmetika wird destilliertes Wasser als Verdünnungsmittel verwendet. Es gibt verschiedene Methoden, hartes Wasser zu enthärten:

1. Bei der **Destillation** wird das Leitungswasser verdampft. Die gelösten Carbonate und Sulfate verbleiben dabei in der siedenden Flüssigkeit. Der Wasserdampf kondensiert durch Abkühlung und wird als reines Wasser wieder aufgefangen.

2. **Enthärtung durch Chemikalien**: Soda, Borax oder Polyphosphate, z. B. Natriumpolyphosphat, sind Chemikalien, die die Härtebildner an sich binden können. Natriumpolyphosphate in Waschmitteln gefährden die Umwelt. Sie gelangen mit dem Abwasser in Flüsse und Seen. Dort verursachen sie übermäßiges Algenwachstum, was wiederum zu einem Sauerstoffmangel führt.

3. **Ionenaustauscher** (Kunstharze) sind eine einfache Möglichkeit der Wasserenthärtung. Das Leitungswasser wird durch zylindrische Filterbehälter geleitet, die mit gekörnten Kunstharzen gefüllt sind. Dabei werden die Härtebildner des Wassers an die Kunstharze gebunden und gegen andere Ionen, z. B. Na^{+}-Ionen, ausgetauscht.

2 Reinigungsmittel

Die von der Hautoberfläche zu entfernenden Partikel können hydrophil (wasserfreundlich) sein, z. B. Schweiß, wasserlösliche Wimperntusche, Staub. Sie können aber auch lipophil (fettfreundlich) sein, z. B. Talg, Lidschatten, Lippenstift. Zur Entfernung der hydrophilen Substanzen genügt warmes Wasser. Die lipophilen Substanzen müssen mit Wasser und Reinigungsmittel emulgiert werden, damit sie von der Hautoberfläche abgewaschen werden können. Oder sie müssen adsorbiert (aufgesogen) werden, z. B. durch Öl, welches von einem Löschblatt oder Zellstofftuch aufgesogen wird.

Abschminken auf Öl- oder Paraffinbasis verbinden sich zwar mit den lipophilen Schmutzpartikeln wie z. B. Theaterschminken oder fetthaltigen Pasten, aber sie entfernen nicht die hydrophilen Substanzen. Außerdem führt der verbleibende Fettfilm auf der Haut zu einem unangenehmen Hautgefühl. Deshalb erfolgt die Hautreinigung in den meisten Fällen mit **Detergenzien**. Die Kosmetikerin benutzt in erster Linie die Reinigungsmilch oder hydrophile Öle für die Grundreinigung der Haut.

Neben der detersiven Reinigung, die mithilfe von Detergenzien vorgenommen wird, kennt man auch die adsorptive Reinigung. Dabei werden lipophile Schmutzpartikel durch Anlagerung an die lipophilen Komponenten von Hafermehlextrakt, Molke oder

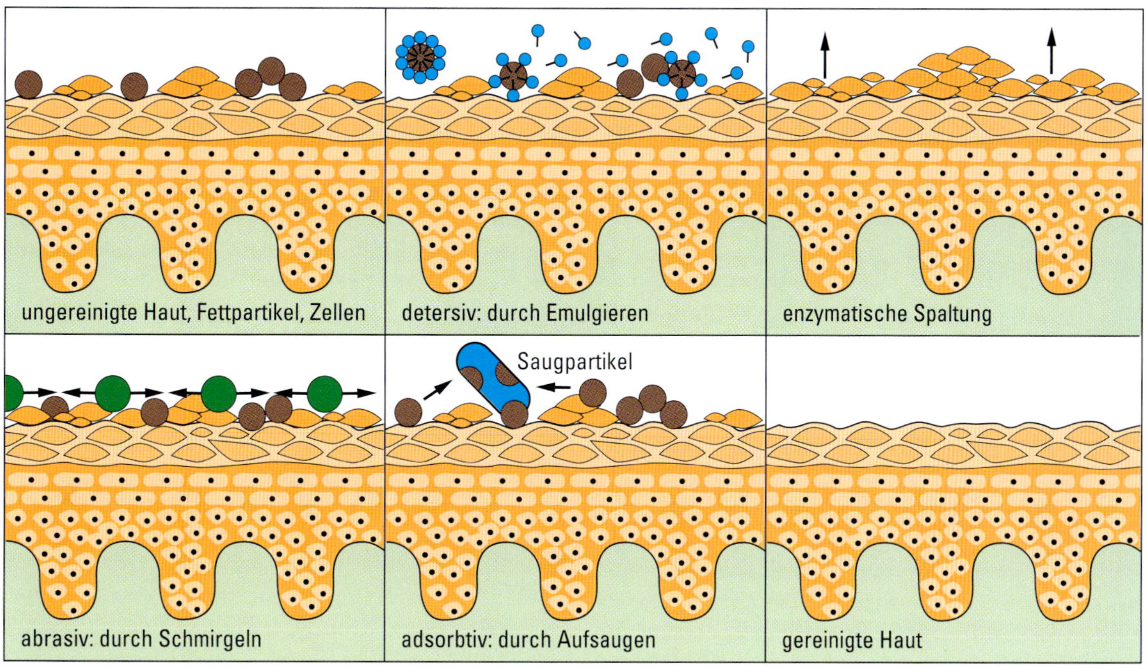

Die verschiedenen Arten der Hautreinigung: Auf der Haut liegende Verschmutzungen können durch Emulgieren, durch Aufsaugen, durch Schmirgeln oder durch die enzymatische Spaltung entfernt werden.

3

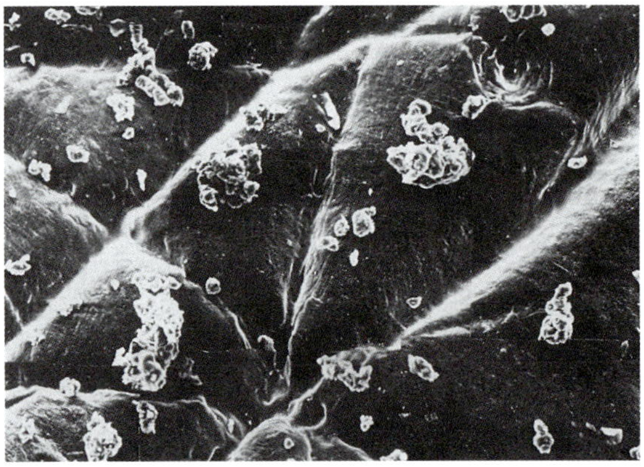

Rasterelektronenmikroskopische Aufnahme der Hautoberfläche vor und nach der Hautreinigung: Das linke Foto zeigt die ungereinigte Haut mit sich zum Teil abhebenden Schuppen, im rechten Foto erkennt man die lamellenfreie, gereinigte Hautoberfläche.

3

Hauttyp	Reinigen	Präparate	Tonisieren
• Mischhaut • normale Haut	normal	• Syndets • Reinigungsmilch (Seife)	• Gesichtswasser < 20 % Ethanol • adstringierende Zusätze
• Seborrhö	kräftig	• saure Syndets • Abrasiva	• Gesichtswasser < 40 % Ethanol • antibakterielle, keratolytische Zusätze
• Sebostase • empfindliche Haut	schonend	• hydrophiles Öl • Reinigungsmilch • adsorptive Masken	• Gesichtswasser ohne Alkohol • entzündungshemmende Zusätze

Präparate für die Hautreinigung bei unterschiedlichen Hauttypen

Weizenkleie entfernt. Adsorptive Reinigungsmittel sind chemisch betrachtet große Komplexe mit hydrophilen und lipophilen Teilen. Sie werden in erster Linie bei kranker Haut verwendet. Eine schonende Reinigung ist hier wegen der eingetrockneten Sekrete, Schuppen oder Krusten und vor allem wegen der Reste von Salben und Pasten wichtig. Zur Verbesserung der Reinigungskraft werden kleine Mengen hautfreundlicher Syndets zugesetzt.

Bei der kosmetischen **Tiefenreinigung** werden fett- und eiweißspaltende Enzyme eingesetzt, die den Zellkitt der Hornlamellen auflösen sollen. Dadurch können mehrere Lagen verhornter Zellen entfernt werden. Es werden auch **Abrasiva** (Peeling, Rubbelcreme) verwendet, die durch einen Schmirgeleffekt mehrere Lagen verhornter Zellen ablösen können.

Als **Reinigungsmittel** eignen sich Reinigungsmilch Reinigungsgel, Reinigungsöl oder -creme, die auf den jeweiligen Hauttyp abgestimmt sind. Zum Tonisieren und Erfrischen dient ein Gesichtswasser für den jeweiligen Hauttyp. Grundsätzlich sollten den reinen Seifen milde, pH-neutrale und rückfettende Präparate vorgezogen werden. Eine Dusche sollte nicht länger als fünf Minuten, ein Vollbad nicht länger als 20 Minuten dauern. Nach dem Duschen sollte die Haut nur vorsichtig abgetupft werden, damit die angelösten Epidermisfette nicht abgerubbelt werden. Mehr als eine Dusche pro Tag schadet mehr, als sie nützt. Auch übertriebene Hygiene kann ein Grund für Hautreizungen sein. Wenn bereits ein trockenes Hautbild vorliegt, genügt es, dreimal in der Woche zu duschen und die Wassertemperatur nicht zu heiß zu wählen. Duschöle und spreitende Ölbäder hinterlassen einen Fettfilm auf der Haut, der bei sehr trockener Haut als angenehm empfunden wird.

Nehmen Sie Stellung:

Kundin: „Warum verwenden Sie für meine Haut das rosafarbene Gel?“

Kosmetikerin: „Sie haben eine leichte Mischhaut, d. h., Ihre Stirn-, Nasen- und Kinnpartie ist etwas fettiger als Ihre Wangenpartie.“

Kundin: „Ja, das ist mir auch schon aufgefallen. Dort bekomme ich auch schneller Mitesser.“

Kosmetikerin: „Ja, aus diesem Grund habe ich mich für dieses milde, hautfreundliche Reinigungsgel entschieden. Ich werde es mit etwas Wasser aufschäumen und eine Reinigungsmassage durchführen. So kann ich Ihr Augen-

Make-up schonend entfernen und die Reste der Hautsekrete Talg und Schweiß von der Haut lösen. Das Gel entspricht dem pH-Wert Ihrer Haut und hinterlässt auch auf der etwas trockeneren Wangenpartie kein Spannungsgefühl."
Kundin: „Ja, danke. Zuhause verwende ich immer Reinigungstücher, um mein Make-up zu entfernen. Was halten Sie eigentlich davon?"

Weitere Infos zur Hautreinigung unter:
www.aesthetico.de
www.bebe.de
www.grandel-kosmetik.de
www.jda.de
www.nivea.de

2.1 Auf Wasser basierende Reinigungsmittel

2.1.1 Seifen – natürliche Detergenzien

Detergenzien (auch: **Waschaktive Substanzen**, **WAS**) sind Stoffe, die Schmutzpartikel von einer Oberfläche lösen können. Seife wurde als erstes Detergens schon vor über 4000 Jahren hergestellt. Durch das Kochen natürlicher Fette (Kokosöl, Rindertalg) mit starken Laugen (Natron- oder Kalilauge) werden die Fette in Glycerin und ihre jeweiligen Fettsäuren gespalten. Die Fettsäuren reagieren mit der Lauge zu einem Salz. Dieses Salz ist die Seife.

Unter **Seifen** versteht man die Salze der höheren Fettsäuren. **Kaliumsalze** bilden dabei die Flüssig- oder Schmierseifen, die in der Haushaltspflege wieder an Bedeutung gewinnen, da sie biologisch abbaubar und damit umweltverträglich sind. Flüssigseifen finden auch in Dosierspendern in Dusch- und Waschräumen Verwendung. **Natriumsalze** der höheren Fettsäuren bilden die Stückseifen, die entweder als **Kernseifen** erhältlich sind oder als Fein- bzw. Toilettenseifen für die Körperpflege verwendet werden. Sie werden aus reinen Fetten oder aus Fettsäuregemischen hergestellt, wobei ein möglichst hoher Anteil verträglicher Fettsäuresalze, z. B. Natriumstearat, in dem Fertigprodukt enthalten sein muss. Da Seifen Salze von schwach reagierenden Fettsäuren und stark reagierenden Laugen sind, reagieren sie in wässriger Lösung alkalisch. Ihr pH-Wert liegt etwa bei 9. Sie quellen das Hautkeratin und greifen den natürlichen Säureschutzmantel der Hornschicht an. Mit hartem Wasser bilden sie wasserunlösliche Calcium- und Magnesiumseifen, die sich als grau-weißer Belag auf Textilien, Haut und Haar niederlassen. Die Reinigungswirkung wird dadurch herabgesetzt.

Seife ist immer noch ein gebräuchliches und preiswertes Hautreinigungsmittel. Um moderne Ansprüche zu erfüllen, werden Fein- oder Toilettenseifen verschiedene Zusätze beigemengt, die verschiedene Seifenarten und -qualitäten ergeben. Stabilisatoren (Antioxidantien) verhindern das Ranzigwerden und die Fleckenbildung im Seifenstück. Komplexbildner verhindern die Kalkseifenbildung, weil sie die Calcium- und Magnesiumionen in Form von Komplexen binden. Überfettungsmittel sollen das beim Waschvorgang verloren gegangene Hautfett ersetzen.

Rasierseifen werden aus einem Gemisch von Natrium- und Kaliumsalzen hergestellt. Dadurch ergibt sich eine weiche Konsistenz. Den fein blasigen Schaum erhält man durch ein Gemisch von Kokosfett und Olivenöl. Glycerin verhindert die Austrocknung der Seife und in geringem Maße auch die Austrocknung der Haut, da Glycerin eine feuchtigkeitsbindende Wirkung entfaltet. Eine Rasiercreme enthält mehr Wasser und hautpflegende Fette und Öle als die reine Rasierseife. **Rasierschäume** besitzen die gleichen Inhaltsstoffe. Allerdings werden sie durch ein Treibmittel aus der Dose gedrückt und aufgeschäumt.

Transparentseifen sind transparente Glycerinseifen, die das Feuchtigkeitsbindevermögen der Haut erhöhen sollen. Mehrwertige Alkohole, z. B. Glycerin, und eine Zuckerlösung hemmen die Kristallisation beim Seifenherstellungsverfahren. Dadurch bleiben diese Seifenstücke transparent.

Deoseifen werden desinfizierende (Schwefel, Chlorphenole) und desodorierende (Zimtaldehyd, Eugenol, Trichlorcarbanilid) Wirkstoffe zugesetzt. Die Deodorantien sollen die schweißzersetzenden Bakterien in ihrer Zahl vermindern und den Schweißgeruch für einige Stunden binden.

Akneseifen sind medizinische Seifen mit desinfizierender und keratolytischer (hornlösender) Wirkung. Sie enthalten z. B. Schwefel und schwefelhaltige Verbindungen, Azulen, Hamamelis, Salicylsäure.

Kinderseifen sind besonders mild und hautschonend. Sie enthalten hautpflegende Zusätze wie Azulen, Weizenkeimöl, Milcheiweiß und sind nur gering parfümiert.

Parfümseifen sind mit teuren Parfümölen versetzte Seifen, die oft passend zu einer Serie, bestehend aus Körpermilch, Duschgel, Parfüm, Eau de Parfüm, Eau de Toilette und Deo angeboten werden. Diese Seifen eignen sich eher zur Beduftung des Kleiderschranks als zum Waschen. Oft sind gerade die hochkonzentrierten Duftstoffe Grund für Hautreizungen und Allergien.

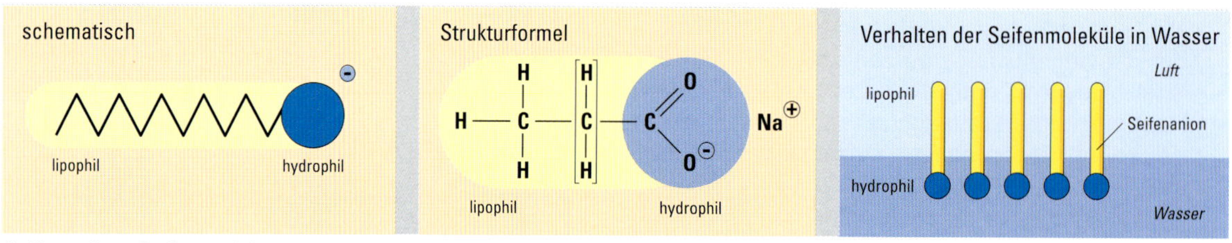

Aufbau eines Seifenmoleküls: Die unpolare Kohlenwasserstoffkette (gelb) bildet den lipophilen Molekülteil. Der polare Kopf (blau) entspricht dem hydrophilen Molekülteil des Tensides Seife. Die negative Ladung des Sauerstoffatoms ist der Grund dafür, dass Seife als Aniontensid bezeichnet wird.

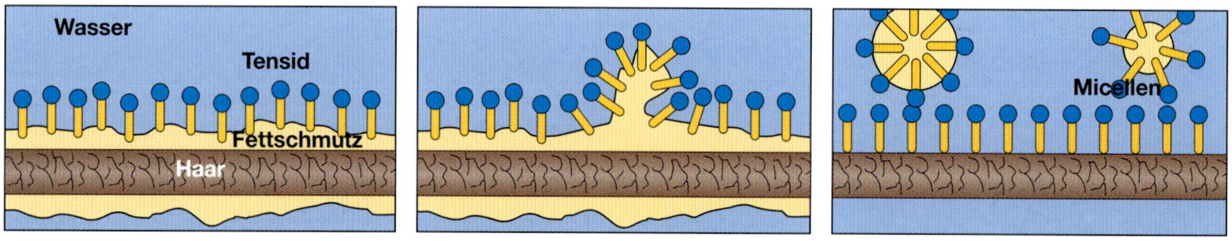

Die Tensidmoleküle lagern sich mit der lipophilen Kohlenwasserstoffkette an den Fettschmutz an. Mit dem hydrophilen Kopf ragen sie in das Wasser.

Die Tensidmoleküle emulgieren den Fettschmutz. Sie lösen ihn dadurch von der Haar- und Hautoberfläche ab.

Die Tensidmoleküle haben Micellen gebildet. Dadurch halten sie die Fetttröpfchen in der Schwebe. Weitere Tensidmoleküle verhindern ein erneutes Absetzen des Fettschmutzes auf der Haar- und Hautoberfläche.

Der Waschvorgang: Tenside tragen den Fettschmutz ab, indem sie Micellen bilden.

Cremeseifen und **Hautschutzseifen** enthalten bis zu 10 % Überfettungsmittel, z. B. Lanolin, Wollwachsderivate, Fettsäuren und Fettalkohole sowie Lecithin. Diese Stoffe sollen rückfettend wirken und schwächen daher die entfettende, aber auch die reinigende Wirkung der Seife ab. Die Emulgierfähigkeit wird unter Umständen belastet. Oft enthalten Hautschutzseifen auch Stoffe, welche die Seifenwirkung durch Schutzkolloidbildung mildern, z. B. Carboxymethylcellulose und Eiweiß-Fettsäure-Kondensationsprodukte. Diese Schutzkolloide bilden einen Film auf der Haut und vermindern dadurch die Quellung des Hautkeratins. Durch diese Stoffe erhält die Seife außerdem eine bessere Schaumqualität, mehr Glanz und Glätte. Die wasserunlöslichen Calcium- und Magnesiumsalze der Fettsäuren (Kalkseife) werden durch die Kolloidbildung sogar teilweise in Lösung gehalten.

Warum „wäscht" Seife? Seife ist ein Tensid. Alle Tenside haben einen ähnlichen chemischen Aufbau. Sie enthalten eine hydrophobe (wasserfeindliche) Molekülgruppe, die gleichzeitig lipophil (fettfreundlich) ist und eine hydrophile (wasserfreundliche) Molekülgruppe, die gleichzeitig lipophob (fettfeindlich) ist.

Nach der Regel „Gleiches löst sich in Gleichem" ragt der hydrophile, polare Kopf des Seifenmoleküls in das Wasser. Mit dem lipophilen Molekülteil bindet es sich an den Fettschmutz. Die Haut wird jetzt vollständig mit Wasser benetzt. Durch die Waschbewegungen wird der Fettschmutz in kleine Portionen zerteilt. Die Seifenmoleküle umschließen ihn und bilden eine **Micelle**. Der Fettschmutz wird emulgiert. Es bildet sich eine Öl-in-Wasser-Emulsion (Ö/W-Emulsion). Feinste Öltröpfchen sind von einer Wasserphase umgeben. So werden die lipophilen Schmutzpartikel daran gehindert, sich wieder auf der Haut abzusetzen. Feste Schmutzpartikel werden ebenfalls fein zerteilt und durch die Micellenbildung in der Schwebe gehalten. Diesen Vorgang nennt man dispergieren. Schließlich lagern sich die Tensidteilchen auch an der Hautoberfläche an und verhindern ein Absetzen des emulgierten und dispergierten Schmutzes. Durch das Nachspülen mit viel Wasser werden die Micellen und der darin eingehüllte Schmutz entfernt. Da die hydrophilen Köpfe des Seifenmoleküls negativ geladen sind, stoßen sie sich voneinander ab. Seife hat im Vergleich zu neutral oder nicht geladenen Tensiden eine gute Reinigungswirkung.

Seife wird in Kosmetikinstituten nicht mehr als Reinigungsmittel eingesetzt. Auch in den privaten Haushalten wird sie langsam durch Wasch- und Duschgele ersetzt. Der Grund liegt in der alkalischen Reaktion der Seife. Man spricht auch von der „Seifenlauge". Auf einer mit Seife eingeschäumten Hautoberfläche kann der pH-Wert von ca. 5,5 (schwach saurer Bereich) auf 9 bis 11 (alkalischer Bereich) klettern. Das bedeutet eine Schädigung des Säureschutzmantels der Haut. Die hauteigene Bakterienflora wird dadurch beeinträchtigt. Pathogene Keime (Krankheitserreger) und Allergene können dadurch leichter in die Haut eindringen. Nach dem Abspülen der Seife können immer noch pH-Werte von 7 bis 8 gemessen werden.

Je nach Alkalineutralisationsfähigkeit der Haut wird der Säureschutzmantel nach einer halben Stunde bis drei Stunden wieder hergestellt. Für die Gesichtsreinigung sind Seifen deshalb nicht zu empfehlen. Neben der Störung der physiologischen Bedingungen auf der Haut können Seifen die Komedonenbildung verstärken, weil bei ihrem Zerfall in Wasser freie Fettsäuren entstehen. Freie Fettsäuren wirken hautreizend und komedogen.

Ein weiterer Nachteil von Seifen ist die **Kalkseife**nbildung in hartem Wasser. Hier verbinden sich die Fettsäureionen mit den Calciumionen des kalkhaltigen Wassers zu Kalkseife, die im Gegensatz zu den Natrium- und Kaliumseifen wasserunlöslich ist. Auf der Haut abgelagerte Kalksalze rauen die Hautoberfläche auf, weil sie ein Nachfetten verhindern. Raue Haut verliert Feuchtigkeit und ist anfälliger gegenüber chemischen und physikalischen Einwirkungen. Die Kalkseifenbildung in hartem Wasser führt außerdem zu einem höheren Seifenverbrauch.

Nehmen Sie Stellung:

Kundin: „Sie empfehlen mir eine Reinigungsmilch und eine Lotion für meinen Hauttyp. Ich bin bis jetzt aber mit meiner Seife auch ganz gut zurechtgekommen."

Kosmetikerin: „Sie sollten bedenken, dass Seife im Wasser alkalisch reagiert und Ihren Säureschutzmantel, wenn auch nur für kurze Zeit, zerstört. Viele Kunden empfinden ein Spannungsgefühl nach der Seifenwäsche. Unser Ziel ist es, Ihre Haut optimal zu pflegen und so schonend wie möglich zu reinigen. Deshalb kann ich Ihnen Seife nicht empfehlen."

Kundin: „Ja, das verstehe ich. Aber wozu brauche ich dann noch eine Lotion?"

Kosmetikerin: „Jeder Reinigung sollte eine Gesichtslotion folgen, um Kalk- und Chlorrückstände auf der Haut zu neutralisieren und die Haut zu erfrischen."

Kundin: „Können Sie mir den Unterschied zwischen der Gesichtsreinigung mit Seife und mit Reinigungsmilch plus Lotion noch einmal ausführlich erklären?"

Kosmetikerin: „Ja, gerne. ..."

Weitere Infos unter:
www.basf.de
www.dr-hagen.de
www.grandel-kosmetik.de
www.jda.de
www.thalgo.de

2.1.2 Syndets – synthetische Detergenzien

Natürliche und **synthetische Detergenzien** (**Syndets**) lösen den Fettschmutz im Prinzip auf die gleiche Art und Weise. Die Grenzflächenspannung des Wassers wird herabgesetzt, der Schmutz benetzt und schließlich emulgiert, dispergiert und abgespült. Aber Syndets schäumen und reinigen im Vergleich zur Seife auch in hartem Wasser, in Salzwasser und in Säuren.

Syndets können aus unterschiedlichen Tensiden bestehen. Für die Herstellung eines synthetischen Anion-Tensides mit guten Wascheigenschaften werden z. B. Fettalkohole, Schwefelsäure und Natronlauge verwendet. Fettalkoholsulfate sind häufig verwendete Aniontenside für Duschgele, Waschgele und Shampoos. Durch die Reaktion des Fettalkohols mit Schwefelsäure entsteht ein saurer Ester. Dieser wird mit Natronlauge neutralisiert. Nach dem chemischen Aufbau unterscheidet man sauer, neutral und alkalisch reagierende Syndets. Synthetisch hergestellte Detergenzien bilden keine wasserunlöslichen Calcium- und Magnesiumseifen, somit hinterlassen sie keine unschönen Ränder in der Badewanne und keine grau-weißen Beläge auf Textilien, Haut und Haar.

Der große Vorteil der Syndets gegenüber den Seifen liegt darin, dass der pH-Wert durch Zugabe von Milch- oder Zitronensäure sauer eingestellt werden kann. Er ähnelt dann dem pH-Wert des Säureschutzmantels auf der Haut. Milchsäure ist gleichzeitig ein natürlicher Feuchthaltefaktor der Haut. Eine Alkalisierung erfolgt mit Natronlauge.

Es gibt flüssige Syndets und Syndetstücke, deren wässrige Lösungen pH-Werte von 4,5 bis 7,0 ergeben. Saure Syndets gewährleisten eine „porentiefe" Reinigung, alkalische Syndets verursachen durch ihren Quellungseffekt eine Verengung der Follikel. Durch die Quellung wird allerdings auch Wasser in den Hornlamellen zurückgehalten. Dieses Wasser verdunstet wieder. Der transepidermale Wasserverlust ist größer. Deshalb sind neutral oder schwach alkalisch eingestellte Syndets bei trockener Haut zur Körperreinigung sogar vorzuziehen. Bei einer Seborrhö und einer Akne sind saure Syndets dagegen besser geeignet. Saure Syndets reduzieren nachweislich die Keimzahl auf der Hautoberfläche.

Aufgrund der größeren Reinigungswirkung können Syndets die Haut stärker entfetten als Seifen. Trockene Haut, die durch eine Syndetwäsche zusätzlich entfettet wird, quillt und entquillt besonders schnell, sodass sie spröde und rissig wird. Die Hautrisse eignen sich als Eintrittspforte für Bakterien

3

Syndets	Seifen
– pH-Wert kann auf saure, neutrale oder alkalische Werte eingestellt werden. – keine bzw. geringe pH-Wert-Änderung der Haut nach dem Waschen – starke Entfettung – 100 % Reinigungswirkung – keine Kalkseifenbildung in hartem Wasser – starke „Versumpfung“ des Syndetstücks in der Seifenschale – teuer in der Herstellung – gute bis mäßige Schaumbildung – heute: biologisch abbaubar – geeignet für „normale“ und Problemhaut	pH-Wert: 9 – 10 – pH-Wert-Änderung der Haut nach dem Waschen, Störung des Säureschutzmantels – weniger starke Entfettung – weniger Reinigungswirkung durch Kalkseifenbildung in hartem Wasser – weniger starke „Versumpfung“ des Seifenstücks in der Seifenschale – preiswert in der Herstellung – gute Schaumbildung – biologisch abbaubar – geeignet für „normale“ Haut Gute Seifen ergeben einen zarten, sahnigen Schaum, weisen keine Risse auf und duften bis zum letzten Rest.

Gegenüberstellung der Vor- und Nachteile von Seifen und Syndets zur Hautreinigung

Tensidart	Eigenschaften	Anwendungsbereich
1 Aniontenside (–)		
z. B. Sulfosuccinate, Fettalkoholethersulfate, Fettalkoholsulfate, Amino-Fettsäurekondensate	biologisch leicht abbaubar gutes Schaumvermögen gute Reinigungswirkung geringe bis starke Entfettung	Duschgel, Waschgel, Shampoo, Waschpulver, Seifen und seifenfreie Syndets, Schaumbäder, Babybäder
2 Kationtenside (+)		
z. B. quartäre Alkyl-Ammoniumverbindungen = Quats	keine Reinigungswirkung lagern sich an Haar und Haut an, desinfizieren, machen weich und geschmeidig, verhindern die elektrostatische Aufladung des Haares	Spülung, Haarkur, Tönung, Pflegeshampoo, Weichspüler, Flächen- und Hautdesinfektionsmittel, Konservierungsmittel, Haarfestiger, Conditioner, Deodorantien
3 Amphotere Tenside (Amphotenside) (±)		
z. B. Betaine aus Pflanzen oder aus Zuckerrüben Lecithin	geringes Schaumvermögen milde Reinigung öllöslicher Emulgator	Kindershampoo, Haarkur, seifenfreie Syndets, Intim- und Säuglingspflegemittel, Hautcremes, Lebensmittel
4 Nicht ionische Tenside (Niotenside)		
z. B. Polyglykolether, Fettalkohole, Fettalkoholether	geringe Schaumbildung leichte Reinigungswirkung öllösliche Emulgatoren wasserlösliche Emulgatoren	Kindershampoo, Haarkur, Bade- und Duschpräparate, Hautcremes, Hautöle, Badeöle, hydrophile Reinigungsöle, Gesichtswässer

Eigenschaften und Anwendungsbereiche der vier Tensidgruppen

und Allergene. Rückfettende Zusätze wie Lanolin oder Lecithin beugen einer zu starken Entfettung der Haut vor. Moderne Syndets auf der Basis hautfreundlicher Tenside reinigen mild und gründlich.

Je nach Eigenschaften und Anwendungsbereichen stehen vier **Tensidgruppen** zur Verfügung: **Aniontenside**, **Kationtenside**, **amphotere Tenside** (**Amphotenside**) und **nicht ionische Tenside** (**Niotenside**).

Als Reinigungsmittel besitzen die Aniontenside die größte Bedeutung, gefolgt von den Niotensiden und den Amphotensiden. Syndetstücke enthalten 30 bis 70 % dieser Tenside, meistens Kombinationen aus geladenen und nicht geladenen waschaktiven Substanzen (WAS). Füllmittel und Bindemittel, z. B. Bariumsulfat, Kaolin, Zinkstearat und Polysaccharide, erzeugen eine feste Konsistenz und vermindern das „Versumpfen" in der Seifenschale. Beim Liegen in Wasserresten kommt es schnell zur Auflösung des Syndetstücks. Deshalb werden sie meistens in einer konkaven Form hergestellt, in der sie nicht mit der ganzen Fläche aufliegen.

Flüssigsyndets enthalten waschaktive Substanzen und hautpflegende Zusätze. Gerbstoffe, z. B. Dermolane oder Eiweißhydrolysate verhindern, dass sich das Tensid am Hautkeratin festsetzt. Rückfettende Substanzen, z. B. Lecithin, Lanolin oder Fettsäuremonoglyceride, wirken der Entfettung entgegen, vermindern aber auch die Reinigungswirkung. Neu ist die Einarbeitung von ölgefüllten Mikrokapseln, die sich während des Waschvorgangs öffnen und einen pflegenden Effekt ausüben.

Zur Reinigung besonders empfindlicher und kranker Haut werden Niotenside bevorzugt, da sie die Haut am wenigsten irritieren. Auch die Einarbeitung von Proteinen verbessert die Hautverträglichkeit. Für die Verträglichkeit eines Syndets sind aber nicht nur die Ergebnisse der direkten Irritationstests ausschlaggebend. Auch seine Verweildauer auf der Haut, die Abspülbarkeit und die Häufigkeit der Anwendung sind entscheidend für die Verträglichkeit.

2.1.3 Reinigungsgele

Das Wort Gel leitet sich von Gelatine ab. **Gele** sind formbeständige **disperse Systeme** aus mindestens zwei Komponenten. Ein fester Stoff mit langen oder stark verzweigten Molekülketten, z. B. Gelatine, Kieselsäure, Polysacchariden, Celluloseether, Pektinen, ist in einer Flüssigkeit, meistens in Wasser, gelöst. Die feste Substanz bildet im **Dispersionsmittel** ein räumliches Netzwerk. Sind die Löcher des Netzes mit Flüssigkeit (Wasser, Öl, Alkohol) ausgefüllt, spricht man von einem Lyogel. Bei Erwärmung und bei Druck, also beim Verteilen auf der Haut, lässt sich das Lyogel verflüssigen. Gelartige Stoffe verflüssigen sich bei der Einwirkung mechanischer Kräfte, z. B. beim Rühren, Pressen, Streichen, Auftragen. Danach werden sie wieder fest. Dieses Verhalten, die sog. **Thixotropie**, kommt aufgrund des chemischen Aufbaus zustande.

Besteht das Dispersionsmittel aus Wasser, spricht man von einem **Hydrogel**, besteht es aus Öl, spricht man von einem **Lipogel**. In der Kosmetik werden Hydrogele als Reinigungsgele, Sonnengele, Augengele, Körpergele etc. angeboten. Lipogele werden als Salbengrundlagen verwendet.

Reinigungsgele sind fettfreie Hydrogele mit Syndetlösungen, z. B. Fettalkoholethersulfate, Alkylamidobetaine, Cocobetaine, Sulfosuccinate und einem Verdickungsmittel, z. B. Celluloseether. Sie werden aufgrund ihrer Konsistenz und Zusammensetzung gerne zur Reinigung der fettigen und unreinen Haut verwendet. Feuchtigkeitsspendende Komponenten, z. B. Sorbitol (Sorbitalkohol), sorgen für eine schonende Reinigung. Durch die Syndetlösung entsteht bei der Abnahme des Gels mit Wasser ein leichter Schaum, der die Reinigungswirkung psychologisch unterstützt und ein Gefühl der Erfrischung erzeugt.

2.2 Auf Öl basierende Reinigungsmittel

2.2.1 Reinigungsemulsionen

Emulsionen sind zwei- oder mehrphasige Systeme von Flüssigkeiten, z. B. Öl und Wasser. Eine Phase ist in der anderen durch kleine Tröpfchen oder Flüssigkeitskristalle fein verteilt (dispergiert). Die äußere Phase, die meist im Überschuss vorhanden ist, bezeichnet man als Dispersionsmittel, z. B. Wasser. Die innere Phase heißt disperse bzw. zerteilte Phase, z. B. Öltröpfchen. Wasser und wassermischbare Flüssigkeiten werden dabei als Wasserphase – Abkürzung W –, Öle und ölmischbare Flüssigkeiten als Ölphase – Abkürzung Ö – gekennzeichnet. Die Emulsion entsteht durch eine mechanische Zerteilung, z. B. durch Rühren und Schütteln (Homogenisierung). **Emulgatoren**, die aufgebaut sind wie Tensidmoleküle, verhindern ein Zusammenfließen der beiden Phasen und damit ein Entmischen der Emulsion. Sie halten die Emulsion stabil.

In der **Ö/W-Emulsion** liegen die Öltröpfchen fein zerteilt in der äußeren Phase vor. Das Emulgatormolekül ragt mit seinem lipophilen Teil in das Öltröpfchen und mit seinem hydrophilen Teil in das Dispersionsmittel Wasser. Dadurch wird das Öltröpfchen in der Schwebe gehalten. Bei der **W/Ö-Emulsion** verhält sich der Emulgator umgekehrt. Durch das Anlagern der Emulgatormoleküle an den Grenzflächen Wasser und Öl wird ein Zusammenfließen der Tröpfchen und damit die Entmischung der Emulsion verhindert.

In einfachen Emulsionen ergibt sich entweder der Verteilungszustand Ö/W oder W/Ö. Das hängt von der Art des Emulgators, von der Herstellungs-

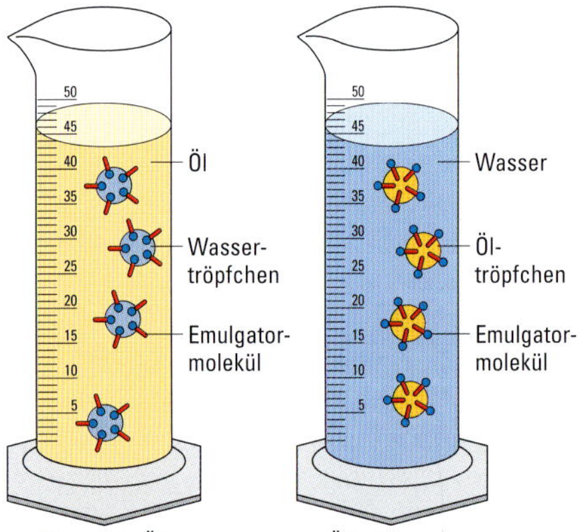

Wasser-in-Öl-Emulsion (W/Ö): Die Wassertröpfchen sind in Öl fein verteilt. Öl-in-Wasser-Emulsion (Ö/W): Die Öltröpfchen sind in Wasser fein verteilt. Die gelösten Tröpfchen bilden jeweils die disperse Phase.

Bildung einer Emulsion: rechts mit Emulgator, links ohne Emulgator. Ohne Emulgator ist eine Emulsion nicht stabil. Die Öl- und die Wasserphase trennen sich schnell wieder voneinander (Mitte).

methode und vom Phasenvolumenverhältnis ab. Öllösliche Emulgatoren bilden W/Ö-Emulsionen, wasserlösliche Ö/W-Emulsionen.

Transparente **Mikroemulsionen** mit besonders kleinen Tröpfchen lassen sich am besten mit besonders hydrophilen Emulgatoren herstellen. Sie werden hergestellt, um z. B. eine sehr große Menge Wasser in wenig Öl zu verteilen. Manche dieser Emulsionen haben ein gelartiges Aussehen. Um Mikroemulsionen stabil zu halten, muss die Menge der zugesetzten Emulgatoren höher sein als bei herkömmlichen Emulsionen. Milchtrübe Emulsionen weisen in der dispersen Phase eine Teilchengröße zwischen 0,001 bis 0,1 mm auf.

Als **multiple Emulsionen** werden Systeme bezeichnet, bei denen die dispergierten Tröpfchen ihrerseits Tröpfchen des äußeren Dispersionsmittels einschließen. So ergeben sich W/Ö/W-und Ö/W/Ö-Emulsionen.

Während Emulsionen und Mikroemulsionen ein klassisches Konzept mit synthetischen Emulgatoren verfolgen, werden Nanoemulsionen auf physiologischem Weg hergestellt. Die Teilchen einer Nanoemulsion haben nur noch einen Durchmesser von 0,00005 bis 0,0001 mm. Hier werden keine Emulgatoren, sondern es wird reines Phosphatidylcholin eingesetzt. Phosphatidylcholin ist ein Bestandteil der Zellmembranen und wird aus Soja-Lecithin hergestellt. Phosphatidylcholin-Dispersionen bilden spontan doppelschichtige Membranen aus. Dadurch werden übliche Emulgatoren überflüssig. Phosphatidylcholin liefert der Haut zwei essenzielle Stoffe: Linolsäure und Cholin.

In der Kosmetik werden Nanopartikel zu den „emulgatorfreien Emulsionen" gezählt. Sie pflegen und unterstützen die Haut nach der Reinigung. Aufgrund der hohen Herstellungskosten werden sie allerdings kaum für Reinigungspräparate, sondern hauptsächlich für Anti-Aging-Präparate, Cremes für Neurodermitis und ekzematische Haut sowie für Hautschutzpräparate hergestellt.

Bei den herkömmlichen W/Ö-Emulsionen bildet Wasser die disperse Phase, Öl das Dispersionsmittel. Haut und Haare werden durch solche Emulsionstypen mit einer Fettschicht überzogen. Sie glänzen. Die W/Ö-Emulsion lässt sich nicht allein durch Wasser entfernen, da Öl nicht wasserlöslich ist. Ihr Anwendungsbereich liegt bei Nachtcremes, Nähr- und Regenerationscremes, Schutzcremes, z. B. wasserfeste Sonnenschutzcreme oder -milch, und Wintersportpräparaten. Als Emulgatoren eignen sich z. B. Lecithin, Fettalkohole, Wollwachs und Wollwachsalkohole.

Da Ö/W-Emulsionen gut mit Wasser abgespült werden können, sind sie beliebte Grundlagen für **Reinigungspräparate**. Man unterscheidet Reinigungsmilch, Reinigungscreme, Reinigungsgel, Reinigungsschaum, Hydrophile Reinigungsöle (Hy-Öle) sowie Syndets.

Ö/W-Emulsionen dringen schnell in die oberen Hornlamellen der Epidermis ein. Sie hinterlassen keinen Fettglanz. Als Tages- und Feuchtigkeitscremes, als Make-up-Unterlage, als Körperlotionen und Haarkuren finden sie in der Kosmetik vielseitigen Einsatz. Als Emulgatoren eignen sich solche, deren hydrophiler Teil sich sehr gut in Wasser löst, wie z. B. Fettsäuresarkoside, Alkylsulfate, Fettalkoholethersulfate, Aminosäure-Fettsäure-Kondensate und auch Lecithin.

Die Praxis zeigt, dass stabile Emulsionen meist nur durch eine Mischung verschiedener Emulgatoren zu erreichen sind. Mischungen aus hydrophilen und lipophilen Emulgatoren in verschiedenen Mengenverhältnissen werden als sogenannte Komplexemulgatoren verwendet. Dabei bestimmt der hydrophile Emulgator die Phasenverteilung, der lipophile Emulgator wird zwischen den Molekülen des hydrophilen Emulgators an der Grenzfläche Öl-Wasser so ange-

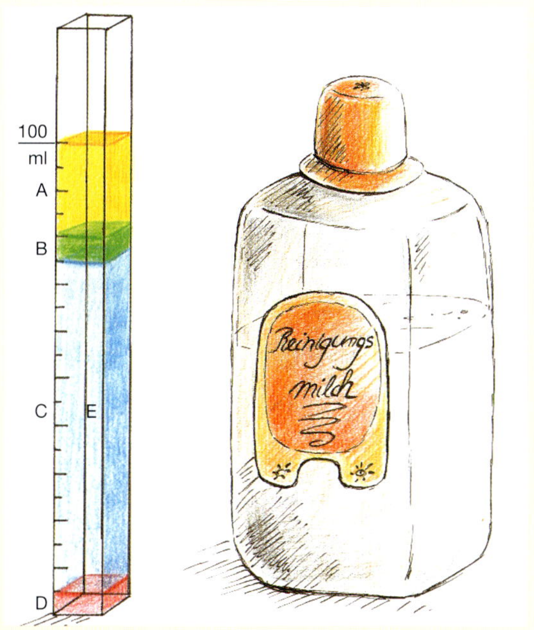

Reinigungsmilch:

Die Ö/W-Emulsion kann enthalten:

A: Polywachse, Wollwachse, Mineralöle und echte Öle wie z. B. Weizenkeimöl, Mandelöl.
B: Triethanolaminstearat als Emulgator, der
C: destilliertes Wasser mit unter A bezeichneten Mitteln emulgiert.
D: Zur Verbesserung des Geruchs dienen geringe Mengen ätherischer Öle, z. B. Rosenöl und Orangenöl.
E: Rückfettende und feuchtigkeitsbindende Wirkstoffe, z. B. Panthenol, Aloe Vera, Bisabolol, desinfizierende und entzündungshemmende Wirkstoffe, z. B. Weidenrinde (Salicylsäure) und Allantoin.

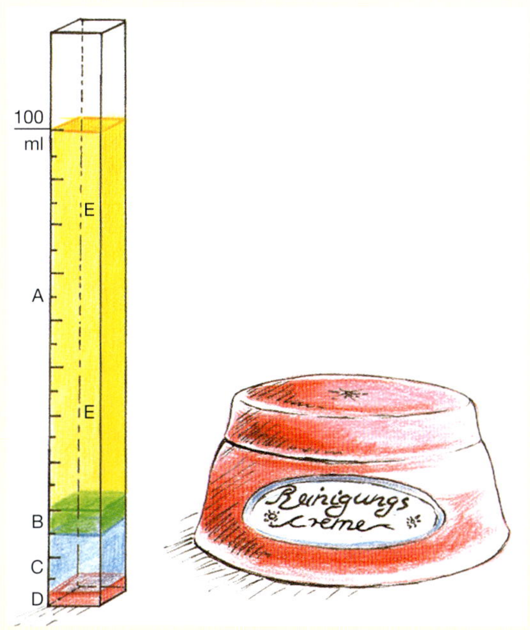

Reinigungscreme:

Die W/Ö-Emulsion kann enthalten:

A: Mineralfette (Paraffine), z. B. Vaseline, geringe Mengen echter Fette tierischer und pflanzlicher Herkunft, z. B. Erdnussöl, Avocadoöl.
B: Triethanolaminstearat, das
C: wenig destilliertes Wasser mit A emulgiert.
D: Ätherische Öle.
E: Spezielle Wirkstoffe (vgl. Reinigungsmilch).

Zusammensetzung von Reinigungsemulsionen

lagert, dass ein besonders dichter Emulgatorfilm entsteht, der gut vor dem Zusammenfließen der beiden Phasen schützt. Weiterhin eignen sich wasserlösliche Polymere, z. B. Arabisch Gummi, Methylcellulose, Alginate und Polyvinylalkohol zur Stabilisierung der Emulsion. Sie lagern sich ebenfalls an den Grenzflächen an und bilden dicke Schichten um die Öltröpfchen, sodass eine Phasentrennung vermieden wird. Da sie die emulgierten Tröpfchen mit einem Schutzfilm umgeben, spricht man auch von einer Schutzkolloidwirkung.

Der **HLB-Wert** (Hydrophile-Lipophile Balance) ist ein Maß für die Wasser- bzw. Fettfreundlichkeit von Emulgatoren. In einer Skala von 1 bis 20 werden verschiedene Emulgatoren nach ihrer Löslichkeit geordnet. Das HLB-System kann die Auswahl der Emulgatoren für bestimmte Präparate erleichtern.

Reinigungsemulsionen vom Typ Ö/W sind flüssig und haben meistens ein milchig-trübes Aussehen, weshalb sie auch Reinigungsmilch oder -sahne genannt werden. Es gibt allerdings auch transparente, gelartige Mikroemulsionen, die leicht mit den

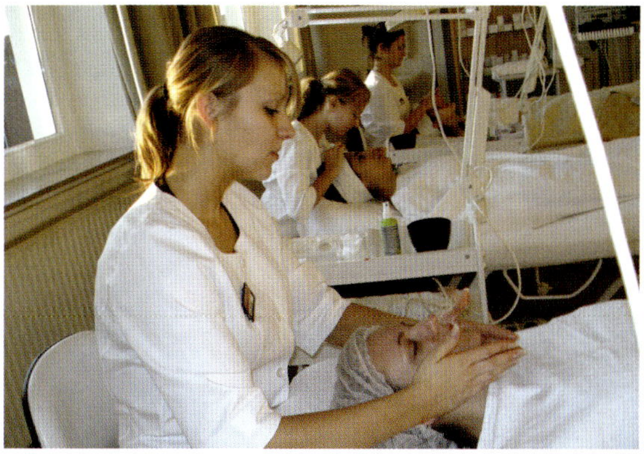

Reinigungsgelen zu verwechseln sind. Reinigungsmilch wird aus der Flasche direkt in die hohle Hand gegeben und mit den Fingerspitzen der anderen Hand auf Gesicht, Hals und Dekolleté verteilt. Die Ausstreichungen zum Auftragen der Reinigungsmilch richten sich nach der Massagerichtung und nach dem Verlauf der Spaltlinien. Reinigungsemulsionen werden von der Gesichtsmitte nach außen verstrichen. Eine Reinigungscreme wird aus hygienischen Gründen mit dem Plexiglasspatel aus dem Tigel entnommen, dann aber zur Anwärmung und besseren Verflüssigung in die hohle Hand gegeben und wie die flüssige Reinigungsmilch aufgetragen.

Eine Reinigungsmassage mit Streichungen und Friktionen unterstützt mechanisch das Emulgieren und Dispergieren von Fettschmutzpartikeln auf der Haut. Friktionsmassagen empfehlen sich dabei besonders im Nasen- und Kinnbereich, da sich dort viele Talgdrüsen befinden. Die Reinigungsemulsion wird mit mehrfach wechselnden feuchtwarmen Kompressen oder Viskoseschwämmchen entfernt. Die mechanische Reinigungswirkung von emulsionsförmigen Präparaten kann durch Bürstenmassagegeräte unterstützt werden.

Bei einer **Reinigungscreme** vom Typ W/Ö wird nach dem Auftragen in Massagerichtung und der Reinigungsmassage der gelöste Fettschmutz mit einem Zellstofftuch abgenommen. Die Reste der cremigen Emulsion werden mit einem mit Gesichtswasser getränkten Wattepad abgenommen. Eine Waschcreme wird nach dem Auftragen mit Wasser aufemulgiert und leicht einmassiert, bis Schaum entsteht. Waschcremes enthalten im Vergleich zur Reinigungsmilch auch schaumbildende Emulgatoren, z. B. Amidethersulfate. Mit mehr Wasser kann diese dünnflüssig gewordene Emulsion abgespült werden.

Reinigungsemulsionen finden bei allen Hauttypen und -zuständen Anwendung. Wegen ihrer rückfettenden Eigenschaften werden sie aber meistens bei trockener, feuchtigkeitsarmer, empfindlicher und atrophischer Haut eingesetzt. Je höher der Wasseranteil einer Reinigungsmilch ist, desto geringer ist die Reinigungswirkung. Da Reinigungsgele eine leicht entfettende Wirkung zeigen, werden sie gerne bei jugendlicher Haut, bei einer Seborrhö und bei Akne verwendet. Sie können aber durch feuchtigkeitsspendende und rückfettende Substanzen so aufbereitet werden, dass sie auch für alle anderen Hauttypen eine Alternative zu den Reinigungsemulsionen darstellen. Sie können ebenfalls durch den Zusatz von reizlindernden, antimikrobiellen und keratolytischen Substanzen so zusammengesetzt werden, dass sie eine schonende, aber intensive Reinigung bei Akne, Seborrhö oder jugendlicher „Problemhaut" versprechen.

Grundstoffe	Wasser, Tenside (anionisch, kationisch, nicht ionisch), Glyceride, Emulgatoren, Öle, Gelbildner
Wirkstoffe	rückfettende Substanzen, Feuchtigkeitsfaktoren, ätherische Öle, verschiedene künstliche oder pflanzliche Wirkstoffe
Hilfsstoffe	**Verdickungsmittel**, Trübungs- und Perlglanzmittel, Komplexierungsmittel, Konservierungsmittel/Antioxidanzien

Die häufigsten Inhaltsstoffe von Hautreinigungspräparaten

2.2.2 Hydrophile Öle

Hydrophile Öle (**Hy-Öle**) sind „wasserliebende Öle". Was zunächst als Widerspruch erscheint, wird klar, wenn man den Aufbau dieser Reinigungsöle berücksichtigt. Hydrophile Öle sind Fettsäureester, Fettalkohole oder Paraffinöle, denen Emulgatoren, vorzugsweise Cocoylglutamat, zugesetzt werden. Ein Hy-Öl wird auf die trockene Haut aufgetragen und gleichmäßig verteilt. Dadurch werden fettlösliche Verunreinigungen der Haut und überschüssige Talgdrüsensekrete gelöst. Nach der Ölreinigung wird mit tropfnassen Fingern kühles Wasser hinzugefügt. Da das Hy-Öl selbstemulgierend wirkt, bildet sich spontan eine Wasser-in-Öl-Emulsion. Bei weiterem Wasserzusatz findet ein Emulsionswechsel statt. Die Phase der Wasserreinigung beginnt. Wasserlösliche Verunreinigungen und Schweißabsonderungen werden in Lösung gebracht. Die entstandene Öl-in-Wasser-Emulsion kann mit kühlem Wasser abgespült werden.

2.2.3 Wasserfreie Reinigungscremes und Abschminken

Reinigungscremes zur Entfernung von Theater- und Karnevalsschminke sind Paraffinöl-Wachsgemische mit einem geringen Anteil an Emulgatoren, Lanolin und Cetylalkohol. Durch den Zusatz von Emulgatoren wird der auf der Haut liegende Fettfilm wasserdurchlässiger. Wasserlösliche Verunreinigungen werden dadurch aber kaum gelöst.

Weißes **Vaselin** ist ein Gemisch gereinigter, gebleichter, fester und flüssiger Paraffine. Vaselin ist ein typisches Beispiel für eine Abschminkcreme und wird als Grundlage für die wasserfreien Reinigungscremes verwendet. Beim Auftragen zeigt es thixotropes Verhalten. Es wird mit Zellstofftüchern zusammen mit dem gelösten Fettschmutz von der Haut entfernt.

Coldcremes auf der Basis von Bienenwachs und Paraffinölen sind Allzweckcremes vom Typ Öl-in-Wasser-Emulsion. Sie wirken kühlend, sind schneeweiß, haben eine glatte Konsistenz und eine leichte Streichbarkeit. Ihre Reinigungskraft ist mit der der wasserfreien Cremes zu vergleichen. Coldcremes mit einem höheren Anteil an Pflanzenölen sind zu schade für die Reinigung. Sie werden als Nähr- oder Nachtcreme angeboten. Bei der Reinigung mit Vaselin, mit einer wasserfreien Creme oder mit Coldcreme ist die Nachreinigung der Haut mit einem Gesichtswasser erforderlich.

Cleansing-Cremes sind Reinigungscremes auf W/Ö-Basis. Sie werden wie die wasserfreien Reinigungscremes angewendet. Die Reinigungswirkung ist aufgrund des höheren Emulgatoranteils jedoch höher.

Zu den wasserfreien Reinigungsmitteln zählen auch die **Badeöle**. Sind sie wasserunlöslich, schwimmen sie als dünner Film auf der Wasseroberfläche und haften nach dem Baden fettig auf der Haut. Ein geringer Zusatz an Tensiden lässt Badeöle auf die Haut aufziehen. Der Verbraucher schätzt diese Eigenschaft, denn dadurch wird die Haut zart und geschmeidig. Die Reinigungskraft der Badeöle ist allerdings minimal. Sie gelten wie die Coldcremes eher als Pflegemaßnahme. Je besser ein Ölbad in Wasser löslich ist, desto höher ist sein Tensidanteil und desto stärker ist seine Reinigungswirkung auf die Haut. Kosmetische Ölbäder enthalten ätherische Öle, die durch den Zusatz von Glycerol- oder Glykolethern, von Fettalkoholsulfonaten oder -phosphaten wasserlöslich gemacht werden. Ätherische Öle wirken auf die Haut, indem sie von der Haut absorbiert werden und auf die Psyche, indem sie inhaliert werden.

2.3 Peelingpräparate

„Peelen" bedeutet schälen. Zu den Schälmethoden gehören das mechanische Rubbelpeeling, die enzymatische Schälkur, die Kräuterschälkur, der Einsatz von Fruchtsäuren, das Hauttrockenbürsten sowie die Mikrodermabrasion.

Durch ein **Peeling** bzw. eine **Schälkur** sollen Hornlamellen abgerubbelt bzw. gelöst und entfernt werden. Durch die Abhebung der oberen Hornschichten erscheint das Hautbild feiner. Die Hautoberfläche fühlt sich glatter und weicher an. Sie ist allerdings auch empfindlicher gegenüber mechanischen, thermischen und chemischen Reizen. Die Haut wird aufnahmefähiger für Wirkstoffe. Talgstauungen in den Follikeln der feinen Härchen werden gelöst. Hautsekrete können besser abfließen. Haarfollikel und Poren werden geöffnet und dienen als Transportwege für Wirkstoffe, die in der nachfolgenden kosmetischen Behandlung auf die Haut aufgetragen und in die Haut einmassiert werden. Bei einem Peeling wird außerdem die Durchblutung der Kapillargefäße erhöht. Die Basalzellen der Epidermis werden angeregt, neue Zellen zu bilden. Das Resultat ist eine schnellere Erneuerung der Haut.

Die Selbstregulationsmechanismen des Körpers sind auf Ausgleich hin ausgerichtet. Wo Körpersubstanz beschädigt oder entnommen wird, ist der Organismus bestrebt, neues Gewebe zu bilden. Nach einer Verletzung ist die Zellteilungsrate erhöht. Das gilt auch für die Mitose der Basalzellen. Da bis heute nicht widerlegt ist, dass jeder Mensch eine genetisch festgelegte Mitosekapazität besitzt, sind tiefgreifende Schälkuren, die immer wieder eine Reparatur der Epidermis provozieren, kritisch zu betrachten. Außerdem setzt jede Störung der Hornschicht das Immunsystem in Alarmbereitschaft. Die epidermalen Langerhanszellen erkennen Fremdstoffe jetzt eher, da die schützende Hornschicht zum Teil oder ganz abgetragen wurde. Reizerscheinungen wie Rötung, Brennen und Jucken der Haut weisen auf eine Überreaktion des Immunsystems hin. Je intensiver die Schälmethode ist, umso mehr verlagert sich die Hautreaktion zu einer Entzündungsreaktion. Infektionen und Allergien können die Folge sein, da die Haut ihre Schutzfunktionen bis zur vollständigen Regeneration nur noch bedingt erfüllen kann.

Bei folgenden Hauttypen und -zuständen ist eine der oben genannten Methoden zulässig: großporige Haut, grobe atrophische Haut, aktinische Keratose, allgemeine Hyperkeratosen, Seborrhö oleosa, Seborrhö sicca, Akne im nicht entzündlichen Stadium, Narbenbildungen sowie bei Unregelmäßigkeiten der Hautpigmentierung, gebräunter Haut mit Lichtschwielenbildung. Vorsicht ist jedoch bei einer dünnen, feinen Haut, bei Teleangiektasien und Rosacea geboten. Diese Hautzustände sind extrem empfindlich und reagieren schnell auf mechanische, thermische und chemische Reize. Wird die schützende Hornschicht hier abgetragen, können Mikroorganismen und Allergene ungehindert in tiefere Hautschichten eintreten.

Peelingbehandlungen sind nicht nur für die Gesichtshaut vorgesehen. Auch für Hand- und Fußbehandlungen sowie für Ganzkörper- und Cellulitebehandlungen stellen sie einen ergänzenden Behandlungsbaustein dar.

Weitere Infos unter:
www.a-natural-difference.com
www.aok-kosmetik.de
www.apotheker.at
www.biodroga.de
www.jda.de
www.maria-galland.com
www.quarz.ch

2.3.1 Das mechanische Peeling

Peelingpräparate mit **Schleifkörper**n, sogenannte **Abrasiva**, werden mit den Fingern oder mit dem Maskenpinsel auf die Haut aufgetragen und mit feuchten

Fingerspitzen oder mit dem angefeuchteten Polster- oder Bürstenaufsatz eines Schleifgerätes auf der Haut verteilt und bewegt. Die mechanische Reizung bewirkt einen Schmirgeleffekt. Fest sitzende Hornlamellen werden „abradiert" und durch Talg-Horn-Konglomerate verstopfte Follikel werden geöffnet.

Abrasiva enthalten vorwiegend Polyethylengranula (glatte Kunststoffkügelchen), pulverisierte Walnussschalen, Pressrückstände von Pfirsich- und Aprikosenkernen, Mandelkleie, Seesand, Kieselgur, Kaolin oder Mineralsalze. Unter dem Namen „Mandelkleie" sind auch Peelingpräparate im Handel, die kein oder nur wenig Mandelmehl enthalten, sondern das preisgünstigere Pfirsich- oder Aprikosenkernmehl.

Die Schleifkörper werden in eine Creme- oder Gelrezeptur eingebracht, der oft noch andere Stoffe zugesetzt sind. Für sensible Haut eignen sich z. B. Kamillen-, Malven-, Lindenblüten- und Hamamelis-Extrakte. Für atrophische Haut werden die Peelingpräparate mit Pfefferminz-, Rosmarin- oder Arnika-Extrakten angereichert. Bei einer Seborrhö kommen Extrakte aus Salbei, Schafgarbe und Echinacea zum Einsatz.

Manche Peelings enthalten gleichzeitig saugfähige Substanzen, wie z. B. Heilerde und Getreidemehle. Sie trocknen während der Einwirkzeit auf der Haut an und saugen dabei Hautausscheidungen auf.

Zu den mechanischen Peelings gehören auch Mikro-Dermabrasionen auf Präparatebasis. Hier sorgen z. B. mikrofein pulverisierte Aquamarine und Quarzsand für den Schmirgeleffekt.

Aus der Handpflege sind weiterhin selbst hergestellte Peelings auf der Grundlage von Pflanzenölen, wie z. B. Oliven-, Mandel- und Jojobaöl und Zucker, bekannt. Die Reibung der Zuckerkristalle gewährleistet einen Peeleffekt und eine intensive Durchblutung der Haut. Außerdem wirkt Zucker wasserbindend. Die natürlichen Pflanzenöle machen die Haut zart und geschmeidig.

Das asiatische **Körperpeeling** ist eine Kombination aus natürlichem Meersalz und Zitronenöl. Die im Meersalz enthaltenen Mineralien und Spurenelemente regen den Hautstoffwechsel an, während das Zitronenöl über die Atemwege eine allgemeine Vitalisierung hervorruft und die Haut geschmeidig erhält.

Rosskastanienmehl unterstützt durch seinen Gehalt an Saponinen die Reinigungswirkung der mechanischen Peelingpräparate, die auf der Basis einer Ö/W-Emulsion hergestellt sind. Ähnlich wirken Cellulosederivate, die durch Zugabe von Wasser Schleim bilden, der den Fettschmutz umhüllt. Die so gefangenen Schmutzpartikel können leichter entfernt werden. Andere Zusätze können Iriswurzel- und Veilchenwurzelpulver, Bohnenmehl, Talkum, sogar Seifenpulver sein.

Nagelpeelings sollen die Unebenheiten der Nagelplatte ausgleichen. Haar- bzw. Kopfhautpeelings können bei überpflegtem, frisierunwilligem Haar und bei Schuppenbildung angewendet werden.

Handwaschpasten oder spezielle Handreinigungsseifen sind Peelingpräparate für stark verschmutzte Hände. Sie sind Mischungen aus Seife oder Syndetpasten mit organischen Lösungsmitteln gegen Farb- und Lackreste sowie gegen ölige Verschmutzungen. Der Peeleffekt wird dabei durch einen Zusatz von pulverisiertem Quarzsand oder Bimsstein erzeugt.

2.3.2 Die biologisch-enzymatische Schälkur

Da die Nass- und insbesondere die Trockenschleifung die Haut in stärkerem Maße reizen, empfiehlt sich eine biologisch-**enzymatische Schälkur** bei sensibler, irritierter Haut, bei der Seborrhö sicca, bei entzündlichen Hautzuständen und bei Akne. Schmierinfektionen und Rötungen werden durch biologisch-enzymatische Schälkuren weitgehend vermieden, da keine Reibung auf der Hautoberfläche erfolgt. Solche Schälkuren bestehen aus einer pulverförmigen Masse, die vor Gebrauch mit lauwarmem Wasser oder Gesichtswasser anzuteigen ist, oder aus fertigen Ampullenpräparaten. Schälkuren enthalten fett- und eiweißspaltende Enzyme (Fermente), die in der Lage sind, Talg-Horn-Konglomerate zu spalten und dadurch aufzulösen.

Enzyme bzw. **Fermente** sind Eiweißkörper, die als Biokatalysatoren wichtige Stoffwechselprozesse in unserem Organismus steuern, z. B. die Verdauung, den Aufbau körpereigener Stoffe, die Atmung, die Zellteilungen. Enzyme sind auch an der Entstehung der Haar-, Haut- und Augenfarbe beteiligt. In den biologischen Schälkuren wirken sie sowohl auf die Epidermisfette und Talgansammlungen als auch auf das Hautkeratin. Verdauungsenzyme tierischer Herkunft, z. B. Trypsin, Erepsin, Pepsin, Pankreatin und Enzyme pflanzlicher Herkunft, z. B. Papain aus der Papaya und der Ananas, bauen die als Kittsubstanz zwischen den Hornlamellen liegenden Fette und Proteine ab. Auf diesem Weg werden die Hornlamellen aus ihrem Verband gelöst. Lebendes Gewebe soll dabei nicht beeinflusst werden. Es ist jedoch unwahrscheinlich, dass sich alle Enzyme durch Abwaschen von der Hautoberfläche entfernen lassen, vor allem, wenn sie in die Haarfollikel eingedrungen sind. Dort können sie ungehindert weitere Hornsubstanz auflösen.

Ein **Enzympeeling** oder eine **Fermentpackung** kann nicht in Cremeform hergestellt werden, da die fettspaltenden Enzyme (Lipasen) die Ölphase der Emulsion abbauen würden. Nur die trockene Form als Pulver garantiert die Wirksamkeit der Enzyme. In der Schälmasse sind neben den Enzymen auch Getreidekeimmehl, Leinsamenmehl, Pflanzenextrakte und Kaolin enthalten. Da Enzyme Eiweißkörper sind, sind sie hitze- und pH-Wert-empfindlich. Sie können bei Temperaturen über 40 °C und bei sauren pH-Werten denaturieren (gerinnen). Das Wasser zum Anrühren darf also nicht zu warm und nicht zu sauer sein! Die biologische Schälkur wird als Brei mit einem Maskenpinsel oder Spatel messerrückendick auf die Haut aufgetragen und feucht gehalten.

Nehmen Sie Stellung:
Kundin: „Warum muss mein Peeling bei Ihnen immer unter dem Dampfgerät einwirken?"
Kosmetikerin: „Sie bekommen bei mir eine enzymatische Schälkur. Die Enzyme können unter dem warmen, feuchten Wassernebel am besten wirken."
Kundin: „Aha. Was sind denn Enzyme und wie wirken diese Stoffe auf meiner Haut?"

Weitere Infos unter:
www.babor.de
www.dr-baumann.com
www.meentzen.de

2.3.3 Chemische Schälkuren

In der kosmetischen Praxis dürfen **chemische Schälkuren** nur in ihrer „harmlosen" Form und nur in Ausnahmefällen durchgeführt werden. Schälkuren mit Hautgiften wie Phenol, Salicylsäure, Trichloressigsäure, Retinsäure (Vitamin-A-Säure) und Tretinoin können Proteine denaturieren. Dadurch sterben Epidermiszellen, auch Basalzellen, ab, die Haut wird absichtlich verletzt, die Neubildung von Gewebe wird daraufhin beschleunigt. Dieser Prozess verläuft mit Rötungen, Schwellungen, Blasenbildung und Verkrustung ab. Narbenbildungen und Pigmentstörungen können dabei nicht ganz ausgeschlossen werden. Nach einer chemischen Schälkur ist die „neue" Haut extrem empfindlich gegenüber chemischen, physikalischen, thermischen Reizen, besonders gegenüber den UV-Strahlen im Tageslicht. Sonnenbäder sind streng verboten!

Phenol lässt sich nur in Narkose auftragen, da es sonst zu schmerzhaft wäre. Wegen der Nebenwirkungen wie Leber-, Nieren-, Kreislaufschädigungen, Narben, Pigmentstörungen wird Phenol heute nur noch kleinflächig, z. B. bei Oberlippenfältchen, verwendet. Trichloressigsäure wird ebenfalls in Kliniken angewendet. Um die Nebenwirkungen gering zu halten, verschreiben die Ärzte in den ersten Wochen nach der chemischen Schälkur entzündungshemmendes **Cortison**.

Während Vitamin-A-Säure ein Medikament ist und bisher mit Erfolg bei Akne angewendet werden konnte, sind die sog. **Alpha-Hydroxy-Acids** (**AHAs**), die u. a. auch in Früchten vorkommen und deshalb auch harmlos Fruchtsäuren genannt werden, noch nicht verschreibungspflichtig. Vitamin-A-Säure dagegen darf in frei verkäuflichen Kosmetika höchstens zu 0,001 % enthalten sein. Diese geringe Konzentration führt aber nicht zu einer Hautschälung. Fruchtsäuren, wie Apfel- oder Glykolsäure dürfen in hoch konzentrierter Lösung bis zu 15 % in der Kosmetik angewendet werden. Viele der Alpha-Hydroxy-Acids tragen biologisch klingende Namen, wie Weinsäure, Milchsäure, Apfelsäure, die eine gefahrlose Anwendung versprechen. Schließlich essen wir ja auch Äpfel und trinken Milch! Hautregenerierend wirken aber auch diese Säuren nur in so hoher Konzentration, dass sie die Haut zunächst verätzen müssen, um den Erneuerungsprozess zu beschleunigen.

Das z. T. stationär durchgeführte **Glykolsäure-Peeling** mit Glykolsäurepräparaten in Konzentrationen von 20 bis 70 % gehört zurzeit zu den erfolgreichsten, durch den Arzt kontrollierten Schälmethoden. Folgende Ergebnisse können damit erzielt werden: Verbesserung des Hautbildes, Abflachung von Aknenarben, Verringerung der Porenweite und -tiefe, Verminderung kleiner Hautfältchen und Aufhellung von Hyperpigmentierungen. Die Behandlung erstreckt sich im Durchschnitt über sechs Monate bei acht bis neun Behandlungssitzungen. Vielfach wird ein festes Gel mit Glykolsäure und einem pH-Wert von 2,25 verwendet. Dieses Gel muss einige Minuten einwirken. Danach wird es neutralisiert oder verdünnt und abgewaschen. Für einen guten Peeling-Erfolg ist die tägliche Verwendung von milden AHA-Präparaten erforderlich. Bewährt haben sich Präparate mit Ammonium-Lactat, einem Salz der Milchsäure.

Von der Kosmetikerin können z. B. „Gly Derm Fruchtsäurekuren" angeboten werden. Durch Veresterung wird die Glykolsäure in Glycocitrat umgewandelt. Unangenehme Nebenwirkungen werden dadurch reduziert. Zu Beginn der Kur erhält der Kunde ein Pflegeset mit genauen Anweisungen für die Heimbehandlung. Während der folgenden vier bis sechs Wochen soll sich die Haut an die 5–10%igen Fruchtsäurekonzentrationen gewöhnen. Danach beginnt die eigentliche Schälbehandlung im Kosmetikinstitut. Sechs Wochen lang wird die Haut jeweils einmal pro Woche mit einer 40%igen Zubereitung oder mit steigenden Fruchtsäurekonzentrationen von 20 % bis 40 % „gereizt", wobei die Fruchtsäure eine bis zwei Minuten auf der Haut verbleibt. In der Arztpraxis darf sogar mit 70%igen Fruchtsäurekonzentrationen gearbeitet werden.

Die Wirkungsintensität von **AHA-Präparaten** hängt in erster Linie von der Menge reiner, nicht neutralisierter Glykolsäure ab. Je höher die Konzentration der Säure ist, um so tiefer liegt der pH-Wert. Je tiefer der pH-Wert, desto stärker ist das Reiz-Risiko für die Haut! Deshalb werden die Säuren entweder neutralisiert und auf einen hautfreundlichen pH-Wert von 4,5 bis 5,5 eingestellt oder in Ester umgewandelt. Bei der Anwendung des Esters Glycocitrat setzt die Rötung der Haut mit einer zeitlichen Verzögerung ein und ist bei gleicher Konzentration der Säure weniger stark ausgeprägt. Nach der Kur wird die Regeneration präparativ unterstützt.

2.3.4 Die Kräuter-Tiefenschälkur

Die **Kräuter-Tiefenschälkur** setzt sich u. a. aus Mineralsalzen, Eisen, Phosphor, Kalium, Kieselsäure, Proteinen, Gerb- und Schleimstoffen, Phytohormonen, Enzymen und Vitaminen zusammen. Wichtige Drogen und Phytohormone sind z. B. Arnika, Ackerschachtelhalm, Brennessel, Calendula, Johanniskraut, Kamille, Lavendel, Lindenblüten, Melisse. Bei der Kräuter-Tiefenschälkur findet keine Verletzung der Haut statt, wohl aber eine sehr starke Hyperämie. Nach einigen Tagen lösen sich die oberen Epidermisschichten flächenhaft ab, was zu einer vermehrten Mitoserate in der Basalzellenschicht führt. Aber schon während der Massage mit der Kräutermischung erfolgt ein sanftes Abschleifen der Hornschicht. Die Intensität der Hautschälung kann die Kosmetikerin durch die Druckstärke und die Dauer der Massage variieren.

Unmittelbar nach der ersten Behandlung verspürt der Kunde ein Brennen. Die Haut ist gerötet.

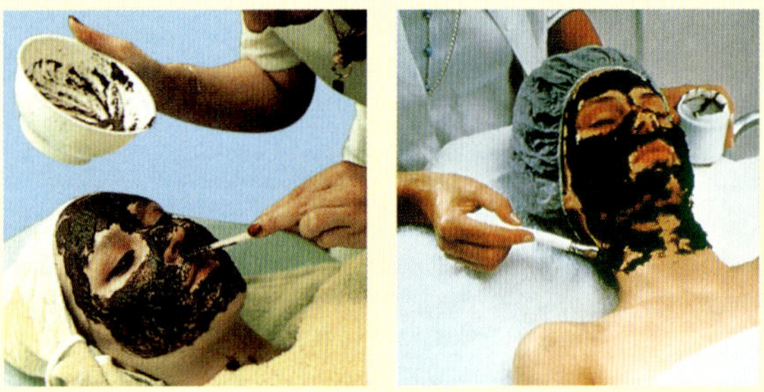

1. Die Kräuter-Tiefenschälkur wird mithilfe eines Maskenpinsels aufgetragen.

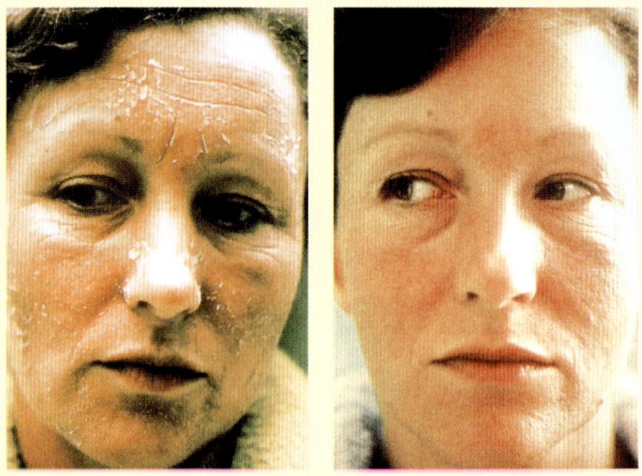

2. Die oberen Schichten der Epidermis lösen sich nach einigen Tagen ab. Dies führt zu einer erhöhten Mitoserate in der Basalzellenschicht. Die Epidermis „erneuert" sich somit schneller.

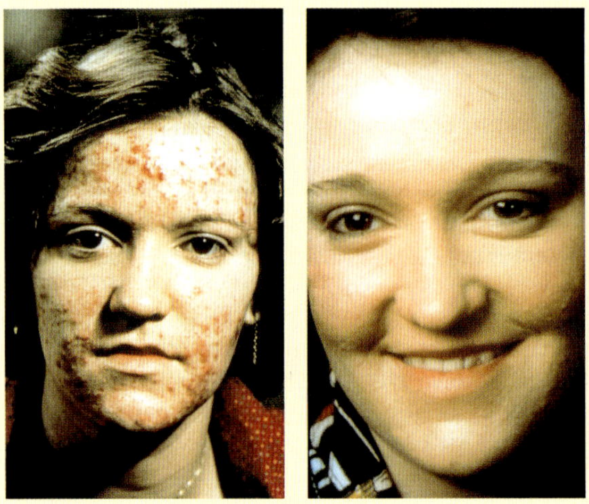

3. Vor und nach der fünften Schälung: Verbesserung des Hautbildes bei einer Akne

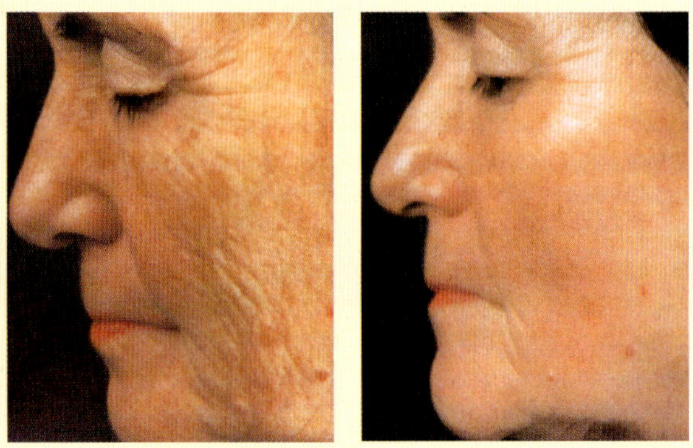

4. Vor und nach der dritten Schälung: Verbesserung des Hautbildes bei einer Elastose und Atrophie

Kräuter-Tiefenschälkur: Anwendung und Wirkung

Eindringtiefe	Substanz	Apparat	Wirkung	Erfolg	Risiken	Anwender
Oberflächliches Peeling reicht bis in die oberen Epidermisschichten	Enzym		Eiweißspaltendes Enzym löst die Hornzelle aus dem Verband	Reinigung der Haut und Abtragung der Überverhornung	Keine	Arzt/ Kosmetikerin
	Phytoextrakte		Ablösung der epidermalen Zellen	Sehr unterschiedlich. Behandlerabhängig	Offene Stellen durch tiefe Eindringung	Kosmetikerin
	Fruchtsäuren (AHAs) (Konzentration bis 25 %, pH-Wert bei 3)		Lösung der Bindung der Hornzellen untereinander. Sanftes Abtragen der Überverhornung	Gut bis sehr gut. Erfordert längere Zeit der Behandlung	Intensive Schulung erforderlich. Leichtes Brennen mit Rötung	Kosmetikerin/ Arzt
		Mikrodermabrasion mit Kristallstaub (Bergkristall, Aquamarin) und Quarzsand	Herausstanzen von Hautteilen durch feinste Kristalle	Gering. Durch stehen gebliebene Hautbrücken schlechte Rekonstruierung der Barriereschicht	Kristalle können im Gewebe bleiben. Tiefere Verwundung	Kosmetikerin/ Arzt
		Mikrodermabrasion mit Kristallstaub und Quarzsand	Paralleles Gleiten der Kristalle über die Haut	Kontrollierte Abtragung der Überverhornung. Sehr gute Eindringung von Wirkstoffen	Keine, da streng im Stratum corneum gearbeitet wird	Kosmetikerin/ Arzt
	TCA (10 % bis 35 % Konzentration)		Verätzung des Gewebes durch Eiweißfällung. Leicht bis mittlere Abschuppung	Pigmentflecken werden aufgehellt, große Poren verkleinert	Geringe Risiken, da nur oberflächenhafte Eindringung. Keine Narkose	Arzt
Mittleres Peeling reicht bis in die papilläre Dermis	Jessner Solution		Epidermolyse durch Eiweißfällung. Beeinflussung der Kollagensynthese	Lichtschäden und großporige Haut werden verbessert	Stärkere Schuppung	Arzt
	Resorcin Peel		Eiweißfällung und Auflösung von Pigmentflecken	Aufhellung von Pigmentstörungen	Rötung, starke Schuppung	Arzt
		Dermabrasion mit Laser	Kontrollierte Abtragung der Epidermis durch Verdampfung	Beseitigung von Falten und Pigmentstörungen. Neubildung von kollagenen Fasern mit Straffungseffekt	Längere Rötung des Gewebes (2–3 Monate). Keine Narbenbildung und Depigmentierung	Arzt
	Glykolsäure 70%		„Auflösung" der Epidermis	Verbesserung der Kollagensynthese. Aufhellung der Gesichtshaut	Blasenbildung, Entzündung	Arzt
Tiefes Peeling reicht bis in die mittlere Dermis	Phenol		Eiweißspaltend, d. h. die Zellen werden aufgelöst. Eindringen in die Haut nicht kontrollierbar	Sehr gute Regeneration des Gewebes. Straffungseffekt nur mäßig vorhanden	Sehr hoch, da Phenol ein Zellgift ist. Narkoserisiko. Häufige Narbenbildung	Arzt
	50% TCA plus Jesssner Solution		Aufhellung und Stimulierung der Kollagensynthese	Faltenverbesserung, Strukturverbesserung	Narben. Sehr risikoreich	Arzt
		Dermabrasion mit Diamantstaub und Quarzsand	Blutige Abtragung der gesamten Epidermis und Teile der Dermis. Abtragungstiefe schlecht kontrollierbar	Über die Wundheilung kommt es zu einer verstärkten Kollagenneubildung. Beseitigung von Falten	Narkose erforderlich. Infektionsrisiko. Depigmentierung und Narbenbildung	Arzt

Übersicht über die Schälmethoden (TCA = Trichloressigsäure)

3

Während der folgenden drei bis vier Tage setzt der Ablösungsprozess ein. Wirkstoffpräparate sollen den Regenerationsprozess unterstützen. Auf diese Weise können Narben geglättet, Poren verkleinert, follikuläre Hyperkeratosen und Komedonenbildung vermindert, Pigmentflecken aufgehellt und das Hautbild verfeinert werden. Kleine Falten werden gemildert. Kontraindikationen für die Kräuterschälkur sind Hauterkrankungen, die aktinische Keratose, allergische und empfindliche Haut, Teleangiektasien und Rosacea sowie Naevi aller Art.

Darüber hinaus wird die Kräuterschälkur bei Cellulite, Dehnungsstreifen und erschlaffter Haut nach Gewichtsabnahme und Schwangerschaft sowie zur allgemeinen Bindegewebsstraffung an Armen, Oberschenkeln und Bauch durchgeführt. Die Zahl der notwendigen Behandlungssitzungen hängt vom Alter, von der erblichen Veranlagung, vom Gesundheitszustand, der Lebensweise und vom Grad der Gewebeveränderung bzw. -erschlaffung ab.

Weitere Infos unter:
www.apotheker.at
www.derminform.de
www.ionto.de
www.schrammek.de

2.3.5 Die kosmetische Dermabrasion

Bei der **Dermabrasion** wird die Abtragung der Hornschicht durch Mikrokristalle erreicht. Sie wird bei Überverhornungen (Hyperkeratosen), oberflächlichen Narben, Falten, Pigmentflecken (Hyperpigmentierungen), Akne und Aknenarben, Dehnungs- und Schwangerschaftsstreifen (Striae) mit Erfolg eingesetzt. Mithilfe eines Unterdrucksystems werden feinste Kristalle, z. B. aus Bergkristallen, Aquamarinen, Quarzsand und Aluminiumoxid über ein Handstück auf die Haut geleitet. Das Handstück des Abrasionsgeräts muss parallel zur Hautoberfläche gestrichen werden. Dadurch können Verletzungen der tieferen Epidermisschichten vermieden werden. Die Kristalle werden je nach Hautzustand in verschiedenen Körnungen und Mengen eingesetzt. Durch die gezielte Abtragung des Zellmaterials erhält die Epidermis einen Impuls zur Zellneubildung und Regeneration. Ein Vorteil der Dermabrasion ist das mechanische Schleifen, denn auf diese Weise werden keine biochemischen Reaktionen, wie z. B. bei der Schälung durch Enzyme, Kräuter oder Alpha-Hydroxy-Säuren ausgelöst.

In der Regel wird die Mikrodermabrasions-Behandlung als Kur mit sechs bis zwölf Behandlungen angeboten. Zwischen den einzelnen Sitzungen sollten mindestens sieben Tage liegen, damit sich die Haut erholen kann. Bei Narbenbehandlungen, bei denen das Handstück mehrfach über die entsprechenden Hautbereiche geführt werden muss, sollten mindestens drei Wochen zwischen den Behandlungen liegen.

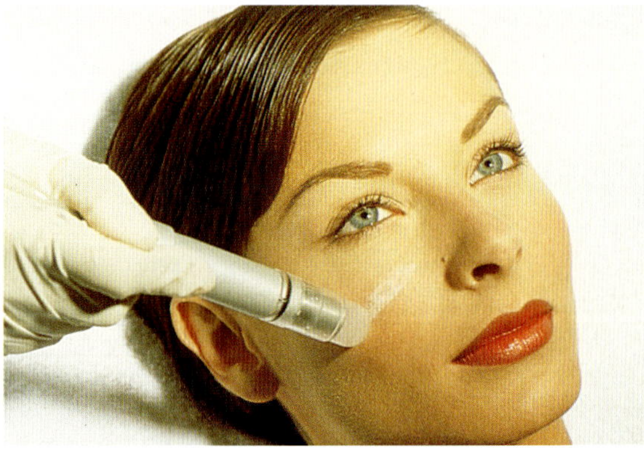

Die kosmetische Mikrodermabrasion: Durch ein auf die Haut aufgesetztes Handstück schleifen kleinste Kristalle die Hornschicht ab.

Kontraindikationen für die Mikrodermabrasion sind: Herpes, Krebs, Neurodermitis, Psoriasis (Schuppenflechte), Entzündungen, Warzen, Leberflecken und Muttermale. Die feine Augen- und Lippenhaut sollte ausgespart werden, zudem sollten die Augen während der Behandlung vor den Kristallen geschützt werden. Generell gilt aber auch bei dieser Methode wie bei allen vorher beschriebenen Peelingformen, sie nur bei wirklichem Bedarf anzuwenden und nicht als festen Bestandteil in die kosmetische Behandlung zu integrieren.

Weitere Infos unter:
www.gharieni.de
www.ionto.de
www.medicalbiocare.de
www.mw-vertrieb.de
www.nemectron.de
www.preswede.de
www.reviderm.de
www.skin-jet.com

2.4 Gesichts- und Rasierwässer

Gesichtswässer sollen die Haut nachreinigen, erfrischen, tonisieren und adstringieren. Je nach Alkoholgehalt haben sie auch eine desinfizierende Wirkung. Gesichtswässer sind wässrig alkoholische Lösungen, die meistens hellblau, hellgrün, rosa oder orange gefärbt werden, um dem Produkt ein verkaufsförderndes Aussehen zu verleihen und die tonisierende Wirkung psychologisch zu unterstützen. Hauptbestandteil der Gesichtswässer ist destilliertes Wasser, das wasserlösliche Schmutz- und Schweißreste entfernen soll.

Um die Reinigungswirkung zu erhöhen, enthalten Gesichtswässer oft einen geringen Anteil an Syndetlösungen. Wirk-, Farb- und Duftstoffe werden durch einen geringen Alkoholanteil gelöst. In Bezug auf die Reinigungswirkung unterstützt der Alkoholanteil die Benetzung der noch auf der Haut verbliebenen Schmutzteilchen. Er löst Hautfett und fettlösliche Make-up- oder Cremereste.

Gesichtswässer, die entfetten und desinfizieren sollen, enthalten zwischen 20 % und 50 % der einwertigen **Alkohole Ethanol** oder **Isopropanol**. Präparate mit Isopropanol sind aufgrund des medizinischen Eigengeruchs von Isopropanol schlechter zu parfümieren. Da sie aber stärker entfettend und desinfizierend wirken, werden sie bei der Aknebehandlung und bei fettiger „Problemhaut" verwendet. Gesichtswässer mit Ethanol lassen sich aufgrund des leicht fruchtigen Eigengeruchs von Ethanol gut parfümieren. Ethanol, der „Trinkalkohol" alkoholischer Getränke, ist durch die hohe Besteuerung teuer. Isopropanol ist ungenießbar und deshalb preiswert.

Da Ethanol und Isopropanol als niedere, einwertige Alkohole infolge ihres niedrigen Siedepunktes auf der Haut leicht verdunsten, entziehen sie ihr Wärme und wirken dadurch kühlend und erfrischend. Man spricht von der **Verdunstungskälte**, die nach dem Auftragen von alkoholhaltigen Präparaten auf der Haut entsteht. Niedere, einwertige Alkohole haben eine entfettende, mild durchblutungsfördernde und desinfizierende Wirkung auf die Haut. Aufgrund dieser Eigenschaften werden sie auch in Haar- und Kopfhautwässern, Kölnisch Wasser und in Rasierwässern eingesetzt. Die fett- und duftstofflösende Wirkung des Ethanols ist wichtig für die Herstellung von Eau de Toilette, Eau de Parfum und Parfüm.

Auch mehrwertige Alkohole wie **Glycerin** und **Sorbitol** werden in Gesichtswässern eingesetzt. Sie wirken hygroskopisch (wasserbindend). Dadurch „durchfeuchten" und glätten sie die oberen Epidermisschichten.

Adstringenzien wie Alaun (Kaliumaluminiumsulfat), Zinkstearat, Hamamelisextrakte und organische Säuren (Wein-, Milch-, Zitronensäure) entquellen das Hautkeratin, ziehen die Poren zusammen und machen die Haut dadurch widerstandsfähiger gegenüber Umwelteinflüssen. Gesichtswässer sind sauer eingestellt. Der pH-Wert zwischen 4,0 und 5,5 soll den hauteigenen pH-Wert nach einer Seifenwäsche wieder herstellen.

Kühlende Substanzen wie Menthol und Kampfer unterstützen den Erfrischungseffekt und verbessern die Durchblutung der Kapillargefäße. Entzündungshemmende Wirkstoffe wie Bisabolol und Azulen aus der Kamille beruhigen die Haut und bekämpfen kleine Entzündungsherde. Antiseptisch wirkende Stoffe (Kationtenside, z. B. Quats und Phenolderivate) verhindern die Infektion kleiner Wunden, die z. B. nach einer Aknebehandlung auftreten können. Außerdem desinfizieren sie entzündete Talg-Horn-Konglomerate im Follikel und verhindern dadurch die Entstehung von Pusteln und Papeln. Spezielle Zusätze in Aknegesichtswässern sind desinfizierend und keratolytisch wirkende Schwefelverbindungen und Salicylsäure. Als Lösungsvermittler in Gesichts- und Rasierwässern dient z. B. Magnesiumcarbonat, das die Parfümöle und Farbstoffe in eine klare Lösung bringt.

Die Wahl des Gesichtswassers hängt von Hauttyp und Hautzustand ab. Für trockene Haut soll der Alkoholgehalt eines Gesichtswassers unter fünf Prozent liegen.

Das **Tonisieren** schließt die kosmetische Behandlung ab. Diese Anwendungen dienen dem Nachreinigen und dem Desinfizieren. Als fakultativer Schritt der täglichen Gesichtspflege steht das Tonisieren mit einem Gesichtswasser zwischen der Hautreinigung und der Hautpflege.

Bei den **Rasierwässern** unterscheidet man Preshave- und Aftershave-Präparate. **Preshave-Präparate** sind zur Anwendung vor einer Elektrorasur geeignet. Durch den hohen Alkoholgehalt von 40 % bis 80 % in Preshave-Präparaten richten sich die Barthaare beim Verdunsten auf. Durch zusätzlich im Präparat enthaltene Kunstharze werden sie außerdem versteift, sodass sie vom Scherblatt besser erfasst werden können. Glycerin und Sorbitol wirken aufgrund ihrer hygroskopischen Eigenschaften als Gleitmittel.

Aftershave-Präparate haben einen niedrigeren Alkoholgehalt als Preshave-Präparate. Ihr Alkoholgehalt liegt zwischen 20 % und 40 %. Aftershave-Präparate werden bevorzugt nach der Nassrasur verwendet. Adstringentien neutralisieren die Hautoberfläche nach einer alkalischen Seifenrasur. Kleinstwunden werden desinfiziert und adstringiert. Da Aftershave-Präparate einen angenehmen Duft vermitteln und erfrischen, werden sie immer häufiger auch nach der Trockenrasur oder als Duftwasser verwendet. Duftintensiver ist jedoch das stärker konzentrierte Eau de Toilette. Aftershave-Präparate werden von einigen Firmen auch ohne Alkohol angeboten. Pflegende und hautschonende Substanzen stehen bei diesen Präparaten im Vordergrund.

3

3 Hautpflegepräparate

Das Ziel einer vernünftigen Hautpflege ist es, den Hydro-Lipid-Film der Hautoberfläche zu erhalten oder wieder herzustellen. Bei Störungen der Talgdrüsensekretion und der Keratinisierung steht die Normalisierung dieser Hautfunktionen im Vordergrund. Feuchtigkeits- und Fettdefizite sollen ausgeglichen werden. Konsequente Hautpflege und Hautschutzmaßnahmen können den natürlichen Alterungsprozess der Haut nicht aufhalten. Sie können jedoch das Umweltaltern der Haut verringern.

Hautpflegepräparate sind neben den Reinigungsmitteln die am häufigsten verwendeten Mittel. Ihre Klassifizierung erfolgt zum einen nach ihrem Verwendungszweck, z. B. Pflege, Schutz oder Regeneration; zum anderen können sie nach ihrer Zusammensetzung eingeteilt werden, z. B. Emulsion, Öl oder Gel.

3.1 Tages- und Nachtcremes

An moderne Tages- und Nachtcremes werden heute viele Ansprüche gestellt, z. B.:
- gute Durchfeuchtung der Hornschicht,
- Verbesserung der Elastizität,
- Minderung der Faltentiefe,
- Sonnenschutz und Widerstandskraft gegenüber Umwelteinflüssen (Tagescremes),
- Ergänzung physiologischer Komponenten wie Feuchtigkeit, Epidermisfette,
- Glättung und Rückfettung, Minderung des Spannungsgefühls bei trockener Haut,
- Verminderung von Hyperkeratosen,
- Reliefverfeinerung und Bleichung von Hyperpigmentierungen,
- Minderung des Fettglanzes und der Komedonenbildung,
- Intensivierung des Hautstoffwechsels,
- Beruhigung irritierter Haut sowie
- Verlangsamung des Alterungsprozesses.

Aus diesen Wirkansprüchen resultiert die Auswahl und Kombination der Rezepturbestandteile. Wirksamkeitsnachweise, Verbraucher-Tests und die Laborergebnisse dienen der Bestätigung dieser Ansprüche und entscheiden darüber, ob eine neue Creme auf dem Markt zugelassen wird.

Als **Tagescreme** bezeichnet man Pflegeemulsionen, die am Tage auf der Haut verbleiben oder als Make-up-Grundlage dienen sollen. Sie haben den Vorteil, dass sie schnell in die obere Hornschicht einziehen

Präparategruppen	Zusammensetzung	Verwendung
Tagescreme Getönte Tagescreme Feuchtigkeitscreme	Ö/W-Emulsion, Gel W/Ö/W-Emulsion selten: W/Ö-Emulsion	Pflege, Make-up-Unterlage, Tönung Feuchtigkeitszufuhr
Augencreme, -gel	W/Ö-, Ö/W-Emulsion, Gel	Regeneration, Pflege
Nachtcreme Nährcreme Massagecreme	W/Ö-Emulsion Ö/W/Ö-Emulsion selten: Ö/W-Emulsion, Gel	Pflege, Regeneration, Massagegleitmedium
Schutzcreme	W/Ö- und Ö/W-Emulsion Stifte, Salben, Gele, Paraffinöle	Sonnen-, Kälteschutz, Lippenschutz
Handschutzpräparate	Silikonöle, Filmbildner	wasserabweisender Schutzfilm auf der Haut
Körperlotionen	W/Ö- und Ö/W-Emulsionen Paraffinöle und natürliche Öle, Gel	Pflege, Regeneration, Straffung, Erfrischung
Masken und Modellagen	Paraffinöl-Wachs-Gemische, Gips, Kaolin, Alginate, Kollagen-Vlies	Intensivreinigung, Regeneration der Haut, Wirkstoffanreicherung, Hydratisierung
Packungen	Heilerde, Kaolin, Meeresschlick Ö/W-, W/Ö-Emulsionen	Entquellung, Fettentzug, Hydratisierung, Wirkstoffanreicherung
Ampullen	gelöste Wirkstoffkonzentrate	Wirkstoffanreicherung, Regeneration, Hydratisierung

Übersicht: Zusammensetzung und Verwendung von Hautpflegepräparaten

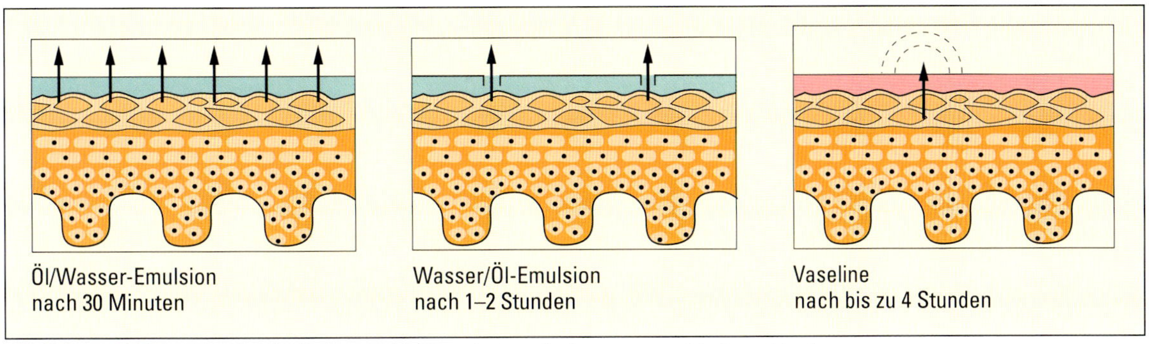

Die Wasserabdunstung durch die Hornschicht nach dem Auftragen verschiedener Hautcremes

und keinen Fettglanz hinterlassen. In getönten Tagescremes befinden sich zusätzlich Pigmente, z. B. das weiße Titandioxid und verschiedene rote, gelbe und braune Eisenoxide.

Tagescremes sollen die Haut vor Umwelt- und Witterungseinflüssen schützen. Die häufigste umweltbedingte Schädigung der Haut ist der Feuchtigkeitsverlust. Spezielle **Feuchtigkeitscremes** verhindern eine zu starke Wasserabgabe durch die Haut. Sie enthalten Feuchtigkeitsfaktoren, die Feuchtigkeit in der Haut ein bis zwei Stunden binden können.

Natürliche **Feuchtigkeitsfaktoren** (**NMF** = natural moisturizing factors) sind Glycerin (Glycerol), Propylenglykol, Sorbit (Sorbitol), Hyaluronsäure, Vitamin E, Panthenol, Kollagen, Elastin und Harnstoff. Für kosmetische Cremes genügt eine Harnstoffkonzentration von 5 %. Für therapeutische Zwecke werden Konzentrationen von 10 % und mehr eingesetzt. Dann hat Harnstoff auch eine schuppenlösende und juckreizstillende Wirkung.

Tages-, Feuchtigkeits- und 24-Stunden-Cremes sind multiple Emulsionen oder Zubereitungen auf Liposomenbasis ohne Emulgatoren. In den Ölphasen enthalten sie meistens pflanzliche und/oder synthetische Öle und Fette, selten tierische Öle und Fette. In den Wasserphasen sind die Feuchtigkeitsfaktoren gelöst.

Als Emulgatoren kommen nicht ionische und amphotere Tenside infrage. Zusätzliche Wirkstoffe sollen Defizite der Haut wie Feuchtigkeitsmangel, unregelmäßige Verhornung und Trockenheitsfalten ausgleichen. Dazu gehören z. B. die Vitamine A, Beta-Carotin, C, E, Biotin (H), Panthenol (B_5), essenzielle Fettsäuren (F). Moderne Wirkstoffe mit hautpflegendem, hautaufbauendem und stimulierendem Charakter sind Sheabutter, Nachtkerzen-, Schwarzkümmelsamen- und Traubenkernöl, Co-Enzym Q 10, Grüntee-Extrakt, Extrakte aus Sojabohnen, Hopfen, Efeu und Ackerschachtelhalm sowie Retinol, einer Vorstufe des Vitamins A.

Nachtcremes sind ebenfalls multiple Emulsionen oder Cremes auf Liposomenbasis ohne Emulgatoren. Sie ziehen nicht so schnell ein und hinterlassen zunächst einen Fettglanz. Aus diesem Grund eignen sie sich auch hervorragend als Massagecreme. Die Ölphase einer Nachtcreme enthält neben echten Fetten und Ölen auch Mineralfette und -öle, die die Wasserabdunstung der Haut verhindern. Da sich die Haut während des gesunden Schlafens und während einer Massage regeneriert, werden den Nacht- und Massagecremes ebenfalls „Wirkstoff-Cocktails" aus Phytohormonen, NMF und mikronisierten Vitaminen zugesetzt.

Die natürliche Hautfeuchtigkeit wird durch moderne Umweltbedingungen (Teppichböden, Zentralheizung, Klimaanlagen) herabgesetzt. Sie verdunstet, die Epidermis trocknet aus. Trockenheitsfältchen sind ein Zeichen der Umweltalterung. Bei der Sebostase liegt oft nicht nur ein Mangel an Hautfetten und eine verringerte Talgdrüsenproduktion vor, sondern auch ein Defizit an Feuchthaltefaktoren der Haut.

Nehmen Sie Stellung:
Bei der Hautdiagnose stellt die Kosmetikerin Trockenheitsfältchen und schuppige Hautstellen in der Nasolabialfalte und zwischen den Augenbrauen fest.
Kosmetikerin: „Haben Sie schon bemerkt, dass Ihre Haut ein wenig trocken ist?"
Kundin: „Ja, ich muss sie mehrmals am Tag eincremen. Sie spannt nach dem Waschen und reagiert auch sehr empfindlich bei Wind und Kälte. Was können Sie mir denn empfehlen?"
Die Kosmetikerin fragt nach den verwendeten Reinigungs- und Pflegepräparaten sowie nach der Ernährung und den Lebensgewohnheiten der Kundin. Dann empfiehlt sie: „..."

Weitere Infos unter:
www.clarins.com
www.eucerin.de
www.grandel.de
www.jda.de
www.mariagalland.de
www.pharmazeutische-zeitung.de
www.sothys.de

3

3.2 Schutz- und Massagecremes

Schutzcremes gegen Hautschädigungen, die durch Kälte, häufige Feuchtarbeiten, Chemikalien und Verschmutzungen industrieller Art (Teer, Motoröle, Lacke) verursacht werden, überziehen die Haut mit einem Paraffinölfilm. Sie sollen die Haut gegen Feuchtigkeits- und Wärmeverluste schützen. Ein gutes Barrieremittel sind auch Silikonöle und -wachse, da sie extrem lange haltbar, gegen ätzende Chemikalien widerstandsfähig, stark wasserabstoßend und hautverträglich sind. Im Gegensatz zu den Paraffinen besteht bei den Silikonschichten zudem auf der Hautoberfläche keine Gefahr von Wärmestauungen. Zur Verbesserung der Streichbarkeit werden Schutzcremes Isopropylmyristat und -palmitat zugesetzt. Bienenwachs und Cetylalkohol erhöhen die Festigkeit. Lanolin und Lanolinderivate machen Paraffin- und Silikoncremes zwar besser hautverträglich, der Schutzfilm wird durch sie allerdings durchlässiger für Wasser.

Hautschutzcremes gibt es als spezielle Handcremes und als sogenannte „unsichtbare Handschuhe", als Sportcremes, Sonnencremes und Lippenpflegecremes in wasserfreier Form, als W/Ö-, Ö/W- und Mischemulsionen, als Stifte, Salben, Gele und alkoholische Lösungen. Hautschutzpräparate können jedoch gegen stark hautschädigende Mittel nur einen begrenzten Schutz bieten. Im Zweifel ist immer die Verwendung von Schutzhandschuhen vorzuziehen.

Die meisten Barrierepräparate sind durch Wasser und Detergenzien wieder entfernbar. Filmbildner für wasserundurchlässige Hautschutzpräparate sind z. B. Benzoeharz, Bienenwachs, Mastix (Pistazienharz) und Ethylcellulose. Gegen organische Lösungsmittel bilden z. B. Natriumalginat, Celluloseether und Gelatine eine Barriere. Schutzpräparate gegen Industriestäube, Teer und Schmieröle decken die Haut ab und verstopfen die Poren durch Feststoffe wie Kaolin, Talkum und Zinkstearat. Dies kann zu Hautunreinheiten und Akne führen.

Vaselin ist ein altbekanntes Hautschutzmittel. Durch den Zusatz von Zinkoxid und anderen Füllstoffen wird Vaselin streichfähiger und weniger klebrig. Vaselin ist eine häufig verwendete Grundlage für Allzweckcremes und medizinische Salben.

Schrundencremes schützen vor Hautrissen an den Händen und Füßen. Neben der Grundlage aus Vaselin und anderen Paraffinölen enthalten Schrundencremes entzündungshemmende Wirkstoffe, Dexpanthenol und Vitamin E, welche die Widerstandskraft der Epidermis unterstützen und die Wundheilung fördern.

Fettstifte für die Lippen und für die Gesichtshaut bestehen aus Paraffin-Wachsgemischen, natürlichen Fetten und Ölen, Estern der höheren Fettsäuren und Fettalkoholen. Pigmente (Eisenoxide) und chemische UV-Filtersubstanzen üben eine Lichtschutzwirkung aus.

Sportöle und **Hautfunktionsöle** sind natürliche Öle mit Zusätzen von Mineral- oder Silikonölen. Sie sollen eine gewisse „Tiefenwirkung" auf die Kapillargefäße, die Nervenendigungen und das Bindegewebe entfalten. Sportöle üben eine Wärmewirkung auf die Muskeln aus und regen den Hautstoffwechsel an. Die Konservierung der Pflanzenöle und -fette erfolgt durch Vitamin-E-Acetat und synthetische Antioxidanzien.

Hautschutzemulsionen werden je nach Verwendungszweck als Allzweckcreme, Babycreme, Sportcreme, Handschutzcreme usw. bezeichnet. Cremes mit hohem Ölgehalt verdanken ihre Schutzwirkung den Mineralöl- und Wachsbestandteilen. Cremes mit hohem Wassergehalt und alkoholische Lösungen schützen durch in Wasser bzw. Ethanol gelöste Silikonöle.

Wie die Hautschutzcremes dürfen auch die **Massagecremes** und die **Massageöle** nicht in die Haut einziehen. Sie sollen die Haut gleitfähig machen. Wundreibung der Haut und unangenehmes Ziehen an der feinen Körperbehaarung werden durch Massagecremes und -öle verhindert. Die Gesichts- oder Ganzkörpermassage wird durch geeignete Massagemittel in ihrer entspannenden, beruhigenden oder in ihrer anregenden, aktivierenden Wirkung unterstützt.

Überwiegt der Gehalt an pflanzlichen Ölen und Fetten, nimmt die Gleitfähigkeit mit der Zeit ab, weil die oberen Epidermisschichten diese Bestandteile z.T. aufnehmen. Durch den Zusatz von Lanolin erhalten Massagepräparate einen schweren, zähen Charakter. Sie sind für haftende Massagegriffe geeignet. Glasiges Aussehen einer Massagecreme ist ein Hinweis für einen hohen Paraffinanteil. Reibungsempfindliche und atrophische Haut muss mit gleitfähigen Ölen sanft streichend massiert werden, spannungskräftige Haut mit gutem Tonus und Turgor verträgt auch zähe Massagecremes und tief greifende Knet- und Walkgriffe.

Im Allgemeinen setzen sich Massageöle und -cremes aus folgenden Grund- und Wirkstoffen zusammen:
- pflanzliche Fette und Öle, z. B. Kakaobutter, Olivenöl, Mandelöl, Weizenkeimöl, Avocadoöl,
- tierische Fette, Wachse und Öle, z. B. Lanolin, Bienenwachs, Cetylalkohol als Walratersatz,
- Mineralöle und -fette, z. B. Vaselin, Paraffinöl,
- Emulgatoren, z. B. Lanolin, Cetylalkohol, Cholesterinverbindungen, Lecithin, Mono- und Diglyceride,

- Alkohole, z. B. Glycerin, Sorbitol,
- destilliertes Wasser,
- Konservierungsmittel, z. B. Natriumbenzoat, Vitamin-E-Acetat,
- Wirkstoffe, z. B. Vitamine A und E, Phytohormone aus Sojaproteinen, Rotklee, Hopfen, tropischen Früchten und der Traubensilberkerze sowie Enzyme, Lecithin, Cholesterin,
- ätherische Öle, z. B. Orangenöl, Rosmarinöl, Lavendelöl, Zitronenöl, Zedernöl, Eukalyptusöl.

3.3 Körperlotionen und -öle

Bereits in der griechischen Schönheitspflege war das abschließende Salben ein fester Bestandteil des Reinigungsrituals. Wasser und Seife oder Syndets entziehen der Haut Epidermisfette und feuchtigkeitsbindende Substanzen. Die gesunde Haut regeneriert sich zwar wieder. Jedoch dauert der Aufbau des Hydro-Lipid-Films nach dem Duschen selbst bei einer gesunden Haut eine halbe Stunde bis vier Stunden. **Körperlotionen**, Körpercremes oder -milch ersetzen unmittelbar nach dem Auftragen verloren gegangene Hautfette und Feuchtigkeit. Da sie im pH-Wert der Haut liegen, bauen sie den Hydro-Lipid-Film wieder auf.

Lotionen und dünnflüssige Milch sind meistens Ö/W-Emulsionen. Sie lassen sich leicht verteilen, ziehen schnell ein und hinterlassen keinen Fettfilm. Deshalb werden sie vom Verbraucher geschätzt. Das Wasser in der Emulsion kann allerdings beim Verdunsten auf der Hautoberfläche körpereigene Feuchtigkeit entziehen. Ö/W-Emulsionen sind deshalb eher für fett-feuchte Hauttypen geeignet. Trockene Haut benötigt nach längerem Wasserkontakt eine W/Ö-Emulsion, die die Wasserabdunstung vermindert und durch den verbleibenden Fettfilm rückfettend wirkt. Wer also auf eine optimale Feuchtigkeitsanreicherung und auf eine gute Hautglättung Wert legt, ist mit einer W/Ö-Emulsion in Form einer Körpercreme oder einer dickflüssigen Milch besser beraten. In den Wintermonaten ist der Bedarf an Fett und Feuchtigkeit höher. Fetthaltige Emulsionen müssen mit Nachdruck eingerieben werden. Das muss kein Nachteil sein, denn eine sanfte Körpermassage nach dem Duschen kann das Körperbewusstsein und das seelische Wohlbefinden fördern.

Körperlotionen, die gegen erschlafftes Bindegewebe und **Cellulite** wirken sollen, enthalten durchblutungsfördernde Zusätze wie Nikotinsäuremethylester, Paprika- und Brennnessel-Extrakt. Solche Lotionen mit Wärmeeffekt fördern die Durchblutung der Kapillargefäße und machen die Haut aufnahmefähig für spezielle Cellulite-Präparate.

Capsaicin aus der scharfen Chilischote stimuliert die Wärmerezeptoren der Haut und regt den Haut- und Fettstoffwechsel an. Fettspaltende Enzyme sollen die Fette in den Fettzellen der Unterhaut in Glycerin und ihre Fettsäuren spalten. Es ist allerdings fraglich, ob dies tatsächlich möglich ist. Ein Wirkstoff-Komplex aus Rhodysterol, Coffein, Silicium, Q 10 und Mineralien soll ebenfalls den Fettabbau fördern sowie die Blutzirkulation anregen. Algen- und Meeresschlick-Präparate sollen durch ihren hohen Gehalt an Mineralsalzen und Spurenelementen die Haut entwässern und entgiften. Algenproteine und Mineralien aus dem Meer werden in der Werbung gerne als „marine“ oder „maritime“ Substanzen tituliert.

Cellulite-Präparate gibt es ebenfalls als Lotionen, häufiger werden jedoch Gele und Öle verwendet. Öle mit guten Massageeigenschaften wie Distelöl, Jojobaöl, Macadamianussöl, Mandelöl, Maiskeimöl u. a. bilden die Massagebasis. Ätherische Öle wie Zedernöl, Beifußöl, Zypressenöl, Myrteöl, Pampelmusenöl, Rosmarinöl, Edeltannenöl, Boldeaöl u. a. wirken stimulierend auf die Blut- und Lymphzirkulation und erleichtern dadurch den Abfluss von Schlacken und die Erhöhung der Gewebeelastizität. Anti-Cellulite-Lotionen und -Gele enthalten vor allem Coffein, das den Abbau der Fette in Glycerin und Fettsäuren sowie die Spaltung der langkettigen Fettsäuren fördern soll. Ob Coffein jedoch von außen bis in die Subcutis penetrieren kann, ist umstritten. Aescin, Efeu- und Algen-Extrakte haben einen straffenden und feuchtigkeitsbindenden Effekt auf die Hautoberfläche. Da die Hydratation der Hornschicht eine sichtbare Glättung der Haut herbeiführt, werden auch in Cellulite-Präparaten Feuchtigkeitskomplexe, z. B. aus Milchsäure, Glycerin, Sorbitol, der Aminosäure Serin, Harnstoff und Allantoin, eingearbeitet.

Trotz einiger Wirknachweise in Bezug auf die Penetration der hier genannten Inhaltsstoffe hilft Cremen allein bei einer Cellulite allerdings nicht. Gezielte Umstimmungstherapien, die bei der Lebensführung ansetzen, können mithilfe kosmetischer Behandlungen die Haut straffen und das Bindegewebe festigen.

Nehmen Sie Stellung:

Kundin: „Ich habe jetzt wieder angefangen zu joggen und führe jeden Morgen eine Bürstenmassage an Po und Oberschenkeln durch. Nun möchte ich meine Haut aber auch mit einer Creme gezielt gegen Cellulite behandeln. Was können Sie mir da empfehlen?“

Kosmetikerin: „Ich begrüße Ihr Vorhaben sehr. Denn wenn Sie regelmäßig joggen und Bürstenmassagen durchführen, aktivieren Sie den Stoffwechsel Ihrer Haut enorm. Zusätzlich können Sie …“

Weitere Infos zur Cellulite-Behandlung unter:
www.aerztlichepraxis.de
www.danieljouvance.com
www.kosmetik-hautnah.de
www.p-jentschura.de
www.schattauer.de
www.synchroline.de
www.thalgo.de

3.4 Handpflegepräparate

Handpflegecremes sollen das Rau- und Rissigwerden der Haut an den Händen verhindern und das Nagelkeratin härten. Sie enthalten feuchtigkeitsbindende Substanzen wie Propylenglykol und Glycerin in einer Emulsionsgrundlage aus natürlichen und mineralischen Fetten, Ölen und Wachsen. Handpflegecremes sollen die hauteigene Feuchtigkeit binden, verloren gegangene Epidermisfette rückführen, dabei aber schnell einziehen und keinen Fettfilm hinterlassen.

Pigmentstörungen und anderen Hautalterungserscheinungen wird durch den Zusatz von Lichtschutzfaktoren und hautbleichenden Substanzen, z. B. Zitronen- und Gurkenextrakte mit einem hohen Vitamin C-Gehalt, vorgebeugt. Dexpanthenol, Lecithin und die Vitamine A und E sollen die Widerstandskraft und die Schutzfunktionen der Haut erhöhen, wirken rückfettend und fördern die Regeneration der Nagelplatte. Schachtelhalmextrakte und Kieselsäure haben ebenfalls eine stärkende Wirkung auf das Nagelkeratin. Azulen und Bisabolol aus der Kamille sowie Sonnenhutextrakte wirken entzündungshemmend und beruhigend auf die durch häufige Feuchtarbeiten, Kälte und trockene Raumluft strapazierte Haut der Hände. Manchmal enthalten Handcremes auch Salicylsäure, die einer übermäßigen Verhornung und Schwielenbildung vorbeugt.

Handschutzcremes wirken durch ihren hohen Anteil an Mineralölen und -wachsen wasserabweisend. Cremes mit hohem Wasseranteil und alkoholische Lösungen sowie Handschutzgele schützen die Haut durch in Wasser oder Ethanol gelöste Silikonöle. Handgelees trocknen auf der Haut zu einem hygroskopischen Film, der Wasser in den oberen Epidermisschichten bindet. Spezielle Schutzcremes für Berufsgruppen, deren Haut besonderes stark durch Feuchtarbeiten, Tenside und Lösungsmittel strapaziert wird, enthalten Perfluoräther, die unter dem Handelsnamen Fomblin angeboten werden. Da Perfluoräther weder in Wasser noch in organischen Lösungsmitteln löslich sind, bilden sie einen Schutzfilm auf der Haut. Dieser Film behindert im Gegensatz zu den Mineralfetten und -ölen nicht die Gas- und Wärmeabgabe durch die Haut.

Neben den Handpflegecremes gibt es zahlreiche Spezialprodukte wie Hand- und Nagelpeeling, Handpackungen, Nagelcremes und Nagelöle sowie keratinhärtende Nagellacke. Die modernen Hand- und Nagelpflegeprodukte sind heute in ihrer Wirkung und den Inhaltsstoffen den klassischen Kosmetikprodukten angepasst. Auch auf dem Sektor der Handpflege ist die Vielzahl der Wirkstoffe und Einsatzbereiche immer komplexer geworden.

3.5 Masken und Packungen

Masken dienen der zusätzlichen intensiven Pflege der Gesichts- und Körperhaut. Viele Masken erzeugen einen Wärmestau, indem sie einen schweiß- und luftundurchlässigen Film über der Hautoberfläche bilden. Sie dienen der Intensivreinigung, weil sie die Schweißsekretion fördern, das Hautkeratin quellen und die Durchblutung anregen. Dadurch bereiten sie eine Wirkstoffbehandlung vor und verbessern aufgrund des okklusierenden Effekts die Wirkstoffpenetration in die Haut. Die meisten Masken steigern die Hautfunktionen. Als Maskengrundlage kommen fast alle in der Kosmetik bekannten Rohstoffe infrage, z. B.: Leinsamen, Quittenschleim, Alginate und Gelantine für gelförmige Rezepturen, Mandelkleie,

Nehmen Sie Stellung:
Kosmetikerin: „Heute werde ich Ihre Haut einmal mit der Masque aux Algues verwöhnen. Dieses Feuchtigkeitswunder mit straffender Wirkung lässt Ihre Haut sofort wieder frisch und entspannt aussehen.“
Kundin: „Ja, das klingt gut. Das kann ich gebrauchen. Aber das letzte Mal haben Sie mir doch die Quick Mask für zu Hause empfohlen.“
Kosmetikerin: „Ja. Da haben Sie recht. Die Quick Mask ist eine schnelle Intensivpflege für zwischendurch. Diese Crememaske können Sie leicht und praktisch zu Hause anwenden. Die Meeresalgenmaske ist etwas komplizierter in der Anwendung und bleibt deshalb dem Institut vorbehalten: ...“

Weitere Infos zu Masken und Packungen unter:
www.dermaviduals.de
www.grandel.de
www.heitland.com
www.jda.de
www.maria-galland.de
www.masken-packungen-modellagen.de
www.rimpler.de
www.solocos.com
www.sothys.de
www.thalgo.de

Präparatgrundlage	Maske	Packung	Aussehen	Wirkung
Filme Polyacrylat, Alginate Natriumpolystyrol-sulfonat, Leinsamen	X		Gel -> fester Film	hydratisierend, adsorbierend, straffend
Getränkte Vliese	X		Vlies -> Gel -> Film	hydratisierend
Pulver Mandelkleie Hafermehl	X		Brei -> feste Paste	adsorbierend, austrocknend
Modellagen Kaolin Gips Bentonit	X		Brei -> Gipsschale	durchblutungsfördernd, wärmend, quellend
Paraffinwachse Paraffinöle, -wachse	X		feste Wachsschale	wärmend, quellend, durchblutungsfördernd
Pulver, Puder, Brei Heilerde, Kaolin Meeresschlick Kieselgel, Stärke		X	feucht-weicher Brei	adsorbierend, entfettend, kühlend, adstringierend
Creme Ö/W-, W/Ö- Emulsionen, z. T. mit Puderkörpern		X	weiche Creme	hydratisierend, kühlend, beruhigend, z.T. adsorbierend
Milchprodukte Quark, Sahne, Joghurt		X	weiche Masse	hydratisierend, kühlend, erfrischend

Grundlagen und Wirkungen von Packungen und Masken

Hafermehl, Bolus alba (Kaolin, weiße Tonerde), Bentonit, Magnesium- und Calciumsulfat (Gips) für puder- und pulverförmige Masken und Modellagen, synthetische Kunststoffe wie Natriumpolystyrolsulfonat für filmbildende Abziehmasken, Mineralöle, -fette und -wachse für Paraffinmasken.

Weitere Substanzen können Kräuterextrakte mit entzündungshemmender, adstringierender und erfrischender Wirkung sein. Salicylsäure, Schwefel und Schwefelverbindungen sowie Zinkoxid und Hafermehl finden sich in Masken für die fettige und unreine Haut sowie für die Akne. Vitamine, Enzyme und sauerstoffabspaltende Stoffe, z. B. Hydrogenperoxid, steigern die Zellteilungsrate. Milcheiweiß, Kollagen, Elastin und Gelee Royale üben einen positiven Einfluss auf den Feuchtigkeitshaushalt der Haut aus.

Duft- und Farbstoffe verleihen der Maske einen angenehmen Geruch und ein „kosmetisches“ Aussehen. Ätherische Öle können eine Ansammlung von Lymphe hervorrufen, sodass es nach dem Abnehmen oder Abziehen der Maske zu einer kurzfristigen Hautstraffung kommt. Allerdings bergen sie auch die Gefahr einer allergischen Reaktion. Unter der Okklusion können sie gut in die Haut penetrieren.

Vliesmasken werden auf der Basis gefriergetrockneter collagener Fasern oder aus Algen hergestellt. Dadurch wird lösliches (natives) Kollagen zu einer mikroporösen, schwammähnlichen Matrix umgewandelt. Nach Zufuhr von Wasser bildet sich ein Gel, das als Maske bzw. Packung auf der Haut wirkt oder einmassiert werden kann. Die Matrix kann neben Algen- und Planktonextrakten auch weitere hautstimulierende und feuchtigkeitsbindende Wirkstoffe enthalten, z. B. Vitamin E, Fruchtsäuren oder Aloe-Vera-Extrakte. Dabei werden diese Wirkstoffe von den Algenextrakten umhüllt und nach und nach an die Haut abgegeben.

Präparate wie Matricol oder Matrigel sind nach diesem Verfahren hergestellt worden. Die Namen deuten auf die Begriffe „Matrix“ (geordnetes Schema, Netz, Keimschicht) und „Kollagen“ bzw. „Gel“ hin. Die Vliesmasken werden für bestimmte Hautpartien oder für das ganze Gesicht zugeschnitten. Nach Feuchtigkeitszufuhr schmiegt sich das weiche Vlies wie eine transparente zweite Haut den Gesichtskonturen an. Die Wirkung besteht vor allem in der Feuchtigkeitszufuhr und der Elastizitätsverbesserung des Hautgewebes.

Feste Masken sind Pasten in streichfähiger Zubereitung oder Pulver, die mit Wasser zu einem Brei angerührt werden. Nach dem Verdunsten des Wassers erstarrt der zunächst streichfähige Brei auf der Haut. Die Verkleinerung und Verfestigung wird als hautstraffend empfunden. Diese Masken müssen mit feuchten Viskoseschwämmchen wieder aufgeweicht und von der Haut entfernt werden. Masken, die zu einer festen Schale erstarren, wie z. B. Gips-, Wachs- und Hartparaffinmasken, müssen nach der Einwirkzeit der darunter applizierten Wirkstoffe aus Ampullen, Nährcreme oder Packung als Ganzes vom Gesicht abgehoben werden.

Modellagen bzw. **Mineral-Thermomasken** bestehen aus einem pulverförmigen Mineralstoffgemisch auf der Basis von Gips (Calciumsulfat) oder Bolus alba (auch: Kaolin, weiße Tonerde). Es wird mit Wasser zu einem dickflüssigen Brei verarbeitet und dick auf die entsprechenden Problemzonen aufgetragen. Beim Abbinden gibt die Modellage langsam Wärme frei.

Je nach Zusatz von wärmefördernden Kristallen kann die Temperatur unter der Modellage bis zu 45 °C betragen. Dadurch wird die Penetration von Wirkstoffen aus der vorher aufgetragenen Creme und/oder Ampullenflüssigkeit gefördert. Das Hautkeratin quillt, die Poren und die Kapillargefäße erweitern sich, Lymphe und Interstitialflüssigkeit stauen sich. Es entsteht ein Ödem, das die Haut praller und glatter erscheinen lässt. Physiologisch sinnvoll wäre jetzt eine manuelle Lymphdrainage, um den Lymphfluss anzuregen und die Zellen optimal mit Nährstoffen zu versorgen. Dabei wird das Ödem wieder abgebaut.

Kurmäßig angewandte Modellagen mit anschließender manueller Lymphdrainage tragen auf lange Sicht zu einer Verbesserung des Hautbildes bei. Aufgrund der durchblutungsfördernden Wirkung ist bei Teleangiektasien und bei einer Couperose von einer Thermobehandlung abzuraten. Die Gefahr der Entstehung von Teleangiektasien darf bei dieser Art Wärmeanwendung ebenfalls nicht unterschätzt werden. Da sich die Modellage beim Abbinden stark verkleinert, kommt es außerdem zu einem Straffungsgefühl. Ein Großteil der Creme, die sich unter der Thermomaske befindet, dringt nicht in die Haut, sondern in die Gipsschale ein.

Einige Firmen bieten auch elektrisch beheizbare **Thermomasken** aus Schaumstoff und Latexfolie an. Sie erwärmen die Haut ähnlich wie bei einem Heizkissen und halten eine konstante Temperatur. Da die Wirkung mit der Modellage gleichzusetzen ist, spricht man auch von einem Thermolifting. Tiefenwärmebehandlungen der Körpersilhouette werden als Thermostyling bezeichnet.

Dabei werden aufgrund eines erhöhten Energieverbrauchs Stoffwechsel und Durchblutung angeregt, was langfristig einen Abbau des Depotfetts in der Subcutis zur Folge haben soll. Auch nach diesen Anwendungen entsteht zunächst ein Ödem, das durch eine manuelle Lymphdrainage abgebaut werden sollte. Thermolifting- und Thermostylingbehandlungen kommen bei Teleangiektasien, Couperose, Besenreisern, Krampfadern, Venenentzündungen oder Thromboseneigung nicht infrage.

Das Paraffin für **Paraffinmasken** ist bei Zimmertemperatur ein festes Mineralwachs. Bei Erwärmung verflüssigt es sich und kann mit einem Maskenpinsel oder Holzspatel auf die vorbereitete Haut aufgetragen werden. Die Haut wird mit konzentrierten Wirkstoffen aus Ampullen, Kunststoffkapseln, Pipetten-Fläschchen, Cremes oder Packungen versorgt.

In Paraffinmasken sind hauptsächlich die Hartparaffine enthalten. Sie haben große Kristalle. Ihr Schmelzpunkt liegt zwischen 50 und 62 Grad Celsius. Während sich das erhitzte weichflüssige Paraffin auf der Grundlage verfestigt, steigt die Temperatur unter der Maske um ein bis zwei Grad Celsius an, da die Hautwärme nicht mehr an die Umgebung abgegeben werden kann. Die geschlossene Paraffinschicht wirkt aufgrund des okkludierenden Effektes wie eine Modellage. Da die Temperaturerhöhung aber geringer ist, stellt sie eine sanfte Alternative dar. Paraffinbäder und -masken haben sich auch in der Handpflege als Behandlungsergänzung bewährt.

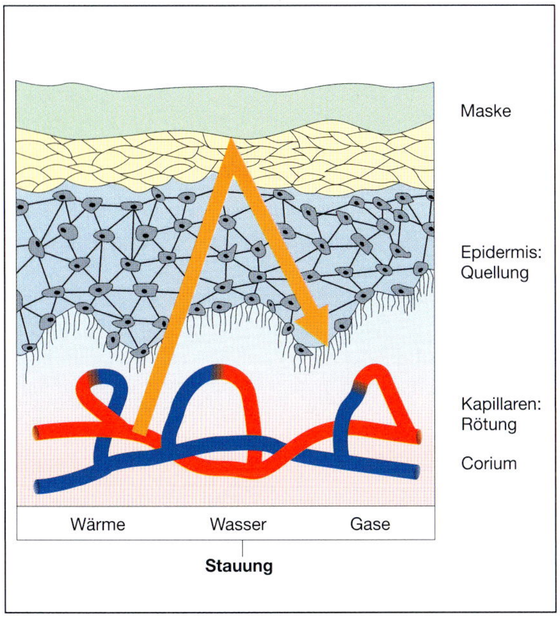

Masken steigern die Hautfunktionen, indem sie die Haut gegenüber Luft und Feuchtigkeit abschließen (Okklusion). Sie bilden einen Wärme- und Feuchtigkeitsstau und quellen das Hautkeratin.

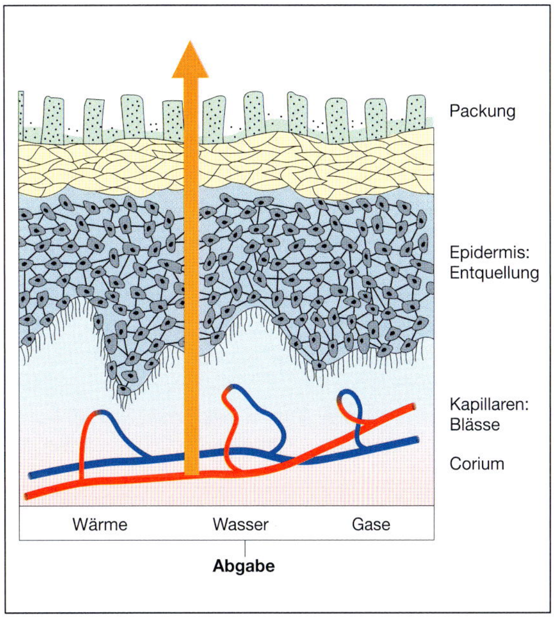

Packungen setzen die Hautfunktionen herab. Sie bleiben weich und wirken kühlend und beruhigend. Sie entquellen das Hautkeratin.

Filmmasken sind streichfähige hydrophile Gele auf der Basis von Cellulosederivaten, Agar-Agar, Pektin, Gummi arabicum, Alginaten oder 10 % Polyvinylacetat. Sie werden mit einem Pinsel appliziert und nach der Einwirkzeit abgezogen oder abgerubbelt. Durch den Radier- bzw. Abzieheffekt kommt es zu einem Abheben der oberen Hornlamellen. Filmmasken werden deshalb oft als Reinigungsmasken angeboten. Dextrin- oder Stärkebeimischungen sorgen für die Verkleinerung und Verfestigung des Films und dadurch für den Straffungseffekt. Durch das Antrocknen entsteht ein Kühleffekt. Filmmasken und erstarrende Masken sind ideal für seborrhöische Hauttypen. Sogenannte „**Lifting Masken**“ sind Cremezubereitungen, Alginate oder Breimischungen, die langsam auf der Haut trocknen. Dadurch kommt es zu einem kurzzeitigen Straffungseffekt.

Masken auf Polyacrylatbasis enthalten hohe Mengen an feuchtigkeitsbindenden Substanzen. Sie hydratisieren das Hautkeratin stark und lassen die Hautoberfläche praller erscheinen. Diese Masken bilden keinen Film und werden nicht abgezogen.

Filmmasken und erstarrende Masken dienen nicht der Wärmeentwicklung und Penetrationsförderung von Wirkstoffen durch Okklusion. Deshalb sind sie keine Masken im herkömmlichen Sinne. Da sie aber auf der Haut an- und austrocknen, sind sie auch nicht eindeutig den weichen Packungen zuzuordnen. Filmmasken stehen in Bezug auf ihren Aufbau, ihre Anwendung und Wirkung zwischen den okkludierenden Masken und den weich bleibenden Packungen. Zudem werden Produkte aus dem anglo-amerikanischen und französischen Sprachraum meistens als „Maske“ bezeichnet, auch wenn sie alle Eigenschaften einer Packung haben.

Die Kennzeichnung von Masken und Packungen auf dem Kosmetikmarkt ist oft uneinheitlich. Während man in der Haarkosmetik die Begriffe Packung und Kur verwendet, spricht man in der pflegenden Kosmetik von Packung und Maske. International werden diese Unterscheidungen nicht getroffen. Hier haben sich die Begriffe „cure“ und „mask“ („masque“) durchgesetzt. So ist z. B. die **Schaummaske** eine flüssige Ö/W-Emulsion mit einem Treibgaszusatz. Sie hydratisiert das Hautkeratin, zieht fast vollständig in die Haut ein und dient aufgrund des kühlenden Effektes der schnellen Regenerierung und Erfrischung der Haut. Schaummasken fallen wie die kühlenden Filmmasken in die Rubrik der Packungen. Eine Schaummaske ist eigentlich eine Cremepackung!

Packungen setzen die Hautfunktionen herab. Indem sie am Ende einer kosmetischen Behandlung eingesetzt werden, dienen sie der Kühlung und Beruhigung der Haut. Sie verfeinern das Hautrelief durch Wasserentzug und verengen die Poren und Kapillargefäße. Durch die Kühlwirkung verblassen auch eventuelle Rötungen, die während der Behandlung entstanden sind. Packungen bleiben weich. Sie sind durchlässig für Wärme, Feuchtigkeit und Gase.

Pulverförmige Packungen sind **Breipackungen**, wie Heilerde-, Kaolin-, Meeresschlick- oder Schlammpackungen für die seborrhöische Haut. Die Entquellung und der Fettentzug werden durch Zusätze von 20 % Hafermehl, 2 bis 10 % gepulverten Moor- und Kräuterextrakten, Schieferöl, Zinkoxid und Adstringenzien, z. B. Salbei, Hamamelis, Fruchtsäuren erreicht. Durch die Oberflächenvergrößerung der Puderkörper haben pulverförmige Packungen zugleich eine Saug- und eine Kühlwirkung. Neben Heilerde (Bolus), Kaolin (Bolus alba) und Meeresschlick finden folgende organische und anorganische Puderkörper in Packungen Verwendung: Mais-, Weizen- und Reisstärke, Seidenfibrin, Milchpulver, Kieselgel, Kieselsäure, Kalk, Tonerde, Zink- und Titandioxid. Für die Anwendung der anorganischen Puderkörper beim Anrühren mit Wasser ist der pH-Wert zu beachten. Kieselgel reagiert in wässriger Lösung sauer, Heilerde neutral und Kalk (Calciumcarbonat) alkalisch. Pulverförmige Packungen können spezielle entzündungshemmende, adstringierende, feuchtigkeitsbindende, erfrischende, durchblutungsfördernde und beruhigende Wirkstoffe enthalten. Sie können auch mit den Schleimstoffen einiger Lebensmittel, wie z. B. Gurken, Äpfel, Erdbeeren, Aprikosen, Bananen angereichert werden.

Cremepackungen sind streichfähige Ö/W- oder W/Ö-Emulsionen. Sie werden messerrückendick auf die zu behandelnden Hautpartien aufgetragen. Die Hornschicht wird stark hydratisiert, was die Hautoberfläche glatter und zarter erscheinen lässt. Durch zugesetzte Puderkörper wie Reis-, Mais- und Weizenstärke, Kaolin, Zink- und Titandioxid besitzen diese Packungen eine gute Absorptionskraft für an und auf der Haut haftende Fett- und Hornpartikel. Je nach Hautzustand werden spezielle Wirkstoffe, z. B. Vitamine, Lecithin, Gelee Royale, Aloe Vera-Gel, Allantoin, Avocado-, Arnika-, Johanniskraut-, Minz-Extrakte, Bisabolol, Jojoba-, Mandel- oder Macadamianussöl, Panthenol, Sheabutter und hygroskopische Substanzen, z. B. Sorbitol, Hyaluronsäure, Mucopolysaccharide, Collagen sowie ätherische Öle in die Packungsgrundlage eingearbeitet.

Cremepackungen bleiben weich. Ihre Überschüsse werden nach der Einwirkzeit mit feuchtwarmen Kompressen entfernt. Sie eignen sich für alle Hauttypen und -zustände, mit Ausnahme sehr fettiger Haut und Akne. Cremepackungen können ebenfalls gut aus Lebensmitteln hergestellt werden. Quark, Joghurt oder Sahne dienen dabei als Grundlage und werden z. B. mit Honig, Zitronensaft, Eigelb, feinen Haferflocken, Obst oder Gemüse in einem Mixer zu einer homogenen Masse angerührt und auf Gesicht, Hals und Dekolleté aufgetragen. Derartige naturkosmetische Packungen dienen hauptsächlich der Kühlung, Erfrischung und Feuchtigkeitsanreicherung der Haut.

3.6 Ampullenpräparate

Ampullen sind luftdicht verschlossene Glasbehälter. Sie enthalten sauerstoffempfindliche **Wirkstoffkonzentrate**, die zur Ergänzung der allgemeinen pflegenden Kosmetik hergestellt werden. Die Wirkstoffkonzentrate werden gezielt gegen bestimmte Hautprobleme wie Elastizitätsverlust, Trockenheit und Feuchtigkeitsverlust durch Sonnenbäder, Seborrhö oleosa und Seborrhö sicca, Hypersensibilität auf äußere Reize, Hyperpigmentierungen und Akne eingesetzt. Häufig sind die Wirkstoffe der Ampullenflüssigkeit in Liposomen oder in Nanoparts eingekapselt.

Ampullenflüssigkeiten für die reizempfindliche Haut bestehen häufig aus beruhigenden Wirkstoffen wie Allantoin, Bisabolol oder Azulen und Panthenol in einer Emulsionsgrundlage. Gegen die Formen der Seborrhö werden u. a. Chlorophyll, adstringierende Pflanzenextrakte, z. B. Ratanhia, Tormentill, Hamamelis, China- und Eichenrinde sowie Vitamine der B-Gruppe eingesetzt. Atrophische Hautzustände werden z. B. mit Weizenkeimextrakten, Lecithin, Ginsengextrakten, den Vitaminen A und E, Nachtkerzenöl, Ei-Gel-Konzentraten oder mit nativem Collagen, Aloe-Vera-Gel und Hyaluronsäure sowie mit proteinhaltigen Extrakten aus der Thymusdrüse oder der Milz behandelt.

Alpha-Hydroxy-Säuren aus Zitrusfrüchten und aus Zuckerrohr sowie stabilisiertem Vitamin C üben einen Bleicheffekt auf Pigmentstörungen aus. Gegen Lichtschäden der Haut werden spezielle Repair-Komplexe aus inaktivierten Bakterienkulturen der Bifidusgruppe eingesetzt. Sie sollen zu einer Steigerung der DNS-Reparaturrate in den Zellkernen der lebenden Epidermisschichten führen. Arnika-, Artischocken- und Klettenwurzelextrakte sollen ebenfalls die negativen Auswirkungen der UV-Strahlung abschwächen.

Wirkstoffkonzentrate für die Ganzkörperpflege bestehen aus entschlackenden und gewebestraffenden Substanzen. Sie werden gegen Cellulite, Striae und erschlaffte Konturen an Busen, Bauch, Gesäß und Oberschenkeln angeboten.

Die Glasampulle findet vorwiegend in der Kosmetikkabine ihren Einsatz, da sie aufgebrochen oder aufgesägt werden muss. Glasampullen schließen das Wirkstoffkonzentrat luftdicht ab. Aufgrund des keimfreien Herstellungsverfahrens und des luftdichten Abschlusses kann bei Glasampullen auf Konservierungsmittel verzichtet werden. Eine Ampulle ist für eine einzige Behandlung vorgesehen und sollte während dieser auch verbraucht werden. Die Anwendung von Ampullen ist verschieden. Eine Ampulle kann ein Zusatzangebot der Gesichtsbehandlung darstellen, sie kann aber auch mehrtägig bis mehrwöchig im Sinne einer Kurbehandlung, z. B. gegen Cellulite oder Hyperpigmentierungen, zur Anwendung kommen. Im Kosmetikinstitut kann das Wirkstoffkonzentrat einer Ampulle auch mithilfe der Iontophorese eingeschleust werden. Voraussetzung dafür ist die Wasserlöslichkeit der Wirkstoffe, ein niedriges Molekulargewicht und ein optimales Dissoziationsverhalten.

Seit einigen Jahren werden **Wirkstoffkonzentrate** auch in Form von Kunststoff- oder Gelatinekapseln und Kunststofffläschchen mit Schraubverschluss angeboten. Weil die sterile Abfüllung unter Sauerstoffabschluss nicht immer gewährleistet ist, werden hier manchmal Konservierungsstoffe gegen Verderb und Keimbefall zugesetzt. Konservierungsstoffe können bei entsprechend disponierten Personen Allergien auslösen. Ein Risiko besteht aber auch hinsichtlich der oben angeführten proteinhaltigen Extrakte, insbesondere, wenn sie den Weg in lebende Zellschichten finden. Dies gilt auch für die Heimbehandlung, für die häufig Gelatinekapseln oder Pipettenfläschchen mit einem mehr oder weniger stark konservierten „Wirkstoff-Cocktail" angeboten werden. Generell gilt, dass Wirkstoffkonzentrate nicht über einen längeren Zeitraum aufbewahrt werden sollten, wenn sie geöffnet sind.

Nehmen Sie Stellung:
Kundin: „Ich habe in Ihrem Schaufenster die großartige Dekoration zu der Vitamin-C-Kur bestaunt. Dort liegen auch viele kleine Glasfläschchen. Ich nehme an, dass es sich dabei um Vitamin-C-Flüssigkeiten handelt?"
Kosmetikerin: „Sie meinen sicherlich unsere Ampullen und Pipettenfläschchen. Sie enthalten Wirkstoffkonzentrate mit hochdosiertem Vitamin C und mit hautglättenden Proteinen. Das in der Kapsel befindliche reine Vitamin wird mit einem Multi-Vitamin-Komplex gemischt und in die Haut eingeklopft. Bei den Ampullen handelt es sich um ein sehr hochwertiges hautglättendes Serum auf Proteinbasis."
Kundin: „Danke. Könnten Sie mir auch noch etwas über das Kurprogramm sagen, für das Sie im Schaufenster werben?"
Kosmetikerin: „Aber gerne: ..."

Weitere Infos zu Wirkstoffkonzentraten unter:
www.babor.de
www.decleor.de
www.dr-baumann.com
www.grandel.de
www.jda.de
www.maria-galland.de
www.meentzen.de
www.thalgo.de

3.7 Augenpflegepräparate

Die Hautpartie um die Augen herum ist nur einen halben Millimeter dünn, viermal dünner also als die übrige Gesichtshaut. Mimik- und Trockenheitsfältchen zeigen sich in diesem Hautbereich schon in jungen Jahren. Schließlich befindet sich kaum Unterhautfettgewebe im Bereich der Unterlider. Die Talg- und Schweißdrüsen sind hier nicht so zahlreich vorhanden wie in der übrigen Gesichtshaut. Außerdem gibt es weniger collagene und elastische Fasern. Das lockere Bindegewebe neigt dazu, Lymphe einzulagern. Durch Blinzeln, Zwinkern und andere Augenbewegungen kontrahiert der Augenringmuskel täglich mehr als 10.000-mal.

Diese Tatsachen haben dazu geführt, spezielle **Augenpflegepräparate** für diese empfindliche und strapazierte Hautpartie zu konzipieren. Sie sollen der Faltenbildung vorbeugen, vorhandene Fältchen durch Feuchtigkeitsanreicherung mildern und kurzfristig aufpolstern. **Augengele** und **Augenlidlotionen** wirken aufgrund der Verdunstungskälte kühlend und abschwellend. Hydrogele werden bei geschwollenen Augenlidern und Tränensäcken bevorzugt eingesetzt, während lipidhaltige Emulsionen gegen Trockenheitsfältchen helfen sollen.

Augencremes und -gele unterscheiden sich von anderen Pflegeprodukten für die Gesichtshaut vor allem dadurch, dass sie keine spreitenden Öle oder spreitungsverbessernden Tenside enthalten. Spreitungsverbesserer erleichtern das Auftragen und die Verteilung einer Creme. Wandern sie jedoch in das Auge, bilden sie einen störenden Film auf der Hornhaut des Augapfels und können zu Reizungen und Entzündungen führen.

Augenpflegepräparate, die der Faltenbildung vorbeugen sollen, sind wirkstoffreich. Neben nativem Collagen und anderen feuchtigkeitsbindenden Stoffen enthalten sie Wirkstoffe, die den Zellstoffwechsel anregen, z. B. Gelee Royale, bestimmte Aminosäuren, Gewebeextrakte aus der Thymusdrüse und der Milz, Vitamine und vitaminhaltige Keimöle, Ginseng und andere Pflanzenextrakte. Vielfach werden chemische Lichtschutzfilter und Konservierungsstoffe zugesetzt.

Risiko und Nutzen der Anwendung sollten bei diesen Präparaten sorgfältig geprüft werden. Umfangreiche Tests, bei denen Silikonabdrücke von der Haut der Augenpartie bis auf hundertstel Millimeter genau vermessen wurden, haben gezeigt, dass Augencremes und -gele lediglich die Trockenheitsfältchen mildern können. Mimikfalten, in der Kosmetik oft unschön als „Krähenfüße" bezeichnet, entstehen insbesondere durch die Augenbewegungen beim Lachen. Die elastischen Fasern im Corium degenerieren im Laufe der Jahre. Ihre Spannkraft hält den mimischen Bewegungen des Gesichtes bereits ab dem zwanzigsten Lebensjahr nicht mehr stand. Der Verlauf und die Ausprägung von Mimikfalten sind erblich bedingt. Eine gesunde Lebensweise, ein vernünftiger Umgang mit der Sonne und das Tragen einer guten Sonnenbrille verzögern jedoch die Entstehung von Mimikfalten. Sind sie erst einmal da, ist es auch aus kosmetischer Sicht am sinnvollsten, sie lieben zu lernen.

Zur Reinigung der Augenpartie werden **Augen-Make-up-Entferner** angeboten. Es gibt sie auf Mineralölbasis, als Hy-Öl, als wässrige Tensidlösung oder als bereits getränkte Wattepads. Wasserfeste Wimperntusche lässt sich am einfachsten mit Mineralölen entfernen, wobei die fettige Augenpartie mit einem Gesichtswasser nachgereinigt werden muss.

3.8 Lippenpflegepräparate

Da die Lippen eine sehr dünne Hornschicht haben, keine Talgdrüsen und nur wenig Melanin besitzen, müssen sie gut geschützt werden. Durch die Benetzung mit Speichel werden mikrobielle Infektionen und Trockenheit begünstigt. Raue Lippen reißen schnell ein und bieten dadurch ideale Eintrittspforten für Bakterien und Viren.

Lippenpflegestifte bestehen aus natürlichen Wachsen, z. B. Bienenwachs, Carnaubawachs, Candelillawachs, Lanolin, Ozokerit und Ceresin, aus synthetischen Wachsen und Vaseline sowie aus Kakaobutter und pflanzlichen Ölen. Emulgatoren, Spreitungsverbesserer, Duft- und Konservierungsstoffe sind qualitätsverbessernde Hilfsstoffe. Lippenpflegestifte stellen den natürlichen Hydro-Lipid-Film der Lippen wieder her.

Da die Lippen weder eine Lichtschwiele bilden können, noch Melanin produzieren, sind sie extrem sonnenbrandgefährdet. Im Sommer bildet gerade die Unterlippe eine „Sonnenterrasse“, auf die die Strahlen fast senkrecht treffen. Im Skiurlaub ist die Oberlippe durch die Strahlenreflexion des Schnees besonders gefährdet. Deshalb bieten sich chemische und physikalische UV-Filter für Lippenpflegestifte an. Farbige Lippenstifte dekorieren nicht nur, sondern haben durch die Farbstoffe und Pigmente eine Schutzfunktion gegenüber UV-Strahlung. Durch die o. g. Fette, Öle und Wachse schützen sie die dünne Lippenhaut vor Fett- und Feuchtigkeitsverlust. Für farbige Pflegestifte gilt: Je höher ihr Fettanteil, desto pflegender sind sie, aber desto weniger haftfest ist ihre Farbe.

Lipgloss-Stifte erzeugen einen fettigen bis wässrigen, oft silbrigen Glanz. Sie haben ein geringes Haftvermögen und hinterlassen häufig ein klebriges Gefühl auf den Lippen. Je höher ihr Fettanteil ist, desto pflegender sind Lipgloss-Stifte.

3.9 Fußpflegepräparate

Bei **Fußpflegepräparaten** unterscheidet man die Fußbadekonzentrate, Fußpuder und -sprays, Fußlotionen, -cremes und -balsame sowie abrasive Peelings und spezielle Tinkturen gegen Hornhaut, Hühneraugen, Fuß- und Nagelpilzbefall. Kosmetische Fußpflegemittel sollen gemäß der Definition kosmetischer Mittel in § 4 LMBG überwiegend der Prophylaxe einer Dermatomykose dienen.

Badezusätze für Fußbäder haben eine ähnliche Zusammensetzung wie die allgemeinen Hautreinigungsmittel und Badezusätze. Darüber hinaus sollen sie aber auch desodorierend, desinfizierend, keratolytisch und adstringierend wirken. Gerbstoffe aus den Hamamelisblättern und der Hamamelisborke sowie Eichen- oder Chinarindenextrakte und Aluminiumhydroxychlorid vermindern das Schwitzen, indem sie die Poren verengen. Deodorantien hemmen die bakterielle Zersetzung des Schweißes. Antitranspirantien hemmen in erster Linie die Schweißperspiration.

Fußpilz und Nagelpilz sind durch falsches Schuhwerk, z. B. Turnschuhe, Schuhe aus synthetischen Materialien, Nylonstrümpfe sowie zucker- und weißmehlhaltige Ernährung weitverbreitet. Die Mode, künstliche Nägel aufzusetzen, kann ebenfalls zu einem Pilz- oder Bakterienbefall zwischen dem eigenen und dem Kunstnagel führen.

Die in der Fußpflege eingesetzten Substanzen sind zum Teil Pharmazeutika. Antimykotische und antibakterielle Substanzen wie Clotrimazol und Undecylensäure beugen Mykosen und bakteriellen Infektionen vor. Antimykotische und antibakterielle Mittel werden als Lösungen in Pipettenfläschchen, als Tinkturen, Cremes und Sprays angeboten. Spray hat den Vorteil, dass es auf der Haut einen unsichtbaren Film hinterlässt, der die desinfizierenden Substanzen lange auf die Haut oder auf die Nagelplatte einwirken lässt. Durch den hohen Gehalt an Isopropanol eignen sich Sprays gut zur raschen Desinfektion vor der Fußpflege und zur sicheren Händedesinfektion. Cremes auf einer wasserfreien Basis aus Vaseline und Wachsen haben den Vorteil, dass sie als Okklusivbehandlung gegen Fuß- und Nagelpilz eingesetzt werden können.

Weil es bei der kosmetischen Fußpflege zum Kontakt mit Krankheitskeimen kommen kann, zählen

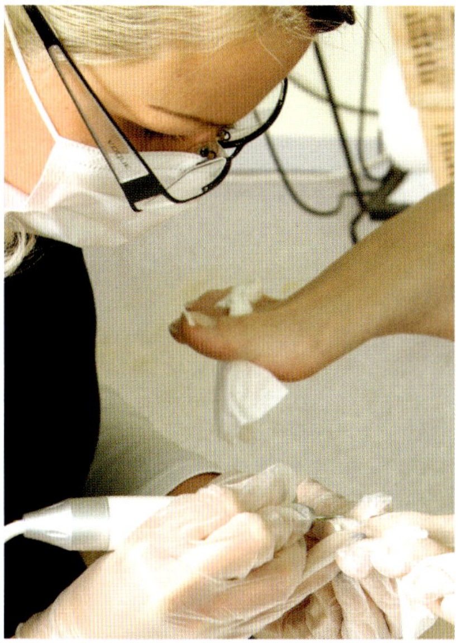

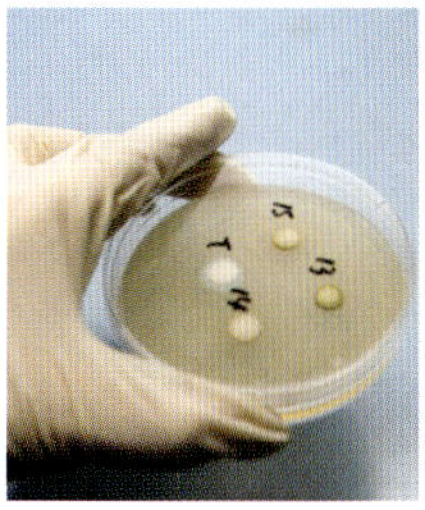

Da es bei der Fußpflege zum Kontakt mit Krankheitskeimen kommen kann, sollten bei der Behandlung immer Handschuhe und Mundschutz getragen werden.

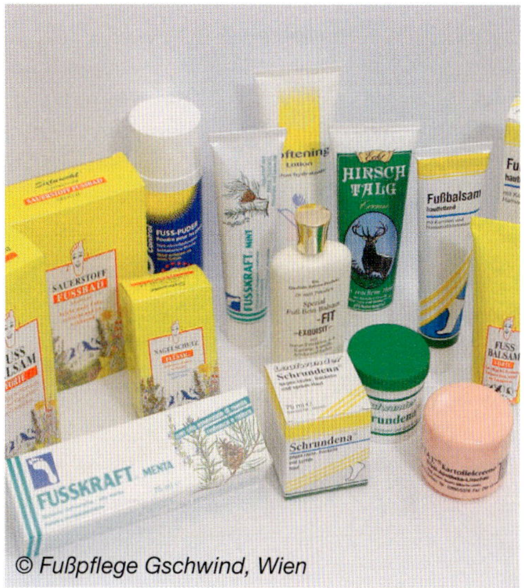

Zu den Fußpflegepräparaten zählen Fußbadekonzentrate, Fußpuder und -sprays, Lotionen, Cremes und Balsame sowie Peelings und Tinkturen gegen Hornhaut und Hühneraugen.

neben Desinfektionssprays und -handwaschmitteln auch antimykotische und antibakterielle Tinkturen, Handschuhe und Mundschutz zur Infektionsprophylaxe.

Weitere antimikrobielle Substanzen in Fußpflegepräparaten sind Farnesol, Triclosan (Trichlorhydroxiphenylether = Irgasan®) oder Chlorhexidinverbindungen. Farnesol, ein im Lindenblütenöl vorkommender Terpenalkohol, wirkt vor allem gegen Bakterien, die für die Schweißzersetzung verantwortlich sind. Häufig wird auch versucht, eine bakteriostatische Wirkung durch Parfümöle mit antibakteriellen Eigenschaften zu erreichen. Teebaumöl, Nelkenöl, Thymianöl und Zimtaldehyd sind bekannte Zusatzstoffe für Deodorantien und Fußpflegemittel. Der teilweise starke Eigengeruch kann bei der Parfümierung dieser Präparate allerdings zum Problem werden. Quartäre Ammoniumverbindungen (Quats) besitzen ein gutes Haftvermögen auf dem Hautkeratin. Sie vermindern die bakterielle Zersetzung des Schweißes und wirken darüber hinaus perspirationshemmend. Eine weitere Möglichkeit der Desodorierung ist die Verwendung von Enzymblockern.

Fußpuder enthalten neben den desodorierenden, desinfizierenden und adstringierenden Wirkstoffen auch geruchs- und schweißabsorbierende Zusätze (Siliciumdioxid) in einer Pudergrundlage aus Talkum, Zinkoxid, Bolus alba und Kieselsäure. **Fußpudersprays** enthalten Geruchsabsorber, Deodorantien und Parfumöle in einer Grundlage aus Reisstärke und einem Treibgas. Einige Sekunden nach dem Aufsprühen entsteht ein feiner Puder, der bereits vorhandenen Schweiß sofort aufsaugt.

Fußcremes, -balsame und -lotionen enthalten weiterhin entzündungshemmende (Bisabolol, Azulen, Allantoin, Panthenol), kreislaufanregende (Kampfer, Menthol, Paprika, Rosmarin) und gewebekräftigende (Rosskastanie, Arnika, Enzian, Mäusedorn) Pflanzenextrakte. Sie werden als Emulsionen angeboten und sollen je nach Zusammensetzung kühlend und erfrischend, wärmend und durchblutungsfördernd, gewebefestigend oder abschwellend wirken.

Fußcremes mit Capsaicin, einem Wirkstoff aus der scharfen Chilischote, stimulieren die Wärmerezeptoren der Haut und lösen bei kalten Füßen ein angenehmes, lang anhaltendes Wärmegefühl aus. Die Füße werden besser durchblutet und der Hautstoffwechsel wird angeregt. Fußcremes mit ätherischen Ölen des Thymians duften nicht nur angenehm, sondern wirken durch die Inhaltsstoffe Thymol und Carvacrol auch desinfizierend. Sie verhindern dadurch unangenehmen Fußgeruch und beugen dem Fußpilz vor. Bei einem Thymianöl-Fußbad wirken die eingeatmeten Dämpfe krampflösend auf die Atemwege, was besonders im Winter ein willkommener Nebeneffekt ist.

Schrundencremes halten die Haut der Fußsohle geschmeidig. Sie werden auf der Basis einer wasserfreien Salbe aus Vaseline und Wachsen hergestellt. Sie enthalten vorwiegend Benzoe- und Salicylsäure, um Hautschuppen und -borken abzulösen. Sie inaktivieren die **Lipasen**.

Bei kosmetischen Fußpflegemitteln gegen Hühneraugen und Schwielen handelt es sich um abrasive Peelingpräparate oder um keratolytisch wirkende Tinkturen auf Basis von Salicyl-, Benzoe-, Milch- und Glykolsäure. Salicylsäure weist ein breites fungizides Wirkspektrum auf. Wächst die Hornhaut zu einer dicken Schwiele mit zapfenartigem Wuchs nach unten heran, spricht man von einem Hühnerauge. Spezialtinkturen und getränkte Pflaster aus Alkohol- und Etherlösungen von Collodium und keratolytischen Substanzen bekämpfen diese Hornschwielen.

Weitere Infos zu Fußpflegepräparaten und -zubehör unter:
www.allpresan.de
www.baehrshop.de
www.bioness-cosmetics.de
www.gehwol.de
www.hellmut-ruck.de
www.luetticke.de
www.moravan.de
www.wilde-cosmetics.de

4 Grund- und Wirkstoffe in kosmetischen Präparaten

Woraus bestehen Cremes, Masken, Öle und Gele? Hautpflegepräparate setzen sich aus Grundstoffen und Wirkstoffen zusammen. Dabei steht die Wirkung der Grundstoffe, wie z.B. Fette, Öle und Wachse, gleichberechtigt neben der Wirksamkeit spezieller Stoffe, wie z.B. Feuchthaltefaktoren, Proteinen, Vitaminen und Pflanzenextrakten. Das bedeutet, dass auch Zubereitungen ohne Wirkstoffe nicht ausschließlich Trägersubstanzen sind, sondern auch z.B. glättende und schützende Effekte auf die Haut ausüben können.

Der Trend zu medizinisch anmutender Hautpflege ist ungebrochen. Hautpflege, die sich durch pharmazeutische Wirkstoffe an der Grenze zur Medizin bewegt, ist voll in Mode. Ihre Wirkstoffe nennt man **Cosmeceuticals**, eine Verbindung von „Cosmetics“ und „Pharmaceuticals“, also: Kosmetik und Medikamente. Die Wirkstoffe an sich sind gar nicht so neu: Glykolsäure, mikronisierte Vitamine, Harnstoff, Hyaluronsäure und andere Wachstums- und Feuchtigkeitsfaktoren. Meist liegen die Wirkstoffkonzentrationen an der Grenze zum Arzneimittel. In Deutschland ist die vom Gesetz zugelassene Dosierung einiger Inhaltsstoffe deutlich niedriger als in den USA. Die Wirksamkeit hängt nicht nur von der Dosierung der Inhaltsstoffe ab, sondern auch von der Kombination und der Cremegrundlage.

Weitere Infos zur Anti-Aging-Kosmetik unter:
www.anti-aging-med.de
www.beauty-forum.com
www.cenegenics.com
www.eucerin.de
www.lifeextension.com
www.longevity.com
www.rimpler.de

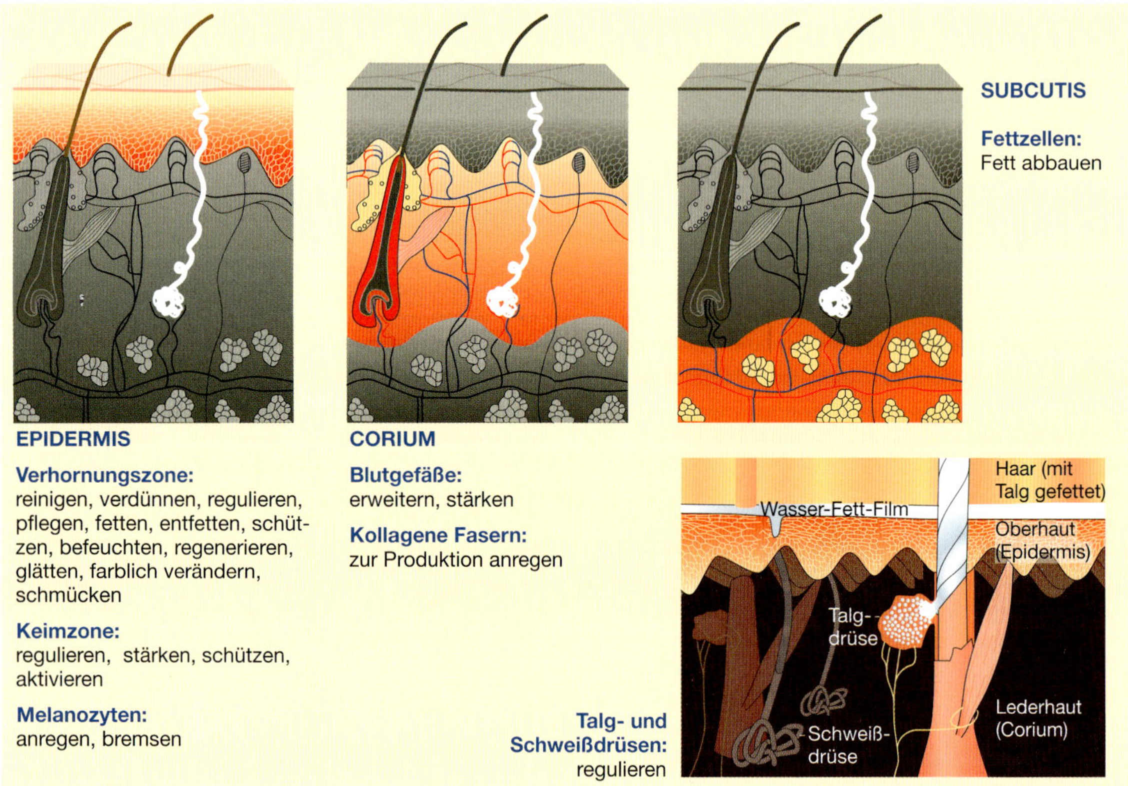

Ansatzpunkte kosmetischer Wirkstoffe

Kosmetikum (Kosmetikerin)	Cosmeceutical (Arzt und Kosmetikerin)
AHA (Alpha-Hydroxy-Säuren)	
Glykolsäure 1–4 % pH 4,5 und mehr Milchsäure Weinsäure Apfelsäure etc.	Glykolsäure 5–10 % pH 3,5 und weniger Glykocitrat Glykochelat
Mikronisierte Vitamine (kleiner als Liposome)	
Retinol (fettlöslich) Tocopherol (fettlöslich) Ascorbinsäure	Vitamin A (wasserlöslich) Vitamin E (wasserlöslich) Vitamin C, Vitamin K
Moisturizer (Feuchthaltefaktor)	
Collagen Elastin Sauerstoff	Hochmolekulare Hyaluronsäure Sauerstoff 2–4 %
Stoffwechselaktivatoren	
DNA RNA	Wachstumsfaktoren Sauerstoff 2–4 % Betaglucan
Bleichsubstanzen	
Ascorbinsäure	Hydrochinon Kojicsäure Vitamin C (stabil in flüssiger Form)
Vehikel	
AHA 1–4% teilweise neutralisiert	Salicylsäure Glykolsäure 5–10%

Kosmetikum – Cosmeceutical: Neue „Anti-Aging"-Wirkstoffe in der Kosmetik reichen in Bezug auf ihre Wirkungsstärke an pharmazeutische Produkte heran, ohne jedoch als Arzneimittel zu gelten. Sie werden deshalb „Cosmeceutical" genannt.

Ihren Erfolg verdanken die Produkte vor allem dem Boom von Botox, Laserbehandlungen, Fillern und Fruchtsäurepeelings, die den Dermatologen einen neuen Markt eröffneten. Die Kosmetikindustrie versucht mitzuziehen.

Kritisch ist jedoch zu bemerken, dass die Haut nur eine begrenzte Regenerationsfähigkeit besitzt. Wird die Hornschicht immer wieder abgetragen, z. B. durch dauerhafte Glykolsäureanwendungen, wird die Regenerationsleistung mit der Zeit geringer. Neue Zellen werden nicht mehr so schnell nachgeliefert. Statt jung und frisch auszusehen, wird die Haut immer dünner und empfindlicher. Bei den hochkonzentrierten Wirkstoffkosmetika besteht außerdem die Gefahr des Überpflegens. Komedonen und Hautreizungen bis hin zur Allergie können die Folgen sein.

Kosmetische **Wirkstoffe** sollen der Reinigung, der Pflege und dem Schutz gesunder oder gestörter Haut dienen und nicht der Behandlung erkrankter Haut. Bei einer groben Einteilung, die sich auf den Wirkungsort bezieht, sind fünf Wirkstoffgruppen zu unterscheiden:

1. Wirkstoffe, die an der Hautoberfläche reinigende, desinfizierende, pflegende, schützende oder dekorative Effekte entfalten, z. B. Paraffine, natürliche Fette und Öle;
2. Wirkstoffe, die in die Hornschicht penetrieren und ihre Eigenschaften verbessern, z. B. Feuchthaltesubstanzen;
3. Wirkstoffe, die in die Epidermis penetrieren und den Hautstoffwechsel beeinflussen, z. B. Enzyme, mikronisierte Vitamine, Repair-Komplexe;
4. Wirkstoffe, die die Schweißdrüsenausgänge verkleinern, z. B. Alaune;
5. Wirkstoffe, die die Durchblutung beeinflussen und dadurch einen Kühleffekt oder Wärmeeffekt auslösen, z. B. Ethanol, Nikotinsäurehexylester.

An der Grenze zu den dekorativen Kosmetika liegen schichtbildende Präparate wie Make-up und Lippenstifte, selbstbräunende Substanzen wie Dihydroxyaceton und geruchsadsorbierende Deodorantien.

3

Grund- und Wirkstoffe kosmetischer Präparate stammen aus der sog. „belebten" Natur und aus der sogenannten „unbelebten" Natur. Proteine, Fette, Kohlenhydrate, Vitamine, Kräuterextrakte und Enzyme sind pflanzlicher oder tierischer Herkunft. Mit den Stoffen dieser „belebten" Natur setzt sich die **organische Chemie** auseinander. Die organische Chemie ist die Chemie des Kohlenstoffs und seiner Verbindungen. Allen Substanzen, die aus Pflanzen- oder Tierorganen gewonnen werden, ist eines gemeinsam: Sie sind aus Kohlenwasserstoffverbindungen zusammengesetzt. Kohlenstoff trägt in der Chemie das Elementsymbol „C". Wasserstoff wird mit dem Elementsymbol „H" abgekürzt. Die Vielfalt der Kohlenwasserstoffverbindungen sowie ihre Fähigkeit, zusätzlich andere Elemente zu binden, ist immens hoch.

Die Anzahl von Kohlenstoffatomen und Wasserstoffatomen in einem Molekül sowie die anderen gebundenen Elemente und Elementgruppen bestimmen die Eigenschaften einer Verbindung. Zu diesen Eigenschaften zählen z. B. der Aggregatzustand, die Konsistenz, die Wasser- bzw. Fettlöslichkeit, die Reaktionsfähigkeit mit anderen Verbindungen und die Wirkung auf das Hautkeratin.

4.1 Paraffine (Mineralöle, Mineralfette und Mineralwachse)

Name	Präparate
Mineralöle (Weißöl, Vaselinöl)	Lippenschutzstift, Lippenstifte Hautschutzcremes, Massagecremes, Massageöle, Reinigungsmilch, Reinigungsöle, Hy-Öle
Mineralfette (Vaselin)	Abschminken, Hautcremes, Hautschutzcremes, Massagecremes, Lippenstifte, Reinigungscremes
Mineralwachse (Ceresin, Ozokerit)	Deostifte, Enthaarungswachs, Lippenschutzstifte, Lippenstifte, Paraffinmasken

Einsatzgebiete für Paraffine in der Kosmetik

Paraffine sind einfache langkettige Verbindungen aus Kohlenstoff und Wasserstoff. Sie werden aus dem Erdöl destilliert, gereinigt und für kosmetische Zwecke aufbereitet. Deshalb nennt man sie auch Mineralöle, -fette oder -wachse. **Mineralöle** sind gute Grundlagen für Massageöle und wasserfeste Cremes. **Mineralfette** dienen als Abschminken und Hautschutzmittel, **Mineralwachse** werden zur Herstellung von Lippen- und Deostiften, Paraffinmasken und Enthaarungswachsen benötigt.

Da Paraffine aus den Elementen Kohlenstoff und Wasserstoff aufgebaut sind, nennt man sie Kohlenwasserstoffe. Kurzkettige Kohlenwasserstoffe bis Butan sind Gase. Kohlenwasserstoffe mit mittlerer bis längerer Kette sind flüssig. Je länger die Kohlenwasserstoffketten werden, desto viskoser werden die ölartigen Verbindungen.

3

Viskose Mineralöle ab einer Kettenlänge von 17 Kohlenstoffatomen bis hin zu den festen Wachsen

Gase

Methan
CH_4

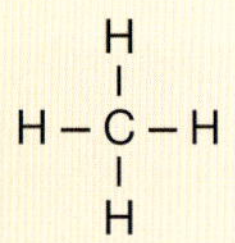

Ethan
C_2H_6

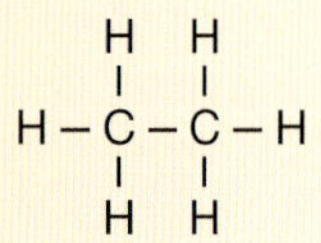

Propan
C_3H_8

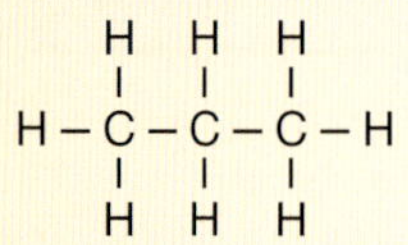

Butan
C_4H_{10}

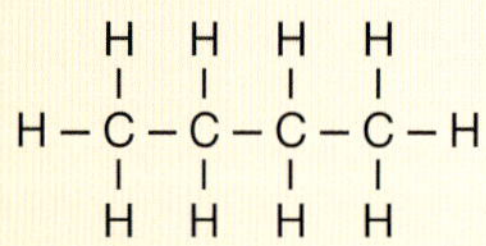

Flüssigkeiten

Pentan	C_5H_{12}
Hexan	C_6H_{14}
Heptan	C_7H_{16}
Oktan	C_8H_{18}
Nonan	C_9H_{20}
Dekan	$C_{10}H_{22}$

Feststoffe

Paraffine ab 17 C-Atomen

Die homologe Reihe der Alkane: Die Länge der Kohlenwasserstoffkette bestimmt, ob ein Stoff gasförmig, flüssig oder fest ist. Paraffine sind aufgrund ihrer besonders langen Kohlenwasserstoffketten Feststoffe.

heißen Paraffine. Sie haben fettende Eigenschaften, dringen aber nicht in die Hornschicht ein. Sie bilden einen geschlossenen Schutzfilm und gehen keine chemischen Reaktionen mit den Hautkomponenten ein. Sie sind reaktionsträge, auch gegenüber Licht, Wärme und Sauerstoff. Deshalb werden sie nicht ranzig. Gegenüber Wasser sind sie hydrophob. Aufgrund dieser Eigenschaften wirken sie wärme- und feuchtigkeitsstauend. Kohlenwasserstoffe sind mischbar mit Fetten und Ölen. Reinigungsmittel gegen öllösliche Verunreinigungen und Make-up enthalten deshalb einen mehr oder weniger hohen Anteil an Paraffinölen und -fetten.

Paraffine schaffen in kosmetischen Präparaten die gewünschte Konsistenz. Je nachdem, wie fest oder flüssig das Produkt sein soll, werden Paraffinöle, -fette oder -wachse hinzugemischt.

Die Fähigkeit einiger Kosmetikstifte, z. B. Lippenstifte und Deostifte, sich unter Druck zu verflüssigen, nennt man Thixotropie. Dieses Verhalten wird durch eine Mischung verschieden langkettiger, also dünn- und dickflüssiger Kohlenwasserstoffe erreicht.

Die einfachsten Kohlenwasserstoffverbindungen sind Methan (CH_4) und Ethan (C_2H_6). Wird die Kohlenwasserstoffkette schrittweise um eine zusätzliche CH_2-Gruppe verlängert, ergibt sich die homologe Reihe. Die hier beschriebenen kettenförmigen Kohlenwasserstoffe werden Alkane genannt.

Nehmen Sie Stellung: Die Kosmetikerin zeigt einer Kundin einige Präparate, die Milchpeptide enthalten. Sie zeigt sich sehr interessiert und liest aufmerksam die Packungsbeilage: „... mit dem Wachstumsfaktor MPC ..., ... enthält Paraffinöl ...". Sie überlegt: „Stammt Paraffinöl nicht vom Erdöl? Das ist doch nicht gut für die Haut, oder? ..."

Viele Vorurteile gegenüber Paraffinen rühren daher, dass paraffinhaltige Produkte früher verunreinigt waren. Oftmals werden Paraffine durch ihr Vorkommen in Erdölprodukten auch als „hautfremd" angesehen. Sie sollen aber kein verloren gegangenes Hautfett ersetzen, sondern sie sollen in erster Linie schützen, die Konsistenz des Präparats erhöhen oder die Gleitfähigkeit auf der Haut verbessern. Hautreizungen sind aufgrund ihrer Reaktionsträgheit nicht zu erwarten. Es kann jedoch zu Wärmestauungen kommen, was als unangenehm empfunden werden kann. Bei Neurodermitikern kann ein solcher Wärmestau quälenden Juckreiz hervorrufen, weshalb diese Personengruppe Präparate mit Paraffinen meiden sollte.

Neben den kettenförmigen Alkanen werden in der Kosmetik auch ringförmige Kohlenwasserstoffe ver-

Strukturformel

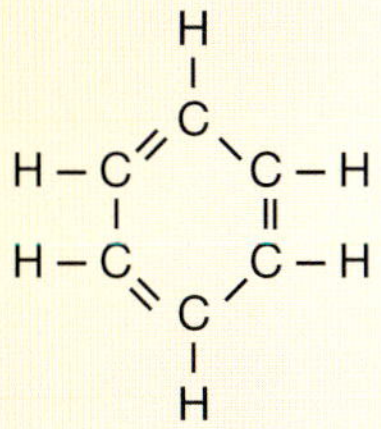

– Einfachbindung = Doppelbindung

Summenformel C_6H_6

Vereinfachte Darstellung

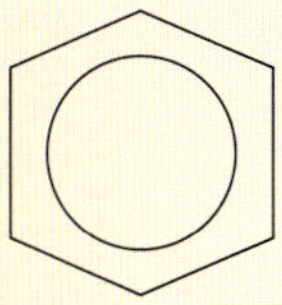

oder:

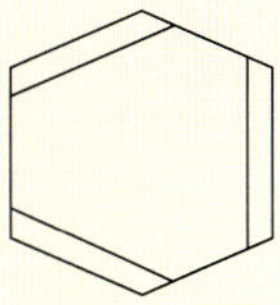

Strukturformel eines Benzolringes. Viele Benzolverbindungen riechen aromatisch. Die Duftstoffe der ätherischen Öle sind häufig Benzolverbindungen. Die Kohlenstoffatome sind ringförmig angeordnet. Sie sind abwechselnd durch Einfach- und Doppelverbindungen miteinander verbunden. Benzol ist die Grundlage für das Konservierungsmittel „Benzoesäure“ und den UV-Filter „4-Aminobenzoesäure“.

wendet, sogenannte Aromaten. Dazu gehört das Lösungsmittel **Benzol**, bei dem sechs C-Atome zu einem Ring zusammengetreten sind, in dem abwechselnd Einfach- und Doppelbindungen vorhanden sind.

Benzol ist die Grundlage für die **Benzoesäure**, die als Konservierungsmittel in kosmetischen Präparaten eingesetzt wird. Chemische Lichtfiltersubstanzen, dekorative Farbstoffe und die Duftstoffe der ätherischen Öle bauen sich aus dem Benzolring auf. Da viele Benzolverbindungen aromatisch riechen, spricht man von den Aromaten.

Neben den kettenförmigen Alkanen und den ringförmigen Aromaten gibt es die verzweigten Kohlenwasserstoffe. Sie haben ein gutes Spreitvermögen auf der Haut. Verzweigte Kohlenwasserstoffe dienen häufig zur Stabilisierung von Emulsionen.

Silikone sind synthetische Verbindungen, in denen Siliciumatome über Sauerstoffatome verknüpft sind. Die Siliciumatome werden durch organische Reste abgesättigt. Silikonöle bestehen wie die Paraffinöle aus kettenförmigen unvernetzten Makromolekülen, wobei die Viskosität (Zähflüssigkeit) mit zunehmender Kettenlänge zunimmt. Silikonöle spreiten gut auf der Haut und der Haaroberfläche. Sie bilden einen dünnen, hydrophoben Film, der eine gute Schutzwirkung gegenüber äußeren Einflüssen besitzt. Silikonöle werden Make-up-Produkten wie Puder, Wimperntusche, Nagellack und Lippenstift zugesetzt. Sie erleichtern das Auftragen, legen sich wie ein feines Netz auf die Haut, den Nagel oder um das Haar und erhöhen die Haftfestigkeit der Farbpartikel. In Nagellacken erhöhen sie die Elastizität des Lackfilms und verhindern das vorzeitige Abblättern.

4.2 Alkohole

Neben dem Trinkalkohol Ethanol gibt es verschiedene Alkoholarten, die in kosmetischen Präparaten als Lösungsmittel, Entfettungsmittel, Desinfektionsmittel, Emulgator oder Feuchtigkeitsfaktor von Bedeutung sind. Je nachdem wie viele Hydroxylgruppen (OH-Gruppen) in der Verbindung enthalten sind, unterscheidet man einwertige und mehrwertige Alkohole.

3

4.2.1 Einwertige Alkohole

Einwertige **Alkohole** dienen als Lösungsmittel für Wirk-, Farb- und Duftstoffe. Diese Stoffe sind in Wasser nur schlecht oder gar nicht löslich. Wegen ihres guten Fettlösevermögens und ihrer Desinfektionswirkung werden einwertige Alkohole in Gesichtswässern für die seborrhöische Haut und für Akne sowie in Haarwässern gegen eine seborrhöische Kopfhaut und fettige Schuppenbildung eingesetzt. In Rasierwässern beugen einwertige Alkohole einer Entzündung der durch die Rasur gereizten Haarfollikel vor.

Einwertige Alkohole haben eine durchblutungsfördernde Reizwirkung auf die Kapillargefäße der Haut. Da sie schnell verdunsten und der Haut dadurch Wärme entziehen, vermitteln sie ein angenehmes Kühle- und Frischegefühl. Man spricht in diesem Zusammenhang von der „**Verdunstungskälte**“, die alkoholhaltige Präparate auf der Haut hinterlassen. Diese Eigenschaft macht man sich bei Gesichts-, Rasier-, Haar- und Kopfhautwässern, Kölnisch Wasser und Körpersprays zunutze.

Trotz der hohen Besteuerung ist **Ethanol** ein häufig eingesetztes Lösungsmittel für kosmetische Präparate. Es ist enthalten in Gesichts- und Rasierwässern, Haar- und Kopfhautwässern, Haarfestigern und Schaumfestigern, in einigen flüssigen Sonnenschutz- und After-Sun-Präparaten, in einigen Make-up-Zubereitungen sowie in Parfüms und Duftwässern. Als Desinfektionsmittel erreicht Ethanol die beste Wirkung in Form einer mindestens 70%igen Lösung, d.h. 70 % Ethanol und 30 % Wasser. Ein Präparat, das mehr als 15 % Ethanol enthält, ist gegen Keimbefall geschützt und muss nicht mehr mithilfe zusätzlicher Stoffe konserviert werden. Für den Einsatz in kosmetischen Produkten wird Ethanol mit Phtalsäurediethylester vergällt, das heißt ungenießbar gemacht. Vergällter Alkohol ist zwar billiger,

Anwendungsgebiete in kosmetischen Präparaten	Struktur- und Summenformel einiger einwertiger Alkohole	
giftig, keine Verwendung in kosmetischen Präparaten	Methanol CH_3OH	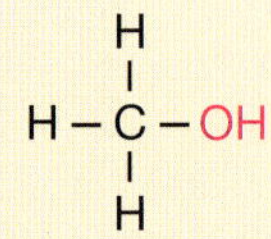
Gesichts- und Rasierwässer Körpererfrischungswässer Parfüm und Duftwässer Haarfestiger Haarspray	Ethanol C_2H_5OH	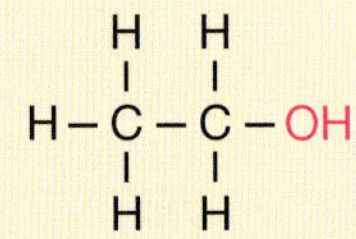
Haarfestiger Nagellacke	Propanol = 1-Propanol C_3H_7OH	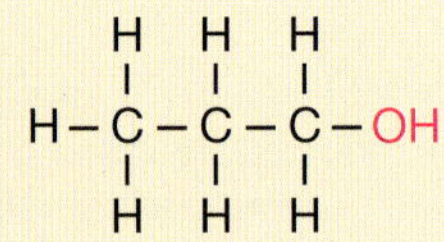
medizinische Gesichtswässer Desinfektionsmittel Haarfestiger Haarspray	Isopropanol = 2-Propanol C_3H_7OH	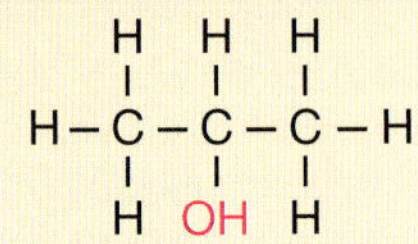
Nagellacke Nagellackentferner	Butanol C_4H_9OH	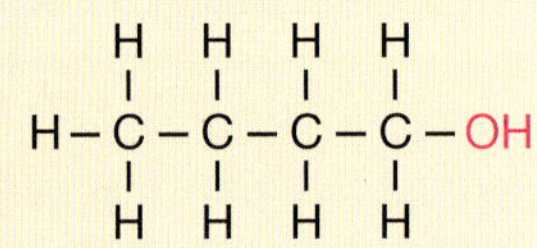
	Struktur- und Summenformel einiger mehrwertiger Alkohole	
Hautcremes Lotionen Reinigungsmilch	Propandiol (Propylenglykol) $C_3H_6(OH)_2$	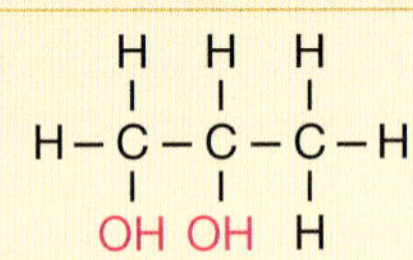
Seifen Gesichtswässer Rasierwässer Duschgele Zahnpasten Rasiercremes Handcremes	Propantriol (Glycerin) $C_3H_5(OH)_3$	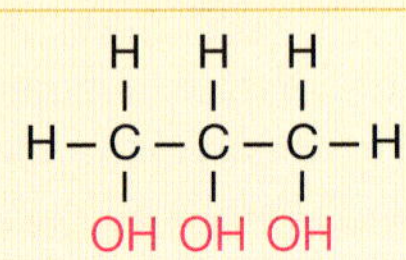
Hautcremes Gele Zahnpasten Kaugummi ohne Zucker	Hexanhexol (Sorbit) $C_6H_8(OH)_6$	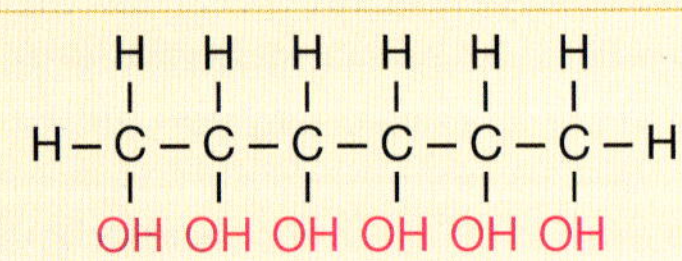

Verwendung und Struktur- und Summenformeln ein- und mehrwertiger Alkohole in kosmetischen Präparaten

aber aufgrund seines unangenehmen Eigengeruchs nicht für alle Präparate verwendbar.

Während unvergällter Ethanol einen angenehmen fruchtartigen Geruch besitzt, riecht **Isopropanol**, ein weiterer einwertiger Alkohol und ebenfalls ein wichtiges Lösungsmittel für kosmetische Wirkstoffe, medizinisch. Isopropanol eignet sich aufgrund seines strengen Geruchs nicht für die Lösung von Parfümölen. Er wirkt schon in 50%iger Lösung desinfizierend und hat eine noch stärkere Fettlösekraft als Ethanol. Isopropanol wird als lokales Desinfektionsmittel bei der Ausreinigung und in Produkten gegen Akne eingesetzt. Fitnessfriktionen und medizinische Haar- und Kopfhautwässer basieren auf einer wässrigen Isopropanol-Lösung. Als Lösungsmittel für Kunstharze wird dieser Alkohol in preisgünstigen Haarfestigern und Haarsprays eingesetzt.

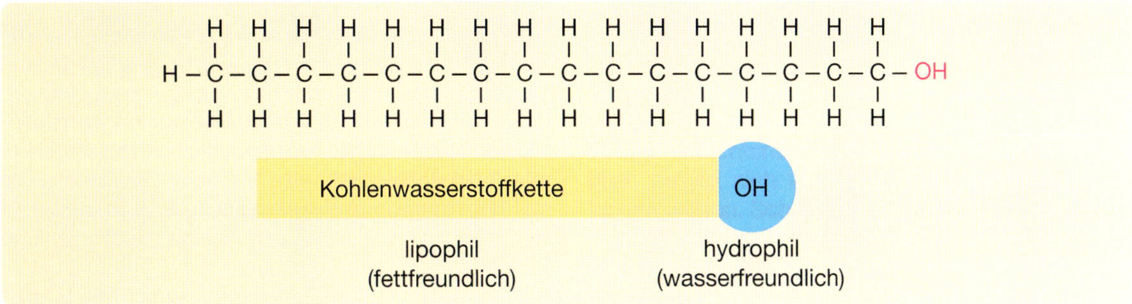

Chemischer Aufbau von Cetylalkohol $C_{16}H_{33}OH$: Aufgrund der kleinen hydrophilen (wasserfreundlichen) Hydroxylgruppe im Verhältnis zur relativ langen, lipophilen (fettfreundlichen) Kohlenwasserstoffkette ist Cetylalkohol ein ergänzender Emulgator für Cremes, Lotionen und Stiftkosmetika.

Ein weiterer wichtiger Alkohol, der in kosmetischen Präparaten verwendet wird, ist **Butanol**. Es findet Einsatz als Lösungsmittel für Farblacke in Nagellacken und Lackentfernern.

Ethanol, Isopropanol und Butanol leiten sich von den Alkanen Ethan, Propan und Butan ab. Einwertige Alkohole unterscheiden sich von den Alkanen, indem ein Wasserstoffatom durch eine OH-Gruppe (Hydroxylgruppe) ausgetauscht wird. Die Endung -ol im Namen gibt darüber Auskunft, dass es sich um einen Alkohol handelt. Die **Hydroxylgruppe** ist die funktionelle Gruppe der Alkohole. Sie bestimmt über die Eigenschaften der Alkohole als Lösungs-, Desinfektions- und Feuchthaltemittel. Die Hydroxylgruppe ist hydrophil (wasserliebend). Aufgrund der Polarität des Wassermoleküls können zwischen dem Dipol H_2O und der Hydroxylgruppe Wasserstoffbrückenbindungen gebildet werden. Das erklärt die Wasserlöslichkeit der einwertigen kurzkettigen Alkohole. Je länger die Kohlenwasserstoffkette in den Alkohol-Molekülen ist, desto stärker überwiegen die lipophilen Eigenschaften des Alkohols. Die Kohlenwasserstoffkette ist hydrophob.

Butanol, das bereits vier C-Atome enthält, ist nur noch bedingt wasserlöslich. Dafür ist es aber schon mit Pflanzenölen mischbar. Der Einfluss der lipophilen Kohlenwasserstoffkette ist bei Butanol größer als beim Ethanol und Isopropanol.

Isopropanol ist ein Isomer des Propanols. Beide Alkohole haben die gleiche Summenformel: C_3H_7OH. Isopropanol trägt seine Hydroxylgruppe jedoch am mittleren C-Atom. Dadurch hat er andere Eigenschaften als Propanol. Er wirkt z. B. stärker desinfizierend und fettlösend als Propanol. Das leicht flüchtige Propanol wird in der Haarkosmetik manchmal als Lösungsmittel für Haarfestiger benutzt, weil es schnell verdunstet. In der Hautkosmetik hat es kaum Bedeutung.

Einwertige Alkohole, deren Moleküle eine Kohlenwasserstoffkette mit zehn bis zwanzig C-Atomen enthalten, sind lipophil. Sie werden aus natürlichen Fetten und Ölen gewonnen. Deshalb werden sie als **Fettalkohole** bezeichnet. Wie bei den Alkanen hängt die Viskosität der Alkohole auch von der Kettenlänge ab. Bis zu einer Kettenlänge von 12 C-Atomen sind die Alkohole flüssig. Längere Ketten führen zu einer höheren Viskosität. Ab 20 C-Atomen haben die Alkohole eine fettige bis wachsartige Konsistenz. Da Fettalkohole eine lange lipophile Gruppe und eine kleine hydrophile Gruppe, die Hydroxylgruppe, haben, können sie zwischen den nicht miteinander mischbaren Flüssigkeiten Öl und Wasser eine Verbindung herstellen. Der lipophile Molekülteil lagert sich dabei an die Öltröpfchen und der hydrophile Teil an die Wassertröpfchen an.

Aufgrund dieser Eigenschaft sind Fettalkohole **Emulgatoren**, die Öl- und Wassertröpfchen in der Schwebe halten und eine Entmischung der beiden Phasen verhindern. Fettalkohole unterstützen zudem die Wirkung spezieller Emulgatoren in Cremes, Hy-Ölen und Make-up-Präparaten. Ferner dienen sie als Rohstoffe für die Herstellung waschaktiver Substanzen in Reinigungspräparaten für die Haut und das Haar.

Cetylalkohol und **Stearylalkohol** sind ebenfalls bekannte Emulgatoren und Konsistenzgeber für kosmetische Zubereitungen. Sie machen sowohl die Creme als auch die Haut weich und geschmeidig.

4.2.2 Mehrwertige Alkohole

Bei den **mehrwertigen Alkoholen** werden zwei oder mehr Wasserstoffatome der Alkane durch Hydroxylgruppen (OH-Gruppen) ersetzt. Das Frostschutzmittel **Glykol** ist ein zweiwertiger Alkohol. Er enthält zwei OH-Gruppen in seinem Molekül. Deshalb fügt man die Silbe „di“ ein. In kosmetischen Präparaten werden häufig das vom Propan abgeleitete Propandiol (**Propylenglykol**) und das vom Butan abgeleitete Butandiol (**Butylenglykol**) eingesetzt. Propylen- und Butylenglykol sind klare, hygroskopische Flüs-

Wirkstoffgruppe	Wirkstoffe
Mineralien	Natrium, Kalium, Magnesium, Calcium, Chlorid, Phosphat, Sulfat
Glykole	Propylenglykol-1, 2, Butylenglykol-1, 3, Glycerin, Sorbit
Säuren	Milchsäure, Zitronensäure
Aminosäuren und ähnliche Substanzen	Glutaminsäure, Asparaginsäure, Glycin, Alanin, Serin, PCA, Harnstoff, Lipacide
Saccharide (Zucker)	Glukose, Laktose, Saccharose, Honig, Gelee Royale
Polysaccharide	Hyaluronsäure, Chondroitinsulfat, Chitosanderivate
Proteine	Kollagen, Seide
Proteinhydrolysate	Hydrolysate aus Kollagen, Elastin, Seide, Weizen- und Sojaprotein
Wasserlösliche Pflanzenextrakte	Aloe Vera, Algen, Eibisch
Öllösliche Pflanzenextrakte	Phytosterole aus Avocadoöl und Sojaöl, Gammalinolensäure aus Borretsch, Nachtkerze und Johannisbeere
Lipide und Lipoide	Phospholipide (z. B. Lecithin), Sphingolipide, Ceramide
Triglyceride	Avocadoöl, Sesamöl, Sojaöl, Mandelöl
Wachse	Jojobaöl, Bienenwachs, Carnaubawachs
Kohlenwasserstoffe	Paraffinöl, Vaseline
Fettalkohole	Cetylalkohol, Stearylalkohol, Octyldodecanol
Synthetische Polymere	Polyglycerylmethacrylat

Wirkstoffe zur Erhöhung der Hautfeuchtigkeit

3

sigkeiten. Weil sie in Konzentrationen über 5 % stark wasseranziehend wirken, dienen sie in Cremes und Reinigungspräparaten als **Feuchthaltefaktor** (**Moisturizer**, **NMF** = natural moisturizing factor) und Weichmacher. Der Wirkstoff Hydrolyte-5 (Pentandiol oder Pentylenglykol) verbessert das Wasserbindevermögen der Haut und erhöht dadurch den Hydratationsgrad der Epidermis. Pentylenglykol in Cremes soll das Wasserbindevermögen der Haut verbessern und dadurch den Hydratationsgrad der Epidermis erhöhen.

Bekannter ist das **Glycerin** (Glycerol oder Propantriol), ein dreiwertiger Alkohol. Glycerin ist eine klare, sirupartige Flüssigkeit mit süßlichem Geschmack. Die drei Hydroxylgruppen im Molekül bewirken eine gute Hygroskopizität. Als Zusatz in Cremes, Gesichts- und Rasierwässern kann Glycerin die Hautfeuchtigkeit binden. Ist der Glycerinanteil jedoch sehr hoch, empfindet man ein klebriges Gefühl auf der Haut.

Alle Präparate, die vor dem Austrocknen geschützt werden sollen, z. B. Duschgele, Zahnpasten, Rasier- und Handcremes, Gesichtswässer und Körperlotionen sowie Hydro-Gele, enthalten Glycerin und/oder andere mehrwertige Alkohole. Glycerin verbessert darüber hinaus die Streichfähigkeit von Ö/W-Emulsionen und Seifen. Handelsüblich ist 85%iges Glycerin mit einem Restanteil Wasser. In Konzentrationen über 30 % wirkt Glycerin hautreizend durch Wasserentzug aus der Haut.

Sorbit (Sorbitol, Hexanhexol) ist ein zähflüssiger Alkohol. Er ist sechswertig, enthält also sechs Hydroxylgruppen. Seine Hygroskopizität ist allerdings geringer als die des Glycerins. Sorbit hinterlässt auch im unverdünnten Zustand kein klebriges Gefühl auf der Haut. Er wird als Feuchthaltefaktor, Weichmacher und aufgrund seiner festeren Konsistenz als Verdickungsmittel benötigt. Sorbitlösungen schmecken süß. Pfefferminzbonbons und Kaugummi ohne Zucker werden mit Sorbit gesüßt.

Ein weiterer für die Kosmetik wichtiger Alkohol ist **Panthenol** (D(+)-Pantothenylalkohol). Panthenol ist eine Vorstufe der Pantothensäure, die zum Vitamin-B-Komplex zählt. Sie wird auch als Provitamin B_5 bezeichnet. Panthenol dringt in die Epidermis und das Corium sowie in den Haarschaft und die Haarwurzel ein. Er wirkt reizlindernd bei Sonnenbrand, verringert die Hautrötung und stimuliert die Bräunung. Deshalb wird dieser Alkohol vielen After-Sun-Präparaten zugesetzt. Panthenol ist in Haar- und Hautpflegepräparaten enthalten, weil er das Feuchtigkeitsbindevermögen des Haut- und Haarkeratins verbessert. Panthenol erhöht die Zellteilungsrate der Basal- bzw. Matrixzellen und wirkt dadurch regenerations- und wachstumsfördernd auf Haut und Haar.

Nicht nur der Zusatz mehrwertiger Alkohole erhöht den Hydratationsgrad der Epidermis. Auch solche Substanzen, die einen wärme- und feuchtigkeitsstauenden Film bilden wie die Paraffine werden verwendet. Substanzen, die den Emulgatoren des natürlichen Hydro-Lipid-Films ähnlich sind, wie z. B. die Fettalkohole, verbessern das Wasserbindevermögen der Haut.

4.3 Formaldehyd, Aceton und andere Ketone und Aldehyde

Aldehyde und **Ketone** können durch Oxidation von Alkoholen entstehen. Oxidiert man Alkohole mit einer mittelständigen Hydroxylgruppe, erhält man Verbindungen, die als Ketone bzw. Alkanone bezeichnet werden. Wird die endständige Hydroxylgruppe oxidiert, ergeben sich Aldehyde. Ein aus dem Haushalt bekanntes Aldehyd ist **Formaldehyd**. Formaldehyd (**Methanal**) ist ein Beispiel für die organische Stoffgruppe der Aldehyde (Alkanale).

Als Desinfektions- und Konservierungsmittel findet man Formaldehyd in Haushaltsreinigern, Desinfektionsmitteln, Weichspülern, Cremes, Mundwässern, Shampoos, Seifen und Deodorants. Da Formaldehyd zur Herstellung von Kunstharzen verwendet wird, ist es auch in Haarsprays enthalten. In farbiger Baumwollkleidung findet man Spuren des Formaldehyd-Gases, weil es zur Farb- und Gerbstoffproduktion genutzt wird. Formaldehydlösungen bewirken eine Härtung der Proteine. Nagelhärter enthalten deshalb bis zu 5 % Formaldehyd. In Deodorantien und Fußpudern verhindert Formaldehyd die bakterielle Zersetzung des Schweißes.

Auch im Zigarettenrauch ist Formaldehyd enthalten. Schon mit drei Zigaretten wird in einem normalen Raum der empfohlene Grenzwert für Formaldehyd überschritten! Da Formaldehyd möglicherweise erbgutschädigende und krebserregende Nebenwirkungen besitzt, wurden 1977 zulässige Höchstwerte für Formaldehyd-Konzentrationen in Kosmetika festgelegt: in Mundpflegemitteln 0,1 %, als Konservierungsstoff 0,2 % und in Nagelhärtern 5 %. Kosmetika, die mehr als 0,05 % Formaldehyd enthalten, müssen den Warnhinweis tragen: „Enthält Formaldehyd".

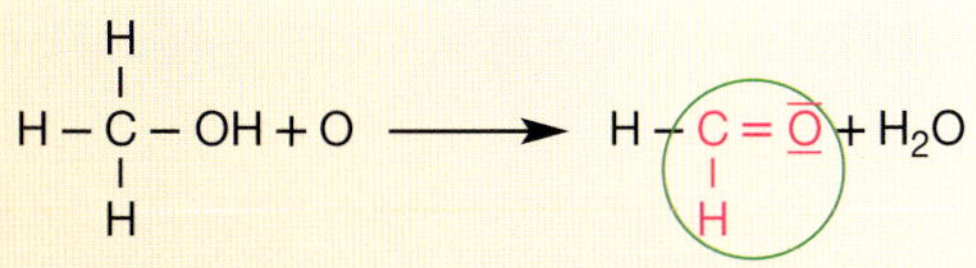

Formaldehyd

Durch Oxidation von Methanol entstehen Formaldehyd und Wasser. Die -COH-Gruppe ist die funktionelle Gruppe der Aldehyde.

Reaktionsschema für die Bildung von Formaldehyd

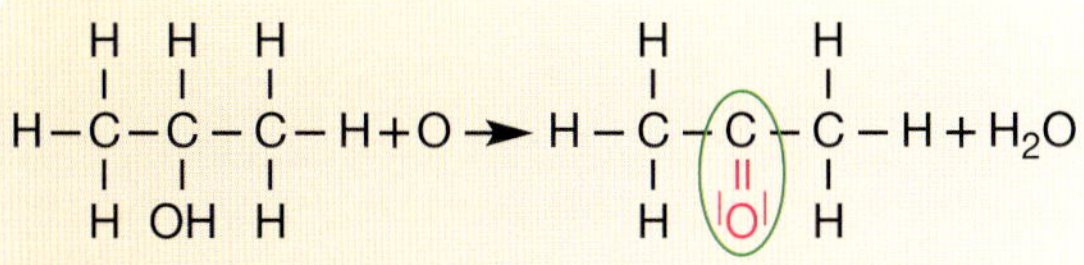

Aceton

Durch Oxidation von Isopropanol entstehen Aceton und Wasser. Die -CO-Gruppe ist die funktionelle Gruppe der Ketone.

Reaktionsschema für die Bildung von Aceton

Dihydroxyaceton
$HOCH_2COCH_2OH$

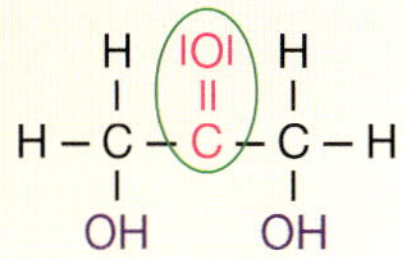

Dihydroxyaceton wird in 2%iger bis 5%iger Konzentration Bräunungsmitteln zugesetzt, die die Haut mit oder ohne Sonne anfärben sollen.

Das stechend riechende Formaldehydgas löst sich gut in Wasser. In dieser Form ist Formaldehyd unter der Bezeichnung „Formalin" im Handel erhältlich. Formalin ist eine 35%ige bis 40%ige Lösung für die Desinfektion nicht hitzebeständiger Kosmetikinstrumente, z. B. Spatel, Pinsel und Viskoseschwämmchen.

Aldehyde spielen eine große Rolle bei der Parfümherstellung. Sie werden aus natürlichen Riechstoffen isoliert, z. B. Citral aus dem Lemongras, oder synthetisch hergestellt. **Aldehydnoten** betonen den frischen, fruchtigen Eindruck eines Parfüms.

Bei der Oxidation von Isopropanol entsteht **Aceton** (**Propanon**). Da Aceton ein gutes Lösungsmittel für Lacke ist, wird es in Nagellacken und Lackentfernern eingesetzt. Es besitzt aber auch ein gutes Fettlösevermögen. Deshalb ist der Gebrauch acetonhaltiger Nagelkosmetika problematisch. Die Haut und die Nagelplatte werden durch diese Substanzen sehr stark entfettet.

Ein Abkömmling des Acetons ist **Dihydroxyaceton** (DHA). Ersetzt man am ersten und am dritten C-Atom des Acetonmoleküls je ein Wasserstoffatom durch eine Hydoxylgruppe, erhält man die Strukturformel von Dihydroxyaceton. Dieser Stoff bildet mit dem Hautkeratin eine gelb-braune Verbindung und wird deshalb als Selbstbräunungsmittel eingesetzt.

Ketone sind Bestandteil einiger ätherischer Öle, z. B. Campher. Sie spielen auch eine Rolle als UV-Strahlenfilter.

4.4 Säuren

4.4.1 Organische Säuren

Viele organische Säuren sind aus dem Alltag bekannt. Essigsäure, Zitronensäure oder Weinsäure werden z. B. zum Entkalken von Kaffeemaschinen und Bügeleisen benutzt. Auch der Geruch von Buttersäure, der beim Ranzigwerden von Butter entsteht, ist wahrscheinlich jedem bekannt.

Anorganische Säuren	**Organische Säuren**
finden kaum Verwendung in kosmetischen Präparaten. Sie wirken verätzend und eiweißfällend.	Verwendung als Adstringenzien, Neutralisierungsmittel, Grundstoffe, Rückfettungsmittel, Schälmittel, Konservierungs- und Reduktionsmittel
Beispiele: HCl → Salzsäure H_2SO_4 → Schwefelsäure HNO_3 → Salpetersäure H_2SO_3 → Schweflige Säure	**Beispiele:** HCOOH → Ameisensäure = Methansäure CH_3COOH → Essigsäure = Ethansäure CCl_3COOH → Trichloressigsäure C_2H_5COOH → Propionsäure = Propansäure C_3H_7COOH → Buttersäure = Butansäure C_6H_5COOH → Benzoesäure Fettsäuren: $C_{17}H_{35}COOH$ → Stearinsäure (FA*) $C_{17}H_{31}COOH$ → Linolensäure (EFA*) $C_{17}H_{29}COOH$ → Linolensäure (EFA*) Fruchtsäuren: Milch-, Wein-, Zitronensäure (AHA*) Glykol-, Apfel-, Mandelsäure (AHA*) Salicylsäure (BHA*) Reduktionsmittel: Thioglykolsäure

* FA: fatty acid = Fettsäure, *EFA: essential fatty acid = essenzielle Fettsäure
* AHA: alpha hydroxy acid = organische Säure mit einer Hydroxylgruppe in Alpha-Stellung
* BHA: beta hydroxy acid = organische Säure mit einer Hydroxylgruppe in Beta-Stellung

Anorganische und organische Säuren im Vergleich

Organische Säuren sind im Gegensatz zu den anorganischen Säuren in geringer Konzentration weniger aggressiv. Sie wirken neutralisierend nach Hautbehandlungen mit Alkalien, z. B. Seife, Rasierschaum und Haarentfernungscreme. Diese Säuren stellen den Säureschutzmantel und den hauteigenen pH-Wert, der ca. bei 5,5 liegt, wieder her. Auf die Hautoberfläche wirken sie adstringierend, d.h. zusammenziehend und entquellend. Sie machen die Haut widerstandsfähiger gegenüber äußeren Einflüssen. Deshalb sind organische Säuren in sauren Nachbehandlungsmitteln, wie z.B. Gesichts- und Rasierwässern, enthalten. Die meisten Hautcremes werden durch den Zusatz organischer Säuren wie Milch-, Zitronen- und Weinsäure auf einen sauren pH-Wert eingestellt, um die Schutzfunktionen der Haut zu unterstützen. Milch- und Zitronensäure haben außerdem eine Funktion als Feuchthaltefaktoren.

Kennzeichen der organischen Säuren sind die **Carboxylgruppen** (COOH-Gruppen). Das in dieser Gruppe enthaltene Wasserstoffatom wird in wässrigen Lösungen als H^+-Ion abgespalten. Je mehr H^+-Ionen im Wasser abgespalten werden, desto stärker ist eine Säure. Organische Säuren dissoziieren (zerfallen) nur schwach. Sie spalten wenige H^+-Ionen ab. Die meisten anorganischen Säuren dagegen dissoziieren stark im Wasser. Das bedeutet, dass ihr pH-Wert sehr niedrig (0 bis 2) ist. Das bedeutet aber nicht, dass alle organischen Säuren ungefährlich sind. Die Trichloressigsäure z.B. ist ein Hautgift und wird als Schälmittel in dermatologischen Praxen verwendet.

Der pH-Wert der gesunden Haut liegt etwa bei 5,5. Schon ab einem andauernd bestehenden pH-Wert von 6 können sich Hautpilze in feuchtwarmen Haut- und Schleimhautregionen ansiedeln. Tockene Haut weist oft einen neutralen pH-Wert von 7 auf, wunde Haut liegt mit ihrem pH-Wert sogar im alkalischen Bereich, zwischen 7,5 und 8. In den Achselhöhlen liegt der pH-Wert bei circa 6,5, also deutlich über dem physiologischen pH-Wert der Haut. Der erhöhte pH-Wert hat Einfluss auf das Bakterienwachstum und den Körpergeruch. Deshalb ist es sinnvoll, Antitranspirantien und Antiseptika auf einen sauren pH-Wert einzustellen.

Ähnlich wie das Kilogramm eine Maßeinheit für Gewichte ist, ist der **pH-Wert** ein Instrument zur Messung der Säuren- und Laugenstärke. Die Säuren- und Laugenstärke ist in kosmetischen Präparaten unterschiedlich. Der pH-Wert ermöglicht genaue Messungen der **Acidität** (Säurenstärke) bzw. **Alkalität** (Laugenstärke). Die H^+-Ionen einer Lösung sind ein Maß für die Säurenstärke. Die OH^--Ionen sind die

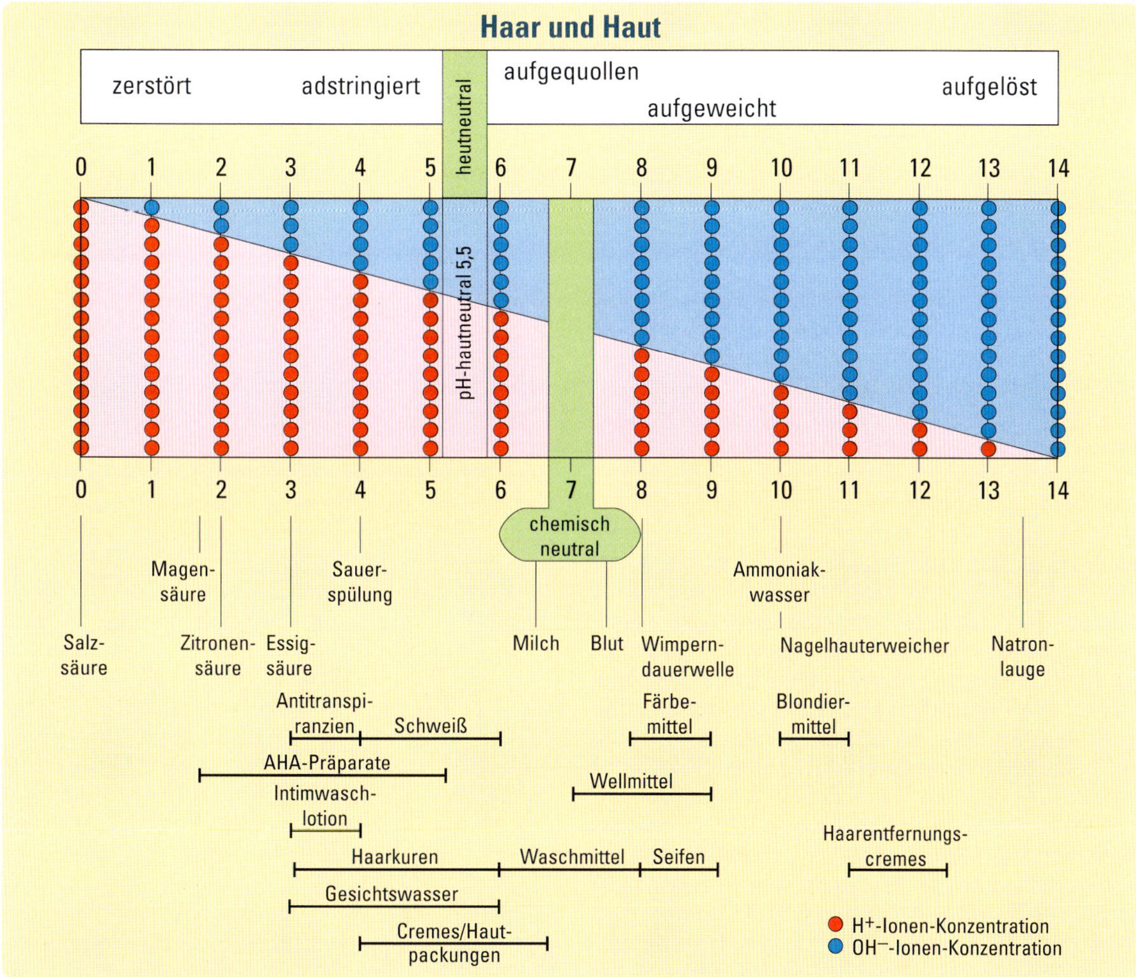

pH-Werte von kosmetischen Präparaten und anderen Substanzen

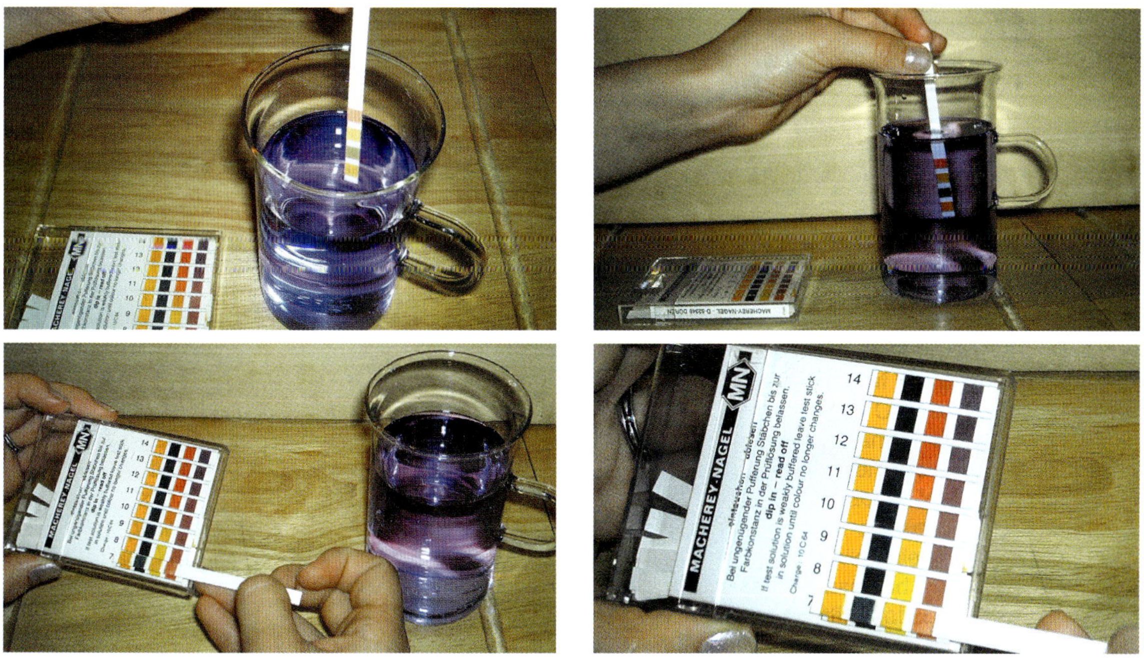

Messung des pH-Werts mit pH-Indikatorstreifen. Die Verfärbung entspricht einem pH-Wert von 8.

Ammoniumchlorid $NH_4OH + HCl$	Saures Salz	Adstringierende Substanz in Haar- und Gesichtswässern
Aluminiumchlorid $AlOH + HCl$	Saures Salz = Alaun	Blutstillende, stark adstringierende Substanz
Ammoniumcarbonat $NH_4OH + H_2CO_3$	Schwach alkalisches Salz	Alkalisierungsmittel, Hirschhornsalz

Puffersysteme in kosmetischen Präparaten.

3

Ursache für die basische (alkalische) Reaktion einer Lösung. Auch im neutral reagierenden destillierten Wasser (pH-Wert: 7) sind einige Wassermoleküle in H^+- und OH^--Ionen dissoziiert. Die Zahl der H^+- und OH^--Ionen hält sich bei einem pH-Wert von 7 die Waage. Je kleiner der pH-Wert, desto höher ist die H^+-Ionen-Konzentration und desto saurer reagiert die Lösung. Je größer der pH-Wert, desto höher ist die OH^--Ionen-Konzentration und desto alkalischer reagiert die Lösung.

Der pH-Wert kosmetischer Präparate kann mit Spezialindikatoren ermittelt werden. Solche Indikatoren sind z. B. als Testpapierstreifen (Indikatorpapier) käuflich zu erwerben. Indikator bedeutet übersetzt „Anzeiger". Man taucht einen Streifen Testpapier in die zu prüfende Lösung, vergleicht die Färbung des Teststreifens mit der Farbskala und liest den dort angegebenen Wert ab. Cremeförmige oder färbende Mittel trägt man auf den Teststreifen auf und vergleicht den Farbumschlag auf der Rückseite. Für genauere Messungen eignet sich ein elektrisches pH-Meter.

Die höchsten pH-Werte bei den kosmetischen Präparaten haben die Mittel, die intensiv auf das Haar-, Haut- und Nagelkeratin einwirken bzw. es erweichen und zerstören. Nagelhauterweicher bzw. -entferner (pH: 10) und chemische Depilationsmittel (pH: 10–12) reagieren stärker alkalisch als Seifenlauge (pH: 9) oder Rasierschaum (pH: 8–9).

Die meisten Hautpflegepräparate sind pH-hautneutral, d. h., sie wurden auf den physiologischen pH-Wert der Haut (5,5) eingestellt. Durch den Zusatz organischer Säuren, z. B. Zitronensäure, kann der pH-Wert von kosmetischen Präparaten sauer eingestellt werden. Gesichtswässer, Rasierwässer, Haarkuren, Spülungen u.a. saure Nachbehandlungsmittel weisen einen pH-Wert von etwa 3 bis 5 auf. Starke Säuren ab einem pH-Wert von 2 verätzen die Haut.

Im menschlichen Organismus spielen pH-Werte eine lebenswichtige Rolle. Gewebe, Blut- und Lymphgefäße vertragen nur geringe pH-Wert-Schwankungen. Alle Stoffwechselvorgänge laufen in einem begrenzten Bereich ab. Zwei wichtige Puffersysteme des Menschen sind im Blut und in der Epidermis zu finden. Puffersysteme sind Kombinationen aus einer schwachen Säure und ihrem Salz, z. B. Essigsäure (CH3COOH) und Essigsäureacetat ($CH_3COO^-Na^+$) oder Kohlensäure (H_2CO_3) und Natriumcarbonat ($Na_2{}^+CO_3{}^{2-}$). Das Puffersystem kann aber auch aus einer schwachen Lauge und ihrem Salz zusammengesetzt sein. Der Puffer bewirkt, dass der pH-Wert einer Lösung, in diesem Fall der pH-Wert des Blutes bzw. der des Hydro-Lipid-Films, bei Zugabe kleiner Mengen von Säuren oder Laugen weitgehend stabil bleibt. Das Blut besitzt einen pH-Wert von ca. 7,3 und drei verschiedene Puffersysteme, die diesen pH-Wert aufrechterhalten, auch wenn wir säurehaltige Getränke wie Kaffee, Cola oder Zitronensaft zu uns nehmen.

Der Hydro-Lipid-Film der Hautoberfläche bildet durch seine Pufferkapazität einen Schutz gegen chemische Einflüsse. Da er schwach sauer reagiert, hat er die Fähigkeit, schwache Laugen in geringer Menge zu neutralisieren. Man spricht von der Alkali-Neutralisationsfähigkeit der Haut. Durch seinen schwach sauren pH-Wert hemmt dieser Puffer außerdem das Wachstum pathogener Keime. Der Hydro-Lipid-Film der männlichen Haut weist einen durchschnittlichen pH-Wert von etwa 4,85 auf, der der weiblichen Haut von etwa 5,58.

Anorganische Säuren finden aufgrund ihrer hohen Acidität in der Kosmetik keine Anwendung. Die Pufferkapazität der Haut reicht bei Kontakt mit konzentrierten anorganischen Säuren nicht aus. Konzentrierte anorganische Säuren verätzen die Haut.

Organische Säuren werden als saure Nachbehandlungsmittel und als Grundstoffe für Haut- und Haarpflegeemulsionen verwendet. Sie stellen den hauteigenen pH-Wert, insbesondere nach alkalischen Behandlungen wieder her und helfen der Haut dadurch ihre Schutzfunktionen aufrechtzuerhalten.

Weitere Infos zu pH-Werten und Puffersubstanzen unter:
www.agw.uni-osnabrueck.de
www.drkoegler.at
www.seilnacht.com/Lexikon/pH-Wert.htm

Name	Eigenschaften und Wirkung	Verwendung in kosmetischen Präparaten
Milchsäure Weinsäure Zitronensäure α-Hydroxy-Säuren (Fruchtsäuren)	neutralisierend, feuchtigkeitsbindend, adstringierend, aufhellend, keratolytisch	Cremes, Gesichtspackungen, Gesichts- und Rasierwässer, AHA-Präparate (Fruchtsäurepräparate)
Salicylsäure	keratolytisch, bakteriostatisch, fungizid, konservierend, desodorierend	AHA-Präparate (Fruchtsäurepräparate), Akne-Präparate (Cremes, Gesichtswässer, Gesichtspackungen), Fußpflege-Präparate (Cremes, Tinkturen, Pflaster)
Palmitinsäure Stearinsäure	mattierend, spreitend, emulgierend, hautneutral	Emulsionsgrundlage, Rohstoffe für die Herstellung von Emulgatoren und Seifen
Linolsäure Linolensäure	pflegend, regenerierend, oxidationsempfindlich	Cremes, Gesichtspackungen, Massageöle, Badeöle, Nagelöle
Thioglykolsäure	reduzierend (öffnet die Disulfidbrücken im Haarkeratin und ermöglicht die dauerhafte Umformung des Haares), in hoher Konzentration keratinzerstörend	Wimperndauerwelle, Dauerwelle, Depilationscremes, Depilationsschaum

Eigenschaften, Wirkung und Verwendung organischer Säuren in kosmetischen Präparaten

4.4.2 Fettsäuren

Bei jeder Verlängerung der Kohlenwasserstoffkette um eine weitere CH_2-Gruppe entsteht eine andere Säure. Weil einige der langkettigen Säuren in dieser homologen Reihe der Säuren Bestandteil der natürlichen **Fette** sind, nennt man sie **Fettsäuren**. Wie bei den Alkanen und Alkoholen sind auch bei den organischen Säuren die langkettigen Moleküle viskose bis feste Stoffe. Sie spielen in der Kosmetik eine Rolle als Grundstoffe für Haut- und Haarpflegeprodukte. **Stearinsäure** und **Palmitinsäure** sind z. B. im Süßmandelöl, im Macadamianussöl und im Weizenkeimöl enthalten. Sie sind weiße, wachsartige, geruchlose Substanzen. Stearin, ein Gemisch von Stearinsäure und Palmitinsäure, wird zur Herstellung von Seifen, Hautcremes, Haarkuren und Pudern benötigt. Es dient als Rückfettungsmittel für Shampoos,

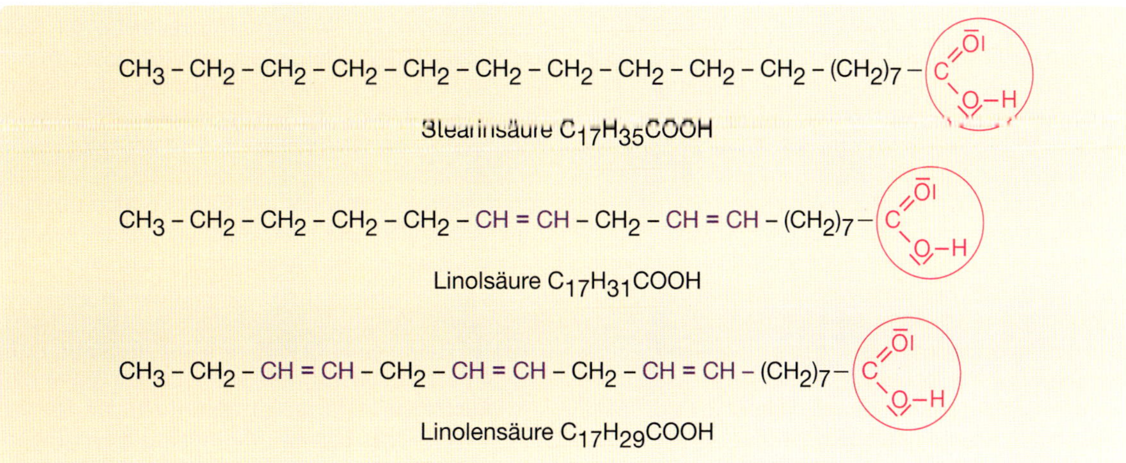

Stearinsäure zählt zu den gesättigten Fettsäuren. Zu den ungesättigten Fettsäuren zählen die Ölsäure, die Linolsäure und die Linolensäure. Sie kommen in den pflanzlichen Ölen vor, z. B. im Olivenöl, Weizenkeimöl und Nachtkerzenöl. Die Strukturformeln verdeutlichen, dass ungesättigte Fettsäuren eine, zwei oder drei Doppelbindungen in ihrem Molekül aufweisen.

Duschgele, Aftershaves u.a. fettfreie Kosmetika, um die Pflegeeigenschaften zu verbessern.

Von **ungesättigten Säuren** spricht man, wenn in dem Molekül weniger Wasserstoffatome auftreten, als gebunden sein könnten. Ist das der Fall, bilden die Kohlenstoffatome, die nur ein Wasserstoffatom binden, untereinander eine Doppelbindung aus. Wenn eine Doppelbindung zwischen den C-Atomen ausgebildet wird, spricht man von einfach ungesättigten Fettsäuren. Entstehen zwei oder mehr Doppelbindungen, spricht man von zweifach oder mehrfach ungesättigten Fettsäuren.

Ungesättigte Fettsäuren kommen in den pflanzlichen Ölen vor. Die einfach ungesättigte **Ölsäure** kommt zu 75 % bis 85 % im Olivenöl und über 80 % auch im Macadamianussöl vor. Als freie Fettsäure ist sie auch im Hauttalg enthalten. Sie wird bei der Seifen- und Tensidherstellung verwendet.

Die zweifach ungesättigte **Linolsäure** ist z. B. Bestandteil des Weizenkeimöls und des Traubenkernöls, das man durch das Pressen der Keime und Kerne gewinnt. Linolsäure vermindert als Cremezusatz den Wasserverlust der Epidermis und reguliert die Talgdrüsenfunktion. Hautcremes und -öle für die spröde, rissige Haut enthalten Linolsäure aufgrund ihrer glättenden und pflegenden Eigenschaften.

Die dreifach ungesättigte **Linolensäure** stammt aus dem Leinöl. Auch im Kukuinussöl wurden hohe Anteile an Linol- und Linolensäure nachgewiesen. Das Kukuinussöl kommt aus Hawaii, es gilt als „nicht-fettendes Öl", das UV-absorbierende Eigenschaften zeigt und schnell in die Haut eindringt. Das Nachtkerzenöl besitzt einen hohen Anteil an Gamma-Linolensäure. Nachtkerzenöl hat sich bei trockener und ekzematischer Haut bewährt.

Die Linolsäure ist für den Menschen unverzichtbar. Ein Mangel dieser Säure im Hydro-Lipid-Film der Haut stört die Barrierefunktion der Epidermis. Der transepidermale Wasserverlust (TEWL) steigt. Dadurch wird die Haut trocken, schuppig und widerstandslos. Nägel neigen zur Brüchigkeit und Haare können vermehrt ausfallen. An Haut, Haaren und Nägeln zeigen sich Verhornungsstörungen. Linolsäure hilft bei Sonnenbrand und Brandwunden, indem sie die Regeneration beschleunigt. Durch Linolsäure wird die Barriere gestärkt und die Hautfeuchtigkeit reguliert. Am besten geeignet sind Präparate auf Liposomenbasis, bei denen die Linolsäure chemisch im Liposomengrundstoff, dem Phosphatidylcholin, gebunden ist. Phosphatidylcholin gehört in die Gruppe der membranbildenden Phospholipide, die auch ein Depot für alle anderen essenziellen Fettsäuren darstellen. Aus diesem Depot kann die Linolsäure für den Aufbau des Hydro-Lipid-Films hydrolytisch oder enzymatisch abgespalten werden.

Je mehr Doppelbindungen im Säuremolekül enthalten sind, desto eher oxidiert das Öl. Das bedeutet, dass diese Öle durch Aufnahme von Luftsauerstoff schnell ranzig werden. Kosmetische Präparate mit einem hohen Anteil ungesättigter Fettsäuren müssen deshalb gut konserviert werden, damit die in ihnen enthaltenen Öle nicht verderben.

Da ungesättigte Fettsäuren für den Körper unentbehrlich sind, nennt man sie auch **essenzielle Fettsäuren** (EFAs = essential fatty acids). Ähnlich wie Vitamine müssen sie mit der Nahrung zugeführt werden, weil der Organismus sie nicht selbst herstellen kann. Deshalb werden die EFAs auch manchmal als **Vitamin F** bezeichnet. Essenzielle Fettsäuren sind Bestandteil aller Zellmembranen. Sie verleihen ihnen Durchlässigkeit und Flexibilität. Als Vorstufen sind sie an vielen Stoffwechselprozessen der Zelle beteiligt.

4.4.3 Fruchtsäuren (AHAs)

Fruchtsäuren sind in den letzten Jahren als mehr oder weniger sanfte Schälmittel in der Kosmetik populär geworden. Ihre kosmetischen Wirkungen sind aber nicht neu. Milchsäure zum Beispiel wurde schon vor Jahren als Feuchthaltefaktor in Hautcremes und -lotionen eingesetzt. Zusammen mit der **Zitronensäure** diente sie außerdem zum Einstellen des pH-Werts von schwach sauren Haar- und Hautpflegeprodukten.

Die meisten Fruchtsäuren sind sog. **AHAs** (**Alpha Hydroxy Acids**). Acid bedeutet übersetzt „Säure". AHAs haben eine gemeinsame chemische Struktur. Sie tragen eine Hydroxylgruppe (-OH-Gruppe) an dem C-Atom, das der Carboxylgruppe (-COOH-Gruppe) benachbart ist. Die wichtigsten Vertreter dieser Säuren sind die **Glykolsäure** (2-Hydroxy-Ethansäure) und die Milchsäure (2-Hydroxy-Propansäure). Andere Fruchtsäuren, z. B. die Zitronensäure, **Apfelsäure**, **Weinsäure** oder **Salicylsäure**, sind streng genommen keine reinen Alpha-Hydroxy-Säuren, weil sie noch weitere Hydroxyl- oder Carboxylgruppen in ihren Molekülen besitzen. Aufgrund ihrer Wirkung können sie aber zu den AHAs gezählt werden.

Milchsäure kommt von Natur aus im Hydro-Lipid-Film der Haut vor. Neben anderen hauteigenen Substanzen stabilisiert sie den Säureschutzmantel, bindet Feuchtigkeit und steuert den normalen Verhornungsprozess der Epidermis. Aufgrund dieser Eigenschaften werden bestimmte Fruchtsäuren in kosmetischen Präparaten miteinander kombiniert. Die Wirkung der AHA-Mischung ist oft größer als die Summe der Wirkungen einzelner AHAs.

Die wichtigsten Fruchtsäuren

Glykolsäure
(Hydroxyessigsäure)

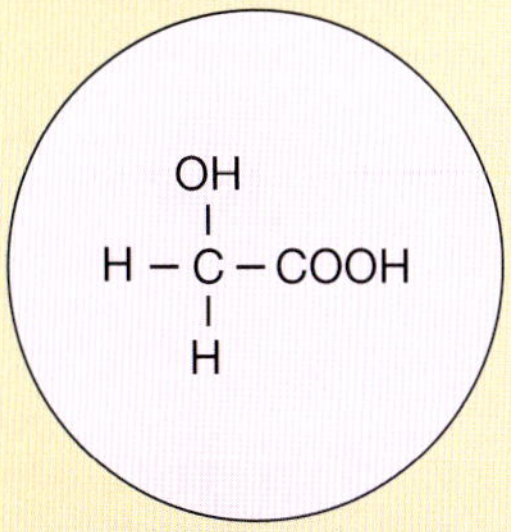

Vorkommen in:
Stachelbeeren, Weintrauben, Äpfeln, Zuckerrohr
Wirkungsweise:
Keratolytisch, bewirkt eine weiche Haut und vermindert Verhornungen.

Milchsäure

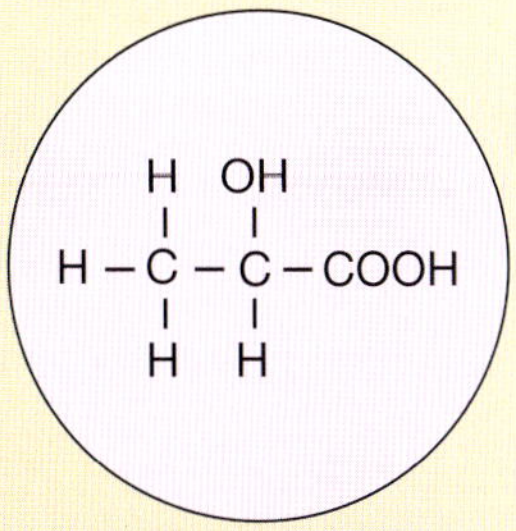

Vorkommen in:
Milch, Äpfeln, Tomaten, Bier
Wirkungsweise:
Verbessert die elastischen und praktischen Eigenschaften der Hornschicht. Verbessert die Feuchtigkeit der Haut, stabilisiert den NMF und verfeinert das Erscheinungsbild der trockenen, schuppigen Haut. Wird kombiniert mit den Salzen der Milchsäure (Lactaten).

Apfelsäure

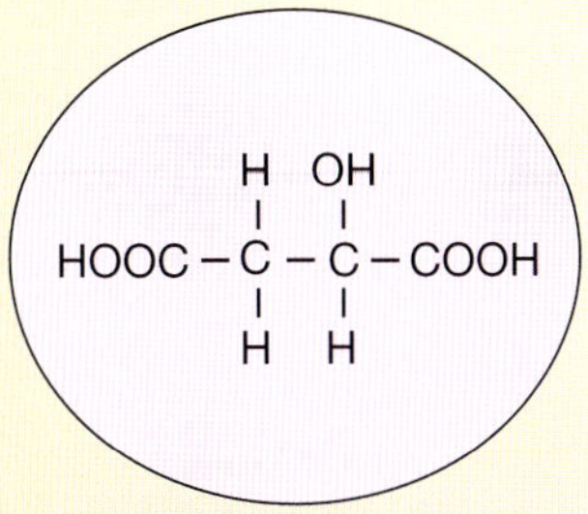

Vorkommen in:
Äpfeln, Quitten, Stachelbeeren
Wirkungsweise:
Fördert den Zellstoffwechsel der Haut.

Weinsäure

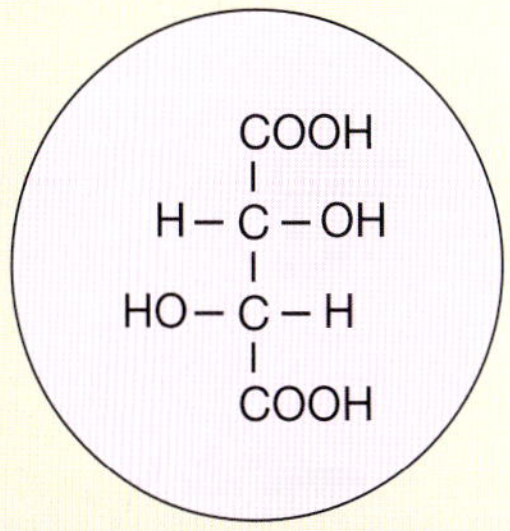

Vorkommen in:
Weintrauben und vielen Pflanzen und Früchten
Wirkungsweise:
Unterstützt den „AHA“-Effekt. Wird in Form der Salze der Weinsäure (Tarrate) eingesetzt.

Zitronensäure

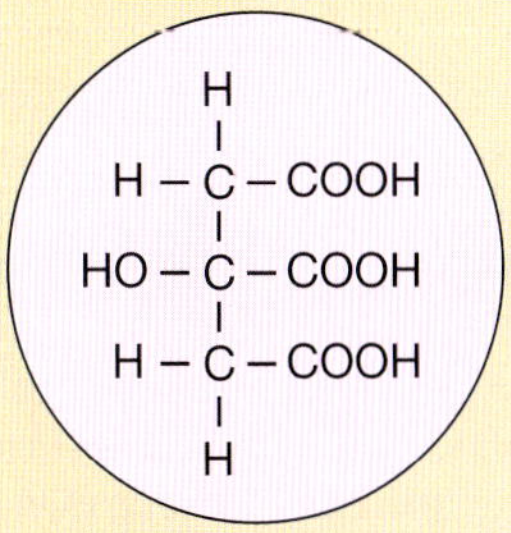

Vorkommen in:
Zitronen (5–7 %), Milch, Rübensaft, Pilzen, Nadelhölzern, Orchideen, Tabakblättern, Wein
Wirkungsweise:
Unterstützt den „AHA“-Effekt und wirkt aufhellend.

Pyruvinsäure
(Brenztraubensäure)

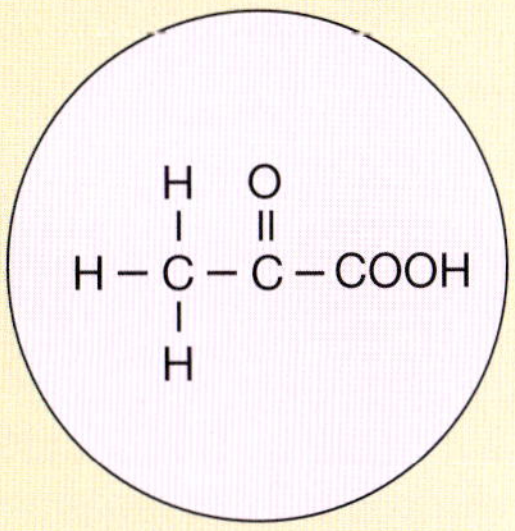

Vorkommen in:
Papayas, Trauben
Wirkungsweise:
In Form der Salze (Pyruvate) wirkt sie gegen Verhornungsstörungen der Haut. Macht die Haut insgesamt glatter und weicher.

Mandelsäure

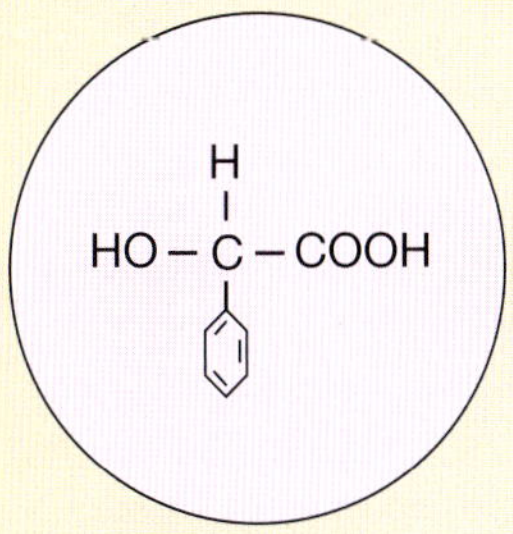

Vorkommen in:
Bittermandeln
Wirkungsweise:
Unterstützt den „AHA“-Effekt.

Salicylsäure

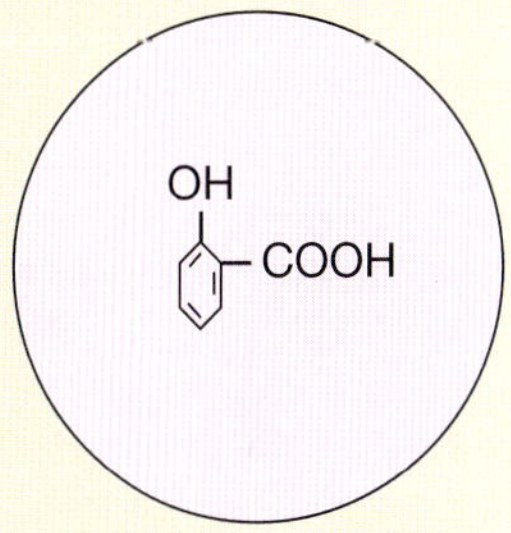

Vorkommen in:
Spierstauden, Sennesblättern, Kamillenblüten, Baumrinden (Pappeln) und ätherischen Ölen
Wirkungsweise:
Keratolytische Wirkung auf die Hornschicht der Haut. Salicylsäure hat bakteriostatische, fungizide, antiseptische und leicht desodorierende Eigenschaften. Maximal zugelassen bis 0,5 %.

Herkunft und Wirkung der wichtigsten Fruchtsäuren. Fruchtsäuren kommen in Früchten, Gemüsen, Hölzern, Blättern, Blüten, Milch, Wein und Bier vor. Auf die Haut wirken sie keratolytisch (hornlösend), aufhellend, feuchtigkeitsbindend und stoffwechselfördernd. Diese Wirkungen werden mit dem Begriff „AHA-Effekt“ auf einen Punkt gebracht.

Kosmetisch aufbereitete AHAs wirken während der Bildung der Hornschicht, was sie grundlegend von den mechanischen Peelings unterscheidet. Abrasiva rubbeln die äußeren Schichten der Epidermis ab. AHAs wirken an der Abschilferung mit, indem sie die Verhornung regulieren und die Epidermis regenerieren. Sie lockern die Kittsubstanz zwischen den Hornlamellen und sorgen auf diese Weise für eine Verdünnung der Hornschicht.

Der wellenförmige Verlauf der Basalzellenschicht flacht mit zunehmendem Alter ab. Durch regelmäßige **Fruchtsäureanwendungen** mit Präparaten, die auf einen hautfreundlichen pH-Wert (von pH 4 bis 5,5) eingestellt und gering konzentriert sind (3 % bis 5 % AHA), kann die Papillenstruktur in Grenzen wieder aufgebaut werden. Dabei sind in Wirkstoffträgern verkapselte Fruchtsäuren wesentlich effizienter als AHAs in Creme- oder Gelzubereitungen. Fruchtsäurepräparate eignen sich für Hyperkeratosen, die durch häufige und ausgedehnte Sonnenbäder verursacht worden sind, für trockene und ungleichmäßig verhornte Haut, zur Behandlung von Akne und bei Hyperpigmentierungen.

Anhand der chemischen Strukturen erkennt man die Anzahl der Carboxylgruppen in einem Molekül. Je nachdem, ob die Fruchtsäure eine, zwei oder drei Carboxylgruppen trägt, kann sie ein, zwei oder drei H^+-Ionen abspalten. Deshalb verursachen die verschiedenen Säuren bei gleicher Konzentration einen unterschiedlichen pH-Wert. Vor einigen Jahren ging man davon aus, dass die Wirksamkeit eines AHA-Präparats von der Konzentration und dem niedrigen pH-Wert der Säure abhängt. Neue Untersuchungen haben aber gezeigt, dass AHA-Präparate mit einem hautverträglichen pH-Wert ebenso gut wirken wie Präparate mit einem pH-Wert von 2. Dabei schädigen die neuen Präparate die Haut aber nicht. So lässt sich zum Beispiel der pH-Wert einer 10%igen Glykolsäure von 1,7 auf 5,5 einstellen. Diesen pH-Wert erreicht man durch Neutralisation der Glycolsäure mit einer schwachen Lauge. Dabei erhält man das Glycolsäuresalz der entsprechenden Lauge. Je nach Menge des Laugenzusatzes lässt sich der pH-Wert einstellen. Bei einem pH-Wert von 5,5 sind auch AHA-Konzentrationen von 20 % noch hautverträglich! Da die Umwandlung der Fruchtsäuren in ihre Salze zur besseren Hautverträglichkeit beiträgt, werden heute oft Präparate mit gepufferten Säuren angeboten. Die Pufferung erfolgt durch die Salze der Fruchtsäuren. Auch Präparate mit Fruchtsäureestern sind hautverträglicher als solche mit freien Fruchtsäuren.

4.5 Ester-Verbindungen aus Säuren und Alkoholen

Ester sind chemische Verbindungen aus Säure- und Alkoholresten. Die chemische Stoffklasse der Ester kommt in Äpfeln, Birnen, Himbeeren, Ananas und anderen Früchten vor. Als Fruchtaromen können Ester auch synthetisch hergestellt werden. Zur Parfümierung kosmetischer Präparate werden verschiedene Ester miteinander kombiniert.

Ester dienen in erster Linie als **Duftstoffe**. **Butansäuremethylester** ist eine Verbindung aus Butansäure (Buttersäure) und Methanol. Sie riecht nach Apfel. Butansäureethylester entsteht aus Butansäure und Ethanol. Dieser Ester riecht nach Ananas.

Ester sind auch Lösungsmittel für Lacke und Kunstharze in Nagellacken und Lackentfernern. In diesen Präparaten verwendet man eine Verbindung aus Ethansäure und Butanol, den Ethansäurebutylester.

Auch die natürlichen Fette und Wachse, die in Hautpflegepräparaten zum Einsatz kommen, sind Ester. Die Ester des Isopropanols mit Myristin- oder Palmitinsäure (Iso-Propylmyristat oder Iso-Propylpalmitat) werden als als Co-Emulgatoren für Hautcremes und -öle verwendet, weil sie eine gute Spreitwirkung besitzen und das Präparat in einer gleichmäßig feinen Schichtdicke auf der Haut verteilen.

Ester sind chemische Verbindungen aus Säure- und Alkoholresten. Die Reaktion zwischen Säure und Alkohol zu einem Ester erfolgt unter der Abspaltung von Wasser. Der chemische Prozess heißt **Veresterung**. Ester lassen sich in wässriger Lösung durch Zugabe einer starken Lauge, z. B. Natronlauge, wieder in Säure und Alkohol aufspalten. Diesen Vorgang nennt man **Verseifung**.

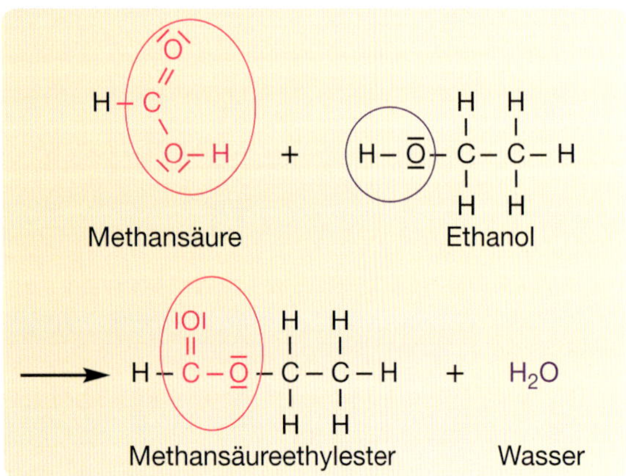

Reaktionsschema für die Bildung eines Esters. Aus Methansäure (Ameisensäure) und dem einwertigen Alkohol Ethanol entsteht Methansäureethylester. Der Name der Säure und der Name des Alkohols werden durch die Silbe „-yl" aneinander gereiht. Ester werden in der Kosmetik z. B. als Duftstoffe, Lösungsmittel für Lacke und Harze sowie als Emulgatoren verwendet. Auch die natürlichen Fette sind Ester, Verbindungen aus Säure und Alkohol. Ester kommen auch in Früchten vor.

4.6 Fette, Öle und Wachse

Neben den Paraffinen werden in kosmetischen Präparaten vor allem Fette und Öle natürlicher Herkunft sowie fettähnliche Stoffe verwendet. Natürliche Fette (Lipide) und einige fettähnliche Stoffe (Lipoide), z. B. die Wachse, gehören zu der chemischen Stoffklasse der Ester.

4.6.1 Lipide (natürliche Fette und Öle)

Natürliche **Fette** und **Öle** sind pflanzlicher oder tierischer Herkunft. Fette sind Ester des dreiwertigen Alkohols Glycerin mit drei gesättigten Fettsäuren. Die Fettsäuren haben eine gerade Zahl von Kohlenstoffatomen. Die natürlichen Fette bestehen meistens aus gemischten Estern, bei denen mit einem Molekül Glycerin verschiedene gesättigte Fettsäuren verestert sind. Da Glycerin unter Wasserabspaltung mit drei **Fettsäuren** verestert wird, spricht man in Bezug auf die natürlichen Fette und Öle von **Fettsäureglycerinestern**.

Öle sind Ester des Glycerins mit mehrfach ungesättigten Fettsäuren. Sie sind bei Zimmertemperatur flüssig. Öle sind in Samen, Früchten oder in tierischem Fettgewebe als Depotstoffe gespeichert.

Natürliche Fette und Öle sind wie die **Mineralfette** und **Mineralöle** hydrophob (wasserabstoßend). Im Gegensatz zu den Paraffinen liegen sie aber nicht wie ein träger Film auf der Haut, sondern sie dringen in die Haarfollikel und die obersten Hornzelllagen ein. Deshalb eignen sich natürliche Fette und Öle gut als Emulsionsgrundlagen für Reinigungs- und Pflegepräparate. Da sie in ihren Eigenschaften den hauteigenen **Lipiden** ähnlich sind, bezeichnet man natürliche Fette und Öle im Gegensatz zu den Paraffinen als hautfreundlich. Die Lipide der Hornschicht setzen sich hauptsächlich aus Ceramiden, Triglyceriden, freien Fettsäuren, Kohlenwasserstoffen und Sterolen zusammen.

In den Lipiden sind hauptsächlich **Fettsäuren** mit 12, 14, 16 oder 18 C-Atomen verestert. **Glycerin** kann sowohl mit gesättigten als auch mit ungesättig-

Ätherische Öle	Basisöle
Abiesöl: frisch würziger Duft, reinigend	Aloe vera-Öl: zur Pflege der sensiblen, zarten Haut
Amyrisöl: stimmungsvoll-rauchiger Duft, harmonisierend	Arnikaöl: sorgt für Elastizität und Geschmeidigkeit
Angelikawurzelöl: herb-süß-aromatischer Duft, kräftigend	Avocadoöl: pflegt speziell trockene und schuppige Haut
Anisöl: kraftvoll-süßer Duft, beruhigend	Johanniskrautöl: besänftigt die irritierte und empfindliche Haut, lindert Verspannungen der Muskulatur und Gelenke, beruhigt überforderte und gestresste Nerven
Baldrianöl: aromatisch-bitterer Duft, beruhigend	Jojobaöl: pflegt die Haut sanft und geschmeidig und bietet optimalen Hautschutz bei Witterungs- und Umwelteinflüssen
Basilikumöl: kräftig-aromatischer Duft, aktivierend	Kamillenöl: besänftigt die empfindliche und zarte Haut insbesondere auch bei Kindern
Fichtennadelöl: frisch-würziger Duft, reinigend	Mandelöl: pflegt die Haut sanft und geschmeidig und schützt sie vor Austrocknung
Fenchelöl: weich-süßer Duft, besänftigend	Sesamöl: erweist sich bei trockener und spröder Haut als zart pflegend und sanft schützend; auch bei Sonnen- oder Solarbestrahlung vorteilhaft
Blutorangenöl: lieblich-sanfter Duft, harmonisierend	Weizenkeimöl: zeichnet sich durch seinen hohen natürlichen Vitamin E-Gehalt als besonders hautpflegend und schützend aus

Pflanzenöle werden aufgrund ihrer hervorragenden Pflegeeigenschaften vielfach als Massageöle für die Hand-, Fuß-, Rücken- oder Ganzkörpermassage eingesetzt. Um einen Duft und eine Wirkung auf die Psyche zu erzielen, werden in die Basisöle einige Tropfen ätherischer Öle gegeben. Die Tabelle zeigt eine Aufstellung möglicher ätherischer Öle (leicht flüchtige, duftende, nicht fettende Öle) und hautpflegender Basisöle.

Pflanzliche Fette und Öle	Herkunft	Verwendung
Kakaobutter	Kakaobohne	Lippenstifte, Pflegestifte
Babassuöl	Samen der Babassu-Palme (Brasilien)	Cremes und Make-up
Rizinusöl	Samen der Rizinuspflanze	Nagelöle, Wimperntuschen
Rosa Mosqueta-Öl	Fruchtsamen der Wildrose (Anden)	Anti-Aging-Präparate
Macadamianussöl	Geröstete Nüsse des Macadamianussbaums (Australien, Hawaii, Kenia)	Reinigungspräparate, Körperöle, Cremes, Haarpflegepräparate
Kukuinussöl	Samen des Kukuibaums	Haut- und Haarpflegepräparate
Sesamöl	Samen	Körperöle, Sonnenschutzpräparate
Weizenkeimöl	Weizenkeime	Cremes, Packungen, Sonnenschutzpräparate, Ampullen
Avocadoöl	Fruchtfleisch der Avocado	Cremes, Körperlotionen
Olivenöl	Fruchtfleisch der Olive	Cremes, Körperlotionen
Erdnussöl	Nüsse der Erdnusspflanze	Massageöle
Süßmandelöl	Früchte der Mandel	Haut- und Haarpflegepräparate, Nagelöl, Cellulite-Öle, Make-up-Präparate, Sonnenschutzpräparate
Nachtkerzenöl	Samenkapseln der Nachtkerze	Cremes und Körperlotionen
Traubenkernöl	Kerne der Weintrauben	Cremes und Körperlotionen

Übersicht: Pflanzliche Fette und Öle in der Kosmetik

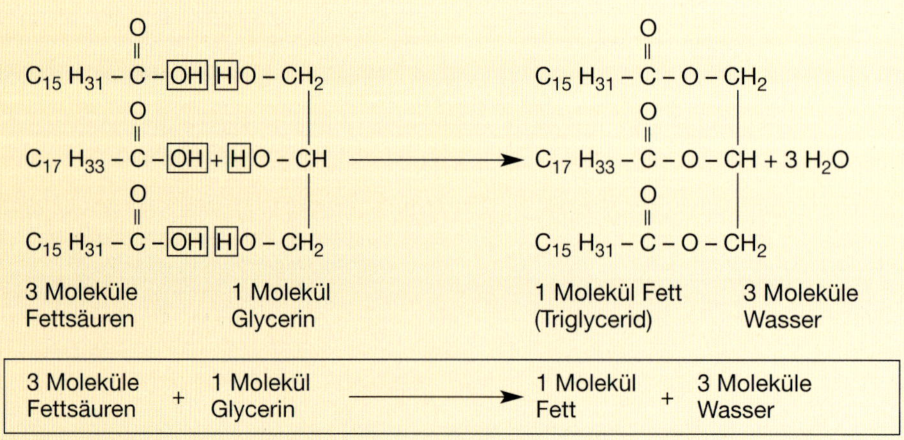

Chemischer Aufbau eines Fettmoleküls. Der dreiwertige Alkohol Glycerin wird mit drei Fettsäuren verestert. Fette und Öle sind Emulsionsgrundlagen für kosmetische Präparate. Sie pflegen und schützen die Haut.

Tierische Fette	Herkunft	Verwendung
Schweineschmalz	Fettgewebe des Schweins	Seifenherstellung
Rindertalg	Fettgewebe des Rindes	Seifenherstellung
Tierische Öle	**Herkunft**	**Verwendung**
Lebertran	Leber des Dorsches, Heilbutts und Schellfisches	Wundheilungssalben
Nerzöl	Nerz	Haut- und Haarpflegepräparate
Schildkrötenöl	Schildkröte	Wimperntuschen
Eieröl	Ei	Hautcremes, Shampoos

Übersicht: Tierische Fette und Öle in der Kosmetik

Die Jojoba-Pflanze: Die grünlichen Samenkapseln enthalten einen für die Kosmetik unentbehrlichen Grundstoff: das Jojobaöl.

ten Fettsäuren verbunden werden. Zu den gesättigten Fettsäuren gehören z. B. **Palmitinsäure** und die **Stearinsäure**. Zu den ungesättigten Fettsäuren zählen z. B. **Linolsäure** und **Linolensäure**. Je mehr ungesättigte Fettsäuren mit Glycerin verestert sind, desto schneller wird das Öl ranzig. Die Doppelbindungen sind sehr empfindlich gegenüber Sauerstoff. Öle mit ungesättigten Fettsäuren müssen durch Antioxidanzien, z. B. Tocopherol, vor Zerstörung und Ranzidität geschützt werden. Allerdings sind es gerade diese Öle, die wegen ihrer Eigenschaften den Hautstoffwechsel anregen und die Regeneration der Epidermis fördern. Nachtkerzenöl, Traubenkernöl, Macadamianussöl, Rosa Mosqueta-Öl, Kukuinussöl u.a. haben einen hohen Anteil an ungesättigten (essenziellen) Fettsäuren und Vitaminen, welche die Haut gegen Umwelteinflüsse wie UV-Strahlung und bakterielle Kontamination schützen. Essenzielle Fettsäuren haben sich in Präparaten gegen trockene, spröde Haut bewährt. Aufgrund ihrer im Allgemeinen wenig spreitenden Eigenschaften verleihen essenzielle Fettsäuren den Cremes und Ölen einen weichen Charakter, ohne fettig zu wirken.

Öle mit mehrfach ungesättigten Fettsäuren schützen die Zellmembranen, regulieren den transepidermalen Wasserverlust und verbessern das Feuchtigkeitsbindevermögen der Epidermis. Avocado-, Weizenkeim- und Mandelöl sind zudem reich an den Vitaminen A und E sowie an Mineralstoffen und Spurenelementen. Sie werden von der Haut gut aufgenommen und beeinflussen den Keratinisierungsprozess positiv. Die in ihnen enthaltene Linolsäure absorbiert UV-Strahlen in geringem Umfang. Die Vitamine A und E dienen als Radikalfänger und vermindern die Ranziditätsneigung der Öle.

Öle und Fette tierischer Herkunft wie **Schweinefett**, **Nerzöl** und **Rindertalg** finden zurzeit selten Verwendung in der Kosmetik, weil tierische Öle zum Teil von seltenen Tierarten stammen. Ihre Gewinnung für die Kosmetik widerspricht dem Artenschutzgesetz.

Jojobaöl und **Sheabutter** sind trotz ihres Namens (Butter bzw. Öl) in Bezug auf ihre chemische Struktur keine echten Fette bzw. Öle, sondern feste bzw. flüssige Wachse. Die Samen des mexikanischen Jojoba-Strauchs bestehen zu 50 % aus einem geruchlosen flüssigen Wachs. Jojobaöl ist chemisch gesehen ein Wachsester aus ungesättigten Fettsäuren und ungesättigten Alkoholen. Es spreitet gut auf der Haut und dem Haar und zieht schnell ein. Es hinterlässt keinen Fettfilm, aber ein samtiges, weiches Hautgefühl. Es bindet die hauteigene Feuchtigkeit.

Aufgrund dieser Pflegeeigenschaften ist Jojobaöl eine häufig verwendete Grundlage vieler Haar- und Hautpflegepräparate. Die Verwendung von Walrat, einem Wachs tierischer Herkunft, ist seit einigen Jahren durch das Artenschutzgesetz verboten. Jojobaöl ist unter anderem auch deshalb so beliebt, weil es natürliche Antioxidanzien enthält und auf diese Weise gegen Ranzidität stabil ist.

Shea-Butter aus dem Fruchtfleisch der Nüsse des Sheabutterbaums besteht zu 50 % aus Triglyceriden. Der Rest sind freie Fettsäuren und Wachsester. Das schmalzähnliche Fett zeigt eine gute Hautverträglichkeit, ein hohes Spreitvermögen und eine UV-Strahlen absorbierende Wirkung.

4.6.2 Lipoide (fettähnliche Stoffe)

Neben den Triglyceriden gibt es eine Reihe **fettähnlicher Stoffe**, die für die Herstellung von kosmetischen Präparaten von Bedeutung sind. Zu ihnen zählen die flüssigen und festen Wachse, die Fett- und Wachsalkohole, Wollwachs und seine Derivate, Lanolin, Cholesterin und Lecithin.

Wachse sind Naturprodukte tierischer oder pflanzlicher Herkunft. Nach ihrem chemischen Aufbau sind sie Ester aus Fettsäuren und einwertigen Fettalkoholen. Daneben enthalten sie freie Fettsäuren, langkettige Kohlenwasserstoffe und Alkohole. Sie sind hydrophil, was durch die hydrophilen Carboxylgruppen der freien Fettsäuren und die hydrophilen Hydroxylgruppen der Alkohole bewirkt wird.

Die Konsistenz (z. B. ölig, weich, streichfest, hart, spröde) der Wachse hängt von der Länge und der Struktur sowohl des Alkohols als auch der Fettsäure ab. Flüssige Wachse sind Ester aus einem kurzkettigen Alkohol und einer Fettsäure, z. B. Isopropylmyristat und Cetiol. Jojobaöl ist zwar auch ein flüssiges Wachs, besteht aber aus einer langkettigen Fettsäure und einem langkettigen Fettalkohol. Die flüssige Konsistenz kommt durch je eine Doppelbindung in den Kohlenwasserstoffketten zustande. Flüssige Wachse sind für die Herstellung kosmetischer Präparate sehr wichtig, da sie die Spreitfähigkeit verbessern. Dadurch kann sich das Präparat gut auf der Haut verteilen. Als lipophiles Lösungsmittel sind sie außerdem in der Lage, öllösliche Wirkstoffe zu tragen und in die Haut zu transportieren. Man spricht von einer „Gleitschiene" für die Wirkstoffe.

Wachse erhöhen die Konsistenz von Emulsionen und Stiftkosmetika. Sie werden in Hautcremes, Make-up-Zubereitungen, Lippenstiften und als Wachs-Harz-Mischungen für Enthaarungswachse genutzt. Auf der Haut wird dadurch ein wächsernes, aber weiches Empfinden erzielt. Emulsionen erscheinen gehaltvoller. In kosmetischen Präparaten werden das weiße, mit Peroxiden gebleichte **Bienenwachs** (Cera alba) und das gelbe, gereinigte Bienenwachs (Cera flava) verwendet. Naturkosmetische Präparate enthalten meistens das ungebleichte Wachs, das dem Produkt eine gelbe Farbe verleiht. In den klassischen Coldcreams wurde Bienenwachs als schwacher Emulgator eingesetzt, obwohl seine Emulgierfähigkeit nicht groß ist. Das Problem lässt sich durch den Einsatz von selbstemulgierendem Bienenwachs lösen. Man setzt weitere Emulgatoren hinzu, durch die das Bienenwachs die Emulsionen gut stabilisieren kann. Dank seiner entzündungshemmenden und feuchtigkeitsbindenden Wirkung ist Bienenwachs auch als Wirkstoff zu betrachten.

Carnaubawachs stammt aus den Blättern der brasilianischen Wachspalme. Es ist ein sehr hartes Wachs von gelber bis graugrüner Färbung. Aufgrund seiner festen Konsistenz kann Carnaubawachs den Schmelzpunkt anderer Grundlagen erhöhen. Es eignet sich deshalb hervorragend für die Herstellung von Stiftkosmetika.

Walrat wird heute aufgrund des Artenschutzgesetzes nicht mehr aus der Stirnhöhle des Pottwals entnommen, sondern synthetisch hergestellt. **Cetylpalmitat**, ein Ester aus Cetylalkohol und Palmitinsäure sowie Jojoba-Öl sind Ersatzwachse für das Walrat. Diese Substanzen dienen ebenfalls der Konsistenzerhöhung kosmetischer Präparate.

Wollwachs wird durch die Aufbereitung und Reinigung von Schafwolle gewonnen. Die gelbe salbenartige Masse, ein Talgdrüsensekret der Schafe, kann unter Bildung einer W/Ö-Emulsion das Zweifache, Wollwachsalkohol sogar das Dreifache seiner Menge

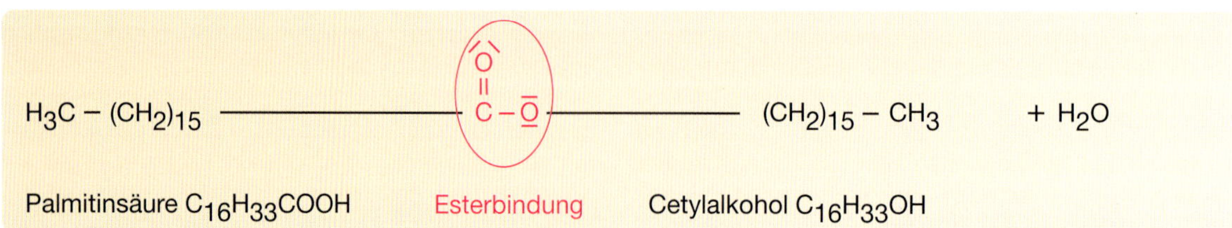

Wachse sind Ester der höheren Fettsäuren (z. B. Palmitinsäure) und der höheren Fettalkohole (z. B. Cetylalkohol). Cetylpalmitat kann synthetisch hergestellt werden und dient heute als Walratersatz.

Pflanzliche Wachse	Tierische Wachse	Synthetische Wachse
Carnaubawachs (Jojobaöl als Walratersatz)	Bienenwachs Walrat Wollwachs Lanolin	Cetylpalmitat (Walratersatz), Cetylstearat, Isopropylstearat, Cetiol, Isopropylmyristat
Fett- und Wachsalkohole	**Sterole**	**Phospholipide**
Cetylalkohol Stearylalkohol Laurylalkohol Myristylalkohol	Cholesterin	Lecithin

Lipoide (fettähnliche Stoffe) in kosmetischen Präparaten

an Wasser aufnehmen. Aufgrund dessen zählen Wollwachs, Wollwachsalkohol und **Lanolin**, ein Gemisch aus Wollwachs, Wasser und Paraffinen, zu den ältesten und am verbreitetsten eingesetzten W/Ö-Emulgatoren. Die emulgierenden Eigenschaften des Lanolins beruhen auf dem Gehalt an Alkoholen (Hydroxylgruppen) und freien Fettsäuren (Carboxylgruppen). Bei höherem Lanolingehalt haben W/Ö-Emulsionen eine zähe Konsistenz, weshalb sie gerne als „reichhaltig" bezeichnet werden. Durch den hydrophoben und leicht klebrigen Charakter haften sie gut auf der Haut und zeigen eine gewisse Okklusivwirkung.

Neben dem Einsatz als Emulgator werden Wollwachsderivate auch als Überfettungsmittel, z. B. in Puderpräparaten und als Konsistenzgeber, z. B. in Stiftkosmetika, verwendet. Lanolin ist oxidationsempfindlich und muss deshalb mit Konservierungsstoffen und Anti-Oxidanzien stabilisiert werden. Ein zweiter Nachteil besteht in der Behandlung der Schafwolle mit Insektiziden. Die aus der Waschflotte der Wolle gewonnenen Rohstoffe und ihre Derivate Wollwachsalkohol und Lanolin können auch nach der Aufbereitung noch Spuren dieser Gifte enthalten und Hautreizungen auslösen, obwohl sie im Allgemeinen gut hautverträglich sind. Die sogenannte „Lanolinallergie" ist meistens auf Rückstände (Nickel, Pestizide, Detergentien) aus dem Reinigungs- und Aufbereitungsprozess zurückzuführen.

Wachs- und Fettalkohole machen die Haut weich und geschmeidig. Sie wirken in Cremes und Ölen mit einem hohen Paraffingehalt als Emulgatoren. Hauptsächlich werden **Cetylalkohol**, **Stearylalkohol**, **Laurylalkohol** und **Myristylalkohol** verwendet. Sie riechen neutraler als die Wollwachsderivate und bilden keinen klebrigen Film auf der Haut. Wachs- und Fettalkohole sind neben den Paraffinölen Grundlage vieler Reinigungs- und Hy-Öle, die durch weiteren Tensidzusatz selbstemulgierend sind.

Cholesterin ähnelt in seinen Eigenschaften den Wachsalkoholen. Es wird als Trägersubstanz für lipophile Wirkstoffe benötigt, um ihre Penetration zu verbessern. Cholesterin kommt in freier Form und als Ester auch im Hauttalg vor. Neben anderen Emulgatoren verbindet Cholesterin die hydrophilen und lipophilen Hautsekrete Schweiß und Talg zu einer Emulsion. Es reguliert die Quellbarkeit der Hornschicht. In Cremes dient es als „Gleitschiene" für Wirkstoffe und als Feuchtigkeitsfaktor.

Lecithin ist als Phospholipoid ein Bestandteil menschlicher, tierischer und pflanzlicher Zellmembranen. Heute wird es nicht mehr aus dem Eigelb (griech. Lekithos) gewonnen, sondern aus der Sojabohne. Im Lecithinmolekül ist der dreiwertige Alkohol Glycerin mit zwei Fettsäuren und einem Phosphorsäurederivat verestert. Aufgrund seiner Hygroskopizität und seinem guten Penetrationsvermögen wird Lecithin als Co-Emulgator und Feuchtigkeitsfaktor in fetthaltigen Emulsionen verwendet. Da Lecithin die essenziellen Fettsäuren Linolsäure und Linolensäure enthält, hat es sich in Präparaten für die trockene, spröde Haut bewährt. Die Haut wird weich und geschmeidig. Die Emulsion fühlt sich durch Lecithinzusatz „softig" und gehaltvoll an. Als Inhaltsstoff von Seifen schwächt dieses Phospholipoid die entfettende Wirkung der Seifenlauge ab. Lecithin ist ferner Ausgangsstoff für die Herstellung von Liposomen und anderen Transportsystemen. Leider stellt Lecithin einen guten Nährboden für Bakterien dar, was eine Konservierung des Präparats notwendig macht.

4.7 Liposomen

Liposomen bestehen u. a. aus Phospholipiden des Sojalecithins. **Phospholipide** sind bei lebenden Organismen Bestandteil aller Zellmembranen. Werden Phospholipide unter Ultraschall mit Wasser gemischt, entstehen mikroskopisch kleine Hohlkugeln, die im Innern mit Wasser gefüllt sind, die Liposomen.

Die Hülle einer solchen Hohlkugel besteht aus einer Doppelmembran, deren hydrophile Anteile sowohl

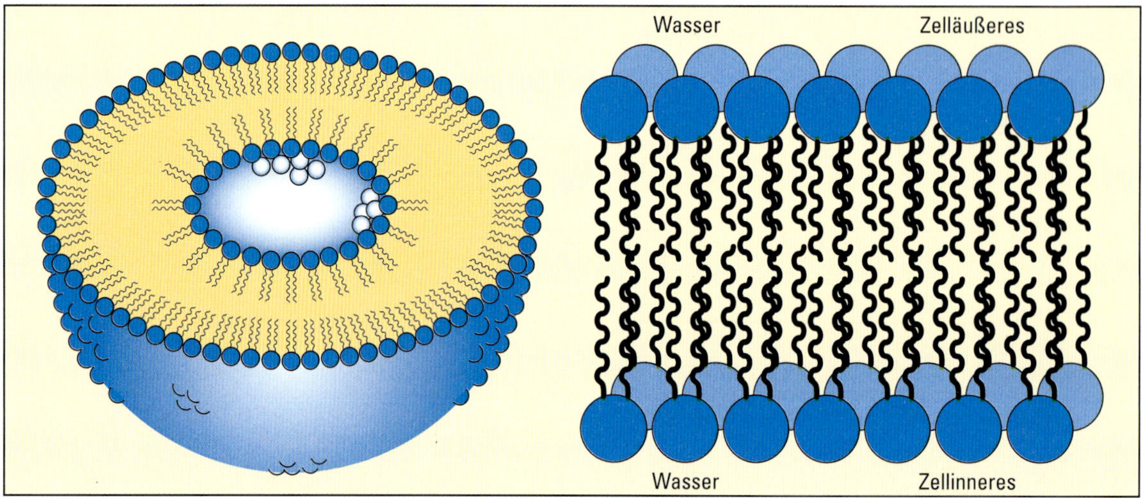

Schematische Darstellung eines Liposoms. Das Liposom besteht aus einer oder mehreren Doppelmembranen, deren hydrophiler Molekülteil sowohl nach außen als auch nach innen gerichtet ist.

nach innen als auch nach außen gerichtet sind. Durch das Mischen der Phospholipide mit Wasser lassen sich kleine Hohlkugeln mit nur einer Doppelmembran (unilamelläre Liposomen) und größere Hohlkugeln mit mehreren Membranen (multilamelläre Liposomen) erzeugen. Die Kugeln sind so aufgebaut, dass die nach außen gerichteten hydrophilen Membranteile für eine gute Wasserlöslichkeit sorgen, während die nach innen gerichteten hydrophilen Membranteile die Wasserphase einschließen. In die Wasserphase können hydrophile Wirkstoffe eingearbeitet werden, während der lipophile Membranteil mit lipophilen Wirkstoffen beladen werden kann.

Die Namensgebung für die Hohlkugeln (Soma, griech. = Körper) kennt kein Ende. Liposomen werden als **Niosomen** bezeichnet, wenn der hydrophile Molekülanteil der Doppelmembran nicht ionogen, also nicht geladen, ist. Von **Amphosomen** spricht man, wenn der hydrophile Teil amphoter, also sowohl positiv als auch negativ geladen ist. **Sphingosomen** weisen auf die chemische Zusammensetzung der Lipidmembranen, die in diesem Fall hauptsächlich aus Sphingolipiden besteht, hin. Sphingolipide, Phospholipide und Cholesterin sind die Membranbausteine unserer Zellen. Noctosomen (Nachtkörper) sollen auf die tageszeitliche Anwendung des Präparats hinweisen. **Alphasomen** sind bevorzugt mit Alpha-Hydroxy-Säuren beladen, Thiosomen mit Schwefelverbindungen.

Wenn Proteine oder deren Bausteine (Peptide und Aminosäuren) in die Doppelmembran eines Liposoms eingelagert werden, lässt sich der Weg der Liposomen durch die Epidermisschichten „steuern". An diesen Stellen der Hohlkugel entstehen hydrophile „Fenster", an denen die Wirkstoffe aus dem Inneren des Liposoms nach außen abgegeben werden können. Bei sehr kleinen Hohlkugeln kann die Zelle durch Endozytose das gesamte Liposom in sich aufnehmen. Lipasen bauen in der Zelle die Lipidmembran ab. Die Wirkstoffe werden freigesetzt und die Membranbestandteile des Liposoms verschmelzen mit der Zellmembran.

Liposomen, die durch eine Emulsion oder ein Gel auf die Haut aufgetragen werden, lagern sich in die Hornschicht ein und setzen ihren Wirkstoff nach und nach frei. Die Doppelmembran der Liposomen entspricht in Bezug auf den strukturellen Aufbau und die chemische Zusammensetzung den Zellmembranen der Keratinozyten. Sie soll geschädigte Zellmembranen kitten und die Zellen „stärken". Liposomen verhindern das Verhärten des Gewebes und steigern die epidermale Feuchtigkeit. Die Epidermis wird widerstandsfähiger gegenüber äußeren Reizen und in ihren Schutzfunktionen unterstützt. Diese regenerierende Funktion erfüllen beladene Liposomen so gut wie Leerliposomen ohne eingekapselte Wirkstoffe.

Neben den klassischen unilamellären und multilamellären Liposomen gibt es in der Liposomenforschung das Konzept der mehrschaligen Liposomen. Dabei sind unterschiedlich große Liposomen ineinander verschachtelt. Auf ihrem Weg durch die Epidermis dringen sie je nach Größe unterschiedlich weit vor. Dadurch sollen möglichst alle Epidermisschichten mit Wirkstoffen versorgt werden.

Liposomenpräparate mit mehrschaligen Liposomen müssen weder konserviert noch parfümiert werden. Das ist ein großer Vorteil, denn die klassischen Liposomen sind nicht lange haltbar und riechen nicht „kosmetisch". Das bedeutet, dass herkömmliche Liposomen nicht nur Wirkstoffe transportieren, sondern auch Konservierungs- und Duftstoffe. Durch Präparate mit mehrschaligen Liposomen steigt der

Peptide	**Pflanzenextrakte**	**Monosubstanzen**	**Spezialliposomen**
Thymus	Aloe vera	Vitamine (A, B, C, E)	Fibronectin
Milz	Weizenkeime	Panthenol	SOD
Kollagen	Schachtelhalm	Allantoin	Carnithin
Elastin	Gingko	Koffein	Heparin
Frischzellen	Hopfen	UV-Filter	Glutathion
Weizenkeimpetide	Algen	Hyaluronsäure	Aminosäuren
	Fruchtsäuren	Thyrosin	
		Farnesol	

Beladungsbeispiele für Liposomen

3

Feuchtigkeitsgehalt der Hornschicht bei regelmäßiger Anwendung um fast 100 %. Mehrschalige Liposomen haben viele Hohlräume, die mit Wasser und Feuchtigkeitsfaktoren gefüllt werden können. Allerdings hinterlassen Liposomen nur sehr wenig Oberflächenfettung auf der Hornschicht zurück. Eine trockene Haut sollte deshalb mit einer auf das Liposomenpräparat abgestimmten W/Ö-Emulsion nachgefettet werden.

Liposomen ohne eingeschlossene Wirkstoffe (Leer-Liposomen) sind bereits wichtige kosmetische Wirkstoffe. Das Phosphatidylcholin der Liposomen-Membranen enthält zwei Stoffe, die der Mensch nicht herstellen kann: Linolsäure und Cholin.

Während Liposomen einen hydrophilen Kern besitzen, der mit hydrophilen Wirkstoffen angefüllt werden kann, handelt es sich bei den **Nanoparts** um Transportvehikel, die in ihrem Kern lipophile Wirkstoffe, wie z. B. die Vitamine A und E, enthalten. Nanoparts (Nanopartikel, Nanoemulsionen) sind nach ihrer mikroskopisch kleinen Größe, die im Nanometerbereich liegt, benannt. Ebenso wie die Liposomen weisen sie einen Durchmesser von 25 nm bis 300 nm auf. Ein Nanometer entspricht einem Milliardstel Meter.

Mehrschalige Liposomen unter dem Mikroskop: Verschieden große Liposomen sind ineinander verschachtelt. Sie dringen unterschiedlich weit in die Epidermis ein und setzen ihre Wirkstoffe dort frei, wo sie „hängen bleiben".

Nehmen Sie Stellung:
Kundin: „Gegen meine Komedonen habe ich mir neulich ein Gel mit Thiosomen gekauft. Können Sie mir sagen, was das für Stoffe sind?"
Kosmetikerin: „Der Begriff „soma" ist griechisch und bedeutet so viel wie Körper. In der Kosmetik werden darunter meistens Liposomen verstanden. Die Vorsilbe „thio" weist auf eine Schwefelverbindung hin. Wahrscheinlich haben Sie ein Präparat mit Liposomen erworben, wobei diese kleinsten Fettkörperchen mit desinfizierenden Bestandteilen des Schwefels gefüllt sind."
Kundin: „Aha. Das ist ja interessant. Wie wirken denn diese Liposomen?"

Neben den Penetrationssystemen Liposomen und Nanoparts gibt es oberflächenresidente Systeme, **Granulosome** und **Mikrokapseln**. Liposomen und Nanoparts sind kleiner als 300 nm (Nanometer), Granulosomen und Mikrokapseln sind etwas größer. Sie erreichen eine maximale Größe von 100 µm (Mikrometer). Ein Mikrometer entspricht einem Millionstel Meter. Sie bestehen nicht aus Phospholipid-Membranen, sondern aus natürlichen und synthetischen **Polymeren**. Polymere sind Makromoleküle, die durch Aneinanderreihung vieler ungesättigter Monomere entstehen. Ein natürliches Polymer ist z. B. die in vielen Pflanzen vorkommende Stärke. Sie ist das wichtigste Nahrungsmittel-Kohlenhydrat. Stärke ist ein Polysaccharid (Vielfachzucker), das aus vielen Glukosemolekülen (Einfachzuckern) aufgebaut ist.

Vitamine (als Ester)	Wirkstoffe	Empfindliche Öle	Pflanzenauszüge, ölig
Vitamin A Vitamin E Vitamin C Vitamin F	Ultraviolett-Filter Bisabolol Azulen Gelee Royale Nikotinsäure-Ester Salicylsäure Antibiotika Reduktaseblocker (Haarwuchs)	Nachtkerzenöl Borretschsamenöl Schwarzkümmelöl Weizenkeimöl Parfümöle	Calendula Rosmarin Kamille Klettenwurzel

Beladungsbeispiele für Nanoparts

3

	Penetrationssysteme		Hautoberflächen-residente Systeme	
Größe	Liposomen < 300 nm	Nanopartikel < 300 nm	Granulosomen < 100 µm	Mikrokapseln > 100 µm
Material	amphiphile Lipide	amphiphile Lipide	Polymere	Polymere
Struktur	konzentrische Schalen	konzentrische Schalen	Matrix	ein- und mehrschalig
Beladungs-charakter	hydrophile Wirkstoffe	lipophile Wirkstoffe	flüssige und lösliche Stoffe	unbegrenzt
Anwendungs-ziel	Transport in die Haut	Transport in die Haut	Verbleib auf der Oberfläche	Freisetzung auf der Oberfläche

Liposomen, Nanoparts, Granulosomen und Mikrokapseln im Vergleich. Liposomen und Nanoparts sind kleiner als 300 nm (Nanometer). Ein Nanometer entspricht 10^{-9} Metern = 0,000 000 001 Meter. Liposomen und Nanoparts penetrieren durch die Epidermisschichten. Granulosomen und Mikrokapseln sind kleiner als 100 µm (Mikrometer). Ein Mikrometer entspricht 10^{-6} Metern = 0,000 001 Meter. Granulosomen und Mikrokapseln verbleiben auf der Hautoberfläche.

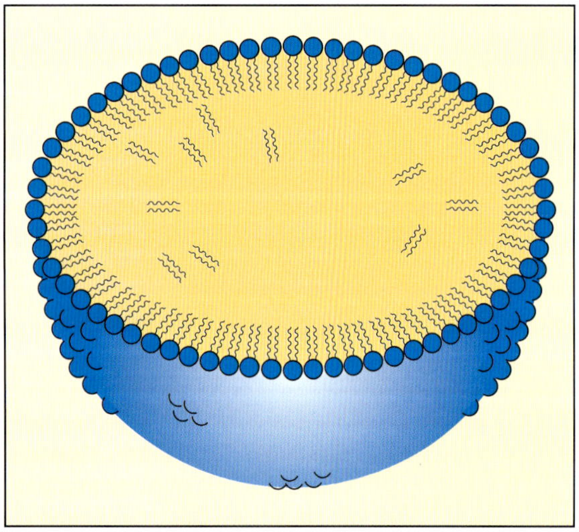

Schematische Darstellung eines Nanoparts. Beim Nanopart befinden sich lipophile Wirkstoffe im Innern der Hohlkugel.

Granulosomen haben eine Matrixstruktur mit groben Poren, die im Nachhinein mit Wirkstoffen beladen werden kann. Mikrokapseln bestehen aus Schalen, die vor der Versiegelung gefüllt werden müssen. Granulosomen können hoch beladen werden. Sie verhindern die Wirkstoffpenetration und verlängern die Wirksamkeit der Wirkstoffe in der Hornschicht. Sie eignen sich daher für Präparate mit lang anhaltender Durchfeuchtung, Kühlung, Durchblutung oder Desodorierung. Problematische Stoffe, die nur auf der Oberfläche verbleiben sollten, wie z. B. Lichtschutzfaktoren oder das Bleichmittel Hydrochinon, können maximal konzentriert angeboten werden. Eine Penetration in die Epidermis ist nicht zu erwarten. Granulosomal verkapseltes Teebaumöl verliert seinen typischen Eigengeruch, ohne an Wirksamkeit zu verlieren. Interessant ist der Einsatz von Granulosomen in Packungen und filmbildenden Präparaten, weil aufgrund der hohen Beladungskapazität der Einsatz höherer Wirkstoffmengen ermöglicht wird.

„Emulsionen ohne Emulgator“ sind vollständig aus Lipidlamellen epidermaler Lipide aufgebaut. Dazu zählen **Triglyceride**, **Squalan**, **Ceramide**, **Phytosterole** und **Phospholipide**. Diese sog. **DMS-Cremes** (Derma-Membran-Structure-Cremes) bestehen aus unzähligen mikroskopisch kleinen Phospholipidmembranen, die den Membranen der Keratinozyten ähnlich sind. Diese Strukturen entsprechen in ihrer Größe den Liposomen und Nanoparts. Sie sind jedoch nicht kugelförmig. Durch die kleine Teilchengröße im Nanometerbereich kann auf Emulgatoren verzichtet werden.

4.8 Proteine (Eiweiße)

Proteine (**Eiweiß**e) sind wichtige Nährstoffe für den Menschen. Zugleich sind sie Bestandteil unseres Körpers. Epidermis, Haarschaft und Nagelplatte bestehen aus dem Protein **Keratin**. Deshalb werden Haare und Nägel auch als Anhangsgebilde der Haut bezeichnet. Im Corium finden sich z. B. die Proteine Collagen und Elastin.

Die in der Kosmetik verwendeten **Proteine**, **Peptide** und **Aminosäuren** sind entweder tierischer Herkunft, z. B. Collagen, Elastin, Keratin, Milchprotein, Kasein und Seidenproteine, oder pflanzlicher Herkunft, z. B. Milchprotein, Kasein, Sojaprotein, Weizenkeim- und Algenproteine.

In den Proteinen sind verschiedene Aminosäuren durch Peptidbindung miteinander verknüpft. Dabei verbinden sich die Carboxylgruppe (COOH-Gruppe) einer Aminosäure und die Aminogruppe (NH_2-Gruppe) einer anderen Aminosäure unter Wasserabspaltung. Auf diese Weise entsteht aus zwei Aminosäuren ein Dipeptid. Bis zehn durch Peptidbindung verknüpfte Aminosäuren nennt man Oligopeptid, viele verknüpfte Aminosäuren heißen Polypeptid. Polypeptide aus hundert und mehr Aminosäuren nennt man **Protein**. Im menschlichen Körper sind 25 verschiedene Aminosäuren bekannt, von denen 10 lebensnotwendig (essenziell) sind; denn diese 10 Aminosäuren können vom Körper nicht selbst hergestellt werden.

Für die Anwendung in kosmetischen Präparaten ist der native Zustand eines Proteins wichtig. Der native Zustand ist der, in dem sich das Protein im lebenden Organismus befindet. Werden Proteine durch Wärme (über 35 °C), Konservierungsmittel, die Formaldehyd abspalten, hohe mechanische Beanspruchung aus dem nativen in den denaturierten Zustand überführt, verlieren sie ihre Wirksamkeit und damit ihre Bedeutung für die Kosmetik.

Natives, lösliches **Collagen** (Tropocollagen) wird aus Schlachtabfällen der Kälberhäute extrahiert. Man kann aber auch pflanzliches Collagen aus Algen und Plankton gewinnen. Collagen steigert das Feuchtigkeitsbindevermögen. Tropokollagen kann das 300-Fache seines eigenen Gewichts an Wasser speichern.

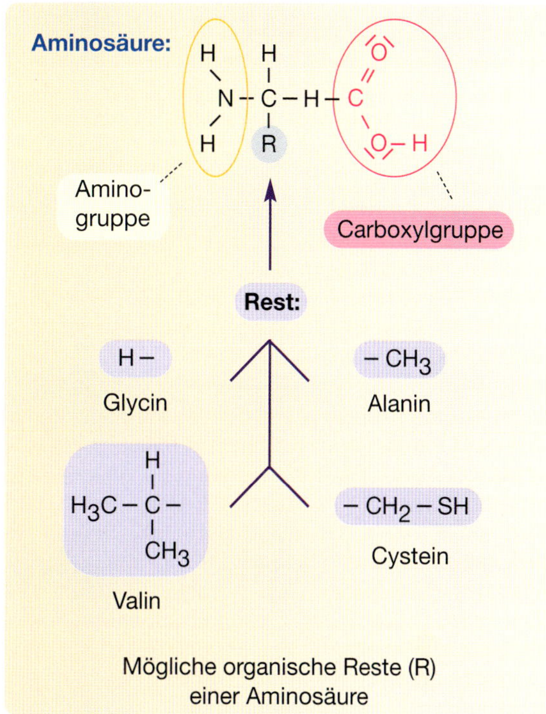

Strukturformeln der Aminosäuren – Bausteine von Proteinen: Aminosäuren haben eine NH_2-Gruppe (Aminogruppe) und eine COOH-Gruppe (Carboxylgruppe) in ihrem Molekül. Sie unterscheiden sich im organischen Rest (R).

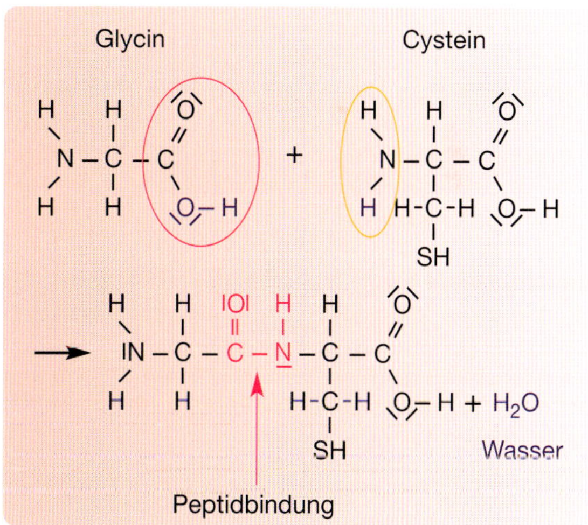

Peptidbindung zwischen den Aminosäuren Glycin und Cystein. Unter Wasserabspaltung verknüpft sich die Carboxylgruppe (COOH-Gruppe) von Glycin mit der Aminogruppe (NH_2-Gruppe) von Cystein zu einem Dipeptid.

Collagen ist ein Makro-Molekül und deshalb nicht in der Lage, in das Corium einzudringen und den altersbedingten Schwund an löslichem Collagen auszugleichen. Deshalb versucht die Forschung, die Collagenbildung im Corium durch Aminosäuren aus Erbsen, Sojabohnen und Plankton, durch Enzyme und Vitamin C anzuregen. Diese Moleküle sollen über das Immunsystem der Haut, ähnlich wie bei der Wundheilung, die Kollagenbildung stimulieren. **MPC** ist ein Milch-Peptid-Complex, der als Zellregulator Hautmängel erkennen und beheben soll. Phytodermin enthält Aminosäuren und Proteine der Sojabohne, die den durch UV-Licht-Einwirkung bedingten Alterungsprozessen am Kollagen im Corium entgegenwirken sollen. MPC und Phytodermin gehören in der neuen Generation der Anti-Aging-Wirkstoffe zu den sog. Cosmeceuticals.

Die körpereigene Bildung von collagenen und elastischen Fasern reduziert sich bereits nach dem 25. Lebensjahr. Die Haut kann dadurch nicht mehr so viel Feuchtigkeit binden. Heute versucht man, das große Molekül Kollagen so zu verändern, dass es liposomal verkapselt angeboten werden kann.

3

Wenn Kollagen chemisch oder enzymatisch abgebaut wird, enthält man Kollagenhydrolysate. **Hydrolysate** besitzen eine Schutzwirkung für geschädigte Hautstrukturen. Sie werden in Seifen, festen und flüssigen Syndets, Schaumbädern und Shampoos eingesetzt, um deren Haut- und Schleimhautverträglichkeit zu verbessern. Derivate des Kollagenhydrolysates sind Eiweißfettsäurekondensationsprodukte, die als milde Tenside für Wasch- und Reinigungsgele benötigt werden. Keratinhydrolysate werden vor allem in der Haarkosmetik verwendet. Sie verleihen dem Haar Substanz und glätten die äußere Schicht des Haarschafts.

Elastin wird aus den Nackenbändern von Rindern gewonnen. **Elastinhydrolysate** binden wie Kollagen Feuchtigkeit und schützen die Hornschicht vor Austrocknung. In Haarkosmetika verbessern sie die Kämmbarkeit des Haares und schützen die Keratinfasern vor Quellung. Der Trend hin zu nachwachsenden pflanzlichen Rohstoffen und die BSE-Diskussion sind für die kosmetische Verwendung tierischer Proteine nicht förderlich.

Seidenprotein wird von Seidenraupen erzeugt. Es zieht gut auf das Haar- und Hautkeratin auf und besitzt eine Schutzwirkung. Seidenproteine werden auch für die Herstellung von Lidschatten, Rouge und Make-up-Artikeln verwendet, um eine besonders zarte, seidige Tektur zu erzielen.

4.9 Kohlenhydrate

Für den Menschen sind **Kohlenhydrate** der mengenmäßig bedeutendste Nährstoff. Kohlenhydrate entstehen bei der Photosynthese grüner Pflanzen durch Einwirkung von Licht, Wasser und Kohlendioxid (CO_2) aus der Luft auf das Chlorophyll des Blattgrüns. Zur Gruppe der Kohlenhydrate gehört eine große Zahl organischer Verbindungen aus den Elementen Kohlenstoff, Wasserstoff und Sauerstoff. Man unterscheidet die Einfachzucker bzw. **Monosaccharide** ($C_6H_{12}O_6$), die Zweifachzucker bzw. **Disaccharide** ($C_{12}H_{22}O_{11}$) und die Mehrfachzucker bzw. **Polysaccharide** ($(C_6H_{10}O_5)_n$). Der Begriff „**Saccharid**" bedeutet „Zucker".

Für die Kosmetik sind vor allem die Polysaccharide interessant. Sie können aus mehreren hundert bis mehreren tausend Monosacchariden bestehen. Stärke, Cellulose, Pektine, Agar-Agar und deren Derivate sind die wichtigsten Polysaccharide, die in kosmetischen Präparaten zum Einsatz kommen.

Cellulose ist der Hauptbestandteil der pflanzlichen Zellwände. Mikrokristalline Cellulose ist ein guter Stabilisator für Ö/W-Emulsionen. Modifizierte Cellulose (Methylcellulose, Ethylcellulose) wird als Hilfsemulgator, Verdickungs- und Dispergiermittel in Emulsionen und Lotionen verwendet. Cellulosederivate sind recht haltbar, weil sie mikrobiologisch nicht schnell zersetzt werden.

Pektine kommen in Schalen und Kernen, z. B. von Äpfeln, Quitten und Johannisbeeren, vor. Sie sind in Wasser stark quellfähig und dienen deshalb als Verdickungsmittel. Quittensamenschleim verbessert die Konsistenz von Wimperntuschen und Haarfestigern. Die Pflanzenschleime sind gut hautverträglich, müssen aber sorgfältig konserviert werden, da sie anfällig für Schimmelpilzbefall sind.

Agar-Agar, ein Polysaccharid aus Galaktose (Schleimzucker) und anderen Zuckern, ist ein Gel-

Gruppen der Kohlenhydrate	Einfachzucker (Monosaccharide)	Doppelzucker (Disaccharide)	Vielfachzucker (Polysaccharide)
Summenformel	$C_6H_{12}O_6$	$C_{12}H_{22}O_{11}$	$(C_6H_{10}O_5)_n$
Beispiele	Traubenzucker (Glukose) Fruchtzucker (Fruktose) Schleimzucker (Galaktose)	Malzzucker (Maltose) Rüben-, Rohrzucker (Saccharose) Milchzucker (Laktose)	Dextrine, Stärke, Glykogen, Cellulose Hemicellulose, Pektine, Agar-Agar

Einteilung der Kohlenhydrate: Kohlenhydrate sind organische Verbindungen der Elemente Kohlenstoff (C), Wasserstoff (H) und Sauerstoff (O).

bildner aus verschiedenen Rotalgen und wird gelegentlich als Verdickungsmittel und Stabilisator für Cremes, Stiftkosmetika und Pasten eingesetzt. In der Lebensmittelindustrie ist Agar-Agar ein bedeutendes Verdickungsmittel.

Guarmehl ist ein gummiartiges Polysaccharid, das sich unter Rühren in Wasser auflöst und eine viskose Flüssigkeit bildet. Es wird benötigt, um die Flüssigkeiten in Roll-on-Stiften zu verdicken und das Herabrinnen zu verhindern. **Tragant**, ebenfalls ein gummiartiges Polysaccharid, wird in Zahnpasten und Kompaktpudern als Bindemittel eingesetzt, das die Entmischung von flüssigen Bestandteilen und Putzpigmenten bzw. Weiß- und Farbpigmenten verhindert. Da Tragant in Wasser Gele bildet, wirkt es verdickend und stabilisierend auf Emulsionen und Suspensionen.

Stärke kommt im Mehlkörper des Getreidekorns, in der Kartoffel und in Hülsenfrüchten vor. Stärke und Stärkederivate sind pflanzliche Polysaccharide aus Glukoseeinheiten. Stärken sind feine weiße Pulver, die beim Zerreiben zwischen den Fingern knirschen. Man unterscheidet Reis-, Mais-, Weizen- und Kartoffelstärke. Für die Verwendung in kosmetischen Präparaten ist die Korngröße der einzelnen Stärkearten ausschlaggebend. Reisstärke hat die kleinste Korngröße, Kartoffelstärke die größte. Reis- und Maisstärke findet sich gelegentlich noch in Depilationscremes und Körperpudern. Als Puder haben sie ein hohes Absorptionsvermögen für Schweiß und Talg. Sie haften gut auf der Haut und sind ungiftig. Reisstärke bietet darüber hinaus einen guten Mattierungseffekt. Weil Stärken in feuchtem Milieu ein guter Nährboden für Mikroorganismen sind, müssen Puderpräparate auf Stärkebasis konserviert werden.

Dextrane werden durch Mikroorganismen aus Saccharose aufgebaut. In höheren Konzentrationen bilden sie mit Wasser hochviskose Lösungen. Dextrane dienen als Konsistenzverbesserer von Lippenstiften und Lippenpflegestiften, von Cremes und Zahnpasten.

Hyaluronsäure ist ein **Mucopolysaccharid**, welches die collagenen und elastischen Fasern im Corium einbettet. Die Vorsilbe „Muco" bedeutet „Schleim". Hyaluronsäure bildet mit Wasser einen festen Schleim bzw. ein Gel. Sie kann das Tausend- bis Viertausendfache ihres Gewichts an Wasser binden. Schon in einprozentiger wässriger Lösung wirkt Hyaluronsäure gelbildend. Hyaluronsäure wird aus Hahnenkämmen und menschlichen Nabelschnüren gewonnen oder biotechnologisch aus der Zellmembran einer Streptokokkenart hergestellt. Hyaluronsäure ist ein wichtiger natürlicher Feuchthaltefaktor für die Haut (NMF) und wird als Feuchtigkeitsregulator und Gelbildner in kosmetischen Präparaten eingesetzt.

Hyaluronsäure ist außerdem ein wesentlicher Baustein des menschlichen und tierischen Organismus, der dem Bindegewebe Festigkeit und Stabilität verleiht. Beim Menschen kommt dieses Kettenmolekül im Augapfel, in der Gelenkflüssigkeit, im Knorpelgewebe, in der Mundschleimhaut und im Bindegewebe der Haut vor. Es bildet dort zusammen mit Kollagen und Elastin die extrazelluläre Matrix und speichert die Feuchtigkeit wie ein Schwamm. Wenn die Hyaluronsäure im Bindegewebe abnimmt, kommt es zu allen Anzeichen der Haut- und Gewebealterung.

Hyaluronsäure wurde schon lange, bevor sie die Kosmetikindustrie entdeckt hat, bei Verbrennungen, Gelenkerkrankungen und zur Wundbehandlung eingesetzt. Heute wird Hyaluronsäure in Form eines Gels gerne als Unterspritzungs- und Auffüllungsmittel für Falten- und Lippenkorrekturen verwendet. Weil Hyaluronsäure im Körper selbst vorkommt, wird dieses Gel natürlich in das Hautgewebe integriert und dort auch wieder abgebaut. Der Auffüllungseffekt dauert meistens sechs Monate an und lässt dann langsam nach. Neben der Hyaluronsäure bietet sich auch eine Polymilchsäure-Verbindung zur Faltenunterspritzung und als Volumengeber an.

Weitere Infos unter:
www.european-aesthetics.com
www.ki-online.de

4.10 Skin-Repair-Komplexe

Haut-Reparatur-Komplexe („**Skin-Repair-Komplexe**") werden aus inaktivierten Kulturen von Bakterien der Bifidusgruppe gewonnen. Bei den Reparatur-Komplexen handelt es sich um spezielle Enzyme dieser Bakterienart. Diese mikrobiellen Enzyme sollen in die Epidermis penetrieren und die hauteigenen Reparaturmechanismen unterstützen.

Treten Schäden innerhalb eines DNS-Doppelstranges im Zellkern auf, so werden normalerweise durch bestimmte Enzyme hauteigene Reparaturmechanismen in Gang gesetzt, um die genetischen Fehler zu korrigieren und die Zelle vor dem Zelltod oder der Entartung zu bewahren. Solche Schäden an der DNS können z. B. durch UV-Strahlung herbeigeführt werden. Nicht behobene Fehler führen zu chronischen Lichtschäden. Das Reparaturvermögen des Enzymkomplexes ist bei älterer Haut schwächer ausgeprägt als bei junger Haut. Die Hautschäden durch UV-Strahlung nehmen aus diesem Grund mit dem Alter zu. Deshalb werden Repair-Komplexe in Sonnenschutz-, After-Sun- und Anti-Aging-Präparaten eingesetzt. Es ist jedoch kaum anzunehmen, dass äußerlich applizierte Enzymsysteme den Weg durch die Epidermis in die geschädigten lebenden Zellen finden, um dort die Reparatur zu unterstützen oder sogar zu übernehmen.

4.11 Antioxidanzien und Konservierungsmittel

Natürliche Fette und Öle werden mit der Zeit sowohl vom Luftsauerstoff oxidiert und dadurch ranzig als auch durch Mikroorganismen zersetzt. Dabei entstehen aus den langkettigen Fettsäuren kurzkettige organische Säuren wie z. B. die Buttersäure und andere Abbauprodukte wie Aldehyde und Ketone. Die Fette und Öle werden ranzig. Ihre Spaltprodukte riechen unangenehm und wirken hautreizend, so dass sich eine weitere Anwendung für kosmetische Zwecke verbietet. **Antioxidanzien** sollen kosmetische Präparate vor dem Verderb durch **Oxidation** schützen. Die chemische oxidative Zersetzung wird durch Licht, Wärme, Metallspuren, Feuchtigkeit, freie Fettsäuren und die Anwesenheit eines bereits ranzigen Fettes beschleunigt. Daraus ergeben sich Lagerungsvorschriften:

- Lagerung unter Luftausschluss in gut gefüllten Gefäßen,
- Verwendung undurchsichtiger Tuben, Flaschen, Tiegel und Dosierspender,
- kühle und trockene Lagerung und
- der Einsatz von Antioxidanzien.

Antioxidanzien wirken als **Radikalfänger**. Sie binden die freien Sauerstoffradikale und brechen die Kettenreaktion beim Ranzigwerden ab.

Pflanzliche Öle und Fette sind durch den natürlich vorkommenden Gehalt an α-Tocopherol (Vitamin E) besser haltbar als tierische. Ein optimales Antioxidans für kosmetische Zubereitungen ist eine Mischung aus Vitamin E, Ascorbylpalmitat (enthält Ascorbinsäure = Vitamin C) und Lecithin. Die Vitamine E und C sind natürliche Antioxidanzien, die als Radikalfänger Sauerstoffatome an sich binden. Dadurch verhindern sie eine weitere Reaktion des Fettes mit Sauerstoff. Neben Vitamin E und C spielen auch Beta-Carotin (Provitamin A) und Panthenol (Provitamin B_5) als Schutzstoffe eine Rolle.

Enzyme wie Superoxid-Dismutase und Ubichinone verhindern ebenfalls die Oxidation und die Lipoperoxidbildung. Deshalb werden sie gern als „Zellschutzaktivatoren“ bezeichnet. Weitere natürliche Antioxidanzien sind Propolis, Silikonöle und Benzoesäure. Neben den Antioxidanzien können auch UV-Filtersubstanzen wie Hydroxybenzoephenon einer Oxidation von Fetten und Ölen vorbeugen.

Konservierungsmittel hemmen die biologische Zersetzung der Fette und Öle durch Bakterien und Schimmelpilze. Die antimikrobielle Wirkung eines Konservierungsstoffes ist um so besser, je höher seine Konzentration ist. In gleichem Maße steigt allerdings auch die Gefahr der Allergie durch diesen Konservierungsstoff. Die Verwendung von Konservierungsstoffen in kosmetischen Präparaten wird durch die Kosmetikverordnung geregelt.

Zu den am häufigsten eingesetzten Konservierungsstoffen gehören die **Parabene** (Methyl-, Ethyl-, Propyl-, Butylparaben), Imidazolidinyl-Harnstoff (**Germall 115**), **Quaternium**, Isothiazolinon (**Kathon CG**), Formaldehyd, **Phenoxyethanol**, **Sorbinsäure** und **Natriumbenzoat**. Die Kathone stehen an der Spitze der allergieauslösenden Konservierungsstoffe. Auch die häufig eingesetzten Parabene können bei entsprechend anfälligen Personen eine Para-Gruppenallergie auslösen. Es besteht eine Deklarationspflicht für alle enthaltenen Konservierungsstoffe (Verordnung über kosmetische Mittel vom 26. Juni 1985 (BGBl. I S. 1082), zuletzt geändert am 23. April 2003 (BAnz. Nr. 79 vom 26.04.2003, S. 8997). Der Verbraucher ist dadurch in der Lage, für ihn kritische Stoffe zu meiden. Dem Arzt wird mithilfe der Deklaration die Diagnose erleichtert.

Für Kosmetika zugelassene Konservierungsstoffe können aufgrund ihrer chemischen Struktur in acht Gruppen unterteilt werden:

1. Quartäre Ammoniumverbindungen (**Quats**) wirken in schwach alkalischem Milieu und eignen sich für die Konservierung von Haarpflegemitteln und für die Hautdesinfektion.
2. Alkohole, z.B. Benzylalkohol, Phenoxyethanol, Propylenglykol, β-Phenylethylalkohol, konservieren wasserhaltige Präparate und Augen-Make-up-Präparate.
3. Chlorhexidinverbindungen werden wegen der guten Hautverträglichkeit in der Baby- und Intimpflege sowie für die Mundhygiene eingesetzt.
4. Organo-Quecksilbersalze sind für Wimperntuschen, Kajal- und Buntstifte, Lidschatten sowie Augen-Make-up-Entferner vorgesehen.
5. Aromatische Verbindungen, z.B. die Ester der p-Hydroxy-Benzoesäure (pHB-Ester) bzw. Parabene: Die Methyl- und Propylparabene gelten als

gesundheitlich unbedenklich. Sie sind die am häufigsten eingesetzten Konservierungsstoffe für schwach saure und pH-neutrale kosmetische Zubereitungen. In der Regel werden mehrere Ester kombiniert und/oder mit anderen Konservierungsmitteln gemischt.

6. Säuren, z. B. Benzoe-, Sorbin-, Dehydroessigsäure, für saure bis neutrale Zubereitungen.
7. **Formaldehyd** und formaldehyd-abspaltende Stoffe, wie z. B. Imidazolidinyl-Harnstoffe, haben ein breites antimikrobielles Wirkungsspektrum in einem pH-Wert-Bereich zwischen 3 und 8. Wegen der Kanzerogenität sind zulässige Höchstkonzentrationen vorgeschrieben: 0,1 % in Mundpflegemitteln, 0,2 % in Körperpflegemitteln, bis zu 5 % in Nagelhärtern. Konzentrationen unter 0,05% sind nicht deklarationspflichtig. Formaldehyd-abspaltende Stoffe finden sich z. B. in Shampoos, Duschgelen und Badezusätzen.
8. Natürliche antimikrobiell wirkende Substanzen: Propolisextrakte aus dem Bienenkittharz werden in Deodorantien und anderen kosmetischen Zubereitungen als desodorierender, desinfizierender und konservierender Wirkstoff eingesetzt. Thymol aus dem Thymianöl, Zimtaldehyd aus dem Zimtöl, Eugenol und Iso-Eugenol aus dem Nelkenöl, Phenylethylalkohol aus dem Rosenöl, Methylsalicylat aus der Weidenrinde, Terpinen-4-ol und Cineol aus dem Teebaumöl sowie Farnesol aus der Lindenblüte sind ebenfalls Naturprodukte mit antimikrobieller Wirkung. Der Einsatz dieser Naturstoffe weist allerdings Nachteile auf: den unangenehmen Eigengeruch der ätherischen Öle, der durch Parfümierung des Präparats kaum zu überdecken ist, den relativ hohen Preis, die unbefriedigende Wirkung als einziges Konservierungsmittel und das Risiko einer Allergie.

Schwefel und Schwefelverbindungen werden als desinfizierende und keratinerweichende Substanzen in Aknepräparaten eingesetzt. Ihre Bedeutung als Konservierungsmittel ist allerdings eher untergeordnet.

Um einen Keimbefall bei der Herstellung zu vermeiden, ist es nötig, die Keimarmut der Grundstoffe sicherzustellen. Da das Mikrobenwachstum hauptsächlich in wässrigem Milieu stattfindet, ist vor allem das Lösungs- und Verdünnungsmittel Wasser ständig zu kontrollieren. Außerdem bietet es sich an, fertige Produkte in Tuben, besser noch in Spendergefäßen, statt in Tiegeln anzubieten, um die Kontamination durch den Verbraucher gering zu halten. Die Kosmetikerin muss Cremes der Kabinettware immer mit dem Spatel entnehmen und den Spatel regelmäßig desinfizieren.

5 Drogen in der Kosmetik

Drogen, die in der Kosmetik verwendet werden, sind keine Rauschmittel, sondern getrocknete Stoffe pflanzlichen oder tierischen Ursprungs. Ihre Inhaltsstoffe üben bei äußerlicher Anwendung z. B. eine entzündungshemmende, kühlende, wärmende, erweichende oder adstringierende Wirkung auf die Haut aus. Drogen spielen als Badezusätze, für Aufgüsse und Kompressen, zur Inhalation, als Zusätze oder Grundlagen für Gesichtspackungen und als isolierte Extrakte eine große Rolle. Man kann Drogen nicht nur nach ihren Eigenschaften, sondern auch nach ihrer Herkunft unterscheiden. So gibt es z. B. Wurzeldrogen, Rindendrogen, Blattdrogen und Blütendrogen.

In unbearbeitetem Zustand können Drogen nicht für die Kosmetik genutzt werden. Ihre Wirkstoffe müssen extrahiert oder in Form eines ätherischen Öls gewonnen werden. Dabei ist die Beurteilung der wirkungsrelevanten Dosis sehr schwierig. Heute tauchen fast alle Pflanzen in irgendeiner Form in kosmetischen Präparaten auf, von der Ananas über die Kornblume bis zur Zitrone. Sie werden je nach Eigenschaften und Herkunft unterteilt in Schleimdrogen, Saponindrogen, Flavonoiddrogen, Gerbstoffdrogen, Phytohormone, Drogen tierischer Herkunft und Drogen mit ätherischen Ölen.

5.1 Schleimdrogen

Schleimdrogen sind pflanzlicher Herkunft. Die in Schleimdrogen enthaltenen Schleim- und Gummistoffe (Pektine) bilden mit Wasser eine hautschützende und reizabweisende Gallerte. Schleimdrogen sind u. a. gute Emulgatoren für Ö/W-Emulsionen.

Die schwarz gefärbte Wurzel des Beinwellgewächses an Wiesen und Bachufern enthält als Hauptwirkstoffe **Allantoin** und andere Schleimstoffe. Allantoin ist ein Stoffwechselprodukt des Beinwellgewächses. Es wirkt schwach keratolytisch und granulationsfördernd auf das Hautkeratin. Allantoin stimuliert dadurch die Zellneubildung. In der Kosmetik wird Allantoin in After-Sun-Präparaten, Akne-Präparaten sowie in Cremes gegen Rötungen, Hautreizungen, schlecht heilende Wunden und Krampfaderentzündungen eingesetzt. Da der Extrakt braun gefärbt ist, ist seine Verarbeitung in kosmetischen Präparaten schwierig.

Aloe vera-Gele wurden bereits von Kleopatra und Nophretete für die Hautpflege verwendet. Aloe vera stammt aus den fleischigen Aloeblättern. Es ist vis-

Drogen	Herkunft	Eigenschaften	Verwendungsbeispiele	Wirkstoffe
Schleimdrogen	Pflanzenschleime	reizabweisend	Emulgator	Pektine
	Allantoin	granulationsfördernd	After-Sun-Präparate	Allantoin
	Aloe vera	feuchtigkeitsbindend	Feuchtigkeitscremes	Polysaccharide
weitere Beispiele:	Algen, Lindenblüten, Malvenblüten, Huflattichblätter, Eibischwurzel, Apfelpektin			
Saponindrogen	Pflanzenteile			
	Seifenkrautwurzel	schaumbildend	Reinigungsmittel	Seifenkraut
	Rosskastanien-samen	gefäßabdichtend	Fuß- und Beinpflege-	Aescin
		antiexsudativ	präparate	Aesculin
	Birkenstamm	hyperämisierend	Kopfhautpflege	Birkensaft
weitere Beispiele:	Efeublätter, Birkenblätter, Gewürznelke, Mäusedornwurzel			
Flavonoiddrogen	Blüten, Früchte			
	Arnikablüte	gefäßerweiternd	Massageöle	Thymol
	Kamillenblüte	entzündungshemmend	Hautpflege-	Azulen
		beruhigend	präparate	Bisabolol
	Calendulablüte	entzündungshemmend	Hautcremes	Flavonoide
weitere Beispiele:	Holunderblüte, Schafgarbe, Karotten, Grapefruit, Himbeere			
Gerbstoffdrogen	Rinden, Blätter			
	Hamamelis	adstringierend	Gesichtswässer	Tannin
	Salbei	adstringierend	Shampoos	Gerbstoffe
		bakteriostatisch	Fußpflege	ätherisches Öl
	Walnuss	keratinanfärbend	Sonnenschutz	Juglon
weitere Beispiele:	Himbeerblätter, Geißblatt, Brombeerblätter, Heidekraut, Hennablätter			
Phytohormone	Pflanzensäfte			
	Hopfen, Hefe	regenerierend	Nachtcremes	Vitamine
	Weizenkeime	stoffwechselfördernd	Nährcremes	Hormone
	Haferextrakt	regenerierend	Nachtcremes	Enzyme
Placenta	Rind, Schwein	durchblutungsfördernd	Nachtcremes	Vitamine
Thymus	Kalb, Schaf	stoffwechselfördernd	Nachtcremes	Vitamine
Gewebeproteine	Kalb, Rind	strukturverbessernd	Hautcremes	Proteine
			Haarpflege	Proteine
Drüsensekret	Jungbienen	stoffwechselfördernd	Ampullen	Gelee Royale
	Moschushirsch	Riechstoffe	Fixateure	Moschus
	Zibetkatze		bei der Parfüm-	Zibet
	Pottwal		herstellung	Ambra
	Biber			Castoreum
Kittharz	Bienen	desinfizierend	Aknekosmetik	Propolis
Rosmarin	Rosmarinblätter	durchblutungsfördernd	Massageöle	ätherisches Öl
		anregend, nervenstärkend		Duftöle
Rose	Rosenblätter	tonisierend	Tagescremes	Rosenwasser
		stimulierend	Gesichtswässer	ätherisches Öl
Vanille	Vanilleschote	besänftigend	Parfüm	ätherisches Öl
weitere Drogen mit ätherischen Ölen:	Teebaumblätter, Orangenblüten, Lavendelblüten, Magnolienblüten, Hibiskusblüten, Pfirsichblüten, Pfefferminzblätter, Thymiankraut, Zimt, Enzianwurzel, Klettenwurzel, Sandelholz, Latschenkiefer, Lemongras, Lorbeer, Melisse u.a.			

Drogen, die in der Kosmetik verwendet werden, können nach ihrer Herkunft und nach ihren Eigenschaften unterschieden werden. Drogen mit ätherischen Ölen werden aufgrund ihrer vielseitigen Eigenschaften sowohl als Wirkstoffe als auch als Duftstoffe in kosmetischen Präparaten verwendet.

kos, verfärbt sich im Licht und muss für die Verwendung in der Kosmetik speziell gereinigt werden. Zudem ist Aloe vera stark wasserhaltig und enthält verschiedene Kohlenhydrate. Dadurch kommt die hautglättende und feuchtigkeitsbindende Wirkung zustande. Neben Fruktose, Glukose und Polysacchariden enthält das Gel Aminosäuren, Mineralsalze, Vitamine, Enzyme und Phytohormone. Letztere haben eine gewisse Schutzwirkung gegenüber UV-Strahlen. Aloe vera-Extrakte werden vielen Haut- und Haarkosmetika als Pflege- und Schutzstoffe zugesetzt.

Carrageen (Irländisches Moos) wächst im Küstengebiet des Atlantischen Ozeans in Irland, Nordfrankreich und Nordamerika. Die Droge besteht aus den an Land gespülten und vom Meeresboden gepflückten Rotalgen. Die **Alge** wird getrocknet und in der Sonne gebleicht. Ihre Hauptbestandteile sind zuckerhaltige Schleimstoffe, Proteine, Jod und Brom. Carrageen wird als Emulgator, Feuchtigkeitsfaktor und Verdickungsmittel für Lebensmittel und kosmetische Gele und Emulsionen verwendet. Das aus den Rotalgen gewonnene Polysaccharid **Agar-Agar** dient als Verdickungsmittel für gelartige und fettfreie kosmetische Präparate, als Emulgator und Badezusatz. Es ist weiterhin Bestandteil von Diätkapseln zur Gewichtsreduktion, denn Agar-Agar erzeugt durch seine stark quellende Wirkung ein Sättigungsgefühl.

In kosmetischen Präparaten werden Rotalgen, Blaualgen und Braunalgen, Knotentang, die Aosa-Alge und andere Arten als Drogen verwendet, um die hauteigene Feuchtigkeit zu binden, die Elastizität zu erhalten, den Zellstoffwechsel anzuregen und das Gewebe zu straffen. Dem Knotentang werden auch antibiotische Wirkungen nachgesagt. Einige Rotalgen erwiesen sich im Test wirksam gegen Herpes-simplex-Viren. Die Schleimstoffe der Braunalgen stabilisieren kosmetische Zubereitungen und erhöhen ihre Viskosität. Dadurch ist das Angebot an Algenpräparaten für die Gesichts- und Körperpflege enorm gestiegen. Für die Verwendung in Masken, Packungen, Tees, Kapseln und Bädern werden die Algen getrocknet und pulverisiert und diese Algenpulver den Präparaten zugegeben. Für Cremes, Öle und Gele werden alkoholische Extrakte der zerkleinerten frischen Algen oder Extrakte aus dem Pulver gewonnen. Das Spektrum ihres Einsatzes reicht von A wie Anti-Cellulite-Präparat bis Z wie Zahnpasta. Auch bei **Thalasso-Anwendungen** werden in Verbindung mit ätherischen Ölen Algenextrakte aufbereitet.

3

Weitere Infos zur Thalasso-Kosmetik unter:
www.biomaris.de
www.hanni-glatt-bodywrap.de
www.heitland.com
www.kosmetik-hautnah.de
www.la-mer.de
www.meerwasser.de
www.phytomer.de
www.thalgo.de

Namen	Vorkommen und Besonderheiten	Inhaltsstoffe, z. B.	Wirkungen, z. B.
Braunalge Laminaria digitata	Gezeitenzonen, z. B. in der Nordsee und im Nordatlantik, werden bis zu zwei Meter lang	Alginate, Jod, Zink, Mineralien	entschlackend, feuchtigkeitsspendend
Braunalge Ascophyllum nodosum	Gezeitenzonen, während der Ebbe teilweise auch außerhalb des Wassers, ufernah in der Brandung, werden etwa ein Meter lang	Alginate, Aminosäuren, Phytohormone, Mineralstoffe	feuchtigkeitsspendend, stoffwechselaktivierend
Blaualge Spirulina platensis	Seen in Afrika und Südamerika, künstliche Kulturenzüchtung, wachsen nur in alkalischem Wasser	Aminosäuren, Proteine, Vitamine, Spurenelemente	feuchtigkeitsspendend und bindend, stoffwechselfördernd, zellaktivierend
Braunalge Macrocystis pyrifera	Stiller Ozean und Antarktisches Meer, werden bis zu 100 Meter lang	Alginsäuren	filmbildend, feuchtigkeitsbindend
Rotalge Palmaria palmata	Nordatlantik, Mittelmeer, werden bis zu einem Meter lang	Mineralien	feuchtigkeitsspendend, durchblutungsfördernd
Rotalge Asparagopsis armata	Atlantik	Mineralien	antimikrobiell

Algen zählen zu den Schleimdrogen. Beispiele für Algenextrakte, die z. B. in Cremes, Lotionen, Gesichtswässern, Schlankheitskapseln und Lebensmitteln, als Verdickungsmittel sowie bei Thalasso-Anwendungen eingesetzt werden.

3

5.2 Saponindrogen

Saponindrogen sind chemische Verbindungen aus Zuckern und Alkoholen oder aus Zuckern und Phenolen, die mit Wasser einen haltbaren Schaum bilden, der mild reinigt. Aufgrund dieser Fähigkeit erhielt eine bekannte Saponindroge den Namen „Seifenkraut“. Seifenkraut wurde früher als Waschmittel verwendet (sapo = Seife). Agaven und Yucca-Palmen haben einen besonders hohen Saponinanteil. Saponindrogen wirken schleimlösend, resorptionsfördernd und entwässernd. Für die Fußpflege stehen die antibiotischen und antimykotischen Eigenschaften dieser Stoffgruppe im Vordergrund. Zu den Saponindrogen zählen auch die Rosskastanie, die Birke und die „Seifenrinde“.

Die **Rosskastanie** ist die Droge des gleichnamigen Baumes, welcher in Persien, im Himalaya, im Kaukasus und in Europa wächst. Die getrockneten Samen enthalten Aescin und Aesculin. Diese Wirkstoffe verhindern Wasseransammlungen im Gewebe und wirken tonisierend auf die Venenwände. Sie steigern die Durchblutung und fördern den Rücktransport des Blutes zum Herzen, indem sie die Blutgefäßwände stärken. Durch die Stabilisierung – vor allem der oberflächlichen Kapillargefäßwände – tritt weniger Wasser ins Gewebe aus. Diese Wirkung wird mit dem Begriff „antiexsudativ“ umschrieben. Je höher der Wasseranteil des Blutplasmas ist, desto besser werden Stoffwechseltoxine abtransportiert. Rosskastanienextrakte wirken in Fußbädern, Fußcremes und Beinlotionen gegen Krampfadern und venöse Stauungen. Rosskastanienextrakte beugen der Ödembildung vor. Sie werden deshalb auch als Zusatz zu Voll- und Teilbädern verwendet.

Nehmen Sie Stellung: Eine Kundin ist Verkäuferin und muss den ganzen Tag stehen. Abends hat sie oft schwere Beine. Eine Freundin rät ihr zu feuchtkalten Wickeln mit Rosskastanienextrakt aus der Apotheke. Sie ist verunsichert. Sie hat gelesen, dass es sich bei der Rosskastanie um eine Droge handelt.

Für kosmetische Rezepturen werden die Blätter, die Rinde, die Knospen und der Saft des Birkenstammes verwendet. Der im Frühjahr gewonnene Saft ist reich an Fruktose, Calciumphosphat und Apfelsäure. Birkensaft regt die Durchblutung der Haarpapille an. Deshalb wird ihm haarwuchsfördernde Wirkung nachgesagt. Birkensaft wird auch als Duftstoff verwendet.

Nehmen Sie Stellung:
Kundin: „Im Sommer habe ich häufig so schwere, geschwollene Beine.“
Kosmetikerin: „Da habe ich etwas für Sie: eine wunderbar kühlende Bein-Lotion mit Rosskastanienextrakten.“
Kundin: „Ach, ich habe schon so viele Cremes ausprobiert. Was ist so besonders an Rosskastanien?“

In Mexiko gibt es ca. 170 Agavenarten. Sie liefern neben den Saponindrogen die Agavenfasern, aus denen z. B. die Sisalbürsten gefertigt werden. Sisalbürsten sind ein beliebtes Hilfsmittel bei kosmetischen Ganz- und Teilkörpermassagen.

Die Rosskastanie zählt zu den Saponindrogen. Rosskastanienextrakte erhöhen die Widerstandskraft der Blutgefäßwände und verhindern die Ödembildung. In der Kosmetik werden sie für Voll- und Teilbäder und in Cremes, Toniken sowie in Lotionen gegen Venenschwäche und Krampfadern eingesetzt.

Die **Seifenrinde** (Panamarinde) stammt von dem bis zu 18 Meter hohen Quillaiabaum in Südamerika. Seine Rinde enthält bis zu 10 % Saponindrogen und wurde früher als Waschmittel verwendet. Heute dient die Seifenrinde als Zusatz in Mundwässern, Zahnpasten und Kopfwässern.

5.3 Flavonoiddrogen

Der Name „Flavonoid" leitet sich von der Farbe vieler **Flavonoiddrogen** ab (flavus = gelb). Flavonoiddrogen wurden früher zum Färben von Wolle verwendet. Für die Kosmetik ist ihre gefäßabdichtende und entzündungshemmende Wirkung interessant. Zu den Flavonoiddrogen zählen z. B. Arnika, Calendula (Ringelblume), Kamille, Karotte und Himbeere.

Die Blütenkörbchen der in Europa und Mittelasien wachsenden Gebirgspflanze **Arnika** bilden die Drogen. Sie enthalten neben den Flavonoiden auch ein rotgelbes ätherisches Öl mit Azulen sowie Thymol, Paraffine, Harze, Fettsäuren und Gerbstoffe. Arnikaextrakte wirken entzündungshemmend, gefäßerweiternd und durchblutungsfördernd. Sie werden in Fußpflegemitteln und Anti-Cellulitepräparaten, in Hautölen, als Badezusatz, in Gesichtswässern sowie als Bestandteil in Zahnpasten und Haarwässern eingesetzt. Arnikatinkturen für Umschläge und Gurgelwässer sind ein altes Heilmittel. Das ätherische Öl der Pflanze wird auch bei der Parfümherstellung verwendet.

Die **Calendula**pflanze (Ringelblume) ist in Südeuropa beheimatet. Als Zierpflanze mit hellgelben bis orangen Blütenköpfchen ist sie in unseren Gärten bekannt. Die getrockneten gelbroten Randblüten enthalten Saponin, Flavonoide, ätherisches Öl, Bitterstoffe, Harze und Säuren. Das in der Kosmetik gebräuchliche Calendulaöl hat eine heilungsfördernde und entzündungshemmende Wirkung bei trockener, rauer und empfindlicher Haut. Es wird für Körperöle, Tages- und Nachtcremes, Körpercremes, Gesichtswässer, Kräuterpackungen und Sonnenschutzmittel verwendet.

Die echte **Kamille** wächst an Feldwegen, auf Brachland, in Gärten und auf Äckern. Die Zucht- oder Kulturkamille der Anbaugebiete ist wesentlich wirkstoffreicher als die wild wachsende Kamille. Ihre Droge besteht aus den getrockneten Blütenkörbchen. Sie enthalten je nach Herkunft 0,3 bis 1,5 % ätherisches Öl mit den Hauptwirkstoffen Azulen und Bisabolol. Für kosmetische Präparate werden alkoholische und ölige Auszüge verarbeitet. Sie haben eine entzündungshemmende und beruhigende Wirkung auf die Haut und auf die Schleimhäute. Kamillenextrakte finden sich aufgrund dieser Eigenschaften in After-Sun-Lotionen, in Babypflegepräparaten, in Badezusätzen, in Reinigungspräparaten, Handcremes, Tages- und Nachtcremes, Packungen und Ampullen. Kamillenextrakte sind in vielen Zubereitungen gegen gereizte, raue, gerötete und entzündete Haut zu finden. Azulenhaltige Präparate sind blau gefärbt. Das liegt an der blauvioletten bis blauschwarzen Eigenfarbe des Azulens.

Calendula (Ringelblume) ist eine Flavonoiddroge. Aufgrund der wundheilungsfördernden Wirkung wird die Droge für Umschläge und Bäder bei schlecht heilenden Wunden verwendet. In der Kosmetik findet man Calendulaextrakte in tonisierenden Gesichtswässern, in Kräuterpackungen, Sonnenschutzmitteln und Cremes gegen raue und rissige Haut.

Arnika ist eine Flavonoiddroge. Wild wachsende Arnikablüten und Arnikawurzelstöcke sind ein bekanntes Heilmittel für Umschläge gegen Blutergüsse und Quetschungen. Die gefäßerweiternde Wirkung sorgt für einen raschen Abtransport der angestauten Blutungen.

Kamille ist ebenfalls eine Flavonoiddroge. Die entzündungshemmende Wirkung der Kamille ist auf den Gehalt an Cham-Azulen und Bisabolol zurückzuführen. Kamillenextrakte für Farbshampoos und Spülungen für blondes Haar enthalten Apigenin, einen leicht färbenden Wirkstoff.

Die hier aufgeführten Flavonoiddrogen zählen zu der Gruppe der Korbblütler. Bei entsprechend empfänglichen Personen können Korbblütler wie Arnika, Ringelblume und Kamille eine Kontaktallergie auslösen. Im Zuge der Natur- und Biokosmetik werden wieder vermehrt Pflanzenteile von Korbblütlern für kosmetische Präparate aufbereitet. Das Sensibilisierungsrisiko steigt dadurch. Arnika-Extrakte, die gefäßerweiternde Eigenschaften haben, führen häufiger zu toxischen Hautreaktionen. Problematisch daran ist, dass durch das Sensibilisierungsvermögen von Arnika eine allgmeine Korbblütler-Allergie, z. B. gegen Kamille, Schafgarbe, Ringelblume, Löwenzahn und Gänseblümchen, ausgelöst werden kann.

3

Nehmen Sie Stellung:
Eine Kosmetikerin informiert sich auf der Messe über Kosmetika mit ausschließlich natürlichen Rohstoffen.
Kosmetikerin: „Ich überlege, mein Sortiment zu erweitern und möchte gerne ein Depot aus der Naturkosmetik dazunehmen. Allerdings habe ich neulich erst gelesen, dass Arnika, Kamille und Ringelblume häufig Allergien auslösen."
Vertreterin einer Naturkosmetikfirma: „Sie haben recht, es gibt zwar hin und wieder Allergien gegen Pflanzenextrakte, so wie bei jedem anderen Naturprodukt auch. Doch Sie sollten die hervorragenden Pflegeeigenschaften unserer Produkte nicht unterschätzen: ..."

Weitere Infos unter:
www.boerlind.com
www.dr.hauschka.de
www.klostermedizin.de
www.kontrollierte-naturkosmetik.de
www.lavera.de

5.4 Gerbstoffdrogen

Ursprünglich wurden **Gerbstoffdrogen** zum Gerben von Tierhäuten verwendet. Beim Gerben der Haut wird das Zellgefüge der oberen Epidermisschichten verdichtet. Die Hautoberfläche wird dadurch widerstandsfähiger gegenüber Mikroorganismen, Wasser und chemischen Noxen. Die Ägypter benötigten gerbstoffhaltige Rinden, Früchte und Blätter für die Mumifizierung der Toten.

Gerbstoffe sind seit Langem in der Kosmetik als Adstringens bekannt. Beim Adstringieren ist der Prozess der Eiweißfällung bzw. des Gerbens schwächer ausgeprägt. Das Hautbild verfeinert sich, die Poren und Kapillargefäße verengen sich, die Schweißperspiration wird dadurch vermindert. Die Hautoberfläche ist für einige Zeit widerstandsfähiger. Dieser Vorgang ist aber im Gegensatz zum Gerben reversibel. Gerbstoffdrogen wirken entzündungshemmend, antibakteriell, sekretionshemmend und trocknend. Sie entquellen das Haar- und Hautkeratin. Weiterhin haben sie eine tonisierende Wirkung auf die Blutgefäßwände und lassen Ödeme abschwellen. In der dermatologischen Badetherapie finden gerbstoffhaltige Drogen Einsatz bei Ekzemen, Verbrennungen, Fußpilz, Hämorrhoiden und Unterschenkelgeschwüren. Zu den Gerbstoffdrogen zählen z. B. **Hamamelis**, Salbei, Walnuss, Himbeerblätter, **Geißblatt**.

Salbei ist eine Gerbstoffdroge. Salbeiextrakte werden aufgrund ihrer adstringierenden und bakteriostatischen Wirkung für Zahnpasten und Mundwässer genutzt. In der Hautpflege sind sie in Präparaten gegen Akne und Seborrhö enthalten.

Die getrockneten Laubblätter und die Rinde des Hamamelisstrauches (Zaubernuss) enthalten **Tannin**, einen gerbenden Wirkstoff. Der wässrige braune Extrakt enthält außerdem Flavonoide, Saponine und ätherische Öle. Hamamelisextrakte werden zur Behandlung der großporigen, seborrhöischen Haut sowie bei Entzündungen und Akne in Gesichtswässern, Cremes, Ampullen und Packungen eingesetzt. In der Fußpflege werden hamamelishaltige Cremes und Lotionen bei Ödemen, Krampfadern und venösen Stauungen angewendet.

Salbei ist ein bekanntes Gewürz für Fisch-, Fleisch- und Gemüsegerichte. Die Blätter, Blüten und das Salbeikraut liefern eine Droge, die in kosmetischen Mitteln eine adstringierende und bakteriostatische Wirkung zeigt. Die Droge enthält ätherisches Öl, Gerbstoffe, Kampfer, Kohlenhydrate und Proteine. Das grünlich-gelbe Salbeiöl wird durch Wasserdampfdestillation aus den Blättern gewonnen. Es wird in Präparaten gegen Akne, Seborrhö und entzündliche Hautveränderungen verarbeitet. Spanischer Salbei, eine Unterart des Gartensalbeis, wird für die Parfümierung von Kosmetika gezüchtet.

Walnuss ist eine weitere Gerbstoffdroge. Der Walnussbaum stammt aus dem Orient, wird aber heute auch in Süd- und Mitteleuropa kultiviert. Seine getrockneten Blätter enthalten Gerbstoffe, Gallussäure, ätherisches Öl und Juglon, einen grünbraunen Farbstoff. Verwendet werden aber auch die grünen Walnussschalen, die ebenfalls juglonhaltig sind. Juglon zieht auf die Haut und die Haare auf und färbt sie bräunlich. Deshalb wird es Sonnenschutzpräparaten, Selbstbräunungsmitteln, Tönungen und Pflanzenhaarfarben als direkt ziehender Farbstoff zugesetzt. Walnussextrakte entfalten adstringierende, keratinanfärbende und Insekten abweisende Eigenschaften auf der Haut. Außerdem haben sie eine leichte Lichtschutzwirkung. Als Adstringens werden die wässrigen Extrakte der unreifen Walnussschalen als Badezusatz und für Mund- und Augenspülungen genutzt. Walnussöl für Sonnenschutzöle und -emulsionen stellt man her, indem man die Blätter und grünen Samenschalen mit einem Öl auslaugt.

5.5 Phytohormone

Pflanzliche Wirkstoffe mit hormonähnlicher Wirkung werden in der Kosmetik mit dem Begriff „**Phytohormone**" umschrieben. Die Silbe „Phyto" bedeutet „Pflanze". Phytohormone sind demnach pflanzliche Hormone und Enzyme, die Wachstums- und Entwicklungsprozesse der Pflanze beeinflussen. Vor allem keimende Pflanzen enthalten Substanzen mit hormonähnlichen Wirkungen. Hormone, die das Längenwachstum oder die Wundheilung der Pflanze fördern, sind u. a. in den Pflanzensäften enthalten. Sie heißen in der Fachsprache Auxine. Sie bilden sich in jungen Blättern und in sich entwickelnden Knospen und Früchten. Von dort werden sie durch die Pflanze zur Wurzel hin transportiert. Weil Phytohormone die Haut regenerieren und wieder aufbauen können, werden sie in Cremes, Lotionen, Masken, Packungen und Wirkstoffkonzentraten für die atrophische Haut angeboten.

So weisen z. B. Klee und **Hopfen** neben ätherischen Ölen und Bitterstoffen auch östrogene Verbindungen auf. Hopfen soll deshalb bei atrophischer Haut den Hautstoffwechsel anregen und den Tonus erhöhen.

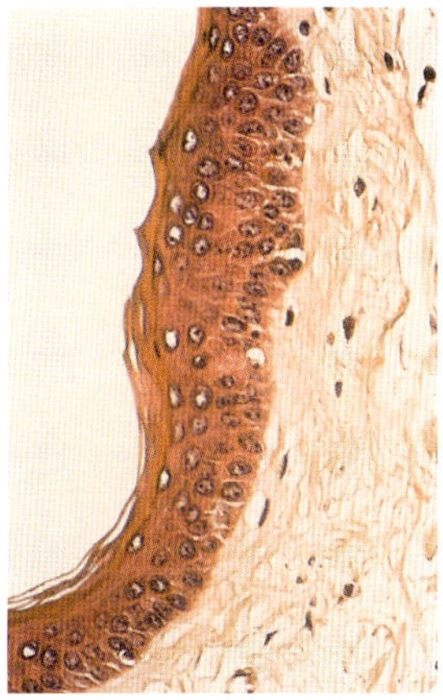

Unbehandelte Haut

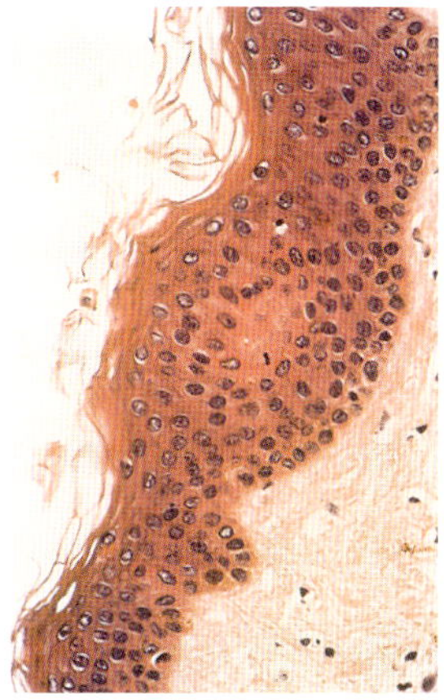

Mit Phytohormonen behandelte Haut

Epigran® ist ein Extrakt aus Weizenkeimen, der in vielen kosmetischen Präparaten zur Aktivierung des Zellstoffwechsels verwendet wird. Auch Hafer- und Reisextrakte weisen hormonähnliche Wirkstoffe auf. Sie werden in Nährcremes und Packungen eingesetzt.

Mit dem Verzehr von Phyto-Östrogenen (Phytohormone mit östrogenähnlicher Wirkung) wird z. B. das geringere Brustkrebsrisiko in asiatischen Ländern in Verbindung gebracht. Man unterscheidet Isoflavone, Lignane und Coumestane. Isoflavone, z. B. Genistein, Daidzein, kommen reichhaltig in Sojabohnen und Rotklee vor. Isoflavonhaltige Pflegepräparate beeinflussen typische Alterserscheinungen der Haut positiv, weil die Zellneubildung angeregt und freie Sauerstoff-Radikale abgewehrt werden. Lignane sind in Leinsamen, Kürbiskernen, Weizenkeimen, Nüssen, Brokkoli, Fenchel und Möhren enthalten. Coumestane werden aus Alfalfa-, Klee- und Sojasprossen gewonnen. Eine Studie mit einem Sojaextrakt hat gezeigt, dass eine testosteronabhängige Seborrhö normalisiert werden kann.

Weitere Infos zu Phytohormonen unter:

www.a-natural-difference.de	www.biodroga.de
www.biologie.uni-hamburg.de	www.clarins.de
www.danycare.de	www.decleor.de
www.etre-belle.de	www.ellabache.de
www.goldflower.de	www.gertraudgruber.de
www.jda.de	www.grandel-kosmetik.de
www.maria-galland.de	www.la-mer.com
www.pflanzenphysiologie.uni-bayreuth.de	www.norabode.com
www.phytohormone.de	www.praxis-cosmetic.de
www.rimpler.de	www.thalgo.de
www.vichy.de	

5.6 Drogen tierischer Herkunft

Bei den **Drogen tierischer Herkunft** unterscheidet man tierische Extrakte wie **Placenta**- und Thymusauszüge, Proteinhydrolysate aus Rinderhaut, das Sekret aus den Kopfdrüsen der Honigbiene (Gelee Royale) und den Bienenkittharz (Propolis). Die eigentlichen tierischen Drogen spielen nur als Fixateure bei der Parfümherstellung eine Rolle. Hierzu zählen Moschus, Zibet, Ambra und Castoreum.

Die Wirkstoffe aus den Schlachtabfällen junger Rinder, Kälber, Schweine und Schafe (Haut, Placenta- und Thymusauszüge) spielen aber für kosmetische Präparate eine untergeordnete Rolle. Denn es gibt zahlreiche natürliche Alternativen wie Phytohormone, Algenwirkstoffe, Vitamine, das Co-Enzym Q 10 und andere Wirkstoffe, die den Hautstoffwechsel und die Regeneration anregen.

Seit der Diskussion um **BSE** (Bovine Spongiforme Enzephalopathie: eine bei Rindern auftretende schwammartige Zersetzung des Gehirns) werden tierische Organextrakte immer weniger für kosmetische Zubereitungen genutzt. Obwohl die Übertragungswege vom Tier zum Menschen noch nicht erwiesen sind, die Inkubationszeit möglicherweise ein Menschenleben überschreitet und tierische Extrakte für äußerlich anzuwendende Kosmetika chemisch so verändert werden, dass wahrscheinlich kein Infektionsrisiko besteht, reagiert der Verbraucher mit Skepsis.

Weitere Infos unter:
www.kontrollierte-naturkosmetik.de
www.lavera.de

Der Futtersaft **Gelee Royale** ist ein Sekret aus den Oberkieferdrüsen von Jungbienen. In den ersten drei Tagen werden alle Bienenlarven damit gefüttert. Danach bekommt es nur noch die zukünftige Bienenkönigin. Dadurch wird die Bienenkönigin größer, kräftiger und lebt bis zu 50-mal länger. Sie ist als einzige in der Lage, Eier zu legen. Gelee Royale enthält essenzielle Aminosäuren, Lipide, Kohlenhydrate, Vitamine, Mineralstoffe, Spurenelemente, Enzyme, Phytohormone und antibiotisch wirksame Substanzen. Mit seinem schwach sauren pH-Wert von 3,5 bis 4,5 unterstützt Gelee Royale den natürlichen Säureschutzmantel der Haut. Auf das Bindegewebe wirkt es aktivierend und lockernd. Die Durchblutung und der Zellstoffwechsel werden gefördert. Gelee Royale wirkt bakterizid und entzündungshemmend bei unreiner Haut und Akne sowie pflegend, reizhemmend und feuchtigkeitsbindend bei empfindlicher und irritierter Haut. Insbesondere die Kombination von innerer und äußerer Anwendung soll zum Erfolg führen. Als Konservierungsmittel für Gelee Royale wird Honig und/oder Alkohol verwendet. Oral eingenommen stärkt Gelee Royale die körpereigenen Abwehrkräfte und wird bei Herz- und Kreislaufschwäche, Müdigkeit, Konzentrationsmangel, Verdauungsstörungen und klimakterischen Beschwerden empfohlen. Gelee Royale gibt es als Wirkstoff in Ampullen, Augenpflegepräparate, Packungen, Körperlotionen sowie als Trinkampullen.

Die Biene als Rohstoff-Lieferant: Die Honigbiene liefert Honig, Bienenwachs, den Futtersaft Gelee Royale für die Bienenlarven und die Bienenkönigin sowie das Bienenkittharz „Propolis“. Diese Substanzen werden als Grund- und Wirkstoffe in kosmetischen Präparaten verarbeitet.

Propolis ist das Bienenkittharz, das aus verschiedenen Baumharzen, Blütensäften und Pollen besteht, welche mit dem Drüsensekret der Bienen vermengt werden. Propolis enthält Harze, Balsame, Wachse, ätherische Öle, Pollen, Flavonoide, Gerbstoffe, Vitamine, Lipide, Aminosäuren, Spurenelemente, Phytohormone, Enzyme und antibiotisch wirksame Substanzen. Das Besondere an der Zusammensetzung des Kittharzes ist seine bakterien-, viren- und pilzabtötende Wirkung. Er hält dadurch Krankheiten vom Bienenstock fern und konserviert den Honig der Waben. Die Drogen stärken das menschliche Immunsystem und beschleunigen die Wundheilung. Propolis wirkt entzündungshemmend, desinfizierend und durchblutungsfördernd auf die Haut und die Schleimhäute. Propolispräparate werden gegen Akne, entzündliche Hauterscheinungen, Brandwunden, Quetschungen, Zahnfleischentzündungen, Erkältungskrankheiten, Magen- und Darmerkrankungen empfohlen. Speziell bei trockener, irritierter, schuppiger und großporiger Haut haben sich Zubereitungen mit Propolis bewährt. In der Kosmetik gibt es Toniken, Packungen, Salben, Cremes, Ampullen, Hand-

Riechstoffe aus tierischen Organen haben im Rohzustand einen strengen Eigengeruch. Sie dienen bei der Parfümherstellung als Fixateure. a) Moschus ist ein Drüsensekret einer asiatischen Hirschart. b) Zibet ist ein Drüsensekret der in Afrika und Asien lebenden Zibetkatze. c) Ambra ist ein krankhaftes Ausscheidungsprodukt des Pottwals. d) Castoreum ist das Drüsensekret eines in Kanada und Sibirien lebenden Bibers.

cremes und Lippenpflegestifte mit Propolis. Flavone bestimmen die antioxidativen und antibiotischen Eigenschaften von Propolis. Es wird deshalb auch als natürliches Konservierungsmittel in kosmetischen Präparaten eingesetzt.

Weitere Infos zu Gelee Royale und Propolis unter:
www.edelnaturwaren.de
www.honig-markt.de/gelee_royale.html

Die meisten **Duftstoffe** stammen aus der Pflanzenwelt. Sie werden in Form von ätherischen Ölen, Balsamen und Harzen gewonnen oder synthetisch hergestellt. Aus der Tierwelt kennt man die Riechstoffe Moschus, Zibet, Castoreum und Ambra. Sie haben alle einen strengen Eigengeruch. Bei der Parfümherstellung dienen sie als **Fixateure**, die den Duft halten, damit er sich nicht zu schnell verflüchtigt. Weil es sehr mühsam ist, diese Riechstoffe zu gewinnen, sind sie selten und sehr kostbar und werden deshalb synthetisch hergestellt.

Moschus ist ein süßlich bis herb-animalisch, etwas an sich zersetzenden Harn erinnerndes und im reinen Zustand unangenehm riechendes Drüsensekret einer asiatischen Hirschart. Als Ersatzstoffe für Moschus dienen heute Moschuskörner, ein Moschusketon, Xylol-Moschus und Moschusambrette. Einige der synthetischen Moschusverbindungen haben sich jedoch in Tierversuchen als krebserregend erwiesen. Es konnten sogar Rückstände dieser Stoffe in der Muttermilch und im Fettgewebe der Tiere nachgewiesen werden.

Zibet riecht im Rohzustand penetrant nach Katzenausscheidungen. Es ist ein braunes Drüsensekret der in Afrika und Asien lebenden Zibetkatze. Moschus und Zibet werden für schwere pudrige und süße Duftnoten in kleinsten Mengen verwendet. Sie erhöhen die erotische Wirkung des Duftes.

Ambra ist eine krankhafte Ausscheidung der Magen- und Darmdrüsen des Pottwals. Seitdem der Pottwal vom Aussterben bedroht ist, ist Ambra noch seltener geworden. Die braunen, auf dem Meer schwimmenden, klumpigen Kugeln sind heute fast unerschwinglich. Deshalb werden heute Ambra-Ersatzstoffe, z.B. synthetisch hergestelltes Ambra-Akkord, verwendet. Sie verleihen den Parfüms eine sandelholzartige und weihrauchähnliche Note. Der Fund eines 15 kg schweren, wachsartigen Brockens Ambra durch ein australisches Fischerpaar im Jahr 2006 wurde auf einen Wert von mehr als 240 000,00 EUR geschätzt. Ambra erzielt heute Preise von etwa 17,00 EUR pro Gramm.

Castoreum (**Bibergeil**) ist ein Drüsensekret des kanadischen und sibirischen Bibers. Die birnenförmigen und sekrethaltigen Beutel stehen mit den Sexualorganen in Verbindung. Sie enthalten ein gelbbraunes Sekret, dessen Drogen ein stark riechendes flüchtiges Öl, Wachse und Harze sind. Zur Verarbeitung werden die Beutel getrocknet und geräuchert. Alkoholische Auszüge von Castoreum erzeugen bei der Parfümierung eine herb-erotische Note.

5.7 Drogen mit ätherischen Ölen, Aromatherapie

Ätherische Öle sind charakteristisch riechende, leicht flüchtige, ölartige Flüssigkeiten aus verschiedenen Pflanzen. Um diese Öle zu gewinnen, werden verschiedene Verfahren angewendet: Enfleurage, Extraktion, Kaltpressung und Destillation.

Bei der **Enfleurage** (**Ölextraktion**) werden die Pflanzenteile auf fettüberzogene Glas- oder Metallplatten gelegt. Das Fett zieht die Duftstoffe an sich. Später wird dem angereicherten Fett durch Alkoholextraktion das Öl entzogen. Diese Methode ist sehr zeit- und kostenaufwendig und wurde für Blüten entwickelt, die sich mithilfe der Wasserdampfdestillation nicht verarbeiten lassen, z.B. Jasmin und Tuberose. Die Enfleurage wird heute kaum noch praktiziert.

Schon die Ägypter wussten um 1550 vor Chr., wie sie aus Pflanzen in erhitzten Tongefäßen Essenzen zur Einbalsamierung ihrer Pharaonen gewinnen konnten. Doch eigentlich geht die Erfindung auf griechische Alchimisten zurück, die erkannten, dass beim Sieden oder Verdampfen von Pflanzenauszügen Aromastoffe und Heilkräfte freigesetzt wurden. Dass bestimmte Pflanzen gewisse Wirkungen hatten, wusste schon 2000 vor Chr. der chinesische Kaiser Kiwang-Ti, der auf Mohn, Granatapfel und Rhabarber schwor. Die Ägypter wiederum trugen auf ihren Perücken Salbkegel aus Myrrhe, Weihrauch, Thymian und Rosmarin, die bei der Wärme am Nil schmolzen und so ihre aphrodisierende und desodorierende Wirkung freisetzten.
Die Geburt der modernen Aromatherapie haben wir einem „Unfall" zu verdanken: Der französische Chemiker René-Maurice Gattefossé verbrühte sich in seinem Labor, während er ätherische Öle für Kosmetika herstellte. Er tauchte seine Hand in einen Bottich mit reinem Lavendel und die Brandschmerzen ließen rasch nach. Die Wunde heilte schnell. Diese Erfahrung beeindruckte ihn so sehr, dass er sich an die Erforschung der Heilkraft ätherischer Öle machte. Er war es dann auch, der 1928 den Begriff „Aromatherapie" prägte.

Der geschichtliche Hintergrund der Aromatherapie

Gewinnung ätherischer Öle aus Pflanzen: Destillieranlage im Piemont. Foto: „Primavera Lite"

Bei der **Lösungsmittelextraktion** wird der Ölanteil der Pflanzen mithilfe eines flüchtigen Lösungsmittels, z. B. Petroläther, Chlorkohlenwasserstoff oder Alkohol, aus den Pflanzenteilen extrahiert. „**Extrahieren**" bedeutet „herausziehen". Man erhält zunächst das salbenartige **Konkret**. Mit Alkohol werden die Pflanzenwachse vom Konkret getrennt. So bekommt man das **Absolue**. Eine Tonne Rosenblüten ergibt z. B. drei Kilogramm Konkret. 700 bis 1000 Kilogramm Rosenblätter sind erforderlich, um ein Kilogramm Absolue herzustellen. Die bei der Lösungsmittelextraktion verwendeten Lösungsmittel sind mit Ausnahme des Alkohols giftig. Sie können selbst in minimalen Mengen Allergien auslösen oder das Immunsystem schwächen.

Ein weiteres Verfahren zur Gewinnung ätherischer Öle ist die **Kaltpressung**. **Zitrusfrüchte** wie Zitrone, Bergamotte, Orange, Grapefruit lagern ihre ätherischen Öle in der Schale. Die Schalen werden fein zerkleinert, mit wenig Wasser vermischt und dann gepresst. Aus der entstandenen W/Ö-Emulsion wird das ätherische Öl mithilfe einer **Zentrifuge** getrennt. Eine Zentrifuge ist eine Schleuder zur Trennung von Stoffgemischen. Allerdings gelangen auf diesem Wege auch sämtliche Konservierungsstoffe, Kunstdünger und Pestizide in das ätherische Öl!

Bei der **Wasserdampfdestillation** werden die zerkleinerten Pflanzen in einem großen Bottich mit Wasser erhitzt. Der aufsteigende Wasserdampf löst die ätherischen Öle aus den Pflanzen. Ergiebiger ist diese Methode, wenn man die Pflanzenteile auf einen Rost legt und Wasserdampf hindurchleitet. Der Dampf wird mit der Essenz in einem schmaler werdenden Rohr aufgefangen, das mit kaltem Wasser von außen gekühlt wird. Der Wasserdampf kondensiert. Das Destillat wird in ein Auffanggefäß, in dem sich Wasser befindet, geleitet. Die meisten ätherischen Öle schwimmen nun auf der Wasseroberfläche und können abgeschöpft werden.

Das verbleibende Wasser in diesem Gefäß enthält nun ein Nebenprodukt, ein Hydrolat, z. B. Rosenhydrolat, das Anwendung in der kosmetischen Aromatherapie findet. Gute Hydrolate entstehen bei einer eher langsamen Destillation bei niedrigen Druckverhältnissen. Echte Hydrolate enthalten neben kleinen Mengen an ätherischen Ölen die wasserlöslichen Inhaltsstoffe der Pflanze: Spurenelemente, mineralische Salze, Alkaloide und andere flüchtige Bestandteile, aber keinen Alkohol. Damit sind sie für die Hautpflege sensibler Hauttypen äußerst wertvoll.

Neben der Lösungsmittelextraktion gibt es die Extraktion durch Kohlendioxid oder Butan. Diese beiden Gase verflüssigen sich unter Druck. Dadurch können ätherische Öle aus den Pflanzen herausgelöst werden. Die so entstandenen Essenzen weichen in ihren

Bestandteilen teilweise von jenen ab, die durch Wasserdampfdestillation gewonnen werden.

Rosenhydrolat wirkt gegen müde und gereizte Augen. Es ist ein beruhigender, reizlindernder Zusatz in Gesichtswässern, Augenmasken und Lidlotionen und häufig Grundlage für edle Duftwässer und Parfüms. **Hamamelishydrolat** ist eine ausgezeichnete Grundlage für Rasierwässer, da es seine blutstillende und wundheilende Wirkung sofort entfaltet. Bei empfindlicher, unreiner Haut wirkt es klärend und reinigend. Weiterhin werden Neroli-, Kamille-, Lavendel-, Minze- und Rosmarinhydrolate für kosmetische Präparate verwendet.

Die **Aromatherapie** ist eine leicht zu erlernende Behandlungsmethode, um „den Körper, den Geist und die Seele" mit ätherischen Ölen zu „regenerieren". Ganz einfache Anwendungsmöglichkeiten in der Kosmetik sind z. B. Bäder, Massagen, Umschläge, Inhalationen, Tees und Aromalampen. Mit diesen Methoden können die Abwehrkräfte mobilisiert werden. Die Essenzen werden aus Blättern, Samen, Blütenblättern, Wurzeln, Knospen, Nüssen, Pflanzenstängeln und -säften, aber auch aus Rinde und Hölzern gewonnen. Sie sind hochkonzentriert und werden nur tröpfchenweise verwendet.

Die Aromatherapie könnte man als die „Wissenschaft der Sinne" bezeichnen, da sie vor allem einen fast vergessenen Sinn der Menschen anspricht: den Geruchssinn. Das Riechhirn, der älteste Teil des Hirns, kann direkt durch Aromen angeregt werden. Es bringt das Gefühlsleben, das Herz-Kreislauf-System und die Stressanfälligkeit durcheinander oder auch in Ordnung. Dazu sind nur die richtigen Duftmoleküle nötig, die entweder anregen oder beruhigen und ein Wohlbefinden auslösen. Ätherische Öle werden über die Haut und die Schleimhäute aufgenommen. Nach einer Massage sind ätherische Öle sogar im Blut nachweisbar.

Für die Aromatherapie benötigt man reine und vollständige Öle. Sie dürfen keine Pestizid- oder Lösungsmittelrückstände aufweisen und müssen möglichst noch alle Inhaltstoffe besitzen. **Ätherische Öle** sind komplexe Substanzen. So hat man heute aus dem Lavendelöl bereits 160 verschiedene Substanzen analysieren können, aus der Rose sogar 400. Ätherische Öle haben wie Weine ihre optimalen Anbaugebiete. Die Zusammensetzung der Essenzen ist abhängig vom Klima, von der Bodenbeschaffenheit und der geografischen Lage. Die ätherischen Öle haben wie die Weine gute und schlechte Jahrgänge. Die Parfümerie benötigt jedoch für die Massenproduktion gleichbleibende und preiswerte Duftrohstoffe. Seit den Dreißigerjahren wird deshalb die Entwicklung synthetischer

Mit der „Head Space Technik" sind bereits Duftstoffe von fast 1 000 Pflanzen analysiert worden. Im Labor werden diese Duftmoleküle nachgebildet und für die Kreation neuer Düfte genutzt.

Duftstoffe vorangetrieben, die allerdings ein hohes Potenzial an Allergenen aufweisen oder sogar krebserregend sein können.

Mit der „**Head Space Analyse**" (Living Flower Technology, Enfleurage 2000) lässt sich der Duft lebender Pflanzen perfekt für die Parfümherstellung „einfangen", ohne die ätherischen Öle zu extrahieren. Bei dieser Methode werden Blütenblätter, Gräser, Kräuter oder Früchte unter eine Art Glasglocke gelegt und ihre Ausdünstungen aufgefangen. Diese werden chemisch bis in alle molekularen Einzelheiten analysiert. Im Labor werden die Bestandteile dann teils durch natürliche, teils durch synthetische Substanzen nachgeahmt. Mit diesem Wissen lassen sich Blüten- und Fruchtaromen preiswert und in immer gleichbleibender Qualität synthetisch herstellen.

Der Bedarf an reinen ätherischen Ölen ist in der Aromatherapie stark angestiegen. Auch für Körper-, Massage- und Gesichtsöle und -cremes, zur Parfümierung kosmetischer Präparate, für Packungen und Bäder sowie zur Inhalation werden über hundert verschiedene ätherische Öle eingesetzt. Fünf häufig vorkommende Öle sind Rosmarinöl, Vanilleöl, Rosenöl, Lavendel- und Teebaumöl.

Rosmarin gehört wie Minze, Patschouli und Lavendel zur Familie der Lippenblütler. Ursprünglich stammt Rosmarin aus dem Mittelmeerraum. Das ätherische Öl wird aus dem blühenden Kraut durch Wasserdampfdestillation gewonnen. Die Essenz hat einen kampferartigen, waldigen, kräftigen Duft, der stimulierend auf das zentrale Nervensystem wirkt und bei Gefühlsschwankungen zur geistigen Klarheit führen soll. Rosmarin fördert die Konzentration und die „innere Sammlung". Es enthält u.a. folgende Drogen: Borneol, Eukalyptol, Cineol (ein Alkohol), Bornylacetat (ein Ester), Camphen, Pinen, Dipenten (bzw. Terpene) und Kampfer. Rosmarinessenz wird

3

Rosmarin

Vanilleschote

Damaszener Rose

Lavendelplantage in der Provence

für Bäder, Kompressen, Massageöle, Fußpflegecremes, Kopfhautwässer und Franzbranntwein kosmetisch genutzt. Es wirkt bei kalter und schlecht durchbluteter Haut erwärmend und durchblutungsfördernd. In Rasier- und Gesichtswässern für die fettige Haut und bei Akne wird ihre desinfizierende Wirkung geschätzt.

Vanille ist die Fruchtschote einer Kletterorchidee. Sie ist ein unentbehrlicher Rohstoff bei der Schokoladen- und Pralinenherstellung sowie in der Parfümindustrie. Bei den Indianern war Vanille ein wichtiges Heil- und Gewürzmittel und wurde von den Spaniern im 16. Jahrhundert aus Amerika nach Europa gebracht. Das Vanillearoma ist „schuld" daran, dass wir Schokolade und süßem Gebäck nicht wiederstehen können; denn Vanille hat eine beruhigende und ausgleichende Wirkung. Mit Vanilleduft verbinden wir Süße, Wärme und Entspannung. Ätherisches Vanilleöl wird durch Extraktion aus den Schoten gewonnen. Es ist hellbraun, duftet warm, balsamisch und süß. Vanilleöl harmoniert gut mit fast allen ätherischen Ölen. Es eignet sich besonders gut für pflegende Bäder, Gesichtscremes, Körperöle, Damenparfüms und Aromalampen. Vanille Absolue gehört mit zu den kostbarsten ätherischen Ölen.

Die **Rose** gehört zur Familie der Rosengewächse, die ursprünglich aus dem Orient stammen. Die meistverwendeten Rosenarten zur Herstellung des ätherischen Rosenöls sind die Damaszener Rosen aus Bulgarien. Man braucht etwa 5 000 Kilogramm Blüten für einen Liter Öl. Rosenöl ist der teuerste und kostbarste aller Duftrohstoffe. Es wird durch Wasserdampfdestillation aus den frischen Blüten gewonnen, die vor Tagesanbruch gepflückt werden. Rosenöl besitzt ausgleichende, harmonisierende und entspannende Eigenschaften. Es ist ganz leicht aphrodisierend, weckt Zärtlichkeit und Zuneigung. Es ist eines der beliebtesten und ältesten Öle und ist von alters her zur Körperpflege verwendet worden. Schon in Tutenchamuns Grab fand man Rosensträuße, und arabische Ärzte verwendeten „Zukkar" (Rosenmarmelade) als Medizin. Der liebliche Duft und die hautregenerierenden Eigenschaften werden hochgeschätzt. Außerdem wirkt Rosenöl hormonregulierend, adstringierend, desinfizierend, tonisierend und kühlend auf die Haut, weswegen es gerne in kosmetischen Präparaten wie Lotionen, Gesichtswässern und -cremes verarbeitet wird. In der Aromatherapie wird Rosenöl als Zusatz zu Basisölen für die Körpermassage und als Duftöl angewendet.

Teebaum gehört zur Familie der Myrtengewächse. Er stammt aus den Sumpfgebieten Australiens. Dort gibt es über 300 Varianten, von denen viele für Heilzwecke und Kosmetika verwendet werden. Ätherisches Teebaumöl wird durch Wasserdampfdestillation aus den Blättern und kleinen Zweigen gewonnen. Teebaumöl hat einen ausgeprägt starken und würzigen Geruch.

Die Essenz hat einen starken, würzigen Geruch. Auf die Haut aufgetragen wirkt sie desinfizierend. Die pathogenen Mikroorganismen werden dabei aber nicht direkt bekämpft wie bei den herkömmlichen Antibiotika, sondern auf ein verträgliches Maß zurückgedrängt. Das Immunsystem wird dazu angeregt, selbst mit den Keimen fertigzuwerden. Nach australischem Standard soll der Cineolgehalt unter 15 % liegen, denn Cineol kann Hautreizungen herbeiführen. Für die Kosmetik ist ein Cineolgehalt unter 7 % empfehlenswert. Der Gehalt an der keimtötend wirkenden Substanz Terpinen-4-ol soll dagegen über 30 % liegen, damit das Öl die gewünschte Wirkung zeigt.

Das aus über vierzig Drogen zusammengesetzte **Teebaumöl** wird in der Aromatherapie und in kosmetischen Produkten gegen Fußpilz, Herpes, bakterielle Infektionen und als allgemeines Antiseptikum seit einigen Jahren erfolgreich angewendet. Es gibt heute Seifen, Cremes, Lotionen, Sonnenschutzmittel, Deodorants, Shampoos und Zahnpasten mit Teebaumöl oder Teebaumhydrolysat. In der Aromatherapie wird das Öl zum Inhalieren, Gurgeln und in

Eine Teebaumplantage in Australien: Die Bäume werden sieben Meter hoch und haben cremefarbene Blüten. Die Essenz der Teebaumblätter hat antiseptische Eigenschaften und findet daher ein breites Anwendungsspektrum in der Kosmetik, Aromatherapie und Dermatologie.

Neben Rosmarin-, Vanille-, Rosen- und Teebaumöl werden etwa 100 andere ätherische Öle alleine oder als Kombination in einer neutralen Ölgrundlage, wie z. B. Mandelöl oder Jojobaöl, in der Aromatherapie verwendet. Bei fettiger Haut empfiehlt die Kosmetikerin eine Ölmischung aus Thymian und Lavendel. Während der Bedampfung wirken die ätherischen Öle auf die Haut und über die Atemwege auch auf die Psyche.

einer Grundlage aus Mandel- oder Jojobaöl zum Einreiben bei Erkältungskrankheiten verwendet. Infizierte Nagelbetten, Dermatomykosen, Furunkel, Abszesse, Abschürfungen und vaginale Mykosen können durch Bäder mit Teebaumöl geheilt werden. In der Hand- und Fußpflege wird es häufig vorbeugend gegen Fuß- und Nagelpilz eingesetzt. Nach einer Depilation dienen Abreibungen mit verdünntem Öl der Prophylaxe von Haarfollikelentzündungen. Etwa zehn Tropfen genügen für ein Wannenbad. Der Duft wirkt erfrischend und belebend. Die Zellregeneration wird angeregt. Im Shampoo soll Teebaumöl gegen fettige Kopfhaut, Schuppen und Juckreiz wirken.

Da Teebaumöle recht streng riechen, werden sie in der Aromatherapie mit anderen ätherischen Ölen gemischt. Rosenholz-, Sandelholz-, Palmarosa-, Zitronen-, Lavendel- und Rosenöl verbessern den Duft und die hautpflegenden Eigenschaften der Teebaumöle.

Lavendel gehört zur Familie der Lippenblütler und wird durch Wasserdampfdestillation gewonnen. Es werden etwa 120 Kilogramm Blüten benötigt, um einen Liter Öl zu erhalten. Die graublauen Lavendelblüten verströmen einen harmonischen, blumig-krautigen Duft. Als Heilpflanze war Lavendel bereits im Römischen Reich unentbehrlich. Lavendelöl besitzt einen sehr günstigen Einfluss auf die unterschiedlichsten Hautprobleme wie Akne, Ekzeme, Dermatosen, Sonnenbrand und Entzündungen. Seine schmerzstillenden und krampflösenden Eigenschaften bei Kopfschmerzen, Nervenschmerzen, Gelenk- und Muskelverspannungen werden sehr geschätzt. Lavendelöl stimuliert das Immunsystem, ist blutdruckausgleichend, wirkt beruhigend auf die Nerven, ist hilfreich bei Übelkeit und Erbrechen und fördert die Harnausscheidung. Lavendel ist anwendbar über die Aromalampe, Bedampfungsgeräte, Körperöle bei Massagen, mit Kompressen in der Gesichts-, Haar- und Körperpflege, sowie als Badeöl für Voll- und Fußbäder.

Ätherische Öle sind zu konzentriert für die direkte Hautanwendung. Daher werden sie auf Trägeröle gegeben: Für Massagen werden ätherische Öle mit einem fetten Öl, wie z. B. Mandel-, Jojoba-, Macadamia-, Aprikosenkern-, Sesam-, Weizenkeim-, Nachtkerzen-, oder Borretschsamenöl, gemischt. Dabei ist darauf zu achten, dass die Öle hochwertig, kaltgepresst, aus erster Pressung und aus kontrolliert biologischem Anbau sind.

Weitere Infos unter:
www.bergland.de
www.edel-naturwaren.de
www.ikw.org
www.legavotsdeprovence.de
www.oshadhi.de
www.primaveralife.de

5.8 Parfüms und Duftwässer

In der Kuppel der Nasenhöhle, etwa auf der Höhe der Augen, sitzt die **Riechschleimhaut** mit etwa 10 Millionen Sinneszellen. Jede Sinneszelle trägt sechs bis acht Flimmerhärchen, welche auf ihrer Oberfläche **Rezeptoren** tragen. Diese Rezeptoren sind chemisch so aufgebaut, dass bestimmte Duftmoleküle exakt in sie hineinpassen. Mit jedem Atemzug nehmen wir daher eine Fülle von Informationen aus unserer Umwelt auf. Vanillin z. B. erkennt man noch als Vanille in einer Konzentration von 0,000 000 002 Gramm pro Kubikzentimeter Luft. Beißende oder stechende Gerüche wie Ammoniak oder Essigsäure werden am Limbischen System des Gehirns vorbeigeleitet, während Duftreize direkt ins Limbische System und damit in das Unterbewusstsein führen. Düfte können im Limbischen System die Ausschüttung von Hormonen stimulieren und auf diese Weise beruhigend, schmerzstillend, aufheiternd oder anregend wirken.

Düfte können über Sympathie und Antipathie, über Motivation und Stimmungen, über Erinnerungen und Gedächtnisleistung und über die Kreativität eines Menschen bestimmen. Sie nehmen sogar Einfluss auf das vegetative Nervensystem, beispielsweise regen Wohlgerüche in der Küche den Appetit und die Verdauung an. Ein Parfüm kann die geheimen „Saiten einer Person" zum Schwingen bringen und so Charakter, Persönlichkeit und Ausstrahlung dieser Person verstärken. Ein Parfüm besteht aus vielen Duftnoten, die sich ergänzen und eine „Schwingung" ergeben. Parfümeure können bis zu 2000 Duftkomponenten unterscheiden.

Die Duftkomponenten werden in Ethanol oder Jojobaöl gelöst und zwei bis drei Wochen zum „Reifen" und „Zusammenwachsen" stehen gelassen. Je nach Gehalt an Essenzen entsteht ein Eau de Cologne (Kölnisch Wasser), ein Eau de Toilette, ein Eau de Parfüm oder ein Parfüm.

Bezeichnung	Essenz in %	Alkohol in %	Wasser in %
Parfüm	bis 20	bis 80	10–12
Eau de Parfüm	8–10	80	10–12
Eau de Toilette	5–8	70–80	12–25
Eau de Toilette fraîche	3–5	ca. 80	15–18
Eau de Cologne	3–5	70–85	10–27
Echt Kölnisch Wasser	2–4	70–90	6–28
Herren-Eau de Toilette	3–5	ca. 80	15–18
Aftershave	1–2,5	ca. 40–50	40–45

Zusammensetzung von Duftstoffpräparaten: Ein Parfüm kann bis zu zwanzig Prozent Duftessenz enthalten. Sein Duft kann deshalb bis zu fünfzehn Stunden auf der Haut haften.

Ein **Eau de Cologne** hat den geringsten Anteil an Essenz: drei bis fünf Prozent Essenz in 70 %igem Ethanol gelöst. Es ist ein leichtes Duftwasser und dient hauptsächlich der Erfrischung. Erfrischungstücher sind mit einer Lösung von Citrus- oder Lavendelölen, Menthol und einem Feuchthaltemittel in Ethanol getränkt und verdunstungssicher verpackt.

Ein **Eau de Toilette** enthält bis zu acht Prozent Essenz in Ethanol gelöst. Eaux de Toilette für den Herren sind oft etwas geringer konzentriert. Sie enthalten etwa fünf Prozent Essenz in Ethanol gelöst.

Ein **Eau de Parfüm** ist eine acht bis zehnprozentige Lösung der Essenz in 80 – 90%igem Ethanol. Ein Eau de Toilette und ein Eau de Parfüm eignen sich für den Tag, wobei das Eau de Toilette leichter und unaufdringlicher duftet.

Ein **Parfüm** enthält 15 bis 20 Prozent Parfümöle. Die Essenz wird in 90 – 96 %igem Ethanol gelöst.

Parfüms entfalten ihren Duft durch die Körperwärme. Sie sind für den Abend oder für festliche Anlässe geeignet. Sparsam hinter dem Ohrenansatz, in den Ellenbeugen oder auf die Handgelenke aufgetragen, halten sie den Duft bis zu 15 Stunden. Die meisten Parfüms führen im Zusammenhang mit UV-Bestrahlung zu Pigmentveränderungen und Entzündungen der Haut. Vor dem Sonnenbad oder vor dem Besuch im Solarium sollten Parfümreste deshalb gründlich von der Haut entfernt werden.

Aftershaves dienen der Erfrischung und Desinfektion nach der Rasur. Sie enthalten nur sehr wenig Duftessenz.

Nach ihrer jeweiligen Duftrichtung werden die Geruchskomponenten, die den Gesamtduft ausmachen, in Duftnoten und Duftfamilien unterteilt. **Gewürz-Noten** enthalten neben speziell komponierten Gewürzbasen und synthetischen Duftstoffen Extrakte von Gewürzen, z. B. Muskat, Zimt, Nelken, Ingwer, Koriander, Cardamom. Werden Gewürz-Noten mit schweren, süßen, balsamischen Noten wie Vanille, Myrrhe, Neroli, Olibanum, Ylang Ylang, Sandelholz, Ambra- und Moschusbasen kombiniert, ergeben sich warme **orientalische Noten**.

Leder-Noten erinnern an den Geruch feiner Lederwaren. Sie werden mit Citrusölen für überwiegend frische Noten bzw. mit Gewürz-Noten für herbwürzige Düfte oder mit Ambra für schwere, süße Düfte kombiniert.

Tabak-Noten geben teilweise den Duft der Tabakblüte, teilweise den Duft des fermentierten Tabaks wieder. Je nach Kombination mit anderen Noten ergeben sich schwere, süße, honigartige, würzige oder grüne bis herbe Kompositionen.

Holz-Noten duften nach exotischen Hölzern: herbfrisch, bitter oder warm. Neben den verschiedenen Hölzern werden Zedernöle, Sandelholzöle, Vetiveröle, Patschuli, Cumarin und Citrusöle eingesetzt, um den Gesamteindruck abzurunden.

Aldehyd-Noten betonen den frischen, fruchtigen Eindruck eines Parfüms. Das erste Aldehyd-Parfüm war Chanel No 5 im Jahr 1921. Man verwendet sowohl ätherische Öle aus Schalen von Zitrusfrüchten als auch isolierte Aldehyde, z. B. Citral aus dem Lemongras, und synthetisch erzeugte Aldehyde. Aldehydartig-blumige Noten duften nach Rose, Jasmin, Maiglöckchen, Wasserlilie, Lilie oder Ylang Ylang. Aldehydartig-pudrige Noten wirken schwerer, da neben den Blüten-Noten balsamische und holzige Noten verarbeitet werden.

Die **Blüten-Noten** richten sich im Duft nach der entsprechenden Blüte, ohne dass der natürliche Duftstoff Hauptbestandteil sein muss. Sie ergeben sich meistens aus einer Mischung ähnlich riechender Stoffe. Beispiele für Blüten-Noten sind Jasmin, Flieder, Orangenblüte, Narzisse, Veilchen, Mimose und Lavendel.

Frucht-Noten werden entweder synthetisch hergestellt oder mit dem Head Space Verfahren für die Parfümherstellung gewonnen. Sie duften nach der entsprechenden Frucht. Beliebte Frucht-Noten sind Wassermelone, Grapefruit, Limone, Bergamotte, Orange, Cassis, Kiwi, Litschi, Apfel, Aprikose, Pfirsich und Mandarine.

Parfümöle mit vorwiegend blumiger Note setzen sich meistens aus verschiedenen Blumennoten und Blütennoten zusammen. Durch Beimischung weiterer Noten ergeben sich frische, fruchtige, kühle, sportliche oder blumig-süße bis pudrige Eindrücke. **Grüne Noten** wirken kühl, frisch und leicht. Sie duften nach Blättern, Gräsern, Wiesen und Waldböden.

Citrus-Noten bestehen aus den ätherischen Ölen der Zitrusfrüchte. Die klassischen Citrus-Noten besitzen keine Fixateure und verflüchtigen sich daher schnell. Sie sind Hauptbestandteil der klassischen Kölnisch Wässer, die vorwiegend der Erfrischung dienen. Fixierte Citrus-Noten enthalten Holz- und Gewürz-Noten, die dem Duft eine herb-bittere Nuance verleihen.

Lavendel-Noten sind in vielen blumigen Kompositionen enthalten. In den „Lavendel Wässern" decken sie den Hauptanteil an Duftessenzen. Fixiert werden sie mit balsamischen Moschus- und Ambrabasen sowie mit Holz- und Gewürz-Noten, wobei süße und würzige Variationen entstehen.

Fougère-Noten ergeben sich durch Eichenmoos-Extrakte, Cumarin, Lavendel-Noten und Bergamotte-Öl. Die klassischen Fougère-Noten werden in Herrendüften eingesetzt. Sie sind herb-frisch und krautig, geprägt durch Eichenmoos als Basisnote und abgerundet mit Labdanum, Cumarin, Vanille sowie Ledernoten. Durch Zusätze von balsamischen und blumigen Noten können sie süß und blumig wirken.

Chypre-Noten sind Moos-Noten aus Eichenmoos-Extrakten in einer Kombination mit Bergamotte-Ölen. Klassische Chypre-Düfte wirken markant und zitrusherb-frisch. Moderne Chypre-Düfte werden mit grünen Noten, Ledernoten, Tabaknoten, Fougère-Noten und orientalischen Noten kombiniert. Ambra- und Moschusbasen ergeben eine schwere, animalische Nuance. Durch Zusatz von Nelke oder Ambra duften Chypre-Noten würzig bis süß, wirken sehr elegant und haften lange.

3

Die Duftfamilie **Gourmand** besticht durch kulinarische Noten wie Karamell, Schokolade, Kaffee, Vanille und Zimt. Diese Düfte werden zunehmend für Wellness-Behandlungen ausgewählt, um das „Verwöhn-Erlebnis“ zu steigern.

Die Duftfamilie **Cologne** ist durch das Kölnisch Wasser bekannt geworden. Sie weist eine frische, zitrusbetonte Kopfnote auf, die heute gern mit Fruchtnoten kombiniert wird.

Relativ neu ist die Duftfamilie Aquatisch. Sie hat einen klaren, transparenten und marinen Duftcharakter mit leichtem Algen-, Meerwasser- und Salzakzent. Typische Ingredienzien sind Wasserkresse und Wasserminze. **Aquatische Düfte** werden in der Aromatherapie, als Körper- und Gesichtssprays und für SPA- und Wellness-Behandlungen eingesetzt.

Die **Duftentwicklung** eines Parfüms auf der Haut kann man in drei Phasen einteilen: Die unmittelbar nach dem Auftragen wahrgenommenen Düfte bilden die **Kopf-Note**. Zitrone, Bergamotte, Orange, Limette, Lemongras, Pampelmuse und andere Citrus-Noten sowie Eukalyptus, Minze, Eisenkraut und weitere grüne Noten werden für die Parfümspitze verwendet. Etwa zehn Minuten später entfaltet sich die **Herz-Note** oder das Bouquet des Duftes. Blumen- und Frucht-Noten wie Rose, Ylang Ylang, Jasmin, Lavendel, Tuberose, Myrte stehen hier im Vordergrund. Die **Basis-Note** oder der **Parfümfond** entwickelt sich etwa zwanzig Minuten bis eine Stunde später auf der Haut der Trägerin. Sie kann individuell, je nach Zusammensetzung des Hydro-Lipid-Films der Haut, sehr unterschiedlich ausfallen. Psychische Verfassung, Gesundheitszustand, Ernährung, Genussmittelmissbrauch und Medikamente nehmen Einfluss auf die Basisnote eines Parfüms. Die Basisnote besteht hauptsächlich aus lang haftenden Holz- und Gewürznoten, wie Sandel- und Zedernholz, Zypresse, Zimt, Koriander, Muskat, Nelke sowie Patchouli, Vanille, Moschus- und Ambrabasen und Fixateuren.

Die Parfümindustrie stellt Parfümöle für Parfüms und Duftwässer, für die Parfümierung von haut- und haarkosmetischen Präparaten, für Wasch- und Reinigungsmittel, für Raumluftverbesserer und andere Produkte her. Dabei weichen die Erwartungen für die Geruchsstärke, die Haftfestigkeit und die Duftnote voneinander ab. Kosmetische Präparate sind oft nur „diskret“ parfümiert. Man verwendet hautfreundliche Parfümöle mit geringer Haftfestigkeit in kleinen Konzentrationen. Weil viele Duftstoffe bei entsprechend empfänglichen Personen Allergien auslösen können, wird in zunehmendem Maße auf die Parfümierung von Cremes, Körperlotionen, Reinigungsmilch, Gelen, Augenpflegepräparaten und Gesichtswässern verzichtet. In der Veröffentlichung der 7. Änderung der EG-Kosmetik-Richtlinie im März 2003 gibt es

Das richtige Parfüm ist vor allem Geschmacksache. Eine einfühlsame Beratung kann die Entscheidung für einen Duft erleichtern.

erstmals einen Anhang mit 26 Riechstoffen, die häufiger zu allergischen Reaktionen führen (INCI-Deklaration). Die Grenzwerte für die Konzentrationen betragen 100 ppm (parts per million), das entspricht 0,01 % bei Produkten, die wieder abgespült werden, z. B. Reinigungsmilch, und 10 ppm bei Produkten, die auf der Haut bleiben, z. B. Cremes.

Amyl cinnamal	Benzyl benzoate
Amylcinnamyl alcohol	Benzyl cinnamate
Benzyl alcohol	Citronellol
Benzyl salicylate	Farnesol
Cinnamyl alcohol	Hexyl cinnamal
Cinnamal	Butylphenyl methylpropional
Citral	Limonene
Coumarin	Linalool
Eugenol	Methyl 2-octynoate
Geraniol	Alpha-isomethyl ionone
Hydroxycitronellal	Evernia furfuracea extract
Isoeugenol	Eernia prunastri extract
Anise alcohol	
Hydroxyisohexyl 3-cyclohexene carboxaldehyde	

26 Riechstoffe, die häufiger zu Allergien führen

Düfte kommen und gehen mit der Mode. Zurzeit gibt es etwa 450 verschiedene Damen- und 250 verschiedene Herrendüfte zu kaufen und ständig kommen neue hinzu. Die schweren, sinnlichen Düfte, die mit dem Beginn der achtziger Jahre auf den Markt kamen, wurden in den letzten Jahren von frischen, spritzigen Parfüms weitgehend verdrängt. Parfüms, die schon einige Jahre aktuell sind, werden heute in einer feineren, frischeren Version angeboten. So wechseln sich Duftmoden etwa alle sechs bis acht Jahre ab. Gesellschaftliche Veränderungen spiegeln sich nicht nur in der Kleider-, sondern auch in der Duftmode wieder. Waren die Achtzigerjahre eher eine Zeit der Statussymbole, so kann die Strömung der Neunzigerjahre als ein „Zurück zur Natürlichkeit“ gesehen werden. Diese Düfte sollen als klar, transparent und leicht erlebt werden. Die Flakons sind schlicht bis puristisch gestaltet. Als Ingredienzen für diese Duftkompositionen wählt man Wasser, Baumrinde und Morgentau. Auf alkoholische Zusätze wird beim Eau de Toilette zunehmend verzichtet. Feuchtigkeitsfaktoren und Pflegestoffe machen das Duftwasser zu einem idealen Körperspray für die warme Jahreszeit. Mit den leichten, frischen Düften werden auch Mädchen zwischen 10 und 14 Jahren als neue **Zielgruppe** anvisiert.

Ein weiterer Angebotsbereich zeichnet sich mit den **„Unisex"-Düfte**n ab, die gleichermaßen für Frau und Mann konzipiert sind. Der Universalcharakter eines solchen Duftwassers spiegelt sich in der schlichten Aufmachung der Flakons und Verpackungen wider.

Beliebt sind auch Pärchendüfte für Sie und Ihn. Die Flakons und die Duftrichtungen sind aufeinander abgestimmt. Der Damenduft zeigt dabei eine frische oder blumig-weiche, feminine Tendenz, während der Herrenduft eine herb-frische, maskuline Tendenz aufweist.

„Damendüfte" sollen entweder romantisch (Rose, Vanille, Lilie) oder raffiniert (Lilie, Cassis, Vanille, Frangipani) oder extravagant (Limette, Jasmin, Palisander) bis provokant (Mandarinenblüte, Rose, Jasmin, Bourbon-Vanille, Tonkabohne) wirken. „Herrendüfte" haben eine kraftvolle, maskuline Ausstrahlung (Oud-Harz, Vetiver, Ambra, Moschus, Teak-, Zedern- und Sandelholz).

Weitere Informationen unter:
www.douglas.de
www.ikw.org
www.luxusparfums.de

6 Dekorative Kosmetikpräparate

„Decoratio" – das Hervorheben des Schönen bzw. der Wunsch, schöner, jünger, attraktiver auszusehen, die Persönlichkeit durch Make-up hervorzuheben oder zu verfremden, ist seit der Antike in den Menschen verwurzelt. Dieser Wunsch wird auch in Zukunft bestehen, aber die Moden, die Schönheitsideale, die Ansprüche und die Rezepturen der dekorativen Präparate ändern sich. Während Männer und Frauen im Rokoko ihr Gesicht unter einer Maske von Bleiweiß, Zinnober und Ocker versteckten, sind die aktuellen Schminktrends davon geprägt, das Gesicht zwar makellos, aber natürlich und gesund erscheinen zu lassen.

Die neue Generation von Make-up-Präparaten enthält hautfreundliche Pigmente für die farblichen Veränderungen der Haut der Augenlider, Wangen, Lippen und für die Wimpern und Nägel. Auch eine Korrektur des hauteigenen Farbtons ist mit modernen Make-up-Präparaten möglich. Farbkorrigierende Pigmente gleichen einen Mangel an roten, gelben und braunen Tönen des Teints aus. Die Gesichtsfarbe erscheint dadurch ebenmäßig, aber natürlich. Diese Pigmente reagieren dabei wie ein Prisma. Tageslicht wird reflektiert. Dadurch werden Unebenheiten wie Linien, Fältchen, große Poren und Unreinheiten optisch kaschiert.

6.1 Make-up-Grundierungen

Make-up-Grundierungen gibt es als flüssige, cremige und streichfeste Zubereitungen. Sie unterscheiden sich in der Konsistenz und in der Deckkraft. Die Grundierung ist die Make-up-Schicht, die nach der Tagespflege und eventueller Camouflage-Applikation auf die Gesichtshaut aufgetragen wird. Die Grundierung bildet eine physikalische Schutzschicht vor Kälte, Hitze, UV-Strahlen, Wind und anderen Umwelteinflüssen. Je nach Rezeptur kann die Haut mit Fetten und Ölen oder mit Feuchtigkeit versorgt werden. Unreinheiten können je nach Wirkstoffzusatz desinfiziert, ausgetrocknet und gleichzeitig abgedeckt werden.

Die Deckkraft einer Grundierung basiert auf Weiß- und Farbpigmenten. Als **Weißpigmente** werden **Talkum**, **Kaolin**, **Zinkoxid**, **Titandioxid**, Mica-Titan-Verbindungen, Mikropartikel aus Polyamid, Calcium-, Magnesium-, Zinkstearat und Magnesiumsilikat verwendet. Ihre Struktur bestimmt unter anderem, wie sich die Grundierung anfühlt und auftragen lässt. Sie beeinflusst die Lichtreflexion und die Korrekturmöglichkeiten des Teints. Als Farbpigmente für Rot-, Orange- und Brauntöne eignen sich verschiedene Eisenoxide. Der Farbpigmentanteil der Make-up-Präparate liegt je nach Rezeptur zwischen 5 und 10 %. Für die Anwendung und Lagerstabilität ist eine gute Benetzung der Pigmente erforderlich.

Netzmittel und Verdickungssysteme verhindern eine Sedimentation der **Pigmente** und garantieren eine gleichbleibende Konsistenz der Grundierung. Um die Feuchtigkeit adsorbierenden Eigenschaften der Pigmente zu verringern, werden den Emulsionen feuchtigkeitsbindende Stoffe wie Glycerin, Collagen und Hyaluronsäure zugesetzt. Diese Wirkstoffe durchfeuchten gleichzeitig die oberen Epidermisschichten. Pflanzenöle, die reich an essenziellen Fettsäuren sind, machen die Zubereitung geschmeidiger. Emulgatoren sorgen für die Homogenisierung und Stabilisierung des Wasser-Öl-Pigment-Gemisches.

Neben Make-up-Emulsionen gibt es auch wasserfreie Make-up-Zubereitungen, welche in Stiftform oder als Kompakt-Make-up im Tiegel angeboten

3

Pigment	Herkunft und Farbton	Verwendung
Ocker	Eisen- und Manganoxide: ocker	Make-up, Puder, Rouge, Lidschatten
Terra di Sienna	Eisenoxidhydrat: braun bis dunkelrot	Puder, Rouge, Lidschatten, Lippenstift, Konturenstift, Nagellack
Roter Bolus	Eisenoxid: ziegelrot	Rouge, Lidschatten, Lippenstift Nagellack
Umbra	Eisenocker mit Braunkohle: braun	Puder, Lidschatten, Rouge, Lippenstift, Konturenstift, Nagellack
Ruß	fein verteilter Kohlenstoff: schwarz	Kajalstift, Wimperntusche
Synthetische Pigmente	Eisenoxide und Eisenoxidhydrate: gelb, rot, braun und schwarz	Puder, Lidschatten, Rouge, Lippenstift, Konturenstift, Nagellack
Ultramarin	schwefelhaltige Natrium-Aluminium-silikate: grün, rot, violett, blau	Rouge, Puder, Lidschatten, Konturenstift, Nagellack
Chromoxid	grün	Lidschatten, Konturenstift, Nagellack
Perlglanz	mit Titandioxid beschichteter Glimmer, Bismutoxidchlorid	Rouge, Lidschatten, Puder, Nagellack
Fischsilber	Fischschuppenessenz: silber	Lidschatten, Lippenstift, Nagellack

Herkunft, Farbton und Verwendung verschiedener Pigmentarten

werden. Wasserfreie Präparate bestehen aus einem Fett-Wachs-Gemisch, das die Pigmente beim Auftragen unter Druck freisetzt.

Ein Kombinationspräparat aus Make-up und Puder enthält neben den Weißpigmenten und Pudergrundlagen Feinkeramikpartikel, die von einem Seidenfibroinmantel umgeben sind. Sie sollen der Haut ein porzellanartiges Aussehen verleihen.

Make-up-Grundierungen müssen durch Konservierungsmittel und Antioxidanzien gegen mikrobiellen Verderb und vor oxidativer Zersetzung geschützt werden. Wird das Produkt kühl und dunkel gelagert, ist es ca. zwei Jahre haltbar. Eine Grundierung soll nicht mehr verwendet werden, wenn sich Geruch, Farbe oder Konsistenz verändert haben.

6.2 Puder

Puder sind feinste Pulver mit einer Körnchengröße unter 100 Nanometer (nm). Sie sind als Gesichts-, Fuß- und Körperpuder im Handel. Während Fuß- und Körperpuder Schweiß absorbieren, desodorieren, kühlen und pflegen sollen, dient Gesichtspuder hauptsächlich der dekorativen Verschönerung und der Pflege des Teints.

Moderne Puderrezepturen enthalten neben den Pudergrundlagen geschmeidig machende und hautpflegende Substanzen. Sie sollen die hauteigene Feuchtigkeit bewahren und vor UV-Strahlen, Umwelteinflüssen und Temperaturreizen schützen. Aktuell sind Puder mit licht- und farbkorrigierenden Pigmenten, die Unebenheiten optisch ausgleichen und dem Teint einen opalisierenden Schimmer verleihen. Durch Puder wird die Make-up-Grundierung fixiert.

Nehmen Sie Stellung: Eine Kundin hat eine fettige, großporige Haut. Sie benutzt bereits eine Kosmetikserie für ihren Hauttyp. Ihre Kosmetikerin hat ihr letztes Mal einen Transparentpuder gezeigt, der den Fettglanz vermindert. Sie wundert sich: „Ich dachte immer, Puder sei nichts für meine Haut. Ich habe schon oft gehört, dass Puder die Poren verstopft und Pickel hervorruft!"

Pudergrundlagen stammen aus dem Mineral- und Pflanzenreich. Sie können aber auch synthetisch hergestellt werden. Je nach Körnchengröße und Mischungsverhältnis der Pudergrundstoffe können Puder den Teint abdecken, mattieren, tönen oder aufhellen. Zur Charakterisierung von kosmetischen Pudern gibt es Prüfkriterien:

- Gleit- und Haftvermögen auf der Haut,
- Struktur und Größe der Körnchen bzw. Schüttgewicht und Streufähigkeit,
- Absorptionsfähigkeit von Talg und Schweiß,
- Deckkraft,
- Pflegewirkung,
- Kühlwirkung auf der Haut.

Die Gleitfähigkeit eines Puders kann durch Zink-, Aluminium- oder Magnesiumstearat sowie durch Talkumzusatz erhöht werden. Das Haftvermögen kann durch den Zusatz von Mais- oder Reisstärke, von Stearaten, von Cetylalkohol, Lanolin oder Vaseline verbessert werden. Eine gute Streufähigkeit erreicht man durch den Zusatz von Kieselsäure oder Talkum. Die Absorptionsfähigkeit von

Pudergrundlagen	Eigenschaften	Verwendung
– Titandioxid, Zinkoxid – Zink-, Aluminium- und Magnesiumstearat	– hohes Deckvermögen – gute Gleitfähigkeit	– Gesichtspuder – Körperpuder, Babypuder
– Stärke, Aluminiumoxid	– gutes Haftvermögen	– Gesichtspuder, Babypuder
– Seidenpulver, Kaolin, Talkum	– Kornfeinheit	– alle Puder
– Stärke, Magnesiumcarbonat, Calciumcarbonat	– hohes Absorptionsvermögen	– Fuß- und Körperpuder, Babypuder

Eigenschaften und Verwendung einiger Pudergrundlagen

Pigmente in Make-up-Präparaten. Pigmente sind der Grundstoff dekorativer Kosmetikpräparate. Sie sind wasserunlösliche Puderkörnchen und verteilen sich beim Rühren in ihrer Trägersubstanz, z. B. in einer Emulsion oder in einem Fett-Wachs-Gemisch. Da sie in ihrer Trägersubstanz nicht löslich sind, verleihen sie den Make-up-Präparaten ihre hautabdeckende Wirkung.

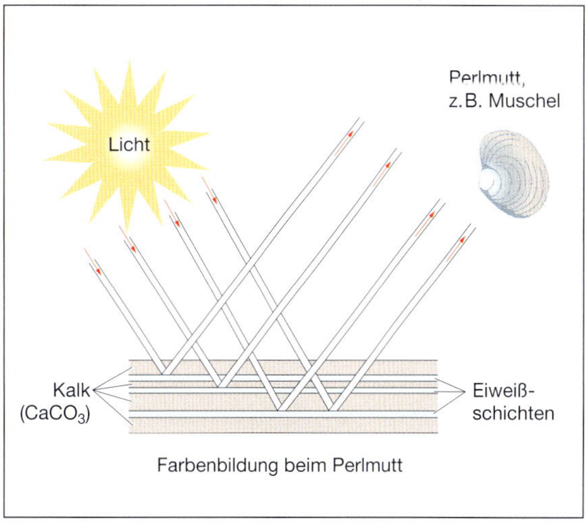

Perlglanzpigmente und ihre Farbbildung. Perlglanzpigmente verleihen der Haut einen metallischen Schimmer. Sie sind in ungleichmäßig dicken Schichten aufgebaut und reflektieren dadurch das auftreffende Licht anders als die Weiß- und Buntpigmente. Die irisierende Farbbildung entsteht durch Überlagerung der Lichtwellen. Trotz des Metalleffekts sind Perlglanzpigmente unschädlich für die Haut.

Talg und Schweiß erhöht sich durch den Zusatz von Magnesium- oder Calciumcarbonat, Stärke oder Kaolin.

Die Deckkraft beruht auf Beimengungen von Weißpigmenten wie **Titandioxid**, **Zinkoxid** oder Calciumcarbonat. Mica-Titan und Mikropartikel aus Polyamid steigern den opalisierenden Effekt und gleichen Unebenheiten der Haut aus. Die kühlende Wirkung von Puder beruht auf der Vergrößerung der Oberfläche der bepuderten Haut und einer vermehrten Wärme- und Wasserabgabe. Stärke und Stearate erhöhen das Kühlempfinden.

Puder gibt es als **Puderstein** in kompakter bzw. gepresster Form und als losen Puder in Dosen mit perforiertem Deckel. Die Bestandteile des Kompaktpuders werden durch Bindemittel zusammengehalten. Bindemittel sind z. B. Tragant, Tyloseschleim, Gummi arabicum, Paraffinöl, Lanolinalkohol und Cetylacetat. Für den losen Puder spricht, dass er mehr stäubt und großzügiger verwendet werden kann. Nach dem Auftragen mit einem großen, weichen Puderpinsel ist loser Puder nur noch als feiner, gleichmäßiger Film sichtbar.

Es gibt heute Kombinationspräparate beider Pudersorten. Durch ein spezielles Herstellungsverfahren gewährleisten diese Präparate eine kompakte Darreichungsform und gleichermaßen Leichtigkeit und Transparenz beim Schminken.

Alle Pudergrundlagen und Pigmente sollen in Wasser und Fettgemischen schwach löslich sein. Sie müssen dermatologisch unbedenklich sein. Die Körnchen sollen keine scharfen Ecken und Kanten besitzen. Talkum und Kaolin sind in fast allen Pudern enthalten, weil sie sehr weich und gleitfähig sind. Größere Mengen an Titandioxid, Zinkoxid und Magnesiumcarbonat bewirken einen rauen Griff des Puders. Magnesiumcarbonat ist sehr saugfähig, gut deckend, voluminös und macht das Pudergemisch leicht und locker. Um die Pflegeeigenschaften eines Puders zu verbessern, reichert man die Grundlagen mit natürlichen Ölen und Feuchtigkeitsfaktoren an. Der Farbpigmentanteil beträgt bei einem Puderpräparat 5 bis 10 %. Weiterhin enthalten alle Puder einen Parfümzusatz von etwa 0,6 %.

Als **Rouge** bezeichnet man cremige oder puderartige Zubereitungen, die Wangen, Stirn und Kinn einen braunen bis rosigen Schimmer verleihen. Dadurch können vorteilhafte Gesichtsformen und -konturen hervorgehoben und nachteilige kaschiert werden. Puderrouge ist ein mit Farbpigmenten und Farblacken gefärbter Gesichtspuder in loser oder kompakter Form. Cremerouge enthält die gleichen Pigmente und Lacke, jedoch in einer Grundlage aus Mineralfetten und -wachsen. Es ist hinsichtlich seiner Zusammensetzung dem Lippenstift ähnlich. Cremerouge gibt es auch als Fett-Wachs-Gemisch in Stiftform. Der Farbpigmentanteil von cremigen Rougepräparaten liegt zwischen 5 und 15 %.

3

Da bei der dekorativen Kosmetik Pastelltöne bevorzugt werden, sind Weißpigmente mengenmäßig am bedeutendsten. Für die Braun-, Orange-, Rosa- und Rottöne werden Eisenoxide mit Weißpigmenten gemischt. Das Oxid des dreiwertigen Eisens kann je nach Wassergehalt verschiedene Farben von ocker bis rotbraun zeigen. Farbige anorganische Pigmente können heute auch synthetisch hergestellt werden. Sie bestehen aus mehreren Schichten verschiedener Minerale, z. B. Eisenoxid auf Glimmer.

Leuchtende Farben werden durch eine Mischung anorganischer und organischer Pigmente erreicht. Die Bariumsalze organischer Farbstoffe sind ein Beispiel für organische **Pigmente**. Sie erhöhen die Leuchtkraft von Rottönen beim Rouge. Für Lippenstifte kommen sie jedoch nicht infrage, da sie nach dem Ablecken und Verschlucken nicht mehr völlig unlöslich sind und so giftige Bariumionen freigesetzen können. Je unlöslicher Pigmente sind, desto unbedenklicher sind sie bei äußerlicher Anwendung. Das gilt auch für Verbindungen giftiger Schwermetalle wie Bariumsulfat (weiß) oder Chromoxid (grün).

6.3 Camouflage-Präparate

Camouflage bedeutet Tarnen. Mithilfe eines Camouflage-Präparats können Hautanomalien, z. B. Feuermale, Pigmentierungen, Couperose, Krampfadern oder Tätowierungen wisch- und wasserfest abgedeckt werden. Hautanomalien werden zunächst weiß abgedeckt, danach einen Ton heller als die Hauteigenfarbe grundiert. Schließlich werden die Hautpartien mithilfe verschiedener Beige-, Braun- und Rottöne modelliert. Das ist vor allem im Gesicht erforderlich, damit die schattenlose helle Grundierung nicht maskenhaft wirkt. Ein spezieller Fixierpuder macht das Make-up wisch- und wasserfest. Der Puder wird zunächst mit einer Puderquaste großzügig aufgetragen. Man lässt ihn einige Minuten auf die Grundierung einwirken, bevor die Puderüberschüsse mit einer weichen Bürste entfernt werden. Die Camouflage-Creme ist ein Fett-Wachs-Gemisch. Sie dient aufgrund ihres hohen Pigmentanteils auch als Theaterschminke und Faschings-Make-up. Das cremige Präparat wird nach dem Auftragen mit einem speziellen Puder fixiert. Dadurch hält es auch im warmen Scheinwerferlicht viele Stunden. Das Camouflage-Präparat muss abends mit einem Reinigungsöl oder mit einer Reinigungscreme sorgfältig entfernt werden, damit die Poren und Haarfollikel nicht verstopfen.

6.4 Augen-Make-up

Das **Augen-Make-up** besteht aus Lidschatten, Kajalstift, Buntstiften, Augenbrauenstift und Wimperntusche. Die Anwendung dieser Präparate soll die Augen größer, strahlender und ausdrucksvoller erscheinen lassen. Die Augenpartie kann dadurch betont, korrigiert, aber auch verfremdet werden. Neben allgemeingültigen Grundregeln für das Schminken gibt es saisonale Make-up-Vorschläge, die jeweils wechselnde stark farbige bis fast transparente Trendfarben und Schminkweisen propagieren.

6.4.1 Nicht permanente Augen-Make-up-Präparate

Lidschatten gibt es als Creme auf Emulsionsbasis, als Wachs-Öl-Schmelze aus Paraffinen, Rizinusöl, Lanolin, Candelillawachs und Fettsäureestern. Meistens aber wird Lidschatten als Kompaktpuder auf der Grundlage von Talkum, Kaolin und Zinkoxid angeboten. Lidschattenpuder wird mithilfe eines Schwammapplikators oder mit verschiedenen Lidschattenpinseln aufgetragen und gestaltet.

Am beliebtesten sind die in Formen gegossenen Kompaktpuder-Lidschatten. Sie bestehen aus den Pudergrundlagen, synthetischen Eisenoxiden in Gelb, Rot, Braun und Schwarz, Ultramarin in Blau, Grün und Violett, Bindemitteln und mehr oder weniger Perlglanzpigmenten. Schwermetallspuren durch verunreinigte Farblacke und Puderanteile sind heute nicht mehr zu befürchten. Trotzdem kann es auch bei der Verwendung von Lidschatten wie bei allen Kosmetikpräparaten zu Hautreizungen und Allergien kommen. Da die in Augennähe anzuwendenden Präparate gut konserviert sein müssen, ist eine Deklaration der Inhaltsstoffe, insbesondere der Konservierungsstoffe, wichtig. Damit Lidschatten während des Gebrauchs möglichst keimarm bleibt, muss die Kosmetikerin darauf achten, dass das Präparat nicht lange offen steht und Applikator und Pinsel regelmäßig mit Shampoo gereinigt sowie desinfiziert werden.

Ein guter Lidschatten soll sich leicht entnehmen lassen, darf nicht bröckeln, soll sich weich und geschmeidig anfühlen, soll gut auf den Lidern zu verteilen sein und darf sich nicht schon nach kurzer Zeit in der Lidfalte absetzen. Das gilt auch bei Regen oder wenn einmal Tränen fließen. Die Haltbarkeit des Lidschattens ist jedoch nicht nur von der Rezeptur, sondern auch von der Lidform und der Oberflächenbeschaffenheit der Lidhaut, z. B. fettig oder trocken, abhängig.

Sollen die Brauen nicht gefärbt, aber trotzdem betont werden, bietet sich der **Augenbrauenstift** an. Mit dem Stift werden feine, kurze Striche im Farbton der Brauen zwischen die Härchen gesetzt, um sie dichter erscheinen zu lassen und um die Kontur der Braue „unsichtbar" zu korrigieren. Augenbrauenstifte gibt es in vielen Nuancen und Farbtiefen von schwarz bis goldblond. Augenbrauen werden in der Regel nicht in einer Linie nachgezogen, weil das hart und unnatürlich wirkt und den Gesichtsausdruck extrem verändern kann.

Augenbrauenstifte, **Lippenkonturenstifte** und **Buntstifte** bestehen aus einer Fett-Wachs-Schmelze, in der die jeweiligen Pigmente dispergiert sind. Kajal- bzw. Kohlstifte sind Gemische aus Ruß, schwarzem Eisenoxid, Harzen und Ölen. Die schwarzen Kajalstifte und die farbigen Buntstifte unterstreichen die Konturen der Lid- und Lippenränder. Ursprünglich war das aus Indien kommende Kajal ein Gemisch aus ölig oder harzig gebundenen Pigmenten und Kampfer zur Anregung der Tränendrüsen. Da Kajal am unteren inneren Lid aufgetragen wurde, schützte der Tränenfilm das Auge vor Infektionen, Wind und der starken Sonnenstrahlung. Außerdem brachte er das Auge zum Glänzen. Noch intensivere Konturen lassen sich mit einem flüssigen **Eye-Liner** erzielen. Eye-Liner-Emulsionen gibt es in den Farben Schwarz, Grau, Braun, Blau, Violett und Oliv.

Unabhängig von den jeweils aktuellen Make-up-Trends sind lange und dichte Wimpern der Wunsch vieler Frauen und immer häufiger auch der Wunsch einiger Männer. Wimpern lassen die Augen ausdrucksvoller und den Blick interessanter erscheinen. **Wimperntusche** (**Mascara**) oder Wimpernfarbe helfen, diesem Ziel näher zu kommen. Moderne Mascara-Präparate lassen sich mithilfe speziell gestalteter Bürstenformen leicht und sauber auftragen. Sie schenken den Wimpernhärchen eine intensive Farbe und Volumen bei gleichzeitiger Pflege.

Je nach Wimpernqualität und -dichte gibt es spezielle Mascara-Zubereitungen und Bürstenformen. Kurze, dünne Wimpern werden mit einer Volumen gebenden Wimperntusche, die die Wimpern optisch verlängert und verdichtet, korrigiert. Sind die Wimpern dagegen sehr lang und ist die Hautpartie um die Augen eher fettig, bietet sich eine haftfähige Mascara an.

Für Kontaktlinsenträgerinnen ist es wichtig, die Augenpartie nicht zu reizen. Mascara sollte keine verlängernden Härchen enthalten, da diese sich von den Wimpern lösen und ins Auge geraten können. Bei wasserfesten Wimperntuschen ist das Risiko, dass sich Teile der Mascara lösen und unter der Linse sammeln, geringer. Kontaktlinsenträgerinnen sollten deshalb auf wasserfeste Präparate zurückgreifen. Allerdings sind wasserfeste Präparate schwieriger zu entfernen. Ölhaltige Augen-Make-up-Entferner enthalten häufig „Kriechöle", die in das Auge gelangen und einen Schmierfilm auf der Linse bilden können.

3

Wasserlösliche Mascara bestehen aus gelartigen Zubereitungen, z. B. Tragant-Schleimen oder aus einer Ö/W-Emulsion mit einem geringen Anteil an Bienen- und Carnaubawachs, Rizinusöl, Wollwachsderivaten, Butylstearat zur Filmverbesserung, etwa 50 % Wasser und etwa 10 % schwarzen, braunen, violetten, grünen oder blauen Pigmenten. Die Pigmente werden aus teerfreien Rußsorten, z. B. Umbra, Ocker oder synthetischen Eisenoxiden, gewonnen. Silikonöle dienen der Pflege, der Glanzverbesserung und haben eine Wasser abweisende Wirkung. Hochwertige Wimperntuschen enthalten neben den genannten Pflegestoffen Seiden- oder Cashmere-Proteine, Vitamine und Lichtschutzfaktoren. Wimpern verlängernde Präparate enthalten darüber hinaus Kunststoffhärchen oder pulverisierten Kunststoff, der an den natürlichen Wimpern hängen bleibt und diese verdichtet. Die Basis wasserfester Mascara-Produkte besteht aus einer Kunstharz-Alkohol-Lösung oder aus Ölen. Wachse und Wasser abweisende Öle erhöhen die Wasserfestigkeit des Präparats. Während der Alkohol beim Auftragen verdunstet, bilden die Kunstharze einen Wasser abweisenden Pigmentfilm auf den Wimpern.

Einige Firmen bieten sogenannte „**Spucktusche**" in Form von Farbtabletten an. Der Wassergehalt dieser gepressten Tusche ist sehr viel geringer. Deshalb muss sie mit Wasser (Spucke) angefeuchtet werden, bevor sie mit einem Bürstchen aufgetragen wird.

Alle Mascara-Präparate müssen konserviert werden, um eine bakterielle Zersetzung der Inhaltsstoffe und eine Kontamination des Auges zu vermeiden. Wimperntuschen werden unter augenärztlicher Aufsicht getestet. Auf Parfümöle wird weitgehend verzichtet, um die Zubereitung möglichst reizarm zu gestalten.

Präparat	**Zusammensetzung**	**Anwendung**
Lidschattenpuder	Talkum, Kaolin, Zinkoxid Farbpigmente, Perlglanzpigmente	Hervorhebung des Auges für normale Haut
Lidschattencreme	Emulsion oder Wachs-Öl-Schmelze mit Pigmenten	für trockene Haut Färbung des Lides
Augenbrauenstifte Lippenkonturenstifte Buntstifte	Fett-Wachs-Schmelze mit Farb- und Perlglanzpigmenten	Augenbrauenkorrektur Lippenformkorrektur Umrandung der Augenlider
Kajalstifte (Kholstifte)	Harz-Öl-Ruß-Gemische	Umrandung der Augenlider Schutz des Auges
Eyeliner	dünnflüssige Ö/W-Emulsionen mit dunklen Farbpigmenten	Umrandung der Augenlider Vergrößerung der Augen
Wasserlösliche Wimperntusche (Mascara)	wasserlösliche Tragant-Schleime, Ö/W-Emulsionen, Farbtabletten mit dunklen Pigmenten	Verlängerung und Verstärkung der Wimpernhaare
Wasserfeste Wimperntusche (Mascara)	Ölzubereitung, Kunstharz-Alkohol-Lösung mit dunklen Pigmenten	Verlängerung und Verstärkung der Wimpernhaare

Zusammensetzung und Anwendung von Augen-Make-up-Präparaten

Trotzdem finden sich gelegentlich Verunreinigungen mit Nickel oder Chrom, die vor allem Allergikern Probleme bereiten können. In einigen nicht wasserfesten Wimperntuschen werden als Konservierungsmittel immer noch Formaldehyd-abspaltende Stoffe eingesetzt. Diese bergen ein Allergie- und Krebsrisiko. Da der Körper über die Schleimhäute des Auges Schadstoffe sehr viel schneller aufnimmt als über die Haut, sollte schon beim Tuschen darauf geachtet werden, dass die Mascara auf die Wimpern und nicht in das Auge gerät. Wenn die Wimpern vorher abgepudert werden, haften die Mascara-Paste und die Kunststoffhärchen besser als auf fettigen Wimpern.

Wimpern gelten als besonders schön, wenn sie in einem Bogen nach oben verlaufen. Der geschwungene Wimpernkranz „öffnet" das Auge und lässt es optisch größer erscheinen. Damit sich die Wimpern in einem leichten Bogen nach oben aufrichten, kann die Kosmetikerin vor dem Tuschen eine **Wimpernzange** benutzen oder eine **Wimperndauerwelle** durchführen. Die Wimperndauerwelle ist eine dauerhafte Umformung des Haarkeratins. Sie hält ca. sechs bis acht Wochen. In dieser Zeit wachsen die Wimpernhaare nach und stoßen die geformten Wimpern aus dem Haarfollikel. Getuschte Wimpern sollten nicht mit der Wimpernzange bearbeitet werden. Sie brechen sonst ab oder werden herausgezogen. Das Gleiche gilt für ein unkontrolliertes Reiben der Augen und das Schlafengehen mit Augen-Make-up.

Die gründliche Entfernung des Augen-Make-ups, einschließlich der Wimperntusche, ist eine Voraussetzung für schöne, gepflegte Wimpern und ausdrucksvolle Augen. Wasserfeste Wimperntusche kann mit ölhaltigen Augen-Make-up-Entfernern und angefeuchteten Wattepads gelöst werden. Hydrophile Reinigungsöle sind eine Alternative, weil sie zunächst öllösliche Farbreste entfernen. Gibt man warmes Wasser hinzu, bildet sich eine W/Ö-Emulsion. Nach weiterer Wasserzugabe schlägt die Emulsion in eine Ö/W-Emulsion um. So können sowohl öl- als auch wasserlösliche Make-up-Reste schonend entfernt werden. Viele Augen-Make-up-Entferner sind solche Hy-Öle. Wasserlösliche Wimperntuschen können aber auch mit Präparaten auf Emulsionsbasis oder auf Gelbasis und angefeuchteten Wattepads abgenommen werden. Diese Präparate enthalten milde synthetische Detergenzien, um die Farbreste zu dispergieren und fetthaltige Bestandteile zu emulgieren. Wem das zu mühsam ist, der sollte sich die Wimpern und ggf. die Augenbrauen von der Kosmetikerin färben lassen.

Weitere Infos zu nicht permanentem Augen-Make-up unter:
www.artdeco.de
www.douglas.de
www.grimas.de
www.horst-kirchberger.de
www.lancome.de
www.malu-wilz.com
www.stagecolor.de
www.typ-und-image.de
www.ulrike-schuetze.de
www.vipmakeup.de

6.4.2 Dauerfärbung von Wimpern und Augenbrauen

Wenn ein Gesichtsausdruck, ob bei Frau oder Mann, durch zu helle Wimpern und Augenbrauen konturenarm ist, bietet das **Dauerfärben** eine ideale Möglichkeit der Verbesserung. Das Dauerfärben von Wimpern und Augenbrauen hat viele Vorteile:
- natürliches Aussehen,
- Farbgebung bis zum Ansatz des Haares,
- betonte Augenkonturen bleiben auch im Wasser, in der Sauna und beim Sport erhalten,
- lebhafter Gesichtsausdruck.

Die **Wimpernfarbe** und **Augenbrauenfarbe** kann nicht durch Wasser oder Reinigungsmittel entfernt werden, sondern ist bis zum Nachwuchs haltbar. Bei den speziellen Färbemitteln für die Augenbrauen und Wimpern handelt es sich um **Oxidationshaarfarben** mit einem Alkalisierungsmittel. Dafür kommt Monoethanolamin oder Triethanolamin in alkalisierter Form in Frage. Das Alkalisierungsmittel lockert die Keratinstruktur der Wimpern- und Augenbrauenhärchen. Die Farbcreme wird mit Wasserstoffperoxidlösung zu einem Farbbrei angerührt.

Beim Färbevorgang oxidieren die zunächst unentwickelten, noch farblosen Farbstoffvorstufen in der Faserschicht des Wimpernhärchens zu schwarzen, blau-schwarzen, blauen oder braunen Farbmolekülen. Da diese Farbmoleküle größer sind als die unentwickelten Farbstoffvorstufen werden sie in der Faser- und Schuppenschicht des Haares wie in einem Käfig festgehalten. Eine solche Permanentfärbung hält etwa vier bis sechs Wochen bis zum Ausfall der Wimper bzw. des Brauenhärchens.

6.5 Lippen-Make-up

Die ersten Schminkstifte mit in Fetten eingelagerten Farbstoffen sind bereits aus der Antike bekannt. Der eigentliche Siegeszug des **Lippenstift**s begann aber erst Ende des 19. Jahrhunderts in Paris, und zwar mit einer Mischung aus Rizinusöl, Bienenwachs, Hirschtalg und roten Farbstoffen. Diese Fett-Farbstoff-Masse wurde in Form eines Stiftes in Seidenpapier gewickelt. Der erste Lippenstift wurde auf der Weltausstellung 1883 in Amsterdam von einem Pariser Parfümeur unter dem Namen „Zauberstab des Eros" präsentiert. Mit hundert Goldmark war er damals so teuer, dass er allerhöchsten Luxus darstellte. Heute ist der Lippenstift einer der meistverkauften Kosmetikartikel. Fast die Hälfte aller deutschen Frauen zwischen 12 und 80 Jahren benutzt ihn regelmäßig.

Lippenstifte gibt es in allen Farben, von blassrosa bis schwarzviolett. Ihre Farbtöne werden durch rote bis rotbraune Eisenoxide und pinkfarbenes bis lila Manganviolett sowie durch das Weißpigment Titandioxid und Glimmer erzeugt. Titandioxid dient zum Aufhellen der Farbtöne und zur Herstellung pastellfarbener Stifte. Glimmer erzeugt irisierenden Glanz und Perlmutt-Effekte auf den Lippen.

Kräftig leuchtende Nuancen können mit organischen **Pigmenten** hergestellt werden. Da organische Pigmente öl- und wasserlöslich sind, werden sie durch das sog. „Verlacken" in unlösliche Pigmente überführt. Heute werden hauptsächlich unlösliche Aluminiumlacke hergestellt. Weltweit sind nur zehn dieser organischen Lacke für Kosmetika erlaubt. Zusammen mit den anorganischen Pigmenten ermöglichen sie aber eine große Variationsbreite an Nuancen. Die Färbemittel, die in der Europäischen Union für Kosmetika eingesetzt werden, unterliegen strengen Vorschriften.

3

Schwermetallrückstände wie Arsen, Antimon, Blei, Cadmium, Quecksilber und Nickel sowie Reaktionsnebenprodukte, die beim Verlacken entstehen, dürfen bestimmte Grenzwerte nicht überschreiten, da die Verbraucherin Spuren der Lippenstiftfarbe beim Essen und Trinken aufnimmt. Bei täglichem Gebrauch von Lippenstift wird pro Jahr in etwa die Menge eines Lippenstiftes verzehrt!

Die Qualität eines Lippenstiftes wird vom Verbraucher vor allem danach beurteilt, wie lange seine Farbe auf den Lippen haftet. Stark pigmentierte Lippenstifte haften länger auf den Lippen als transpararente und zart getönte. Je mehr Pigmente enthalten sind, desto besser wird die Lippenhaut abgedeckt. Für besonders haltbare Lippenstifte werden die Pigmente mit hochviskosem Silikonöl beschichtet, um besser auf den Lippen zu haften. Hochviskoses Silikonöl mischt sich nicht mit Wasser und nur wenig mit Öl. Selbst bei sehr deckkräftigen Stiften geht der Pigmentanteil nicht über 10 % hinaus. Die meisten Lippenstifte enthalten ein bis drei Prozent Pigmentanteile.

Neben der Haftung der Pigmente soll ein guter Lippenstift die Haut der Lippen pflegen und schützen. Er muss wasserbeständig und ungiftig sein, er soll Glanz geben, sich leicht auftragen und wieder entfernen lassen. Der Stift selbst soll sich in der Ummantelung leicht auf- und abrollen lassen, er soll glänzen, darf nicht „schwitzen", nicht schmieren, muss bis 50° Celsius formbeständig und bruchfest sein. Der Lippenstift wird z. T. mit Lebensmittelaromen so parfümiert, dass er dem Verbraucher in Geschmack und Geruch gefällt.

Bienenwachs, Carnaubawachs und Candelillawachs sorgen für die Festigkeit des Stifts und dienen als Trägermasse für die Pigmente. Rizinusöl und

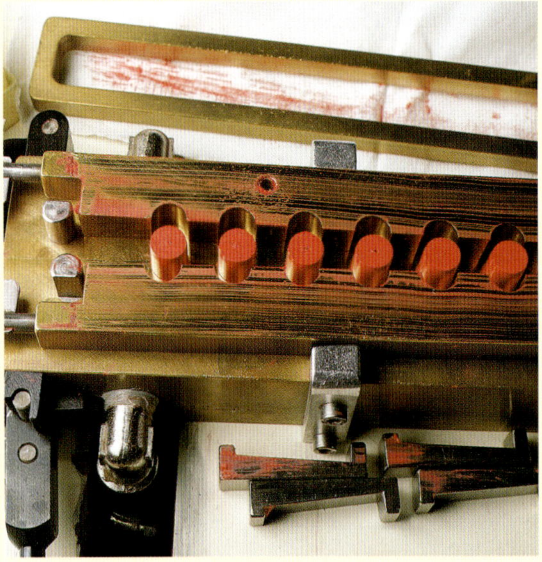

Holzform für Lippenstifte

Festigkeitsprüfung

Lippenstifte gibt es in allen Farben, von Blassrosa bis Schwarzviolett. Wachse wie Bienen- und Carnaubawachs sind der Hauptbestandteil der Stifte. Sie dienen als Trägersubstanz für die Pigmente. Die hohen Preisunterschiede kommen deshalb weniger durch die Rezeptur der Stifte als vielmehr durch ihre „Aufmachung" zustande.

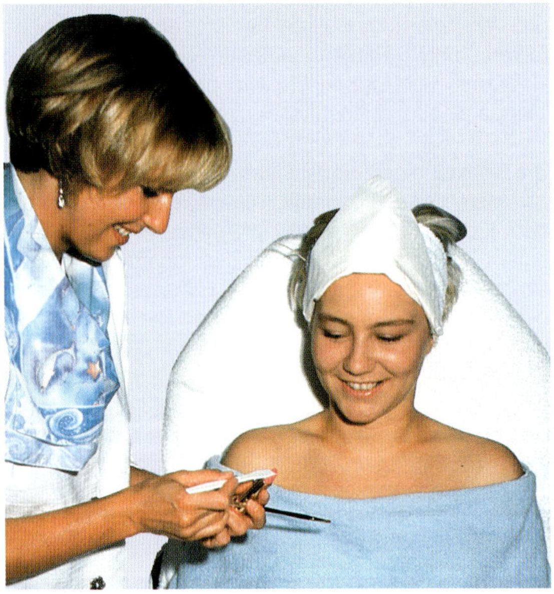

Anwendung von Lippenstiften. Um hygienisch zu arbeiten, streicht die Kosmetikerin mit dem Spatel etwas Lippenstiftfarbe ab.

Paraffinöle geben dem Stift Glanz und stellen die Konsistenz so ein, dass sich der Lippenstift leicht auftragen lässt. Unter Druck und Wärme verflüssigt sich der Stift beim Auftragen. Diese Eigenschaft nennt man Thixotropie. Vitamin E dient als natürliches Antioxidans. Es verhindert das Ranzigwerden des Stiftes durch die Aufnahme von Luftsauerstoff. Feuchtigkeitsfaktoren, Panthenol, Aloe vera-Extrakte, Seidenextrakte, Kamillenextrakte, Liposomen, Ceramide und Sauerstoff-Transport-Systeme erhöhen die Pflegeeigenschaften des Stifts. Sauerstoff-Transport-Systeme binden atomaren Sauerstoff und sollen Sauerstoffatome in die Basalzellenschicht transportieren, um dort den Zellstoffwechsel und die Zellteilung zu aktivieren. Chemische UV-Filtersubstanzen und das Weißpigment Titandioxid schützen vor der UV-Strahlung und verhindern einen Sonnenbrand auf den Lippen.

Neben der Rezeptur ist das richtige Auftragen des Lippen-Make-ups dafür verantwortlich, wie lange die Lippenfarbe haftet. Das Haftvermögen kann durch eine Fixierung für die Lippen, mithilfe eines **Lip-Fix-Präparat**s erhöht werden. Wird eine Lip-Fix-Creme angewendet, so lässt sich der Lippenstift gleichmäßiger auftragen und verläuft nicht so schnell in die feinen Falten der Lippenkonturen. Lip-Fix-Präparate sind Cremes mit Puderbestandteilen. Sie pflegen und grundieren die Lippen. Sie eignen sich für trockene und rissige Lippen sowie für faltige Lippenränder. Unebenheiten der Lippenhaut werden durch eine Lip-Fix-Creme ausgeglichen.

Nach dem Auftragen der Lip-Fix-Creme werden die Lippenkonturen mit dem Konturenstift nachgezeichnet oder korrigiert. Der Lippenkonturenstift wird in der Regel einen Ton dunkler als der Lippenstift gewählt.

Der Lippenstift wird mit dem Lippenpinsel aufgetragen. Aus hygienischen Gründen nimmt die Kosmetikerin eine kleine Menge der Lippenfarbe mit einem sauberen Spatel vom Stift und trägt die Farbe mit dem Lippenpinsel auf die Lippen der Kundin

Inhaltsstoffe	Wirkung
1 Öle und Wachse	
Bienenwachs	– erhöht die Konsistenz des Stifts – begünstigt die Haftung der Pigmente auf den Lippen
Carnaubawachs	– erhöht die Konsistenz und den Schmelzpunkt des Stifts
Candelillawachs	– verbessert die Bruchfestigkeit des Stifts
Cetyllactat	– erleichtert das Auftragen des Stifts – verbessert die Thixotropie der Wachsmasse
Paraffinöle	– erhöhen die Temperaturbeständigkeit
Rizinusöl	– gibt dem Stift Glanz, erhöht die – Geschmeidigkeit des Stifts beim Auftragen
Cetylalkohol	– erhöht die Pflegeeigenschaften und die Geschmeidigkeit des Stifts
Silikonöle	– verbessern die Haftung der Pigmente auf den Lippen und geben Glanz
Lanolin	– erhöht die Haftung der Wachsmasse auf den Lippen und verbessert dadurch die Pflegeeigenschaften des Stifts
2 Farbstoffe	
Farblacke und Eosinfarbstoffe	– färben die Lippenhaut kräftig und dauerhaft an, für „kussechte“ Stifte
Bunt- und Weißpigmente	– decken die Lippen farbig ab
Perlglanzpigmente und Fischsilber	– geben irisierenden Glanz
3 Pflegestoffe	
Kamillenextrakte, Panthenol	– schützen die Lippenhaut
Liposomen, Ceramide	– verhindern das Austrocknen
Sauerstofftransportsysteme	– erhöhen die Hautfeuchtigkeit und die Haftung der Pigmente – aktivieren den Zellstoffwechsel
Feuchtigkeitsfaktoren	– erhöhen die Hautfeuchtigkeit
UV-Filter, Titandioxid	– verhindern schädigende Einwirkung des Sonnenlichts
Aloe-vera-Extrakte, Seidenextrakte	– erhöhen die Hautfeuchtigkeit
Vitamin E	– schützt die Lippenhaut – verhindert die Oxidation der Fettmasse und dadurch das Ranzigwerden des Stifts
4 Parfümöle und Lebensmittelaromen	– überdecken den Eigengeruch und Geschmack der Rohstoffe
5 Konservierungsmittel und Antioxidanzien	– verhindern die bakterielle Zersetzung und das Ranzigwerden der Öle und Wachse

Inhaltsstoffe von Lippenstiften und ihre Wirkungen

auf. Sowohl der Spatel als auch der Pinsel können gereinigt und desinfiziert werden, der Lippenstift nicht. Nach dem leichten Pressen der Lippen auf Lippenpapier oder Zellstofftuch wird zur besseren Haltbarkeit eine zweite Schicht Farbe aufgetragen.

Glänzende Lippen werden durch die anschließende Verwendung von **Lipgloss** erzielt. Da diese Präparate einen hohen Anteil an Rizinusöl besitzen, verliert die Lippenfarbe schneller an Haltbarkeit. Je ölhaltiger der Stift, desto besser sind seine Pflegeeigenschaften, desto geringer ist die Haftfähigkeit der Pigmente auf den Lippen. Lipgloss kann auch direkt auf die Lippen aufgetragen werden. Dann verleiht es den Lippen nur eine dezente Glanzwirkung.

Soll die Färbung besonders dauerhaft sein, kann **Lippenlack** verwendet werden. Lippenlack zählt zu den flüssigen Lippenschminken und enthält neben den oben genannten Inhaltsstoffen filmbildende Substanzen und Lösungsmittel. Lippenlack trocknet die Lippen allerdings bei dauerhafter Anwendung aus. Ein Gehalt von mehr als 3 % an Eosinfarbstoffen in Lippenlacken kann deshalb bedenklich sein, da diese Farbstoffe in die dünne Haut der Lippen penetrieren und eine gerbende Wirkung ausüben können.

Lippenstifte, die sich beim Auftragen farblich verändern, enthalten Bromverbindungen. Diese Verbindungen reagieren mit den Keratinkomponenten und mit dem Säureschutzmantel der Lippenhaut. Da sie Allergien hervorrufen können, sind diese Stifte umstritten.

Die dekorativen Make-up-Präparate sind in der Regel umweltverträglich, da ihre Inhaltsstoffe meistens biologisch abbaubar sind. Bei den Verpackungen wird aber immer noch zu viel umweltbelastendes Material verwendet. Lidschatten-, Puder-, Rouge- und Mascara-Präparate werden nicht nur aufwendig verpackt, sondern enthalten oft überflüssige Abdeckfolien mit PVC. PVC bereitet Probleme bei der Müllverbrennung.

7 Nagelkosmetika

Seit Nagelstudios wie Pilze aus dem Boden schießen, scheint die klassische **Maniküre** im Kosmetikinstitut nicht mehr gefragt zu sein. Das muss nicht so sein, denn die Maniküre ist ein lukratives Zusatzangebot und es gibt viele Kunden, die Probleme mit ihren natürlichen Fingernägeln haben und von der Kosmetikerin kompetente Hilfe erwarten. Perfekt manikürte und pedikürte, lackierte oder polierte Nägel verleihen Händen und Füßen Schönheit und ein gepflegtes Aussehen. **Nagelpflegepräparate** haben eine Reinigungs- und Schutzfunktion. Sie sollen das Nagelkeratin stärken und der Nagelplatte eine ansprechende Form und Färbung geben. Zu den klassischen Nagelkosmetika gehören Nagellacke, Nagellackentferner, Polierpuder, Nagelhärter, Nagelöle, Nagelcremes, Nagelgele und Nagelhauterweicher.

7.1 Nagellacke

Nagellacke dienen dem Schutz und der Verschönerung der Nagelplatte sowie der Korrektur von ungünstigen Nagelformen. Sie bilden einen wasserundurchlässigen, elastischen Schutzfilm auf der Nagelplatte. Dieser Film entsteht durch Nitrocellulose in Form von Collodiumwolle, durch natürliche und synthetische Harze, z. B. Polyacrylate, Polyvinylacetat und Glycerin-Phtalsäure-Harze. Damit die Harzfilme nicht spröde werden, werden Weichmacher wie Butylstearat oder Campher beigemischt. Als Lösungs- und Verdünnungsmittel dienen die Alkohole Butanol und Propanol oder Ethylacetat, Toluol und Aceton. Als Farbstoffe werden anorganische Pigmente wie Eisenoxide und Titandioxid, organische Farblacke sowie alkohol- und esterlösliche Farbstoffe eingesetzt. Damit sich der Lack in der Flasche nicht absetzt und beim Schütteln wieder verflüssigt wird, werden Thixotropiermittel und Verteilungshilfen wie Metallplättchen oder -kügelchen hinzugesetzt. Thixotropiermittel verändern die Fließeigenschaften des Lackes beim Schütteln und beim Auftragen. Sie erleichtern somit das gleichmäßige Auftragen.

Ein guter Nagellack soll stark und gleichmäßig decken, schnell trocknen, lange haften, ohne zu splittern, die Nagelplatte nicht anfärben und gegen Kratzspuren, die z. B. durch die Hausarbeit verursacht werden, beständig sein. Chemische Beständigkeit gegenüber Reinigungs- und Spülmitteln wird außerdem erwartet. Nagellacke sollen sich nicht in der Flasche absetzen. Als Thixotropiermittel dient z. B. Kieselsäure. Sie verhindert eine Sedimentation der Pigmente. Nagellack soll sich leicht auftragen lassen. Dazu gehört, dass der Lack dünnflüssig genug ist, um sich leicht zu verteilen. Der Lack darf aber nicht zu dünnflüssig sein, damit er nach dem Auftragen nicht ins Nagelbett läuft. Er soll zwar schnell trocknen, aber auch nicht zu schnell, sonst können sich beim Auftragen und Trocknen Streifen bilden.

Nagellack hält am besten, wenn er auf saubere, fettfreie Nägel aufgetragen wird. Um die Nagelplatte zu pflegen und vor Anfärbungen zu schützen, empfiehlt sich das Auftragen eines farblosen **Unterlackes**. Neben diesen Basislacken oder Unterlacken unterscheidet man Rillenfüller oder glättende Unterlacke, die Unebenheiten der Nagelplatte ausgleichen sollen. Sie bilden eine gleichmäßige Oberfläche für die folgenden Lackschichten. Diese Lacke enthalten beispielsweise Panthenol, Vitamine, Keratin- und Collagenhydrolysate, Calcium und Myrrhe, um die Nagelplatte zu pflegen. Allein aufgetragen dienen sie als matter Lack- und Schutzfilm.

Überlacke enthalten Polyacrylate, die eine längere Haltbarkeit der farbigen Lackschicht und einen brillanteren Glanz bewirken sollen. Sie versiegeln den Lack und verhindern das vorzeitige Abblättern und Splittern der Lackschicht bzw. erhöhen seine Stoßfestigkeit.

Unter- und Überlacke zählen zu den **Transparentlacken**. Sie sind klar und farblos. Unterlacke mit besonderen Pflegeeigenschaften werden gern in Pastellfarben eingefärbt, was aber auf der Nagelplatte nicht immer sichtbar wird. Man benutzt dazu 0,1 bis 1 % Anilinfarben, die dem Präparat ein rosafarbenes, beige- oder lindgrünfarbenes Aussehen verleihen. Über den Unterlack werden zwei dünne Schichten Farblack und darüber wiederum eine dünne Schicht Überlack aufgetragen. Jede Schicht muss antrocknen, bevor das Lackieren fortgesetzt wird. Je dünner die Lackschichten, desto haltbarer ist das Ergebnis. Eine Ausnahme bilden **One-Coat-Lacke**. Sie besitzen einen höheren Pigmentanteil und decken deshalb auch in einer Schicht

Inhaltsstoffe	Wirkung
Pigmente und Farbstoffe	geben Farbe, Glanz und irisierende Effekte
Filmbildner, z. B. Cellulosenitrat	bilden den Lackfilm auf der Nagelplatte
Natürliche und synthetische Harze	verstärken die Haftung und den Glanz
Weichmacher, z. B. Butylstearat, Campher, Rizinusöl	verbessern die Elastizität des Lackfilms
Lösungsmittel, z. B. Butanol, Propanol, Toluol Ethylacetat, Aceton	lösen die Inhaltsstoffe, bestimmen die Trocknungs- und Härtungsdauer
Thixotropiermittel = Mittel zur Veränderung der Fließeigenschaften des Lackes z. B. Bentone, kolloidale Kieselsäure	erleichtern das Auftragen, vermindern die Sedimentation der Pigmente verflüssigen den Lack beim Schütteln
Metallplättchen	verflüssigen den Lack beim Schütteln

Inhaltsstoffe von Nagellacken und ihre Wirkungen

gut. Der sogenannte **Sekundenlack** soll in einer Schicht aufgetragen werden, damit er innerhalb von ca. einer Minute härten und trocknen kann. Herkömmliche Nagellacke trocknen in drei bis fünf Minuten. Lacktrockneröle oder -sprays sollen die Lackhärtung beschleunigen. Eine neue Entwicklung sind wasserlösliche Nagellacke und Nagellacke zum Abziehen.

Bei den **Farblacken** unterscheidet man Creme- und Perllacke. **Cremelacke** enthalten 3 bis 5 % Pigmente und lösliche Farbstoffe. **Perllacke** zeigen einen perlmuttartigen Glanz, der durch Perlglanzpigmente (Glimmer-Titan-IV-Oxid-Pigmente), Fischsilber aus Weißfischschuppen und synthetischen Glanzpigmenten erzeugt wird.

Eine schnellere und einfachere Lackierung versprechen **Nagellackstifte**. Sie funktionieren wie Filzstifte. Die Lackmasse dieser Stifte ist dünner. Sie trocknet eher aus als die Lackmasse in Flaschen. Ein weiterer Nachteil der Lackstifte kann sich bei der Entfernung des Lacks zeigen: Bei dunklen Farbtönen können leichte Anfärbungen der Nagelplatte zurückbleiben.

7.2 Nagellackentferner

Nagellackentferner gibt es als flüssige Lösungen, Gele, getränkte Pads und Tücher sowie als getränkte Korrekturstifte. Gute Nagellackentferner müssen die Lackschicht schnell und sanft lösen ohne dabei die Nagelplatte oder die Nagelhaut zu schädigen. Nagellackentferner enthalten die gleichen Lösungsmittel wie die Nagellacke: Propanol, Butanol, Ethylacetat, Toluol und manchmal auch Aceton. Aufgrund des hohen Lösungsmittelgehaltes sind Nagellackentferner leicht entflammbar. Wasser und Glykol werden als Verdünnungsmittel verwendet. Wichtig sind rückfettende Bestandteile, damit die Nageloberfläche nicht entfettet wird. Da Aceton die Nagelplatte bei häufigem Gebrauch stark austrocknet, wird auf Aceton als Lösungsmittel zunehmend verzichtet. Bei den milderen Nagellackentfernern ist der Anteil an Ethylacetat höher. Oft enthalten diese Nagellackentferner rückfettende Substanzen wie Pflanzenöle, Lanolin und Fettalkohole.

Zum Nagellackentfernen werden Wattepads mit der Entfernerflüssigkeit getränkt und mit drehenden Bewegungen vom Nagelmöndchen zur -spitze gezogen. Die Kosmetikerin legt sich dabei das getränkte Pad um den Zeigefinger, damit sie ihren eigenen Nagellack nicht beschädigt. Um die Lackreste nicht auf der Haut zu verschmieren, sollten mehrere Pads benutzt werden. Für unterwegs gibt es bereits getränkte Nagellackentferner-Pads und -Tücher im Handel. Nach der Lackentfernung sollten die Nägel mit einem milden Syndet gereinigt und mit einem Nagelöl massiert werden, um die Elastizität der Nagelplatte zu erhalten. Soll sofort neuer Lack aufgetragen werden, müssen die Ölspuren z. B. mit einem Gesichtswasser sorgfältig entfernt werden.

7.3 Nagelhärter

Weiche und brüchige Nägel können durch **Nagelhärter** widerstandsfähiger gegenüber chemischen und mechanischen Einflüssen werden. Nagelhärter sind farblose Nitrocelluloselacke mit Zusätzen von Polyamiden, Polyestern und Polyacrylaten. Sie glätten die Nägel durch einen festen Überzug, füllen Risse aus und verleihen dem labilen Nagelkeratin durch Verringerung der Wasseraufnahme und -abgabe mehr Struktur.

Nagelhärter enthalten bis zu 5 % Formaldehyd, das eine starke keratinhärtende Wirkung besitzt. Formaldehyd bewirkt eine zusätzliche Quervernetzung der Keratinmoleküle. Der Wirkstoff darf aber nur auf die Nagelplatte kommen, die umliegende Haut muss durch Vaseline oder eine fetthaltige Handcreme geschützt werden. Formaldehyd hat im Tierversuch eine krebserregende Wirkung gezeigt. Bei allergischer, ekzematischer und gereizter Fingerhaut sollte auf die Anwendung von Nagelhärter verzichtet werden, obwohl gerade bei Handekzemen häufig auch die Nagelsubstanz weich und strukturgeschädigt ist (vgl. **Nagelerkrankungen**).

Weitere Infos unter:
www.abalico.de
www.academia-more-than-nails.de
www.artdeco.de
www.mavala.de
www.moravan.de
www.nagelprodukte.de

3

Zur Nagelhärtung werden auch Chloride, Sulfate und Acetate von Aluminium, Zirkon und Zink eingesetzt. Nagelhärter auf Ölbasis enthalten verschiedene Pflegestoffe, z. B. ungesättigte, Fettsäuren, trocknende Öle, Vitamine, Calcium, Kollagen- und Keratinhydrolysate.

7.4 Nagelöle, Nagelcremes und fettfreie Nagelfluids

Nagelöle, **Nagelcremes** und fettfreie Nagelfluids sollen rissige, dünne und trockene Nägel sowie eine rissige Nagelhaut pflegen. Als Ölgrundlage werden Oliven-, Mandel-, Rizinusöl, Isopropylmyristat und Lanolin verwendet. Regenerierende Wirkstoffkomplexe dieser Nagelpflegepräparate beinhalten z. B. Vitamin E, Biotin (Vitamin H), essenzielle Fettsäuren, Kollagen- und Keratinhydrolysate, Panthenol, Calcium- und Kaliumverbindungen. Nagelöle, -cremes und -fluids werden während der Maniküre vor der Hand- und Unterarmmassage auf die Nagelplatte aufgetragen und einmassiert. Besondere Pflege bietet auch ein **Paraffinhandbad**. Bei der Heimbehandlung können sie auch über Nacht unter einem Baumwollhandschuh einwirken. Vor dem Lackieren der Nägel müssen die Ölreste allerdings gründlich, z. B. mit einem alkoholhaltigen Gesichtswasser entfernt werden, weil der Nagellack sonst nicht gleichmäßig trocknen kann.

Nehmen Sie Stellung: Eine Kundin findet lange und gepflegte Nägel schön. Sie manikürt sich ihre Hände zweimal in der Woche. Dabei schneidet sie häufig die Nagelhaut mit einer Nagelhautzange. Nach drei Monaten stellt sie fest, dass ihre Nagelhaut härter und dicker geworden ist. Sie sucht Rat in einem Nagelstudio.

7.5 Nagelhauterweicher

Wenn die Nagelhaut stark ausgeprägt ist und beim Lackieren der Nägel im Weg ist, kann sie mit **Nagelhauterweicher** aufgeweicht und mithilfe eines Pferdefüßchens abradiert werden, ohne sie schneiden zu müssen. Nagelhautentferner-Präparate enthalten wässrige bis emulsionsartige Lösungen von Natrium- oder Kaliumhydroxid, Kaliumcarbonat und anderen stark alkalisch wirkenden Substanzen. Ihr pH-Wert liegt etwa bei 11. Als Feuchthaltemittel sind dem Präparat Glycerin oder Sorbitol zugesetzt. Natrium- und Kaliumhydroxid dürfen einen Massengehalt von 5 % nicht überschreiten. Milder wirkt Trinatriumphosphat, das aufgrund seiner geringeren Alkalität 10%ig eingesetzt werden darf. Das Erweichen der Nagelhaut kann alternativ zu dem Nagelhauterweicher-Präparat mit einem Nagelbad vor der Maniküre erreicht werden, indem dem Wasserbad einige Tropfen Triethanolamin zugesetzt werden.

Nagelfalztinkturen, die verhärtete Hornhaut an den Rändern der Fußnägel erweichen sollen, um das Einwachsen der Nägel zu vermeiden, sind häufig konzentrierte wässrige Harnstofflösungen mit einem Gelbildner. Harnstoff diffundiert in die Hornhaut und löst viele Wasserstoffbrückenbindungen im Keratin. Dadurch wird die Haut weich und geschmeidig.

Nach der Behandlung mit Nagelhauterweicher bzw. der Entfernung der Nagelhaut ist das Einmassieren von Nagelöl empfehlenswert, um den pH-Wert der Haut wieder herzustellen und das Nagel- und Hautkeratin zu pflegen.

7.6 Nagelpolituren

Nagelpolituren haben die Aufgabe, durch milde Schleif- und Poliermittel dem Nagel Glanz, ein gepflegtes Aussehen und Schutz zu verleihen, ohne dass ein Transparentlack verwendet werden muss. Milde Schleifmittel sind z. B. Kreide, Talkum, Kaolin, Zinkoxid und Zinkstearat. Als Bindemittel der Politur und als glanzgebende Substanzen dienen feste und flüssige Paraffine, Bienen- und Carnaubawachs, Stearin und Metallseifen.

Um das Nagelweiß der glänzenden Nägel stärker hervorzuheben, bieten sich **Nagelweißstifte** an. Sie ähneln in ihrer Zusammensetzung den Augenbrauenstiften. Als Pigmente werden Zinkoxid und Titandioxid verwendet. Die weiße Fett-Wachs-Schmelze ist wie bei den Schminkstiften in Holzhülsen eingelassen. Der Nagelweißstift wird nach dem Säubern des Nagelrandes auf der angefeuchteten Unterseite des Nagels aufgetragen. Es ist auch möglich, den Stift anzufeuchten und die trockene Nagelspitze zu „weißen".

8 Lichtschutz-, Bräunungs- und Depigmentierungspräparate

Glaubt man den Aussagen der Werbung, ist es nur eine Frage des richtigen **Sonnenschutzmittels**, um die Sonnenstrahlen ohne Hautschäden genießen zu können. Kritiker warnen vor ausgedehnten Sonnenbädern. Doch der Wunsch nach attraktiver Bräune, die kleine Hautfehler unscheinbar macht und ein gesundes Aussehen verleiht, ist nach wie vor groß. Die Kosmetikindustrie antwortet darauf mit zahlreichen Produkten, die das Bräunen erlauben, erleichtern oder ersetzen sollen.

8.1 Lichtschutzpräparate

Lichtschutzpräparate sollen Sonnenschäden der Haut vorbeugen. Chemische **UV-Filtersubstanzen**, physikalische Pigment-Filter und natürliche Öle mit leichter Filterwirkung, z. B. Sesam- und Olivenöl, schützen die Haut vor der Sonne, indem die auftreffende Strahlung zum Teil **absorbiert** (aufgenommen) und zum Teil reflektiert (zurückgestrahlt) wird.

Moderne Lichtschutzpräparate enthalten neben UVB-strahlenwirksamen Filtersubstanzen auch UVA-Filter oder Breitbandfilter für UVB- und UVA-Strahlung. Da die UVA-Strahlen tiefer in das Corium eindringen und dort die collagenen und elastischen Fasern verhärten, beginnt die Haut vorzeitig zu altern. Deshalb ist es sinnvoll, auch die UVA-Strahlen zu filtern. Mit einem Lichtschutzpräparat lässt sich je nach **Lichtschutzfaktor** die Eigenschutzzeit verlängern. Das ist die Zeitspanne, in der sich die Haut selbst vor einem Erythem schützen kann. Sie hängt von der Fähigkeit der Haut ab, Melanin zu produzieren und eine Lichtschwiele zu bilden.

Erst der richtige Schutz macht das Sonnenbad zum Genuss! Dabei sollten auch eine Kopfbedeckung und eine gute Sonnenbrille nicht fehlen!

8.1.1 Grundstoffe von Sonnenschutzmitteln

Sonnenschutzmittel bestehen aus der Grundlage, Filtersubstanzen und Zusätzen. Sie werden als Emulsionen, Gele, Öle, fettfreie Fluids, alkoholische Lösungen, Fettstifte, Aerosole und Pasten angeboten.

Emulsionen haben eine hohe Schutzwirkung, da Filtersubstanzen sowohl in die Öl- als auch in die Wasserphase eingearbeitet werden können. Lotionen und Milch eignen sich für die Körperhaut, Cremes eher für das Gesicht. W/Ö-Emulsionen und Lipogele bieten einen dauerhafteren Schutz als Ö/W-Emulsionen und Hydrogele. Lipogele sind Mischungen natürlicher Pflanzenöle mit Bienenwachs und Paraffinen. Da sich Lipogele im Wasser nicht ablösen, sind sie umweltfreundlicher als W/Ö-Emulsionen. Hydrogele bestehen aus Celluloseverbindungen und Polyacrylaten, die bis zu 95 % Wasser binden können. Da sie keine Fette und keine Emulgatoren enthalten, werden sie bei der Sonnenallergie und bei seborrhöischen Hautbildern bevorzugt. Hydrogele wirken aufgrund ihres hohen Wassergehalts außerdem kühlend.

Sonnenöle sind Mischungen aus pflanzlichen Ölen, z. B. Sesamöl, Olivenöl, Mandelöl und Kokosöl. Da Öle nur mit öllöslichen Filtersubstanzen versetzt werden können, kann ihr Lichtschutzfaktor nicht so hoch ausfallen wie der einer Emulsion. Bei der Emulsion können sowohl die Ölphase als auch die Wasserphase mit Filtersubstanzen versehen werden. Mittlerweile gibt es auch schnell einziehende Sonnenöle mit hohen Lichtschutzfaktoren.

Alkoholische Lösungen lassen sich nur mit viel Sorgfalt gleichmäßig applizieren, da der Alkoholanteil sehr schnell verdunstet. Dabei entsteht **Verdunstungskälte**, denn beim Verdunsten wird der Haut Wärme entzogen. Dieser Effekt wird in der Sonne als sehr angenehm empfunden. Alkohol hat außerdem

Nehmen Sie Stellung: Zwei Freundinnen haben kurz entschlossen im Februar Urlaub in der Karibik gebucht. In der Kosmetikabteilung eines Kaufhauses geraten sie in eine Diskussion über die notwendige Höhe des Lichtschutzfaktors. Denn eins steht für sie fest: „Wir wollen braun werden!“ Eine hat lange rotblonde Haare und selbst im Winter ein paar Sommersprossen auf der Nase, die andere ist eher ein „dunkler“ Typ mit braunen Haaren und braunen Augen. Während sie vor dem Regal stehen, kommt die Kosmetikerin und fragt: „Was kann ich für Sie tun?“

eine leicht entfettende Wirkung. Sonnenschutzmittel auf alkoholischer Basis sind deshalb für seborrhöische Hauttypen zu empfehlen.

Sonnenschutzstifte aus Bienenwachs, Hartparaffin, Ceresin und Filtersubstanzen dienen in erster Linie dem Lippen- und Wangenschutz. Da Pigmentbildung und Schwielenbildung in der Lippenhaut fehlen, müssen die Lippen vor allem beim Wasser- oder Wintersport besonders gut geschützt werden.

Sonnenschutzpasten sind streichfähige **Suspensionen** mit Kaolin, Pigmenten und anderen Decksubstanzen. Sie bieten z. T. einen Totalschutz und sind für die Abdeckung besonders gefährdeter Körperstellen, wie Nase, Jochbeinbogen, oberer Rand der Ohrmuschel, Schultern und Brustwarzen geeignet. Da Pasten aufgrund der Decksubstanzen nicht transparent wirken, werden sie in Brauntönen oder Neonfarben angeboten.

Sonnenschutz-Make-up mit chemischen Filtersubstanzen bietet aufgrund der Pigmente einen chemischen und physikalischen Schutz.

3

8.1.2 Filtersubstanzen in Sonnenschutzmitteln und der „Lichtschutzfaktor"

Sonnenschutzmittel müssen folgende Anforderungen erfüllen:

1. einen hohen Lichtschutz und Breitbandschutz gewährleisten,
2. schweiß- und wasserfest sein,
3. eine gute Haftung auf der Hornschicht zeigen,
4. stabil sein gegen Licht, Luft und Hitze,
5. eine gute Verträglichkeit besitzen.

Häufig werden chemische Lichtfiltersubstanzen wie Para-Aminobenzoesäure, Oxybenzon, Benzophenonderivate verwendet. Diese absorbieren die Strahlung um 300 Nanometer (nm), indem sie die Strahlungsenergie aufnehmen und sich dabei chemisch umwandeln. Diese Strahlen gelangen bei sachgemäßer Anwendung der Sonnenschutzmittel und Einhaltung der durch sie verlängerten Eigenschutzzeit nicht mehr an die lebenden Zellschichten der Epidermis. Je nachdem, welcher Wellenlängenbereich umgewandelt wird, unterscheidet man UVA-, UVB- und Breitbandfilter. Damit die Lichtschutzsubstanzen möglichst in beiden UV-Bereichen wirken, werden Kombinationen der **UV-Filtersubstanzen** entwickelt. Leider neigen viele chemische Filtersubstanzen dazu, sich nach kurzer Zeit zu zersetzen. Vielversprechend ist eine Kombination des Mexoryl-SX-UVA- und des Mexoryl-SX-UVB-Filters, welche eine Stabilität von mehr als drei Stunden aufweist.

Die Kosmetikverordnung bestimmt, welche chemischen Filtersubstanzen eingesetzt werden dürfen. Außer der Filtersubstanz beeinflussen folgende Faktoren die tatsächliche Schutzwirkung eines Präparates bzw. den **Lichtschutzfaktor**:

1. die Grundlage des Präparates: In eine Emulsion können sowohl öllösliche als auch wasserlösliche **UV-Filtersubstanzen** eingearbeitet werden, da eine Emulsion aus einer Ölphase und einer Wasserphase besteht. Der Lichtschutzfaktor kann durch die Konzentration der Filtersubstanzen bis auf einen Wert von ca. 30 erhöht werden;
2. die Penetration und Verteilung der Filtersubstanz in der Hornschicht;
3. die Verträglichkeit der Grundlage, der Filtersubstanzen und der Hornschichtbestandteile in der Wechselwirkung mit den UV-Strahlen;
4. in Transportsystemen verkapselte Filtersubstanzen, die langsam in der Hornschicht freigesetzt werden;
5. die Einarbeitung natürlicher Öle (Sesamöl, Olivenöl) und Farbstoffe (Juglon, Beta-Carotin) mit lichtabsorbierender Wirkung.

Physikalisch wirkende Decksubstanzen, wie Zinkoxid, Titandioxid, Eisenoxid, Kaolin und Calciumcarbonat reflektieren und streuen die auftreffende Strahlung aus dem UVB-, UVA-, Infrarot- und dem sichtbaren Bereich. Bei diesen Decksubstanzen handelt es sich um Mikropigmente. Pigmente wie Titandioxid und Zinkoxid sind in größerer Teilchengröße seit Langem aus der dekorativen Kosmetik bekannt. Damit die Sonnenschutzpräparate für den Verbraucher ansprechend wirken, werden so kleine Partikelgrößen gewählt, dass die Pigmente fast unsichtbar sind. Der Schutz hängt vor allem von der Geschlossenheit der Reflektionsfläche ab. Je gleichmäßiger die Mikropigmente in der Grundlage verteilt sind, desto gleichmäßiger lassen sie sich auf der Haut verteilen. Neben der Verteilung ist auch die Konzentration der Mikropigmente ausschlaggebend für den Lichtschutzfaktor. Zusammen mit chemischen Filtersubstanzen lassen sich höchste Schutzwerte bis ca. 30 erzielen.

Die Haut hat einen gewissen Eigenschutz gegenüber der Sonne, bevor sie rot wird. Dabei geht man von maximal 20 Minuten bei ungebräunter Haut aus. Ein Lichtschutzfaktor gibt an, um wie viel länger man sich mit dem Sonnenschutz der Strahlung aussetzen kann. Bei einem Lichtschutzfaktor von 8 sind das also 8 mal 20 Minuten, also 160 Minuten. In Europa wird der UVB-Lichtschutzfaktor seit 1997 nach dem

Hautbräunungstyp	Beschreibung Verteilung	Bezeichnung	Hautfarben	Reaktion auf ein längeres Sonnenbad	
				Sonnenbrand	Bräunung
1	Haut: rötlich-weiß Sommersprossen: sehr viele Haare: rötlich-hellblond, Augen: blau, hellgrau, hellgrün	keltischer Typ 2 %		stets	keine
2	Haut: weißlich-beige Sommersprossen: einige, Haare: blond-hellbraun, Augen: blau, grün, grau	hellhäutige Europäerin 12 %		meistens	kaum
3	Haut: beige-brünett Sommersprossen: keine, Haare: dunkelbraun-schwarz Augen: grau, braun	dunkelhäutige Europäerin 78 %		häufiger	meistens
4	Haut: bräunlich Sommersprossen: keine, Haare: dunkelbraun-schwarz Augen: dunkel	mediterraner Typ 8 %		kaum	fast immer

Anhaltspunkte für die Einteilung von Hautbräunungstypen. Die angegebenen Zeiten beziehen sich auf einen Junitag in Mitteleuropa. Je nach Höhenlage und Nähe zum Äquator wirken die Strahlen intensiver. Stark reflektierende Flächen wie weißer Sand, Schnee oder Wasser verstärken die Strahlen ebenfalls. Unter diesen Bedingungen müssen die Zeiten eines Sonnenbades also verkürzt werden.

Standard des Dachverbandes der europäischen Kosmetikindustrie COLIPA angegeben. Messgrundlage ist die helle Haut eines Nordeuropäers. In Amerika verwendet man den SPF (Sun Protection Factor). Für den UVA-Lichtschutzfaktor gibt es zurzeit noch keine Standardisierung. Ein sehr hoher Lichtschutzfaktor über 35 deutet auf die amerikanische oder australische Norm hin. Lichtschutzfaktoren zwischen 5 und 35 entsprechen der europäischen Norm. Bei gleicher Schutzwirkung liegt die US-Filter-Zahl ca. 1,5- bis 2-mal höher. Man unterscheidet vier **Hautbräunungstypen**.

Je mehr chemische Lichtschutzfilter in einem Präparat enthalten sind, desto höher ist das Allergie-Risiko. Vor allem die Abbauprodukte lichtinstabiler Filtersubstanzen tragen zu Allergien bei. Ein Präparat mit höherem Mikro-Pigmentanteil ist unbedenklich. Der einzige Nachteil besteht darin, dass der Anteil an Pulver steigt (ca. ab einem Lichtschutz von 20) und der Weißeffekt beim Eincremen auftritt. Nicht nur die chemischen Lichtschutzfaktoren sind Auslöser von „Sonnenallergien“, auch eingenommene Medikamente, Parfümöle oder andere Zusätze bergen ein allergenes Risiko.

Weitere Infos unter:
www.allergie-helfer.de
www.Eucerin.de
www.larocheposay.de
www.nivea.de
www.vichy.de

8.1.3 Bräunungshelfer und -beschleuniger in Sonnenschutzmitteln

Es gibt vier Typen von **Bräunungshelfern** und **Bräunungsbeschleunigern** in Sonnenschutzmitteln: Farbstoffe, selbstbräunende Substanzen, Melaninvorstufen (Pre-Tan-Produkte), 5-Methoxypsoralen (Bergapten). Der Zusatz von orangebraunen Farbstoffen, z. B. Beta-Carotin und Juglon, ist vorteilhaft, weil Pigmente eine lichtstreuende und reflektierende Wirkung entfalten. Die Schutzwirkung des Präparates wird dadurch erhöht. Der auf der Haut sichtbare Braunton soll außerdem psychologisch wirksam sein, da er eine übertrieben lange Verweildauer in der Sonne verhindern kann.

Selbstbräunende Substanzen, z. B. **Dihydroxyaceton** reagieren mit den aromatischen Aminosäuren des Hautkeratins. Die entstehenden braunen Farbkörper lassen die Hornschicht gelb-bräunlich aussehen. Sie haben aber im Gegensatz zur natürlichen Bräune keine Schutzwirkung gegenüber der UV-Strahlung. Der psychologische Effekt der Selbstbräunungsmittel soll ebenfalls eine übertrieben lange Verweildauer in der Sonne verhindern.

Mittlerweile gibt es Selbstbräuner auf natürlicher Basis. Sie enthalten eine Zuckerart (Erythrulose) und pflanzliches Dihydroxyaceton aus Palm- und Rapsöl. Diese Wirkstoffkombination benötigt zwar etwas mehr Zeit, bis sich die Hornschicht anfärbt. Dafür soll der Farbton aber sehr natürlich wirken.

Weitere Infos unter:
www.douglas.de
www.lancome.de
www.larocheposay.de
www.lavera.de
www.louis-widmer.com
www.nivea.de

Pre-Tan-Präparate sollen einige Tage vor dem Urlaub bzw. der Sonnenexposition aufgetragen werden. Die hauteigene Bräunung soll über das Angebot an Melaninvorstufen von außen beschleunigt werden. Die Aminosäure Tyrosin gilt als Ausgangsstoff für die Melanosombildung und -dunklung im Melanozyten.

Neben Tyrosin enthalten Pre-Tan-Präparate auch die Aminosäure Phenylalanin, um die Melaninsynthese zu steigern. Allerdings konnte nachgewiesen werden, dass sowohl die lokale Anwendung als auch die orale Aufnahme dieser Aminosäuren weitgehend erfolglos bleibt. Aminosäuren penetrieren nur schlecht durch die Zellschichten der Epidermis. Selbst wenn sie in lebende Schichten gelangen sollten, steht nicht fest, ob sie den Weg in die Melanozyten finden und ob ihre Konzentration noch ausreicht, um dort die Melaninsynthese zu beschleunigen.

Weitere Zusätze in Sonnenschutzmitteln sind:
- entzündungshemmende Pflanzenauszüge, z. B. Azulen, Bisabolol, Hypericin, Aloe vera, Allantoin,
- Vitamin B_5 (Panthenol),
- Vitamin E (Tocopherolacetat), Beta-Carotin und Vitamin C als natürliche Antioxidanzien,
- als „Fänger“ für freie Radikale müssen die Vitamine allerdings oral zugeführt werden,
- Repellentien gegen Insektenbisse und -stiche,
- Repairkomplexe (Enzymkomplexe aus inaktivierten Bifidus-Bakterien),
- Gerbstoffe (nur in Präparaten für bereits pigmentierte, unempfindliche Haut),
- Feuchtigkeitsfaktoren (Hyaluronsäure, Harnstoff, Propylenglykol, Aloe vera, Allantoin),
- Duftstoffe und Konservierungsmittel.

Neben den primären Lichtfiltersubstanzen auf chemischer und physikalischer Basis sind sekundäre Lichtschutzsubstanzen bekannt, die die photochemischen Reaktionen der Haut nach UV-Bestrahlungen unterbrechen sollen. Es handelt sich dabei um die antioxidativ wirkenden Vitamine E und C sowie um die Vitamin-A-Vorstufe Beta-Carotin. Infolge von UV-Bestrahlungen bilden sich auf und in der Haut reaktionsfreudige Sauerstoffverbindungen, die sog. „freien Radikale“. Diese Verbindungen können die Bildung eines Erythems auslösen. Sie sind auch für die lichtbedingte Hautalterung und wahrscheinlich für die Hautkrebsentstehung verantwortlich. Die orale Einnahme von Präparaten mit antioxidativen Vitaminen bietet einen sekundären Lichtschutz, weil sie die Haut gegenüber den reaktionsfreudigen Sauerstoffverbindungen stabilisiert.

8.1.4 Anwendungsberatung für Sonnenschutzmittel und After-Sun-Präparate

1 **Vor dem Urlaub:**
- Die Auswahl des Lichtschutzfaktors nach der erwarteten Strahlungsintensität, z. B. Badeurlaub am Mittelmeer mit hohen oder Wanderurlaub im herbstlichen Dänemark mit geringen Strahlungseinflüssen und der individuellen Empfindlichkeit (**Hautbräunungstyp**) treffen.

2 **Im Urlaub:**
- Langsam an die Sonne gewöhnen und Schattenbäder bevorzugen. Dort bräunt die Haut auch, aber langsamer und gesünder.
- Einhaltung der um den Lichtschutzfaktor verlängerten Eigenschutzzeit.

- Das Sonnenschutzmittel 45 Minuten vor dem Sonnenbad gleichmäßig auf die gereinigte Haut auftragen. Die chemischen Filtersubstanzen wirken erst in der Hornschicht der Haut.
- Empfindliche Körperstellen mit Sunblocker oder Kleidung schützen.
- Durch Einnahme von antioxidativen Vitamin-Präparaten mit Beta-Carotin und den Vitaminen E und C die Haut gegen freie Radikale stabilisieren.
- Bei häufigem Wasserkontakt und Schwitzen wasserfeste Präparate bevorzugen.
- Die Mittagssonne meiden. Die Strahlung kann mittags ca. hundertmal intensiver sein als morgens.
- Bei Strandspaziergängen Hut, Sonnenbrille und T-Shirt tragen.
- Beim Schnorcheln, Wasserskifahren und Surfen ein T-Shirt tragen.
- Beim Wintersport fetthaltige Cremes mit hohem Lichtschutzfaktor benutzen.
- Bei empfindlicher Haut zu duft- und konservierungsmittelfreien Präparaten greifen.
- Bei Neigung zu allergischen Hautreaktionen Präparate mit Mikropigmenten und fettarme Sonnengele anstelle von Cremes oder Ölen benutzen.
- Nach dem Sonnen die Haut gründlich von Sand, Salzwasser u. Ä. reinigen und den Feuchtigkeitsverlust durch After-Sun-Präparate ausgleichen.

3 **Nach dem Urlaub:**
- Fett- und feuchtigkeitsspendende Hautpflegeprodukte verwenden.
- Keine Solariumbesuche mehr, denn die Haut braucht jetzt eine Pause.
- Ein Regenerationsprogramm bei der Kosmetikerin buchen.

Sonnenbräune ohne Reue

Wenn die Haut erst „glüht", werden übliche Körperlotionen oft als unangenehm empfunden, obwohl sie gute Pflegeeigenschaften für die sonnenstrapazierte Haut besitzen. Sie lassen sich aufgrund des höheren Fettgehalts schlechter verteilen und hinterlassen nicht die kühlende Wirkung der After-Sun-Lotionen.

After-Sun-Präparate sind ähnlich aufgebaut wie normale Körperlotionen, enthalten jedoch einen höheren Wasser- und Alkoholanteil. Durch die Verdunstungskälte wirken sie kurzfristig kühlend und entspannend. Da sie sehr dünnflüssig sind, lassen sie sich leicht auftragen. After-Sun-Präparate gibt es auch als Gel oder als Aerosol zum Aufsprühen. Spezielle Zusätze wie Panthenol, Allantoin, Aloe vera, Collagenhydrolysate, Repairkomplexe und Antireizstoffe, wie z. B. Azulen und Bisabolol aus der Kamille, wirken beruhigend, kühlend, gleichen den Feuchtigkeitsverlust der Haut aus und sollen die zelleigenen Reparaturmechanismen unterstützen.

Ein richtiger **Sonnenbrand** lässt sich mit fetthaltigen After-Sun-Emulsionen oder -ölen nicht behandeln. Sie führen zu einem Wärmestau auf der ohnehin schon heißen Haut. Kühle Kompressen mit Kamillentee, alkoholfreie Lotionen oder Kühlgel mit reizlindernden Zusätzen sind die Mittel der Wahl. Sehr beruhigend wirken auch Quark- oder Joghurt-Packungen, die mit einem halben Teelöffel Zitronensaft angereichert werden. Sie bleiben 30 Minuten auf der Haut und werden anschließend mit feuchten Tüchern vorsichtig abgenommen. Um den Kühleffekt zu erhöhen, kann die Packung mit einer kalten Auflage abgedeckt werden. Buttermilchumschläge kühlen die erwärmte Haut, ersetzen verloren gegangenes Hauteiweiß und führen Fett und Feuchtigkeit zu. Salben mit Zinkoxid wirken entzündungshemmend.

3

Ist der Sonnenbrand stärker ausgeprägt, sodass eine intensive Rötung mit Schmerzen auftritt, sind Wundgel und Brandgel einzusetzen. Bewährt haben sich die Wirkstoffe Tannin und Dexpanthenol. Beide Substanzen wirken entzündungshemmend. Gel und fettarme Salben mit Aloe vera, Hamamelisextrakten, Calendulaextrakten oder Echinacin beruhigen die entzündeten Hautpartien und machen die Haut widerstandsfähiger gegenüber chemischen und mechanischen Reizen. Kühle Auflagen mit essigsaurer Tonerde erfüllen den gleichen Zweck. In der Apotheke gibt es vorgefertigte, mit den genannten Extrakten präparierte Gazeauflagen. Sie haben den Vorteil, dass sie sehr wenig Fett enthalten und somit keinen Wärmestau in der Haut provozieren.

Treten eine intensive Rötung, starke Schmerzen oder Blasen auf, muss sofort ein Arzt konsultiert werden. Priorität hat hier die aseptische Wundversorgung, um Sekundärinfektionen der Haut zu vermeiden. Die Kosmetikerin kann lediglich Ratschläge für eine weiterführende entzündungshemmende Heimbehandlung geben.

Nehmen Sie Stellung: Eine junge Frau und ihr Freund haben eine 40-Kilometer-Fahrradtour durch die Dünen hinter sich. Durch den frischen Nordseewind haben sie die intensive Sonneneinstrahlung im Mai unterschätzt. Abends „glühen" ihre Gesichter.

Wenn die Reizerscheinungen ganz abgeklungen sind, kann sie die Haut im Rahmen eines Regenerationsprogrammes intensiv pflegen. Zu einer solchen Regenerationskur können Ganzkörperbehandlungen mit Schälkuren, Peelings, Modellagen, Vliesauflagen oder Iontophoreseanwendungen gehören. Bewährte Wirkstoffe sind z. B. Algenextrakte, Aloe vera-Extrakte, Gelee Royale, Propolis, Ginseng, Kieselsäure, Nachtkerzenöl und Macadamianussöl. Zusätzlich können Kombinationspräparate mit den

Vitaminen A, E, C und Selen sowie Kieselerde zur Hautstraffung, Calcium zur Milderung der allergischen Symptome und Ginseng zur Stärkung des gesamten Organismus eingenommen werden. Doch die Hauptaufgabe der Kosmetikerin liegt nicht in erster Linie in der Nachsorge, sondern in der Aufklärung über einen angemessenen Sonnenschutz.

Nach dem Urlaub sollte man von den wasserhaltigen Après-Produkten Abschied nehmen. Fetthaltige Körperlotionen erhalten die Bräune am längsten, da sie die Austrocknung der strapazierten Haut verhindern und Hornschüppchen für einige Stunden unsichtbar machen. Kosmetisch ist es allerdings wünschenswert, auf eine intensive Bräune zu verzichten und die Haut auch während des Urlaubs weich und geschmeidig zu erhalten.

8.2 Selbstbräunungsmittel

Wer sich der Gefahren des Sonnenbadens bewusst ist, aber trotzdem nicht auf eine Bräunung der Haut verzichten möchte, kann **Selbstbräunungspräparate** benutzen. Der Hauptwirkstoff von Selbstbräunungsmitteln ist **Dihydroxyaceton** (**DHA**) in einer Konzentration von zwei bis fünf Prozent. DHA ist eine im Labor nachempfundene Zuckerart, die auch im menschlichen Stoffwechsel nachgewiesen werden kann. DHA reagiert mit dem Keratin der Hornschicht. Innerhalb von zwei bis sechs Stunden nach der Applikation bildet sich eine braune Verbindung mit den Keratinbestandteilen der Epidermis. Bei 10 bis 15 % aller Menschen fehlen allerdings die entsprechenden Aminosäuren des Hautkeratins. Die Anwendung von Dihydroxyaceton bleibt bei ihnen daher erfolglos.

Neben dem traditionellen Zuckermolekül DHA werden seit einigen Jahren auch Erythrulose und bräunende Pflanzenextrakte zum Bräunen der Haut eingesetzt. Der aus der ayurvedischen Medizin bekannte Pflanzenstoff Mahakanni verspricht eine natürliche Bräunung und ist gleichzeitig geruchsneutraler als DHA. Für eine gleichmäßigere Bräunung werden heute selbstbräunende Substanzen mit leicht keratolytischen AHA-Säuren kombiniert.

Je nach Zusammensetzung des Säureschutzmantels und Dicke der Hornschicht ergeben sich unterschiedliche Gelb-Braun-Schattierungen. Um unerwünschte Gelbtöne zu vermeiden, werden **Juglon** und **Lawson** zugesetzt. Juglon ist ein rötlicher Farbstoff aus den grünen Walnussschalen, der auf die Haut aufzieht und sie bräunlich färbt. Juglon wird teilweise durch die Haut resorbiert und kann zu Allergien führen. Lawson ist der gelblich-rote Farbstoff der Henna-Blätter.

Im Trend liegen getönte Selbstbräuner mit Soforteffekt für die Beine. Die darin enthaltenen Schimmerpartikel sorgen für den „Seidenstrumpf-Effekt" und kaschieren auf diese Weise Hautunebenheiten, Besenreiser und Rötungen. Auch hautstraffende Polymere und feuchtigkeitsspendende Wirkstoffe sollen die Haut der Ober- und Unterschenkel verschönern. Integriert werden ebenfalls Lichtschutzfaktoren.

Sehr beliebt sind Selbstbräuner in Sprayform. Das leichte Fluid wird aufgesprüht, sollte dann aber gleichmäßig auf der Haut verrieben werden. Speziell für das Gesicht werden die Rezepturen immer leichter und auch der Gehalt an DHA variiert stark. Lotionen werden wie ein Gesichtswasser mit einem Wattepad aufgetragen und ziehen rasch ein, sodass danach ohne längere Wartezeit die normale Tagespflege benutzt werden kann. Häufig sind die Selbstbräuner für das Gesicht leicht getönt, sodass eine sofortige Auffrischung des Teints gegeben ist. Außerdem bieten sie den Vorteil, dass man bei der Applikation sofort sehen kann, ob der Selbstbräuner gut verteilt wurde.

1. Selbstbräunende Cremes und Lotionen müssen gleichmäßig auf die gereinigte Haut aufgetragen werden. Alle lockeren Hornschüppchen sollen vorher durch ein Peeling entfernt werden. Wenn Talg- und Schweißreste mit Dihydroxyaceton reagieren, entstehen braune Pünktchen.
2. Zwanzig Minuten nach dem ersten Auftragen sollte die Creme noch einmal auf der Haut verteilt werden. Die Zubereitung darf nicht zu schnell in die Haut einziehen. Aus diesem Grund haben sich wässrig-alkoholische Lösungen nicht bewährt.
3. Vorteilhaft sind getönte Selbstbräuner, da genau zu erkennen ist, wo bereits gecremt wurde und wo noch nicht.
4. Stark verhornte und behaarte Körperstellen sollten sparsam eingecremt werden.
5. Nach dem Auftragen muss man sich sofort gründlich die Hände waschen, sonst werden die (stärker verhornten) Handinnenflächen mit gefärbt.
6. Unmittelbar nach dem Auftragen von Selbstbräunungsmitteln darf die Haut nicht mit Textilien in Kontakt kommen. Leder, Wolle, Seide, Nylon oder Perlon können sogar dauerhaft angefärbt werden. Während des Auftragens und bis zu zwölf Stunden danach sollte man Textilien aus Baumwolle tragen.
7. Die entstehende Farbe ist nach ca. vier Stunden wasserfest. Unschöne Übergänge können jetzt nur noch durch Abtragung der Hornschicht, z. B. mit einem Körperpeeling, oder vorsichtig mit einem Bimsstein entfernt werden.
8. Die Tönung hält drei bis fünf Tage, je nachdem, wie schnell sich die Hornschicht erneuert. Dann muss die Applikation wiederholt werden.
9. Die mit Selbstbräunungsmitteln angefärbte Hornschicht bietet keinen zusätzlichen Schutz gegenüber UV-Strahlen.

10 Beim Auftragen Einmalhandschuhe anziehen. Das schützt vor Verfärbungen an den Handinnenflächen und Nägeln, auch das Nagelhäutchen färbt sich schnell an.

11 Fettige Haut nimmt Selbstbräuner schlecht an, deshalb vorher die Haut waschen und ein Peeling verwenden.

12 Am Körper an den Füßen beginnen und aufwärts arbeiten, so wird beim Bücken nichts verschmiert. Hier eignen sich leicht zu verteilende Multipositions-Sprays.

13 Für den Rücken bietet es sich an, einen kleinen Klecks Selbstbräuner auf ein Stück Frischhaltefolie zu geben und es wie ein Handtuch so lange hin und her zu bewegen, bis die selbstbräunende Creme gleichmäßig verteilt ist.

14 Hände und Finger sowie Füße und Zehen mit einem Wattepad einreiben, damit sich die Handinnenflächen nicht verfärben. Hier eignen sich alkoholische Lotionen gut.

15 Augenbrauen, Bart und Haaransätze sollten ausgespart werden. Helle Haare könnten sich ebenfalls verfärben.

Diese Faktoren sind bei der Anwendung von Selbstbräunungsmitteln zu beachten.

Generell wird die Tönung bei helleren Hautbräunungstypen zarter als bei dunklen. Bedingt durch das individuell unterschiedliche Vorkommen der mit Dihydroxyaceton reagierenden Aminogruppen im Hautkeratin, ergibt sich eine unterschiedlich starke und gleichmäßige Anfärbung der Hornschicht. Eine Alternative verspricht die Einnahme von Beta-Carotin-Kapseln. Der gelborange Farbstoff Beta-Carotin und der orangerote Farbstoff Canthaxanthin sind natürliche Carotinoide aus der Möhre und aus essbaren Pilzen. Sie dienen auch als Lebensmittelfarbstoffe. Bei erhöhtem Blutspiegel zeigen sie die Tendenz, sich u. a. in der Haut abzulagern und die Haut gelbbraun zu färben. Canthaxanthin ist in Verruf geraten, da es kristalline Ablagerungen in der Netzhaut des Auges verursachen und das Sehvermögen beeinträchtigen kann.

Weitere Infos zu Selbstbräunungsmitteln unter:
www.bebe.de
www.biotherm.de
www.carita.de
www.clarins.de
www.decleor.de
www.garnier.de

8.3 Depigmentierungsmittel

Pigmentstörungen zählen zu den häufigsten Hautproblemen. Ihre Ursache liegt in einer gestörten Melanozytenaktivität. Die Melanozyten werden durch Hormone oder Umwelteinflüsse an einer gleichmäßigen Melaninsynthese und Melaninverteilung gehindert. Pigmentstörungen können mit verschiedenen Pflanzenextrakten, wie z. B. Brennessel, Klette, Löwenzahn, Birke oder Propolis leicht beeinflusst werden. Extrakte der asiatischen Wurzel Konnyaku in Verbindung mit Vitamin-C-Phosphat haben sich bei den pflanzlichen Mitteln gegen Hyperpigmentierungen am besten bewährt. Auch den höher konzentrierten Fruchtsäurepräparaten werden hautbleichende Eigenschaften zugeschrieben.

Ein neuer Wirkstoffkomplex gegen Hyperpigmentierungen besteht in der Kombination von Tyrosin-Peptiden und Vitamin-C-Phosphat. Tyrosin-Peptide verdrängen die Aminosäure Tyrosin. Diese Aminosäure wird mithilfe von UV-Strahlen oxidiert. Das ist der erste Schritt bei der Melaninsynthese. Das dabei entstehende Zwischenprodukt DOPA wird beim nächsten Schritt der Kettenreaktion umgewandelt. Vitamin C ist in der Lage, das Endprodukt wieder in DOPA zurückzuverwandeln. Durch Tyrosin-Peptide und Vitamin C kann die komplizierte Kettenreaktion bei der Melaninsynthese unterbrochen werden. Bleichmittel auf der Basis von Tyrosin-Peptiden und Vitamin-C-Phosphat hemmen die Pigmentbildung daher sehr effektiv. Sie sollen auch bei Langzeitanwendung hautverträglich sein.

Bei dunkleren Hautfärbungen und bei örtlich begrenzter Pigmentanreicherung, wie sie z. B. bei Pigmentflecken auftritt, dauert es bei täglicher Anwendung der **Bleichmittel** einige Wochen, bis eine Aufhellung zu sehen ist. Das bereits gebildete Melanin benötigt drei bis vier Wochen, ehe es durch die normale Verhornung der Epidermis aus den unteren Hautschichten nach oben transportiert wird und dabei durch Enzyme abgebaut wird. Aufgrund des Verhornungsprozesses stellt sich die normale Hautfarbe drei bis vier Wochen nach der Anwendung des Bleichmittels wieder ein. Empfehlenswert sind Bleichmittel auf der Basis von Tyrosin-Peptiden und Vitamin-C-Phosphat mit einem Lichtschutzfaktor, weil die Haut durch den verringerten Melaningehalt lichtempfindlicher wird.

Zur Depigmentierung hat sich bisher **Hydrochinon** als wirksam erwiesen. Hydrochinon kann aus einer alkoholischen Lösung, aus einer Cremegrundlage oder eingeschlossen in Liposomen von der Haut resorbiert werden. Es hemmt das für die Melaninbildung wichtige Enzym, die Tyrosinase. Die Wirkung tritt aber erst nach kontinuierlicher Anwendung ein.

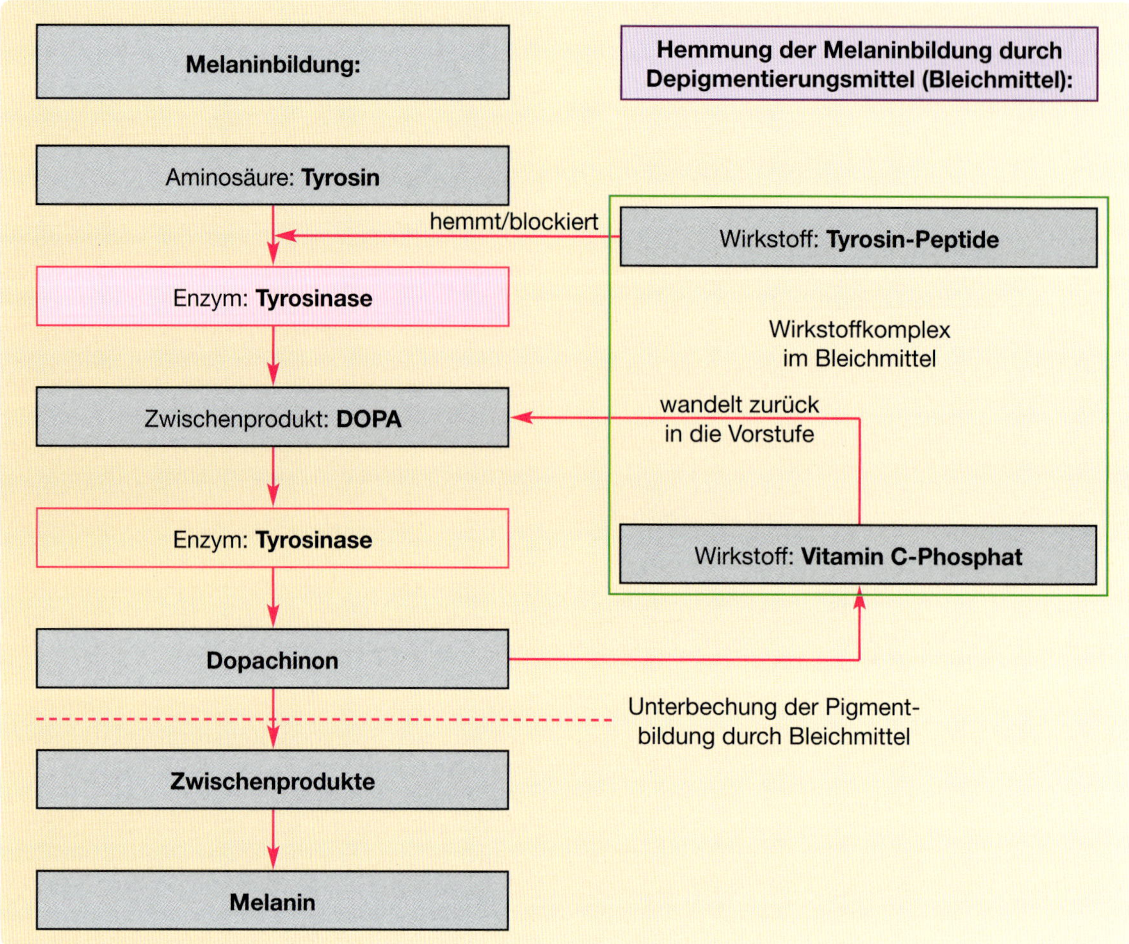

Hemmung der Melaninbildung durch Tyrosin-Peptide und Vitamin C: Die Tyrosin-Peptide hemmen die Oxidation der Aminosäure Tyrosin, indem sie das dafür notwendige Enzym Tyrosinase blockieren. Schon im Melanozyten vorhandenes Dopachinon wird durch Vitamin C zurückverwandelt. Auf diese Weise wird die Melaninsynthese unterbrochen.

Die Konzentration sollte nicht über 5 % liegen, da Sensibilisierungserscheinungen häufig auftreten.

Unter strenger ärztlicher Kontrolle wird eine Kombination aus 5 % Hydrochinon, 0,1 % Retinsäure und 1 % Hydrocortison zur großflächigen Aufhellung der Hautfarbe eingesetzt. Aufgrund des allergenen Risikos ist aus kosmetischer Sicht von einer Aufhellungsbehandlung mit Hydrochinon abzuraten.

Weitere Infos zu kosmetischen Präparaten unter:

www.allergie-helfer.de
www.beautyandnature.de
www.beauty-forum.com
www.bvh.de
www.carpediem.com
www.chemie-master.de/lex/kosmetik
www.chemie.uni-hamburg.de
www.dermaviduals.de
www.dermotopics.de
www.ki-online.de
www.kontrollierte-naturkosmetik.de
www.netdoktor.de
www.umweltdaten.de
www.uptoderm.de
www.wellness-ziele.de
www.zum.de/Faecher/ch

4 Praxis Ganzheitskosmetik

1 Voraussetzungen für kosmetische Behandlungen

Zusammenhänge und Wechselwirkungen zwischen den einzelnen Phänomenen des Lebens zu erkennen und ihren Sinn zu verstehen ist die Grundlage praktizierter **Ganzheitskosmetik**. Eine wichtige Frage in diesem Zusammenhang ist die Frage nach Gesundheit und Krankheit, denn die Kosmetikerin darf nur den gesunden Menschen behandeln.

Gesundheit bedeutet mehr als die Abwesenheit von Krankheit. Die **Gesundheit** des Menschen zeigt sich in der Harmonie seiner geistigen und körperlichen Funktionen sowie seiner Regulationsfähigkeit gegenüber ständig wechselnden Einflüssen aus der Umwelt. Krank ist ein Organismus, wenn wichtige Teilfunktionen so weit von ihrer Norm abweichen, dass die Fähigkeit, sich störenden Umweltreizen anzupassen nicht mehr ausreicht. Der Zustand zwischen Gesundheit und **Krankheit** ist fließend.

Das Vorfeld der Krankheit ist jene Phase der Gesundheitsstörung, die noch keine auffälligen Symptome hervorruft und deshalb kaum zur Kenntnis genommen wird. Der ganzheitskosmetischen Diagnose kommt hier eine besondere Bedeutung zu. Ganzheitliche Behandlungsverfahren sind in der Lage, den Körper zu regenerieren und seine Selbstregulationsmechanismen zu unterstützen. **Wellness**, d. h. Entspannung und Wohlbefinden auf körperlicher und seelischer Ebene, wird negativen Einflüssen entgegengesetzt. Somit tragen viele kosmetische Methoden zur Harmonisierung des ganzen Menschen bei.

1.1 Das äußere Erscheinungsbild der Kosmetikerin

Das äußere **Erscheinungsbild** einer Kosmetikerin ist Spiegelbild für ihre Arbeitsweise und entscheidet mit darüber, ob eine Kundin sich wohlfühlt. Körperpflege ist eine Voraussetzung: Körpergeruch, fettige Haare, Mundgeruch, Schweißfüße und unsaubere Fingernägel sind abschreckend, wenn es um den Kontakt zu anderen Menschen geht. Die Kosmetikerin ist der Kundin sehr nahe und deshalb kann keiner dieser Zustände geduldet werden. Regelmäßige Körperhygiene ist wichtig und bedeutet eine tägliche Ganzkörperreinigung, regelmäßiges Waschen der Haare und intensive Mundpflege. Für die Achselhöhlen wird im Bedarfsfall ein dezentes Deo verwendet. Auffällige Gerüche wirken unangenehm und sollen zu den Behandlungszeiten gemieden werden. Dazu gehören Nikotin an Händen und Kleidung, Knoblauch und der typische Fastfood-Geruch, der sich auch in den Haaren und der Kleidung festsetzt.

Das äußere Erscheinungsbild einer Kosmetikerin hat Vorbildfunktion. Es entscheidet darüber, ob sich eine Kundin wohlfühlt und ihr Vertrauen entgegenbringt.

Mittellange und lange Haare werden so frisiert oder zusammengebunden, dass sie bei der Behandlung nicht stören oder der Kundin ins Gesicht fallen. Fingernägel müssen aus hygienischen Gründen so kurz sein, dass der Nagel mit der Fingerkuppe abschließt. Wenn die Nägel lackiert sind, muss der Lack tadellos sein. Während der Behandlung wird kein Schmuck an Händen und Armen getragen; Ohrringe nur dann, wenn sie nicht lang herunterhängen.

Das Make-up der Kosmetikerin hat eine Vorbildfunktion. Ob die Kundin am Ende der Behandlung noch ein Make-up wünscht, hängt auch davon ab, ob und wie die Kosmetikerin selbst geschminkt ist. Bei einem extremen Make-up befürchtet die Kundin, ebenso geschminkt zu werden und lehnt dieses von vornherein ab. Trägt die Kosmetikerin kein Make-up, stellt sich die Frage, ob sie von dem, was sie empfiehlt, überzeugt ist.

Berufskleidung ist mehr als nur Hygiene. Viele Kosmetikerinnen lehnen Berufsbekleidung ab und finden es zeitgemäßer, in Straßenkleidung zu behandeln. Kunden sehen das anders. Ein tragendes Argument für Berufskleidung ist sicherlich die Hygiene. Berufskleidung aus reiner Baumwolle ist angenehm zu tragen, lässt sich kochen und schützt die Kleidung. Mischgewebe aus 65 % Baumwolle und 35 % Polyester lassen sich leichter bügeln und können im Bedarfsfall auch bei hohen Temperaturen gewaschen werden.

Arbeitskleidung ist auch ein Kommunikationsmittel. Richtig gewählt vermittelt sie die Philosophie eines Institutes. Wer den Kunden z. B. das Gefühl von Luxus vermitteln will, sollte das auch nach außen verkörpern.

Berufskleidung kann auch Mitarbeiter motivieren. In schicker Berufsmode fühlt man sich wohl und eigene Kleidersorgen entfallen. Auch ein Firmenlogo hat überwiegend positiven Einfluss auf die Einstellung der Mitarbeiter. Sie fühlen sich zugehörig und repräsentieren ihre Firma. Je niveauvoller diese ist, umso exklusiver fühlen sich auch die Mitarbeiter. Das sollte allerdings nicht so weit gehen, dass sich das Verhalten von zuvorkommend höflich in arrogant überheblich verändert.

Arbeitskleidung ist heute keine „Uniform" mehr und sie besteht auch nicht mehr aus dem berühmten weißen Kittel. Kombinationen aus Hosen, Kitteln, Kasaks und Leggins in allen Längen und Weiten, farbig abgesetzt oder mit Motiven gestaltet, lassen keine Wünsche offen. Wichtig ist, dass sie pflegeleicht, zweckmäßig und bequem ist. Röcke oder Kittel sollten nicht zu kurz sein, Oberteile sollten weder hauteng anliegen noch zu tief ausgeschnitten sein.

1.2 Vom Umgang mit Kunden

Die erste Kosmetikbehandlung ist für eine Kundin ein besonderes Erlebnis. Weil sie nicht genau weiß, was auf sie zukommt, ist sie vielleicht etwas zurückhaltend oder schüchtern, je nach Mentalität vielleicht auch eher forsch oder scheinbar besonders selbstsicher. In jedem Fall ist sie dankbar für eine freundliche und entspannte Atmosphäre.

Die **Begrüßung** stellt Weichen. Eine Kundin sollte, wenn sie das Institut betritt, jemanden vorfinden, der sie begrüßt. Nichts ist unpersönlicher, als in fremden Räumen orientierungslos herumzustehen. Die erste Kontaktaufnahme geht von der Kosmetikerin aus. Sie geht auf die Kundin zu und begrüßt sie mit einem offenen Lächeln, mit ihrem Namen und mit Händedruck. Dieser Händedruck sollte bestimmt, aber nicht zu fest sein. Sie als Kosmetikerin stellen sich bei dieser Gelegenheit mit Ihrem Namen vor. Mantel oder Jacke nimmt man der Kundin ab und hängt sie an die Garderobe.

Der weitere Verlauf kann sich unterschiedlich gestalten. Oft werden die Kunden direkt in die Kabine geführt. Viel angenehmer ist aber ein kurzes Gespräch, eine kleine Erfrischung und etwas Zeit zum Eingewöhnen. Man kann die Kundin fragen, auf welchem Wege sie auf das Institut aufmerksam geworden ist, was sie von der Behandlung erwartet oder ob sie besondere Wünsche hat. Das gibt auch der Kundin Gelegenheit, sich mit der Kosmetikerin und der Atmosphäre des Instituts etwas vertraut zu machen.

In großen Instituten oder auf Schönheitsfarmen übernimmt die Institutsleiterin oder eine Empfangsdame die Aufgabe der Begrüßung. Sie führt die Kundin dann zu der behandelnden Kosmetikerin. In diesem Fall macht sie Kundin und die Kosmetikerin miteinander bekannt und teilt der Kosmetikerin eventuelle Wünsche mit. Die Aufgabe der Kosmetikerin ist es dann, der Kundin den Behandlungsablauf zu erklären.

Sympathie entscheidet über den Erfolg. Sympathie ist die Wirkung eines Menschen, die bei einem anderen Menschen ein positives Gefühl erzeugt. Sie ist eine wesentliche Voraussetzung zur Kontaktpflege. Je mehr sich Kosmetikerin und Kundin sympathisch sind, umso besser ist die Basis für eine erfolgreiche Kundenbeziehung.

Kunden, die eher ruhig sind, sollten Sie auch so begegnen. Viel Enthusiasmus wird eine solche Kundin eher abschrecken. Zuhören ist wichtig. Welche Signale gibt die Kundin, mit dem was sie sagt? Welche Sprache spricht der Körper? Je besser die Kosmetikerin darauf eingehen kann, umso entspannter wird die Atmosphäre.

Trotz aller Mühe kann der Erfolg aber ausbleiben und zwischen Kundin und Kosmetikerin kommt keine „gemeinsame Wellenlänge" zustande. In einem solchen Fall sollte eine Kollegin die künftigen Behandlungen übernehmen. Kunden beurteilen die Leistung der Kosmetikerin überwiegend nach ihrem Gefühl. Wenn die Atmosphäre gestört ist, wirkt sich das auf die Behandlung aus. Nur Kunden, die eine Kosmetikerin sympathisch finden und mit ihrer Behandlung zufrieden sind, kommen wieder.

Höflichkeit und Taktgefühl sind wichtig. Gute **Umgangsformen** sind heute keine Selbstverständ-

Auch die Kosmetikkabine entscheidet mit darüber, ob sich eine Kundin wohlfühlt.

lichkeit mehr. Junge Menschen verwechseln sie oft mit Unterwürfigkeit, „Schleimigkeit" und Künstlichkeit. Trotzdem gibt es auch den entgegengesetzten Trend. Junge Erwachsene stellen fest, dass der berufliche Erfolg mit Höflichkeit schneller zu erreichen ist. Im Kosmetikinstitut erleichtern gewisse Spielregeln das Miteinander unter Kolleginnen und den respektvollen Umgang mit Vorgesetzten. Die Atmosphäre, die dadurch entsteht, nimmt die Kundin ganz deutlich wahr.

Unsitten in einem Institut sind z. B. die unaufmerksame Begrüßung der Kundin, wenn ihr die Garderobe nicht abgenommen wird, oder wenn sie die Aufforderung bekommt, schon mal in die Kabine zu gehen, wo man sie warten lässt. Private Gespräche am Telefon oder von Kollegin zu Kollegin sind ebenso unangebracht wie ständiges Reden während der Behandlung. Private Angelegenheiten, überschwengliches Verhalten und ein Redeschwall von Seiten der Kosmetikerin sind völlig fehl am Platz und werden von den Kunden als äußerst unangenehm empfunden.

Das Verhalten nur an festen Regeln zu orientieren hat oft den Anschein von reiner Kopfarbeit: eben Höflichkeit wie erlernt. Taktgefühl hat schon eher etwas mit dem ganzen Menschen zu tun, denn es berücksichtigt immer die Situation des Gegenübers. Taktgefühl äußert sich im „Wie": Wie sage ich es dem anderen? Wie antworte ich ihm? Wie bitte ich um etwas? Wie mache ich ihm etwas verständlich? Und: Wie überzeuge ich ihn? Taktgefühl erfordert Einfühlungsvermögen, gewährleistet aber gleichzeitig die Freiheit, einen ganz individuellen Verhaltensstil zu entwickeln.

Einige Regeln, die in einem Kosmetikinstitut wichtig sind, sollten Sie deshalb beachten. Wer einen Raum betritt, grüßt laut und deutlich. Eine angebotene Hand darf nicht abgelehnt werden. Burschikoses Verhalten führt leicht zu Missverständnissen. Gerade bei der Haut- und Körperdiagnose darf man niemanden kränken. Wenn man mit jemanden spricht, schaut man ihn an. Sein Gegenüber sollte man immer ausreden lassen. Die Bezeichnung „Fräulein" ist out. Akademische Titel gehören zum Namen und nur der Titelinhaber kann die Nennung erlassen. Kunden wird in jedem Fall die Tür aufgehalten. Kritik an Kolleginnen niemals vor Kunden äußern. Niemals über geschäftsinterne Dinge zum Kunden sprechen. Die Behandlung nicht wegen geschäftlicher Angelegenheiten unterbrechen; ggf. Anrufbeantworter einschalten und bei Gelegenheit unbedingt zurückrufen.

Jede Kundin kommt mit einer **Erwartungshaltung** zur Behandlung; sie möchte etwas erleben, was mit ihren normalen Alltagspflichten nichts zu tun hat. Sie wünscht sich ein optimales Maß kosmetischer Pflege, sie möchte verwöhnt werden und sich erholen. In der Weise, wie man für Gäste Vorbereitungen trifft, damit sie sich wohlfühlen, sollte man es auch für jede Kundin tun.

Die **Kosmetikkabine** ist der Ort, an dem sich die Kundin eineinhalb bis zwei Stunden aufhält. Sie sollte deshalb gut gelüftet und aufgeräumt sein. Frische Handtücher, frische Kompressen, sauberes Handwerkszeug und ein sauberer Arbeitswagen müssen eine Selbstverständlichkeit sein. Um den Arbeitsablauf rationell zu gestalten, sollte so viel wie möglich vorbereitet werden, z. B. der Wachserhitzer kann eingeschaltet und die Augenkompressen zum Färben der Wimpern können vorgeschnitten sein. Eine leise und unaufdringliche Musik kann spielen. Frische Blumen erfreuen und geben der Kundin das Gefühl, wirklich willkommen zu sein. Dafür hat sie sich die Zeit genommen und dafür ist sie bereit, Geld auszugeben.

2 Die Gesichtsbehandlung

Die Gesichtsbehandlung gehört zu den Standardbehandlungen in einem Kosmetikinstitut. Sie umfasst die Nackenmassage und die Behandlung von Gesicht, Hals und Dekolleté.

Der Ablauf einer **Gesichtsbehandlung** muss individuell gestaltet werden. Die einzelnen Behandlungsschritte müssen so aufeinander aufbauen, dass physiologisch eine sinnvolle Reihenfolge entsteht. Eine grundsätzliche, aber variable Reihenfolge der Behandlung ist die folgende: Nackenmassage, Vorreinigung, Hautdiagnose, Färben von Brauen und

Wimpern, Korrektur der Augenbrauen, Intensivreinigung, Entfernen der Hautunreinheiten, Gesichtsmassage, Gesichtspackung, Tagespflege und Make-up. Dieses Grundmuster soll lediglich eine Orientierung darstellen. Spezielle Behandlungsverfahren können zusätzlich integriert oder ein Behandlungsschritt durch einen anderen ersetzt werden.

Die Grundlage für die Entscheidung ist zunächst die Hautdiagnose, dann der zeitliche Rahmen, auf den die Kundin sich eingestellt hat und nicht zuletzt die finanziellen Möglichkeiten einer Kundin. Es schafft eine Menge Unmut, wenn die Kundin während der Behandlung Empfehlungen bekommt, die sie zusätzlich bezahlen muss. Sie hat kaum Argumente dagegen. Weil sie liegt, ist sie der Kosmetikerin gefühlsmäßig unterlegen und zuzugeben, dass sie mehr als eine bestimmte Summe nicht ausgeben will, ist ihr peinlich. So darf man mit Kunden nicht umgehen. Deshalb muss der Behandlungsablauf im Vorgespräch geklärt werden.

Der erste Schritt in die Kabine ist für eine neue Kundin etwas Besonderes, aber auch Unbekanntes. Die Kosmetikerin sollte die Kundin auf jeden Fall in die Kabine begleiten und die Tür hinter sich schließen. Bitten Sie die Kundin, das Schuhwerk sowie ihren Hals- und Ohrschmuck abzulegen und erklären Sie, welche Kleidungsstücke abgelegt werden müssen. Bei vielen Kundinnen bestehen Hemmungen, die Oberbekleidung einschließlich BH abzulegen. Hilfreich kann es sein, ein Handtuch hinzuhalten, hinter dem die Kundin sich auszieht und welches dann sofort zum Bedecken des Oberkörpers benutzt wird. Eine andere Möglichkeit ist es, der Kundin zu zeigen, wo sie ihre Kleidung hinhängen kann, ihr ein Handtuch hinzulegen und die Kabine kurz mit dem Hinweis zu verlassen, man warte einen Augenblick draußen vor der Kabinentür. Ältere Kundinnen oder solche nach einer Brustamputation mögen diese Lösung oft lieber. Hier ist Fingerspitzengefühl angesagt. Aber auch, wenn eine Kundin keine Hemmungen hat, sich auszuziehen, schaut man sie keinesfalls von oben bis unten an. Die Intimsphäre der Kundin muss immer gewahrt bleiben.

Bei der Vorbereitung der Kundin ist Sorgfalt geboten. Die Kundin soll sich wohlfühlen. Sie soll für die Zeit der Behandlung bequem liegen und ihr soll angenehm warm sein. Nach der Behandlung sollen Kleidung und Frisur keine Spuren der Behandlung aufweisen. Lange Haare bindet man zusammen und steckt sie am Oberkopf mit einer Spange fest. Danach legt man ein Frotteeband an oder verwendet eine Kosmetikhaube aus Zellstoff. Bei kurzen Haaren, die oft widerspenstig sind, ist das Frotteeband eher geeignet als die Haube, vor allem dann, wenn man es vorne schließt. Damit am Ende der Behandlung keine Gummibandabdrücke auf der Haut zu sehen sind, schlägt man um den Rand der Kosmetikhaube ein Zellstofftuch. Wichtig ist, alle Haare so abzudecken, dass sie nicht fettig werden können. Für die Frisur sind die Kosmetikhauben günstiger, weil sie die Haare nicht so zusammendrücken. Damit die Füße nicht kalt werden, stellt die Kundin sie auf ein Handtuch oder sie bekommt gleichzeitig ein Fußbad.

Nach der Nackenmassage nimmt die Kundin auf der **Kosmetikliege** Platz. Diese wird so weit heruntergefahren, wie die Kundin es als angenehm empfindet. Niemals darf der Kopf tiefer liegen als die Beine. Kopf und Füße sollten eine Linie bilden. Die meisten Liegen lassen sich so richten, dass der Körper in der Mitte einknickt. Von den Kunden wird es als angenehm empfunden, so zu liegen, aber Blut und Lymphe können in dieser Position leicht im Bauchraum „versacken“. Wenn die Kundin bequem liegt, richtet man die Kleidung; Rock und Hosenbeine werden gerade gezogen.

Die Kundin wird zunächst mit einem Badetuch zugedeckt. Im Sommer reicht das meistens aus. An kühlen Tagen können Sie über das Badetuch zusätzlich eine Decke aus Wolle, Baumwolle oder Mischgewebe legen. Die Decke sollte nicht direkt mit der Kundin in Berührung kommen. Badetuch und Decke werden ordentlich eingeschlagen und am Ende um die Füße gelegt, damit diese warm bleiben. Oben wird die Decke umgeschlagen, damit sie im Bedarfsfall bis über die Schultern gelegt werden kann.

2.1 Die manuelle Nackenmassage

Die Arbeit der Kosmetikerin wird von Kunden am meisten anerkannt, wenn sie sichtbare und spürbare Resultate und einen deutlichen Erholungseffekt miteinander verbindet. Um diese Ziele zu erreichen, bedarf es sowohl fachlicher Kompetenz wie einiger Fantasie, was den Behandlungsablauf betrifft. Ein wesentlicher Behandlungsteil ist die Nackenmassage. Es ist unerklärlich, warum viele Kosmetikerinnen darauf verzichten; beinhaltet sie doch alles, was Kunden erwarten.

Das Wort **Massage** hat mehrere Quellen: einerseits aus dem Griechischen mit der Bedeutung „handhaben“, andererseits aus dem Arabischen, wo es „leicht drücken“ bedeutet. Immer ging es darum, dem Körper Gutes zu tun. Die **Nackenmassage**, zu Beginn der Behandlung durchgeführt, ist eine ideale Vorbereitung der Kundin auf die Gesichtspflege. Wie jede Massage hat auch die Nackenmassage mehrere Wirkungsbereiche: Sie wirkt auf die Haut, auf die Muskeln und auf das Nervensystem.

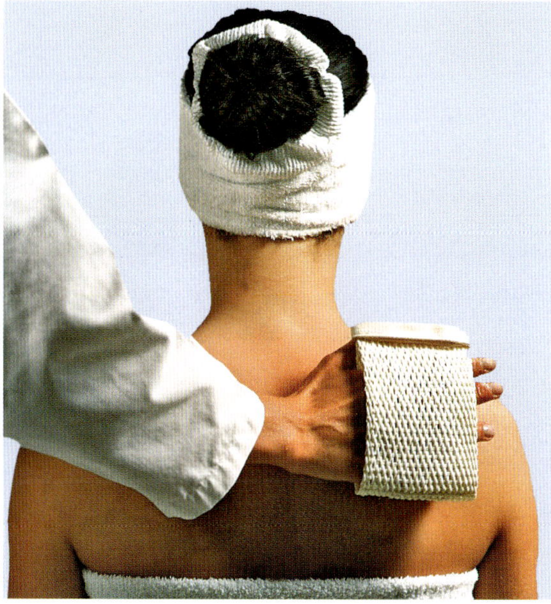

Zur Vorbereitung auf die Nackenmassage kann man die Haut trocken bürsten.

In der Epidermis kommt es durch den mechanischen Reiz zu einer Abschuppung mit dem Effekt der Hautglättung. Über die Rezeptoren, die bis in die Epidermis hineinreichen, erzielt man eine reflektorische Wirkung auf verschiedene Hautbestandteile tieferer Schichten. Im Corium setzt sich diese Wirkung fort. Talg- und Schweißdrüsen werden angeregt. Die Blutgefäße erweitern sich, was zu einer Rötung der Haut führt. Die Subcutis ist die Schicht der Haut, bei der jede klassische Massage die größte Wirkung erzielt. Hier kommt es zur Verkleinerung der Stauungsödeme und einer direkten mechanischen Beeinflussung von Bindegewebsverdickungen. Das Bindegewebe wird trainiert und der Entwässerungskreislauf positiv beeinflusst.

Je nach Grifftechnik kommt es bei der Bearbeitung der **Muskeln** zu einer Entgiftung durch „Auspressen“ und Verschieben von Stoffwechselendprodukten und intramuskulöser Milchsäure. Die Nerven erfahren eine Reizung, wodurch es zu einer Gefäßerweiterung kommt. Dieses wiederum bedingt eine Steigerung der Flüssigkeit in den Gewebezwischenräumen und eine bessere „Nährstoffzufuhr“. Die Massage kann auf das **Nervensystem** beruhigend und „entspannend“ wirken, wenn man sanfte und langsame Griffe ausführt. Sie bewirkt eine Stimulierung durch tiefgreifende und energische Griffe wie Kneten, Friktion und Hacken.

Die Stimulation übt auf Gefäße, Muskeln, Binde- und Fettgewebe eine direkte mechanische und eine indirekte Wirkung aus. Die Nackenmassage hat eine positive Wirkung auf Blut- und Lymphgefäße des Gesichts sowie eine entspannende Wirkung auf die Muskeln. Außerdem ist die Nackenmassage eine wunderbare Möglichkeit der Kontaktaufnahme und der Verbesserung des Allgemeinzustandes der Kundin.

Alle **Massagegriffe** sind nichts anderes als ein Druckvorgang. Aus dem Druck der Handfläche, jeweils moduliert durch Form und Haltung der Hände und der Finger, ergeben sich Grundhandgriffe und Varianten, je nachdem, welche Effekte man auf Muskeln, Nerven, Gewebe und Gefäße erzielen möchte. Sechs Massagegriffe, die als sog. Grundgriffe bezeichnet werden, können beliebig variiert werden.

1. Der reine **Druck** ist der Grundgriff, der eine statisch-komprimierende Aktion in senkrechter Richtung auf die Haut des Klienten ausübt.

2. Das **Streichen** ist ein Handgriff mit verschiedenen Druckintensitätsvariationen.

3. Die **Friktion** ist aufgrund ihrer Durchführung unverwechselbar. Sie wird mit einem oder mehreren Fingern oder mit dem Handballen ausgeführt. Aber auch übereinanderliegende Hände, Handkanten oder Fingerknöchel können eingesetzt werden. Die „mahlende“ Aktion dieses Griffs ist durch den senkrechten Druck auf Unterhaut-, Binde-, Muskel- und Sehnengewebe charakterisiert. Die Friktion ist ein Griff mit „Tiefenwirkung“.

4. Das **Kneten** ist ein lockernder und die Entschlackung fördernder Griff. Die massierende Hand hat festen Kontakt mit der Haut. An den senkrechten Druck schließt sich der Zangenschluss am Muskelstrang mit krallenartigem Zusammenpressen des Muskelgewebes an. Beim Kneten gibt es zwei Grundvarianten: das Oberflächenkneten und das Tiefenkneten. Variationen entstehen durch den unterschiedlichen Einsatz von Fingern, Daumen oder der ganzen Hand.

5. Das **Klopfen** besteht aus einem wiederholten Klopfen der Haut mit schnellen Schlägen, die mit den Fingern und der geöffneten oder geschlossenen Hand durchgeführt werden. Auch die **Percussion** kommt in mehreren Variationen vor. Klopfen wirkt stimulierend auf die Nerven und bewirkt schnelle und häufige Muskelkontraktionen. Eine reflektorische Wirkung auf die Arterien hat einen vermehrten Blutstrom zur Folge; mit all seinen positiven Konsequenzen.

6. Die **Vibration** ist ein sehr schneller Handgriff, weil man sie mit sehr kurzen und schnellen Bewegungen auf einen Körperteil überträgt; ein regelrechtes Zittern. Die manuelle Vibration ist nicht so einfach und wird deshalb lieber mittels Geräten durchgeführt. Manuell kann man die Vibration mit den Fingerkuppen, zwischen Daumen und den „eingeklappten“ Fingern beider Hände, den Handballen oder der Handkante durchführen.

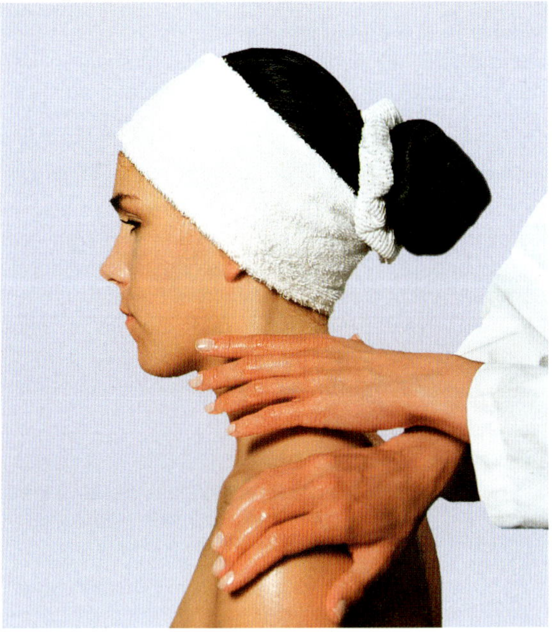

Das Streichen dient der Kontaktaufnahme und den einzelnen Grifftechniken.

Die Friktion ist ein Griff mit „Tiefenwirkung".

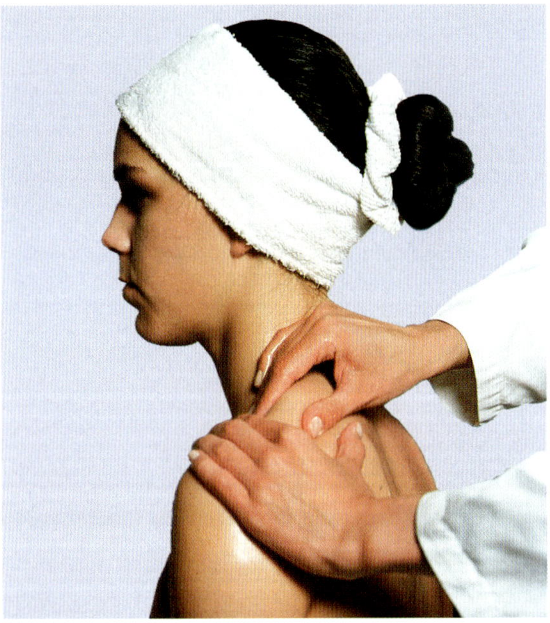

Beim Kneten hat die Hand festen Kontakt mit der Haut.

Das Klopfen wirkt stimulierend auf die Nerven.

Zur Durchführung der **Nackenmassage** sitzt die Kundin am besten auf einem Hocker. Der Hocker sollte so eingestellt sein, dass die Höhe der Unterschenkellänge der Kundin entspricht; nur dann hat sie guten Bodenkontakt. Die Vorderpartie der Kundin wird mit einem Handtuch bedeckt. Nun wird die Schulterpartie gereinigt und mit warmen Kompressen abgerieben. Falls erforderlich, kann sich eine leichte Bürstenmassage anschließen. Massiert wird mit einem Hautfunktionsöl, mit einer speziellen Körpercreme oder mit speziell für die Kundin kreierten Aromen in einer neutralen Trägersubstanz. In jedem Fall soll die Menge so bemessen sein, dass die Hautoberfläche „griffig" bleibt.

Eine Nackenmassage dauert etwa fünf bis sieben Minuten. Während der ganzen Massage sollte die Kundin gerade sitzen, damit die Muskulatur

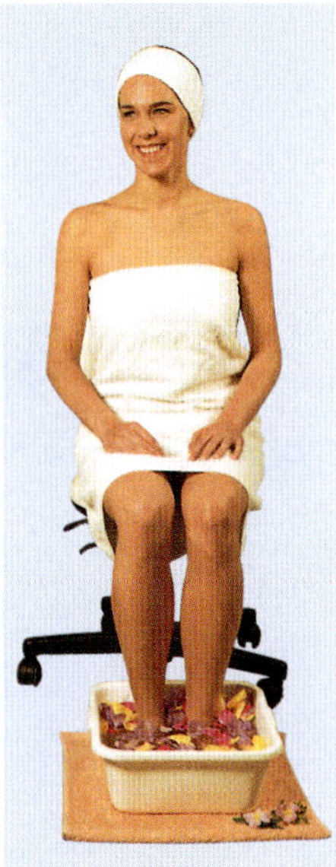

Für die Nackenmassage sollte die Kundin auf einem höhenverstellbaren Hocker sitzen. Die Sitzhöhe entspricht der Unterschenkellänge der Beine.

nicht angespannt ist. Diese Haltung muss häufig korrigiert werden, weil die Haltungsgewohnheiten der Kunden meistens eher nachlässig sind. Die Nackenmassage bezieht sich auf die Partie zwischen der unteren Kante des Hinterhauptbeins und dem zwölften Brustwirbel sowie auf einen Teil der Oberarme. Einbezogen werden folgende Muskeln: der Kappenmuskel (M. trapezius), der Deltamuskel (M. deltoideus), der kleine Rundmuskel (M. teres minor) sowie der große Rundmuskel (M. teres major).

Während der Nackenmassage kann man einer gestressten und sehr angespannten Kundin ein warmes **Fußbad** anbieten. Als Kräuterzusätze eignen sich Lavendel, Rosmarin und Fichtennadelzusätze. Diese wohltuende Ergänzung führt zu einer Entspannung und Beruhigung der Kundin und bereitet so auf die nachfolgende Gesichtsbehandlung vor.

2.2 Die Gesichtsreinigung

Die Reinigung der Haut ist die Grundlage jeder systematischen Hautpflege. Zur **Gesichtsreinigung** gehören die Vorreinigung und die Intensivreinigung. Einzeln oder zusammen haben sie die Aufgabe, die Haut von hautfremden Stoffen wie Staub, Cremeresten, Make-up und den hauteigenen Ausscheidungen zu befreien und sie für die nachfolgende Behandlung vorzubereiten.

Zur **Vorreinigung** zählen das Entfernen von Augen-Make-up und Lippenstift sowie die Hautreinigung von Gesicht, Hals und Dekolleté. Augen-Make-up wird mit einem Augen-Make-up-Entferner entfernt. Man gibt ihn sparsam auf ein feuchtes Wattepad und reinigt die Augenpartie (bei geschlossenen Augen der Kundin) von oben nach unten und von außen nach innen. Den Vorgang so lange wiederholen, bis das Augen-Make-up vollständig entfernt ist.

Lippenstift wird mit Reinigungsmilch oder Reinigungsöl entfernt. Zunächst nimmt man die Farbe mit einem trockenen Zellstofftuch ab. Danach gibt man das Reinigungsmittel auf ein feuchtes Wattepad und wischt über die Lippen, um die restliche Farbe zu

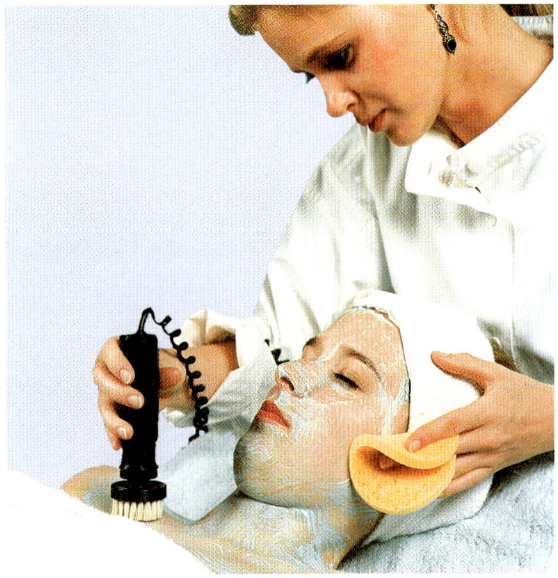

Bei der Reinigung mit einem Gesichtsbürstchen werden auch lose Hornschüppchen von der Haut entfernt.

entfernen. Zum Schluss nochmals mit Zellstoff nachtrocknen, damit keine Reste des Reinigungsmittels auf den Lippen verbleiben.

Man wählt das dem Hautzustand entsprechende Reinigungsmittel und gibt eine Portion davon auf eine Handfläche. Man verteilt das Reinigungsmittel zwischen den Handflächen, bis es etwas angewärmt ist. Mit beiden Händen gleichzeitig beginnt man den Reinigungsvorgang und verteilt das Reinigungsmittel mit ruhigen, aber zügigen kreisenden und streichenden Bewegungen auf Gesicht, Hals und Dekolleté.

Eine Alternative ist die Reinigung mit einem speziellen Gesichtsbürstchen (z. B. aus Ziegenhaar). Dazu trägt man Reinigungsmilch (Öl eignet sich weniger) auf die Haut auf. Mit kreisenden Bewegungen führt man das Bürstchen über die Haut, ohne besonderen Druck auszuüben. Diesen Vorgang kann man manuell und apparativ durchführen. Bei der apparativen Anwendung führt man die Bürste von der Gesichtsmittellinie nach außen, ohne zu kreisen. Diese Form der Reinigung hat den Vorteil, dass sie lose Hornschüppchen von der Haut entfernt und leicht durchblutungsfördernd auf die Haut wirkt. Je nach Hautzustand braucht man keine weitere Intensivreinigung mehr.

Das Entfernen der Reinigungsmilch von der Haut erfolgt mit feuchtwarmen Schwämmchen oder Kompressen. Als **Kompressen** eignen sich z. B. Gästetücher, die jedoch je nach Gesichtsgröße etwas kurz sein können, oder Babywindeln aus Stoff. Das Schwammmaterial ist Viskose. Entscheidet man sich für die Schwämmchen, wird mit zwei Schwämmchen gleichzeitig und parallel gearbeitet. Kompressen

Das Reinigungsprodukt wird z. B. mit einer Frottee-Kompresse entfernt.

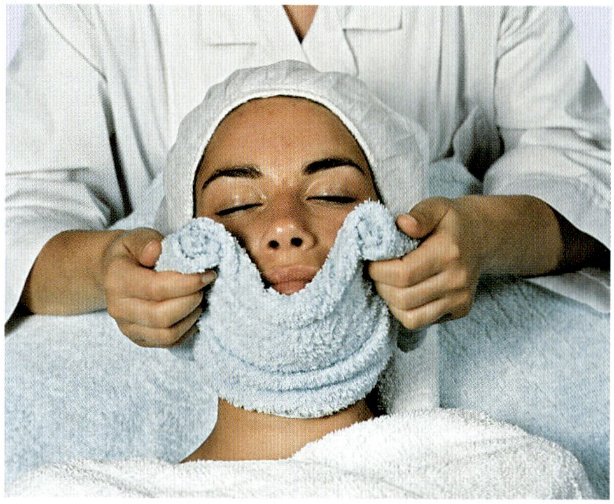

Durch das Einrollen der Kompresse wird diese gleichmäßig genutzt.

4

faltet man zu einem länglichen Schal, legt sie an das Kinn an und klappt sie über je eine Gesichtshälfte nach oben. Von dort aus wischt man das Reinigungsmittel ab, indem die Kompressenenden nach dem Abwischen einer Hautpartie nach außen geklappt werden. So ist gesichert, dass die ganze Kompresse genutzt wird und nicht nur eine Fläche von wenigen Quadratzentimetern. Vom Kinn aus dreht man die Kompresse um und reinigt Hals und Dekolleté. Danach wird die Kompresse gut ausgewaschen. Dieser Vorgang wird einige Male wiederholt, bis das Reinigungsmittel vollständig von der Haut entfernt ist.

In das Kompressenwasser kann man Kräuterzusätze geben, die gut duften und die Kundin in eine angenehme Stimmung versetzen, z.B. Düfte von Rosenblüten, Lavendel und alle Citrusdüfte. Eine andere Möglichkeit besteht darin, nach der Vorreinigung ein oder zwei gut warme Kompressen, die mit Kräutertee getränkt sind, auf das Gesicht aufzulegen.

Neben dem Reinigungseffekt soll die Haut in einen Zustand versetzt werden, der kosmetischen Produkten das „Eindringen" erleichtert. Dazu ist es notwendig, dass die natürlichen Barrieren der Haut beeinflusst werden. Diese Barrieren stellen aber in erster Linie einen Schutz für die Haut dar. Bei jeder Beeinflussung dieser Barrieren wird gleichzeitig die Schutzfunktion der Haut beeinträchtigt. Bei der Wahl des Reinigungsmittels sollten Sie sich dessen bewusst sein und eine Hautreinigung immer im Verhältnis zu Ihrem Behandlungsziel sehen.

Die **Vorreinigung** erfolgt mit Tensiden, Reinigungsemulsionen oder Reinigungsgelen. Die Aufgabe der Reinigungsprodukte ist es, die hauptsächlich fettigen Oberflächenverschmutzungen der Haut zu lösen, damit sie anschließend mechanisch entfernt werden können.

Reinigungsemulsionen sind die mildesten Reinigungsmittel. Öl-in-Wasser-Emulsionen sind wesentlich beliebter, weil sie mit Wasser abgewaschen werden können und der Kundin das gewünschte saubere Gefühl verleihen. Reinigungsemulsionen sind für alle Hauttypen gleichermaßen geeignet. Bei der Anwendung sollte man beachten, dass das Produkt eine kurze Zeit auf der Hautoberfläche verbleibt. Erst dann wird es mit Kompressen oder Zellstoff entfernt.

Reinigungsgele sind geschmeidiger als ein flüssiges Tensid. Die Kunden empfinden ein Gel angenehmer in der Anwendung. Weniger austrocknend ist es deshalb nicht und sollte nur kurzfristig bei fettiger Haut benutzt werden.

Reinigungspräparate haben eine vorbereitende Funktion, die möglichst hautschonend sein soll. Die Frage ist erlaubt, wozu Stoffe wie Collagen, Elastin, Panthenol und Vitamine in einem solchen Produkt enthalten sind, das nur kurz auf der Hautoberfläche verweilt und die Aufgabe hat, „Stoffe" von der Haut zu entfernen.

Der Begriff **Intensivreinigung** hat das bisher verwendete Wort **Tiefenreinigung** abgelöst, weil dieses eine falsche Vorstellung von der Intensität des Vorganges und dem zu erwartenden Ergebnis vermittelt. Die Intensivreinigung hat die Aufgabe, die Hornschicht der Haut zu quellen, zu lösen und mechanisch zu beeinflussen sowie die Haut zu entfetten. Manchmal kommen alle Wirkungsweisen gemeinsam vor. Die Intensivreinigung ist ein regelrechter Angriff auf die Hautfunktionen und darf nur nach sorgfältiger Hautdiagnose gewissenhaft eingesetzt werden. Keinesfalls darf nur deshalb eine Intensivreinigung erfolgen, weil es die Reihenfolge der Behandlung vorschreibt. Methoden der Intensivreinigung sind die Dampfbehandlung, die **Abrasion** und Schälmethoden.

2.3 Die kosmetische Hautdiagnose

Die Haut ist das Organ, das die Beziehung zwischen allen körperlichen Vorgängen und der Umwelt regelt. Auf der Haut manifestieren sich aber auch Störungen in dieser Beziehung. Sehr wichtig ist eine Hautdiagnose, wenn sinnvoll und wirksam gearbeitet werden soll.

Der Begriff **Diagnose** stammt aus dem Griechischen und bedeutet: unterscheidende Beurteilung und Erkenntnis. Für die kosmetische Praxis bedeutet Diagnose das Erkennen und Einordnen von Störungen aufgrund von ermittelten Symptomen. Eine gute Hautdiagnose ist der Teil der Behandlung, der die höchste Qualifikation und die meiste Erfahrung voraussetzt. Man unterscheidet zwei Arten von Diagnosen: die Symptomdiagnose und die Kausaldiagnose.

Die **Symptomdiagnose** orientiert sich an sichtbaren und fühlbaren Erscheinungen der Haut. Das sind typische Merkmale, die z. B. den Hauttyp oder das Hautalter bestimmen. Hinzu kommen vorübergehende Erscheinungen, z. B. bestimmte Effloreszenzen, Hyperpigmentierungen im Zusammenhang mit Hormongaben, Hauterschlaffung nach schnellem Gewichtsverlust. Diese vorübergehenden Erscheinungen können mit kosmetischen Möglichkeiten behandelt werden; nicht selten ist die Zusammenarbeit mit einem Arzt von Vorteil.

Eine weitere Gruppe von Hautmerkmalen sind solche, die als Folge schwerer Erkrankungen oder langwieriger medikamentöser Behandlungen zu sehen sind. Dazu gehören z. B. bestimmte Pigmentanomalien, Gefäßerweiterungen nach Cortisonverabreichung, Xanthelasmen als Hinweis auf Fettstoffwechselstörungen und Hautschäden nach einer Strahlentherapie. Hier ist die Zusammenarbeit mit dem behandelnden Arzt unumgänglich. Eine letzte Gruppe sind solche Symptome, die auf ernsthafte Erkrankungen hinweisen. Dazu gehören Hautverfärbungen bei Leber- oder Nierenerkrankungen sowie bestimmte Hautveränderungen, die auf eine Hautkrebsart hinweisen können. Die Kosmetikerin sollte die Kundin in diesem Fall davon überzeugen, so schnell wie möglich zu einem Arzt zu gehen.

Die **Kausaldiagnose** betrifft das Verhältnis von Ursache und Wirkung. Das Kausalgesetz folgt dem Grundsatz, dass für jedes Geschehen eine Ursache angenommen werden muss. Sowohl für die medizinische Praxis als auch für die Kosmetikerin hat dieses Prinzip weitreichende Bedeutung. Alle Symptome haben eine Ursache. Diese zu finden heißt, sie entweder als unabänderlich zu akzeptieren und sich mit den Folgen innerlich zu arrangieren oder sie zu finden, zu verbessern oder zu beseitigen und somit zu einer Regulierung und Harmonisierung der Ganzheit zu gelangen. Lediglich die Symptome zu behandeln kann niemals zum Erfolg führen.

1 Die Qualifikation der Kosmetikerin: sie benötigt umfangreiche Kenntnisse der Anatomie, Dermatologie, Physiologie und der Krankheitslehre.

2 Die Fähigkeit, in Zusammenhängen zu denken: jedes Symptom hat eine tiefer liegende Ursache. Sie kann sowohl im körperlichen als auch im seelischen Bereich liegen. Für die Symptome der Haut wird man zunächst in den Funktionsabläufen der Organe, des Blutes und der Lymphe die Ursache suchen.

3 Die Atmosphäre beim Erstellen der Diagnose: Sie brauchen viele Informationen von Ihrer Kundin; auch sehr persönliche, manchmal sehr intime. Je mehr Sie einen Menschen kennen lernen möchten, desto mehr müssen Sie über ihn wissen. Wenn Sie die Symptome der Haut in einen ganzkörperlichen Zusammenhang bringen wollen, brauchen Sie Angaben über das bisherige und gegenwärtige Leben, soweit es das Erscheinungsbild der Haut betrifft. Diese Angaben bekommen Sie nur, wenn Sie das Vertrauen der Kundin gewinnen und eine entsprechende Gesprächsatmosphäre schaffen. Dass diese Informationen vertraulich behandelt werden sollten, versteht sich von selbst. Für die Kosmetikerin besteht Schweigepflicht.

Symptom- und Kausaldiagnose sind nicht zu trennen, wenn man ernsthaft Ganzheitskosmetik betreiben möchte. Um eine gute Diagnose zu erstellen, sind bestimmte Voraussetzungen erforderlich.

Alle Angaben zur Anamnese und Diagnose werden in einer **Karteikarte** festgehalten. Sie müssen streng vertraulich behandelt werden. Zugang zu den Daten der Kundin darf nur derjenige haben, der für die Behandlung verantwortlich ist.

2.3.1 Die Anamnese

Ein wesentlicher Teil der Hautdiagnose ist die **Anamnese**. Hier erfahren Sie die notwendigen Informationen über die bisherige und gegenwärtige Lebensführung und Lebensqualität. Es ist sehr wichtig, dass dieser Teil der Diagnose in einer Gesprächsatmosphäre geführt wird, die ein Miteinander ermöglicht. Die Hautdiagnose findet in diesem Umfang vor einer Erstbehandlung der Kundin statt. Sie dauert zwanzig bis dreißig Minuten. Die Kundin erfährt dabei viel über sich und über die Möglichkeiten kosmetischer Behandlungen.

Anamnese kommt aus dem Griechischen und bedeutet Erinnerung. Für die kosmetische Praxis ist die Anamnese die Vorgeschichte einer Störung einschließlich früherer Ereignisse, in der Familie vorkommende Ähnlichkeiten und die aktuelle Lebensweise nach Angaben der Kundin.

Ideal wäre es, wenn man die Kundin bei der Terminvergabe bitten könnte, ungeschminkt zu kommen, möglichst nach einer Vorreinigung, die zu Hause erfolgt ist. Das hat den Vorteil, dass man sieht, wie schnell sich ein erneuter Fettfilm auf der Haut bildet und wie die Hautbeschaffenheit ist, wenn ein bis zwei Stunden nicht an ihrer Oberfläche manipuliert wurde. Geht das nicht, wird die Haut im Institut gereinigt. Danach setzt sich die Kundin aufrecht auf die Kosmetikliege. Sorgen Sie dafür, dass ihr nicht kalt wird. Die Kosmetikerin nimmt seitlich von ihr Platz. Dann werden die einzelnen Fragen der Anamnese gestellt. Durch den Blickkontakt kann die Kosmetikerin erkennen, wie die Kundin auf eine Frage reagiert.

Ihr Geld niemals wert sind Hautdiagnosen, die wie folgt gestellt werden: Die Kundin liegt, die Kosmetikerin sitzt hinter ihr, stellt einige kurze Fragen, schaut durch die Lupe auf die Haut, stellt den Hauttyp fest und beginnt das Verkaufsgespräch mit der Frage nach den Pflegeprodukten. So zu arbeiten ist nicht mehr zeitgemäß, stellt keine Hilfe für die Kundin dar und kann auch nicht im Zusammenhang mit Ganzheitskosmetik gesehen werden.

1 Welche Störung bzw. welches Problem führt die Kundin zur Behandlung?

2 Wie lange gibt es dieses Problem und was wurde bisher dagegen getan?

3 Wie erklärt sich die Kundin selbst das Problem und in welchem Zusammenhang ist es aufgetreten?

4 Bestehen Allergien, wenn ja, welche und kommen diese auch in der Familie vor?

5 Welche Krankheiten kommen oder kamen in der Familie vor (z. B. Bluthochdruck, Diabetes, Herzinfarkt, Hauterkrankungen)?

6 Ist die Kundin in ärztlicher Behandlung, welche Medikamente nimmt sie und wie lange schon?

7 Nimmt die Kundin Abführmittel, Appetitzügler, Beruhigungs- oder Schlafmittel, Schmerzmittel, Hormone (z. B. Pille oder Schilddrüsenhormone), Aufputschmittel?

8 Wie steht es mit Nikotin- und Alkoholgenuss?

9 Wie sind die Schlafgewohnheiten und wie ist die Schlafqualität?

10 Wie ist die Ernährung (zeitlich, qualitativ, besondere Vorlieben usw.)?

11 Wie sind Verdauung und Stuhlgang?

12 Wie ist im Allgemeinen der Blutdruck?

13 Hat die Kundin Freizeit, die nur für sie selbst zur Verfügung steht? Und was tut sie in dieser Zeit? Gibt es eine Freizeitgestaltung mit viel Bewegung? Und wenn ja, welche?

14 Was hat sich in letzter Zeit verändert (z. B. in Bezug auf den Beruf, die Familie, Reisen, Ernährung, Schwangerschaft)?

15 Was sollte medizinisch, d. h. in Zusammenarbeit mit einem Arzt, abgeklärt werden (internistisch, gynäkologisch, dermatologisch)?

Für die Erstellung der Anamnese dient ein Fragenkatalog, der erweitert werden kann.

Durchblutungsstörungen zeigen sich z. B. früh an den Beinen. Das Wachstum der Zehennägel verlangsamt sich, die Zehennägel verfärben sich gelblich-bräunlich und neigen verstärkt zu Pilzinfektionen. Die Füße sind dauernd kalt und behindern abends das Einschlafen. Kribbeln in den Beinen zeigt einen fortgeschrittenen Zustand an ebenso wie die Verfärbung der Haut und die schlechte Heilung von Verletzungen. Starke Teleangiektasien auf der Wangenpartie mit deutlicher Rötung der Haut können auf einen Herzfehler hinweisen. Die Kosmetikerin muss die Kundin dann bitten, den Arzt aufzusuchen. Für die kosmetische Behandlung bedeuten diese Merkmale erhebliche Einschränkungen der Behandlung. Haarentfernung an den Beinen, Cellulitebehandlungen und Stromanwendungen entfallen zunächst.

Stoffwechselstörungen durch Diabetes zeigen sich z. B. früh an der Haut. Teleangiektasien, Juckreiz ohne sichtbare Hautveränderung, Juckreiz und Entzündungen an den Schleimhäuten, immer wieder auftretende Ekzeme und Hautinfektionen, besonders in Hautfalten, sind klassische Symptome. Die Neigung zu Infektionen beruht auf der herabgesetzten Abwehrkraft des Körpers. An den unteren Gliedmaßen erkennt man den Diabetes ebenfalls an Gefäßschäden, an Pigmentflecken und in schlimmen Fällen an der Zerstörung von Gewebe.

Hormone beeinflussen den Zustand der Haut, der Haare und der Drüsen. Störungen der Nebenniere verursachen eine Braunfärbung der Haut. Ihre Überfunktion führt zu übermäßigem Haarwachstum und akneartigen Hautveränderungen. Auch bei Einnahme der Antibabypille kann es zu verschiedenen Hauterscheinungen kommen. Hierzu zählt die fleckförmige

Hyperpigmentierung im Gesicht. Im Zusammenhang mit der Pille können phototoxische Reaktionen auftreten. In diesen Fällen sollte ein wirksamer UV-Schutz empfohlen werden. Einmal entstandene Flecken sind nur schwer zu beseitigen. Camouflage und andere dekorative Maßnahmen sind oft die einzige Hilfe. Haarausfall ist eine häufige Begleiterscheinung von Hormonbehandlungen, die aber nach dem zweiten oder dritten Zyklus verschwindet. Das Haar wird dann oft voller und schöner als vorher. Krampfadern gehören schon zu den bedrohlichen Gesundheitsstörungen. In Verbindung mit Nikotin und mangelnder Bewegung liegt eine erhöhte Neigung zur Bildung von Blutgerinnseln vor. Kosmetisch aktivierende Maßnahmen sind hier unzulässig. Scheidenentzündungen und Pilzinfektionen der Scheide können eine Begleiterscheinung der Pilleneinnahme sein. Hormone können zu starken Stimmungsschwankungen führen. Sowohl in der Pubertät als auch im Klimakterium und bei Verabreichung der Pille ist das zu beachten.

2.3.2 Die Diagnose

Die kosmetische **Hautdiagnose** beschreibt zunächst das äußere Erscheinungsbild der Haut. Durch Sehen, Fühlen und Riechen ergeben sich alle Fakten, die maßgeblich für die Wahl der Behandlungsmethoden sind.

Da der Hautzustand eng mit der Psyche und der körperlichen Verfassung verbunden ist, unterliegt er starken Schwankungen. Das macht es erforderlich, die Haut vor jeder Behandlung neu „in Augenschein" zu nehmen. Eine wesentliche Voraussetzung dafür ist eine gute Beleuchtung, wie sie die **Lupenleuchte** mit einer Vergrößerung von 3,5 Dioptrien und einer schattenfreien Ausleuchtung bietet. Weitere Hilfsmittel sind die Woodlamp, Objektträger, Spatel und Hautanalysegeräte.

Die **Woodlamp** zeigt den Hautzustand anhand von Fluoreszenzen. Die „Abstrahlung" der Haut stellt sich je nach Hautzustand in unterschiedlichen Farben dar. Diese Form der Diagnose kann allerdings nur in einem völlig dunklen Raum stattfinden.

Objektträger sind kleine abgerundete Glasplättchen, die einen Eindruck vom Fett- und Feuchtigkeitsgehalt der Haut vermitteln sollen. Die Kundin muss ihre Haut zu Hause reinigen und darf danach keinerlei Präparate benutzen. Im Institut wird der Objektträger auf die Haut gelegt und leicht angedrückt. Die mehr oder weniger starke Trübung des Glases und eventuelle Tröpfchenbildung sagen etwas über die Wasser- und Fettausscheidung der Haut aus. Diese Methode ist allerdings nicht sehr genau.

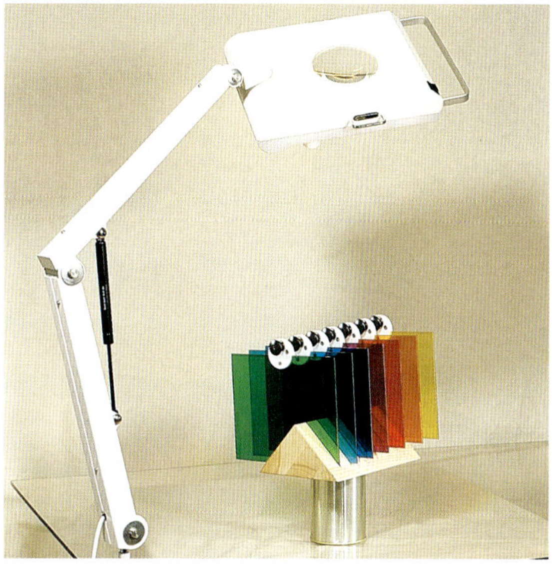

Die Lupenleuchte bietet für eine Hautdiagnose eine gute Beleuchtung und Vergrößerung der Haut. Bei dieser Leuchte kann zugleich eine Farblichttherapie durch vorgesetzte Farbfilter erfolgen.

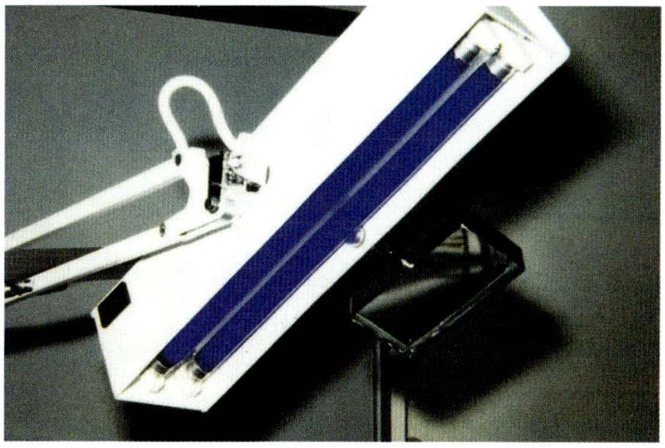

Die Woodlamp zeigt den Hautzustand anhand von Fluoreszenzen.

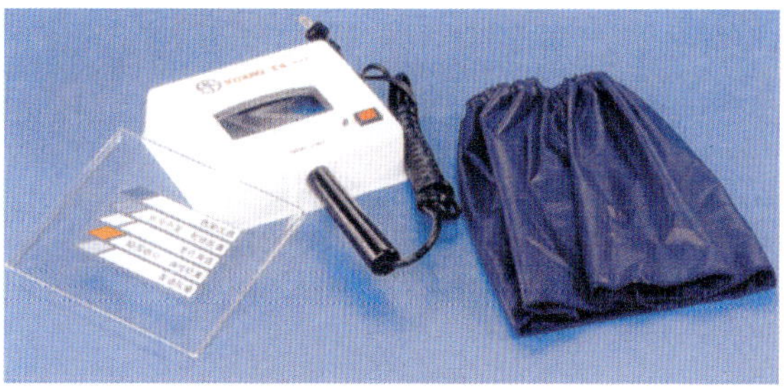

Woodlamp zur Hautdiagnose

Spatel benutzt man zum Testen der Hautempfindlichkeit. Diese Methode nennt man **Dermographie**. Dazu fährt man mit der abgerundeten Kante über die Haut des Dekolletés und beschreibt beispielsweise ein Kreuz. Zunächst bildet sich eine weiße Linie. Je nachdem, wie schnell und wie heftig sich diese in eine Rötung umwandelt, gibt das Aufschluss über die Reaktionsbereitschaft der Haut.

4

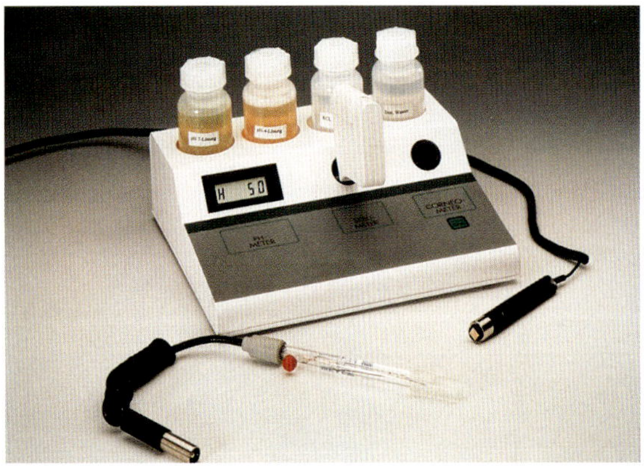

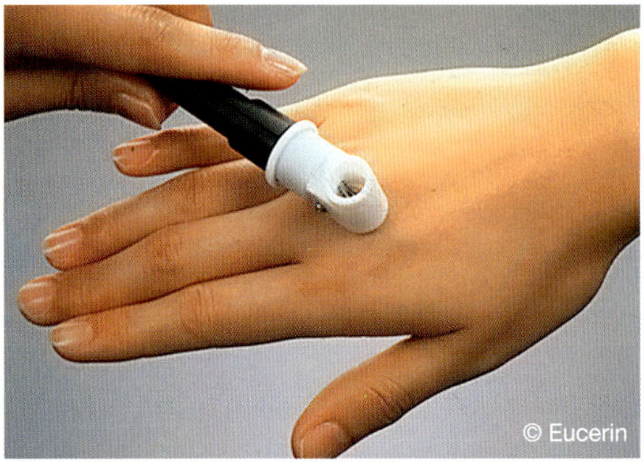

Hautanalysegeräte können die Feuchtigkeit, den Fettgehalt und den pH-Wert der Haut messen.

Hautanalysegeräte können schnell und unkompliziert den Fett- und Feuchtigkeitsgehalt, den **pH-Wert** und die Elastizität der Haut zu bestimmen. Der Vorteil liegt in der möglichen Kontrolle des Behandlungserfolgs, in der Darstellung von Hautdefiziten und der Verbesserung nach kosmetischen Behandlungen. Voraussetzung für eine zuverlässige Analyse ist, dass die Haut gründlich gereinigt worden ist. Danach muss eine entsprechende Zeit vergehen, in der die Haut ihren individuellen Zustand neu bildet. Zu bedenken ist, dass diese Geräte relativ teuer in der Anschaffung sind.

Man unterscheidet den Hauttyp und den Hautzustand. Der **Hauttyp** ist entweder normal, trocken oder fettig. Bei der **Mischhaut** ist die Mittelpartie deutlich fettiger als an den Außenseiten. Von Natur aus ist aber jede Haut so konzipiert. Bei der seborrhöischen Haut ist das Erscheinungsbild der Mischhaut deutlicher ausgeprägt als bei der trockenen Haut. Somit hat jeder Mensch eine Mischhaut.

Zum Grundtypus kommen hauttypunabhängige Erscheinungen. Dieses äußere Erscheinungsbild der Haut nennt man **Hautzustand** bzw. **Hautbild**. Der Hautzustand kann kosmetisch beeinflusst werden, der Hauttyp nicht. Der Hautzustand wird bestimmt durch die Hautfarbe, das Hautrelief, den Zustand des Bindegewebes, die Spannung der Muskulatur, den Feuchtigkeitsgehalt der Hornschicht, die sichtbaren Durchblutungsverhältnisse, die Faltenbildung und durch Hautanomalien.

Die **Hautfarbe** wird durch das Pigment Melanin und die Durchblutung der Haut bestimmt. Die unterschiedlichen Tönungen der Haut ergeben sich aus der jeweiligen Pigmentmenge, Zahl und Größe der Melanine, der unterschiedlichen Pigmentverteilung in der Haut sowie durch die unterschiedliche Beschaffenheit und Dicke der Hautstrukturen zwischen Oberhaut und Basalzellenschicht. Bei der **Diaskopie** wird mithilfe eines Objektträgers das Blut aus den Kapillaren „weggedrückt". Dadurch wird der Farbton und die Pigmentierung der Haut sichtbar.

Die transparente bis leicht gelbliche Hauteigenfarbe sowie die **Hautdurchblutung** ist im Zusammenhang mit der Hautpigmentierung schwer zu erkennen. Eine gleichmäßige Durchblutung erzeugt bei heller Haut eine rosige Gesichtsfarbe. Bei Bluthochdruck erscheint die Haut oft kräftiger rot. Schlechte Blutversorgung bewirkt eine Blässe, die vorübergehend sein kann. Weniger gerötete Haut bedeutet nicht unbedingt, dass die Haut unzureichend durchblutet wird. Geschädigte Blutgefäße lassen die Haut in einem blauroten Farbton erscheinen. Erkrankungen, z. B. der Nieren oder der Leber, lassen die Haut bräunlich oder gelblich aussehen. Diese Farbverschiebung findet man meistens partiell, gelegentlich aber auch in der ganzen Hautoberfläche. Der Alterungsprozess des Menschen wird begleitet von Stoffwechselstörungen. Stoffwechselendprodukte werden oft in der Haut abgelagert und als Altersflecken bezeichnet. Selbstbräunungspräparate und Tätowierungen sind demgegenüber zwei Beispiele für eine beabsichtigte, funktionell unabhängige Verfärbung der Haut.

Das **Hautrelief** bezeichnet man auch als **Hautstruktur**. Sie ist abhängig vom Hauttyp, von der mechanischen und physikalischen Beanspruchung der Haut, vom Zustand tieferer Hautschichten und von der Hautpflege. Auf dauernde mechanische Belastung reagiert die Haut mit einer Überverhornung bis hin zur Schwielenbildung. Eine Überverhornung ist auch das Ergebnis von Sonnenbestrahlung und Peelings. Der Hauttyp der fettigen Haut geht einher mit einer groben Hautstruktur, die durch große Poren und Überverhornung gekennzeichnet ist. Wiederholte Entzündungen der Haut, wie z. B. bei der Akne, führen zur Narbenbildung. Die Hautalterung ist immer mit dem Verlust einer glatten Hautoberfläche verbunden. Auch der Wassergehalt des Bindegewebes und die Hautunterpolsterung durch Fettgewebe bestimmen das Hautrelief.

Als **Tonus** bezeichnet man die Spannung des Gewebes. Sie ist Maßstab für den Widerstand der Haut gegen Druck von außen. Man unterscheidet den Gewebe- und den Muskeltonus. Der Gewebetonus

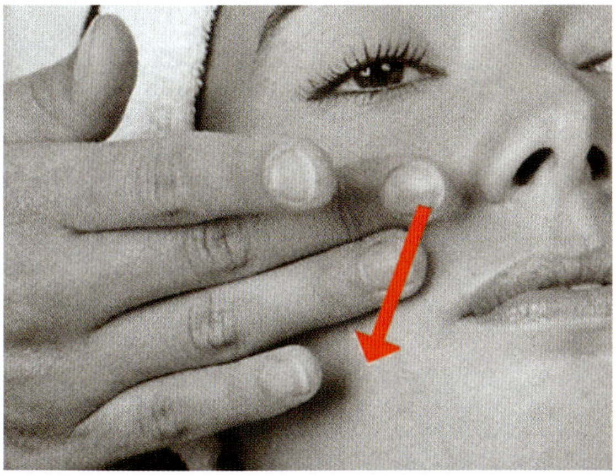

Ertasten der Hautbeschaffenheit an verschiedenen Gesichtspartien

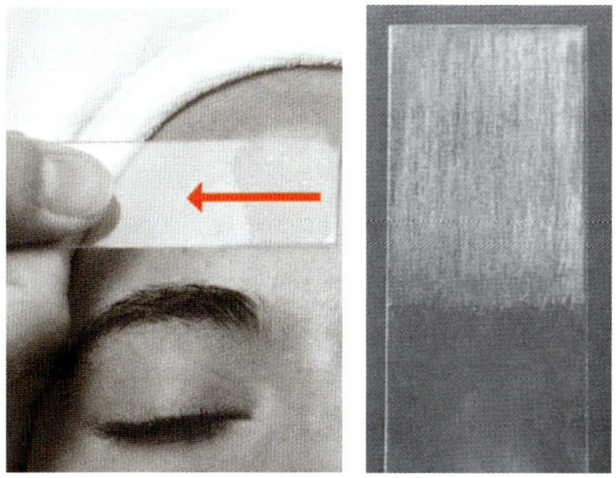

Fett- und Feuchtigkeitsgehalt können mit der Objektträgermethode beurteilt werden.

hängt vom Zustand der elastischen und kollagenen Fasern im Bindegewebe ab. Der Muskeltonus beschreibt den Zustand bzw. die „Fitness" des Muskelgewebes. Muskeln, die nicht bewegt werden, vermindern ihren Tonus.

Die Elastizität der Haut hängt von verschiedenen Faktoren wie Alter, seelischer Verfassung des Menschen, dem gesundheitlichen Zustand, Krankheit und der Aufnahme von Genussmitteln ab. Auch Medikamente beeinflussen die Hautspannung; vor allem Hormone. Narben und Hauterkrankungen wie Psoriasis und Ekzeme haben einen Elastizitätsverlust zur Folge. Mit zunehmendem Alter verringert sich der Tonus.

Die Muskeln des Gesichtes weisen einige Besonderheiten auf. Sie haben nur an einem Ende einen knöchernen Ansatz und enden frei im Gewebe oder liegen frei im Bindegewebe. Außerdem haben sie keine Fazie, die sie dauernd in Form hält. Sie splittern oft in kleinsten Fasern auf, die in der Haut ansetzen und Grüppchen oder Linien bilden. Die Beweglichkeit der Gesichtsmuskulatur wirkt wie eine „Pumpe" auf Blut- und Lymphgefäße. Deshalb ist ihre Aktivität für die Durchblutung und den Stoffwechsel sehr wichtig. Durch aktive und passive Beeinflussung der Muskulatur verbessern sich die Konturen des Gesichts und die Hautbeschaffenheit.

Den Tonus kann man testen, indem man die Haut des Unterlids anhebt und schaut, wie schnell sie in ihre Ausgangsposition zurückgeht. Auch das Zusammenschieben der Wangenpartie zwischen Zeige- und Mittelfinger gibt Aufschluss über die Elastizität.

Der **Turgor** beschreibt den Spannungszustand bzw. die Druckverhältnisse in der Haut. Er entsteht durch osmotische und onkotische Kräfte sowie durch die Gefäße. Die auf **Osmose** beruhenden Kräfte sind vom Salzgehalt der Körperflüssigkeit abhängig. Beim Durchtritt durch die Zellwände gelangt das Wasser in die **Zelle**, nicht aber der gelöste Stoff (Salz). Zwischen Zelle und Zellzwischenräumen besteht ein Konzentrationsgefälle. Onkotische Kräfte betreffen das Wasserbindevermögen feinstverteilter Stoffe im Gewebe (Kolloide). Alle Umstände, die störend auf den Wasserhaushalt des Körpers und auf die Durchblutung wirken, haben einen Turgorverlust zur Folge.

Die Hornschicht der Haut hat einen Feuchtigkeitsgehalt von etwa zehn Prozent. Bei einer Luftfeuchtigkeit von sechzig Prozent nimmt sie weder Wasser auf, noch gibt sie Feuchtigkeit ab. Bei niedrigeren Werten verdunstet die Hautfeuchtigkeit stärker und die Haut wird trocken. Auch Präparate wie Seifen, Gesichtswässer mit entsprechenden Zusätzen (z. B. Alkohol über 10 %, Alaun, Gerbstoffen) sowie Sonnenbestrahlung, Wind, Medikamente beeinflussen den Wassergehalt der Oberhaut ebenso wie eine gestörte Verhornung. Die Oberfläche einer solchen Haut fühlt sich trocken und rau an. Man bezeichnet diesen Zustand als feuchtigkeitsarm, nicht als trocken. Der Zustand der trockenen Haut ist an die Fettproduktion gebunden.

Über den Zustand der Blutgefäße kann die Kosmetikerin nur dann etwas sagen, wenn sichtbare Merkmale vorhanden sind, z. B. Teleangiektasien, Besenreiser und Krampfadern. Aus den sichtbaren Gefäßschäden lassen sich Kontraindikationen für kosmetische Maßnahmen ableiten.

Der Ausdruck „Hautanomalien" ist ein Sammelbegriff für alle hauttypunabhängigen Erscheinungen. Dazu gehören Effloreszenzen, wie z. B. Pigmentanomalien, Warzen, entzündliche Veränderungen, Milien, stoffwechselbedingte Erscheinungen sowie alle, nicht zum Hauttyp passenden Symptome. Die Hautempfindlichkeit äußert sich durch eine Überreaktion der

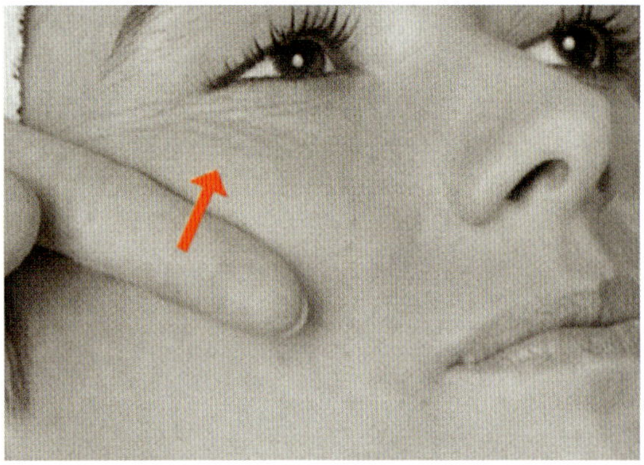

Elastizitätsprüfung: Je nachdem, wie schnell die Haut wieder in ihre Ausgangslage zurückgeht, ist ihre Elastizität mehr oder weniger gut.

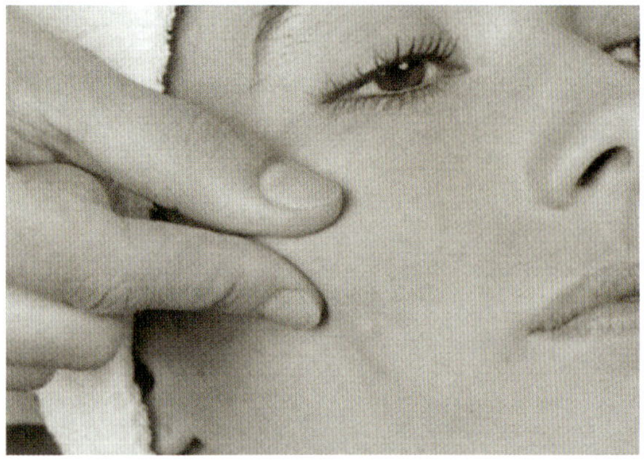

Überprüfung der Gewebespannung durch leichtes Anheben der Haut

Haut in Form von Rötungen, Quaddelbildung, Brennen und Jucken der Haut. Empfindlichkeit ist hauttypunabhängig und deshalb ist die empfindliche Haut kein Hauttyp, sondern ein Hautzustand.

Nichts in einem Gesicht wirkt angeblich so störend wie **Falten**. Viele Körperpflegemittelhersteller sind bemüht, das Erscheinen von Falten so lange wie möglich zu verzögern bzw. zu „bekämpfen“. Die Kosmetikerin steht somit immer zwischen den Aussagen über die Wirksamkeit solcher Bemühungen und der Erwartungshaltung der Kundinnen. Hier muss sie Stellung beziehen. Das geht nur, wenn klar ist, welche Faltenarten es gibt und wie diese zustande kommen.

Embryonalfalten kommen vorwiegend am Hals als deutlich quer verlaufende Falten vor. Man hat sie von Geburt an und sie sind durch nichts zu beeinflussen.

Bildungsfalten finden sich an Händen und Füßen, verleihen dem Körper seine plastische Erscheinung und prägen somit seinen ästhetischen Gesamteindruck. Bildungsfalten sind nicht vom Zustand der Haut selbst abhängig, sondern von ihrer Unterlage. Sie entstehen durch Einsinken der Haut über anatomischen Vertiefungen und sind weitgehend von der Stärke des Unterhautfettgewebes abhängig. Sie sind in besonderer Weise für jeden Menschen charakteristisch und weithin unveränderlich. Bei sehr dicken Menschen kommen solche Falten durch Fettansatz neu zustande.

Mimische Falten sind Bewegungsfalten des Gesichts. Die Mimik bestimmt den Gesichtsausdruck und hängt von den vorherrschenden mimischen Bewegungen der zurückliegenden Jahre ab. Bekannte mimische Falten sind die Stirnfalten, die Nasolabialfalten und die Falten im Augenbereich. Mimische Falten können nur bedingt beeinflusst werden. Durch (passive) Bewegung mithilfe der apparativen Kosmetik kann man ihre Schärfe vorübergehend mildern.

Trockenheitsfältchen sind kleine Knitterfalten, die durch Austrocknung der Hornschicht entstehen. Sie sind als einzige durch kosmetische Präparate und Maßnahmen mit langfristigem Effekt zu behandeln.

Altersfalten bilden sich im Verlauf der Zeit durch die Veränderung der Bindegewebsfasern. Die elastischen Fasern verlieren ihre Grundeigenschaft und der unelastische Kollagenanteil nimmt zu. Meistens degeneriert das Unterhautfettgewebe und die Mimik hat ihre Spuren manifestiert. Hinzu kommt der Schwund der Kieferknochen und die Rückbildung der Fettkapsel um den Augapfel herum. Dadurch fällt die Mundpartie etwas ein und die Augen treten tiefer in die Augenhöhlen. Altersfalten sind eng gekoppelt an die genetische Veranlagung.

2.4 Behandlungen der Augenpartie

2.4.1 Färben von Wimpern und Augenbrauen

Es gehört zu den Selbstverständlichkeiten kosmetischer Behandlungen: das Dauerfärben von Wimpern und Augenbrauen. Doch selbst Routinearbeiten können misslingen, wenn des Guten zu viel getan wird. Auch hier gilt im Zweifel: Weniger ist oftmals mehr.

Das **Färben von Wimpern und Augenbrauen** hat zum Ziel, die Gesichtskonturen positiv zu gestalten. Voraussetzungen für das Färben sind eine gute Beleuchtung und erstklassiges Arbeitsmaterial wie hochwertige Spezialfarben, Dappenglas, Wattepads, Färbestäbchen, Schere, **Wasserstoffperoxid** (6%ig), Nierenschale, Kosmetiktücher, Vaseline. Alles wird auf einem Tablett sorgfältig angeordnet. Das zeigt auch der Kundin, dass professionell gearbeitet wird.

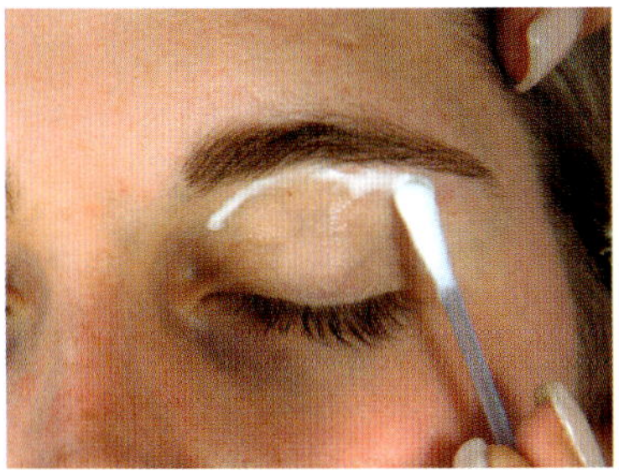

1 *Die Kundin sollte beim Färbevorgang bequem liegen, ihre Kleidung wird mit einem Handtuch abgedeckt. Zuerst wird die ganze Augenpartie vom Augen-Make-up befreit. Dazu verwendet man einen fettfreien Augen-Make-up-Entferner. Dann kann mit einem Wattestäbchen eine Augencreme aufgetragen werden.*

2 *Die Augen-/Schutzcreme (z. B. Vaseline) wird unterhalb des Auges und auch auf das bewegliche Augenlid aufgetragen, um zu verhindern, dass Wimpernfarbe auf die Haut gelangt.*

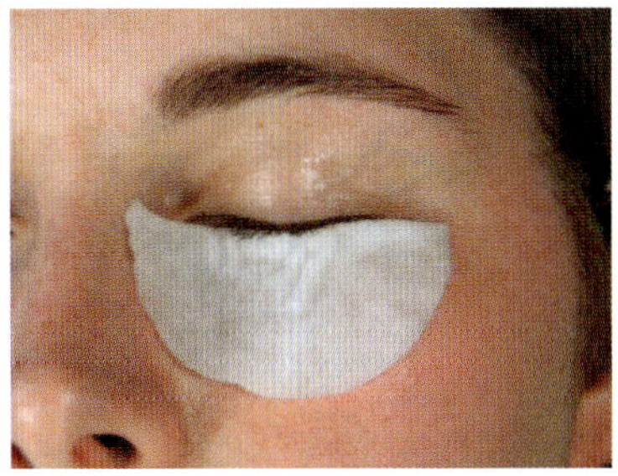

3 *Für das Färben der Wimpern wird ein Wattepad angefeuchtet und so zugeschnitten, dass das Oval etwa der Form des Unterlides entspricht. Dann wird das Pad geteilt, sodass ein Paar entsteht. Auf den Rand des Pad-Ausschnitts trägt man einen schmalen Streifen Schutzcreme (Vaseline) auf.*

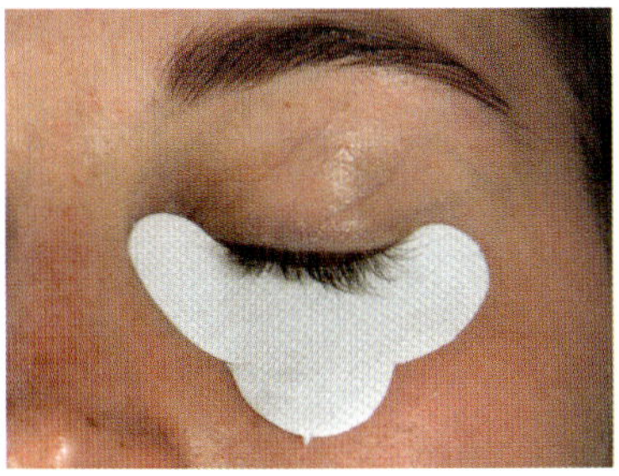

4 *Alternativ zum zugeschnittenen Wattepad können vorgefertigte Wattepads verwendet werden.*

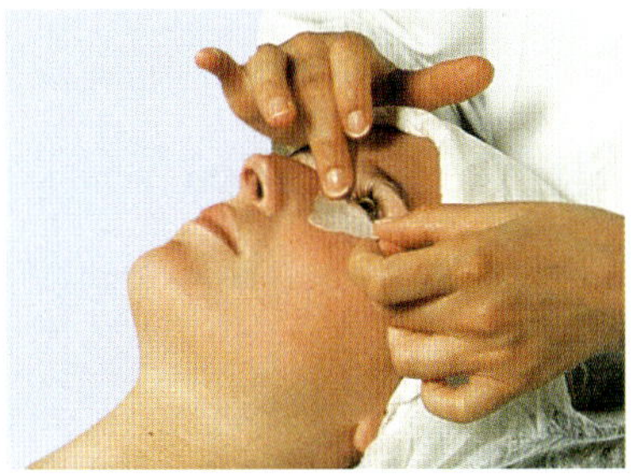

5 *Nun bittet man die Kundin, deutlich in Richtung ihrer Stirn zu schauen. Dadurch stellen sich die Unterwimpern leicht auf. Dann legt man je ein Wattepad mit der Abdeckcreme hautwärts unter die Unterwimpern; und zwar so nahe wie möglich an das Auge. Härchen, die nicht auf der Watte liegen, gibt man mithilfe des Färbestäbchens darauf.*

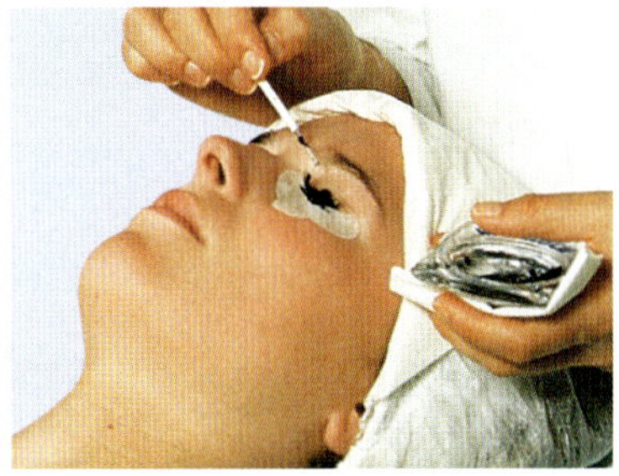

6 *Die Kundin wird gebeten die Augen zu schließen. Jetzt wird die Wimpernfarbe angerührt. Dazu wird etwas Farbe mit einigen Tropfen Wasserstoffperoxid (3 %ig) bei sehr feinen Wimpern (sonst 6 %) vermischt.*

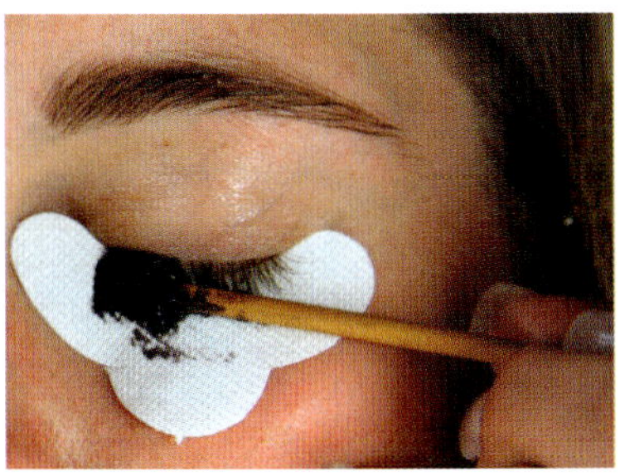

7 *Mit einem Färbestäbchen wird die Farbe gleichmäßig und dick aufgetragen. Nach dem Auftragen der Farbe kann man je ein angefeuchtetes Wattepad auf die Augen legen. Das erleichtert der Kundin, die Augen geschlossen zu lassen. Bei erschlafftem Lid fixiert es die Haut, wenn man dieses vorher leicht in Richtung der Augenbrauen zieht.*

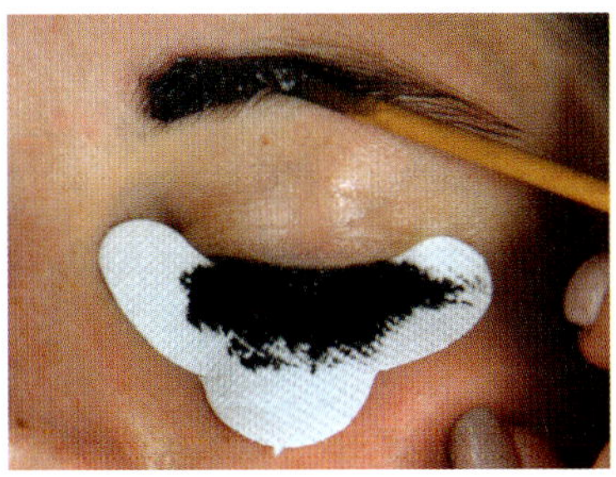

8 *Die Einwirkzeit beträgt zehn Minuten. Etwa drei Minuten vorher kann man Wimpernfarbe auf die Augenbrauen auftragen.*

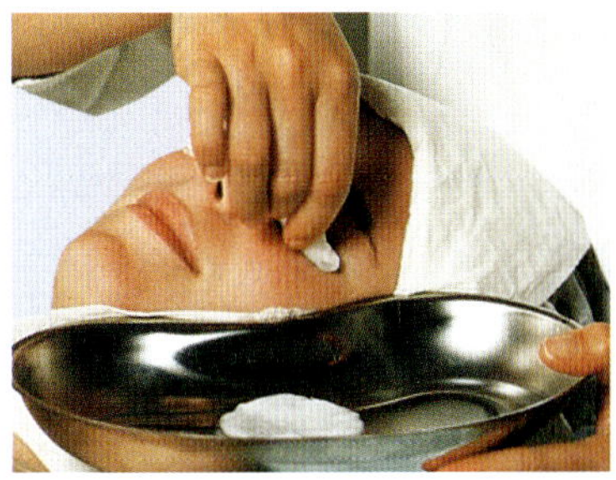

9 *Nach dieser Zeit gibt man etwas warmes Wasser in eine Nierenschale, legt diese seitlich an die Wange an, sodass Hautkontakt besteht. Dabei dreht die Kundin leicht den Kopf. Man entfernt ein Wattepad von einer Augenpartie. Die Farbreste werden mit Watte und dem Wasser der Nierenschale abgewaschen. Zuerst entfernt man so die Wimpern- und dann die Augenbrauenfarbe. Zum Schluss wird das Augenlid mit einem Zellstofftuch getrocknet. In gleicher Weise verfährt man nun mit der anderen Augenpartie.*

Färben der Wimpern Schritt für Schritt

Der Vorgang dauert ohne Korrektur der Augenbrauen ca. zwanzig Minuten. Zuerst werden die Wimpern gefärbt, danach im Bedarfsfall die Augenbrauen. Zusammen mit einem Peeling oder Bedampfen sollte nicht gefärbt werden, denn beim Peeling ist die Gefahr groß, dass Krümel ins Auge gelangen und nach dem Bedampfen sollte die Haut sofort weiterbehandelt werden. Wird erst die Farbe abgenommen und werden dann die Augenbrauen gezupft, ist der Quelleffekt des Dampfes längst nicht mehr gegeben.

Alle **Wimpernfarben** lassen sich untereinander mischen. Die meisten Kunden wünschen schwarze Wimpern. Die elegantere Lösung ist dunkelblau, weil diese Farbe weicher wirkt. Bei blonden und weißhaarigen Kunden empfiehlt sich, braune oder graue Wimpernfarbe zu verwenden, weil sonst die Konturen zu hart wirken. Beide Farben lassen sich mit einer Spur Schwarz verstärken; aus Grau wird Anthrazit und aus Braun Dunkelbraun. Dunkelbraun eignet sich auch sehr gut für rothaarige Menschen.

Für das **Färben der Augenbrauen** wird unter- und oberhalb der Härchen Vaseline aufgetragen. Augenbrauen wirklich gut zu färben ist eine Kunst. Wichtig ist die Farbwahl. Sie sollte zur Haarfarbe passen und höchstens zwei bis drei Töne dunkler als die Eigenfarbe sein. Sind Augenbrauen außen heller als innen, trägt man dort zuerst die Farbe auf, lässt sie einige Zeit wirken und färbt dann erst die innere Partie. Weiße Haare nehmen Farbe oft schlecht an. Hier sollte man Folgendes versuchen: Schwarze Farbe mit 9%igem Wasserstoff anrühren und die weißen Haare einzeln damit bestreichen. Haben sie die Farbe angenommen, diese Farbe abnehmen und die gesamten Haare mit der Idealfarbe färben. Nach dem Färben muss die Restfarbe gründlichst abgenommen werden. Geschieht dies nicht, färbt sie nach und am Ende der Behandlung ist das Ergebnis unverhältnismäßig dunkel. Erst nach dem Färben erfolgt die Augenbrauenkorrektur.

Wichtige Grundsätze, die beim Färben von Augenbrauen und Wimpern beachtet werden müssen:

- Niemals Haarfarben für das Färben von Wimpern und Augenbrauen verwenden!

- Die Farbe muss immer frisch angerührt werden, weil sie nach fünfzehn bis zwanzig Minuten die Färbekraft verliert.

- Werden Wimpern und Augenbrauen gefärbt, erfolgt dies zeitgleich.

- Die Kundin muss die Augen geschlossen halten. Fällt ihr das schwer, kann man den unteren Teil des Wattepads auf das Oberlid klappen.

- Manche Kundinnen haben Angst vor dem Färben, weil sie schlechte Erfahrungen mit Brennen und tränenden Augen gemacht haben. Hier kann man beruhigen und es besser machen.

2.4.2 Korrektur der Augenbrauen

Die **Korrektur der Augenbrauen** ist bei den meisten Kundinnen erforderlich. Das Ziel der Korrektur ist das Herausarbeiten einer typgerechten und vorteilhaften **Augenbrauenform**. Die Form sollte mit der Kundin besprochen werden. Hat die Braue eine eigene Form, wo liegt ihr höchster Punkt, ist sie vorne breiter als hinten oder besteht sie nur aus einem dünnen Strich? Feste Regeln sind nicht immer angebracht.

Die klassische Augenbraue ist innen breiter, hat ihren Höhepunkt im letzten Drittel der Braue und läuft am äußeren Ende verschmälernd und spitz aus. Ihren Ansatz bestimmt man, indem man ein Manikürstäbchen an den Nasenflügel legt und senkrecht nach oben führt. Wo das Stäbchen die Haut trifft, ist der Ansatz der Augenbraue. Ist die Nase aber sehr breit, sollte der Ansatz weiter innen liegen. Das Ende der Braue wird festgelegt, indem man das Manikürstäbchen an den Nasenflügel anlegt und es unmittelbar am Unterlid vorbei nach außen führt. Diese Orientierung trifft für die meisten Formen zu. Das Wegzupfen der Härchen auf dem Oberlid gibt dem Auge optische Weite.

Arbeitsmaterial sind eine **Pinzette** (Zupfzange) und ein Augenbrauenbürstchen. Die Lupenleuchte bietet gutes Licht, vergrößert die zu behandelnde Augenpartie und erleichtert so das Zupfen. Beim Zupfen wird die Haut zwischen Zeige- und Mittelfinger straff gespannt. Gezupft wird in Wuchsrichtung der Härchen. Je empfindlicher ein Mensch ist, umso stärker reagiert die Haut mit Rötung. Abreiben mit einem Eiswürfel schafft Erleichterung.

Besonders bei älteren Menschen wachsen einzelne Brauenhaare sehr dick und sehr lang. Würde man sie herauszupfen, entstünde eine deutliche Lücke. In so einem Fall schneidet man das Haar kürzer. Sollte im Bereich der Brauen eine Pigmentierung liegen, darf man die Haare dort nur schneiden, nicht zupfen.

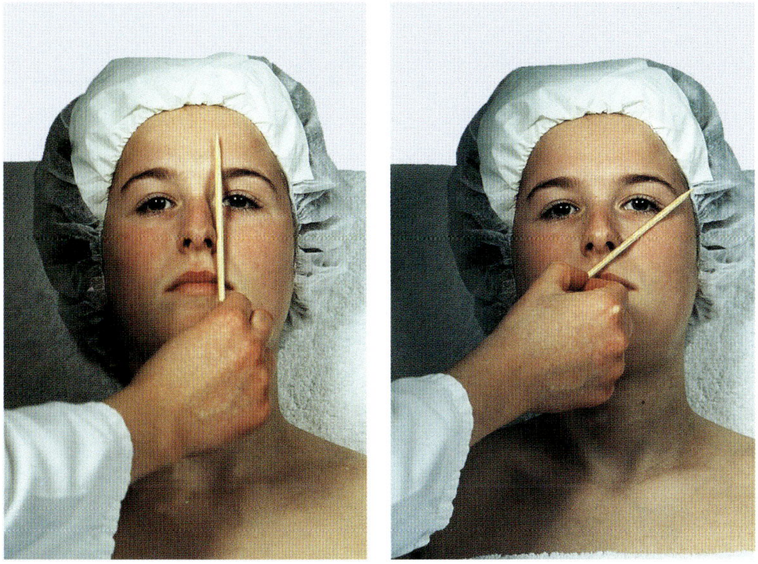

1 *Ansatz und Endpunkt der Augenbraue werden mit einem Stäbchen festgelegt.*

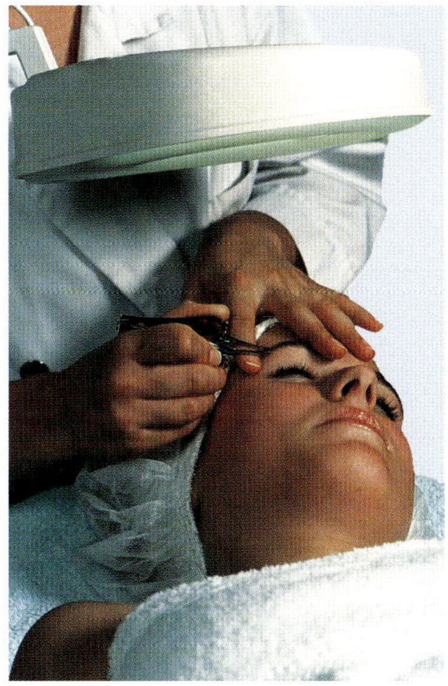

2 *Korrektur der Augenbrauen mit der Pinzette: Der Schmerz kann durch Spannen der zu behandelnden Hautpartie zwischen Zeige- und Mittelfinger gemildert werden.*

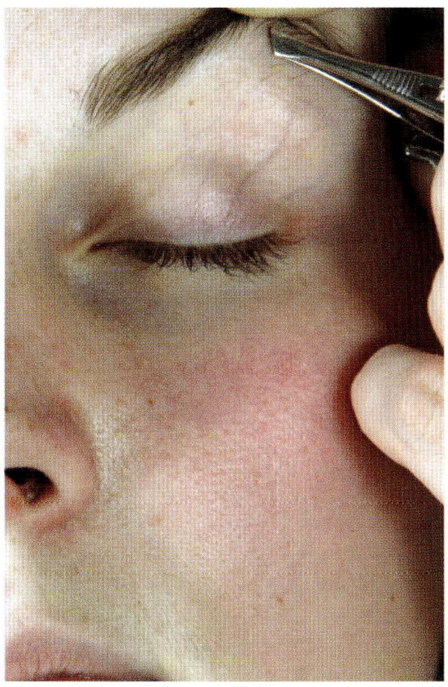

3 *Es wird immer in Haarwuchsrichtung gezupft.*

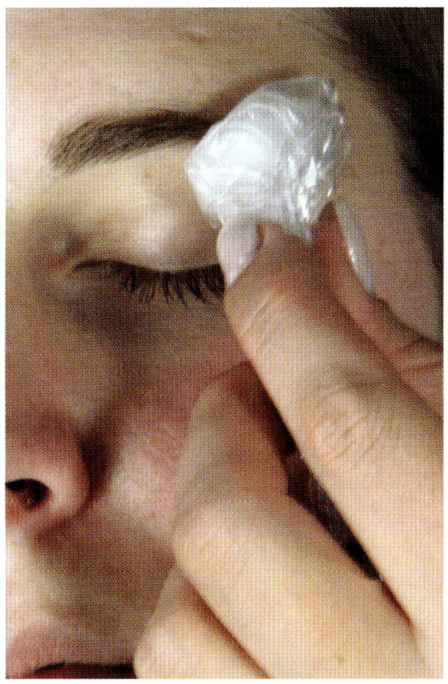

4 *Eis wirkt kühlend, schmerzlindernd und beruhigend auf den evtl. geröteten und geschwollenen Hautpartien.*

5 *Die Härchen werden zur Kontrolle in Wuchsrichtung nach oben gebürstet.*

2.4.3 Die Wimperndauerwelle

Schöne, geschwungene Wimpern sind der i-Tupfen eines perfekten Augenausdrucks. Viele Frauen haben lange und dichte Wimpern, aber der Schwung fehlt. Mascara und Wimpernzange bringen nur einen mäßigen und zeitlich sehr begrenzten Effekt.

Mithilfe der **Wimperndauerwelle** kann man eine Formung der Wimpern anbieten, die bis zu acht Wochen hält. Selbst bei extrem kurzen Wimpern findet die Methode Anwendung.

Wie stark die Biegung der Wimpern sein soll, bespricht man mit der Kundin individuell. Die verschieden großen, selbstklebenden Wimpernrollen verleihen einen mehr oder weniger großen Schwung.

1 Eine selbstklebende Wimpernrolle in passender Größe auswählen und auf dem Lidrand fixieren.

2 Die Wimpern gleichmäßig und gerade mit einem Holzstäbchen über die Rolle legen.

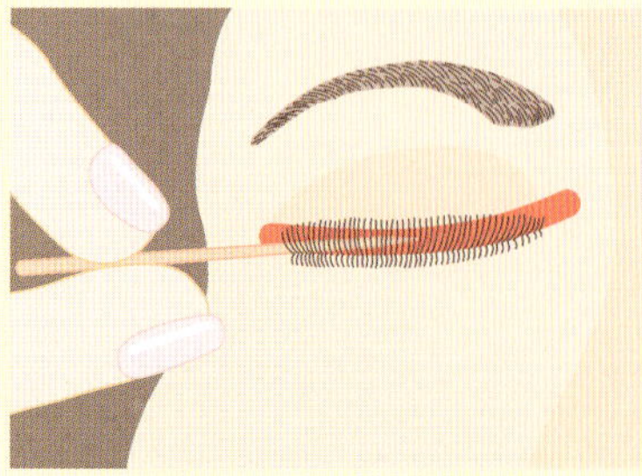

3 Das Wellmittelgel mit dem Modellierpinsel auftragen und 20 Minuten einwirken lassen. Wellmittelgel mit feuchten Wattepads entfernen, Wimpern trocken tupfen und Fixierungsgel auftragen.

4 Nach 10 Minuten Einwirkzeit des Fixierungsgels die Wimpernrolle mit feuchten Wattepads nach unten hin abrollen.

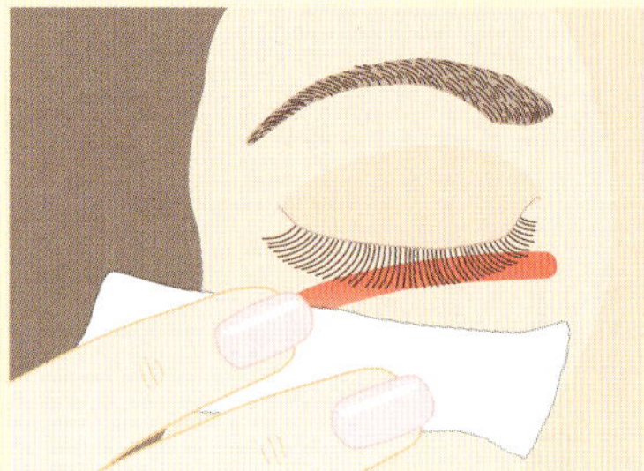

Arbeitsschritte bei der Wimperndauerwelle

So wird z. B. mit einer sehr kleinen Rolle bei langen Wimpern eine sehr starke Biegung erzielt, eine größere Rolle verleiht einen eher sanften Schwung. Dies gilt natürlich für Männerwimpern ebenso.

Zunächst wird eine selbstklebende Wimpernrolle in der individuell richtigen Größe ausgewählt und der Lidkrümmung angepasst. Nach der Fixierung der Wimpernrolle werden die Wimpern des Oberlides gleichmäßig und gerade mit einem Rosenholzstäbchen über die Rolle nach oben gelegt. Die unteren Wimpern dürfen nicht an der Rolle haften.

Mit dem Modellierpinsel wird das gelförmige Dauerwellpräparat aufgetragen. Um das Haarkeratin zu erweichen und die chemischen Bindungen zwischen und in den Peptidspiralen des Keratins zu öffnen, enthält dieses Gel ein Alkalisierungs- und ein Reduktionsmittel. Als Reduktionsmittel werden Thiomilchsäure, Cystein oder Cysteamin eingesetzt. Dies sind Moleküle mit einer Mercaptogruppe (HS-Gruppe), die in der Lage sind, die Disulfidbrücken im Haarkeratin durch Reduktion zu spalten. Um das Haarkeratin zu erweichen und die Wasserstoffbrücken sowie die Ionenbindungen zu spalten, werden Ammoniakwasser oder Ammoniumcarbonat als Alkalisierungsmittel verwendet.

Nur die Wimpernhaarlängen sollen umgeformt werden. Das Dauerwellgel darf den Wimpernansatz nicht benetzen. Sonst wird die dünne Lidhaut geschädigt. Auch die Wimpernspitzen sollen ausgespart werden, damit sie nicht brechen bzw. sich nicht kringeln.

1 Wimpern und Augenlid müssen grundsätzlich vorher gründlich gereinigt werden.

2 Die Rolle im Augenwinkel nicht zu eng platzieren, da sie sich sonst wegen zu hoher Spannung vom Lidrand löst.

3 Wenn durch das Entfernen des Augen-Make-ups die Wimpern schräg und gekreuzt sind, müssen sie gleichmäßig nebeneinander auf die Rolle gedrückt werden. So, wie die Härchen auf der Rolle liegen, wird das Arbeitsergebnis aussehen.

4 Es darf kein Gel auf die Wimpernspitzen aufgetragen werden, da diese sonst kringeln oder abbrechen.

5 Der Schwung der Welle ist nicht vorhanden? Entweder wurde die Rolle zu groß gewählt oder es wurde zu wenig Gel verwendet. Auch eine zu kurze Einwirkzeit kann der Grund sein.

6 Bei sehr kräftigen Wimpern lässt man das Gel länger einwirken.

Fehler bei der Wimperndauerwelle vermeiden

Nach einer 20-minütigen Einwirkzeit wird das Wellmittel gut abgetupft. Für weitere zehn Minuten muss jetzt ein Fixiergel einwirken. Die Fixierung besteht aus einem Oxidationsmittel, das gegenüberliegende neue Disulfidbrücken im Haar zusammenfügt und das Haar in seiner neuen Form fixiert. In der Regel werden Natriumbromat oder Wasserstoffperoxid als Oxidationsmittel benutzt, wobei Wasserstoffperoxid die Wimpern leicht aufhellt. Das Fixiergel besitzt einen sauren pH-Wert, um die Alkalireste zu neutralisieren.

Nach der Einwirkzeit werden die Wimpern trocken getupft und mit einem feuchten Wattepad gereinigt. Dabei wird auch der Kleber der Wimpernrolle gelöst. Beim Abrollen der Wimpernrolle müssen Ober- und Unterlid zwischen den Fingern gespannt werden.

Weitere Infos unter:
www.Beautify.de
www.wimpernwelle.de

Auch abstehende oder verwirbelte Augenbrauen können wieder gerichtet werden. Dazu wird eine passende Wimpernrolle ausgesucht, unter die Augenbraue gelegt und gleichmäßig aufgedrückt.

Um kontinuierliche Ergebnisse zu erzielen, sollte man für jede Kundin eine Karteikarte anlegen. Besonderheiten, Größe der Rolle und Einwirkzeit werden eingetragen. Der gesamte Vorgang inklusive Einwirkzeit nimmt etwa 30 bis 40 Minuten in Anspruch. Der Dienstleistungspreis liegt bei etwa 15 bis 25 Euro.

2.5 Bedampfen: Nebel auf der Haut

Die meisten Kosmetikerinnen praktizieren in ihrer Praxis die sogenannte Standardbehandlung. Dazu gehört, als eine Form der Intensivreinigung, das Bedampfen der Haut. Welche Möglichkeiten der Bedampfung gibt es und wann ist diese kosmetische Maßnahme für die Haut sinnvoll bzw. weniger sinnvoll?

Bedampfen mit einem Gerät kann man auf unterschiedliche Weise: nur mit Wasserdampf, mit Kräuterzusätzen oder mit Ozonnebel. Das **Dampfbad** wird in der kosmetischen Praxis so gut wie nicht angewendet. Entsprechende Geräte werden nicht angeboten, und die „Topf-Platte-Handtuch"-Methode ist zu umständlich und gefährlich. In Fachkreisen wird das **Dampfgerät** häufig „**Vapozon**" genannt. Allgemein ist nicht bekannt, dass der Name „Vapozon" ein eingetragenes Warenzeichen einer Firma ist. Andere Firmen dürfen ihre Dampfgeräte nicht so nennen. Auffallend ist oft die bewusst gewählte Namensähnlichkeit.

Das Dampfgerät wird als Einzelgerät angeboten oder auch in Gerätekombinationen. Wasser wird erhitzt und der Dampf wird an einer Quarzlampe vorbeigeführt. Dort entsteht unter Einfluss von UV-Licht aus zweiwertigem Sauerstoff dreiwertiges **Ozon** in ungiftiger Konzentration. Da Ozon instabil ist, zerfällt es nach Austritt aus der Düse sehr schnell. Nach etwa fünf Zentimetern hat der Dampf keine desinfizierende Wirkung mehr, die ihm eigentlich zugeschrieben wird. Dampf wirkt quellend und kapillarerweiternd auf die Haut und regt dadurch auch den Stoffwechsel an. Ozon hat in diesem Zusammenhang keine besondere Wirkung. Mit Ozon angereicherter Dampf wirkt hemmend auf die Aktivität von **Enzymen**. Das bedeutet, dass es zum Feuchthalten von Enzympeelings nicht verwendet werden sollte.

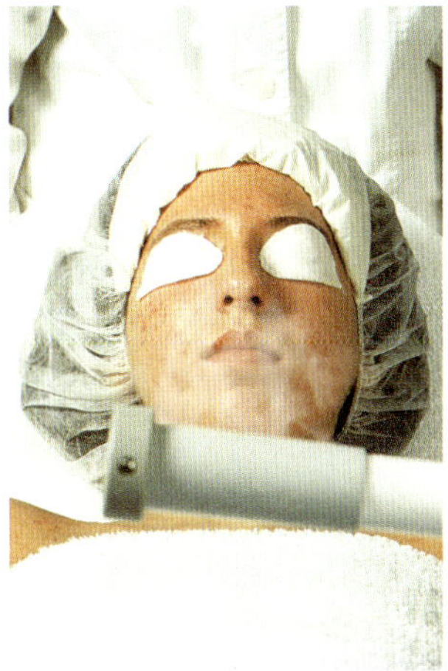

Wenn keine Entzündungen vorliegen, kann die Haut zur Quellung der Hornschicht bedampft werden.

Dampfgerät mit zuschaltbarer Ozonnebel-Funktion

Beim **Kräuterbedampfer** ist keine Quarzlampe vorhanden. Vielmehr sehen wir hier Behälter, in die man Kräuter einfüllt, die eine spezifische Wirkung auf die Haut haben. Wichtig ist, dass die Kräuter zum Hautzustand und zum Bedampfen an sich passen. Bei einer Kundin in guter psychischer Verfassung mit einer atrophischen Haut ohne Teleangiektasien wirken Thymian, Rosmarin, Fenchel, Bohnenkraut und Minze festigend auf die Epidermis, regenerierend, durchblutend und entkrampfend. Man kann die Kräuter einzeln und als Mischung verwenden. Bei einer Kundin mittleren Alters, mit einer feuchtigkeitsarmen, empfindlichen Haut dagegen, empfehlen sich sowohl für die Psyche als auch für die Haut Lavendel, Rose, Malve, Fenchel, Bohnenkraut, Kamille, aber nicht in Verbindung mit Dampf, denn die Wärme des Dampfes dominiert. Hier sind Kräuterauflagen besser.

Eine Variante der Kräuterbedampfung ist das Verdampfen ätherischer Öle. Einige Tropfen Öl werden in einen Filzring gegeben und auf die Dampfdüse gesetzt. Hierbei ist nur zu beachten, dass der Filzring nach der Anwendung ausgewechselt werden muss, wenn ein anderes Öl verwendet wird. Da es sich um eine Form der **Aromatherapie** handelt, wird ein Vermischen der Öle als unangenehm und unharmonisch empfunden.

Bei beiden Formen der Bedampfung kommt es sehr auf die Qualität der Kräuter und ätherischen Öle an.

Unsachgemäß geerntete und getrocknete Kräuter, die vielleicht auch noch überlagert sind, gehören ebenso wenig in die Praxis wie „gestreckte" Öle. Kräuter und Öle sind teuer. Das sollte man bedenken, wenn man einen Kräuterbedampfer einsetzt. Allein durch diese individuelle Behandlung muss die Kundin zwischen 5 Euro und 8 Euro mehr aufwenden.

Bevor Sie sich zu einer Bedampfung entschließen, sollten Sie zuerst eine Diagnose erheben. Generell ist eine Bedampfung immer dann abzulehnen, wenn Blut- und Lymphgefäße durch andere Faktoren schon belastet sind. **Kontraindikationen** sind gefäßgeschädigte Haut (Teleangiektasien), entzündete Haut, Ekzeme, periorale Dermatitis, Rosacea, verletzte Haut und frische Narben, cortisonbelastete Haut, Herpes, Sonnenbrand, Lymphstauungen, Haut bei hohem Blutdruck, Haut mit akuten allergischen Reaktionen, Haut mit akuter Überreaktion (erkennbar nach dem Zupfen oder einer Dermografie).

2.6 Schälmethoden

Die Kosmetikerin befindet sich häufig in einem Konflikt: Auf der einen Seite steht der Wunsch der Kundin nach sofort sichtbarem Behandlungserfolg; auf der anderen Seite steht die Aufgabe, die Haut gesund zu erhalten und sie nicht zu überfordern. Und eine Überforderung kann bei zu häufig angewendeten **Schälmethoden** sehr wohl auftreten. Dies ist Grund genug, sie kritisch zu betrachten.

Alle Formen der **Hautschälung** versprechen eine Verbesserung der Hautoberfläche, Verminderung der Faltentiefe, Verzögerung neuer Faltenbildung, Beeinflussung von Narben, Striae und Pigmentanomalien. Sie sind also hochwirksame Maßnahmen, die der Kosmetikerin zur Verfügung stehen. Ein alter Grundsatz lautet: „Keine Wirkung ohne Nebenwirkung", und ein zweiter: „Schädlichkeit ist eine Frage der Dosierung".

Von Natur aus hat die Haut verschiedene Schutzmechanismen gegen das Eindringen von Fremdstoffen entwickelt. Die wichtigste Schutzschicht ist die Hornschicht. Erhöhte Sonnenbestrahlung verdickt sie, Ekzeme, Schuppenflechte und Neurodermitis zerstören sie, alle Arten von Entzündungen greifen sie an und machen sie durchlässig. Es liegt also nahe, alles zu tun, um diese Schicht intakt zu halten. Auch schon deshalb, weil man heute weiß, dass die Haut unmittelbarer Bestandteil des Immunsystems ist. Direkt unterhalb der Hornschicht befinden sich die Langerhanszellen. Sie überprüfen jeden eindringenden Stoff, ob nun kosmetische Produkte oder Keime, auf ihre Verwandtschaft zu körpereigenen Stoffen. Fremdkörper werden erkannt, eliminiert und im Lymphsystem entsorgt; auch hier wieder ein von der Natur vorgesehener Schutz des Körpers.

Die kosmetische Hautschälung sollte deshalb nie ohne besondere Indikation angewendet werden. Sicherlich dient sie im Einzelfall dazu, die Haut in ihren Funktionen zu unterstützen, generell angewendet schadet sie eher, als sie nützt. Es können mechanische und biologische Schälmethoden und Peelings, Fruchtsäureanwendungen sowie die Kräuter-Tiefenschälkur unterschieden werden.

Zu den mechanischen Schälmethoden zählen Kleie- und Schleimpräparate und Schleifkörper. **Mandelkleie** ist eines der ältesten Schälmittel. Die zerstoßene Außenschale der Mandel, eingebettet in eine cremige Trägersubstanz, schilfert die obersten Hornlamellen ab. Dadurch wird die Hautoberfläche glatter. Aprikosenkerne, **Seesand** und synthetische **Schleifkörper** erfüllen den gleichen Zweck, wobei Folgendes zu beachten ist: Je grober der Schleifkörper ist (z. B. zerstoßene Fruchtkerne), umso eher wird die Hornschicht verletzt. Rötungen und Brennen der Haut sind die Folgen. Abgerundete Schleifkörper sind etwas schonender, aber auch hier kann die Haut mit Irritationen reagieren. Eine wichtige Rolle spielen auch die Dauer der Anwendung und die Intensität der Reibung; besonders gefährdet sind das Kinn und die Wangen. Die leicht schleimige **Haferschleim**-Masse entschärft den mechanischen Effekt der Haferflocken und wirkt gleichzeitig beruhigend auf die Haut.

In die Gruppe biologischer Schälmethoden gehören alle **Fermentpeelings**. Eiweiß spaltende **Fermente** zerstören die Kittsubstanz zwischen den Hornlamellen, sodass diese den Halt verlieren und sich lösen. Fermentschälungen sind hochwirksame kosmetische Maßnahmen, denn sie lösen mehr als nur das abgängige Epithel, je nach Einwirkungszeit auch sehr viel mehr. Außerdem ist bisher nicht geklärt, wie tief die Fermente in die Hornschicht eindringen und dort weiterhin wirksam sind, selbst wenn die Peelingmasse schon abgenommen wurde. Die Fermente wirken bei feuchter Wärme schon nach wenigen Minuten. Ozonbedampfung ist ungeeignet, weil Ozon die Fermente unwirksam macht. Da die Verhornung im Gesicht niemals gleichmäßig ist, wird die Peelingmasse zuerst an den stärker verhornten Partien aufgetragen und für wenige Minuten auf den weniger verhornten Hautstellen. Fermentpeelings dürfen niemals ins Auge geraten, da sie auch hier die Hornschicht angreifen. Sie dürfen nur dann angewendet werden, wenn die Haut extrem überverhornt ist, wie z. B. nach ausgiebiger Sonnenbestrahlung und bei einer **Seborrhö sicca**.

Mechanische Schälmethoden	Biologische Schälmethoden
– Mandelkleie – Cremes mit Aprikosenkernmehl, Seesand oder synthetisch hergestellten Schleifkörpern – Haferschleim	– Fermentpeelings – Fruchtsäuren (AHAs) – Kräuter-Tiefenschälkur

Die kosmetische Hautschälung soll nur mit besonderer Indikation angewendet werden. Es werden die mechanischen und biologischen Schälmethoden sowie die Kräutertiefenschälkur unterschieden.

Bei **Fruchtsäuren** (**AHAs**) handelt es sich um Säuren aus Früchten und um Milchsäure. Liegt der pH-Wert in der Nähe von 3, handelt es sich um ein sehr aggressives Produkt. Fruchtsäuren greifen die Hornschicht an, und ihre Wirkung entspricht der einer Verätzung. Der dadurch ausgelöste Regenerationsprozess soll das Hautbild verbessern, Falten vermindern und neue, junge Zellen sollen die Haut jünger erscheinen lassen. Vor allem bei Akne glaubt man an eine Alternative zur Vitamin-A-Säure, die ja nur vom Arzt benutzt werden darf. Die Praxis sieht so aus, dass die Haut heftig reagiert, sehr gereizt und gerötet aussieht und nach Beendigung der Behandlung der Erfolg nicht anhaltend ist. Starker Feuchtigkeitsverlust und Juckreiz machen die Behandlung oft unangenehm.

In Heimpflegeprodukten ist die Konzentration der Fruchtsäuren in der Regel geringer und der pH-Wert in der Regel höher. Aber auch hier führt die Dauerschälung zu einer Belastung der Haut. Von Natur aus ist eine Regenerationsphase von etwa 28 Tagen für die Basalzellenschicht der Haut vorgesehen. Fügt man nun der obersten Hornschicht einen Schaden zu, indem man sie verdünnt, tritt der Reparaturmechanismus des Körpers ein und die Basalzellen erneuern sich in kürzeren Abständen. Auf lange Sicht gesehen verkürzt sich durch häufiges Peelen die Neubildungsphase. Das Hautalter wird so vorgezogen. Über biologische Schälmethoden, vor allem über die Anwendung von Fruchtsäuren, liegen keine Langzeitwerte vor. Niemand weiß also, wie die Haut auf die dauernde Übersäuerung und Schälung reagiert.

Die **Kräuter-Tiefenschälkur** wird seit über dreißig Jahren in der Medizin und Kosmetik angewendet. Aus rein biologischen Bestandteilen des Pflanzen- und Mineralreichs bestehend, ist das Wirkungsprinzip etwas anders als bei den beschriebenen Schälmethoden. Zwar wird auch hier die Haut durch den Schälvorgang strapaziert und ein entzündlicher Prozess von kurzer Dauer entsteht, bevor sich die Hornschicht ablöst. Aber die Zusammensetzung des Produkts bewirkt eine Regeneration bei gleichzeitiger Stabilisierung der Hautfunktionen. Diese Form der Schälung ist eine Therapie, die bei besonderer Indikation angewendet wird und keine Daueranwendung darstellt.

Nehmen Sie Stellung: Viele kosmetische Behandlungsmethoden haben ein Maß an Intensität, bei dem sofort ein deutlicher Effekt entsteht und der die Kundin von der Fähigkeit der Kosmetikerin zunächst überzeugt. Aufgequollene, glatte Haut sieht eben besser aus. Wie aber reagiert die Haut auf lange Sicht? Wie wirken Übersäuerung, Überhitzung und häufiges Schälen auf Dauer?

2.7 Entfernen von Hautunreinheiten

Komedonen und **Milien** gehören zu den Hautunreinheiten, die von der Kosmetikerin entfernt werden. Die Haut soll dadurch in ihrer Funktion unterstützt werden und das optische Erscheinungsbild wird verbessert.

Offene **Komedonen** (Mitesser) erkennt man als kleine, schwarze Pünktchen in der Haut. Man unterscheidet die tiefen Komedonen, die sich hauptsächlich an der Nase, am Kinn und an bzw. in den Ohren befinden. Beim Ausdrücken erkennt man ein relativ weiches und großes Talgstäbchen. Die Komedonen im Wangen- und Jochbeinbereich sind flacher und ihre Öffnung ist im Verhältnis zu ihrer Tiefe sehr groß. Das Sekret dieser flachen Komedonen ist meistens sehr verhärtet und schwer zu entfernen. Hier ist die Vorbereitung der Haut besonders wichtig. Alle erweichenden Maßnahmen, die die Poren öffnen, erleichtern das Entfernen der Komedonen. Dazu gehören Dampf, heiße Kompressen, die Haferflockenpackung und die Paraffinmaske.

Ob mit den Händen, mit dem Komedonenheber, unter Zuhilfenahme von Einmallanzetten oder einem elektrischen Sauggerät, die Methoden zur Entferung von Hautunreinheiten sind unterschiedlich. Die Arbeit mit den Fingerkuppen bzw. -spitzen ist die bewährteste Methode, das elektrische Absauggerät

Komedonenheber

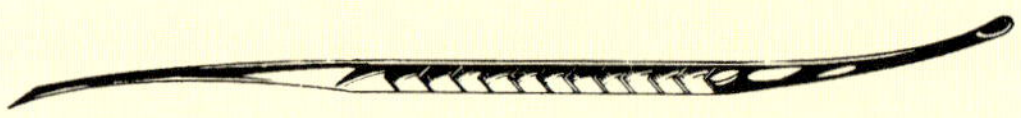

Kombinationsinstrument aus Milienmesser und Komedonenheber

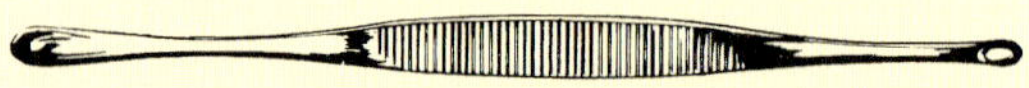

Kombinationsinstrument mit unterschiedlich großen Komedonenhebern

Alle Instrumente zur Entfernung von Hautunreinheiten müssen nach jeder Anwendung sterilisiert werden.

die ungeeignetste Möglichkeit, Komedonen zu entfernen. Einwandfreie hygienische Voraussetzungen müssen eine Selbstverständlichkeit sein. Grundsätzlich muss das Entfernen ohne Gewalt erfolgen. Der **Komedonenheber** kann bei richtiger Handhabung eine Hilfe an schwer zugänglichen Stellen, wie z.B. im Ohr, sein. Ist die Follikelöffnung durch Hyperkeratosen verengt, kann man das Milienmesser oder Einmallanzetten zu Hilfe nehmen. Bei unsachgemäßer Entfernung und unhygienischem Arbeiten kann es zu Hautverletzungen, leichten Hautblutungen und Sekundärinfektionen kommen. Langanhaltende Druckstellen, Entzündungen, Narben und lokale Pigmentveränderungen können die Folge sein.

Die Nachbehandlung richtet sich nach der Reaktion der Haut. In jedem Fall sollte die Haut nach dem Entfernen der Unreinheiten mild gereinigt werden; entweder mit einem Reinigungspräparat oder einem leicht alkoholischen Gesichtswasser. Die manuelle Lymphdrainage ist die geeignetste Methode, die strapazierte Haut zu harmonisieren und den Lymphfluss anzuregen. Gesichtspackungen, Ampullenwirkstoffe und entsprechende Pflegeprodukte unterstützen die Beruhigung der Haut.

Nehmen Sie Stellung: Das Entfernen der Komedonen kann unangenehm sein. Eine Kundin in schlechter Verfassung ist schmerzempfindlicher als ein ausgeglichener Mensch. Unter Umständen sollte man bei einer entsprechenden kosmetischen Behandlung das Entfernen der Unreinheiten auf das Nötigste beschränken bzw. ganz weglassen, bevor man langanhaltende Druckstellen und die hohe Entzündungsbereitschaft der Haut in Kauf nimmt.

Milien sind kleine Hornzysten, die vorwiegend in der Augengegend als bis zu hiersekorngroße, weiße Knötchen auftreten. Fast immer findet man sie in Gruppen. Zu ihrer Entfernung ritzt man das sie bedeckende Häutchen vorsichtig mit einem Milienmesser oder einer Einmallanzette ein und drückt die Milie heraus. Talgzysten sind keine echten Zysten, weil sie einen Ausgang haben, der jedoch nicht gut erkennbar ist. Sie weisen keine Entzündung auf. Man erweitert den Ausgang mit einer Einmalkanüle und entfernt das Sekret.

2.8 Gesichtsmassage

Die manuelle **Gesichtsmassage** ist die hohe Kunst der kosmetischen Behandlung und durch nichts zu ersetzen. Sie erfordert Einfühlungsvermögen, Konzentration, Beherrschung der jeweiligen Massagetechnik und die Fähigkeit, individuell auf den Menschen einzugehen.

Voraussetzung für jede Massage sind anatomisch-physiologische Kenntnisse und deren Berücksichtigung. Dazu gehören der Verlauf der Muskulatur, der **Gesichtsnerven** des **Schädelskeletts** und der Spaltlinien und der Blut- und Lymphgefäße. Die persönliche Verfassung der Kundin spielt ebenfalls eine große Rolle.

Im Laufe der Zeit haben sich unterschiedliche Massagearten entwickelt. Die ursprüngliche Massage besteht aus fünf Grundgriffen. Auf verschiedene Arten kombiniert, kann sie individuell gestaltet werden. Das ist auch der Grund dafür, dass jede Ausbildungsstätte eine andere Massage lehrt.

Fast alle Kunden bevorzugen heute entspannende und ausgleichende Massagen. Sie möchten sich erholen und wohlfühlen. Oft ist auch die Haut in einem Zustand, der eine Harmonisierung des Stoffwechsels und der Durchblutung erfordert bzw. den Lymphfluss anregen soll. Nicht immer ist die klassische Massage dafür geeignet, denn wenn man alle Griffe anwendet, ist sie eine anregende und das Gewebe trainierende Massage. Oft hilft man sich dann, indem man alle anregenden Griffe einfach weglässt. Viel besser wäre es, mehrere Massagen zu kennen, um dann individuell entscheiden zu können. Die Nervenpunktmassage, die manuelle Lymphdrainage, oder Shiatsu sind Spezialmassagen, die man unbedingt zusätzlich erlernen sollte. Mit einer einzigen Massagetechnik kommt auf Dauer keine Kosmetikerin zurecht.

Eine Gesichtsmassage sollte nicht kürzer als 15 bis 20 Minuten dauern. Es gibt kaum eine Situation, in

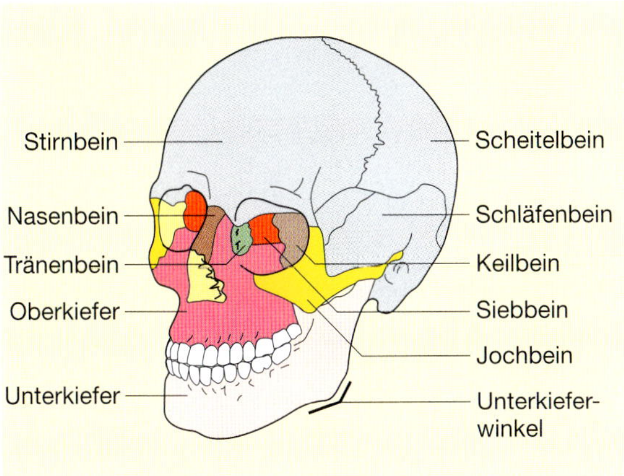

Ansicht des Schädelskeletts von vorn. Zum Gesichtsschädel gehörende Knochen sind farbig eingezeichnet. Zum Hirnschädel gehörende Knochen sind grau eingezeichnet.

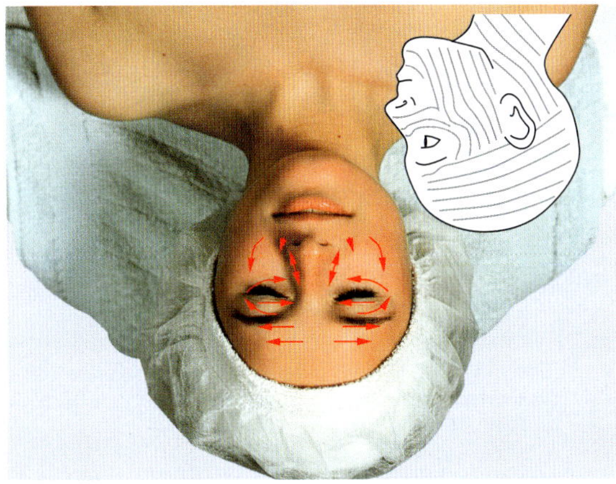

An den Ansatzstellen der Gesichtsmuskeln sind die Knochenbereiche verstärkt und ergeben ein charakteristisches Spaltlinienbild der Haut. Die Spaltlinien des Gesichtes müssen bei der Massage berücksichtigt werden.

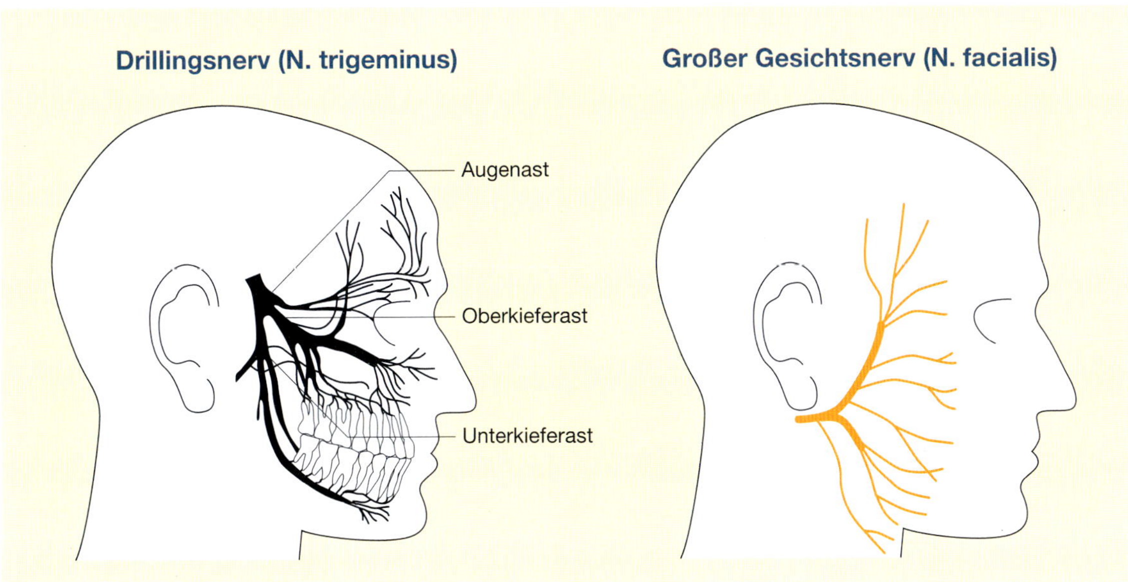

Die drei Äste des Drillingsnervs (N. trigeminus). Daneben der große Gesichtsnerv (N. facialis). Bei der Gesichtsmassage können Ausstreichgriffe durchgeführt werden. Das dient vor allem der Entspannung dieser Nerven.

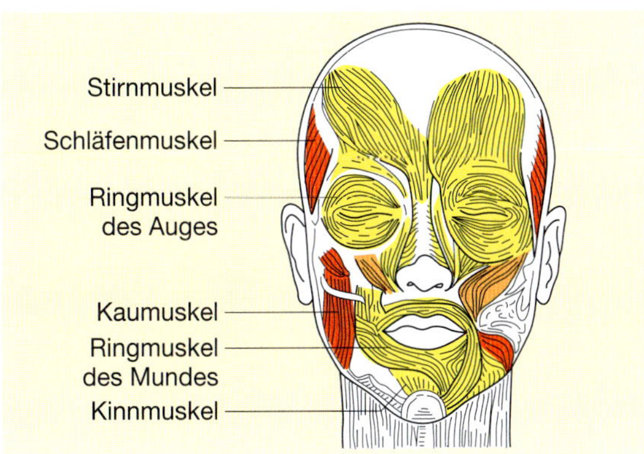

Gesichtsmuskeln (gelb) und Kaumuskeln (rot) des Schädels. Bei der Gesichtsmassage muss der Verlauf der Muskeln berücksichtigt werden.

der man keine Massage durchführen kann, selbst bei der entzündlichen Problemhaut (Akne). Aus Zeitmangel, weil die Kundin zu spät kam oder die Kosmetikerin sich verschätzt hat, sollte man nicht auf die Massage verzichten.

Als Massagemittel eignen sich W/Ö-Emulsionen, ölige Mittel und Mischungen mit ätherischen Ölen. Zusätzlich kann man während der Massage die Haut mit Farblicht bestrahlen (nicht bei ätherischen Ölen). Eine entsprechende Hintergrundmusik unterstützt die entspannende Wirkung. Eine Massage sollte nicht unterbrochen werden und störungsfrei ablaufen. Sie wird immer auf dem Gesicht, der vorderen und seitlichen Halspartie, dem Dekolleté und evtl. der Nackenpartie durchgeführt.

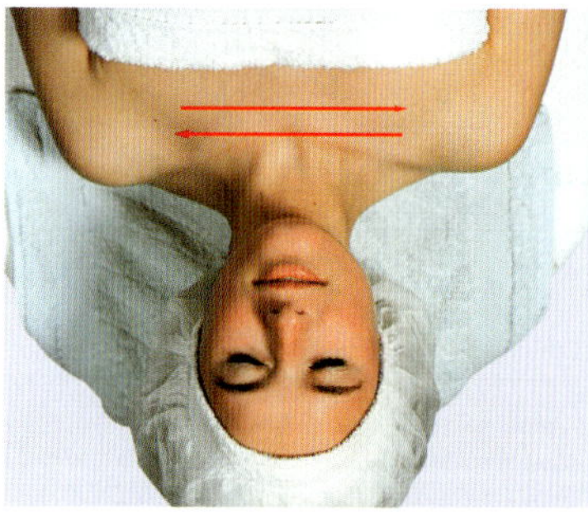

1 *Eine mögliche Reihenfolge einer Gesichtsmassage sind die folgenden 24 Schritte. Das flächige Streichen im Dekolletébereich erfolgt im Wechsel.*

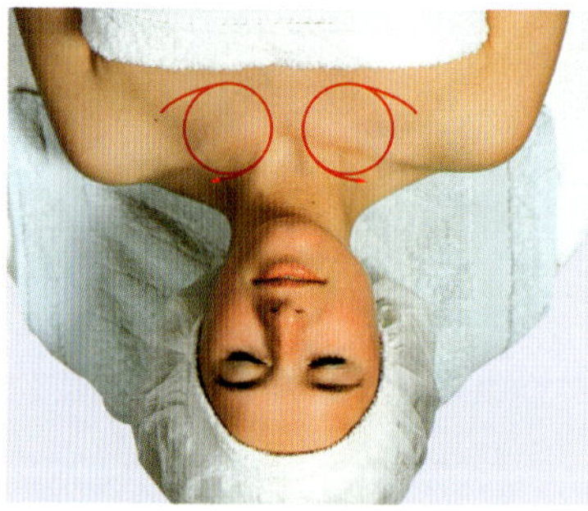

2 *Beide Hände kreisen im Dekolletébereich.*

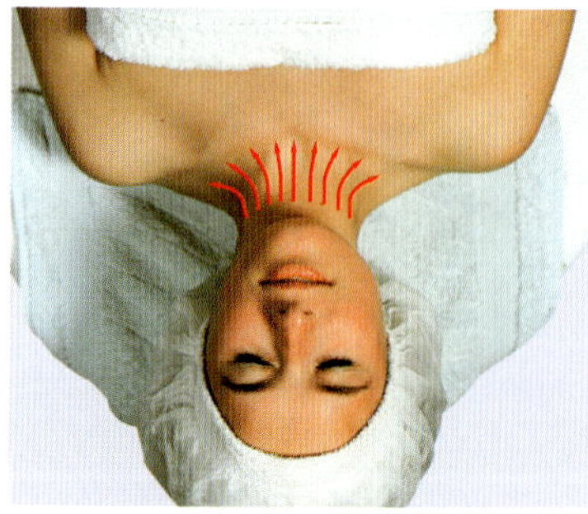

3 *Beide Handflächen streichen von oben nach unten über den Hals.*

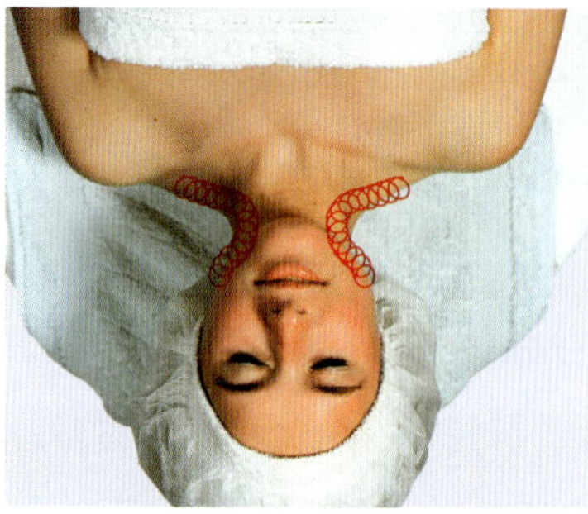

4 *Kreisende Bewegung mit den Fingerkuppen vom Ohransatz seitlich am Hals entlang.*

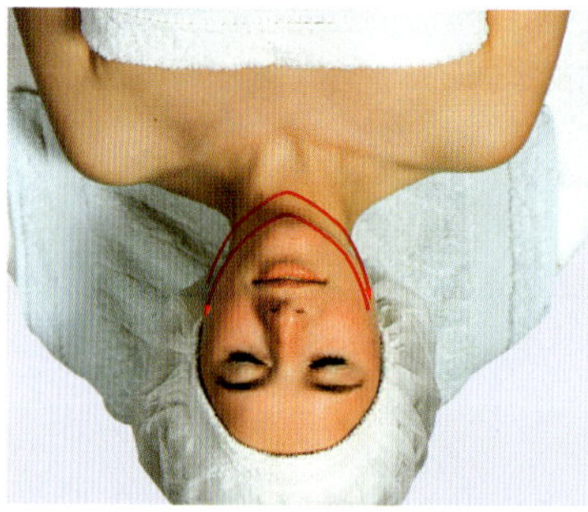

5 *Flächiges Streichen mit beiden Handflächen im Wechsel von einem Ohr zum anderen entlang des Unterkiefers.*

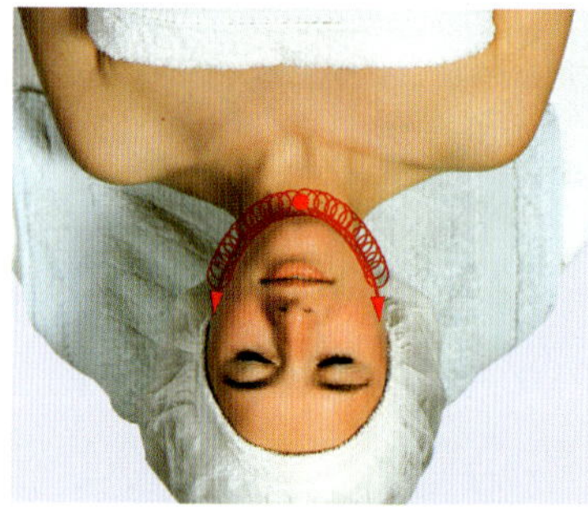

6 *Friktion mit den Fingerkuppen entlang des Unterkieferrandes von der Kinnmitte zu den Kieferwinkeln.*

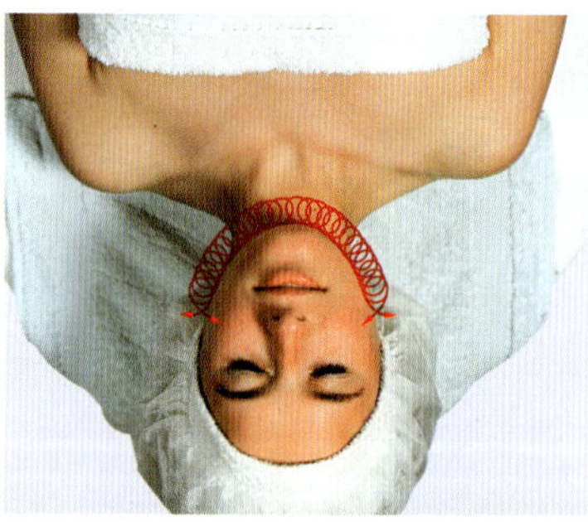

7 *Kneten entlang der Unterkieferkante mit den Daumen und Fingerkuppen von Mittel- und Ringfinger von einem Kieferwinkel zum anderen.*

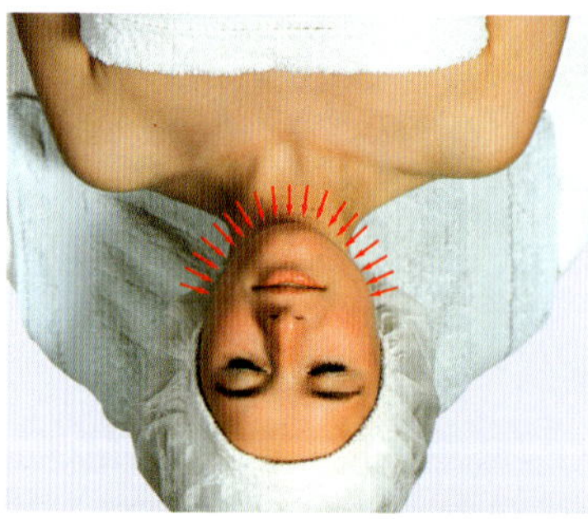

8 *Leichtes Klopfen mit den Fingerkuppen von Mittel- und Ringfinger entlang der Kieferkante von einem Kieferwinkel zum anderen.*

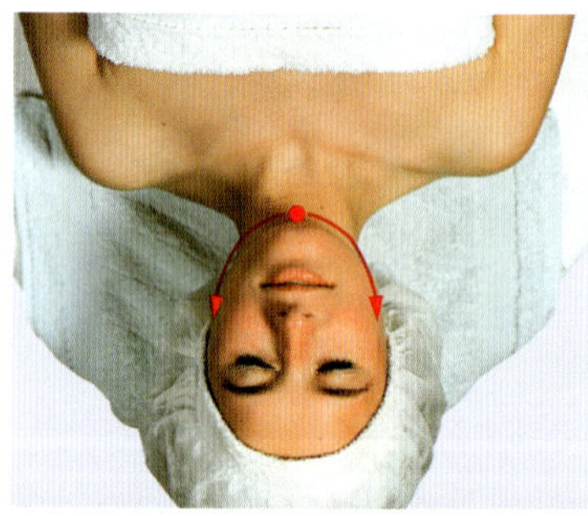

9 *Vibration entlang der Kieferkante von Kinnmitte bis Kieferwinkel. Der Daumen liegt oberhalb und die Finger liegen unterhalb der Kieferkante.*

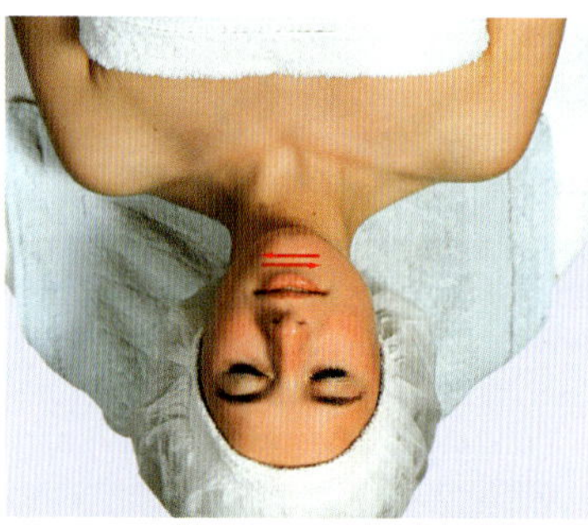

10 *Horizontales Ausstreichen der Kinnpartie zwischen Zeige- und Mittelfinger beider Hände im Wechsel.*

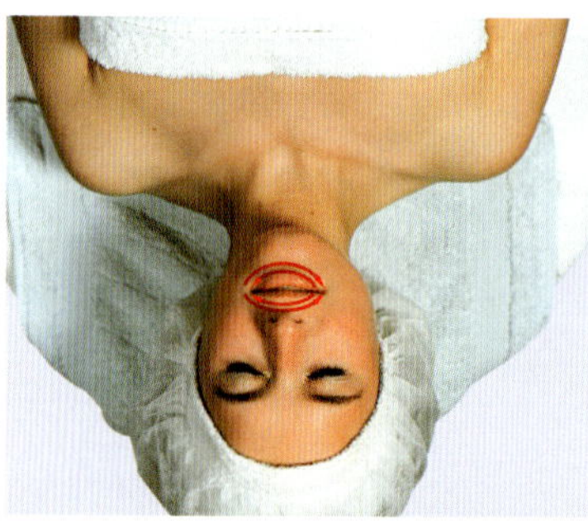

11 *Mundpartie: Der Mittelfinger der einen Hand streicht entlang der Oberlippe von einem Mundwinkel zum anderen. Der Mittelfinger der anderen Hand streicht entlang der Unterlippe von Mundwinkel zu Mundwinkel.*

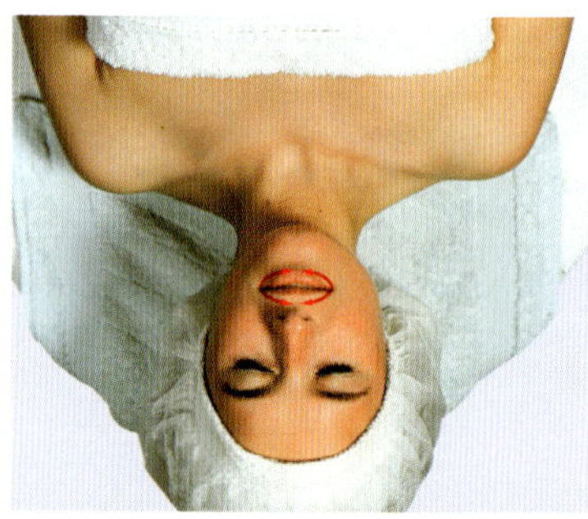

12 *Streichen mit den Daumen beider Hände von der Mitte der Oberlippe bis zur Mitte der Unterlippe und zurück.*

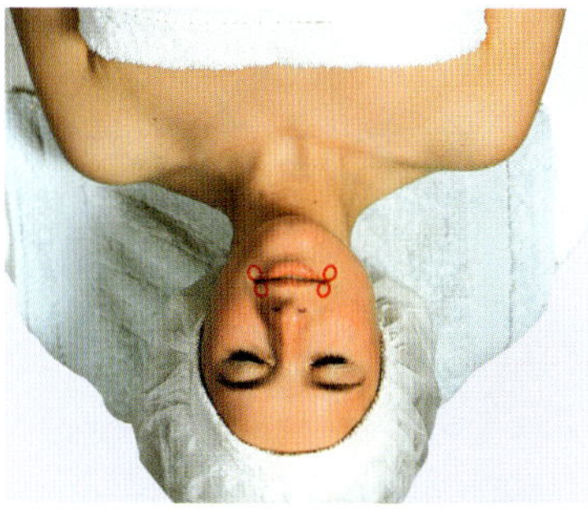

13 *Beschreibung mehrerer Achten an den Mundwinkeln mit den Mittelfingerkuppen beider Hände.*

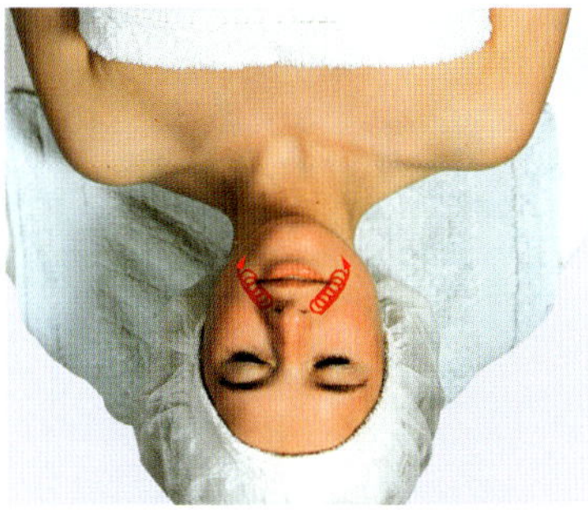

14 *Friktion mit den Mittelfingerkuppen beider Hände entlang der Nasenlippenfalte in Richtung Mundwinkel.*

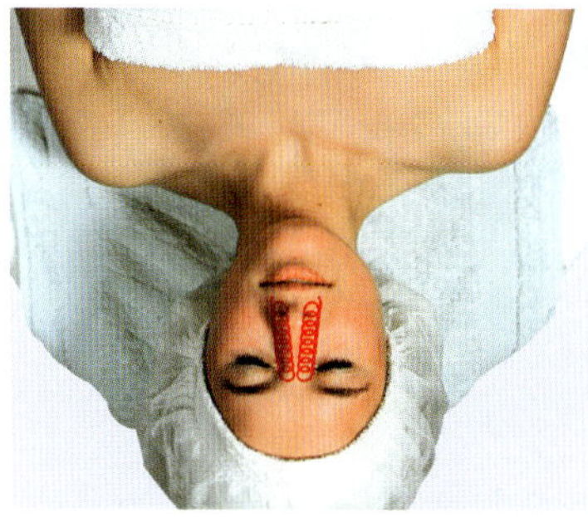

15 *Friktion mit den Mittelfingerkuppen vom Nasenansatz zu den Nasenflügeln.*

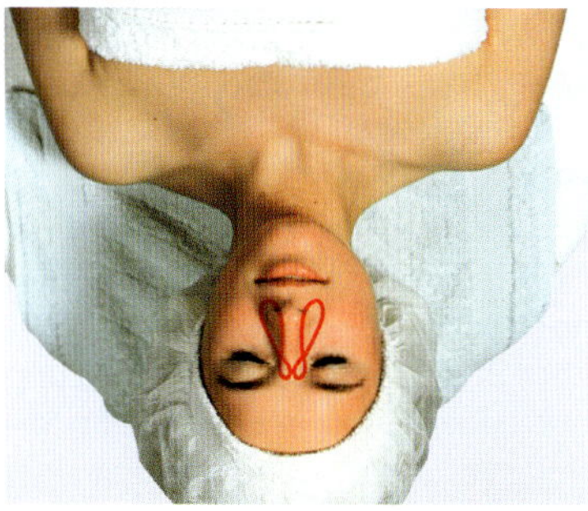

16 *Ausstreichen der seitlichen Nasenhälften mit den Mittelfingern in Form einer Acht.*

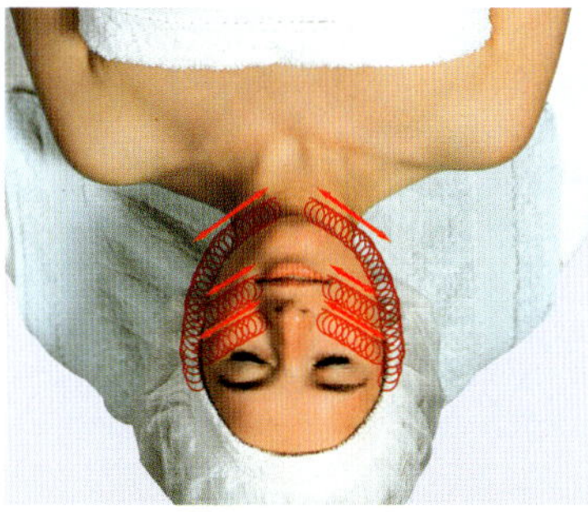

17 *Friktion mit den Mittel- und Ringfingerkuppen beider Wangenpartien auf drei Bahnen: jeweils vom Kinn, vom Mundwinkel und vom Nasenflügel zum Ohr.*

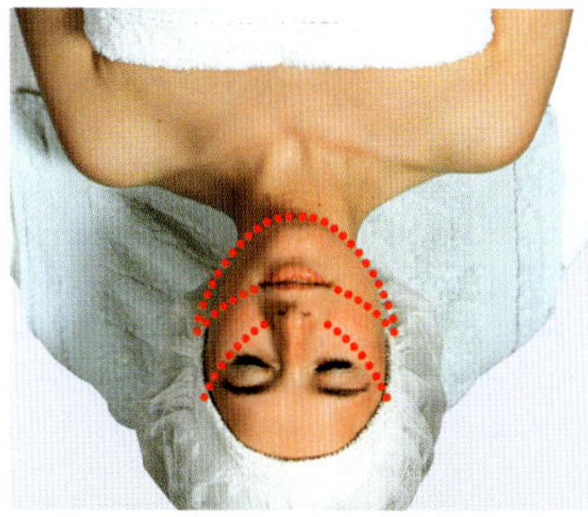

18 *Leichtes Klopfen mit den Fingerkuppen auf drei Bahnen: vom Kinn zum Ohr, vom Mundwinkel zum Ohr und vom Nasenflügel zum Ohr.*

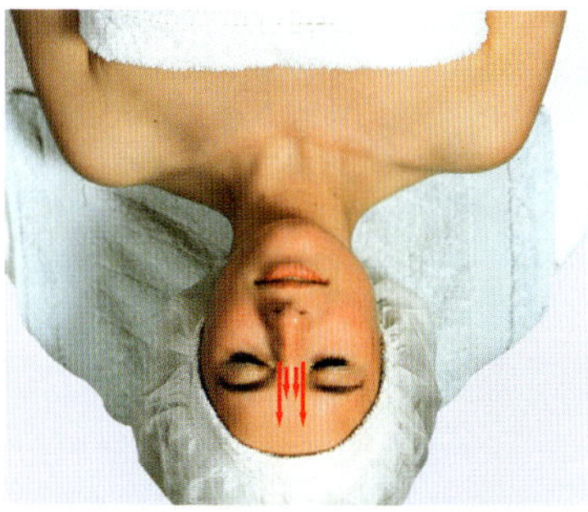

19 *Ausstreichen im Bereich der Nasenwurzel zwischen den Augenbrauen mit Mittel- und Ringfinger beider Hände im Wechsel in Richtung Stirn.*

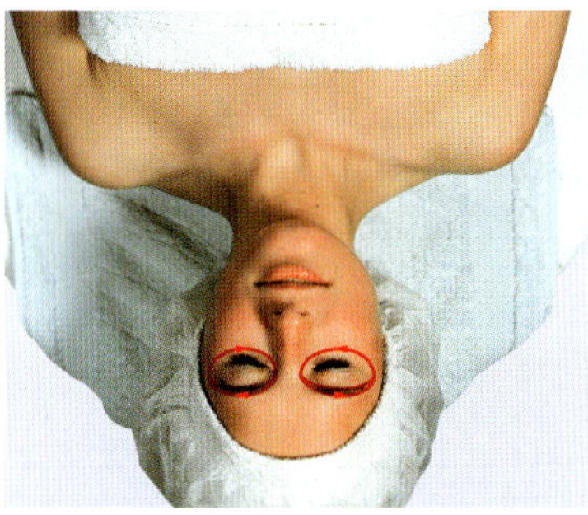

20 *Umkreisen der Augen mit Mittel- und Ringfinger: oberhalb der Augen mit etwas Druck nach außen und unterhalb der Augen ohne Druck zurück.*

21 *Friktion auf den Fingerkuppen auf den Augenbrauen von innen nach außen und unterhalb der Augen ohne Druck mit einer streichenden Bewegung zurück.*

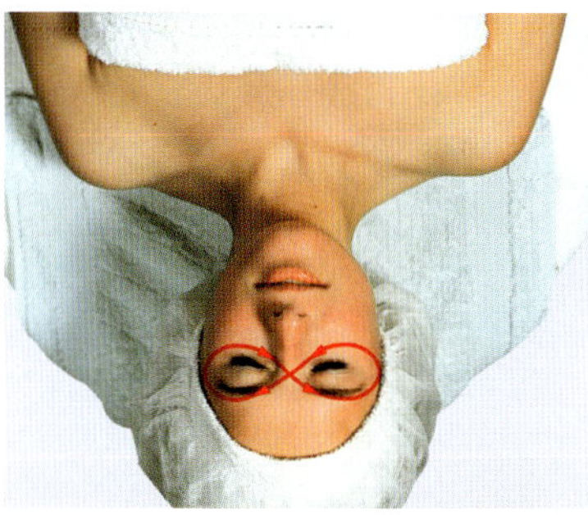

22 *Beschreiben einer Acht mit Mittel- und Ringfingerkuppe einer Hand: an der Nasenwurzel beginnend über beide Augen.*

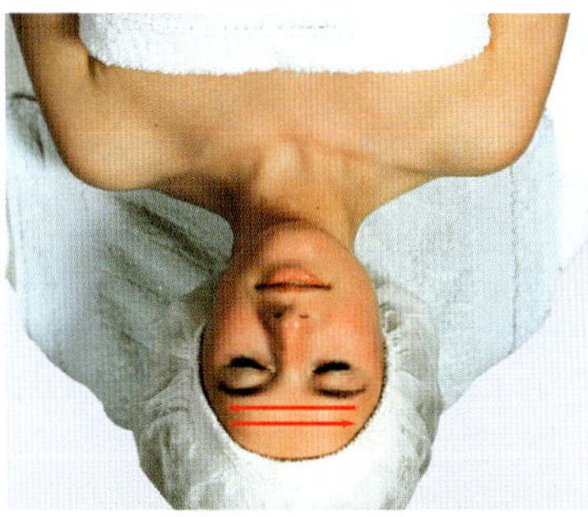

23 *Flächiges Ausstreichen der Stirn mit beiden Handinnenflächen im Wechsel.*

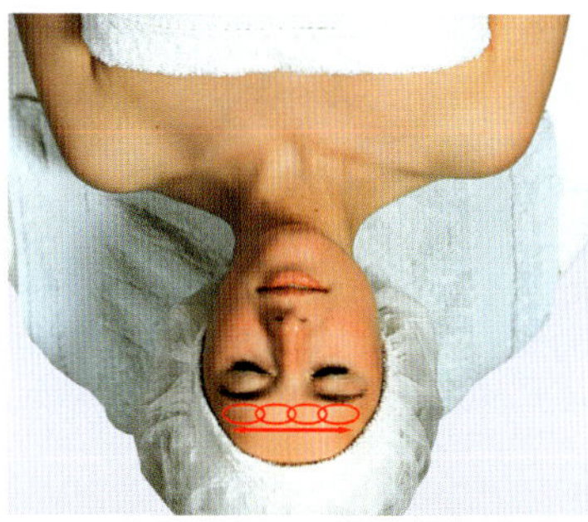

24 *Großflächiges Kreisen mit Mittel- und Ringfingerkuppen beider Hände im Wechsel von Schläfe zu Schläfe.*

2.9 Masken, Packungen und Modellagen

Gesichtspackungen setzen die Hautfunktionen herab, entquellen, verengen die Poren und Kapillaren, machen die Haut blasser und verfeinern das Hautrelief. Sie stehen deshalb am Ende einer Behandlung. Ausnahmen sind Schaummasken und reine Feuchtigkeitspackungen, die man vor der Massage anwendet.

Cremepackungen verbessern den Turgor der Oberhaut und den oberflächlichen Fettgehalt. In der Heimpflege stellen sie eine gute Ergänzung dar. Bei der kosmetischen Behandlung sollte man ihre Anwendung genau überdenken, denn nach einer Vorbehandlung der Haut mit verschiedenen Präparaten und einer Massage ist die Aufnahmefähigkeit der Haut erschöpft. Ausnahmen sind besondere Hautprobleme, z. B. die Problemhaut, bei der die Massage mit einem Produkt wegfällt und allenfalls eine Lymphdrainage eingesetzt wird. Hier werden entsprechende Packungen verwendet, auch um die Haut vor dem Austrocknen zu bewahren.

4

Gelpackungen enthalten besonders viel Feuchtigkeit, aber kein Fett. Verwendet man Gelpackungen in der Behandlung, sollte das vor der Massage geschehen, sonst wirkt der Fettfilm der Massagecreme als Barriere.

Puderpackungen zeichnen sich durch ihre Saug- und Kühlwirkung aus. Sie entziehen auf milde Weise Fett und Feuchtigkeit. Deshalb sind sie vornehmlich bei fettiger Haut geeignet. Im Anschluss wird ein Feuchtigkeitspräparat aufgetragen. Heilerde und Moorschlamm wirkten entzündungshemmend. Packungsgrundlagen haben durch verschiedene Zusätze ihre spezifische Wirkung. Glyzerin, Honig, Sorbit oder Collagen regulieren die Feuchtigkeit der Oberhaut. Kräuterzusätze, Panthenol, Kamille, Calendula, Lavendel oder Rose wirken harmonisierend und entzündungshemmend.

Je nach Kreativität und fachlicher Kompetenz können auch selbst hergestellte Packungen im Institut angewendet werden. Sie sind für die Kundin ein individuelles Angebot ohne Konservierungsmittel, das sie schätzen wird. Grundlagen wie Quark, Haferschleim, weiße Tonerde oder Heilerde lassen sich gut mit Kräutersud mischen. Als Zusätze dienen z. B. Eigelb, Honig, Vitamine, Ampulleninhalte, ätherische Öle entsprechend dem jeweiligen Hautzustand. Packungsgrundlage und Inhaltsstoffe müssen dabei ein Wirkungsprinzip verfolgen. Ein öliger Zusatz sollte daher nicht in eine Pudergrundlage gemischt werden.

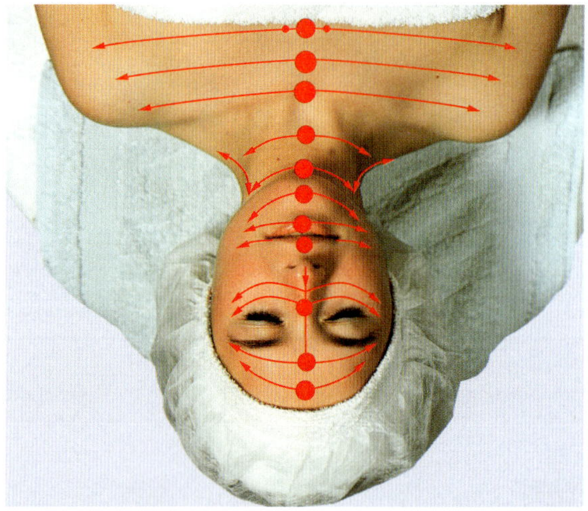

Strichführung beim Auftragen von Masken und Packungen

Eine **Haferschleimpackung** bietet sich z. B. bei einer mit Komedonen übersäten, aber völlig ausgetrockneten Haut an; denn das Entfernen der Komedonen gestaltet sich schwierig und die Hautreizung ist erheblich. Dazu werden etwa zwei Esslöffel Haferflocken mit heißem Wasser übergossen und mit dem Maskenpinsel so lange zerstoßen, bis eine schleimige Masse entsteht. Die Augen der Kundin werden mit einer Augenkompresse abgedeckt und der Haferschleim wird reichlich auf die Haut aufgetragen. Lagenwatte teilt man in dünne Einzellagen und legt diese auf die Packung. Nun hält man die Auflage mit einem Kräutersud, z. B. Kamille, gut feucht. Nach etwa zwanzig Minuten entfernt man die Auflage von der Haut. Die Haut ist nun gequollen und stark durchfeuchtet. Komedonen lassen sich leicht entfernen und die Reizwirkung ist kaum vorhanden.

Die **Weizenkeimpackung** ist eine Maßnahme bei einer leicht atrophischen Haut ohne Teleangiektasien. Nach der vorbereitenden Behandlung der Haut werden etwa zwei Esslöffel Weizenkeime mit etwas Weizenkeimöl angerührt. Diese Masse trägt man auf Gesicht, Hals und Dekolleté auf. Darüber gibt man dünne Lagenwatte. Nun folgen etwa sieben heiße Kompressen, die jeweils so lange auf der Haut bleiben, bis sie abgekühlt sind. Nach etwa 15 Minuten entfernt man die Auflage von der Haut. Nun folgen zwei bis drei Eiskompressen. Danach wendet man eine Lymphdrainage an, weil diese keinerlei Reizwirkung hat und den Stoffaustausch in idealer Weise unterstützt.

Masken zählen zu den Okklusivanwendungen. Sie steigern die Hautfunktionen, quellen die Hornschicht auf, erweitern die Poren und die Kapillaren, röten die Haut und führen zu einem **Ödem**, d. h. zu einer vermehrten Ansammlung von Wasser im Gewebe. Dieser Effekt wird kosmetisch gerne gesehen, denn die

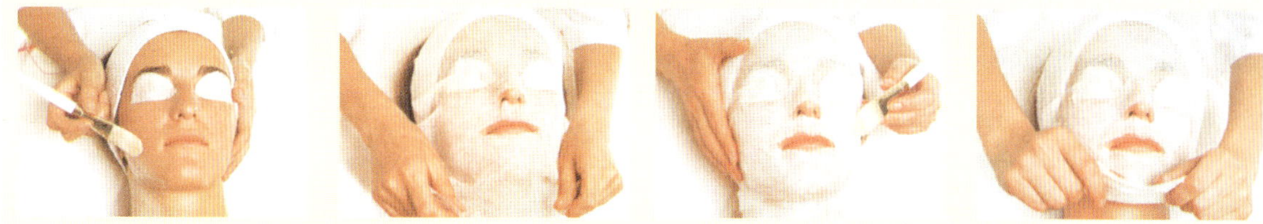

1 *Nach der Reinigung Pflegeprodukt auftragen.*

2 *Anschließend Gaze-Maske auf das Gesicht auflegen.*

3 *Paraffin in mehreren Schichten auftragen, einwirken lassen.*

4 *Nach 15 Minuten Gaze-Maske vom Hals her abziehen.*

Anwendung einer Paraffinmaske

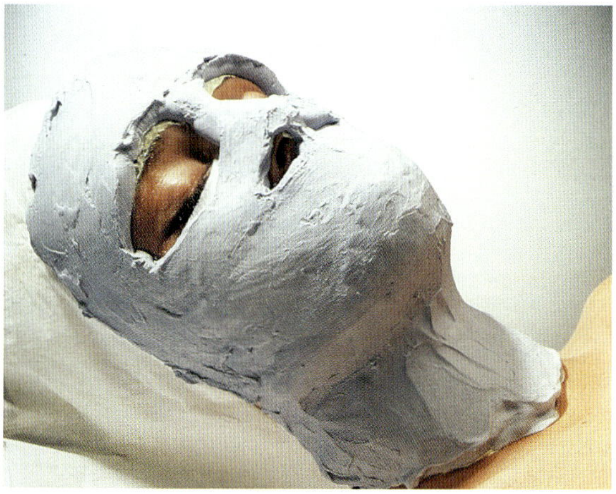

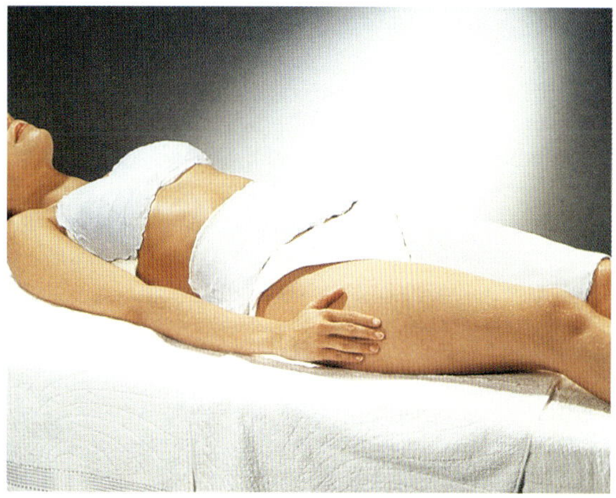

Die Modellage kann im Gesicht und an anderen Körperzonen wie Brust, Bauch und Oberschenkel angewendet werden. Einige Firmen empfehlen eine geschlossene Auftragetechnik. Dabei wird die Augenpartie mit abgedeckt.

Haut wird dadurch praller und rosiger und die Fältchen wirken flacher. Bei einem völlig intakten Gewebe ist das kein Problem, eine geschädigte Haut muss nach dieser Anwendung mit einer Lymphdrainage entstaut werden. Das Material für Masken muss luftundurchlässig sein. Aufgrund der beschriebenen Wirkung verwendet man Masken am Anfang einer Gesichtsbehandlung.

Für die Kosmetikpraxis sind **Okklusivanwendungen** alle Maßnahmen, die die Hautoberfläche luftdicht verschließen und damit besondere Vorgänge in ihr aktivieren. Materialien für solche Anwendungen müssen demnach luftundurchlässig sein. Dazu gehören Wachs, Paraffin und Folien.

Okklusivanwendungen können bei allen Hauttypen und den meisten Hautzuständen angewendet werden. Sie kommen am ganzen Körper zum Einsatz. Lediglich am Hals, auf dem Dekolleté und der Brust ist Vorsicht geboten, weil schilddrüsenkranke und herzkranke Menschen den Stau unter der Auflage oft nicht vertragen. In allen Fällen erzielt man deutliche Verbesserungen der Hautstruktur. Für die Kosmetikerin wichtig sind weitere Vorteile. Die Anschaffung erfordert keine großen Summen. Als Spezialbehandlung sollten Sie einen Preis von 50 Cent pro Minute verlangen, was für Sie lukrativ ist. Okklusivbehandlungen kann man auf keinen Fall zu Hause anwenden, was eine gute Kundenbindung bedeutet. Masken und Modellagen können sehr gut kurmäßig angewendet werden, d.h. zwei bis drei Mal pro Woche, mindestens vier Wochen lang.

Zunächst gibt man entsprechende Pflegemittel auf die gereinigte Haut. Das können Ampulleninhalte, Pflegecremes oder Spezialpräparate sein. Es ist auch gut möglich, Produkte partiell aufzutragen, d.h. zur Augenpflege eine Creme, eine andere speziell auf den Hals und für einzelne Gesichtspartien unterschiedliche Produkte. Darüber gibt man dann ein speziell vorgefertigtes Vlies. Bevor nun das Wachs in mehreren Schichten aufgetragen wird, ist es wichtig, die Temperatur am eigenen Puls zu testen. Wird sie dort vertragen, kann sie in der Regel auch an der Kundin angewendet werden. Das Wachs wird nun, am Kinn beginnend, zuerst auf die eine Gesichtshälfte, dann auf die andere aufgetragen. Es erfolgen vier bis sechs Schichten übereinander, bis eine geschlossene Wachsschicht auf dem Gesicht aufliegt. Danach trägt man das Wachs in gleicher Weise auf den Hals auf. Hierbei ist zu beachten, dass der Kehlkopf frei gelassen wird, denn einige Kunden vertragen dort keinen Druck und bekommen Beklemmungen. Nach 15 Minuten Einwirkungszeit fasst man das Vlies seitlich des Halses an und zieht die ganze Wachsmaske nach oben hin ab. Es spricht auch nichts dagegen, von der Stirn aus anzufangen.

Nun erfolgt eine Massage oder eine Lymphdrainage. Als Abschluss werden Kräuterkompressen oder eine Gesichtslotion angewendet.

Eine andere Maßnahme stellen **Modellagen** dar. Hierbei handelt es sich um eine Thermoanwendung. Die Grundlage wird unmittelbar vor der Behandlung mit besonderen Kristallen und Wasser angerührt. Die Wirkung besteht in einer allmählichen Erwärmung, die bei ca. 45 °C ihren Höhepunkt erreicht, um dann wieder abzufallen. Diese lokale Überwärmung der Haut hat die gleiche Wirkung wie eine Wachs- oder Paraffinbehandlung, ist jedoch wesentlich stärker. Die Durchblutung wird angeregt und mit ihr der Lymphfluss, die Ödembildung ist stärker und der Quellzustand der Haut ebenfalls. Hier sollte unbedingt eine ableitende Massage erfolgen.

Kontraindikationen für Masken und Modellagen sind Gefäßschäden, periorale Dermatitis, Entzündungen, Verletzungen jeder Art, Verbrennungen und frische Narben.

2.10 Spezialpflege der Augenpartie

Die Haut rund um die Augen ist ständig in Bewegung. Blinzeln und Lachen hinterlässt frühzeitig Spuren in Form kleiner Fältchen in dem dünnen und meist trockenen Gewebe. Diese empfindliche Hautstruktur widerstandsfähiger zu machen, ist Aufgabe der speziellen Augenpflege.

Augenringe sind meist angeboren. Die Haut unter den Augen ist dünn, sodass die Blutgefäße durchschimmern. Sie entstehen aber auch durch zu wenig Schlaf oder durch Krankheit und treten nach entsprechender Erholung bzw. Genesung wieder zurück. Kosmetische Hilfe bieten Abdeckstifte, mit denen die dunklen Schimmer „wegretuschiert“ werden.

Geschwollene Lider haben selten organische Ursachen. Die Schwellungen entstehen durch Ansammlung von Lymphe in den Zellzwischenräumen, Gewebespalten und Lymphgefäßen. Das geschieht vor allem nachts, wenn der Organismus auf „Sparflamme“ arbeitet. Im Laufe des Tages treten diese Schwellungen oft von alleine zurück. Rasche Hilfe bringen kühlende **Kompressen** oder mit Flüssigkeit gefüllte Folien, die im Kühlschrank aufbewahrt werden. Mit Erfolg werden gekühlte Teebeutel angewendet, denn das im Tee enthaltene Tannin ist ein natürliches Adstringens.

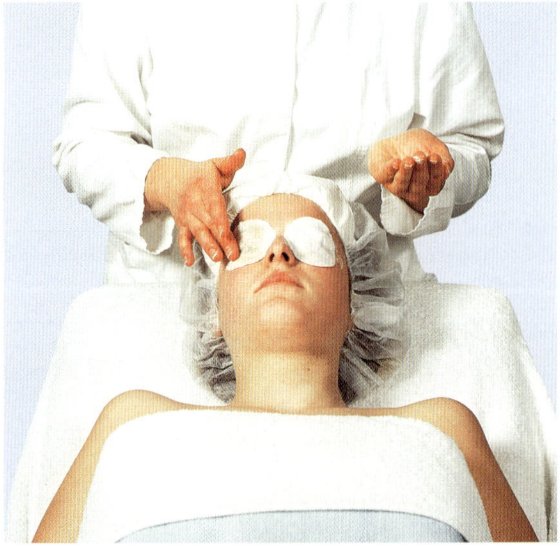

Kühlende Kompressen sind eine Wohltat für die strapazierte Augenpartie. Schwellungen, die durch Ansammlung von Lymphe entstehen, treten zurück. Alternativ können z. B. auch Teebeutel verwendet werden.

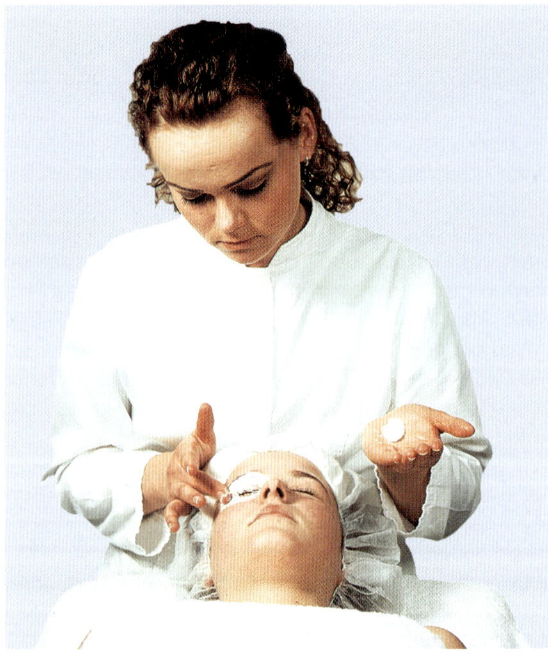

Spezialpflegepräparate als Augenlidpackung

Auch **Augengele** haben dank ihres ausgeprägten Kühleffekts eine abschwellende Wirkung. Blut- und Lymphgefäße ziehen sich zusammen, die bereits bestehende Stauung kann vom Gewebe abgebaut werden. Feuchtigkeitspflege für die Augen kann weder vor Falten bewahren noch sie verringern. Der Effekt dieser Präparate besteht in einer vorübergehenden Aufpolsterung der Augenpartie. Anti-Aging-Präparate für Augen bieten Schutz vor lichtbedingter Hautalterung, wenn sie einen genügend hohen

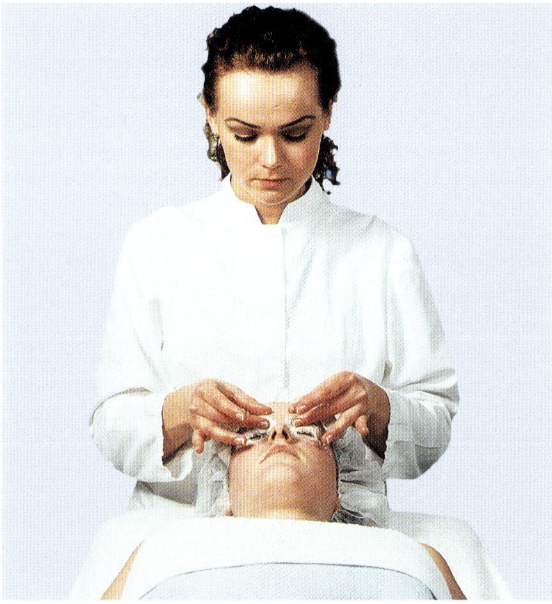

Massage der Augenpartie

Lichtschutz enthalten. Kein Teil des Körpers wird stärker durch UV-Strahlen belastet als die Augenpartie. Nur wer sich vor Sonne schützt, beugt tatsächlich frühzeitiger Alterung vor.

Augenpflegepräparate straffen die Haut, indem sie einen geschmeidigen Film bilden. Wie ein Spiegel reflektiert dieser Film Licht, verbirgt feine Linien und mildert kleine Fältchen. Manche Produkte enthalten adstringierende Inhaltsstoffe, die die Poren verengen, oder Proteine, die Linien und Fältchen auffüllen.

2.11 Behandlungsabschluss

Der **Behandlungsabschluss** wird von mehreren Faktoren bestimmt: Möchte die Kundin ein Make-up, sind Irritationen sichtbar, wie ist das Hautgefühl? Auf jeden Fall verwendet man ein **Gesichtswasser**, weil es die Hautoberfläche im sauren ph-Wert-Bereich einstellt und somit ein vorübergehender Schutz gegen Bakterien vorhanden ist. Man kann die Lotion mit feuchten Wattepads auf die Haut bringen oder apparativ mit einem feinen Nebel aufsprühen. Je nach Hautzustand kann man eine Tagespflege verwenden.

Getönte Tagescremes lassen die natürliche Hautfarbe etwas frischer aussehen. Die Haut sollte sich nicht fettig anfühlen. Gerötete Stellen können mit einem Abdeckstift retuschiert werden. Verwendet die Kundin ein Make-up, sollte die Haut nicht fettig sein. Verwendet sie keines, so kann man die Hautoberfläche mit einem farblosen Seidenpuder leicht mattieren.

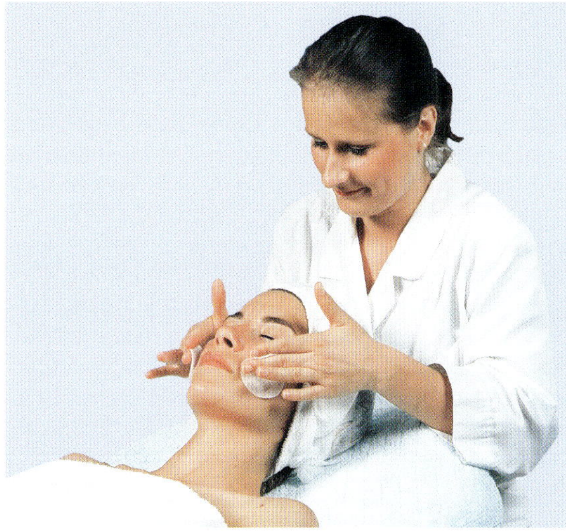

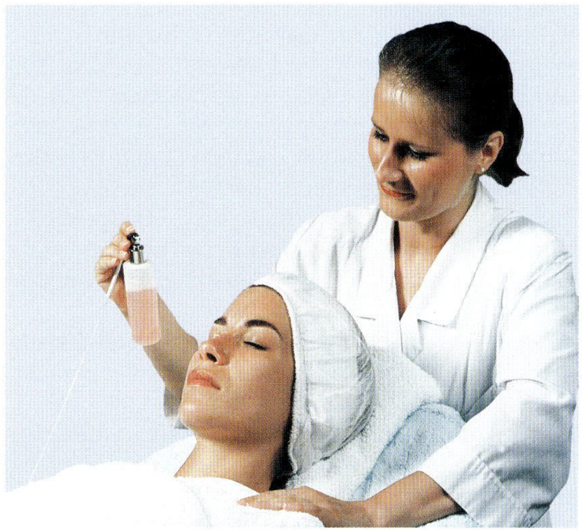

Die Lotion wird mit Wattepads aufgetragen oder als Spray aufgenebelt.

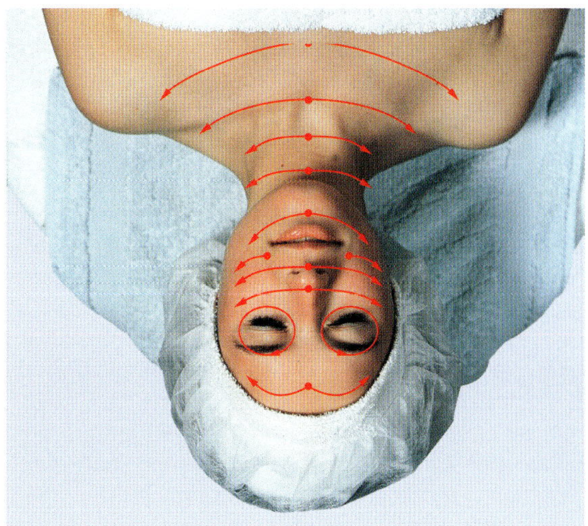

Watteführung bei der Anwendung eines Gesichtswassers. Beide Hände führen die Watte gleichzeitig von der Körpermittellinie zu den Seiten.

4

2.12 Ödeme: Stau im Gewebe

Der Begriff **Ödem** kommt aus dem Griechischen und bedeutet Schwellung. Diese Schwellung entsteht infolge venöser Stauungen, Lymphstauungen und gestörter Kapillarsekretion in den Gewebespalten der Haut und der Schleimhäute. Die Ursachen sind vielfältig. Eine Fülle organischer Störungen werden von Ödemen begleitet, z. B. Lungenerkrankungen, Herzerkrankungen, Nierenerkrankungen, Hormonstörungen und Infektionen. Ödeme entstehen bei Hitzeschäden, venösen Zirkulationsstörungen, Verbrennungen, Unterernährung, Verabreichung von Cortison, nach Brustamputation, durch Steigerung der Kapillarpermeabilität sowie nach Verletzungen.

Ödembildung und **Lymphsystem** stehen in einem direkten Zusammenhang. Die Lymphkapillaren der Haut sind handschuhartig in das Corium eingestülpt. Sie bilden ein frei im Gewebe endendes Röhrensystem. Die Kapillaren sind äußerst dehnungsfähig und deshalb ist die Weite unterschiedlich. Von der Haut laufen die Lymphbahnen in die regionären Lymphknoten und münden danach in den Blutkreislauf. Die Strömungsrichtung der Lymphe wird durch Klappen bestimmt. Ähnlich dem Blutgefäßnetz unterscheiden wir ein oberflächliches und ein tief liegendes Kapillarnetz. Direkt unterhalb der Kapillarschicht der Haut liegt das oberflächlichste Lymphnetz in direkter Nachbarschaft der artiellen Gefäße. In diesem Abschnitt sind keine Klappen vorhanden. Die vom Corium abgehenden Lymphgefäße besitzen Klappen. Die Lymphkapillaren im Bereich der Haut der Finger, der Handflächen und der Fußsohlen sind am deutlichsten ausgeprägt.

Als **Lymphe** bezeichnet man nur die in den Gefäßen befindliche Flüssigkeit. Die Gewebe haben ein interzellulares Spaltensystem, in dem sich freie Gewebeflüssigkeit befindet. Diese ist ein Produkt der Filtration und Diffusion aus den Blutkapillaren und wird von den Lymphkapillaren aufgenommen. Auch das venöse Kapillarsystem nimmt einen Teil dieser Gewebeflüssigkeit auf.

Ödeme sind Folgen einer Störung: Jede ungenügende Arbeitsleistung des Lymphsystems führt in den Gewebezwischenräumen zu einem eiweißreichen Ödem, dem sich auf Dauer einer Degeneration des Bindegewebes anschließt. Wird die aus den Kapillaren filtrierte Flüssigkeit nicht resorbiert und die Kapazität der Flüssigkeitseinlagerung im Bereich der Haut überfordert, so werden die Strukturen der Grundsubstanz auseinandergedrängt und es bilden sich Spalträume, die sich histologisch durch fehlende endotheliale Einkleidung auszeichnen. Unter normalen Verhältnissen kommen solche Spalträume nicht vor. Die Ausbreitungsmöglichkeit für Flüssigkeiten können sich erheblich vergrößern. Beispiele dafür sind Quaddeln und Blasen.

Ödeme sind in jedem Fall Erscheinungen, die auf eine Störung hinweisen. Solche Störungen haben gravierenden Einfluss auf das Stoffwechselgeschehen und führen auf Dauer zu einer frühzeitigen Alterung der Haut. Kosmetische Behandlungsmaßnahmen wie Durchblutungsmaßnahmen, die Anwendung von Wärme oder Hitze, das Entfernen von Unreinheiten sowie die Haarentfernung mit Wachs stören die gesunden Hautfunktionen empfindlich und rufen ein Ödem hervor. Die Aufgabe der Kosmetikerin ist es jedoch, Hautfunktionen zu unterstützen. Ödeme als regenerative Methode zu provozieren ist demnach kein Ziel. Durch die manuelle Lymphdrainage und durch den Einfluss niedriger Temperaturen können Lymphstauungen positiv beeinflusst werden.

3 Zusatzbehandlungen

Viele Kunden sind nicht ausreichend darüber informiert, was eine Kosmetikerin für sie tun kann. Viele Kosmetikerinnen versäumen, ihren Kundinnen Zusatzangebote zu machen.

Auf der Suche nach Möglichkeiten, den Behandlungspreis überzeugender zu gestalten, bieten Zusatzbehandlungen eine ideale Möglichkeit. Sie werden während der Gesichtsbehandlung mitangeboten und bieten der Kundin die Möglichkeit, den Wert einer Intensivpflege kennen zu lernen.

3.1 Mechanische Haarentfernung (Depilation)

Im Winter von langen Hosen und blickdichten Strümpfen verdeckt, gewinnen zu viele Körperhaare im Sommer an Bedeutung und man macht sich Gedanken über ihre Beseitigung. Einfach und wirksam sollen die Methoden sein, mit denen man Überbehaarung auch großflächig begegnen kann.

Für die **Haarentfernung** sollte eine separate Kabine mit erhöhter Liege vorhanden sein. Die Kosmetikerin sollte um die Kundin herumgehen können. Hygienische Rahmenbedingungen sind wichtig. In die Depilationskabine gehört auf keinen Fall Teppichboden. Ein Metallabfallbehälter mit Mülltüte ist angebracht. Die Wachserhitzer sollten auf einem Vlies oder Zellstofftuch stehen und bei Bedarf sollten diese ausgewechselt werden. Ein Akkustaubsauger beseitigt zuverlässig abgeschnittene Härchen. Die Kundin liegt auf einem Frotteetuch oder Vlies, das nach jeder Behandlung gewechselt wird. Desinfektionsmittel für Spatel und Hände sollten selbstverständlich sein. Von der Haut abgezogenes Wachs gehört in den Abfall und nicht zurück in den Erhitzer.

Wachspatronen müssen besonders sauber gehalten werden, sonst verkleben sie den Erhitzer.

Mechanische Haarentfernung (**Depilation**) ist eine Haarentfernung auf Zeit. Unterschiedliche Anwendungen wie Zupfen mit **Pinzetten**, Schneiden, Entwachsen und die chemische Form bieten Möglichkeiten, die oft auch kombiniert vorkommen. Vor jeder Anwendung sollte ein ausführliches Gespräch mit der Kundin stattfinden. Kontraindikationen müssen beachtet werden. Die Möglichkeiten der Depilation richten sich nach der Art der zu entfernenden Haare. Gezupft werden Augenbrauen und einzelne längere Härchen. Geschnitten werden alle Haare auf Hautmalen, in Nase und Ohren sowie lange Haare vor der Entfernung mit chemischen Mitteln oder Wachs. Rasiert werden Bein- und Achselhaare. Der Nachteil des Rasierens liegt im schnellen und stoppeligen Nachwachsen, was häufig zu Hautreizungen führt, besonders an den Beinen, wenn die Stoppeln durch die Strümpfe dauernd bewegt werden. Die Rasur ist, genau wie die chemische Haarentfernung, eher eine Maßnahme für zu Hause.

Die chemische Haarentfernung entfernt das Haar, wie bei der Rasur, nur bis zur Hautoberfläche. Die Thioglycolsäure greift nicht nur das Keratin der Haare an, sondern auch das der Haut. Die Wirkung ist ein Radikalpeeling, das nicht von jeder Haut vertragen wird. Rötungen, manchmal auch Entzündungen sind die Folge. Deshalb muss Folgendes unbedingt beachtet werden: die Einwirkungszeit des Mittels, gründliches Abwaschen, eine Nachbehandlung mit Zitronen- oder Essigwasser und keine Anwendung von Parfüms, Deos, Seifen etc. für 24 Stunden.

Warm- und Kaltwachs sind die Favoriten bei den Depilationsprofis. Geeignet zur schnellen, gründlichen und relativ schonenden Haarentfernung bindet diese Art der Depilation die Kundin ans Institut.

Warmwachs gibt es mit speziellen Wachserhitzern oder in Wachspatronen. Wachspatronen sind eine besonders bequeme, schnelle und saubere Form der Warmwachsenthaarung. Die Haut sollte vor der Anwendung fettfrei sein, es dürfen keine Verletzungen und keine deutlich sichtbaren Blutgefäßschäden vorhanden sein. Krampfadern und ein Netz von Besenreisern schließen die Wachsenthaarung aus. Wenn man diese Punkte beachtet, kann man Wachs am ganzen Körper verwenden; im Gesicht, den Achselhöhlen (hier die Haare vorher kürzen), der Bikinizone und natürlich an den Beinen. Haare, die mit Wachs entfernt werden, sollten mindestens einen halben Zentimeter lang sein.

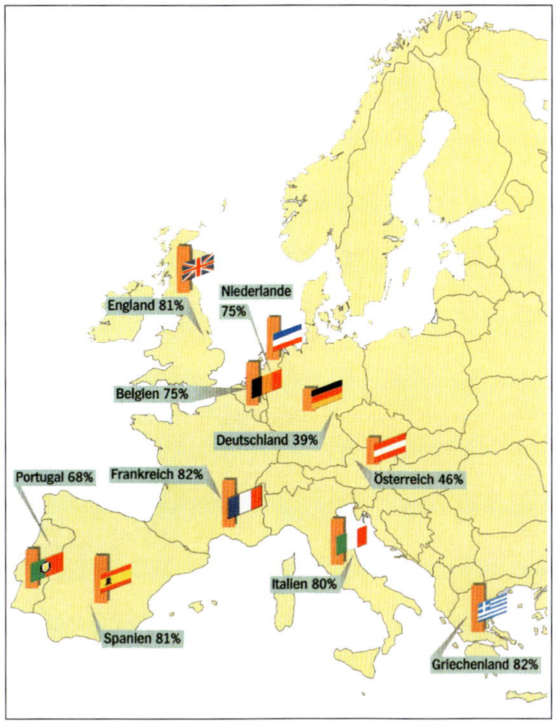

Etwa 80 % der Europäerinnen sorgen regelmäßig für Haarentfernung. Die Zahlen zeigen, dass der Markt in Deutschland noch lange nicht ausgeschöpft ist.

4

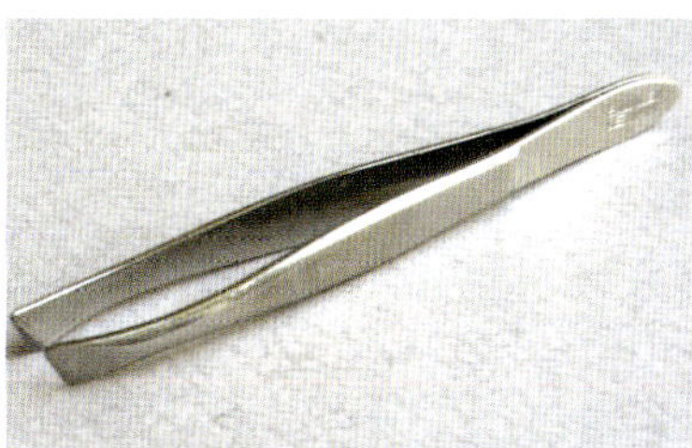
Augenbrauenpinzette

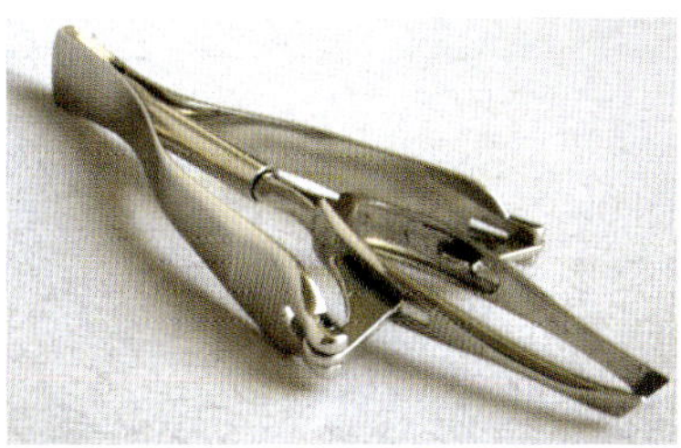
Pinzette mit Zugautomatic

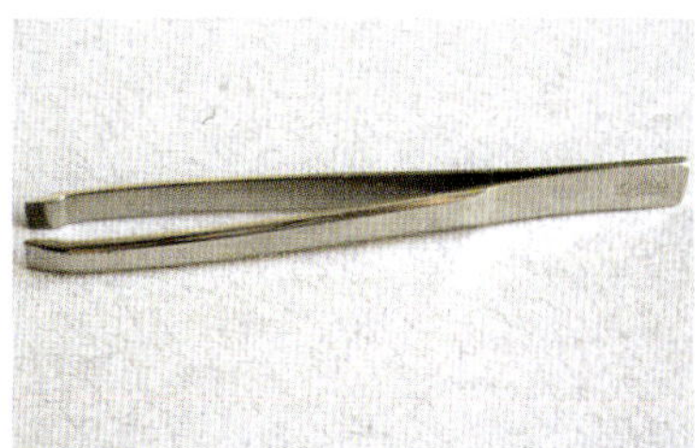
Gerade Pinzette

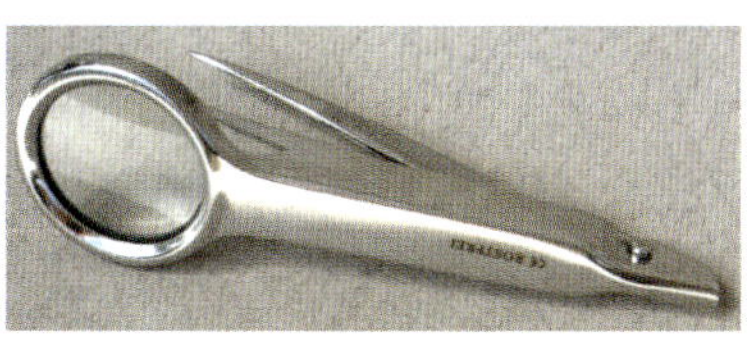
Pinzette mit Lupe

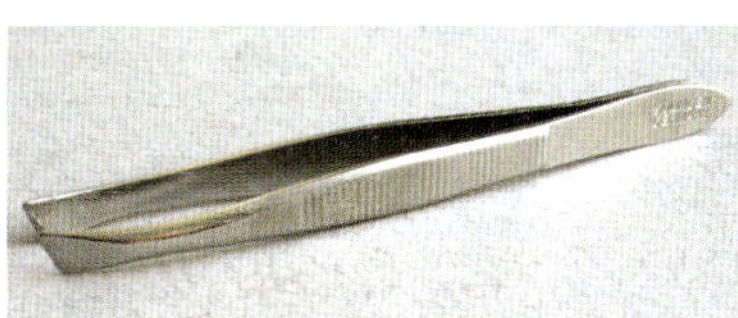
Pinzette mit gebogener Greiffläche

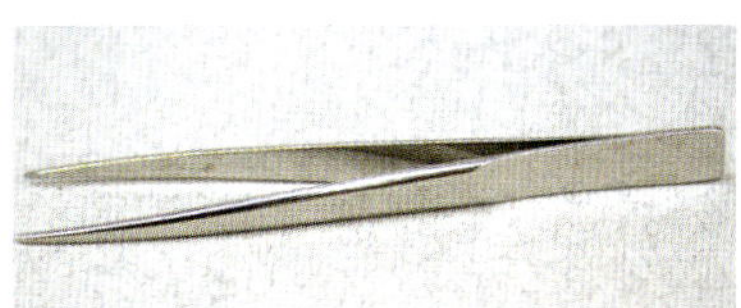
Splitterpinzette

Für das Zupfen sind je nach Anwendungsbereich verschiedene Pinzetten verfügbar.

1 Hautpartie entfetten.

2 Wachs am eigenen Puls auf seine Temperatur hin prüfen.

3 Mit einem Metallspatel das Wachs in Haarwuchsrichtung dünn auftragen.

4 Stoffstreifen oder Folie aufdrücken und ruckartig gegen Wuchsrichtung abziehen.

5 Auf die enthaarte Stelle sofort mit Finger oder Handfläche Druck ausüben, damit eine Rötung und Anschwellung der Haut verhindert wird.

Eine professionelle Enthaarung mit Warmwachs sieht so aus.

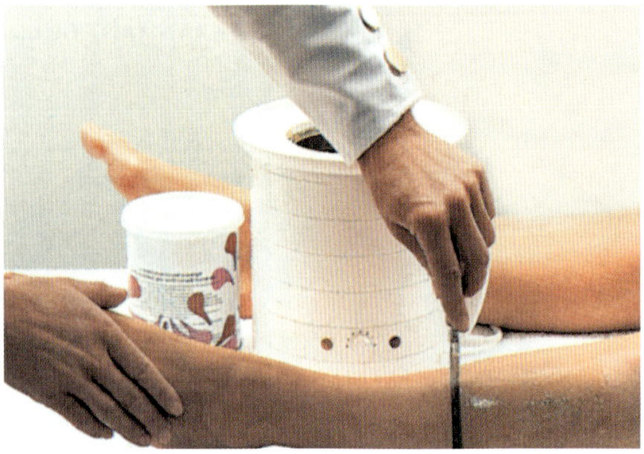

Bei der Enthaarung mit Wachs kommt es auf Gründlichkeit und Schnelligkeit an, damit sich die Behandlung rentiert.

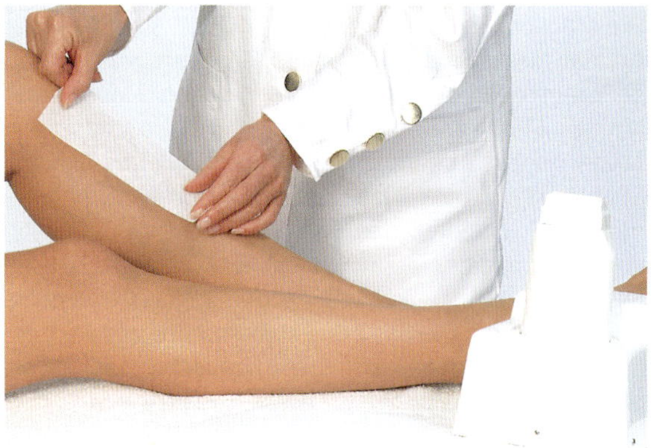

Eine alternative Möglichkeit der Haarentfernung sind Wachsstreifen.

Die Temperaturregulierung von Wachserhitzern ist oft ungenau. Deshalb ist die wichtigste Regel bei der Arbeit mit Warmwachs die vorherige Überprüfung der Temperatur am eigenen Puls, um Verbrennungen zu vermeiden.

Warmwachspatronen gibt es in unterschiedlichen Größen und Rollenbreiten. Für den Oberlippenbereich und die Augenbrauen benutzt man schmale Rollen.

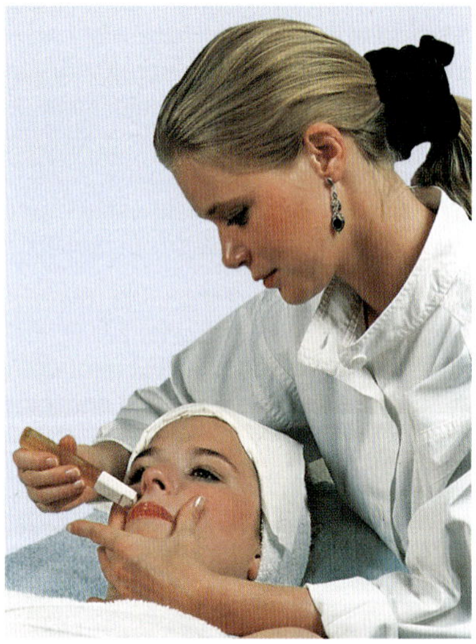

Eine andere Variation für die Warmwachsenthaarung im Gesicht ist das Entwachsen ohne Folie. Hierbei wird das Wachs mit einem Pinsel reichlich aufgetragen. Wenn es leicht abgekühlt ist, drückt man es auf die Härchen und zieht es anschließend ab. Dabei löst man das Wachs an einem Ende etwas von der Haut und fasst den Streifen dort an.

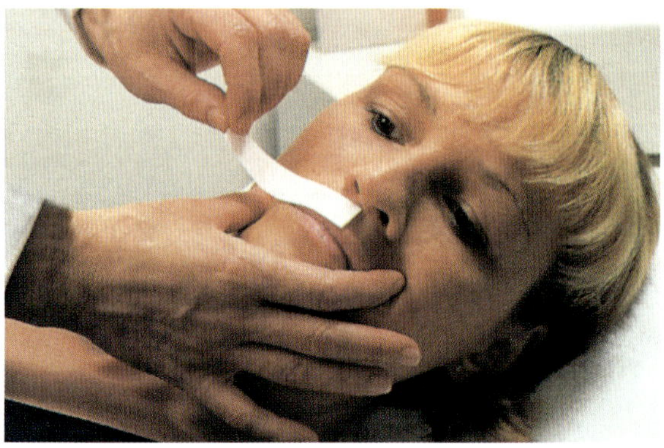

Beim Abziehen der Wachsstreifen muss die Haut gespannt werden, damit es weniger schmerzhaft ist.

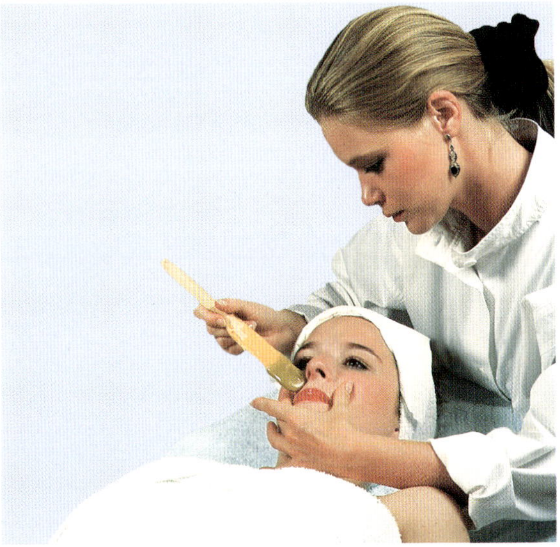

Warmwachs wird mit einem Holz-, Kunststoff- oder Metallspatel dünn in Wuchsrichtung des Haares aufgetragen.

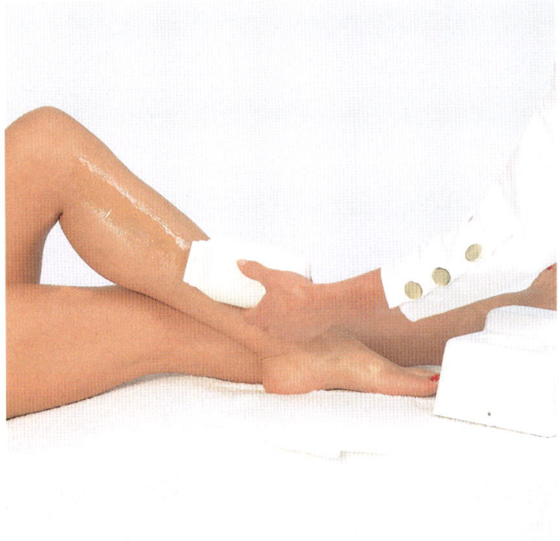

Für die Enthaarung größerer Hautareale (z. B. an den Beinen) werden große Wachspatronen verwendet, die bis zu einem halben Liter Wachs enthalten.

Die Haarentfernung in den Achselhöhlen, an den Beinen und der Bikinizone ist an sich problemlos. Allerdings verträgt sie nicht jeder gut. In jedem Fall werden die langen Haare zuerst mit der Schere gekürzt und dann in kleinen Partien entfernt. Die Beine werden jeweils unterteilt in Ober- und Unterschenkel. Der Wachs wird auf die gesamte Vorderseite bzw. Rückseite aufgetragen. Dann werden lange Stoff- oder Folienstreifen aufgelegt, angedrückt und der Reihe nach abgezogen.

Bei der Enthaarung mit **Kaltwachs** besteht eigentlich kein wesentlicher Unterschied zum Warmwachs. Durch die zähe Konsistenz des Kaltwachses ist allerdings das Auftragen etwas unangenehmer. Wachsreste können sowohl bei Warmwachs als auch bei Kaltwachs mit Wasser entfernt werden. Es gibt auch spezielle Cleanser.

Die Nachbehandlung der Depilation gestaltet sich entsprechend der Hautreaktion. Im Gesicht verwendet man kalte Kompressen oder Eiswürfel. Danach kann eine antiseptische Creme aufgetragen werden. Für größere Flächen verwendet man kalte Kompressen, beruhigende Kräuterauszüge aus Rose, Malve, Hamamelis, Kamille oder Salbei und entsprechende Pflegeprodukte. Bei heftigen Hautreaktionen eignet sich auch die Anwendung von Blaulicht. Bei Seborrhöikern erscheint oft jeder Haarfollikel so, als würde ein kleiner Bluterguss darunter sein, insgesamt sieht die Haut bläulich-rot gepunktet aus. Bei sehr kräftigem Einzelhaar wird die Haarpapille durch den Zug stark geschädigt und es entsteht tatsächlich eine winzige, punktuelle Blutung, die auch relativ lange anhält. Spezielle Cremes auf Arnica-Basis helfen hier am besten.

Nehmen Sie Stellung: Eine wichtige Frage von Kundinnen lautet: „Wie lange hält eine Anwendung?“ Das heißt so viel wie: „Wann muss die nächste Enthaarung erfolgen?“ Hier eine verbindliche Antwort zu geben, ist nicht so einfach, denn viele Faktoren spielen eine Rolle:

- Welche Ursache hat die Behaarung? Ist sie konstitutionell, hormonell (bei Störungen oder in den Wechseljahren) oder durch die Zugehörigkeit zu einer bestimmten ethnischen Rasse bedingt?
- Hat sich die Behaarung im Laufe der Zeit verändert? Wenn ja, dann auf jeden Fall den Arzt befragen.
- Wurde schon öfter depiliert? Wie reagiert das Wachstum der Haare?
- In welchem Wachstumsstadium befinden sich die Haare? Je mehr Haare im Follikel stecken, aber von der Papille schon abgelöst waren, umso eher muss wieder enthaart werden.
- Auf jeden Fall sollte man mit etwa drei Enthaarungen kundenspezifische Erfahrungen sammeln. Und ob die Behaarung insgesamt weniger wird, sollte man auch nur zögerlich mit Ja beantworten. Häufig ist das der Fall, aber nicht immer.

4

Mechanische Verfahren	Vorteile	Nachteile
Zupfen	– kein Materialaufwand – Wirkung lang anhaltend – weicher Haarnachwuchs	– schmerzhaft, insbesondere für empfindliche Personen – Folliculitis möglich – nur für Einzelhaare und Augenbrauen-Korrektur geeignet – evtl. Zeitaufwand – verboten für behaarte Naevi
Schneiden	– kein Materialaufwand – keine Schmerzen – keine Nebenwirkungen – geeignet für behaarte Naevi	– schneller Nachwuchs – das nachwachsende Haar wirkt scheinbar dicker
Rasieren	– schnell sichtbarer Erfolg – zeitsparend	– schneller Nachwuchs – Einzelhaar wirkt stärker – gilt z. T. als „unweiblich" – nicht für Gesichts-Depilation geeignet
Wachse: – Kaltwachs – Warmwachs	– Ergebnis lang andauernd – gesamte Haarlänge wird entfernt – schnelle Entfernung auch größerer Haarflächen möglich	– manchmal ziemlich schmerzhaft – Aussparung von Muttermalen und Krampfadern notwendig
Chemische Verfahren	**Vorteile**	**Nachteile**
Depilatorien (Enthaarungsmittel)	– zeitsparend – kaum schmerzhaft Ersatzmöglichkeit bei mechanischer Empfindlichkeit	– Haar wächst scheinbar stärker nach – Möglichkeit von Hautreizungen und Folliculitis
Blending-Verfahren (Blondierung)	– macht Härchen hell und weniger sichtbar	– keine echte Depilation, sondern nur Kaschierung

Die Methoden der Depilation werden nach mechanischen und chemischen Verfahren unterschieden.

3.2 Anwendung von Ampullenpräparaten

Die Konsistenz von **Ampullenpräparaten** kann wässrig, ölig oder gelartig sein. Davon hängt entscheidend die Anwendung ab, prinzipiell können sie am gesamten Körper eingesetzt werden. Mit Ausnahme der Effektampullen werden alle Ampullen vor der Massage aufgetragen. Ampullenpräparate verbleiben auf der Haut.

In wässriger Konsistenz werden die Wirkstoffe entweder manuell und dann in Verbindung mit einem Massagepräparat auf die Haut gebracht oder mittels Gleichstrom (**Iontophorese**) eingeschleust. Bei der manuellen Anwendung ist zusätzlich eine Massagecreme erforderlich. Ein Massageöl sollte nicht verwendet werden, weil Öl und Wasser sich nicht verbinden. Ölige Ampullenwirkstoffe eignen sich gut zur Massage.

Ampullen mit gelartiger Konsistenz werden ebenfalls vor der Massage auf die Haut gebracht. Je nach Hauttyp und Hautzustand kann man mit ihnen wie folgt massieren: Entweder feuchtet man immer wieder die Hände an, um das Produkt gleitfähig zu halten, oder man gibt es unter ein Massagepräparat vom Typ Ö/W. Solche gelartigen Stoffe eignen sich eher bei einer fettigen Haut, als bei einer trockenen.

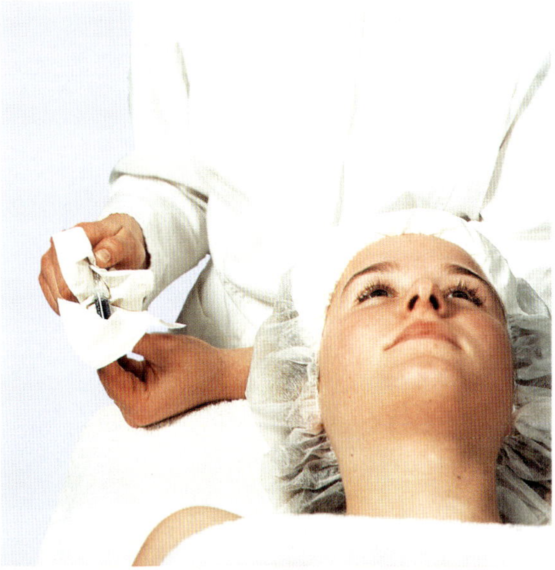

Eine Ampulle immer mit einem Zellstofftuch öffnen. Das schützt vor Glassplittern, falls die Ampulle zerbricht.

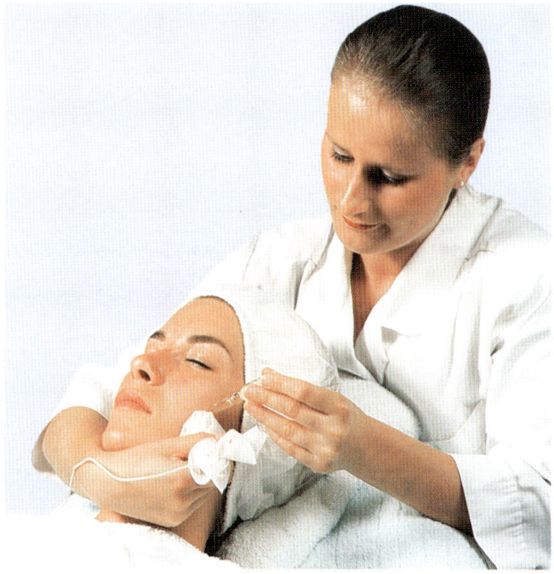

Ein Ampullenwirkstoff wird durch Strom in die Haut gebracht.

Eine gelartige Konsistenz haben auch sogenannte Effektampullen. Sie sorgen für eine schnelle Erfrischung der Haut, die immer auch ein leichtes Aufquellen zur Folge hat. Die Haut fühlt sich zwar etwas gespannt an, aber wenn direkt nach der Ampullenanwendung ein Make-up ohne eine zusätzliche Pflege aufgetragen wird, hält dieses besonders gut.

Nehmen Sie Stellung: In Verbindung mit Strom werden Wirkstoffe in tiefe Schichten der Haut bzw. in die Blutbahnen transportiert. Ob und wie sich Stoffe unter Stromeinfluss verändern und was die Zellen mit einem körperfremden Stoff anfangen sollen, ist nicht geklärt. Die Möglichkeit, dass die Haut sich gegen den Fremdstoff wehrt, sollte also in Betracht gezogen werden. Über Sinn und Nutzen darf nachgedacht werden. Die Erwartungshaltung der Kunden ist hoch.

3.3 Spezialpflege für Hals und Dekolleté

In der Heimpflege werden Hals und Dekolleté oft nur unzureichend gepflegt. Für die Kosmetikerin besteht darin eine gute Möglichkeit, ihren Kundinnen ein Zusatzangebot zu unterbreiten. Wenn eine Kundin das Hautgefühl nach einer Intensivpflege einmal gespürt hat, ist sie eher bereit, auch zu Hause mehr Mühe aufzuwenden; eine passende Gelegenheit für Zusatzverkäufe.

Die **Halspartie** wird hinten durch die Halswirbelsäule, seitlich und vorne durch Muskulatur gebildet, die Rippen, Wirbel und Schädel verbinden. Vor den Muskeln liegt das Platysma, ein platter Hautmuskel des Halses, darüber die Halshaut. Die Haut der Halspartie unterliegt gut sichtbar der konstitutionellen Alterung. Außerdem ist sie lichtexponiert, was den Prozess noch fördert. Manchmal ist die Halshaut durch eine Überverhornung der Follikelausgänge einer „Gänsehaut“ vergleichbar. Hier liegt eine Veranlagung vor, die kosmetisch gemildert, aber nicht beseitigt werden kann. Auch die Embryonalfalten, die quer über die Halshaut verlaufen, sind ererbt und kosmetisch nicht zu beeinflussen.

Auf lange Sicht gesehen spielt die Körperhaltung eine große Rolle. Ein runder Rücken und vorgezogene Schultern führen zwangsläufig zu einer dauerhaften Hebung des Kopfes, weil man das Kinn nach vorne schiebt. Dadurch wird die Halshaut permanent überdehnt.

Intensive Pflege ist also angezeigt und dazu gibt es viele Möglichkeiten. Zunächst erfolgt immer eine Vorreinigung der Haut. Vorher kann man mit einer Bürste oder einem Massagehandschuh trocken bürsten. Das Reinigungspräparat selbst kann manuell oder apparativ mit einem Bürstchen verteilt werden. In allen Fällen wird die Verhornung positiv beeinflusst und die Haut durchblutet. Danach kann man Kompressen mit Kräuterzusätzen wie Bohnenkraut, Kamille, Pfefferminze oder Thymian auflegen. Sie sollten so warm wie möglich sein und häufiger gewechselt werden.

Die Halspartie soll immer in die Gesichtsmassage mit einbezogen werden. Als Massagemittel eignen sich spezielle Halspflegepräparate, die Massagecreme für das Gesicht, Basisöle mit ätherischen Ölen oder ölige Ampullenwirkstoffe.

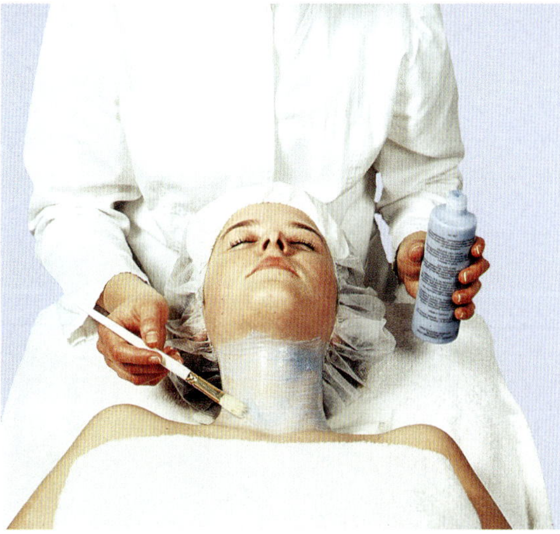
Eine spezielle Halspflege ergänzt die Gesichtsbehandlung.

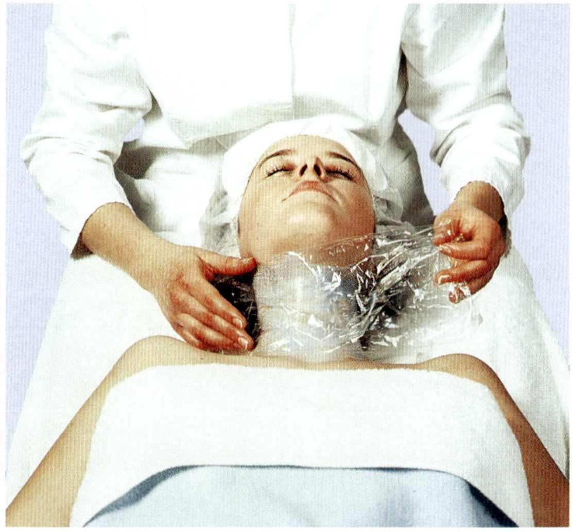
Mit Folie abgedeckt entsteht Wärme. Vorsicht bei Schilddrüsenproblemen!

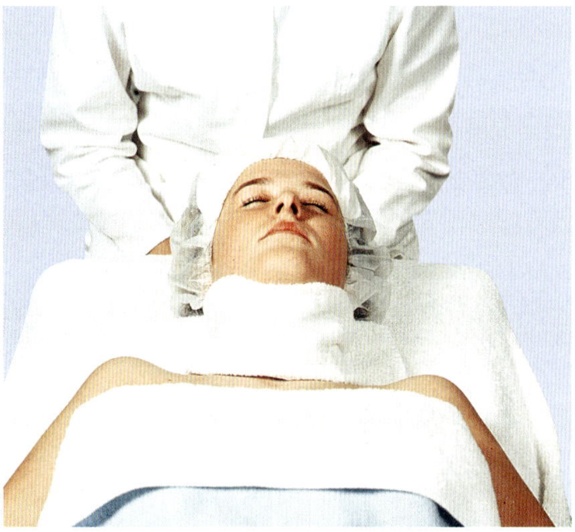
Ein Frotteetuch hält die Wärme auf der Haut, was die Glättung der Haut fördert.

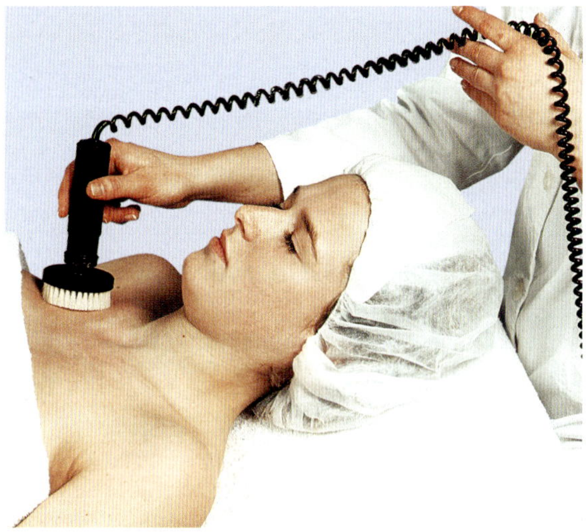
Die Bürstenmassage glättet die Hornschicht und bewirkt eine leichte Durchblutung.

Nach der Massage kann eine Packung aufgelegt werden. Entweder trägt man dazu die Massagecreme nochmals nach oder man wählt ein entsprechendes anderes Produkt. Über die Cremeauflage wird eine Folie und darüber eine warme Kompresse gegeben. Auch warmes Hautfunktionsöl oder Olivenöl eignet sich gut. Nach 15 Minuten nimmt man die Auflage ab. Als Abschluss folgen nun kalte Kompressen, Abreibungen mit leicht alkoholhaltigem Gesichtswasser, mit Alaun oder schwarzem Tee. Diese Maßnahmen dienen dazu, die Poren zu schließen und das Gewebe zu entquellen.

Eine andere Möglichkeit der Spezialbehandlung ist die Anwendung von Modellagen und Paraffinmasken. Direkt nach der Vorreinigung werden sie aufgetragen, erst danach erfolgt die Massage, am besten eine Lymphdrainage.

Eine weitere Variante ist der schnelle Wechsel von heiß und kalt. Hierzu wird beispielsweise Weizenkeim- oder Jojobaöl auf die Halshaut aufgetragen. Darüber gibt man eine nicht zu dünne Wattelage, die man mit Öl tränkt. Nun folgen einige sehr heiße Kompressen (soweit die Kundin die Wärme verträgt). Dieser Vorgang dauert etwa 18 Minuten. Entweder vor oder nach der Massage erfolgen 4–5 Eiswasserkompressen.

Bei allen Behandlungen am Hals ist wichtig, dass die Kundin sie vertragen kann. Bei Schilddrüsenproblemen oder sonstigen Beklemmungsgefühlen werden Modellagen, Paraffin oder andere Auflagen als unangenehm empfunden. Manchmal hilft es schon, die Kehlkopfpartie auszusparen.

Das **Dekolleté** besteht hauptsächlich aus dem großen Brustmuskel, der sich seitlich vom Brustbein

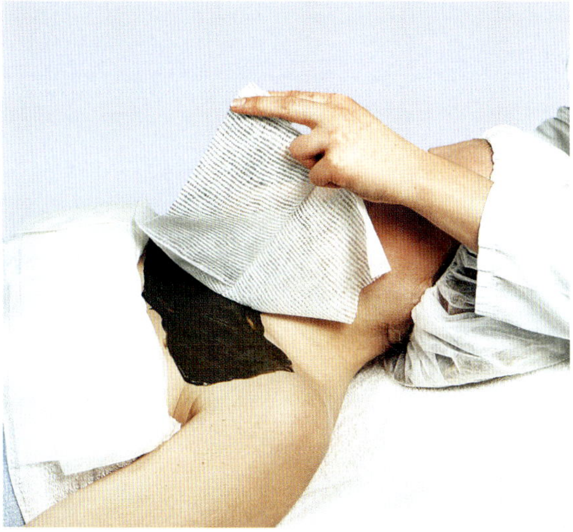

Auf eine spezielle Kräuterpackung legt man ein Vlies, das mit Kräutersud getränkt wird, um das Trocknen der Packung zu verhindern.

jeweils zu den Oberarmen zieht. Die Haut des Dekolletés verfügt über wenig Fettgewebe. Wer dauerhaft ausgeschnittene Oberbekleidung trägt, wird nach Jahren den Ausschnitt deutlich auf dem Dekolleté erkennen, hier ist die Haut durch Lichtalterung ganz anders strukturiert. Ein Spezialangebot zur Intensivpflege kann eine gute Anregung sein. Das Behandlungskonzept ist das gleiche wie bei der Halsbehandlung, auch die kosmetischen Maßnahmen sind auf das Dekolleté übertragbar.

3.4 Die Busenbehandlung

Die **Busenbehandlung** erfordert viel Einfühlungsvermögen und Taktgefühl, denn die wenigsten Frauen werden von sich aus nach einer Busenbehandlung fragen.

Die Brust selbst besteht zum größten Teil aus Fettgewebe. Hierin ist die Brustdrüse eingebettet, die in der Brustwarze mündet, gehalten von den Brustmuskeln und der Haut.

Für die Institutsbehandlung eignen sich alle Behandlungsmaßnahmen, wie beim Hals und beim Dekolleté. Allerdings darf die Bürstenmassage nur sehr vorsichtig durchgeführt werden, denn die Brust ist empfindlich. Grundsätzlich wird die Brustwarze ausgespart. Damit man das nicht missachtet, stülpt man ein spitz geformtes Wattepad darüber.

Je großflächiger die Körperbehandlung ist, um so eher friert die Kundin. Die Raumtemperatur sollte deshalb etwas höher sein und wann immer möglich, wird die Kundin gut zugedeckt.

Ob Hals, Dekolleté oder Busen, alle drei Partien benötigen neben der Institutsbehandlung eine konsequente Pflege. Viele kosmetisch störenden Zustände haben ihre Ursache in einer nachlässigen Körperhaltung. Erfolgt hier keine dauerhafte Korrektur, erreicht man keine nachhaltig guten Verbesserungen. Die Haltungskorrektur kann durch Gymnastik ergänzt werden. Diese wirkt muskel- und gewebestraffend. Regelmäßige Wechselduschen stimulieren das Gewebe, regen den Stoffwechsel an und wirken so hautstraffend. Durch regelmäßige Anwendung von Pflegeprodukten wird diese Wirkung unterstützt. Speziell beim Busen kommt es auf gut sitzende Mieder an. Ein BH stützt die Brust und schont so das Bindegewebe vor Überdehnung. Eine möglichst gerade Lage beim Schlafen mit einem nicht zu dicken Polster unter dem Kopf stellt die Idealversion dar. Kosmetische Behandlungen sind am erfolgreichsten, wenn sie in Teamarbeit von Kosmetikerin und Kundin durchgeführt werden. Dies muss bei der Beratung für die Heimpflege beachtet werden.

3.5 Die Rückenbehandlung

Der Rücken wird oft bei der Pflege vernachlässigt, weil die meisten Menschen ihn gar nicht erreichen. Über ein Bürsten mit einer Stielbürste und einem zusammengerollten harten Frottiertuch hinaus gibt es noch viele Möglichkeiten einer speziellen Behandlung.

Die **Rückenbehandlung** ist eine Teilkörperbehandlung, bei der auf einer verhältnismäßig großen Hautfläche gearbeitet wird. Dabei ist es leicht möglich, dass die Kundin friert. Dementsprechend sollte die Behandlungskabine wärmer sein. Es eignet sich eine Kosmetikliege, die man erhöhen kann und die im oberen Teil einen Ausschnitt für das Gesicht hat. So kann die Kundin Kopf und Halspartie gerade auflegen. Massagebänke oder andere Kosmetikliegen sind entweder nicht hoch genug, was eine große körperliche Belastung für die Kosmetikerin ist, oder die Kundin muss den Kopf über längere Zeit seitlich drehen, was nicht immer angenehm ist. Wenn Kundinnen die Bauchlage überhaupt nicht vertragen, kann man die Rückenbehandlung auch im Sitzen durchführen. In allen Fällen sollte die Liege frei im Raum stehen, sodass die Kosmetikerin von beiden Seiten arbeiten kann.

Für die Pflegebehandlung stehen viele Möglichkeiten zur Verfügung. Zunächst erfolgt die Hautreinigung. Soll mit Strom gearbeitet werden, muss die Haut fettfrei sein, ansonsten verwendet man eine Reinigungsmilch. Je nach Verhornung der Haut kann man vor der Reinigung trocken bürsten bzw. nach der Reinigung ein leichtes Peeling anwenden. Dies sollte

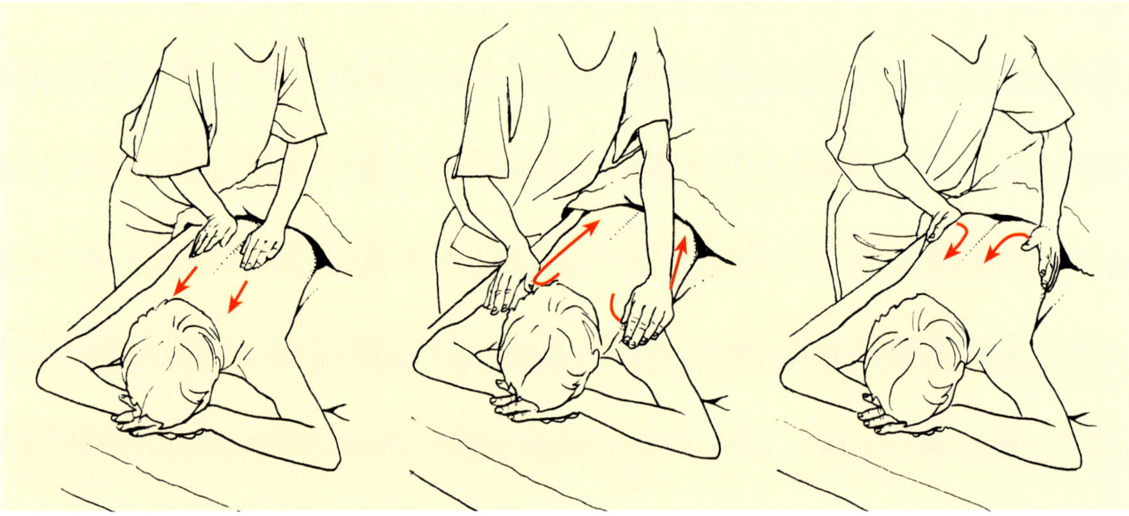

Großflächiges Ausstreichen der Rückenpartie mit beiden Handinnenflächen

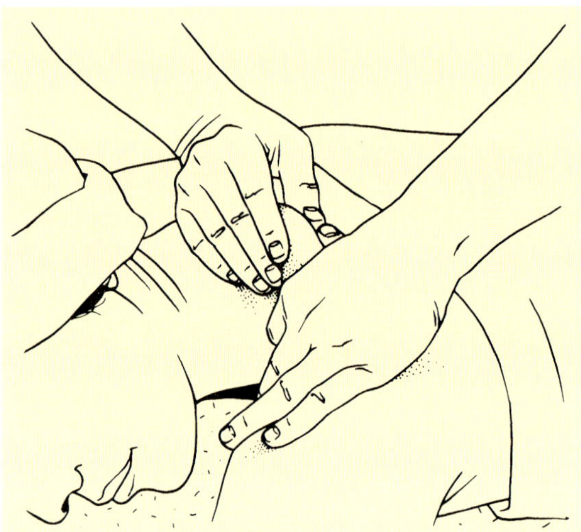

Kneten des Trapezmuskels (Musculus trapezius) und des Deltamuskels (Musculus deltoideus)

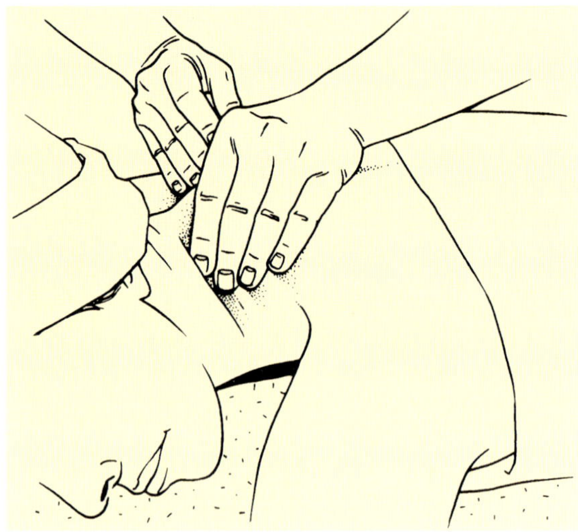

Kneten der Nackenmuskulatur

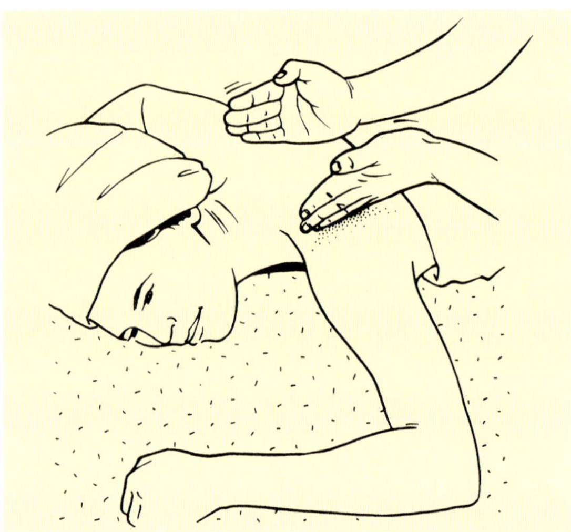

Leichtes Klopfen mit den Handkanten auf dem Trapez- und Deltamuskel seitlich der Wirbelsäule nach außen

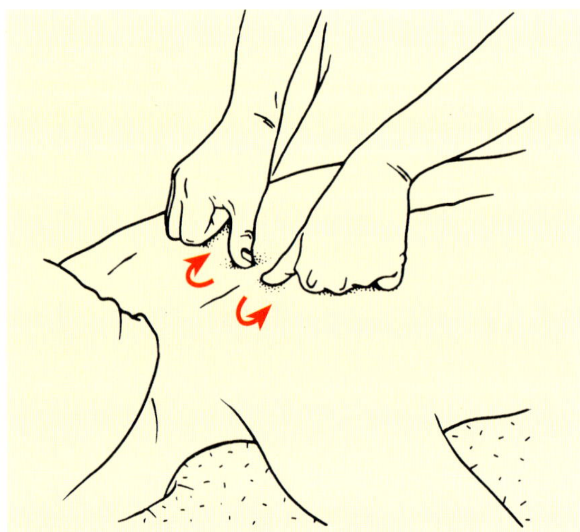

Friktion entlang der Wirbelsäule von innen nach außen

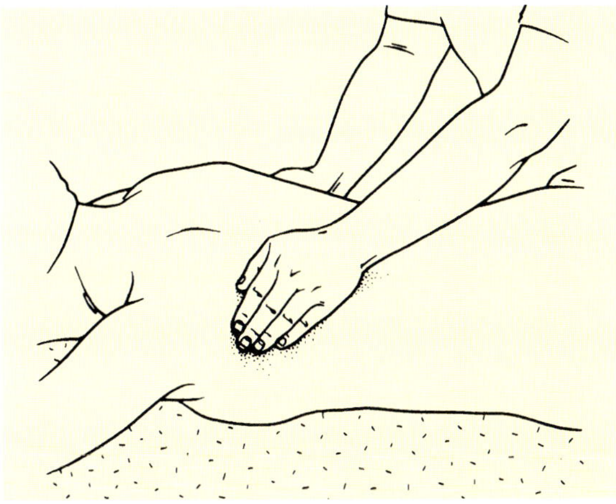

Tiefes Ausstreichen des Trapezmuskels mit den Handballen von innen nach außen seitlich der Wirbelsäule

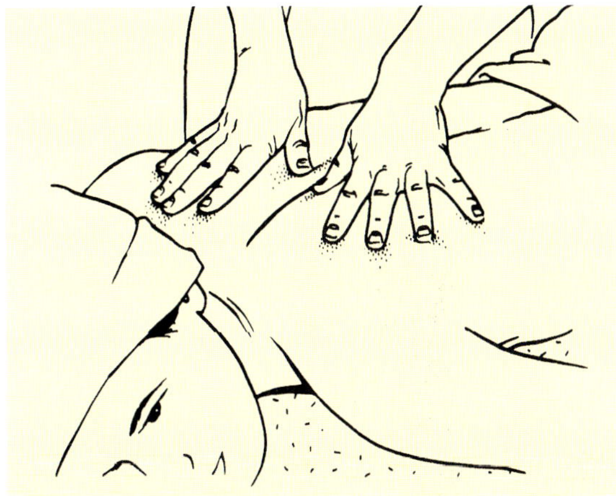

Ausstreichen des Trapezmuskels mit gespreizten Fingern von innen nach außen seitlich der Wirbelsäule

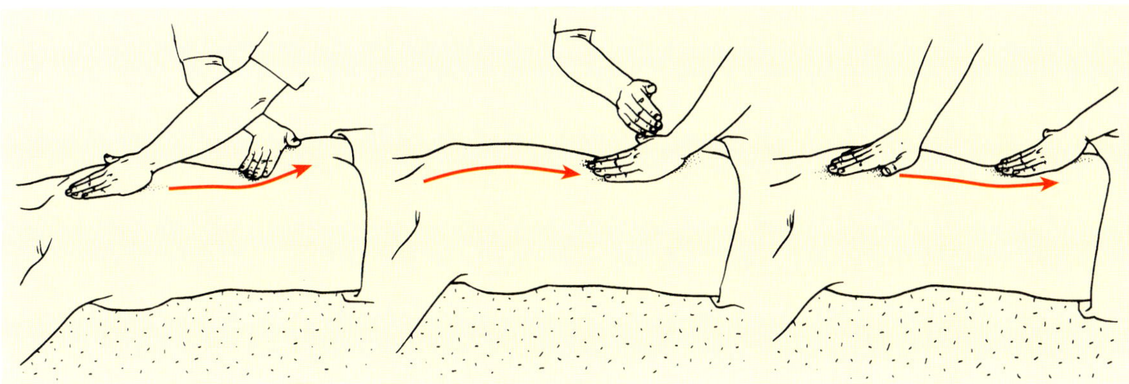

Großflächiges Ausstreichen der Rückenpartie seitlich der Wirbelsäule

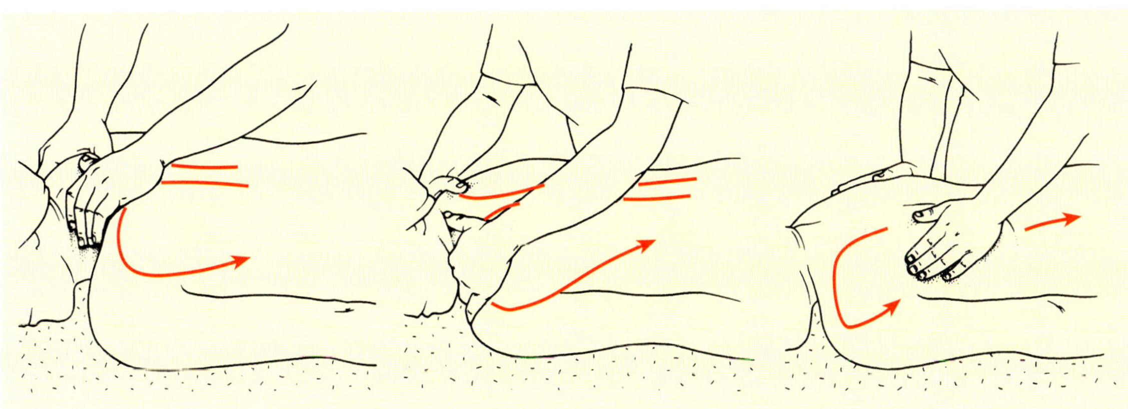

Mit beiden Handinnenflächen wird die gesamte Rückenpartie abschließend großflächig ausgestrichen.

so gewählt und durchgeführt werden, dass die Haut nicht zu verstärkter Bildung von Zellen angeregt wird. Besonders angenehm sind im Anschluss warme Kräuterkompressen mit schwarzem Tee, Thymian, Rosmarin, Orangenbaum, Linde oder Minze, die man 10 Minuten einwirken lässt, aber immer wieder wechselt, damit sie warm bleiben.

Danach erfolgt eine **Rückenmassage**, die mindestens 15 Minuten dauern sollte. Eine abschließende Rückenpackung kann z. B. eine Kräuterpackung oder eine Feuchtigkeitspackung sein. Auch selbst angerührte Packungen mit Quark oder Weizenkeimen unter Zusatz von Milch, Honig, Eigelb lassen sich gut anwenden. Nach einer Einwirkzeit von etwa 10 Minuten wird die Packung von der Haut abgenommen. Ob danach noch ein Körperpflegeprodukt verwendet wird, muss individuell entschieden werden. In jedem Fall sollte die Haut aber trocken sein, bevor die Kundin sich anzieht.

4

Anwendungen mit Kakao und Schokolade zählen zu den neueren Dienstleistungen von Kosmetikerinnen.

Andere Varianten sind Paraffinpackungen oder Modellagen direkt nach der Reinigung. Die Massage wird danach durchgeführt, weitere Maßnahmen folgen nicht mehr. Auch die Verwendung von Ampullenwirkstoffen ist möglich; manuell oder in Verbindung mit Strom. Eine Massage, bei der durch die Hand der Kosmetikerin Strom fließt, ist eine Besonderheit, ebenso wie die Anwendung von Aromen oder Farblicht. Für die Heimpflege empfehlen sich Bürstenmassagen, gymnastische Übungen, Wechselduschen, Kräuterbadezusätze, Milch- und Molkebäder.

Bei Problemhaut mit entzündlichen Veränderungen entfällt jede Art von mechanischer Behandlung wie Trockenbürsten, Peelen und (leider) auch die manuelle Massage. Die Behandlung beginnt mit einer Hautreinigung. Danach folgt die Bedampfung der Haut, wenn nicht zu viele Entzündungen vorliegen. In dem Falle wendet man eine Haferflocken- oder Leinsamenpackung an. Unter Beachtung der hygienischen Maßnahmen für eine Aknetoilette entfernt man danach Unreinheiten. Kompressen mit Schafgarbe, Linde, Kamille, Melisse, wilder Erdbeere oder Eisenkraut wirken beruhigend und entzündungshemmend. Die Bestrahlung mit Blaulicht oder eine Farbbehandlung mit grünem Licht wirkt harmonisierend. Die Anwendung von Hochfrequenzstrom über Glasventusen bewirkt eine Entzündungshemmung und einen Verschluss der offenen Stellen. Ozon ist hier das wirksame Element. Den Behandlungsabschluss bildet eine Packung aus weißer Tonerde, Heilerde oder jeder anderen Spezialpackung für unreine Haut. Für die Beratung gelten die gleichen Regeln wie bei der Gesichtsbehandlung der Problemhaut, allerdings ist hier der Hinweis wichtig, dass die Haut täglich gereinigt und gepflegt werden muss und dass täglich die Wäsche gewechselt wird. Am besten eignet sich Baumwollwäsche, die nachweislich rückstandsfrei von Waschmittel-Inhaltsstoffen sein sollte.

4 Spezialbehandlungen

Nehmen Sie Stellung: Die Kunden haben Ansprüche und Wünsche. Wer sind überhaupt „die Kunden“? Wird eine solche Verallgemeinerung diesen Ansprüchen überhaupt gerecht? Sollten wir uns nicht eher fragen, welche Kundin welche Behandlung zu welchem Zeitpunkt möchte? Es gibt Frauen mit wenig Zeit und solche, die sich mehr Zeit nehmen. Ist es nicht vielmehr so, dass die einzelne Kundin im Laufe der Zeit unterschiedliche Wünsche hat? Mal hat sie viel Zeit und das Bedürfnis nach Erholung, mal hat sie weniger Zeit, mal braucht sie eine Spezialpflege vor einem besonderen Anlass. „Die Kundin“ gibt es also gar nicht.

4.1 Alternative Behandlungskonzepte

Nehmen Sie Stellung: Die meisten Kosmetikerinnen bieten sogenannte Grundbehandlungen zu einem festen Preis an. Während der Pflege werden dann Sondermaßnahmen wie Peelings, Ampullen, Spezialmaßnahmen etc. angeboten und extra berechnet. Für die Kundin bedeutet das insgesamt: erhöhter Zeitaufwand und finanzieller Aufwand. Kaum eine Kundin kann die Notwendigkeit kosmetischer Maßnahmen einschätzen und nur selten wird sie eine Empfehlung der Kosmetikerin ablehnen. Dadurch wird die Behandlung zu einem Pokerspiel um Geld und Zeit; denn welche Kundin traut sich zu sagen, dass ihr der Gesamtpreis der Behandlung eigentlich zu hoch wird? Die so entstandene Behandlungsatmosphäre entspricht nicht dem, was die Kundin verlangen kann und ist auch nicht mehr zeitgemäß.

Alternative Behandlungskonzepte mit Transparenz für die Kundin, guten Planungsmöglichkeiten für das Institut und einer festen Preisgestaltung bringen Vorteile für alle Beteiligten. Die folgenden Vorschläge beziehen sich auf die Gesichtsbehandlung: Erstbehandlung, Standardbehandlung, verkürzte Standardbehandlung und Spezialbehandlung.

Wenn eine Kundin zum ersten Mal ins Institut kommt, ist eine umfangreiche Anamnese und eine Hautdiagnose erforderlich. Das erfordert Zeit. Hinzukommen die Erläuterungen zur Behandlung selbst und das persönliche Gespräch. Die Kundin fühlt sich ohne Hektik angenommen, die Kosmetikerin hat die Chance, das ganze Spektrum ihrer Arbeit beiläufig vorzustellen. Diese Erstbehandlung dauert ungefähr zwei Stunden und sollte etwa 60,– Euro kosten. Sie enthält eine Nackenmassage, mindestens eine

Spezialmaßnahme, eine 15- bis 20-minütige Gesichtsmassage und ansonsten, was für diese Kundin sinnvoll ist. Bei der Terminabsprache ist also sofort zu klären, ob es sich um eine Neukundin handelt und ihr ist zu erklären, welche Vorteile dieses Angebot für sie hat. Nur so klappt der Einstieg in Ihr Institut; das spricht sich herum und macht das Besondere aus.

Die **Standardbehandlung** dauert etwa neunzig Minuten und beginnt mit einer Nackenmassage (manuell oder mit Interferenzstrom). Dann wird die Gesichtshaut vorgereinigt. Eine Vorbereitung der Haut erfolgt mit Kräuterkompressen, in einigen Fällen mit Dampf und in Ausnahmefällen mit einem Peeling. Färben der Wimpern und Brauen, evtl. zupfen der Augenbrauen, eine Spezialmaßnahme wie die Paraffinmaske, apparative Anwendung, Farblicht- oder Aromabehandlung gehören dazu sowie eine Gesichtsmassage oder Lymphdrainage und das Make-up. Spezialmaßnahmen werden den Anforderungen entsprechend integriert. Die Kundin kennt die Zeit und den Preis, Überraschungen sind ausgeschlossen, für das Verkaufsgespräch bleibt etwas mehr Zeit, ebenso für Ruhephasen. Diese Behandlung sollte mindestens 45,00 EUR kosten.

Die Behandlungsdauer einer verkürzten Standardbehandlung beträgt sechzig Minuten und unterscheidet sich deutlich von der Standardbehandlung. Sie ist geeignet für eilige Kundinnen, für Kundinnen, die mal zwischendurch kommen und für solche, die kosmetische Pflege konzentriert möchten oder nur begrenzte finanzielle Möglichkeiten haben. Diese Behandlung beginnt mit der Vorreinigung, es folgen die Vorbereitung der Haut, Zupfen der Augenbrauen, Färben von Brauen und Wimpern bei Bedarf und eine Gesichtsmassage. Die Behandlung endet mit einem „kleinen" Make-up. Diese Behandlung sollte etwa 30,00 EUR kosten.

Bei Problemhaut, Rosacea, Neurodermitis und deutlicher Faltenbildung kann man Spezialbehandlungen anbieten. Die Behandlungszeit dauert sechzig bis neunzig Minuten und hat einen anderen Aufbau mit anderen Maßnahmen, wie Modellage, spezielle apparative Maßnahmen, Farbanwendung, Aromabehandlung, besondere Massage. Die Behandlungen werden als Kur angeboten und sollten zweimal wöchentlich angewendet werden. Der Preis richtet sich sowohl nach der Zeit wie auch nach dem Aufwand und der Qualität der Anwendung. Er kann zwischen 45,00 und 80,00 EUR liegen.

Natürlich sind die hier genannten **Behandlungspreise** unverbindlich und müssen je nach Institutsstruktur berechnet werden; preiswerter sollten Sie nicht arbeiten. Wenn Ihr Institut Ihre persönliche Note hat, Musikuntermalung und Aromabedampfung bietet, keine Störung der Behandlung zulässt und damit die Behandlung zu einem Erlebnis macht, dann ist der Preis gerechtfertigt. Auch eine Umstrukturierung ist eine gute Gelegenheit, die Preise neu zu überdenken und anzugleichen. Vielleicht verlieren Sie die eine oder andere Kundin, aber schnell werden Sie die Lücke schließen können, wenn sich herumspricht, dass Sie etwas Besonderes bieten. Sie können den verschiedenen Behandlungstypen auch klangvolle Namen geben, das vermittelt einen Hauch von Luxus und Exklusivität.

4.2 Die Behandlung der sensiblen Haut

Die meisten Kundinnen halten ihre Haut für sensibel. Dahinter steckt oft der Wunsch nach Rücksicht, nach Schonung und Ruhe. Die sensible Haut neigt bei Belastung zu Überreaktionen, genau wie der sensible Mensch. Die Kosmetikerin muss bei der Diagnose abklären, ob eine Sensibilität der Haut vorliegt oder ob die Kundin sie als Schutzbehauptung nutzt. In jedem Fall verlangt die Behandlung viel Einfühlungsvermögen und Fachkompetenz.

Sensibilität bezeichnet Empfindsamkeit, Feinfühligkeit und die Fähigkeit, Gefühle und Sinnesreize seelisch wahrzunehmen. Das alles sind sehr positive und liebenswerte Eigenschaften, die aber häufig einen negativen Beigeschmack haben.

Das Erscheinungsbild der sensiblen Haut zeichnet sich durch einige Merkmale aus: Irritation, Fleckenbildung und Rötung, deutliche Reaktion auf äußere Einflüsse, Spannungsgefühl und Sprödigkeit sowie Verhornungsstörungen. Alle Bereiche der Haut, Blutgefäße, Hautnerven, Lymphe und das Drüsensystem sind betroffen. Daraus ergibt sich, dass die Behandlung der sensiblen Haut nur ganzheitlich erfolgen kann, d. h., der Mensch in seiner Ganzheit muss erfasst und behandelt werden.

Bei der Pflege mit kosmetischen Präparaten sollte man der Haut jede Irritation ersparen. Die Pflegepräparate sollten mild, ohne besondere Zusatzstoffe und nicht parfümiert sein. Unterstützende Maßnahmen sind beruhigende Massagen, Behandlung mit Blaulicht und Kompressen mit Malve, Rose, Kamille. Eine besonders geeignete Maßnahme, die Hautfunktionen nachhaltig zu stärken, ist die manuelle Lymphdrainage. Je nach Intensität der Hautirritation sollten auch begleitende Maßnahmen wie Yoga, Meditation und Entspannungsübungen empfohlen werden.

Ätherische Öle in kosmetischen Präparaten sind sehr hilfreich. Anregung bedeutet nicht Reizung, sondern Harmonisierung. Besonders hautfreundliche

Öle, wie das Mandelöl, Rosenöl und Kräuter wie Lavendel, Malve sowie Stutenmilchprodukte sind geeignet, den Menschen und mit ihm seine Haut zu stärken und widerstandsfähiger zu machen. Alle Maßnahmen, die den ganzen Menschen harmonisieren und stärken, beeinflussen auch die sensible Haut günstig.

4.3 Die Behandlung der trockenen Haut

Die anlagebedingte trockene Haut braucht eine besondere Pflege. Deshalb neigt manche Kundin, aber auch manche Kosmetikerin dazu, des Guten zu viel zu tun. Genau das aber führt zu einer zusätzlichen Belastung. Wenn es um die trockene Haut geht, sprechen wir von der anlagebedingten trockenen Haut, d. h. vom Hauttyp. Er unterscheidet sich deutlich vom Hautzustand der trockenen Haut, der meist durch falsche Pflege oder Medikamente hervorgerufen wird.

4

Die anlagebedingte **trockene Haut** ist eine zarte, meist dünne und empfindliche Haut. Infolge geringer Talgdrüsentätigkeit und auch eines zu geringen Feuchtigkeitshaushaltes ist sie schuppig, spröde und spannt. Häufig sind Teleangiektasien vorhanden. Das Bindegewebe der Menschen mit trockener Haut ist meistens schwach und es kommt zu frühzeitiger Faltenbildung. Wird diese Haut nicht gepflegt, kann es zur Bildung von Schuppen, Ekzemen und zu Juckreiz kommen.

Kosmetikhersteller bieten eine kaum überschaubare Vielfalt pflegender Produkte und Maßnahmen an. Die trockene Haut kommt am häufigsten vor, deshalb wird mit Produkten für diese Haut der größte Umsatz gemacht. Alle Präparate und Maßnahmen sollten aber die Hautfunktionen unterstützen, d. h., die Menge der Produkte sollte so gewählt werden, dass sie die Haut schützen, sie beruhigen, aber nicht beeinträchtigen; gemäß der Devise „So wenig wie nötig“. Sie sind in erster Linie Kosmetikerin und nicht Verkäuferin, wobei das eine das andere dann nicht ausschließt, wenn die Relation gewahrt bleibt.

Bei der Behandlung trockener Haut sollten W/Ö-Emulsionen, alkoholfreie Gesichtswässer sowie Pflegeprodukte, die wenig oder gar keine Reizstoffe und wenig bzw. keine Konservierungsstoffe enthalten, verwendet werden. Weiterhin sind Gesichtskompressen mit Neroli, Geranie oder Rosenöl, süßem Mandelöl, Haselnussöl, Jojobaöl, Weizenkeimöl (auch in Verbindung mit Wachsmasken) empfehlenswert. Gesichtspackungen, Ampullen und Zusatzprodukte sollten sich den Anforderungen unterordnen. Für die trockene Körperhaut können folgende Behandlungen vorgeschlagen werden: Körperöle auf feuchte Haut auftragen, Lavendelbademilch, Körperemulsionen. Ebenfalls empfehlenswert ist ein Hautbad aus 4 Tropfen Kamillenöl, 4 Tropfen Karottenöl, 10 Tropfen Sandelholz, 1 Tropfen Neroli in je 2 Essl. Sahne und Honig verrührt, das dem Badewasser zugegeben wird.

Bei trockener Haut sollte auf waschaktive Substanzen, starke Überwärmung, „Überfrachten“ mit Produkten, alle hautreizenden Stoffe, häufiges Duschen sowie Sonnenbäder verzichtet werden.

4.4 Die Behandlung der seborrhöischen Problemhaut und Akne

Die **seborrhöische Problemhaut** kommt in unterschiedlichen Formen und Entwicklungszuständen vor. Der Zustand einer **Akne** ist je nach seelischer Verfassung, Ernährung und Pflegezustand mal mehr, mal weniger intensiv. Oft ist die Akne nur in Zusammenarbeit mit einem Hautarzt erfolgreich zu behandeln.

Die verbreitetste Akneform ist die Akne vulgaris. Im Gesicht, auf dem Dekolleté und im Schulterbereich kann sie sich derart intensiv entwickeln, dass bleibende Hautschäden die Folge sind. Starke Rötungen, Narben und Pigmentverschiebungen rufen Hemmungen hervor, die sich auch auf das soziale Verhalten des Menschen auswirken können. Vor jeder Behandlung steht die ausführliche Anamnese und die sich daran anschließende Hautdiagnose. Eine der wichtigsten Aufgaben der Kosmetikerin ist es, die natürlichen, hauteigenen Abwehrmechanismen zu kennen und zu nutzen.

Das Ziel der **Aknebehandlung** durch die Kosmetikerin ist die Vorbeugung und die Abschwächung der für die Akne verantwortlichen Faktoren. Hierzu zählen der Hydrolipid-Film, die Hornschicht und das Immunsystem. Regulationsbehandlungen haben sich als schonender und auf Dauer als wirksamer erwiesen als Intensivbehandlungen, die alle Schichten der Haut eher strapazieren. Diese Behandlungsstrategie gilt sowohl für das Institut als auch für die Heimpflege.

Zur Gesichtsreinigung eignen sich milchsaure Emulsionen gut. Milchsäure ist sanft hornschichtlösend, ohne aber die Regulation der verstärkten Verhornung (wie nach einem Peeling) auszulösen. Gleichzeitig hemmt die Milchsäure das Bakterienwachstum. Reinigungsemulsionen sind eher geeignet als waschaktive Substanzen, die die Hornschicht austrocknen und schädigen, sodass Fremdstoffe zwischen die Hornlamellen ins Gewebe dringen können und dort unnötigerweise das Immunsystem zur Reaktion veranlassen.

Das Bild einer Problemhaut, wie sie durch die Kosmetikerin erfolgreich behandelt werden kann

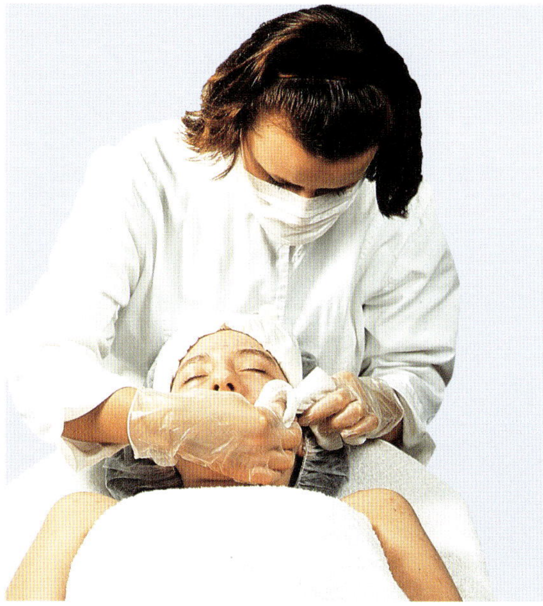

Entfernen der Hautunreinheiten unter optimalen hygienischen Voraussetzungen

Gesichtslotionen ergänzen die Reinigung, allerdings müssen sie das positive Ziel weiterführen. Zu viel Alkohol, andere Lösungsmittel und antibakterielle Zusätze bringen zwar eine sofortige optische Verbesserung des Hautbildes, schädigen aber die Hornschicht, den Lipidmantel und die hauteigene Bakterienflora. Dadurch verliert die Haut einen großen Teil ihrer eigenen wirksamen Abwehrmechanismen gegen Fremdkeime.

Das Entfernen von **Hautunreinheiten** ist eine wichtige Maßnahme bei der Aknebehandlung. Dabei ist besonders auf Hygiene zu achten. Zum Schutz gegen Talg und evtl. flüssiges Sekret ist unbedingt ein Mundschutz zu tragen. Immer mal passiert es, dass etwas Lymphe und Blut an die Hautoberfläche treten. Zum Schutz vor Infektionen (auch vor **AIDS**) sollten Einmalhandschuhe, z. B. aus Latex oder Nitril, getragen werden. Zellstofftücher, die man um je einen Zeigefinger wickelt und immer wieder dreht, sind nicht mehr zeitgemäß. Zum Ausdrücken von Komedonen verwendet man mit Alkohol getränkte Mull- oder Gazekompressen. Falls es erforderlich ist, Komedonen anzustechen, verwendet man dazu Einmallanzetten.

Die Gesichtsmassage im klassischen Sinne entfällt, denn sie würde einer Schmierinfektion Vorschub leisten. Die ideale und wirksame Alternative ist die manuelle Lymphdrainage. Dazu legt man eine Gaze mit Mund- und Nasenöffnung auf das Gesicht und führt darüber die Lymphdrainage aus. Eine Zusatzmaßnahme ist die Behandlung mit Hochfrequenzstrom. Der Effekt ist ein Wundverschluss und das Zusammenziehen der Gefäße, was die Abheilung der Akne fördert. Allerdings entsteht eine Ozonkonzentration in den Glasventusen, die nicht unumstritten ist.

Masken und Packungen bieten viele wirksame Möglichkeiten der Einflussnahme auf die Haut. Ob feuchtigkeitsspendend oder keimhemmend, ob auf Creme- oder Gelbasis oder auf Erdengrundlage, der Hautzustand bestimmt die Entscheidung. Ein besonders geeigneter Wirkstoff ist die Hyaluronsäure. Sie unterstützt die Spreitfähigkeit des Talges, sodass Stauungen in den Talgdrüsenausgängen wirksam beeinflusst werden können.

Zur Nachbehandlung bzw. zur Heimpflege eignen sich alkoholhaltiges Gesichtswasser und Feuchtigkeitsprodukte auf Emulsionsbasis, manchmal sogar mit einem etwas höheren Fettanteil. Der Haut Fett zu entziehen bedeutet, dass sie verstärkt Fett produziert. Auch hier ist Regulation und nicht Entzug angesagt.

Damit sich der Jugendliche mit einer Akne auch optisch gut fühlt, ist ein Make-up sehr zu empfehlen. Je nach Hautzustand sollte es mehr oder weniger abdecken, aber niemals maskenhaft aussehen. Abdeckstifte kaschieren, Gesichtspuder auf Seidenbasis mattieren, ohne zu verstopfen. Augen-Make-up, Rouge und Lippenstift setzen positive Akzente.

Dampf und Peeling wurden bisher nicht erwähnt. Das geschah ganz bewusst, denn beides sind sehr hautbelastende Maßnahmen und nicht geeignet, pauschal eingesetzt zu werden. Bedampfen erhitzt die Haut, belastet die Blutgefäße und bildet Schweiß auf der Haut. Die Hornschicht quillt auf und die Follikel werden erweitert. Dieser Zustand bleibt aber nur während des Bedampfens erhalten. Nimmt man den Dampf von der Haut, kühlt diese relativ schnell

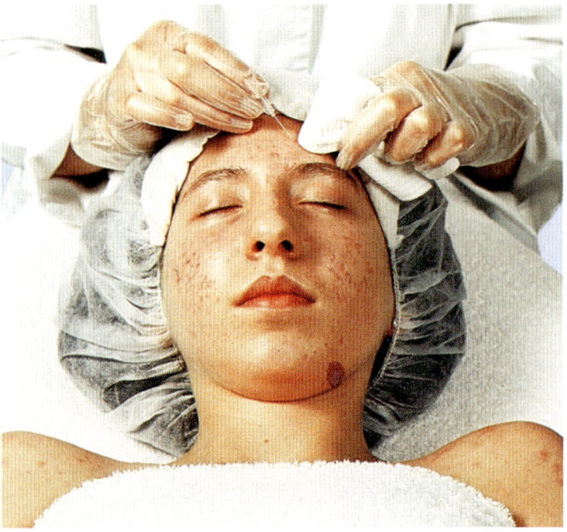

Mit Einmallanzetten lassen sich manche Unreinheiten leichter entfernen.

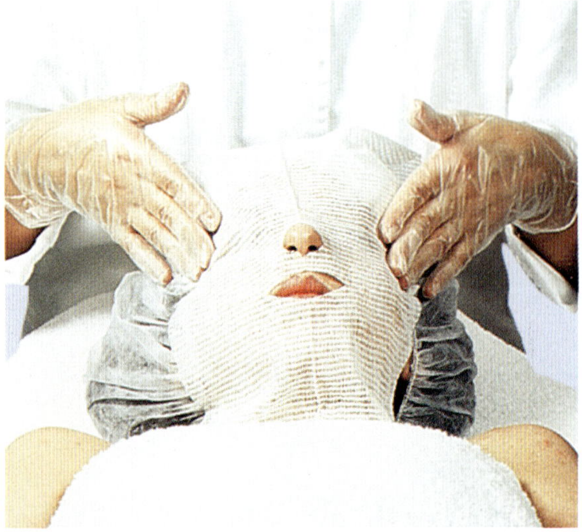

Die manuelle Lymphdrainage auf einem Vlies beugt einer Schmierinfektion vor.

4

wieder ab. Hier ist abzuwägen, ob der Nutzen oder die Belastung der Haut überwiegt.

Das Peeling beeinflusst die Haut sehr stark. Einerseits schilfert es die Hornschicht ab oder löst diese an (Enzympeeling); andererseits macht es die Haut dadurch durchlässig für Fremdstoffe und Mikroorganismen. Zu bedenken ist, dass beim Abreiben der Hornschicht der Gegeneffekt der verstärkten Hornbildung entsteht. In Ausnahmefällen, z. B. bei der reinen Komedonenakne oder bei der Seborrhö sicca, kann man einmal zu Beginn die verstärkte Hornschicht etwas abschilfern; eine Dauermaßnahme ist das aber nicht. Möglichkeiten der Hauterweichung sind gut warme Kräuterkompressen, die auch öfter wiederholt werden können, eine Haferflockenpackung als Vorbereitung oder die Anwendung einer Paraffinmaske, wenn keine Entzündungen, wie z. B. bei der Komedonenakne vorhanden sind.

Regulative Behandlungsverfahren müssen unter der ständigen Aufsicht der Kosmetikerin durchgeführt werden. Deshalb ist es wichtig, einen guten Kontakt zu den Akneklienten und mindestens einem Elternteil zu haben. Die Dauer der Behandlung, die Heimpflege, begleitende Maßnahmen wie Ernährungsumstellung, Entspannungsübungen oder Atemtherapie sollten durch die Eltern unterstützt werden. Meistens ist der Jugendliche rechtlich noch nicht geschäftsfähig. Als Kosmetikerin benötigen Sie daher das Einverständnis zur Behandlung und zur Kostenübernahme. Deshalb sollte beim ersten Beratungsgespräch ein Elternteil dabei sein. Es sollte auch darüber gesprochen werden, dass die Akne sich während der Behandlung verschlechtern kann. Ist der Grund dafür ersichtlich, kann er in das Programm einbezogen werden und der Zustand wird sich wieder verbessern.

Nehmen Sie Stellung: Wichtig ist, dass Akneklienten auch die Heimpflege konsequent durchführen und Vertrauen zur Kosmetikerin haben. Dann kann man Haut und Psyche sehr positiv behandeln. Aknebehandlungen können sich über einige Jahre erstrecken. Eine konsequente, auf Normalisierung ausgerichtete Behandlungsstrategie ist auf lange Sicht erfolgreich. Behandlungen mit einem überzeugenden Kurzzeiteffekt beeindrucken zu-nächst, aber auf Dauer reagiert die Haut auf intensive Manipulationen mit Abwehrreaktionen, die der Akne zum Verwechseln ähnlich sehen. Wie überzeugen Sie die Kunden auf längere Zeit?

4.5 Die Behandlung der Altershaut

Nehmen Sie Stellung: Eine Kosmetikschülerin fragte anlässlich einer „Modellbehandlung" an einer älteren Dame: „Was soll das eigentlich noch bringen?" Einem jungen Menschen in der Ausbildung darf man den Ausspruch gerne verzeihen. Wie aber sieht es in der Praxis der Kosmetikerin mit der Pflege der Altershaut aus? Reinigen, Dampfen, Peelen, Ampullen, Strom – die Frage sei erlaubt: „Was soll das alles bewirken?"

Der Begriff Ganzheitskosmetik besagt eindeutig, dass eine Behandlung den Menschen in seiner Ganzheit wahrnimmt und berücksichtigt. Kosmetische Maßnahmen wirken nie ausschließlich am Ort der Ausführung, sondern beeinflussen mehr oder weniger das ganze System. Demnach kann die kosmetische **Behandlung der Altershaut** niemals isoliert betrachtet werden, sondern sie ist immer eine Behandlung des ganzen Menschen.

Bei der Pflege der **Altershaut** gilt die Devise: „Man muss der Haut zuführen, was sie selbst nicht mehr produzieren kann.“ Das sind Fett und Feuchtigkeit. Der Mangel führt dazu, dass kein intakter Säureschutzmantel mehr vorliegt und somit die Haut anfällig für Infektionen ist. Diesen Mangel gilt es auszugleichen. Sowohl in der Heimpflege als auch bei der Behandlung im Institut gelten für die Behandlung der Altershaut ganz bestimmte Kriterien.

Der Hydrolipid-Film der Altershaut ist nur noch gering ausgeprägt, weil Talg- und Schweißdrüsen in ihrer Funktion nachlassen. Hautreinigung mit Seife, Detergenzien oder heißem Wasser sind daher nicht geeignet. Auch häufiges Baden oder Duschen mit handelsüblichen Badezusätzen und Duschgelen schadet der Haut, weil es sehr lange dauert, bis sich der Säureschutzmantel regeneriert hat. Geeignet sind milde Reinigungsemulsionen und lauwarmes Wasser. Ein alkoholfreies Gesichtswasser säuert die Hornschicht und schafft ein ungünstiges Milieu für Keime.

Die Altershaut ist dünn und hat nur eine dünne Hornschicht, auch wenn diese unregelmäßig und etwas schuppig ist. Die Regenerationsfähigkeit der Haut ist altersbedingt verzögert. Diese Tatsache schließt die Anwendung von Peelings vollkommen aus. Sie sind sinnlos, wenn nicht sogar schädlich. Eine leichte Quellung der Hornschicht erreicht man durch gut warme Kräuterkompressen, einer Haferflockenpackung oder Dampfkompressen. Geeignete Kräuterzusätze sind Kamille, Bohnenkraut, Schafgarbe, Eisenkraut oder Lavendel.

Die Altershaut ist unelastisch. Das Bindegewebe hat seine Struktur verändert. Alle festen Massagen und apparativen Trainingsmaßnahmen kommen daher nicht in Betracht. Geeignet für die Haut und als sehr angenehm empfunden werden sanfte Massagen oder eine manuelle Lymphdrainage.

Durchblutende Maßnahmen können angewendet werden, wenn keine Gefäßschäden vorliegen. Eine leichte Durchblutung erreicht man mit gut warmen Kompressen, leichtem Bedampfen, d. h. Dampf mit großem Abstand zur Haut und mit der Anwendung von Rotlicht. Dampf vertragen viele ältere Menschen nicht sehr gut; das sollte vorher abgeklärt werden. Ganz wichtig ist eine anschließende manuelle Lymphdrainage, um den Stoffwechsel der Haut sinnvoll zu unterstützen. Wenn diese Ableitung nicht erfolgen kann, sollte man die Haut nicht durchbluten.

Für die Hautpflege des alten Menschen gelten die gleichen Richtlinien wie für die Kinderpflege. Die jugendliche Haut enthält natürliche Feuchthaltefaktoren. Dazu zählen Aminosäuren, Milchsäure und andere organische Stoffe. Harnstoff und Hyaluronsäure sind geeignet, die Feuchtigkeit in der Haut zu binden. Die Pflege mit hautidentischen Wirkstoffen ist der Behandlung mit hautfremden Substanzen vorzuziehen.

Eine, für die Altershaut sehr geeignete Maßnahme sind Okklusivanwendungen, z. B. die Paraffinmaske. Dabei dringen alle Fett- und Feuchtigkeitsfaktoren in die Spalten der Hornschicht und führen so zu einer intensiven Durchfeuchtung der Haut.

4.6 Regenerationsmaßnahmen gegen Hautalterung?

Noch nie wurden so viele Produkte und Methoden angeboten, die, so die Werbung, die Haut verjüngen, Falten vermindern oder gar verschwinden lassen. Die Anwendung von Schälmethoden, Säuren und immer neuen Wirkstoffen in konzentrierter Form sind Reiztherapien, die Abwehrmechanismen unterschiedlichster Art in der Haut hervorrufen.

Die Epidermis befindet sich in stetiger Aktivität. Die Zellen werden in der Basalschicht gebildet, wandern unter Wahrnehmung vieler Funktionen nach oben, kommen in die Verhornungsphase und werden zuletzt abgestoßen. Dies ermöglicht die unterschiedlichsten Schutzmechanismen der Haut. In der Jugend laufen diese Prozesse schneller, im Alter langsamer ab. Bei verletzter Haut tritt ein sofortiger Reparaturmechanismus ein, d. h., an der verletzten Stelle werden alle Basalzellen zur sofortigen Teilung aktiviert. Eine große Menge neuer Zellen wird gebildet, um die Verletzung zu schließen. Diesen Reparaturmechanismus der Haut bewirken alle kosmetischen Maßnahmen, die über eine mehr oder weniger starke Verletzung der Haut ihre Wirkung erzielen. Dazu gehören Resorcin, Fruchtsäuren, mechanische und enzymatische Peelings und alle Schleifmethoden. Im Klartext heißt das: Bei der Anwendung solcher Mittel verletzt die Kosmetikerin die Haut bewusst. Da alle diese Maßnahmen auch die Wirkstoffaufnahme der Haut verbessern sollen, werden jetzt körperfremde Stoffe appliziert, die nun ungehindert in die Haut eindringen. Deren Wirkung gegen das Altern ist nicht nachgewiesen, ihre Wirkung auf das Immunsystem sehr wohl.

Wir haben nur eine begrenzte Anzahl von Basalzellen zur Verfügung und diese Zellen verfügen nur über eine begrenzte Teilungsfähigkeit. Eine Anregung der Zellteilung und die damit verbundene Beschleunigung der Regenerationsphasen führt dazu, dass wir Reserven unserer Basalzellen „aufbrauchen“. Das hat zur Folge, dass die ursprüngliche Hautverjüngung auf Dauer mit einer vorzeitigen Alterung endet.

Andere Stoffe, wie z. B. Frischzellen, Organextrakte, Kollagen, Hühnereiweiß und Pflanzeneiweiß, können

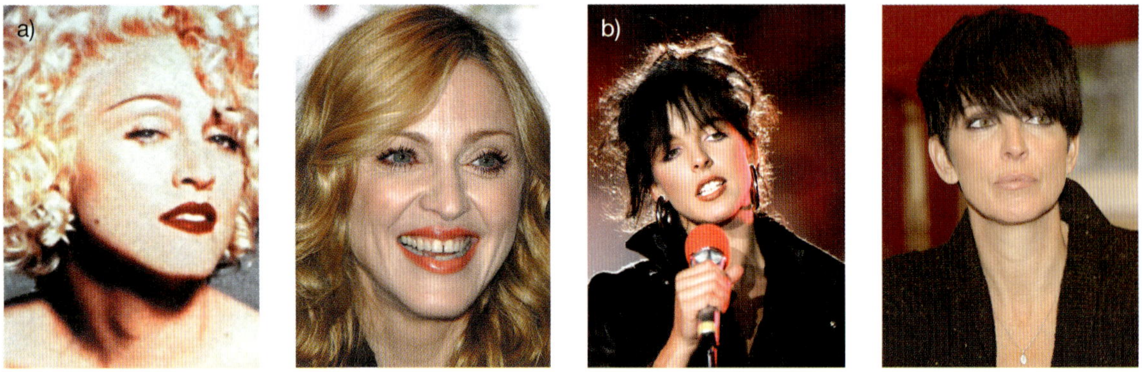

Altern ist ein ganzheitlicher Gestaltungsprozess, der nicht nur die Pflege der Haut betrifft: a) Madonna früher und heute. b) Nena früher und heute

aufgrund ihrer Molekülgröße die Hornschicht nicht passieren. Oberflächlich wirken sie durchfeuchtend und glättend. Werden sie aber trickreich in die Epidermis geschleust, z. B. mittels Strombehandlung, nach einer Hautschälung oder mithilfe von Liposomen, wird ein kompliziertes Abwehrsystem in Gang gesetzt. Es findet die gleiche Reaktion wie beim Eindringen von Pilzen, Bakterien und Viren in die Haut statt. Damit Bestandteile des Immunsystems an den Ort des Geschehens gelangen können, passieren drei Dinge: Die Durchblutung wird gesteigert, die Durchlässigkeit der Gefäße steigt und es wird vermehrt Lymphe herbeigeführt. Diese Reaktionen ergeben ein wunderschönes Hautbild. Die Haut ist rosig und durch die viele Lymphe leicht gequollen. Kleine Fältchen verschwinden, genau wie die Werbung es verspricht. Den Preis, den wir dafür zahlen, ist eine ständige Beanspruchung des Immunsystems.

Für einige Maßnahmen mag es gezielte und individuelle Indikationen geben. Es gibt Hautbilder, die z. B. mit einer Hautschälung tatsächlich verbessert werden können, sofern sie kurzzeitig und unter strenger Kontrolle angewendet werden.

Durch viel versprechende Werbung sind die Erwartungshaltungen sehr hoch. Die „Bekämpfung" aller Alterserscheinungen wird mit solcher Akribie betrieben, dass dabei jeder Bezug zum Altern an sich, als einen normalen Lebensvorgang, verloren geht. Die Kosmetikerin steht zwischen den Forderungen der Kunden nach sichtbaren Ergebnissen und den Angeboten der Industrie. Das Einzige, was der Kosmetikerin hilft, sind fachliche Kompetenz und eine eindeutige Haltung ihren Kunden gegenüber, die ihr vertrauen. Es kann doch nicht sein, dass gut gemeinte Behandlungsverfahren im Endergebnis, d. h. nach Jahren, genau das Gegenteil bewirken. Sie stellen Verjüngung in Aussicht und genau das Gegenteil wird eintreten. Kosmetik ist Pflege im Sinne von Harmonie und Ordnung. Hautverletzung zählt nicht dazu.

4.7 Pflege der Haut nach den Strapazen des Sommers

Allmählich gehen die Ferien zu Ende und die Kundinnen kehren aus dem Urlaub zurück. Braun gebrannt, hoffentlich gut erholt und noch alle Ermahnungen bezüglich des Sonnenschutzes im Ohr, freuen sie sich auf die erste kosmetische Behandlung. Das bisschen schlechte Gewissen bezüglich der Hautpflege im Urlaub ist nichts gegen die Möglichkeiten der Kosmetikerinnen, Reparaturarbeiten zu leisten. Die Kundinnen sind gerne bereit, etwas mehr zu zahlen; Hauptsache die mehr oder weniger strapazierte Haut wird wieder regeneriert.

Regeneration bedeutet Wiederherstellung, Heilung, Ersatz von Verlusten, wie z. B. das Nachwachsen von Haaren oder die Heilung von Wunden. In jedem Fall entsteht etwas Neues im Rahmen physiologischer Vorgänge im Organismus. Regeneration findet auf natürliche Weise immer statt, sonst gäbe es kein Wachstum und keine Erneuerung. Ein Eingriff in diese natürlichen Abläufe ist demnach immer eine Störung. Und dass eine Störung, wie z. B. Sonnenschädigung, durch eine andere Störung, wie eine Hautschälung, Strom oder Wirkstoffkonzentrate, behoben werden kann, ist nicht möglich.

Schädigungen der Haut treten im Verhältnis zur Intensität und der Dauer der Sonneneinstrahlung auf. Je nach Konstitutionstyp sind sie mehr oder weniger schnell sichtbar, aber vorhanden sind sie immer. Die wichtigste Erkenntnis sollte sein: Die Schäden sind irreparabel! Mit diesem Wissen können Sie der intensiven Behandlung der Haut mit Sonnenschäden einen anderen Schwerpunkt geben, nicht Regeneration im Sinne von Reparatur, sondern Harmonisierung im Sinne von Unterstützung naturgegebener Abläufe.

Eine andere Strapaze des Sommers ist das Schwitzen. Ein lebensnotwendiger Prozess der Temperaturregelung kann, je nach Zusammensetzung und Säurekonzentration des Schweißes, heftige Hautirritationen hervorrufen. Klimaanlagen und Wind entziehen der Haut sehr viel Feuchtigkeit, ebenso wie das Salz des Meerwassers. Ein weiterer Schwerpunkt der Behandlung liegt demnach im Ausgleich des Feuchtigkeitsverlusts der Oberhaut.

Jede Kosmetikerin, mit dem Wissen um ganzheitliche Behandlungsmethoden, kann ihren Kundinnen eine Vielzahl einzelner Maßnahmen anbieten, die zu einem positiven Erlebnis werden. Die Nackenmassage erfolgt vor der Gesichtsbehandlung, sofern die Haut frei von Sonnenbrand ist. Mit einem Hautfunktionsöl durchgeführt, ist sie eine hervorragende Vorbereitung. Durchblutend, lymphanregend und leicht abschilfernd auf die Hornschicht hat sie eine entkrampfende, wohltuende Wirkung auf den ganzen Körper.

Waschaktive Substanzen sind sehr intensive Reinigungsmittel, die die Haut stark entfetten und ihr die Feuchtigkeit entziehen. Auf sie sollte man verzichten und statt dessen für die Vorreinigung Reinigungsemulsionen verwenden. Wenn die Haut leicht schuppig ist, kann ein Gesichtsbürstchen verwendet werden.

Für die Intensivreinigung, falls überhaupt erforderlich, sollte eine genaue Indikation vorliegen. Dampf ist geeignet, wenn keinerlei Rötung oder Gefäßschäden vorliegen. Ein Peeling entfernt die Hornschicht teilweise und man sollte zwei Überlegungen anstellen: Setzt sich die Kundin weiterhin der Sonne aus, dann wird durch das Peeling die gebildete Schutzschicht, die Lichtschwiele, entfernt. Die Haut muss diese neu aufbauen. Verwendet man mechanische Peelings, ist die Reizwirkung auf die Haut groß und der Effekt nach einer Anwendung nicht immer gleichmäßig. Ein Fermentpeeling greift die Kittsubstanz zwischen den Hornlamellen an und löst diese. Allerdings ist nicht abzuschätzen, wie lange die Fermente weiterwirken, auch wenn die Peelingmasse von der Oberhaut entfernt wurde. Peelings können im Einzelfall sinnvoll sein, aber sie sollten nicht regelmäßig verwendet werden.

Angenehmer und milder ist eine Haferflockenpackung. Der **Haferschleim** lindert Hautreaktionen und hat eine leicht abschilfernde Wirkung. Eine weitere Möglichkeit der leichten Quellung der Hornschicht sind gut warme Kompressen mit Kräutern oder Molke.

Gerade bei feuchtigkeitsarmer Haut ist die Paraffinmaske ein geeignetes Mittel. Durch die Okklusivwirkung des Paraffins findet eine intensive Quellung und Durchfeuchtung der Oberhaut statt. Durch die langsame Temperaturerhöhung um höchstens ein bis zwei Grad ist diese Anwendung wirkungsvoll und hautschonend und damit ideal für die sonnenstrapazierte Haut. Man verwendet sie vor der Massage.

Die Massage hat die größte Bedeutung bei dieser Behandlung. Sie hat eine regulierende, unterstützende, harmonisierende Wirkung. Besonders geeignet ist die **Lymphdrainage**, weil sie einen speziellen Einfluss auf den Stoffwechsel ausübt. Aber auch alle anderen Massagen sind eine Wohltat für Körper und Seele. Sie sollten nicht weniger als zwanzig Minuten dauern.

Bei der „Sommerhaut" kann eine Gesichtspackung unter zwei Aspekten ausgewählt werden. Einmal wird die Haut gekühlt und beruhigt. Ansonsten wird sie nur im Bedarfsfall verwendet. Als „Lückenfüller" sind Gesichtspackungen nicht geeignet.

Das Ziel ist eine schonende Unterstützung der Hautfunktionen, ohne die Haut zusätzlich zu belasten. Das taten bereits Sonne, Wind und Wasser.

4.8 Die kosmetische Herrenbehandlung

Der Behandlungsablauf der kosmetischen **Herrenbehandlung** unterscheidet sich nicht von dem bei Frauen. Einige Dinge sind nur etwas anders. Das merken Sie beispielsweise bei der Nackenmassage. Die männliche Muskulatur ist viel kräftiger als bei Frauen und muss deshalb auch stärker massiert werden. Das kostet Kraft, die eine zarte Person mit kleinen Händen nicht immer hat.

Bei der Terminabsprache sollte der Mann schon darauf hingewiesen werden, dass er sich frisch rasiert, damit die Haut glatter ist. Anamnese und Hautdiagnose erfolgen wie bekannt, allerdings sind **Männer** nicht immer so auskunftsfreudig wie Frauen. Häufig wollen sie genau erklärt haben, warum sie die Fragen beantworten sollen.

Das Färben von Wimpern und Augenbrauen kann optisch vorteilhaft sein, gerade für helle Hauttypen. Viele Männer sind dem Färben aufgeschlossen, allerdings muss die Färbung sehr sorgfältig durchgeführt werden, damit sie wirklich natürlich aussieht. Daher werden hauptsächlich Grau- und Brauntöne benutzt. Gezupfte Augenbrauen können ein Gesicht sehr positiv verändern. Allerdings wird nur die vorhandene Form aufgegriffen. Über der Nasenwurzel kann man die Behaarung lichten oder entfernen. Zu lange Brauenhaare können kürzer geschnitten werden.

Männer sind meistens relativ schmerzempfindlich. Das Entfernen von Hautunreinheiten empfinden sie oft als eine einzige Qual. Man sollte darauf Rücksicht nehmen. Sobald Kosmetikerinnen mit Geräten zur Stromanwendung hantieren, werden Männer skeptisch. Kleine Lästereien signalisieren ihre Unsicherheit. In solchen Fällen sollte man ihnen genau erklären, wozu man das Gerät einsetzt und die Stromwirkung zunächst vorsichtig testen.

Die meisten Männer genießen die Gesichtsmassage außerordentlich. Deshalb sollte sie auch zwanzig Minuten dauern und niemals weggelassen werden. Ein Vollbart sollte bei einem Peeling abgedeckt werden. Ob die Gesichtsmassage auch über dem Bart stattfindet, sollte man ebenfalls besprechen. Sicherlich tut die Pflege der Haut gut, aber der Bart ist im Anschluss sehr fettig. Wenn er abgedeckt wird, trägt man an seinen Rändern etwas Massagecreme auf und „klebt“ Folie oder ein Zellstofftuch darauf fest. Wenn eine Gesichtspackung aufgetragen wird, unterscheidet sie sich nicht von der bei Frauen.

Den Abschluss der Behandlung bilden das Aufsprühen einer Lotion und eine Tagespflege aus einer Herrenserie. Lotion mit Watte aufzutragen ist durch die Barthaare schwieriger. Verfügt man nicht über ein Sprühgerät, wird mit Watte gepattert und nicht gerieben. Damit die Haut nicht glänzt, kann man sie mit Seidenpuder mattieren.

5 Ganzheitliche Behandlungsmaßnahmen

5.1 Ganzkörperlich ist noch nicht ganzheitlich

Ganzkörperbehandlungen werden seit jeher von Schönheitsfarmen praktiziert; inzwischen bieten auch Kosmetikinstitute Leistungen wie Massagen, Strombehandlungen, Farbbehandlungen, Ernährungsberatung und Bewegung an. Sie alle sprechen von **Ganzheitskosmetik**. Wer Bau und Funktion des Körpers durch verschiedene Maßnahmen unterstützt, betreibt aber zunächst Ganzkörperpflege. Durch Begleiterscheinungen wie Wärme, Düfte, Berührung und Ruhe kommt es zu Erholungseffekten, die auch positiv zu bewerten sind. Um Ganzheitskosmetik zu betreiben, bedarf es aber einer kosmetischen Horizonterweiterung. Ganzheitlich zu denken und zu handeln heißt in erster Linie, sich mit dem Zusammenspiel von Körper, Geist und Seele zu befassen.

Der Körper erhält durch das Skelett Form, Festigkeit und Halt, durch die Muskeln Beweglichkeit. Gehirn, Nerven und das Hormonsystem verbinden alle Teile zu einer tätigen Einheit. Die Sinnesorgane vermitteln zwischen Innenwelt und Umwelt. Der Geist ist es, der uns denken und entsprechend handeln lässt. Seele steht auch für Gefühl, Schmerz, Angst, Zorn, Scham, Träume, Liebe. Ganzheitskosmetik ist Schönheitspflege im Sinne von Harmonie und Ordnung. Unruhe, Stress, Abgespanntheit, Angst, Unzufriedenheit, Ärger und Druck machen die Menschen anfällig für Krankheiten. In der Regel liegt eine Überforderung körperlicher Kapazitäten, eine Einseitigkeit geistiger Aktivitäten oder eine Verarmung seelischer Qualitäten vor. Hier Ausgleich zu schaffen heißt harmonisieren. Ein harmonischer Mensch ist leistungsfähig, flexibel und aufgeschlossen. Er hat einen Bezug zu seinem Körper und seinen Lebensphasen. Er ist weniger anfällig für Krankheiten.

Die Kosmetikerin kann Hilfestellung leisten. Durch den intensiven Kontakt mit der Kundin erfährt sie vieles und sie kann feststellen, welcher Bereich überfordert oder unterfordert ist. Hier Anregungen zu geben, auf die Zusammenhänge hinzuweisen und praktikable Lösungen vorzuschlagen, kann so mancher Kundin zu neuer Lebensqualität verhelfen.

In der Ganzheitskosmetik findet man den Begriff **Therapie** immer häufiger: Aromatherapie, Cellulitetherapie, Farbtherapie, Entspannungstherapie. Sicher ist, dass diese Bezeichnung die Arbeit der Kosmetikerin aufwertet, wenn sie über die nötige Qualifikation verfügt. Symptomatische Therapie lindert Krankheitserscheinungen. Kausale (ganzheitliche) Therapie beseitigt Krankheitsursachen.

5.1.1 Ganzkörperdiagnose

Zu Beginn einer jeden Behandlung steht die **Ganzkörperdiagnose**. Bieten Sie in Ihrem Institut Ganzheitskosmetik an, ist die umfassende Anamnese und Diagnose der Grundstein für die erfolgreiche Behandlung. Ganzheitskosmetik setzt voraus, den Menschen als Einheit zu sehen und physiologische Zusammenhänge zu erkennen. Psychologische Aspekte spielen immer eine Rolle, aber dafür sind Kosmetikerinnen nicht ausgebildet. Wie bei der Gesichtsbehandlung wird auch für die Körperbehandlung eine Karteikarte angelegt.

Die Frage nach Allergien ist eine Grundsatzfrage. Am Körper wird großflächig gearbeitet, allergiebedingte Reaktionen schließen eine Behandlung mit bestimmten Präparaten, die häufige Allegene enthalten, von vornherein aus.

Nikotin ist ein Genussmittel, über dessen negative Wirkung jeder Raucher Bescheid weiß. Appelle, nicht zu rauchen, werden wenig erfolgreich sein. Aber ganzheitskosmetische Maßnahmen aktivieren den Stoffwechsel, und Nikotin ist hier ein echtes „Gegenmittel". Die Sauerstoffzufuhr zu den Zellen ist stark vermindert, die Blutgefäße verschlacken früher und die Kondition eines Menschen ist stark eingeschränkt.

Süßigkeiten können heute als Genussmittel bezeichnet werden. Zucker ist ein Vitamin-(B) und Calciumräuber. Zucker kann vom Organismus nur verhältnismäßig schwer abgebaut werden. Hinzu kommt sein Wert für den Stoffwechsel. Hier wirkt er in Bezug auf die „Verbrennung" wie Papier, d. h., der Körper verlangt schnell Nachschub. Kalorienmäßig belastet Zucker die Ernährung über Gebühr. Gewichtsprobleme sind bei übermäßigem Genuss eine unausweichliche Folge.

Die Frage nach vorliegenden Krankheiten ist wichtig: Krankheit erklärt auch ganzkörperliche Probleme und schließt in vielen Fällen eine bestimmte kosmetische Therapie aus, z. B. Herzerkrankungen eine Stromanwendung, Thrombose eine Beinbehandlung, vegetative Dystonie die Anwendung von Reizströmen. Operationen sind von Bedeutung. Wie lange liegt die Operation zurück? Narben, die nicht mindestens ein halbes Jahr alt sind, dürfen nicht behandelt werden. Durchblutungsfördernde Präparate, Peelings und Massagen setzen ebenfalls voraus, dass keine operationsbedingten Kontraindikationen vorliegen.

Maßnahmen wie Gymnastik, Wassergymnastik, Tiefenwärme, Stromanwendungen, Sauna, Massagen, können steigernd auf den Blutdruck wirken. Bei erhöhtem Blutdruck sind solche Anwendungen untersagt.

Eine brisante Frage ist die nach vorliegender Tumorneigung. Aber sie gehört unbedingt zur Anamnese. Vor allen Dingen, wenn schon entsprechende Operationen erfolgt sind, sollte man sich eine Unbedenklichkeitsbescheinigung des Arztes vorlegen lassen. Auch wenn ein Tumor gutartig war, sollte man sich durch ein Attest rückversichern.

Das Vorliegen einer Schwangerschaft schließt ganzkörperliche Maßnahmen aus. Manchmal wollen Frauen vorbeugend Maßnahmen zum Bindegewebstraining ergreifen. Außer der Empfehlung, Bauch, Hüften und Oberschenkel täglich zu bürsten, zu massieren und mit einem Öl einzureiben, sind alle Maßnahmen abzulehnen.

Viele Menschen greifen zu Beruhigungsmitteln, Schlafmitteln oder Schmerzmitteln. Als Zeichen einer Überforderung kommt oft die Unzufriedenheit mit dem eigenen Körper hinzu. Auf die negative Wirkung von Alkohol, der auch in sogenannten Stärkungsmitteln enthalten sein kann, sollte jede Kosmetikerin hinweisen, denn eine Gewöhnung ist schnell erreicht. Abführmittel sind eine Katastrophe für den Darm und für die Nahrungsverwertung. Die Peristaltik ruht, die Darmflora wird erheblich gestört. Voraussetzung für jede kosmetische Maßnahme am Körper ist die Regulierung der Verdauung, d. h. Rückführung zu natürlichen Vorgängen. Auch hier ist die Hilfe eines Arztes zu empfehlen.

Die **Ernährung** ist bedeutsam, d. h. die Zusammensetzung der Nahrung (einseitig oder gemischt, qualitativ hoch- oder minderwertig, lange Garzeiten etc.), der Zeitpunkt der Hauptmahlzeit. Vor allem bei Berufstätigen ist das sehr oft abends. Abendmahlzeiten sollten säurearm und leicht verdaulich sein. Ganz wichtig sind die Trinkgewohnheiten einer Klientin. Zwei bis zweieinhalb Liter Flüssigkeit braucht der Körper pro Tag. Kaffee oder Fruchtsäfte in Überdosierung sind ebenso bedenklich wie stark natrium- und nitrithaltige Mineralwässer in großer Menge.

Bewegungsmangel und einseitige Bewegung führen zu Muskelerschlaffung. Es kommt zu Formverschiebungen am Körper, auch bei Personen mit Idealgewicht. Bei Übergewicht kommt eine Verfettung des Bauch-, Hüft- und Oberschenkelbereichs hinzu. Gezielte, aktive Bewegung muss zur Unterstützung kosmetischer Maßnahmen hinzugezogen werden, und das regelmäßig.

Metallteile im Körper sind ein besonderes Thema. Beim Vorhandensein eines Herzschrittmachers darf überhaupt kein Strom verwendet werden. Wenn eine Frau mit der Spirale verhütet, darf sie keine Gleichstrombehandlung am Bauch bekommen, denn der Strom geht durch den Kupferdraht. Genagelte Knochenteile sollten ebenfalls nicht mit Strom in Berührung kommen. Vorgänge am Narbengewebe oder an der Knochenhaut sind nicht auszuschließen.

Größe, Gewicht und Alter sollten ermittelt werden. Je älter eine Klientin ist, um so langsamer erfolgt eine Gewichtsreduzierung, und auch kosmetische Anwendungen erreichen eher ihre Grenzen. Der Zustand der Körperhaut entspricht in der Diagnose den Angaben der Gesichtsdiagnose (Fettgehalt, Feuchtigkeitsgehalt, Tonus, Turgor, Muskeltonus, Durchblutung, Verhornung, Besonderheiten).

Nach der Diagnosestellung, die etwa zwanzig Minuten dauert, sollte ein Beratungsgespräch erfolgen. Inhaltlich müssen angesprochen werden: möglicher Behandlungserfolg, Anzahl der Behandlungen (mindestens 20), Häufigkeit pro Woche und Dauer der Einzelbehandlung, Heimpflege (Maßnahmen und Produkte), Kosten der Maßnahme, evtl. Ersparnisse beim Abonnement, Zahlungsweise. Sehr bewährt haben sich Probebehandlungen. In Verbindung mit der Ganzkörperdiagnose wird eine Kurzbehandlung durchgeführt, in der die Klientin die Einzelmaßnahmen kennenlernt. Das Gesamtpaket (Diagnose und Kurzbehandlung) bekommt sie einmal zu einem Komplettpreis, der günstig sein sollte.

4

5.1.2 Beautyfood

Ein neuer Zukunftstrend der Lebensmittelhersteller sind Lebensmittel mit Schönheitseffekten: **Beautyfood**. Neue und innovative Inhaltsstoffe in Wasser, Joghurt oder Schokolade sollen die Haut schützen, jung erhalten und für eine gleichmäßige Bräune sorgen. Ewig Bekanntes wird neu aufgelegt, denn dass wasserhaltige Lebensmittel, wie z. B. Gurken, dem Feuchtigkeitshaushalt des Körpers und damit der Haut dienlich sind, ist Basiswissen aus der **Ernährung**slehre. Auch die positive Wirkung von natürlichen Vitaminen, Mineralien und Ballaststoffen ist nicht neu. Neu sind spezielle Antifaltenjoghurts, kollagenhaltige Getränke, Betacarotin-Drinks, Aloevera-Bonbons und Anti-Aging-Schokolade.

Zurzeit kommen etwa 1.500 solcher Beauty-Food-Produkte pro Jahr auf den Markt. Die Japaner gelten als Vorreiter. Fachleute sprechen von einer „Kosmetisierung" der Nahrungsmittelindustrie. Neben dem Spaß am Essen und Probieren sind es die Versprechen auf schnelles Wohlbefinden und der Appell an das Gesundheitsbewusstsein der Konsumenten, die diesen Trend so sehr fördern. Forscher gehen davon aus, zukünftig für jede genetische Veranlagung und jede Art von Stoffwechsel spezielle Schönheitslebensmittel anbieten zu können.

5.2 Massagearten und ihre Wirkungen

Die entspannende Wirkung einer ausreichend lang und fachgerecht ausgeführten Massage, die jeder Behandlung einen Erholungswert verleiht, wird von den Kunden sehr geschätzt. Aber Massage bietet noch viel mehr: Sie hilft, das seelische Gleichgewicht wieder herzustellen und aktiviert die Selbstheilungskräfte.

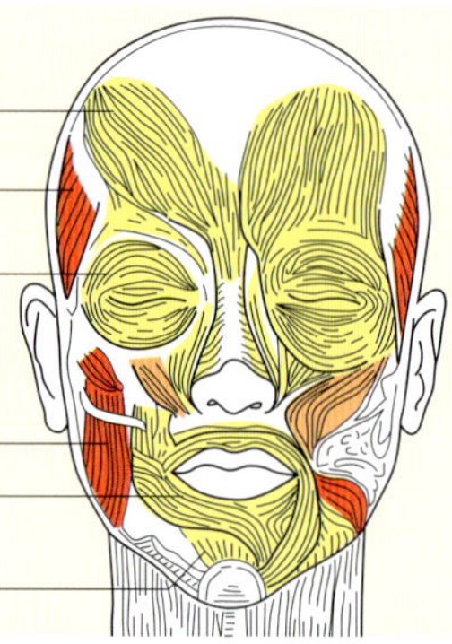

Gesichtsmuskeln (gelb) und Kaumuskeln (rot) des Schädels. Bei der Gesichtsmassage muss der Verlauf der Muskeln berücksichtigt werden.

Zunächst stellt sich die Frage nach der Massageart, dann die nach dem Ort der Ausführung. Eine Teilmassage erfordert weniger Energie als eine Ganzkörperbehandlung, eine Lymphdrainage weniger Kraft als eine klassische Massage. In allen Fällen ist eine gewisse Kondition wichtig. Eine Massage zu erlernen bedeutet das Aneignen anatomischer und physiologischer Kenntnisse des Körpers, das Erlernen vieler Massagegriffe und die Auseinandersetzung mit der Psyche des Menschen.

Die Kosmetikerin muss auf die besondere Pflege ihrer Hände und der Nägel achten. Die Hände müssen warm, weich, sauber und geschmeidig sein. Kalte Hände fördern die Entspannung nicht gerade, unsaubere Fingernägel sind abstoßend. Raue Hände sind unangenehm und Schwielen an den Händen stellen eine echte Behinderung bei der Ausführung der Massage dar. Um Verletzungen zu vermeiden, müssen die Fingernägel kurz und abgerundet sein. Schmuck sollte überhaupt nicht getragen werden. Vor und nach einer Massage werden die Hände gewaschen. Schweißgeruch, Mundgeruch, der zu aufdringliche Geruch eines Parfüms oder das Zuviel an Make-up stören das Empfinden der Klientin für die Massage erheblich.

Handtücher werden nach jeder Behandlung gewechselt. Die Bezüge der Liegen und die Decken sollten mit der Klientin nicht direkt in Kontakt kommen. Die Liege sollte der Kundin eine bequeme Lage ermöglichen. Die Raumtemperatur sollte bei ca. 25 °C liegen. Eine ansprechende Farbgestaltung der Wände in Harmonie mit der Farbe der Wäsche, mit Bildern und Blumen schafft eine erholsame Atmosphäre, Meditationsmusik und Aromen bringen den Menschen in einen Zustand, der es der Massage ermöglicht, ihre volle Wirkung zu entfalten.

Die **Massagewirkung** richtet sich nach der Art der Ausführung. Die Primärwirkung tritt am Ort der Ausführung auf, die Sekundärwirkung entsteht über das Nervensystem und die Blutgefäße im gesamten Körper. Neben der Harmonisierung organischer Funktionen, Verbesserung des Lymphstromes, Anregung der Durchblutung, Training des Bindegewebes, Entschlackung der Muskeln, Harmonisierung des Nervensystems kommt es zu einer ganzheitlichen Erfahrung von Entspannung und Wohlbefinden.

Die Technik der klassischen Massage beruht auf fünf verschiedenen Handgriffen, die kombiniert eingesetzt werden können. Man unterscheidet: Streichen (**Effleurage**), **Kneten** (**Petrissage**), Reiben (**Friktion**), **Klopfen** (**Percussion**, **Tapotement**) und Erschüttern (**Vibration**). Die Griffe richten sich nach der Faserrichtung der Muskeln. Die Hände passen sich ganz dem Muskel oder der Muskelgruppe an, damit auch der Verlauf und die Beeinflussung der Blutgefäße gewährleistet ist. Zur Ausführung der Massage gehört ein gewisser Rhythmus, der nicht zu hastig sein darf und vor allem gleichmäßig sein muss. Die Massage muss als angenehm empfunden werden und darf keine Schmerzen verursachen. Nach längerem Üben der Grundformen kann die Kosmetikerin eigene Kombinationen bilden und mit der Zeit eine gewisse persönliche Note entwickeln. Die Gefahr des Oberflächlichwerdens ist dabei groß und sollte beachtet werden.

Die **Nervenpunktmassage** ist eine Druckpunktmassage, die spezielle Nervenpunkte im Gesichtsbereich durch leichten Druck anspricht. Diese Massageart ist sehr ruhig, hat nur Druck und Streichung als Griff und wird rhythmisch ausgeführt. Sie hat beruhigende, krampflösende Wirkung.

Die **Shiatsu**-Massage ist eine Kombination von isometrischem Training (Muskeltraining durch Anspannung ohne Bewegung) und Druck auf Akupunkturpunkte entlang sog. Energiebahnen. Die Mithilfe der Kundin ist für eine erfolgreiche Behandlung erforderlich. Nach Anweisung der Kosmetikerin muss sie die zu behandelnden Muskeln anspannen. Durch Anspannen und Entspannen wird die Durchblutung des Muskels gezielt verbessert. Verspannungen in den Muskeln und im Gewebe werden beseitigt, die Haut wird besser durchblutet und über die Lymphbahnen entschlackt.

Bei jeder Massage sind folgende Kontraindikationen zu beachten: alle infektiösen Prozesse und alle Infektionskrankheiten, alle akuten Entzündungen mit oder ohne Eiterbildung einschließlich Gelenkentzündungen sowie jede Art von Tumoren.

5.3 Manuelle und apparative Lymphdrainage

Die Griffe der **Lymphdrainage** sind aufgrund ihrer speziellen Pumpwirkung in der Lage, sowohl die Bindegewebsflüssigkeit als auch die Lymphe voranzutreiben und dadurch den Abfluss zu fördern. Daumen und Hand bewegen sich gleichsinnig oder gegensinnig kreisend. Bei kreisförmiger Vorwärtsbewegung wird der Druck erhöht, bei der Rückführung nimmt er allmählich ab. Immer gilt das Gesetz stufenlos gleitender Zunahme und Abnahme des Drucks. Die Folge der Massagegriffe muss der Lymphstromrichtung entsprechen. Als Voraussetzung erfolgt immer eine Drüsenkettenentleerung, damit ein Lymphfluss erfolgen kann. Die manuelle Lymphdrainage kann in Kursen erlernt werden.

Eigentlich ist jede Massage, gewollt oder ungewollt eine Beeinflussung des Lymphstroms. Der Unterschied zur Lymphdrainage ist folgender: Die üblichen Massagen und alle aktiven Bewegungen reizen

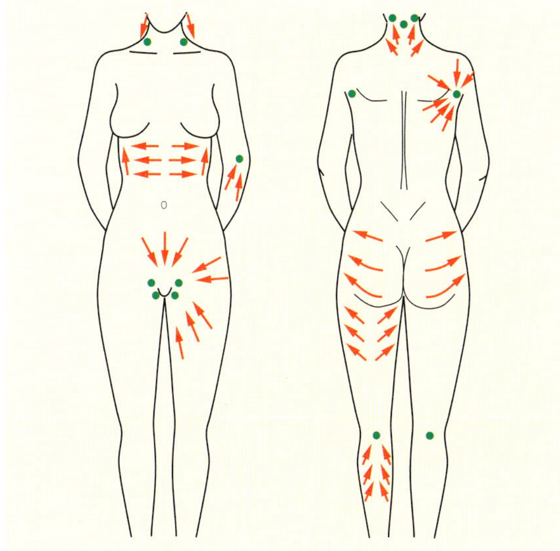

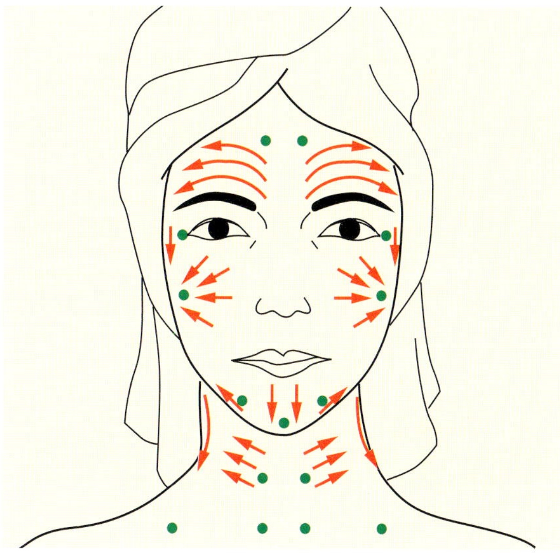

Die Lage der Lymphknoten und der Verlauf der Lymphbahnen bestimmen die Richtung der Lymphdrainage.

das Gewebe. Dadurch kommt es zu einer Hyperämie und bei entsprechender Stärke des Reizes zu einer Permeabilitätssteigerung der Blutkapillaren. Der Flüssigkeitsaustritt vom Blut ins Gewebe wird vergrößert; es entsteht ein Ödem. Ist die Gewebereizung entsprechend stark, kommt es sogar zu einer Verengung der abführenden Lymphwege, was zu einem krassen Missverhältnis der Druckverhältnisse im Gewebe führt. Das Verhältnis des Flüssigkeitszuflusses und -abflusses ist für harmonische Verhältnisse im Gewebe zuständig. Hier unterscheidet sich die manuelle Lymphdrainage von allen anderen Methoden; es entsteht nie eine Hyperämie. Es wird nur die vorhandene Flüssigkeit aus dem Gewebe gepumpt.

Das Interesse an apparativer Massage reicht in die frühen Siebzigerjahre zurück. Im Krankenhauswesen

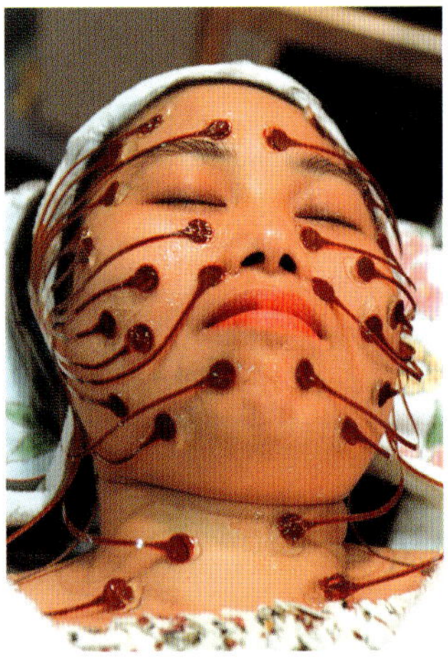

Apparative, computergesteuerte Lymphdrainage.

wollte man bei lange bettlägerigen Patienten Kreislauf und Stoffwechsel auf eine möglichst effektive und zeitsparende Art anregen. Den Kranken wurde ein aufblasbarer Luftsack um die Beine gelegt, der durch einen Kompressor gesteuert, ständig auf- und abgepumpt wurde. Die technische Entwicklung dieser Methode schritt schnell voran, sodass bei den nächsten Geräten Behandlungsmanschetten entwickelt wurden, die von rumpffern nach rumpfnah konisch zugeschnitten waren. Eine weitere Verbesserung war die Einrichtung einzelner Luftkammern, durch die es möglich wurde, der Gewebeflüssigkeit die Richtung vorzuschreiben.

Die heutigen Geräte bestehen aus einer Behandlungsmanschette mit einzelnen Luftkammern, die sich überlappen. Auf diese Weise kann eine gleitende Druckwelle erzeugt werden, die sich ununterbrochen über das Behandlungsfeld schiebt. Technisch müssen die einzelnen Luftkammern nacheinander mit Luft gefüllt werden. Dabei soll sich die nächste Luftkammer erst dann mit Luft füllen, wenn in der vorhergehenden der vorgewählte Druck erreicht ist. Nachdem so alle Kammern aufgepumpt sind, entweicht der gesamte Druck wieder und die Gleitwelle beginnt von neuem. Die Geschwindigkeit, mit der sich die Kammern füllen, muss ebenso steuerbar sein. Gleichzeitig können beide Extremitäten behandelt werden.

Die Qualität eines Geräts hängt von verschiedenen Faktoren ab. Vom Aufbau der Manschetten, der Anzahl der Luftkammern (je mehr desto besser), der Möglichkeit der Reinigung der Hautberührungsflächen der Manschette und in der Ausführung der Geräte. Je mehr Anschlussmöglichkeiten ein Gerät hat, desto präziser kann es arbeiten. Wichtig ist auch, ob die Luftkammern einzeln mit Luft zu füllen sind, ober ob alle Kammern von einem Schlauch aus gefüllt werden. Eine ausreichende Leistung des Kompressors sollte gewährleistet sein; der Druck sollte sich präzise regeln lassen. Es gibt pneumatisch und elektronisch gesteuerte Geräte.

Eine strikte Beachtung von Indikation und Kontraindikation muss selbstverständlich sein. Einsatzgebiete dieser Geräte sind vor allem größere Körperpartien wie Extremitäten, Bauch und Hüften, z. B. gegen Cellulite, Fettleibigkeit, und zur Unterstützung anderer apparativer Maßnahmen. Die manuelle Lymphdrainage kann von diesen Geräten aber nicht ersetzt, allenfalls ergänzt werden. Denn bei der apparativen Lymphdrainage entfällt die Drüsenkettenentleerung; diese sollte vorher manuell durchgeführt werden. Kleinere Körperbereiche, wie z. B. das Gesicht, können nicht apparativ behandelt werden.

Nehmen Sie Stellung: Die manuelle Lymphdrainage erfordert Zeit und die aufmerksame Zuwendung zum Kunden. So blieb es nicht aus, dass die rationellere Form der apparativen Lymphdrainage entwickelt wurde. Welche Kriterien sollten für eine Entscheidung zwischen der manuellen und apparativen Methode berücksichtigt werden?

5.4 Cellulitebehandlungen

Man muss **Cellulite** und Fettleibigkeit unterscheiden, obwohl sie meistens gemeinsam auftreten. Auch schlanke Frauen können Cellulite bekommen. Ursächlich besteht ein Zusammenhang zwischen Cellulite und weiblichen Hormonen. Östrogene sorgen für ein höheres Wasserbindevermögen und einen gesteigerten Blutandrang. Nahrungsmittel, die Wachstumsförderer (z. B. in Schweinefleisch) oder pflanzliche Östrogene (z. B. Hopfen) enthalten, wirken ebenso auf das Bindegewebe. Die vermehrt auftretende Cellulite beim Mann wird sogar häufig mit dem regelmäßigen Genuss solcher Nahrungsmittel erklärt.

Cellulite ist eine chronische Störung des Fettgewebes. Flüssigkeit dringt aus den Blut- und Lymphbahnen in das Gewebe. Durch mangelnden Abtransport verbleibt sie dort. Gleichzeitig werden die Fettzellen weiter mit Fett beladen. Dadurch wird das Gewebe „auseinandergedrängt“. Diese Zellen saugen sich mit Wasser voll. Schließlich kommt es zu einer Verhärtung der Subcutis. Die auseinandergedrängten Fasern bilden breite, sich überschneidende „Bänder“, die in der Tiefe an den Muskelhüllen und oben an der Cutis anhaften. Die stark vergrößerten Fettzellen neigen dazu, in den Maschen dieses Fasergeflechts hervorzutreten. Die Haut ist großporig und sieht wie gepolstert aus. Besonders bei Muskelanspannung oder beim Zusammenschieben des Gewebes mit den Händen ist das gut zu erkennen.

Bewegung ist sowohl zur Vorbeugung wie zur Behandlung der Cellulite das wirksamste Mittel. Am besten geeignet ist die natürliche Bewegung. Eine mögliche Ergänzung ist die Aktivierung der Muskeln durch elektrischen Strom. Sie ist aber lokal begrenzt.

Im Falle der Cellulite kann der Interferenzstrom eine hilfreiche Ergänzung der Behandlung sein. Durch Anlegen von Elektroden und Zuführen von Strom kommt es je nach Verträglichkeit zu einer mehr oder weniger intensiven Kontraktion der Muskulatur. Die Pumpwirkung hat einen günstigen Einfluss auf die Blutgefäße und den Lymphfluss.

Der dritte und wesentliche Schritt ist die Ableitung von Bindegewebsflüssigkeit bzw. Lymphe durch die apparative oder manuelle Lymphdrainage. Dieser Behandlungsschritt ist unverzichtbar, führt er doch zu der notwendigen Entstauung des Gewebes. Den Abschluss können hautreliefverfeinernde Präparate bilden.

Ergänzende Maßnahmen sind die Anwendung von farbigem Licht, der Einsatz von Saugglocken, ätherische Öle oder die Wickelmethode. Die Wickelmethode ist eine Okklusivbehandlung. Der ganze Körper oder einzelne Körperteile werden mit durchblutungsfördernden Mitteln eingerieben und mit einer speziellen Folie umwickelt. Das Angebot der Firmen an Geräten, Präparaten, Massagegeräten, Gymnastikgeräten ist groß. Was immer Sie anwenden, die Cellulitebehandlung läuft nach einer physiologisch sinnvollen Reihenfolge ab: anregen, trainieren, ableiten. Cellulite kann auch im Sinne der Naturkosmetik behandelt werden.

5.5 Naturkosmetik und Aromatherapie in der kosmetischen Praxis

Es besteht die berechtigte Gefahr, dass Begriffe wie Natur, Bio, Öko etc. „in einen Topf geworfen" werden und die Diskussion die Menschen ermüdet. Viel ist darüber geschrieben worden, welchen Wert natürliche Inhaltsstoffe in Produkten haben und wie „die Chemie" in der Lage ist, solche Stoffe problemlos nachzubauen.

Naturkosmetik ist kein Modewort, sondern eine Wertbezeichnung. Die Voraussetzung für Naturkosmetik ist, die Definition Natur so zu akzeptieren, wie sie ist und nicht nach Umwegen zu suchen, die bei großzügiger Auslegung auch noch akzeptabel wären. Unter **Natur** versteht man alle Stoffe, Kräfte, Formen und Verhaltensweisen der materiellen Wirklichkeit, soweit sie vom Menschen nicht beeinflusst sind.

Bei natürlichen Behandlungskonzepten ist die Hand der Kosmetikerin der Mittelpunkt. Natürlich benötigen Sie zudem Präparate, ebenso braucht Ihre Kundin diese zur Heimpflege. Es gibt jedoch nur wenige Firmen, die dem hohen Anspruch reiner Naturkosmetik gerecht werden. Auch bei ätherischen Ölen sollten Sie sorgfältig die Qualität prüfen. Für die Kabinenarbeit benötigen Sie eine gute Auswahl an Kräutern und ätherischen Ölen; dazu Leinsamen, Haferflocken, Honig, Eigelb, Milchprodukte wie Quark und Sahne, Molke und Paraffin für die Maske.

Nehmen Sie Stellung: Einige Kosmetikerinnen befürchten, dass Behandlungsmethoden mit Naturkosmetik den Verkauf behindern. Oder ist es nicht eher so, dass Sie durch eine individuelle Behandlung exklusiv sind und entsprechende Preise verlangen können?

Eine Behandlung sollte nicht weniger als neunzig Minuten dauern. Jede Behandlung der Haut sollte die Hautfunktionen lediglich unterstützen. Methoden, die heftige Hautreaktionen hervorrufen, gehören nicht in ein Behandlungsschema, welches naturgemäß angelegt ist. Dazu zählen Bedampfen, Peelings und Durchblutungspräparate.

Naturkosmetikgemäße Behandlungen haben folgende Leitlinie: schwache Reize beruhigen, mittlere Reize regen an und starke Reize blockieren. Augenkompressen brauchen Sie für jede Kundin. Setzen Sie einen frischen Sud aus Fenchel, Anis und Kerbel an. Lassen Sie ihn zehn Minuten ziehen und filtern Sie ihn dann durch ein Sieb. Den Tee im kalten Wasserbad kühlen. Dieser Sud eignet sich für jede Kundin und ist etwa vierundzwanzig Stunden haltbar; muss also täglich frisch zubereitet werden.

Malven und Rosenblüten sind besonders geeignet bei Teleangiektasien und bei allen Hautirritationen. Heilerde ist ein gutes Mittel gegen Hautentzündungen und kann mit Kräutersud oder ätherischen Ölen vermischt werden. Quark ist ein ausgezeichnetes Durchfeuchtungsmittel und wegen seiner kühlenden Wirkung bei Irritationen sehr geeignet. Auch hierzu passen Kräuter, Sahne oder Aromen. Zitronenauflagen sind sehr gut geeignet bei fast allen Hautproblemen. Paraffinmasken sind eine klassische, aber sehr effektive Behandlungsmaßnahme. Haferflocken, mit heißem Wasser schleimig gerührt, sind ein Reinigungsmittel und ebenso ein ganz mildes Peeling; auch ideal zur Vorbereitung bei einer Komedonenakne. Kompressen, mit Molke getränkt und für etwa fünfzehn Minuten als Auflage angewendet, regen die Hautfunktionen leicht an. Zur Massage eignen sich neutrale Öle mit Aromen versetzt oder reine Öle wie Mandel- und Weizenkeimöl.

Beispiel eines Behandlungsablaufs im Sinne der Naturkosmetik: Nackenmassage mit Arnikaöl, evtl. bei gleichzeitigem Fußbad mit Schachtelhalm, Rosmarin oder Lavendel; erster Teil der Hautdiagnose und Vorreinigung. Dann folgt die Fortsetzung der Hautdiagnose sowie die Zusatzbehandlung der

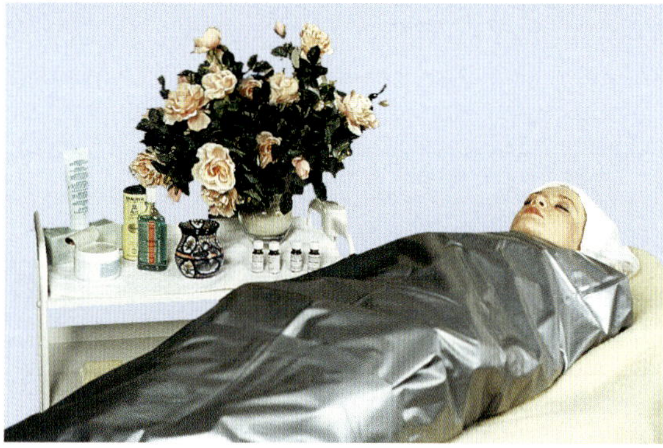

Ein Beispiel für eine Ganzkörper-Aromaanwendung. Unter der Folie entsteht Wärme, die die Aufnahmefähigkeit der Haut erhöht.

Haut, z. B. gut warme Kompressen mit Kräutersud oder Haferflocken bzw. Leinsamenauflage oder Kompressen mit einer Mischung aus Irismilch und Mineralwasser. Mindestens zwanzig Minuten werden nun aufgewendet für eine Gesichtsmassage, Lymphdrainage oder Shiatsu. Je nach Hautzustand folgt eine Packung, die Sie selbst anrühren. Wenn es gewünscht wird, erfolgt abschließend ein dezentes Make-up. Wimpern färben, enthaaren und die Korrektur der Augenbrauen werden bei Bedarf, Zusatzbehandlungen, wie Arm-, Hals- und Dekolletébehandlungen im ersten Drittel der Behandlung vorgenommen. Während der Massage kann man einen Leberwickel auflegen, dadurch wird der Stoffwechsel angeregt. Öle oder Bademilch kann man verdampfen, sie schaffen ein gutes Raumklima.

Bei der **Cellulitebehandlung** im Sinne der Naturkosmetik handelt es sich um eine Behandlung, die sowohl von der Kosmetikerin als auch von der betreffenden Kundin selbst durchgeführt werden muss. Die Institutsbehandlung erfolgt alle zwei Tage, die intensive Pflege zu Hause täglich. Zum Auftakt gibt es einen Entschlackungstee, den die Kundin auch daheim trinken muss (täglichen einen Liter). Die Cellulitebehandlung erfasst immer Oberschenkel, Hüften und Bauch. Diese Partien werden mit heißen Kompressen abgerieben, die mit Rosmarinmilch getränkt sind. Danach erfolgt eine leichte Bürstenmassage. Nun trägt man lauwarmes Massageöl mit Arnika auf und umwickelt die Haut mit einer Folie. Die Kundin bleibt etwa zwanzig Minuten so liegen. Nach dieser Zeit wird die Folie entfernt und eventueller Schweiß abgerieben. Es folgt eine ausgiebige Lymphdrainage mit den Händen. Als Abschluss dient die Applikation eines kieselhaltigen Gels. Für die Heimpflege empfehlen Sie der Kundin Zinnkrautbäder, Zitronen- oder Obstessigwaschungen, Wechselduschen, Arnikaöl und Kieselgel.

Die **Aroma-Therapie** zählt zu den sanften Therapien, die Wirkung kann jedoch sehr intensiv sein. Aroma-Therapie, das ist das Einatmen von Düften, die Ganzkörper-Aromaanwendung, Massage mit wohlriechenden Ölen, duftende Bäder und das Einnehmen in kleinsten Mengen. Mit Düften kann man das Raumklima verbessern und die Atmosphäre positiv beeinflussen. Ätherische Öle haben die Fähigkeit, unsere Haut zu durchdringen. Sie finden Verwendung in Duftlampen, zur Inhalation, in der Sauna, in Kompressen, in Bädern, Körper-, Massage- und Gesichtsölen sowie in Parfüms.

Aromen werden so individuell eingesetzt, wie die aktuelle Verfassung des zu behandelnden Menschen es erfordert. Nur dann dienen sie der wirklichen Therapie im Sinne der Harmonisierung und Gesunderhaltung.

5.6 Wellness

Der Begriff **Wellness** begegnet uns in allen Lebensbereichen und deshalb zeigt er zugegebenermaßen „Verschleißerscheinungen". Während durch weite Teile der Wirtschaft ein kühler Wind weht, steigen jedoch die Umsätze in der Wellnessbranche stetig, und das wird auch in Zukunft so bleiben.

Für die meisten Menschen ist Wellness eine Art Lebenselixier und ein Widerstandskonzept gegen den anstrengenden Alltag. Demnach steht Wellness für ganzheitliches Wohlbefinden, Genussfähigkeit und den pfleglichen Umgang mit sich selbst. Dazu gehören Harmonie, Entspannung, Erholung und Stressbewältigung. Die Balance von Körper, Geist und Seele ist das Ziel.

Der Wellnesstrend wird in den nächsten Jahren zunehmen. Die Menschen leben immer länger, viele in gesicherten finanziellen Verhältnissen und mit großem Interesse an gesundheitlicher Vorsorge. Die wachsende finanzielle Unabhängigkeit von Frauen dürfte ebenfalls dafür sorgen, stellen sie doch schon heute die Hauptklientel dar. Ein weiterer Aspekt ist das wachsende Gesundheitsbewusstsein von Männern. Sie brauchen allerdings ein anderes Angebot als Frauen. Männer legen keinen besonderen Wert auf Betreuung oder Beratung, sondern sie nutzen lediglich die Einrichtungen von Sauna, Whirlpool und Dampfbad und Behandlungsangebote. Tipps zur Ernährung, Entspannung, Hautpflege oder kulturellen Angeboten lassen sie eher „links liegen".

Wellness hat mit ganzheitlichem Bewusstsein zu tun. Deshalb müssen Wellnesskonzepte alle Aspekte dieser Ganzheit beinhalten. Wellnessangebote wie Massagen, Farbanwendungen, Klangtherapie, **Ayurveda**, **Thalassotherapie**, Aqua-Balancing, Aromamassagen, **Tai-Chi**, **Yoga** entfalten ihre Wirkung nur

Der Begriff Wellness ist viel älter, als man angesichts der Aktualität und des Booms vermuten könnte. Schon 1654 taucht er in einem englischen Lexikon auf und wird mit „Wohlbefinden" und „gute Gesundheit" beschrieben. Populär wurde der Begriff aber erst durch den amerikanischen Arzt Hallert L. Dunn. Er machte ihn in den 50er-Jahren des 20. Jahrhunderts zum Schlagwort einer neuen Gesundheitsbewegung. Seine Gesundheitsphilosophie nannte er High Level Wellness und meinte damit einen eigenverantwortlichen Lebensstil, der die Gesundheit optimal fördern soll. In den 70er-Jahren fand der Wellness-Begriff in den USA große Verbreitung und seit den 90er-Jahren wächst sein Bekanntheitsgrad in Deutschland rasant.

Entstehung des Wellness-Begriffs

Das Motto der indischen Bewegungslehre Yoga heißt: „Ganz entspannt im Hier und Jetzt". Es beinhaltet Atmungs-, Haltungs-, Konzentrations- und Entspannungsübungen.

Tai Chi ist eine sanfte Form chinesischer Kampfkunst. Bei dieser Bewegungsmeditation sollen Bewegung und Atmung in Einklang gebracht werden.

in entsprechender Atmosphäre. Sie sind nicht geeignet als schnelle Kompensation eines ungesunden und unerfüllten Lebens.

Wellness bedeutet vor allem Entschleunigung, d. h. die Alternative zu einem Trend, in immer weniger Zeit immer mehr schaffen zu wollen. Wellness benötigt Zeit und Ruhe.

Wellness braucht auch Raumgefühl. Deshalb ist es so wichtig, Behandlungsräume entsprechend zu gestalten. Hierbei sollte man sich unbedingt professionelle Hilfe holen, denn es ist nachgewiesen, dass noch so gute Behandlungen ihre Wirkung in einer ungünstigen Umgebung verfehlen.

Kosmetikkunden sind nicht automatisch Wellnesskunden. Die Kosmetikerin muss sich entscheiden, welches Konzept sie anbieten will; ein bisschen von allem geht nicht.

Ein Wellnessinstitut muss ganz andere Voraussetzungen in Bezug auf Einrichtung, Ausstattung und Behandlungsangeboten erfüllen als ein Kosmetikinstitut. Farbige Wände und Aromamassagen bedeuten nicht unbedingt, dass es sich um ein Wellnessinstitut handelt.

Die Kosmetikerin selbst muss sich zur Wellnessexpertin ausbilden lassen. In der schulischen Grundausbildung sind zwar einzelne Aspekte enthalten, aber sie vermitteln bei Weitem nicht das notwendige Wellnessbewusstsein, das erforderlich ist.

Weitere Infos unter:
www.gesundheitstrends.de
Hier werden Trends gezeigt und erklärt, was z. B. Water-Balancing, integrale Entspannung und Body-Talk-Programme sind.
www.wellnessverband.de
Alles zu Anforderungen an Wellnessinstitute, Zertifizierung von Wellnessinstituten und zur Aus- und Weiterbildung findet man bei Deutscher Wellnessverband e.V.

5.7 Ayurveda

Übersetzt bedeutet **Ayurveda** „vollständiges Wissen vom Leben". Es ist ein ganzheitliches Konzept, das Körper, Geist und Seele als Einheit betrachtet. Gesundheit ist aus ayurvedischer Sicht nur dann möglich, wenn sich alle Ebenen dieser Einheit im Gleichgewicht befinden.

Ayuveda ist eine traditionelle fernöstliche Behandlungsmethode. In Europa unterscheidet man zwei Richtungen. Die therapeutischen Anwendungen werden ausschließlich unter ärztlicher Aufsicht und nach eingehender Untersuchung des Patienten durchgeführt. Sie dienen der Behandlung von Zivilisationserkrankungen jeglicher Art mit den Schwerpunkten Entgiftung, individuelle Ernährungsumstellung und Bewusstseinserweiterung. Hier spricht man von der klassischen „Panchakarma"-Reinigungskur. So gesehen ist Ayurveda eine Heilbehandlung.

Im Sinne vorbeugender Gesundheitspflege ist Ayurveda eine wunderbare fernöstliche Wellnessbehandlung. Reinigende Ölgüsse, entspannende vierhändige Massagen, Pflanzenkosmetik, Yoga, Anwendungen aus der 5 000 Jahre alten Naturmedizin und eine typgerechte Ernährung gehören zum Ayurveda-Wellnessprogramm.

Herzstücke des Ayurveda sind drei bioenergetische Kräfte, die im Zusammenwirken unser Leben bestimmen. Man nennt sie **Doshas**. Alle drei Energien sind aus ayurvedischer Sicht bei jedem Menschen mehr oder weniger stark ausgeprägt. Die Mischung bestimmt unser ganz persönliches „Strickmuster", unseren Konstitutionstyp. Diese Energieformen nennt man Vata, Pitta und Kapha. Sie wirken auf Zellen, Gewebe und Organe und beeinflussen unser Wohlbefinden ebenso wie unsere geistige Verfassung. Alle ayurvedischen Behandlungen zielen darauf ab, das natürliche Gleichgewicht der Doshas zu erhalten oder wieder herzustellen.

Die Kombination von Berührung, Wärme und Kräuterölen spielt bei Ayurveda eine zentrale Rolle. Sie regen den Stoffwechsel von Haut und Organen an und unterstützen die Entgiftung des Körpers. Eine tiefe Entspannung wird durch die typische Vier-Hand-Massage erreicht. Schon nach kurzer Zeit kann sich der Kunde nicht mehr auf einzelne Griffe konzentrieren und kommt so in die Lage, loszulassen: Wellness pur.

Der **Stirnguss** mit warmem Öl ist eine geradezu königliche Anwendung und reguliert das vegetative Nervensystem. Kräuterdampfbäder und Abreibungen mit Pasten aus Getreide, Öl und Kräutern sind Bestandteile ayurvedischer Körperpflege.

Die Ernährung ist Medizin und Prävention zugleich. Unabhängig vom Konstitutionstyp ist sie ausgewogen und vollwertig. Jedes Nahrungsmittel hat sein

Abhyanga	Die „liebenden Hände" bezeichnen eine 30- bis 60-minütige Ganzkörper-Ölmassage, die zwei Therapeuten vierhändig und synchron durchführen.
Doshas	Drei zusammenwirkende bioenergetische Kräfte, die unser Leben, Aussehen, Wesen und das körperlich-seelische Wohlbefinden steuern. Dies sind das Bewegungsprinzip Vata (Wind, Luft und Äther), das Stoffwechselprinzip Pitta (Feuer, Wasser) und das Strukturprinzip Kapha (Erde, Wasser).
Panchakarma	Die Reinigungstherapie gehört zu den wichtigsten ayurvedischen Behandlungen, um Stoffwechselrückstände und Giftstoffe auszuleiten.
Pizzichilli	Bei der stoffwechselanregenden „königlichen Therapie" fließt ca. 1 Stunde lang warmes Sesamöl über den Körper und wird vierhändig einmassiert.
Shirodhara	Ein warmer Ölstrahl fließt etwa 30 Minuten über die Stirn (Stirnguss). Das vegetative Nervensystem wird beruhigt.
Svedana	Kräuterdampfbad nach der Ölmassage. Durch die Wärme werden Giftstoffe ausgeschwitzt.
Udvarthana	Massagen mit Pasten und Getreide, Öl und Kräutern. Das intensive Reiben stimuliert den Stoffwechsel und fördert die Entgiftung.

Kleines Ayurveda-ABC der Kosmetik

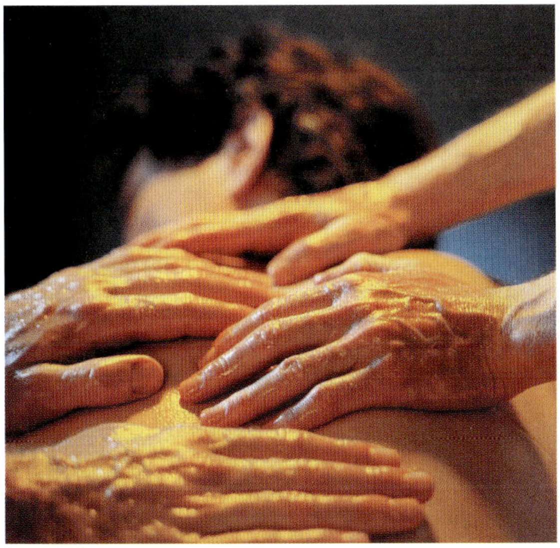

Abhyanga ist eine vierhändige Ganzkörpermassage.

Der Stirnguss mit warmem Öl führt zu tiefer Entspannung.

eigenes Geschmacksprofil. Man nennt die Geschmacksrichtung (z. B. süß, sauer, salzig, bitter, scharf und herb) Rasa. Jedes Rasa soll in der täglichen Nahrung vorkommen. Da jedes Lebensmittel seine Wirkung hat, werden entsprechend der Doshas Ernährungspläne zusammengestellt. Das Ziel ist eine Ernährung, die zum Menschen passt. Gegessen wird dreimal täglich. Auf Zwischenmahlzeiten wird verzichtet. Gut für den Stoffwechsel ist der Genuss von viel heißem, abgekochtem Wasser.

Weitere Infos unter:
www.mahindra-institut.de
(Adressen von seriösen Ayurveda-Therapeuten in Deutschland sowie Infos zu Seminaren und Ausbildungslehrgängen)

5.8 Thalassotherapie

Zwischen dem Meer und dem menschlichen Körper besteht ein natürliches Verhältnis. Der vergleichbare Mineralstoffgehalt des menschlichen Blutstroms und des Meerwassers weisen auf die gemeinsamen Ursprünge hin. Dies ist der Grund dafür, dass Meerwasser, Algen und viele andere maritime Heilmittel so wohltuend und heilend auf den Körper wirken.

Der Begriff **Thalassotherapie** wurde 1867 von dem französischen Arzt La Bonnadiere geprägt. 1899 wurde in Frankreich das erste Thalassotherapie-Institut gegründet. Die Thalassotherapie erlebt heute ein weltweites Comeback. Mittlerweile gibt es über 100 Therapiezentren, die meisten weiterhin in Frankreich.

Mit der Thalassotherapie offenbart sich das Meer in seiner vielfältigen Wirkung. Die Meeresalgen haben dabei eine besondere Bedeutung. Kein anderes Naturprodukt ist so reich an Mineralien, Spurenelementen (wie Jod), Aminosäuren und Vitaminen (wie Vitamin B) wie die Meeresalgen. Über 80 gesundheitsfördernde Elemente sind bisher nachgewiesen worden.

Neben Algenextrakten dienen auch Plankton, Meeresschlick, Meersalz, Muscheln, Krebse und Fische als Rohstoffquelle für die Kosmetik. So werden z. B. proteinspaltende Enzyme (Proteasen) aus dem Dorsch für enzymatische Peelings genutzt. Früher waren Fischextrakte, z. B. Lebertran, schon wichtige Kosmetikrohstoffe. Heute kommen Lachsrogen und insbesondere Kaviar, der Rogen vom Stör, als effektive Anti-Aging-Wirkstoffe in Betracht, da sie sehr nährstoffreich sind.

Auch Austern und Perlen werden gegen die Hautalterung eingesetzt. Die Auster enthält Peptide, Vitamine, Mineralstoffe und Spurenelemente, die die Hautfunktionen anregen. Das in Perlen enthaltene Chonchiolin, ein Gerüstprotein, enthält mehr als 20 verschiedene Aminosäure, deren Kombination den natürlichen Feuchthaltefaktoren der Haut ähnelt und dadurch eine hohe feuchtigkeitsbindende und elastizitätsfördernde Wirkung verspricht.

Chitosan ist ein aus Krebspanzern gewonnener Filmbildner, der vergleichbar mit der Hyaluronsäure ein hohes Wasserbindevermögen besitzt. Es bietet eine gute Alternative zu Kollagen und Hyaluronsäure. Chitosanhaltige Präparate haben darüber hinaus eine leicht antimikrobielle Wirkung auf die Haut.

Die Thalassotherapie hat zwei Ausrichtungen: die medizinische Heilwirkung und die vitalisierende mit Wellnessaspekt. Für die medizinische Thalassotherapie gibt es Qualitätsstandards, nach denen die

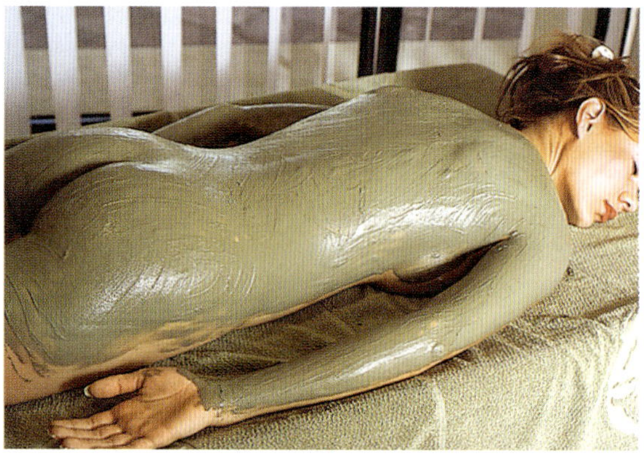

Algen spielen in der Thalasso-Therapie als Wickel, Bäder, Masken und Packungen sowie als Nahrungsergänzungsmittel eine große Rolle. Sie sollen den Körper und die Haut entschlacken, d. h. Stoffwechselgifte herauslösen, die Fettverbrennung ankurbeln und die Verdauung anregen. Algen enthalten große Mengen an Aminosäuren, Vitaminen, Mineralstoffen und Spurenelementen.

Sprudelbad: Mikropulverisierte Algen sind in warmem Meerwasser gelöst worden

Eine Hydromassage mit Meerwasser und Meerschlamm entschlackt und regeneriert.

Anwendung aller regulierenden Elemente des Meeres und seines umgebenden Milieus unter ärztlicher Kontrolle stattfindet.

Qualitätskriterien sind unter anderem:
- Lage direkt am Meer,
- Verwendung ausschließlich frischen, unbehandelten Meerwassers,
- Meerwasserschwimmbecken,
- ausreichende räumliche Ausstattung mit Therapie- und Behandlungsräumen, Druckstrahlbadewanne, Inhalationsvorrichtungen, Vichy-Duschen,
- Sauna und Dampfstrahlbad,
- Anwesenheit mindestens eines Naturheilarztes,
- professionelles Team aus Physiotherapeut, Masseur, Hydrotherapeut, Sport- und Entspannungstherapeut.

Das Ziel aller Maßnahmen ist die Stärkung der Lebenskräfte, die Therapie chronischer Erkrankungen, die körperliche und psychische Regeneration sowie die Vorbeugung von Erkrankungen.

Die vitalisierende Thalassotherapie mit Wellnesseffekt wird z. B. von Beauty-Farmen und Wellnesshotels angeboten. Während Beautyfarmen und Wellnesshotels Angebote für eine Woche oder ein Wochenende machen, bedarf es einer Nische für all diejenigen, die sich zeitlich so nicht orientieren können oder für diejenigen, die nach den ausgiebigen Wellnesstagen eine regelmäßige Fortsetzung wünschen, die weniger Zeit beansprucht. Die Kosmetikerin ist geradezu prädestiniert, hier aktiv zu werden. Wellness ist ein Megatrend und es wäre bedauerlich, wenn die Kosmetikerinnen nicht teilhaben würden.

Damit Thalasso-Wohlfühl-Konzepte mit Meerwasser, Meeresalgen und Meeresschlamm sinnvoll eingesetzt werden können, benötigt man viel Wissen über Naturheilkunde, Gesundheit, Fitness, Ernährung und Körperpflege, aber auch über Inneneinrichtung, Ausstattung, Spaß- und Badekultur. Im Thalasso-Vital-Programm werden Elemente der klassischen Thalassotherapie durch Wasser-, Balneo- und Hydrotherapie, Entspannungstherapien und regenerative Naturheilverfahren (sogenannte Wellness-Therapien) ergänzt. Unterstützt wird das ganzheitliche Körperprogramm durch kosmetische Präparate und Anwendungen.

Weitere Infos unter:
www.algen-for-beauty.de
www.gesundheit.com
www.lifegate.de
www.thalassoplus.de
www.thalgo.de

5 Pflegen und Gestalten der Hände und Nägel

1 Die Maniküre

Die **Maniküre** ist die Pflege und Gestaltung der Hände und Fingernägel. Der Begriff „manus" stammt aus dem Lateinischen und bedeutet „Hand". Perfekt manikürte, lackierte, polierte oder modellierte Nägel verleihen Händen Schönheit und ein gepflegtes Aussehen. Maniküre ist ein lukratives Zusatzangebot. Es gibt viele Kunden, die Probleme mit ihren natürlichen Fingernägeln haben und kompetente Hilfe erwarten.

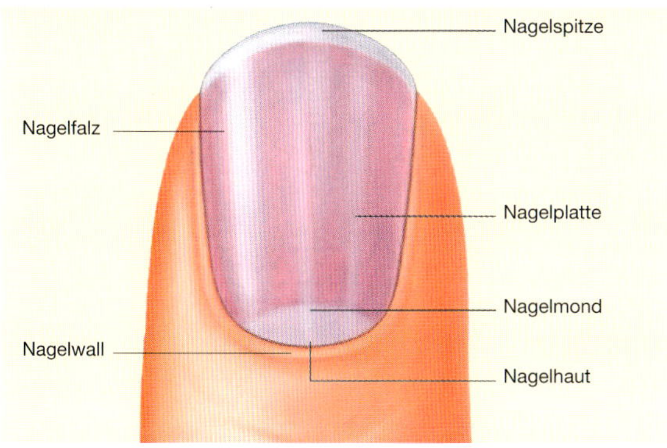

Aufbau der sichtbaren Teile eines Fingernagels

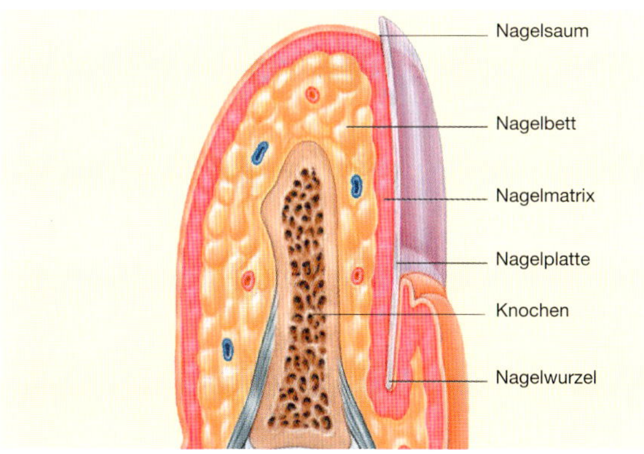

Der Fingernagel: Nagelplatte und Nagelwurzel sind mit dem Nagelbett verwachsen.

2 Durchführung der Nagelpflege

Vor der Maniküre und Nagelmodellage muss geprüft werden, ob Veränderungen vorliegen, die solche Behandlungen ausschließen. Außerdem können **Nagelerkrankungen** vorhanden sein, die eine Behandlung durch einen Arzt erfordern. Selbstverständlich müssen die Hygienevorschriften eingehalten werden.

Die **Nagelpflege** ist in mehrere Arbeitsschritte unterteilt: Die Nägel werden entlackt, gekürzt, geformt, poliert und gelackt. Dafür stehen verschiedene **Nagelpflegeinstrumente** und Materialien zur Verfügung.

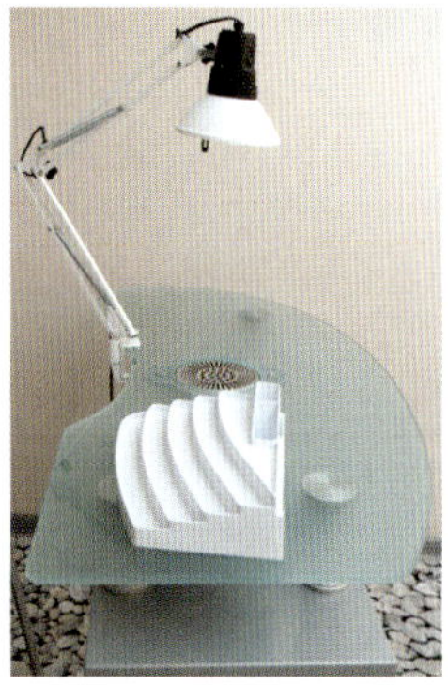

Maniküretisch

Zum **Entlacken der Nägel** klemmt man ein Wattepad zwischen Zeige- und Mittelfinger. Dann tränkt man dieses mit **Nagellackentferner** und drückt es auf den Nagel. Das Pad wird auf dem Nagel leicht nach links und rechts bewegt. Dann wird der Lack zur Nagelspitze hin abgezogen. Neben den flüssigen Lösungen gibt es Nagellackentferner auch als Gele, getränkte Pads, Tücher und Korrekturstifte.

	Maßnahmen	Hilfsmittel und Geräte
1	Beurteilen der Haut und der Nägel	
2	Entlacken der Nägel	Nagellackentferner und Wattepads
3	Kürzen und Formen der Nägel	Feilen (z. B. mit der Diamantstaubfeile, Saphirfeile, Sandblattfeile, Polierfeile)
4	Nagelbad	Maniküreschälchen mit lauwarmem Wasser und Shampoo
5	Nagelhaut behandeln	Nagelhauterweicher, Nagelhautzange, Frottiertuch, Rosenholz-, Orangenholzstäbchen, Pferdefuß
6	Anwenden eines Nagelpflegepräparats	Nagelöl, Nagelcreme oder fettfreies Nagelfluid, Nagelhärter
	Zusatzangebot: Handbad	
7	Handmassage	Massagemittel: Handpflegecreme oder Massageöl
8	Polieren der Nägel	Polierfeile und Nagelpolitur
	Zusatzangebot: Nagelmodellage	
9	Lackieren der Nägel	Unter- und Überlack, Farblack (Transparentlacke, Cremelack oder Perllack evtl. Schnelltrockner-Spray)

Reihenfolge der klassischen Maniküre: Zusätzlich können eine Handpackung, ein Paraffinbad und die Nagelmodellage angeboten werden.

Nach der Lackentfernung folgt das Kürzen und Formen der Nägel. Dabei muss die natürliche Nagelform berücksichtigt werden. Benutzen Sie möglichst keine Metallfeilen und Scheren. Feilen Sie die Nägel immer von den Seiten zur Mitte in einem Winkel von etwa 45 Grad. Zum Kürzen sehr langer Nägel eignen sich grobkörnige Nagelfeilen. Zum Formen verwendet man feinkörnige Feilen. Damit wird auch der untere Nagelrand gefeilt.

Fingernagelform

1. Formvergleich der Fingernägel:
2. Überwiegende Grundform der Fingernägel:

☐ ähnlich ☐ trapezförmig ☐ unterschiedlich
☐ lang/dünn ☐ kurz/breit ☐ oval

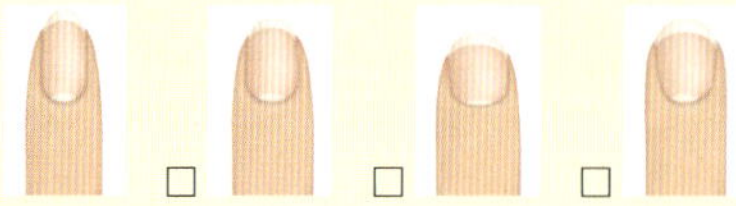

☐ ☐ ☐ ☐

Handform

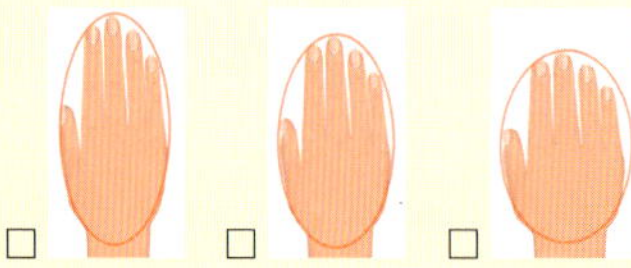

☐ ☐ ☐

Fingerform

☐ kurz ☐ breit ☐ gerade
☐ lang ☐ schmal ☐ gebogen

Zustand der Nägel

☐ Querrillen der Nägel ☐ Hohlnägel und Löffelnägel ☐ Ablösung der Nagelplatte
☐ Längsrillen der Nägel ☐ Krallennägel ☐ ____________________
☐ Tüpfelnägel ☐ Aufsplitterung der Nägel (brüchig) ☐ ____________________

☐ Entzündungen ☐ Pilzbefall	☐ Vereiterungen ☐ …	**Nägel mit diesen Veränderungen dürfen <u>nicht</u> von der Kosmetikerin behandelt werden!**

Kundenprobleme und Kundenwünsche

– ____________________
– ____________________

Geeignete Nagellänge	☐ kurz	☐ mittellang	☐ lang
Geeignete Form der Nagelspitze	☐ länglich/schmal	☐ oval	☐ breit/rund

Behandlung/Spezialbehandlung

– ____________________
– ____________________

Präparate – __________ – __________ – __________
– __________ – __________ – __________

5

Im Diagnoseplan werden die Daten des Kunden zur Form und Beschaffenheit, zu Veränderungen und geeigneten Behandlungen der Fingernägel und Hände festgehalten.

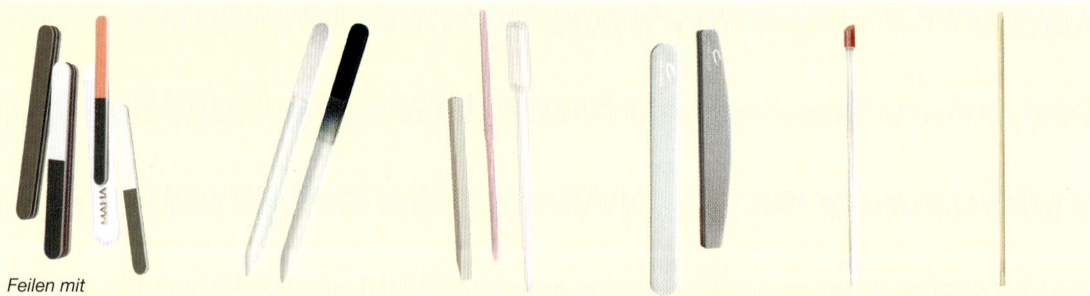

Feilen mit Schaumstoffkern *Glasfeilen* *Nagelsaumreiniger* *Polierfeilen* *Radierstäbchen* *Rosenholzstäbchen*

Inhaltsstoffe	Besonderheiten
Lösungsmittel, z. B. Aceton oder Alkohol (Propanol, Butanol)	Aufgrund des hohen Lösungsmittelgehalts sind Nagellackentferner leicht entflammbar! Da Aceton die Nagelplatte bei häufigem Gebrauch stark austrocknet, wird auf Aceton als Lösungsmittel zunehmend verzichtet.
Rückfettende Substanzen, z. B. wie Pflanzenöle, Lanolin und Fettalkohole	Sie sollen die entfettende Wirkung des Lösungsmittels abschwächen.

Inhaltsstoffe von Nagellackentfernern: Gute Nagellackentferner müssen die Lackschicht schnell und sanft lösen, ohne dabei die Nagelplatte oder die Nagelhaut zu schädigen.

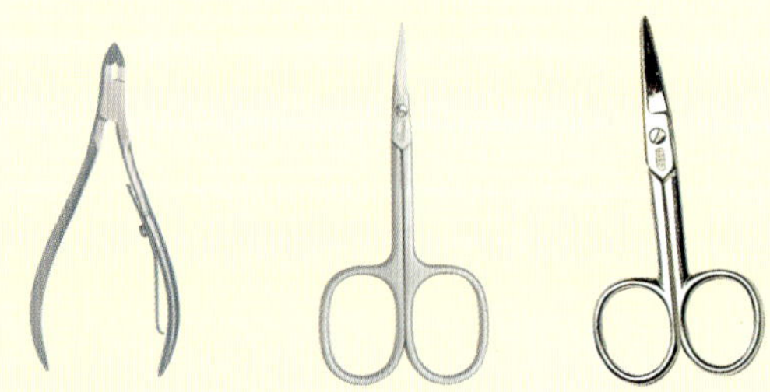

Nagelhautzange *Nagelhautschere* *Nagelschere*

Nagelpflegeinstrumente

Das anschließende **Nagelbad** dient zur Vorbereitung für die Nagelhautbehandlung. Dazu gibt man lauwarmes Wasser mit einem Shampoo in ein Maniküreschälchen. Die Fingerspitzen einer Hand werden etwa fünf Minuten eingeweicht. In dieser Zeit entlackt, kürzt und formt man die Nägel der anderen Hand.

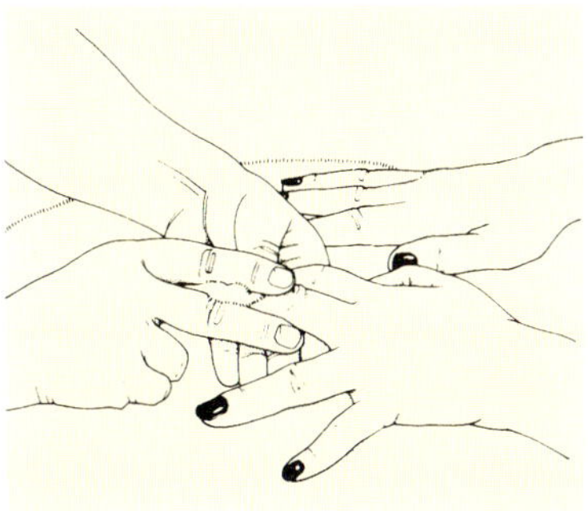

Haltung der Hände beim Entlacken der Nägel

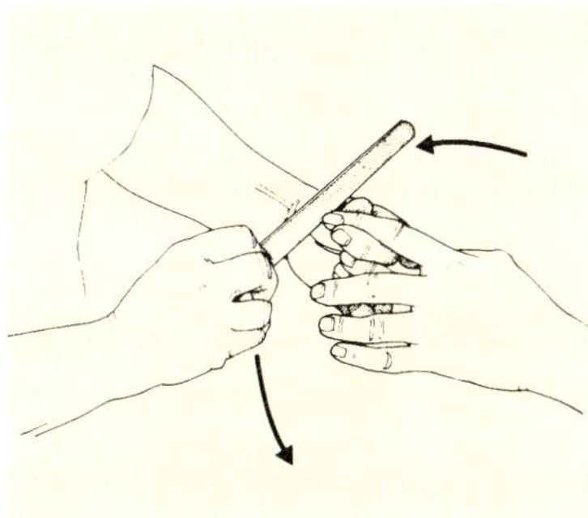

Bewegungsrichtung der Feile für das Kürzen und Formen der Nägel

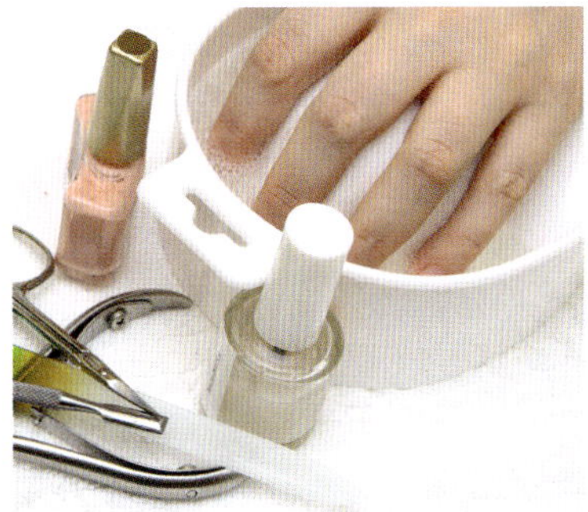

Das Nagelbad erweicht die Nagelhaut

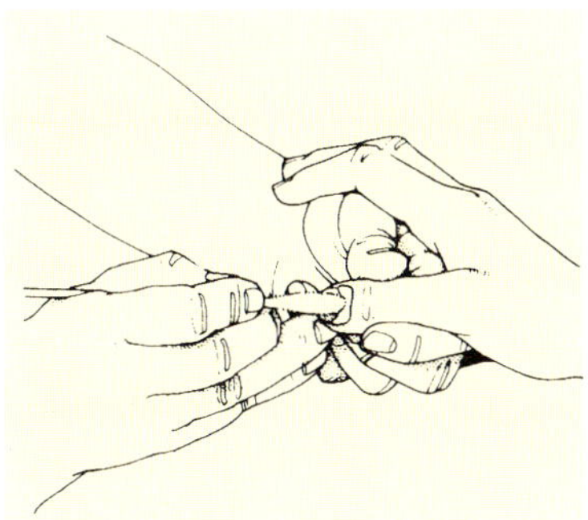

Haltung der Hände zum Auftragen von Nagelhautentferner

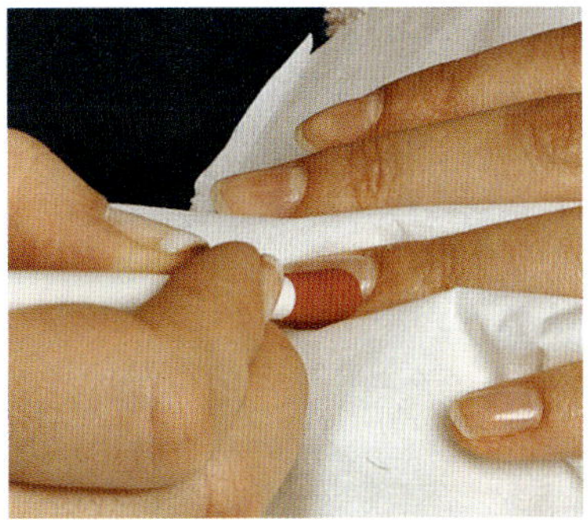

Die Nagelhaut wird mit einem Maniküre- oder Rosenholzstäbchen zurückgeschoben.

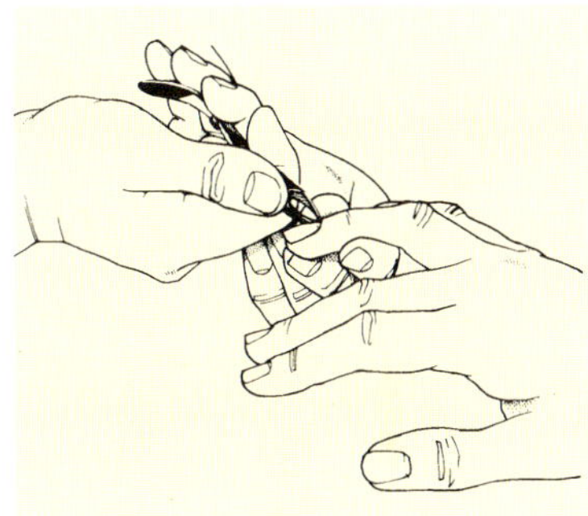

Nagelhautreste können vorsichtig mit einer Nagelhautzange abgezupft werden.

Das Entfernen der Nagelhaut ist umstritten. Man kann zusätzlich **Nagelhautentferner** auf die Nagelhaut auftragen. Dadurch weicht stark ausgeprägte Nagelhaut auf, die sonst beim Lackieren im Weg wäre. Er enthält alkalisch wirkende Substanzen. Der pH-Wert liegt etwa bei 11.

Den Nagelhautentferner lässt man kurze Zeit einwirken. Mit dem Manikürestäbchen, Pferdefüßchen oder Orangenholzstäbchen wird die Nagelhaut dann sanft zurückgeschoben. Die gelösten Hautpartikel werden mit einem Zellstofftuch von der Nagelplatte abgenommen. Nagelhautreste kann man vorsichtig mit einer Nagelhautzange entfernen. Die Nagelhaut darf niemals geschnitten werden.

Anschließend sollte ein **Nagelpflegepräparat** einmassiert werden. Nagelöle und Nagelcremes sollen rissige, dünne und trockene Nägel und die Nagelhaut pflegen. Sie enthalten Pflanzenöle und andere pflegende Wirkstoffe.

Bei weichen und brüchigen Nägeln können **Nagelhärter** verwendet werden. Sie glätten die Nägel, machen sie widerstandsfähiger und füllen durch einen festen Überzug die Risse aus. Nagelhärter enthalten Formaldehyd, das eine starke keratinhärtende Wirkung besitzt. Bei allergischer oder gereizter Haut um den Nagel können sie allerdings gefährlich sein.

3 Die Handpflege

Kosmetische **Handpflege** im Institut wird in Verbindung mit der Pflege und Gestaltung der Fingernägel gerne angenommen. Aber ansonsten verwendet die Kundin ihre Handcreme zu Hause. Dabei ist die gezielte Pflege der Hände wichtig, denn kaum eine Hautpartie wird so strapaziert und kaum einem anderen Körperteil sieht man so schnell das Alter an.

Die Hände sind das wichtigste „Werkzeug“ und die Visitenkarte, auch einer Kosmetikerin. Da die Kosmetikerin an einem Arbeitstag zahlreiche Feuchtarbeiten ausübt, ist die Haut ihrer Hände hohen Belastungen ausgesetzt. Sie muss deshalb unnötigen Hautkontakt mit Wasser, Tensiden, Desinfektionsmitteln, chemischen Reinigungsmitteln beim Waschen, Putzen, Geschirrspülen im Haushalt und im Institut vermeiden und ihre Hände durch geeignete Schutzhandschuhe schützen und pflegen.

Bei Temperaturen unter dem Gefrierpunkt sind warme Handschuhe empfehlenswert. Im Winter trocknet die dünne Haut der Hände, die kaum „unterpolstert“ ist und nur wenige Talgdrüsen enthält, schnell aus. Aber auch extreme Hitze und Sonnenbestrahlung schädigen die Haut der Hände und führen zu Trockenheitsfalten und zu einer Reliefvergröberung.

Das Paraffinhandbad

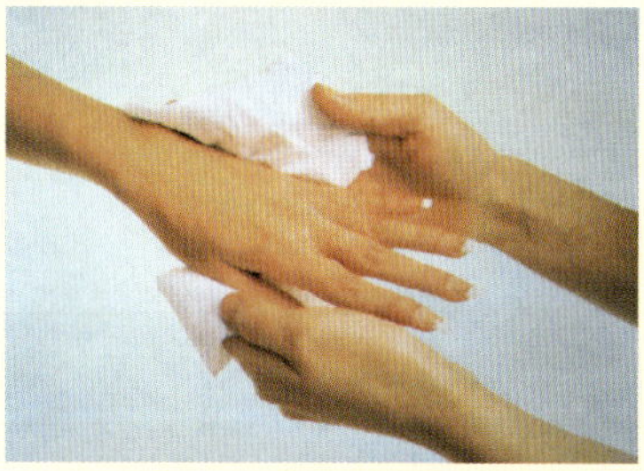

1 *Zuerst kann ein Handpeeling erfolgen. Es verbessert die spätere Aufnahme von Wirkstoffen.*

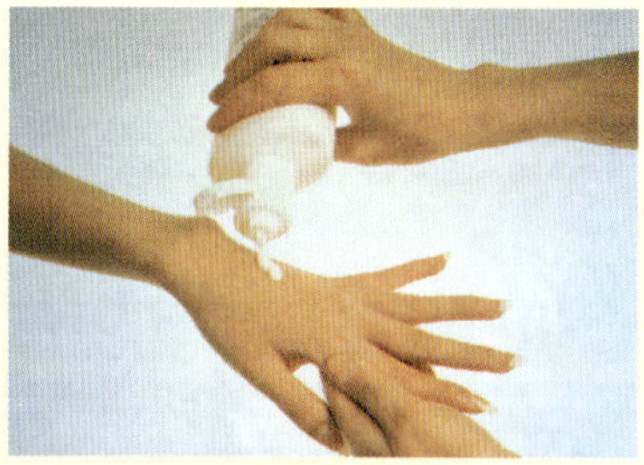

2 *Anschließend wird eine Feuchtigkeitslotion aufgetragen und sorgfältig einmassiert.*

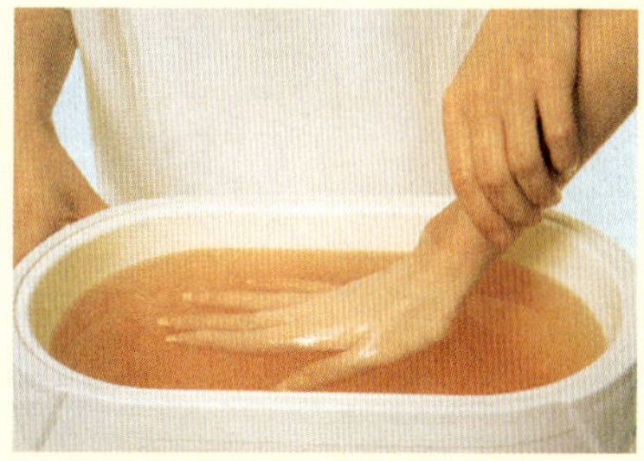

3 *Die Hand wird in das Paraffinbad getaucht.*

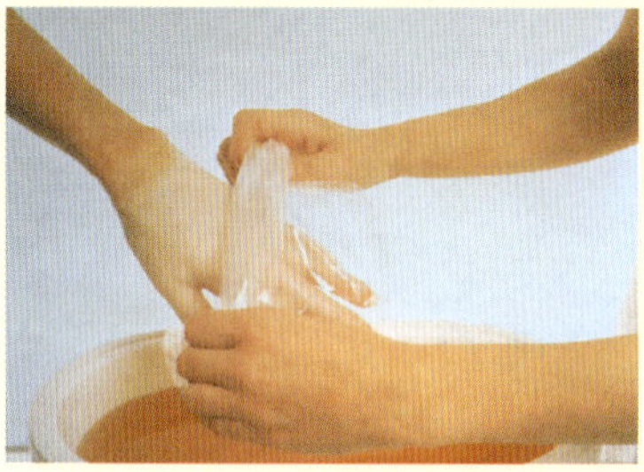

4 *Dann wird ein Plastikhandschutz übergestreift.*

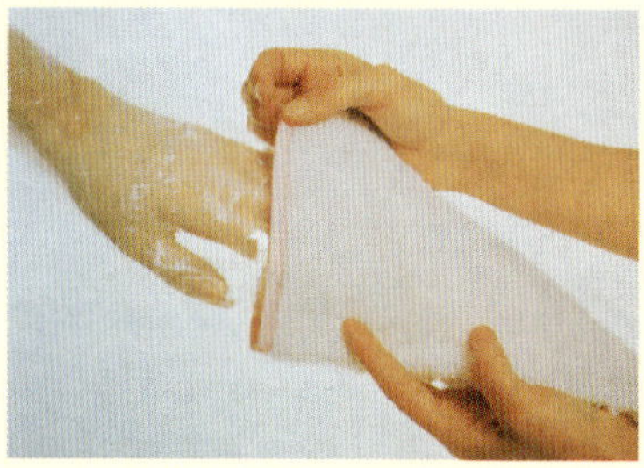

5 *Nun wird ein Wärmehandschuh übergezogen. Das Paraffin sollte etwa fünfzehn Minuten einwirken.*

6 *Anschließend wird der Plastikhandschutz samt Paraffin von der Hand abgestreift.*

Die regelmäßige Benutzung einer Handschutzcreme und Handpflegecreme, eines Paraffinbads oder einer Handpackung helfen, die Haut der Hände lange geschmeidig und weich zu erhalten. Besonders strapazierte und gerötete Hände können über Nacht dick mit einer Creme eingefettet und in einem kochfesten Baumwollhandschuh verpackt werden. Mit Akupressurbällchen, Qigong-Kugeln und Reflexzonenringen kann eine Handmassage fast nebenbei durchgeführt werden. Dies fördert die Durchblutung der Haut und die Beweglichkeit der Finger.

Die wenigsten Kundinnen werden extra für eine Handpflege in das Institut kommen. Deshalb gibt es zwei Möglichkeiten, Spezialhandpflege anzubieten. Sie kann in die Gesichtsbehandlung integriert oder als Kurprogramm zu einem Festpreis angeboten werden. In allen Fällen ist es wichtig, der Kundin zu verdeutlichen, dass eine Handbehandlung eine Spezialbehandlung und nicht vergleichbar mit dem Eincremen zu Hause ist. Genau wie bei der Gesichtspflege sollte man zwischen der Institutsbehandlung und der Heimpflege unterscheiden, obwohl sich beide sinnvoll ergänzen müssen.

Als Ergänzung zur Maniküre kann ein **Paraffinhandbad** oder ein Milch-Honig-Bad angeboten werden. Dann folgt eine Handmassage und anschließend eine Handpackung.

Bei spröder, trockener und rissiger Haut darf kein Peeling angewendet werden, denn die Hornschicht ist bereits defekt. Ein Fermentpeeling würde viel zu intensiv lösend wirken und ein mechanisches Peeling zu extrem auf die schon lädierte Hornschicht. Eine Alternative ist eine Haferflockenanwendung. Dazu werden Haferflocken in eine kleine Schüssel gegeben und in heißem Wasser mit einem Borstenpinsel so zerdrückt, dass ein Haferschleim entsteht. Diese Masse gibt man auf die Haut und verreibt sie einige Zeit. Die Anwendung ist sehr mild, weil der mechanische Effekt gering, aber ausreichend ist. Der Schleim wirkt außerdem beruhigend. Danach ist die Haut glatt und „dankbar“ für eine Handmassage.

Eine andere Möglichkeit ist das **Joghurt-Handbad**. Dazu verwendet man einen Sahnejoghurt und mischt ihn mit einem Teelöffel Weizenkeimöl. Diese Masse wird auf die Haut aufgetragen und wirkt etwa zehn Minuten ein. Das Öl glättet die Haut, und die Milchsäure aus dem Joghurt löst abgestorbene Hautschuppen. Auch danach sollte eine Handmassage folgen.

Für die **Handmassage** sollte man sich Zeit nehmen; denn ihre Wirkung ist vielseitig. Sie trägt intensiv zur Hautpflege bei, entstaut die Blut- und Lymphgefäße und harmonisiert den Stoffwechsel. Pro Hand sollte man etwa zehn Minuten Zeit einplanen. Als Massagemittel eignen sich alle Feuchtigkeitspräparate. Zusatzstoffe wie Panthenol, Kamille, Bisabolol sind zur Hautpflege und Beruhigung geeignet, ebenso Johanniskraut und Calendulaöl. Die Handmassage umfasst im Wesentlichen die Friktion und das Ausstreichen.

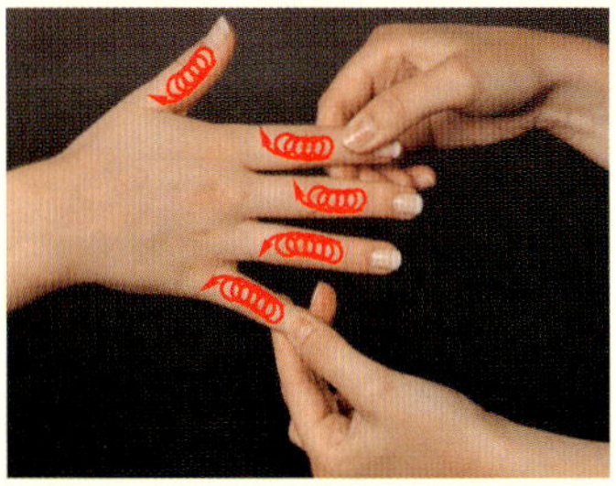

1 *Friktion der Finger von der Nagelwurzel bis zum Fingeransatz*

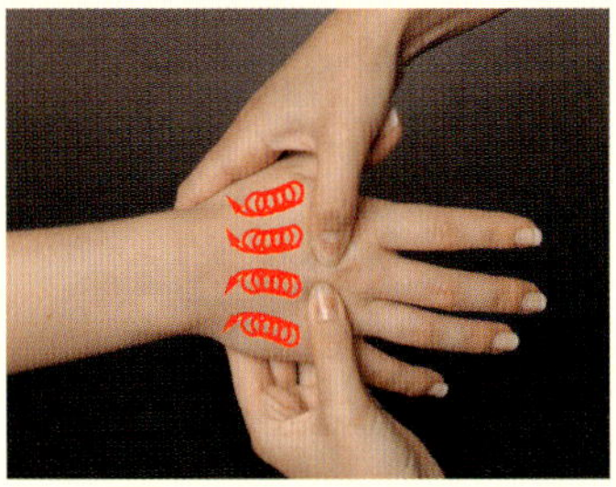

2 *Friktion der Knochenzwischenräume am Handrücken*

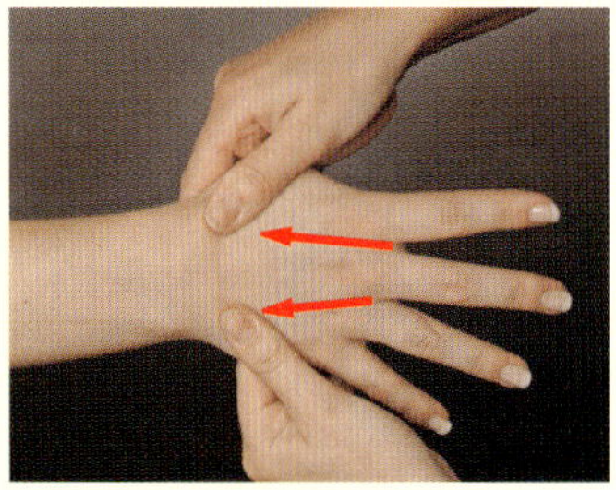

3 *Ausstreichen über die Handwurzel*

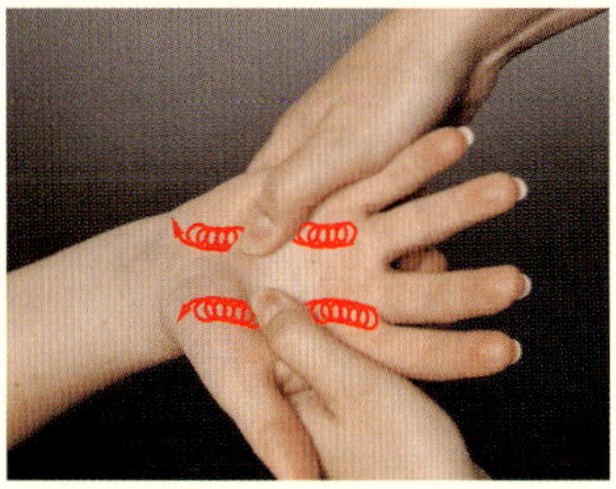

4 *Kräftige Friktion der Handinnenflächen*

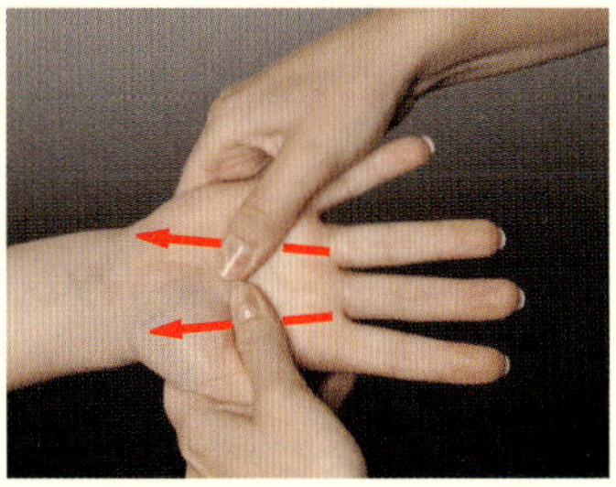

5 *Ausstreichen der Handinnenflächen*

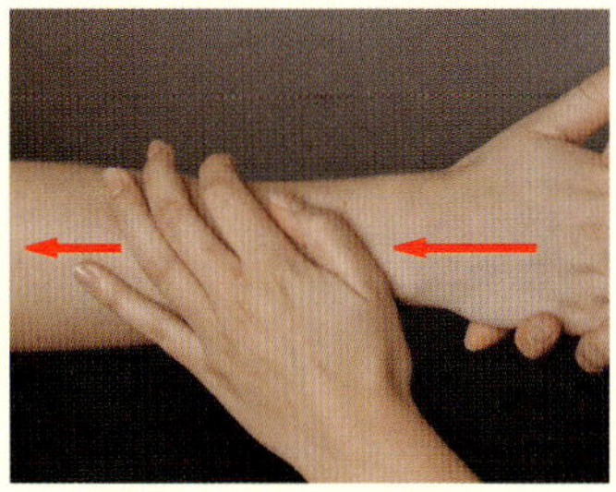

6 *Ausstreichen der Hand und des Unterarms*

Schritte der Handmassage

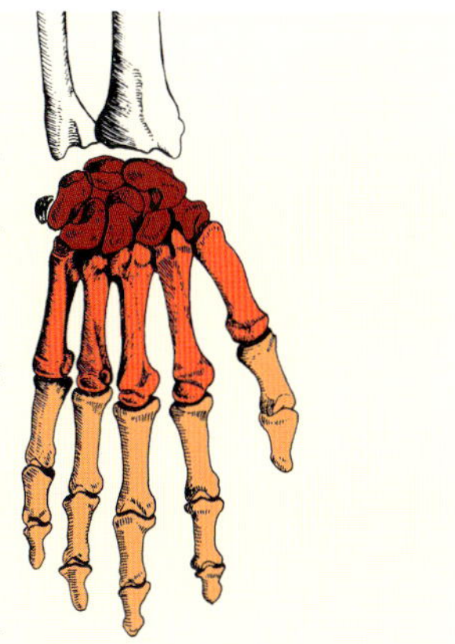

Das Handskelett wird in Handwurzel, Mittelhand und Fingerglieder unterschieden. Die Handwurzel wird aus acht würfelförmigen Knochen gebildet. An die fünf Knochen der Mittelhand schließen sich mit Ausnahme des Daumens jeweils drei Knochen an, die zusammen die Fingerknochen bilden. Der Daumen besitzt nur zwei Knochen. Die empfindlichen Fingerspitzen der Fingerendglieder werden durch die Nägel geschützt.

Das Skelett der Hand setzt sich aus insgesamt 27 Knochen zusammen. Die Knochen verteilen sich auf Handwurzelknochen, Mittelhandknochen und Fingerknochen.

Die Muskeln im Bereich des Handrückens strecken die Hand. Muskeln im Bereich der Handinnenfläche beugen die Hand. Das Zusammenspiel beider Muskeln ermöglicht, mit der Hand die unterschiedlichsten, oft feinen Bewegungen auszuführen.

Handpackungen werden dem Hautzustand entsprechend ausgesucht. Sie sollten immer einen hohen Fett- und Feuchtigkeitsanteil haben. Sie können besonders während der Gesichtsbehandlung eingesetzt werden. Cremepackungen werden auf die Haut aufgetragen und mit einer Folie umhüllt. Nach etwa fünfzehn Minuten sollten sie von der Haut entfernt werden. Es eignen sich alle handelsüblichen Feuchtigkeitspackungen. Aber auch hier gibt es Alternativen. Eine Emulsion wird mit einer Mischung ätherischer Öle verrührt. Weiße Tonerde mischt man mit einem Gel und gibt evtl. etwas Creme dazu. Bei geröteter Haut wirkt diese Maßnahme bleichend und glättend. Quark, der mit Weizenkeim- oder Avocadoöl angereichert wird, glättet die Haut.

Die **Iontophorese** eignet sich bei atrophischer Haut. Man trägt einen wässrigen **Ampullenwirkstoff** auf die vorbereitete Haut auf, legt die aktive Elektrode auf den Handrücken und die Gegenelektrode auf die Handinnenfläche. Pro Hand wird etwa drei bis fünf Minuten Strom zugeführt.

Die **Camouflage** eignet sich für Hände mit Weißfleckenkrankheit (Vitiligo). Diese Störung der Hautpigmentierung lässt sich so kaschieren, dass sie kaum mehr erkennbar ist.

4 Pflegestiefkinder: Ellenbogen, Arme und Knie

Ellenbogen sind die strapaziertesten Bereiche der Arme. Einerseits scheuert die Kleidung über diese Hautpartie, andererseits stützen wir uns häufig auf, was einen enormen Druck auf diese kleine Hautstelle verursacht. Die natürliche Reaktion der Haut sind Verhornung und Verfärbung. Dagegen kann man leicht etwas tun. Die Haut weicht während des Bades auf und lässt sich gut abschmirgeln. Dazu eignet sich die Massage mit einer Bürste, die Anwendung eines Peelings oder Mandelkleie mit Schleifkörpern. Ein anschließendes warmes Ölbad mit Weizenkeimöl, Olivenöl oder einem Hautfunktionsöl macht die Partie weich und ansehnlich. Anfangs sollte diese Behandlung alle zwei Tage durchgeführt werden. Für die Heimpflege sollte man ein Präparat für das abendliche Eincremen der Ellenbogen empfehlen.

Probleme mit den Ellenbogen bieten eine gute Gelegenheit, der Kundin eine **Armbehandlung** anzubieten, bei der vor allem die Ellenbogen berücksichtigt werden. Diese beginnt mit dem Abreiben der Arme mit einer gut warmen, feuchten Kompresse. Zuerst wird der eine, dann der andere Ellenbogen bedampft. Während der zweite Ellenbogen bedampft wird, kann der erste Arm evtl. mit einem mechanischen Peeling behandelt werden oder man kann ihn trocken bürsten. Dabei sollte man besonders lange am Ellenbogen verweilen.

Anschließend legt man den Arm auf ein Handtuch mit Klarsichtfolie und reibt ihn mit warmem Öl ein. Dann wird Watte mit Öl getränkt und auf die Ellenbogenpartie gelegt. Der gesamte Arm wird in Folie eingepackt, darüber ein Handtuch zum Warmhalten gegeben und dies lässt man etwa fünfzehn Minuten einwirken. Das Gleiche macht man mit dem zweiten Arm. Nachdem die Folie entfernt worden ist, werden die Arme massiert. Nach einer solchen Behandlung weiß die Kundin Armpflege zu schätzen und ist für die Heimpflege motiviert. Ein entsprechendes Angebot an Pflegeprodukten sollte ihr unterbreitet werden.

Abgesehen von wirklich angeborenen Deformierungen der Beine sind die meisten Frauen an der weniger schönen Form der Beine und Knie selbst schuld. Beine wollen trainiert, massiert und gepflegt werden. Mangelnde Bewegung, Übergewicht, schlechtes Schuhwerk sowie ungünstige Sitzmöbel und Sitzgewohnheiten sind die Ursachen für viele Beinschäden. Für die Kosmetikerin bleibt in diesen Fällen überwiegend die Beratung und der Produktverkauf. Wechselduschen regen den Stoffwechsel an und straffen das Gewebe. Franzbranntwein, Körperemulsion und Hautfunktionsöl, im Wechsel angewendet, unterstützten die Hautfunktionen. Tägliche Bürstenmassage regt die Durchblutung an und strafft die Haut auf Dauer.

5

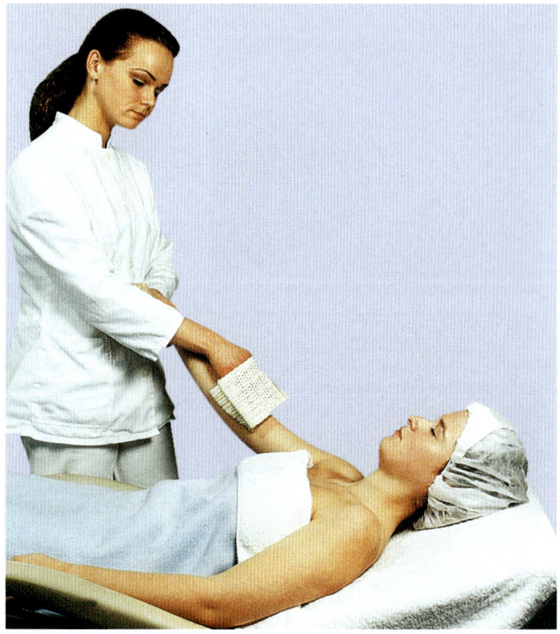

Eine leichte Trockenbürstenmassage glättet und durchblutet die Haut.

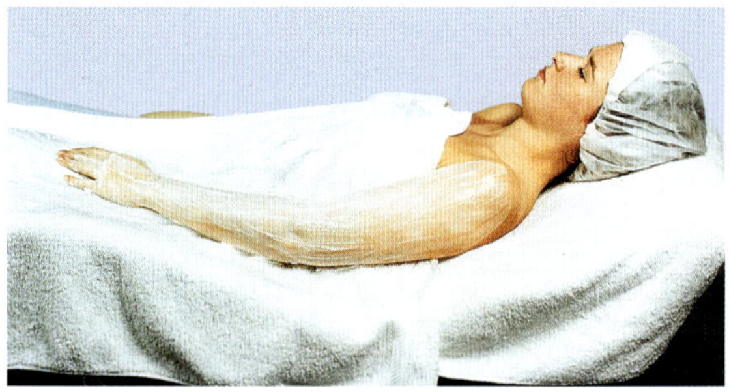

Eine Cremepackung pflegt die Haut.

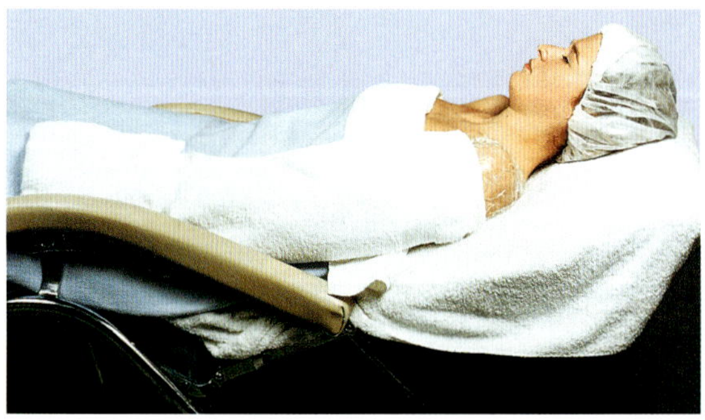

Durch Einwickeln in Folie entsteht Wärme. Dadurch quillt die Hornschicht und die Haut wird geglättet.

Häufig reagieren Knie nach Sonnenbädern mit starker Verhornung. Dies gilt auch für kniende Tätigkeiten. Hier gelten die gleichen Pflegemaßnahmen wie bei verhornten Ellenbogen: Abschleifen der Überverhornung sowie intensive Pflege mit Ölen und anderen Präparaten. Vorsicht bei Krampfadern, das gilt für alle Behandlungen der Beine.

5 Polieren und Lackieren der Fingernägel, Nageldesign

Die Nagelpolitur ist auch ein attraktives Angebot für alle Kunden. Machen Sie Ihre Kunden auf diese kosmetische Maßnahme aufmerksam, indem Sie auf die Vorzüge hinweisen.

Das **Polieren der Nägel** mit **Nagelpolituren** durch milde Schleif- und Poliermittel macht die Nägel glatt, glänzend und aufgrund der glatten Oberfläche widerstandsfähiger. Nagellack ist auf einem polierten Nagel länger haltbar. Milde Schleifmittel sind z. B. Kreide, Talkum und Kaolin. Als Bindemittel der Politur und als Glanz gebende Substanzen dienen z. B. Paraffine, Bienen- und Carnaubawachs. Durch die Massagewirkung beim Polieren soll außerdem die Durchblutung des Nagelbetts angeregt und dadurch das Nagelwachstum gefördert werden.

Für das Polieren werden Nagelölreste mit Alkohol vom Nagel entfernt. Dann wird die Nagelpolitur aufgetragen. Der Glanz wird durch Polieren mit einem weichen Wildlederpolster oder mit speziellen Polierfeilen erzeugt. Die Nägel glänzen besonders schnell, wenn der Poliervorgang in „X-Form“ mit Druck zur Nagelspitze hin durchgeführt wird.

Die farbige **Lackierung** kann ungünstige **Nagelformen** ausgleichen und optisch korrigieren. Bei langen, schmalen Nägeln kann das Nagelmöndchen frei bleiben. Bei breiten Nägeln kann man auf das Lackieren der seitlichen Nagelränder verzichten.

Nagellacke dienen dem Schutz und der Verschönerung der Nagelplatte sowie der Korrektur von ungünstigen Nagelformen. Sie bilden einen farblichen, wasserundurchlässigen, elastischen Schutzfilm auf der Nagelplatte. Cremelacke enthalten Farbpigmente und lösliche Farbstoffe. Perllacke zeigen einen perlmuttartigen Glanz, der z. B. durch Perlglanzpigmente erzeugt wird.

Unter- und Überlacke zählen zu den **Transparentlacken**. Sie sind klar und farblos. Unterlacke mit besonderen Pflegeeigenschaften werden gern in Pastellfarben eingefärbt, was aber auf der Nagelplatte nicht immer sichtbar wird.

Nagellack hält am besten, wenn er auf saubere, fettfreie Nägel aufgetragen wird. Um die Nagelplatte zu pflegen und vor Anfärbungen durch den **Farb**lack zu schützen, empfiehlt sich das Auftragen eines farblosen **Unterlacks**. Er bildet eine gleichmäßige Oberfläche für die folgenden Lackschichten. Allein aufgetragen dient er als Lack- und Schutzfilm.

Überlacke bewirken eine längere Haltbarkeit der farbigen Lackschicht und einen brillanteren Glanz. Sie versiegeln den Nagellack, verhindern das vorzeitige Abblättern und Splittern der Lackschicht und erhöhen ihre Stoßfestigkeit.

Überlacke sind in praktisch allen Farben erhältlich. Die Farbtöne reichen von einem Zartrosa bis zum kräftigen Knallrot. Außergewöhnlich sind z. B. Schwarz, Gold oder Lacke in Crash-Optik die nach dem Auftrag in kleine Felder zerreißen und so ein Tigermuster bilden.

Über den Unterlack werden zwei dünne Schichten Farblack und darüber wird wiederum eine dünne Schicht Überlack aufgetragen. Jede Schicht muss antrocknen, bevor das Lackieren fortgesetzt wird. Je dünner die Lackschichten, desto haltbarer ist das Ergebnis.

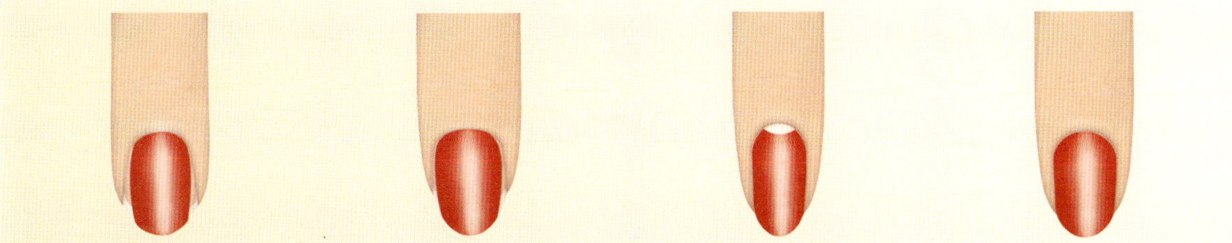

Bei trapezförmigen Nägeln ist es angebracht, ein gleichmäßiges Oval zu lackieren, indem man die breiten Stellen des Nagels frei lässt.

Ein kurzer, breiter Nagel wirkt schmaler, wenn beim Lackieren die äußersten Seitenbereiche freigelassen werden.

Damit sehr lange dünne Finger nicht wie „Spinnenfinger“ wirken, kann beim Lackieren der Fingernägel das Möndchen freigelassen und so der Nagel optisch verkürzt werden.

Normal geformte Nägel können gänzlich mit Lack bedeckt werden.

Lackieren der Nägel für unterschiedliche Nagelformen

Inhaltsstoffe	Wirkung
Weißpigmente, Farbpigmente, Perlglanzpigmente und Farblacke	geben Farbe und Glanz
Filmbildner	bilden den Lackfilm auf der Nagelplatte
Harze	bilden einen wasserundurchlässigen, elastischen Schutzfilm auf der Nagelplatte und verstärken die Haftung und den Glanz
Weichmacher	verbessern die Elastizität des Lackfilms und verhindern, dass der Harzfilm spröde wird
Lösungs- und Verdünnungsmittel (Alkohole und Aceton)	lösen die Inhaltsstoffe und bestimmen die Trocknungs- und Härtungsdauer
Thixotropiermittel (Mittel zur Veränderung der Fließeigenschaften des Lacks)	erleichtern das gleichmäßige Auftragen, vermindern die Ablagerung der Pigmente im Nagellack, verflüssigen den Lack beim Schütteln (Verteilungshilfen)
Metallplättchen oder Kügelchen	verflüssigen den Lack beim Schütteln

Inhaltsstoffe von Nagellacken und ihre Wirkung. Ein guter Nagellack soll sich leicht auftragen lassen, stark und gleichmäßig decken, schnell trocknen, lange haften, ohne zu splittern, die Nagelplatte nicht anfärben und gegen Kratzspuren beständig sein.

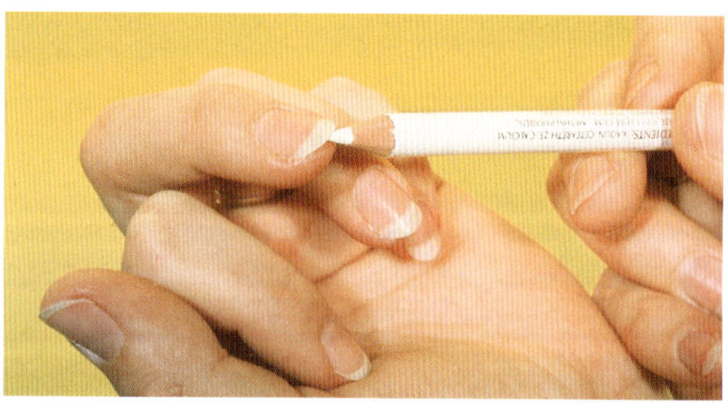

Der Nagelweißstift für die French Manicure wird auf der angefeuchteten Unterseite des Nagels aufgetragen. Mit dieser Technik manikürte Nägel wirken natürlich, sauber und gepflegt.

Eine schnellere und einfachere Lackierung versprechen **Nagellackstifte**. Sie funktionieren wie Filzstifte. Schnelltrocknerspray soll die Lackhärtung beschleunigen. Eine neue Entwicklung sind Nagellacke zum Abziehen.

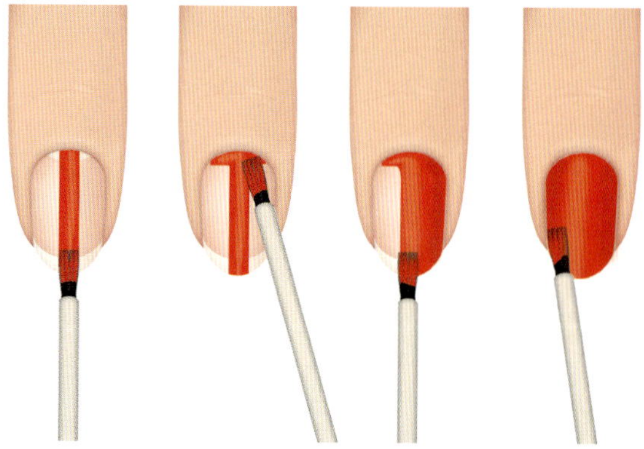

Häufige Reihenfolge beim Lackieren der Nägel mit Unter- und Farblack. Vor dem Lackieren der Nägel müssen alle Reste der Nagelpflegepräparate mit Alkohol entfernt werden. Dazu eignet sich auch ein alkoholhaltiges Gesichtswasser. Zuerst wird eine Schicht Unterlack aufgetragen, die man gut antrocknen lässt. Beim Lackieren wird der Pinsel jeweils unterhalb der Mitte der Nagelplatte aufgesetzt. Dann wird der Pinsel bis zur Nagelhaut geschoben und in einem Zug bis zur Nagelspitze gezogen. Der Lack darf nicht zu dick aufgetragen werden.

Die „**French Manicure**“ ist eine Lackiertechnik, bei der die Nagelspitzen entweder durch den Nagelweißstift, durch weißen Nagellack oder durch weiße **Tips** aufgehellt werden. Mit dieser Technik manikürte Nägel wirken natürlich, sauber und gepflegt. Die French Manicure ist neben vielen Nagelmoden eine zeitlose Lackiertechnik. Nach der Reinigung wird der Fingernagel mit der Fiberglasfeile in die gewünschte Form gefeilt. Um die weißen Nagelränder zu betonen, wird eine selbstklebende French Manicure-Schablone sauber an den Rand zum Nagelweiß geklebt und gut angedrückt. Jetzt kann der Nagelrand mit einem weißen French Manicure-Lack ausgemalt werden. Nach dem Trocknen wird die Schablone vorsichtig entfernt. Mit einem French Manicure-Überlack (Top Coat) wird nun zweimal die gesamte Fläche des Nagels lackiert. Um den anschließenden Lackauftrag möglichst lange zu erhalten, empfiehlt es sich, das Ganze mit einem Klarlack zu fixieren. Komplette Sets, bestehend aus einem pastellfarbenem Top Coat sowie selbstklebenden French Manicure-Schablonen, werden dafür angeboten.

Nageldesign oder **Nail-Design** ist die dekorative Gestaltung von Naturnägeln oder Kunstnägeln als modisches Extra. Auch für besondere Anlässe, z. B. als Ergänzung zur Hochzeitsfrisur und zum Braut-Make-up können z. B. die Nägel entsprechend dekoriert werden. Es können Streifen, Strass-Steinchen, wasserlösliche Abziehbilder, selbstklebende Motive und Federn in verschiedenen Farben, Gold und Silber verwendet werden. Die Grundlage sollte immer ein Nagellack sein. Bei der **Airbrush-Technik** werden farbige Motive mit einer Spritzpistole und Schablonen auf den Nagel gesprüht.

Nail Design ist die dekorative Gestaltung von Naturnägeln oder Kunstnägeln als modisches Extra.

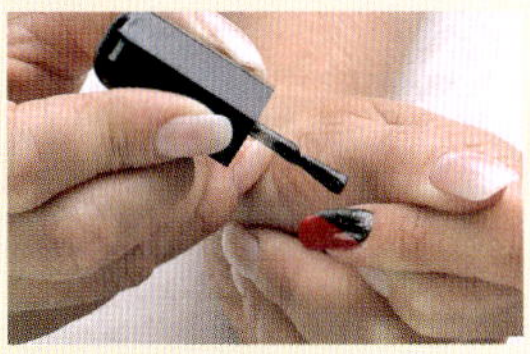

1 Zuerst werden die Nägel in zwei Farben lackiert.

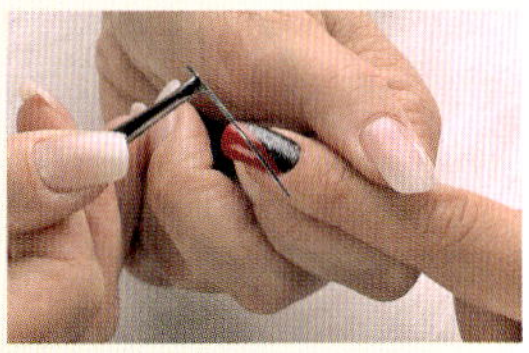

2 An der Grenze zwischen den beiden Farblacken wird ein selbstklebender Streifen aufgesetzt.

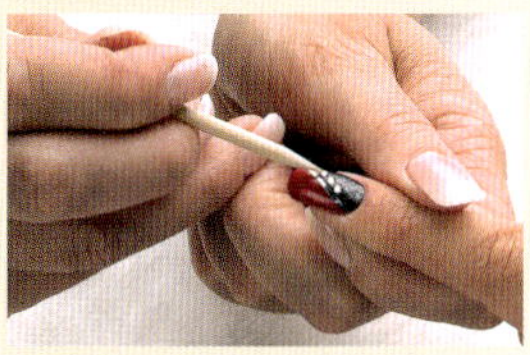

3 Die eine Nagelhälfte wird mit Strass-Steinchen dekoriert.

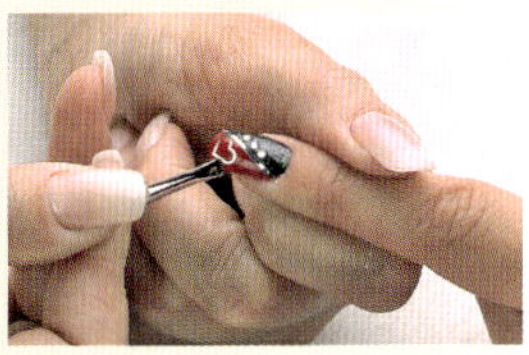

4 Auf die andere Nagelhälfte wird ein Motiv geklebt.

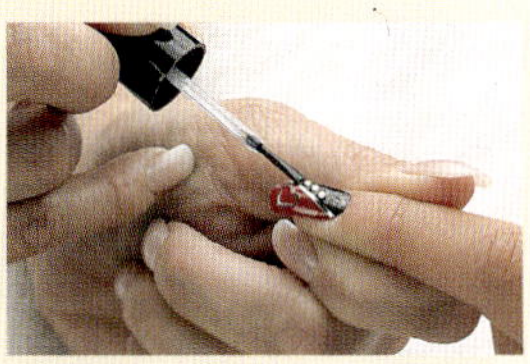

5 Abschließend wird das Kunstwerk mit Klarlack geschützt.

6 Fertig dekorierter Nagel.

Nail-Design mit zweifarbiger Lackierung, Streifen, Steinchen und selbstklebendem Motiv

Kreative Arbeiten von Kosmetikauszubildenden: Nageldesign und Handtattoo auf Papier

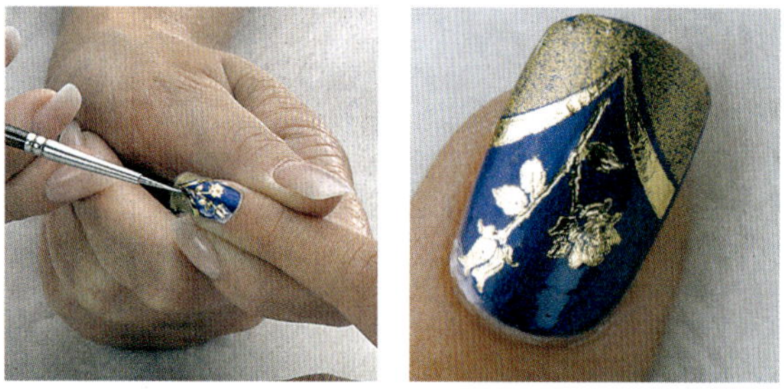

Nail-Design: Anbringen eines Motivs und fertig dekorierter Nagel

Auch das ist Nail-Design: Beispiele plastischer Kunst auf den Fingernägeln.

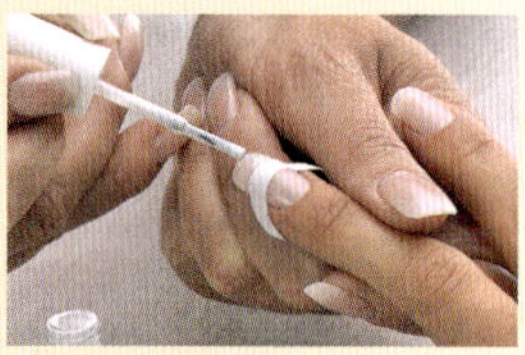

1 Zuerst wird auf die Nagelspitzen ein weißer Nagellack aufgetragen.

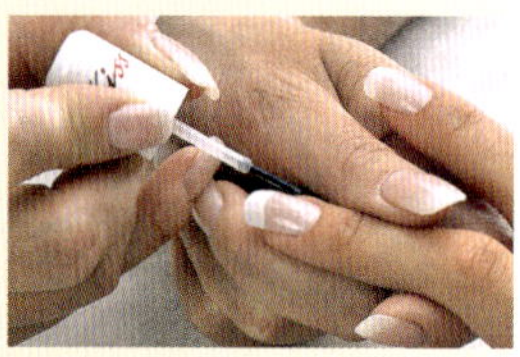

2 Dann werden die gesamten Nägel mit einem leicht rosafarbenen Klarlack lackiert.

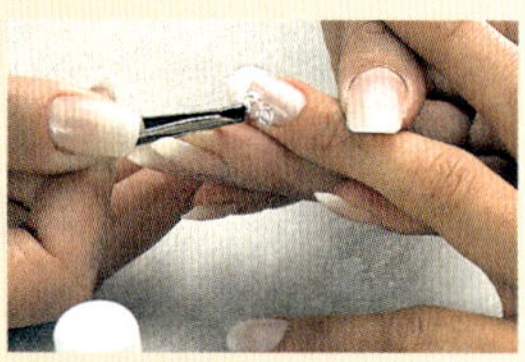

3 Nach dem Antrocknen des Klarlacks werden wasserlösliche Motive mit einer Pinzette aufgesetzt.

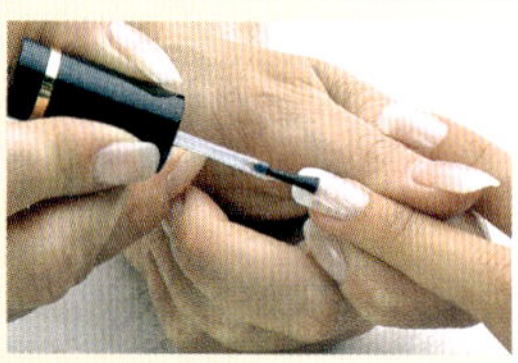

4 Die Motive werden mit einer Schicht Klarlack geschützt.

5 Überstehende Nagelkanten werden rund gefeilt.

6 Fertig dekorierte Hochzeitsnägel

Hochzeitsnägel: Nail-Design kann auch für bestimmte Anlässe angeboten werden.

6 Kunstnägel und Nagelmodellage

Die Kosmetikerin kann ihr Angebot durch das Anbringen von **Kunstnägeln** und um die **Nagelmodellage** erweitern. Kunstnägel werden mit dem Ziel der Nagelverlängerung verwendet. Die Nagelmodellage eignet sich besonders zur Verstärkung und Stabilisierung von brüchigen, gesplitterten oder eingerissenen Nägeln und mit zusätzlichen Nagelspitzen auch zur Nagelverlängerung. Die Vorarbeiten sind immer gleich: Zuerst wird eine klassische Maniküre durchgeführt, die Nageloberfläche dann mit einer Feile mattiert und mit einem Spezialpräparat entfettet.

Wenn bei der Nagelmodellage eine Nagelverlängerung erwünscht ist, werden zuerst Nagelspitzen auf den vorbereiteten Nagel aufgeklebt. Die Nagelspit-

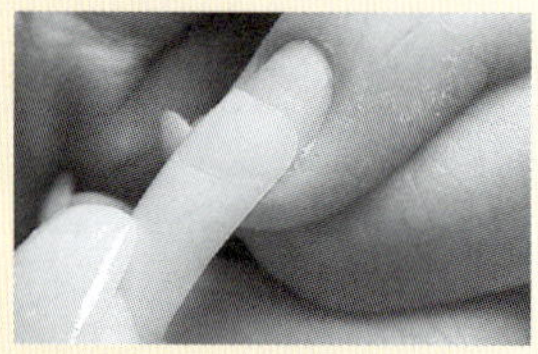

1 Nach den Vorarbeiten wird die richtige Größe der Nagelspitze ausgewählt.

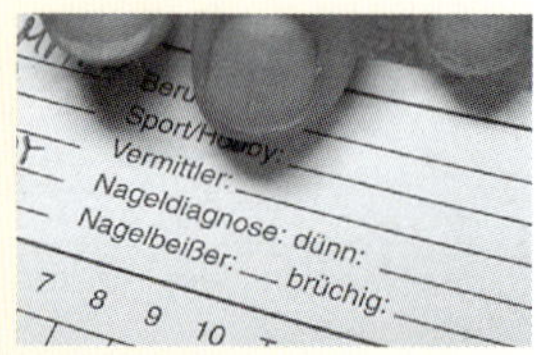

2 Die Größe der ausgewählten Nagelspitzen wird in der Kundenkartei vermerkt.

3 Nach dem Entstauben des Naturnagels wird Kleber in die Nagelspitze gefüllt.

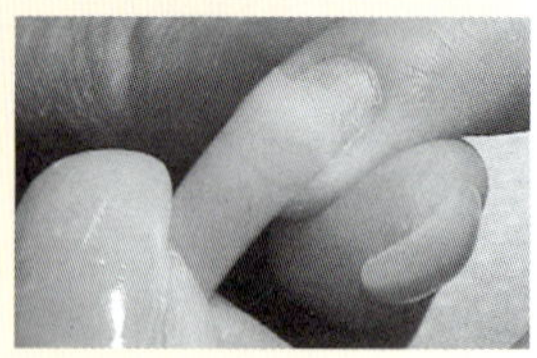

4 Die Nagelspitze wird aufgeklebt.

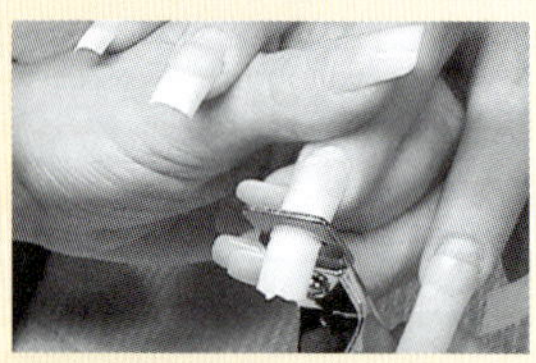

5 Die aufgeklebte Nagelspitze wird gekürzt.

6 Die Nagelspitze wird in Form gefeilt.

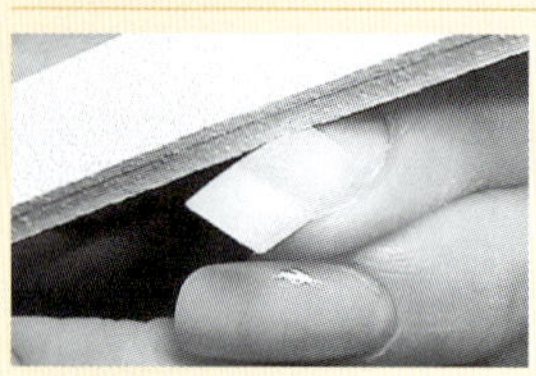

7 Dann feilt man den Übergang der Nagelspitze zum Naturnagel flach.

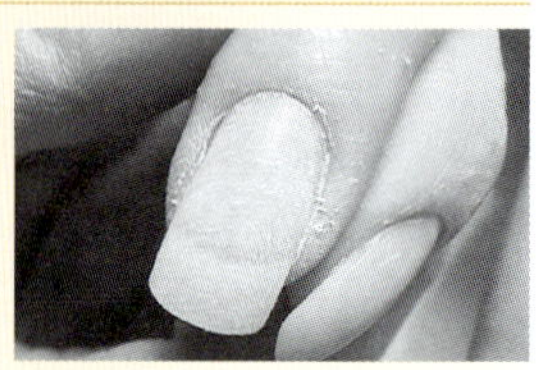

8 Es darf kein Übergang mehr zu sehen sein.

Arbeitsschritte zum Anbringen von Nagelspitzen für die Nagelmodellage

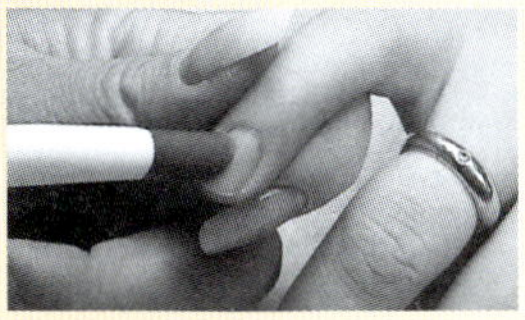

1 Zuerst wird eine klassische Maniküre durchgeführt. Der Naturnagel wird gereinigt und die Nagelhaut zurückgeschoben.

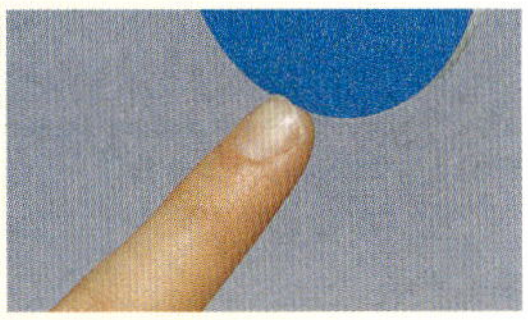

2 Der Naturnagel wird gekürzt und in Form gefeilt.

3 Die Oberfläche des Naturnagels wird mit einer weichen Nagelfeile mattiert und anschließend mit einem Staubpinsel entstaubt.

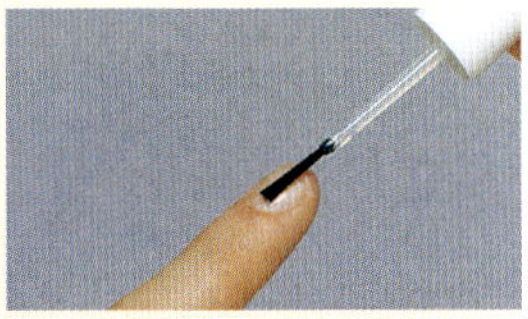

4 Um den Naturnagel zu entfetten, wird ein Spezialpräparat mit dem Pinsel dünn auf den Naturnagel aufgetragen.

Die Vorarbeiten zum Anbringen von Kunstnägeln und für die Nagelmodellage sind immer gleich.

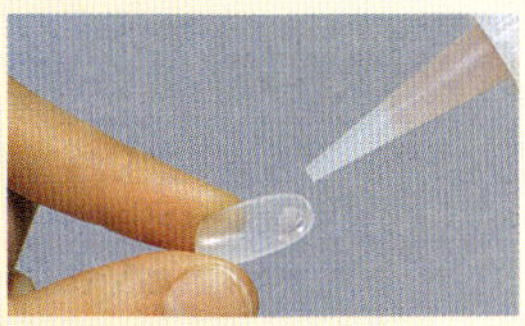

1 Nach Abschluss der Vorarbeiten wird der Kunstnagel mit einem Spezialkleber gefüllt.

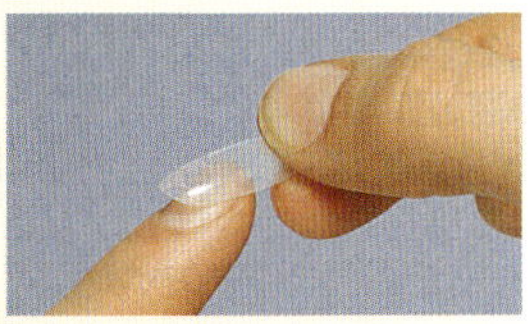

2 Der Kunstnagel wird an der Nagelhaut aufgesetzt und dann nach vorne abgesenkt. In dieser Position hält man ihn etwa 30 Sekunden fest. Eventuell seitlich heraustretender Spezialkleber wird mit einem Papiertuch zügig abgewischt. Falls weiße Flecken (Lufteinschlüsse) unter dem Kunstnagel sichtbar werden, wird der Kunstnagel wieder abgelöst und dieses Mal mit etwas mehr Spezialkleber neu aufgesetzt.

3 Anschließend wird ein rosafarbenes Spezialpräparat oder Nagellack auf den Bereich des Nagelbettes auf den Kunstnagel aufgetragen. Dies und die leicht weißliche Spitze des Kunstnagels verleiht dem gesamten Kunstnagel ein natürliches Aussehen.

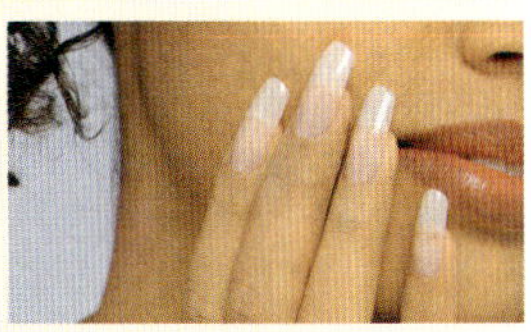

4 Das Ergebnis: Diese Kunstnägel halten etwa drei Wochen.

Arbeitsschritte zum Anbringen von Kunstnägeln

1 Nach den Vorarbeiten wird ein Gel auf den vorbereiteten Nagel aufgetragen.

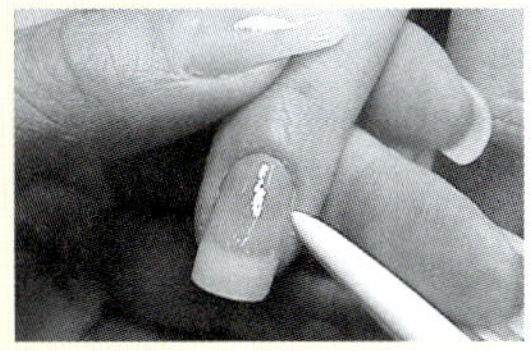

2 Die Kanten werden von dem Gel gesäubert.

3 Das Gel wird etwa zwei Minuten unter dem Lichthärtungsgerät gehärtet.

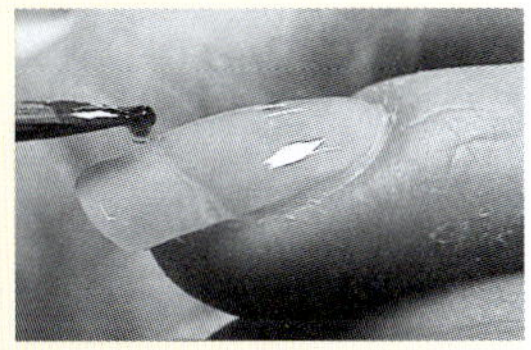

4 Anschließend wird ein anderes Gel aufgetragen und gehärtet.

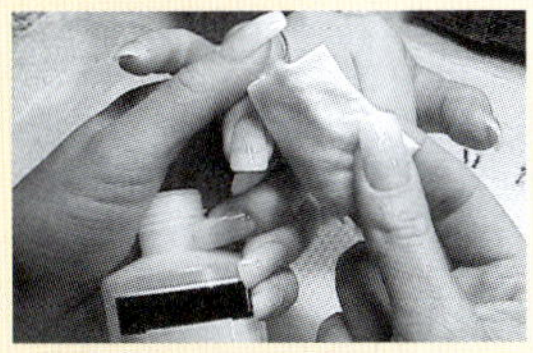

5 Danach wird der Nagel mit einem Spezialpräparat gereinigt.

6 Die Nägel werden in Form gefeilt und entstaubt.

7 Nun wird ein drittes Gel aufgetragen und ebenfalls gehärtet.

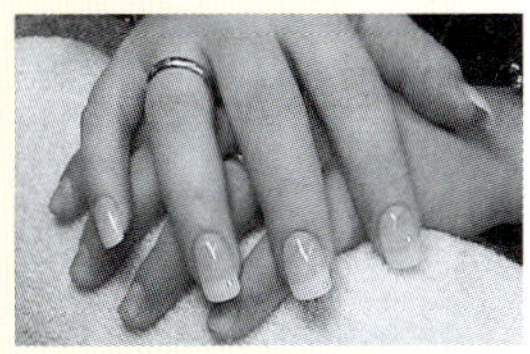

8 Ergebnis der Nagelmodellage.

Nagelmodellage: Arbeitsschritte bei der Lichthärtungstechnik

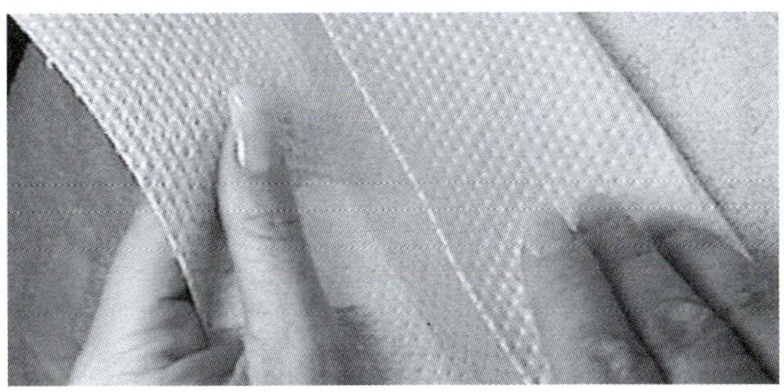

Bei der Nagelmodellage arbeitet man immer auf einer hygienischen Unterlage.

zen werden nach dem Antrocknen auf die gewünschte Länge gekürzt und in Form gefeilt. Dann wird der Übergang zwischen Nagelspitze und Naturnagel flach gefeilt.

	Acryl-Nägel	Gel-Nägel
Nagelmodellagetechnik	Acryltechnik mit einem Pulver-Flüssigkeits-System	Lichthärtungstechnik mit Spezialgel und einem UV-Lichthärtungsgerät
Arbeitszeit für 10 Nägel	etwa 1 bis 1,5 Stunden	etwa 1,5 Stunden
Besonderheiten	– Wenn sie aneinanderstoßen, klingen sie wie Porzellan: Deshalb werden sie auch Porzellan-Nägel genannt. – Sie sind erst nach etwa 24 Stunden fest, hart und belastbar. – Sie können komplett mit Aceton oder einem anderen Lösungsmittel abgelöst werden. Weil dabei starke Gerüche entstehen, sollte eine Absaughaube vorhanden sein! – Man kann sie auch flach feilen und herauswachsen lassen.	– Sie sind hornähnlich elastisch. – Sie sind sofort fest und belastbar. – Sie sind dauerhaft, unempfindlich gegen jedes Lösungsmittel und können nicht wieder abgelöst werden. Man feilt sie flach und lässt sie herauswachsen.

Vergleich der Nagelmodellagetechniken: Acryl-Nägel und Gel-Nägel.

Bei der Nagelmodellage unterscheidet man zwei Techniken: die Acryltechnik und die Lichthärtungstechnik.

Bei der **Acryltechnik** arbeitet man mit einem speziellen Pulver-Flüssigkeits-System. Zuerst wird der Arbeitspinsel in eine Spezialflüssigkeit getaucht. Damit wird etwas Pulver aufgenommen. Durch die Vermischung von Flüssigkeit und Pulver bildet sich an der Pinselspitze eine Kugel. Diese wird auf den Nagel aufgesetzt und modelliert. Der Kunststoff härtet nach etwa einer Minute. Danach wird der Acryl-Nagel gefeilt und poliert.

Bei der **Lichthärtungstechnik** arbeitet man mit speziellen Gelen. Das erste Gel wird auf den vorbereiteten Nagel aufgetragen und im UV-Lichthärtungsgerät etwa zwei Minuten gehärtet. Danach wird ein dickflüssigeres Gel aufgetragen und ebenfalls gehärtet. Anschließend wird der Nagel mit einem Spezialpräparat gereinigt und dann in Form gefeilt. Zum Schluss wird ein drittes Gel aufgetragen, das nach der Härtung eine dauerhafte Glanzschicht bildet.

In der Kundenkartei für die Nagelmodellage werden z.B. der Zustand der Naturnägel, spezielle Kundenwünsche und die Besuchsregelmäßigkeit vermerkt. Ein Eintrag der Größenangabe der verwendeten Nagelspitzen erspart spätere Arbeiten des Anpassens.

- Desinfektionsmittel
- Acrylpinsel
- Tips
- Nail Cut
- Nagelkleber
- Feilen
- Buffer
- Fingerschutz
- Nail cleaner (Alkohol)
- Zeletten
- Gel- und Maniküre-spatel
- Nagelhautzange
- Staubpinsel
- Maniküre Polster
- Modelliergel
- Versiegelungsgel
- High Gloss (Gel)
- Nagellackentferner (acetonfrei)

Arbeitsmaterialien für die Acryltechnik

Name: ______ Erstbesuch am: ______

Adresse: ______

Zustand der Naturnägel: splitternd, an den Rändern brüchig

Kundenwünsche: feste und lange Fingernägel

Technik:

☐ Kunstnägel ☒ Acryltechnik

☒ Nagelspitzen ☐ Lichthärtungstechnik

Größe der Kunstnägel:

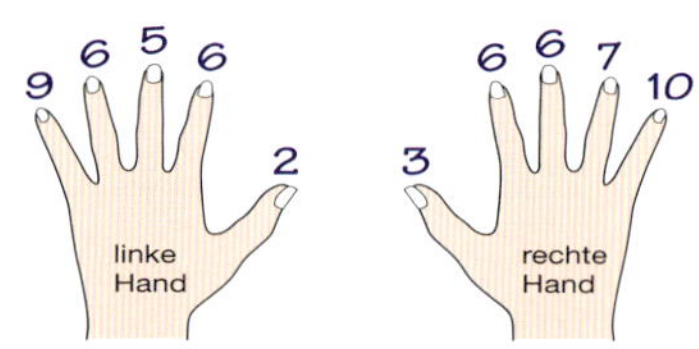

Datum:	Art der Behandlung:	Verkauf von Präparaten und Hilfsmitteln:
Dienstag 30.05.20..	1. Set mit Farblackierung	Spezial-Lackentferner Nagelfeile
Dienstag 06.07.20..	Auffüllen	Nagellack

Kundenkartei für die Nagelmodellage

Nehmen Sie Stellung:
Kundin: „Ich habe aber schon des Öfteren gehört, dass sich zwischen dem Naturnagel und dem künstlichen Nagel ein Pilz entwickeln kann."
Kosmetikerin: „…"

Weitere Infos zur Nagelmodellage unter:
www.alessandro.de
www.american-nails.de
www.buschmann-cosmetics.de
www.goldflower.de
www.maha.de
www.nagelprodukte.de
www.nail2000.de
www.wilde-cosmetics.de

6 Pflegen und Gestalten der Füße und Zehennägel

1 Voraussetzungen für die Pediküre

Nicht nur ältere Menschen leiden unter Fußbeschwerden. Acht von zehn Deutschen klagen z. B. über Schweißfüße, Fußbrennen, geschwollene oder drückende Füße. Unsere Füße verdienen Aufmerksamkeit. Die Kosmetikerin kann mit verschiedenen Behandlungen der **Pediküre** wesentlich zur Gesunderhaltung der Füße beitragen.

Im Rahmen der Ganzheitskosmetik kann über die Pflege der Füße regulierend und harmonisierend auf den gesamten Körper eingewirkt werden. Demgegenüber müssen Fuß- und Beinerkrankungen von Ärzten oder medizinischen Fußpflegern (**Podologen**) behandelt werden. Seit Anfang 2002 ist der Beruf „**Medizinische/-r Fußpfleger/-in**" gesetzlich geregelt. Diesen und den Titel „Podologe/Podologin" darf nur noch jemand führen, der eine gesetzlich vorgeschriebene zweijährige vollzeitschulische Ausbildung mit staatlicher Prüfung absolviert hat. Rechtlich darf die Kosmetikerin also nur am gesunden Fuß behandeln. Außerdem zählen alle Maßnahmen, die der Gesunderhaltung der Füße dienen, zu ihrem Arbeitsgebiet. Dies sind z. B. Fußbäder, Fußumschläge, Massagen, Bewegungsübungen, das Kürzen und Formen der Nägel und die Pflege des Nagelfalzes, die Behandlung von Überverhornungen, die Hautpflege der Füße und Beine, dekorative Maßnahmen der Fußnägel, die Behandlung des Schweißfußes sowie die Beratung und der Verkauf von Fußpflegepräparaten.

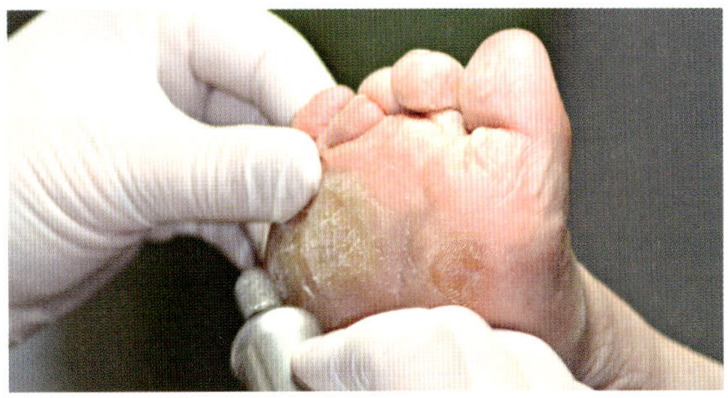

Kosmetische Fußpflege
- Pflege und Erhaltung des gesunden Fußes, Zusammenarbeit mit angrenzenden Berufen (Ärzten, Masseuren, Physiotherapeuten, Podologen)
- Erstellen eines Hautstatus, Erkennen von krankhaften Haut- und Nagelveränderungen
- Pflege der Haut und Nägel
- Hornhaut- und Clavi-Entfernung
- Mykoseprophylaxe
- Anbringen künstlicher Nägel zur Formverbesserung (Naildesign), Lackieren der Nägel
- Haarentfernung und Färben der Fuß- und Beinhaut (Bräunung, Painting etc.)
- Bestrahlung zur Regeneration der Haut
- Verwendung konfektionierter reparativer Hilfsmittel
- Kenntnisse über Dermatologie und die Zusammensetzung der Kosmetika
- Einhaltung der Hygienevorschriften
- Dokumentation der Behandlung im Diagnose- und Pflegeplan
- Beratung für die Heimpflege (Fußgymnastik, Produktverkauf usw.)

Medizinische Fußbehandlung
- Pflege und Erhaltung des gesunden Fußes sowie krankhafte Veränderungen am Fuß erkennen und in interdisziplinärer Zusammenarbeit mit Ärzten behandeln
- Erstellen eines Fußstatus (Anamnese, podologischer Befund, Lokalbefund), Erkennen von krankhaften Haut- und Nagelveränderungen, Mitwirkung am prophylaktischen Betreuungskonzept des Patienten
- Behandlung unterschiedlicher Clavi-Arten und Verhornungen mit Skalpell und Kaustika (Ätzmittel)
- Behandlung von Nagelveränderungen, Anwendung von Nagelprothetik und Orthonyxie (Spangentechniken)
- Erkennen und Behandeln von Fußfehlstellungen, Zehendeformitäten sowie Risiko-Fußbehandlungen (Diabetes, Angiopathie, Neuropathie etc.)
- Bestrahlung zur Heilunterstützung
- Anfertigung von Orthosen, Druckentlastungen Reibungsschutz, Taping
- Kenntnisse über Hilfsstoffe, Medikamente und deren Inhaltsstoffe sowie über Orthopädie, Dermatologie, Anatomie, Pathologie, Physiologie und die Biomechanik des Fußes, Auswertung biomechanischer Untersuchungen
- Einhaltung der Hygienevorschriften, Dokumentation der Behandlung

Gegenüberstellung von kosmetischer und medizinischer Fußpflege (verändert nach: Tanja Ponzel, Braunschweig, in: Beauty Forum 4/2005, S. 83)

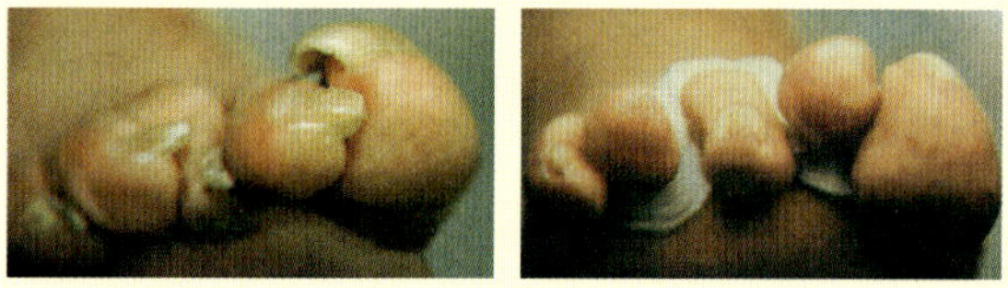

Altersbedingte Nagelveränderungen vor und nach der Behandlung

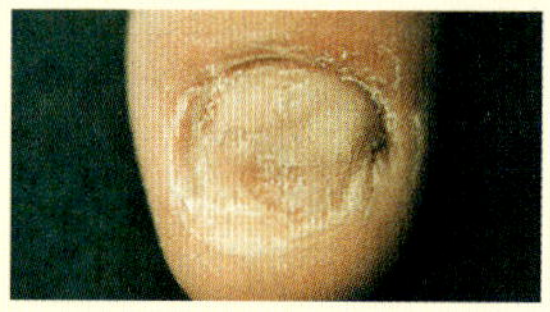

Traumatischer Nagel nach einer Nagelverletzung und nach dem Abziehen des Nagels durch einen Arzt

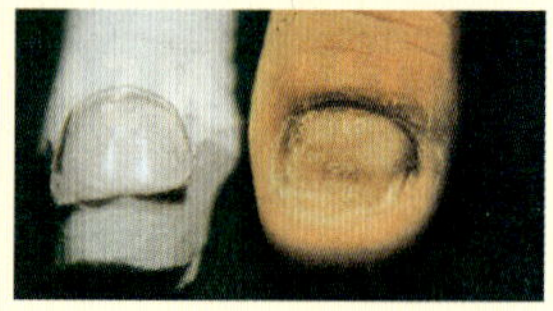

Zum Schutz des Nagelbettes wird ein Kunstnagel bzw. eine Nagelprothese angefertigt

Solche Fuß- und Nagelprobleme sind nicht Bestandteil einer kosmetischen Fußpflege, sondern gehören in die Hand eines medizinischen Fußpflegers (Podologen).

2 Anatomie der Beine und Füße

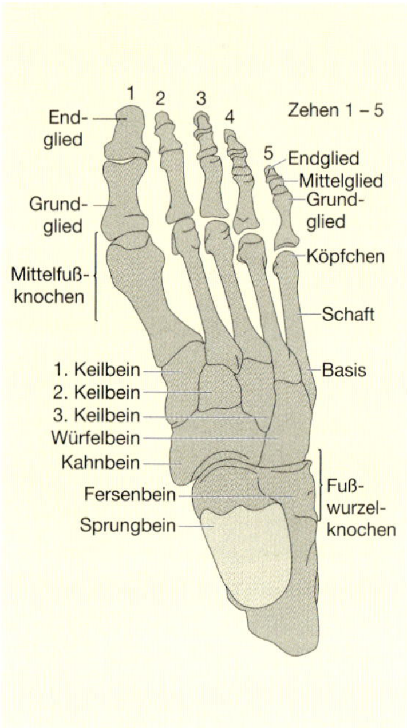

Das Skelett des rechten Fußes (Fußrückenseite): Unter dem linken, großen Mittelfußknochen sitzt eines der beiden Sesambeinchen.

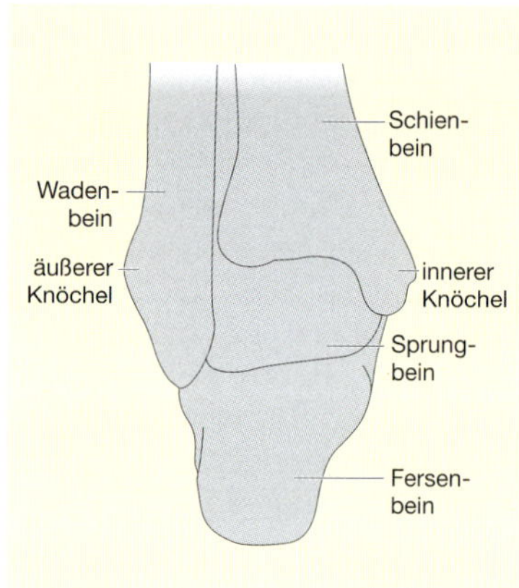

Die Rückenansicht der beiden Sprunggelenke und der beiden Knöchel des Fußes

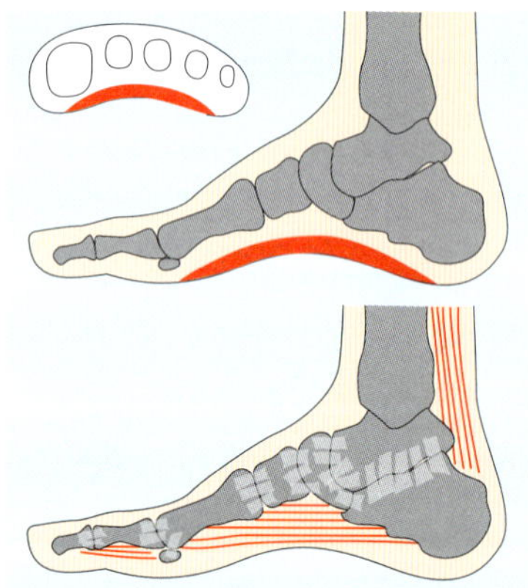

Beim gesunden Fuß sind die beiden Längsgewölbe und das Quergewölbe ausgeprägt.

Anatomische und physiologische Kenntnisse über die Füße sind eine notwendige Voraussetzung für eine fachgerechte Behandlung.

Der **Fuß** besteht aus 28 Knochen, 19 Muskeln und insgesamt 107 Sehnen und Bändern, die das Stehen, Gehen, Laufen und Springen ermöglichen. Die **Fußwurzel** besteht aus sieben Knochen. Dies sind: ein Sprungbein, ein Fersenbein, ein Kahnbein, drei Keilbeine und ein Würfelbein. Der **Mittelfuß** ist aus fünf langen Röhrenknochen zusammengesetzt. Sie beginnen an den Fußwurzelknochen und enden vorne mit dem Köpfchen. An der Fußinnenseite liegt der erste Mittelfußknochen. Unter seinem Köpfchen befinden sich die beiden Sesambeinchen zur Abfederung und Verstärkung des ersten Mittelfußknochens. Die **Zehen** bestehen aus insgesamt 14 Knochen. Mit Ausnahme der Großzehe hat jede Zehe ein Grundglied, ein Mittel- und ein Endglied. Die Zehengrundgelenke sind Kugelgelenke. Die Gelenke zwischen den einzelnen Zehengliedern sind Scharniergelenke.

Man unterscheidet am Fuß zwei **Sprunggelenke**. Das obere Sprunggelenk liegt zwischen **Schienbein** und **Wadenbein**. Das untere Sprunggelenk liegt zwischen Sprungbein und den beiden Fußwurzelknochen Fersenbein und Kahnbein. Die knöchernen Höcker des Schienbeins und des Wadenbeins bilden den inneren und den äußeren Knöchel.

Den Fuß kann man mit einem dreifachen Gewölbe vergleichen. An der Fußinnenseite verläuft das innere **Längsgewölbe**. Entsprechend wird an der Fuß-

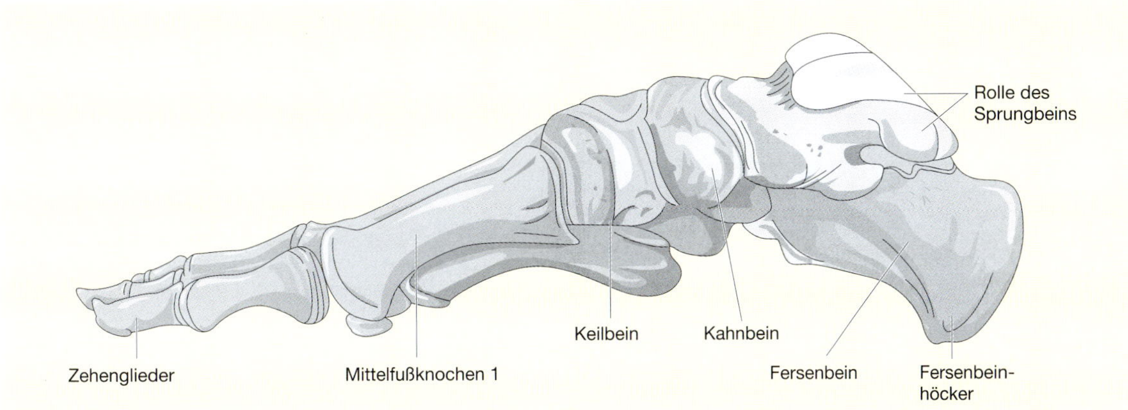

Das Skelett des rechten Fußes. Die Wölbung der Fußinnenseite ist hoch und weit gespannt. Die Wölbung der Fußaußenseite ist deutlich flacher.

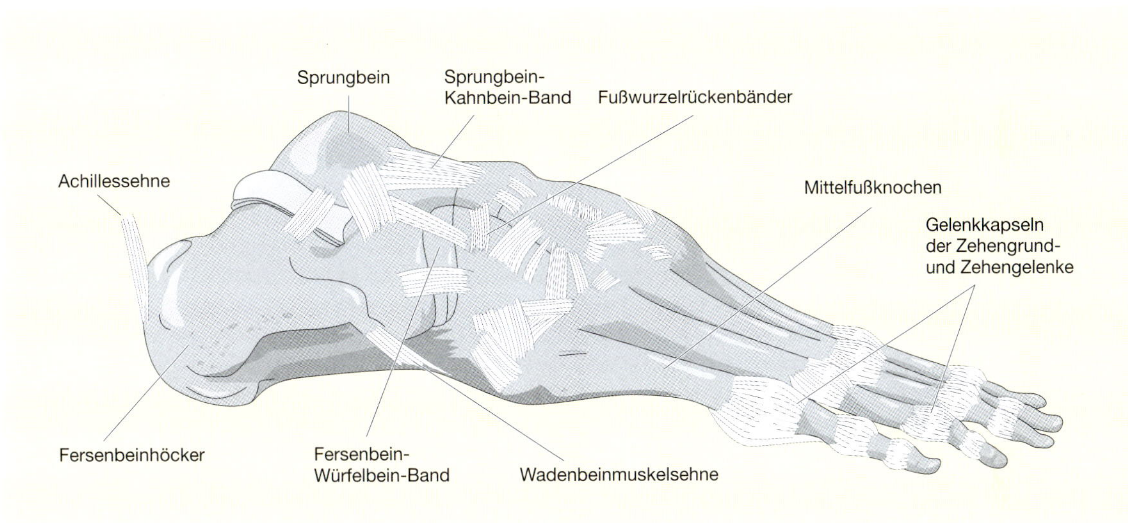

Ein komplexes System von Bändern und Sehnen ermöglicht die Beweglichkeit des Fußes.

6

außenseite das äußere Längsgewölbe gebildet. Das innere Längsgewölbe ist allerdings wesentlich höher als das äußere. Die Mittelfußknochen sind in einer **Querwölbung** angeordnet. Dadurch liegt die Bodenberührung der Mittelfußknochen bei den Köpfchen.

Die Fußknochen und die von ihnen gebildeten Gelenke werden durch feste Bänder und Sehnenplatten, insbesondere an der Fußsohle sowie durch die Muskulatur gehalten. Durch das Zusammenspiel von Gelenken, Muskeln und Bändern erhält der Fuß seine Beweglichkeit, z. B. für Greif-, Streck-, Spreiz-, und Drehbewegungen.

Viele **Muskeln**, die den Fuß bewegen, bilden mit dem Unterschenkel eine Einheit; denn ein Teil der Muskeln, die auf die Fuß- und Zehengelenke wirken, haben ihren Ursprung im Unterschenkel. Diese Muskeln unterteilt man in zwei Gruppen, und zwar in die langen Muskeln des Unterschenkels und in die kurzen Muskeln der Füße. Zu den langen Muskeln gehören drei Streckmuskeln, sechs Beugemuskeln und zwei seitlich gelegene Fußrandheber. Die kurzen Muskeln liegen in der Fußmulde auf der Unterseite des Fußes. Sie werden von den Sohlenbändern bedeckt.

Die **Achillessehne** ist die stärkste Sehne des gesamten Körpers. Sie wird von oben nach unten schmaler und dicker. Drei Muskeln des Unterschenkels sind an der Achillessehne aufgehängt. Zwischen ihr und dem Knochen des Fersenbeins liegt ein Schleimbeutel. Durch ständiges Tragen von Absatzschuhen verkürzt sich die Sehne.

Für die Versorgung der unteren Gliedmaßen mit Nervenimpulsen sind die Lendennerven und Kreuznerven zuständig. Der bekannteste Nerv ist

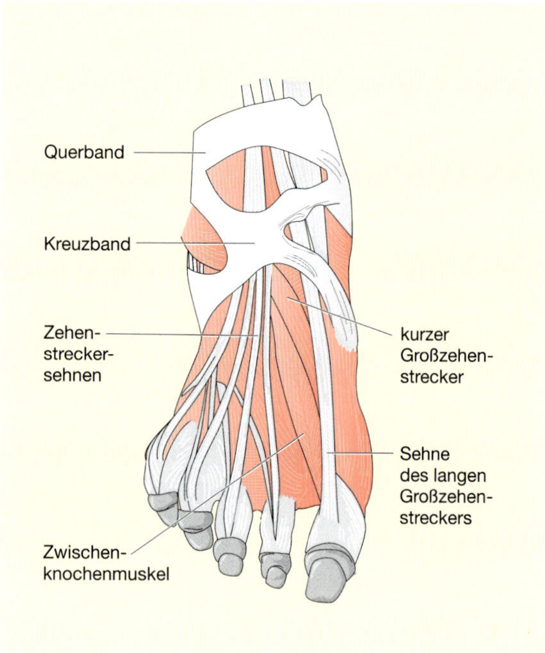

Sehnen, Bänder und Muskeln des rechten Fußes

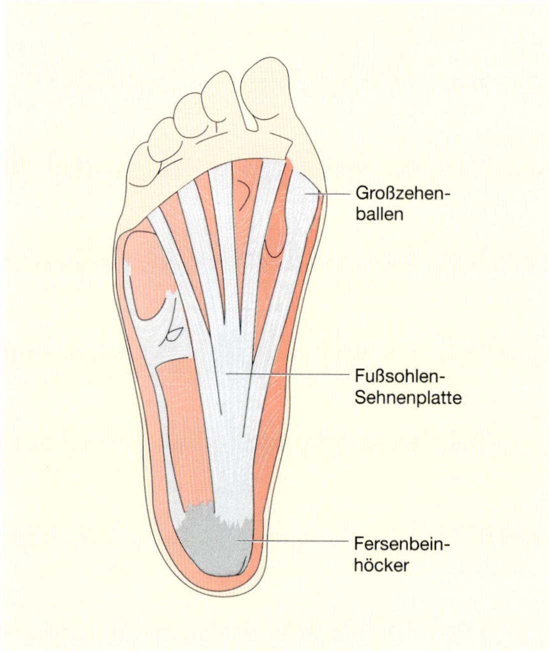

Muskeln und Sehnen der rechten Fußsohle

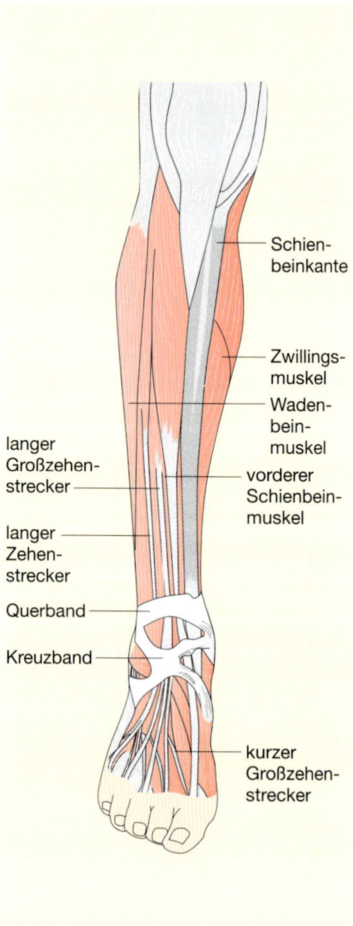

Unterschenkel und Fuß bilden durch die Muskeln und Bänder eine Einheit.

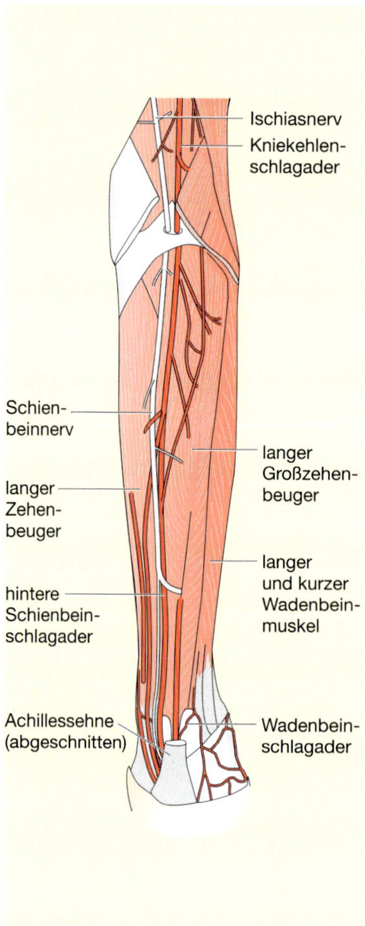

Muskeln, Nerven und Gefäße des Unterschenkels am rechten Bein von hinten betrachtet

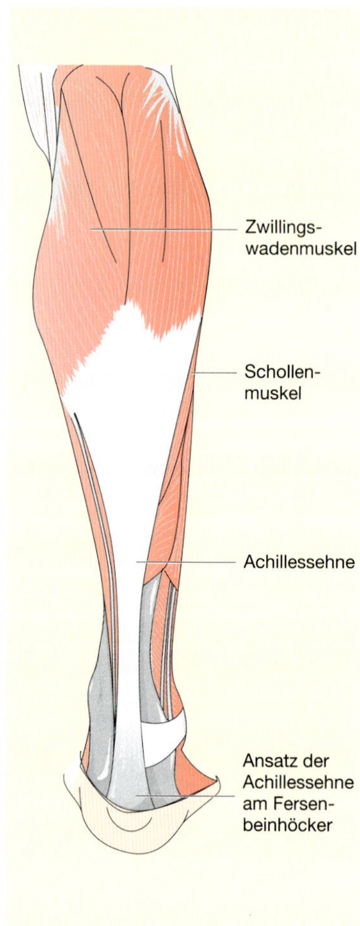

Verlauf der Achillessehne.

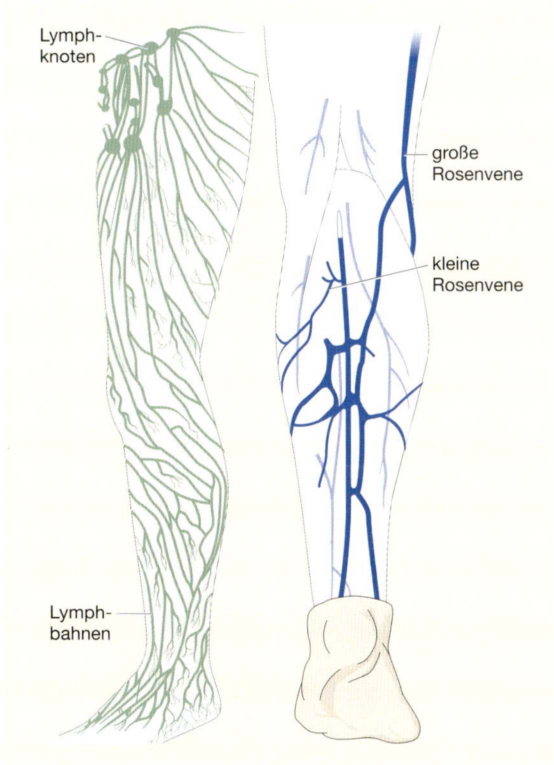

Die Blut- und Lymphversorgung der Beine

wohl der **Ischiasnerv**. Er verläuft unter dem großen Gefäßmuskel durch den Oberschenkel bis zur Kniekehle. Dort teilt er sich in den Wadenbeinnerv und den Schienbeinnerv.

Die Blutversorgung von Fuß und Bein erfolgt über die Oberschenkelschlagader, die Kniekehlenarterie, die Schienbeinarterie und die Wadenbeinarterie. Die größten Venen sind die kleine und die große **Rosenvene**. Außerdem verläuft in den Füßen und Beinen ein dichtes Blut- und Lymphgefäßnetz. Die Lymphknoten für die unteren Extremitäten befinden sich in der Leiste.

Durchblutungsstörungen und ein gestörter Lymphabfluss haben für die Füße und Beine degenerative Folgen. In den Füßen enden unzählige Nervenbahnen, die mit den inneren Organen des Körpers in Verbindung stehen. Die Haut des Fußes muss äußere Attacken durch zu enge Schuhe, falsches Strumpfmaterial, Blasenbildung, zu große Hitze oder Kälte ausgleichen. Hier hat die Kosmetikerin viele Möglichkeiten der Pflege, Hygiene und Beratung.

3 Veränderungen der Beine und Füße

Gesund geboren, krank gemacht: Fast alle Fußbeschwerden werden erworben und sind nicht angeboren. Etwa achtzig Prozent der Menschen leben gegenwärtig auf einem nicht gesunden Fuß. Viele Arbeiten werden im Sitzen oder im Stehen ausgerichtet, wir benutzen Fahrzeuge, Rolltreppen und Aufzüge. Mehr Aufmerksamkeit durch Pflege und Bewegungsausgleich sind deshalb wichtig. Hierzu zählen auch bequemes Schuhwerk und wechselnde Absatzhöhen, atmungsaktive Materialien bei Strümpfen und Schuhen und viel Barfußlaufen auf Naturböden. Die Kosmetikerin kann ein Trainingsprogramm anbieten.

Die Folge deformierter Füße ist das Verschwinden der natürlichen Federung. Dadurch wird das Gehen schmerzhaft. Zu den **Fußdeformierungen** zählen der **Senkfuß**, **Plattfuß**, **Spreizfuß**, **Hohlfuß**, **Knickfuß**, Knick-Senkfuß und der **Klumpfuß**. Sie haben häufig Sekundärerkrankungen zur Folge wie eine Fehlhaltung des Körpers. Außerdem können die Bandscheiben und die Wirbelsäule betroffen sein. Dies kann zu Rückenschmerzen, Kopfschmerzen, Durchblutungsstörungen und Krampfadern führen. Hauterkrankungen der Füße und Beine belasten das Immunsystem. Diese Faktoren schränken das allgemeine Wohlbefinden ein. Über einen längeren Zeitraum vorhandener Schmerz manifestiert sich oft als leidender Ausdruck in der mimischen Gesichtsmuskulatur.

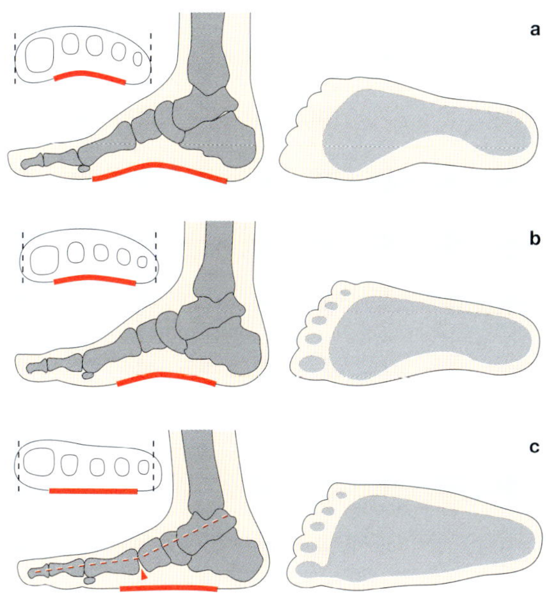

6

Die Entwicklung eines kranken Fußes. a) Gesunder Fuß mit Gewölben b) Beim Spreiz- und Senkfuß sind die Gewölbe leicht abgesunken. Daraus entwickelt sich der Knickfuß, der bei jedem Tritt nach innen knickt und um ein bis zwei Zentimeter länger wird. Unter dieser Belastung erschlafft die Muskulatur. c) Aus dem Knickfuß entwickelt sich der Plattfuß mit völlig eingesunkenen Fußgewölben.

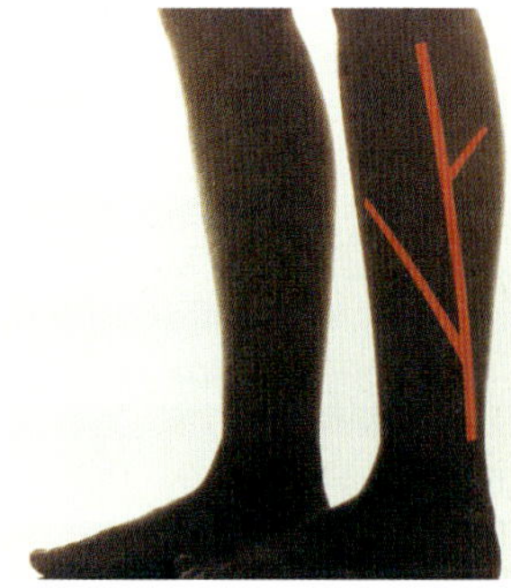
Krampfadern als Folge fehlerhafter Durchblutung durch zu enges Schuhwerk.

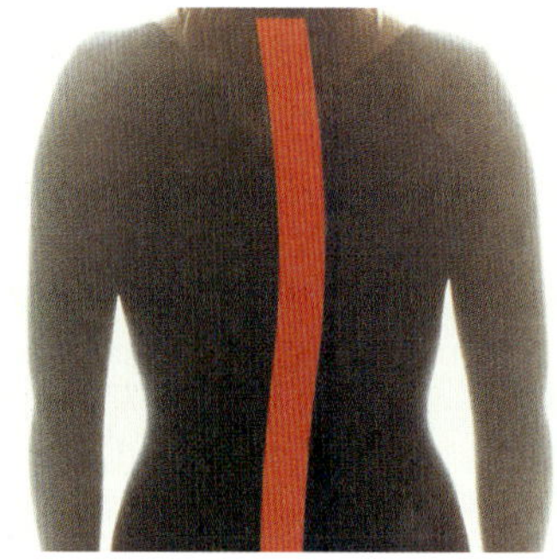
Fußdeformierungen haben häufig Sekundärerkrankungen zur Folge; hierzu zählen Wirbelsäulenschäden.

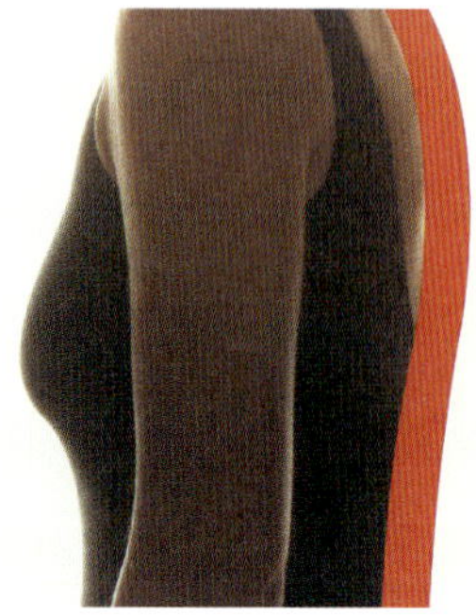
Fußdeformierungen können zu Bandscheibenbeschwerden führen.

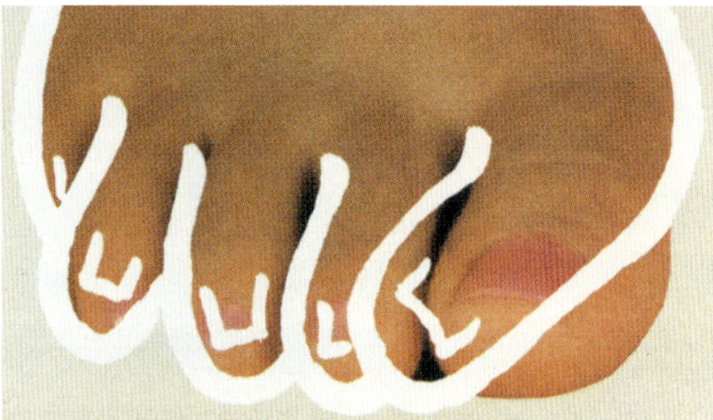
Der Halux Valgus entsteht durch zu enges Schuhwerk.

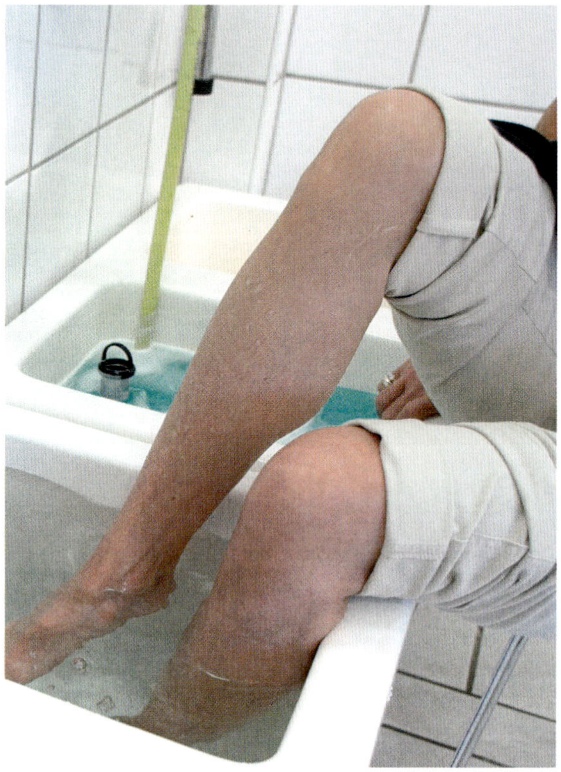
Für ein Wechselbad benötigt man zwei Fußwannen.

Eine andere Form der Fußdeformität ist der **Halux Valgus** (die Schiefzehe) Durch jahrelanges Tragen zu spitzer Schuhe werden der große und der kleine Zeh nach innen gedrückt. Die Gelenke weichen auseinander. Entzündungen der Haut und des Gelenks sind die Folge.

6

Ein **Schweißfuß** entsteht durch übermäßige Schweißabsonderung (Hyperhidrosis). Dies kann innere oder äußere Ursachen haben. Zu den inneren Faktoren zählen die Veranlagung und hormonelle Einflüsse. Zu den äußeren Faktoren zählen Unsauberkeit, hohe Umgebungswärme, körperliche Anstrengung sowie Schuhe, die die Verdunstung hemmen. Synthetische Strümpfe, Schuhe aus PVC, Gummi oder Plastik verhindern die Schweißabdunstung. Die Feuchtigkeit führt zu einer Quellung der Haut. Hinzu kommt die ätzende Wirkung der Säuren des Schweißes. Dies bildet ideale Voraussetzungen für Pilzerkrankungen.

4 Behandlungen in der kosmetischen Fußpflege

Die Kosmetikerin kann im Rahmen der **Fußpflege** zwei verschiedene Behandlungsformen anbieten. Dies ist zum einen die Pflege der Füße mit dem Ziel der Gesunderhaltung und des Trainings und der Aufklärung. Zum anderen betrifft dies die Behandlung und Pflege der Fußnägel und Haut, soweit keine Erkrankungen vorhanden sind. Hierzu zählen Fußbäder, Bewegungsübungen, Massagen, Fußumschläge, Wickel, das Trockenbürsten und Heilerdeanwendungen.

Fußbäder wirken ganzheitlich. Man kann sie in diesem Sinne als ein „Eintauchen in einen Stoff", z. B. Wasser, Luft, Sand oder Licht, verstehen. Jedes Bad wirkt zunächst auf die Körperoberfläche ein. Die Wahrnehmungen werden z. B. zu den inneren Organen des Menschen geleitet. Temperaturen, die die

Ein Fußbad mit Kräutern ist einfach durchzuführen. Es nimmt relativ wenig Zeit in Anspruch und wirkt stundenlang.

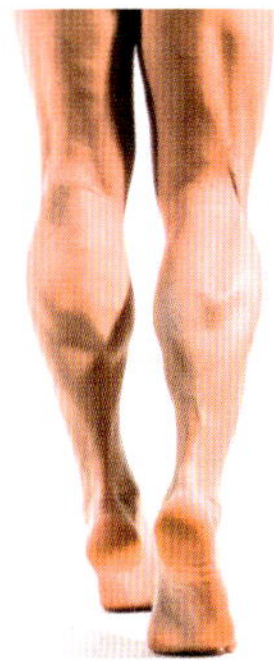

Laufen auf den Zehenspitzen ist wohltuend für die gesamte Fuß- und Wadenmuskulatur.

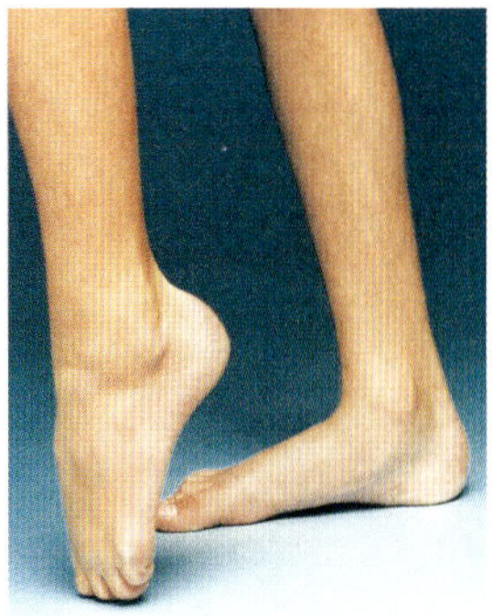

Fußgymnastik: Abknicken der Zehen

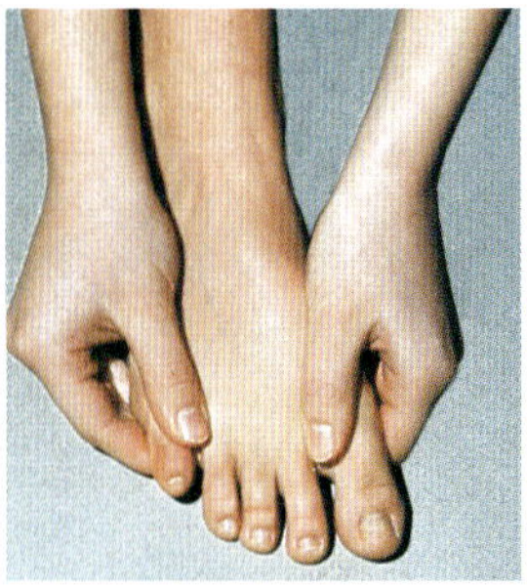

Das Auseinanderspreizen der Zehen lockert Verkrampfungen.

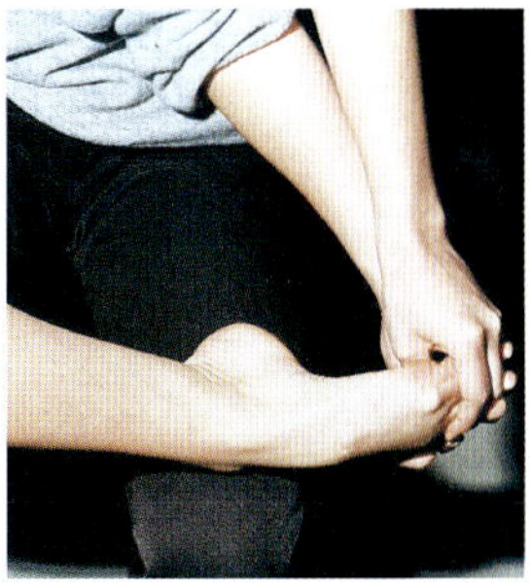

Der Fuß wird im Sitzen mit „sanfter Gewalt“ zum Bein hin und vom Bein weg gebogen. Das stärkt die Waden- und die Unterschenkelmuskulatur.

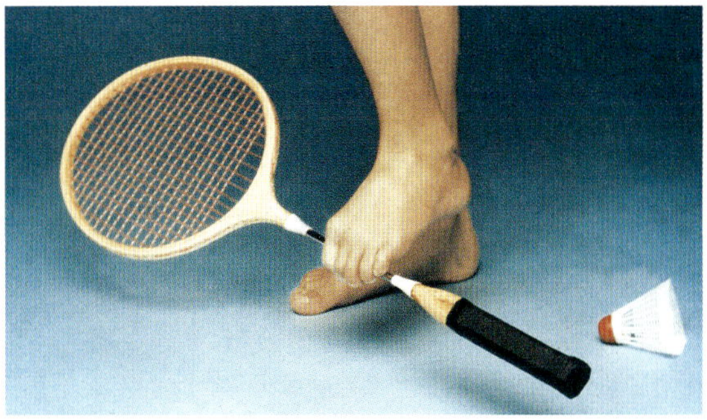

Alle Greifübungen bewirken, dass die Fußmuskulatur „elastisch“ bleibt.

Körpertemperatur übersteigen, wirken erwärmend und anregend. Deutliche Kälte hat einen lähmenden und erstarrenden Effekt. Milde Kälte wirkt bei kurzer Anwendung anregend und belebend.

Das klassische **Fußbad**, das etwa zehn Minuten dauert, ist ein Fuß- und Unterschenkelbad. Man verwendet dazu entweder die Kneipp'sche Fußbadewanne oder ein ausreichend großes Wasserbehältnis. Je nach Bedarf kann dem Wasser z. B. Eichenrinde, Salbei oder eine Handvoll Salz zugesetzt werden. Die Temperatur soll etwa 35 bis 40 °C betragen. Das Bad hat eine durchblutungsfördernde und kreislaufanregende Wirkung. Es bietet sich vor der kosmetischen Gesichtsbehandlung an. Vor allem, wenn es mit einer Nackenmassage kombiniert wird, hat es eine entspannende und harmonisierende Wirkung.

Das **Wechselbad für die Füße** fördert die Durchblutung, wirkt gegen chronisch kalte Füße und kann Erkältungen und grippalen Infekten vorbeugen. Bei Krampfadern darf das Wechselbad nicht angewendet werden. Man benötigt zwei Fußwannen. In die eine Wanne füllt man warmes Wasser von etwa 36 bis 38 °C und in die andere kaltes Wasser. Zunächst führt man ein fünfminütiges warmes Fußbad durch. Danach taucht man die Füße etwa zehn Sekunden lang in das kalte Wasser. Diesen Wechsel wiederholt man nach Belieben etwa zwei oder drei Mal. Man muss aber auf jeden Fall mit dem kalten Fußbad enden. Nach dem Fußbad sollte man das Wasser nur abstreifen und dann Socken anziehen. Anschließende Bewegung sorgt für die Erwärmung der Füße. Badezusätze wie Fichtennadel, Heublumen und Rosmarin verstärken die Wirkung des Wechselbads.

Ein Fußbad zur Entgiftung des Körpers im Rahmen der Ganzheitskosmetik enthält entgiftende Badezusätze wie Schwefel, Meersalz, Apfelessig oder Senfmehl. Schwefelbäder werden entsprechend der Gebrauchsanweisung zubereitet. Vom Apfelessig verwendet man ein viertel Liter, vom Meersalz etwa 300 Gramm, das man mit etwa acht Liter Wasser vermischt. Nach einem Entgiftungsbad sollte eine Ruhephase folgen.

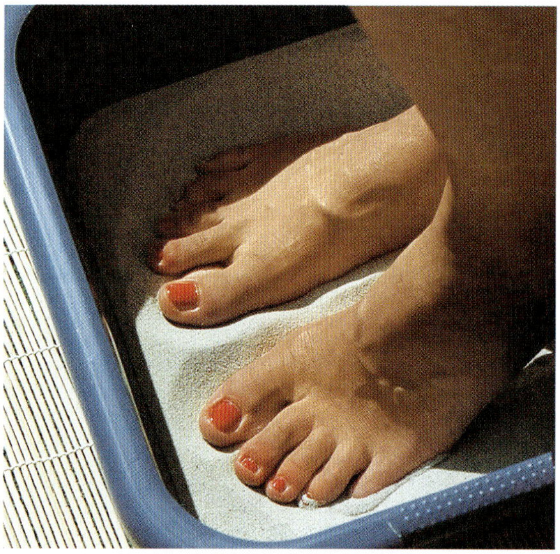

Für die besondere Fußgymnastik im Institut gibt man warmen Sand in eine Schale. Dazu wird die Schale vorher in heißes Wasser gestellt. Die Kundin läuft einige Minuten auf der Stelle durch diesen Sand, bewegt ihre Füße und lässt die Zehen spielen.

Die Fußgymnastik mit kleinen Kieselsteinen führt die Kundin im Sitzen aus. Flache Steine können mit den Füßen seitlich angehoben werden. Runde Steine können im Kreis bewegt werden.

Für Greifübungen der Füße im Kosmetikinstitut gibt man ein oder mehrere Schwämmchen in eine Schale.

Beim „Laufen" auf großen Steinen sollte die Kosmetikerin eventuell Hilfestellung leisten.

Die Trockenbürstenmassage ist eine ganzheitliche Anwendung, mit der die Hautfunktionen und die Durchblutung angeregt werden können. Man verwendet dazu einen Massagehandschuh oder eine Massagebürste. Diese und andere Massagen dürfen nur angewendet werden, wenn keine Gefäßschäden oder entzündliche Veränderungen der Beine oder Füße vorliegen.

Verschiedene Formen der gezielten Bewegung der Füße und der **Fußgymnastik** können im Kosmetikinstitut ebenfalls angeboten werden. Die klassische Fußgymnastik ist einfach und jederzeit durchführbar. Sie ist auch eine Empfehlung für die Heimpflege. Dazu zählen das Laufen auf den Zehenspitzen, das Abknicken der Zehen, das Auseinanderspreizen der Zehen und Greifübungen. Beim Treppensteigen sollte man die Füße immer mit dem Vorfuß betreten und dann mit dem Fuß leicht abwippen. Das dehnt die Achillessehne. Beim Sitzen sollte man die Füße ab und zu kreisen und strecken. Auch das Barfußgehen sollte so oft wie möglich durchgeführt werden. Für die besondere Fußgymnastik mit verschiedenen Materialien im Institut benötigt man mehrere viereckige

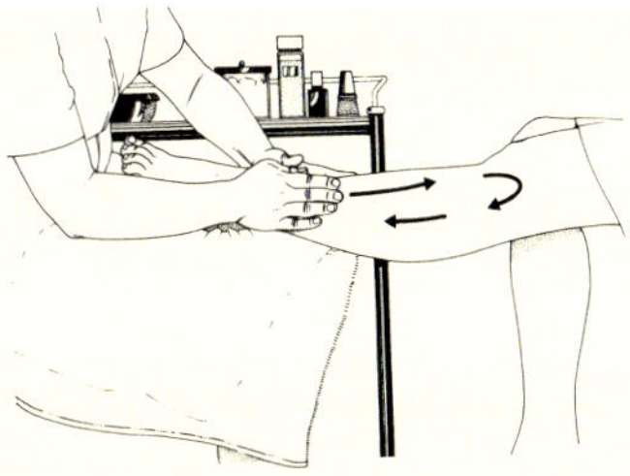

1 *Um Fuß und Unterschenkel erreichen zu können, ist die Sitzposition geeignet. Es sollte darauf geachtet werden, dass die Kundin entspannt sitzt.*

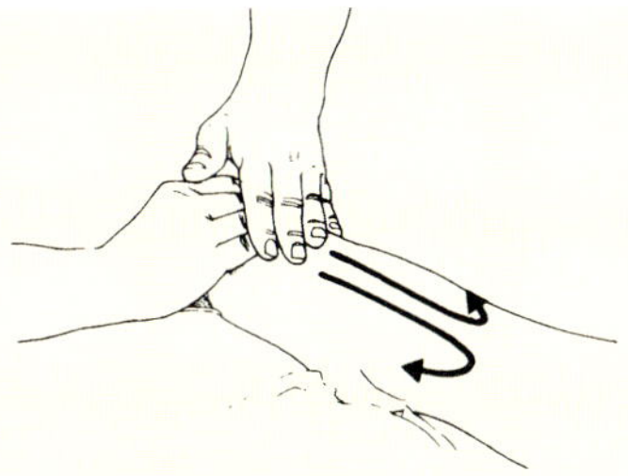

2 *Das Ausstreichen der Vorderbeine beginnt am Fußrücken und reicht bis zum Knie. Dies kann mit jeder Hand einzeln oder mit beiden Händen zugleich erfolgen.*

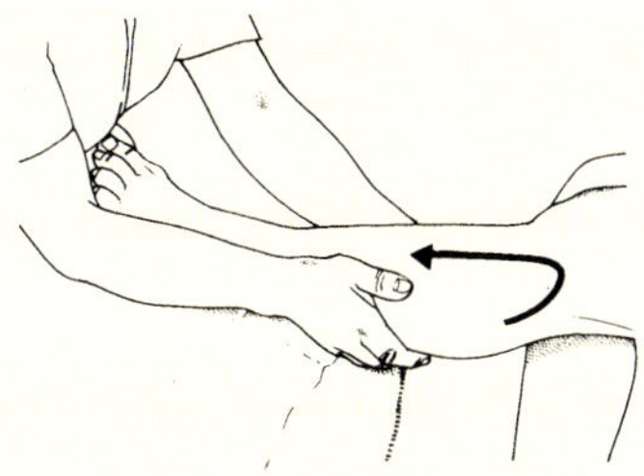

3 *Das Ausstreichen der Waden erfolgt mit beiden Händen von der Ferse bis zum Knie.*

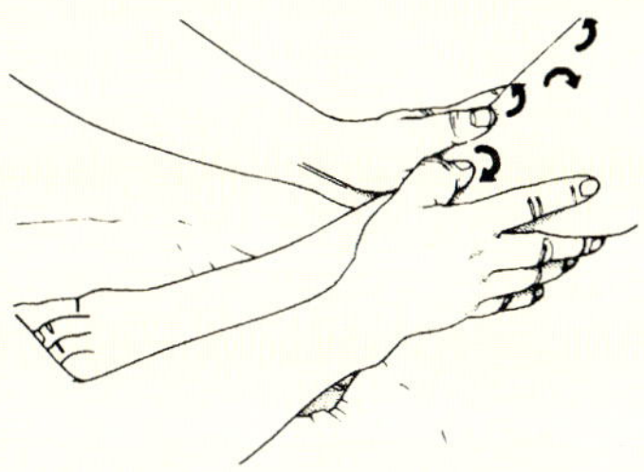

4 *Friktionen mit den Daumen an der Vorderseite des Unterschenkels*

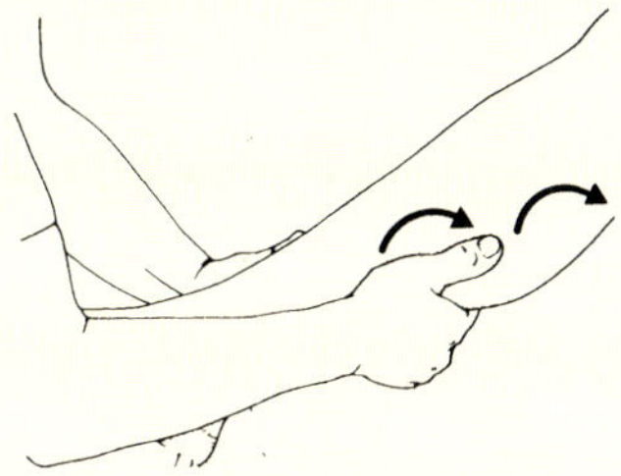

5 *Kneten der Wadenmuskulatur*

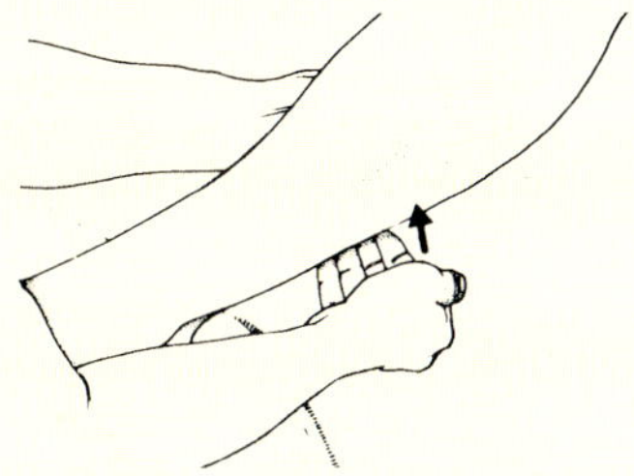

6 *Leichtes, lockerndes Klopfen mit der geschlossenen Fingerreihe auf der Wadenmuskulatur*

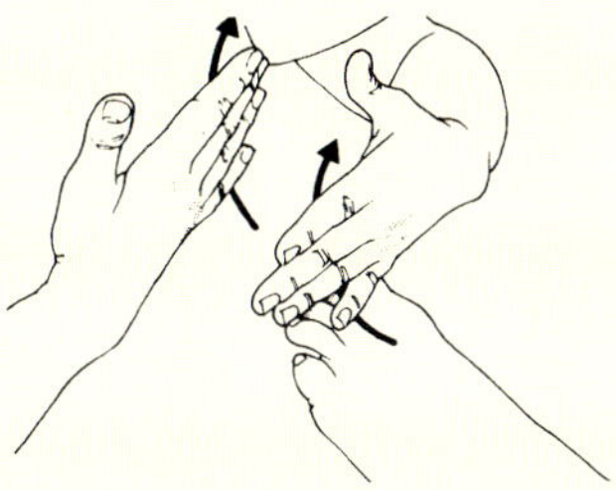

7 *Wechselndes, federndes Klopfen mit den Fingern beider Hände auf den Zehen*

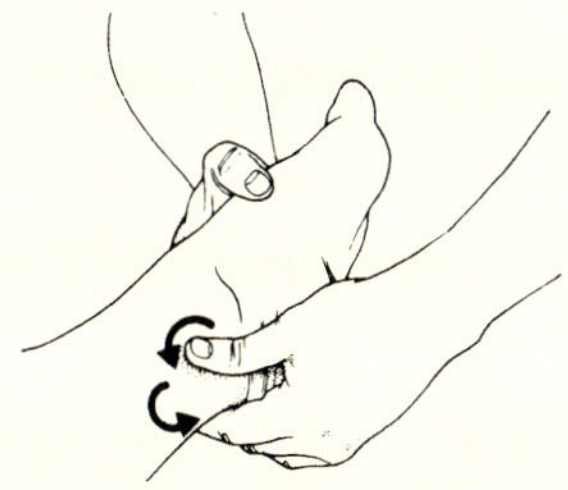

8 *Vorsichtiges Kneten der Achillessehne*

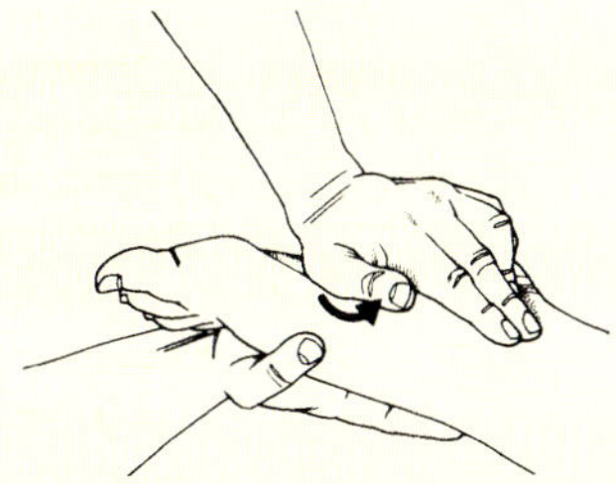

9 *Kräftiges Ausstreichen der Innenfußkante mit dem Daumenballen*

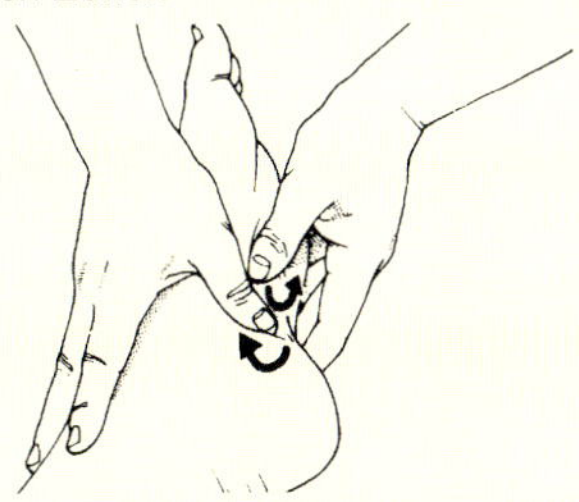

10 *Friktionen entlang des Fußinnengewölbes*

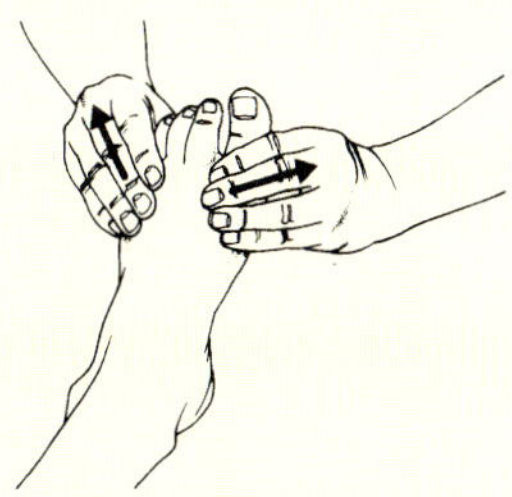

11 *Kneten der Muskulatur unterhalb des Fußquergewölbes*

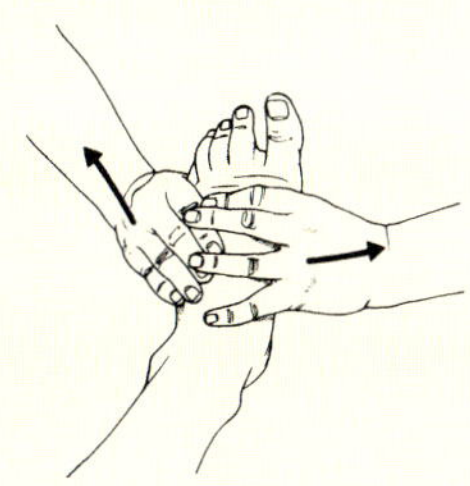

12 *Kneten der Fußsohle*

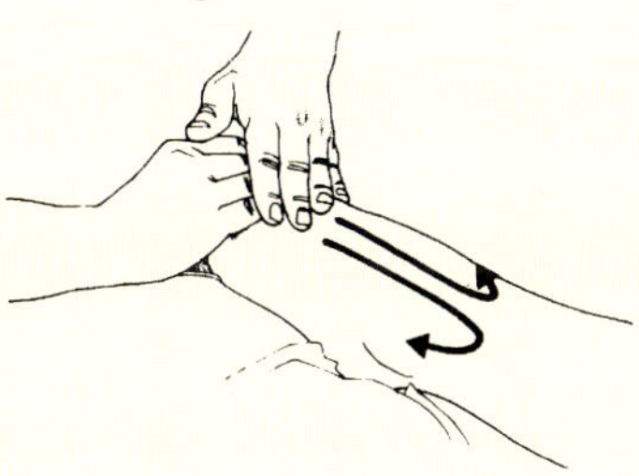

13 *Ausstreichen des Fußrückens*

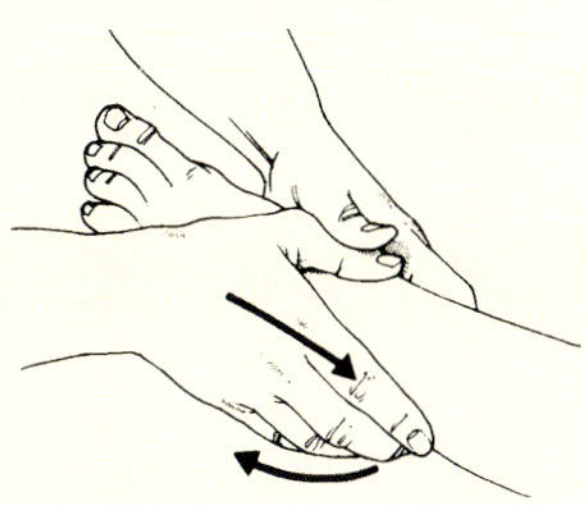

14 *Umkreisen der Fußknöchel*

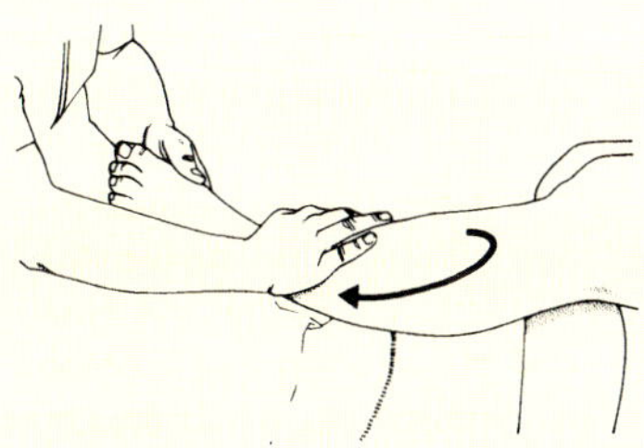

15 *Zum Abschluss der Massage erfolgt das Ausstreichen der Füße und der Unterschenkel.*

Der Ablauf einer Fußmassage

6

Schalen, in die man z. B. warmen Sand oder Schwämmchen gibt. Die Kundin läuft einige Minuten auf der Stelle durch diesen Sand, bewegt ihre Füße und lässt die Zehen spielen. Mit den Schwämmchen können Greifübungen ausgeführt werden. Auch Kieselsteine und große runde Steine eignen sich für Bewegungsübungen.

Die **Beinmassage** und **Fußmassage** soll die Durchblutung fördern und die Muskulatur lockern. Gerade die Füße, die täglich belastet werden und oft und lange mehr oder weniger unbeweglich in den Schuhen „stecken“, sind dankbar für diese Behandlung. Für die Massage eignen sich Massageöle mit ätherischen Ölen und verschiedenen Extrakten, die entschlackend wirken, z. B. Rosmarin, Rosskastanien, Arnika, Liebstöckel, Majoran und Wacholder. Kontraindikationen sind alle Gefäßveränderungen und Verletzungen der Haut.

Fußumschläge können während der Gesichtsbehandlung angewendet werden. Dazu taucht man für jeden Fuß ein Gästetuch oder eine Stoffwindel in einen frisch hergestellten, warmen Kräutersud. Diese wickelt man jeweils um einen Fuß und deckt Folie darüber. Um die Wärme zu erhalten, legt man ein trockenes Handtuch über die Folie. Die Füße sollten etwas höher als der Körper gelagert werden. Der Fußumschlag bleibt etwa dreißig bis sechzig Minuten auf der Haut. Intensive Wirkung haben auch Umschläge mit Presssaft aus Kartoffel oder Weißkohl.

Wickel sind Anwendungen mit feuchten Tüchern am gesamten Körper oder an einem Körperteil. Der kalte **Wadenwickel** kann bei geschwollenen Beinen und Ödemen Linderung verschaffen. Er kann während der Gesichtsbehandlung angelegt werden. Das Handtuch wird zur Hälfte mit kaltem Wasser befeuchtet und um die Wade gewickelt. Der trockene Teil des Handtuchs bildet den äußeren Teil des Wickels. Mit der anderen Wade verfährt man in gleicher Weise. Darüber gibt man eine Wolldecke. Nach etwa einer Stunde wird die Auflage entfernt. Bestenfalls erfolgt nun eine manuelle Lymphdrainage.

Heilerdeanwendungen sollen auch in der Fußpflege zur Entschlackung beitragen. Außerdem können sie zur Behandlung von Ekzemen und Insektenstichen verwendet werden. Die Heilerde wird mit Wasser zu einem Brei verrührt und fingerdick auf die Haut aufgetragen. Darüber gibt man ein feuchtes Tuch und lässt die Auflage dreißig bis sechzig Minuten wirken.

Die Behandlung von **Schweißfüße**n kann einen Schwerpunkt in der Fußpflege bilden. Es eignen sich warme Fußbäder mit einer Temperatur bis 36 Grad Celsius. Zusätze wie Eichenrinde und Salbei haben eine adstringierende Wirkung. Nach dem Bad müssen die Füße und vor allem die Zehenzwischenräume gut abgetrocknet werden. Anschließend werden die Füße mit einem Fußpuder gepudert.

Die Leitungswasser-**Iontophorese** zur Behandlung der Schweißfüße kann zur Minderung der Schweißproduktion beitragen. Hierbei müssen die **Kontraindikationen** aller Iontophorese-Behandlungen berücksichtigt werden. In zwei flache Fußschalen gibt man gerade so viel Wasser, dass die Fußsohlen im Wasser stehen. In das Wasser gibt man je eine spezielle Plattenelektrode. Darauf werden die Füße platziert. Man beginnt unterschwellig und steigert die Stromintensität langsam, bis die Kundin ein leichtes, aber noch angenehmes Kribbeln verspürt. Dann lässt man den Strom zwanzig bis dreißig Minuten fließen. Am Ende der Behandlung muss der Strom langsam herunterreguliert werden. Dann wird das Gerät abgeschaltet und die Kundin kann ihre Füße aus dem Wasser nehmen. Diese Behandlung sollte zwei bis drei Mal wöchentlich über einen längeren Zeitraum erfolgen. In den meisten Fällen tritt der Effekt bereits nach zehn Behandlungen ein.

5 Pflege und Gestaltung der Zehennägel

Auch für die **Pediküre** müssen Hygienemaßnahmen beachtet werden. Die Kosmetikerin muss einen geschlossenen Kittel tragen. Die Haare müssen zurückgebunden werden, damit sie einerseits bei der Behandlung nicht stören und andererseits nicht in das Handstück des Fräsers gelangen. Die Fingernägel müssen kurz sein. Es darf kein Handschmuck getragen werden. Bei Feil- und Fräsearbeiten muss die Kosmetikerin einen Mundschutz tragen. Vor und nach jeder Behandlung muss sie ihre Hände waschen und desinfizieren.

Der Arbeitsplatz für die Fußpflege kann eine Kosmetikkabine oder eine separate **Fußpflegekabine** ohne Teppichboden sein. Die Kabine muss immer gut gelüftet werden. Wenn die Kundin auf eine Matte treten soll, muss diese mit einem Zellstofftuch belegt werden, das nach jeder Kundin ausgewechselt wird. In jede Kabine gehört ein geschlossener Müllbehälter, der täglich geleert werden muss sowie ein Heißluftsterilisator. Die Kabine muss täglich gewischt und desinfiziert werden.

Die Arbeitsmaterialien müssen feucht abwischbar und für die Desinfektion geeignet sein. Die Instrumente müssen nach jeder Behandlung im Heißluftsterilisator sterilisiert werden. Danach werden sie bis

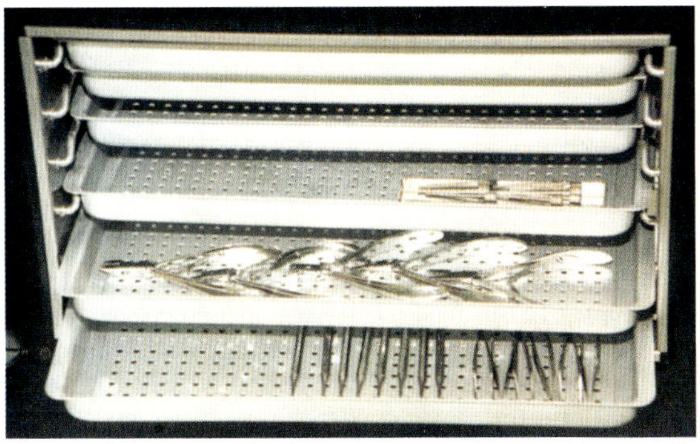

Desinfektionskassette zur Aufbewahrung von Fußpflegeinstrumenten

zur nächsten Anwendung in einer **Desinfektionskassette** aufbewahrt. Aus hygienischen Gründen sind Einmalinstrumente besonders empfehlenswert. Allerdings belasten sie die Umwelt und sind auf Dauer relativ teuer.

Geschlossene Behälter dienen zur Aufbewahrung von Watte und Zellstofftüchern. Dies gilt auch für frisch gewaschene Handtücher und Kittel. Wichtig ist, dass nach jeder Behandlung die Wäsche gewechselt wird, auch wenn sie noch sauber aussieht! Die Wäsche für die Fußpflege muss gekocht (95 °C) werden. Alternativ kann man sie über Nacht in eine Desinfektionslösung legen und dann am nächsten Tag (bei 60 °C) waschen.

Die Fußpflege kann entweder manuell oder im Rahmen der apparativen Kosmetik mithilfe von Geräten mit verschiedenen Fräser- und Schleifaufsätzen durchgeführt werden. Zu Beginn der Fußpflege werden die Füße der Kundin mit Desinfektionsmittel besprüht. Das Mittel muss etwa dreißig Sekunden auf der Haut verbleiben und wird dann abgetrocknet. Dann erfolgt eine Fuß- und Beindiagnose sowie eine Nageldiagnose. Lackierte Fußnägel werden dazu entlackt.

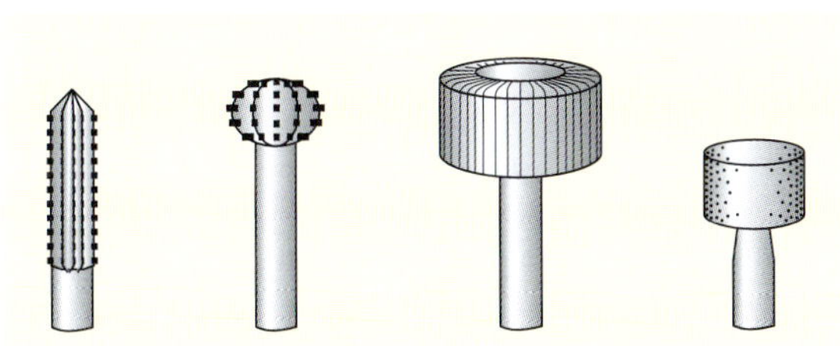

Verschiedene Aufsätze zum Fräsen oder Schleifen in der apparativen Fußpflege sind der Rundstein, der Nagelschleifer, der Ovalfräser und der Fissurenfräser.

Anschließend werden die Nägel mit einer Nagelzange und einer Eckenzange gekürzt. Die Schnittkanten werden mit einer Sandblattfeile oder mit dem Fräser glatt geschliffen. Das Abschleifen der Nagelplatte ist grundsätzlich nicht notwendig. Dies erfolgt nur bei extrem dicken Nägeln. Bei Bedarf wird Hornhauterweicher auf die Nagelränder aufgetragen, der

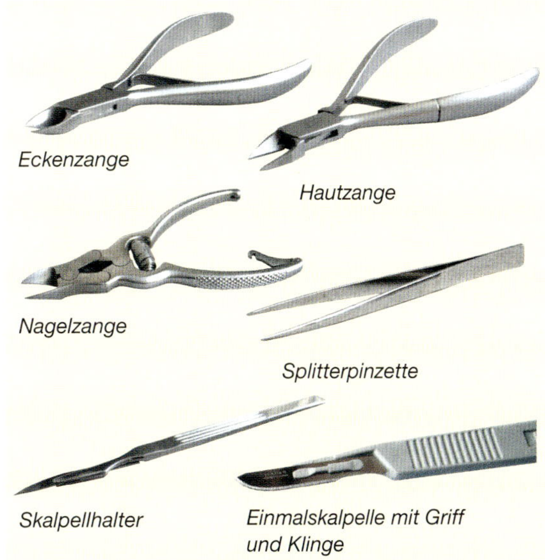

Instrumente für die manuelle Fußpflege

kurz einwirken muss. Mit einer Eckenfeile oder einer Kugelsonde wird die Hornhaut entfernt. Anschließend entfernt man übermäßige Verhornungen am Fuß. Dann werden die Füße mit einer feuchten Kompresse abgerieben und es erfolgt eine Fußmassage. Auf Wunsch wird zum Abschluss Nagellack aufgetragen. Dazu müssen die Nägel entfettet werden. Ein ganz besonderes Angebot zur Sommerzeit ist das **Nageldesign** der Zehennägel: Dies kann auch zwecks (Neu-)Kundengewinnung (**Akquise**) extra beworben werden (z. B. durch einen Straßenstopper oder eine Zeitungsanzeige mit Sonderangebot).

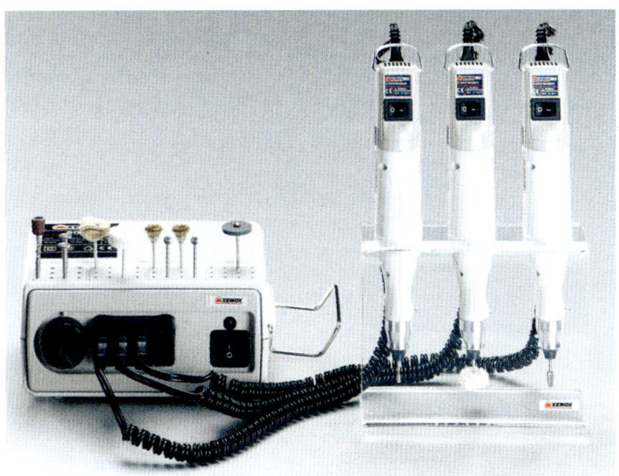

Pediküregerät mit verschiedenen Fräser- und Schleifaufsätzen

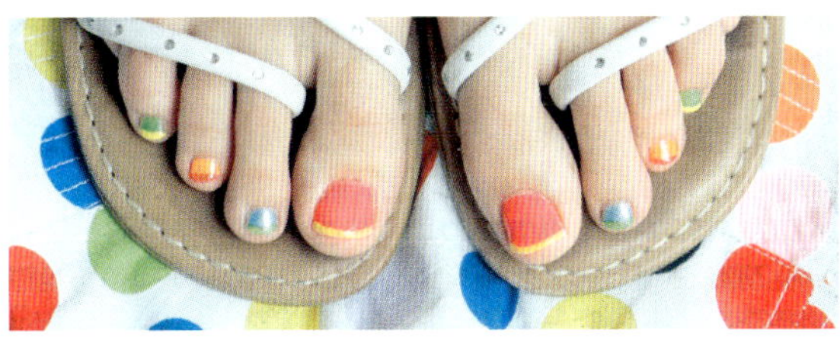

Nageldesign kann Kunden vor allem in der Sommerzeit für die Zehennägel angeboten werden

7 Apparative Kosmetik

1 Stromanwendungen in der Kosmetik

Die Voraussetzung für erfolgreiche apparative Behandlungen ist, dass die Kosmetikerin die Wirkungsweise der Geräte kennt und deren Anwendung beherrscht. Hier muss Zeit in Bildung investiert werden. Dazu zählen Kenntnisse über die allgemeine Wirkung von Strom, über die Wirkung apparativer Geräte im Besonderen und über Indikationen und Kontraindikationen. Apparative Kosmetik ist gut und wirkungsvoll und auf jeden Fall nur etwas für Kenner.

Elektrischer Strom ist in der kosmetischen Praxis notwendig zum Betrieb **elektrischer Geräte**. Sämtliche Geräte werden durch Motoren angetrieben. Motoren sind in der Lage, elektrischen Strom bzw. elektrische Energie in mechanische Energie, d. h. in Bewegung umzuwandeln. Viele manuell ausgeführte Behandlungen können durch elektrische Geräte unterstützt oder sogar ersetzt werden und so zur Arbeitserleichterung beitragen. Saug- und Druckluftmassagegeräte können mithilfe des elektrischen Stroms eine Sog- und Druckwirkung auf die Hautoberflächen ausüben. Frässergeräte ersetzen in der Hand- und Fußpflege manuelles Feilen. Massagegeräte sind ebenso eine Alternative zu manuell ausgeführten Massagen, wie Reinigungsgeräte für die Hautreinigung.

Elektrischer Strom bzw. elektrische Energie kann mit Hilfe elektrischer Geräte in Wärme oder Kälte umgewandelt werden, d. h. zu einer Veränderung der Temperatur führen. Strom wird z. B. in Wachserhitzern, Heißluftsterilisatoren und Warmwasserbereitern in Wärme umgewandelt. Auch in Geräten zur Erzeugung von Dampf (z. B. Vapozon) wird Wasser mithilfe von elektrischem Strom erwärmt. Kälte entsteht mithilfe von elektrischem Strom, z. B. in Vereisungsgeräten, mit denen z. B. Pigmente entfernt werden können, sowie in Kühlschränken und Gefriergeräten.

Elektrischer Strom kann weiterhin mithilfe von **Strahlungsgeräten** in Licht und andere Strahlung umge-

Wirkungen des elektrischen Stroms	Gerätebeispiele	
Mechanische Wirkung (Bewegung)	Saug- und Druckluftkompressoren Frässergeräte Vibrationsgeräte für Massageanwendungen Bürstenmassagegeräte	
Wärmewirkung	Wachserhitzer Heißluftsterilisator Dampfgeräte Warmwasserbereiter Heizkissen, Heizdecke Infrarotlichtlampe	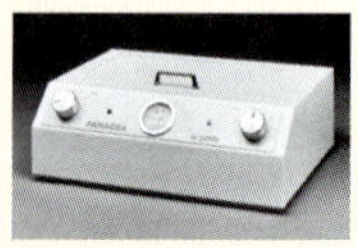 
Kältewirkung	Kühl- und Gefrierschränke Vereisungsgerät	
Lichtwirkung	Solluxlampen (Rotlicht- und Blaulichtstrahler) Ultraviolettlichtgeräte (Höhensonnen) Sonnenbänke Solarien Lupenleuchten	
Kosmetikum/Reizwirkung	Reizstromgeräte Epilationsgeräte Hochfrequenzgeräte	
Beeinflussung von Flüssigkeiten	Batterien Elektrophoresegeräte Iontophoresegeräte Inhalatoren Raumluftbefeuchter	

Elektrischer Strom kann mithilfe elektrischer Geräte umgewandelt werden in Bewegung, Wärme, Kälte, Licht und dosierte elektrische Reize.

wandelt werden. Hierzu zählen z. B. Infrarotlichtgeräte, Solluxlampen, Rotlicht- und Blaulichtstrahler, Ultraviolettlichtgeräte (Höhensonnen), Sonnenbänke und Solarien. Die damit erzielten Wirkungen, z. B. die Bräunung oder Anregung der Durchblutung und des Stoffwechsels durch Erwärmung tiefer liegender Schichten, könnten durch eine manuelle Behandlung kaum oder gar nicht erreicht werden. Auch im Sterilisator wird elektrischer Strom in Strahlung umgewandelt. Dabei handelt es sich um UV-C-Strahlung, die aufgrund ihrer keimtötenden Wirkung zum Sterilisieren kosmetischer Hilfsmittel genutzt wird. Die Sterilisation kann allerdings nur erfolgen, sofern die Röhren oft und regelmäßig durch neue ausgewechselt werden.

Elektrischer Strom kann auch z. B. bei Behandlungen wie der Galvanisation die Bewegung von Flüssigkeiten, z. B. von Blut und Interzellularflüssigkeiten, beeinflussen. Diese Wirkung macht man sich auch bei der Iontophorese, Elektrophorese und Desincrustation zum Einbringen flüssiger Wirkstoffe zunutze.

Elektrizität kann auch selbst das „Kosmetikum" sein. In diesen Fällen ist der menschliche Organismus direkt an den elektrischen Stromkreis angeschlossen. Im menschlichen Organismus fließen elektrische Ströme. Diese können durch Strom von außen, z. B. mit dem Ziel der Aktivierung erschlaffter Muskeln, beeinflusst werden. Zu den direkten Stromanwendungen zählen Gleichstromanwendungen, Reizstromanwendungen sowie die Epilation und Koagulation.

2 Reinigungs- und Massageanwendungen in der apparativen Kosmetik

Reinigungs- und Massageanwendungen zählen zu den mechanisch ausgeführten Anwendungen in der Kosmetik. Die manuell ausgeführten Tätigkeiten können durch Geräte der apparativen Kosmetik ersetzt oder unterstützt werden.

2.1 Apparative Reinigungsanwendungen

In der kosmetischen Behandlung kann die mechanische Reinigung durch den Schwamm- oder Bürstenaufsatz eines Rotationsgeräts verstärkt werden. Je nach Hauttyp kann die Kosmetikerin zwischen einem Schaumstoffpolster, einer Ziegenhaarbürste und einer Schweinehaarbürste wählen. Für ein Körperpeeling stehen Tellerbürsten aus Schweinehaar zur Verfügung.

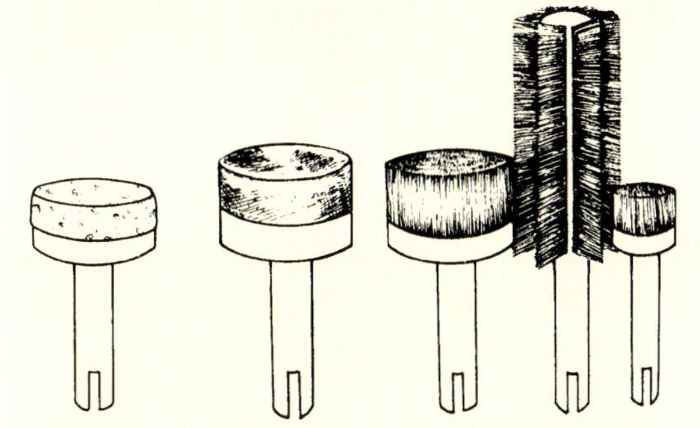

Für die apparative Reinigungsbehandlung stehen verschiedene Schleif-, Schwamm- und Bürstenaufsätze zur Verfügung.

Bürstenmassagegeräte unterstützen die Reinigungswirkung emulsionsförmiger Präparate und von Peelingpräparaten. Rotierende Bürsten aus feinem Ziegenhaar lösen die Verunreinigungen schonend und intensiv von der Hautoberfläche und aus den oberen Follikelzonen. Während der Behandlung hält die Kosmetikerin in der freien Hand ein Viskose-Schwämmchen, um damit Augenbrauen, Augenlider und den Haaransatz abdecken zu können. Rückstände des Präparats werden im Anschluss an die Behandlung mit warmem Wasser und Viskose-Schwämmchen oder mit Kompressen abgenommen.

Eine Methode des mechanischen Peelings ist die **Trockenschleifung** der Haut. Diese **Abrasion** mithilfe eines Schleifsteins empfiehlt sich für fettige, großporige, hyperkeratotische Haut und bei vollständig abgeheilten Aknenarben. In Ganzkörperbehandlungen wird sie bei Akne auf dem Rücken, bei der sogenannten „Gänsehaut" am Hals, an den Oberarmen und Oberschenkeln sowie bei stark verhornten Ellenbogen eingesetzt.

Das Schleifmedium wird dünn und gleichmäßig, bei Narben und Pigmentierungen etwas dicker, auf die zu behandelnden Hautareale aufgetragen. Wichtig ist, dass das Präparat antrocknet. Die Rotationsgeschwindigkeit des Schleifsteins muss schneller sein als beim Reinigen mit Polster und Bürste, damit sich Schleifmedium und Hornlamellen gut von der Epidermis lösen. Während die zu behandelnde Hautpartie mit der freien Hand gespannt wird, wird der schnell rotierende Schleifstein aufgesetzt. Ohne Druck zermahlt er ein bis zwei Sekunden lang das angetrocknete Schleifmedium, danach wird der nächste Hautbezirk in Angriff genommen.

Es darf ausschließlich mit der Fläche des Schleifsteins gearbeitet werden! Der Schleifstein darf niemals verkantet werden, da sonst die Haut verletzt wird. Die Augenpartie wird mit Wattepads, die mit

7

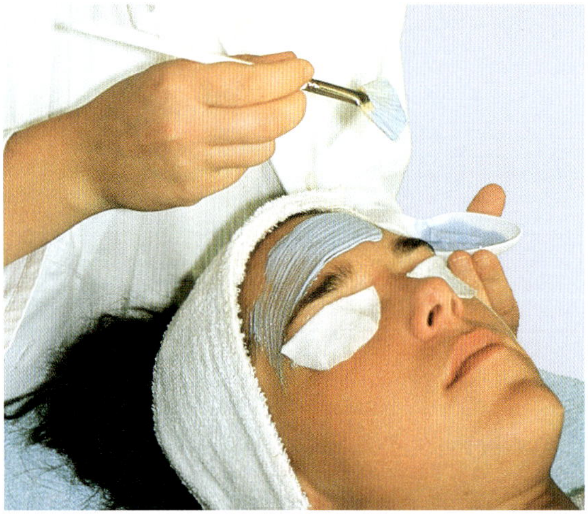

Ein Peelingpräparat wird mit einem Maskenpinsel im Verlauf der Spaltlinien großzügig auf die Haut aufgetragen. Augenbrauen, Augenlider und Haaransatz werden ausgespart.

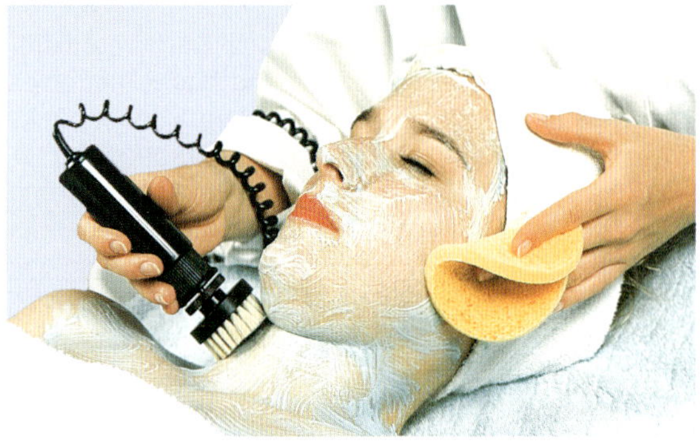

Mechanisches Peelen mithilfe der Gesichtstellerbürste eines Schleifgeräts: Die rotierenden Borsten lösen fest haftende Hornlamellen ab und reiben verstopfte Follikelöffnungen frei. Ohne Druck wird die mäßig schnell rotierende Tellerbürste in langsamen vertikalen und horizontalen Strichen über die Haut geführt, beginnend am Dekolleté, über den Hals zum Gesicht. An der Nasenpartie werden leicht kreisende Bewegungen ausgeführt.

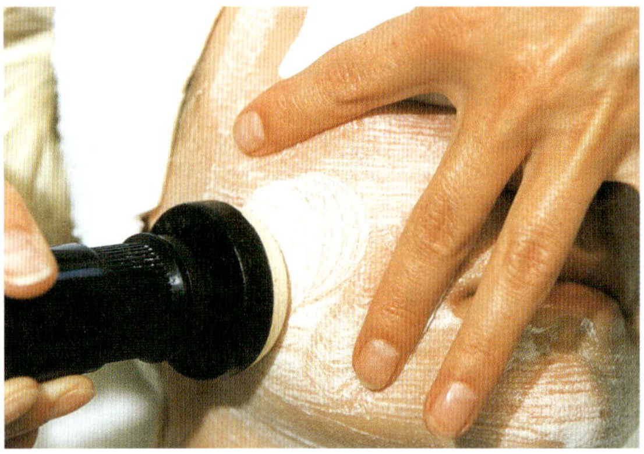

Die Trockenschleifbehandlung mit dem Schleifstein: Der schnell rotierende Schleifstein wird ohne Druck über die gespannte Hautpartie geführt. Das Schleifmedium wird dabei zu Staub zermahlen.

Augenlidlotion getränkt sind, abgedeckt. Rückstände des Schleifmediums werden mit warmem Wasser und Viskose-Schwämmchen abgenommen. Die Haut ist danach spürbar glatter und weicher. Das Hautrelief wirkt feiner.

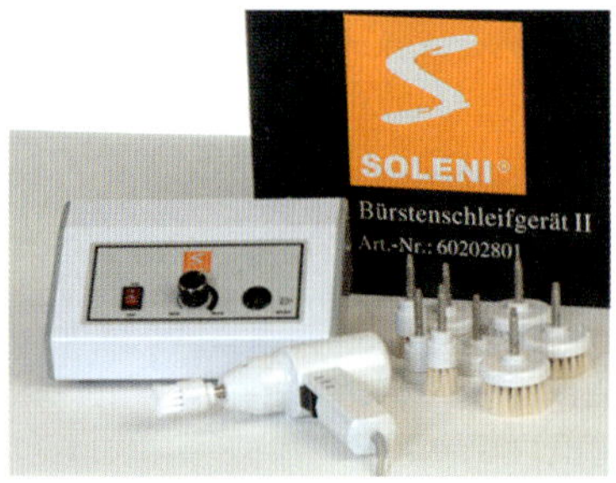

Bürstenschleifgerät mit verschiedenen Aufsätzen

2.2 Apparative Massageanwendungen

Massagen haben zum Ziel, das Gewebe zu lockern, Muskelverspannungen aufzuheben und die Durchblutung sowie den Lymphabfluss zu steigern. Sie fördern das Wohlbefinden. Die manuelle Massage kann durch Massagegeräte ergänzt werden. Hierzu zählen Bürsten-, Vibrations-, Vakuum- sowie Saug- und Druckluftmassagegeräte.

Der Einsatz von Massagegeräten im Kosmetikinstitut ist üblich. Dabei wird elektrische Energie in den Geräten in massierende Bewegungen (bzw. mechanische Energie) umgewandelt. Geräte sollten jedoch nicht ausschließlich die manuelle Massage ersetzen. Die Wirkung einer manuell oder apparativ ausgeführten Behandlung sollte sorgfältig abgewogen werden; denn der positive Effekt beim direkten Hautkontakt zwischen Kosmetikerin und Klientin bei der manuellen Massage entfällt. Massagegeräte sollten ergänzend und unterstützend eingesetzt werden. Apparativ ausgeführte Massagen sind sinnvoll, wenn der gewünschte Effekt manuell kaum oder nur unter hohem Aufwand und Anstrengung manuell erreicht werden kann. Dies ist bei der **Vibrationsmassage** der Fall.

7

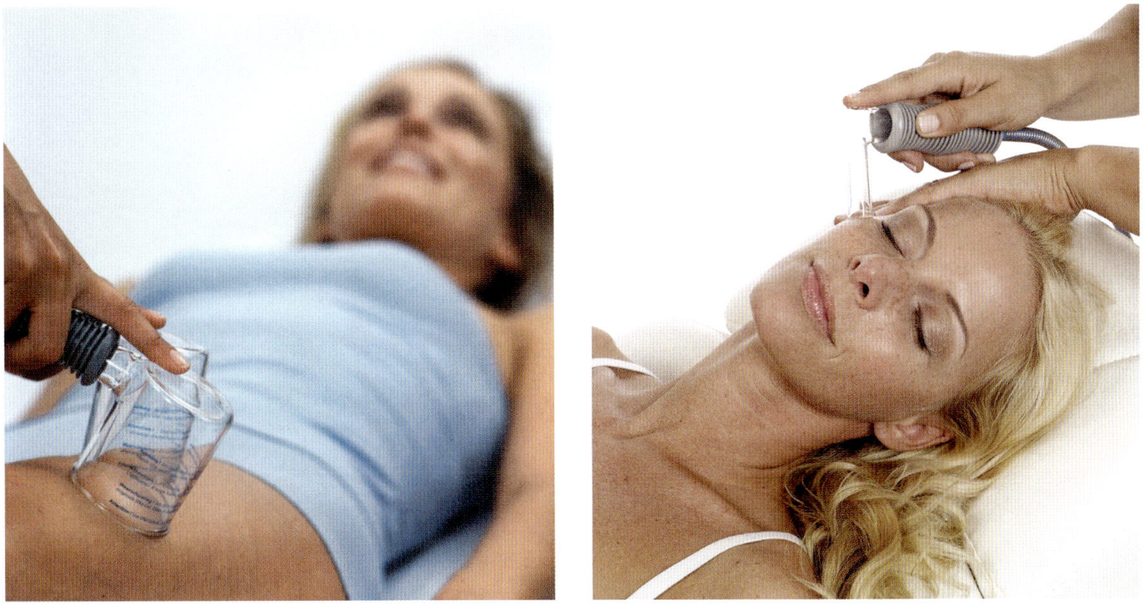

Die Vakuumsaugmassage wird auch Schröpfen genannt. Gewebebezirke werden durch Unterdruck angesogen. Das hat z. B. einen hohen durchblutungsfördernden Effekt.

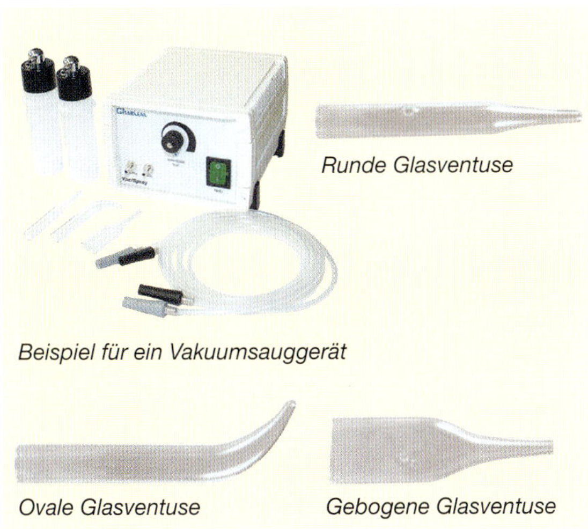

Je nach Anwendungsgebiet kann bei der Vakuumsaugmassage zwischen unterschiedlichen Saugglocken gewählt werden.

Vibrationsmassagegeräte erzeugen vibrierend-schwingende, rhythmische Bewegungen (**Vibrationen**). Vibrationen haben eine besonders intensive Wirkung zur Lockerung von Muskelverspannungen. Manuell sind Vibrationen sehr schwierig zu erzeugen. Außerdem ist die Vibrationsmassage relativ anstrengend für die Kosmetikerin. Die Geräte eignen sich deshalb besonders für die Behandlung größerer Körperoberflächen. Der Effekt der Massage hängt ab von der Wahl des Massageaufsatzes bzw. Massagekopfs und vom Druck, mit dem der Massagekopf über die Haut geführt wird. Außerdem ist der Massageeffekt von der Stärke der Vibrationen abhängig, die am Gerät variabel eingestellt werden können. Der Massageaufsatz wird auf dem Handrücken der Kosmetikerin befestigt. Die Vibrationen des Geräts werden durch das Auflegen auf die betroffenen Hautpartien übertragen. Die Massagerichtung entspricht den Muskelverläufen. Ein Gerät, das neben der Vibrationsmassage zusätzlich Interferenzstrom liefern kann, ist das **Vibrodyn**.

Die **Vakuumsaugmassage** ermöglicht zusätzliche Behandlungseffekte im Vergleich zu herkömmlichen Massagen. Diese Methode wird auch „Schröpfen“ genannt. Mithilfe einer Vakuum-Saugglocke wird ein Gewebebezirk angesogen. Der Sog entsteht durch einen am Gerät dosierbaren Unterdruck in der Saugglocke. Dadurch wird vermehrt Blut in das Gewebe gesogen. Der Bezirk wird besonders stark durchblutet, was an der nachfolgenden Hautrötung sichtbar ist. Auch der Lymphkreislauf wird angeregt. Ein weiterer Effekt ist die Lockerung von Gewebeverhärtungen. Je nach gewünschtem Effekt und Größe der zu behandelnden Körperbezirke kann zwischen verschiedenen Größen der Saugglocken gewählt werden.

Die Vakuumsaugmassage wird auch eingesetzt bei Cellulite, Fettpölsterchen, durchblutungsbedingtem Haarausfall sowie zur Vorbereitung auf die Ausreinigung. Durch den Sog setzen sich oberste Hautschüppchen gut sichtbar in der Saugglocke ab. Tiefer liegende Komedonen lassen sich anschließend besser ausreinigen. Außerdem wird dieses Gerät für die **apparative Lymphdrainage** verwendet. Um eine Stimulierung der Lymphzirkulation bzw. Unterstützung des Lymphabflusses zu erreichen, muss der Verlauf der Lymphbahnen berücksichtigt werden.

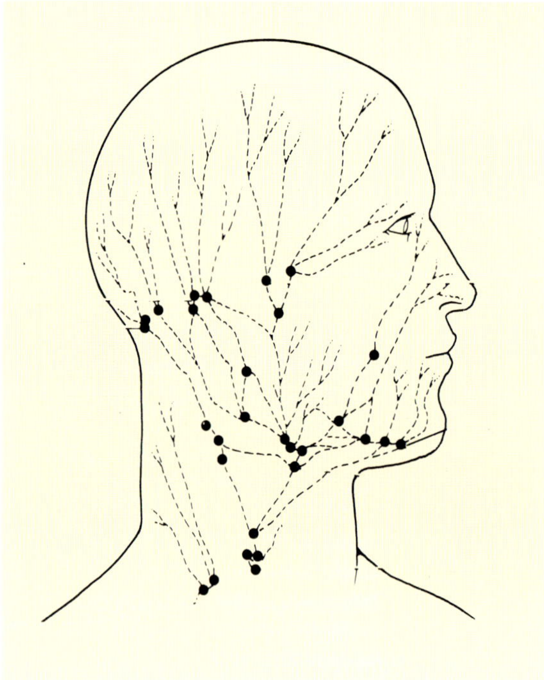

Lymphbahnen und Lymphknotenpunkte am Kopf

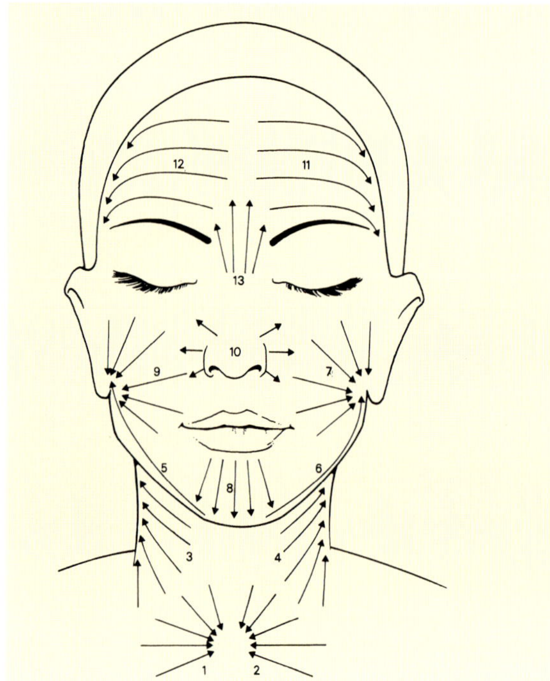

Die Richtung der Lymphbahnen muss berücksichtigt werden.

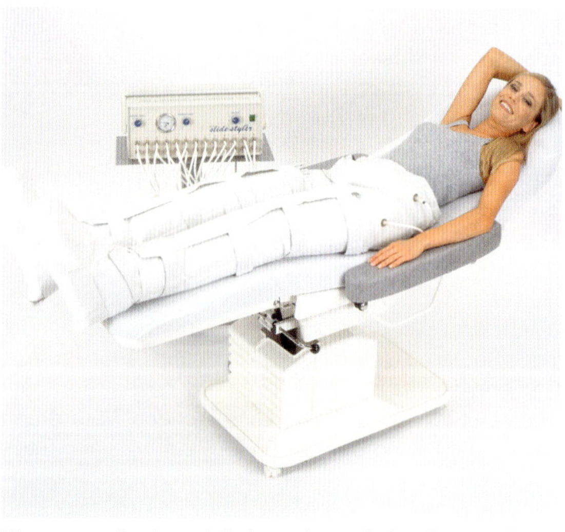

Eine apparative Lymphdrainage ist nur in bestimmten Fällen eine Alternative zu einer manuellen Behandlung durch die Kosmetikerin.

Behandelt werden meistens die Oberarme, die Bauchdecke, die Hüften und Oberschenkel. Achten Sie bei der Einstellung des Sogs darauf, dass die Saugwirkung nur ganz minimal sein darf, da sonst die Lymphbahnen verletzt werden!

Nehmen Sie Stellung: In welchen Fällen entscheiden Sie sich für eine manuelle Massage und in welchen für eine apparative Massage? Wägen Sie ab. Nennen Sie jeweils Indikationen und Argumente.

3 Was ist elektrischer Strom?

Die Kosmetikerin muss, sofern sie apparativ behandeln will, elektrische Geräte handhaben und sicher mit elektrischem Strom umgehen können. Was aber ist elektrischer Strom? Wie entsteht Strom? Wie gelangt Strom zum elektrischen Gerät und von da aus zum menschlichen Organismus?

Elektrischer Strom selbst ist nicht sichtbar, sondern nur dessen umgewandelte Form, so sind z. B. Licht, Lichtstrahlung, Wärme und Bewegung verschiedene Formen von **Energie**. Die Frage, was Energie bzw. **elektrischer Strom** ist, wird mithilfe von Modellvorstellungen erklärt. Man geht davon aus, dass die gesamte Welt aus kleinsten Teilchen besteht. Diese kleinsten, nicht mehr teilbaren Bestandteile werden **Atome** genannt. In der Mitte des Atoms befindet sich ein Atomkern. Der Atomkern enthält Neutronen und Protonen. Um den Atomkern herum befinden sich in einer bestimmten Anordnung **Elektronen**.

Neutronen sind – wie der Name schon sagt – neutral. Dagegen sind Protonen und Elektronen elektrisch geladene Teilchen. Protonen sind elektrisch positiv geladen, sie werden durch ein Pluszeichen gekennzeichnet. Elektronen sind elektrisch negativ geladen und werden deshalb mit einem Minuszeichen gekennzeichnet. Sind gleich viele Elektronen und Protonen in einem Atom vorhanden, gleichen sich die Ladungen aus und das Atom ist neutral. Es herrscht ein Ladungsausgleich.

7

Elektrische Leiter		Nichtleiter
Gute elektrische Leiter	Weniger gute elektrische Leiter	
– Metalle (vor allem Gold, Silber, Kupfer) – Kohle – wässrige Lösungen, die Elektrolyte enthalten (Säuren, Laugen, Salzwasser)	– feuchte Fußböden – feuchtes Holz – feuchte, durchschwitzte Kleidung – Leitungswasser – menschliches Gewebe (z. B. die trockene Haut) – Körperorgane	– Glas – Porzellan – Keramik – Kunststoffe – Gummi – Öl

Elektrische Leiter und Nichtleiter: Elektrischer Strom fließt nur in elektrischen Leitern.

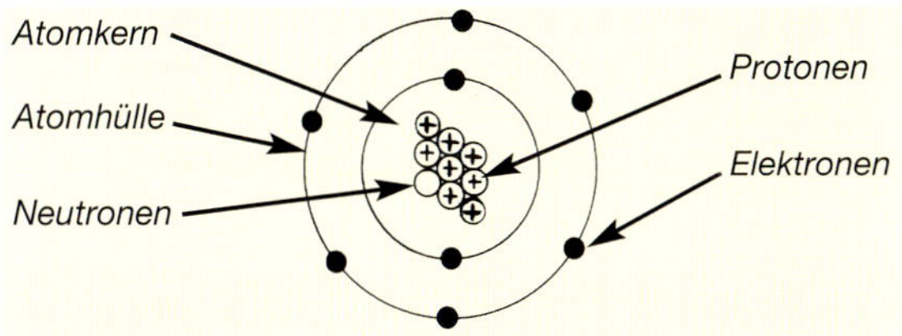

Die Bestandteile eines Atoms nach einer Modellvorstellung: Beispiel Sauerstoffatom

Elektronen können sich in elektrisch leitenden Materialien bewegen. Einige Elektronen der Atome lassen sich aus der Anordnung um den Atomkern herauslösen. Elektronen können aber auch einem Atom zugeführt werden. Hat ein Atom negativ geladene Elektronen aufgenommen, dann überwiegt die negative Ladung. Es besteht ein Ladungsunterschied. Sind mehr Elektronen in einem Atom vorhanden, ist das gesamte Atom negativ geladen. Negativ geladene Atome werden **Anionen** genannt. Werden dem Atom dagegen negativ geladene Elektronen entzogen, dann überwiegt die positive Ladung der positiv geladenen Protonen. Es besteht dann ebenfalls ein Ladungsunterschied. Das Atom ist positiv geladen. Positiv geladene Atome werden **Kationen** genannt.

Der Oberbegriff für elektrisch geladene Atome ist **Ionen**. Ein Wasserstoffatom besteht z. B. aus einem Proton und einem Elektron. Wenn das Elektron abgegeben wird, hat es nur noch ein Proton. Es ist positiv geladen. Man spricht deshalb von einem Wasserstoffion.

Alle geladenen Teilchen eines Atoms, egal ob positiv oder negativ geladen, haben zwei Eigenschaften, die Ihnen von Magneten her bekannt sind. Erstens: Ungleich geladene Teilchen ziehen sich an, das bedeutet, dass negativ geladene Elektronen und positiv geladene Protonen sich anziehen. Zweitens: Gleich geladene Teilchen stoßen sich ab, das bedeutet, dass Protonen Protonen abstoßen. Elektronen stoßen Elektronen ab. Diese beiden Eigenschaften aller elektrisch geladenen Teilchen sind ein Grund für das Fließen von elektrischer Energie.

Für die Bewegung von Elektronen bzw. für das Fließen von elektrischem Strom muss ein Stromleiter vorhanden sein. Elektronen können sich z. B. in Metallen wie Kupfer, Gold und Silber bewegen. Diese Metalle sind **elektrische Leiter**. Auch Flüssigkeiten wie Salzwasser, Leitungswasser, Säuren und Laugen sind elektrische Leiter. Dagegen können sich Elektronen in Glas, Gummi, Kunststoff oder Porzellan nicht bewegen. Deshalb nennt man diese Materialien elektrische **Nichtleiter**. Nichtleiter werden als Isolatoren für elektrische Leiter verwendet.

Die Voraussetzung für die Gewinnung von Energie ist eine **Energiequelle**. Für den menschlichen Organismus ist die Nahrung die wichtigste Energiequelle. Wir wandeln die in der Nahrung gespeicherte Energie um und nutzen sie z. B. als mechanische Energie für Bewegungen oder als Wärmeenergie zur Erhaltung unserer Körpertemperatur. Die Sonne als Energiequelle wirft z. B. Licht- und Wärmeenergie auf die Erdoberfläche. Wir können diese Strahlungsenergie der Sonne „auffangen" und in elektrischen Strom umwandeln. Dieser elektrische Strom kann dann wiederum z. B. in Massagegeräten zu mechanischer Energie bzw. Bewegung umgewandelt werden. Ein anderes Beispiel ist die Bewegung von Wasser und Wind. Diese mechanische Energie kann in Kraftwerken ebenfalls in elektrischen Strom umgewandelt werden.

Kraftwerke geben den elektrischen Strom über elektrische Leiter an die Haushalte ab. Der Strom fließt weiter zum elektrischen Gerät und von da aus wieder zurück zum Kraftwerk. Das gleiche Prinzip findet man z. B. in einer Taschenlampe. Die Batterie liefert elektrischen Strom, der die Glühbirne zum Leuchten bringt und zurück zur Batterie fließt. Auch gilt dieses Prinzip bei einem Akku-Rasierer und bei einem mit Akku betriebenen Depilationsgerät. Immer ist ein **Stromkreislauf** vorhanden. Der Stromkreislauf muss – wie der Name schon sagt – ein geschlossener Kreis sein. Der Stromkreis beginnt und endet im Kraftwerk, in einer Batterie oder einem Akku. Durch z. B. das Herausziehen des Steckers aus der Steckdose fließt kein Strom mehr. Der Stromkreis ist dann unterbrochen.

4 Maßeinheiten des elektrischen Stroms

Der Liter ist eine Maßeinheit für Flüssigkeiten. Gewichte werden in Milligramm, Gramm oder Kilogramm gemessen und Entfernungen in Zentimeter, Meter oder Kilometer. Genauso gibt es auch Maßeinheiten, die über elektrischen Strom Auskunft geben. Vier Maßeinheiten sind bedeutsam: Spannung (gemessen in Volt), Widerstand (gemessen in Ohm), Stromstärke (gemessen in Ampere) und Leistung (gemessen in Watt oder Kilowatt). Das Kürzel „Kilo" bedeutet „das Tausendfache".

Am Anfang des Stromkreises befindet sich ein negativer Pol (Minuspol, **Kathode**). Am negativen Pol sind Elektronen im Überschuss vorhanden. Die Elektronen werden deshalb abgestoßen. Am Ende des Stromkreises befindet sich ein positiver Pol (Pluspol, **Anode**), an dem ein Elektronenmangel herrscht. Zwischen dem negativen und dem positiven Pol herrscht also ein Ladungsunterschied. Elektronen werden darum vom positiven Pol angezogen. Zwischen den beiden Polen befindet sich ein elektrischer **Leiter**, durch den die Elektronen vom negativen zum positiven Pol fließen. Diesen Elektronenfluss in eine Richtung nennt man **Gleichstrom**.

Je höher der Ladungsunterschied zwischen den Polen ist, desto mehr Elektronen fließen durch den elektrischen Leiter. Der Ladungsunterschied wird auch **Spannung** genannt. Spannung wird in **Volt** gemessen. Je höher die Spannung ist, desto höher ist die Voltzahl. Die höchste Spannung misst man z. B. mit mehreren hunderttausend Volt an Hochspannungsleitungen. Demgegenüber beträgt der Spannungswert in öffentlichen Stromnetzen 220 Volt, in Telefongeräten 60 Volt und in der menschlichen Zelle nur 80 Millivolt.

Elektrischer Strom muss größtenteils über weite Strecken und durch sehr dünne und gewundene Leiter fließen. Dadurch wird der Stromfluss gehemmt. Elektrische Leiter setzen dem Stromfluss einen mehr oder weniger großen **Widerstand** entgegen. Der Widerstand hängt von drei Faktoren ab. Erstens von der Beschaffenheit des Leiters: Z. B. leitet Kupfer besser als Eisen. Kupfer ist also ein guter elektrischer Leiter. Zweitens vom Querschnitt des Leiters: In einem dünnen Leiter „drängen" sich die Elektronen mehr als in einem dicken Leiter. Drittens hängt der Widerstand von der Länge eines Leiters ab: Je länger der Leiter, desto länger ist auch der Weg, den die Elektronen zurücklegen müssen. Zusammenfassend bedeutet dies: Je größer der Widerstand ist, desto weniger Strom kann fließen. Auch dies kann gemessen werden. Die Maßeinheit für Widerstand ist **Ohm** (Ω).

Die **Stromstärke** ist abhängig von der Spannung und vom Widerstand. Je mehr Elektronen in einer bestimmten Zeit ungehindert durch einen elektrischen Leiter fließen, desto größer ist die Stromstärke. Das bedeutet: Je höher die Spannung und je geringer der Widerstand, desto höher ist die Stromstärke. Das bedeutet umgekehrt: Je niedriger die Spannung und je höher der Widerstand, desto niedriger ist die Stromstärke. Die Stromstärke wird in **Ampere** (A) gemessen.

Beispiele	Höhe der Spannung
Menschliche Zelle:	80 Millivolt (mV)
Lichtanlage im Auto:	6 oder 12 Volt (V)
Festnetz-Telefon:	60 Volt (V)
Iontophoresegerät:	220 bis 230 Volt (V)
Bedampfungsgerät z. B. Vapozon:	220 bis 230 Volt (V)
Sterilisator:	220 Volt (V)
Öffentliches Stromnetz in den USA:	110 Volt (V)
Öffentliches Stromnetz in Deutschland:	220 Volt (V)
Hochspannungsleitungen:	mehrere hunderttausend Volt (V)
Gewitter:	bis zu tausend Millionen Volt (V)

Volt ist die Maßeinheit für Ladungsunterschiede zwischen den Polen bzw. für die Spannung. Auf den Typenschildern elektrischer Geräte wird die Spannung in Volt angegeben. Je höher die Spannung ist, desto mehr Elektronen fließen.

Leistung ist die „Arbeit", die der elektrische Strom bzw. ein elektrisches Gerät in einer bestimmten Zeit (z. B. in einer Stunde, d. h. in einer **kWh**) verrichten kann. Die Maßeinheit für Leistung ist **Watt** (W) oder **Kilowatt** (kW). Die Typenschilder auf elektrischen Geräten informieren auch über die Leistung, die das Gerät verrichten kann. Föhne haben z. B. eine Leistung von 400 bis 600 Watt.

5 Unfallverhütung beim Umgang mit elektrischem Strom

Auch der menschliche Organismus ist ein verhältnismäßig guter elektrischer Leiter. Bei einem erwachsenen Menschen beträgt der Widerstand – gemessen von einer Hand zur anderen – etwa eintausend Ohm. Dieser Widerstand verringert sich extrem bei nassen Händen. Dies macht man sich in der apparativen Kosmetik zunutze. Aber Achtung: Feuchtigkeit erhöht aufgrund der Leitfähigkeit zugleich die Unfallgefahr mit elektrischem Strom beträchtlich! Fassen Sie deshalb niemals mit nassen Händen Stecker, Leitungskabel oder elektrische Geräte an. Berühren Sie niemals zugleich elektrische Geräte und Wasserleitungen! Selbstverständlich ist, dass man in der Badewanne kein elektrisches Gerät (z. B. Telefon

7

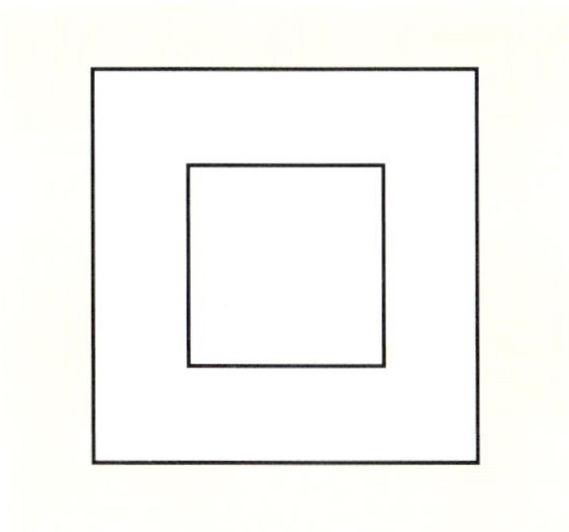

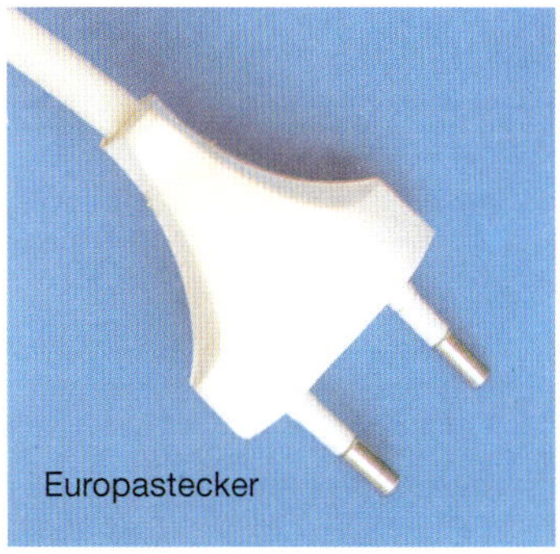

Sichere elektrische Geräte sind mit Schutzleiter, Schutzkontakten und doppelt isolierten Leitungen ausgestattet. Das Zeichen für Schutzisolierung ist ein Doppelquadrat. Geräte, die das Doppelquadrat nicht tragen, sind oft mit einem Europastecker ausgerüstet.

Sicherheitstechnisch geprüfte Geräte tragen Prüfzeichen: GS für geprüfte elektrische und mechanische Sicherheit, VDE (Verband deutscher Elektrotechniker) für geprüfte elektrische Sicherheit, sowie Zeichen anerkannter Prüfstellen, z. B. der Berufsgenossenschaft (BGW) oder des TÜV.

Das Funkschutzzeichen ist kein Zeichen für geprüfte Sicherheit, sondern besagt nur, dass das elektrische Gerät den Rundfunk- und Fernsehempfang nicht stört.

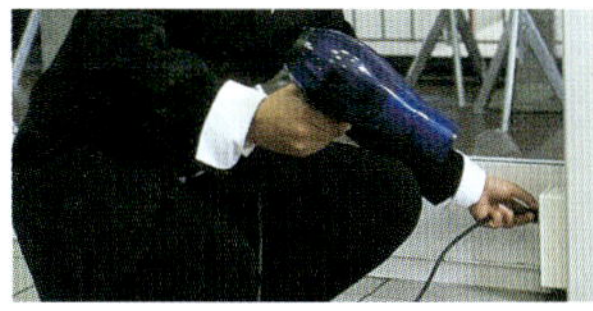

Fassen Sie zum Herausziehen nie an der Schnur, sondern immer am Stecker an.

oder Föhn) anfassen darf, da man sonst einen (tödlichen) elektrischen Schlag bekommt.

Man unterscheidet bei **Stromunfällen** verschiedene Wirkungen auf den menschlichen Organismus, z. B. **Verbrennungen** (thermische Wirkung des Stroms), Muskelverkrampfung und Herzkammerflimmern. Bei einer Stromstärke bis zwei Milliampere (2 mA) spürt man bereits ein leichtes Kribbeln. Meistens erfolgt eine unkontrollierte Reflexbewegung (Wegzucken). Ab zehn Milliampere (10 mA) können Lähmungserscheinungen, Blutdrucksteigerungen, Muskelverkrampfungen, Herzkammerflimmern, Übelkeit und Versagen des Blutkreislaufs auftreten. Spannungen über 65 Volt oder Stromstärken über 50 Milliampere (mA) können für den Menschen tödlich sein.

Beim **Umgang mit elektrischem Strom** gilt immer: safety first! Eine der häufigsten Unfallquellen ist die Geräteschnur, wenn sie verwickelt, verknotet oder sogar beschädigt ist. Überprüfen Sie regelmäßig die Geräteleitungen. Beschädigte Leitungen bzw. Isolatoren müssen sofort von einem Fachmann ersetzt werden. Niemals den Stecker an der Schnur herausziehen, denn dadurch lösen sich die Anschlüsse im Stecker, was einen Kurzschluss zur Folge haben kann. Fassen Sie zum Herausziehen immer am Stecker an.

Empfehlenswert sind elektrische Geräte, die mit einem Schutzleiter in der Anschlussleitung, mit doppelt isolierten Leitungen und mit Schutzkontakt (Schuko) am Stecker gesichert sind. Das Zeichen für eine Schutzisolierung ist ein Doppelquadrat am Stecker. Geräte, die mit einem Europastecker ausgerüstet sind, haben meistens keine Schutzkontakte und Schutzleiter. Sicherungen schützen Stromleitungen vor Überlastung (z. B. bei Kurzschlüssen). Es ist verboten, Sicherungen zu überbrücken oder zu flicken.

Jedes Jahr sterben in Deutschland etwa dreihundert Menschen am Arbeitsplatz durch unsachgemäßen Umgang mit elektrischem Strom. Unfallverhütungsvorschriften müssen vor allem bei Arbeiten in Feuchträumen sowie bei möglichen Überhitzungen von Geräten und Kurzschlüssen beachtet werden. Wenn Sie ein elektrisches Gerät reinigen wollen, müssen Sie zuerst das Gerät abschalten und den Stecker aus der Steckdose ziehen. Niemals dürfen Sie elektrische Geräte in Wasser legen! Reparaturen defekter Geräte nur von einem Fachmann ausführen lassen!

Sicherheitstechnisch geprüfte Geräte tragen Prüfzeichen. Hierzu zählt das von allen anerkannten Prüfstellen vergebene GS-Prüfzeichen für geprüfte elektrische und mechanische Sicherheit. Ein weiteres Prüfzeichen für geprüfte elektrische Sicherheit ist das CE-Zeichen, das elektrische Geräte nach den Normen der Europäischen Union tragen. Elektrische Geräte, die das VDE-Zeichen tragen, sind nach den

Sicherheitsvorschriften des Verbandes deutscher Elektrotechniker gebaut und geprüft. Weitere staatlich anerkannte Prüfzeichen stammen z. B. vom Technischen Überwachungs-Verein (TÜV) oder der Berufsgenossenschaft für Gesundheitsdienst und Wohlfahrtspflege (BGW). Ist das Prüfzeichen direkt auf dem Gerät angebracht, gilt es als Sicherheitsgarantie für das gesamte Gerät. Befindet sich das Prüfzeichen aber nur auf dem Stecker, dann gilt es auch nur für den Stecker.

Bereits beim Kauf eines elektrischen Geräts können Sie auf mechanische und elektrische Sicherheit achten. Entscheiden Sie sich möglichst immer für Geräte, die das GS-Zeichen tragen. Einige Hersteller elektrischer Geräte der apparativen Kosmetik bieten einen firmeneigenen Kundendienst an, der Reparaturen ausführt und evtl. auch ein Ersatzgerät anbieten kann. Ein weiteres Angebot sind Ersatzteilgarantien von bis zu zehn Jahren. Verlangen Sie beim Kauf eines Geräts eine Auslieferung und Montage durch den Hersteller und bestehen Sie auf eine Einweisung zum richtigen Umgang mit dem elektrischen Gerät. Sind die Hinweisschilder und Bedienungsanleitungen in deutscher Sprache geschrieben? Erkundigen Sie sich vor dem Kauf über diese Angebote sowie über die Kosten.

Bei Unfällen mit elektrischem Strom müssen Sie sofort den Strom oder die Sicherung abschalten. Ein unter Strom stehender Mensch muss sofort von den elektrischen Teilen weggerissen werden. Dabei dürfen Sie den Menschen niemals direkt anfassen, sondern nur an der trockenen Kleidung. Rufen Sie einen Notarzt.

6 Berechnung der Stromkosten und Einsparmöglichkeiten

Bei der Kalkulation des Behandlungspreises für apparative Maßnahmen müssen auch die anfallenden Stromkosten berücksichtigt werden. Aber nicht nur aus Kostenersparnis, sondern auch der Umwelt zuliebe muss mit elektrischem Strom sparsam umgegangen werden.

Achten Sie nicht nur aus Gründen der Kosteneinsparung im Kosmetikinstitut auf den sinnvollen und sparsamen Umgang mit elektrischem Strom. Der Stromverbrauch hat in den letzten Jahren ständig zugenommen. Strom wird überwiegend durch Kohle-, Öl- und Atomkraftwerke erzeugt, die z. B. durch Abgase oder radioaktive Rückstände die Umwelt belasten. Ein steigender Stromverbrauch bedeutet daher auch eine höhere Umweltbelastung.

Die Formel zur Berechnung des Stromverbrauchs bzw. der **Stromkosten** ist: Stromkosten = Leistung mal Zeit mal Preis. Die **Leistung** wird gemessen in Watt (W) oder Kilowatt (kW). Die Leistung eines elektrischen Gerätes wird auf Typenschildern, die an den Geräten befestigt sind, angegeben. Die Zeit wird in Stunden (h) gemessen bzw. von Minuten auf Stunden umgerechnet. Der Preis des Stroms je Kilowattstunde (kWh) kann beim zuständigen Elektrizitätswerk erfragt, im Internet ermittelt und unter verschiedenen Stromanbietern verglichen werden. Im Jahr 2011 betrug der Strompreis etwa 0,19 EUR für eine Kilowattstunde. Hinzu kommt noch ein Grundpreis.

Beispiel 1: Berechnung der Stromkosten eines Vapozons, das zwanzig Minuten angeschaltet und auf dem eine Leistung von 1,2 kW angegeben ist: Stromkosten = Leistung x Zeit x Strompreis = 1,2 kW x 0,3 h x 0,19 EUR = 0,0684 EUR.
Beispiel 2: Berechnung der Stromkosten einer Sauna, deren Leistung 9,0 kW beträgt und die (inklusive Vorwärmzeit) vier Stunden angeschaltet ist: Stromkosten = Leistung x Zeit x Strompreis = 9,0 kW x 4 h x 0,19 EUR = 6,86 EUR.

Strom kann im Kosmetikinstitut auf einfache Weise eingespart werden. Achten Sie darauf, dass die Kosmetikräume nicht überheizt werden. Lassen Sie Wasser und vor allem warmes Wasser nicht unnötig lange laufen. Tauen Sie regelmäßig Kühl- und Gefrierschränke ab. Schalten Sie Licht und elektrische Geräte bei Nichtbedarf aus. Elektrische Heizgeräte und Ventilatoren verbrauchen besonders viel Strom. Setzen Sie diese Geräte nur sparsam ein. Sie können darauf verzichten, wenn Sie die Räume bei Kälte mit der Heizung beheizen oder die Räume bei Hitze verdunkeln. Nutzen Sie das Fassungsvermögen von Waschmaschinen und Wäschetrocknern möglichst aus. Besser noch: Verzichten Sie auf einen Wäschetrockner und lassen Sie die Wäsche lufttrocknen. Etwas „härtere“ Handtücher haben zusätzlich den positiven Effekt, dass sie die Haut bei jedem Abtrocknen leicht massieren. Für empfindliche Haut kann man die Handtücher, wenn sie fast trocken sind, nur kurz in den Wäschetrockner geben.

Weitere Infos zum Energieverbrauch unter:
www.check24.de www.verivox.de
www.energiesparen-im-haushalt.de
www.energieverbraucher.de www.toptarif.de

7 Die Stromarten und ihre Einsatzgebiete in der Kosmetik

In der Kosmetik wird häufig von etlichen, verschiedenen **Stromarten** gesprochen. Dies ist verwirrend und außerdem nicht korrekt. Es gibt genau genommen lediglich zwei Stromarten: Gleichstrom und

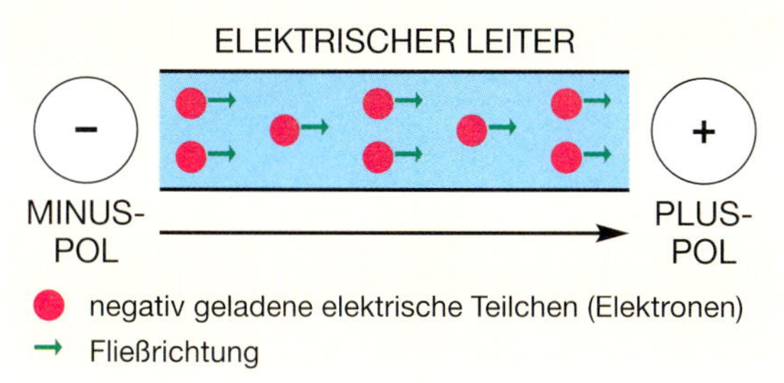

Bei Gleichstrom fließen die Elektronen immer in die gleiche Richtung: vom Minuspol zum Pluspol.

Wechselstrom. Diese können hinsichtlich ihres Stromflusses und ihrer Stromstärke variiert werden.
Elektrischen Strom, der immer in die gleiche Richtung fließt, nennt man **Gleichstrom**. Dabei bewegt sich der Elektronenfluss immer vom Minuspol zum Pluspol. Gleich bedeutend kann man sagen: Die elektrisch negativ geladenen Teilchen (Elektronen) fließen immer vom Minuspol zum Pluspol. Das Zeichen für Gleichstrom ist (=).

Gleichstrom wird unterschieden nach konstantem Gleichstrom und Impulsstrom. **Konstanter Gleichstrom** fließt in eine Richtung und wird zudem nicht unterbrochen. Er unterliegt keinen nennenswerten Schwankungen und hat immer die gleiche Spannung. Anwendungen mit konstantem Gleichstrom sind die Galvanisation, die Iontophorese, die Thermophorese, die Elektrophorese und die Desincrustation.

Das konstante Fließen des Gleichstroms kann in bestimmten Zeitabständen unterbrochen werden. Dann fließen die Elektronen zwar auch mit gleicher Stromstärke nur in eine Richtung, aber sie fließen nicht konstant und gleichmäßig, sondern stoßweise. Diese Abwandlung des Gleichstroms ist der **Impulsstrom**. Impuls bedeutet Anstoß oder Antrieb. Impulsstrom ist sozusagen „zerhackter" Gleichstrom, dessen Wirkung mit kleinen Stromstößen vergleichbar ist. Deshalb zählen Behandlungen mit Impulsstrom zu den **Reizstromanwendungen**.

Die meisten **Gleichstromgeräte** können sowohl konstanten Gleichstrom als auch unterbrochenen Impulsstrom liefern. Man kann sie mit denselben Elektroden für sämtliche Gleichstrombehandlungen verwenden.

Beim **Wechselstrom** wechselt der elektrische Stromfluss ständig seine Richtung. Dies wird durch schnelles Umschalten (Umpolen) der elektrischen Pole, d. h. durch Polwechsel verursacht. Aus dem Minuspol wird der Pluspol und umgekehrt. Da die elektrisch negativ geladenen Elektronen immer zum Pluspol fließen, wechseln sie bei Umpolung die Fließrichtung. Die „normale" Netzspannung („aus der Steckdose") in Deutschland ist Wechselstrom mit einer Spannung von 230 Volt. Das Zeichen für Wechselstrom ist (≈). Der Wechselstrom wird in Gleichstromgeräten in Gleichstrom umgewandelt.

Die Wirkung des Stroms auf den menschlichen Organismus kann sowohl beim Gleichstrom als auch beim Wechselstrom variiert werden. Die Stromwirkung beim Impulsstrom hängt davon ab, wie häufig der Strom pro Zeit unterbrochen wird. Die Stromwirkung beim Wechselstrom ist dagegen abhängig von der Häufigkeit des Polwechsels, d. h. davon, wie häufig der Strom seine Richtung wechselt. Die Anzahl bzw. die Häufigkeit der Impulse beim Impulsstrom und des Polwechsels beim Wechselstrom in einer bestimmten Zeit nennt man **Frequenz**. Das bedeutet: Bei niedrigfrequentem Impulsstrom wird der Strom relativ selten unterbrochen und bei hochfrequentem Impulsstrom wird der Stromfluss relativ häufig unterbrochen. Bei niedrigfrequentem Wechselstrom wechselt die Stromrichtung in relativ langsamer Abfolge und bei hochfrequentem Wechselstrom wechselt die Stromrichtung in relativ schneller Abfolge.

Die Maßeinheit für Frequenz ist **Hertz** (Hz). Man unterscheidet drei Frequenzbereiche: Niederfrequenz, Mittelfrequenz und Hochfrequenz. In jedem Frequenzbereich übt der Strom typische Wirkungen auf den menschlichen Organismus aus.

Der **Niederfrequenzbereich** umfasst die Frequenzen zwischen 0 und 1000 Hertz (Hz). 1000 Hertz entsprechen 1 Kilohertz (1 kHz). Für die Kosmetik ist jedoch nur der Bereich zwischen 0 und 100 Hertz relevant. Bei allen Gleichstromanwendungen arbeitet man mit niederfrequenten Strömen. Der konstante Gleichstrom, der bei der Galvanisation, Iontophorese, Elektrophorese und Desincrustation verwendet wird, hat eine Frequenz von null. Denn bei konstantem Gleichstrom wird weder das gleichmäßige Fließen des Stroms unterbrochen, noch findet ein Polwechsel statt. Niederfrequente Ströme haben eine elekrolytische bzw. iontophoretische Wirkung. Niederfrequenter Strom wird außerdem eingesetzt für Reizstromanwendungen mit Impulsstrom. Hier liegt die Frequenz je nach Einstellung am Gerät zwischen 1 und 100 Hertz.

Die Frequenzen zwischen 1000 Hertz (1 Kilohertz) bis 100 000 Hertz (100 Kilohertz) werden dem **Mittelfrequenzbereich** zugeordnet. Mittelfrequente Ströme haben eine hohe Reizwirkung auf Nerven.

Zum **Hochfrequenzbereich** zählen alle Frequenzen ab 300 000 Hertz (300 Kilohertz). Hochfrequente Ströme sind immer Wechselströme mit hoher Spannung. Sie erzeugen intensive Wärme- bzw. Hitzewirkungen. Hochfrequente Ströme wirken im Gegensatz zu nieder- und mittelfrequenten Strömen nicht anregend. Einsatzgebiete hochfrequenter Ströme sind die Epilation und Koagulation. Bei der Epilation beträgt die Frequenz etwa zwei Millionen Hertz. Das bedeutet, dass der Wechselstrom zwei Millionen mal pro Sekunde die Stromrichtung wechselt.

8 Gleichstromanwendungen

Zu den Gleichstromanwendungen zählen die Galvanisation, die Iontophorese, die Thermophorese, die Elektrophorese und die Desincrusation. Während bei der Galvanisation lediglich mit Gleichstrom gearbeitet wird, sollen bei den anderen Anwendungen zusätzlich Wirkstoffe in die obersten Hautschichten eingeschleust werden.

Strom fließt auch in flüssigen Leitern. Der menschliche Organismus ist deshalb ein elektrischer Leiter; denn er besteht zum großen Teil aus Flüssigkeiten. Körperflüssigkeiten setzen sich u. a. aus Wasser und elektrisch geladenen Teilchen zusammen. Man spricht hier von Ionen und Elektrolyten. Ionen ist der Oberbegriff für alle elektrisch geladenen Atome. **Anionen** sind elektrisch negativ geladene Teilchen. **Kationen** sind elektrisch positiv geladene Teilchen: z. B. Na^+ (positiv geladenes Natriumion), Cl^- (negativ geladenes Chloridion), H^+ (positiv geladenes Wasserstoffion), OH^- (negativ geladenes Hydroxidion). **Elektrolyte** sind Flüssigkeiten, die solche oder andere Ionen enthalten. Zu den Elektrolyten zählen Wasser, Säuren, Laugen, Blut und Lymphe.

Da die Flüssigkeitsanteile in den einzelnen Körperpartien und Organen verschieden sind, ist auch die Stromleitfähigkeit unterschiedlich. In den relativ flüssigkeitsarmen Knochen ist kaum ein Stromfluss möglich. In den Muskeln ist die Stromleitfähigkeit demgegenüber deutlich höher. Die Stromleitfähigkeit ist in den Blut- und Lymphbahnen besonders hoch; denn sie sind flüssigkeitsreich und enthalten viele frei bewegliche Ionen. Die Stromleitfähigkeit der Haut ist je nach Feuchtigkeitszustand verschieden. Nasse Haut (z. B. durch Wasser, Schweiß oder Ampullenflüssigkeiten) leitet Strom sehr viel besser als trockene Haut. Blut, Lymphe und nasse Haut sind also gut leitende **Elektrolyte**.

Fast alle **Gleichstromgeräte** werden mit der „normalen Netzspannung aus der Steckdose" betrieben. Da es sich hierbei um Wechselstrom handelt, muss dieser in Gleichstrom umgewandelt werden. Gleichstromgeräte enthalten deshalb „Stromumwandler" bzw. „Gleichrichter", die sogenannten **Dioden**. Die durch die Sicherung begrenzte Stromstärke des öffentlichen Stromnetzes von acht Ampere wird im Gerät verändert bzw. vermindert. Man arbeitet am menschlichen Körper immer im Milliamperebereich.

Bei allen Gleichstrombehandlungen arbeitet man mit mindestens zwei elektrisch unterschiedlich geladenen Polen, den sogenannten **Elektroden**. Dadurch kann ein geschlossener Stromkreis entstehen. Die positive Elektrode (Pluspol) nennt man **Anode**. An der Anode herrscht Elektronenmangel. Negativ geladene Teilchen (Anionen) werden von der

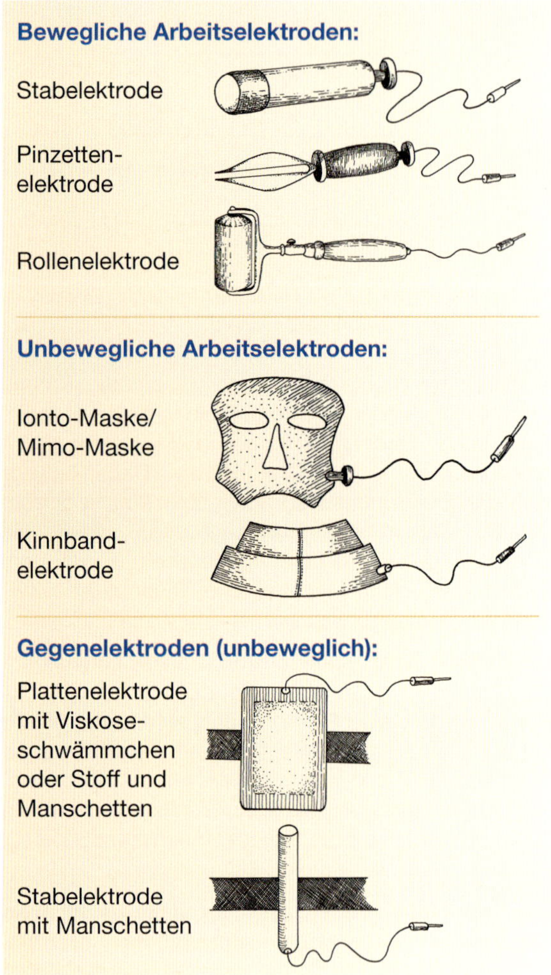

Für die Iontophorese werden verschiedene Elektroden angeboten.

Anode angezogen. Die negative Elektrode (Minuspol) ist die **Kathode**. An der Kathode herrscht Elektronenüberschuss. Die Kathode gibt Elektronen ab.

Man spricht auch von der **Arbeitselektrode** und der **Gegenelektrode**. Beide Elektroden können sowohl die Anode als auch die Kathode sein. Sie sind am Gerät umschaltbar. Die Gegenelektrode wird immer fest an den Körper der Klientin angelegt (Plattenelektroden) oder von der Klientin fest in der Hand gehalten (Stabelektroden).

Die Arbeitselektrode kann fest an die Haut angelegt werden oder sie ist beweglich und kann über die Hautfläche geführt werden. Grundsätzlich gilt: Je größer die Fläche einer Elektrode ist, desto kleiner ist die Stromdichte. Und umgekehrt: Je kleiner eine Elektrodenfläche ist, desto größer ist die Stromdichte. Die Größe der Elektrodenfläche bestimmt also die Intensität der Stromwirkung mit.

Als bewegliche Arbeitselektroden gibt es z. B. Stab-, Pinzetten-, Rollen- sowie Dreieckselektroden (bzw.

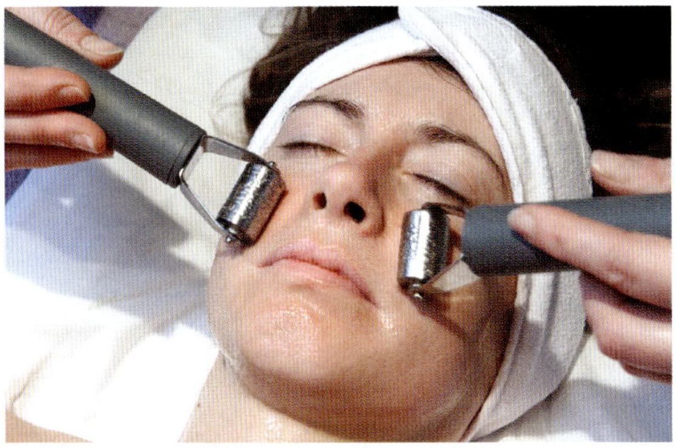

Arbeiten mit der Rollenelektrode

Bügeleisenelektroden). Die Pinzettenelektrode wird vor allem bei Nasolabialfalten, Zornesfalten und Augenfalten verwendet. Für größere Flächen, z. B. am Hals und Dekolleté eignet sich die Rollenelektrode. Die Dreiecks- bzw. Bügeleisenelektrode wird im Gesicht, am Hals und Dekolleté eingesetzt. Eine Besonderheit sind die sogenannten **„galvanischen Hände“** bzw. die Handgelenkelektroden. Dazu wird eine spezielle Arbeitselektrode an den Handgelenken der Kosmetikerin angebracht. Die Hände der Kosmetikerin sind dann sozusagen die Arbeitselektroden, die über die Hautoberfläche der Klientin streichen. Die **Iontomaske** ist eine unbewegliche Arbeitselektrode, die für das Gesicht verwendet wird. Ebenso wird die unbewegliche Kinnbandelektrode nur für das Kinn genutzt.

Die Metallflächen der Elektroden dürfen niemals direkt mit der Haut in Berührung kommen, da Verätzungsgefahr besteht. Sie werden deshalb in angefeuchteten Viskose-Schwämmchen oder feuchter Watte eingehüllt. Heute sind die meisten Geräte mit solchen Schutzmaßnahmen ausgerüstet. Man verwendet aus Gründen der Sicherheit und Hygiene zusätzlich ein feuchtes Tuch oder Vlies.

Gleichstromgeräte enthalten immer einen Netzanschluss, einen Schalter zum Ein- und Ausschalten sowie meistens eine Kontrolllampe, die Auskunft darüber gibt, ob das Gerät in Betrieb ist. Wenn die Kontrolllampe leuchtet, ist das Gerät eingeschaltet. Der Ein-/Aus-Schalter ist meistens zugleich der Regler für die Stromintensität bzw. Stromstärke. Außerdem ist ein Messinstrument zum Ablesen der Stromstärke eingebaut. Die Stromstärke, die sich immer im Milli-Ampere-Bereich befindet, wird entweder als Zahl oder in einer Skala angegeben. Am Gerät befindet sich außerdem ein Anschluss für die Elektroden. Weiterhin ist eine Schalteinrichtung angebracht, mit der bestimmt werden kann, welche Polung die Arbeits- und Gegenelektrode haben sollen.

Die Behandlung mit Gleichstrom beginnt immer mit einer sehr geringen Stromstärke, die langsam gesteigert werden kann. Grundsätzlich muss die Stromin-

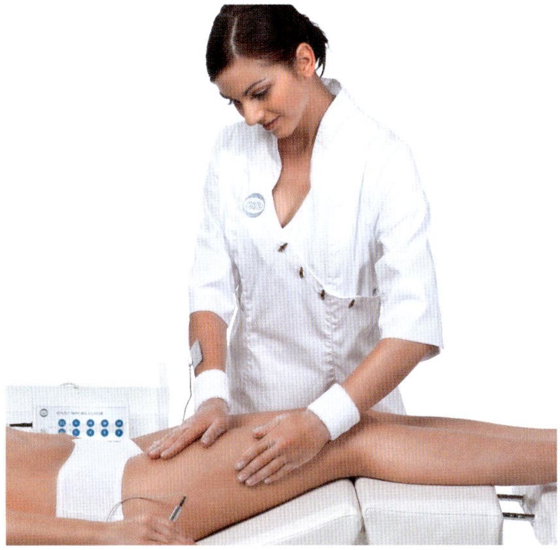

Behandlung mit „galvanischen Händen“

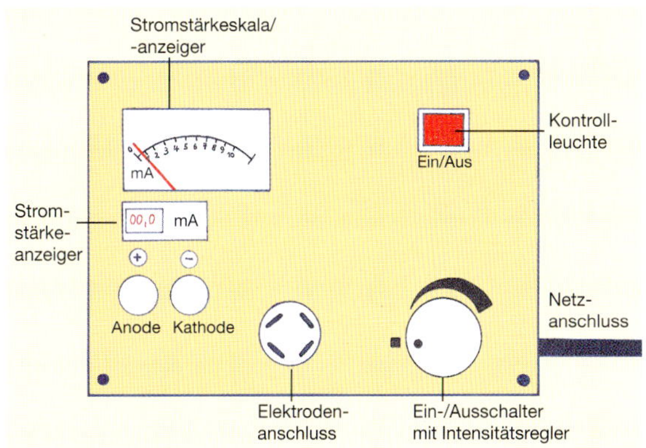

Aufbau eines Gleichstromgeräts

tensität immer unterschwellig einreguliert und für jede Klientin individuell entschieden werden. Sie sollte so gewählt werden, dass die Klientin kein „Stromgefühl“, z. B. in Form eines Prickelns oder Brennens empfindet. Die Klientin muss über das Erhöhen der Stromstärke informiert werden und über ihre Stromwahrnehmung Angaben machen. Die Wahrnehmbarkeitsschwelle liegt bei 1 Milliampere (mA). Ab 4 mA wird ein Elektrisieren („Ameisenlaufen“) empfunden. Bei 15 mA liegt die Krampfschwelle, die nach einigen Minuten tödlich ist!

Gleichstrombehandlungen dauern etwa zwanzig bis dreißig Minuten. Während der Behandlung, d. h. bei eingeschaltetem Strom, werden die Elektroden gleichmäßig und langsam, mit leichtem Druck über die Hautoberfläche geführt. Die Elektrode muss während der Behandlung immer feucht gehalten werden. Nach Ablauf der Behandlungszeit wird die Stromstärke langsam auf null Milliampere verringert. Dann wird das Gerät abgestellt und die Elektroden werden abgehoben.

Die Elektroden dürfen niemals während der Gleichstrombehandlung abgehoben und an einer anderen Stelle wieder aufgesetzt werden. Die Klientin würde nämlich in einem solchen Fall einen sehr unangenehmen Stromschlag bekommen. Falls die Arbeitselektrode einmal versehentlich abgehoben wird, muss zuerst die Stromstärke auf null gestellt werden. Dann wird die Arbeitselektrode wieder auf die Haut gelegt und die Stromstärke erneut langsam auf die vorherige Höhe eingestellt.

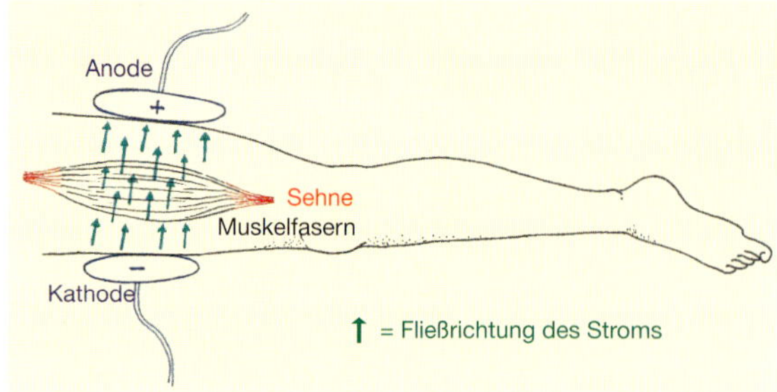

Die Quergalvanisation erregt das Muskelgewebe, die Nervenbahnen und die Blut- und Lymphbahnen quer zu ihrem Verlauf. Sie wirkt an der stromdurchfluteten Partie intensiver als die Längsgalvanisation.

8.1 Galvanisation

Die älteste Form der Gleichstromanwendung in der Kosmetik ist die Galvanisation. Sie ist nach dem Physiker Luigi Galvani (1737 bis 1798) bezeichnet, der bereits vor 200 Jahren erste Experimente mit Strom durchgeführt hat.

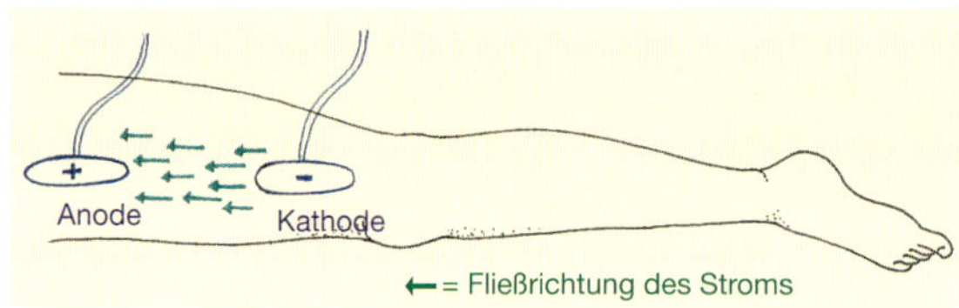

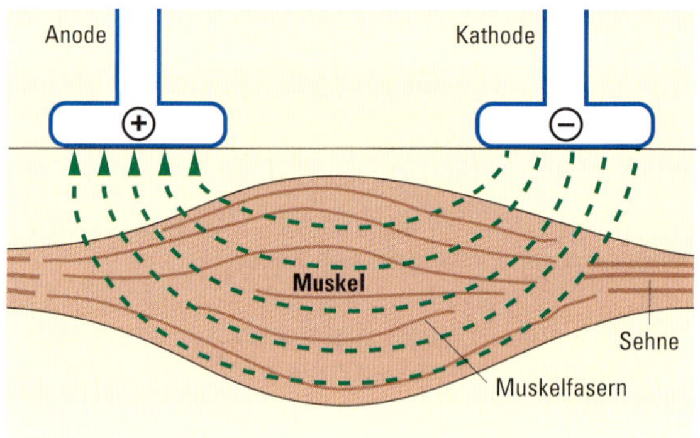

Bei der Längsgalvanisation wird der gesamte Muskel durchströmt. Der von außen zugeführte Strom wird teilweise durch den körpereigenen Ionenfluss der Blut- und Lymphbahnen abgelenkt. Dies fördert die Durchblutung und den Lymphabfluss.

7

Bei der **Galvanisation** beginnt durch das Anlegen der Elektroden auf die feuchte Haut eine Wanderung der „körpereigenen" Ionen: Kationen wandern in Richtung Kathode, Anionen wandern in Richtung Anode. Die Ionenwanderung in den stromdurchfluteten Körperpartien bewirkt eine verbesserte, weil erhöhte Hautdurchblutung (Hyperämie). Außerdem werden die Nerven gereizt und die Muskeln erregt. Dadurch soll der Tonus verbessert werden.

Die Elektroden können bei der Galvanisation quer oder längs an das zu behandelnde Körperteil angelegt werden. Die Kathode sollte distal, d. h. am weitesten vom Herzen entfernt angelegt werden. Die Anode wird entsprechend proximal, d. h. dem Herzen am nächsten angelegt. Dadurch wird der Blutfluss (der Venen) zum Herzen hin unterstützt. Bei der **Quergalvanisation** wird das Muskelgewebe quer zum Faserverlauf gereizt. Auch die Blut- und Lymphbahnen sowie die Nervenbahnen werden quer zu ihrem Verlauf erregt. Der von außen zugeführte Stromfluss wird bei der Quergalvanisation kaum durch die körpereigenen Ionenbewegungen abgelenkt. Der Stromeinfluss ist deshalb auf diese Körperpartie beschränkt und intensiver als bei der Längsgalvanisation. Bei der **Längsgalvanisation** verliert sich der Stromeinfluss zum Teil, weil Nervenbahnen, Blut- und Lymphbahnen den Strom ableiten. Andererseits kann dadurch die Fließrichtung der Lymphe und des venösen Blutes unterstützt werden. Der Muskel wird außerdem in seiner gesamten Länge durchströmt.

Die Galvanisation ist die älteste Form der Gleichstromanwendung in der Kosmetik. Man spricht von galvanischem Strom, wenn es sich um Gleichstrom handelt, der in Flüssigkeiten fließt. Verwendet man nicht nur Wasser, sondern Salben oder flüssige Präparate (z. B. Ampullenpräparate), die bestimmte Wirkstoffe enthalten, handelt es sich um eine Iontophorese, Elektrophorese oder Desincrustation.

8.2 Iontophorese, Thermophorese, Elektrophorese und Desincrustation

Bei der Iontophorese, Elektrophorese und Desincrustation sollen mithilfe des elektrischen Stroms spezielle Wirkstoffe in die obersten Hautschichten eingeschleust werden. Die Wirkstoffe sollen auf diese Weise tiefer in die Haut gelangen, als dies ohne elektrischen Strom möglich wäre. Die Menge zugeführter Wirkstoffe hängt von der Dauer der gesamten Behandlung, von der Stromstärke und von der Größe der Elektrode ab.

Mithilfe der **Iontophorese** sollen Wirkstoffkonzentrate in Form von elektrisch geladenen Teilchen (Ionen) in die obersten Epidermisschichten eingeschleust werden. Meistens verwendet man wässrige Lösungen, z. B. Ampullenpräparate, in denen Ionen gelöst sind. Die Haut wird zuvor gut gereinigt. Dann wird das Ampullenpräparat auf der Haut verteilt. Die Augenpartie und die Lippen werden ausgelassen.

Anionen bzw. anionische Ampullenwirkstoffe werden mithilfe der Kathode eingeschleust. Die Kathode ist in diesem Fall die Arbeitselektrode und die Anode die Gegenelektrode. Kationen bzw. kationische Ampullenwirkstoffe werden dagegen mithilfe der Anode als Arbeitselektrode eingeschleust. In diesem Fall ist die Kathode die Gegenelektrode. Häufig befinden sich in Ampullen sowohl kationische als auch anionische Wirkstoffe. In diesen Fällen wechselt man nach jeweils etwa drei Minuten die Pole. Die Verpackung der Ampullen gibt über die Polung und die Dauer der Iontophorese Auskunft. Ampullenpräparate verbleiben nach der Iontophorese auf der Haut. Man nimmt lediglich evtl. überschüssige und glänzende Anteile mit einem Zellstofftuch ab.

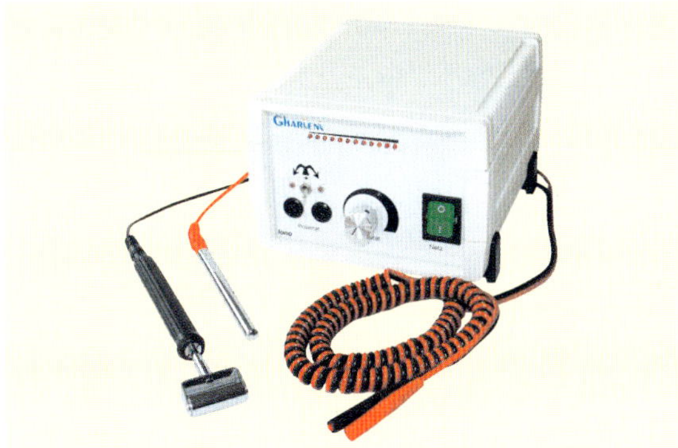

Beispiel für ein Iontophorese- und Desincrustationsgerät

Die Iontophorese kann erweitert werden durch Geräte, deren Elektroden zusätzlich eine Wärmewirkung ausüben. Man spricht dann von der **Thermophorese**. Gegenüber der Iontophorese wird die Haut zusätzlich erwärmt und dadurch mehr durchblutet. Dies soll zu einer intensiveren Wirkstoffeinschleusung beitragen.

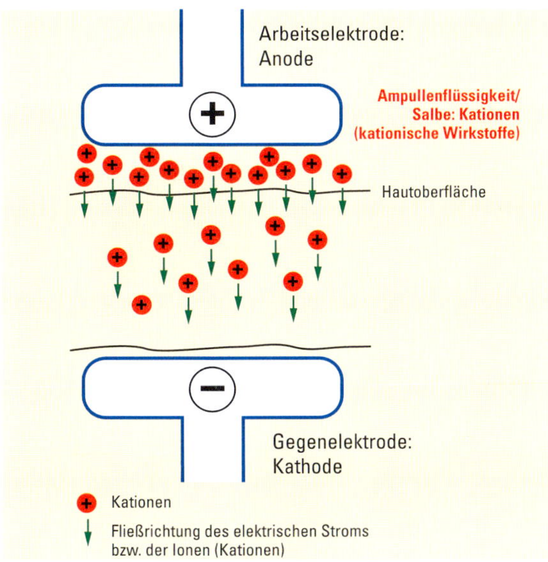

Bei kationischen Wirkstoffen (Kationen) ist die Arbeitselektrode die Anode und die Gegenelektrode die Kathode.

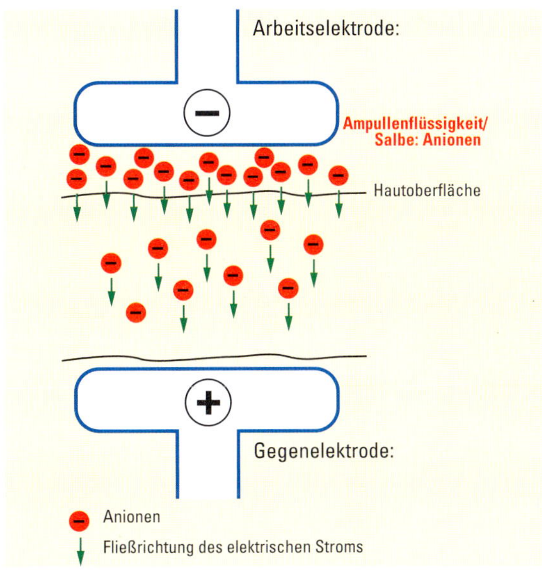

Bei anionischen Wirkstoffen (Anionen) arbeitet man umgekehrt: Die Arbeitselektrode ist die Kathode und die Gegenelektrode ist die Anode.

Mithilfe der Iontophorese werden Wirkstoffe in die obersten Hautschichten eingeschleust.

Anwendung	**Wirkung**	**Import oder Export von Wirkstoffen**
Galvanisation	Unterstützung der Bewegung körpereigener Ionen und dadurch Durchblutungsförderung	–
Iontophorese	Wirkung ähnlich wie bei der Galvanisation, zusätzlich Einschleusung von elektrisch geladenen Wirkstoffen/Teilchen (Ionen bzw. Anionen und/oder Kationen) in oberste Hautschichten	Import
Elektrophorese (Salbeniontophorese)	Wirkung ähnlich wie bei der Galvanisation, zusätzlich Einschleusung von Salbeninhaltsstoffen in oberste Hautschichten	Import
Desincrustation	Wirkung ähnlich wie bei der Galvanisation, zusätzlich Entfernen von „Ablagerungen“ aus obersten Hautschichten mithilfe spezieller Wirkstoffe	Export

Vergleich der Wirkung von Gleichstromanwendungen: Galvanisation, Iontophorese, Elektrophorese und Desincrustation

Thermophoresegeräte sind allerdings sehr viel teurer als „einfache“ Iontophoresegeräte. Deshalb sollte die Anschaffung genau überlegt werden; denn die beabsichtigte Wirkung ist z. B. mit einer Rotlichtanwendung vor der Iontophorese vergleichbar.

Bei der **Elektrophorese** sollen Salbeninhaltsstoffe tiefer in die obersten Epidermisschichten eingeschleust werden. Man spricht hier auch von der **Salbeniontophorese**. Die Haut muss für die Elektrophorese ebenfalls gereinigt sein. Eine Wärmevorbehandlung, z. B. durch Infrarot, wird empfohlen, wenn bereits vorab eine Mehrdurchblutung der Haut erwünscht ist. Die Salbe wird dünn auf die Hautareale aufgetragen, die behandelt werden sollen. Dann wird angefeuchtetes Filter- oder Löschpapier auf die Haut aufgelegt. Darauf wird eine gut durchfeuchtete Stofflage gelegt. Die Elektroden werden über den Stoff geführt.

Andere Wirkstoffe sollen die Eigenschaft haben, verhärteten Talg und abgestorbene Hautschüppchen von den obersten Epidermisschichten lösen zu können. Dazu werden mithilfe des Gleichstroms Ionen zwischen die Schüppchen der Hornhaut und in die obersten Teile der Talg- und Schweißdrüsen eingeschleust. Die Ionen sollen die Ablagerungen emulgieren, um sie im Anschluss auswaschen zu können. Diese elektrische Gleichstrombehandlung nennt man **Desincrustation** oder auch Tiefenreinigung. Bedenkt man jedoch, dass sich die Wirkung lediglich auf die obersten Schichten der wenige Millimeter dicken Epidermis bezieht, ist der Begriff Tiefenreinigung nicht korrekt und irreführend.

9 Reizstromanwendungen

Reizstromanwendungen haben im Prinzip nur zwei Ziele. Entweder sollen Vorgänge, die sich im Organismus abspielen, angeregt und aktiviert werden oder sie sollen gedämpft und beruhigt werden. Es wird mit abgewandeltem Gleichstrom (als Impulsstrom) oder mit Wechselstrom (als Interferenzstrom) gearbeitet.

Reizstromanwendungen sollen mithilfe der Reizstromgeräte zur Aktivierung des menschlichen Organismus oder Teilen davon beitragen. Reizstrom wirkt auf den Blut- und Lymphkreislauf sowie auf Nerven und Muskeln. Reizstrom steigert die Durchblutung

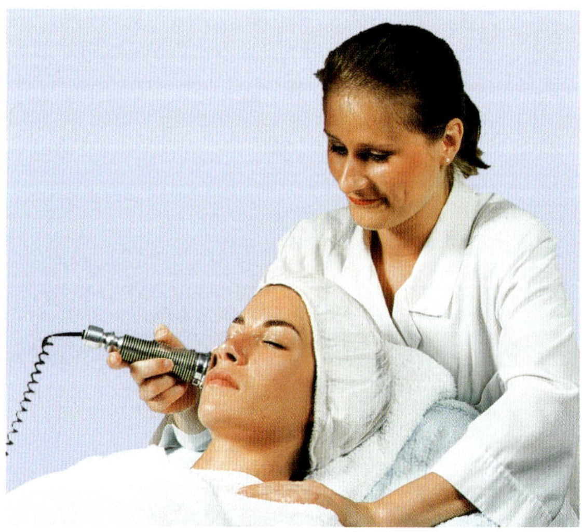

Reizstromanwendung im Gesicht: Die Hautpartie muss zuvor gut gereinigt werden.

	Impulsstromanwendung	Interferenzstromanwendung
Verwendete Stromart	Gleichstrom, der in bestimmten Zeitabständen unterbrochen wird	Wechselströme, die sich überlagern
Anzahl der Stromkreise	ein Stromkreis	zwei Stromkreise
Frequenz der Stromkreise	1 bis 100 Hertz	Stromkreis 1: z. B. 4000 Hertz Stromkreis 2: z. B. 4001 bis 4100 Hertz, im Interferenzbereich dadurch 1 bis 100 Hertz
Anzahl der eingesetzen Elektroden	zwei Elektroden	vier Elektroden
Ort der Stromwirkung	bei niedriger Frequenz: die Haut, weil der Hautwiderstand bei niedriger Frequenz hoch ist (geringe Tiefenwirkung)	im Körper, wo sich die Stromkreise überlagern bzw. kreuzen (Tiefenwirkung)
Gefahren bei unsachgemäßer Anwendung	Schmerzempfindung durch die Schmerzrezeptoren der Haut, Verätzungsgefahr durch Zerfallsprodukte an der Elektrode	Muskelverkrampfungsgefahr bei zu niedriger Frequenz, keine Verätzungsgefahr

Die beiden Reizstromanwendungen im Vergleich

und den Lymphabfluss. Der Stoffwechsel wird angeregt. Dadurch sollen z. B. Fettpölsterchen abgebaut und Cellulite wirksam behandelt werden. Reizstrom kann die Muskeln zum abwechselnden Kontrahieren (Zusammenziehen und Anspannen) und Entspannen bringen. Dadurch sollen z. B. die Muskeln der Extremitäten, des Rückens, des Bauchs und der Schultern gekräftigt werden. Das Muskelgewebe wird gelockert. Muskelverspannungen können gelöst werden. Werden Reizströme regelmäßig angewendet, üben sie in einem bestimmten Maß einen Trainingseffekt auf die Muskulatur aus. Weitaus wirkungsvoller sind allerdings sportliche Betätigungen.

9.1 Impulsstrombehandlung: Reizstromanwendung mit Gleichstrom

Wird das konstante Fließen des Gleichstroms in bestimmten Zeitabständen, also in einem Rhythmus, unterbrochen, spricht man von **Impulsstrom**. Impulsstrom ist vergleichbar mit schwachen Stromstößen. Impulsstrombehandlungen zählen deshalb zu den Reizstromanwendungen, weil Reize auf den menschlichen Organismus ausgeübt werden.

Körperliche Reaktionen werden durch körpereigene elektrische Reize ausgelöst. Diese elektrischen Reize liegen im niederfrequenten Bereich zwischen 1 und 100 Hertz.

Impulsstrom ist elektrischer Strom im Niederfrequenzbereich. Der Stromfluss wird in einem regelmäßigen Rhythmus unterbrochen. Niederfrequente Ströme, die von außen zugeführt werden, liegen ebenfalls zwischen 1 und 100 Hertz. Sie wirken deshalb anregend auf den Stoffwechsel, die Durchblutung und die Muskeln; denn sie entsprechen dem biologischen Spektrum. Das biologische Spektrum umfasst die körpereigenen Frequenzen, die z. B. den Stoffwechsel steuern und Nerven- und Muskelreize auslösen. Ein Beispiel sind die körpereigenen elektrischen niederfrequenten Reize, die das Kontrahieren (Zusammenziehen) der Körpermuskeln bewirken. Wird Impulsstrom im Niederfrequenzbereich von außen zugeführt, bewirkt dies ebenfalls eine Muskelbewegung.

Mithilfe des Impulsstromgeräts wird zwischen zwei Elektroden der Impulsstrom angelegt. Die Elektroden müssen mit Viskose-Schwämmchen überzogen sein. Vor der Behandlung müssen die Schwämmchen gut angefeuchtet werden, damit ein Stromfluss zwischen den Elektroden und dem Organismus möglich wird.

Impulsstrom kann eine sehr schmerzhafte Stromwirkung haben. Ströme mit niedrigen Frequenzen können den Hautwiderstand nur relativ schwer überwinden. Sie werden daher fast nur in den obersten Hautschichten wirksam und somit in der Epidermis mit ihren Schmerz empfindenden Teilen (Schmerzrezeptoren). Höhere Frequenzen können dagegen den Hautwiderstand gut überwinden. Die Schmerzrezeptoren werden nicht gereizt. Höhere Frequenzen rufen deshalb keine Schmerzempfindung hervor.

Außerdem kann es bei falscher Anwendung von Impulsstrom zu Hautverätzungen kommen. An den Metallflächen der Elektroden können bei Wasser- oder Schweißkontakt Elektrolyte entstehen. So kann z. B. Wasser in Verbindung mit Salzen, die z. B. mit dem Schweiß ausgeschwitzt werden, durch elektrischen Strom zu ätzenden Laugen umgewandelt werden. Aus diesem Grund müssen die Elektroden sorgfältig in Viskose-Schwämmchen eingehüllt werden.

9.2 Interferenzstrombehandlung: Reizstromanwendung mit Wechselstrom

Die **Interferenzstrombehandlung** ist eine Reizstromanwendung mit **Wechselstrom**. Dabei werden zwei Stromkreise an den Körper angeschlossen. Die elektrischen Ströme der beiden Stromkreise überschneiden sich im menschlichen Organismus. **Interferenz** bedeutet eine Überkreuzung bzw. Überlagerung von elektrischen Strömen bzw. Schwingungen.

Das **Interferenzstromgerät** versorgt zwei Stromkreise, die unabhängig voneinander sind. Dazu muss der Strom dem Körper in zwei getrennten Stromkreisen zugeführt werden. Es werden deshalb vier Elektroden (je zwei Elektroden pro Stromkreis) am Gerät angeschlossen. Diese Elektroden werden so an den menschlichen Körper angelegt, dass sich die Elektroden jeweils eines Stromkreises diagonal gegenüberliegen.

Die beiden Stromkreise haben verschiedene Frequenzen. Der eine Stromfluss kann z. B. fest bei 4000 Hertz liegen. Der andere ist z. B. zwischen 4001 und 4100 Hertz veränderbar. An dem Ort im Körperinneren, an dem sich die beiden Stromkreise kreuzen bzw. überlagern, herrscht dadurch eine Wechselstromwirkung mit einer Frequenz zwischen 1 und 100 Hertz (Hz). Dies entspricht dem Niederfrequenzbereich. Interferenzstrom wird also nicht „fertig vom Gerät geliefert", sondern entsteht erst durch die Überlagerung von zwei Wechselströmen im menschlichen Organismus. Der Wirkungsbereich des Interferenzstroms kann somit durch die Anordnung der anzulegenden Elektroden relativ genau bestimmt werden.

Je geringer die Frequenz der Wechselströme ist, desto aktivierender ist die Stromwirkung. Dies wirkt stoffwechselfördernd, durchblutungsfördernd und

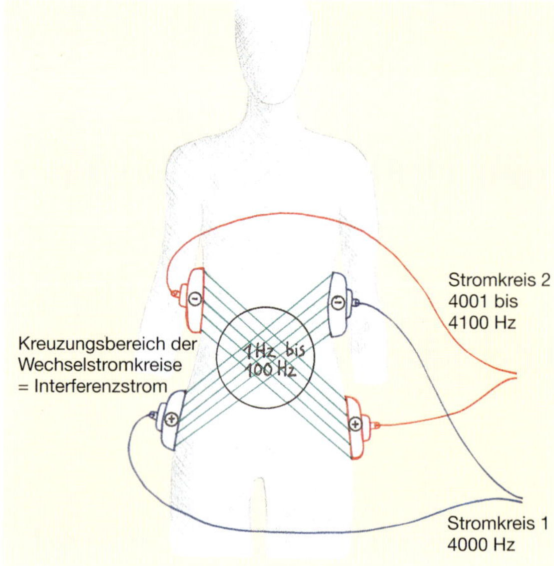

Interferenzstrom entsteht bei der Überlagerung bzw. Überkreuzung von zwei Stromkreisen. Dazu müssen vier Elektroden angelegt werden.

anregend auf die Muskulatur. Je höher die Frequenz ist, desto geringer wirkt der Strom auf den menschlichen Organismus. Bei geringer Frequenz wirkt der Interferenzstrom entspannend, entkrampfend und beruhigend. Da auch Wärme am Kreuzungsbereich der Wechselströme entsteht, spricht man bei dieser Behandlung auch vom Effekt der **Tiefenwärme**.

Wechselstrom hat keine elektrolytische Wirkung. Deshalb kann es bei der Interferenzstrombehandlung auch nicht – wie beim Impulsstrom – zu Verätzungen der Haut kommen. Interferenzstrom erzeugt zudem keine schmerzhaften Stromwirkungen, da er unterhalb der Hautrezeptoren wirkt. Aber Achtung: Es kann bei zu starker Stromeinwirkung mit niedriger Frequenz zu Muskelverkrampfungen kommen.

9.3 Anwendungen mit Hochfrequenzgeräten

Das **Hochfrequenzgerät** (bzw. der Hochfrequenzstab) übt eine Reizwirkung auf die Haut aus und wirkt oberflächlich leicht desinfizierend (aseptisch). Es wird eingesetzt zur Anregung des Stoffwechsels, zur Förderung der Hautdurchblutung (lokale Hyperämie) und zur Belebung des Nervengewebes.

Es werden zwei verschiedene Gerätetypen angeboten: das Hochfrequenzgerät mit Hochfrequenzstab oder der Hochfrequenzstab, der direkt an das Stromnetz angeschlossen wird. Der Hochfrequenzstab ist unabhängig vom Gerätetyp relativ handlich und kom-

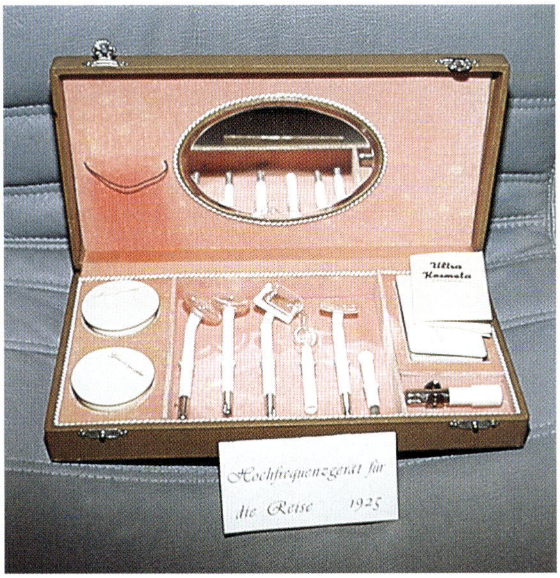

Bereits Anfang des 20. Jahrhunderts wurde in der Kosmetik mit Hochfrequenz gearbeitet.

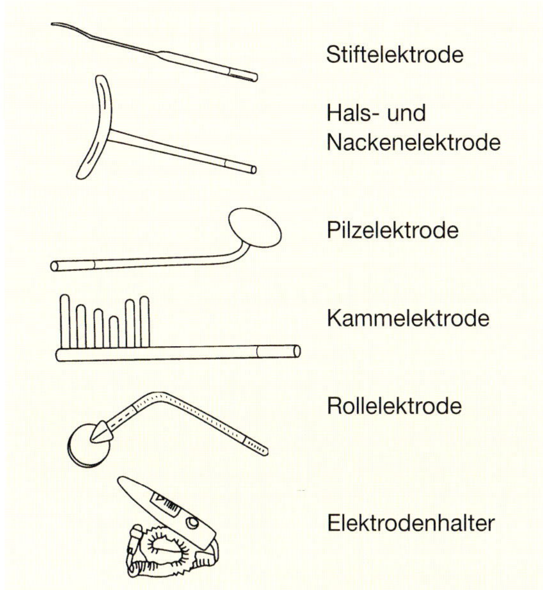

Je nach Anwendung kann man bei der Behandlung mit dem Hochfrequenzstab zwischen verschiedenen Elektroden wählen.

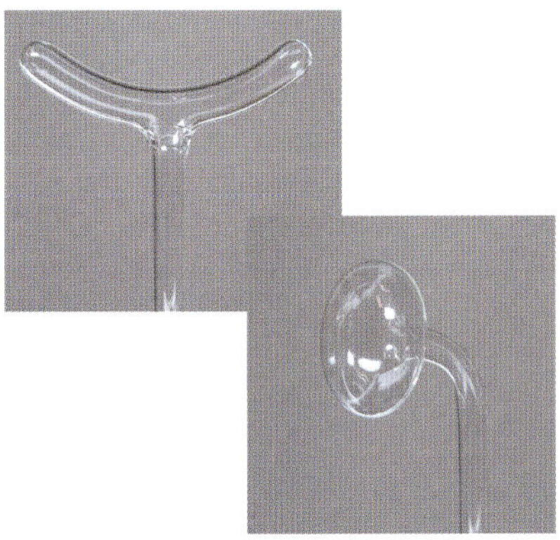
Elektrodenaufsätze aus Glas für eine Hochfrequenzbehandlung

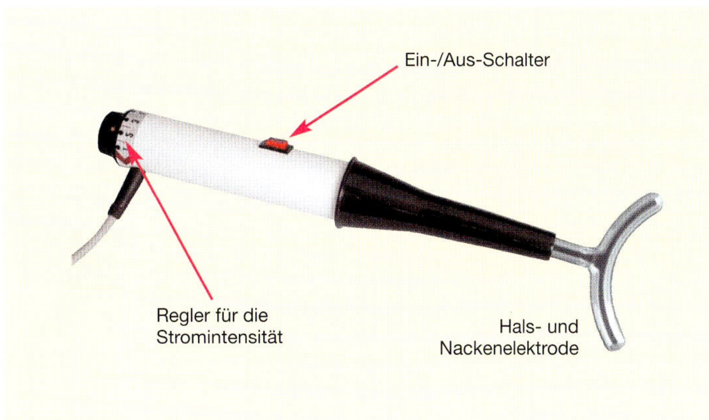

Aufbau des Hochfrequenzstabs

pakt. Er hat einen Ein-/Aus-Schalter und einen Regler oder Drehkopf zur Einstellung der Stromintensität. Außerdem gehören verschiedene Glaselektroden zum Zubehör, aus denen je nach zu behandelnder Hautoberfläche ausgewählt werden kann. Die **Pilzelektrode** eignet sich für die Desinfektion der Gesichtshaut. Zur Behandlung einzelner Hautunreinheiten wird die **Stiftelektrode** verwendet. Die **Kammelektrode** wird z. B. eingesetzt zur Revitalisierung der Kopfhaut. Zunächst wird die gewünschte Glaselektrode mit einer leichten Drehbewegung und etwas Druck in das Gerät eingesteckt.

Man unterscheidet die Anwendung mit direktem Hautkontakt (Direktapplikation) und die Behandlung mit unterbrochenem Hautkontakt. Bei der Direktapplikation wird die Elektrode mit leichtem Druck direkt auf die gereinigte Haut aufgesetzt. Jetzt wird das Gerät eingeschaltet. Zu Beginn der Behandlung muss die Stromintensität gering sein und kann dann je nach Verträglichkeit etwas erhöht werden. Auf der Haut ist ein leichtes Prickeln fühlbar. Die Bestrahlungszeit beträgt je nach Größe der zu behandelnden Hautflächen insgesamt etwa drei bis acht Minuten. Die behandelten Hautareale erwärmen sich. Maximal darf der Hochfrequenzstab zwei bis drei Mal pro Woche angewendet werden.

Hebt man die Elektrode von der Haut ab und legt sie dann wieder auf, erhöht sich die Reizwirkung. Manchmal sind Funken sichtbar. Man spürt ein leichtes Klopfen. Diese starke Reizwirkung ist nicht für empfindliche Haut geeignet. Empfehlenswert ist der Einsatz bei unreiner und zur Akne neigenden Haut, da die Haut-

Einsatzgebiete	Elektrodenart	Beabsichtigte Wirkung
Großflächige Behandlung	Pilz- oder Kammelektrode	lokale Hyperämie, Anregung des Stoffwechsels, Revitalisierung
Reizbehandlung durch kurzfristiges Abheben und Auflegen der Elektrode	Pilz- oder Kammelektrode	relativ starkes Prickeln, anregend, anschließend erfrischtes Gefühl auf den behandelten Hautpartien
Behandlung von schlaffer, trockener Haut und von Kopfhaut	Kammelektrode	Anregung des Stoffwechsels, Belebung (Revitalisierung), evtl. Verminderung von Juckreiz und Ekzemen
unreine, zur Akne neigende Haut	Pilz- oder Stiftelektrode	leichte Desinfektion

Einsatzgebiete, Elektrodenwahl und beabsichtigte Wirkungen des Hochfrequenzgeräts

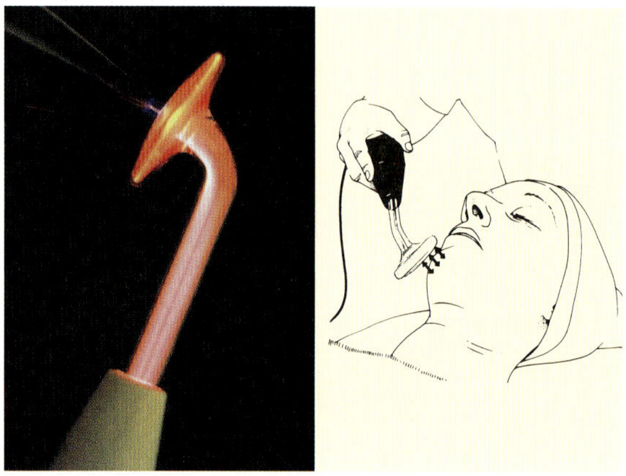

Bei der Behandlung mit dem Hochfrequenzstab unterscheidet man die Direktapplikation und die Reizanwendung durch mehrmaliges Abheben und Auflegen der Elektrode. Bei der Reizanwendung werden Funken sichtbar.

oberfläche durch die keimtötende (aseptische) Wirkung leicht desinfiziert wird. Im medizinischen Bereich wird der Hochfrequenzstab auch zur Verschorfung und damit Entfernung von Warzen eingesetzt.

Der Hochfrequenzstab darf im Anschluss an die Behandlung nicht auf eine kalte Unterlage gelegt werden. Die Elektrode würde zu schnell und ungleichmäßig abkühlen, was sie unbrauchbar machen könnte. Am besten lässt man sie an der Luft abkühlen. Nach jeder Behandlung muss die verwendete Elektrode wegen des direkten Hautkontakts desinfiziert werden (z. B. mit 70%igem Alkohol).

Die übliche Bezeichnung „Hochfrequenzgerät" (bzw. der Hochfrequenzstab) ist nicht korrekt und irreführend. Hochfrequenzgeräte arbeiten im Bereich von etwa 20 000 Hertz. Diese Frequenz zählt zum Mittelfrequenzbereich und nicht zum Hochfrequenzbereich. Zum anderen ist die Verwendung mittelfrequenter Ströme am menschlichen Organismus für Kosmetikerinnen grundsätzlich nicht erlaubt. Da dieses Gerät jedoch nur oberflächlich (leicht durchblutungsfördernd und aseptisch) wirkt, ist es für die Kosmetik zugelassen.

10 Magnetfeldtherapie

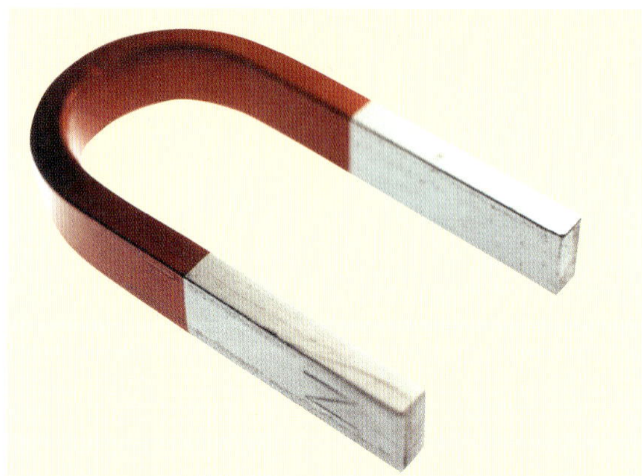

Ein Magnet besitzt einen Nord- und einen Südpol.

Bei der **Magnetfeldtherapie** sollen die elektrischen Ströme im Organismus durch magnetische Felder positiv beeinflusst werden. Die Zellen sollen stimuliert, der Zellstoffwechsel gesteigert und Schlackenstoffe besser abtransportiert werden. Krankhafte Zellen sollen zur Normalisierung ihrer Funktionen bewegt und der Heilungsprozess soll gefördert werden.

Ein **Magnet** besitzt zwei Pole. Diese Pole werden in Anlehnung an die Erdkugel als Nord- und Südpol bezeichnet. Nimmt man zwei Magneten, so stoßen sich gleiche Pole ab, während sich Nord- und Südpol

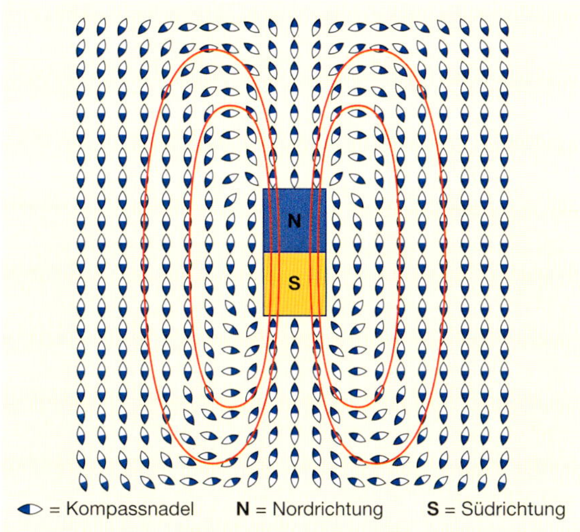

Die Magnetwirkung: Mit Kompassnadeln wird die Wirkung der Magnetfelder (hier in rot: magnetische Feldlinien) sichtbar. In ähnlicher Weise sollen bei der Magnetfeldtherapie die elektrisch geladenen Teilchen im Organismus bzw. in den Zellen ausgerichtet werden können.

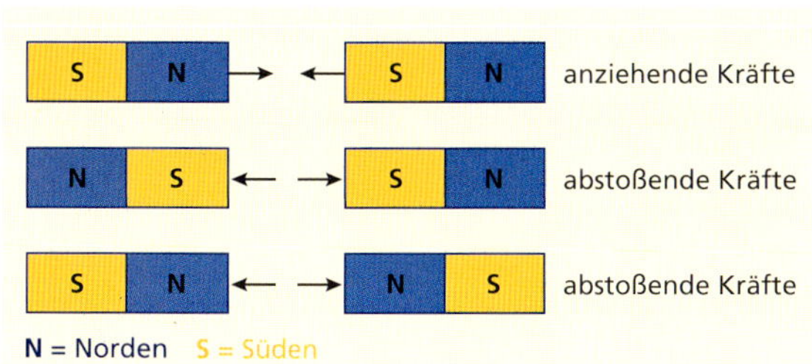

Die Wirkung von zwei Magneten: Entgegengesetzte Pole ziehen sich an. Gleiche Pole stoßen sich ab.

anziehen. Auf diese Weise funktioniert auch ein Kompass. Die Erdkugel stellt einen riesigen Magneten dar. Das allerdings relativ schwache Magnetfeld der Erde hilft z. B. Zugvögeln bei der räumlichen Orientierung.

Die Magnetfeldtherapie wird in der Medizin, z. B. zur Stärkung des Immunsystems, zur Schmerzlinderung bei Migräne und zur Aktivierung des Hormonhaushalts, eingesetzt. Obgleich physikalisch nachgewiesen werden kann, dass elektrische Ströme durch Magnetfelder abgelenkt bzw. in eine bestimmte Richtung geleitet werden können, ist wissenschaftlich umstritten, inwieweit Magnetfelder biologische Vorgänge tatsächlich beeinflussen. Die versprochenen Wirkungen von Produkten wie Magnetfeld-Matratzenauflagen oder Magnetfeld-Armbändern sind sehr zweifelhaft.

Weiter Infos unter:
www.dr-seitz.de/magnet.htm
www.elektronikinfo.de/magnete/magnet.htm

11 Kosmetische Ultraschallbehandlungen

Eine **Ultraschallbehandlung** (Phonophorese) wird in der Kosmetik zur Regeneration der Haut eingesetzt. **Schall** ist für das menschliche Ohr im Frequenzbereich von 20 Hertz bis etwa 16.000 Hertz hörbar. Schall mit höherer Frequenz oberhalb der Hörgrenze (ab 20.000 Hertz bis 1 Megahertz) wird als Ultraschall bezeichnet. Je höher die Frequenz, desto tiefer dringt der Schall ins Gewebe ein.

Durch die Beschallung der Haut werden die schwingungsfähigen Materieteilchen des Hautgewebes in Schwingung versetzt. Die Zellen werden gewissermaßen durch eine abwechselnde Druck- und Zugwirkung der Schallwellen bewegt. Durch diese tiefenwirksame Mikromassage entsteht Reibungsenergie an den Zellen in Form einer Erwärmung. Die Gefäße erweitern sich, die Durchblutung wird gefördert und der Stoffwechsel somit angeregt. Der Lymphfluss wird positiv beeinflusst.

Die Ultraschallbehandlung kann in die klassische Gesichtsbehandlung eingebaut oder als Kur mit zehn

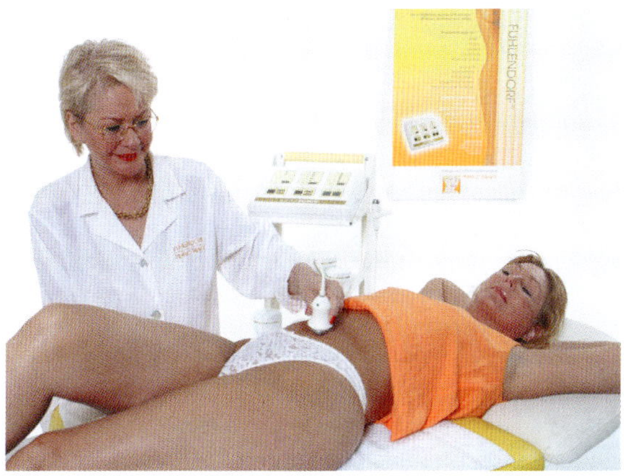

Ultraschallgerät für die kosmetische Ultraschallbehandlung

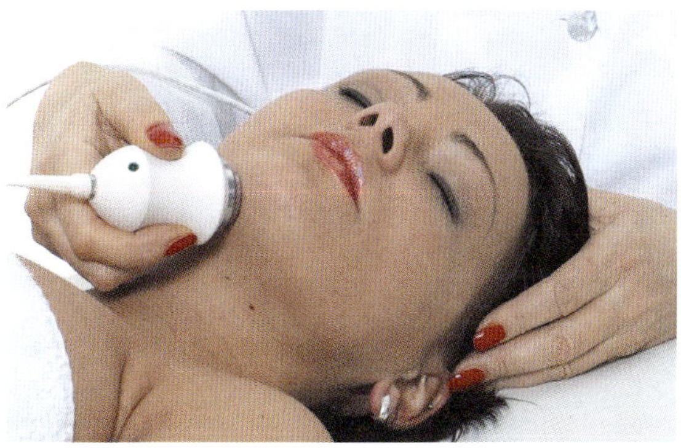

Durch Ultraschallbehandlungen werden die Zellen des Hautgewebes in Bewegung versetzt. Sie werden deshalb auch als tiefenwirksame Mikromassage bezeichnet.

Behandlungen angeboten werden. Die Behandlungszeit wird ja nach Hersteller mit 10 bis 30 Minuten angegeben. Eine Regeneration der Haut stellt sich nach etwa 10 bis 20 Behandlungen ein. Der Preis für eine Ultraschallbehandlung sollte bei etwa 25 bis 50 Euro liegen. Ultraschallgeräte kosten mehrere tausend Euro. Deshalb sollte man vor dem Kauf eines Geräts den Kosten-Nutzen-Effekt bedenken.

Weiter Infos unter:
www.lacosmed.de
www.wellnessamsee.ch/ultraschallbehandlung.htm

12 Epilation: Dauerentfernung von Haaren

Die **Epilation** ist eine Methode der permanenten (dauerhaften) **Haarentfernung**. Man unterscheidet die Nadelepilation und die Pinzettenepilation. Bei der **Nadelepilation** arbeitet man mit einem Epiliergerät mit Epiliernadel. Die Nadel besteht aus Strom leitendem Material, z. B. aus Edelstahl oder Gold. Sie wird auch Epilationssonde genannt. Entsprechend kann man auch von der Sondenepilation sprechen.

Die Nadelepilation wird nochmals unterschieden nach der Elektrolyse, der Thermolyse, der Blend-Epilation und der Sequentialmethode. Die **Elektrolyse** ist die älteste Form der Nadelepilation. Sie wird mit galvanischem Strom durchgeführt. Die Epiliernadel ist in diesem Fall die Kathode. Elektronen sind deshalb an der Nadel im Überschuss vorhanden. Dies bewirkt eine chemische Reaktion, bei der eine Lauge entsteht. Die Folge ist die Zerstörung der germinativen (keimenden) Zellen der Haarpapille. Einerseits ist die Elektrolyse eine sehr effektive Methode, andererseits ist sie relativ schmerzhaft. Da die Lauge um die gesamte Nadel herum entsteht, also auch im Bereich des Haarfollikels, besteht außerdem die Gefahr einer Narbenbildung. Man arbeitet mit nicht isolierten Nadeln aus Edelstahl oder Gold. Da der Edelstahl, aus dem die Nadeln hergestellt sind, auch Nickel enthält, sollte bei einer vorhandenen Nickelallergie mit Gold-Epilationssonden gearbeitet werden.

7

Bei der **Thermolyse** wird mit Hochfrequenzstrom gearbeitet. Weil Hochfrequenzstrom Hitze erzeugt, spricht man auch von Diathermiestrom. Entsprechend wird die Thermolyse auch **Diathermie** genannt. Die Nadeln sind bei der Thermolyse mit Kunststoff isoliert. In der Papille führt die durch den Hochfrequenzstrom entstehende Hitze zur Verkochung des Eiweißes und somit zur Zerstörung der Gewebe- und Wachstumszellen. Diesen Verkochungs- bzw. Zerstörungsprozess von Eiweiß nennt man auch **Koagulation**. Die Thermolyse ist die in Europa am häufigsten verwendete Methode der Nadelepilation. Ein Nachteil dieser Methode besteht darin, dass besonders dicke oder deformierte Haare nicht dauerhaft entfernt werden können.

Die **Blend-Epilation** ist eine Kombination aus Elektrolyse und Thermolyse. Man arbeitet also bei einer Insertion mit galvanischem Strom und mit Hochfrequenzstrom. Dadurch ist diese Methode intensiver, weil sie die Wirkungen der Elektrolyse und der Thermolyse vereint. Die beiden Stromarten werden „gemischt". Die Bezeichnung „to blend" kommt aus dem Englischen und bedeutet „mischen". Bei der Blend-Epilation wird immer mit nicht isolierten Nadeln gearbeitet, die den Stromleiter darstellen.

Die **Sequentialmethode** wird erst seit wenigen Jahren zur dauerhaften Entfernung von Haaren eingesetzt. Ein großer Vorteil dieser Methode ist die fast schmerzfreie Behandlung. Die Zeit einer Epilationssitzung kann dadurch verlängert werden. Der Strom wird in einzelnen Sequenzen (d. h. in Folgen) freigesetzt. Er fließt also während der Insertion nicht konstant, sondern aufeinanderfolgend. Die Sequentialmethode kann entweder bei der Thermolyse (Sequentialthermolyse) oder bei der Blend-Methode (Sequential-Blend) eingesetzt werden.

Die Sonde bzw. Nadel wird in den Haarfollikel bis in die Nähe der Haarpapille bzw. bis zum Follikelboden eingeführt. Dann wird die Papille für einige Sekunden, z. B. durch Bedienen eines Fußpedals unter Strom gesetzt. In der Papille führt die Entstehung der Lauge zur Zerstörung der germinativen Zellen und/oder die Hitze zur Verkochung des Eiweißes (Koagulation). Anschließend wird die Sonde wieder vorsichtig aus dem Follikelgang entnommen. Das Haar kann dann leicht und schmerzlos mit einer Pinzette herausgezogen werden.

Wichtig ist, dass die Epilationssonde ganz exakt entlang des Haarschafts in den Follikel geführt wird. Wird die Haut mit der anderen Hand etwas gespannt, ist der Follikelausgang ein wenig erweitert. Das erleichtert das exakte Einführen der Sonde etwas. Beachten Sie die Wuchsrichtung des Haares. Abweichungen führen zu Einstichen und damit zu Verletzungen des umliegenden Gewebes. Achten Sie auch darauf, dass Sie die Sonde bis in die Papille hinunter führen. Sonst würde dies bei eingeschaltetem Strom (nur) zu Verbrennungen des Haarfollikels führen. In diesem Fall bleibt die Papille intakt und das Haar wächst wieder nach.

Die Nadelepilation ist die zuverlässigste Methode der dauerhaften Haarentfernung. Allerdings ist sie relativ zeit- und damit kostenaufwendig. Auch muss die Kli-

Art der Nadelepilation	Verwendete Stromart	Wirkung des Stroms	Verwendete Nadeln
Elektrolyse	galvanischer Strom	Laugenentstehung	nicht isolierte Nadeln, die die Kathode bilden
Thermolyse	Hochfrequenzstrom	Wärmewirkung: Koagulation	mit Kunststoff isolierte Nadeln
Blend-Epilation	Hochfrequenzstrom und Gleichstrom	Wärmewirkung: Koagulation Elektrolyse: Laugenentstehung	nicht isolierte Nadeln aus Edelstahl oder Gold
Sequentialthermolyse	wie die Thermolyse, aber mit aufeinanderfolgenden Strömen (Sequenzen)		mit Kunststoff isolierte Nadeln
Sequential-Blend	wie die Blend-Epilation, aber mit aufeinanderfolgenden Strömen (Sequenzen)		nicht isolierte Nadeln

Vergleich der Arten der Nadelepilation

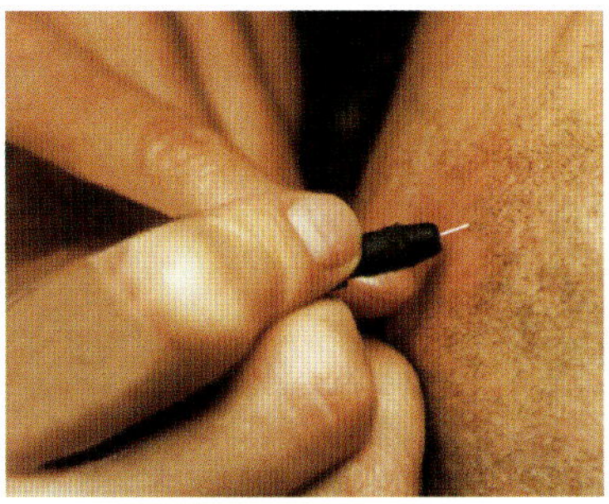

Die Nadelepilation ist die zuverlässigste Methode der dauerhaften Haarentfernung. Zugleich ist sie aber sehr zeitaufwendig.

Bei der Pinzettenepilation wird über eine Pinzettenelektrode Hochfrequenzstrom in die Haarpapille eingeschleust.

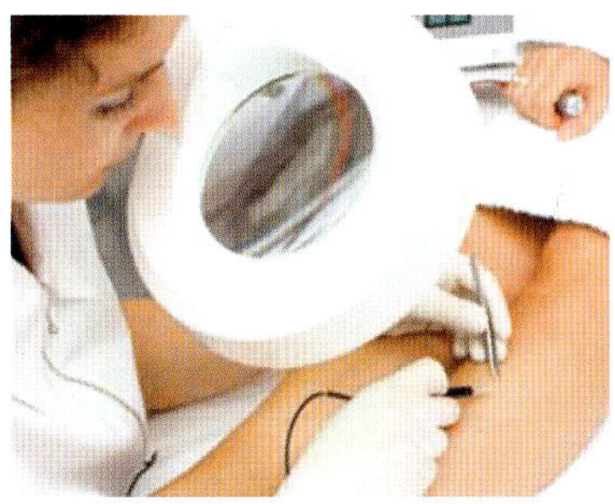

Für die Epilation ist eine gute Beleuchtung und Vergrößerung des zu behandelnden Hautareals hilfreich. Zum hygienisch einwandfreien Arbeiten zählt das Tragen von Schutzhandschuhen.

entin Geduld haben; denn bei jeder Behandlung können nur relativ wenige Haare entfernt werden. Immer wieder wachsen einige der epilierten Haare nach, z. B. weil die Papille nicht ganz zerstört worden ist. Außerdem ist die Epilation meistens nur bei Haaren, die sich in der aktiven Wachstumsphase (Anagenphase) befinden, erfolgreich. Haare, die sich in der Übergangsphase (**Katagenphase**) oder Ruhephase (**Telogenphase**) befinden, wachsen oft nach, was ein Nachbehandeln erforderlich macht. Aus diesen Gründen wird die Nadelepilation fast nur zum Entfernen störender Gesichtsbehaarung eingesetzt.

Die **Pinzettenepilation** wird mit einer Pinzettenelektrode durchgeführt. Dabei wird Hochfrequenzstrom von der Pinzettenelektrode über den Haarschaft bis zur Haarwurzel geleitet. Vor der Epilation wird das Haar sehr kurz abgeschnitten, sodass man es gerade noch mit der Pinzette erfassen kann. Da das Haar ein schlechter elektrischer Leiter ist, wird vorher ein Strom leitendes Gel auf das Haar aufgetragen. Man erfasst das Haar mit der Pinzette, hebt es leicht an und leitet dann für kurze Zeit Strom ein. Der Strom wandert bis zur Haarpapille. Aufgrund der dort entstehenden großen Hitze wird die Haarpapille verkocht (**Koagulation**) und damit zerstört. Anschließend kann das Haar leicht mit der Pinzettenelektrode herausgezogen werden.

Achten Sie darauf, dass Sie das Haar nicht mechanisch herauszupfen. Es darf nur ein kaum spürbarer Widerstand bei der Haarentnahme vorhanden sein. Ist der Widerstand höher, ist dies ein Zeichen dafür, dass die Haarpapille nicht zerstört wurde. Bei der Pinzettenepilation besteht Verbrennungsgefahr, wenn die Pinzette auf die Haut gelangt.

Epilationsmethode	Vorteile der Methode	Nachteile der Methode
Nadelepilation (auch Sondenepilation genannt)	– zuverlässigste Methode der dauerhaften Haarentfernung	– zeitaufwendiger als eine Depilation und als die Pinzettenepilation – deshalb kostenaufwendiger – häufig schmerzhaft – Erfolgsquote bis maximal 50 % Ausführung nur durch geschulte Kosmetikerin (bzw. Elektrologistin)
Pinzettenepilation (bzw. in den USA Pinzettendepilation)	– schmerzlos – gefahrloser als die Nadelepilation – keine Vernarbungsgefahr – etwas weniger zeitaufwendig als die Nadelepilation – evtl. kostengünstiger als eine Nadelepilation	– kostenaufwendiger als eine Depilation – kaum (permanente) Erfolge

Vor- und Nachteile der Nadel- und Pinzettenepilation

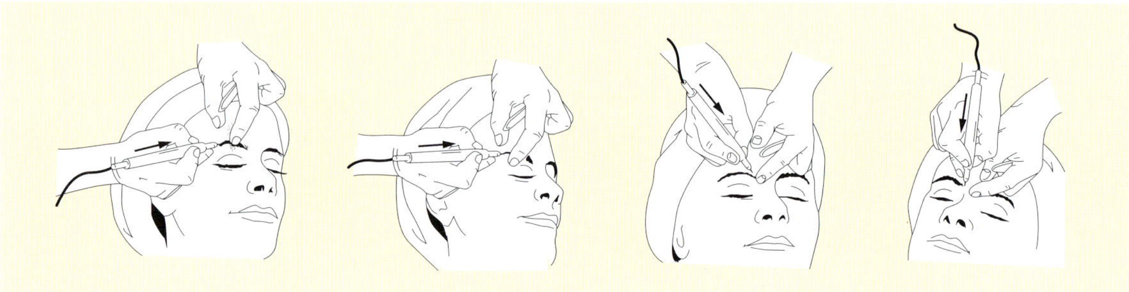

Positionen der Hände für die Epilation einzelner Partien der Augenbrauen. Die Haut wird zwischen Daumen und Zeigefinger der linken Hand straff gespannt. Mit den anderen Fingern wird die Pinzette gehalten. Die Epiliernadel wird mit der rechten Hand entsprechend der Lage des Follikels eingeführt.

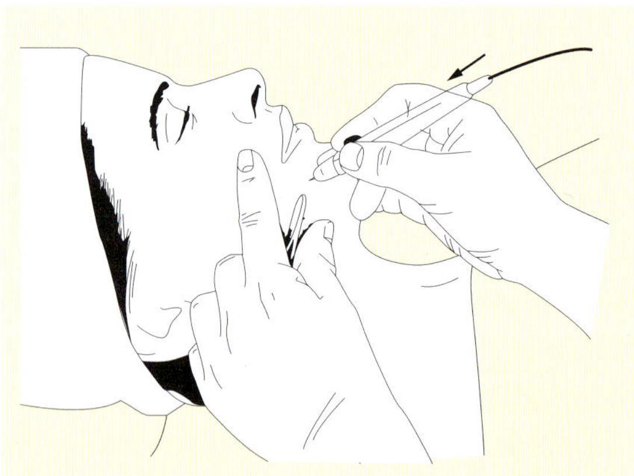

Position für die Epilation am Kinn: Daumen und Zeigefinger der linken Hand spannen die Haut. Das Epiliergerät wird wie ein Schreibstift in der rechten Hand gehalten.

Die Durchführung der Pinzettenepilation ist sehr viel einfacher und benötigt weniger Zeit als die Nadelepilation. Sie kann deshalb kostengünstiger angeboten werden. Allerdings ist die Erfolgsquote deutlich geringer als bei der Nadelepilation. Aus diesem Grund ist z. B. der Pinzettenepilation in den USA das Attribut „permanent“ gerichtlich aberkannt worden. Die Pinzettenepilation ist in den USA deshalb eine Depilation.

Nadeln und Pinzetten müssen nach jeder Anwendung sterilisiert werden. Voraussetzung für das Angebot der Epilation ist deshalb das Vorhandensein eines Heißluftsterilisators. Bevor Sie ein Epilationsgerät anschaffen, sollten Sie erstklassig ausgebildet sein, bestenfalls zur sogenannten **Elektrologistin**. Zu einer erfolgreichen Epilation gehört viel Erfahrung, Geduld und eine ruhige Hand. Wichtig ist eine gute Beleuchtung. Eine Vergrößerungshilfe ist für die Epilation ebenfalls erforderlich. Nicht immer ist dazu die Lupenleuchte ausreichend, die Augen können schnell überanstrengt sein. Die Kosmetikerin muss während der Behandlung immer in einer für sie komfortablen Position und mit geradem Rücken sitzen. Der zu epilierende Bereich muss für sie einfach erreichbar sein, ohne dass sie sich recken muss. Achten Sie auf Ihre Haltung, um Haltungsschäden und Fehlepilationen zu vermeiden. Außerdem können Sie dann sehr viel längere Zeitperioden arbeiten.

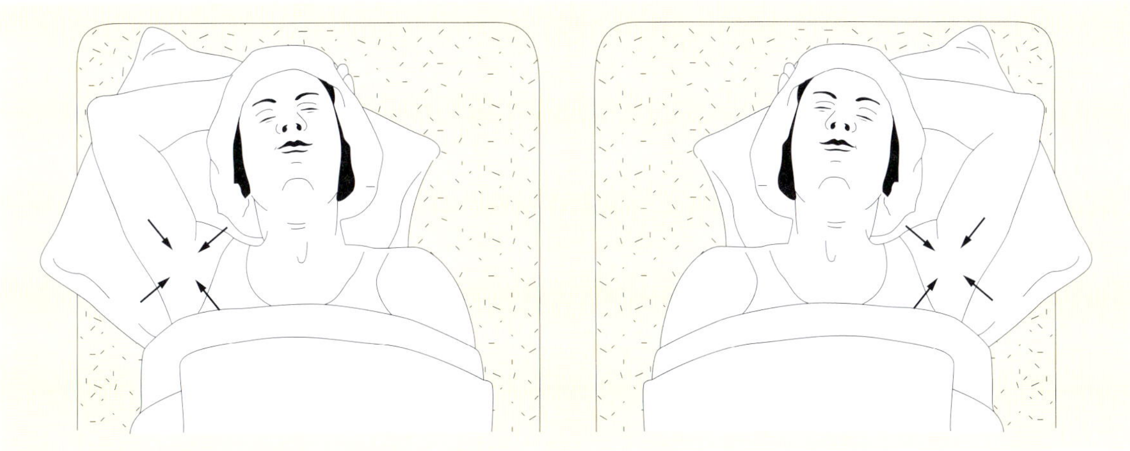

Lage der Klientin für die Epilation der Achselhaare

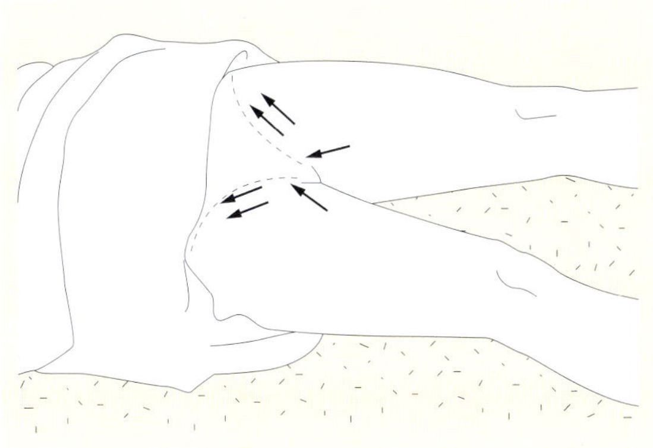

Lage der Klientin für eine Epilation in der Bikinizone

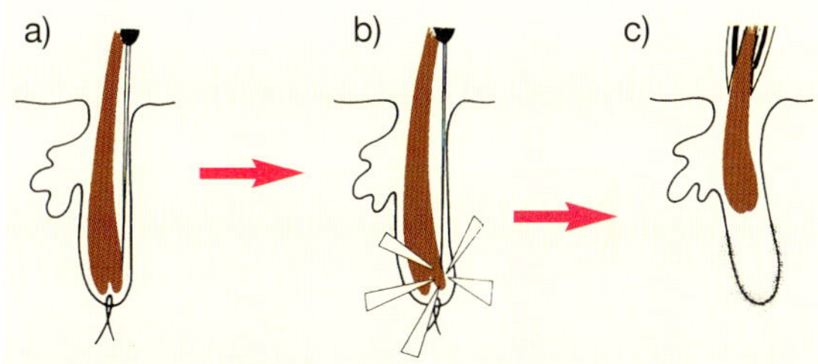

Korrekt ausgeführte Epilation: a) Die Nadel wird entlang des Haares gerade in den Follikelausgang bis zur Haarpapille eingeführt. b) Dann erfolgt der Elektrostoß. Die Nadel wird wieder langsam aus dem Follikelausgang herausgeführt. c) Mit der Pinzette kann das Haar leicht und ohne Widerstand entnommen werden.

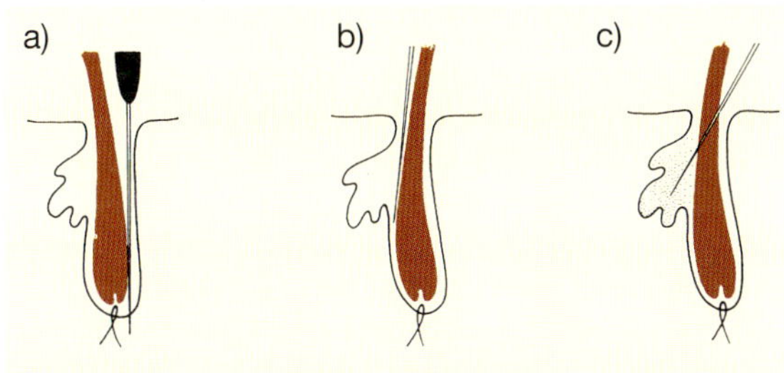

Falsch ausgeführte bzw. keine Epilation: a) Die Nadel ist zu tief über den Follikel hinaus in die Haut eingedrungen. b) Die Nadel ist nicht tief genug bis zur Haarwurzel vorgedrungen. c) Die Nadel ist in die Talgdrüse eingedrungen.

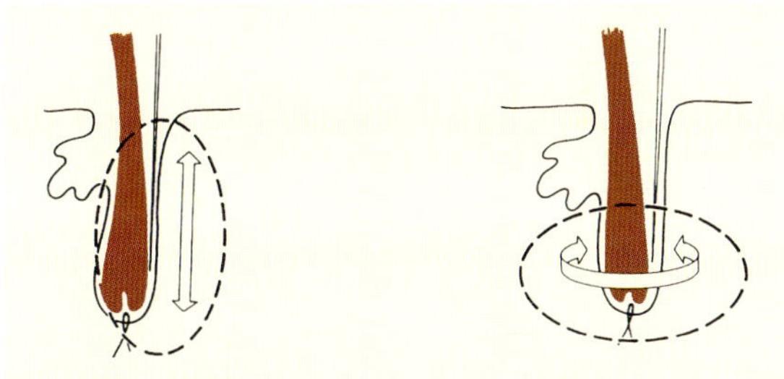

Fehler bei der Epilation können zu Hautverletzungen und -entzündungen führen! Vermeiden Sie deshalb Auf- und Abbewegungen oder das „Herumrühren“ der Nadel im Follikelbereich.

7

Nehmen Sie Stellung: Viele Kunden haben Angst vor einer Epilation. Diese Scheu kann die Kosmetikerin sicher nicht durch abschreckende Begriffe nehmen. Eine Möglichkeit ist die Verwendung von Fachbegriffen, z. B. statt Nadeleinstich besser Insertion oder statt Nadel besser Epilationssonde. Wie können Sie die Kundin außerdem behutsam an die Behandlung heranführen und ihre Angst abbauen?

Alternativ zur Nadel- und Pinzettenepilation werden Geräte angeboten, die z. B. mit gepulstem Licht, mit Ultraschall oder Laser arbeiten oder durch das Einschleusen von Enzymen eine Epilation erreichen sollen. Bei der **Laserepilation** wird die Hautfläche zuerst rasiert und dann ein Kühlgel aufgetragen. Empfindliche Hautareale können zusätzlich mit einer schmerzstillenden Creme unempfindlicher gemacht werden. Die Augen werden mit einer Spezialbrille geschützt. Dann wird schrittweise eine, bis zu zwei

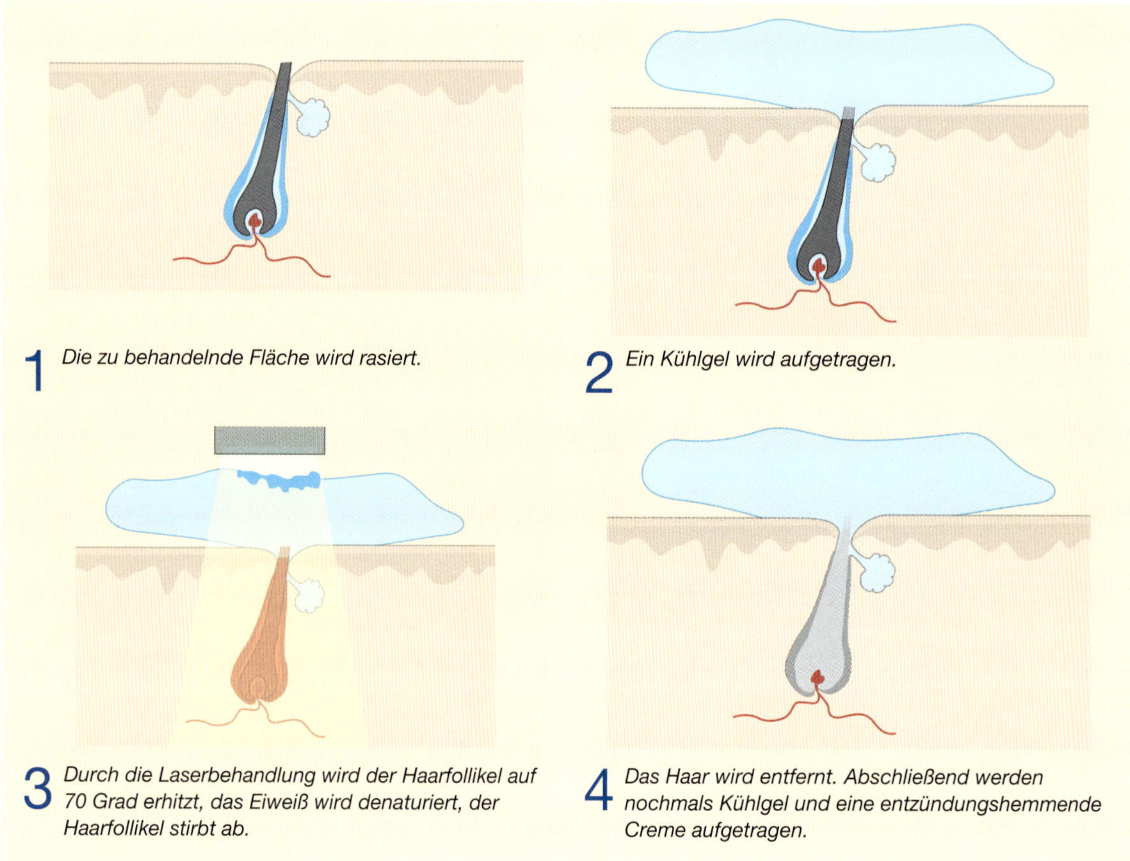

Arbeitsschritte bei der Laserepilation

Quadratzentimeter große, Hautfläche mit dem Laserlicht bestrahlt. Die Klientin fühlt ein leichtes Prickeln oder Stechen auf dem behandelten Hautbezirk. Abschließend wird die Haut nochmals gekühlt und es wird eine entzündungshemmende Creme aufgetragen.

Man unterscheidet **Rubinlaser**, **Alexandritlaser** und **Diodenlaser**. Alle Laser arbeiten mit einer einzelnen, festen Wellenlänge (z. B. 810 Nanometer bei dem Diodenlaser) sowie nach dem Absorptionsprinzip: Die Lichtenergie des Laserstrahls wird in Wärmeenergie (bzw. Hitze von etwa 70 Grad Celsius) umgewandelt. Diese Hitze wird im Idealfall nur über das Haar bis zum Haarfollikel geleitet, um ihn zu zerstören.

Der Erfolg einer Laserepilation hängt entscheidend von der Hautbeschaffenheit und -farbe sowie von der Haardicke und -farbe ab. Diese Behandlung ist nur bei dunklen Haaren bzw. Haaren mit dunkler Wurzel effektiv: Denn je dicker und je dunkler die Haare sind, desto besser absorbieren sie die Hitze. Aus dem gleichen Grund wird aber helle Haut, die wenig Hitze aufnimmt, weniger geschädigt. Umgekehrt darf bei dunkler oder gebräunter Haut wegen der erhöhten Verbrennungsgefahr keine Laserepilation durchgeführt werden.

Bei der **Lichtepilation** (auch: **IPL-Technik** von Intense Pulsed Light) wird nach dem gleichen Prinzip wie bei der Laserepilation Licht in Wärme umgewandelt. Allerdings wird das komplette Spektrum, z. B. einer Xenon-Hochdrucklampe, mit **Wellenlängen** von etwa 500 bis 1200 Nanometern verwendet.

Im Gegensatz zur Nadel- und Pinzettenepilation sind die Laser- und Lichtepilation großflächig wirkende Epilationsverfahren. Der Laser unterscheidet nicht unbedingt zwischen Haar bzw. Haarfollikel und umliegendem Gewebe. Deshalb besteht die Gefahr von Hautverbrennungen oder anderen Hitzeschäden. Die Behandlung darf nur von medizinisch geschulten Personen oder unter ärztlicher Aufsicht durchgeführt werden.

Die Kosmetikerin ist verpflichtet, einen Behandlungsplan zu erstellen, der neben der Diagnose und persönlichen Beratung (Aufklärungsgespräch) auch eine Erfolgsprognose, einen Kostenvoranschlag und eine Probebehandlung beinhalten sollte. Außerdem muss vertraglich geklärt werden, wer die Kosten möglicher Folgeschäden übernimmt. Die entsprechende Körperstelle wird vor der Behandlung fotografiert, um den Behandlungserfolg später dokumentieren zu können.

	Nadelepilation	Laserepilation
Verfahren	– Man arbeitet mit elektrischen Stromstößen. – Jeder Haarfollikel wird einzeln zerstört.	– Lichtenergie (= Laser) wird in Wärmeenergie (= Hitze) umgewandelt. – Großflächiges Arbeiten: Immer mehrere Haarfollikel werden zugleich erfasst und behandelt.
Voraussetzungen	– kann bei allen Hauttypen und sämtlichen Haardicken und -farben durchgeführt werden	– darf nicht bei dunkler und gebräunter Haut durchgeführt werden
Anwendung	– erfordert besondere Konzentration, Ausdauer und Gewissenhaftigkeit der Kosmetikerin	– darf nur von medizinisch geschultem Personal oder unter ärztlicher Aufsicht durchgeführt werden – grundsätzlich einfacher in der Durchführung, weil die entsprechenden Hautareale „automatisch" erfasst werden
Schmerzrisiko	– nicht schmerzhaft, wenn exakt gearbeitet wird – unsachgemäßer Einstich der Nadel in das umliegende Gewebe kann sehr schmerzhaft sein	– bei heller Haut und hellen (blonden und rötlichen) Haaren kaum schmerzhaft – weniger schmerzhaft als eine nicht exakt ausgeführte Nadelepilation
Gefahren	– kleine, lokale Narbenbildung	– Schäden des umliegenden Gewebes: Verbrennungen oder andere Hitzeschäden, z. B. Narbenbildung
Zeitaufwand und Kosten	– zeitaufwendiger – gut nachvollziehbare Einzelberechnung ist möglich, z. B. 1 Euro pro Haar oder pro Minute – meistens teurer als eine Laserbehandlung	– weniger Zeitbedarf, vor allem bei großflächigen Behandlungen – meistens preisgünstiger als die Nadelepilation
Effektivität	Diese Epilationsart hat nach wie vor besonders für helle und weiße Haare die höchste Effizienz, sofern die Nadel exakt im Haarfollikel platziert wird.	Erfolgsaussichten bestehen im Wesentlichen nur bei dunklen Haaren. Bei hellblonden und rötlichen Haaren ist der Behandlungserfolg gering.

Nadel- und Laserepilation im Vergleich

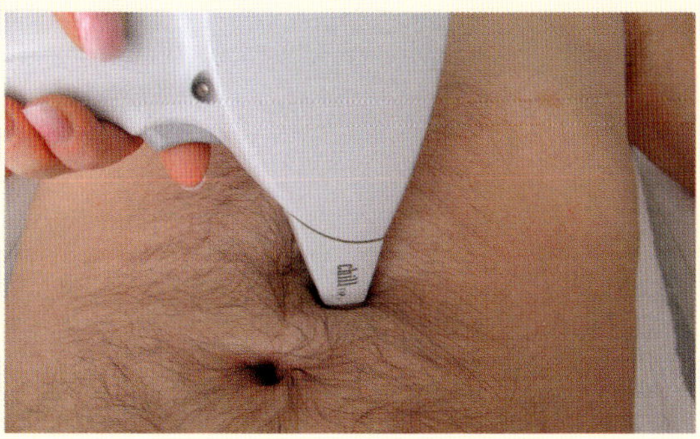

Eine Laserepilation ist eine großflächige Behandlung und eignet sich besonders für dunkle Haare.

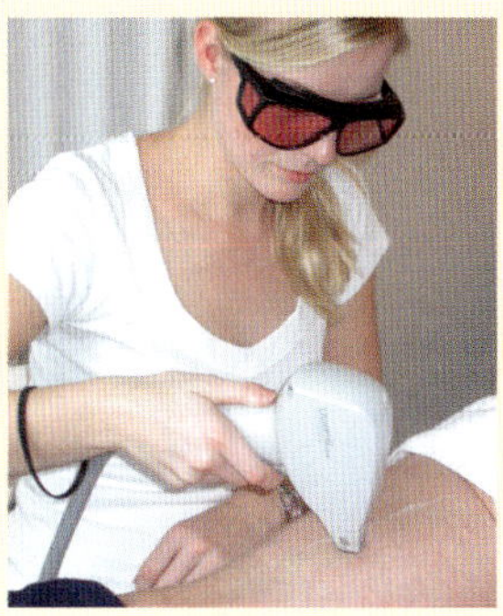

Bei der Laserepilation müssen Klientin und Kosmetikerin eine Schutzbrille tragen.

Weitere Infos zur Epilation unter:
www.free-skin.de
www.kosmederm.de/epilation.html
www.kosmetikportal.net/epilation.html
www.laserepilation.ch
www.licca.de
www.marla-schnee-cosmetics.de
www.silkskin.de/wissen.html

13 Strahlenanwendungen

13.1 Anwendungen mit Blaulicht, Rotlicht und Infrarotlicht

Mit Bestrahlungslampen werden Infrarot- und Rotlicht zur Durchwärmung und Erhöhung der Durchblutung eingesetzt. Blaulicht wird zur Reizdämpfung und Reizlinderung verwendet. Die **Wellenlängen** von Rot- und Blaulicht befinden sich im **Strahlenspektrum** an den Randbereichen des sichtbaren Lichts.

Infrarotlampen werden heute im freien Handel zu einem geringen Preis angeboten. Die **Infrarotbestrahlung** ermöglicht eine Wärmetherapie mit geringer Tiefenwirkung. Man nennt **Infrarotlicht** auch verkürzt Rotlicht. Manchmal spricht man aber auch von Rotlicht, wenn ein Teil der Infrarotstrahlung herausgefiltert wird. Indikationen für die Behandlung mit **Rotlicht** sind eine gewünschte Erwärmung der Haut und eine leicht hyperämisierende, d. h. durchblutungsfördernde und damit stoffwechselanregende Wirkung. Die Haut ist nach der Behandlung leicht gerötet (Erythembildung). Kontraindikationen sind alle Kreislauferkrankungen, vor allem Hypotonie, frische Verletzungen und Narben wegen der Blutungsgefahr sowie frische Blutergüsse (Hämatome). Rotlicht wird in der kosmetischen Praxis vorrangig für die Gesichtsbehandlung ohne oder mit Kräuterauszügen angewendet.

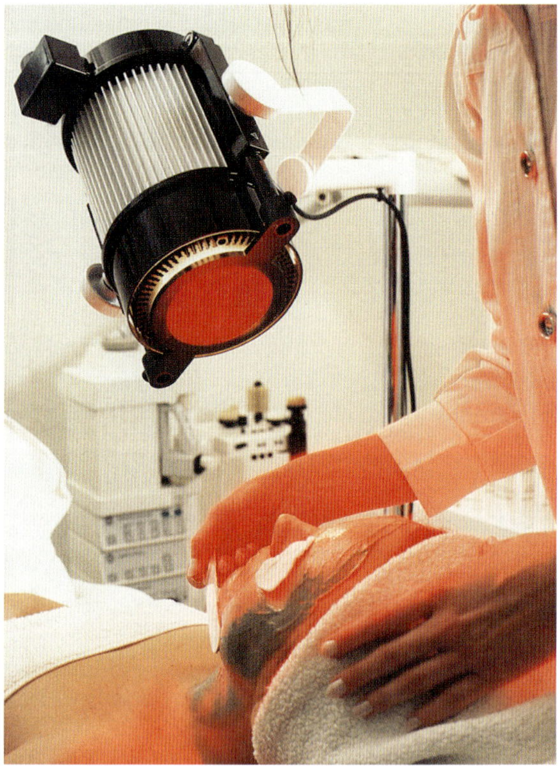

Die Wärme von Infrarot- oder Rotlichtstrahlung kann auch zur Wirkungsintensivierung von Kräuterauszügen verwendet werden.

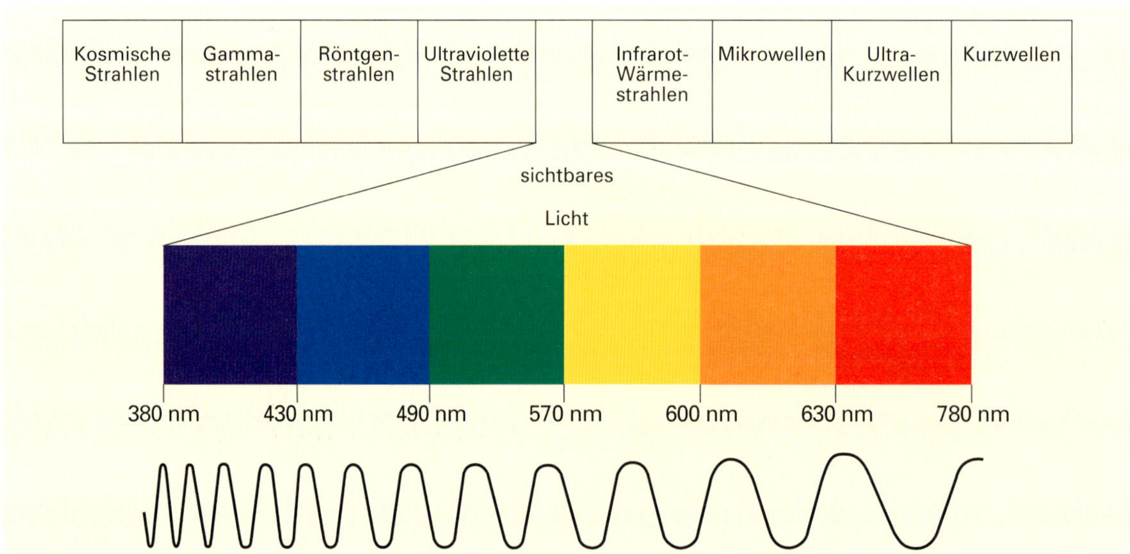

Das Strahlenspektrum: Je kürzer die Wellenlänge, desto energiereicher ist die Strahlung.

Mit der **Solluxlampe** können Behandlungen mit Rotlicht oder mit **Blaulicht** ausführt werden. Dazu werden verschiedene Filter vor die Lampe gesetzt. Die Wirkung von Rotlicht ist intensiver als die von Blaulicht. Rotlicht wirkt bis in tiefere Hautschichten. Die Behandlung mit Blaulicht hat eine dämpfende, beruhigende Wirkung und eignet sich deshalb vor allem für die Bestrahlung oberflächlicher Körperhaut. Blaulicht wird meistens zum Abschluss der Behandlung eingesetzt. Dies ist besonders empfehlenswert nach der Entfernung nicht entzündlicher Hautunreinheiten.

Bei der Bestrahlung müssen die Augen durch eine Schutzbrille mit blauen Gläsern geschützt werden. Die Dauer der Bestrahlung beträgt etwa zehn bis fünfzehn Minuten. Der Abstand des Geräts zum Körper soll etwa dreißig Zentimeter betragen. Wichtig ist, dass die Klientin im Anschluss an diese Wärmebehandlung eine Viertelstunde im Behandlungsraum verbleibt, um einer Unterkühlungsgefahr vorzubeugen.

Nehmen Sie Stellung: Wärmebehandlungen finden in der kosmetischen Praxis sehr häufig statt. Ob nun mit Rotlicht, Blaulicht oder mit Wasseranwendungen (z. B. Bäder, Kompressen oder Bedampfung), die Wirkungen sind zunächst vergleichbar. In welchen Fällen entscheiden Sie sich für welche Wärmebehandlung?

13.2 Farblichttherapie

Bei der **Farblichtbehandlung** (Farblichttherapie) arbeitet man ausschließlich mit farbigem Licht. Wärme wird hier nicht verwendet. Man geht davon aus, dass Licht und Farben auch eine Wirkung auf psychische (seelische) Zustände haben. Durch Farblichtbehandlungen sollen z. B. Drüsenfunktionen angeregt sowie die Regulierung der Hautfunktionen und des Hormonhaushalts unterstützt werden.

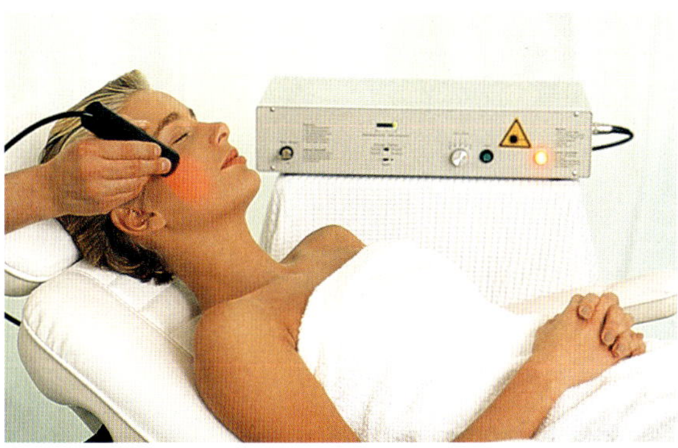

Die Color-Akupunktur ist eine Art der Farblichttherapie.

Jede Farbe soll eine spezifische Wirkung auf die Haut ausüben können. Grünes Licht wirkt harmonisierend, ausgleichend und regenerierend. Übermäßige Drüsenfunktionen bei Seborrhö und Akne können mit grünem Licht gedämpft werden. Rotes Licht wirkt demgegenüber durchblutungsfördernd und somit stoffwechselanregend. Deshalb wird rotes Licht z. B. bei blasser Haut und bei Cellulite angewendet. Türkises Licht soll eine positive Wirkung auf das Lymphsystem haben. Es kann zur Entstauung bei Ödemen, Lymphstau und Blutergüssen beitragen. Werden spezielle Hautareale mit Licht behandelt, spricht man auch von einer **Color-Akupunktur**.

13.3 Biophotonentherapie

Die kleinsten Teilchen der Lichtenergie sind Lichtquanten oder **Photonen**. Diese Photonen haben – je nach Farbe – unterschiedliche Energien. Man unterscheidet energieärmere Photonen und energiereichere Photonen. Bei der **Biophotonentherapie** geht man davon aus, dass lebende Zellen nicht nur Lichtenergie aufnehmen, sondern zugleich die sogenannte „in Photonen enthaltene Information und Ordnung". Diese Informationen sollen die Entwicklung der Zellen beeinflussen können. Damit ist die Biophotonen-Methodik verwandt mit der Homöopathie. Die Biophotonen sollen die Zellen in ihrer Funktion unterstützen. Viele kosmetische und medizinische Probleme sollen auf einer Störung der Zellenergien beruhen.

Das verwendete Frequenzspektrum bei der Biophotonen-Therapie reicht vom Ultraviolettbereich, über das sichtbare Licht bis zum Infrarotbereich. Sie wird z. B. zur Hautstraffung und Narbenbehandlung, bei Schwangerschaftsstreifen und Cellulite und zur Durchblutungsförderung eingesetzt.

13.4 Kosmetische Laserbehandlungen

Lasergeräte werden in der Medizin, z. B. bei stark atrophischer Haut, Falten, Aknenarben, Verhornungen, Warzen und gutartigen Muttermalen, eingesetzt. Dabei wird die Haut schichtweise abgetragen. An den behandelten Stellen bildet sich eine Rötung, Schwellung und Schorf. Der Schorf löst sich nach einigen Tagen ab und die darunterliegende Haut ist sichtbar glatter.

Der Laserstrahl ist gebündeltes, sichtbares Licht. Das Licht ist Strahlungsenergie, die aus **Photonen** besteht. Die Laserbehandlung ist deshalb auch eine Form der Lichttherapie.

Über die Dermatologie hat die **Laserbehandlung** auch Eingang in die Kosmetik gefunden. Allerdings sind diese Laserbehandlungen nicht mit denen in der Medizin zu vergleichen; in der Kosmetik ist es verboten, solche Behandlungen durchzuführen. Die Kosmetikerin kann z. B. bei Indikation diese Behandlung empfehlen und sie kann in Zusammenarbeit mit einem Dermatologen die Regeneration der Haut mit kosmetischen Maßnahmen während und nach der Behandlung sinnvoll unterstützen.

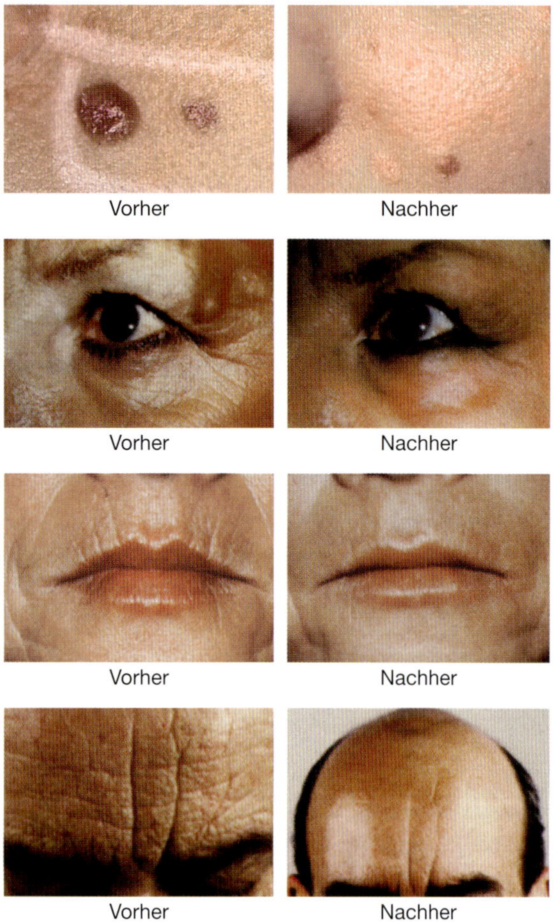

Der Laserstrahl ist gebündeltes, sichtbares Licht. In der medizinischen Lasertechnik werden z. B. Falten und Narben, Verhornungen, Warzen und gutartige Muttermale behandelt.

Die in der Kosmetik verwendeten, schwächer wirkenden Lasergeräte werden z. B. zur Unterstützung der Selbstheilungskräfte, zur Regeneration der Zelltätigkeit und Verbesserung der Durchblutung eingesetzt. Auch soll das Haarwachstum nicht nur bei Alopecien mithilfe von Laserstrahlen angeregt werden können. In der Homöopathie und Bachblütentherapie werden Lasergeräte auch zur „Übermittlung biologischer und energetischer Informationen" verwendet.

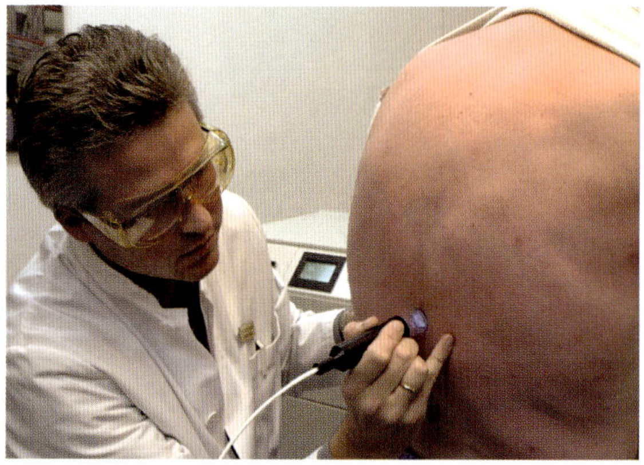

Behandlung von Schuppenflechte mit einem Excimer-Laser

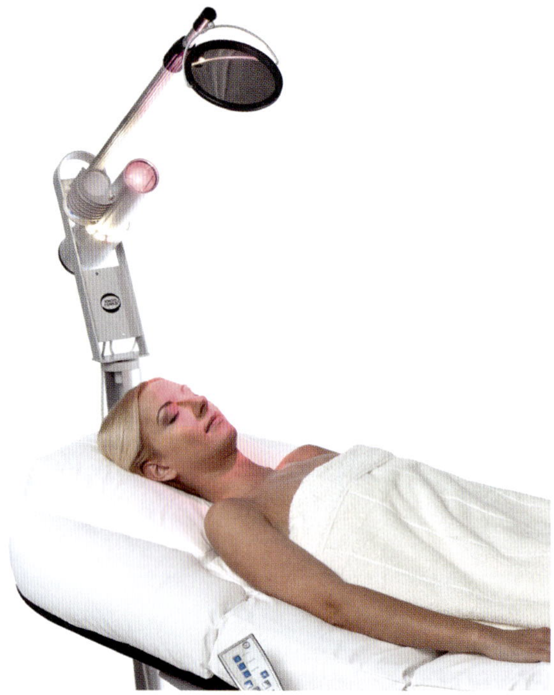

Lichttherapeutische Anwendung

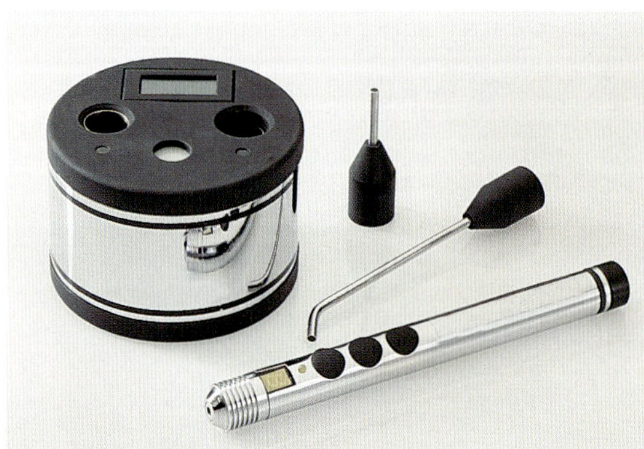

Mit dem Handlasergerät können punktuelle Behandlungen durchgeführt werden.

Ein Laser wird entweder punktuell oder zur Flächenbehandlung verwendet. Mobile Handlaser, z. B. in Form eines Kugelschreibers, kosten etwa 500,00 EUR. Die Anschaffungskosten für stationäre Lasergeräte, die für punktuelle und großflächige kosmetische Behandlungen geeignet sind, liegen zwischen 1 500,00 EUR und 5 000,00 EUR.

13.5 Höhensonnen, Sonnenbänke und Solarien

Sonnenstudios haben in den letzten Jahren einen regelrechten Boom erfahren. Auch die Kosmetikerin kann als Zusatzangebot Höhensonnen, Sonnenbänke und Solarien im Institut anbieten.

Höhensonnen stellen die Vorgänger heutiger Sonnenbänke und Solarien dar. Sie dürfen nur in sehr geringer Dosierung (ca. 20 bis 30 Sekunden), die langsam geringfügig gesteigert werden kann, verwendet werden. Für die Bestrahlung mit einer **Sonnenbank** legt man sich auf eine gerade Unterfläche (z. B. eine Liege) und fährt die Höhensonne per Knopfdruck automatisch herab. In **Solarien** befinden sich zusätzlich unterhalb der Liegefläche Röhren, sodass eine Ganzkörperbestrahlung erfolgt.

Argumente für das Bräunen mit einer Höhensonne, auf einer Sonnenbank oder einem Solarium sind allerdings umstritten, denn akute und chronische Lichtschäden sind möglich. Zu den Argumenten zählen die erhöhte Produktion von Vitamin D_3, die Aktivierung des Immunsystems, das Entstehen eines gewissen Lichtschutzes, auch im Sinne einer Sonnenallergie-Prophylaxe, sowie die fördernde Heilwirkung bei Aknepatienten. Vitamin D_3 wird bereits gebildet, wenn man sich etwa zehn Minuten im Tageslicht aufhält. Dies ist in der Regel täglich der Fall. Eine Aktivierung des Immunsystems ist stark von der Dosierung, d. h. von der Strahlungsdauer abhängig. Sehr schnell wirken die Strahlen von Solarien und insbesondere von Höhensonnen belastend auf den Organismus.

Höhensonnen enthalten das gesamte Strahlenspektrum der Sonne. Allerdings sind die für die Bräunung verantwortlichen **UV-B-Strahlen** nachgewiesenermaßen krebserregend. Aus diesem Grund sind UV-B-Strahlen in Solarien und Sonnenbänken zu einem Großteil herausgefiltert. Solarien liefern im Wesentlichen **UV-A-Strahlen**, die zwar nicht krebserregend sind, jedoch immens zur Alterung der Haut beitragen. Da man unter einem Solarium sehr schnell schwitzt, sind diese kaum für Aknepatienten geeignet. Die feuchte Hitze kann die Entzündungen fördern und zudem zu Schmierinfektionen führen. Hier eignet sich besser die austrocknende Wirkung einer Höhensonne. Diese Behandlung sollte jedoch unter Aufsicht eines Dermatologen erfolgen.

Bei den Strahlen, ob aggressiv oder weniger gefährlich, ist die Klientin auf die Auskunft und Gewissenhaftigkeit des Sonnenbankanbieters angewiesen. Bei Einnahme bestimmter Medikamente (z. B. Antibiotika) kann es zu Hautschäden und Allergien kommen. Deshalb darf in diesen Fällen keine Bestrahlung vorgenommen werden. Auch Schwangeren ist wegen der Möglichkeit, dass Hyperpigmentierungen entstehen, davon abzuraten.

Besonders wichtig ist die Beachtung von Hygienevorschriften. Die Bänke müssen vor jedem Besuch gereinigt und desinfiziert werden! Alternativ können Folien über die Bänke gelegt werden, die nur einmal benutzt und dann entsorgt werden müssen. Folien sind eine hygienische Alternative, die allerdings auch die Umwelt belastet. Empfehlen Sie Ihren Klienten außerdem immer eine Schutzbrille, um möglichen Augenschäden vorzubeugen.

Weitere Infos unter:
www.sonnenstudio-joli.de/Solarium/Glossar
www.unserehaut.de

13.6 Kältebehandlungen

Mithilfe von **Kältebehandlungen** (**Vereisung**) im Bereich von minus 30 Grad Celsius (– 30 °C) können verschiedene störende Hauterscheinungen entfernt werden. Indikationen sind Altersflecken, Pigmentflecken, Sommersprossen, Akneknoten, Aknenarben und Hyperpigmentierungen. Alle Vereisungsbehandlungen müssen in Zusammenarbeit mit einem Dermatologen durchgeführt werden. Ausschließlich in die Hand des Arztes gehört die Vereisung von Hyperkeratosen und Warzen. Besondere Kontraindikationen der Vereisung gelten für Diabetiker und Bluter.

Der vorgekühlte Applikator bzw. die Behandlungsspitze wird je nach Hautempfindlichkeit etwa drei bis sechs Sekunden auf die entsprechende Hautpartie aufgesetzt. Durch den Kontakt entsteht eine leichte Vertiefung und ein Schneerand auf der Haut. Der Schneerand bildet sich nach einigen Sekunden wieder zurück. Die behandelte Hautpartie färbt sich nach einem bis spätestens vier Tagen bräunlich. Die Haut kann in dieser Phase mit einem Abdeckstift abgedeckt werden. Nach etwa einer bis zwei Wochen löst sich das inzwischen dort entstandene Hautschüppchen ab. Die darunter neu gebildete Haut zeigt die störende Hauterscheinung nicht mehr. Nach Ablösen des Hautschüppchens (Schorf) muss die Haut unbedingt vor Sonneneinstrahlung geschützt werden.

Behandlung von verheiltem Narbengewebe mit Ultraschallfrequenzen. Ein schneller Frequenzwechsel sorgt bei diesem Gerät für intensive, lokale Mikromassagen.

14 Gegenanzeigen/Kontraindikationen

Grundsätzlich darf die Kosmetikerin elektrischen Strom nur am gesunden Menschen anwenden! Vor jeder Behandlung mit elektrischem Strom soll eine ärztliche Freigabe erfolgt sein. Therapeutische Maßnahmen dürfen ausschließlich von Ärzten vorgenommen werden. Die Anwendung von Strom am Menschen ist immer mit hoher Verantwortung verbunden. Indikationen (Anzeigen, Gebote) apparativer Behandlungen müssen sorgfältig geprüft werden.

Kontraindikationen sind alle erkennbaren oder vermuteten Krankheiten. Hierzu zählen alle fieberhaften und entzündlichen Zustände (z. B. Rötung, Schwellung, lokaler Schmerz), Tumore und Verdacht auf Tumore. Schmerzen sind Indizien für gestörte Körperfunktionen und Krankheiten. Strom darf nicht bei Diabetikern angewendet werden. Auch Durchblutungs- und Lymphabflussstörungen sowie Bereiche mit Krampfadern müssen bei allen Strombehandlungen ausgeschlossen werden. Hierzu zählen auch Massageanwendungen wie die apparative Lymphdrainage! Bei früheren Thrombosen der Klientin muss sich die Kosmetikerin mit Stromanwendungen zurückhalten. Thrombosen sind in den Gefäßbahnen fest sitzende Verklumpungen des Blutes (Blutgerinnsel). Diese können durch elektrische Ströme abreißen, frei in den Blutbahnen wandern und zu einem Infarkt oder einer Lungenembolie führen.

Narben und frische Verletzungen, einschließlich verschorfter oder krustenartiger Wunden müssen von jeder Strombehandlung ausgeschlossen werden! Es besteht z. B. die Gefahr, dass diese durch den Strom (durch die erhöhte Durchblutung) wieder „aufbrechen“. Der natürliche Heilungsprozess der Wunden würde maßgeblich gestört.

Strom darf nicht in Bereichen angewendet werden, in denen sich Metallteile im Körper des Klienten befinden. Hierzu zählen alle Bereiche mit Metallprothesen, künstlichen Gelenken, sowie Nägeln, Platten oder Schrauben von Knochenbrüchen. Hierzu zählt auch metallhaltiger Zahnersatz. Bei quecksilberhaltigem Zahnersatz (Amalgam) muss der Mundbereich – nicht nur wegen des anschließenden „metallischen Geschmacks“, den die Klientin verspürt – ausgelassen werden. Menschen mit Herzschrittmacher dürfen überhaupt nicht mit elektrischem Strom behandelt werden (Todesgefahr)!

Bei Schwangeren sind apparative Behandlungen sehr umstritten. Ein Verbot gilt für alle Stromanwendungen im Bereich des Abdomens (am Bauch und am unteren Rückenbereich). Da Strombehandlungen die Durchblutung in der Gebärmutter erhöhen können, gilt das Verbot bei Frauen auch für die Zeit der Periode (Monatsblutung).

Bei der Iontophorese, Elektrophorese und Desincrustation ist es theoretisch möglich, dass die Wirkstoffe tiefer in die Epidermis dringen. Da die Basalzellenschicht über das Kapillarsystem direkten Kontakt zum Blut- und Lymphkreislauf hat, ist es möglich, dass die Wirkstoffe in andere Teile des menschlichen Organismus gelangen und dort ebenfalls (unerwünscht) wirken. Aus diesem Grund ist es für die Kosmetikerin verboten, mit medizinischen Wirkstoffen zu arbeiten. Diese Wirkstoffe gehören ausschließlich in den medizinischen Bereich.

15 Multifunktionsgeräte

Wie der Name bereits sagt, haben **Multifunktionsgeräte** vielseitige Einsatzbereiche. Es gibt jedoch keinen Prototyp, sodass der Begriff eher verwirrend ist. Vielmehr handelt es sich bei einem Multifunktionsgerät nicht um ein standardisiertes Gerät, sondern um eine Vielzahl von Geräten, die auf ganz unterschiedliche Weise eingesetzt werden können. Die Kosmetikerin verfügt dadurch über ein mehr oder weniger komplettes apparatives Dienstleistungsprogramm, das individuell auf die Bedürfnisse der Kundin ausgerichtet werden kann. Rentabel ist das Gerät allerdings nur, wenn die Kosmetikerin über die Kenntnisse aller Anwendungsmöglichkeiten eines solchen Geräts verfügt und deren Umgang beherrscht.

Arbeitstische sind heute häufig mit verschiedenen Hilfsmitteln und Geräten erweitert und zählen deshalb auch zu den Multifunktionsgeräten. Häufig bieten die Hersteller ein Basisgerät an, das mit Zubehör und verschiedenen Geräten der apparativen Kosmetik erweitert werden kann. Neben einer oder mehreren Ablageplatten zählen dazu: eine Lupenleuchte, ein Dampfgerät (Vapozon), ein Bürstenschleifgerät, ein Sprühgerät zum Aufnebeln von Lotionen, sowie Geräte zur Gleichstrombehandlung und zur Vakuummassage.

Die Behandlungsformen mit **Kombinationsgeräten** können entweder Grundbehandlungen, Kurzbehandlungen oder Zusatzbehandlungen sein. Dadurch ergeben sich unterschiedliche Behandlungszeiten und Behandlungspreise. Die einzelnen Behandlungsschritte mit einem Multifunktionsgerät müssen auf jeden Fall für die Kundin durch eine übersichtlich aufgebaute Behandlungsliste transparent sein.

Einige Kombinationsgeräte ermöglichen alle Gleichstrombehandlungen wie die Iontophorese und die Impulsstrombehandlung. Vielseitigere, und damit aber auch kostenintensivere Kombinationsgeräte bieten neben Gleichstrom auch Wechselstrombehandlungen. Weitere Behandlungsmöglichkeiten sind dann z. B. die apparative Lymphdrainage, die Vakuumdruckmassage sowie die elektronische Hautanalyse.

Geräte, die an einen **Computer** angeschlossen sind, bieten zusätzlich elektronisch gesteuerte Behandlungs- und Verwaltungsprogramme. Die Verwaltungsprogramme umfassen Bereiche der Betriebswirtschaft, die Erstellung einer Kundendatei sowie Hilfestellung für eine individuelle Ernährungsberatung. Bei Anschaffung eines solchen Multifunktionsgeräts sollte bedacht werden, dass derart gesteuerte Behandlungen neben dem Umgang mit Geräten der apparativen Kosmetik auch umfangreiche PC-Kenntnisse voraussetzen.

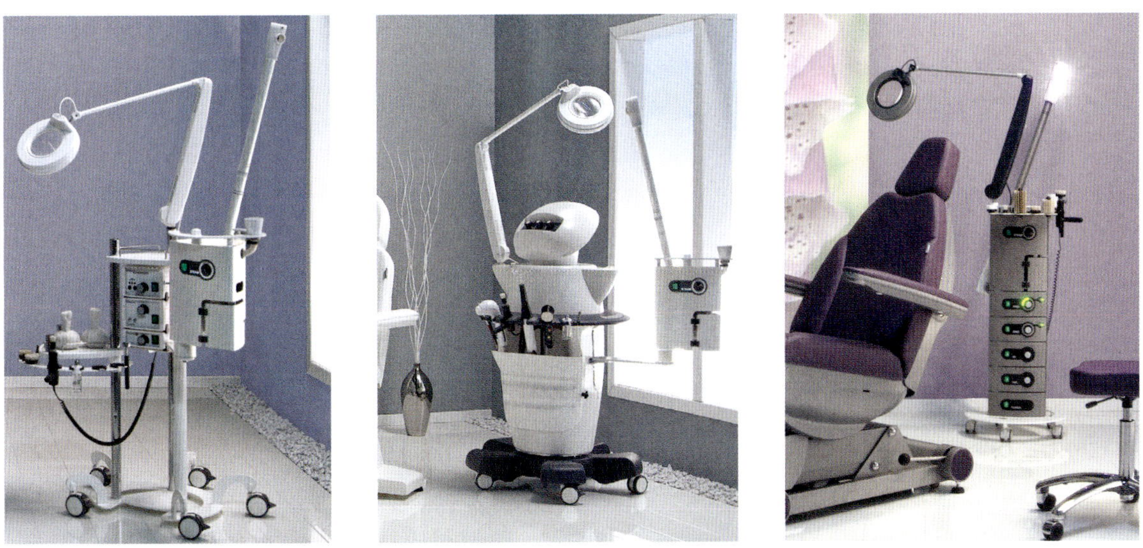

Arbeitstische sind zum Teil mit verschiedenen Geräten, z. B. mit Lupenleuchte, Bedampfer, Sprühgerät zum Versprühen von Lotionen und mit einem Gleichstromgerät erweitert.

7

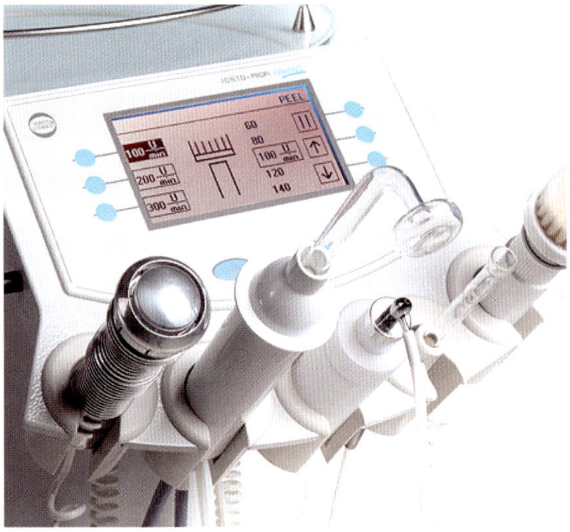

Multifunktionsgerät mit verschiedenen Anwendungsmöglichkeiten und Funktionsdisplay.

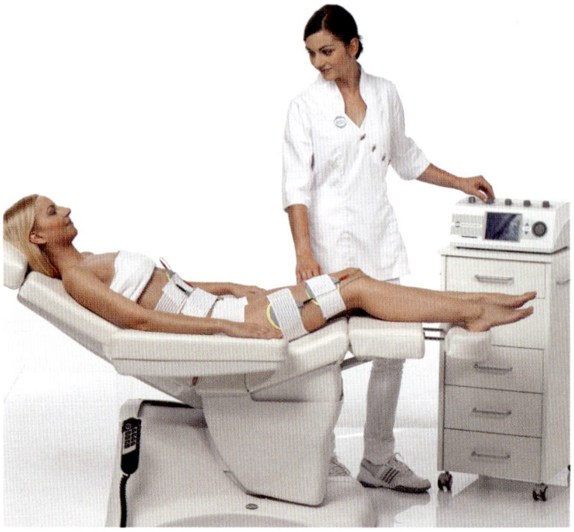

Gerät zur Gesichts- und Ganzkörperbehandlung mit Mittelfrequenz-Strom: u.a. Aktivierung des Lymphflusses, Hautstraffung und Faltenreduktion. An das Gerät kann eine Doppelkugelelektrode angeschlossen werden.

16 Zum Bedarf technischer Geräte in der kosmetischen Praxis

Unzählig sind die technischen Geräte, die der Kosmetikerin versprechen, ihre Arbeit zu erleichtern und zu intensivieren. Die Anpreisungen der Hersteller klingen verlockend, ebenso der vorhergesagte Profit. Doch nicht selten entpuppt sich der Kauf über kurz oder lang als Fehlinvestition. Das muss nicht sein, wenn zwei Voraussetzungen erfüllt sind: die Kosmetikerin muss über die notwendigen fachlichen Kenntnisse verfügen und der entsprechende Bedarf bei den Kunden muss vorhanden sein oder geweckt werden können.

Nehmen Sie Stellung: Was bestimmt den Kauf eines Geräts? Häufig erregt Werbung die Aufmerksamkeit oder das Gefühl, nicht mehr zeitgemäß zu behandeln. Wollen Sie Ihren Kunden einfach etwas Neues bieten oder besteht ein wirklicher Bedarf? Diese Fragen müssen Sie vor dem Kauf eines Geräts eindeutig klären.

Hersteller informieren auf Fachmessen oder in Schulungen über die Möglichkeiten und Vorzüge ihrer Geräte. Meistens wird auch ausführliches Informationsmaterial zur Verfügung gestellt. Auch wenn Sie auf Basis Ihrer Grundkenntnisse nun über die Qualifikationen im Umgang mit dem Gerät verfügen, reicht die Begeisterung allein oder die persönliche Überzeugung von der Wirksamkeit des Geräts nicht aus. Sie müssen sich auch mit der Nutzung bzw. Auslastung des Geräts in Ihrem Betrieb auseinandersetzen, bevor Sie sich für eine Investition entscheiden.

Behandlungen mit technischen Geräten werden in der Regel kurmäßig, d. h. in zehn bis dreißig (oder mehr) Behandlungen angeboten. Bei einem Stundenlohn von etwa 30,00 EUR kommen schnell größere Beträge für Sie, aber auch für die Kundin, zusammen. Der Kauf eines Geräts sollte deshalb in drei Stufen erfolgen. Analysieren Sie die Situation in Ihrem Institut genau. Lernen Sie so viel wie möglich über den Wirkungszusammenhang von Körper und Gerät. Kaufen Sie erst dann das Gerät. Je mehr Kunden die Vorzüge eines Geräts nutzen, desto profitabler ist die Anschaffung. Der Kauf eines Geräts sollte sich so schnell wie möglich rentieren.

Nehmen Sie Stellung: Apparative Massage, Iontophorese, Interferenzstrombehandlung, Epilation, Laser- und Farblichttherapie . . . haben Sie Kunden für die jeweilige apparative Behandlung? Wie viele Kunden sind das? Haben Sie freie Kapazitäten für diese Behandlungen? Wie sollen Kunden, die Sie dafür gewinnen möchten, auf diese Behandlung aufmerksam gemacht werden (Werbung)? Wie teuer muss eine Behandlung mit dem entsprechenden Gerät sein (Kalkulation)? Haben Sie genügend Kunden, die über einen längeren Zeitraum zahlen können und wollen?

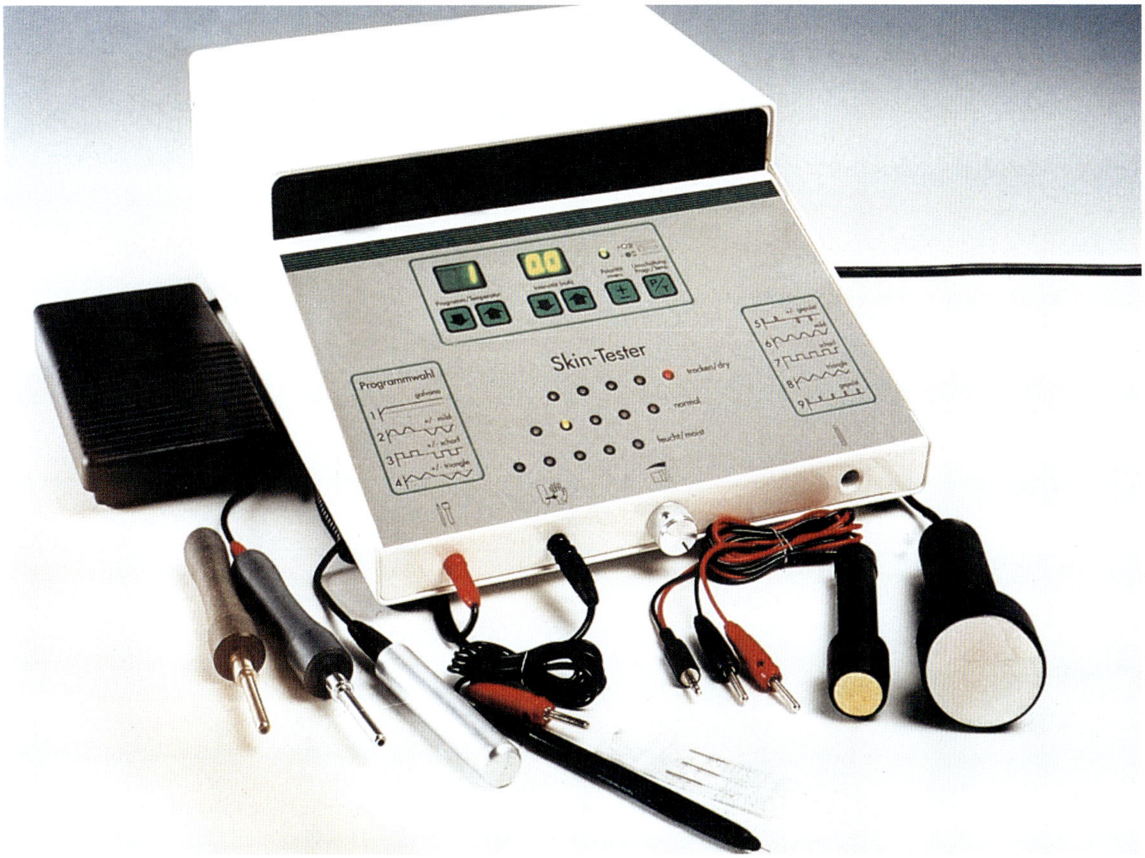

Kombinationsgerätebeispiel zur Gleichstrom- und Impulsstrombehandlung sowie zur Hautanalyse

Kombinationsgerätebeispiel zur Bürstenmassage, Vakuumsaugmassage und Iontophorese

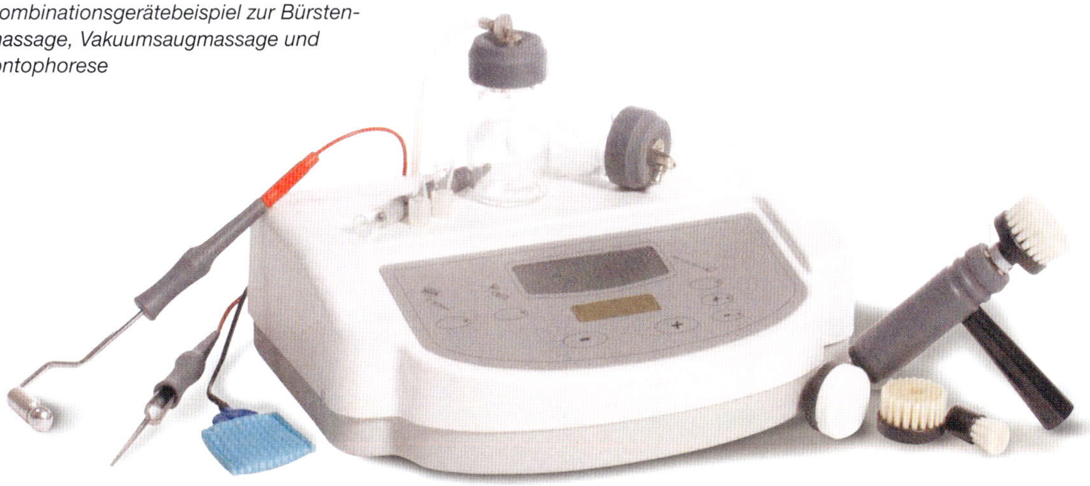

Weitere Infos zu Geräten der apparativen Kosmetik unter:

www.cosmoty.de
www.gharieni.de
www.ionto.de
www.kayma.de (Fachlexikon für apparative Kosmetik)
www.mw-vertrieb.de
www.sg-kosmetik.de
www.wellnessundfigur.de

8 Dekorative Kosmetik

1 Individuelle Schönheit als gestalterische Aufgabe der Kosmetikerin

Sobald ein Mensch in das Blickfeld anderer gelangt, betritt er eine „Bühne". Er übernimmt „eine Rolle" und stellt sich dar. Abhängig vom Lebensalter, Geschlecht und gesellschaftlichem Umfeld wird das Erscheinungsbild inszeniert. Diese Inszenierung erfolgt absichtsvoll und soll nützlich sein. Rat und tätige Hilfe werden auch bei der Kosmetikerin gesucht.

Das äußere **Erscheinungsbild** der Menschen ist geprägt durch Kleidung, Haare, Hautbild, Körperstatur, Körperhaltung, Körpergeruch, Mimik und Gestik.

Schönheit hat viele Gesichter und kann nicht dauerhaft und allgemeingültig bestimmt werden. Ob jemand als schön empfunden wird, hängt von der Zeit, der Kultur, dem Geschlecht, dem Lebensalter und den Lebensstilen ab.

Experten für **Schönheit** gibt es nicht, weil Schönheit unendlich vielfältige Erscheinungsformen hat, wandelbar ist und von individuellen Gefühlen bestimmt wird. Schönheit ist ein Dialog mit dem sozialen Umfeld, niemand ist für sich allein schön oder hässlich. Äußerlichkeiten können Hinweise auf Lebensstile, Wünsche und Bedürfnisse geben. Außerdem können sie Stile wie Sportlichkeit oder Eleganz oder auch Erotik ausdrücken.

Auch seelische Faktoren spielen für die Schönheit eine Rolle. Glückliche, humorvolle Menschen wirken anziehender als depressive oder missgünstige, die eher Hass (Hässlichkeit) und Unzufriedenheit signalisieren. Schönheit bedeutet äußere und innere Harmonie; denn schön ist etwas, wenn es Gefallen findet. Schön sein heißt bewundert werden. Durch Schönheit wirkt man auf andere Menschen attraktiv und anziehend.

Nehmen Sie Stellung: Beschreiben Sie das Erscheinungsbild einer schönen Person aus Ihrer Sicht. Diskutieren Sie in einer kleinen Gruppe die voraussichtlich unterschiedlichen Vorstellungen.

Von Kosmetikerinnen wird erwartet, dass sie die individuelle Schönheit ihrer Klienten entdecken und nutzbringend verstärken. Die Motive (Beweggründe), etwas für die persönliche Schönheit zu tun, sind sehr unterschiedlich. In Gesprächen zwischen Klienten und Kosmetikerinnen sind diese Motive möglichst zweifelsfrei zu ermitteln. Die Kosmetikerin kann zur Partnerin bei der Verwirklichung persönlicher Schönheitsideale werden. Dazu wird eine Vertrauensbasis benötigt, die auf gestalterischer Qualifikation und Sozialkompetenz gründet.

Während der Arbeit hat die Kosmetikerin nach-, mit- und vorauszudenken! Sie geht dabei von unveränderbaren Gegebenheiten (Kopf, Gesicht, Hals, Ohren, Augen, Körpergröße, Statur usw.) aus, um zunächst durch gedankliche Veränderung von Haar (Länge, Form und Farbe), Haut (Relief und Farbe) und Kleidung (Schnitt, Farbe, Material) zu einem gefälligen „Endprodukt" zu kommen.

Die Kosmetikerin muss Modeerscheinungen und Trends wahrnehmen und bei der Beratung und den Behandlungsangeboten berücksichtigen. Aktuelle **Trends** sind z. B.:

- die Nachfrage nach „Wellness" und körperlichem Wohlbefinden,
- „Männerkosmetik",
- die Haut als Objekt der dauerhaften Manipulation (z. B. durch Tätowierung oder Piercing),
- die mit dem Alter zusammenhängenden Bedürfnisse aufgrund des demografischen Wandels,
- orientalische Formen der Körperpflege (z. B. statt Sauna nun Hammamm) aufgrund der steigenden Pluralisierung unserer gesellschaftlichen Lebensformen.

Typ: Oldtimer

Maße:
Länge 4430 mm
Breite 1690 mm
Höhe 1365 mm

Gewicht: 1800 kg

Farbe: orange

Bauart: geschlossen, schadstoffarm

Tag der zweiten Zulassung: 13. Mai 2008

Amtliches Kennzeichen: BX - DL - 2308

Typ: Winter/Steinbock

Maße:
Höhe 1850 mm
Oberweite 980 mm
Taille 800 mm
Hüfte 1040 mm

Gewicht: 70 kg

Farbe: dunkelblond

Bauart: offen, sportlich, tolerant

Tag der ersten Zulassung: 20. Juni 1985

Amtliches Kennzeichen: 2843895583D

Schönheitsideale: Was für technische Serienprodukte gilt, kann nicht zur Charakterisierung von Menschen verwendet werden. Der Mensch ist ein Individuum und passt in keine Einheitstypologie.

Slogans wie: „Machen Sie mehr aus Ihrem Typ" oder „Lassen Sie sich von uns typgerecht gestalten" legen Kosmetikerinnen und deren Klienten nahe, sich an Typisierungen zu orientieren. Hier besteht jedoch die Gefahr, die Einmaligkeit eines jeden Menschen auf wenige Erscheinungsformen zu reduzieren. Wie Marktuntersuchungen bestätigen, richten sich die Erwartungen der Kundschaft aber vor allem auf individuelle Behandlung. Typisierungen wie der Stil oder der Farbtyp bieten also lediglich eine – wenn auch hilfreiche – Orientierung!

Die Begriffe **Typus** und **Individuum** stehen wie schwarz und weiß in einem Gegensatz zueinander. Entweder etwas ist typisch oder es ist individuell. Typung bzw. typisieren bedeutet normen, uniformieren, generalisieren und nach festgelegten Merkmalen gruppieren. Der Typbegriff ist griechischen Ursprungs (Typos) und bedeutet so viel wie Urbild, Vorbild und bestimmte Erscheinungsform mit charakteristischen Merkmalen. Typgerecht bedeutet: den Regeln oder Gegebenheiten entsprechend. Jeder Mensch unterscheidet sich jedoch von anderen Mitmenschen ganz offensichtlich in der äußeren Erscheinung, in seiner Wahrnehmungs- und Gefühlsstruktur.

Individualisieren bedeutet das Besondere, das Eigentümliche einer Person hervorzuheben. Jeder Mensch ist einmalig, ein Individuum eben und als solches zu behandeln und zu gestalten. Individuell bedeutet unteilbar: Für die Kosmetikerin gilt es also, durch gestalterische Maßnahmen und psychologisches Einfühlungsvermögen die Individualität der Klienten herauszuarbeiten, um dem Besonderen des Einzelwesens gerecht zu werden.

Griechin (150 vor Christi bis 150 nach Christi) in schlichter, klassischer Schönheit. Naturweiß ist dominant.

Im Mittelalter (500 bis 1450 nach Christi) strebt alles zum Himmel, selbst die Kopfbedeckung der Burgdamen. Die Stoffe sind dunkel getrübt.

Breite, üppige Formen waren während des Barock (1600 bis 1720) beliebt. Abgedunkelte Farben, z. B. Bordeauxrot, werden bevorzugt.

Die Frauen im Rokoko (1720 bis 1789) legen Wert auf eine zierliche Figur und oft auch auf übersteigerte Frisuren. Weiße, leicht wirkende Spitzen dekorieren die Frisur und Kleidung.

Um 1900 lenkt die Dame die Aufmerksamkeit auf ihre Rückansicht: „Pariser Steiß" nennt man das gepolsterte Gestell, das unter dem Kleid getragen wird.

Schönheitsideale verändern sich im Laufe der Zeit und sind abhängig vom kulturellen und sozialen Umfeld. Kosmetikerinnen können sich deshalb nicht auf unveränderliche Schönheitsideale berufen, sondern müssen Modeerscheinungen und Trends wahrnehmen.

8

2 Farbenlehre für Kosmetikerinnen

Gestalterische Aufgaben sind immer mit **Farben** verbunden. Ohne Farbe gibt es keine Form. Für Kosmetikerinnen stellt sich die Frage der Farbwahl in vielen Zusammenhängen, denn Farben spielen für sie schon bei der Einrichtung ihres Instituts, bei der Gestaltung des eigenen Äußeren und bei der Präsentation ihrer Dienstleistungen eine Rolle. Außer bei der dekorativen Haut- und Nagelkosmetik wird sie von ihren Klienten als Farbberaterin angesprochen.

2.1 Grundlagen der Farbenlehre

Zur Farbwahrnehmung kommt es, wenn das Auge Farbreize aufnimmt und im Gehirn verarbeitet. Bei den Farbreizen handelt es sich um elektromagnetische Schwingungen im **Wellenlängen**bereich zwischen 380 Nanometer (violett) und 780 Nanometer (rot), die das Auge erreichen.

Der **Farbreiz** besteht aus farblosen Energiestrahlen, die sich nur durch ihre Wellenlängen und ihre Intensitäten voneinander unterscheiden. So unterscheidet sich das Licht der Morgensonne von dem der Mittags- und Abendsonne, das Licht von brennenden Kerzen von dem Feuerschein eines Kamins und künstlicher elektrischer Beleuchtung. Die Mittagssonne bietet die umfassendsten Kapazitäten einer natürlichen Beleuchtungsquelle, weil sie das gesamte **Spektrum** des für das gesunde menschliche Auge wahrnehmbaren Lichts anbietet.

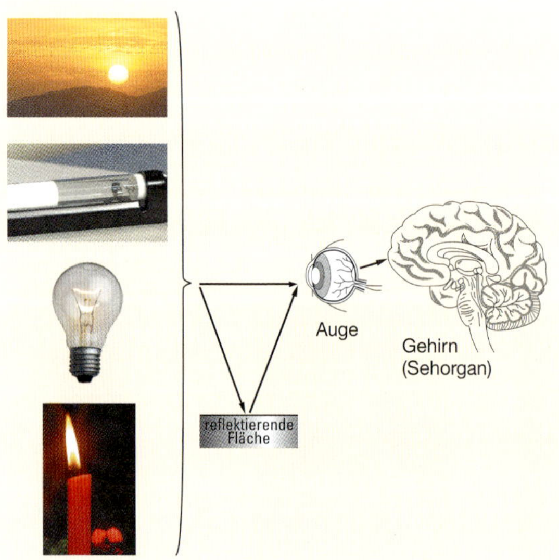

Der Farbreiz ist abhängig von der Art der Lichtquelle und der Körperoberfläche. Je nach reflektierender Oberfläche werden (farbige oder nicht farbige) Lichtstrahlen wahrgenommen.

Körperoberflächen werfen je nach Material nur bestimmte Lichtstrahlen zurück, während sie die restlichen in Wärme umwandeln. Schwarze Flächen absorbieren (= „verschlucken") die Strahlungen des sichtbaren Spektrums elektromagnetischer Wellen vollständig. Weiße Oberflächen werfen sie vollständig zurück. Sie reflektieren die Strahlungen. Durch unterschiedliche Reflexions- und Absorptionseigenschaften der Körperoberflächen treffen nur bestimmte Strahlen auf das Auge. Dadurch wird eine Unterscheidung von Körperfarben erst möglich.

Während des Sehens werden die Sehzellen von den einfallenden Lichtstrahlen gereizt und senden Impulse über die Nervenfasern der Sehnerven zum Sehzentrum des Gehirns. Hier werden die Impulse verarbeitet. Ein normalsichtiger Mensch kann bis zu einer Million Farbnuancen unterscheiden. Das ist eine eindrucksvolle Bandbreite der Unsicherheit, wenn man bedenkt, dass während einer Farbberatung verschiedene Personen über ihre persönliche Farbwahrnehmungen reden.

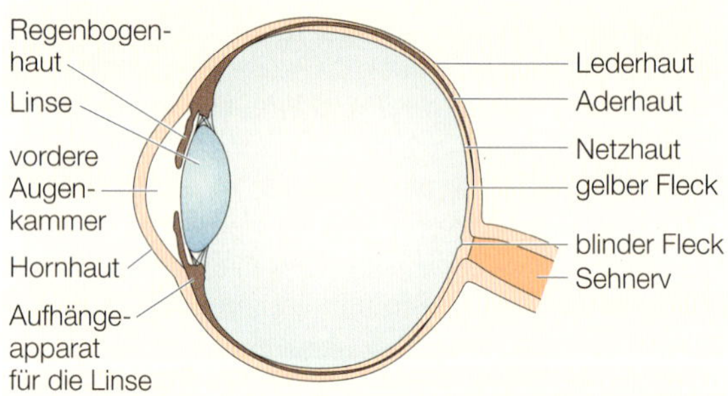

Aufbau des Augapfels und der Netzhaut

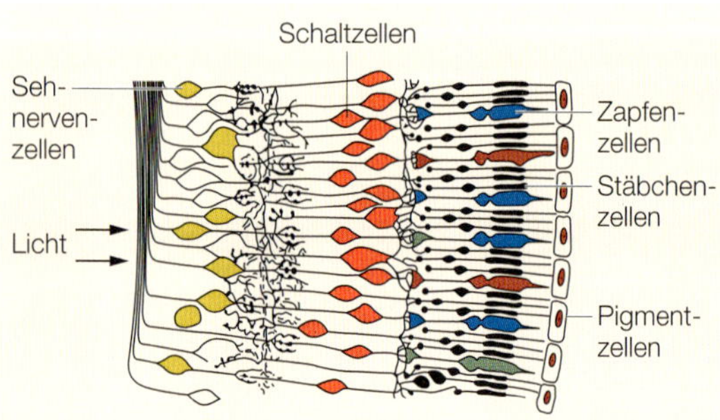

Im Auge auf der Netzhaut ermöglichen ca. 120 Millionen Stäbchen Helligkeitsunterschiede wahrzunehmen und ca. 6 Millionen Zapfen die Wahrnehmung von Farben.

8

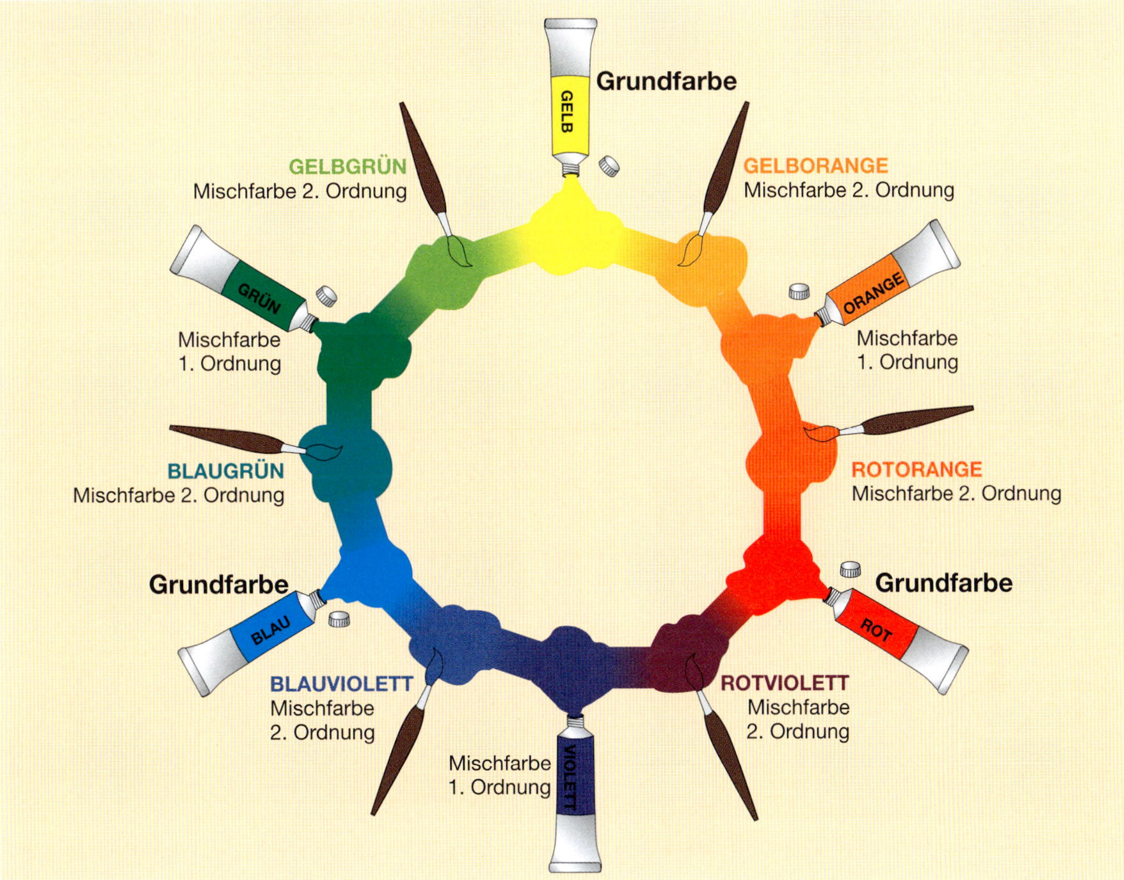

Wer mit Farben arbeitet, kann einen Farbkreis als Hilfe nutzen, um die Beziehungen der Farben zueinander zu verstehen. Der 12-teilige Farbkreis besteht aus den drei Grundfarben, den drei Mischfarben erster Ordnung und den sechs Mischfarben zweiter Ordnung.

Wer mit Farben arbeitet, benötigt ein Ordnungssystem. Der **Farbkreis** hilft, die Beziehungen der Farben zueinander zu verstehen. Farben können z. B. bei der dekorativen Kosmetik des Gesichts gezielt eingesetzt werden.

1 Grundfarben

Alle Farben können übersichtlich in einem Farbkreis angeordnet werden. Man unterscheidet insgesamt drei **Grundfarben**:
- Gelb,
- Rot,
- Blau.

Die Grundfarben können nicht durch Mischen aus anderen Farben entstehen. Deshalb nennt man sie auch Primärfarben.

2 Mischfarben

Wenn man die Grundfarben zu gleichen Teilen miteinander vermischt, erhält man die **Mischfarben erster Ordnung**:
- Gelb und Rot ergibt Orange.
- Rot und Blau ergibt Violett.
- Blau und Gelb ergibt Grün.

Wenn eine Grundfarbe zu gleichen Teilen mit einer Mischfarbe erster Ordnung vermischt wird, erhält man eine **Mischfarbe zweiter Ordnung**:
- Gelb und Orange ergibt Gelborange.
- Rot und Orange ergibt Rotorange.
- Rot und Violett ergibt Rotviolett.
- Blau und Violett ergibt Blauviolett.
- Blau und Grün ergibt Blaugrün.
- Gelb und Grün ergibt Gelbgrün.

Grundfarben	können nicht aus anderen Farben gemischt werden: Gelb, Rot und Blau
Mischfarben 1. Ordnung	entstehen aus den Grundfarben zu je zwei gleichen Teilen: Orange, Violett und Grün
Mischfarben 2. Ordnung	entstehen aus einer Grundfarbe und einer Mischfarbe 1. Ordnung zu je zwei gleichen Teilen: Gelborange, Rotorange, Rotviolett, Blauviolett, Blaugrün und Gelbgrün
Klarfarben	Farben mit voller Leuchtkraft
Pastellfarben	mit Weiß aufgehellte Farben
Trübfarben	mit Grau oder Braun getrübte Farben
abgedunkelte Farben	mit Schwarz abgedunkelte Farben
Komplementärfarben	Grund- und Mischfarben, die sich im sechsteiligen Farbkreis gegenüberliegen: Die Farbpaare sind Gelb-Violett, Rot-Grün und Blau-Orange

Im Überblick: Die Einteilung von Farben

3 Komplementärfarben

Farben, die sich im **Farbkreis** gegenüberliegen, nennt man **Komplementärfarben** (**Gegenfarben**). Hierzu zählen die Farbpaare
- Gelb und Violett,
- Rot und Grün,
- Blau und Orange.

Bei der **Camouflage** werden Hautrötungen mit der Komplementärfarbe Grün kaschiert.

4 Klar-, Nicht-, unbunte, Pastell- und Trübfarben

Klarfarben sind Farben mit voller Leuchtkraft. Sie sind weder mit Weiß aufgehellt, noch mit Schwarz oder Braun abgedunkelt oder getrübt. Hierzu zählen Knallrot und leuchtendes Orange.

Weiß, Grau und Schwarz sind **Nichtfarben** (**unbunte Farben**). Sie sagen etwas über die Helligkeit einer Farbe aus. Farbigkeit bedeutet in der Kosmetik also nicht nur „bunt", denn viele Farben in der Hautkosmetik haben nur wenig Ähnlichkeit mit den Grund- und Mischfarben. Alle natürlich wirkenden Farben sind unbunt, weil sie den natürlichen Hautteints und Haarfarben (z. B. Blond, Grau, Braun) entsprechen.

Zu den **Pastellfarben** zählen alle Farben, die mit weiß aufgehellt sind, z. B. Babyrosa oder Babyblau.

Farben, die mit Schwarz abgedunkelt oder getrübt worden sind, nennt man **Trübfarben**. Hierzu zählen alle Grautöne, dunkles Braun, Bordeauxrot und ein dunkles Olivgrün. Sie zählen in den meisten Fällen zu den unbunten Farben.

Natürliche Haut- und Haarfarben sind unbunte Farben. Wenn Make up, Haarfarbe und Kleidung ähnliche Helligkeiten aufweisen, nennt man das Ton-in-Ton.

Farben und Farbzusammenstellungen sprechen Gefühle an. Durch Verbindungen der Farben können Übereinstimmungen hergestellt werden. Andererseits dürfen die Übereinstimmungen nicht so groß sein, dass die Farbzusammenstellung monoton und langweilig wirkt.

Harmonie kann z. B. erreicht werden durch Kombination eng benachbarter Farben im Farbkreis (**Ton-in-Ton**). Ähnliche Helligkeit, die durch Kombination nur warmer Farben oder nur kalter Farben erzielt wird, wirkt ebenfalls harmonisch.

Kontrast bedeutet Gegensatz. Kontraste sorgen für Spannung und vermeiden Langeweile. Beispiele sind: hell – dunkel, schwarz – weiß, dick – dünn, eckig – rund. Sie können sich auf Formen (z. B. glatte und lockige Frisurenpartien) und Farben (z. B. helle Strähnen in dunklem Haar) beziehen. Schwarz-Weiß-Kontraste und andere Hell-Dunkel-Kontraste trennen deutlich.

Kontrast entsteht auch durch Gegenüberstellung von zwei Komplementärfarben. Die Komplementärfarben verstärken sich gegenseitig in ihrer Leuchtkraft. Sie lassen einander leuchtender und klarer erscheinen. Eine ähnliche Wirkung hat der Farbe-an-sich-Kontrast, der aus den drei Grundfarben (Gelb-Rot-Blau) oder Mischfarben erster Ordnung (Orange-Violett-Grün) bestehen kann.

Komplementärfarbkontrast in grüner Kleidung und orangefarbenem Lippenstift

Hell-Dunkel-Kontrast in Make-up und Haarfarbe: Lippenstift und Lidschatten sind in hellen, zart wirkenden Rosé-Tönen gestaltet. Ins dunkle Haar sind Hell-Rosé-Strähnen eingearbeitet.

Farbharmonie durch ähnliche Helligkeit. Die insgesamt kühl und silbrig glänzenden Farben sind mit Weiß aufgehellt (= Pastellfarben).

Farbharmonie durch Ton-in Ton-Farben sowie durch warm, hell und leicht wirkende Farben (Beige, Brauntöne, Kupfer, Gold) in Make-up, Haarfarbe, Accessoires und Kleidung

Harmonie bei der Farbzusammenstellung

- Ton-in-Ton-Farbzusammenstellungen, z. B. verschiedene Brauntöne
- Kombinationen ausschließlich warmer Farben mit unterschiedlichem Helligkeitsgrad, z. B. verschiedene Gelb-Orange- und Rot-Orange-Töne
- Kombinationen ausschließlich kalter Farbtöne mit unterschiedlichem Helligkeitsgrad, z. B. kaltes Hellblau und kühles Dunkelblau

Kontraste bei der Farbzusammenstellung

- Hell-Dunkel-Kontrast durch Unterschied im Helligkeitsgrad mit unbunten Farben, z. B. Schwarz und Weiß, Dunkelgrau und Weiß
- Kontrast mit (leuchtenden) Klarfarben und unbunten oder getrübten Farben, z. B. Weiß und Orange oder Schwarz und Rot
- Leuchtendes Türkisblau und Dunkelbraun
- Komplementärfarbkontrast:
  Gelb und Violett oder
  Rot und Grün oder
  Blau und Orange
- Kalt-Warm-Kontrast, z. B. warmes Orange mit kaltem Hellblau oder warmes Rot mit kaltem Türkisblau

Farbzusammenstellungen können bewusst gewählt werden: Harmonien (Übereinstimmungen) entstehen durch Ähnlichkeiten. Kontraste (Gegensätze) entstehen durch Gegenüberstellung von Farben und Helligkeit.

Helle Farben heben Flächen optisch hervor. Sie vergrößern und beleben. Sie reflektieren Licht. **Dunkle Farben** lassen Flächen optisch zurücktreten. Sie verkleinern und verschlucken (absorbieren) Licht.

Als **warme Farben** gelten Gelb, Orange und Rot. Im Farbkreis sind die warmen Farben etwa in der oberen rechten Hälfte aufgeführt. Als **kalte Farben** gelten Grün, Blau, Violett. Sie befinden sich im Farbkreis etwa in der unteren linken Hälfte.

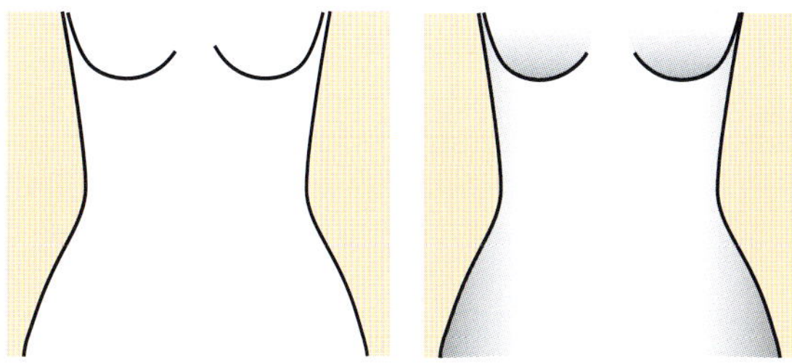

Beispiel für die optische Wirkung heller und dunkler Flächen

Farben mit hohem Blauanteil (grün, blau, violett) ordnet man dem kalten Bereich zu. Man nennt sie auch kalte Farbtöne.

Farben mit hohem Rotanteil (gelb, orange, rot) ordnet man dem warmen Bereich zu. Man nennt sie auch warme Farbtöne.

8

Zu den kühlen Lippenstiftfarben zählen kräftiges Rosa, Brombeerviolett, Pink. Zu den warmen Lippenstiftfarben zählen Orangerot, Nougat, Bronze, Kastanienbraun.

2.2 Die Farbberatung

Die Farb- und Stilberatung berücksichtigt das Make-up, die Frisur, die Bekleidung und Accessoires. Mithilfe farbiger Tücher wird der Farbtyp bestimmt.

Die Farbberatung ist ein besonders attraktives Angebot für Kunden. Sie kann als Sonderaktion für verschiedene Zielgruppen angeboten werden.

Ziel der **Farbberatung** ist die harmonische Abstimmung der individuellen Voraussetzungen des Kunden in Bezug auf das Make-up, die Haarfarbe, die Farben und Muster der Bekleidung und der Accessoires. Jeder Mensch hat seine (Lieblings-)Farben. Diese sind von vorangegangenen Erfahrungen abhängig. Jeder Mensch fühlt sich in den eigenen, für ihn angenehmen Farben wohl. Mit ihnen gewinnt er an Selbstsicherheit und Ausstrahlung.

Nehmen Sie Stellung: Warum spielen bei der Farbberatung die Gefühle und die Meinung der Kundin eine entscheidende Rolle?

Eine Grundlage für die Farbberatung ist die Einteilung in vier charakteristische **Farbtypen**, die sich an den Jahreszeiten orientieren. Man unterscheidet dazu folgende Jahreszeittypen: den **Frühlingstyp**, den **Sommertyp**, den **Herbsttyp** und den **Wintertyp**. Dies ist keine Einteilung in Kundentypen, sondern eine Orientierungshilfe, um die Individualität der Kundin zu unterstreichen und besser zur Wirkung kommen zu lassen.

Frühlingsfarben sind warme, farbschwächere, klare, frische und lebendige Farben. **Sommerfarben** sind kühle, helle, pastellige, farbschwächere und gedeckte Farben. **Herbstfarben** sind warm, farbintensiv, erdig und leuchtend. **Winterfarben** sind farbintensiv, kontrastreich und kühl.

Zur Ermittlung des Farbtyps muss die Haut ungeschminkt und am besten nicht (so stark) gebräunt sein. Außerdem muss die natürliche Haarfarbe sicht-

Frühlingsfarben: warm und farbschwach

Der Frühlingstyp mit Make-up und entsprechender Haar- und Kleiderfarbe. Die Farben sind warm und liegen im gelblich-goldenen Bereich. Es dominieren klare, zarte Farben.

Sommerfarben: kühl/kalt und farbschwach

Der Sommertyp mit passendem Make-up und entsprechender Haar- und Kleiderfarbe. Die Bekleidung ist in gedämpften, kühl wirkenden Farben gewählt.

Herbstfarben: warm und farbintensiv

Der Herbsttyp mit passendem Make-up und entsprechender Haar- und Kleiderfarbe. Das Haar hat einen warmen Rotton. Die Bekleidung ist in warmen, leuchtenden Farben gehalten.

Winterfarben: kühl/kalt und farbintensiv

Der Wintertyp trägt kühle und kontrastreiche Farben.

Übersicht zur Einteilung der Farbtypen

Merkmale des Frühlingstyps	Merkmale des Sommertyps	Merkmale des Herbsttyps	Merkmale des Wintertyps
Augenfarbe			
blau, wasserblau oder grünlich	blau, blaugrau, grünlich	braun oder grünbraun	dunkelblau, grau oder dunkelbraun
Hautfarbe und Besonderheiten der Haut			
hell, durchscheinend (transparent) mit gelblichem Farbton, Sommersprossen	zartrosa, hell, mit bläulichem Unterton, Sommersprossen	blass mit gelblichem Farbton, sonnenempfindlich, Sommersprossen, goldig	hell bis dunkel, mit bläulich-dunkelgrünem Farbton, olive
Haarfarbe			
goldblond, hellrotblond oder golden-dunkelblond	aschig mit unterschiedlichen Farbtiefen, z. B. aschblond	rötlich mit unterschiedlichen Farbtiefen	aschig, dunkelblond oder braun

Übersicht: Zur Feststellung des Farbtyps werden die Merkmale der Augenfarbe, der Hautfarbe und der Haarfarbe betrachtet. Die Zeile mit den meisten zutreffenden Merkmalen gibt einen wichtigen Hinweis auf den entsprechenden Farbtyp.

bar sein. Ist die natürliche Haarfarbe verändert, z. B. durch Strähnchen oder eine Tönung, wird das Haar mit einer Haube oder einem Handtuch in Naturweiß abgedeckt. Die Kleidung der Kundin wird mit einem weißen Umhang abgedeckt. Farbige Kontaktlinsen muss die Kundin herausnehmen. Wird bei Kunstlicht gearbeitet, muss es Tageslichtqualität haben. Mit **Farbtüchern** wird der Farbtyp ermittelt. Eine erste Orientierungshilfe bieten auch matte Gold- und Silbertücher. Damit kann man zunächst feststellen, ob der Kundin eher warme Farben (als Hinweis auf einen Frühlingstyp oder Herbsttyp) oder kühle Farben (als Hinweis auf einen Sommertyp oder Wintertyp) stehen. Eingeschränkt geeignet sind auch (zwar glänzende, aber günstige) Rettungstücher aus der Apotheke mit einer Silber- und einer Gold-Seite.

Farbpass für den Frühlingstyp Frau

Farbpass für den Frühlingstyp Mann

Farbpass für den Sommertyp Frau

Farbpass für den Sommertyp Mann

Farbanalysetücher sind als Sets erhältlich oder können viel kostengünstiger in einem Stoffgeschäft zusammengestellt werden. Man benötigt als Grundausstattung insgesamt 16 Tücher ohne Muster, die jeweils eine Mindestgröße von etwa 1,20 x 1,00 Meter haben sollten: In den Farben Gelb, Rot, Grün und Blau benötigt man jeweils vier Tücher. In jeder Farbe muss ein warmes + farbschwaches, ein warmes + farbintensives, ein kühles + farbschwaches sowie ein kühles + farbintensives Tuch vorhanden sein.

Farbpass für den Herbsttyp Frau

Farbpass für den Herbsttyp Mann

Farbpass für den Wintertyp Frau

Farbpass für den Wintertyp Mann

Für die Farbanalyse sollte man sich mindestens eine halbe Stunde Zeit nehmen. Die Kundin muss vor einem großen Spiegel sitzen. Man beginnt mit einer Farbe und probiert nacheinender alle vier Tücher dieser Farbe aus. Dann folgt die nächste Farbe.

Die Kundin sollte selbst ihr Empfinden durch Vergleich mitteilen. Die Kosmetikerin hilft durch Fragen und mehrmaliges Auf- und Abdecken der Tücher. Günstig ist immer ein Vergleich zwischen nur jeweils zwei Tüchern, z. B. zwischen einem warmen/farb-

Diese Farben passen zum Frühlingstyp	Diese Farben passen zum Sommertyp	Diese Farben passen zum Herbsttyp	Diese Farben passen zum Wintertyp
Haarfarbe			
warm wirkende Farbtöne, goldblonde Strähnchen, warme Blondtöne, helle Kupfertöne	silberhelle Strähnchen, aschige Naturtöne	warm wirkende Rottöne, warme Kupfertöne, Kastanienbraun	kühl wirkende Farbtöne, aschige tiefschwarze Farbtöne, silber, Platinblond
Augen-Make-up-Farbe			
Hellgrün, Hellbraun, Nougat, helles Orange 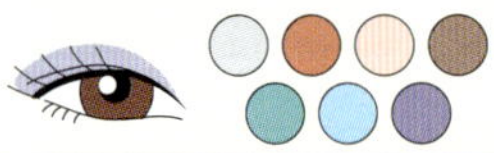	Rosa-Violett, Blassgrün, Silber, bläuliches Rot 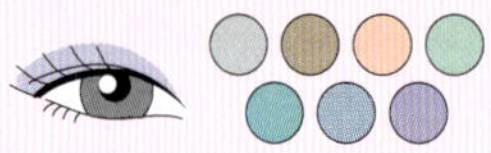	Apricot, Hellbraun, Dunkelbraun, Beige, Ocker, Hellorange, Lila, Dunkelgrün 	Silbrigrosa, kräftiges leuchtendes Blau, kräftiges Rosa, Dunkelgrün, Braunviolett 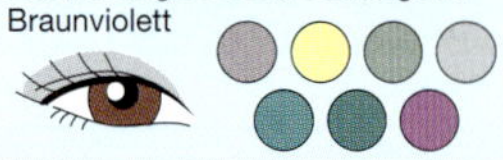
Lippenstiftfarbe			
Nougat, helles Orange 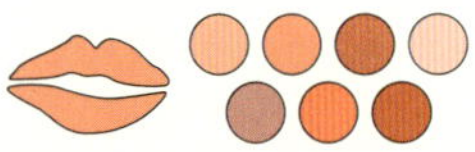	pastelliges Dunkelrosa, bläuliches Rot, Rosabraun 	warme braune Rottöne, dunkles Braun, Goldbraun, Apricotrot, Bronzefarben 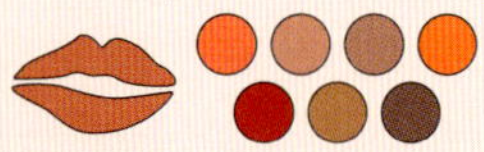	bläuliche Rottöne, Hellrot, Lila, Pink, kräftiges Rosa 
Kleiderfarbe			
frisch, zart und warm 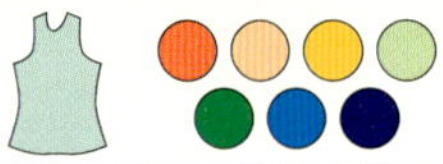	verwaschen, kalt, kühl u. hell-pastellig 	kräftig, warm 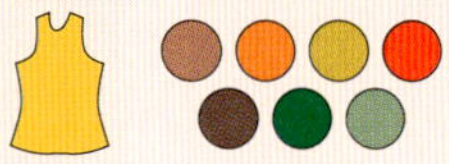	kräftig, klar 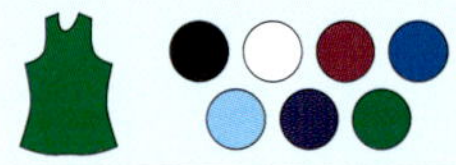
Accessoires/Schmuck			
fein und zart: Gelbgold, Koralle, Bernstein und cremeweiße Perlen	kühl und dezent: Weißgold, Silber, rosa- und graufarbene Perlen	warm und matt: Gelbgold, Bernstein, Koralle, Perlen, Kupfer, Bronze, Jade	kräftig, strahlend und glitzernd: Weißgold, Silber, Brillianten, Strassschmuck, weiße Perlen, Rubin, schwarzer Onyx

Diese Farben passen zu den jeweiligen Farbtypen. Dabei müssen immer individuelle Voraussetzungen, z. B. die Körpergröße und das Körpervolumen, berücksichtigt werden.

Kundin: Frau Sonnenschein

Farbtypanalyse am 14.03.20..

Hautfarbe: leicht rosa, auch etwas bräunlich (?)

Augenfarbe:

Natürliche Haarfarbe:

Ergebnis der Gold-Silber-Probe:

❑ Warm – Gold ❑ Kühl – Silber

Ergebnis der Farbanalyse:

	kühl	warm	farbschwach	farbintensiv
Gelbe Farben	X		X	
Rote Farben	X			
Grüne Farben				
Blaue Farben				

Besonderheiten:

– Aschig-blonde Strähnchen im Oberkopfbereich

– Haut ist etwas gebräunt (Solarium)

Mit welchem Farbtyp gibt es die meisten Überschneidungen?

❑ Frühling ❑ Sommer ❑ Herbst ❑ Winter

Beispiel für einen Diagnosebogen zur Farbanalyse

schwachen und einem kalten/farbschwachen Rot. Das am besten passende Tuch jeder Farbe wird beiseite gelegt. Abschließend werden die vier „passenden Farbtücher" gemeinsam aufgelegt. Im günstigsten Fall entsprechen sie eindeutig einem Farbtyp.

Vorteilhafte Haarfarben, Make-up-Farben und Kleiderfarben lassen die Person gesünder und frischer aussehen. Rötungen und Irritationen der Haut sind weniger sichtbar und Konturen des Gesichts werden betont.

Ein **Farbpass** ist für Kunden eine Hilfe bei der Auswahl der Haarfarbe, der Make-up-Farben und der Kleiderfarben. Farbpässe können z. B. im Internet für 50,00 bis 80,00 EUR bestellt werden. Bei größeren Mengen kann ein günstiger Preis ausgehandelt werden. Die Ergebnisse der Farbberatung sollten in die Kundenkartei aufgenommen werden.

Weitere Infos unter:
www.deutschlandfarbberatung.de
www.lifestyle.de
www.mitfarbundstil.de
www.typ-und-image.de

3 Stile, Formen und Proportionen

3.1 Stilberatung

Bei der Beurteilung äußerer Schönheit und bei der Stilberatung haben Formen und **Proportionen** (Größenverhältnisse) eine große Bedeutung. In den meisten Fällen strebt man Ausgewogenheit und Harmonie an.

Abgesehen von einigen Extravaganzen, die es zu allen Zeiten gab, ist das Bemühen um Ausgewogenheit und Harmonie innerhalb der Stile unübersehbar. Auch die historischen Stile können wegen ihrer großen Formenvielfalt für die Kosmetikerin eine Quelle kreativer Inspiration sein. **Stilberatung** ist auf die Zukunft gerichtet und soll Ziele erreichen helfen.

		Frisur	**Kleidung**	**Make-up**
Sportlich		– Kurzhaarfrisuren – luftgetrocknete Dauerwellen – Konturen lebhaft – lange Haare zusammengebunden	– lässig, bequem – modisch-zeitlos – pflegeleicht – konturenlebhaft	– frisch – natürlich – wenig Farbe – ungeschminkte Wirkung
Elegant		– konturenbetont – klare Kammführungslinie – sehr geordnet – oft weit gehaltener innerer Frisurenumriss	– figurbetont – klare Linien – konturenbetont – bewährt, zeitlos – aufwendig in Material und Verarbeitung	– eher heller Teint – Betonung von Augen und Mund – angelehnt an antike Schönheitsideale – wenig Farbe, Ton in Ton
Jugendlich		– verspielt – witzig – frech – Konturen lebhaft – asymmetrisch – hochgesteckt	– modern – einfallsreich – sportlich oder romantisch – farbig	– frische, natürliche Farben, eher unauffällig – alle modischen Farbnuancen der Saison, ohne extrem aufzufallen – bunter Kajal
Romantisch		– lange Haare großzügig, wellig oder gelockt – Flechtwerk – aufgesteckt – Bänder und Schleifen	– Rüschen – Spitzen – Schleifen – kleine Muster – weite Ärmel	– heller Teint – zarte Farben – dunkel schattierte Augen – Puder als Weichzeichner
Avantgardistisch		– ungewöhnlich, auffallend in Schnitt, Form, Farbe und Accessoires	– ungewöhnlich – provozierend – dem Trend voraus	– auffällig in Zeichnung und Farbe – technisch perfekt ausgeführt – Farbgegensätze – dem Trend voraus
Feminin		– lange Haare – glänzende Haarfarben – voluminöse Frisuren – weiche Kammführungslinien	– sehr figurbetont – große Ausschnitte – hohe Absätze	– mit Rouge stark akzentuiert und modelliert – ausdrucksvolle Augen – betonte Lippen – Farben werden vorsichtig gebraucht
Maskulin		– kurzhaarig – eng gehaltener äußerer Frisurenumriss	– breite, kantige Schultern – Hosen – Krawatten	– buschige Augenbrauen – bärtig – eher kantige Gesichtszüge

Merkmale der Stile in Frisur, Kleidung und Make-up, die sich z. B. durch Betonung bewusst eingesetzter femininer oder maskuliner Merkmale unterscheiden

3.2 Formen und Proportionen (ausgleichen)

Formen und **Proportionen** beginnen mit einem **Punkt**. Der Punkt fesselt das Auge, konzentriert, versammelt die Aufmerksamkeit. In der Kosmetik hat er als Pupille, Pickel, Muttermal, Schönheitsfleck besondere Bedeutung: Er wird betont oder abgedeckt.

Linien „ver"führen das Auge, rahmen ein und unterstreichen. Die horizontale Linie bildet einen deutlichen Abschluss. Sie unterstreicht, teilt auf, verleitet zum Vergleich mit benachbarten Flächen, lässt das Auge unruhig auf ihr hin und her wandern. Horizontale Linien können so platziert werden, dass sie breite oder schmale Körperpartien betonen (z. B. Gürtel, Rocklänge, Ärmel, Halsausschnitt, Ziernähte, Ponylinie des Haarschnitts, Stirnfalten). Die vertikale Linie betont die Höhe und lässt das Auge auf und ab wandern (z. B. Frisurenumriss, Kammführungslinien, Faltenfall der Kleidung, Ziernähte, Stirn- und Wangenfalten).

Bögen und Halbkreise werden von den Augen zu Rundungen geschlossen. Rundungen können weich, feminin, zart, empfindlich wirken (z. B. Babywangen, Gesäß, Busen, Bauch). Kanten können hart, maskulin, robust, widerstandsfähig, geradlinig und elegant wirken (z. B. Schultern, Kinn, Bekleidung). Spitzen und Dreiecke verschmälern, haben hinweisende Wirkung, ziehen Aufmerksamkeit auf sich, lenken den Blick in Richtung der Spitze (z. B. V-Ausschnitte, Schlitz im Kleid, Fransen der Frisur, Accessoires). Liegende Rauten und Ellipsen mit gegenüberliegenden Winkeln verbreitern in Richtung ihrer spitzen Winkel (z. B. Augen, Mund).

Über die allgemeinen Merkmale der Frisur, Kleidung und des Make-ups hinaus bedeutet feminin: breite Becken, geringe Körperbehaarung, runde Körperformen, geringere Muskulatur, lange Beine, Busen, Stupsnase, volle Lippen, große Augen, lange glänzende Haare, kleine Füße. Maskulin bedeutet außerdem: breite Kinnpartie, Bärte, kurzer stämmiger Hals, breite Schultern, starke Körperbehaarung, ausgeprägtere Muskeln.

Harmonie entsteht, wenn die Formen und Proportionen in einem regelmäßigen Verhältnis zueinander stehen. Diese Verhältnisse können nach dem 12er-Zahlensystem eingeteilt werden.

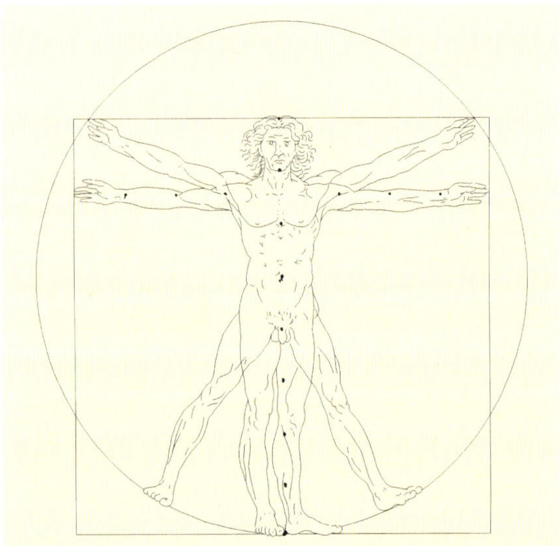

Ein Versuch, menschliche Idealproportionen festzulegen, ist der goldene Schnitt. Leonardo da Vinci hat Menschen sorgfältig vermessen und einen Bauplan gezeichnet. Diese ausschließlich männlichen Idealproportionen sind nicht als Maßstab für Stilberatungen geeignet, weil jedes Individuum trotz aller Ähnlichkeiten von diesem Musterbauplan abweicht.

*Die **Grundmuster** Frisur/Haut dieses Modells stehen mit der Bekleidung im Verhältnis zueinander. Die Größenverhältnisse wurden mit dem 12er-Zahlensystem bestimmt.*

Die Länge der Schulterlinie im Verhältnis zur Gesäßlinie charakterisiert Männlichkeit oder Weiblichkeit. Der typisch männliche Körper wird nach unten hin allmählich schmaler, während der typisch weibliche breiter wird. Breite, muskulöse Schultern werden als männlich empfunden, breite Hüften gelten als weiblich. Die Brustlinie der Männer deckt sich nicht mit der BH-Linie der Frauen.

Die Gestaltung des äußeren Erscheinungsbildes kann in drei Bereiche unterteilt werden:

1 Die **Frisur** oder anderer Kopfschmuck, wie Hüte, Tücher, Schleier und eine Fülle von weiteren Accessoires.

2 Die sichtbare oder transparent bekleidete Haut mit ihrer Farbe und Augen, Mund, Nase, Wangen, Kinn, Stirn, Nägel, Hände, Ohren, Augenbrauen, Wimpern und übrige Behaarung.

3 Die Bekleidung (Ober- und Unterbekleidung, Schuhe, Handschuhe, Accessoires) nach Größe, Farbe, Körpernähe, Stilmerkmalen, Material.

Die **Frisur** prägt die Gesamterscheinung eines Menschen wesentlich mit. Sie rahmt das Gesicht ein und schmückt den Kopf. Haut- und Haarkosmetik gehören untrennbar zusammen. Wenn eine Kosmetikerin auf berufliche Glaubwürdigkeit Wert legt, sollte sie auf Ganzheitlichkeit achten. Dabei kommt es für die Kosmetikerin nicht auf kunstvoll hergerichtete Frisuren, sondern auf den Ausdruck von Pflege, Glanz und gestalterische Ordnung an. So wie ein Mensch nicht nur bekleidet, sondern gekleidet sein sollte, so sollten seine Haare nicht nur gekämmt, sondern frisiert sein.

Die Muster der Körperoberfläche Haut sind durch die Anatomie weitgehend festgelegt. Hierzu zählen

Symmetrie bedeutet Spiegelbildlichkeit: Die eine Seite sieht aus wie die andere.

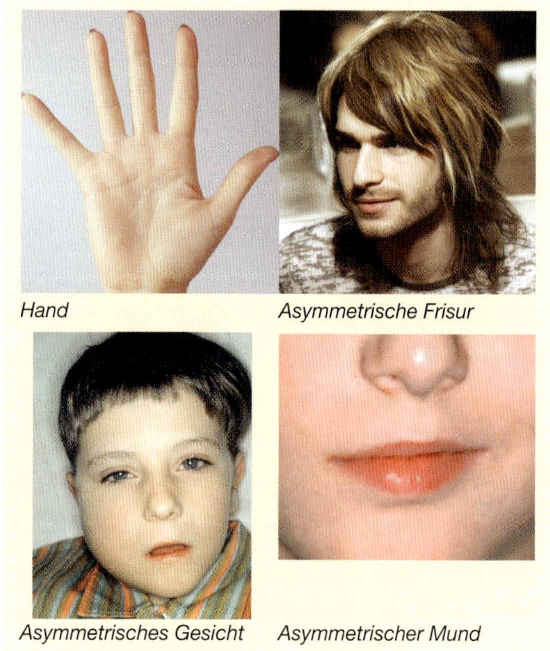

Asymmetrie ist das Gegenteil von Spiegelbildlichkeit: Die eine Hälfte sieht anders aus als die andere.

die Farbe (weiß, braun, beige, schwarz, matt, glänzend, Pigmentflecken), das Relief (Falten, Poren, Pickel, Milien, Warzen, Fibrome), die Behaarung (Lang-, Borsten- und Flaumhaare) und Anomalien (Rosacea, Muttermale, Naevi, Pigmentstörungen).

Die Haut drückt durch Erröten, Erblassen und Schwitzen innere Gefühlsregungen eines Menschen aus. Sie vermittelt auch Eindrücke wie sauber, weich, glatt, ebenmäßig, prall, gesund, jugendlich, gealtert, feminin oder maskulin. Um möglichst lange ein gesundes, jugendliches Hautbild mit guter Gewebespannung zu erhalten, ist die Hautpflege wichtigstes und wirksamstes gestalterisches Mittel.

Das **Gesicht** eines Menschen ist sein bedeutendstes Identifikationsmerkmal. Als weithin anerkanntes Merkmal für schöne weibliche Gesichter gilt eine hohe **Symmetrie**, weil sie einen Hinweis auf genetische Gesundheit gibt. In den Augen einer weiblichen Jury bestechen demgegenüber schöne Männer durch deutliche Abweichungen vom Mittelmaß. Besonders die maskulinen Merkmale wie ein kräftiger Hals und breites Kinn, signalisieren soziale Dominanz. Das, so scheint es, wirkt auf Frauen anziehend. Doch auch bei Frauen werden geringfügige Abweichungen vom Mittelmaß als schön empfunden, so können z. B. ein geringerer Abstand zwischen Augen und Kinn, höhere Wangenknochen, etwas größere Augen, ein wenig schmalere Kiefer und eine etwas geringere Distanz zwischen Nase und Kinn Wohlgefallen auslösen.

Durch gezielte Platzierung von Schattierung und Aufhellung mithilfe dekorativer Kosmetik lassen sich optische Eindrücke beeinflussen.

Im Zuge der Alterung wird der Mund schmaler, die Augen werden kleiner und tiefere Falten werfen Schatten. Die Gesichtszüge einschließlich der Ohren sinken wegen nachlassendem **Tonus** und **Turgor** herab. Kosmetische Behandlungen können dazu beitragen, diese Veränderungen zu verzögern.

Beim Schminken ist der rechten Gesichtshälfte besondere Aufmerksamkeit zu schenken. Sie ist ausschlaggebend für den emotionalen Charakter des Gesichtsausdrucks. Das liegt daran, dass die Betrachter einen Gesichtsausdruck fast immer mit der rechten Gehirnhälfte erkennen. Sie verarbeitet bevorzugt die emotionalen Informationen und nimmt alles links von der Mitte wahr. Beim Schminken sollte auf Symmetrie von Ober- und Unterlippen, Wimpern und Unterlid geachtet werden. Schöne Gesichter nähern sich Durchschnitten an, kleine Abwandlungen machen sie oft interessanter!

Frisurengestaltung und Make-up beginnen mit der **Gesichtsanalyse**. Dabei wird Folgendes beurteilt:

1. Der Gesichtsrahmen (die äußeren Konturen), z. B. die Breite der Gesichtshälften,
2. die Details des Gesichts (Augen, Mund, Nase, Stirn, Wangen, Ohren); sowie

3 die Größe der Gesichtszonen und ihr Verhältnis zueinander: vom Haaransatz zur Nasenwurzel, von der Nasenwurzel bis zur Nasenspitze, vom Nasenansatz bis zur Kinnspitze, der Augenzwischenraum, die Gesichtsbreite, die Mundbreite, der innere und äußere Frisurenumriss.

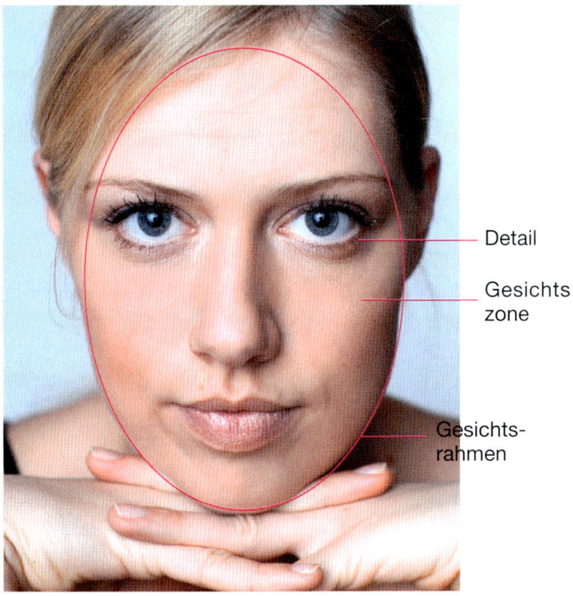

Bei der Gesichtsanalyse für die dekorative Kosmetik werden u. a. der Gesichtsrahmen (die Konturen), z. B. die Breite der Gesichtshälften, die Gesichtszonen, z. B. Wangen, Kinn- und Stirnpartie, sowie Details wie die Größe, Form und Symmetrie der Augen berücksichtigt.

Ein ovaler Gesichtsrahmen entspricht am meisten unserem Schönheitsideal (= ideale Gesichtsform). Meistens findet man aber Abweichungen von dieser Gesichtsform: Hierzu zählen runde, quadratische, rechteckige und lange, trapezförmige oder dreieckige Gesichtsformen. Mit dekorativer Kosmetik kann man diese **Gesichtsformen** durch **Kontrast** ausgleichen.

1 Ausgleich durch die Form:

- Eckige Gesichter oder Gesichtsdetails werden durch runde Formen ausgeglichen, also „rund geschminkt“.
- Runde Gesichter oder Gesichtsdetails werden durch eckige Formen ausgeglichen, also „eckig geschminkt“.

2 Ausgleich durch die Farbe und Hell-Dunkel-Kontrast:

- Zurückliegende Bereiche werden hell geschminkt, um sie optisch hervortreten und größer erscheinen zu lassen.
- Hervorstehende Bereiche werden dunkel geschminkt, um sie optisch in den Hintergrund zu rücken und kleiner erscheinen zu lassen.

Prinzipien zum Ausgleich von Gesichtsformen und Gesichtsbestandteilen (Augen, Nase, Mund ...)

Die **Augenbrauen** haben eine wichtige Funktion im Mienenspiel der Menschen. Werden sie gesenkt, bewegen sie sich auch nach innen und rücken näher zusammen. Das drückt Skepsis, Konzentration oder angestrengtes Hinhören aus. Durch gezieltes Zupfen der Augenbrauen auf der Nasenwurzel und am unteren Rand der Augenbrauen wird diesem Eindruck begegnet. Die Augen werden geöffnet. Gehobene Augenbrauen ohne Stirnfaltenbildung signalisieren Offenheit, Freundlichkeit und Optimismus. Auch durch Brillenränder kann der Ausdruck der Brauenpartie beeinflusst werden.

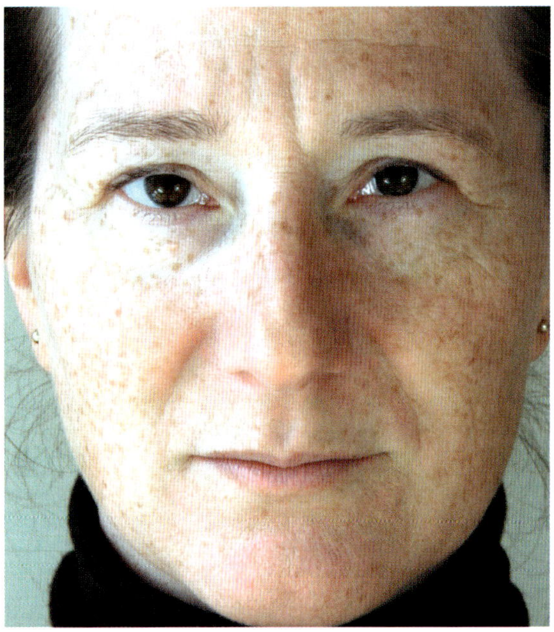

Die Augenbrauenform kann den Gesamteindruck eines Gesichts stark beeinflussen.

Beispiele für Augenbrauen-Grundformen

Gesichtsform und deren optische Wirkung	Richtig: Ausgleich durch Kontrast	Falsch: Betonen der Gesichtsform
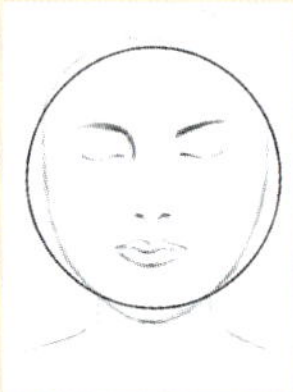 **Runde Gesichtsform:** Höhe und Breite sind fast gleich. Es hat keine Kanten und wirkt wie ein Kreis. Oft strahlt es Gemütlichkeit aus.	 **Make-up:** Die äußeren Wangenpartien werden abgedunkelt, insgesamt eckig, kantig und länglich schminken. **Frisur:** insgesamt längere Haare, an den Seiten schmal frisiert, am Oberkopf mehr Volumen	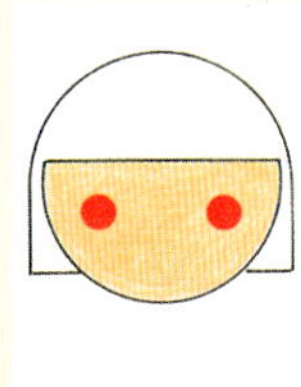 **Make-up:** rund geschminkt (z. B. Kügelchen an den Wangen setzen), mittlere Gesichtshälfte abgedunkelt, äußere Seiten aufgehellt **Frisur:** kurze, runde Frisur mit Pony
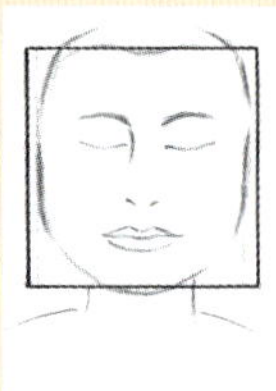 **Quadratische Gesichtsform:** Höhe und Breite sind fast gleich. Es wirkt kantig, klobig und maskulin.	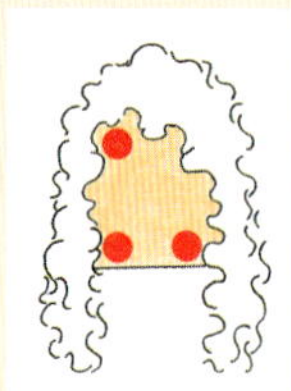 **Make-up:** rund schminken, die äußeren Ecken der Stirn und Kinnpartie werden abgedunkelt **Frisur:** mindestens schulterlang, lockige, wellige (runde) Frisur, asymmetrischer, fransiger Pony, am Oberkopf mehr Volumen	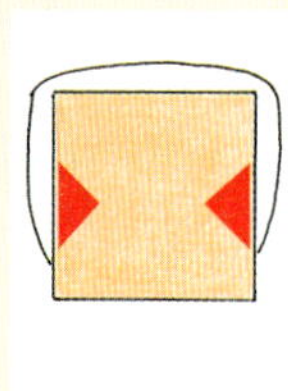 **Make-up:** eckig-kantige, dunkle Schminke an den Seitenpartien **Frisur:** eckig, schmal, kurz, glatt
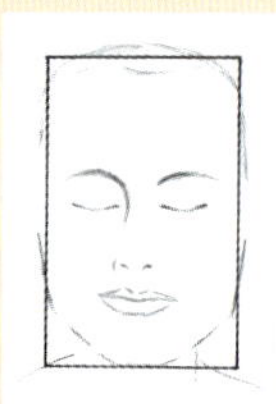 **Eckig-lange Gesichtsform:** Die Kieferknochen sind ausgeprägt. Es wirkt schmal, kantig und maskulin.	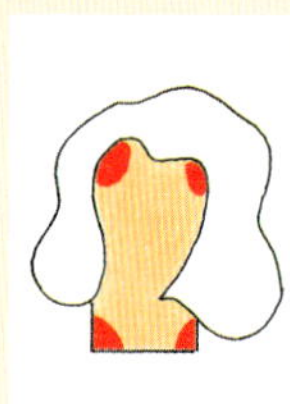 **Make-up:** rund schminken, die äußeren Ecken der Stirn und Kinnpartie werden abgedunkelt. **Frisur:** kurz gehalten bis Kinnpartie, viel Volumen an den Seitenpartien, wenig Volumen am Oberkopf, insgesamt runde Form	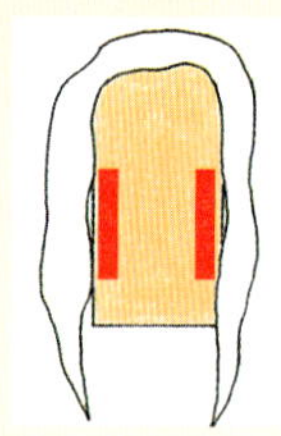 **Make-up:** eckig-kantige und längliche, dunkle Schminke an den Wangenpartien **Frisur:** viel Volumen am Oberkopf, wenig an den Seitenpartien, lange Haare
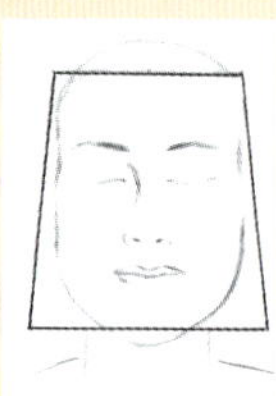 **Trapezförmige Gesichtsform:** Die obere Gesichtspartie ist schmal und wird nach unten hin birnenförmig breiter. Wangen und die Kinnpartie sind breit. Es macht einen schwerfälligen Eindruck.	 **Make-up:** Abdunkeln der äußeren Kinnpartie, rund schminken. Aufhellen der äußeren Ecken der Stirn und der mittleren Kinnspitze **Frisur:** äußere runde Form, an den äußeren Kinnecken ins Gesicht frisieren, Stirnpartie freilassen, leicht wellig	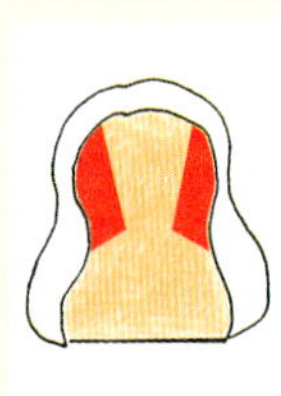 **Make-up:** eckiges Abdunkeln der äußeren Ecken der Stirnpartie, Aufhellen der äußeren Kinnpartie **Frisur:** glatte, kinnlange Frisur, die an der Kinnpartie breiter frisiert ist als an der Stirnpartie
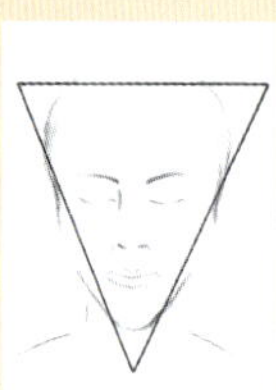 **Dreieckige Gesichtsform:** Die Stirnpartie ist sehr breit. Die Kinnpartie ist schmal und spitz. Es wirkt insgesamt zierlich.	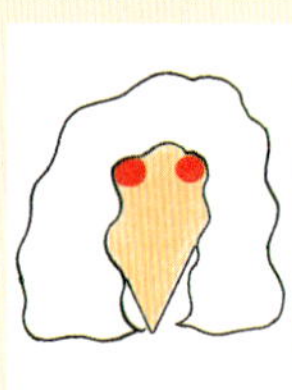 **Make-up:** rund schminken, Abdunkeln der äußeren Stirnecken, Aufhellen der äußeren Kinnecken **Frisur:** mindestens kinnlange Haare, viel Volumen auf Kinnhöhe, insgesamt runde, wellige Frisur, Haare über die äußeren Stirnecken frisieren	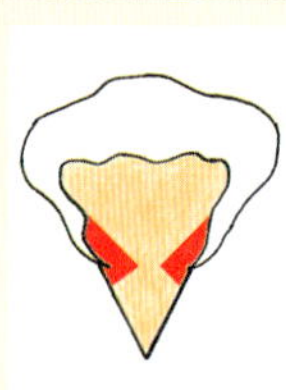 **Make-up:** Aufhellen der äußeren Stirnecken, Abdunkeln der äußeren Kinnpartie, eckig geschminkt **Frisur:** glatte Kurzhaarfrisur in Ohrenlänge, die viel Volumen am Oberkopf hat, freie Stirnpartie.

Die **Augen** sind wichtige Kontaktorgane. Sie signalisieren z. B. Aufmerksamkeit, Interesse, Zuneigung, Ablehnung, Freude oder Trauer. Die vielfältigen Signale, die mit den Augen ausgelöst werden können, sind Gründe dafür, die Wimpern zu gestalten und die Augen mit farbigen Linien oder Flächen zu betonen.

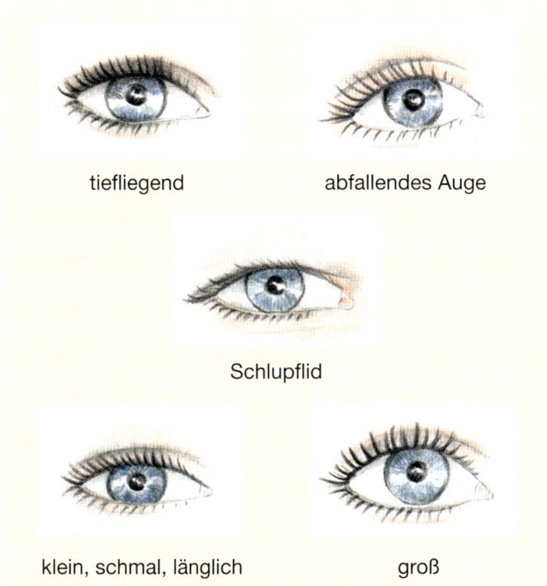

Beispiele für Augen-Grundformen

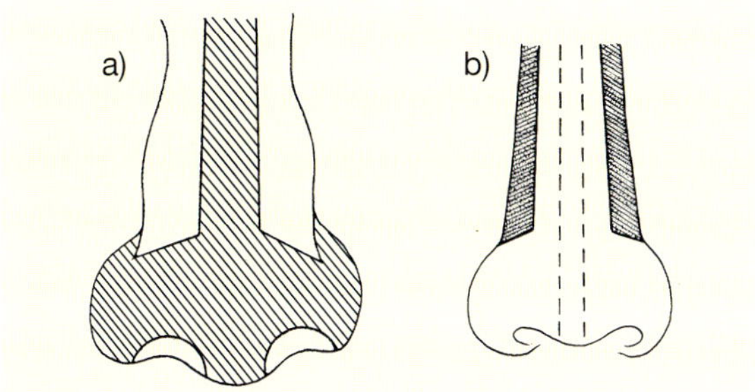

Korrekturmöglichkeiten der Nasenformen nach dem Grundsatz: Helle Flächen treten optisch hervor. Dunkle Flächen treten optisch zurück. a) Helle Schattierung verbreitert die Nase optisch. b) Dunkle Schattierung des Nasenrückens lässt die Nase optisch schmaler erscheinen.

Die **Nase** hebt sich von den sie umgebenden Gesichtspartien als besonders hervorstehendes Organ ab und prägt das Erscheinungsbild entscheidend mit. Männer haben meistens größere Nasen als Frauen. In dieser Hinsicht ist das weibliche Gesicht dem Kleinkindgesicht näher. Kleine Nasen lösen bei Erwachsenen Beschützerinstinkte aus. Kosmetische Maßnahmen, die die Nase betreffen, sind deshalb in der Regel darauf gerichtet, die Nase klein und unauffällig erscheinen zu lassen.

Die **Ohren** können durch Erröten Erregung anzeigen. Wer dazu besonders neigt oder zu große oder zu abstehende Ohren hat, kann die Haare eventuell länger tragen. Die Ohrläppchen gelten als sehr berührungsempfindlich und verlangen wegen ihrer Bedeutung für sexuelle Stimulierung sorgfältige Pflege. Trotz dieser Sensibilität sind in allen Kulturen vielerlei Verstümmelungsrituale bekannt. Das geht vom Durchstechen des Ohrläppchens bis zur Perforation der gesamten Ohrmuschel. Ohrschmuck sollte in Form und Farbe auf andere Merkmale abgestimmt werden.

Die **Wangen** sind von frühester Kindheit an bevorzugte Kontaktflächen für zärtliche Zuwendung. Wangen von Kleinkindern gelten als Maß für Zartheit und wünschenswertes Erscheinungsbild der Haut. Darum gilt es, diesen Zustand möglichst lange zu erhalten. Dekorative Hautbehandlungen sollten die Pflegemaßnahmen nicht ersetzen. Rote Wangen sind Symbol für Zartheit, Schüchternheit und Sensibilität. **Rouge** kann diesen Eindruck vermitteln und sollte durch zu starke Intensität nicht heftige Erregung oder gar Wut signalisieren.

Die **Lippen** haben große Bedeutung für die zwischenmenschliche Kommunikation. Sie können durch ihre Form und Stellung Lebensfreude, Verbitterung, Trauer oder Verachtung ausdrücken. Durch einseitigen Gebrauch der Lippenmuskulatur kann es zu charakteristischen Faltenbildungen kommen. Die Lippenstiftfarbe wird auf Kleidung, Accessoires und Nagellack abgestimmt. Ob die Lippen sexuelle Erregung ausdrücken sollen, wird individuell entschieden. Auch bei den Lippen gelten die Attribute der Jugendlichkeit als Vorbild. Schöne Lippen sind gut durchblutet, faltenarm, fest und gut konturiert. Durch ihre unmittelbare Nähe zum Mundraum und den Zähnen sind Lippen-, Mund- und Zahnpflege eng miteinander verbunden. Ein Mund mit unsauberen Zähnen und Mundgeruch verlangt viel Toleranz.

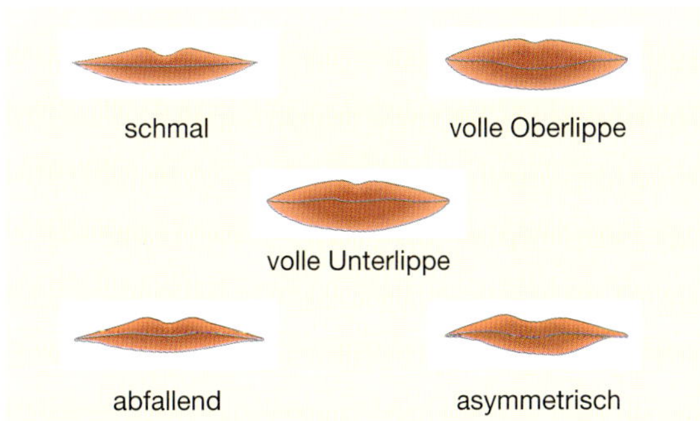

Beispiele für Mund- und Lippenformen

Der **Hals** stellt auch visuell die Verbindung zwischen Gesicht und Dekolleté her. Der männliche Hals ist in der Regel kürzer und stämmiger, der weibliche länger, schlanker und mehr konisch geformt. Der lange, schlanke Hals gilt als besonders feminin. Durch Wahl und Gestaltung des Halsausschnitts der Kleidung kann der Hals optisch verlängert oder verkürzt werden. Die Haut des Halses wird überdurchschnittlich belastet. Aufgrund der Bewegungen des Kopfes und durch Umwelteinflüsse verliert sie schnell an Elastizität und neigt zur Faltenbildung. Neben den Händen zeigen sich an Hals und **Dekolleté** die Merkmale der Hautalterung zuerst.

Die Form der **Brust** ist bedeutsam für die sexuelle Attraktivität einer Frau. Besonders die halbkugelförmigen Brüste signalisieren junge Weiblichkeit und wirken als starkes, erotisches Signal. Ihr Aussehen verändert sich im Laufe des Lebens zwangsläufig. Gestalterische Maßnahmen, die sich mit der Busenform befassen, beschränken sich auf die Pflege der Haut, das Training der Brustmuskulatur, auf die Wahl der Bekleidung, auf die Ernährung und die Lebensführung.

Der kräftige Männerarm ist ein wirksames männliches Signal, da er sich auffällig von den schlanken und im Verhältnis kürzeren **Arm**en der Frauen unterscheidet. Neben der Hautpflege des gesamten Armes verdienen die Achselhöhlen besondere Aufmerksamkeit. Sie verfügen über eine große Anzahl ekkriner und mit Beginn der Pubertät auch apokriner Schweißdrüsen, die geschlechtsspezifische Duftstoffe auf die Haut abgeben sollen. Frische apokrine Duftsekrete sollen auf angenehme Weise als Sexualreiz wirken. Der als unangenehm wahrgenommene Schweißgeruch entsteht erst auf der Haut, wenn die Bakterien, die auf der Haut siedeln, die Bestandteile des Schweißes in flüchtige Fettsäuren und Indoxyl umwandeln. Die Achselbehaarung wirkt wegen der Saug- und Quellfähigkeit der Haare als Duftfalle, sie erleichtert die Verteilung von Geruchsstoffen an die Umgebung und wird deshalb und aus ästhetischen Gründen oft entfernt. Arme sind in sexueller Hinsicht eher neutrale Körperteile. Geschmückt werden die Arme z. B. durch Tätowierungen, Armbänder und Bekleidung. Von einer gepflegten unbedeckten Schulter kann ein bewusster Sexappeal ausgehen.

Die **Hände** sind unser vielseitigstes Werkzeug. Das Tastempfinden ist in den Fingerspitzen besonders gut entwickelt. Hände und Nägel sind Statussymbole, an ihnen sind die Folgen der Alterungsprozesse besonders früh ablesbar. Da die Hände für den zwischenmenschlichen Kontakt besondere Bedeutung haben, werden sie gepflegt und geschmückt. Oft gelten schlanke und feingliedrige Hände als besonders zärtlich und attraktiv. Die Gestaltung der Nägel soll diesen Eindruck vermitteln. Es gilt zu bedenken, dass lange Fingernägel traditionell auf Abneigung gegenüber körperlicher Arbeit hinweisen.

Breite **Hüften** im Verhältnis zur schlanken **Taille** gelten als Symbol weiblicher Fruchtbarkeit und auch als sexuell attraktiv. Das zeigt sich in der Wespentaille in den 1940er und 1950er Jahren sowie in den Diäten der Gegenwart. Es sind nicht die breiten Hüften, die schönheitsbewusste Frauen beunruhigen, sondern die berüchtigten „Reiterhosen", die die Hüfte optisch absenken und dadurch von idealisierten Proportionen abweichen. Diesem Problem wird mit gezieltem Fettabbau begegnet. Auch dabei kann die Kosmetikerin behilflich sein. Für eine erotische Ausstrahlung ist immer noch eine kurvenreiche Körpersilhouette vorteilhaft. Dabei sind die Unterschiede – nicht die absoluten Maße – von Oberweite und Hüftweite zum Taillenumfang wichtig.

Die **Beine** eines erwachsenen Menschen machen etwa die Hälfte seiner Körperlänge aus. Ihr Erscheinungsbild hat großen Einfluss auf den Gesamteindruck, den die Person vermittelt. Maskuline Beine sind stämmig, muskulös und deutlich behaart. Feminine Beine sind gerade, schlank und gering behaart. In jedem Fall kommt es sehr auf das Erscheinungsbild der Haut an. Durch kosmetische Maßnahmen und die Beinbekleidung können die beabsichtigten Signale gezielt gesetzt werden.

4 Anwendung dekorativer Präparate

Keine kosmetische Behandlung sollte ohne die dekorative Verschönerung des Gesichts beendet werden. Der Irrglaube, ein Make-up nach einer Kosmetikbehandlung täte der Haut nicht gut, ist weit verbreitet. Das Make-up wird deshalb in manchen Instituten vernachlässigt. Die Kundin wird dann nicht erfahren, wie sie sich mithilfe von dekorativen Mitteln zurechtmachen kann und die Kosmetikerin lässt ein beachtliches Umsatzpotenzial ungenutzt.

Ein gutes **Make-up** erkennt man erst auf den zweiten Blick. Dabei gibt es keine altersmäßige Begrenzung. Während junge Menschen aus ihrem Lebensgefühl heraus leicht „des Guten zu viel" tun, können sich ältere Frauen oft nicht entschließen, Make-up zu verwenden. Das ist schade, denn gerade ein älter werdendes Gesicht gewinnt durch ein gekonntes Make-up enorm.

Bei der Wahl der dekorativen Präparate sollte sich die Kosmetikerin für eine Produktlinie entscheiden, die es nicht „an jeder Ecke" zu kaufen gibt. Gute, aber seltene Produkte haben eine größere Kundenbindung. Wenn die Kundin ein Präparat ergänzen oder erneuern möchte, muss sie zur Kosmetikerin kommen. Außerdem ist die Kosmetikerin die Fachfrau, die beraten kann. Und hier sollten Sie sich Zeit nehmen und das Vertrauen der Kundin aufbauen.

Wichtig ist auch die Frage nach der Präsentation. Kunden sollten erkennen, dass der Kosmetikerin die dekorative Pflege wichtig ist. Dementsprechend attraktiv sollten die dekorativen Produkte angeboten werden. Mit in irgendeiner Ecke abgestellten Produkten werden keine Umsätze erreicht. Außerdem muss die Kosmetikerin selbst so geschminkt sein, dass sei ein positives Vorbild ist.

Viele kosmetische Maßnahmen hinterlassen Spuren wie Haut- und Farbunebenheiten auf der Haut, die nicht gleich nach der Behandlung abgeklungen sind. Ein Make-up hat einen ausgleichenden Effekt. Die Kundin fühlt sich wohler.

Damit die Kundin lernt, wie man ein komplettes Make-up erstellt, sollte sie möglichst nicht in der Kabine geschminkt werden, sondern an einem separaten Schminkplatz. Die Kundin kann zusehen und lernen, wie sie ihr Make-up erstellt. Die individuelle Beratung ermutigt die Kundin zur Verwendung dekorativer Präparate. Damit werden bei der Kundin Interesse und Kaufwünsche geweckt. Außerdem ist dann für die Kundin offensichtlich, dass das Make-up ein selbstständiger Behandlungsteil ist.

Professionelles Arbeiten für die Erstellung eines Make-ups setzt gutes Arbeitsmaterial und Licht sowie eine geeignete Sitzposition voraus. Ein Make-up kann man nicht erstellen, wenn die Kundin liegt. Die Konturen sind nicht erkennbar und Farbakzente können nicht genau platziert werden. Die Kundin muss sitzen. Wenn das Make-up außerhalb der Kabine erstellt wird, ist ein hoher Schminkstuhl geeignet; er erleichtert auch der Kosmetikerin das Arbeiten. Ist das nicht möglich, muss die Kundin in der Kosmetikliege sitzen und man gibt ihr einen Spiegel in die Hand.

Der Arbeitsplatz muss gut, d. h. möglichst schattenfrei ausgeleuchtet sein. Am besten eignet sich Tageslicht. Eine künstliche Beleuchtung sollte ein ausgewogenes Spektrum von Warm- und Kaltlichtanteilen enthalten.

Wichtig ist ein ästhetisches und hygienisch einwandfreies Arbeitsmaterial. Dazu gehören verschiedene **Applikatoren** wie Pinsel, Spatel, Schwämmchen, Zellstoff, Gesichtsbürstchen, Puderquasten und Camouflageartikel. Bei der Auswahl der Präparate, die von verschiedenen Firmen angeboten werden, entscheiden oft persönliche Kriterien. Wichtig ist, dass im Sortiment nicht nur Modefarben enthalten sind, sondern auch Standardfarben und helle Make-up-Farbtöne.

4.1 Das Tages-Make-up

Das **Tages-Make-up** ist das Standard-Make-up in der Kosmetikpraxis. Hier hebt man vorteilhafte Bereiche eines Gesichts hervor. Unerwünschte Merkmale, wie ein Schlupflid oder ein Doppelkinn, können optisch kaschiert bzw. korrigiert werden. Es wird auf kräftige Farbakzente verzichtet. Man verwendet matte und dezente Farben für Augen, Lippen und Wangen.

Die **Grundierung** ist die Basis für ein perfektes Make-up. Sie macht die Haut glatt und farblich ebenmäßig. Die Grundierung wird in verschiedenen **Konsistenz**en und mit unterschiedlicher Abdeckkraft angeboten. Für die Wahl der Konsistenz ist der Hauttyp ausschlaggebend. Auf eine fettige Haut trägt man ein kompaktes oder ölfreies Make-up auf. Unreinheiten werden mit einem kompakten Make-up oder mit einem Puder-Make-up abgedeckt. Für trockene Haut verwendet man ein Feuchtigkeits-Make-up oder eines mit hohem Fettanteil.

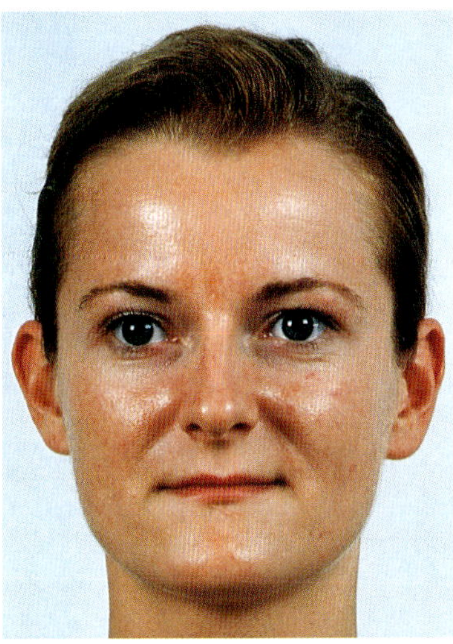

Vorher: *das ungeschminkte Gesicht*

Nachher: *Gesicht mit komplettem Tages-Make-up*

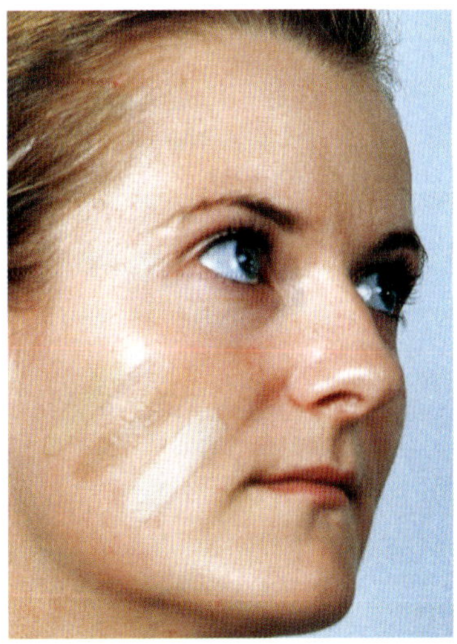

1 *Austesten der passenden Make-up-Farbe*

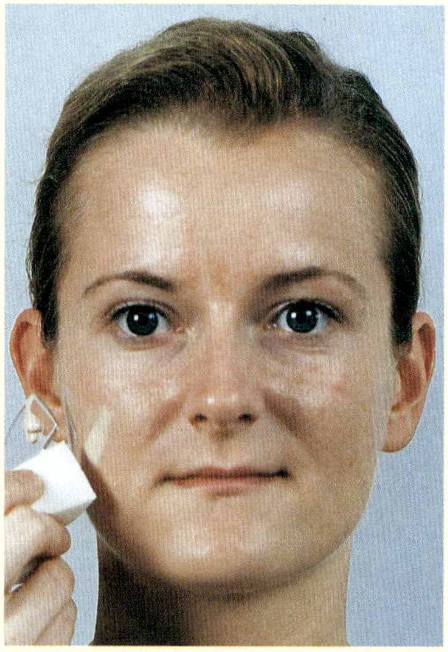

2 *Auftragen des Make-ups mit einem Schwämmchen*

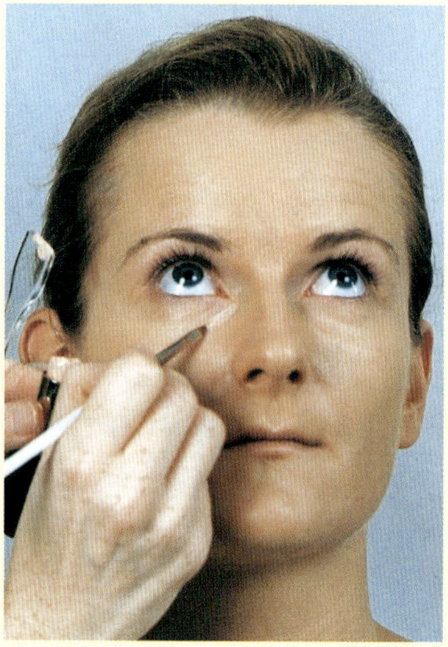

3 *Abdecken von Augenschatten mit einem Abdeckstift: Die Abdeckfarbe wird mit einem Spatel vom Stift abgenommen und mit einem Pinsel aufgetragen.*

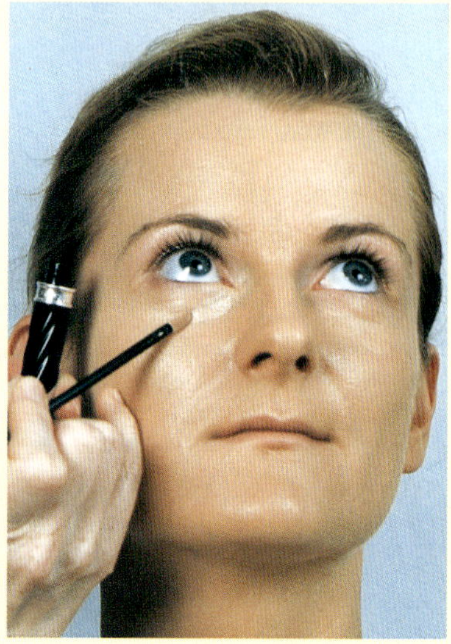

4 *Alternativ können Augenschatten mit einem Applikator abgedeckt werden: Das weiche, flüssige Präparat eignet sich für die reifere Haut.*

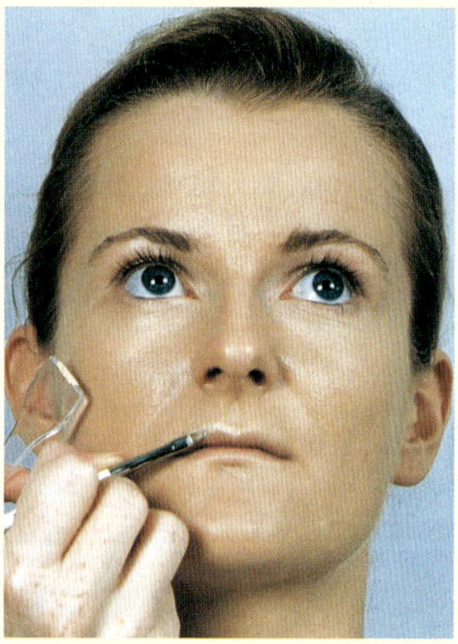

5 *Bei schmalen Lippen trägt man mit dem Pinsel helle Abdeckcreme oberhalb der Lippenkontur auf. Das lässt den Mund plastischer erscheinen.*

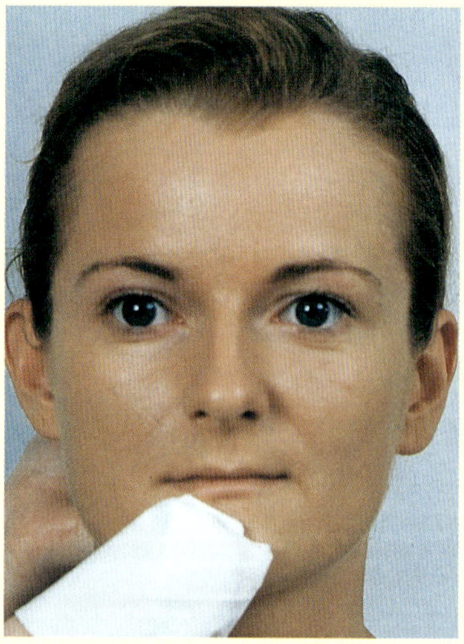

6 *Make-up-Überschuss wird mit einem Zellstofftuch abgenommen.*

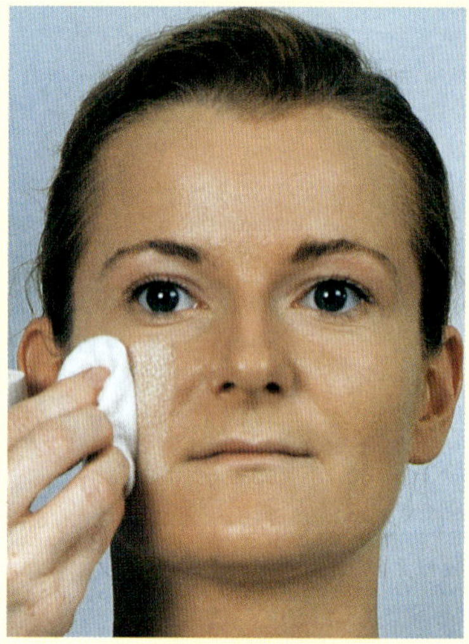

7 *Farbloser Transparentpuder wird mit einem Wattepad oder mit einer Puderquaste aufgetragen.*

Die Farbwahl der Grundierung richtet sich nach der Hautfarbe. Nach dem Auftragen darf kein Unterschied zwischen der geschminkten und ungeschminkten Haut sichtbar sein. Am Haaransatz muss der Übergang gut verwischt werden.

Kein Make-up kommt ohne **Puder** aus. Durch Puder wird der Teint gleichmäßig matt und die Grundierung wird haltbarer. Außerdem verhindert der Puder, dass nachfolgende Farben wie Lidschatten und Rouge fleckig aufgetragen werden. Deshalb trägt man

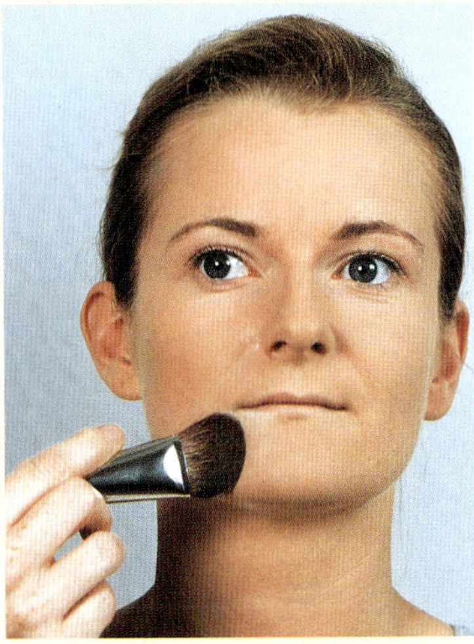

8 *Eine Alternative stellt das Auftragen des Puders mit einem Pinsel dar. Allerdings benötigt man aus hygienischen Gründen für jede Kundin einen gereinigten Pinsel.*

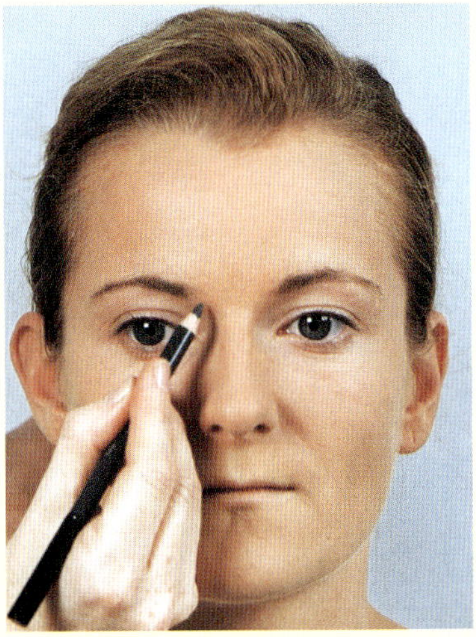

9 *Korrektur der Augenbrauen mit einem Stift: Die Augenbrauen werden dadurch optisch verlängert.*

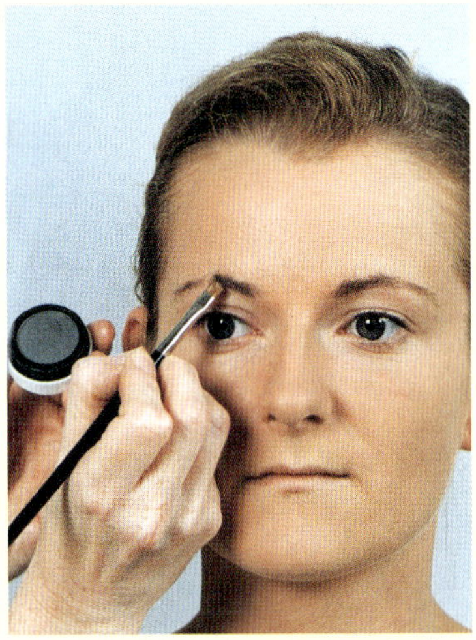

10 *Wenn die Augenbrauen Lücken aufweisen, werden sie mit dunklem Puder korrigiert.*

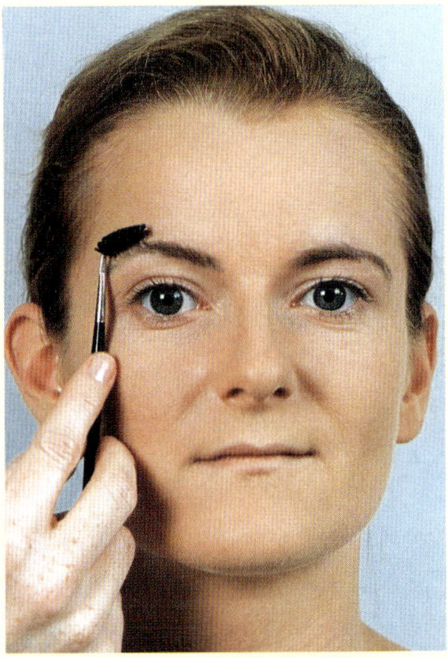

11 *Im Anschluss an die Augenbrauenkorrektur werden die Augenbrauen mit einem Spiralbürstchen in Form gebracht. Dadurch wird auch überschüssiger Augenbrauenpuder entfernt.*

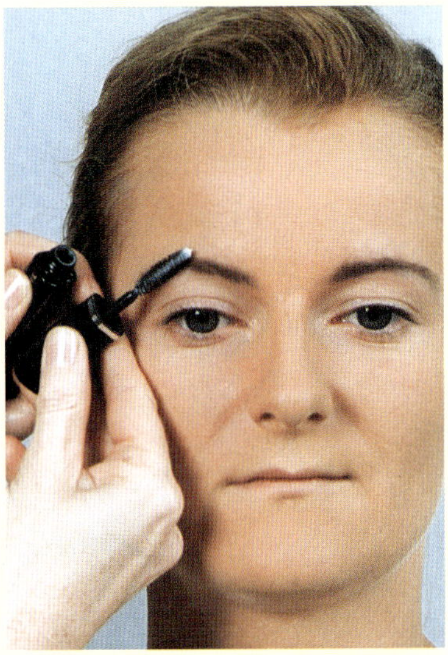

12 *Wenn die Augenbrauenhaare schwierig in Form zu bringen sind, trägt man ein Wimpern- und Augenbrauenstylinggel auf. Alternativ kann man das Spiralbürstchen mit Haarspray benetzen und damit die Augenbrauenhaare fixieren.*

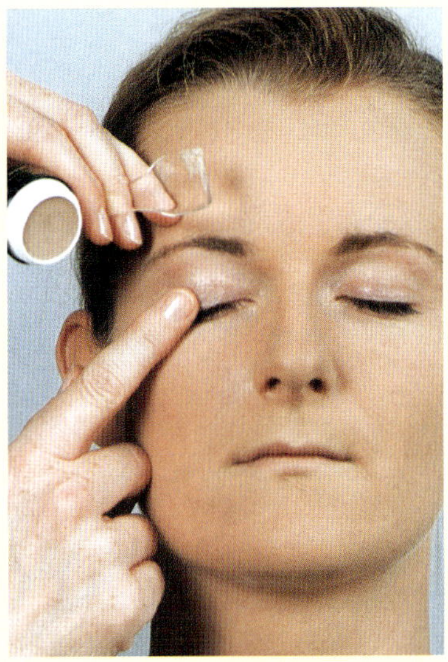

13 *Eine Lidschattenfixierung sorgt für längere Haltbarkeit. Außerdem kann der Lidschatten dann nicht in der Lidfalte verlaufen.*

Puder auch auf Augenlider, Wimpern und Mund auf. Man verwendet für ein Tages-Make-up in der Regel transparenten, losen Gesichtspuder, den man mit einem dicken Pinsel oder einer Quaste aufträgt. Mit einer Gesichtsbürste entfernt man den Puderüberschuss.

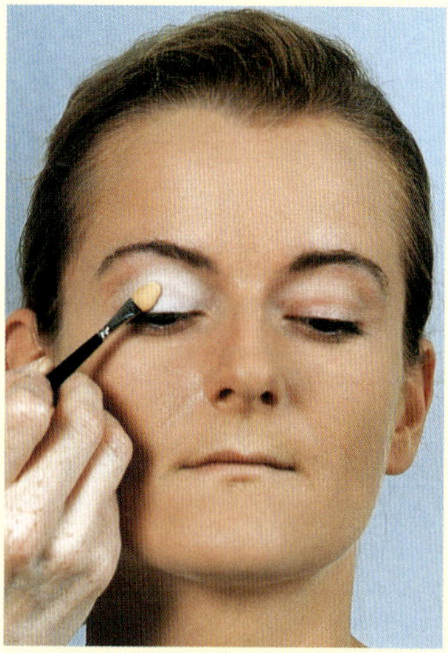

14 *Heller Lidschatten wird mit einem Applikator auf das bewegliche Oberlid aufgetragen.*

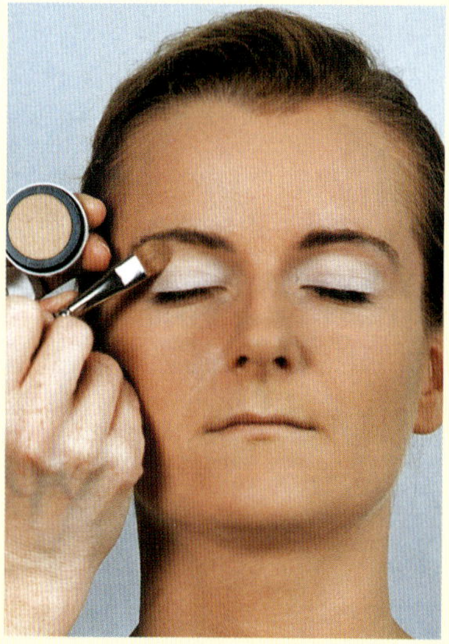

15 *Hautfarbenen Lidschatten setzt man mit einem Pinsel unterhalb der Augenbraue auf den knöchernen Teil des Oberlids.*

16 *Mit einem dunkleren Lidschatten wird das Auge konturiert. Die Farbwahl richtet sich überwiegend nach den Farben der Kleidung.*

17 *Beim Tages-Make-up wird jeder Lidschatten nur bis zur Linie Augenbrauenende – Augenwinkel – Nasenflügel aufgetragen.*

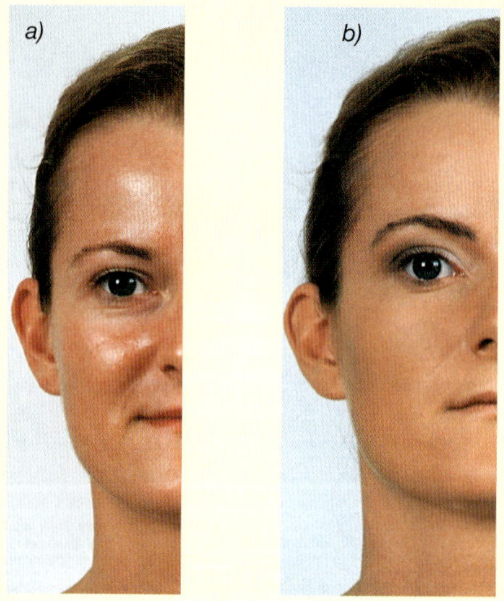

18 *a) Hier ist das Schlupflid deutlich erkennbar. b) Beim Tages-Make-up ist dieses Augen-Make-up für Schlupflider die klassische Schminktechnik: heller Lidschatten auf das bewegliche Oberlid, hautfarbener Lidschatten auf den knöchernen Teil des Oberlides und dunklerer Lidschatten zum Konturieren. Das Auge wirkt größer und ausdrucksstärker.*

Lidschatten haftet besonders gut, wenn man eine Lidschattengrundierung verwendet, die man auf das Oberlid aufträgt. Nach dem Auftragen dieser Fixierung muss das Lid nochmals abgepudert werden. Als Lidschattengrundierung trägt man nun einen Lidschatten auf das gesamte Lid auf. Farbige Akzente entstehen durch eine zweite Lidschattenfarbe. Sie kann z. B. dem **Farbtyp**, der Augen- oder Bekleidungsfarbe entsprechend, gewählt werden. Man sollte auf eine Farbharmonie zum gesamten Make-up, d. h. auch zur Lippen- und Rougefarbe (z. B. **Ton-in-Ton**) achten.

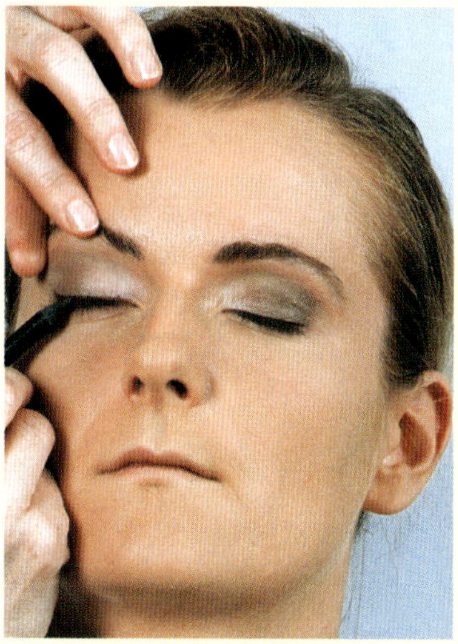

19 *Der Lidstrich beeinflusst optisch die Augenform, lässt den Wimpernansatz dichter und die Augen ausdrucksvoller erscheinen. Beim Schlupflid ist der Lidstrich unverzichtbar, muss aber sehr schmal gezeichnet werden.*

20 *Mascara lässt sich problemlos vom Ansatz zu den Spitzen auftragen, wenn das Oberlid mit den Fingern an der Augenbraue fixiert wird und die Kundin nach unten schaut.*

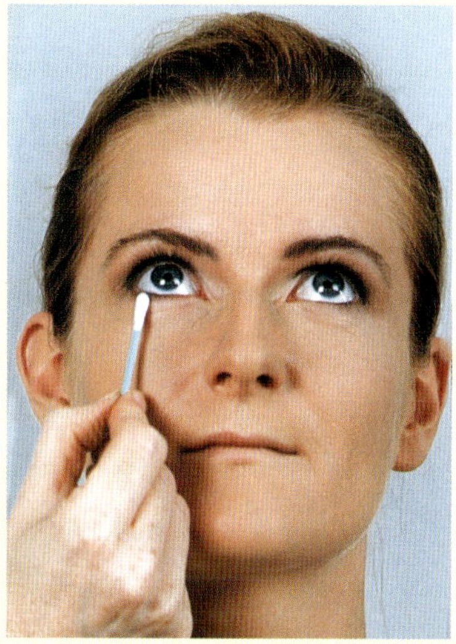

21 *Kajal wird auf dem unteren Wimpernrand aufgetragen und mit einem Wattestäbchen ausgewischt, um die Linie weicher zu gestalten.*

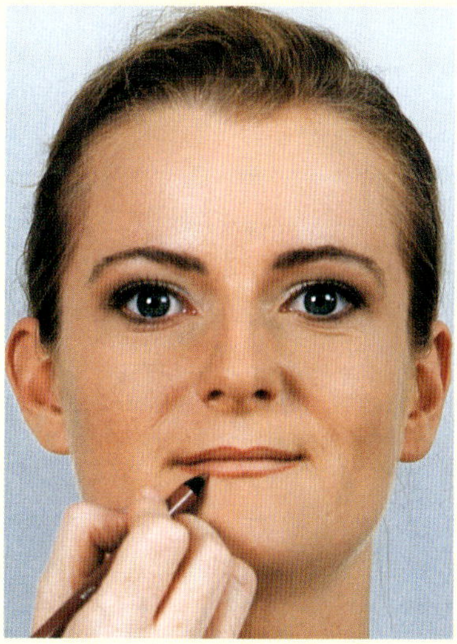

22 *Der Konturenstift zum Nachzeichnen der Lippenkontur wird entsprechend der Lippenstiftfarbe gewählt.*

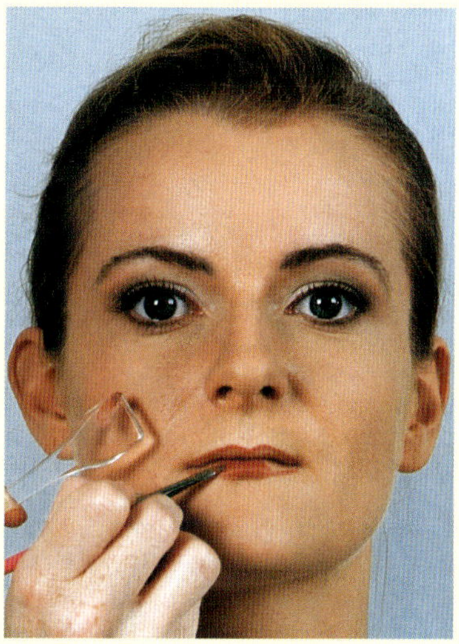

23 *Die Lippenstiftfarbe wird immer vom Stift auf einen Spatel gegeben, von da mit einem Lippenpinsel abgenommen und dann zum Ausmalen der Lippenform verwendet.*

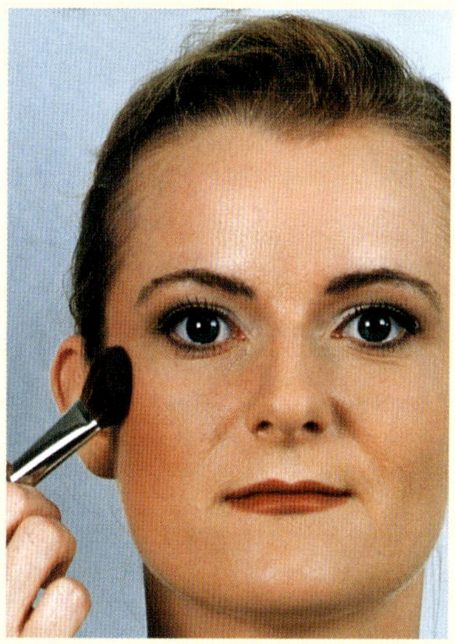

24 *Rouge wird mit einem abgeschrägten, nicht zu großen Pinsel knapp unterhalb des Jochbeins aufgetragen.*

Lidstriche betonen oder korrigieren die Augenpartie. Man verwendet z. B. **Kajalstifte**, flüssige **Eyeliner** oder Eyeliner, die wie Filzstifte anzuwenden sind. Der Lidstrich wird besonders natürlich mit einem Kajalstift, wenn man die Farbe nach dem Auftragen mit einem Wattestäbchen verwischt. Flüssigen Eyeliner verwendet man beim Tages-Make-up nur am Oberlid. Man zieht den Lidstrich nicht in einem Strich, sondern in mehreren Teilabschnitten vom inneren Augenwinkel nach außen. Nur bei sehr eng zusammenstehenden Augen fängt man in der Mitte des Oberlids an. Besonders bei Schlupflidern ist der Lidstrich unverzichtbar.

1 Die Länge der künstlichen Wimpern muss der oberen Augenlidlänge genau angepasst werden. Gegebenenfalls müssen die Wimpern vorher mit einer Schere gekürzt werden.

2 Die Wimpern werden mit einer Pinzette gefasst. Mit einem Stäbchen wird Spezialkleber auf das Halteband aufgetragen. Der Klebstoff wird nach kurzer Zeit transparent.

3 Beim Applizieren des Wimpernbandes muss die Klientin nach unten schauen. Zuerst wird das Band in der Mitte des oberen Lidrands, oberhalb der natürlichen Wimpernreihe, angedrückt.

4 Anschließend wird das Wimpernband mit der Pinzette von außen nach innen angedrückt.

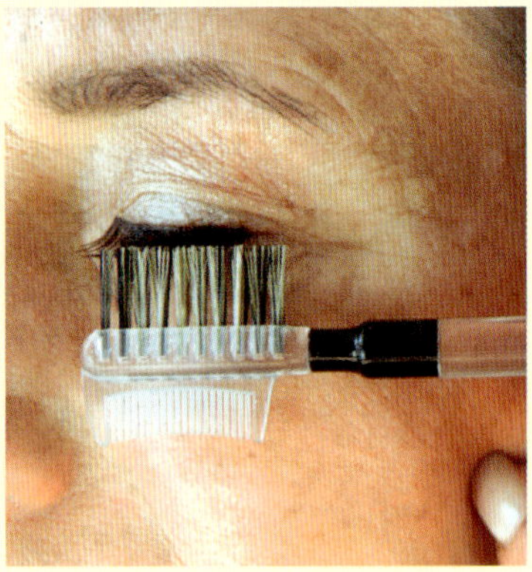

5 Die Klientin muss die Augen anschließend etwa zwei Minuten geschlossen halten. Dann werden die künstlichen Wimpern mit einem Bürstchen mit den natürlichen Wimpern „vermischt“.

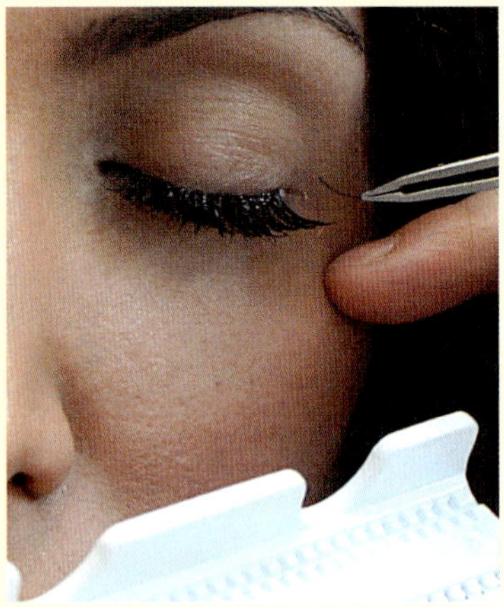

Alternativ können einzelne Büschelwimpern mit einer Pinzette direkt in die Lücke der natürlichen Wimpern gesetzt werden.

Vorgehensweise beim Applizieren von künstlichen Wimpernbändern und Büschelwimpern

Mascara verstärkt die Wirkung von Lidschatten und Lidstrich und rundet das Augen-Make-up ab. Für ein Tages-Make-up wählt man natürliche Farben wie Braun oder Schwarz. Am besten lässt man die Kundin nach unten sehen, wo sie einen Fixpunkt, z. B. die Nasenpartie anschaut. Man setzt das Wimpernbürstchen am Wimpernansatz an und streicht zu den Wimpernspitzen. Zum Tuschen der Unterwimpern schaut die Kundin nach oben. Sollten die Wimpern verkleben, verwendet man einen Wimpernkamm, der die Wimpern trennt.

Künstliche Wimpern sind ein besonderes Angebot für Kunden mit kurzen oder spärlichem Wimpernwachstum. Sie werden in verschiedenen Längen und Dicken angeboten. Lücken in den natürlichen Wimpern können mit einzelnen Büschelwimpern korrigiert werden. Ein modisches Extra für das Abend-Make-up sind künstliche Wimpern mit Strasssteinchen.

Die **Augenbrauen** werden mit dem Augenbrauenstift optisch verlängert. Lücken in der Behaarung korrigiert man mit dunklerem Augenbrauen- oder Lidschattenpuder.

Die Lippen sollten nie ohne einen **Konturenstift** geschminkt werden. Die Lippenform kann dadurch sehr exakt betont werden und der **Lippenstift** „franst“ nicht aus. Konturen- und Lippenstift sollten denselben Farbton aufweisen. Ungleichmäßige Lippenkonturen können mit dem Konturenstift korrigiert werden. Abfallende Mundwinkel zeichnet man mit dem Konturenstift nach, jedoch nicht bis in die äußeren Mundwinkel.

Zu kleine Lippen: *Die gesamte äußere Lippenkontur wird mit einem Konturenstift umrandet. Vorsicht: Schon ein halber Millimeter ist beim Make-up sehr viel; die Kontur darf nicht künstlich wirken. Kräftigere Lippenstiftfarben sowie glänzendes Lipgloss sind empfehlenswert.*

Zu volle Lippen: *Der Konturenstift in zarten Pastell- oder getrübten Farben wird nur für die innere Lippenkontur am Lippenherz (Mundmitte) genutzt. Auffällige und glänzende Lippenstiftfarben vermeiden.*

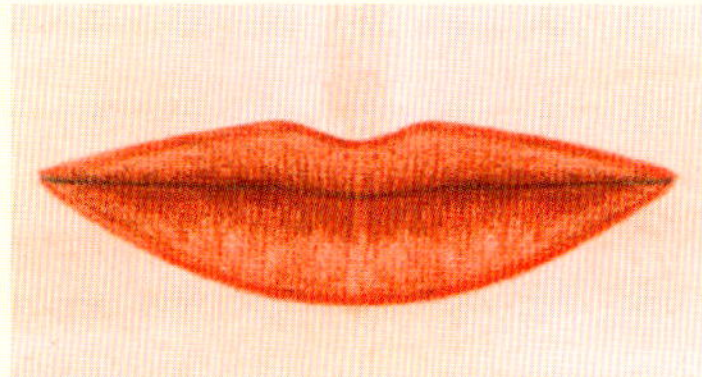

Zu schmale Lippen: *Glänzende, hellere und leuchtende Farben wählen und von der Lippenmitte ausgehend die äußeren Konturen betonen.*

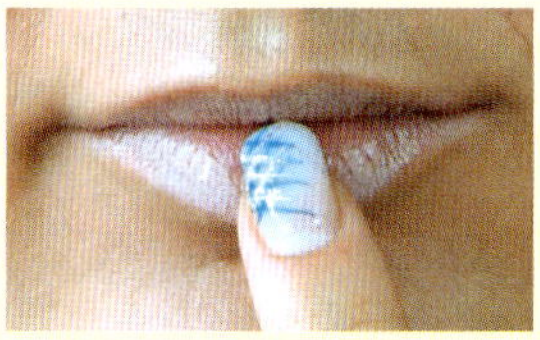

Vor dem Lippen-Make-up kann, vor allem bei trockener Lippenhaut und ausgeprägteren Lippenfältchen, etwas Pflegebalsam über die Konturen hinaus aufgetragen und leicht einmassiert werden.

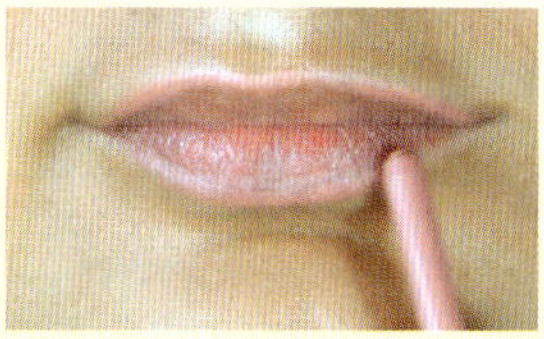

Um das Ausfransen des Lippenstifts zu vermeiden, trägt man vorher einen Konturenstift auf. Für weichere und natürlich wirkende Übergänge beim Tages-Make-up kann statt eines farbigen ein hautfarbener Konturenstift verwendet werden.

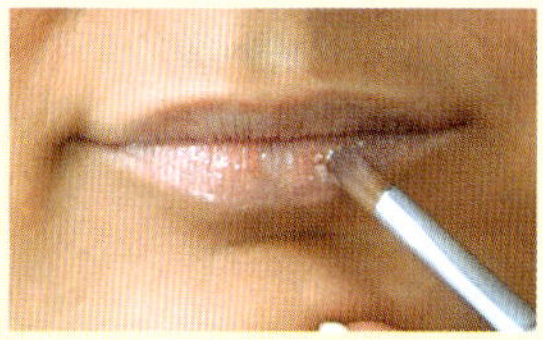

Bei trockener Lippenhaut kann nach dem Auftrag der Lippenstiftfarbe zusätzlich etwas Pflegebalsam in die Lippenmitte getupft werden. Das pflegt und bringt zusätzlich Glanz. Dann wird nochmals Lippenstift aufgetragen.

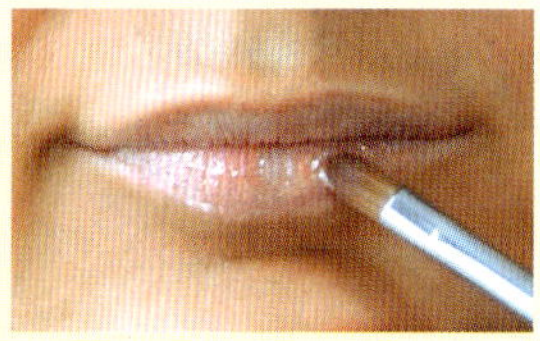

Transparenter oder farbiger Lipgloss für ein glänzendes Ergebnis wird abschließend von der Lippenmitte nach außen aufgetragen. Bei ausgeprägteren Lippenfältchen wird auf Gloss verzichtet oder es wird nur etwas in der Lippenmitte gesetzt.

Besonderheiten beim Erstellen eines Lippen-Make-ups

Will man die Lippenkontur optisch verändern, müssen die Lippen vorher mit Make-up grundiert und abgepudert werden. Sind die Lippen sehr schmal, so trägt man auf die äußerste Lippenkontur einen hellen Konturenstift auf. Der Lippenstift sollte ebenfalls heller gewählt werden. Auf die Lippen kann man zusätzlich etwas Lippengloss geben. Zu volle Lippen kann man kaschieren, indem man mit dem Konturenstift innerhalb der Lippenkontur bleibt. Um einen matten Effekt zu erhalten, füllt man die Lippenform nicht mit dem Lippenstift, sondern mit dem Konturenstift aus.

Rouge lässt ein Gesicht frischer wirken. Rouge trägt man mit einem dicken Rougepinsel entsprechend der Gesichtsform auf. Mithilfe von Rouge kann man die Gesichtsformen optisch vorteilhaft gestalten. Wenn die Gesichtsform nicht verändert werden soll, trägt man das Rouge unterhalb des Jochbeins hin zum Ohr auf. Lippenstiftfarbe und Rougeton sollten harmonieren.

4.2 Das Abend-Make-up

Das **Abend-Make-up** unterscheidet sich vom Tages-Make-up durch ein Mehr an Farbe; denn das gedämpfte Abend- und Kerzenlicht „schluckt" Farbe. Wichtig ist beim Abend-Make-up aber, dass auch jemand, der sich sonst nicht oder wenig schminkt, ein gutes Gefühl hat und sich nicht „verkleidet" vorkommt.

Die Grundierung wählt man ein bis zwei Nuancen heller als die eigene Hautfarbe. Kunstlicht und Kerzenschein lassen Konturen härter erscheinen. Eine hellere Grundierung macht das Gesicht weicher. Wenn die Kundin sonnengebräunt ist, behält man allerdings diesen Farbton bei. Die Grundierung sollte von mittlerer Deckkraft sein. Zum Abpudern wählt man einen transparenten Fixierpuder.

Das Augen-Make-up darf ausdrucksstark und kontrastreich sein. Zuerst wird eine Lidschattengrundierung aufgetragen, damit der Lidschatten gut haftet. Ein

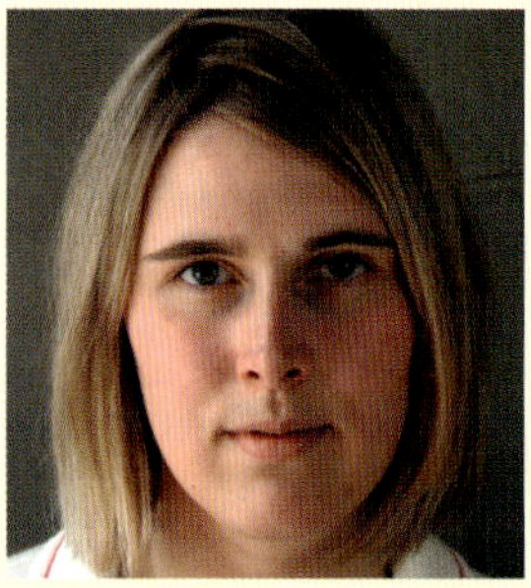

Vorher

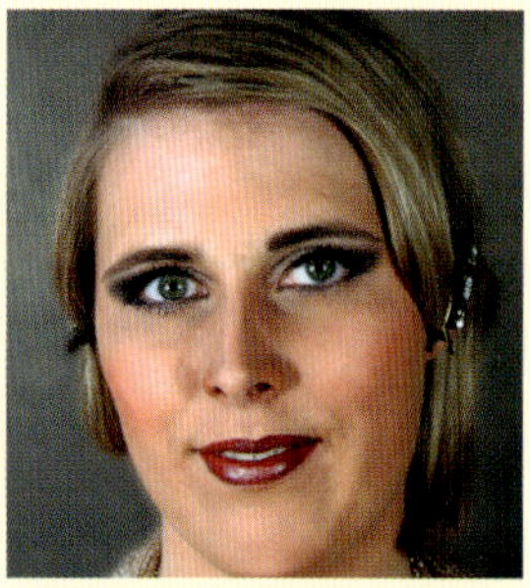

Nachher: ein auffallend wirkendes Abend-Make-up.

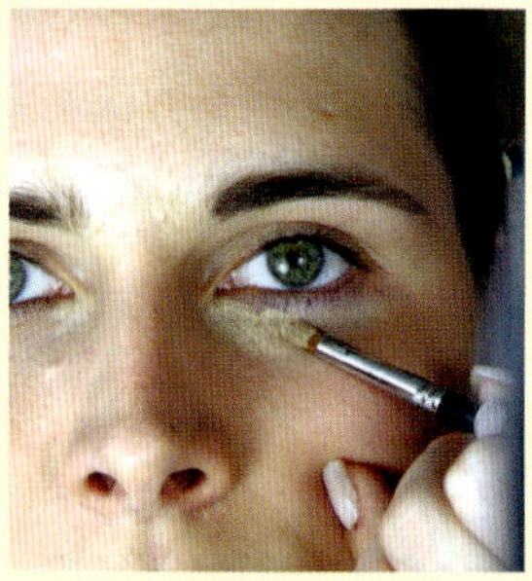

1 *Aufhellende Abdeckcreme wird auf die (dunklere) untere Augenpartie, evtl. auf den Nasenrücken und die Nasolabialfalte aufgetragen.*

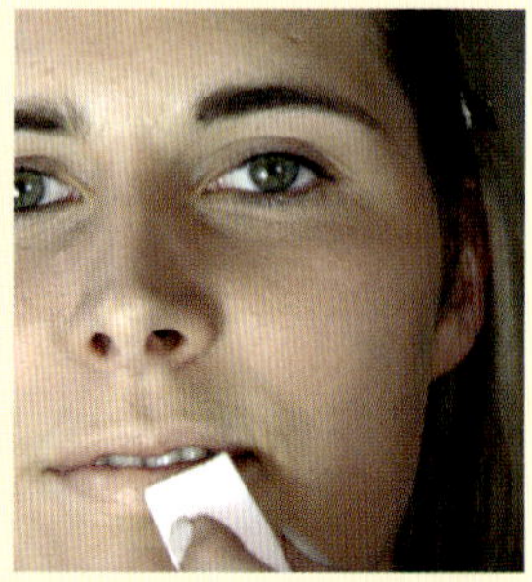

2 *Danach wird ein deckendes Make-up auch auf die Lippen und Augenlider aufgetragen.*

3 *Das Make-up wird mit losem Puder fixiert.*

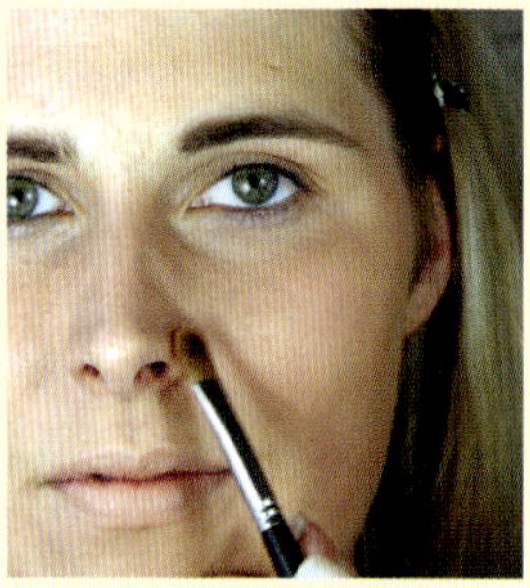

4 *Mit dunklem Puder werden z. B. die Nasenflügel schattiert. Sie treten dadurch optisch in den Hintergrund: Die Nase wirkt schmaler und zierlicher.*

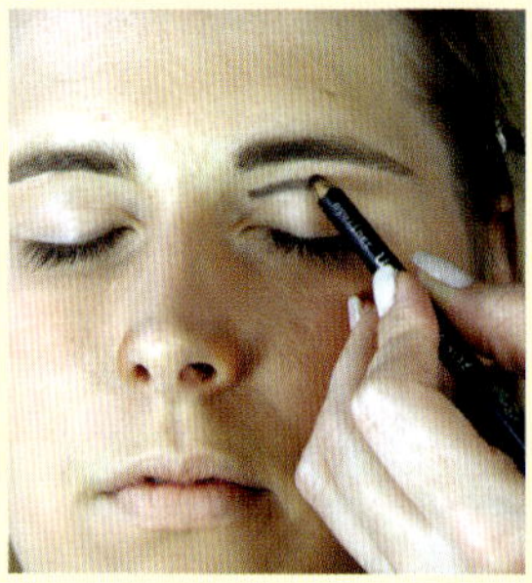

5 *Ein weicher, schwarzer Kajalstrich in der Lidfalte kann den Augenausdruck verstärken.*

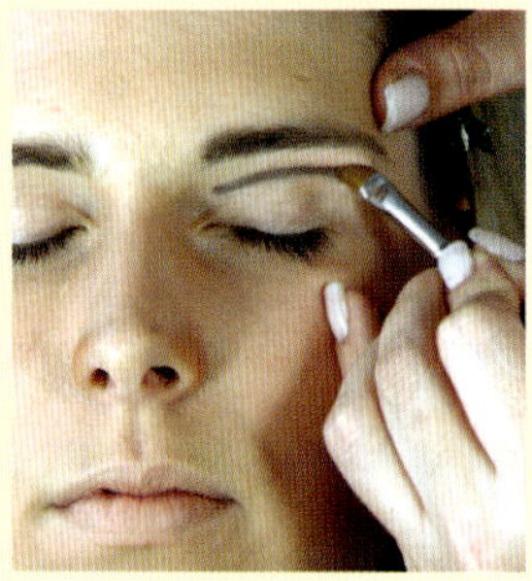

6 *Der Kajalstrich wird mit einem weichen Pinsel nach oben und außen leicht verwischt.*

7 *Am oberen äußeren Lidrand kann dunkler Lidschatten schräg und nach außen auslaufend platziert werden.*

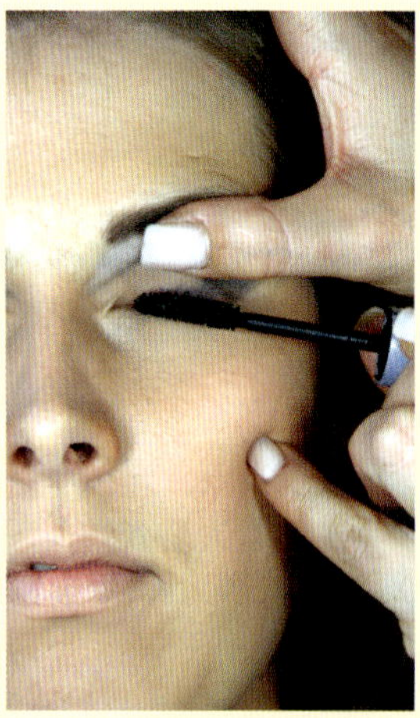

8 *Direkt unterhalb der Augenbrauen wird heller und glänzender Lidschatten aufgetragen. Die Wimpern werden dunkel getuscht.*

9 *Beim Abend-Make-up können neben den Augen auch die Lippen stärker betont werden. Zuerst werden die Lippenkonturen mit einem eine Nuance dunkleren Konturenstift nachgezeichnet oder ggf. korrigiert. Dann trägt man Lippenstiftfarbe auf. Glänzender Lipgloss in der unteren Lippenmitte lässt die Lippen fülliger erscheinen. Abschließend wird mit Rouge (entsprechend der Gesichtsform) modelliert.*

Schritte zur Erstellung eines Abend- oder Gala-Make-ups

heller Lidschatten wird anschließend reichlich auf das gesamte Lid aufgetragen. Die Akzentuierung erfolgt mit einer wesentlich dunkleren Farbe, die auch etwas stärker aufgetragen werden darf. Der Farbkontrast kann z. B. mit Weiß und Schwarz, Sonnengelb und Braun oder Flieder und Grau erreicht werden. Bunte Farben wie Türkis, Grün und Blau sollte man meiden.

Der **Lidstrich** betont das Auge. Man wählt einen flüssigen Eyeliner in den Farben Schwarz, Dunkelblau, Tannengrün oder Dunkelbraun. Mascara ist für das Abend-Make-up ein Muss. Viel Wimperntusche betont den Augenausdruck. Eine Alternative sind **künstliche Wimpern**.

Künstliche Wimpern werden in verschiedenen Längen und Dicken angeboten.

Rouge wird beim Abend-Make-up kräftiger aufgetragen. Goldeffekte und Glanz sind nur bei glatter und feinporiger Haut erlaubt. Auf dem Dekolleté kann man sie dagegen fast immer anwenden.

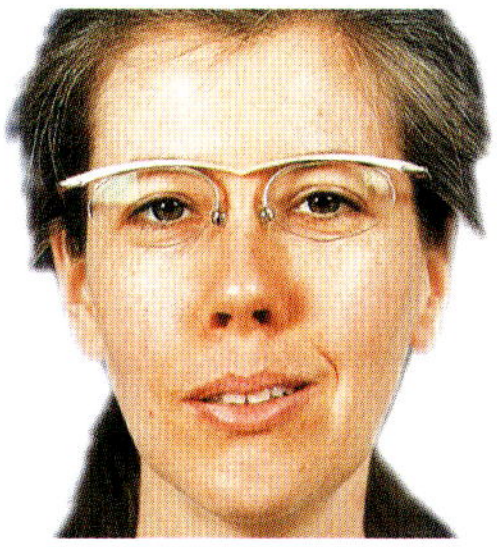

Das Brillengestell wirkt für diese Kundin wenig vorteilhaft. Der Steg ist zu hoch, dadurch wird die Nase optisch stark verlängert. Der Metallrahmen ist weit ausladend. Das betont die Gesichtsform ungünstig.

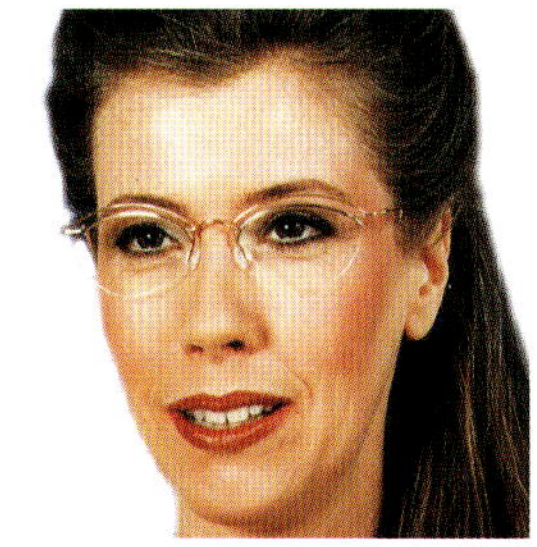

Das Brillen-Make-up vergrößert und betont die Augen bei Kurzsichtigkeit. Die neu gewählte Brille ist dezenter und unterstreicht die Gesichtsproportionen vorteilhaft. Der Steg ist tiefer angesetzt und der optisch begrenzende Metallrahmen stört nicht mehr.

Ein weißer Kajal, auf das untere Innenlid aufgetragen, vergrößert das Auge.

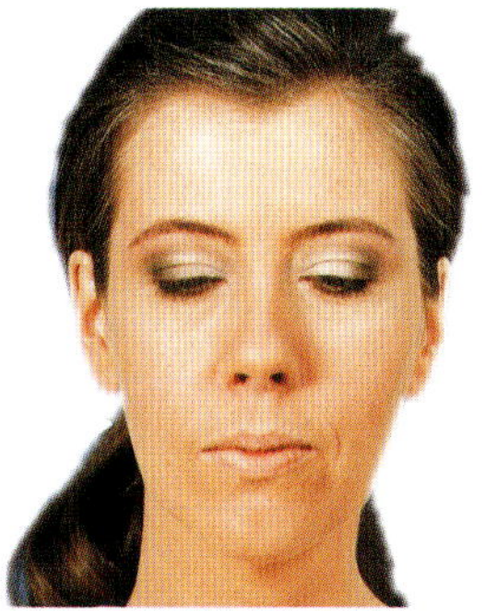

Jede Brille „schluckt“ Farbe, deshalb wird der Lidschatten kräftiger aufgetragen.

4.3 Das Brillen-Make-up

Man sagt, der erste Blick fällt auf das Gesicht und bei Brillenträgern auf die Brille. Eine **Brille** ist heute nicht mehr nur Sehhilfe, sondern kann auch ein Accessoire sein. Die Brille muss auf die Gesichtsform abgestimmt sein. Sie kann harmonisch unterstreichen oder kontrastreich betonen, wie bei stark umrandeten oder runden Gläsern. Die obere Linie der Brille sollte dem Verlauf der Augenbraue folgen. Dabei liegt der Brillenrand auf der Braue oder darunter. Bei älteren Menschen sollte der untere Brillenrand im äußeren Drittel aufsteigen. Das Gesicht erscheint dadurch positiver und die Brille lenkt von nachlassenden Konturen ab.

Das **Brillen-Make-up** richtet sich danach, ob die Augen durch das Glas optisch vergrößert oder verkleinert werden. Eine Brille für Kurzsichtigkeit lässt das Auge kleiner erscheinen. Eine Brille für Weitsichtigkeit lässt das Auge dagegen größer wirken.

Das Auge muss bei einer Brille zur Korrektur von **Kurzsichtigkeit** durch das Brillen-Make-up vergrößert werden. Dazu verwendet man helle Farben, evtl. auch Glanz. Auch hier verwendet man zuerst Lidschattengrundierung. Danach wird heller Lidschatten auf das gesamte Lid aufgetragen. Man wählt dazu einen zarten Farbton wie Champagner, Hellblau oder Aprikot. Konturiert wird die Lidfalte und das äußere Augendrittel. Der Farbton darf kräftig sein. Brauntöne sind ebenso beliebt wie die farbigen Lidschattentöne Grün, Blau und Lila. Dies muss individuell entschieden werden. Zur Betonung wird das Auge fein umrandet. Am oberen Lidrand verwendet man flüssigen Eyeliner, dadurch entstehen Konturen. Unterhalb der Augen wird ebenfalls flüssiger Eyeliner aufgetragen, allerdings nur sehr dünn. Auf die Innenseite bzw. zur Nase gewandten Seite des Oberlids (= Innenlid) gibt man hautfarbenen Kajal, der das Auge optisch vergrößert. Die Wimpern werden kräftig getuscht.

Durch eine Brille zur Korrektur von **Weitsichtigkeit** wird das Auge optisch unnatürlich vergrößert. Das gilt auch für Hautporen, Falten und Härchen. Die Augenbrauen müssen deshalb besonders exakt gezupft sein. Das Abpudern der Augenpartie entschärft die Fältchen. Wie immer erfolgt zunächst das Auftragen einer Lidschattengrundierung. Auf das gesamte Lid wird matter und mitteldunkler Lidschatten aufgetragen. Das Konturieren der Lidfalte erfolgt mit einem Farbton, der sich ein bis zwei Farbtöne von der Grundierung unterscheidet. Bei diesem Augen-Make-up werden Kontraste vermieden. Unterhalb der Augenbrauen kann man einen Farbton platzieren, der optisch mit dem Rouge korrespondiert, z. B. Ton-in-Ton oder zartes Aprikot oder Rosa. Auf eine Umrandung der Augenlider sollte man verzichten. Lediglich auf das Innenlid trägt man einen dunklen Kajalstrich auf, der das Auge optisch verkleinert. Die Wimpern werden nur gefärbt. Wenn ein Mascara verwendet wird, dann nur auf den Wimpernspitzen. Jedes Zuviel an Augen-Make-up ist ungünstig.

4.4 Das Foto-Make-up

Ein **Foto-Make-up** wird in der Kosmetikpraxis relativ selten erstellt. Dennoch gibt es Kundinnen, die z. B. Bewerbungsfotos benötigen. Das Ergebnis ist manchmal „gnadenlos“: jeder kleine Make-up-Fehler wird auf dem Foto sichtbar. Auch wenn Fotos heute digital korrigiert werden können, muss ein Foto-Make-up besonders sorgsam ausgeführt werden.

Grundsätzlich gilt: Alle kalten Farben verstärken sich optisch auf dem Foto und sollten deshalb nach Möglichkeit nicht verwendet werden. Wenn es unbedingt erwünscht wird, dann nur in abgeschwächter Form. Die Grundierung sollte ein bis zwei Farbtöne heller als die natürliche Hautfarbe gewählt werden. Unebenheiten wie Flecken, Rötungen und Unreinheiten müssen mit **Camouflage** oder mit einem Abdeckstift gut abgedeckt werden. Besonders für Farbfotos müssen die Nasenlöcher und Ohren mit grundiert werden.

Der Ausdruck eines Fotos lebt von Schattierungen. Sie sind deshalb beim Foto-Make-up unerlässlich, aber auch das Schwierigste. Man verwendet dazu graubraune Camouflage-Farbtöne oder graubraunen Puder. Schattierungen lassen das Gesicht plastischer, markanter und ausdrucksstärker erscheinen. Man schattiert unterhalb des Jochbeins. Die Übergänge zur übrigen Grundierung müssen weich sein. Über die Grundierung gibt man farblosen Fixierpuder. Rouge wird auf die Schattierung gesetzt oder direkt darüber. In jedem Fall wird es kräftig aufgetragen.

Beim Augen-Make-up dürfen die Farben kräftig sein, auch bunte Farbtöne sind erlaubt. Wichtig ist ein sehr genaues Arbeiten. Die Augenbrauen müssen immer korrigiert und betont werden. Dunkler Eyeliner und Wimperntusche betonen ebenfalls die Augen. Besondere Sorgfalt verlangt die Mundpartie. Die Lippenkonturen müssen exakt gezeichnet und die Lippenfarbe sehr genau aufgetragen werden. Zur Kontrolle sollte man abschließend ein Digital- oder Polaroidfoto anfertigen, das man der Kundin zur Kontrolle und Bestätigung zeigt und evtl. sogar ausdruckt.

4.5 Das Braut-Make-up

Das **Braut-Make-up** sollte nicht in Verbindung mit einer kompletten Gesichtsbehandlung erstellt werden. Die vorbereitende Gesichtsbehandlung sollte mindestens eine Woche vorher erfolgen. Evtl. nachgewachsene Augenbrauenhärchen werden am Tag vor der Hochzeit korrigiert. Die Kundin sollte längere

Dieses Braut-Make-up wirkt dezent und dennoch ausdrucksvoll. Die Make-up-Farben harmonieren mit der Farbe des Haares, der Augenbrauen, der Accessoires, des Schmucks und der Kleidung.

Zeit vor der Hochzeit keinen Produktwechsel vornehmen, um keine überraschenden Hautreaktionen hervorzurufen. Damit die Haut am Tag der Hochzeit glatt und ebenmäßig ist, sollte sie aber vorher mehrmals Gesichtspackungen anwenden. Trägt die Kundin sonst kein Make-up, sollte man ihr ein Probe-Make-up empfehlen, damit sie mehr Sicherheit gewinnt und am Tag der Hochzeit kein ungutes Gefühl hat.

Direkt vor dem Braut-Make-up kann man einen Ampullenwirkstoff auf die Haut geben, der eine leicht straffende Wirkung hat. Darüber gibt man eine matte

8

Das fertige Braut-Make-up

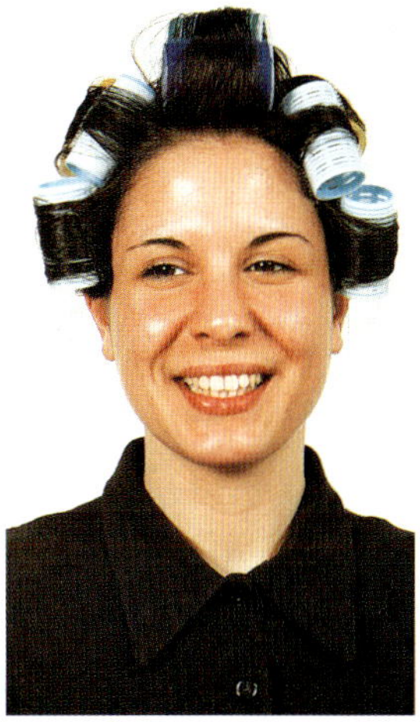

Vor dem Make-up sollte der Friseurbesuch erfolgen. Stylt die Kundin ihre Haare selbst, kann man vorher Lockenwickler eindrehen.

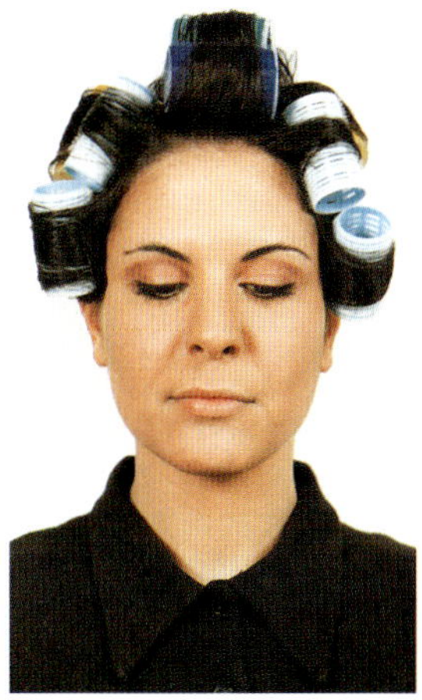

Das Augen-Make-up soll zart gestaltet und wisch- und wasserfest sein. Man verwendet flüssigen Eyeliner und zarte, natürlich aussehende Lidschattenfarben.

Um die Lippen ausdrucksvoller zu gestalten und das Lippen-Make-up haltbarer zu machen, sind mehrere Teilschritte notwendig: Modellieren, Konturieren, Farbe auftragen, Abpressen der Farbe, Fixieren und nochmals Farbe auftragen.

Abpressen der überschüssigen Lippenstiftfarbe

Tagescreme. Zum Abdecken evtl. vorhandener Hautunreinheiten verwendet man dünn Camouflagecreme. Das eigentliche Make-up sollte leicht bis mittelstark abdecken, damit Rötungen, die durch Rührung oder Aufregung entstehen, nicht durchscheinen. Darüber gibt man Fixierpuder, der das Make-up wisch- und wasserfest macht.

Das Augen-Make-up beginnt mit der Lidschattenfixierung. Die anschließend verwendeten Lidschattenfarben sollen zart und keinesfalls bunt gewählt werden. Es eignen sich Farbtöne wie Flieder, Hellgrau, Zartrosa oder Hellbraun. Zum Akzentuieren wählt man einen etwas dunkleren Ton. Flüssiger Eyeliner betont die Augen. Der Mascara sollte wasserfest sein. Die Augenbrauen sollen entsprechend der natürlichen Farbe nachgezeichnet werden.

Ganz wichtig ist das Lippen-Make-up. Zunächst zeichnet man mit einem Konturenstift die Lippenkonturen nach. Eine erste Schicht Lippenstift wird mit dem Lippenpinsel aufgetragen und auf einem Zellstofftuch abgepresst. Danach werden die Lippen abgepudert. Puderüberschuss wird mit einem Wattepad abgenommen. Dann wird nochmals Lippenstift aufgetragen. Auf diese Weise erscheint der Mund plastischer und das Lippen-Make-up hält besser.

Das Rouge soll dezent, aber ausdrucksvoll sein. Es muss mit der verwendeten Make-up-Farbe harmonieren. Wichtig ist dabei auch die Farbe des Brautkleides. Ist es hartweiß, muss der Ton warm und sehr dezent sein. Ist es champagnerfarben, eignet sich ein leicht bräunlicher Farbton. Bei farbiger Brautkleidung passt man die Farben entsprechend an.

Wenn das Make-up erstellt worden ist, folgen Schmuck, Schleier und Haarblüten. Falls die Kundin ihr Haar selbst stylt, kann man vor dem Make-up Wickler oder Papillotten eindrehen. Ist ein Friseurbesuch vorgesehen, sollte dieser vor der Erstellung des Make-ups erfolgen. Vor dem Fototermin sollte das Make-up unbedingt nochmals leicht abgepudert werden.

4.6 Das Senioren-Make-up

Das **Senioren-Make-up** ist auf jeden Fall ein mattes Make-up. Altersbedingte Veränderungen dürfen nicht durch Glanz betont werden. Zu solchen Veränderungen zählen das Nachlassen der Konturen, Pigmentveränderungen, Falten und Linien, das Zurücktreten der Augen, Fältchen an der Oberlippe und das Verschwimmen der Lippenkonturen. Die Augenbrauen werden meistens heller und das Haarwachstum lässt nach. Manchmal fehlt das letzte Drittel der Augenbrauen ganz.

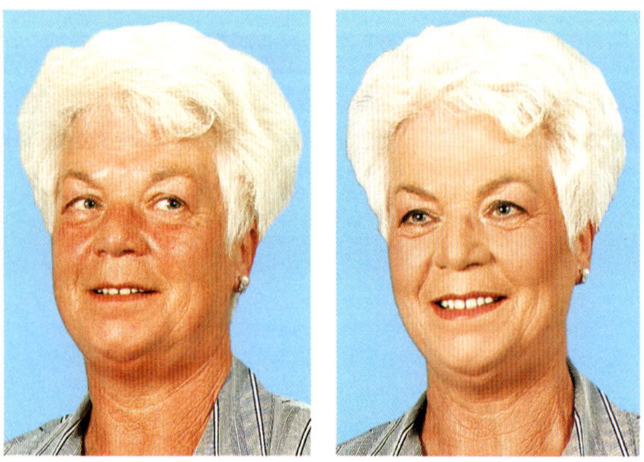

Vorher – Nacher: Beispiel für ein gelungenes Senioren-Make-up

Eine wichtige Voraussetzung für das Make-up ist eine gute Hautpflege, damit die Hautoberfläche glatt ist. Brauen und Wimpern sollten dauergefärbt sein. Vor der Grundierung wird eine dem Hautzustand entsprechende Tagescreme aufgetragen.

Die Grundierung sollte eine leichte Konsistenz haben. Nach der Grundierung korrigiert man mit einem Abdeckstift alle Unebenheiten. Schatten an der Nasolabialfalte, in der Kinnrille, am Nasenflügel, an der Zornesfalte und an der Oberlippe werden aufgehellt. Dazu zeichnet man mit einem Pinsel, auf den man helle Abdeckfarbe gibt, die Linien nach. Die Anwendung von Camouflage entfällt beim Senioren-Make-up, weil sie zu maskenhaft wirkt.

Die Augenbrauen werden nachgezeichnet bzw. optisch verlängert. Dafür verwendet man einen grauen oder braunen Lidschattenpuder, der mit einem Pinsel aufgetragen wird. Mit einem Spiralbürstchen wird überschüssige Farbe ausgebürstet. Diese Technik wirkt natürlicher als ein Augenbrauenstift.

Wenn Lidschatten nicht ausdrücklich gewünscht wird, sollte man beim Senioren-Make-up darauf verzichten. Eine viel natürlichere Alternative ist Rouge. Mit einem dicken Pinsel wird es auf die äußeren zwei Drittel des Oberlides aufgetragen, das innere Drittel bleibt frei. Das Rouge trifft später auf das Gesichtsrouge. Ein solches Augen-Make-up kann auch eine ungeübte Kundin einfach erlernen.

Der Wimpernansatz wird leicht betont, indem man mit einem Kajalstift in grau, braun oder auch dunkelblau einzelne Punkte auf die Haut zwischen die Wimpern setzt. Ein durchgezogener Strich wirkt zu hart. Falls die Kundin keine Unterwimpern mehr hat, trägt man einzelne kleine Punkte auf den Lidrand auf und verwischt sie leicht mit einem Wattestäbchen. Auf die Wimpern sollte man vor dem Tuschen eine Spezialpflege auftragen.

Einer älteren Kundin sollte man einen Lippenpflegestift empfehlen, den sie ständig benutzt. Die Lippenkontur wird in der Lippenfarbe vorgezeichnet. Der Lippenstift kann etwas dunkler sein, aber er muss matt sein. Glanz macht aus jedem Fältchen eine Falte. Rouge ist das Mittel der Wahl beim Senioren-Make-up. Es ist noch wichtiger als das Augen-Make-up. Das Rouge wird auf die Hautfarbe abgestimmt. Besonders geeignet sind braunrosa Farbtöne.

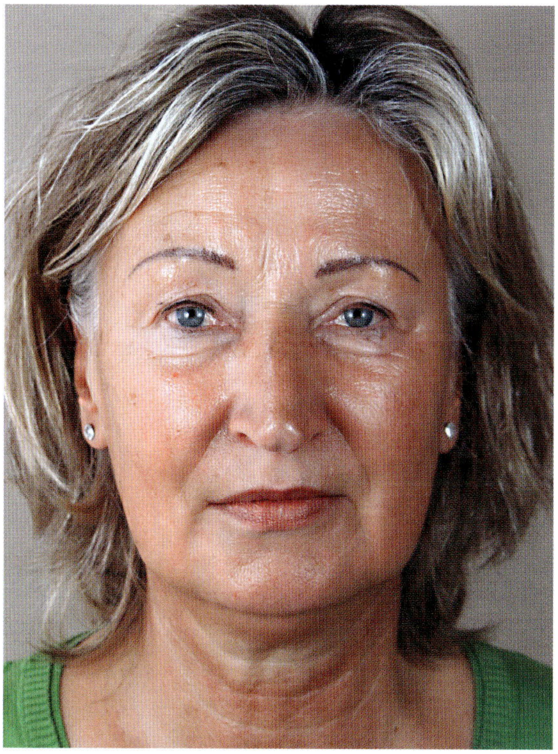

Die Ausgangssituation: Die Gesichtskonturen haben nachgelassen, die Haut ist gerötet und altersbedingte Falten sind sichtbar.

Das fertig erstellte Senioren-Make-up

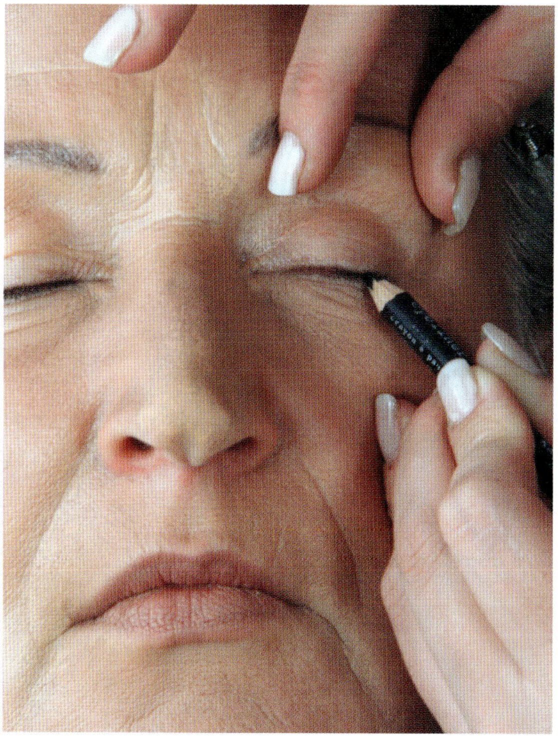

Beim Senioren-Make-up wird Kajalstiftfarbe nicht als durchgezogene Linie aufgetragen, sondern punktmäßig auf den Lidrand appliziert.

Nach Möglichkeit verzichtet man auf Lidschatten. Viel natürlicher wirkt Rouge, das auf zwei Drittel der Augenpartie aufgetragen und später mit dem Gesichtsrouge verbunden wird.

4.7 Die Camouflage

Die **Camouflage** ist eine kosmetische Abdecktechnik. Hautverfärbungen und Narben werden nahezu unsichtbar kaschiert. Pigmentstörungen, Besenreiser, Feuermale, Krampfadern und Tätowierungen verschwinden optisch. Auch bei leichteren Akneformen mit kleineren Narben verleiht die Camouflage ein ebenmäßiges Hautbild.

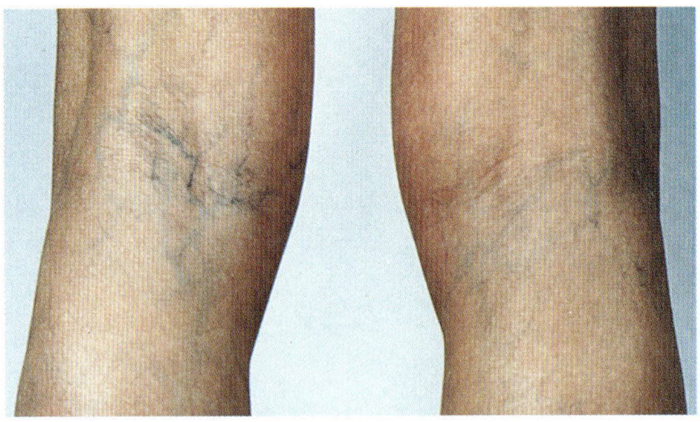

Die Ausgangssituation: Störende Krampfadern sind in den Kniekehlen sichtbar.

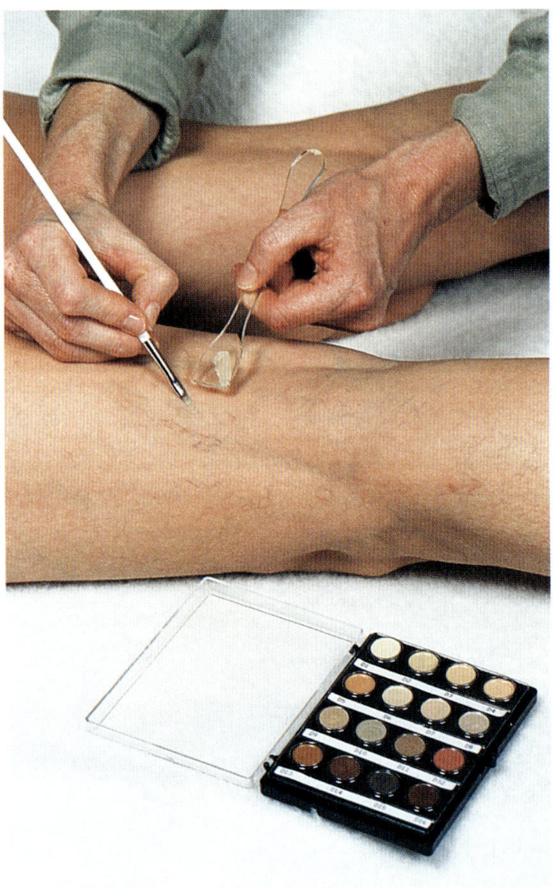

Eine umfangreiche Farbpalette ermöglicht es, genau den Hautfarbton zu finden.

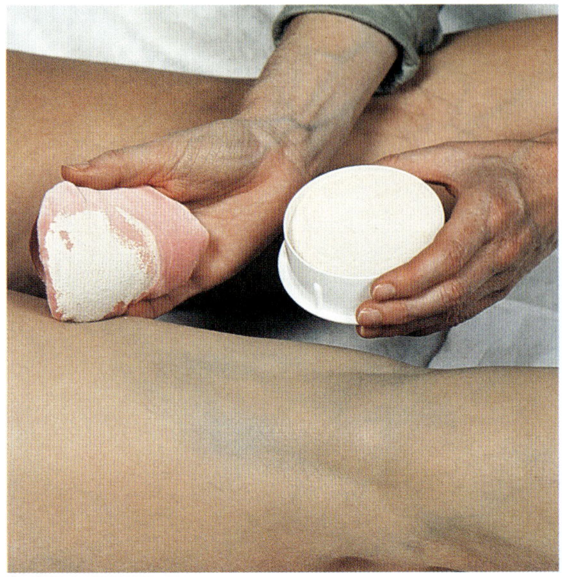

Spezieller Fixierpuder macht die Camouflage haltbar und wasserfest.

Die Camouflagetechnik: Zunächst wird die Haut gründlich gereinigt, damit die Camouflagecreme gut haftet. Es werden keine Pflegepräparate auf die Haut aufgetragen. Die Camouflagecreme ist relativ zäh. Deshalb sollte man sie vor dem Auftragen auf einem Spatel oder auf dem Handrücken „geschmeidiger rühren". Der Farbton muss exakt dem Hautton angepasst werden. Gegebenenfalls mischt man zwei Farben. Mit einem feuchten Schwamm wird die Camouflagecreme in die Haut eingearbeitet.

Die Camouflagecreme wird mit einem Spezialpuder fixiert. Der Puder muss mindestens zehn Minuten einwirken, bevor der Puderüberschuss entfernt wird. Dann ist die Camouflage haltbar und wasserfest.

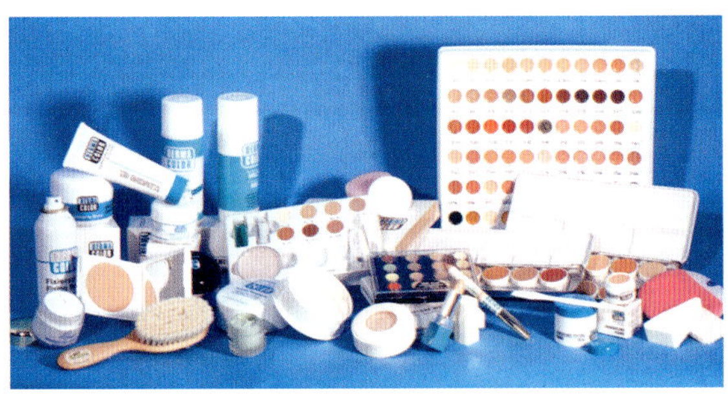

Produktbeispiele und Hilfsmittel für die Camouflage

Weitere Infos zur Camouflage unter:
www.alsterhaus-apotheke.de
www.douglas.de
www.rene-koch-berlin.de
www.schoenheit-und-medizin.de

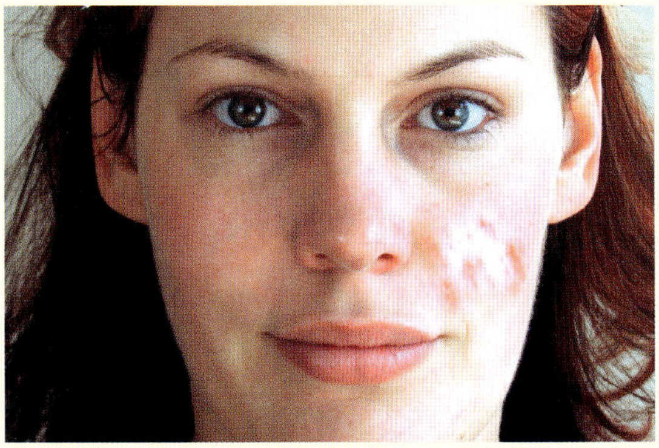

Die Ausgangssituation: Hautrötungen, Couperose und Teleangiektasien, z. B. im Wangen- und Nasenbereich, können mit Camouflage perfekt kaschiert werden.

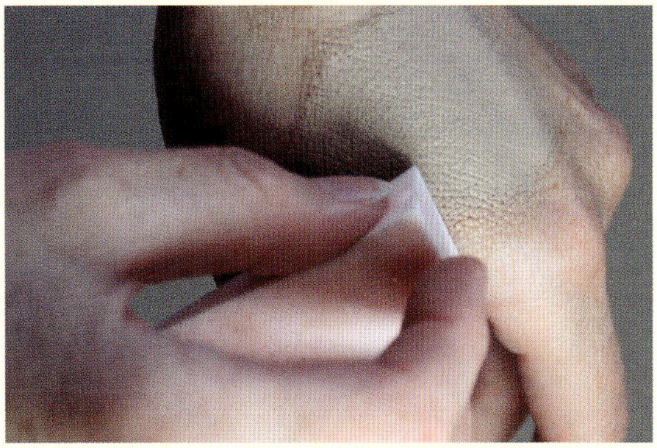

1 *Gerötete Stellen werden mit der Komplementärfarbe Grün abgedeckt. Der passende Hautfarbton wird durch Mischen auf dem Handrücken der Kosmetikerin und Probeaufträgen auf der Gesichtshaut der Klientin ermittelt.*

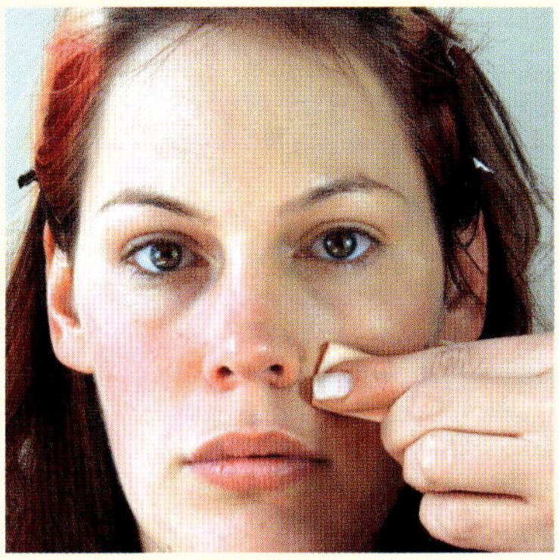

2 *Die Camouflage wird dünn und gleichmäßig mit einem Schwamm aufgetragen. Insgesamt werden zwei bis drei Schichten Camouflage aufgetragen.*

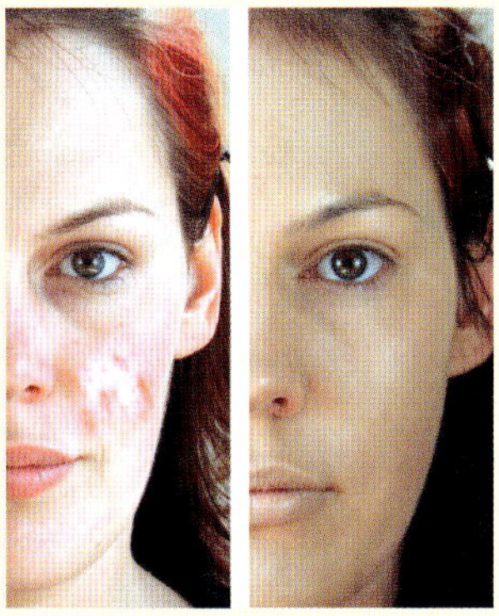

3 *Hier ist der Unterschied zwischen der behandelten und unbehandelten Gesichtshälfte deutlich sichtbar. Auch die Lippenränder und oberen Augenlider werden mit Camouflage abgedeckt.*

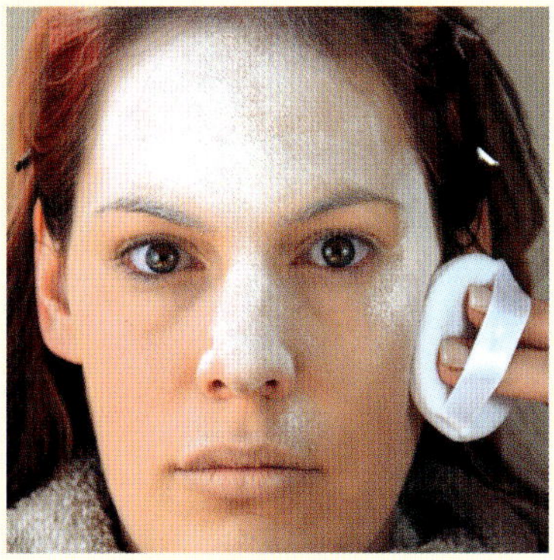

4 *Mit einer Puderquaste wird reichlich Fixierpuder auf dem Gesicht aufgetragen.*

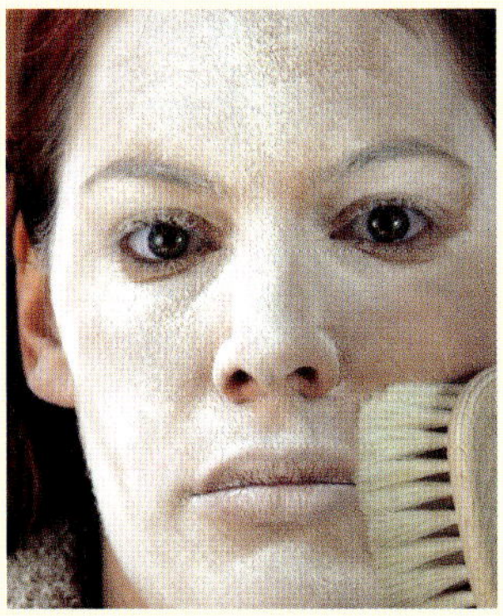

5 *Das Fixierpuder muss etwa zehn Minuten einwirken. Anschließend ist die Camouflage wasser- und reibfest. Überschüssiger Puder wird mit einer weichen Bürste entfernt.*

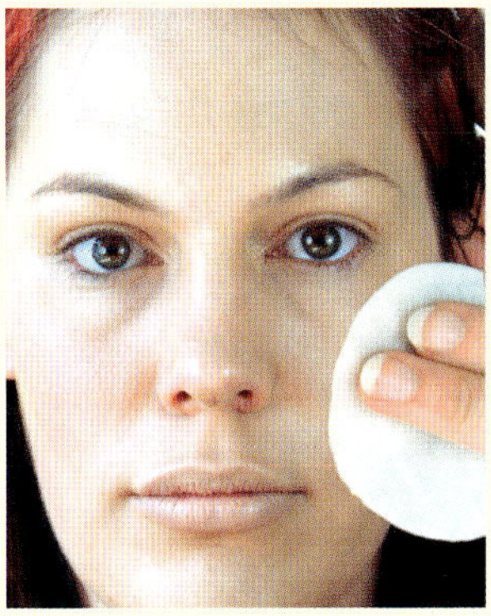

6 *Mit einem feuchten Wattepad wird das Gesicht danach abgepattert.*

7 *Danach wird das Gesicht wie bei einem Tages-Make-up geschminkt: Rouge entsprechend der Gesichtsform, Augen- und Lippen-Make-up.*

Schritte zur Erstellung einer Camouflage im Gesicht

4.8 Permanent-Make-up

Permanent-Make-up (auch Dauer-Make-up) ist eine dauerhafte Form der Pigmentierung der Haut – ob Augenbrauen, Lidstrich, Lippenkonturen oder gewünschte Körperpigmentierungen (z. B. der Brustwarze nach Operationen). Diese Form der Farbeinlagerung in die Haut darf aber nur nach spezieller Ausbildung praktiziert werden.

Bei unregelmäßig oder spärlich wachsenden Augenbrauen oder im Laufe des Alterungsprozesses weniger scharfen oder „ausgefransten" Lippenkonturen ist ein permanentes Konturen-Make-up sinnvoll. Besonders praktisch und deshalb empfehlenswert ist das Permanent-Make-up für Kunden, die im Sommerurlaub und beim Schwimmen auch ohne Make-up Wert auf ihr äußeres Erscheinungsbild legen.

Zu Beginn der Behandlung werden die Brauen typgerecht mit individuell abgestimmten Farben vorgezeichnet. Wenn das Ergebnis mit dem Kundenwunsch übereinstimmt, folgt die Feinsthärchen-Tätowierung mit einem Pigmentiergerät. Mithilfe einer sehr feinen Nadel werden Pigmente in Form einer Tinte zwischen die Basalzellenschicht der Epidermis und die Papillarschicht des Coriums injiziert. Das elektrische Injektionsgerät bestimmt die immer gleichbleibende Einstichtiefe. Mit diesen Pigmentiergeräten lassen sich auch das obere und untere Augenlid durch einen zarten Lidstrich, der nur den Wimpernrand verstärkt, bis hin zu einem betonten Lidstrich verschönern.

Das am meisten verwendete Pigment ist Grafit. Mit organischen Pigmenten zusammen sorgt es für schwarze, graue, dunkelbraune und dunkelblaue Farbtöne. Als rote Pigmente werden eisenoxidhaltige Mineralien und organische Pigmente verwendet. Dadurch lassen sich auch Lippen und Lippenkonturen in der natürlichen Lippenfarbe pigmentieren. Die Verwendung eines Lippenstifts ist dann nicht mehr erforderlich.

Eine Pigmentierung hält, nach einer ersten Korrektur, die meistens nach drei Monaten erfolgt, zwei bis sechs Jahre. Während dieser Zeit lösen sich die organischen Pigmente auf und werden mit der Körperflüssigkeit abtransportiert. Dabei können Zwischenprodukte entstehen, die ein Krebs- und Allergierisiko darstellen. Leider ist die Zulassung der in den Tinten verwendeten Pigmente noch nicht gesetzlich geregelt. Aber auch Farbstoffe, die in der Kosmetikverordnung für den Gebrauch auf der Haut zugelassen sind, können, in die Haut injiziert, Allergien hervorrufen.

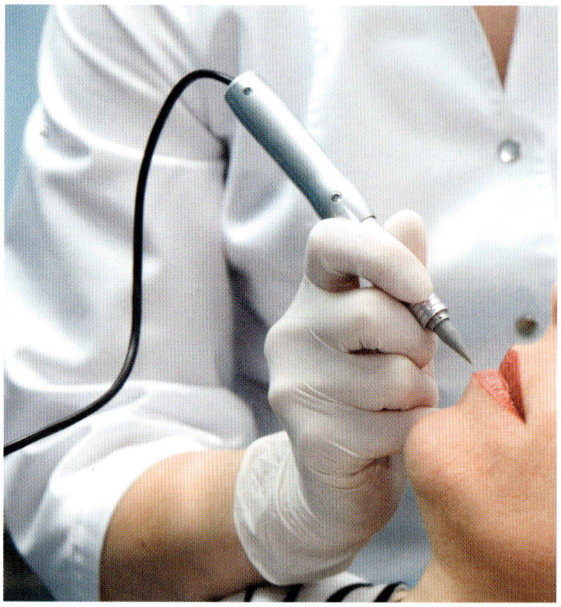

Auch beim Permanent-Make-up muss unter äußerst hygienischen Bedingungen mit Mundschutz und Schutzhandschuhen gearbeitet werden.

Behandlungsart	Preise
Augenbrauenverdichtung (Härchenzeichnung)	etwa 300,00 EUR
Komplette Neugestaltung der Augenbrauen einschließlich Härchenzeichnung	etwa 350,00 EUR
Wimpernkranzverdichtung am oberen Augenbereich	150,00 bis 200,00 EUR
Gesamte Wimpernkranzverdichtung sowie Lidstrich am oberen Augenbereich	100,00 bis 150,00 EUR
Gesamte Wimpernkranzverdichtung sowie Lidstrich am oberen Augenbereich	etwa 300,00 EUR
Lippenkonturenzeichnung	350,00 bis 400,00 EUR
Lip Light	50,00 bis 80,00 EUR

Weitere Infos zum Permanent-Make-up unter:
www.beautyislife.de
www.kosmetische-plastische-chirurgie.eu (Vorher-Nachher-Bilder)
www.kosmetik-ludwigsburg.de (Preisgestaltung)
www.lifestyle.de
www.long-time-liner.de
www.permanent-make-ups.de

9 Von der Kosmetikfachfrau zur erfolgreichen Unternehmerin

1 Der Einstieg in das Berufsleben

Das Angebot beruflicher Möglichkeiten als Kosmetikerin ist groß, vielseitig und interessant. Die schulische Ausbildung ist eine Grundausbildung. Für einige Berufsbereiche benötigen Sie eine Zusatzqualifikation, für einige auch Berufserfahrung oder ein Alter, das jenseits der 25 Jahre liegt.

1.1 Die Kosmetikerin als Praktikantin

Nach erfolgreich abgeschlossener Ausbildung zur Kosmetikerin beginnt das Berufsleben in den meisten Fällen in einem Kosmetikinstitut. Je nach Ausbildungsdauer ist ein einjähriges **Berufspraktikum** vorgesehen. Bei der Ausbildung im dualen System oder Ausbildungen von mindestens zweijähriger Dauer entfällt das Praktikum oder es wird auf freiwilliger Basis, z. B. für sechs Monate absolviert.

Ein **Praktikum** dient der Ergänzung und Vertiefung erworbener Kenntnisse und Fertigkeiten der schulischen Grundausbildung. Bei einem Praktikum in einem Kosmetikinstitut werden je nach Ausstattung und angebotenen Behandlungsmöglichkeiten praktische Erfahrungen zur Behandlung, zum Umgang mit Kunden, zum Verkauf und zur Institutsführung gesammelt. Die Tätigkeit in einer Parfümerie ist ähnlich, aber vorwiegend auf den Verkauf von Produkten ausgelegt.

Jedes Arbeitsverhältnis hat bestimmte Rahmenbedingungen. Arbeitnehmer und Arbeitgeber haben Rechte und Pflichten, die in einem Vertrag schriftlich formuliert werden sollten. Die ersten zwei Praktikumsmonate sollten als Probezeit vereinbart werden, innerhalb der das Vertragsverhältnis ohne Kündigungsgrund und Kündigungsfrist von beiden Vertragspartnern gekündigt werden kann.

Verpflichtungen des Praktikumsbetriebs

- Die Praktikantin muss aufbauend auf dem Kenntnisstand nach der schulischen Ausbildung in alle betrieblichen Abläufe sorgfältig und praxisnah einbezogen werden.
- Alle erforderlichen Lern- und Arbeitsmittel müssen der Praktikantin zur Verfügung gestellt werden.
- Sofern die Praktikantin minderjährig ist, sind die Bestimmungen des Jugendarbeitsschutzgesetzes zu beachten. Die wöchentliche Arbeitszeit beträgt maximal 40 Stunden. Die gesetzliche Urlaubsregelung ist einzuhalten.
- Sofern wichtige Fertigkeiten nicht innerhalb des Betriebs vermittelt werden können, müssen der Praktikantin entsprechende Möglichkeiten zur Fortbildung angeboten werden. Die Kosten hierfür übernimmt der Betrieb, die Zeit wird auf die Arbeitszeit angerechnet.
- Der Praktikumbetrieb ist verpflichtet, die Praktikantin entsprechend der gesetzlichen Vorschriften zu versichern.

Pflichten der Praktikantin

- Die Praktikantin muss die im Betrieb gestellten Aufgaben gewissenhaft ausführen.
- Es gilt die Betriebsordnung. Die Einrichtung sowie Geräte und Instrumente sind sorgfältig zu behandeln.
- Die Praktikantin hat die Kleiderordnung des Betriebs zu respektieren.
- Bei Fehlzeiten muss der Ausbildungsbetrieb am ersten Tag telefonisch unterrichtet werden, ab dem dritten Tag ist eine Bescheinigung des Arztes vorzulegen.
- Wenn Fortbildungsmaßnahmen außerhalb des Betriebs stattfinden, besteht auch die Verpflichtung zur Teilnahme.
- Stillschweigen gegenüber Dritten ist eine absolute Pflicht. Das betrifft alle Geschäftsvorgänge, insbesondere die betriebliche Arbeit und alles, was den Praktikumsbetrieb oder die Kunden berührt. Eine Zuwiderhandlung berechtigt den Arbeitgeber zur Kündigung.
- Falls neben dem Praktikum ein Zweitjob ausgeübt wird, bedarf es der Zustimmung des Praktikumsbetriebs.
- Der Praktikumsbetrieb kann eine ärztliche Untersuchung vor Beginn des Praktikums fordern. Die hierfür evtl. anfallenden Kosten muss der Betrieb tragen.

Schadensregulierung

- Für vorsätzlich oder grob fahrlässig angerichtete Schäden, z. B. an Geräten oder auch am Kunden, haftet die Praktikantin selbst oder – bei Minderjährigkeit – ihr gesetzlicher Vertreter.
- Der Praktikumsbetrieb haftet für alle Schäden, die durch Vernachlässigung entstehen. Dazu gehören schlecht gewartete Geräte ebenso wie mangelnde Aufsicht.

Kündigung des Praktikantenvertrags

- Das Praktikantenverhältnis ist ein Ausbildungsverhältnis. Es kann nach der meistens drei- bis viermonatigen Probezeit nicht grundlos gekündigt

werden. Eine fristlose Kündigung aus wichtigem Grund ist aber immer möglich.
- Der Praktikantenvertrag kann unter bestimmten Umständen aufgelöst werden, z. B. wenn Krankheit die Ausübung des Berufs ausschließt oder wenn das Arbeitsverhältnis für beide Seiten unzumutbar wird. Wechselt die Praktikantin durch Umzug ihren Wohnort und kann dadurch den Praktikumsbetrieb unter zumutbaren Umständen nicht mehr erreichen, ist auch das ein Auflösungsgrund. In diesem Fall beträgt die Kündigungszeit vier Wochen. Die Kündigung muss schriftlich unter Angabe der Gründe erfolgen.

Die Vergütung im Praktikum

- Die monatliche Vergütung ist freie Verhandlungssache. Sie richtet sich nach der Qualifikation der Praktikantin, eventueller Erfahrung in anderen Berufen und auch nach dem Alter.
- Die Empfehlung liegt bei einem Minimum von 400,00 Euro zu Beginn des Praktikums.
- Als Anreiz kann vereinbart werden, alle drei Monate das Entgelt zu erhöhen, falls eine entsprechend positive Entwicklung der Praktikantin zu verzeichnen ist.

Beendigung des Praktikums

Nach Beendigung des Praktikums hat die Praktikantin Anspruch auf ein qualifiziertes Zeugnis. Dieses muss Angaben über die Dauer sowie über erworbene Kenntnisse und Fertigkeiten enthalten.

1.2 Die Kosmetikerin im Angestelltenverhältnis

Nach der schulischen Grundausbildung und ggf. einem Praktikum kann die Kosmetikerin ihre berufliche Laufbahn im **Angestelltenverhältnis** fortsetzen.

Auch im Angestelltenverhältnis sollten alle Bedingungen des Arbeitsverhältnisses in einem Vertrag schriftlich aufgeführt werden. Je nach Art der Berufsausübung bzw. der Arbeitsbedingungen sind die Vertragsklauseln verschieden und teilweise sehr speziell. Für eine Reisekosmetikerin gelten andere Rahmenbedingungen als für eine Kosmetikerin auf dem Schiff.

Auch die Höhe der **Vergütung im Angestelltenverhältnis** ist unterschiedlich. Sie hängt von der Qualifikation, dem Alter, der Verantwortung und Eigenständigkeit der Leistungen ab. Als angestellte Kosmetikerin arbeitet man eigenverantwortlich. Der qualifizierte Umgang mit Kunden ist eine zentrale Forderung. Neben der rein fachlichen Fortbildung sind Themen wie Persönlichkeitsschulung, Verkauf, Rhetorik und Marketing jetzt von Bedeutung.

Wie beim Praktikantenvertrag gibt es für den Angestelltenvertrag Standardregeln. Jedoch ist der monatliche Verdienst höher, es besteht ein Anspruch auf längeren Urlaub und die Probezeit beträgt in der Regel drei Monate. Urlaubs- und Weihnachtsgeld unterliegen der freien Vereinbarung. Es gibt weitere vertragliche Regelungen, die anders als im Praktikantenvertrag sind.

Besondere vertragliche Regelungen

- Es kann ein Grundgehalt gezahlt und eine zusätzliche Umsatzbeteiligung (Provision) an den verkauften Produkten vereinbart werden.
- Die Urlaubszeit beträgt mindestens 28 Werktage. Die Hälfte der Zeit ist den betrieblichen Besonderheiten wie Betriebsferien und Saisonzeiten anzupassen.
- Jede Art von Nebentätigkeit muss vom Arbeitgeber schriftlich genehmigt werden.
- Wird ein Firmenwagen zur Verfügung gestellt, müssen Nutzung und Kostenbeteiligung geklärt werden.
- Falls Wochenend- und Feiertagsarbeit vorgesehen ist (z. B. bei Trainern, Schulungsleitern und auf Beautyfarmen), muss sich das auf das Gehalt, die Freizeitgestaltung oder Sonderzahlungen auswirken.
- Die Art und Weise von Spesenabrechnungen sowie deren Auszahlungstermin sollte klar formuliert werden.
- Falls einheitliche Berufskleidung verlangt wird, ist zu klären, wer die Kosten für die Anschaffung, Reinigung und Pflege übernimmt.
- Wenn der Betrieb Ihnen Fortbildungsangebote macht bzw. die Kosten für solche übernimmt, kann vereinbart werden, dass Sie, falls Sie die Firma innerhalb einer bestimmten Zeit verlassen, die Kosten anteilig zurückzahlen müssen.
- Sie haben einen gesetzlichen Anspruch auf Kinderbetreuungszeiten bei Kleinkindern sowie auf Sonderurlaubstage (Eheschließung: zwei Tage, Wohnungswechsel: ein Tag, Beerdigung des Ehegatten oder Lebensgefährten, sofern eine häusliche Gemeinschaft besteht: zwei Tage).
- Im Vertrag kann eine **Wettbewerbsklausel** stehen. Diese untersagt Ihnen die Eröffnung eines eigenen Kosmetikinstitutes in einem bestimmten Umkreis und zeitlichen Rahmen (z. B. zwei Jahre im Umkreis von 30 km). Eine solche Klausel ist nur wirksam, wenn sich der Arbeitgeber verpflichtet, eine entsprechende Entschädigung (in Höhe von mindestens Bruttolohn mal Frist) zu zahlen.

In jedem Fall ist es wichtig, alle Vertragsklauseln sorgfältig zu prüfen. Wenn man Ihnen einen Vertrag vorlegt, schauen Sie gut hin, ob auch Ihre Interessen im gleichen Umfang gewahrt sind. Wenn Sie Wünsche haben, äußern Sie diese unbedingt! Falls Sie Vertragsvereinbarungen nicht verstehen, fragen Sie nach! Unterschreiben Sie nichts in der Hoffnung „die Praxis wird's schon richten". Nur wenn beide Vertragspartner sich mit den getroffenen Vereinbarungen wohlfühlen, ist eine gute Voraussetzung für ein Arbeitsverhältnis gegeben.

2 Präsentieren und Verkaufen von Waren und Dienstleistungen

2.1 Kundenbedürfnisse und Zielgruppen

Die Angebote eines Kosmetikinstituts müssen sich an den Wünschen und Bedürfnissen der Kunden orientieren. Dies zu erkunden, steht am Beginn einer erfolgreichen Dienstleistung. Und es ist äußerst hilfreich, über die grundlegenden Erwartungen verschiedener Zielgruppen informiert zu sein.

Kunden kaufen Produkte nicht wahl- und ziellos. Das Gleiche gilt für die gewünschte Behandlung. Die Dienstleistungen sollen die erwarteten Erfordernisse erfüllen. Deshalb spielen **Kundenbedürfnisse** eine zentrale Rolle: Behandlungen und Produkte erfüllen einen bestimmten Zweck oder werden für einen bestimmten Anlass in Anspruch genommen und gekauft. Sie werden wegen ihres Gebrauchsnutzens oder ihres Geltungswerts ausgewählt. Es kann auch beides eine Rolle spielen. Gebrauchsnutzen sind z. B. Zweckmäßigkeit, Pflege, Wohlbefinden, Lebensfreude, Zeitersparnis und Bequemlichkeit. Zu den Geltungswerten zählen ein gepflegtes Aussehen und Schönheit.

Alle **Kundenmotive** (Beweggründe von Kunden) werden von dem Wunsch nach Wohlbefinden geleitet. Das Schönheitsmotiv beinhaltet den Wunsch, sich selbst und anderen zu gefallen. Das Beratungsmotiv betrifft Fragen der pflegenden und dekorativen Kosmetik. Das Kontaktmotiv ist die Suche nach Wohlbefinden durch psychische und physische „Streicheleinheiten".

Durch bestimmte Verhaltensweisen eines Kunden wird manchmal auf einen **Kundentypen** geschlossen. Solche Vorurteile sind oftmals falsch. Die Gefahr ist dann groß, dass eine individuelle Beratung und Behandlung behindert wird. Deshalb sollte niemand in eine Schablone gepresst werden, z. B.: „Alte Menschen wollen kein modernes Make-up". Es sind ausschließlich Verhaltensweisen von Kunden in einer bestimmten Situation gemeint. Aber die Verhaltensweisen einer Kundin können sich ändern, wenn sie mehrmals von Ihnen behandelt worden ist und Vertrauen gewonnen hat. Auf Verhaltensweisen wie Unentschlossenheit, Gesprächigkeit oder Schweigen der Kundin sollten Sie entsprechend sensibel reagieren.

Zielgruppen haben Gemeinsamkeiten, etwa im Lebensalter, in Geschlecht oder Lebensstil, z. B. sportlich oder elegant. Solche Zielgruppen sind beispielsweise Männer, Jugendliche, Senioren und Kinder. Die Einteilung in Zielgruppen bietet die Möglichkeit, besondere Bedürfnisse von Kunden besser berücksichtigen zu können. Dies darf aber zu keinem Pauschalurteil verleiten! Jeder Mensch ist einzigartig. Und jeder Kunde möchte individuell behandelt werden. Der Besuch bei einer Kosmetikerin sollte für jeden Kunden ein persönliches und besonderes Erlebnis sein. Auch wenn Sie fünfmal täglich eine Gesichtsmassage durchführen, müssen Sie immer bedenken: Die einzelne Kundin erhält bei ihrer Behandlung nur diese eine Gesichtsmassage, auf die sie sich schon Tage zuvor gefreut hat.

2.1.1 Jugendliche sind kosmetikinteressiert

Jugendliche sind sehr kosmetikinteressiert und dankbar für Hilfe bei Hautproblemen und für Schminktipps.

Jugendliche stehen der Kosmetik oft sehr aufgeschlossen gegenüber. Besonders für junge Mädchen ist ein positives Körpergefühl wichtig. Duschen, Mundhygiene, Haarpflege, Deos und Düfte gehören zur alltäglichen Pflege. Sie sind sehr experimentierfreudig in Bezug auf ihr Äußeres, z. B. bei Farben (des Make-ups, der Fingernägel und der Haare). Veränderungen, die die Pubertät mit sich bringt, werden von Jugendlichen gezielt behandelt. Dazu zählen **Transpiration** Schweißgeruch ebenso wie lästige Pickel. Attraktiv und gepflegt zu sein ist „in". Markenprodukte werden bevorzugt. Freundinnen und die eigenen Mütter werden als glaubwürdige Gesprächspartner anerkannt. Etwa drei Viertel der befragten Jugendlichen nehmen

9

die Empfehlungen ihrer Mütter, z. B. in Bezug auf einen Besuch im Kosmetikinstitut, an. Auch umgekehrt nehmen Mütter den Rat ihrer Töchter zunehmend an, wenn es um die Produktwahl geht.

Mit Beginn der Pubertät wird das Schminken gezielt eingesetzt. Man möchte gefallen, das eigene Selbstbewusstsein stärken und manchmal gerne älter aussehen. Bei Hautproblemen wie der Akne ist das Interesse an dekorativer Kosmetik nicht so groß.

Für die kosmetische Praxis bedeuten diese Angaben, dass man versuchen kann, über die Mütter Kontakt zu Jugendlichen herzustellen; denn diese sind die „Kunden von morgen". Bei Hautproblemen können neben der Behandlung auch Kurse angeboten werden, in denen Jugendliche etwas über sich, über Ernährung, Bewegung, Sonnenbestrahlung und Hautpflege erfahren. Auch Schminkkurse für Jugendliche zählen zu diesen Möglichkeiten.

2.1.2 Herrenkosmetik: ein Markt für Kosmetikerinnen!

Männer sind keine „Kosmetikmuffel".

Die Umsatzzahlen im Bereich pflegender **Herrenkosmetik** sind hoch. Früher griffen **Männer** heimlich in die Pflegetiegel ihrer Frauen; heute kaufen viele Männer ihre Pflegeprodukte selbst. Das zeigt eindeutig, dass es bei vielen Männern ein anderes Pflegebewusstsein gibt als noch vor Jahren. Aber wie sieht es mit der kosmetischen Behandlung bei Männern aus? Nicht so gut, und das hat viele Gründe.

9

Nehmen Sie Stellung: In der Kabine haben wir es mit Menschen und deren Verhalten zu tun. Dazu zählt zunächst die Kosmetikerin selbst. Wie ist ihre Einstellung zum Mann in der Kabine? Kann und will sie sich auf ihn einstellen und ihn behandeln? Wie reagieren die weiblichen Kundinnen?

Wenn ein Mann sich entschließt, eine kosmetische Behandlung durchführen zu lassen, dann ist er zunächst kritischer als eine Frau. Er möchte genau wissen, was die Kosmetikerin tut und wozu das gut ist. Er hat möglicherweise nicht sehr viel Vertrauen zu elektrischen Geräten in der Hand von Frauen und er ist meistens viel schmerzempfindlicher. Hier sollte die Kosmetikerin in der Lage sein, zwischen einer guten Portion Humor, angemessener Freundlichkeit und der üblichen „Anmache" abzugrenzen; „natürliche Kompetenz" ist ein guter Begriff hierfür.

Wenn es um Behandlungsmaßnahmen geht, die einen starken Bezug zur Esoterik haben (z. B. Reiki, Edelsteintherapie, Farbtherapie), sind Männer eher skeptisch und auch nicht unbedingt bereit, dafür Geld auszugeben. Hier sollte man sich mit viel Fingerspitzengefühl und einem Höchstmaß an Diplomatie vorwagen, wenn man eine solche Methode für angebracht hält.

Ein weiteres Kriterium ist die Kabine: Wenn man Herrenkosmetik anbietet, sollte man die Kabine auch entsprechend ausstatten. Farbwahl, Düfte, Materialien, das alles kann man sehr wohl auf den Mann abstimmen. Außerdem benötigt man eine Kosmetikliege, die länger als üblich ist, denn viele Männer sind größer als 1,80 Meter.

Auch das Behandlungsangebot sollte in die Überlegung einbezogen werden. Bei Gesichtsbehandlungen gibt es keine grundsätzlichen Unterschiede, wohl aber einige beachtenswerte Details. Ob man beim Peeling den Bart abdeckt, wie kräftig die Nackenpartie behandelt wird, dass die Massage um den Bart herum ausgeführt werden muss und dass es Probleme bei einem unrasierten Mann gibt, sind nur einige Punkte, die beachtet werden müssen. Dass Körperbehandlungen gerne in Anspruch genommen werden, ist kein Geheimnis. Aber des guten Rufs wegen sollte man hier für klare Verhältnisse sorgen, angefangen bei der Werbung bis hin zum Verhalten seiner Mitarbeiterinnen. Wer die Kunst der selbstverständlichen Autorität beherrscht und damit klare Abgrenzungen schafft, findet in den Männern aufgeschlossene und gut zahlende Genießer. Tipps zur Hautpflege und (nicht offensichtlichen) dekorativen Hautkosmetik, einschließlich der Produktanwendung nehmen Männer gerne an.

Zu guter Letzt sind da noch die anderen Kundinnen: Werden sie männliches Klientel akzeptieren? Wie fühlen sie sich, wenn ihnen in der Warteecke ein

Mann gegenübersitzt? Was sagen sie, wenn aus der Nachbarkabine die Stimme eines Mannes wahrgenommen wird? Bei jüngeren Kundinnen ist das vielleicht kein Problem, aber bei älteren? Das alles sollte bedacht werden, wenn man sich dazu entschließt, Herrenkosmetik professionell anzubieten. Bestimmt gibt es hier und da einen Mann, der durch seine Frau ein Institut kennenlernt und sich behandeln lässt.

2.1.3 Senioren in der Kabine

Ältere Menschen wollen vor allem gepflegt und meistens auch etwas jünger aussehen. Modische Anregungen nehmen sie gerne an.

Was hat „**Alter**" mit Kosmetik zu tun? **Seniorenkosmetik** nennen es die einen, Behandlung der Altershaut (atrophische Haut) die anderen. Es geht um Behandlungsmaßnahmen und den Einsatz von kosmetischen Präparaten, die gerne als „Anti-Age"-Maßnahmen und -Produkte bezeichnet werden. Der Begriff „Anti-Age" sollte zum Nachdenken anregen. Anti steht immer für einen Gegensatz, d. h. dass das so Bezeichnete ganz anders ist als das, was das Grundwort angibt. Ist demnach ein Anti-Age-Produkt ein Produkt für die Jugend oder vielmehr eines, was Jugend in Aussicht stellt?

Auch Hightech-Methoden wie Elektroakupunktur, Myolift, Laser, Elektropunktur, Elektro-Lifting unterstützen den Menschen in der Annahme, dass allein die Beeinflussung seines äußeren Erscheinungsbildes, d. h. seine optische Verjüngung dem Alter entgegenwirkt. Wer Jahre jünger aussieht, als er ist, der wird auch so von der Gesellschaft angenommen und behandelt. In Anbetracht des „Wettlaufs" mit der Zeit und gegen das Altern kommt es immer mehr zu Verzerrungen, die gesellschaftlich als normal empfunden werden, dem älteren Menschen aber nicht entsprechen.

Kosmetik bedeutet jedoch Pflege des Körpers im Sinne von Harmonie und Ordnung. Hautpflege und Make-up sind dabei nur Mosaiksteine im Gesamtbild der Behandlung des älter werdenden Menschen. Die Voraussetzung für sinnvolle Ganzheitskosmetik des älteren und alten Menschen basiert auf zwei Grundpfeilern: der Kosmetikerin selbst und der Kundin, d. h. dem älteren Menschen.

Je jünger die Kosmetikerin ist, desto problematischer ist die Kosmetikbehandlung einer älteren Frau, und zwar für beide Seiten. In den meisten Fällen zeigt der Körper bei einer Kundin um die 60 Jahre und älter deutliche Alterserscheinungen und ist nicht mehr in jedem Fall ästhetisch. Bei sehr jungen Kosmetikerinnen bauen sich leicht Berührungsängste auf, die von der Kundin auch so empfunden werden. Im Gegensatz dazu erleben viele ältere Frauen einen jungen Körper als Provokation; denn Gesicht und Körper einer 20-Jährigen gehören ihrer Vergangenheit an.

Es scheint von grundlegender Bedeutung, dass eine Kosmetikerin, die ältere Menschen behandeln will, sich mit dem Alter befasst haben muss. Kenntnisse über die atrophische Haut sind nur ein Tropfen auf dem heißen Stein. Die wirklichen Bedürfnisse eines älteren Menschen liegen nicht ausschließlich in der Hautpflege, sondern eher im Empfindungsbereich. Wirkliche Hinwendung, ehrliches Interesse, Zuhören können, Streicheleinheiten für die Seele, das wünscht sich ein älterer Mensch. Er hat Zeit und möchte, dass auch die Kosmetikerin sich Zeit nimmt. Gerade die kosmetische Behandlung ist eine gute Möglichkeit, älteren Menschen zu helfen. Die Kundin hat ihre kleinen und großen Alltagsnöte. Selten erleben wir einen älteren Menschen, der sich bewusst auf diesen Lebensabschnitt vorbereitet hat. Die Regel ist eher eine Kundin, die alles darum gäbe, die Lebensuhr zurückdrehen zu können – wenigstens etwas.

2.1.4 Kinderkosmetik: Verantwortung von Anfang an

Kinderhaut ist sehr schutzbedürftig.

Zunächst als Kuriosität belächelt, hat er sich mittlerweile als eigenständiger Markt entwickelt: der Markt der **Kinderkosmetik**. Komplette Serien sollen für eine kindgerechte Pflege von Haut und Haar sorgen, die erste persönliche Duftnote inbegriffen. Doch was heißt kindergerecht?

Kinder aufzuziehen bedeutet, vieles zu tun, um ihre Entwicklung zu fördern und zu unterstützen. Dabei ist die Behandlung des größten Organs – der Haut – nicht zu unterschätzen. Die Haut hat vielfältige Aufgaben und lebenswichtige Funktionen zu erfüllen. Dazu ist sie im Kindesalter aufgrund ihrer noch nicht abgeschlossenen Entwicklung entsprechend unvollständig in der Lage.

Als **Immunität** bezeichnet man die Fähigkeit des Körpers, körperfremde Stoffe, vor allem Krankheitserreger, erfolgreich abzuwehren. Es gibt eine angeborene Immunität und eine erworbene Immunität. Die erworbene Immunität wird im Laufe des Lebens ausgebildet und ständig ergänzt. Alle Stoffe, die in den Körper eindringen, werden vom Immunsystem geprüft und unschädlich gemacht, soweit von ihnen Gefahr ausgeht. Das kindliche Immunsystem ist jedoch noch nicht voll ausgebildet. Eine Überlastung des kindlichen Immunsystems kann zu Krankheit und in der Folge zu dauerhaften Schäden führen.

Nicht nur das lebenswichtige Immunsystem ist im Kindesalter unvollständig ausgebildet, auch die Hornschicht, der Säureschutzmantel, die Talgdrüsen und die Schweißdrüsen sind es. Erst in der Pubertät ist die Haut vollständig entwickelt. Dann wird sie jedoch unter Umständen mit neuen Problemen konfrontiert (z. B. Akne). Auch die Temperaturregelung ist unvollständig. Wer sich nicht nur von Herstelleraussagen beeindrucken lässt, hat es schwer zu überprüfen, von welcher Qualität die Kinderpflegeprodukte sind. Angeboten werden z. B.: Lippenbalsam, Seife, Bade- und Duschgel, Bodymilk, Deodorant, Gesichtscreme, Parfüm, Haargel, Shampoo und Conditioner.

Nehmen Sie Stellung: Wie unterscheiden sich Pflegeprodukte für Kids von denen für Erwachsene? Durch die Inhaltsstoffe? Sicher, Wirkstoffe gegen Falten kann man weglassen. Durch die Aufmachung? Durch den Preis?

Was ist mit all den Inhaltsstoffen, die wir in guter Absicht bei der Hautpflege für Kinder verwenden? **Lanolin** ist z. B. ein Wollfett, welches hervorragende Pflegeeigenschaften hat und für Kinder- und Jugendhaut gut geeignet wäre. Die Frage ist nur, welche Qualität der Rohstoff hat, denn die bestimmt ja auch den Preis. In Neuseeland z. B. werden die Schafherden zweimal jährlich durch ein Antiparasitenbad getrieben, um sie ungezieferfrei zu halten. Das ganze Fell saugt sich mit den giftigen Stoffen voll. Werden die Schafe geschoren, bekommt man chemieverseuchte Wolle und ein ebensolches Wollfett. Um die Chemikalien zu entfernen, müsste man Maßnahmen ergreifen, die die Eigenschaften der Wolle und auch des Wollfetts derart verändern würden, dass sie wertlos wären. Ein solches Wollfett ist natürlich billig im Einkauf; auf der Packung steht „enthält Lanolin", mehr nicht. Neben Konservierungsstoffen, Farb- und Duftstoffen und Antioxidanzien ergibt sich ein Chemiecocktail, der zur Pflege von Kinder- und Jugendhaut nicht geeignet ist.

Wie sollte Kinderkosmetik beschaffen sein? Hautpflege ist notwendig, da gibt es keinen Zweifel. Auch ist es gut und wünschenswert, Kinder und Jugendliche an Körperpflege und Hygiene zu gewöhnen, aber auf höchstem Niveau und sinnvoll. Erwachsene in ihrem Verhalten zu kopieren, ist nicht kindgerecht. Zu den Körperpflegemitteln für Säuglinge sollten folgende Mittel zählen: Hautpflege auf Milcheiweißbasis, milde Babyseife, Hautpflegemittel mit Inhaltsstoffen aus kontrolliertem Anbau und mit einer natürlichen Konservierung. Bei Reinigungsmitteln muss darauf geachtet werden, dass Badezusätze keine Detergenzien enthalten. Wenn man den reinigenden Effekt wünscht, dann sollte eine milde Emulsion mit natürlichen Stoffen, die hautpflegend und funktionsunterstützend sind, benutzt werden.

2.2 Computereinsatz im Kosmetikinstitut

Der **Computer-** bzw. **EDV-Einsatz** erleichtert das Erfassen und Verwalten von Kundendaten, die Zeitplanung, die Warenbestandskontrolle und Mitarbeiterverwaltung.

Die Hardware eines Computer-Systems besteht aus einer Verarbeitungszentrale (dem Computer selbst), einem Bildschirm (Monitor), einer Tastatur und einer Maus. Ergänzt werden kann z. B. ein Drucker oder Scanner. Hinzu kommt die Software: Das sind Computerprogramme, die für den speziellen Bedarf von Kosmetikinstituten von verschiedenen Herstellern angeboten werden.

Computerprogramme für die **Verwaltung** des Kosmetikinstituts bringen eine große Erleichterung. Der Preis einer Dienstleistung, das Abkassieren und der Ausdruck eines Kassenbons sind schnell möglich.

Die **Kundenkartei** auf EDV-Basis gibt einen schnellen Einblick in die Dienstleistungen, die eine Kundin bisher beansprucht hat. Das handschriftlich aufwendige Ausfüllen der Kundenkartei wird überflüssig, die Kundendaten können mit dem Computer schnell und einfach aktualisiert werden. Auch der letzte Kundenbesuch und der Umsatz je Besuch können schnell abgerufen werden. Durch die Textverarbeitung können Serienbriefe schnell erstellt und mit den ausgewählten Kundenanschriften versehen werden.

Mit Computer-Statistiken kann ermittelt werden, wann eine Kundin Geburtstag hat, welche Behandlungsangebote kaum genutzt werden und beworben werden müssen oder welche Geräte schlecht ausgelastet sind. Auch die Umsätze eines Tages, Monats und Jahres sind abrufbar. Besonders, wenn das Kosmetikinstitut über mehrere Kabinen verfügt, die unterschiedlich ausgestattet sind, ist der Computer eine große Hilfe, um eine optimale Auslastung zu planen. Auch die Personalangelegenheiten können mit der Personalkartei verwaltet werden. Dies ist wichtig, wenn Mitarbeiter auf Provisionsbasis arbeiten.

Die Artikel- und Lagerverwaltung läuft automatisch mit. Der Computer gibt eine sofortige Auskunft über die Bestellmenge und den Lagerbestand.

Ein Zugang zum Internet ermöglicht das schnelle Abrufen von Informationen, beispielsweise um Produkt- oder Fortbildungsangebote von Herstellern einzusehen. Auch eigene Werbung kann für Kunden im Internet angelegt werden.

Beim Sitzen am Computer muss die Körperhaltung kontrolliert werden. Ein aufrechter Rücken ermüdet nicht so schnell. Die inneren Organe werden nicht gequetscht, die Atmung ist frei und die Bandscheiben werden gleichmäßig belastet. Die Füße sollen beim Sitzen vollflächig auf dem Boden stehen. Alle Dinge, die für die Computerarbeit gebraucht werden müssen in greifbarer Nähe liegen.

Auch bei stehender Arbeit am Computer oder an der Kasse sollten Sie auf einen aufrechten Rücken achten.

2.3 Beratungshilfen: Kundenkartei, Betreuungsplan und Hautpflegepass

Beratungshilfen erleichtern und unterstützen die Beratung der Kundin und die Arbeit der Kosmetikerin. Hierzu zählen die Kundenkartei, ein Betreuungsplan oder Hautpflegepass, den die Kundin mit nach Hause nimmt und Beratungshilfen für eine Farb- und Stilberatung.

Die Kundenkartei kann aus herkömmlichen Karteikarten bestehen oder als Datei im Computer angelegt werden. Sie bietet viele Vorteile: Persönliche Daten der Klienten sind schnell zur Terminplanung und Kundenbetreuung verfügbar, Diagnosedaten, Kundenwünsche und Pflegegewohnheiten werden erfasst und stehen zur Beratung zur Verfügung. Sie informiert über die Anzahl der Kundenbesuche, die bevorzugten Wochentage und Besuchszeiten, durchgeführte Dienstleistungen, die verwendeten Präparate und Geräte sowie über die Ergebnisse der Behandlungen.

Die Kundenkartei ermöglicht auch, umsatzfördernde Maßnahmen einzuleiten. Stammkunden, die schon längere Zeit nicht mehr zur Behandlung im Institut waren, können mit einem freundlichen Brief wieder auf die Leistungen des Betriebs aufmerksam gemacht werden.

Mit dem **Hautpflegepass** und **Betreuungsplan** teilen Sie den Kunden nicht nur mündlich, sondern zusätzlich auch schriftlich die Ziele der Behandlung mit. Die Kundin wird sich eher an die Ziele und die damit verbundenen persönlichen Vorteile erinnern. Außerdem fühlt sich die Kundin dadurch wirklich betreut. Das Ausstellen eines Hautpflegepasses oder Betreuungsplans sollte ebenfalls in der Kundenkartei notiert werden.

Ein individueller Betreuungsplan für die Kundin ist empfehlenswert, damit die Kundin die kurzfristigen, mittelfristigen und langfristigen Ziele ihrer Besuche kennt. Eine Kundin, die hingegen für ihren nächsten „Kosmetiktermin“ kein Ziel hat, wechselt schneller das Institut. Das gilt vor allem für Neukunden. Aber man sollte auch die Stammkunden nicht vergessen und ihnen regelmäßig mithilfe eines Betreuungsplans neue Angebote machen.

Ein Hautpflegepass für die Erstberatung von Neukunden enthält ausgewählte Diagnoseergebnisse, darauf abgestimmte Behandlungsangebote und Maßnahmen für die Hautpflege zu Hause einschließlich Produktempfehlungen. Hier darf die Kundin aber nicht mit Informationen überflutet werden, sondern es sollten nur einige, ausgewählte und überschaubare Empfehlungen gegeben werden.

A B C D E F G H I J K L M N O P QR S Sch St T U V W X-Z 0 1 2 3 4 5 6 7 8 9

Beratung/Behandlung durch:

vorher durch:

Name/Vorname:		✓	Firma/Artikel-Nr. /evtl. bisher verwendete Produkte
	Make-up		
Straße:	Puder		
Ort/PLZ:	Rouge		
Tel.-privat:	Nagellack		
Tel.-gesch.:	Lippenstift		
	Lidschatten		
	Wimperntusche		
Geburtsjahr/	Augenbrauenstift		
Geburtsdatum:	Spezialprodukte		

Allergien und Unverträglichkeiten:
Risiken:

Gesicht	T-Zone	Wange	Merkmale/Hautveränderungen
Fettgehalt			* siehe unten
Feuchtigkeitsgehalt			
Porigkeit			
Verhornung			
Epidermis/Cutis			
Tonus			
Turgor			
Durchblutung			
Empfindlichkeit			
Hautfarbe, Pigmentierung			

o = normal – = vermindert + = verstärkt

Sekretionstypen

- intermediäre Haut (Mischhaut) ❑
- Sebostase ❑
- Seborrhö sicca Typ I ❑
- Typ II ❑
- oleosa ❑

Anm.:

Erscheinungsbild

- Akne ❑
- Atrophie ❑

Anm.:

Anamnese:

Raucher:
Genussmittel:
Schwangerschaften:
Medikamente:
Hormonpräparate:
Erkrankungen/Operationen/etc.:
Ernährung:
Sport/Bewegung:
Sauna/Sonnenbestrahlung:

Beruf/Tätigkeit:

Größe cm:
Gewicht kg:

schlank ❑ sportlich ❑ vollschlank ❑

Haare:
Hände:
Fingernägel:

Brust/Dekolleté:

Bauch:

Gesäß:

Oberschenkel:

* Übersicht: Merkmale/Hautveränderungen:

1 Komedonen	6 Teleangiektasien	11 Vitiligo
2 Talgzysten	7 Rosacea	12 Narben
3 Milien	8 Naevi	13 Keloide
4 Pusteln	9 Chloasma	14 Hypertrichosis
5 Papel	10 Epheliden	15 Hyperhidrosis

Pflegemittel, u.s.w.: Kleidergröße: Wäschegröße: Schuhgröße:

St.-B. = Stand.-Behandlung	M = Massage	Ha.-M. = Handmassage	Au.-F. = Augenbrauenfärben
Sp.-B. = Spezialbehandlung	L = Lymphdrainage	F.+B.-M. = Fuß- u. Beinmassage	Au.-Z. = Augenbrauen zupfen
A = Ampulle	H+D.-M. = Hals- u. Dekolleté-Massage		W.F. = Wimpern färben
I = Iontophorese	Rü.-M. = Rückenmassage		Man. = Maniküre

Datum	Kosmetikerin	Behandlung	Euro		Bemerkung

Eine Kundenkartei kann aus Karteikarten bestehen oder als Datei in der EDV angelegt werden. In der Kundenkartei werden u. a. persönliche Daten der Klienten, Kundenwünsche, Diagnosedaten und die Häufigkeit der Kundenbesuche vermerkt.

Adresse des Kosmetikinstituts	Ziele (kurzfristig, mittelfristig, langfristig)
Datum des Beratungsgesprächs	Dienstleistungen: Behandlungen (Anwendungen), Produkte
Name der Kosmetikerin, die das Beratungsgespräch durchgeführt hat	Zeitplan
Informationen zur Kundin (Name ...)	Kostenvoranschlag (Preis der empfohlenen Behandlungen)
Beratungsergebnisse (Kundenwünsche, Diagnosedaten sowie Vorteile der geplanten Behandlungen und empfohlenen Präparate)	Terminvorschlag

Inhalte eines individuellen Betreuungsplans. Den Betreuungsplan nimmt die Kundin mit nach Hause, um die Ziele ihrer nächsten Friseurbesuche zu kennen. Er sollte alle wichtigen Informationen und Empfehlungen des Beratungsgesprächs enthalten.

Im Hautpflegepass werden die Ergebnisse einer Erstberatung notiert (hier: Vorschläge von Schüler/-innen des Berufskollegs Mülheim an der Ruhr). Auch diesen Pass erhält die Kundin.

2.4 Kundenwünsche ermitteln

Um herauszubekommen, was der Kunde wirklich will, müssen die Kundenwünsche gezielt erfragt werden. Fragen Sie, weshalb eine Neukundin Ihren Betrieb gewählt hat: geschah es auf Empfehlung oder war es Zufall? Bedanken Sie sich beim Kunden für das Vertrauen. Hat der Neukunde in einem anderen Kosmetikinstitut schlechte Erfahrungen gemacht? Erkundigen Sie sich, woran es gelegen hat, um nicht dieselben Fehler zu machen. Hören Sie aufmerksam und aktiv zu.

Für das gezielte Kundengespräch können Sie verschiedene **Fragearten** einsetzen. Man unterscheidet offene Fragen und geschlossene Fragen.

Beim **Beratungsbeginn** sollten Sie der Kundin viele **offene Fragen** stellen. Dadurch kann die Kundin ausführlich antworten und viele für die Behandlung wichtige Informationen mitteilen. Dies sind fast immer Fragen, die mit dem Buchstaben „W" beginnen: „Wie …", „Was …", „Wo …", „Weshalb …" und „Warum …", z. B.:
- Welche Kleidung wollen Sie zu dem Make-up tragen?
- Wie pflegen Sie Ihre Haut zu Hause?
- Welche Präparate verwenden Sie zu Hause zur Reinigung Ihrer Haut?
- Wie lange verwenden Sie diese Präparate bereits?

Zum **Beratungsabschluss** sollten Sie der Kundin dagegen viele **geschlossene Fragen** stellen. Diese Fragen lassen meistens nur eine Antwort zu, entweder „Ja" oder „Nein". Geschlossene Fragen sind **Entscheidungsfragen**, weil die Kundin veranlasst wird, eine Entscheidung zu treffen. Sie werden unterschieden nach Bestätigungsfragen, Suggestivfragen und Alternativfragen.

Bestätigungsfragen sind geschlossene Fragen, die sicherstellen, dass die Kosmetikerin die Kundenwünsche richtig verstanden hat. Sie kann auf diese Weise Missverständnisse vermeiden.

- Wollen Sie das Sonderangebot nutzen?
- Darf ich Ihnen das Parfüm einpacken?
- Sind Sie mit meinem Vorschlag einverstanden?
- Gefallen Ihnen lange Wimpern für ausdrucksstarke Augen?
- Sind Sie mit dem Behandlungsplan einverstanden?
- Werden Sie sich mit dem modebetonten Nail-Design auf der Party wohlfühlen?
- Sind Sie einverstanden, dass wir heute auch die Tiefenreinigung durchführen?
- Habe ich Sie richtig verstanden, dass Sie oft ein unangenehmes Spannungsgefühl im Gesicht verspüren?

Bestätigungsfragen vermeiden Missverständnisse!

Kundenwünsche können durch **Suggestivfragen** beeinflusst werden. Suggestion bedeutet Einflussnahme. Suggestivfragen können den Kaufentschluss der Kundin beschleunigen. Die Suggestivfrage enthält zugleich eine Bewertung durch die Kosmetikerin.

- Sie möchten eine lang anhaltende Lippenkontur?
- Sie wollen doch bestimmt Wimperntusche, die Ihre Wimpern zusätzlich pflegt?
- Für Sie kommen doch sicherlich nur Produkte aus der Luxus-Serie in Betracht?
- Sie möchten das Sonderangebot also nutzen?
- Sie wollen das Rouge gleich mit dem passenden Lippenstift kaufen?
- Ist die Hautpflegeserie nicht hochelegant gestaltet?
- Sie wollen bei der Kosmetikbehandlung sich mal so richtig verwöhnen lassen?
- Sie benötigen zu diesem Lippenstift auch den passenden Konturenstift?

Suggestivfragen sollen Kunden beeinflussen.

Bei **Alternativfragen** machen Sie der Kundin zwei Angebote. Der Kunde kann sich dann zwischen den Auswahlmöglichkeiten entscheiden.

- Möchten Sie einen auffälligen Modeton oder einen natürlich wirkenden Nagellack?
- Welche der beiden Farben gefällt Ihnen besser?
- Möchten Sie lieber die Vorteilspackung oder erst mal die kleine Probepackung kaufen?
- Möchten Sie mit der Tagescreme beginnen oder wollen Sie idealerweise das komplette Pflegesystem mitnehmen?
- Welche Nagellackfarbe gefällt Ihnen besser zu dieser Bluse: die etwas hellere oder die dunklere Farbe?

Alternativfragen veranlassen Kunden zu einer Entscheidung.

Grundsätzlich müssen Fragen, die dem Beratungswunsch des Kunden widersprechen, vermieden werden. Solche „verbotenen Fragen" sind z. B.: „An welchen Preis haben Sie bei dem Lippenstift gedacht?", „Welche Pflegecreme haben Sie sich vorgestellt?" oder „Welche Packungsgröße benötigen Sie?" Verlangen Sie vom Kunden keine Informationen, die er Ihnen nicht oder nur schwer geben kann.

Beim **aktiven Zuhören** signalisiert man der Kundin, dass ihr die volle Aufmerksamkeit gewidmet ist. Aktives Zuhören muss von häufigem Blickkontakt begleitet werden. Man gibt zwischendurch ein Signal, etwa durch zustimmendes Nicken mit dem Kopf. Lassen Sie den Kunden merken, dass Sie daran interessiert sind, eine Lösung zu finden. Am Telefon gilt vor allem das artikulierte aktive Zuhören. Sagen sie zwischendurch z. B. „Ja", „Aha", „Ich verstehe", „mhm" oder Ähnliches.

„Reden ist Silber, Schweigen ist Gold": Natürlich muss die Kosmetikerin auch reden können. Aber sie soll nicht überreden oder nötigen, sondern überzeugen und begeistern.

Eine Bewertung des Kundengeschmacks muss unterbleiben. Bestenfalls vorsichtige Zustimmung ist erlaubt. Euphorische Begeisterung ist genauso falsch wie offene Ablehnung geschmacksabhängiger Kundenwünsche. In erster Linie muss die Kundin begeistert sein. Sie muss sich mit dem neuen Aussehen wohlfühlen. Die Meinung der Kosmetikerin ist hauptsächlich bei der Beratung über Behandlungsverfahren und Waren gefragt, nicht aber bei Gefühlen, Schönheitsvorstellungen oder dem persönlichen Geschmack einer Kundin.

2.5 Die Schritte einer Beratung

Mit einer positiven Grundeinstellung, aufmerksamer Zuwendung und einer angenehmen, vertrauensvollen Gesprächsatmosphäre haben Sie die wichtigsten Voraussetzungen für ein erfolgreiches Beratungsgespräch geschaffen. Wenn Sie außerdem über das notwendige Fachwissen verfügen, sind die Schritte einer erfolgreichen Beratung ganz einfach durchzuführen.

Kunden erwarten eine **Beratung** durch die Kosmetikerin, denn sie wissen meistens nicht, welche Behandlung und welche Produkte für ihren Bedarf geeignet sind. Außerdem haben sie keinen genauen Überblick über das Angebot. Auch wenn die Kundin sich schon Gedanken über ihre Behandlungswünsche und ein Produkt gemacht hat, entscheidet sie sich vielleicht nach der Beratung ganz anders.

Jeder Kunde will beraten werden! Bei Neukunden müssen Sie zusätzlich Zeit einplanen, um die Erwartungen und bisherigen Erfahrungen, z. B. zur Hautpflege und zu früheren Besuchen in anderen Kosmetikinstituten, zu erfahren. Bei Stammkunden kann auf Daten der vorherigen Besuche zurückgegriffen werden. Allerdings sollten Sie auch bei Stammkunden nichts einfach weglassen. Auch Stammkunden müssen Sie regelmäßig neue Angebote machen und sie beraten.

- Versprechungen, die nicht eingelöst werden können.
- Überredung durch gesprächstechnische Verkaufstricks.
- Unbehaglichkeit durch übertriebene Überzeugungsversuche in Bezug auf pflegerische und gestalterische Behandlungsmaßnahmen.
- Unwahre Behauptungen, um den Umsatz des Kosmetikbetriebs zu erhöhen.
- Bevormundung jeglicher Art.
- Missachtung ihrer Persönlichkeit.

Was die Kundin von der Kosmetikerin während eines Beratungsgesprächs nicht wünscht

- Verständnis für den Geschmack der Kundin.
- Verständnis für das Pflege- und Gestaltungsproblem.
- Verständnis für die Gewohnheiten und Vorlieben.
- Behaglichkeit und Wohlbefinden.
- Dienstleitungen durch fachkompetente Überzeugung.
- Das Anliegen der Kundin steht im Mittelpunkt des Gesprächs.
- Die Meinung der Kundin ist wichtig.
- Der Kundin wird aufmerksam und interessiert zugehört.
- Der Kundin werden Entscheidungen erleichtert.

Was die Kundin von der Kosmetikerin während eines Beratungsgesprächs erwartet

- Kundin und Kosmetikerin sollten sich beim Beratungsgespräch „auf gleicher Ebene" befinden (beide stehen oder beide sitzen). Eine körperliche Haltungsübereinstimmung signalisiert auch eine inhaltliche Übereinstimmung. Der direkte Blickkontakt ist nur über gleiche Augenhöhe möglich.
- Ruhe ist wichtig. Kollegen sollten ein Kundengespräch nur unterbrechen, wenn dies dringend erforderlich ist; also nicht, wenn beispielsweise ein privates Telefongespräch für die beratende Kosmetikerin wartet.
- Die Worte, die man mit der Kundin wechselt, sollten nicht von anderen Kunden mitgehört werden.
- Der Kunde verdient die ganze Aufmerksamkeit der Kosmetikerin: mit den Augen (Blickkontakt), den Ohren (aktives Zuhören) und der Stimme.
- Geben Sie der Kundin das Gefühl, dass sie „mit Herz" und als Mensch beraten und behandelt wird und nicht als „Behandlungssache" oder „Bezahlerin" abgefertigt wird.

Äußere Bedingungen für eine positive Atmosphäre während des Beratungsgesprächs

Die folgenden **Beratungsschritte** sind eine mögliche, sinnvolle Reihenfolge für die Beratung und für den Verkauf. Sie können nicht streng voneinander abgegrenzt werden. Die Kosmetikerin muss von einem Schritt zum anderen harmonisch überleiten. Es muss in jeder Situation individuell entschieden werden, ob der jeweilige Schritt intensiver und ausführlicher erfolgen muss oder nicht.

1. Schritt: Stellen Sie den persönlichen Kundenkontakt her, indem Sie die Kundin freundlich begrüßen, das Befinden der Kundin erfragen und so eine positive Atmosphäre schaffen. Bedenken Sie: Der erste Eindruck ist entscheidend für den gesamten Verlauf der Beratung.

2. Schritt: Nehmen Sie durch **offene Fragen** und **aktives Zuhören** möglichst viele Informationen von der Kundin auf. Je mehr Informationen Sie erhalten, desto besser und gezielter können Sie den Bedarf ermitteln. Sie sehen die Haut, das Alter, die Kleidung, Accessoires und das gesamte Outfit der Kundin. Auch durch die Gestik und Mimik der Kundin können Sie viele Informationen erhalten. Dazu reicht aber nicht ein kurzer Blick, bei dem Sie die Kundin mal eben mit den Augen überfliegen. Durch eine kurze Wiederholung der Kundenaussagen signalisieren Sie Ihre hohe Anteilnahme und Ihr Interesse.

3. Schritt: Die gezielte **Anamnese** und Diagnose sind eine notwendige Grundlage für die folgenden Arbeitsschritte. Deshalb müssen sie gewissenhaft durchgeführt werden. Die Kosmetikerin stellt fest, welche Mängel der Haut vorhanden sind. Teilen Sie der Kundin mit, welche Mängel Sie feststellen. Manche Kosmetikerinnen trauen sich nicht, Kunden die Mängel der Haut mitzuteilen. Das ist falsch. Nur wenn Kunden den Bedarf erkennen, wissen sie wofür es sich lohnt, eine Behandlung wahrzunehmen oder ein Präparat zu kaufen. Dadurch wird Kunden die Leistung der Kosmetikerin deutlich. Die Diagnoseergebnisse werden in der Kundenkartei festgehalten.

- „Sie haben eine trockene Haut."
- „Die Nägel sind sehr dünn und brüchig."
- „Die Haut sieht nach den Strapazen des Sommers gestresst aus."
- „Ihre markanten Gesichtskonturen kommen nicht zur Geltung."
- „Die Hautfarbe ist matt und fahl."

Der Kundin müssen Mängel mitgeteilt werden.

4. Schritt: Machen Sie der Kundin Behandlungs- oder Produktangebote. Dazu müssen Sie der Kundin Vorteile aufzeigen. Denn Kunden kaufen eigentlich nicht die Produkte und Dienstleistungen an sich, sondern die Vorteile, die sie davon haben!

- „Dies wird zu Ihrem Wohlbefinden beitragen."
- „Sie werden sich entspannt fühlen."
- „Sie bekommen eine gesund aussehende, geschmeidige Haut."
- „Sie bekommen gepflegte Hände und schöne, feste Fingernägel."
- „Das Make-up verleiht natürliche Ausstrahlung und ein ausdrucksvolles Aussehen."
- „Mit etwas Rouge können Sie Ihre Wangenknochen schön betonen."

Der Nutzen und die Vorteile, die erreicht werden können, müssen der Kundin mitgeteilt werden.

5. Schritt: Stellen Sie **geschlossene Fragen** zum Gesprächsabschluss, um die Entscheidung und Zusage der Kundin für die Angebote einzuholen. Halten Sie die Ergebnisse in der Kundenkartei fest. Erstellen Sie evtl. einen Pflegepass oder Betreuungsplan für die Kundin.

Es ist möglich, dass die Kundin, bevor sie sich entscheidet, noch einmal genauer nachfragt. Solche Einwände sind ein Zeichen für ihr besonderes Interesse! Die Kosmetikerin sollte deshalb auf jeden Fall darauf eingehen.

Kunden haben zum Abschluss einer Beratung drei Entscheidungsmöglichkeiten: Entweder nehmen sie alle oder keines der Behandlungsangebote wahr, oder sie wollen nur einen Teil der Vorschläge durchführen lassen. Gleiches gilt für empfohlene Produkte: Entweder kaufen sie alle, nur einen Teil oder keines der empfohlenen Produkte. Egal, welche Entscheidungen Kunden treffen: Ein „Ja" oder „Nein" bringt nicht zum Ausdruck, ob die Kosmetikerin als Fachfrau akzeptiert wird oder nicht. Die Kundin kann viele Gründe haben, warum sie nicht alle vorgeschlagenen Dienstleistungen und Produkte will. Bei einem „Nein" will sie den Kauf vielleicht überdenken. Oder die Kundin hat z. B. zu Hause noch ein Produkt, das zwar nicht optimal geeignet ist, das sie aber erst aufbrauchen möchte.

Wenn sich eine Kundin nicht sofort für das Angebot entscheidet, dann sind die angebotenen Dienstleistungen und Produkte nicht unbedingt abgelehnt. Sie sind wahrscheinlich nur aufgeschoben. Denn erfahrungsgemäß entscheiden sich Kunden immer für ihre Vorteile. Wenn sie das nicht sofort tun, dann vermutlich bei einem nächsten Besuch. Sie dürfen eine Kundin auf gar keinen Fall überreden! Eine gute Beratung wirkt auch langfristig nur durch Überzeugung. Erfolg ist nur möglich, wenn Vertrauen und positive Gefühle zwischen der Kosmetikerin und der Kundin hergestellt werden.

Kunden sind für Empfehlungen dankbar. **Aktives Verkaufen** bedeutet, diese Kundenerwartungen zu erfüllen und Verkaufschancen zu nutzen. Untersu-

Der Kunde sollte ein Produkt auch einmal in die Hand nehmen und ausprobieren können.

chungen haben gezeigt, dass die meisten Präparate gekauft werden, weil sie dem Kunden empfohlen worden sind. Aktives Verkaufen ist deshalb eine Chance für zusätzlichen Erfolg. Dieser Erfolg sind einerseits zufriedene Kunden, weil ihre Erwartungen für Empfehlungen erfüllt worden sind. Andererseits steigt dadurch der Umsatz im Kosmetikbetrieb.

Die Chancen zum aktiven Verkaufen bieten sich praktisch bei jeder Beratung und bei vielen Behandlungssituationen der dekorativen Kosmetik. Solche Angebote können in Verbindung mit Pflegeempfehlungen oder Schminktipps erfolgen. Auf Heimpflegeprodukte kann bereits bei der Beratung aufmerksam gemacht werden. Beim Make-up können die verwendeten Präparate und Hilfsmittel angeboten werden. Während der Maniküre kann auf Hand- und Nagelpflegepräparate aufmerksam gemacht werden.

Wenn die Kundin bereits im Kosmetikinstitut mit dem empfohlenen Präparat behandelt wird, ist dies eine sehr überzeugende Erlebniswerbung. Dann erfährt sie sofort den Nutzen und persönlichen Vorteil, den sie auch zu Hause haben will. Auch Tester, z. B. für ein Parfüm oder eine Handcreme, bieten Kunden ein Erlebnis, dies einmal auszuprobieren und evtl. auch zu Hause zu nutzen.

Grundsätzlich müssen angepriesene Angebote auch tatsächlich die versprochenen Wirkungen haben. Die Kosmetikerin muss glaubwürdig bleiben. Sie darf keine Versprechen geben, die sie oder das Präparat nicht erfüllen kann. Ansonsten läuft sie Gefahr, das mühsam aufgebaute Vertrauen des Kunden wieder zu verlieren.

2.6 Richtig argumentieren

Bei der Beratung und beim Verkauf ist es wichtig, dass die Kundin weiß, dass sie das Richtige wählt und kauft. Eine vollständige und überzeugende **Argumentation** besteht immer aus einer Behauptung, einer Begründung und einem Beleg.

	Beispiel 1	**Beispiel 2**
1 **These/ Behauptung**	„Dieses Rot passt auch richtig gut zu Ihrem Typ, ...	„Diese Pflege wirkt wie eine „Vitaminbombe“ für Ihre Haut, ...
2 **Argument/ Begründung**	... weil es Ihre Haut gesünder aussehen lässt.“ ... denn es harmoniert mit Ihrer goldblonden Haarfarbe und Ihrem warmen Teint.	... weil die Inhaltsstoffe so fein verteilt sind, dass sie auch in tiefere Hautschichten gelangen.“ ... denn sie ist die Erholungskur, die Ihre Haut jetzt braucht.
3 **Beweis/ Beleg oder Beispiel**	„Schauen Sie mal, das Rot ist auch auf dieser Farbkarte mit den Farben für den Herbsttyp.“	„Andere Kunden berichten immer wieder, dass ihre Haut mit dieser Pflege so prall und glatt geworden sei.“

Bestandteile einer vollständigen und überzeugenden Argumentation

2.7 Kundeneinwände

Bei einer guten Beratung ist es selbstverständlich, dass die Kundin auch ihre Wünsche und Bedenken äußern kann. Kunden machen **Einwände**, weil sie (noch) nicht von den Argumenten überzeugt sind. Sie sind unsicher oder wollen einfach noch mehr wissen. In den meisten Fällen richten sich **Kundeneinwände** gegen den Preis oder die Eigenschaften einer Ware oder Behandlung. Sehr viel seltener äußern Kunden Bedenken, weil sie gar nicht kaufen wollen. Fast nie richten sich Einwände gegen die Kosmetikerin selbst. Kundeneinwände dürfen deshalb nicht persönlich genommen oder als Provokation verstanden werden.

Die Kosmetikerin reagiert ruhig und gelassen. Sie darf der Kundin aber nicht widersprechen! Die Kundin könnte sich sonst angegriffen fühlen. Man unterscheidet verschiedene Methoden der Einwandbehandlung, die je nach Anlass und Art des Einwands eingesetzt werden.

1 Ja-aber-Technik

Man stimmt der Kundin mit einem „Ja“ erst mal zu, um ihr zu zeigen, dass man sie verstanden hat. Dann gibt man ein neues Argument, das man mit „aber“ einleitet.

Kundin	Kosmetikerin
„Die Cremedose ist aber sehr klein.“	– „Ja, Sie haben recht, aber da die Creme sehr dünn auf die Augenpartie aufgetragen wird, ist sie sehr sparsam in der Anwendung.“ – „Ja, zugegeben, aber …“ – „Ja, das stimmt sicherlich, aber durch die hohe Konzentration der Wirkstoffe verbraucht sie sich auch nicht so schnell wie herkömmliche Cremes.“ – „Ja, Sie haben ganz richtig eingewendet, dass die Verpackung nicht so groß ist, dafür ist es aber …“

2 Fragemethode

Die Kosmetikerin reagiert auf den Kundeneinwand mit einer Rückfrage. Die Bedenken der Kundin werden mit einer Gegenfrage eingegrenzt.

Kundin	Kosmetikerin
„Ich weiß nicht, ob diese Lippenstiftfarbe wirklich zu meinem Typ passt.“	– „Was gefällt Ihnen nicht an der Farbe?“ – „Welche Farben passen Ihrer Meinung nach zu Ihrem Typ?“ – „Darf ich fragen, warum Sie das meinen?“ – „Wenn Ihnen diese Farbe nicht gefällt, wie wäre es dann mit …?“

3 Nachteil-Vorteil-Methode

Wenn der Kundeneinwand berechtigt ist, stellt man diesem Nachteil einen Vorteil gegenüber. Man stellt ein alternatives Argument als Vergleich gegenüber, ohne dass man widerspricht.

Kundin	Kosmetikerin
„Die Creme ist aber teuer.“	– „Ich kann Ihnen auch eine wesentlich günstigere Creme anbieten, die aber in Bezug auf ihre Wirkung nicht mit Produkten von … zu vergleichen ist.“ – „Sicher ist sie nicht billig, im Vergleich zu anderen Cremes können Sie hier jedoch ganz sicher sein, dass die natürlichen Inhaltsstoffe ohne Pestizide angebaut worden sind.“ – „Andere Pflegeprodukte sind zwar preiswerter. Sie sind meistens aber auch nicht so hoch konzentriert, sodass sie sich sehr viel schneller verbrauchen.“ – „Die Produkte von … sind nicht preiswert. Wenn Sie aber die Wirkung von Produkten anderer Preisklassen vergleichen, werden Ihnen auch die Qualitätsunterschiede auffallen.“

2.8 Reklamationen

Es kann leider immer mal etwas schiefgehen. Aber: **Reklamationen** sind eine Chance, es beim nächsten Mal besser zu machen und Schwachstellen im Institut aufzudecken. Reklamierende Kunden sind kostenlose Unternehmensberater des Instituts!

1 Eine Kundin reklamiert!

Reklamierende Kunden sind im ersten Moment oft erregt, aufbrausend und zornig. Sie reden meistens lauter und lassen sich von ihren Gefühlen leiten. Dies wird durch eine aufgeregte Körpersprache deutlich. Manchmal sind sie aggressiv und beleidigend. Manchmal verhalten sie sich cool oder arrogant und drohen, den Rechtsanwalt einzuschalten. Persönliche Angriffe sollte die Kosmetikerin also am besten erst einmal überhören.

2 Eine positive Grundhaltung der Kosmetikerin ist wichtig.

Die Kosmetikerin sollte jeder Reklamation selbstbewusst und mit einer positiven Grundhaltung begegnen. Jede Reklamation muss ernst, sie darf aber nicht persönlich genommen werden! Man kann innerlich Abstand nehmen, indem man erst einmal tief und ruhig durchatmet, den Körper kurz an- und wieder entspannt, bewusst den festen Kontakt der Füße auf dem Boden spürt, sich aufrecht hinsetzt.

3 Wer ist für die Beschwerde zuständig?

Jede Reklamation sollte möglichst immer von der betroffenen Kosmetikerin persönlich geregelt werden. Wenn das nicht möglich ist, muss sofort ein Ansprechpartner gefunden werden! Auszubildende sollten die Chefin einbeziehen, um gemeinsam eine Lösung zu finden. Auf keinen Fall darf die Kosmetikerin über andere Mitarbeiter oder die Chefin herziehen!

4 Schnell reagieren und aktiv zuhören.

Die Kosmetikerin bleibt ruhig, freundlich und nimmt sich Zeit für die Kundin. Sie bietet ihr sofort einen ruhigen Sitzplatz an, denn: Im Sitzen gerät man weniger in Rage. Dort kann die Kundin erst mal ihren „Dampf ablassen". Die Kosmetikerin hört aktiv zu: Sie signalisiert mit Nicken oder Äußerungen wie „Mmh", „Ja", dass sie alles wahrnimmt. Sie hält den Blickkontakt und schaut nicht beschämt zu Boden. Sie zeigt, dass sie interessiert ist und die Gefühle und die Enttäuschung der Kundin nicht übergeht. Freundlichkeit wirkt oft „entwaffnend" auf die jetzt sehr gefühlsgeleitete, aufgeregte Kundin.

5 Anerkennung zeigen.

Die Kosmetikerin zeigt Verständnis und wertet die Person der Kundin auf. In jedem Augenblick spürt die Kundin, dass sie trotz des Beschwerdeanlasses Vertrauen haben kann. Die Kosmetikerin sagt, was die Kundin jetzt hören will, z. B.: „Ich kann Ihre Verärgerung verstehen", „Es tut mir leid, dass Sie nicht zufrieden sind", „Ich bedaure, dass das passiert ist". Das ist kein Schuldeingeständnis, aber es signalisiert Mitgefühl und Hilfsbereitschaft. Das Wort „Beschwerde" sollte die Kosmetikerin vermeiden.

6 Analyse des Reklamationsanlasses.

Die Kosmetikerin sollte sich das Problem, z. B. die Hautbeschaffenheit, genau ansehen. Sie kann sich Notizen machen. Durch die Eingrenzung des Problems und die Bereitschaft, alles schriftlich festzuhalten, wird auch die Kundin zu mehr Sachlichkeit gezwungen. Die Kosmetikerin fragt die Kundin, was sie erwartet. Wenn der Fehler beim Institut liegt, muss sich die Kosmetikerin entschuldigen. Auch wenn die Kosmetikerin sich ihres Fehlers nicht sicher ist, sollte sie zumindest ihr Mitgefühl zeigen und z. B. „Es tut mir leid", sagen. Die Kosmetikerin sollte der Kundin bestätigen, dass es richtig ist, dass sie ihre Unzufriedenheit mitteilt.

7 Problemlösung

Die Kosmetikerin muss lösungsorientiert denken und nicht in Schuldzuweisungen. Auch wenn die Kundin eine gewisse Mitschuld hat, dürfen keine Vorwürfe gemacht werden!
- Wie wird das Problem gelöst? Die Kosmetikerin muss konkrete Vorschläge machen und Vereinbarungen treffen.
- Wann wird das Problem gelöst? Am besten sofort. Lange Wartezeiten nach einer Reklamation machen die Kundin noch unzufriedener.

8 Jede Reklamation muss positiv beendet werden!

Zum Abschluss muss die Kosmetikerin sicherstellen, dass die Lösung des Problems dem Kundinnenwunsch entspricht. Damit zeigt sie der Kundin, wie wichtig ihr diese ist.
- Die Kosmetikerin bedankt sich für die Kritik, z. B.: „Danke, dass Sie sich sofort bei uns gemeldet haben!", „Vielen Dank für Ihre Rückmeldung, jetzt können wir das sofort in Ordnung bringen".
- Wenn ein Problem nicht oder nicht sofort gelöst werden kann, muss die Kosmetikerin ehrlich bleiben. Sie muss offen und partnerschaftlich mit der Kundin sprechen, selbst wenn es nur alternative Möglichkeiten für ein Entgegenkommen gibt und im Extremfall Hautschäden erst auskuriert werden müssen.
- Wenn die Kundin Vertrauen hat, kann man sie so an den Betrieb binden. Die Kundenbeziehung wird sogar vertieft und die Kundin wird zum Werbeträger, indem sie positive **Mund-zu-Mund-Propaganda** macht.
- Die Kosmetikerin muss die Kundin außerdem wissen lassen, dass das Problem zukünftig nicht mehr vorkommen wird.

9 Aus dem Reklamationsanlass wird für die Zukunft gelernt.

Die Beschwerdeursache muss kurzfristig mit allen Mitarbeiterinnen des Instituts sachlich besprochen werden. Konkrete Maßnahmen zur Vermeidung solcher Vorfälle werden vereinbart.

Eine Kundin reklamiert: Reihenfolge einer positiven Reklamationsabwicklung

3 Traumziel Selbstständigkeit

In Deutschland gibt es etwa 32.000 eigenständige und zusätzlich etwa 3.500 an Parfümerien angegliederte Kosmetikinstitute. Das hört sich viel an. Im Verhältnis zu einer Bevölkerungszahl von etwa 50 Millionen Frauen in Deutschland im Alter zwischen 20 und 65 Jahren gibt es keinen Grund zur Sorge. Statistisch gesehen gehen nur etwa 10 % dieser Frauen regelmäßig zur Kosmetikerin. Rein theoretisch gibt es ein enormes Potenzial der Kundengewinnung.

Eine andere Zahl soll aber nicht vorenthalten werden: Über die Hälfte (fast 60 %) aller Kosmetikerinnen, die sich selbstständig gemacht haben, mussten innerhalb von fünf Jahren wieder aufgeben! Dies sind so viele Selbstständige wie in keinem anderen Beruf.

Man mag die Gründe in der schlechten wirtschaftlichen Lage, in einem Überangebot an Kosmetikinstituten, im nicht so positiven oder von Vorurteilen geprägten Image des Berufs oder anderswo suchen. Ein bisschen von allem trifft sicherlich zu, aber der Hauptgrund lag in den meisten Fällen in der völlig unzureichenden Vorbereitung auf die Selbstständigkeit. Dazu zählen beispielsweise die Fehleinschätzung der eigenen Persönlichkeit, die Fehleinschätzung der künftigen Aufgaben als Unternehmerin, mangelnde Kenntnisse der einzelnen Schritte zur Existenzgründung, viel zu wenig Eigenkapital und die Verwechselung von Betriebswirtschaft und Marketing.

Damit aus dem Traum von der Selbstständigkeit kein Albtraum wird, muss man sich sorgfältig und in Ruhe vorbereiten. Man benötigt für die Planung von der Idee bis zur Realisierung des eigenen Kosmetikinstituts mindestens ein halbes Jahr. Hinzu kommt die Zeit, in der alle theoretischen Kenntnisse zur Unternehmensgründung erworben werden müssen.

Die berufliche **Selbstständigkeit** fordert besondere persönliche Qualitäten. Sicher entwickelt man ungeahnte Fähigkeiten, wenn man erst einmal gefordert wird, aber ein paar grundsätzliche Fragen sollte man sich stellen. Wie ist die Einschätzung zu persönlichen Voraussetzungen für eine berufliche Selbstständigkeit? Die folgenden Fragen sollten von Ihnen selbst und von Menschen, die Sie gut kennen, beantwortet werden; denn erwiesenermaßen bestehen oft große Unterschiede zwischen der Eigen- und der Fremdwahrnehmung:

- Welche Motivation habe ich? Was ist mein Antrieb?
- Wie viel Zeit will ich investieren?
- Wie authentisch bin ich in Bezug auf meine „Liebe zur Aufgabe“?
- Was will ich erreichen?
- In welcher Zeit will ich dies erreichen?
- Wie viel Geld will ich verdienen?
- Wie risikobereit bin ich?
- Wie ausdauernd bin ich?
- Wie belastbar bin ich?
- Wie viel Spaß am Umgang mit Menschen habe ich?
- Wie groß ist die Bereitschaft zu kontinuierlicher Entwicklung?
- Welcher Arbeitstyp bin ich?
- Wie gut kann ich organisieren und planen?
- Wie gut kann ich meine persönlichen Angelegenheiten (Familie, Hobbys ...) mit dem Beruf vereinbaren?

Einige Qualitäten sind bereits – je nach beruflicher Orientierung – für die Arbeit im Angestelltenverhältnis erforderlich. Der Unterschied ist jedoch, dass die Eigenverantwortung in der Selbstständigkeit zu 100 % bei der Unternehmerin liegt! Wenn die Motivation ausschließlich Geld ist, Sie Hobbys haben, auf die Sie nicht verzichten möchten und die feste Zeiten in Anspruch nehmen, wenn Sie nicht besonders risikobereit sind, ist das keine ideale Voraussetzung für eine eigene Existenzgründung.

Ganz wichtig ist Ihre Antwort auf die Frage nach der „Liebe zur Aufgabe“. Auf Dauer ist nur derjenige erfolgreich, der authentisch ist, d. h. wer ganz hinter seiner Aufgabe steht. Das ist eine wichtige Voraussetzung für persönliche und berufliche Stärke. Sobald Sie etwas tun, hinter dem Sie nicht voll und ganz stehen, ist das an sich schon eine große Schwäche, die sich langfristig nicht kaschieren lässt.

Als angestellte Kosmetikerin arbeitet man etwa zu 80 % am Kunden und ca. zu 20 % an institutsrelevanten Tätigkeiten. Als Unternehmerin ist die Aufgabenverteilung umgekehrt: 80 % der Aufgaben sind Unternehmensführung (z. B. Kundenakquise, Werbung, Einkauf, Planung von Sonderaktionen, Betreuung von Mitarbeitern) und 20 % direkte Arbeit am Kunden. Das bedeutet: Wenn Sie vor allem Menschen kosmetisch behandeln wollen, sollten Sie sich nicht selbstständig machen.

Der Traum von der Selbstständigkeit: Ein Traum ist gekennzeichnet von Gefühlen, unklaren Zeit- und Ortsbegriffen und fehlenden Unterscheidungen zwischen Umwelt und Ich. Träume sind Fantasieerlebnisse und sie sind wichtig. Für die Umsetzung des Traums von der Selbstständigkeit ist jedoch entscheidend, sich ein tatsächlich erreichbares Ziel zu setzen. Nur wenn das Ziel bekannt ist, kann der (zielstrebige und erfolgreiche) Weg bestimmt werden.

Nehmen Sie Stellung: Was würden Sie davon halten, wenn Ihnen ein Flugzeugpilot mitteilen würde, dass er ohne Navigationssystem fliegt? Er wisse nicht genau, wohin er flöge und demnach auch nicht, ob der Treibstoff reiche. Er hoffe, dass ihm

9

kein anderes Flugzeug entgegenkomme. Seine Fluggeschwindigkeit könne er aber ungefähr einschätzen. Er gehe davon aus, dass er eine sichere Landebahn finden werde. Ansonsten schaue er mal, was auf ihn zukomme; alles würde gut.
Viele Existenzgründer handeln so. Sie arbeiten vor sich hin ohne den Willen, sich Ziele zu setzen und ohne Disziplin, diese zu realisieren.

Erfolgreiche Menschen entwickeln ganz gezielt besondere Eigenschaften. Sie wollen ihren Erfolg unbedingt und sie sind in der Lage, Gewohnheiten zu ändern.

Erfolg ist erlernbar. Wenig hilfreich ist das Einüben von Methoden. Viel wichtiger ist die Entwicklung von Eigenschaften, die gelebt werden und die Teil von einem selbst werden. Für die Entwicklung unternehmerischer Eigenschaften sollte man Seminare zur Persönlichkeitsentwicklung besuchen.

Menschen mit Zielen kennen ihren Weg. Ihnen sind mögliche Hindernisse bekannt, außerdem kennen sie Wege, wie man Hindernisse am schnellsten umgeht und wie man Energie spart. Wer kein Ziel hat, wird es auch nicht erreichen. Deshalb sollten vor der Selbstständigkeit Informationen eingeholt werden, z. B. durch persönliche Gespräche mit erfolgreichen Menschen und das Lesen von Erfolgsbiografien.

4 Wege in die Selbstständigkeit

4.1 Neugründung, Betriebsübernahme, Unternehmensbeteiligung oder Franchising?

Der Vorteil einer **Betriebsneugründung** liegt vor allem darin, dass man sein Kosmetikinstitut nach eigenen Vorstellungen konzipieren und aufbauen kann. Auch der zeitliche Rahmen und der finanzielle Einsatz können selbst bestimmt werden. Allerdings beginnen Sie bei „null“. Sie brauchen Räume, Neukunden, Lieferanten und evtl. Mitarbeiter. Kurz gesagt: Der Markt und der Ruf müssen erst geschaffen werden.

Die **Betriebsübernahme**: Ein bestehendes, gut eingeführtes Institut zu übernehmen, scheint auf den ersten Blick einfacher als eine Neugründung. Vor allem Kundenkontakte und Geschäftsverbindungen sind schon vorhanden. Die Räume und die Ausstattung bestehen schon. Tatsächlich kann eine Übernahme aber schwieriger sein als eine Neugründung. Kleine Unternehmen, wie Kosmetikinstitute sie darstellen, sind sehr stark von ihren Besitzern geprägt. Eine Nachfolge bringt oft gravierende Veränderungen mit sich, die nicht von allen Kunden getragen werden.

Ein Problem bei der Betriebsübernahme ist die Ermittlung des Kaufpreises. Die Zahlen der letzten Bilanzen sind dafür nicht ausreichend. Wichtiger sind der Ertrags- oder Substanzwert. Die Aufstellung des Inventars oder die Kundenkartei, die immer viel zu hoch kalkuliert wird, sind keine geeigneten Grundlagen. Die Industrie- und Handelskammer (**IHK**) und die Handwerkskammern (**HWK**) vermitteln Adressen von Sachverständigen, die bei der Wertermittlung behilflich sind. Vor Vertragsunterzeichnung sollten auf jeden Fall Berater (z. B. Unternehmensberater) hinzugezogen werden, die das Unternehmen und seine Marktchancen prüfen.

Für die **Unternehmensbeteiligung** gilt im Wesentlichen das Gleiche wie für die Betriebsübernahme. Neben der Prüfung der Unternehmenszahlen und des Marktpotenzials sollte unbedingt geprüft werden, ob die „Chemie“ zwischen den Teilhabern stimmt. Als gleichberechtigte Partner sollten Sie alle Regelungen in einem Gesellschaftervertrag festlegen. Dazu gehört auch die Höhe Ihrer finanziellen Beteiligung. Vor Vertragsabschluss sollte man den Vertrag unbedingt prüfen lassen. Berater bei IHK und HWK helfen ebenso wie ein guter Steuerberater und ein Rechtsanwalt.

Franchising bedeutet eine unternehmerische Selbstständigkeit mit einem vorgeschriebenen Konzept. Der Franchisegeber stellt dazu eine Geschäftsidee einschließlich des Know-hows zur Verfügung. Das macht den Start in die Selbstständigkeit leichter, eine Erfolgsgarantie gibt es aber nicht. Wie bei jeder Geschäftsgründung geht es auch beim Franchising nicht ohne unternehmerisches Talent und kaufmännisches Wissen, eine gründliche Planung und finanzielle Mittel. Unter günstigen Voraussetzungen hat Franchising für beide Seiten Vorteile. Im Bereich der Praxiskosmetik ist Franchising schwierig, weil sich die individuellen Konzepte kaum vereinheitlichen lassen. Im kosmetischen Produktverkauf hingegen gibt es interessante Angebote.

4.2 Die Standortwahl

In der Dienstleistung der Kosmetikerin ist die menschliche Leistung ausschlaggebend. Es werden keine materiellen Güter hergestellt, die gelagert werden müssen, sondern die Leistung wird unmittelbar an den Klienten erbracht. Kunden nehmen deshalb direkten Einfluss auf die Art und Qualität der Leistung. Bei der Wahl des Standorts werden die Kunden somit selbst zum Standortfaktor.

Für die **Standortwahl des Kosmetikinstituts** sind die Kaufkraft der Kunden, der Bedarf, die Bevölkerungsstruktur, die Konkurrenz (bzw. die Mitbewerber) und die Erreichbarkeit des Instituts entscheidend. Kosmetikinstitute haben meistens einen regional sehr begrenzten Einzugsbereich. Die Standortbedingungen müssen deshalb sehr sorgfältig analysiert werden, um festzustellen, ob die beabsichtigten Angebote einen erfolgversprechenden Markt finden.

Kosmetikerinnen müssen ihr Leistungsprogramm an den Wünschen der vom Institutsstandort aus erreichbaren Menschen orientieren. Es geht um eine bedarfsgerechte Versorgung des Marktes mit Dienstleistungen. Bedarf entsteht durch eine Kombination von Bedürfnissen und Kaufkraft der Kunden. Die branchenrelevante **Kaufkraft** bezeichnet die Geldmittel, die den Menschen der Region zur Verfügung stehen, nachdem sie ihre Primärbedürfnisse (Wohnen, Ernähren, Kleiden) befriedigt haben. Kosmetikerinnen bewerben sich – allerdings neben anderen(!) – mit ihren Angeboten um die Geldmittel des Sekundärbedarfs.

Eine Beurteilung der Nachfrage ist nur in Kenntnis der Konkurrenzsituation möglich. Die Kosmetikerin muss sich deshalb über die Mengen, Art, Qualität und Preise konkurrierender Mitbewerberinnen informieren. Diese Informationen erhält man z. B. durch die Analyse von Zeitungsanzeigen, Telefonbuch- und Internetseiten, durch Prospektmaterial und Konkurrenzerkundung vor Ort.

Vor der Standortwahl des Instituts sollten folgende Fragen beantwortet werden:
- Welche Zielgruppen kann ich von diesem Standort aus erreichen?
- Wie groß ist der Bedarf für die von mir angebotenen Leistungen?
- Welche Mitbewerber gibt es bereits in der Nähe meines vorgesehenen Standorts?
- Was kann ich in Preis und Leistung besser als meine Mitbewerber?
- Wie hoch ist das Mietpreisniveau für das vorgesehene Kosmetikinstitut?
- Ist das Institut für Kunden gut erreichbar? Gibt es Parkmöglichkeiten in der Nähe?
- Gibt es Kooperationsmöglichkeiten mit Friseuren oder Arztpraxen?
- Ist der Betrieb an dem vorgesehenen Standort nach Ortsrecht überhaupt zulässig?

Nehmen Sie Stellung: Zu welchem Ergebnis kommen Sie bei einer Standortanalyse, wenn Sie ein Kosmetikinstitut in unmittelbarer Nähe zu Ihrer Wohnung eröffnen würden?

9

4.3 Finanzierung und unternehmerische Rechtsform des Instituts

Die Wahl einer bestimmten Rechtsform eines Unternehmens hat rechtliche, steuerliche und finanzielle Konsequenzen.

Nur in seltenen Fällen kann man ein Unternehmen ausschließlich mit Eigenkapital ausstatten. Es muss auch mit Fremdmitteln finanziert werden. Dazu werden öffentliche Starthilfen für Existenzgründerinnen gegeben. Weiteres Geld stellen Kreditinstitute zur Verfügung. Bei der Risikoabschätzung für die Vergabe eines Kredits werden u. a. geprüft: Höhe und Art der Eigenmittel und Sicherheiten, Qualifikationen

Lässiger Freizeitlook ist nicht angebracht. Das Kostüm bzw. der Anzug mit Krawatte sind selbstverständlich.

Genauso wichtig ist die Erstellung von aussagekräftigen Unterlagen:
- ein Firmenkonzept,
- Finanzierungsvorstellungen,
- ein Finanzplan mit Umsatzentwicklung für die nächsten drei bis fünf Jahre: Existenzgründungsangebote der Stadt helfen bei der Existenzberatung und erstellen einen Finanzplan für die Bank.

Das Bankgespräch ist von großer Bedeutung. Da der erste Eindruck sehr wichtig ist, sollte man gut vorbereitet sein. Das gilt für die Optik genauso wie für die Inhalte.

Mit dem Rating soll eine Bonitätsaussage über ein Unternehmen getroffen werden:
- Handelt es sich um ein gesundes und wirtschaftlich stabiles Unternehmen?
- Oder besteht die Gefahr, dass dieses Unternehmen zahlungsunfähig wird und einen Insolvenzantrag stellt?

Das Ergebnis eines Ratingprozesses ist die Vergabe einer Note in der Ratingklasse für jedes Unternehmen.

Das Rating bereitet eine Kreditentscheidung vor, es ersetzt sie jedoch nicht. Trotz der wirtschaftlichen Aussage, die ein Rating über das Risiko jedes Kredits gibt, bedeutet es jedoch nicht die abschließende Entscheidung, ob ein Kredit vergeben wird oder nicht. Hier spielen noch einige andere Kriterien eine Rolle, z. B.:
- Sicherheiten,
- Kreditvolumen,
- Laufzeit,
- Verwendungszweck,
- Kapitaldienstfähigkeit.

Beim Rating werden alle erfolgsrelevanten Merkmale eines Unternehmens mithilfe von statistischen Verfahren untersucht.

der Unternehmerin, Marktchancen, Finanzierungsplan, persönliche Verhältnisse und das Konzept für die Geschäftsidee.

Kosmetikerinnen neigen meist nicht dazu, mit einem Kosmetikinstitut gleich den großen Coup landen zu wollen. Sie wollen lieber kleiner anfangen und zunächst testen, ob sich aus einer Geschäftsidee eine tragfähige Existenz aufbauen lässt. Für Kleingründer gibt es eine Vielzahl von Existenzgründerinfos, Förderprogrammen (z. B. Bundesministerium für Wirtschaft und Technologie, KfW-Mittelstandsbank) sowie Möglichkeiten für einen Gründerkredit und eine Bürgschaft (z. B. bei Bürgschaftsbanken). Alle Gelder müssen vor Aufnahme der selbstständigen Tätigkeit beantragt werden.

Zur Vorbereitung auf die Beratungsgespräche zur Existenzgründung listen Sie alle erforderlichen Betriebsmittel auf. Geben Sie die voraussichtlichen Werte an und kennzeichnen Sie bereits Vorhandenes. Errechnen Sie den Betriebsmittelbedarf für die ersten drei Monate und die Mittel für den eigenen Unterhalt. Folgende Positionen müssen zur Ermittlung des **Kapitalbedarf**s berücksichtigt werden:

1. einmalige Institutskosten, z. B. Kaufpreis, Maklerprovision, Mietkaution,
2. Kosten für Ausbau und Umbau, z. B. für Wände, Elektro- und Wasserinstallationen,
3. Kosten für Einrichtung und Ausstattung, z. B. für einen Warenschrank, eine Rezeptionstheke, für die Büroausstattung,
4. Kosten für Geräte, z. B. Kasse, Computer, für die Kosmetikkabine, für die Fußpflege-Kabine,
5. Kosten der Ware, z. B. bei Warenübernahme, Ergänzung Warenlager für Verkauf und Kabinett,
6. Kosten für Organisationsmittel und Bürobedarf, z. B. Telefon, Fax, Ordner,
7. Kosten für die Grundausstattung mit geringwertigen Wirtschaftsgütern (GWG), z. B. Kosmetikpinselsatz, Kompressentücher, Manikürewerkzeugsatz,
8. Kosten für Gebühren, z. B. für den Notar, Versicherungsgebühr, für den Berufsverband,
9. sonstige Kosten und Reserven, z. B. Kfz-Kosten, Kasseneinlage.

Hinzu kommt der Betriebsmittelbedarf für die ersten drei Monate:

10. Personalkosten,
11. Eigenbedarf (Unternehmerlohn),
12. Miete und Raumnebenkosten, z. B. für Strom, Heizung, Wasser,
13. Kosten der Eröffnungswerbung,
14. Vorsteuer,
15. sonstige Kosten, z. B. Telefongebühren, Müllabfuhr.

Durch Addition der Summen von Anlagevermögen und Betriebsmittelbedarf für die ersten drei Monate errechnet man den gesamten Kapitalbedarf. Die Summe der bereits vorhandenen Mittel wird davon abgezogen.

Qualifizierte Beratung gibt es nicht kostenlos, sie ist oft auch nicht ohne Eigennutzen, denn Banken und

Investitionshöhe (Anlagevermögen und Betriebsmittelbedarf für 3 Monate)	28 121,05 EUR
Zinsen pro Jahr	1 533,88 EUR
Tilgung pro Jahr	2 300,81 EUR
Betriebswirtschaftlicher Gewinn (geplant)	2 045,17 EUR
+ Tilgung	2 300,81 EUR
+ private Entnahmen	21 474,26 EUR
= steuerlicher Gewinn	25 820,24 EUR
+ Personalkosten	10 225,84 EUR
+ Gemeinkosten (Raumkosten, Steuern, Versicherungen, Beiträge, Weiterbildung, Fahrzeugkosten, Werbekosten, Instandhaltung, GWG, sonstige Kosten, Abschreibung)	18 764,41 EUR
+ Zinsen (Darlehenszinsen und Kontokorrentzinsen)	1 533,88 EUR
= Arbeitswert	56 344,37 EUR
+ Warenverbrauch	6 135,50 EUR
= Nettoumsatz	62 479,87 EUR
+ 19 % USt.	11 871,18 EUR
= Bruttoumsatz (geplant)	74 351,05 EUR

Beispiel für eine Rentabilitätsprognose für die Betriebsinhaberin mit einer Teilzeitkraft

Zulieferer wollen sich durch honorarfreie Beratung „ins Geschäft bringen". Auch Kreditinstitute und Zulieferer müssen sich der Konkurrenz stellen. Diese Tatsache sollte die Unternehmerin für ihre Zwecke nutzen, indem sie verschiedene Angebote einholt. Wenn Beratungshonorare entstehen, werden die Kosten auch aus staatlichen Kassen bezuschusst.

Gute Berater machen sich – wie gute Ausbilder – so schnell wie möglich überflüssig, denn Beratungen sollten Abhängigkeiten verringern und nicht begünstigen. Sie sollten die Selbstständigkeit der Unternehmerin fördern. Um diesem Anspruch gerecht zu werden und um die zur Verfügung stehende Beratungszeit optimal zu nutzen, sind sehr gründliche Vorbereitungen der Jungunternehmerin erforderlich. Je besser sie mit den Grundsätzlichkeiten der Unternehmensgründung und Unternehmensführung vertraut ist und je stärker sie von ihrem Konzept überzeugt ist, desto schneller und gründlicher kann die spezielle Beratung erfolgen.

Eine Beratung ersetzt zwar nicht die unternehmerische Grundbildung, sie kann aber ein gutes Konzept noch erheblich verbessern. Ganz klar muss aber sein: Die Unternehmerin trifft die wichtigen Entscheidungen selbst und sollte jeden Rat zur persönlichen Fortbildung nutzen, um sich so schnell und gründlich wie möglich von kostenträchtigem, externen Wissen unabhängig zu machen. Das eigene Konzept sollte mit guten Rechts-, Steuer- und Wirtschaftsberatern weiterentwickelt und erst dann den potenziellen Geldgebern vorgelegt werden. Sehen Sie die Resultate der Beratung sehr sorgfältig durch. Prüfen Sie, ob Ihr Finanzierungsplan diesen Grundsätzen genügt:

- Können die Zinslasten und Tilgungslasten durch die voraussichtlichen Erträge des Betriebs gedeckt werden?
- Wird das Anlagevermögen (die langfristigen Investitionen) durch langfristiges, zinsgünstiges Fremdkapital oder durch Eigenkapital gedeckt?
- Werden die kurzfristigen Investitionen (Betriebsmittel, Waren) durch kurzfristige Mittel finanziert?
- Ist die Finanzierung dem tatsächlichen Bedarf angepasst? Besteht weder Überfinanzierung noch Unterfinanzierung?
- Sind die Kosten der Kapitalbeschaffung über einen festen Zeitraum (z. B. zehn Jahre) eindeutig ausgewiesen und mit konkurrierenden Angeboten vergleichbar?

Lassen Sie sich auch bei der **Rentabilitätsprognose** für Ihr Unternehmen von einem Steuerberater oder Betriebsberater unterstützen. Die Rentabilitätsprognose zeigt, ob das geplante Unternehmen den erforderlichen Gewinn erwarten lässt. Denn als Selbstständige müssen Sie von dem Gewinn Ihres Unternehmens leben und die geschäftlichen Kosten decken. Rechnen Sie mit mindestens 1 789,52 EUR monatlicher Privatentnahmen. Außerdem müssen Sie die Geschäftsschulden decken und Rücklagen für Investitionen bilden. Um zu sehen, ob Ihr Vorhaben realisierbar ist, sollten Sie den erwarteten Jahresbruttoumsatz auf durchschnittliche tägliche Bruttoumsätze herunterrechnen. Der **Tagesbruttoumsatz** kann folgendermaßen berechnet werden:

Tagesbruttoumsatz =

$$\frac{\text{Jahresbruttoumsatz (geplant) 72 476,65 EUR}}{\text{12 Monate x 21 Arbeitstage}}$$

$$= \underline{\text{287,61 EUR}}$$

Nach dieser Formel müssten Sie und eine Teilzeitkraft täglich gemeinsam durchschnittlich ca. 287,61 EUR Umsatz erzielen.

> Nehmen Sie Stellung: Welchen Kapitalbedarf errechnen Sie für Ihre Existenzgründung?

Vor der Existenzgründung muss eine unternehmerische **Rechtsform** gewählt werden. Es sollte unbedingt Rat bei einem Steuerberater oder Rechtsanwalt eingeholt werden. Folgende Fragen können Hinweise zur geeigneten unternehmerischen Rechtsform geben:

• Wollen Sie Ihr Unternehmen allein oder lieber mit einer Partnerin führen?

Wenn Sie die alleinige Verantwortung haben, redet Ihnen niemand in die Geschäftsführung hinein, auch alle geschäftlichen Gewinne gehören Ihnen. Sie tragen allerdings auch das Risiko allein. Eine Partnerschaft bedeutet in der Regel mehr Wissen und Know-how, und damit unter Umständen eine Verbesserung der Wettbewerbsfähigkeit. Die Entscheidungsspielräume werden durch die Rechtsform bestimmt.

• Wollen Sie Ihre Haftung beschränken?

Wenn man sich für eine bestimmte Rechtsform (Unternehmensform) entscheidet, ist häufig der Wunsch nach Eindämmung des finanziellen Risikos ausschlaggebend. Bei **Einzelunternehmen** und bei Personengesellschaften haftet man als Unternehmerin auch mit dem Privatvermögen. Lediglich die Kapitalgesellschaft hat eine Haftungsbeschränkung in Höhe des Gesellschaftsvermögens.

• Wie viel Startkapital brauchen Sie?

Bei einigen Rechtsformen ist ein Mindestkapital gesetzlich vorgeschrieben, z. B. bei einer GmbH 25.000,00 EUR und bei einer AG 50.000,00 EUR. Die Kosten für eine Unternehmensgründung (Anwalt, Notar, Anmeldegebühr etc.) können je nach Gesellschaftsform zwischen 17,00 EUR bei einem Einzel-

	Beschreibung	Risiken (Auswahl)
Einzel-unternehmen	Dies ist die einfachste Art der Unternehmensgründung. Man eröffnet ein Geschäft und ist Einzelunternehmerin. Es gibt nur eine Betriebsinhaberin, niemand kann etwas vorschreiben.	Wenn etwas „schiefgeht“: volle Haftung, auch mit dem Privatvermögen.
GbR (Gesellschaft des bürgerlichen Rechts)	Die GbR ist eine Geschäftspartnerschaft, z. B. für Kleingewerbetreibende. Alle Partner sind gleichberechtigt. Die Gesellschaft kann nur gemeinsam nach außen vertreten werden.	Beschlüsse müssen einstimmig erfolgen. Alle Partner haften mit ihrem Gesamtvermögen, d. h., man muss ggf. auch für die Schulden der Partner zahlen.
KG (Kommanditgesellschaft)	Die KG besteht aus zwei haftenden Gesellschaftsgruppen. Der Komplementär führt die Geschäfte und hat Entscheidungsrecht. Die Kommanditisten finanzieren das Geschäft durch eine Einlage mit. Sie bietet sich an, wenn fremdes Kapital (der Kommanditisten, z. B. von Angehörigen) in die Firma eingebracht werden soll.	Der Komplementär haftet auch mit seinem Privatvermögen.

Beschreibung, Vorteile und Risiken einiger Rechtsformen für ein Kosmetikinstitut im Überblick

unternehmen und mehreren tausend EUR betragen. Die Frage, ob das Unternehmen durch Bankkredite oder durch Eigenkapital, d. h. Gelder der Teilhaber oder Gesellschafter, finanziert werden soll, bestimmt die Rechtsform. Die Investoren haben ein Mitsprache- und Kontrollrecht und sie legen mit fest, wann sie ihr Kapital wieder abziehen können.

- **Soll oder muss ein Unternehmen ins Handelsregister eingetragen werden?**

Wenn Sie aufgrund Ihrer Rechtsform als Kaufmann gelten, fallen Sie unter das Handelsrecht. Ihr Unternehmen wird im Handelsregister eingetragen. Das bedeutet, dass Sie Ihre Geschäftspapiere und Ihre Bücher nach den Richtlinien des Handelsgesetzbuchs führen müssen. Erkundigen Sie sich unbedingt vor Geschäftsgründung bei einem Steuerberater und lassen Sie sich genau erklären, was das für Sie bedeutet.

- **Passt das Image der Rechtsform zu Ihrem Unternehmen?**

Jede Rechtsform hat eine Außenwirkung, die man kennen sollte. Die Rechtsform eines Unternehmens gibt Auskunft darüber, mit wem man es zu tun hat: Ist es eine Unternehmerin, die mit ihrem gesamten Vermögen für ihre Verbindlichkeiten und für die Qualität seiner Arbeit einsteht?

Weitere Infos unter:
BM für Wirtschaft und Technologie:
www.existenzgruender.de
www.bmwi.de
KfW Mittelstandsbank:
www.kfw.de
Bürgschaftsbanken:
www.Vdb.de www.bb-nrw.de

4.4 Einrichtung eines Kosmetikinstituts

Immer wenn man einen Raum, eine Wohnung oder ein Geschäft betritt, empfindet man etwas. Entweder man fühlt sich wohl und möchte dort länger verweilen oder genau das Gegenteil ist der Fall und man möchte lieber gehen. Ebenso ergeht es Kunden eines Kosmetikinstituts. Sie reagieren auf Farben, Raumgestaltung, Warenpräsentation und Arbeitsgeräte meistens unbewusst. Die Umgebung kann die Stimmung eines Menschen stark beeinflussen. Davon hängt auch die Bereitschaft zur Kommunikation, zum Kaufen und zur erneuten Terminvereinbarung ab. Deshalb sollte man auf die Gestaltung und Einrichtung des Instituts viel Wert legen.

Grundsätzlich ist die Gestaltung auch eine Frage der Größe des Instituts. Vorstellbar ist eine Kabine im Verkaufsbereich, bis hin zur Ausstattung eines Instituts mit mehreren Kabinen, darunter auch Kabinen für Spezialbehandlungen, sowie ein separater Verkaufsbereich. Die größte Herausforderung stellt die Einrichtung einer Schönheitsfarm dar. Dabei sollte man nicht auf die Hilfe von Innenarchitekten und Raumausstattern verzichten.

Neben dem persönlichen Geschmack sind einige Regeln und Vorschriften zu beachten. Jedes Kosmetikinstitut muss über sanitäre Anlagen verfügen, die der Größe des Instituts angepasst sind. Dazu zählen mindestens eine Toilette mit Waschbecken, Flüssigseife und Einmalhandtücher sowie ein Behälter für Hygieneartikel (Binden, Tampons usw.). Das Institut gliedert sich in drei Bereiche: den Behandlungsbereich, evtl. mit separater Schminkecke, den Verkaufsbereich, den Empfangsbereich.

4.4.1 Der Behandlungsbereich

Der **Behandlungsbereich** muss sowohl hygienischen Anforderungen entsprechen als auch eine Atmosphäre aufweisen, in der die Kundin sich wohlfühlt und entspannen kann. Der Behandlungsbereich soll vom Verkaufsbereich getrennt sein, damit persönliche Gespräche von niemandem mitgehört werden können.

Die **Kosmetikkabine** soll genügend Bewegungsspielraum ermöglichen und eine problemlose Handhabung der Geräte gewährleisten. Dafür ist eine Größe von mindestens 2,5 m x 3,5 m erforderlich. Ein Fenster erlaubt eine gute Belüftung des Raums. Tageslicht ermöglicht eine gute Beleuchtung und dient dem Behandlungsklima. Eine Zusatzbeleuchtung ist immer erforderlich.

Boden, Wände und Decken müssen mit Materialien ausgestattet werden, die eine regelmäßige, feuchte Reinigung vertragen. Für den Boden eignen sich Kunststoffbeläge, Keramikfliesen und andere Steinböden. Ein Boden aus Holz eignet sich nur dann, wenn das Holz fugenlos verlegt und feucht wischbar ist. Besonders wichtig sind fugenlose Abschlüsse zu den Wänden. Teppichboden hat im Behandlungsbereich aus hygienischen Gründen nichts zu suchen.

Die Verkleidung der Wände kann abwaschbare Tapete oder Kunststoff in Form von Paneelen sein. Die Decke der Kabine soll eine zusätzliche Beleuchtung für den Raum aufweisen und einen Anstrich haben, der auch zu reinigen ist (z. B. keine Styroporplatten).

Regale und Schränke müssen ebenfalls so konzipiert sein, dass sie feucht zu reinigen und evtl. zu desinfizieren sind. Bei der Planung sollten Steckdosen großzügig angelegt werden. Es gibt kaum unfallträchtigere Fallen als ein „Kabelgewirr von Verlängerungsschnüren". Unverzichtbar ist eine geschlossene Abtrennung der Kabinen untereinander. Vorhänge sind unhygienisch und nicht mehr zeitgemäß, da die Kundin nie ungestört ist.

Die Farbgestaltung ist eines der wichtigsten Elemente bei der **Raumgestaltung**. Sie spiegelt den Stil der Institutsinhaberin wider und sagt viel über ihr Farbempfinden aus. Farbe hat immer eine Wirkung und mit dieser Wirkung müssen Mitarbeiter und Kunden gut leben können. Es ist daher günstig, sich für relativ neutrale Farben zu entscheiden, die aber an sich eine positive Wirkung haben. Solche Farben sind z. B. ein helles Gelb, Rosé, ein ganz zartes Blau und ein Hauch Grün. Diese Farben werden von fast allen Menschen positiv empfunden. Alle Accessoires wie Bilder, Vorhänge, Blumenübertöpfe und Vasen sollten sich dem Gesamtbild harmonisch anpassen.

Bei der **Ausstattung der Kabine** unterscheidet man zwischen der Grundausstattung und der Zusatzausstattung. Zur Grundausstattung gehören eine Kosmetikliege, ein Arbeitstisch, ein Arbeitsstuhl oder -hocker, eine Lupenleuchte, evtl. ein Dampfgerät und ein Heißluftsterilisator. Es ist sinnvoll, in jede Kabine ein Waschbecken zu installieren.

Für jede Kosmetikbehandlung benötigt man einen Satz Handtücher, bestehend aus zwei Frottierhandtüchern 50 cm x 100 cm, mindestens einer Kompresse und einem Badetuch. Zusätzlich ist eine Wolldecke zum Warmhalten der Kundin notwendig. Je nachdem, wie viele Kundinnen am Tag behandelt werden und wie schnell die Frottiertücher gewaschen werden können, braucht man mindestens 15–20 solcher Sets; denn nach jeder Kundin wird

Der Erfolg einer selbstständigen Kosmetikerin hängt zu einem ganz entscheidenden Teil von der Atmosphäre des Kosmetikinstituts ab.

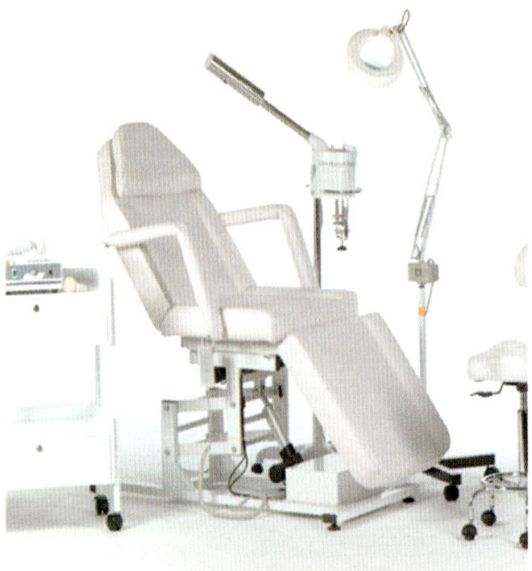

Die Grundausstattung einer Kosmetikkabine kostet etwa 2 000,00 EUR.

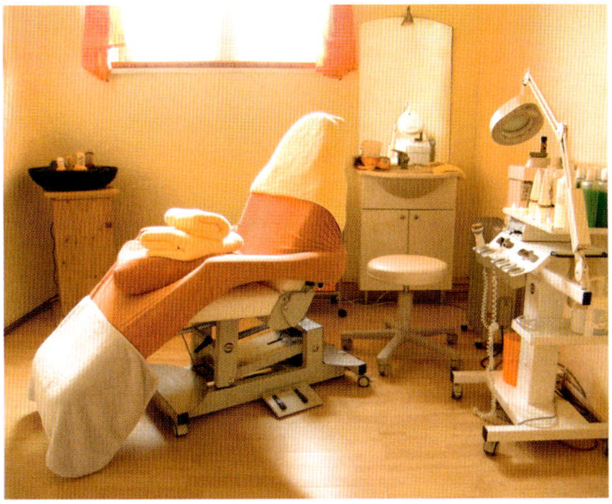

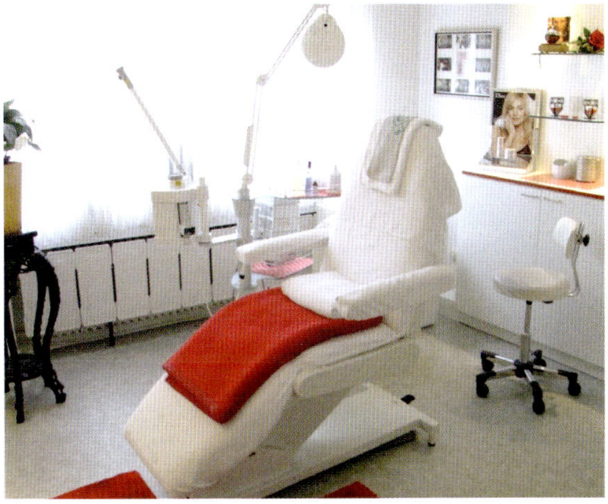

Bei der Gestaltung einer Kosmetikkabine müssen die damit verbundene Atmosphäre sowie hygienische Aspekte beachtet werden. Boden, Wände und Decken müssen eine regelmäßige und feuchte Reinigung ermöglichen. Die Farbgestaltung des Raums spiegelt den Stil der Institutsinhaberin wider.

die Wäsche komplett gewechselt. Für die Kosmetikliege werden von verschiedenen Firmen passende Frottierbezüge angeboten. Ein Metallabfallbehälter, in den man zusätzlich eine Mülltüte hineingibt, gehört ebenfalls zur Grundausstattung.

Zu den **Behandlungsmaterialien** zählen eine Wasserschüssel, eine Nierenschale, Maskenschälchen, eine Schüssel für das Fußbad und ein Dappenglas. Von Vorteil ist es, wenn alle Schüsseln und Schalen aus Edelstahl bestehen, weil diese am besten zu reinigen sind und auch der Kundin einen sauberen Eindruck vermitteln. Scheren, Zupfzange, Wattepads, Färbestäbchen, Spatel, Maskenpinsel, Zellstofftücher und das Arbeitsmaterial für die dekorative Kosmetik müssen so bemessen werden, dass jede Kundin ein neues, sauberes Set erhält. Das bedeutet eine Anschaffung von sechs und mehr Maskenpinseln und ebenso vielen kompletten Schminkpinselsets. Am Abend wird das Arbeitsmaterial sterilisiert bzw. desinfiziert, damit es über Nacht trocknen und am nächsten Tag wieder verwendet werden kann. Desinfektionsmittel und Alkohol (70%ig) gehören mit zur Kabinenausstattung. Einmallanzetten, Einmalhandschuhe, Mundschutz und Verbandmull ergänzen die Grundausstattung.

Die Zusatzausstattung umfasst alle Geräte, die durch Strom angetrieben werden oder bei denen der Strom direkt am Körper wirkt. Wachserhitzer, Paraffinbehälter und Kompressenerwärmer sind ergänzende Geräte.

Licht und Pflanzen, Musik und Düfte, Bilder, Wandmalerei und Stoffe können eine **Raumatmosphäre** schaffen. In dieser Umgebung sollen sich die Kunden, die Kosmetikerin und ihre Mitarbeiter wohlfühlen. Musikberieselung und Raumdüfte sind intensive Formen der Beeinflussung und sollten deshalb nicht wahllos eingesetzt werden. Entspannungsmusik kann einer Kundin für die Zeit der Behandlung gut tun; die Kosmetikerin, die sich solcher Musik stundenlang aussetzt, wird vielleicht nicht so positiv reagieren. Das Gleiche gilt für die Anwendung von Aromen. Gezielt zur Behandlung eingesetzt verbreiten sie ihren Duft ohnehin im ganzen Institut. Mit Musik und Düften sollte man daher so umgehen, dass auch die Arbeitsleistung der Kosmetikerinnen noch positiv beeinflusst wird.

Bei Pflanzen wirken runde Blattformen harmonischer als spitze. Auf viele kleine Details kommt es an, denn alle wirken auf den Menschen, der mit ihnen in Kontakt kommt. **Feng Shui** ist eine alte chinesische Gestaltungskunst, die auch im Westen immer mehr Verbreitung findet. Durch den gezielten Einsatz von Formen, Farben, Raumaufteilungen, Mobiliaranordnung, durch das Feststellen der „energetischen Situation von Räumlichkeiten“, durch Anordnung von Pflanzen und Bildern soll die Energie im Umfeld des Menschen harmonisiert und in Bahnen geleitet werden, die ihm dienlich sind.

4.4.2 Der Verkaufs- und Empfangsbereich

Je nach Konzeption des Instituts gehen der **Verkaufsbereich** und der **Empfangsbereich** nahtlos ineinander über. In jedem Fall soll dieser gesamte Bereich so gestaltet sein, dass er aktiver und lebendiger wirkt als der Behandlungsbereich. In den Empfangs- und Verkaufsbereich gehören Gestaltungselemente wie kräftigere Farben, Kontraste, kantigere Formen, Neugier erweckende Elemente, Informationsmaterial und Plakate mit Werbeaussagen.

Die Ware im Empfangsbereich sollte gut beleuchtet, ordentlich und übersichtlich eingeräumt sein.

Die Kunst besteht darin, den Behandlungsbereich und den Empfangs- und Verkaufsbereich unterschiedlich zu gestalten, aber nicht so, dass dabei der Zusammenhang verloren geht. Im Empfangsbereich sollte eine kleine Sitzgruppe mit einem Tisch stehen. Stühle oder Sessel sollten so platziert werden, dass die Kunden in den Raum schauen können, d. h. jeweils mit der Rückenlehne zur Wand stehen.

Auf dem Tisch können Blumen arrangiert werden; in jedem Fall sollte Informationsmaterial ausliegen. Farbkleckse durch Bilder, Stoffe, auf Übertöpfen oder Blumenvasen sorgen für einen lebhafteren Charakter dieses Institutsbereichs. Verkaufsregale sind dann gut platziert, wenn die Kundin das Warenangebot sehen kann, der Raum aber nicht blockiert wird.

4.5 Das Warenangebot

Wenn man ein Kosmetikinstitut eröffnet, ist das angebotene **Warensortiment** von entscheidender Bedeutung. Das Gleiche gilt, wenn man ein bestehendes Warensortiment um ein Depot ergänzen möchte. Informationen über Kosmetikanbieter erhält man z. B. auf Kosmetikmessen und Produktschulungen, in Kosmetik- und Parfümeriezeitschriften und im Internet. Bittet man um Informationsmaterial, kommt es darauf an, wie schnell eine Firma antwortet, ob das Äußere der Unterlagen und der Briefstil Sorgfalt erkennen lassen und wie z. B. Proben verpackt sind. Daran kann man ablesen, wie der Lieferant auch künftig mit einem umgehen wird. Lässt eine Antwort auf eine Frage einige Wochen auf sich warten, kann man sicher sein, dass zukünftige Bestellungen und Reklamationen ebenso schleppend behandelt werden.

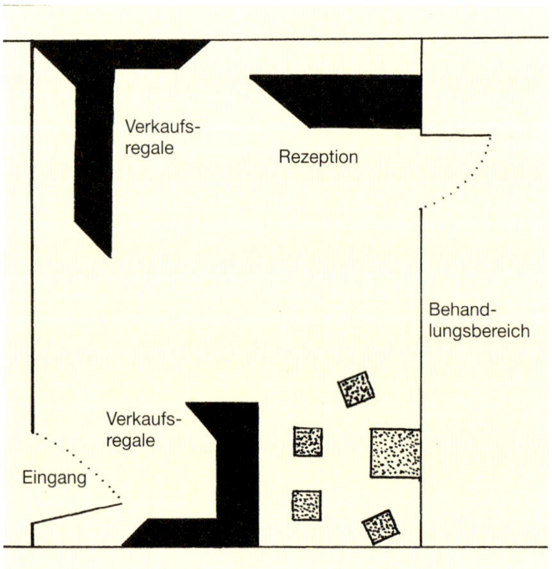

Ein Verkaufsbereich mit blockierenden Regalen hemmt den Verkaufserfolg.

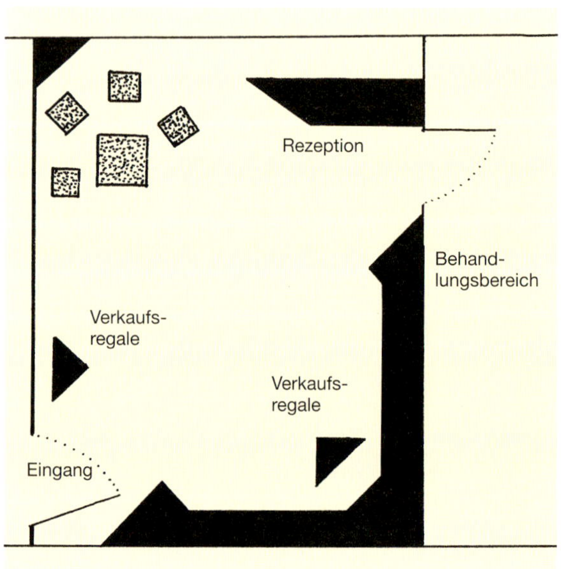

Ein Verkaufsbereich mit übersichtlicher und platzschaffender Regalanordnung lässt den Raum großzügiger erscheinen, ermöglicht einen Blick durch das Fenster in den Empfangs- und Verkaufsbereich und ist für das Kaufinteresse der Klienten förderlich.

Firmenschulungen während der Ausbildung haben den Vorteil, dass man eine Zeit lang mit den Produkten arbeiten kann und sie so besser kennenlernt. Oft übernimmt man aus einem Sicherheitsgefühl ein oder mehrere Depots mit in die Selbstständigkeit, ohne zu wissen, was mehrere hundert Anbieter auf dem deutschen Markt sonst noch zu bieten haben. Hier sollte man sich unbedingt informieren und dadurch auch neue Produkte und Behandlungsmöglichkeiten kennenlernen.

Letztendlich entscheidend ist das persönliche Empfinden und die Beziehung zu Produkten und ihren Anbietern, denn die Entscheidung für ein Depot leitet eine langjährige Zusammenarbeit ein. Firmen nennen es gerne Partnerschaft und die Kosmetikerin braucht Partner, aber die Modalitäten müssen vorher genau festgelegt werden. Eine der wichtigsten Fragen ist die **Fachhandelstreue**. Produkte, die nur über die praktizierende Kosmetikerin vertrieben werden, sind auch auf den Bedarf in der Praxis zugeschnitten. Außerdem sichern sie Kundenbindung.

Nehmen Sie Stellung: Bevor sich die Kosmetikerin für die Zusammenarbeit mit einem Anbieter entscheidet, muss sie diese vielen Fragen klären: Wie hoch ist die Erstbestellung? Kann ich nach Bedarf ordern oder gibt es Mindestabnahmen? Wie kann ich nachordern? Wie wird die Werbeunterstützung sein? Eine der Fragen ist die nach Fortbildungskursen. Auch die Inhalte der Seminare sind wichtig. Handelt es sich um reine Produktschulungen oder werden sie fachlich ergänzt?

Depotverträge sind vertragliche Vereinbarungen über die geschäftliche Beziehung zwischen einem Lieferanten und dem Inhaber eines Geschäfts. Fast alle internationalen Anbieter von Produkten im Exklusivbereich machen Depotverträge. Dazu bedarf es einer Antragstellung von Seiten des Interessenten. Es erfolgt dann eine Besichtigung der Geschäftsräume durch die Firma.

Exklusivfirmen liegen in der gehobenen Preisklasse. Sie haben internationalen Bekanntheitsgrad und entsprechend sind die Anforderungen an die Ausstattung der Geschäftsräume. Beratung und individuelle Kundenbetreuung durch geschultes Fachpersonal ist eine Voraussetzung, eine andere die Verpflichtung, nur solche Produkte zusätzlich mit anzubieten, die geeignet sind, das Image und die Bedeutung der Wunschmarke aufzuzeigen. Ein jährlicher Mindestumsatz muss erreicht werden, der entweder in einer festen Summe genannt wird oder aber einen bestimmten Prozentsatz (z. B. 40 %) des Jahresumsatzes der Verkaufsstelle erreichen muss. Auch das Zusatzsortiment (Bademoden, Lederwaren, Schmuck) muss den luxuriösen Charakter der Marke unterstreichen. Die Lage des Geschäfts muss zentral und in einer kundenfrequentierten Zone liegen. Die Firmen bieten ihr Image, Werbemaßnahmen und Verkaufsförderungsmaßnahmen, Schulungen, Fensterdekorationen und in seltenen Fällen auch einen Gebietsschutz.

Für jeden einzelnen Fall des Verstoßes gegen eine Vereinbarung wird eine Vertragsstrafe festgesetzt. Wird der vereinbarte Mindestumsatz über ein bis zwei Jahre nicht erreicht, löst die Firma den Vertrag mit dem Depotinhaber. Für große Parfümerien sind solche Depotverträge kein Problem. Die praktizierende Kosmetikerin, deren Schwerpunkt die kosmetische Behandlung ist, kommt dagegen nur selten mit solchen Vereinbarungen zurecht. Die Frage stellt sich überhaupt, ob die großen Depotfirmen die richtigen Partner für die praktizierende Kosmetikerin sind. Die Produktpalette ist sehr groß und die Kabinenware entspricht der Verkaufsware. Besondere Behandlungsverfahren sind kaum möglich. Gerade die machen aber die Arbeit der einzelnen Kosmetikerin unverwechselbar und bedeuten Kundenbindung.

Subjektive Kriterien (haben eine starke Wirkung)	Objektive Kriterien (sollten bedacht werden)
– persönliche Vorlieben	– Fachhandelstreue
– Warendesign	– Preisniveau
– Firmenphilosophie	– Depotbindung
– Art der Werbung	– Gebietsschutz
– besondere Sympathien, z. B. für Firmeninhaber, Repräsentanten oder Schulungsleiterinnen	– Höhe des Erstauftrags
	– Rabatte
	– Lieferfristen
	– Umgang mit Reklamationen
	– Werbeunterstützungssysteme
	– Produktschulungen
	– regelmäßige Betreuung

Einige Firmen unterstützen den Warenverkauf mit Werbe- und Dekorationshilfsmitteln, z. B. Warendisplays

Depotverträge bedeuten z. T. langjährige vertragliche Vereinbarungen mit einem Produktanbieter. Bei der Wahl des Anbieters spielen subjektive und objektive Kriterien eine große Rolle.

4.6 Versicherungen

Jede selbstständige Kosmetikerin muss sich, ihre Mitarbeiter und ihr Geschäft versichern. Dies ist zwar eine sehr teure, aber unbedingt notwendige Angelegenheit. Man unterscheidet persönliche und betriebliche Versicherungen.

Die **Berufshaftpflichtversicherung** ist eine wichtige Pflichtversicherung, die Schäden am Kunden abdeckt. Sie lässt sich mit einer privaten Haftpflichtversicherung kombinieren und ist dann meistens preisgünstiger. Alle Mitarbeiter müssen berufshaftpflichtversichert sein. Schneidet z. B. eine Kosmetikerin einer Kundin versehentlich in den Zeh und es entwickelt sich daraufhin eine Entzündung mit der Folge einer Zehamputation, so zahlt die Berufshaftpflichtversicherung der Kosmetikerin die anfallenden Kosten.

Eine **Berufsgenossenschaft** versichert die Unternehmerin und ihre Mitarbeiter gegen **Arbeitsunfälle**. Dies ist beispielsweise der Fall, wenn eine Kosmetikerin während einer Behandlung ausrutscht, sich das Handgelenk verstaucht und anschließend einige Wochen arbeitsunfähig ist. Da es sich um einen Unfall während der Arbeit handelt, muss die Berufsgenossenschaft informiert werden. Sie tritt für die Behandlungskosten ein und zahlt Verletztengeld.

Allerdings wird nicht jeder Unfall, der während der Arbeitszeit passiert, auch als Arbeitsunfall bewertet. Daher empfiehlt sich zusätzlich eine private **Unfallversicherung**, die z. B. bei einem Sportunfall eintritt.

Die **Berufsunfähigkeitsversicherung** zahlt, wenn aufgrund von Krankheit oder Unfall ein bleibender gesundheitlicher Schaden entsteht, sodass der Beruf nicht mehr ausgeübt werden kann. Die Kosmetikerin erhält dann eine monatliche Rente. Die Beiträge für diese Versicherung sind zwar sehr hoch, da der Staat aber nicht mehr für die Berufsunfähigkeit aufkommt, ist diese Versicherung von großer Bedeutung, denn die Arbeitskraft einer Kosmetikerin ist ihr wichtigstes Kapital.

Die **Krankenversicherung** ist für Angestellte Pflicht. Man wird automatisch bei Abschluss des Arbeitsvertrags in eine gesetzliche Krankenversicherung aufgenommen. Der Arbeitnehmer kann jedoch entscheiden, in welche der zahlreichen Versicherungen er eintritt. Das Gleiche gilt für die Renten- und Arbeitslosenversicherung. Unternehmer können zwischen gesetzlicher und privater Krankenversicherung und bei der Rentenversicherung wählen.

Die **Betriebsvielschutzversicherung** ist für Geschäftsinhaber sehr wichtig. Sie zahlt bei Wasser-, Feuer-, Sturm- und Einbruchschäden und Diebstahl. Wenn etwa bei einem Wasserschaden im Geschäft die gesamte Ware und Inneneinrichtung beschädigt ist und das Geschäft für mehrere Wochen geschlossen werden muss, zahlt die Betriebsvielschutzversicherung den Zeitwert für die Renovierung (Gewinnverlust), die Inneneinrichtung sowie Reparaturen durch Handwerker. Sie ähnelt der Hausratversicherung. Der Unterschied besteht darin, dass die Betriebsvielschutzversicherung entgangenen Gewinn und mobiles Geschäftsinventar ersetzt. Ist das Institut im privaten Wohnbereich untergebracht, muss man den privaten Wohnteil mit einer zusätzlichen Hausratversicherung absichern, da hier die Betriebsvielschutzversicherung nicht greift.

Die Gebäudeversicherung zahlt alle Schäden am Gebäude. Diese Versicherung braucht man nur als Eigentümer der Immobilie, in welche das Kosmetikinstitut integriert ist.

5 Werbung für Kosmetikinstitute

Um ein Kosmetikunternehmen und seine Dienstleistungen bekannt zu machen, ist Werbung eine wichtige Voraussetzung. Die wichtigste Werbeträgerin sind die Kosmetikerin selbst und ihre Kunden. Je glaubwürdiger eine Kosmetikerin auf ihre Kunden wirkt, desto erfolgreicher ist ihre Werbung.

Werbung bezeichnet alle Maßnahmen der Kundenbindung und Kundengewinnung. Der Stammkundenpflege sollte mindestens so viel Aufmerksamkeit geschenkt werden wie der Neukundengewinnung: Es ist preiswerter und einfacher, eine Kundin zu halten als eine neue Kundin zu gewinnen. Für Werbung und Marketing sollten ungefähr zehn Prozent des Nettojahresumsatzes eingeplant werden.

Alle Werbeaktionen sollten ein einheitliches Erscheinungsbild aufweisen. **Corporate Identity**, die einheitliche Firmenphilosophie, muss von allen Mitarbeitern anerkannt und umgesetzt werden. So sollten z. B. alle Mitarbeiter eine in Farbe und Stil einheitliche Berufbekleidung mit dem Firmenlogo tragen und die gleiche Begrüßungsformel am Telefon verwenden. Entsprechend des **Corporate Designs** werden alle Geschäftspapiere, Werbeanzeigen, Broschüren, die Fassade und das Schaufenster des Kosmetikinstituts einheitlich und mit einem Firmenlogo ausgestattet. Das löst einen Wiedererkennungseffekt bei den Kunden aus. Hat das Unternehmen eine gewisse Größe erreicht, ist es von Vorteil, wenn eine PR-Agentur mit der Planung und Durchführung beauftragt wird.

- Mund-zu-Mund-Propaganda
- Schaufensterwerbung
- Werbung im Empfangs- und Verkaufsbereich
- Direktmailing (persönliche Briefe an Kunden)
- Anzeigen in der Tageszeitung
- PR-Artikel in regionalen Zeitungen oder Vereinszeitschriften
- Aktionswerbung auf Stadtfesten, Informationsveranstaltungen oder regionalen Messen
- Werbung mit branchenfremden Geschäftspartnern
- regionale Rundfunk-, Fernseh- und Kinowerbung
- Website und/oder Onlineshop im Internet

Werbemöglichkeiten für Kosmetikunternehmen

Die **Mund-zu-Mund-Propaganda** ist die effektivste und zugleich preiswerteste Werbung. Zufriedene Kunden empfehlen das Geschäft und die Dienstleistung weiter. Wenn eine Kundin von einer Gesichtsbehandlung im Geschäft so begeistert ist, dass sie ihrer Nachbarin, Freundin und Mutter davon berichtet, und diese daraufhin auch einen Termin für diese Behandlung buchen, hat das Kosmetikinstitut drei neue Kunden dazugewonnen, ohne „einen Cent zu zahlen“.

Das **Schaufenster**, der Empfangs- und Verkaufsbereich bieten gute Werbemöglichkeiten. Hier zählen Kreativität und Aktualität. Aber auch die Pflege dieser Bereiche gibt Hinweise auf die Qualität der Institutsangebote. Eine noch so schöne Gestaltung des Schaufensters verblasst hinter schmutzigen Fenstern, verstaubten Stoffen oder einem Heer toter Fliegen auf dem Fenstersockel. Diese Bereiche müssen deshalb ebenso wie die dort angebotenen Produkte immer sauber und staubfrei gehalten werden.

Im Schaufenster sollten immer mehrere **Zielgruppen** angesprochen werden, z. B. Männer, Frauen, Jugendliche, Senioren. Schaufenster sollten alle vier Wochen neu dekoriert werden. Zur Dekoration eignen sich auffällige Farben und Formen, Lichtwerbung und Bewegungselemente. Dies sind Blickfänge für Kunden. Die Dekoration muss aber farblich aufeinander abgestimmt sein. Zu Schwarz-Weiß-Plakaten kann farblich gewagter dekoriert werden. Intensive Farbplakate kommen dagegen nur zur Wirkung, wenn die farbliche Ablenkung im Umkreis nicht zu groß ist. Die Gestaltungselemente können sich z. B. an den Jahreszeiten oder besonderen Anlässen wie Weihnachten, Ostern, Karneval oder Urlaubszeit orientieren.

Beim **Direktmailing** werden Kunden persönlich per Brief angeschrieben und auf Sonderaktionen, besondere Behandlungsangebote oder neue Produkte hin-

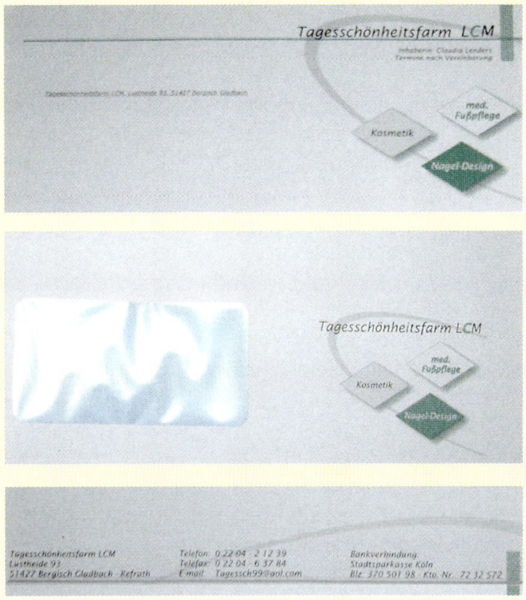

Corporate Design: Beispiel für Geschäftspapier mit einheitlichem Logo

gewiesen. Der Geburtstag einer Kundin kann beispielsweise dazu genutzt werden, im Zusammenhang mit der Gratulation einen Gutschein für einen kleinen Behandlungsteilschritt oder ein Rabattangebot anzubieten und so an das Institut zu erinnern. Zwar entstehen bei dieser Werbeform Kosten für Porto und Geschäftspapier, aber es gibt wenig Streuverluste, da die Kunden nach Zielgruppen sortiert angeschrieben werden.

Für Anzeigen in der Tageszeitung entstehen erhebliche Kosten, denn sie sollten über fünf bis sechs Wochen geschaltet werden, damit sich ein Wiedererkennungswert einstellt. Zwar lesen sehr viele Menschen die Anzeige, weil sie in mehreren zehntausend Zeitungsexemplaren erscheint, aber damit sind erhebliche Streuverluste verbunden: Die Zeitung

Beispiel für eine Anzeige in einer Tageszeitung

wird auch von Menschen gelesen, die nicht in die Zielgruppe passen.

Artikel in regionalen Zeitungen oder Vereinszeitschriften sind eine besondere Form der **Public Relations** (**Öffentlichkeitsarbeit**). Eine Zeitung veröffentlicht z. B. anlässlich der Neueröffnung oder einer Sonderaktion eines Instituts einen kostenfreien redaktionellen Beitrag. Es handelt sich um reine Imagepflege, das Unternehmen wird sehr vorteilhaft beschrieben. Der direkte Kundenzustrom nach einer solchen PR-Kampagne ist jedoch eher gering. Anzeigen in regionalen Zeitungen oder Vereinszeitschriften sind allerdings kostengünstiger als in Tageszeitungen.

Regionale Rundfunk-, Fernseh- und Kinowerbung erfordert ein überdurchschnittlich hohes Werbebudget. Als „Ein-Frau-Unternehmen" lohnt sich diese sehr aufwendige Werbung meistens nicht.

Öffentlichkeitsarbeit in Form von **Aktionswerbung** auf Stadtfesten, Informationsveranstaltungen oder regionalen Messen hat einen hohen Werbeeffekt. Ein Aktionsstand auf einem Stadtfest mit Schnupperangeboten, z. B. zur Farbberatung oder zum Nail-Design, ermöglicht einen direkten Kontakt zu potenziellen Kunden. An einem „Tag der offenen Tür" mit Sonderaktionen können sich interessierte Kunden in ungezwungener Atmosphäre über das Institut und die Angebote informieren. Spezialisiert sich ein Kosmetikinstitut, z. B. auf Braut-Make-up, ist diese Form der Werbung sehr gut zur Neukundengewinnung auf einer Hochzeitsmesse geeignet. Visitenkarten und Werbebroschüren, evtl. auch Rabattgutscheine für eine begrenzte Zeit sollten als „Gedankenstütze" an die Kunden verteilt werden.

Werbung mit branchenfremden Geschäftspartnern ist relativ kostengünstig und wirksam. Die Zusammenarbeit mit einem Dermatologen, Optiker, Friseur, Altenheim, Fotografen oder Sonnenstudio bietet die Möglichkeit, diesen Kundenstamm mit zu nutzen. Man erschließt neue Kundenkreise und es fallen nur wenige Kosten, z. B. für Werbeprospekte, an. Der direkte Kundenkontakt ist hergestellt, wenn man z. B. am „Tag der offenen Tür" eines Optikers ein kostenfreies **Brillen-Make-up** anbietet. Die Kunden werden begeistert sein und vielleicht einen Termin zur Farbberatung buchen. In Zusammenarbeit mit einem Seniorenheim oder Sonnenstudio könnte ein Fußpflegeservice angeboten werden. So werden die Kunden auf das Kosmetikinstitut aufmerksam. Es entwickeln sich wertvolle Geschäftskontakte.

Kein erfolgreiches Unternehmen kommt mehr ohne eine eigene **Website** (Homepage) im **Internet** aus. Dabei wird das gesamte Angebot eines Geschäfts im Internet dargestellt. Der Kunde kann sich „rund um die Uhr" über die Dienstleistungen informieren. Die Kosten zur Erstellung einer Website durch eine Firma betragen je nach Aufwand etwa 1 200,00 EUR. In einem zusätzlichen Onlineshop können Kunden außerhalb der Öffnungszeiten Produkte bestellen. Dadurch entwickelt sich allerdings eine neue Käuferschicht.

6 Preisbildung für Waren und Dienstleistungen

Die Preise der angebotenen Waren und Dienstleistungen müssen ausgezeichnet oder in einem Preisverzeichnis erfasst und für die Klienten gut lesbar ausgehängt werden. **Preise** sind sehr sorgfältig zu kalkulieren, um die entstandenen Kosten voll abzudecken, einen markt- und leistungsgerechten Preis anzubieten sowie einen möglichst hohen Gewinn zu erzielen.

Die Kosmetikerin muss marktgerechte Gewinnspannen auf der Basis der Selbstkosten für die einzelnen Produkte und Dienstleistungen erzielen. Für den Warenverkauf gilt die Einsicht: „Im Einkauf liegt der Gewinn." Das heißt, es kommt für Sie darauf an, möglichst geringe Einstandspreise zu erzielen. So sollten beim **Wareneinkauf** Rabatte, Skonti, Zahlungsziele und Lieferkosten beachtet werden. Um die Preiskalkulation für Handelswaren zu vereinfachen, wird die Kalkulation mit dem **Aufschlagsfaktor** empfohlen. Dabei handelt es sich um eine Art Mischkalkulation, mit der eine marktgerechte Unterkalkulation (zu geringer Aufschlag) bei einigen Artikeln mit einer Überkalkulation (eigentlich zu großer Aufschlag) bei anderen Artikeln ausgeglichen werden kann.

Die **Kalkulation** (Preisberechnung) von Dienstleistungen und Handelswaren hat zwei Ziele: (1.) Die dem Institut entstandenen Kosten sollen voll abgedeckt werden. Darüber hinaus soll ein möglichst hoher Gewinn erzielt werden. (2.) Dienstleistungen und Produkte zu einem markt- und leistungsgerechten Preis anzubieten, um wettbewerbsfähig zu bleiben.

6.1 Preisberechnung für Handelswaren

Die **Kalkulation von Handelswaren** erfolgt in zwei Schritten. Der erste Schritt ist die **Einkaufskalkulation**, die den Preis ermittelt, der von der Kosmetikerin selbst für diese Waren zu zahlen ist. In einem zweiten Schritt wird der **Verkaufspreis** errechnet, der erzielt werden soll, um den Handel zu einem Geschäft für das Unternehmen werden zu lassen.

1. Schritt = Einkaufskalkulation

Beispiel 1: Berechnung des **Einstandspreises** einer Warenlieferung von Kosmetika

	Listenpreis des Lieferanten (10 Tagescremes)	153,59 EUR
–	Rabatt oder Bonus (5 %)	7,67 EUR
+	Umsatzsteuer (19 %)	29,18 EUR
=	Rechnungsbetrag	175,10 EUR
–	Skonto (2 %) - oder -	3,50 EUR
+	Verzugszinsen/Mahngebühren	.... EUR
+	Bezugskosten (Porto/Transport)	14,34 EUR
=	Einstandspreis	185,94 EUR

Die Tagescreme wurde in diesem Beispiel zu einem Einstandspreis bzw. Selbstkostenpreis von 18,59 EUR pro Stück eingekauft.

2. Schritt = Verkaufskalkulation (bei gleichem Gewinn für alle Artikel). Bei der Verkaufskalkulation bleiben Personalkosten unberücksichtigt, da der Verkauf Teil der Dienstleistung ist und dort kalkuliert wird. Der **Aufschlagfaktor** berücksichtigt die Jahresumsätze und die in diesem Abrechnungszeitraum entstandenen Kosten. Der gesamte Bruttoumsatz, geteilt durch den Wareneinsatz (Verkauf), ergibt den Aufschlagfaktor.

	Wareneinsatz (gem. Gewinn- und Verlust-Rechnung) Verkaufswaren	6 135,50 EUR
+	Zinskosten (s. Nebenrechnung 1)	232,64 EUR
+	Gemeinkostenanteil (pauschal 2 %) (siehe Nebenrechnung 2)	375,29 EUR
=	Selbstkosten	6 743,43 EUR
+	Gewinn (30 %)	2 023,03 EUR
=	Nettoumsatz	8 766,46 EUR
+	Umsatzsteuer (19 %)	1 665,63 EUR
=	Bruttoumsatz (gesamt)	10 432,09 EUR
:	Wareneinsatz (Verkauf)	6 135,50 EUR
=	Aufschlagfaktor	1,70

Beispiel 2: Berechnung des Aufschlagfaktors

	Einstandspreis (pro Stück)	18,00 EUR
x	Aufschlagfaktor (1,70)	
=	Verkaufspreis (pro Stück)	30,60 EUR

Beispiel 3: Berechnung des Verkaufspreises einer Tagescreme

	Anfangsbestand Warenwert zum Jahresbeginn	2 556,46 EUR
+	Endbestand Warenwert (gem. Inventur am Jahresende)	4 090,34 EUR
=	Summe	6 646,79 EUR
:	2	
=	Durchschnittlicher Lagerbestand	3 323,40 EUR
x	zz. üblicher Zinsfuß – z. B. 7 % – für Fremdkosten oder Eigenkapital	
=	Zinskosten Lager	232,64 EUR

Nebenrechnung 1 zur Ermittlung der Zinskosten

Zinskosten fallen an, da durch das Lager ständig Kapital gebunden ist, welches durch Fremdkapital (FK) oder Eigenkapital (EK) finanziert werden muss. Die zu zahlenden oder entgangenen Zinsen müssen in die Kalkulation eingehen.

	Position	Kosten pro Jahr (EUR)
	Miete/kalkulatorische Miete	3 783,56 EUR
+	Raumnebenkosten	2 045,17 EUR
+	Steuern, Versicherungen, Beiträge	2 351,94 EUR
+	Weiterbildung	153,39 EUR
+	Fahrzeugkosten	3 067,75 EUR
+	Werbekosten	204,52 EUR
+	Instandhaltung von Werkzeugen	306,78 EUR
+	**Abschreibung**en	2 249,68 EUR
+	verschiedene Kosten	4 601,63 EUR
=	**Summe Gemeinkosten**	**18 764,41 EUR**

Nebenrechnung 2 zur Ermittlung der Gemeinkosten

Der Gemeinkostenanteil beträgt bei der Berechnung des Aufschlagfaktors pauschal 2 % der Gesamtsumme.

6.2 Preisberechnung für Dienstleistungen

Um der **Preisangabenverordnung** (PAngV) zu entsprechen, die zur Preisauszeichnung von Waren verpflichtet, müssen die Dienstleistungen des Instituts mit Preisangaben versehen und den Verbrauchern leicht zugänglich präsentiert werden. Für die Preise kosmetischer Behandlungen spielen die dabei direkt entstehenden Kosten eine größere Rolle. Ein spezielles Werkzeug der apparativen Kosmetik muss durch die besonderen, damit ausgeführten Dienstleistungen seine Kosten decken. Es darf langfristig nicht die Preise anderer Dienstleistungen – durch eine Form der Mischkalkulation – unangemessen belasten.

Um zu einem marktgerechten Angebot durch die **Preisgestaltung** der Dienstleistungen zu gelangen, müssen die eigenen Leistungen im Verhältnis zu denen der Mitbewerberinnen sowie der Bedarf der Zielgruppen eingeschätzt werden. Das heißt, je weniger Mitbewerber mit vergleichbarer Leistung und je größer die voraussichtliche Nachfrage, desto höher im Preis kann die Leistung angeboten werden.

Bei gleicher Leistung der Mitbewerber und hohem Wettbewerbsdruck kann es sinnvoll sein, diese Dienstleistung wegen der geringen Preise nicht mehr anzubieten. Besser wäre es in solchen Fällen, andere, evtl. neue Dienstleistungen anzubieten, die in diesem Einzugsbereich von den Mitbewerberinnen noch nicht zu erhalten sind.

Die Preisgestaltung ist zum Teil eine rechnerische Aufgabe, um die anfallenden Kosten zu decken. Sie hat aber auch etwas Spekulatives im Hinblick auf die Bewertung der Arbeitsleistung durch die Klienten. Um den Gewinnaufschlag festzulegen, bedarf es einer unternehmerischen Entscheidung. Ein Make-up z. B. ist qualitativ nicht normbar und deshalb in Abhängigkeit von der Gesamtleistung zu bewerten. Da es aber Klienten gibt, die den Preis als Qualitätsmerkmal einer Dienstleistung ansehen, kann ein hohes Preisniveau durchaus Bestandteil eines Konzepts sein. Allerdings muss diese Erwartung der Klienten dann auch durch die Leistungen der Kosmetikerin bestätigt werden.

Beispiel 4: Berechnung einer kosmetischen Behandlung

Netto-Materialkosten (Kabinettwaren)	2,97 EUR
+ Gerätekosten pro Bedienungsfall (siehe Nebenrechnung 3)	25,85 EUR
+ Personalkosten (z. B. 45 Minuten, je Minute 0,35 EUR)	8,05 EUR
+ Gemeinkostenzuschlag in Prozent der Personalkosten 59 % (siehe Nebenrechnung 4)	4,76 EUR
= Selbstkostenpreis	41,62 EUR
+ Gewinnaufschlag / Risiko (z. B. 30 %)	12,49 EUR
= Netto-Preis	54,11 EUR
+ 19 % Umsatzsteuer	10,28 EUR
= Behandlungspreis	64,39 EUR

Anschaffungspreis	1 789,52 EUR
+ FK (Fremdkapital) oder EK (Eigenkapital) – Zinsen (z. B. 10 % für 3 Jahre)	536,86 EUR
= Summe	2 326,38 EUR
Anteilige Abschreibung pro Bedienungsfall (z. B. 90 geplante Anwendungen in 3 Jahren)	
= Kostenanteil pro Bedienungsfall	25,85 EUR

Nebenrechnung 3 zur Ermittlung der Gerätekosten

Den Gemeinkostenzuschlag (in %) errechnet man durch Vergleich der direkt – mit den Dienstleistungen – verrechenbaren Jahres-Lohnkosten mit den Jahres-Gemeinkosten

Lohnkosten (Privatentnahmen) und Personalkosten	31 700,10 EUR = 100 %
Gemeinkosten	18 764,41 EUR = X

Gemeinkostenzuschlag

$$X = \frac{18\,764{,}41 \text{ EUR} \times 100}{31\,700{,}10 \text{ EUR}} = \mathbf{59\,\%}$$

Nebenrechnung 4 zur Ermittlung des Gemeinkostenzuschlags

In Beispiel 3 wären die **Personalkosten** mit 0,35 EUR pro Minute bei voller Auslastung gedeckt. Es muss jedoch auch damit gerechnet werden, dass zwischen zwei Behandlungen kurze Wartezeiten für die Kosmetikerin entstehen. Dieser „Leerlauf" muss an anderer Stelle wieder ausgeglichen werden. Bei 80%iger Auslastung wird der Preis pro Personalminute angemessen erhöht, oder der Aufschlag für Gewinn und Risiko wird angehoben. In dem o. a. Beispiel müssen aber schon 2,74 EUR pro Behandlungsminute erzielt werden (123,11 EUR : 45 Minuten), um die anfallenden Kosten zu decken und die Unternehmensziele zu erreichen. Unter den derzeitigen Marktbedingungen wäre allerdings ein Preis von 1,50 EUR pro Minute schon sehr gut. Die selbstständige Kosmetikerin muss also sehr sorgfältig abwägen, ob die Kosten für Investitionen gedeckt werden können und ob die vorgesehenen Gewinnspannen in marktgerechte Preise münden.

7 Fortbildung

Fortbildung gehört zu den wesentlichen Aufgaben selbstständiger Kosmetikerinnen. Fachlicher Stillstand bedeutet Rückschritt für die Wettbewerbsfähigkeit eines Kosmetikinstituts. Die Bedingungen, unter denen berufliche Aufgaben gelöst werden müssen, ändern sich ständig. Produkte, Werkzeuge und Behandlungsverfahren werden weiterentwickelt und ermöglichen Innovationen im Dienstleistungsangebot der Kosmetikerin. Auch Veränderungen der Mode und Entwicklungen von Lebensstilen erfordern ständige Anpassungsleistungen von der Kosmetikerin.
Zu den Methoden der Fortbildung zählen alle Formen der Informationsgewinnung. Fachzeitschriften, neue oder neu aufgelegte Fachbücher, die Zeitschriften der Zielgruppen (z. B. Frauen-, Männer-, Jugendzeitschriften) und Seminare der Industrie. Fachmessen in verschiedenen Großstädten verdienen besondere Aufmerksamkeit. Zu den größeren Kosmetikfachmessen zählen z. B. die BEAUTY (im Frühling und Herbst) und die COSMETICA (im Sommer).

Bei Seminarangeboten sollten Sie vorher mit dem Veranstalter sprechen. So verschaffen Sie sich einen persönlichen Eindruck und können feststellen, ob kritische Fragen beantwortet werden. Vorsicht ist geboten, wenn über längere Zeit nur ein Anrufbeantworter zu hören ist, wenn Ihre Fragen ungeduldig und unzureichend beantwortet werden oder wenn Veranstalter nur ein Postfach angeben. Wirklich gute Seminare sind eine Bereicherung für Sie selbst, fördern den Kontakt zu Kolleginnen und den Erfahrungsaustausch und machen Ihr Institut leistungsfähiger. Fortbildung kostet Zeit und Geld. Jeder, der im Berufsleben steht, muss sich diese Zeit nehmen, und das meistens am Wochenende. Soll sich der Einsatz lohnen, ist es wichtig, qualitativ hervorragende Seminare zu besuchen. Zunächst müssen die Motive für den Besuch erkannt werden: Möchten Sie sich „nur mal berieseln lassen" oder möchten Sie durch aktive Mitarbeit lernen? Erwarten Sie fertige Konzepte oder sollen die Seminarerfahrungen Sie befähigen, individuelle Konzepte zu entwickeln? Wollen Sie dazulernen oder halten Sie sich im Grunde genommen für gut und wollen nur wissen, was es Neues gibt? Die Beantwortung dieser Fragen ist wichtig für die Wahl einer Fortbildung, die die erforderlichen Kriterien aufweisen soll. Der Staat zahlt einen Großteil Ihrer Fortbildungsmaßnahmen. Ihre Bildungsinvestition kann in voller Höhe als Betriebsausgabe von der Steuer abgesetzt werden, sofern es sich tatsächlich um eine berufliche Veranlassung handelt und Sie einen beruflichen Nutzen daraus ziehen. Sie dürfen die direkten Kosten, z. B. die Teilnahmegebühren sowie die mit der Fortbildung im Zusammenhang stehenden Kosten, wie Reise- und Unterbringungskosten, geltend machen. Auch Kosten für Lehrmittel, wie Fachbücher und Fachzeitschriften, und Arbeitsmaterialien, wie Ordner, können steuerlich abgesetzt werden.

Weitere Infos zu Fortbildungen, Produktneuheiten und Fachmessen unter:
www.beauty-international.de
www.cosmetica.de
www.friseur.com/fachmesse
www.friseurportal.de
www.handwerkermarkt.de
www.ki-online.de
www.seminaranzeiger.de

Kosmetikfachmessen informieren über bewährte und innovative Produkte, Werkzeuge, Geräte und Behandlungsverfahren.

- **Wo findet das Seminar statt?** Kritisch sollten Sie z. B. bei drittklassigen Hotels sein oder solchen Orten, in denen keine Seminarräume vorhanden sind.
- **Wer leitet das Seminar?** Vorsicht ist geboten, wenn sich die Seminarleitung z. B. mit Fantasietiteln schmückt, wenn sie nicht bereit ist, ihre Qualifikation nachzuweisen oder keine Unterlagen zur Verfügung stellt.
- **Wie erfolgt die Anmeldung zum Seminar?** Vorsicht ist geboten, wenn es keine Rücktrittsmöglichkeit gibt, wenn die genauen Kosten für Lehrmaterial, Arbeitsmaterial und Übernachtung nicht aufgelistet sind und wenn nicht geregelt ist, wie die Rückzahlung der Seminarkosten erfolgt, wenn der Veranstalter absagt.
- **Persönliche Daten**, die über Adresse und Telefonnummer hinausgehen, gehören nicht in eine Anmeldung. Der Veranstalter sollte sich verpflichten, nach dem Seminar auf Wunsch des Teilnehmers alle Daten zu löschen. Wichtig ist auch, ob im Kleingedruckten nur solche Bedingungen stehen, die zum Vorteil für den Veranstalter sind.
- **Welche Inhalte vermittelt das Seminar?** Erkundigen Sie sich, ob das Seminar für seinen Preis alles bietet, oder ob noch zusätzliche Kosten auf Sie zukommen. Wenn Produkte oder Arbeitsmaterial käuflich erworben werden müssen, handelt es sich vermutlich um eine Werbemaßnahme eines Anbieters. Das muss jedoch kein Nachteil sein, wenn es vorher bekannt ist. Wenn es um praktische Fertigkeiten geht, die man erlernen möchte, muss auch die Möglichkeit bestehen, praktisch zu arbeiten. Auf jeden Fall sollten Seminarunterlagen zum Nacharbeiten zur Verfügung gestellt werden.

Fortbildungsveranstaltungen werden z. B. in Fachzeitschriften, auf Messen oder durch Direktmailing angeboten. Auch viele Firmen laden zu solchen Veranstaltungen ein.

Fachlexikon/Stichwortverzeichnis

A

B

Blutkreislauf der ununterbrochene Strom des Bluts durch den Organismus; man unterscheidet den großen und den kleinen Blutkreislauf; (großer Blutkreislauf:) die aus der Herzkammer entspringende Aorta gibt das Blut in die Hauptarterien ab; die Arterien verzweigen sich in immer kleinere Äste bis in die Kapillaren; über die Kapillaren gibt das Blut z. B. Nährstoffe und Sauerstoff an das umliegende Gewebe ab und nimmt z. B. Schlackenstoffe und Kohlenstoffdioxid auf; die Kapillaren gehen in feinste Venenzweige über; die Venen vereinigen sich zu immer größeren Venen und schließlich zu den beiden großen Hohlvenen; von hier wird das Blut wieder dem Herzen zugeführt; (kleiner Blutkreislauf:) vom Herzen wird das Blut über die Lungenarterie zur Lunge transportiert, dort vom Kohlenstoffdioxid „befreit“ und mit Sauerstoff „beladen“ und über die Lungenvenen zurück zum Herzen geführt; jetzt beginnt wieder der große Blutkreislauf.

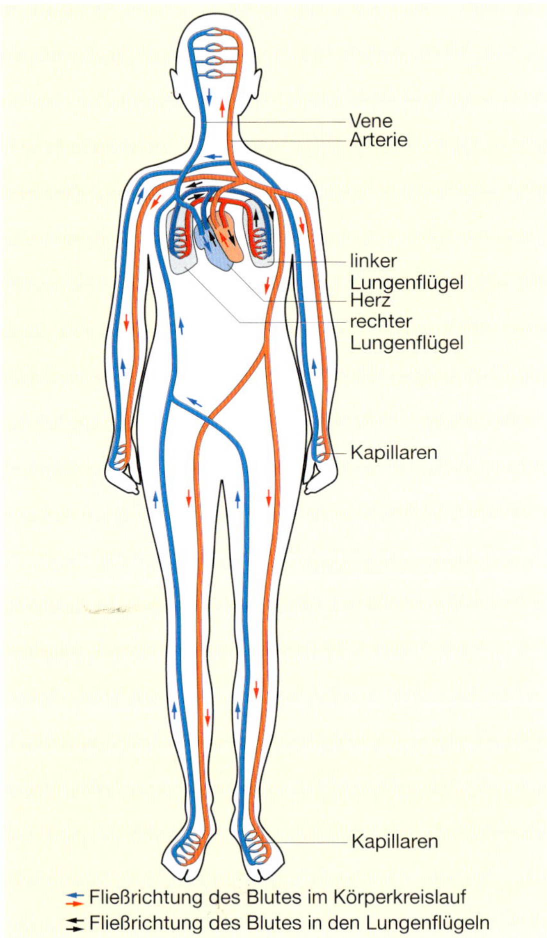

Blutplasma flüssiger Anteil des Blutes, in dem Nährstoffe, Eiweiß, Salze, Hormone, Fermente usw. und Blutkörperchen transportiert werden bzw. enthalten sind; besteht zu über 90 % aus Wasser; vgl. Blut 101

Borrelien bestimmte Virengruppe 72

bösartige Neubildungen der Haut 87 ff.

Bräunungsbeschleuniger/Bräunungshelfer 194

Braut-Make-up 342 ff.

Breipackungen 132

Breitbandfilter Chemische Verbindungen, die über den gesamten Bereich der UVA- und UVB-Strahlen von 380 bis 260 Nanometer absorbieren und als Lichtfiltersubstanzen in Sonnenschutzmitteln zum Einsatz kommen

Brille/Brillen-Make-up 341 f.

Brust (Gestaltungsgrundlagen) 332

BSE Abkürzung für Bovine Spongiforme Enzephalopathie, eine bei Rindern auftretende schwammartige Zersetzung des Gehirns, u. a. wegen dieser Erkrankung werden nur noch selten tierische Organextrakte für kosmetische Präparate verwendet 170

Buntstifte 182

Bürstenmassagegeräte 281 f.

Busenbehandlung 235

Butanol Alkohol; Lösungsmittel für Nagellacke 141

Butansäuremethylester 150

Butylenglykol mehrwertiger Alkohol 141

C

Café-au-lait-Flecken 49, 87 f.

Calendula Ringelblume, Flavonoiddroge 167

Calendulaöl Öl aus den Blüten der Calendula, wirkt beruhigend, wundheilend; gegen trockene, rissige Haut, gegen Sonnenbrand

Camouflage Technik und Abdeckcreme in verschiedenen Farbtönen zum Kaschieren von Hautanomalien 182, 346 f.

Candida albicans ein bestimmter Hefepilz 69

Candidosen Pilzerkrankungen, die durch Hefepilze verursacht werden 70

Canthaxanthin natürlicher orange-roter Farbstoff, der aus essbaren Pilzen und Flamingofedern isoliert wird; als Lebensmittelfarbstoff zugelassen. Bei erhöhtem Canthaxanthinblutspiegel lagert sich der Farbstoff in der Haut ab und erzeugt eine orange-braune Hautfarbe

Carnaubawachs 154

Carboxylgruppe Kennzeichnen von organischen Säuren 144

Carotinoide Farbstoffe in der Karotte, die UV-Strahlen absorbieren können

Carrageen Heißwasserextrakt aus Rotalgen, der nach dem Abkühlen ein thixotropes Gel bildet; wird als Verdickungsmittel in kosmetischen Präparaten eingesetzt

Castoreum Bibergeil, tierischer Duftstoff 171

Cellulite „Orangenhaut“, Einlagerung von Gewebeflüssigkeit in das Bindegewebe und Fettgewebe der Subcutis infolge einer Bindegewebsschwäche; volkstümlich eine vermehrte Fettaufnahme des weiblichen Bindegewebes an Oberschenkeln, Gesäß, Bauch und Oberarmen; beim

D

E

G

H

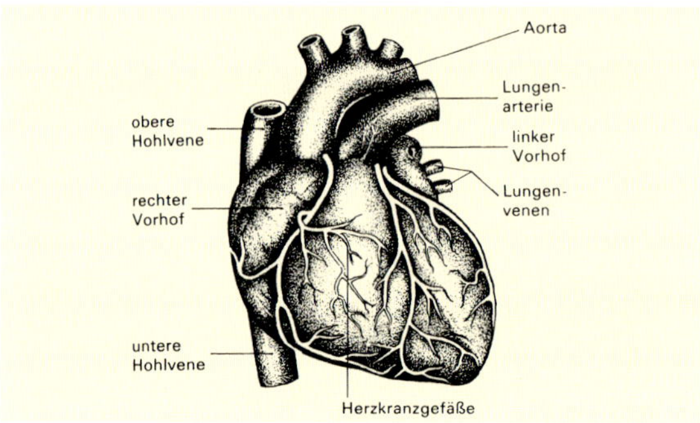
Aorta
Lungen-arterie
obere Hohlvene
linker Vorhof
Lungen-venen
rechter Vorhof
untere Hohlvene
Herzkranzgefäße

I

INCI-Nomenklatur zur Deklaration von Inhaltsstoffen 22
Individuum das Einzelwesen in seiner Besonderheit (im Verhältnis zu anderen) 315
Infektion Ansteckung, Übertragung (von Krankheitserregern) 20
Infrarotbestrahlung 306 f.
Infrarotlicht 306 f.
Inhaltsstoffe – Deklaration 22
Innovationen verwirklichte, neue wirtschaftliche Konzepte oder Leistungen
insuffizient ungenügend, unzureichend, nicht voll leistungsfähig
inszenieren „etwas in Szene setzen"; etwas in den Mittelpunkt stellen, hervorheben
Intensivreinigung früher; Tiefenreinigung 206
interdigital gegenüberliegend in Zwischenräumen
interdigitale Candidosen 70
Interferenz Überkreuzung/Überlagerung von Schwingungen oder des elektrischen Stroms 295
Interferenzstrom/Interferenzstrombehandlung 295 f.
Interferenzstromgerät 295 f.
Internet 376
Interstitium Zwischenraum zwischen den Körperorganen und Geweben 101
interstitiell in Zwischenräumen (z. B. von Geweben) liegend, diese ausfüllend
intertriginös wund gerieben
Intertrigo Hautentzündung, wobei die Haut aufeinanderliegender Hautstellen durch Reibung wund gerieben wird (z. B. zwischen den Oberschenkeln)
intim vertraut, innig
Investitionen langfristige Anlagen von Kapital in einem Unternehmen
In vitro lat.: außerhalb des Organismus, im künstlichen Milieu (z. B. Reagenzglas)
In vivo lat.: im lebenden Organismus
Ion positiv oder negativ geladenes Atom 285
Ionenaustauscher Verfahren zur Wasserenthärtung, bei dem in einem Filterbehälter Calcium- und Magnesiumionen (Härtebildner des Wassers) gegen andere Ionen, z. B. Natriumionen, ausgetauscht werden 107
Iontophorese Einführung von Ionen durch die Haut in verschiedene Körpergewebe mithilfe von galvanischem Strom (Gleichstrom) 293 f.
IPL-Technik (von Intense Pulsed Light) Gerät für die Laserepilation 304
Irländisches Moos Carrageen
Irritation der Haut Hautreizung, oberflächliche Reizung der Epidermis
Ischiasnerv 273
Isomere Moleküle mit der gleichen Art und Anzahl von Atomen, die sich hinsichtlich ihrer Anordnung unterscheiden; sie besitzen die gleiche Summenformel, aber eine unterschiedliche Strukturformel; daraus resultieren unterschiedliche Eigenschaften der Moleküle
Isometrisches Training Muskeltraining durch Anspannung ohne Bewegung
Isopropanol 2-Propanol, einwertiger Alkohol mit Desinfektionswirkung, Giftigkeit und narkotischer Wirkung; wird als Lösungs- und Verdünnungsmittel für Gesichtswasser, Rasierwasser und Sprays verwendet; seitdem Isopropanol hoch besteuert wird, ist der Verbrauch stark zurückgegangen 140
Isopropylmyristat Isopropylester der Myristinsäure; erniedrigt die Viskosität pflanzlicher Öle; erhöht das Eindringvermögen in die Haut und die Gleitfähigkeit von Cremes und Lotionen; kann pflanzliche Öle in kosmetischen Zubereitungen ganz oder teilweise ersetzen; dient zudem als Dispersionsmittel für Pigmente, als Lösungsvermittler für Parfumöle, als Rückfettungsmittel und als Thixotropiermittel für Lippenstifte

J

Jahreszeitenfarbtypen vgl. Farbtypen 320 ff.
Joghurthandbad 260
Jojobaöl 153
Jugendarbeitsschutzgesetz 23
Jugendliche eine Zielgruppe der Kosmetikerin 351 ff.
Juglon hautbräunender Farbstoff, der in den grünen Walnussschalen vorkommt 196
junktionaler Naevuszellnaevus 89 f.

K

Kajalstifte 337
Kalkablagerungen auch: Kesselstein 106
Kalkseife weißgrauer, wasserunlöslicher Belag, der bei der Verbindung mit Seife und kalkhaltigem Wasser entsteht 106, 111
Kalkulation (kaufmännische) Berechnung, Ermittlung von Kosten, Preisberechnung einer (Verkaufs-) Ware oder Dienstleistung 376, **Kalkulation von Handelswaren** 376 f.
Kaltauszug 103
kalte Farben 319
Kälterezeptoren der Haut 41
Kältebehandlungen 309
Kälteschäden der Haut 75 f.
Kaltpressung Methode zur Gewinnung ätherischer Öle aus Pflanzen 172
Kaltwachs Mittel für die Depilation 231
Kamille Flavonoiddroge, deren Hauptwirkstoffe sind Azulen und Bisabolol 167
Kammelektrode Teil eines Hochfrequenzgeräts; vgl. Elektrode 297
Kaolin weißer Ton (Bolus alba); natürliches, gereinigtes, wasserhaltiges Aluminiumsilikat mit hohem Adsorptionsvermögen; wird für Puder (bis 60 %), Packungen und Zahnpflegemittel verwendet; die durch Eisenoxide gefärbten Arten dienen als Pigmente 179
Kapillaren die feinsten Blutgefäße (Haargefäße)
Kapital privatwirtschaftlich die Mittel eines Unternehmens

Kapitalbedarf zum Führen eines Kosmetikinstituts 367 f.
Karbunkel tiefe Haarbalgentzündung 64 f.
Karies 19
Karottenöl Öl aus der Karotte, enthält u. a. Carotin und Tocopherol, Inhaltsstoff in Cremes gegen trockene Haut
Karteikarte Kundenkartei 207
Kasseneinlage der Geldbetrag, der u. a. für Barzahlungen, z. B. von Warenlieferungen, Zustellgebühren und Porti sowie als Wechselgeld vorgehalten wird
Katagenphase Übergangsphase beim Haarwachstum 31
Kathode negativer Pol, Minuspol 286
Kathon CG Konservierungsmittel 162
Kation positiv geladenes Teilchen, Ion
Kationtensid Tensid mit einer positiv geladenen Molekülgruppe 112
Kaufkraft von Kunden eines Kosmetikinstituts 366
Kausaldiagnose Teil der Hautdiagnose 207
Keimschicht der Epidermis: Basalzellenschicht (Stratum basale) 24, der Nägel (Matrix) 31 f.
Keloide Narben 52, 94
keltischer Hauttyp 87
Keratin Eiweiß, z. B. der Epidermis, Haare und Nägel 159
Keratinozyten keratinbildende Zellen der Epidermis 24 f., der Haarpapille 29 und der Nägel 31
keratolytisch hornlösend
keratoplastisch hornerweichend
Keratose Verhornung der Haut
Kernseifen 109
Kesselstein Kalkablagerungen 106
Kilowattstunde, (kWh) Maßeinheit für elektrische Leistung 286
Kinderkosmetik 353 f.
Kinderseifen 109
Klappeninsuffizienz 97
Kontrast von Farben 318
Kleiderläuse 72 f.
Kleieflechte Pityriasis versicolor 70
Kleopatra 11
Klimakterium bei Frauen der Zeitraum, in dem die Tätigkeit der Keimdrüsen und die Menstruation allmählich aufhören; dies liegt meistens zwischen dem 45. und 55. Lebensjahr; auch: Wechseljahre
Klopfen Massagegriff, auch: Percussion, Tapotement 203, 248
Klumpfuß Fußdeformierung 273
Kneten Massagegriff, auch: Petrissage 203, 248
Knickfuß Fußdeformierung 273
Knochen bestehen hauptsächlich aus Kalk und einer leimgebenden organischen Substanz; Knochen sind fest und zugleich relativ elastisch; sie bilden zusammen das Knochengerüst (Skelett); jeder Knochen ist überzogen mit der Knochenhaut (Periost), ist innen hohl und mit Knochenmark gefüllt
Knochenmark innerhalb des Knochens; dient hauptsächlich der Blutbildung 38
Knötchen Nodulus oder Papel 50 f.
Knoten Nodus 50 f.
Koagulation Ausflockung eines Stoffs durch Erhitzung oder Zugabe von bestimmten Stoffen, z. B. Säuren 300
Koagulationsnekrose 76
Köbnerphänomen Psoriasisschub 85
Körperpeeling 118
Kohlenhydrate neben Fetten und Eiweißen ein Hauptnährstoff; die niedermolekularen Mono-, Di- und Trisaccharide sind süß schmeckende, wasserlösliche Verbindungen (Zucker), die höhermolekularen Polysaccharide sind geschmacklos und schlecht wasserlöslich 160 f.
Kokken Bakterienart 63
Kollagen (Collagen) 26 f.
Kolloide Verteilung von Stoffen einer bestimmten Teilchengröße in anderen Stoffen. Man unterscheidet nach der durchschnittlichen Teilchengröße drei disperse Systeme: 1. grobdisperse Systeme mit einer Teilchengröße von mehr als 10^{-4} cm (Suspensionen); 2. kolloiddisperse Systeme mit einer Teilchengröße von 10^{-4}–10^{-7} cm (kolloidale Lösungen); 3. molekulardisperse Systeme mit einer Teilchengröße von weniger als 10^{-7} cm (echte Lösungen)
Kölnisch Wasser Eau de Cologne 176
Kombinationsgeräte der apparativen Kosmetik 311 f.
Komedo Mitesser, ein aus Hauttalg und Hornmassen bestehender Pfropf, der die Haarfollikelöffnung verstopft 52
komedogen Komedo – auslösend
Komedonen Plural von Komedo
Komedonenheber 219 f.
Kommunikation Austausch von Informationen (zwischen Menschen), Verständigung
Komplementärfarben 318
Kompresse 104, 205
Konkret „etwas sinnlich Wahrnehmbares", Produkt bei der Extraktion ätherischer Öle aus Pflanzen 172
Konservierung Schutz vor mikrobieller Veränderung eines Präparats in Bezug auf seinen Geruch (Gärung), sein Aussehen (Schimmelpilze), seine Konsistenz
Konservierungsmittel/-stoffe vgl. Antiseptika, antimikrobielle Substanzen, die vor der Zersetzung des Präparats durch Bakterien und Pilze schützen; ist für alle wasserhaltigen organischen Stoffe, die den Mikroben als Nahrung dienen könnten, wichtig; z. B.: Benzoesäure, Formaldehyd, Parabene, Salicylsäure 162 f.
Konsistenz Beschaffenheit eines Stoffs, z. B. flüssig, viskos, weich, breiig, fest, spröde, z. B. der Grundierung 333
Konsolidierung des Betriebs Sicherung des wirtschaftlichen Fortbestandes eines Betriebes
Kontamination Besiedlung mit Krankheitskeimen
Kontraindikationen Gegenanzeigen, Einschränkungen für kosmetische Behandlungen; Grundsätzlich darf die Kosmetikerin nur am „gesunden"

L

M

Medulla Marksubstanz, die sich bei dickerem Haar in der Haarmitte befindet 29
Mehlbäder 103
mehrwertige Alkohole 141 f.
Meißnersche Tastkörperchen Sinneszellen der Haut 26 f., 41
Melanin gelbbraune bis braunschwarze an Proteine gebundene Pigmente, die für die Farbe der Haut, der Haare und der Iris verantwortlich sind
Melanome 91 ff.
Melanozyten melaninbildende Zellen in der Basallzellenschicht der Epidermis 25 f.
Menschenflöhe 72 f.
Mensis Monatsblutung, Periode
Metallteile im Körper 247
Metastasen „Tochtergeschwulst", an anderer Körperstelle auftretender Ableger einer Geschwulst, z. B. bei einer Krebserkrankung
Methanal Formaldehyd 143
Micelle stabförmige Anordnung von Tensidmolekülen um andere Moleküle (Stabmicelle) oder kugelförmige Anordnung von Tensidmolekülen um andere Moleküle (Kugelmicelle). Durch die Bildung von Micellen werden Öltröpfchen in Wasser oder Wassertröpfchen in Öl in der Schwebe gehalten 110
Mikroben Mikroorganismen
mikrobiell durch Mikroorganismen verursacht
mikrobielle Ekzeme 84
Mikroemulsion 114
Mikrokapseln Liposomenart 157 f.
Mikroorganismen Mikroben, Kleinstlebewesen wie Bakterien, Pilze, Viren 63
Milchsäure Fruchtsäure 148 f.
Milien kleine weiße Zysten, auch: Grießkörner 50, 95
Mimik Gesichtsausdruck
Mimikfalten, mimische Falten, Falten des jeweiligen Gesichtsausdrucks, z. B. Lachfalten, Zornesfalten 212
Mineral-Thermomasken 130
Mineralfette 138 f., 151
Mineralöle Sammelbezeichnung für flüssige Destillationsprodukte, die aus mineralischen Rohstoffen (Erdöl, Braunöl, Steinkohleteer) stammen 138 f., 151
Mineralwachse 138 f.
Mischfarben erster und zweiter Ordnung 317
Mischhaut Seborrhö sicca
Mitesser Komedonen 52
Mittelalter, Kosmetik im 13 ff., 15
Mittelfrequenzbereich Frequenzen zwischen 1 und 100 Kilohertz 289
Mittelfuß Teil des Fußes 270
Modellage Gießform und Technik, von modellieren = anfertigen; in der Kosmetik: Gipsmaske und andere hart werdende Masken 130, 226
Moisturizer Abkürzung für natural moisturizing faktor, NMF
Molekül Verbindung aus Atomen 104
Möndchen im Bereich der Nagelwurzel, auch: Lunula 32
Monoethanolamin Alkalisierungsmittel für Präparate mit einem pH-Wert über 7,0
Monosaccharide Einfachzucker 160
Moschus tierischer Duftstoff 171
Moschusdüfte Duftrichtung 171
Motiv Beweggrund, Antrieb
Motivgruppen Zielgruppen 345 ff.
MPC Milch-Peptid-Complex 159 f.
Mucopolysaccharide lat. mucus = Schleim; natürliche, makromolekulare Verbindungen, die in der Grundsubstanz des Bindegewebes und in den Schleimstoffen des Körpers vorkommen; haben ein hohes Wasserbindevermögen 161
Multifunktionsgeräte auch: Kombinationsgeräte 311 f.
multilamelläre Liposomen mehrschalige Liposomen
multiple Emulsion 114, vgl. Emulsion
Mundhygiene (z. B. zur Vorbeugung von Plaque und Karies) 18
Mund-zu-Mund-Propaganda Werbemaßnahme 375
Musculus arrector pili Haaraufrichtemuskel 28
Muskel, Muskulatur der Bewegung dienendes Körperteil, z. B. Gesichtsmuskeln 228, Skelettmuskeln, Herzmuskel 28 oder Muskeln des Fußes 290 f.
Muskelpumpe 97
Muttermale 89
Mutterschutzgesetz 23
Mykose Pilzerkrankung 68 ff.
Myristilalkohol vgl. Alkohol 155

N

Nachtcremes 124 f.
Nackenmassage 202 ff.
Nadelepilation 300 ff.
Naevus Plural = Naevi, lateinisch: Mal, Muttermal 89
Naevuszellnaevi 89 f.
Nagel/Nägel (Aufbau) 31 f.
Nagelbad 258
Nagelbett 257
Nagelcreme 190
Nageldesign Nail-Design 264 f.
Nagelerkrankungen 57 ff.
Nagelfalz 32
Nagelformen 263
Nagelhärter 189, 259
Nagelhaut 32
Nagelhautentferner/Nagelhauterweicher 258 f.
Nagelhautzange 258
Nagellack 188 f., 263 f.
Nagellackentferner 189, 257
Nagellackstift 189, 264
Nagelmatrix Ort des Nagelwachstums, auch: Matrix, Mutterschicht 31 f.
Nagelmodellage eine Technik zur Verlängerung der Naturnägel, z. B. Acryl- oder Lichthärtungstechnik 266 ff.

O

P

Palmitinsäure Fettsäure 147 f.
Panthenol Pantothenylalkohol; lindert Sonnenbrand, aktiviert die Pigmentbildung, hat ein gutes Feuchtigkeitsbindevermögen für das Haar- und Hautkeratin; wird in After-Sun-Präparaten, Cremes gegen die feuchtigkeitsarme Haut eingesetzt 142
Papillen/Papillarkörper zapfenartige Verzahnung zwischen Epidermis und Corium 36
Para-Aminobenzoesäure (4-Aminobenzoesäure) chemischer UV-Filterwirkstoff für Lichtschutzmittel
Parabene Para-Hydroxy-Benzoesäureester (PHB-Ester); die am meisten verwendeten Konservierungsmittel für kosmetische Zubereitungen 162
Paraffine wachsartige bis feste Kohlenwasserstoffe ab einer Kettenlänge von 17 C-Atomen; vgl. Paraffinöle 138 f.
Paraffinhandbad vgl. Paraffine 190, 260
Paraffinmaske 130
Paraffinöle flüssige bis ölige Kohlenwasserstoffe mit einer Kettenlänge bis zu 17 C-Atomen; vgl. Paraffine
Parakeratose vgl. Keratose, Verhornungsstörung 50
Parasiten Insekten und Spinnentiere, die die Haut befallen können 72 f.
Parfüm 176 ff.
Parfümfond Basisnote eines Parfüms 178
Parfümseifen 109
Parodontose Entzündung und Rückbildung des Zahnfleisches 19
Paronychia candidosa eine Pilzerkrankung der Haut 70
Paste Salbe, in der 10 % Pulveranteile enthalten sind
Pastellfarben 318
Patschouli Pflanze, die zur Herstellung von Duftstoffen genutzt wird 173
Pediküre Fußpflege 269 ff., 278 f.
Peeling Schälmittel mit mechanischen Schleifkörpern zur Reduzierung der Hornschicht; auch der Vorgang des Schälens selbst 117 ff.
Peelingpräparate auch: Abrasiva 117 f.
Pektin hochmolekulare Gerüstsubstanz vieler Pflanzen; werden aus Äpfeln oder aus Zitrusschalen gewonnen; mit Zuckern und Säuren bilden sie transparente Gele; wird als Verdickungsmittel für Cremes, Lotionen und Zahnpasten sowie als Schutzstoff und Emulgator für fette, mineralische und ätherische Öle verwendet 160
Penetration das Eindringen (eines Stoffes), z. B. in die Haut
penetrieren durchdringen, eindringen
Peptid Verbindung aus zwei oder mehreren Aminosäuren durch Peptidbindung, Bestandteil von Eiweiß 159
Percussion klopfender Massagegriff 203
perioral bezeichnet den Bereich um den Mund herum
periorale Dermatitis Entzündung um den Mund herum 57, 100
Periost Knochenhaut
Perllack farbiger Nagellack 189
Permanent-Make-up 344
Personalkosten im Rahmen der Preisberechnung von Dienstleistungen 378
Persönlichkeitsbild schließt Kenntnisse, Fertigkeiten, Handlungs bzw. -verhaltensweisen und das äußere Erscheinungsbild der Kosmetikerin ein
Perspiration Schweißsekretion und Wasserabdunstung durch die Haut
perspirationshemmend schweißhemmend
Pestizide Mittel zur Bekämpfung von Schädlingen bei Tieren und Pflanzen
Petrissage knetender Massagegriff
Pflanzenauszug 103
pH-Wert der negative dekadische Logarithmus der Wasserstoffionen-Konzentration; der pH-Wert unter 7 wird als sauer, der über 7 als alkalisch bezeichnet. Lösungen mit einem pH-Wert zwischen 0 und 3 werden als stark sauer (ätzend) bezeichnet, der Bereich von 4 bis 7 heißt schwach sauer; bei pH 7 liegt der sogenannte Neutralpunkt; da die Haut ungefähr einen pH-Wert von 5,5 hat, liegen die meisten kosmetischen Präparate im schwach sauren Bereich. Lösungen mit einem pH-Wert von 7 bis 10 bezeichnet man als schwach alkalisch; Lösungen mit einem pH-Wert von 11 bis 14 gelten als stark alkalisch und proteinzerstörend; biochemische Reaktionen im Organismus laufen zwischen den pH-Werten 4 und 9 ab 144 ff.
Phagozyten Fresszellen; Zellen, die kleine Fremdkörper (insbesondere Bakterien) in sich aufnehmen und vernichten 39
phagozytieren aufnehmen und vernichten
Phenol Hydroxybenzol; nach der Kosmetikverordnung als Desinfektionsmittel mit Einschränkung (1 %) nur in Seifen und Shampoos zugelassen
Phenoxyethanol Konservierungsmittel 162
Phlebothrombose Thrombose tiefer Venen 98 f.
Phlegmone flächige Hautinfektion, die durch Kokken verursacht wird 65
Phospholipide Verbindungen aus Phosphorsäure, Fettsäuren, einem Alkohol und einer stickstoffhaltigen Komponente; für die Kosmetik ist vor allem Lecithin interessant 155 f., 158
Photonen Energieteilchen des Lichts, Lichtquanten 307
Photosensibilisierung Überempfindlichkeit gegenüber UV-Strahlen bzw. Photonen
Phototherapie Bestrahlungstherapie z. B. bei Akne 55
Physik Lehre von den Zustandsveränderungen; es ändert sich nur die äußere Form oder der Aggregatzustand eines Stoffs, die Substanz und ihre Eigenschaften bleiben erhalten
physikalischer Vorgang wenn ein Stoff seine Gestalt oder seinen Zustand ändert (z. B. Übergang vom festen in den flüssigen Zustand, Zunahme der Geschwindigkeit), der Stoff selbst jedoch dieselben chemischen Eigenschaften behält

Q

ihre Filme sind gasdurchlässig, d. h., sie behindern die Wasserabdunstung der Haut nicht; sie werden in Hautschutzcremes, Sonnenschutzcremes, Lippenstiften, Puder, Wimperntuschen, Lidschatten, Haarfestiger und -sprays, Deodorantien und in der Babypflege verwendet 139

Sinnesrezeptoren der Haut 41

Skelett Knochengerüst

Skin-Repair-Komplexe 161 f.

Sklerodermie krankhafte Veränderung des Bindegewebes 86

Sklerose 86

Sofortpigmentierung „Bräunungseffekt" unmittelbar nach dem Sonnenbad 37

Solarium Plural = Solarien 75, 309 f.

Solluxlampe 307

Sommertyp/Sommerfarben bei der Farbberatung 320 f.

Sommersprossen Epheliden 87

Sonnenallergie 75

Sonnenbank 75, 309 f.

Sonnenbrand 74 f., 195

Sonnenempfindlichkeit der Haut 42

Sonnenöl 191 f.

Sonnenschutz-Make-up 192

Sonnenschutzmittel 191 ff.

Sonnenschutzpasten 192

Sonnenschutzstifte 192

Sonnenterrassen des Körpers Hautbereiche, die besonders oft dem Sonnenlicht ausgesetzt sind, z. B. Gesicht, Handrücken

Sorbinsäure Konservierungsmittel 162

Sorbit/Sorbitol (Hexanhexol, Sorbitalkohol) Feuchthaltemittel und Weichmacher für Kosmetika, Zuckeraustauschstoff 123, 142

Spannung in Volt gemessene Potenzialdifferenz („Druckunterschied zwischen den Polen") des elektrischen Stroms 286

Spannungszustand Turgor 28

Spatel Instrument für die Dermografie 209 f.

Spätpigmentierung Hautbräunungseffekt, der etwa einen Tag nach dem Sonnenbad eintritt 37

Spektrum der Farben 316 f.

Sphingosomen Liposomenart 156

Sportöle 126

Spreizfuß Fußdeformierung 273

Sprunggelenke des Fußes: Schienbein und Wadenbein 270 ff.

Spucktusche 183

Squalan Bestandteil der Epidermislipide, klares, farb- und geruchloses Öl, das für Hautcremes und -öle aller Art sowie für Creme-Rouge und Lippenstifte verwendet wird. Es hat ein gutes Spreitvermögen, wirkt hautglättend und ist als Lösungsmittel für fettlösliche Wirkstoffe geeignet 158

Squama Schuppen 50 f.

Stabilisator Stoffe, die das Verderben (Ranzigwerden) von Fetten und Ölen verhindern, z. B. Antioxidanzien

Stachelzellenkrebs Plattenepithelkarzinom 91, 94

Stachelzellenschicht Stratum spinosum 26

Stammvarizen Krampfadern der Hauptvenenstränge der Beine 98

Standardbehandlung 239

standardisiert vereinheitlicht, genormt

Standortwahl eines Kosmetikinstituts 366

Standortflora residente Flora, normale Keimbesiedlung der Haut 63

Staphylokokken 63 f.

Stärke Kohlenhydrat (Polysaccharid) der Pflanzen; Stärke quillt in warmem Wasser oder in heißem Glycerin; mit siedendem Wasser werden kolloidale Lösungen gebildet, die beim Erkalten zu Gelen erstarren. In der Kosmetik werden Reis-, Mais- und Weizenstärke als Pudergrundlagen verwendet 161

Stearinsäure vgl. Fettsäuren 147 f.

Stearylalkohol einwertiger Alkohol 141

Sterilisation Abtötung aller Mikroorganismen 18

Stiftelektrode Teil eines Hochfrequenzgeräts; vgl. Elektrode 297

Stilberatung 324 ff.

Stirnguss beim Ayurveda 254

Stoffaufnahme Resorption 37

Stoffausscheidung Sekretion 37

Stoffwechselfunktionen dazu zählen z. B. die Stoffausscheidung, z. B. von Kohlendioxid und Stoffwechselschlacken und die Stoffaufnahme des Körpers, z. B. von Sauerstoff über die Atmung 37 f. (Vgl. Blutkreislauf)

Stoffwechselschlacken Ausscheidungen des Körpers; aus der Haut werden z. B. Kochsalz und Harnstoff ausgeschieden 37

Strahlenanwendungen in der Kosmetik; z. B. mit Blaulicht, Rotlicht, Infrarotlicht, Farblicht, Biophotonen, Solarien 304 ff.

Strahlenspektrum z. B. des sichtbaren Lichts 306

Strahlungsgeräte z. B. Infrarotlichtgeräte, Solarien 280 f.

Stratum basale Keimschicht der Epidermis 24

Stratum corneum Hornschicht der Epidermis 25

Stratum granulosum Körnerzellenschicht der Epidermis 24

Stratum papillare feinfasrige Schicht des Coriums, die mit der Epidermis verzapft ist 26

Stratum reticulare netzartige Schicht des Coriums, die an die Subcutis grenzt 26

Stratum spinosum Stachelzellenschicht der Epidermis 24

Streichen Massagegriff, vgl. Massage 203, 251

Streptokokken 63 f.

Striae Geweberisse, Streifenbildung durch Überdehnung der Haut, z. B. nach einer Schwangerschaft

Stromarten Gleichstrom und Wechselstrom 288 f.

Stromkosten (-Berechnung) 288

Stromkreis(lauf) 285 f.

Stromstärke Maßeinheit: Ampere (A) 286

Stromunfälle 19, 287

Strukturformel gibt an, wie die Atome in einem

U

V

W

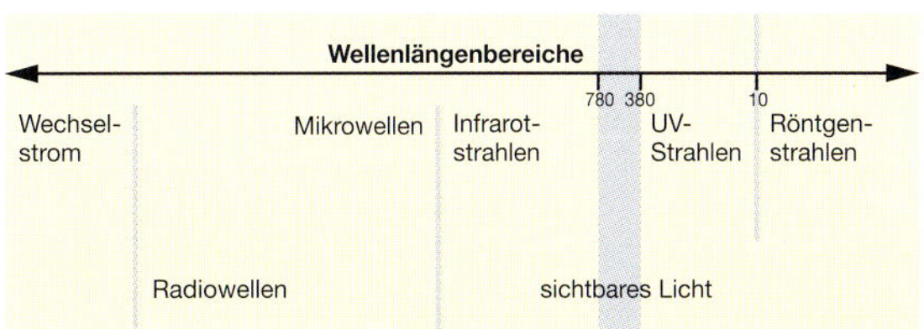
Wellenlängenbereiche
780 380
10
Wechselstrom
Mikrowellen
Infrarotstrahlen
UV-Strahlen
Röntgenstrahlen
Radiowellen
sichtbares Licht

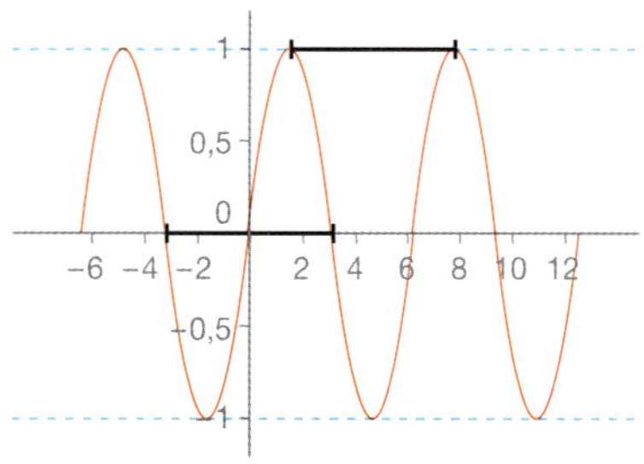

periodisch sich wiederholende Bewegung, z. B. Wasserwellen, Lichtwellen, Schallwellen.

Wellness Wohlbefinden auf körperlicher und seelischer Ebene 252 ff.

Werbung eines Kosmetikinstituts 374 ff.

Wettbewerbsklausel möglicher Teil des Vertrags einer Kosmetikerin im Angestelltenverhältnis, der z. B. die Eröffnung eines Kosmetikinstituts in einem bestimmten Umkreis und zeitlichen Rahmen untersagt 350

Widerstand des elektrischen Stroms hängt ab vom Material, Querschnitt und der Länge des elektrischen Leiters; wird in Ohm gemessen 286

Wimpern, künstliche 338, 341

Wimperndauerwelle 184, 215 ff.

Wimpernfarbe 185, 213

Wimperntusche Mascara 183

Wimpernzange 184

Wintertyp/Winterfarben Jahreszeitentyp bei der Farbberatung 320 f.

Windpocken Varizellen 67

Wirkstoffe/Wirkstoffkonzentrate 132 f., 136 ff.

Wollhaar auch: Vellushaar 31, 61

Wollwachs 154 f.

Woodlamp 209

Wundrose Erysipel, Infektion der Haut durch Streptokokken 65

X

Xerosis 83

Y

Yoga 252 f.

Z

Zecken/Zeckenbisse/Zeckengranulom 72 f.

Zehen 270 f.

Zelle kleinste selbstständige Baueinheit des Körpers; Zellen gleichen Aufbaus und Funktion schließen sich zu einem Gewebe zusammen,

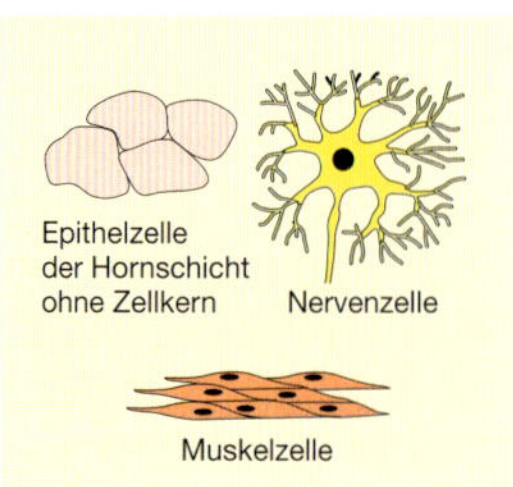

z. B. Epithelzellen zum Epithelgewebe (Deckgewebe) oder Muskelzellen zum Muskelgewebe. Die Hauptbestandteile der Zelle sind das von einer Zellmembran umgebenene Zellplasma und der Zellkern. Im Zellplasma befinden sich verschiedene Zellorganellen, die u. a. für den Zellstoffwechsel verantwortlich sind. 211

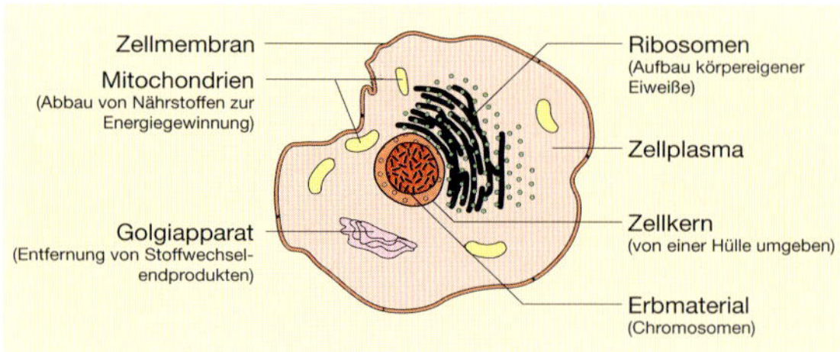

Zellkern Bestandteil der Zelle; der Zellkern ist in das Zellplasma eingebettet, er enthält die Chromosomen, die Träger der Erbinformationen 63

Zellteilung dient dazu, Zellen zu erneuern und das Wachstum im Organismus zu gewährleisten. Aus einer Mutterzelle entstehen durch indirekte Teilung (Mitose) zwei identische Tochterzellen. Der Zellteilung geht die Teilung des Zellkerns voraus. Die Hülle um den Zellkern lockert sich auf. Das Erbmaterial (Chromosomen) im Zellkern wird verdoppelt. Dann beginnt sich die Zelle einzuschnüren und die verdoppelten Chromosomen werden gleichmäßig auf die beiden entstehenden Tochterzellen verteilt. Wenn sich die Zelle schließlich teilt, ist in jeder entstandenen Tochterzelle dasselbe Erbmaterial vorhanden. Das Erbmaterial wird von einer Hülle umgeben und verfestigt sich wieder zu einem Zellkern.

Zellmembran Bestandteil der Zelle, Zellhülle 63

Zellplasma Bestandteil der Zelle, Zellflüssigkeit 63

Zentrifuge Schleuderapparat zur Trennung von Stoffgemischen, z. B. zur Gewinnung ätherischer Öle 172

Zibet tierischer Duftstoff 171

Zielgruppen der Kosmetikerin 351 ff.

Zinkoxid (Zinkweiß) infolge des starken Absorbtionsvermögens wirkt Zinkoxid auf der Haut austrocknend, adstringierend und entzündungshemmend; besitzt ein gutes Deckvermögen und wird deshalb für Pudergrundlagen, Nagelpolituren, Packungen, Schminken, Zinksalben, Pasten und Cremes verwendet 179

Zinskosten 377

Zitronensäure Fruchtsäure 148 f.

Zitrusfrüchte z. B. Zitrone, Bergamotte, Orange, Grapefruit; Lieferanten für ätherische Öle (Duftstoffe) 172

Zoster Herpes zoster, Gürtelrose 67

Zusatzausbildung vgl. Fortbildung 370 f.

Zusatzbehandlungen z. B. Depilation, Rückenbehandlung 228 ff.

Zyste mit Flüssigkeit gefüllte Geschwulst

Aufgaben und Fragen zur Kontrolle des Lernerfolgs

Die Lösungen zu diesen Aufgaben und Fragen finden Sie in „Kosmetik. Das Buch zum Beruf. Lösungen“ (Bildungsverlag EINS, Bestellnummer 07436).

1 Entwicklung und Aufgaben der Kosmetik (S. 7 bis S. 23)

1) Welche Motive sind für die Berufswahlentscheidung, Kosmetikerin zu werden, für Sie persönlich ausschlaggebend?

2) Für die Ausübung des Kosmetikberufs sind fachtheoretische Kenntnisse und fachpraktische Fertigkeiten unerlässlich. a) Nennen Sie die wichtigen Bereiche der Fachtheorie. b) Nennen Sie Bereiche fachpraktischer Fertigkeiten, die Sie nach der Ausbildung beherrschen müssen.

3) Nennen Sie mindestens zwanzig kosmetische Tätigkeiten und ordnen Sie diese den folgenden Aufgabenfeldern zu: a) pflegende Kosmetik b) dekorative (schmückende) Kosmetik und c) gesunderhaltende und gesundheitsfördernde Kosmetik (Tipp: Tabelle anlegen!).

4) a) Welche persönlichen Voraussetzungen zur Ausübung des Berufs sollte eine Kosmetikerin mitbringen? b) Nennen und beschreiben Sie Möglichkeiten zur Berufsausübung für Kosmetikerinnen in verschiedenen Bereichen. In welchen Institutionen können Kosmetikerinnen tätig sein? c) Für welche Tätigkeitsbereiche sind Zusatzausbildungen empfehlenswert oder sogar notwendig?

5) a) Erläutern Sie die Stellung, die der Kosmetikerin zwischen Hersteller und Klienten zukommt. b) Die Möglichkeiten zur Zusammenarbeit zwischen Kosmetikerin und Hautärzten sind sicher noch nicht „ausgeschöpft“. Woran liegt das, und welche Maßnahmen können Sie für eine Zusammenarbeit mit einem Hautarzt bzw. Dermatologen ergreifen?

6) Die Geschichte der Kosmetik zeigt, dass die Menschen früherer Zeiten bereits Kosmetik betrieben haben. Erstellen Sie einen zusammenfassenden Text von etwa zwei DIN-A4-Seiten zur Kosmetik a) des Altertums b) des Mittelalters und c) der Neuzeit.

7) a) Was bedeutet das Wort Kosmetik ursprünglich im alten Griechenland? b) Was bedeutet der Ausdruck „dekorative Kosmetik“ ursprünglich bei den Römern?

8) Beschreiben Sie die Einstellung der Menschen zur Körperpflege a) in der Renaissance, b) im Barock und c) im Rokoko.

9) Eine qualifizierte Fachkraft zeichnet sich u. a. dadurch aus, dass sie Begriffe aus dem Kosmetikbereich nennen und erläutern kann. Erklären Sie die folgenden Begriffe in Bezug auf kosmetische Behandlungen. Nutzen Sie dazu auch das Fachlexikon/Stichwortverzeichnis dieses Buchs. a) Prophylaxe, b) Ästhetik, c) Therapie, d) Prävention.

10) a) Was bedeutet der Begriff Hygiene? b) Welche Funktion haben die Hygiene-Verordnungen?

11) a) Worin besteht der Unterschied zwischen einer Desinfektion und einer Sterilisation?
b) Beschreiben Sie Verfahren der Desinfektion.
c) Beschreiben Sie Verfahren der Sterilisation.

12) Nennen Sie jeweils mindestens fünf Werkzeuge und Hilfsmittel, die Sie a) desinfizieren und b) sterilisieren müssen.

13) Nennen und beschreiben Sie Maßnahmen zur persönlichen Hygiene. Berücksichtigen Sie dabei auch Möglichkeiten, die über die gesetzlichen Vorschriften hinausgehen.

14) a) Welche Unfallgefahren bestehen im Kosmetikinstitut? Nennen Sie Ursachen für Arbeitsunfälle. b) Welche Versicherungen sind zur Absicherung von Arbeitsunfällen erforderlich?

15) a) Welche Unfallschutzmaßnahmen müssen Sie im Kosmetikinstitut ergreifen? Suchen Sie fünf Beispiele. b) Nennen Sie verschiedene Sicherheitsvorschriften.

16) a) Beschreiben Sie Möglichkeiten für eine ergonomische Arbeitsplatzgestaltung im Kosmetikinstitut. b) Beschreiben Sie wörtlich (im Text): Wie sollten Sie schwere Gegenstände zum Schutz Ihrer Gesundheit anheben und tragen?

17) a) Umweltschutzmaßnahmen müssen auch im Kosmetikinstitut beachtet werden. a) Nennen Sie Maßnahmen zur Abfallvermeidung. b) Nennen Sie Maßnahmen der sachgerechten Abfallentsorgung.

c) Beschreiben Sie Wassersparmaßnahmen. d) Nennen Sie Maßnahmen zur Reduzierung des Stromverbrauchs.

18) a) Welche Verpackungsarten für kosmetische Präparate kennen Sie? b) Diskutieren Sie in der Gruppe Pro und Contra von Verpackungen kosmetischer Präparate: Welche sind notwendig und in welchen Fällen sind die Umwelt weniger belastende Alternativen möglich?

19) Welche Kenntnisse haben Sie bezüglich der die Kosmetik betreffenden Gesetzgebung? Was wird durch die Kosmetikverordnung geregelt?

20) Welche Informationen müssen zur Kennzeichnung kosmetischer Mittel auf der Verpackung und auf dem Beipackzettel vorhanden sein? (Informieren Sie sich dazu möglichst auch im Internet.)

21) a) Nennen Sie die Namen und Aufgaben von Organisationen, die für den Arbeitsschutz in Körperpflegeberufen zuständig sind. b) Welche Arbeitsschutzgesetze sind Ihnen bekannt?

22) Welche Gesetzgebungen betreffen die Tätigkeit von Kosmetikerinnen? Erläutern Sie auch den Gültigkeitsbereich dieser Gesetze. (Informieren Sie sich, möglichst auch über das Internet.)

2 Dermatologie (S. 24 bis S. 100)

23) a) Welche kosmetisch-dermatologischen Behandlungen können dem Aufgabenbereich, der von Kosmetikerinnen wahrgenommen wird bzw. wahrgenommen werden darf, zugeordnet werden? b) Welche kosmetisch-dermatologischen Behandlungen müssen dem medizinischen Aufgabenbereich (durch Ärzte) zugeordnet werden?

24) a) Welche drei Schichten der Haut werden unterschieden? b) Nennen Sie sämtliche Bezeichnungen für diese Hautschichten. c) Was bedeutet der Begriff Subcutis?

25) Die Zelle ist die kleinste „Baueinheit" unseres Organismus. a) Zeichnen und beschreiben Sie den Aufbau einer Zelle. b) Welche Funktionen haben die einzelnen Zellbestandteile? c) Nennen und beschreiben Sie verschiedene Zellarten. Nutzen Sie dazu auch das Fachlexikon/Stichwortverzeichnis in diesem Buch.

26) Gewebe sind Zellgruppen, deren Zellen einen ähnlichen Aufbau und die gleiche Funktion ausüben. Beschreiben Sie den Aufbau und die Funktion folgender Gewebearten des menschlichen Organismus: a) Epithelgewebe, b) Muskelgewebe, c) Stützgewebe bzw. Bindegewebe, d) Fettgewebe, e) Knorpelgewebe, f) Knochengewebe. Nutzen Sie dazu auch das Fachlexikon/Stichwortverzeichnis in diesem Buch.

27) a) Nennen und beschreiben Sie die Zellschichten der Epidermis. b) Nennen Sie sämtliche Schutzfunktionen der Epidermis. c) Durch welchen Aufbau und welche Mechanismen sind diese Schutzfunktionen der Epidermis möglich? d) Aus welchen Zellen wird die Epidermis hauptsächlich gebildet?

28) Beschreiben Sie den Vorgang der Hauterneuerung.

29) a) Welche Funktion haben die Melanozyten?
b) Wo befinden sich die Melanozyten in der Haut?

30) a) Beschreiben Sie den Aufbau und die Funktion des Coriums. b) Welche Zelltypen sind im Corium vorhanden und welche Funktion haben sie?

31) a) Was versteht man unter Bindegewebsfasern?
b) Was ist der Unterschied zwischen elastischen und collagenen Fasern in Bezug auf ihren Aufbau und ihre Funktion?

32) Was sind Histiozyten und welche Funktion haben sie?

33) Beschreiben Sie die Funktion des Haarbalgmuskels bzw. Haaraufrichtemuskels. Welche Rolle spielt der Haarbalgmuskel für die Thermoregulation?

34) a) Welche Bestandteile zählen zum Bewegungssystem unseres Organismus? b) Welche Funktionen übt das Bewegungssystem aus? c) Welche Bestandteile zählen zum aktiven und welche zum passiven Bewegungssystem?

35) a) Welche Aufgaben haben Muskeln?
b) Beschreiben Sie den Aufbau von Muskeln.
c) Welche Muskelarten gibt es? Beschreiben Sie die Besonderheiten der verschiedenen Arten.
d) Welche Aufgabe erfüllen die Sehnen?
e) Was versteht man unter dem Tonus?

36) a) Beschreiben Sie den Aufbau der Subcutis.
b) Welche Funktionen hat die Subcutis?

37) Nennen Sie die verschiedenen Hautanhangsgebilde.

38) Beschreiben Sie a) den Aufbau und b) die Funktionen der Haare.

39) Beschreiben Sie den Aufbau der Talgdrüsen.

40) a) Beschreiben Sie die Wachstumsphasen des Haares. b) Durch welche Faktoren wird das Haarwachstum beeinflusst?

41) Unterscheiden und beschreiben Sie den Aufbau und die Funktion der drei Haararten.

42) a) Beschreiben Sie den Aufbau eines Nagels. b) Wovon hängt das Nagelwachstum ab?

43) a) Welche Drüsen der Haut sind Ihnen bekannt? b) Erklären Sie: Worin besteht der Unterschied zwischen apokrinen, ekkrinen und holokrinen Drüsen?

44) a) Welche Schweißdrüsenarten kennen Sie? b) Worin besteht der Unterschied dieser Schweißdrüsenarten? c) In welchem Alter beginnen die jeweiligen Schweißdrüsenarten mit ihrer Tätigkeit? Begründen Sie Ihre Antwort.

45) a) Welche Funktionen haben die ekkrinen Schweißdrüsen? b) Wie viel Schweiß scheidet der menschliche Organismus täglich ungefähr aus? c) Welchen pH-Wert hat der Schweiß? d) Was bedeutet der Begriff „pH-Wert“? Erläutern Sie: Was hat der ph-Wert mit dem Schweiß zu tun? Nutzen Sie dazu auch das Fachlexikon/Stichwortverzeichnis in diesem Buch.

46) a) Beschreiben Sie die Funktionen der Talgdrüsen. b) Welche Folgen kann eine Überfunktion der Talgdrüsen haben? c) Welche Folgen können bei einer Unterfunktion der Talgdrüsen auftreten? d) Wo sitzen die Talgdrüsen in der Haut?

47) a) Erläutern Sie die Funktion des Hydro-Lipid-Films der Haut. b) Welche Absonderungen und Bestandteile der Haut sind für den Hydro-Lipid-Film verantwortlich? c) Der Hydro-Lipid-Film ist ein natürlicher Hautschutz. Welche Hautschutzmaßnahmen können Sie zusätzlich bei Ihrer Tätigkeit ergreifen?

48) Die Haut übt wichtige Schutzfunktionen aus. a) Welche sind das? b) Nennen Sie Einflüsse, gegen die sich die gesunde Haut schützen kann.

49) Was versteht man unter dem Begriff Hornschichtbarriere der Haut und welche Funktionen hat diese?

50) Welche Schutzsysteme der Haut bilden einen gewissen Schutz vor Strahlen?

51) Was versteht man unter der Temperaturregulation der Haut?

52) a) Was versteht man unter der Stoffwechselfunktion der Haut? b) Welche Hautstoffwechselfunktionen können Sie unterscheiden?

53) Was versteht man unter den physiologischen Schutzfunktionen der Haut?

54) Die Hornschicht der Haut übt die Barrierefunktion aus. a) Wovor schützt diese Barriere? b) Wie übt die Hornschicht diese Barrierefunktion aus?

55) a) Aus welchen Bestandteilen ist das Immunsystem des menschlichen Organismus aufgebaut? b) Welche Aufgabe hat das Immunsystem? c) Was versteht man unter dem sog. erworbenen Immunsystem? d) Nennen Sie die Abwehrmechanismen des erworbenen Immunsystems. Nutzen Sie zur Beantwortung aller Fragen das Fachlexikon/Stichwortverzeichnis in diesem Buch.

56) a) Welche Funktion haben Hormone im menschlichen Organismus? b) Nennen Sie verschiedene Hormondrüsen des menschlichen Körpers.

57) Die Haut ist ein Sinnes- und ein Kontaktorgan. a) Erklären Sie diese Funktion der Haut. b) Welche Bestandteile der Haut ermöglichen die Sinnesfunktion? c) Wo befinden sich diese Bestandteile in der Haut? d) Erläutern Sie: Warum sind die Fingerspitzen sehr viel tastempfindsamer als die Rückenhaut?

58) a) Was bedeutet der Begriff „Diagnose“? b) Nennen Sie die wichtigsten Methoden einer Hautdiagnose.

59) a) Wodurch entsteht die Hauteigenfarbe? b) Wie können Sie die Hauteigenfarbe ermitteln und wie nennt man diese Methode?

60) a) Wie heißt die Methode zur Feststellung der Hautempfindlichkeit? b) Beschreiben Sie die Durchführung dieser Methode.

61) a) Nennen Sie typische Merkmale einer empfindlichen Haut. b) Welche Behandlungen sind für eine empfindliche Haut empfehlenswert und welche Einflüsse muss man vermeiden?

62) Erläutern Sie die Begriffe „Evaporimetrie“ und „Corneometrie“.

63) Was können Sie mit einem Cutometer ermitteln?

64) Nennen Sie die Einflüsse, die auf das Oberflächenprofil und das Relief der Haut einwirken.

65) a) Was ist der Unterschied zwischen der Felderhaut und der Leistenhaut? b) Nennen Sie Hautareale, an denen die jeweilige Hautstruktur vorhanden ist.

66) Mittels welcher Verfahren können Sie die Hautrauigkeit feststellen?

67) Beschreiben Sie Verfahren zur Bestimmung der Hautdicke.

68) a) Welche typischen Merkmale zeigt eine fettige Haut? b) Wie können Sie das Ausmaß der Talgproduktion feststellen?

69) Das Ergebnis der Beurteilung des Fettgehalts der Hautoberfläche und der Porengröße wird zur Einteilung des Hautzustands genutzt. a) Welche Hautzustände unterscheidet man? b) Welcher Einschränkung unterliegt diese Einteilung?

70) a) Was ist der Unterschied zwischen Hauttyp und Hautzustand? b) Beschreiben Sie einige jeweils geeignete kosmetische Behandlungsmöglichkeiten.

71) a) Nennen Sie die Unterschiede zwischen Frauenhaut und Männerhaut. b) Was sind die Gründe und Ursachen für diese Unterschiede?

72) Beschreiben Sie den Alterungsprozess der Haut und die damit verbundenen Hautveränderungen a) Alterung der Epidermis b) Alterung der Dermis c) Alterung der Subcutis.

73) Beschreiben Sie den Alterungsprozess a) der Hautanhangsgebilde und b) der Gefäßsysteme.

74) a) Welche Faktoren können den Alterungsprozess hinauszögern? b) Welche Faktoren beschleunigen den Alterungsprozess? c) Welche dieser Alterungsfaktoren können von außen beeinflusst werden und welche nicht?

75) a) Was bedeutet der Begriff Effloreszenzen? b) Worin besteht jeweils der Unterschied zwischen primären, sekundären und tertiären Effloreszenzen?

76) Die Macula ist eine Hautveränderung. a) Beschreiben Sie das Aussehen der Macula. b) Welche Maculae können unterschieden werden und welche Ursachen können diese jeweils haben?

77) a) Wie sieht eine Quaddel aus? b) Welche Ursachen kann eine Quaddel haben?

78) Beschreiben Sie das Aussehen von Pusteln.

79) Beschreiben Sie das Aussehen von Papeln.

80) a) Welche Hautveränderungen zählen zu den Zysten? b) Woraus kann der Inhalt der Zysten bestehen?

81) Worum handelt es sich a) bei einer Erosion, b) bei einer Exkoriation und c) bei Rhagaden? Beschreiben Sie auch die jeweiligen Ursachen.

82) Was ist ein Ulkus und wie sieht es aus?

83) Was versteht man allgemein unter einer Atrophie?

84) Beschreiben Sie den Unterschied zwischen einer Atrophie und einer Akanthose in Bezug auf das Aussehen und mögliche Ursachen.

85) Was versteht man unter der Lichenifikation und welche Ursachen kommen dafür infrage?

86) a) Wie kommt es zu Verhornungsstörungen der Haut? b) Was ist der Unterschied zwischen einer Hyperkeratose und einer Parakeratose?

87) Beschreiben Sie das Aussehen und die Ursachen folgender Veränderungen: a) Squama, b) Crusta und c) Cicatrix.

88) a) Was ist eine Akne? b) Bei wem und in welchem Alter tritt sie relativ häufig auf?

89) a) Beschreiben Sie das Aussehen eines Komedos. b) Wie entsteht ein Komedo?

90) Beschreiben Sie das Aussehen und die Ursachen der verschiedenen Akneformen: a) Akne vulgaris, b) Akne comedonica, c) Akne papulopustolosa, d) Akne conglobata, e) Akne tropica, f) Akne excoriée des jeunes filles und g) medikamentöse Akne.

91) Beschreiben Sie die drei Verlaufsformen der Akne vulgaris.

92) a) Welche Ansatzpunkte zur Aknetherapie sind Ihnen bekannt? b) Beschreiben Sie die Möglichkeiten einer Aknetherapie durch die Kosmetikerin.

93) a) Was versteht man unter der Rosacea? b) Wie entwickelt sich die Rosacea? Beschreiben Sie die Ursachen und den Verlauf.

94) a) Was versteht man unter einer perioralen Dermatitis? Erläutern Sie den Begriff. b) Welche Ursachen kommen für eine periorale Dermatitis infrage? c) Welche Behandlungsmöglichkeiten gibt es?

95) a) Nennen Sie verschiedene Ursachen für Nagelerkrankungen und Nagelveränderungen. b) Welche Nagelveränderungen kennen Sie? Erstellen Sie eine Tabelle mit entsprechenden kosmetischen Behandlungsmöglichkeiten.

96) Beschreiben Sie das Aussehen und die verschiedenen Ursachen für folgende Nagelveränderungen: a) Hohlnägel/Löffelnägel, b) Krallennägel, c) Onycholysis, d) Tüpfelnägel.

97) Welche Ursachen kommen für folgende Veränderungen der Nagelplatte infrage? a) Aufsplitterung der Nägel, b) Querrillen, Querbänder und Querfurchen des Nagels, c) Längsrillen sowie d) Nagelverfärbung.

98) Beschreiben Sie das Aussehen von stoffwechselbedingten Nagelveränderungen.

99) Beschreiben Sie die Behandlungsmöglichkeiten durch eine Kosmetikerin oder kosmetischen Fußpflegerin bei verschiedenen Nagelveränderungen.

100) Welche Erkrankungen der Schweißdrüsen können unterschieden werden?

101) a) Beschreiben Sie die Merkmale und Ursachen einer Hyperhidrose. b) Welche Begleiterscheinungen sind bei der Hyperhidrose möglich? c) Welche Möglichkeiten zur Verminderung der Erkrankung können Sie Klienten mit einer Hyperhidrose empfehlen? d) Welche medizinischen Therapiemöglichkeiten sind Ihnen bei einer Hyperhidrose bekannt?

102) a) Beschreiben Sie die Merkmale und Ursachen einer Hypohidrosis. b) Wie unterscheidet sich die Hypohidrosis von der Anhidrosis?

103) Welche Arten der Erkrankungen, die die Haare betreffen, können unterschieden werden?

104) Nennen Sie verschiedene Ursachen für eine Hypertrichiose.

105) a) Was bedeutet der Begriff „Hirsutismus“? b) Welche Ursachen kommen für Hirsutismus infrage? c) Welche kosmetischen Behandlungen können Sie bei einer Klientin mit Hirsutismus durchführen?

106) a) Nennen Sie verschiedene Haarschaftanomalien. b) Gibt es Behandlungsmöglichkeiten bei Haarschaftanomalien und wenn ja, in welchen Fällen?

107) a) Wie viele Haare verliert ein gesunder Mensch im Durchschnitt pro Tag? b) Durch welche Faktoren wird der Haarausfall beeinflusst?

108) Nennen Sie verschiedene Formen des krankhaften Haarausfalls.

109) a) Erläutern Sie die Verlaufsform und die Ursachen bei androgenetischem Haarausfall. b) Kann diese Art des Haarausfalls beeinflusst werden?

110) a) Beschreiben Sie die Symptome bei einer Alopecia areata. b) Welche Ursachen kommen für eine Alopecia areata infrage?

111) Erregerbedingte Hauterkrankungen werden durch Mikroorganismen hervorgerufen. Welche Mikroorganismen kennen Sie?

112) a) Was ist der Unterschied zwischen Bakterien und Viren? b) Nennen Sie Bakterienformen, die unterschieden werden können. Was ist das Unterscheidungsmerkmal?

113) Welche bakteriellen Hautinfektionen können unterschieden werden?

114) Nennen Sie die Ursachen für folgende bakterielle Hautinfektionen: a) Erythrasma, b) Hidradenitis suppurativa und c) Pyodermien.

115) Nennen Sie verschiedene bakterielle Infektionen a) der Epidermis, b) der oberen Dermis und c) der tieferen Dermis.

116) Was ist der Unterschied zwischen Furunkeln und Karbunkeln?

117) Wie nennt man eine Infektion in den Lymphspalten der Dermis, die durch Streptokokken verursacht wird?

118) Um welche Art der Infektion handelt es sich bei Phlegmone?

119) a) Was versteht man unter einer Infektion? b) Was ist eine Superinfektion?

120) a) Beschreiben Sie, wie sich Viren vermehren. b) Wofür stehen die Abkürzungen RNA und DNA und was versteht man darunter? c) Nennen Sie verschiedene Viruserkrankungen der Haut.

121) Warzen sind Viruserkrankungen der Haut. a) Nennen und beschreiben Sie das Aussehen verschiedener Warzen. b) Welche Möglichkeiten gibt es, einer Ansteckung vorzubeugen?

122) a) Wie heißen die zwei Typen der Herpesinfektionen, die unterschieden werden können? b) Nennen Sie typische Merkmale einer Herpesinfektion. c) Wie verläuft eine Herpesinfektion?

123) a) Wofür steht die Abkürzung AIDS? b) Erläutern Sie die Erkrankung durch das HI-Virus. c) Wie können Sie sich im privaten Bereich persönlich vor AIDS schützen?

d) Welche Maßnahmen müssen Sie zum Schutz vor einer HIV-Infektion in Ihrem Kosmetikinstitut ergreifen?

124) Pilze können Hauterkrankungen hervorrufen. Wie werden Pilze nach dem DHS-System eingeteilt?

125) a) Wie können Hautpilzerkrankungen übertragen werden? b) Nennen Sie Schutzmaßnahmen gegen Pilzerkrankungen, die Sie im Kosmetikinstitut ergreifen müssen.

126) a) Erläutern Sie die Begriffe „Dermatophyten" und „Tinea". b) Welche „Arten" der Tinea werden unterschieden? Was ist das Unterscheidungsmerkmal?

127) Nennen Sie bevorzugte Körperstellen, an denen oberflächliche und tiefe Trichophytien auftreten. b) Worin unterscheiden sich die oberflächliche und die tiefe Trichophytie im Aussehen?

128) a) Unter welchen Bedingungen können Hefepilze zu Erkrankungen der Haut führen? Nennen Sie auch Beispiele. b) In welcher Form können Hefepilze zu Erkrankungen der Nägel führen?

129) Beschreiben Sie das Aussehen und die Ursachen für eine Pytiriasis versicolor.

130) a) Was ist eine Schimmelpilz-Mykose? b) Wie können sich Schimmelpilz-Mykosen äußern?

131) a) Welche Körperstellen werden bevorzugt von Pilzen befallen? b) Nennen Sie Beispiele für häufige Erreger an folgenden Hautarealen: an der behaarten Kopfhaut, zwischen den großen Hautfalten und am Nagelwall.

132) a) Welche Pflegemaßnahmen kann eine Kosmetikerin bei Pilzerkrankungen ergreifen? b) Welche Hygienemaßnahmen muss eine Kosmetikerin bei Pilzerkrankungen beachten? c) Welche Heimbehandlungen können Sie einer Klientin mit einer Pilzerkrankung empfehlen? Suchen Sie Beispiele für Präparate sowie Beispiele für ergänzende Maßnahmen.

133) a) Erklären Sie den Begriff „Epizoonosen". b) Welche Parasiten können unterschieden werden?

134) a) Beschreiben Sie die Symptome für einen Befall durch Kopfläuse. b) Wie vermehren sich Kopfläuse? c) Welche Maßnahmen müssen bei Kopflausbefall ergriffen werden?

135) Beschreiben Sie das Aussehen und das Vorkommen folgender Parasiten sowie den Verlauf des jeweiligen Parasitenbefalls: a) Kleiderläuse, b) Filzläuse, c) Menschenflöhe und d) Zecken.

136) Aus welchem Grund sind Zeckenbisse besonders gefährlich für den Menschen?

137) a) Welchen Bereich des Spektrums umfasst der Ultraviolettbereich? b) Man unterscheidet drei Gruppen des ultravioletten Bereichs. Welche sind das? c) Welcher dieser drei Bereiche ist dem niedrigsten Nanometerbereich zuzuordnen und ist entsprechend am energiereichsten?

138) Wie tief dringen die verschiedenen ultravioletten Strahlen jeweils in die Dermis ein?

139) a) Welche positiven Einflüsse hat UV-Licht auf den menschlichen Organismus? Unterscheiden Sie nach den UV-Bereichen. b) Welche negativen Einflüsse hat UV-Licht auf den menschlichen Organismus? Unterscheiden Sie nach den UV-Bereichen.

140) Nennen und beschreiben Sie die Schutzmechanismen der Haut in Bezug auf UV-Bestrahlung.

141) Was ist der Unterschied zwischen einer Sofortpigmentierung und einer Spätpigmentierung?

142) Erläutern Sie die Begriffe „Reflexion" und „Absorption".

143) Welche Schäden verursacht ein Sonnenbrand?

144) Lichtschäden können in akute und chronische Lichtschäden unterschieden werden. a) Welche Schäden treten bei der akuten Form auf? b) Welche Schäden können bei der chronischen Form auftreten?

145) a) Was versteht man unter einer polymorphen Lichtdermatose? b) Wodurch wird die polymorphe Lichtdermatose verursacht?

146) a) Diskutieren Sie Pro und Contra der Benutzung von Sonnenbänken und Solarien. b) Worin besteht der Unterschied zwischen Sonnenbänken und Solarien? c) Welche Hygienemaßnahmen müssen bei der Benutzung von Bräunungsgeräten beachtet werden?

147) Die Verbrennung ist ein akuter Hitzeschaden der Haut. Welche Symptome zeigen sich bei einer Verbrennung a) ersten Grades, b) zweiten Grades und c) dritten Grades?

148) Welche Maßnahmen werden bei leichten Verbrennungen empfohlen?

149) a) Wie kann es zu einem chronischen Wärmeschaden kommen? b) Wie kann sich ein chronischer Wärmeschaden äußern?

150) Erfrierungen sind akute Kälteschäden der Haut. Welche Symptome zeigen sich bei Erfrierungen a) ersten Grades, b) zweiten Grades und c) dritten Grades?

151) a) Welche Ursachen haben Frostbeulen? b) Wie kann man Frostbeulen vorbeugen? c) Beschreiben Sie das Aussehen von Frostbeulen.

152) a) Wie kann es zu einer Verätzung der Haut kommen? Nennen Sie Ursachen. b) Wie und aus welchem Grund reagiert die Haut auf eine starke Säure? c) Welche Wirkung haben starke Laugen auf die Haut?

153) a) Erklären Sie den Begriff „Ekzem". b) Nennen Sie Ursachen für eine Ekzembildung. c) Unterscheiden Sie endogene und exogene Ekzeme.

154) Erläutern Sie die Entstehung folgender Ekzeme: a) akut-toxisches Kontaktekzem, b) subtoxisch-kumulatives Kontaktekzem und c) 2-Phasen-Ekzem.

155) a) Was versteht man unter einer Allergie? b) Wodurch kann eine Allergie ausgelöst werden? c) Erläutern Sie die Entstehung einer Allergie. d) Was bedeuten folgende Begriffe: Allergen, Antikörper und Antigen?

156) a) Was versteht man unter Typ-IV-Allergien? b) Welche Maßnahmen können zur Vorbeugung von Typ-IV-Allergien ergriffen werden?

157) Was muss bei Allergien gegenüber kosmetischen Präparaten beachtet werden?

158) Erläutern Sie folgende Bezeichnungen: a) hypoallergen und b) klinisch getestet.

159) Nennen Sie Tätigkeiten, bei denen Hautschutzmaßnahmen ergriffen werden müssen. Erläutern Sie die Hautschutzmaßnahmen.

160) Erläutern Sie den Begriff Atopie.

161) a) Was ist eine Neurodermitis? Beschreiben Sie die Ursachen und Formen dieser Erkrankung. b) Welche Maßnahmen können Sie Neurodermitikern empfehlen?

162) a) Was ist eine Psoriasis und worauf beruht sie? b) Nennen und beschreiben Sie verschiedene Sonderformen der Psoriasis. c) Welche Behandlungen kann die Kosmetikerin bei einer Psoriasis durchführen? Erläutern Sie die Möglichkeiten.

163) Nennen Sie Erkrankungen der Haut, die zu den sogenannten Autoimmunkrankheiten zählen.

164) a) Was ist die Vitiligo? b) Beschreiben Sie den Krankheitsverlauf bei der Vitiligo c) Welche Behandlungsmaßnahmen kann eine Kosmetikerin bei Vitiligo ergreifen?

165) a) Um welche Erkrankung handelt es sich bei der Sklerodermie? b) Nennen und beschreiben Sie verschiedene Formen der Sklerodermie. c) Welche Behandlungen kann die Kosmetikerin bei einer Sklerodermie durchführen?

166) Für die Unterscheidung gutartiger Neubildungen der Haut von bösartigen Neubildungen hilft die ABCD-Regel. Wofür stehen die Buchstaben der ABCD-Regel und was bedeuten sie?

167) a) Weche pigmentierten Hautveränderungen kennen Sie? b) Worin liegt der Unterschied zwischen pigmentierten Hautveränderungen und Muttermalen?

168) a) Wie entstehen Sommersprossen? Nennen Sie Ursachen und beschreiben Sie die Entwicklung. b) Bei welchen Personen und an welchen Hautarealen finden sich besonders häufig Sommersprossen? c) Welche Maßnahmen können zum Entfernen von Sommersprossen ergriffen werden? Diskutieren Sie dabei auch den Gesundheitsaspekt. d) Welche Möglichkeiten bietet die dekorative Kosmetik zum Abdecken von Sommersprossen? Nennen Sie Präparate und Schminktechniken.

169) a) Beschreiben Sie das Aussehen von Lentigo simplex. b) Um welche Hautveränderung handelt es sich? c) Was ist die Ursache für diese Hautveränderung?

170) a) Beschreiben Sie das Aussehen von Lentigo senilis. b) Wie hat sich die Haut hier verändert? c) Nennen Sie Ursachen für die Entstehung dieser Hautveränderung.

171) Welche Maßnahmen können vorsorglich ergriffen werden, um Lentigo simplex und Lentigo senilis zu vermeiden?

172) a) In welchem Alter entstehen seborrhöische Warzen? b) Wie entwickeln sich seborrhöische Warzen? Beschreiben Sie die Ursache und den Verlauf.

173) a) Was versteht man unter dem Begriff „Pigmentnaevi"? b) Welches typische Aussehen haben Pigmentnaevi? c) Aus welchem Grund müssen Pigmentnaevi beobachtet werden?

174) a) Wie entsteht ein Naevus? b) Welche Arten der Naevi können unterschieden werden?

175) a) Beschreiben Sie das Aussehen eines Naevuszellnaevus. b) Erläutern Sie die drei Entwicklungsstadien eine Naevuszellnaevus.

176) Nennen Sie Hautareale, an denen folgende Naevi bevorzugt vorkommen: a) junktionaler Naevuszellnaevus, b) Compoundnaevi und c) dermale Naevi.

177) a) Welche Hautveränderungen zählen zu den Präkanzerosen? b) In welcher Hautschicht befinden sich Präkanzerosen?

178) a) An welchen Hautarealen treten aktinische Keratosen besonders häufig auf? b) Woher hat diese Hautveränderung ihren Namen? c) Beschreiben Sie das Aussehen aktinischer Keratosen.

179) In welcher Form kann die Rückbildung von Präkanzerosen gefördert werden?

180) a) Beschreiben Sie das Aussehen einer Leukoplakie. b) In welchen Hautarealen tritt die Leukoplakie auf?

181) Hautkrebs entsteht durch eine Entartung von Hautzellen. a) Welche Hautzellen können befallen werden? b) Was versteht man unter einer Entartung von Zellen?

182) Nennen Sie die drei Arten von Hautkrebs.

183) a) Welche Maßnahmen muss eine Kosmetikerin ergreifen, wenn bei einer Klientin Verdacht auf Hautkrebs besteht? b) Welche Maßnahmen darf eine Kosmetikerin auf gar keinen Fall bei einem solchen Verdacht ergreifen?

184) a) Beschreiben Sie das Aussehen und Wachstumsverhalten eines malignen Melanoms. b) Welche Ursachen sind für die Entstehung eines malignen Melanoms verantwortlich? c) Nennen Sie die drei Untergruppen maligner Melanome. d) Wie unterscheiden sich die drei Untergruppen maligner Melanome voneinander?

185) a) Beschreiben Sie das Aussehen und Wachstumsverhalten eines Basalioms. b) Warum wird dieser Tumor als semimaligne bezeichnet? c) Wie können Basaliome therapiert werden?

186) a) Welche Ursache hat die Entstehung von Plattenepithelkarzinomen? b) Welche Hautareale werden bevorzugt von Plattenepithelkarzinomen befallen? c) Beschreiben Sie das Aussehen und Wachstumsverhalten eines Plattenepithekarzinoms.

187) a) Vergleichen Sie: Wie viele Menschen erkranken durchschnittlich pro Jahr an malignen Melanomen, an Basaliomen und an Plattenepithelkarzinomen? b) Welche dieser Hautkrebsarten bildet Metastasen? c) Was bedeutet der Begriff „Metastasen"?

188) Erstellen Sie eine Tabelle und ordnen Sie zu: Welche der folgenden Begriffe bezeichnen die gleiche Hauterkrankung oder sind Oberbegriffe für verschiedene Hauterkrankungen: Lentigo maligna, Basalzellenkrebs, oberflächlich spreitendes Melanom, Krebsvorstufen, schwarzer Hautkrebs, malignes Melanom, Lentigo maligna Melanom, Präkanzerose, noduläres Melanom, Basaliom, Plattenepithelkarzinom, Stachelzellenkrebs, Hautkrebs?

189) a) Welche Hautveränderungen zählen zu den gutartigen Tumoren? b) Welche Hautschichten können bei einem Tumor betroffen sein?

190) a) Was sind Fibrome? b) Beschreiben Sie das Aussehen weicher Fibrome. c) Bescheiben Sie das Aussehen harter Fibrome. d) Was ist der Unterschied zwischen weichen und harten Fibromen?

191) a) Was sind Keloide und wie entstehen sie? b) Beschreiben Sie das Aussehen von Keloiden.

192) a) Was sind Zysten? b) Wie sehen Zysten aus? c) Nennen Sie verschiedene Arten von Zysten sowie deren Unterscheidungsmerkmale. d) Welche Hautschichten können von Zysten betroffen sein?

193) a) Was sind Milien? b) Wie können Milien entfernt werden?

194) Beschreiben Sie das Aussehen von Epidermiszysten.

195) a) Was sind Atherome? b) An welchen Hautarealen treten Atherome vorwiegend auf?

196) a) Was sind Lipome? b) In welcher Hautschicht liegen Lipome?

197) Wie und von wem können Milien, Epidermiszysten, Atherome und Lipome jeweils entfernt werden?

198) a) Warum sollte man nicht von Geschlechtskankheiten, sondern besser von sexuell übertragbaren Krankheiten sprechen? b) Nennen Sie verschiedene, durch Bakterien verursachte sexuell übertragbare Krankheiten.

199) Beschreiben Sie das klinische Bild folgender sexuell übertragbarer Krankheiten: a) Syphilis, b) Gonorrhö, c) Ulkus molle und d) Lymphogranuloma inguinale.

200) a) Welche Funktion haben die Blutgefäßnetze in der Haut? b) Was ist der Unterschied zwischen Adern und Kapillaren? c) Erkären Sie den Unterschied zwischen Arterien und Venen.

201) a) Beschreiben Sie den Blutkreislauf. b) Was ist der Unterschied zwischen dem großen und dem kleinen Blutkreislauf? Nutzen Sie zur Beantwortung das Fachlexikon/Stichwortverzeichnis dieses Buches.

202) a) Nennen Sie verschiedene Gefäßerkrankungen. b) Welche Gefäßerkrankungen betreffen die Venen? c) Welche Gefäßerkrankungen betreffen die Kapillaren?

203) a) Beschreiben Sie das Aussehen von Teleangiektasien. b) Welche Blutgefäße sind betroffen? c) Nennen Sie Ursachen für das Entstehen von Teleangiektasien. d) Nennen und erläutern Sie verschiedene kosmetische Behandlungsmöglichkeiten bei Teleangiektasien.

204) a) Was ist Lymphe? b) Welche Funktion hat das Lymphkreislaufsystem?

205) Wie kommt es zu einem Lymphödem?

206) a) Was ist der Unterschied zwischen Blut und Lymphe? b) Worin besteht der Unterschied zwischen dem Blutkreislauf und dem Lymphkreislauf?

207) a) Was sind Varizen? b) Wie entstehen Varizen?

208) a) Was ist ein Ödem? b) Wie kann es zur Ödembildung kommen?

209) Wie kann es zu einer oberflächlichen Venenentzündung kommen?

210) Was ist der Unterschied zwischen Teleangiektasien und Besenreiservarizen?

211) Was ist eine Thrombose und wie entsteht sie?

212) Welchen Nutzen sollen kosmetische Behandlungen haben?

213) Welche Risiken bergen kosmetische Behandlungen und welche Konsequenzen ziehen Sie daraus?

3 Kosmetische Präparate und ihre Anwendung (S. 101 bis S. 198)

214) Welche Funktionen hat Wasser im menschlichen Organismus?

215) Nennen und erläutern Sie sämtliche Anwendungsmöglichkeiten von Wasser in der kosmetischen Praxis. Berücksichtigen Sie dabei auch die Aggregatzustände des Wassers.

216) Beschreiben Sie den Aufbau von Wasser und die daraus resultierenden Eigenschaften.

217) Zu welchem Zeitpunkt einer Behandlung sind Kompressen angebracht? Unterscheiden Sie die Kompressenarten, die dazu notwendigen Hilfsmittel sowie die jeweils beabsichtigten Wirkungen.

218) a) Was ist die Wasserhärte? b) Welche Auswirkungen hat die Wasserhärte auf Geräte und Wäsche im Kosmetikinstitut? c) Welche Auswirkungen hat die Wasserhärte auf kosmetische Behandlungen? d) Nennen und beschreiben Sie die Möglichkeiten zur Wasserenthärtung.

219) a) Nennen und beschreiben Sie verschiedene Seifenarten einschließlich deren Einsatzgebiete. b) Durch welche Inhalts- bzw. Zusatzstoffe unterscheiden sich die verschiedenen Seifenarten?

220) Beschreiben Sie den Aufbau eines Seifenmoleküls.

221) Warum „wäscht" Seife? Beschreiben Sie den Waschvorgang.

222) a) Welche Vorteile und welche Nachteile haben Seifen gegenüber synthetischen Reinigungsmitteln? b) Was ist der Unterschied zwischen Seifen und Syndets?

223) Nennen und beschreiben Sie die Eigenschaften und Anwendungsbereiche der vier Tensidarten: a) Aniontenside, b) Kationtenside, c) amphotere Tenside und d) nicht ionische Tenside.

224) a) Welche Wirkungen können mit Bädern erzielt werden? b) Nennen Sie verschiedene Zusatzstoffe von Bädern und deren beabsichtigte Wirkungen.

225) Welche Eigenschaften und welche Funktion haben Emulgatoren?

226) Was sagt der HLB-Wert aus?

227) Beschreiben Sie die Zusammensetzung und Funktion von Reinigungsemulsionen.

228) Beschreiben Sie den Aufbau und die Funktion von Reinigungsmitteln, die auf Öl basieren: a) Reinigungsemulsionen, b) hydrophile Öle, c) wasserfreie Cremes und d) Abschminken.

229) In welchen Fällen entscheiden Sie sich für ein auf Öl basierendes Reinigungsmittel?

230) a) Welche Funktion sollen Peelingpräparate im Allgemeinen erfüllen? b) Für welche Hauttypen und Hautzustände ist die Anwendung von Peelingpräparaten empfehlenswert und in welchen Fällen sollte man diese Behandlung unbedingt vermeiden? c) Beschreiben Sie die Möglichkeiten zur Durchführung des mechanischen Peelings.

231) Wie wirkt eine biologisch-enzymatische Schälkur?

232) Wie wirken chemische Schälkuren?

233) a) Nennen Sie die Inhaltsstoffe einer Kräuter-Tiefenschälkur. b) Beschreiben Sie die Wirkung einer Kräuter-Tiefenschälkur.

234) Was ist eine kosmetische Dermabrasion?

235) a) Wonach richtet sich die Wahl eines Gesichtswassers? b) Erläutern Sie die Eigenschaften, die beabsichtigte Wirkung und die möglichen Einsatzgebiete verschiedener Gesichtswässer. c) Nennen Sie die Inhalts- und Zusatzstoffe von Gesichtswässern. d) Wie wird ein Gesichtswasser angewendet?

236) a) Welche Funktion haben Rasierwässer? b) Nennen Sie die Inhaltsstoffe von Rasierwässern. c) Was ist der Unterschied zwischen Preshave-Präparaten und Aftershave-Präparaten?

237) Worin liegt der Unterschied zwischen einem Gesichtswasser und einem Rasierwasser?

238) Nach welchen Kriterien werden Hautpflegepräparate klassifiziert?

239) Emulsionstypen werden unterschieden nach der inneren und äußeren Phase einer Emulsion. Nennen Sie verschiedene Präparate und ordnen Sie diese in einer Tabelle nach ihrem Emulsionstyp.

240) a) Was ist der Unterschied zwischen Tagescremes und Nachtcremes? b) Nennen Sie Öle und Fette, die in Tagescremes enthalten sein können. c) Welche Aufgaben sollen Tages- und Nachtcremes erfüllen?

241) a) Beschreiben Sie die Funktionen von Schutz- und Massagecremes. b) Nennen Sie die Grund- und Wirkstoffe von Massageölen und -fetten. c) Beschreiben Sie die Anwendung von Massagecremes und -ölen.

242) a) Beschreiben Sie die beabsichtigten Wirkungen von Körperlotionen b) Welche Zusatzstoffe sind in Cellulitepräparaten enthalten?

243) a) Beschreiben Sie die Funktionen von Handpflegepräparaten. b) Welche Maßnahmen können weiterhin zur Pflege der Hände beitragen?

244) Feuchtigkeitscremes sollen der Haut Feuchtigkeit zuführen. a) Welche Inhaltsstoffe sollen dies leisten? b) Welcher Art ist diese Wirkung in Bezug auf die Haut?

245) a) Beschreiben Sie die unterschiedlichen Wirkungen von Masken und Packungen. b) Erstellen Sie eine Tabelle über die auf dem Markt verwendeten Masken und Packungen und deren Anwendungsgebiete.

246) Nennen Sie die Inhaltsstoffe von Vliesmasken.

247) In welchen Fällen sollte keine Thermomaske angewendet werden?

248) Beschreiben Sie die Anwendung von Filmmasken.

249) Nennen Sie die unterschiedlichen Inhaltsstoffe pulverförmiger Packungen.

250) In welchen Fällen entscheiden Sie sich für eine pulverförmige Packung und in welchen Fällen für eine Cremepackung?

251) a) Nennen Sie verschiedene Wirkstoffkonzentrate und deren beabsichtigte Wirkungen in Ampullenpräparaten. b) Warum werden Wirkstoffe in Ampullen verpackt?

252) a) Welche speziellen Funktionen sollen Augenpflegepräparate erfüllen? b) Nennen und beschreiben Sie Wirkstoffe von Augenpflegepräparaten und deren beabsichtigte Funktionen.

253) a) Nennen Sie die Handelsformen von Lippenpflegepräparaten. b) Woraus bestehen Lippenpflegestifte? c) In welchen Situationen und aus welchen Gründen benötigen Lippen besondere Pflege?

254) a) Welche vorbeugenden Maßnahmen zur Gesunderhaltung der Füße sind Ihnen bekannt? b) Nennen Sie Handelsformen verschiedener Fußpflegepräparate. c) Beschreiben Sie die Aufgabengebiete der Fußpflege. d) Nennen Sie die Inhaltsstoffe von Fußcremes. e) Welche Funktionen haben Fußcremes, -balsame und -lotionen sowie Fußpuder?

255) Beschreiben Sie geeignete kosmetische Maßnahmen zur Behandlung von Hühneraugen und Schwielen.

256) a) Was versteht man unter dem Begriff Cosmeticals? b) Was ist der Unterschied zwischen Wirkstoffen und Wirkstoffträgern? c) Nennen Sie Wirkstoffbeispiele und deren Einsatzgebiete in kosmetischen Präparaten. d) Welche fünf Wirkstoffgruppen lassen sich nach ihrem Wirkungsort unterscheiden?

257) a) In welchen Präparaten werden Paraffine eingesetzt? b) Welche Eigenschaften haben Paraffine?

258) a) Was sind Aromaten und welche Eigenschaften haben sie? b) In welchen Präparaten werden Aromaten eingesetzt?

259) Die Verwendung von Konservierungsmitteln wird über die Kosmetikverordnung (KVO) geregelt. a) Was sagt diese Verordnung über Konservierungsmittel aus? b) Welche Funktionen sollen Konservierungsmittel in kosmetischen Präparaten erfüllen? c) Nennen Sie verschiedene Konservierungsmittel.

260) a) In welchen Präparaten werden Silikonverbindungen eingesetzt? b) Welche Eigenschaften haben Silikone?

261) a) Welche Funktionen erfüllen Alkohole in kosmetischen Präparaten? b) Nennen Sie Präparate, in denen Alkohole verwendet werden.

262) a) Welche Wirkung haben einwertige Alkohole auf die Haut? b) Welche Wirkung haben mehrwertige Alkohole auf die Haut?

263) Welche Inhaltsstoffe dienen in Präparaten als Feuchthaltefaktor?

264) Beschreiben Sie die beabsichtigte Wirkung von Panthenol.

265) a) Welche Eigenschaften hat Formaldehyd? b) In welcher Konzentration darf Formaldehyd in kosmetischen Präparaten vorhanden sein?

266) a) In welchen kosmetischen Präparaten wird Aceton eingesetzt? Beschreiben Sie die Wirkung von Aceton. b) In welchen Präparaten findet Dihydroxyaceton (DHA) Verwendung? Beschreiben Sie die Wirkung von DHA.

267) a) Nennen Sie verschiedene organische Säuren. b) In welchen Präparaten sind organische Säuren enthalten? c) Beschreiben Sie die Wirkung organischer Säuren auf Haut und Haar.

268) Warum werden in kosmetischen Präparaten fast nie anorganische Säuren eingesetzt, sondern organische Säuren? Nutzen Sie zur Beantwortung das Fachlexikon/Stichwortverzeichnis in diesem Buch.

269) a) Was sagt die Maßeinheit pH-Wert aus? b) Welche Rolle spielen pH-Werte im menschlichen Organismus? c) Welchen pH-Wert weist die Hautoberfläche auf? d) Warum weist die Hautoberfläche diesen pH-Wert auf? e) Welche Mechanismen erhalten den pH-Wert der Hautoberfläche?

270) a) Wie können Sie den pH-Wert kosmetischer Präparate ermitteln? b) Nennen Sie kosmetische Präparate, in denen ein hoher pH-Wert vorhanden sein muss. Begründen Sie die Notwendigkeit. c) Welche kosmetischen Präparate weisen einen ähnlichen pH-Wert wie die Hautoberfläche auf? d) Nennen Sie kosmetische Präparate, die leicht sauer reagieren.

271) a) Was bedeutet die deutsche Übersetzung von AHA? b) Nennen Sie verschiedene kosmetische Präparate, in denen AHAs enthalten sind. c) Welche Wirkungen sind mit kosmetischen Präparaten, die AHAs enthalten, beabsichtigt?

272) a) Was sind Ester? b) Welche Funktionen haben Ester als Inhaltsstoff in kosmetischen Präparaten?

273) Beschreiben Sie Ähnlichkeiten und Unterschiede zwischen Mineralfetten und natürlichen Fetten und Ölen. (Tipp: Erstellen Sie eine Tabelle!)

274) a) Was sind Lipide? b) Wie sind Lipide chemisch aufgebaut?

275) Was ist der Unterschied zwischen gesättigten und ungesättigten Fettsäuren?

276) a) Nennen Sie verschiedene pflanzliche Fette und Öle einschließlich deren Einsatzgebiete in kosmetischen Präparaten. b) Nennen Sie verschiedene tierische Fette einschließlich deren Einsatzgebiete in kosmetischen Präparaten.

277) a) Was versteht man unter Lipoiden? b) Nennen Sie verschiedene Lipoide, die in kosmetischen Präparaten eingesetzt werden. c) Welche Eigenschaften haben Lipoide in kosmetischen Präparaten? d) Nennen und unterscheiden Sie pflanzliche, tierische und synthetische Wachse.

278) a) Was sind Liposome? b) Warum werden Liposome in kosmetischen Präparaten verwendet? c) Welche Inhaltsstoffe mit ähnlich beabsichtigter Wirkung kennen Sie? Wo liegen die „feinen Unterschiede"? d) Mit welchen Wirkstoffen können diese Wirkstoffträger beladen werden? Nennen Sie Beispiele.

279) a) Beschreiben Sie die Funktionen von Eiweiß im menschlichen Organismus. b) Beschreiben Sie den Aufbau von Eiweiß aus chemischer Sicht. c) Nennen und unterscheiden Sie Proteine pflanzlicher und tierischer Herkunft. d) In welchen kosmetischen Präparaten werden Proteine eingesetzt?

280) a) Welche Aufgaben erfüllen Kohlenhydrate im menschlichen Organismus? b) Welche organischen Verbindungen aus den Elementen Kohlenstoff, Wasserstoff und Sauerstoff sind Ihnen bekannt? c) Welche Polysaccharide kommen in kosmetischen Präparaten zum Einsatz?

281) Erläutern Sie die Herkunft sowie den Einsatz von Pektinen, Agar-Agar, Guarmehl, Reisstärke und Dextranen in kosmetischen Präparaten.

282) a) Woraus werden Skin-Repair-Komplexe gewonnen? b) In welchen Präparaten werden Skin-Repair-Komplexe eingesetzt? c) Welche Funktionen sollen Skin-Repair-Komplexe erfüllen?

283) a) Nennen Sie verschiedene Antioxidanzien. b) Welche Funktion haben Antioxidanzien in kosmetischen Präparaten?

284) a) Nennen Sie Stoffe, die häufig als Konservierungsmittel in kosmetischen Präparaten eingesetzt werden. b) Welche Funktion haben Konservierungsmittel? c) Konservierungsmittel können nach acht Gruppen unterschieden werden. Nennen Sie die acht Gruppen sowie kosmetische Präparate, in denen die jeweiligen Konservierungsstoffe eingesetzt werden. d) Durch welche Maßnahmen kann die Kosmetikerin zur Keimarmut in kosmetischen Präparaten beitragen? Nennen Sie Beispiele.

285) In welcher Form werden Drogen in der Kosmetik verwendet?

286) Beschreiben Sie die Herkunft, die Eigenschaften, die Wirkstoffe sowie Verwendungsbeispiele von folgenden Drogen: a) Schleimdrogen, b) Saponindrogen, c) Flavonoiddrogen, d) Gerbstoffdrogen, e) Phytohormone, f) Drüsensekrete sowie g) Drogen mit ätherischen Ölen.

287) Drogen werden aufgrund ihrer beabsichtigten Wirkung in kosmetischen Präparaten eingesetzt. a) Welche Drogen können eine gewisse Schutzwirkung gegenüber UV-Strahlen ausüben? b) Welchen Drogen wird eine antibiotische und/oder antimykotische Wirkung zugeschrieben? c) Welche Drogen sollen die Durchblutung der Haut anregen können? d) Welche Drogen üben eine adstringierende Wirkung auf die Haut aus? e) Für welche Drogen ist nachgewiesen, dass sie durch die Haut bis in die Blutgefäße penetrieren können? f) Welche Drogen spielen zugleich als Wirkstoffe und als Duftstoffe in kosmetischen Präparaten eine Rolle?

288) a) Nennen Sie verschiedene Drogen tierischer Herkunft. b) Welche Drogengruppen tierischer Herkunft werden unterschieden?

289) a) Was sind Phytohormone? b) Nennen Sie Beispiele für Phytohormone. c) Beschreiben Sie die beabsichtigte hormonähnliche Wirkung von Pflanzenextrakten in kosmetischen Präparaten. d) Warum werden heutzutage in kosmetischen Präparaten häufig Phytohormone statt Hormone tierischer Herkunft eingesetzt?

290) a) Nennen Sie verschiedene Hormone, die im menschlichen Organismus eine Rolle spielen. b) Welchen Einfluss hat das Hormonsystem auf den Körperbau?

291) a) Placentaextrakte in kosmetischen Präparaten sollen eine bestimmte Wirkung erzielen. Welche? b) Was ist die Placenta? c) Nennen Sie verschiedene Inhaltsstoffe von Placentaextrakten.

292) Was sind Kortikosteroide?

293) Welche Wirkung ist mit der Verwendung von Thymusextrakten in kosmetischen Präparaten beabsichtigt?

294) a) Was sind Proteine und aus welche Teilen sind Proteine aufgebaut? b) Was sind Proteinhydrolysate? c) Welche Wirkung sollen Proteinhydrolysate als Wirkstoff in kosmetischen Präparaten erzielen?

295) a) Woher stammt Gelee Royale? b) Nennen Sie die Bestandteile von Gelee Royale.

296) a) Was ist Propolis? b) Welche Wirkung wird mit der Verwendung von Propolis in kosmetischen Präparaten beabsichtigt?

297) Nennen Sie die Herkunft und beschreiben Sie die Düfte folgender tierischer Duftstoffe: a) Moschus, b) Zibet, c) Ambra und d) Castoreum. e) Warum werden heute fast nur noch deren synthetischen Ersatzstoffe verwendet?

298) a) Was sind ätherische Öle? b) Nennen und beschreiben Sie die verschiedenen Verfahren zur Gewinnung ätherischer Öle aus Pflanzen.

299) a) Beschreiben Sie verschiedene Einsatzgebiete der Aromatherapie und deren beabsichtigte Wirkungen. b) Was sollte man bei der Auswahl ätherischer Öle für die Aromatherapie beachten?

300) Beschreiben Sie die Head Space Methode.

301) Beschreiben Sie die Herkunft, den Duft und die beabsichtigte Wirkung folgender ätherischer Öle: a) Vanille, b) Rose und c) Teebaum.

302) Beschreiben Sie den Vorgang des Riechens/des Riecheindrucks.

303) Worin besteht der Unterschied in Bezug auf die Zusammensetzung zwischen: a) Eau de Cologne, b) Eau de Toilette, c) Eau de Parfum und d) Parfüm?

304) Nennen Sie verschiedene Duftnoten.

305) Nennen Sie Beispiele: a) Welche Duftnoten zählen zu den orientalischen Noten? b) Welche Duftnoten werden den Holznoten zugeordnet? c) Welche Duftnoten kennen Sie, die zu den Gewürznoten zählen? d) Welche Düfte sind Ihnen bekannt, die den Blütennoten zugeordnet werden? e) Welche Duftnoten zählen zu den Fruchtnoten?

306) a) Beschreiben Sie den Duft von Aldehydnoten. b) Welche Düfte zählen zu den Aldehydnoten?

307) Aus welchen Duftkompositionen ergeben sich folgende Duftnoten: a) Zitrus-Noten, b) Lavendel-Noten, c) Fougère-Noten und d) Chypre-Noten?

308) a) Nennen und beschreiben Sie die drei Phasen der Duftentwicklung. b) Welche Düfte bilden vorwiegend die jeweilige Phase der Duftentwicklung?

309) a) Wie viele verschiedene Damen- und Herrendüfte sind derzeit in Deutschland käuflich? b) In welchen Zeitabständen wechseln die Duftmoden in etwa?

310) Was sind „Unisex-Düfte"?

311) Was bedeutet der Begriff „dekorative Kosmetik"?

312) a) Nennen Sie die Zubereitungsformen von Make-up-Grundierungen. b) Nennen Sie die Inhaltsstoffe von Make-up-Grundierungen und beschreiben Sie deren jeweilige Funktion. c) Welche Inhaltsstoffe werden für die Deckkraft einer Grundierung verwendet? d) Was ist der Unterschied zwischen Make-up-Emulsionen und wasserfreien Make-up-Zubereitungen?

313) a) Nennen Sie verschiedene Handelsformen von Puderpräparaten. b) Welche Funktionen haben die verschiedenen Puder? c) Nennen Sie die Prüfkriterien von kosmetischen Pudern. d) Nennen Sie die Inhaltsstoffe von Pudern, und beschreiben Sie deren Eigenschaften sowie die jeweiligen Einsatzgebiete.

314) a) Nennen Sie die Handelsformen von Rouge-Präparaten. b) Nennen Sie die Inhaltsstoffe von Rouge-Präparaten und beschreiben Sie deren jeweilige Funktion.

315) a) Nennen Sie Pigmente, die in Präparaten der dekorativen Kosmetik verwendet werden und beschreiben Sie deren Herkunft und Farbton. b) Welche Pigmente werden in Make-up-Grundierungen verwendet? c) Welche Pigmente werden für Rouges eingesetzt? d) Welche Pigmente finden sich als Inhaltsstoff in Lidschatten? e) Welche Pigmente werden in Nagellack eingesetzt? f) Welche Pigmente werden für Lippenkonturenstifte verwendet?

316) a) Was bedeutet Camouflage? b) Nennen Sie verschiedene Einsatzgebiete (Indikatoren) für die Camouflage. c) Beschreiben Sie die Anwendung von Camouflage-Präparaten.

317) Beschreiben Sie die Zusammensetzung und Anwendungsgebiete nicht permanenter Augen-Make-up-Präparate.

318) a) Nennen Sie die verschiedenen Handelsformen von Lidschatten-Präparaten. b) Welche Inhaltsstoffe sind in Kompaktpuder-Lidschatten enthalten?

319) a) Woraus bestehen Augenbrauenstifte? Nennen Sie die Inhaltsstoffe. b) Worin besteht der Unterschied zwischen Buntstiften und Eye-

linern in Bezug auf die Zusammensetzung und die Anwendung?

320) a) Welche Funktionen sollen Wimperntuschen erzielen? b) Worauf müssen Kontaktlinsenträgerinnen achten, wenn sie Mascara verwenden? c) Nennen Sie die Inhaltsstoffe von Mascara-Präparaten. d) Welche Zusatzstoffe sind in wimpernverlängernden Präparaten enthalten und wie wirken diese?

321) Was ist Spucktusche und wie kann sie angewendet werden?

322) Mithilfe welcher Präparate können Sie Augen-Make-up-Präparate entfernen?

323) a) Welche Vorteile bietet das Dauerfärben von Wimpern und Augenbrauen? b) Nennen Sie die Inhaltsstoffe von Wimpern- und Augenbrauenfarbe. c) Beschreiben Sie die Durchführung einer Dauerfärbung von Wimpern und Augenbrauen. d) Worauf muss bei der Auswahl der Wimpern- und Augenbrauenfarbe geachtet werden?

324) a) Beschreiben Sie kurz die „Geschichte" des Lippenstifts. b) Nennen Sie die Inhaltsstoffe von Lippenstiften. c) Nennen Sie die Qualitätsmerkmale von Lippenstiften. d) Beschreiben Sie die Anwendung von Lippenstiften im Kosmetikinstitut. e) Welche Inhaltsstoffe sorgen für die Festigkeit des Lippenstifts? f) Nennen Sie verschiedene Pflegestoffe, die in Lippenstiften enthalten sein können. g) Welche Aufgabe haben Konservierungsstoffe und Antioxidanzien in Lippenstiften?

325) Was ist ein Lip-Fix-Präparat und welche Funktion hat es?

326) a) Welche Inhaltsstoffe sind in Lip-Gloss-Präparaten enthalten? b) Welche Funktion haben Lip-Gloss-Präparate?

327) Was ist ein Lippenlack und mit welchem Ziel wird dieser verwendet?

328) Welche gesundheitlichen Gefahren bestehen bei Lippenstiften, die sich beim Auftragen farblich verändern?

329) Diskutieren Sie Pro und Contra von Verpackungen dekorativer Kosmetik-Produkte.

330) Nennen Sie verschiedene Produkte der Nagelkosmetik.

331) a) Welche Funktionen haben Nagellacke? b) Nennen Sie die Inhaltsstoffe von Nagellacken und beschreiben Sie die jeweiligen Funktionen der Inhaltsstoffe. c) Wie tragen Sie einen Nagellack korrekt auf?

332) Welche Funktion haben Unterlacke und Überlacke?

333) Worin besteht der Unterschied zwischen Cremelacken und Perllacken?

334) Welche Vorteile und welche Nachteile hat die Anwendung von Nagellackstiften?

335) a) Welche Handelsformen von Nagellackentfernern sind Ihnen bekannt? b) Nennen Sie die Qualitätsmerkmale von Nagellackentfernern.

336) a) Welche Funktion haben Nagelhärter? b) Nennen Sie die Inhaltsstoffe von Nagelhärtern sowie deren beabsichtigte Wirkung.

337) a) Welche Funktion haben Nagelöle und Nagelcremes? b) Nennen Sie die Inhaltsstoffe von Nagelölen und Nagelcremes und beschreiben Sie deren beabsichtigte Wirkung.

338) a) Beschreiben Sie die Funktion von Nagelhauterweichern. b) Beschreiben Sie die Anwendung von Nagelhauterweichern. c) Nennen Sie die Inhaltsstoffe von Nagelhauterweichern und ihre Wirkung.

339) a) Welche Wirkung soll eine Nagelpolitur haben? b) Wie wird eine Nagelpolitur durchgeführt?

340) a) Welche Funktion haben Nagelweißstifte? b) Nennen Sie die Inhaltsstoffe von Nagelweißstiften.

341) Beschreiben Sie die Aufgaben von Lichtschutzpräparaten.

342) Nennen Sie verschiedene Handelsformen von Sonnenschutzmitteln.

343) Welche Inhaltsstoffe sind in folgenden Sonnenschutzmitteln enthalten: a) Emulsionen, b) Sonnenöle, c) akoholische Lösungen, d) Stifte, e) Suspensionen und f) Sonnenschutz-Make-up?

344) Welche Sonnenschutzmittel empfehlen Sie bei welchem Hauttyp?

345) Wodurch wird die Schutzwirkung eines Sonnenschutzmittels beeinflusst?

346) a) Wie wirken chemische Lichtfiltersubstanzen in Sonnenschutzmitteln? b) Welche Wirkung

haben physikalisch wirkende Decksubstanzen in Sonnenschutzmitteln? c) Was bedeuten die Begriffe „chemisch“ und „physikalisch“?

347) Was ist ein Sunblocker?

348) a) Was bedeutet der Begriff „Lichtschutzfaktor“? b) Wie können Sie den Lichtschutzfaktor errechnen?

349) Nennen Sie die vier Typen der Bräunungshelfer und Bräunungsbeschleuniger.

350) Wie entsteht der Bräunungseffekt der Haut mithilfe selbstbräunender Substanzen?

351) Wie sollen Pre-Tan-Präparate wirken?

352) Nennen Sie Zusatzstoffe und deren beabsichtigte Wirkung, die in Sonnenschutzmitteln enthalten sein können.

353) Eine Anwendungsberatung für Sonnenschutzmittel und After-Sun-Präparate durch eine Kosmetikerin weiß jede Klientin zu schätzen. Was können Sie Ihrer Klientin empfehlen: a) vor dem Urlaub, b) im Urlaub und c) nach dem Urlaub?

354) a) Welche Wirkung ist mit der Anwendung von After-Sun-Präparaten beabsichtigt? b) Nennen Sie die Handelsformen von After-Sun-Präparaten.

355) a) Nennen Sie die Inhaltsstoffe von Selbstbräunungsmitteln. b) Was ist bei der Anwendung von Selbstbräunungsmitteln zu beachten?

356) a) Welche Ursachen kommen für Pigmentstörungen infrage? b) Nennen Sie Pflanzenextrakte, mit denen Pigmentstörungen beeinflusst werden können. c) Beschreiben Sie die Wirkung von Depigmentierungspräparaten in der Haut.

4 Praxis Ganzheitskosmetik (S. 199 bis S. 256)

357) Was bedeutet der Begriff „Ganzheitskosmetik“? Erläutern Sie unter Berücksichtigung der Behauptung „ganzkörperlich bedeutet nicht ganzheitlich“.

358) Beschreiben Sie das äußere Erscheinungsbild einer Kosmetikerin unter den Aspekten der Körperpflege und Hygiene. Berücksichtigen Sie dabei auch die Hygieneverordnung.

359) Entwerfen Sie mehrere Firmenlogos für „Ihr“ Kosmetikinstitut.

360) Worauf müssen Sie bei der Begrüßung achten? a) Begrüßung einer Stammkundin und b) Begrüßung einer Kundin, die das erste Mal in Ihr Institut kommt (Neukundin). c) Formulieren Sie drei Sätze (in wörtlicher Rede), die Sie zur Begrüßung einer Kundin verwenden können. d) Wie können Sie Kunden am Telefon begrüßen?

361) Formulieren Sie drei Sätze (in wörtlicher Rede), die Sie verwenden können, wenn eine Kundin ausnahmsweise noch zehn Minuten auf den Behandlungsbeginn warten muss.

362) Beschreiben Sie, wie eine Kosmetikkabine für eine Behandlung vorbereitet werden muss.

363) Nennen Sie die grundsätzlichen Schritte einer Gesichtsbehandlung.

364) Beschreiben Sie die Vorbereitung einer Kundin für eine Gesichtsbehandlung.

365) a) Was bedeutet der Begriff „Massage“? b) Beschreiben Sie die allgemein beabsichtigten Effekte einer Massage. c) Nennen und beschreiben Sie verschiedene Massagegriffe.

366) a) Beschreiben Sie die einzelnen Schritte einer manuellen Nackenmassage. b) Welche Massagemittel können Sie für eine Nackenmassage verwenden? c) Welche Muskeln werden bei einer Nackenmassage einbezogen?

367) Die Gesichtsreinigung ist unterteilt in die Vorreinigung und die Intensivreinigung. Welche Behandlungen zählen zur Vorreinigung und welche zur Intensivreinigung?

368) Beschreiben Sie, wie Sie ein Augen-Make-up entfernen.

369) Beschreiben Sie verschiedene Möglichkeiten der Hautreinigung. Berücksichtigen Sie dabei auch die Wahl des Reinigungsmittels.

370) a) Was bedeutet der Begriff „Diagnose“? b) Erklären Sie die Begriffe „Symptomdiagnose“ und „Kausaldiagnose“.

371) a) Was bedeutet der Begriff „Anamnese“? b) Formulieren Sie konkrete Fagen (in wörtlicher Rede), die Sie bei der Anamnese stellen können.

372) Eine umfassende Hautdiagnose ergibt sich aus der Summe verschiedener Merkmale der Haut.

a) Welche Merkmale müssen Sie bei einer Hautdiagnose berücksichtigen? b) Welche Erkenntnisse können Sie durch Befragung der Klientin gewinnen? c) Welche Informationen können Sie durch Betrachtung der Haut erhalten? d) Welche Erkenntnisse gewinnen Sie durch die Untersuchung der Haut?

373) Nennen Sie Hilfsmittel, die Sie zur Untersuchung der Haut verwenden können. Wie werden die einzelnen Untersuchungen genannt?

374) Erstellen Sie bei einer Person Ihrer Wahl eine Hautdiagnose mittels Befragung, Beobachtung und Untersuchung.

375) Beschreiben Sie den Unterschied zwischen den Faltenarten: a) Embryonalfalten, b) Bildungsfalten, c) mimische Falten, d) Trockenheitsfältchen und e) Altersfalten.

376) Beschreiben Sie den Vorgang des Wimpernfärbens einschließlich der Vor- und Nachbereitung.

377) Beschreiben Sie das Färben der Augenbrauen einschließlich der Vor- und Nachbereitung.

378) Was müssen Sie beim Färben der Wimpern und Augenbrauen unbedingt beachten?

379) a) Wie legen Sie Ansatz und Endpunkt der Augenbrauen für das Zupfen fest? b) Nennen Sie die Arbeitsmaterialien und Hilfsmittel, die Sie zum Zupfen der Augenbrauen verwenden. c) Wie müssen Sie die Materialien und Hilfsmittel im Anschluss an die Behandlung laut Hygieneverordnungen reinigen?

380) a) Welche Wirkungen sind mit dem Bedampfen der Haut beabsichtigt? b) Welche Arten des Bedampfens gibt es?

381) a) Erklären Sie die Entstehung des Ozonnebels im Bedampfungsgerät. b) Was ist Ozon?

382) a) Was bedeutet der Begriff „Indikation"? b) Was bedeutet der Begriff „Kontraindikation"?

383) Welche Kontraindikationen verbieten die Bedampfung der Haut?

384) a) Welche Schälmethoden kennen Sie? b) Nennen Sie verschiedene Mittel, die eine Hautschälung bewirken, sowie deren Inhaltsstoffe.

385) a) Die Entscheidung für eine Hautschälung muss grundsätzlich abgewogen werden und sollte nicht „standardisiert" erfolgen. Was spricht gegen die Methode der Hautschälung? b) Nennen Sie alternative Mittel, die für eine schonende Hautschälung verwendet werden können.

386) a) Was sind Komedonen? b) Wie entfernen Sie Komedonen? Beschreiben Sie die Behandlung und berücksichtigen Sie dabei auch die notwendigen Vor- und Nachbereitungsmaßnahmen.

387) a) Was sind Milien? b) Wie können Milien entfernt werden?

388) a) Welche Wirkungen sind mit einer Gesichtsmassage beabsichtigt? b) Nennen Sie verschiedene Massagetechniken für das Gesicht, die es neben der klassischen Gesichtsmassage gibt.

389) Was ist der Unterschied zwischen Masken, Packungen und Modellagen? Beschreiben Sie die jeweils beachsichtigte Wirkung.

390) a) Welche Wirkungen soll eine Cremepackung haben? b) Was soll eine Puderpackung bewirken? c) Nennen Sie die Inhaltsstoffe von Packungen.

391) a) Beschreiben Sie das fachgerechte Auftragen einer Gesichtspackung. Berücksichtigen Sie dabei auch die notwendigen Hilfsmittel. b) Beschreiben Sie das Abnehmen einer Gesichtspackung unter Berücksichtigung der Hilfsmittel.

392) Beschreiben Sie die Anwendung und die jeweils beabsichtige Wirkung von a) Haferschleimpackungen und b) Weizenkeimpackungen.

393) Nennen Sie Kontraindikationen, die gegen die Anwendung von Masken, Packungen und Modellagen sprechen.

394) Beschreiben Sie verschiedene Spezialpflegen der folgenden Augenpartien: a) Augenringe und b) geschwollene Lider.

395) a) Beschreiben Sie die Arbeitsschritte bei einer Wimperndauerwelle. b) Welche Vorteile bietet eine Wimperndauerwelle? Nennen Sie mehrere Verkaufsargumente.

396) a) Von welchen Faktoren wird der Behandlungsabschluss bestimmt? b) Nennen und beschreiben Sie verschiedene Möglichkeiten des Behandlungsabschlusses.

397) Was sind Ödeme?

398) a) Was ist Lymphe? b) Beschreiben Sie den Aufbau und die Funktion des Lymphsystems.

c) Inwiefern ist das Lymphsystem an einer Ödembildung beteiligt?

399) a) Welche Arten der mechanischen Haarentfernung sind Ihnen bekannt? b) Welche Arten der „chemischen Haarentfernung“ sind Ihnen bekannt?

400) Wie muss eine Kabine ausgestattet und gestaltet sein, um darin mechanische Haarentfernungen durchführen zu können? Berücksichtigen Sie auch die Arbeitsmaterialien und Hilfsmittel.

401) a) Beschreiben Sie die Durchführung einer chemischen Haarentfernung. b) Worin bestehen die Vorteile und Nachteile von Haarentfernungsmitteln auf chemischer Basis?

402) a) Beschreiben Sie die Anwendung von Warmwachs und Kaltwachs zur Haarentfernung. b) Worin bestehen jeweils die Vorteile und Nachteile bei dieser Anwendung?

403) Wie sollten Sie Hautpartien nachbehandeln, von denen Sie Haare entfernt haben?

404) a) Welche Anwendungen für Ampullenpräparate kennen Sie? b) Nennen Sie verschiedene Inhaltsstoffe von Ampullenpräparaten sowie deren beabsichtigte Wirkung. c) Was sind Effektampullen? d) Was müssen Sie beim Öffnen von Glasampullen beachten?

405) a) Nennen und beschreiben Sie verschiedene Möglichkeiten der Spezialpflege für Hals und Dekolleté. b) Nennen Sie Kontraindikationen, die eine Behandlung am Hals und am Dekolleté verbieten.

406) Welche Möglichkeiten der Busenbehandlung sind Ihnen bekannt?

407) Beschreiben Sie Möglichkeiten der Rückenbehandlung.

408) Worin unterscheiden sich die folgenden Behandlungen in Bezug auf ihren Umfang und Preis? a) Standardbehandlung, b) verkürzte Standardbehandlung und c) Spezialbehandlung.

409) a) Beschreiben Sie die Besonderheiten einer sensiblen, empfindlichen Haut hinsichtlich ihres Aussehens, ihrer Funktionen und Reaktionen auf kosmetische Behandlungen. b) Handelt es sich bei der sensiblen, empfindlichen Haut um den Hauttyp oder Hautzustand?

410) a) Welche Besonderheiten weist eine trockene Haut hinsichtlich ihres Aussehens, ihrer Funktionen und Reaktionen auf, die bei kosmetischen Behandlungen berücksichtigt werden müssen? b) Handelt es sich bei der trockenen Haut um den Hauttyp oder Hautzustand?

411) a) Beschreiben Sie die Besonderheiten einer seborrhöischen Problemhaut hinsichtlich ihres Aussehens, ihrer Funktionen und Reaktionen auf kosmetische Behandlungen. b) Nennen Sie die Ziele einer kosmetischen Behandlung bei Akne. c) Handelt es sich bei der seborrhöischen Problemhaut um den Hauttyp oder Hautzustand?

412) a) Nennen und beschreiben Sie Möglichkeiten zur Behandlung der Altershaut. b) Was bedeutet der Begriff „Regeneration“? c) Diskutieren Sie den kurz- und langfristigen Nutzen und „Erfolg“ von Regenerationmaßnahmen gegen Hautalterung.

413) Welche Maßnahmen können Sie in Ihrem Institut zur Pflege der Haut im und nach dem Sommer anbieten?

414) Beschreiben Sie die Besonderheiten bei der Durchführung und die vorrangig beabsichtigte Wirkung folgender Massagearten: a) Bindegewebsmassage b) Friktionsmassage c) Knetmassage d) Nervenpunktmassage e) Streichmassage f) Vibrations- oder Klopfmassage. Tipp: Legen Sie eine Tabelle an.

415) Nach welchen Kriterien entscheiden Sie sich für bestimmte Massagearten?

416) Was ist eine Shiatsu-Massage?

417) Wodurch wird die Massagerichtung bestimmt?

418) Nennen Sie Kontraindikationen, die eine Massagebehandlung verbieten.

419) Beschreiben Sie die fachgerechten Abschlussbehandlungen nach einer Massage.

420) a) Was ist eine Lymphdrainage? b) Welche Funktion hat das Lymphgefäßsystem?

421) a) Was bedeutet Cellulite? b) Beschreiben Sie verschiedene Behandlungsmöglichkeiten, die Sie Klientinnen bei Cellulite anbieten können.

422) a) Was bedeutet Naturkosmetik? b) Nennen Sie verschiedene Behandlungen und Präparate der Naturkosmetik.

423) a) Beschreiben Sie eine Ganzkörper-Aromaanwendung. b) Worauf sollte bei der Auswahl

ätherischer Öle geachtet werden? c) Was sind ätherische Öle und welche sind Ihnen bekannt?

424) a) Was bedeutet der Begriff „Wellness“?
b) Warum ist die Nachfrage nach Wellness in den letzten Jahren so gestiegen?

425) a) Was bedeutet Auyrveda? b) Nennen Sie die drei Doshas.

426) a) Welche Präparate werden bei der Thalassotherapie mit Wellness-Effekt verwendet? b) Nennen Sie verschiedene Algeninhaltsstoffe. c) Wo liegt der Ursprung der Thalassotherapie?

5 Pflegen und Gestalten der Hände und Nägel (S. 257 bis S. 268)

427) Erklären Sie die Begriffe a) Maniküre und b) Pediküre.

428) Beschreiben Sie den Aufbau des Fingernagels sowie die Funktionen der Bestandteile.

429) Welche Pilzerkrankungen betreffen die Fingernägel und die Fußnägel? b) Welche weiteren Ursachen für Nagelveränderungen sind Ihnen bekannt? c) Nennen Sie verschiedene Nagelveränderungen.

430) Wozu verwenden Sie folgende Werkzeuge und Hilfsmittel in der Nagelpflege? a) Nagelhautzange, b) Pferdefuß, c) Rosenholzstäbchen und d) Sandblattfeile.

431) Beschreiben Sie die Arbeitsschritte einer Maniküre einschließlich der dafür notwendigen Hilfsmittel. Tipp: Legen Sie eine Tabelle an.

432) Beschreiben Sie Ihre Vorgehensweise beim Entlacken der Nägel.

433) a) Welche Feilenarten stehen für das Kürzen und Formen der Nägel zur Verfügung? b) Beschreiben Sie Ihre Vorgehensweise beim Kürzen und Formen der Nägel.

434) a) Welche Funktion hat das Nagelbad? b) Wie bereiten Sie es vor und wie führen Sie ein Nagelbad durch?

435) Beschreiben Sie Ihre Vorgehensweise bei der Behandlung der Nagelhaut.

436) a) Beschreiben Sie den Ablauf und die einzelnen Griffe einer Handmassage. b) Welche Massagearten sind Ihnen bekannt? c) Führen Sie eine Handmassage bei einer Person Ihrer Wahl durch.

437) a) Welche Ergebnisse erzielen Sie mit einer Nagelpolitur? b) Wie wird eine Nagelpolitur durchgeführt?

438) Nagellacke haben verschiedene Aufgaben. a) Welche Bedeutung haben Nagellacke in ästhetischer Hinsicht? b) Was soll mithilfe von Transparentlacken erreicht werden? c) Was versteht man unter Top- und Base-Lacken?

439) Für welche Situationen können Sie Ihren Kunden Transparentlacke, Cremelacke und Perllacke empfehlen? Nennen Sie Beispiele.

440) Worauf müssen Sie grundsätzlich beim Auftragen des Nagellacks achten?

441) Die farbige Lackierung kann ungünstige Nagelformen ausgleichen und optisch korrigieren. Beschreiben Sie die optimale Lackierung folgender Nagelformen: a) breiter Nagel, b) länglich-schmaler Nagel, c) ovaler, normal gewölbter Nagel, d) sehr kurzer und kleiner Nägel und e) trapezförmiger Nagel.

442) Was versteht man unter „French Manicure“?

443) a) Was ist Nail-Design? b) Nennen Sie verschiedene Anlässe, zu denen Sie Kunden ein Nail-Design anbieten können. c) Beschreiben Sie Möglichkeiten des Nail-Designs.

444) a) Was versteht man unter Nagelmodellage?
b) Erläutern Sie die Unterschiede zwischen Acryl- und Gel-Nägeln. c) Beschreiben Sie schrittweise die Acryl- und Lichthärtungstechnik.

445) a) Welche Pflegemaßnahmen der Hände können Sie im Institut anbieten? b) Welche Schutz- und Pflegemaßnahmen können Sie Ihren Kunden für zu Hause empfehlen?

446) a) In welchen Fällen ist ein Handpeeling empfehlenswert und wann ist davon eher abzuraten? b) Nennen Sie Alternativen zur Anwendung von Peelingpräparaten an den Händen.

447) Beschreiben Sie Ihre Vorgehensweise für eine Handpackung.

448) Was ist ein Paraffinhandbad und wie wird es durchgeführt?

449) a) Welche Wirkung ist allgemein mit der Iontophorese beabsichtigt? b) In welchen Fällen ist eine Hand-Iontophorese empfehlenswert? c) Beschreiben Sie die Durchführung einer Iontophorese an den Händen. d) Führen Sie eine Hand-Iontophorese bei einer Person Ihrer Wahl durch.

450) a) Nennen Sie eine Indikation für eine Camouflage am Handrücken. b) Führen Sie eine Camouflage bei einer Person Ihrer Wahl durch.

451) Beschreiben Sie Pflege- und Gestaltungsmöglichkeiten für die Ellenbogen und Arme.

452) Beschreiben Sie Pflege- und Gestaltungsmöglichkeiten, die Sie im Institut für die Knie anbieten können.

6 Pflegen und Gestalten der Füße und Zehennägel (S. 269 bis S. 279)

453) Nennen Sie kosmetische Pflege- und Gestaltungsmaßnahmen der Füße.

454) a) Aus wie vielen Knochen besteht ein Fuß? b) Nennen Sie die Knochen der Fußwurzel. c) Nennen Sie die Knochen des Mittelfußes. d) Welche Funktion hat das Sesambeinchen? e) Aus wie vielen Knochen bestehen die Zehen insgesamt?

455) Wie ist ein Knochen aufgebaut?

456) Nennen Sie die beiden Sprunggelenke des Fußes sowie deren anatomische Lage.

457) Beschreiben Sie die Gewölbe des Fußes.

458) Wodurch wird die Beweglichkeit des Fußes gewährleistet?

459) Nennen und beschreiben Sie die Muskeln, die die Fußbewegungen ermöglichen.

460) a) Wie sind Muskeln aufgebaut? b) Nennen Sie verschiedene Muskelarten.

461) Beschreiben Sie den Verlauf der Achillessehne.

462) Nennen Sie verschiedene Nerven, die für die Versorgung der unteren Gliedmaßen zuständig sind.

463) Welche Blutgefäße sind für die Versorgung der unteren Gliedmaßen zuständig?

464) Nennen Sie die Bestandteile des Blutkreislaufs.

465) Mit welchen Maßnahmen kann man degenerativen Veränderungen der Füße und Beine vorbeugen?

466) a) Nennen Sie verschiedene Fußdeformierungen. b) Welche Sekundärerkrankungen ergeben sich häufig aus Fußdeformierungen?

467) Erläutern Sie: Was ist der Hallux valgus (deutscher Begriff, Ursache, Vermeidung)?

468) a) Welche Umstände können zum Schweißfuß führen? b) Nennen und beschreiben Sie verschiedene Erkrankungen der Schweißdrüsen. c) Wie kann man Schweißfüßen vorbeugen? d) Nennen und beschreiben Sie Möglichkeiten der Behandlung von Schweißfüßen im Institut.

469) a) Nennen Sie die verschiedenen Arten und die jeweils beabsichtigten Wirkungen von Wasseranwendungen. Tipp: Legen Sie eine Tabelle an. b) Welche Wasseranwendungen eignen sich für die Füße?

470) a) Welche allgemeine Wirkung hat Wärme auf die Haut und Hautfunktionen? b) Welche allgemeine Wirkung hat Kälte auf die Haut und Hautfunktionen?

471) Beschreiben Sie Ihre Vorgehensweise bei einem klassischen Fußbad einschließlich der vor- und nachbereitenden Maßnahmen.

472) Beschreiben Sie Ihre Vorgehensweise bei einem Wechselbad für die Füße einschließlich der vor- und nachbereitenden Maßnahmen.

473) Beschreiben Sie Ihre Vorgehensweise bei einem Fußbad zur Entgiftung des Körpers einschließlich der vor- und nachbereitenden Maßnahmen.

474) Welche Wirkung ist mit einer Trockenbürstenmassage beabsichtigt?

475) Nennen und beschreiben Sie verschiedene Formen der Fußgymnastik, die Sie im Institut anbieten oder einer Kundin für zu Hause empfehlen können.

476) a) Beschreiben Sie Ihre Vorgehensweise sowie einzelne Griffe einer Unterschenkel- und Fußmassage. b) Welche Präparate eignen sich für eine Beinmassage und Fußmassage?

477) Beschreiben Sie die Anwendung von Fußumschlägen.

478) a) Was versteht man in der Kosmetk unter einem Wickel? b) Wie bereiten Sie einen Wadenwickel vor? c) Welche Wirkung erzielt ein Wadenwickel?

479) Welche persönlichen Hygienemaßnahmen der Kosmetikerin und der Kundin müssen bei der Pflege und Gestaltung der Zehennägel beachtet werden?

480) Wie muss eine Fußpflegekabine unter hygienischen Aspekten ausgestattet sein?

481) a) Welche Werkzeuge der Fußpflege müssen in einem Heißluftsterilisator sterilisiert werden? b) Erklären Sie den Begriff „Sterilisation".

482) a) Welche Funktion hat eine Desinfektionskassette? b) Erklären Sie den Begriff „Desinfektion".

483) Nennen Sie Aufbewahrungsmöglichkeiten für Watte, Zellstofftücher, frisch gewaschene Handtücher und Kittel, die den Hygienevorschriften entsprechen.

484) Welche Hygienemaßnahmen müssen vor einer Fußpflegebehandlung durchgeführt werden?

485) Nennen Sie die Arbeitsschritte einer Pediküre in der richtigen Abfolge.

486) a) Nennen Sie sämtliche Werkzeuge für die Pediküre. Unterscheiden Sie diese Werkzeuge in einer Liste nach „schneidend" und „nicht schneidend". b) Beschreiben Sie die notwendigen Reinigungsmaßnahmen für schneidende und für nicht schneidende Werkzeuge.

7 Apparative Kosmetik (S. 280 bis S. 313)

487) Nennen Sie Geräte, die in der kosmetischen Praxis mit elektrischem Strom betrieben werden.

488) Was ist mechanische Energie?

489) a) Welche Geräte wandeln elektrische Energie in Wärme um? b) Welche Geräte wandeln elektrische Energie in Kälte um?

490) a) Welche Funktionen erfüllen Bedampfungsgeräte? b) Wie reinigen Sie Bedampfungsgeräte sachgemäß?

491) Nennen Sie verschiedene Strahlungsgeräte der kosmetischen Praxis.

492) Mithilfe welcher Geräte führt elektrischer Strom zu einer Beeinflussung von Flüssigkeiten?

493) In welchen Fällen kann Elektrizität das „Kosmetikum" selbst sein?

494) Nennen Sie verschiedene apparative Reinigungsanwendungen.

495) a) Welche Funktion haben Bürstenmassagegeräte? b) Nennen und beschreiben Sie verschiedene Schwamm- und Bürstenaufsätze.

496) a) Beschreiben Sie die Durchführung einer manuell durchgeführten Reinigungsmassage. b) Beschreiben Sie die Durchführung einer apparativ durchgeführten Reinigungsmassage. c) Welche Vorteile und welche Nachteile hat die apparative Reinigung gegenüber der manuellen Reinigung?

497) a) In welchen Fällen ist eine Trockenschleifung empfehlenswert? b) Beschreiben Sie die Durchführung einer Trockenschleifung.

498) Beschreiben Sie die notwendigen Reinigungsmaßnahmen für Schleif- und Bürstengeräteaufsätze.

499) Welche Argumente sprechen für eine manuelle Massage und welche für eine apparative Massage? Diskutieren Sie die Wahl unter Berücksichtigung verschiedener Klienten.

500) a) Welchen Effekt erzielt man mit Vibrationsmassagegeräten? b) Was spricht für den Einsatz von Vibrationsmassagegeräten für die Vibrationsmassage?

501) a) Welche Wirkungen sind mit einer Vakuumsaugmassage beabsichtigt? b) Beschreiben Sie die Durchführung einer Vakuumsaugmassage.

502) Beschreiben Sie die notwendigen Reinigungsmaßnahmen für Vakuum- und Druckluftgeräte.

503) a) Welches Gerät ermöglicht eine apparative Lymphdrainage? b) Welche Hautareale können bei einer apparativen Lymphdrainage behandelt werden?

504) Elektrischer Strom kann in andere Energieformen umgewandelt werden. Welche sind das?

505) Was ist elektrischer Strom? Erklären Sie dies mithilfe der Modellvorstellung.

506) a) Was ist ein Atom? b) Wie ist ein Atom aufgebaut?

507) a) Wann herrscht in einem Atom Ladungsausgleich? b) Wann ist in einem Atom ein Ladungsunterschied vorhanden?

508) a) Was sind Ionen? b) Was sind Anionen? c) Was sind Kationen?

509) Beschreiben Sie den Aufbau eines Wasserstoffatoms.

510) Welche Voraussetzung muss für das Fließen von elektrischer Energie bzw. von elektrischem Strom erfüllt sein?

511) a) Nennen Sie verschiedene elektrische Leiter. b) Nennen Sie verschiedene elektrische Nichtleiter. c) Wofür werden elektrische Nichtleiter verwendet? d) Aus welchen Materialien bestehen die elektrischen Leiter in Stromkabeln?

512) Nennen Sie verschiedene Energiequellen.

513) Beschreiben Sie den Stromkreislauf in einer batteriebetriebenen Taschenlampe.

514) a) Warum muss ein Stromkreislauf geschlossen sein, damit elektrischer Strom fließt? b) Nennen Sie Situationen, in denen ein Stromkreis unterbrochen ist.

515) a) Welche beiden Pole sind in einem Stromkreislauf vorhanden? b) Welche Ladung weisen die Pole jeweils auf? c) An welchem Pol herrscht Elektronenmangel? d) An welchem Pol herrscht Elektronenüberschuss?

516) a) Was ist mit dem Ladungsunterschied zwischen den Polen gemeint? b) Nennen Sie die Maßeinheit, mit dem der Ladungsunterschied angegeben wird.

517) Nennen Sie die Spannung verschiedener elektrischer Geräte aus dem privaten und beruflichen Bereich.

518) a) Erklären Sie den Begriff „elektrischer Widerstand". b) Nennen Sie die Maßeinheit, mit der der elektrische Widerstand angegeben wird.

519) a) Wovon ist die Stromstärke abhängig? b) Wie heißt die Maßeinheit, mit der die Stromstärke angegeben wird?

520) a) Was bedeutet die Leistung des elektrischen Stroms? b) Nennen Sie die Maßeinheit, mit der die Leistung angegeben wird.

521) Welche Sicherheitsmaßnahmen müssen Sie beim Umgang mit elektrischen Geräten beachten? Nennen Sie Beispiele aus dem privaten und beruflichen Bereich.

522) Warum ist der menschliche Körper ein elektrischer Leiter?

523) Welche Auswirkungen können Stromunfälle auf den menschlichen Organismus haben?

524) Auf welche Schutzeinrichtungen sollten Sie beim Kauf elektrischer Geräte achten?

525) Nennen Sie Beispiele für die fachgerechte Pflege und Reinigung elektrischer Geräte.

526) Nennen Sie Prüfzeichen, die an elektrischen Geräten vorhanden sein müssen.

527) Welche Argumente sprechen für den sparsamen Umgang mit elektrischem Strom?

528) Errechnen Sie die Stromkosten, die in einer Stunde in einem Kosmetikinstitut für folgende elektrische Geräte anfallen. Gehen Sie von einem Preis von 0,29 EUR pro Kilowattstunde aus. a) Iontophoresegerät und b) Waschmaschine.

529) Nennen Sie Stromsparmaßnahmen, die Sie im Kosmetikinstitut durchführen können.

530) Welche Stromarten kennen Sie?

531) a) Was ist Gleichstrom? b) Welches Zeichen verwendet man für Gleichstrom?

532) a) Was ist konstanter Gleichstrom? b) Nennen Sie Anwendungen mit konstantem Gleichstrom.

533) a) Was ist Impulsstrom? b) Nennen Sie Anwendungen mit Impulsstrom.

534) a) Was ist Wechselstrom? b) Welches Zeichen verwendet man für Wechselstrom?

535) a) Erklären Sie den Begriff „Frequenz". b) Was ist der Unterschied zwischen niedriger und hoher Frequenz?

536) a) Nennen Sie die drei Frequenzbereiche. b) Mit welchen Frequenzen arbeitet man in der Kosmetik? c) Nennen Sie kosmetische Anwendungen und ordnen Sie diese den jeweiligen Frequenzbereichen zu.

537) Aufgrund welcher Bestandteile können Körperflüssigkeiten elektrische Leiter sein?

538) Erklären Sie den Begriff „Elektrolyte".

539) Erklären Sie den Begriff „Diode".

540) Man arbeitet am menschlichen Körper immer im Milliampere-Bereich. Welche Stromstärken sind das und welcher Milliampere-Bereich sollte nicht überschritten werden?

541) Beschreiben Sie Ihre Vorgehensweise bei einer Gleichstrombehandlung.

542) a) Nennen und beschreiben Sie verschiedene Elektrodenarten. b) Für welche Tätigkeit wählen Sie welche Arbeitselektrode?

543) Auf welche Sicherheitsmaßnahmen müssen Sie bei der Anwendung von Elektroden unbedingt achten?

544) Welche Hygienemaßnahmen müssen Sie vor und nach der Anwendung von Elektroden durchführen?

545) a) Was versteht man unter den galvanischen Händen? b) Beschreiben Sie die Durchführung einer Iontophorese mit den galvanischen Händen.

546) Beschreiben Sie den Aufbau und die Anwendung eines Gleichstromgeräts.

547) Was müssen Sie in Bezug auf die Einstellung der Stromintensität bei einer Gleichstromanwendung berücksichtigen?

548) Welche Wirkungen sind mit der Galvanisation beabsichtigt?

549) Nennen Sie Kontraindikationen, die eine Anwendung mit Gleichstrom verbieten.

550) Erklären Sie den Begriff „Hyperämie".

551) Was bedeuten die Begriffe „distal" und „proximal"?

552) Worin liegt der Unterschied bei der Durchführung einer Längsgalvanisation und einer Quergalvanisation?

553) Beschreiben und erklären Sie die unterschiedliche Wirkung zwischen einer Längsgalvanisation und einer Quergalvanisation.

554) Erklären Sie den Begriff „Iontophorese".

555) Was ist eine Thermophorese?

556) a) Was ist eine Elektrophorese? b) Beschreiben Sie die Durchführung einer Elektrophorese.

557) Erklären Sie den Begriff „Desincrustation".

558) Beschreiben Sie die Ähnlichkeiten und die Unterschiede folgender Gleichstrombehandlungen: a) Galvanisation, b) Iontophorese, c) Elektrophorese und d) Desincrustation.

559) a) In welchen Fällen handelt es sich bei Gleichstrombehandlungen um einen Import von Stoffen in die Haut? b) In welchen Fällen handelt es sich bei Gleichstrombehandlungen um einen Export von Stoffen aus der Haut?

560) Welche Wirkungen sind mit einer Reizstromanwendung beabsichtigt? Zählen Sie verschiedene Indikationen auf.

561) a) Was ist Impulsstrom? b) Beschreiben Sie Ihre Vorgehensweise bei einer Impulsstrombehandlung.

562) Warum kann es bei einer Impulsstrombehandlung zu schmerzhaften Stromwirkungen kommen?

563) Aus welchen Gründen müssen Elektroden sorgfältig in Viskoseschwämmchen eingehüllt werden?

564) Erklären Sie den Begriff „Interferenz".

565) a) Welche Wirkungen sind mit einer Interferenzstrombehandlung beabsichtigt? b) Beschreiben Sie die Durchführung einer Interferenzstrombehandlung.

566) Warum kann es bei einer Interferenzstrombehandlung nicht zu schmerzhaften Stromwirkungen kommen?

567) Worin liegen die Unterschiede zwischen einer Impulsstrombehandlung und einer Interferenzstrombehandlung in Bezug auf den Ort der Stromwirkung?

568) a) Welche Wirkungen sind mit der Verwendung eines Hochfrequenzgeräts beabsichtigt? b) Zählen Sie verschiedene Indikationen auf. c) Nennen Sie die zwei verschiedenen Gerätetypen für Hochfrequenzbehandlungen.

569) a) Welche Elektroden werden für Hochfrequenzbehandlungen angeboten? b) Nennen Sie Einsatzgebiete für die jeweiligen Elektroden.

570) Beschreiben Sie die Durchführung einer Direktapplikation mithilfe eines Hochfrequenzgeräts.

571) Beschreiben Sie Reinigungs- und Pflegemaßnahmen für Hochfrequenzgeräte einschließlich der Elektroden.

572) Warum ist die Bezeichnung „Hochfrequenzgerät" in Bezug auf den von diesem Gerät erzeugten Frequenzbereich nicht ganz korrekt?

573) a) Welche Wirkungen können Sie erwarten, wenn sich zwei Magnete einander nähern?

b) Was versteht man unter der Magnetfeldtherapie? c) Welche Wirkungen beabsichtigt man bei der Magnetfeldtherapie?

574) a) Was ist Ultraschall? b) Welche Wirkungen will man mit kosmetischen Ultraschallbehandlungen erzielen?

575) Was ist der Unterschied zwischen einer Epilation und einer Depilation?

576) a) Erklären Sie den Begriff „Epilation". b) Welche Epilationsarten sind Ihnen bekannt?

577) Nennen Sie die verschiedenen Arten der Nadelepilation.

578) Erklären Sie den Begriff „Elektrolyse".

579) Was ist eine Thermolyse?

580) Erklären Sie den Begriff „Koagulation".

581) Was ist eine Blend-Epilation?

582) a) Erklären Sie den Begriff „Sequenz". b) Was versteht man unter der Sequentialmethode?

583) Beschreiben Sie die Durchführung einer Nadelepilation.

584) Welche Fehler müssen Sie unbedingt beim Einführen der Nadel in den Haarschaft vermeiden?

585) a) Nennen und unterscheiden Sie die Wachstumsphasen des Haares. b) Wann ist eine Nachbehandlung der Epilation notwendig?

586) Beschreiben Sie die Durchführung einer Pinzettenepilation.

587) Warum gilt die Pinzettenepilation in den USA nicht als Epilation, sondern als Depilation?

588) Beschreiben Sie die notwendigen Reinigungs- und Hygienemaßnahmen für Nadeln und Pinzetten.

589) a) Diskutieren Sie die Vorteile und die Nachteile einer Nadelepilation. b) Diskutieren Sie die Vorteile und die Nachteile einer Pinzettenepilation.

590) Welche Strahlenanwendungen gibt es in der Kosmetik und worin unterscheiden sie sich?

591) a) Beschreiben Sie die beabsichtigten Wirkungen einer Infrarotlichtanwendung. b) Welche Wellenlänge hat Infrarotlicht?

592) Nennen und vergleichen Sie die beabsichtigten Wirkungen einer Anwendung mit Rotlicht und mit Blaulicht.

593) Welche Wirkungen sind mit der Farblichtbehandlung beabsichtigt? Berücksichtigen Sie dabei auch unterschiedliche Farben.

594) a) Nennen Sie Alltagsbeispiele, in denen Laser eine Rolle spielen. b) Nennen Sie Laserbehandlungen, die in der Dermatologie durchgeführt werden. c) Welche Laserbehandlungen darf eine Kosmetikerin durchführen? d) Was ist ein Laserstrahl?

595) a) Welche Lichtanwendungen und welche Wärmeanwendungen sind Ihnen aus dem Bereich der Kosmetik bekannt? Erstellen Sie eine Übersicht. b) Was ist der Unterschied zwischen Licht und Wärme?

596) a) Was versteht man unter Biophotonen? b) Welche Wirkungen werden bei der Biophotonentherapie beabsichtigt?

597) a) Erklären Sie den Begriff „Indikation". b) Was versteht man allgemein unter Kontraindikationen? c) Nennen Sie die Kontraindikationen in Bezug auf die Verwendung von Strom beim Menschen. Unterscheiden Sie dabei zwischen grundsätzlichen und lokalen Kontraindikationen.

598) a) Welche Kältebehandlungen sind Ihnen bekannt? Nennen Sie Indikationen. b) Nennen Sie Kontraindikationen, die eine Kältebehandlung verbieten. c) Beschreiben Sie die Reaktion der Haut bei einer Vereisung.

599) Erstellen Sie eine Tabelle, in der Sie Gleichstrombehandlungen und Wechselstrombehandlungen der Kosmetik nennen und deren beabsichtigte Funktionen beschreiben.

8 Dekorative Kosmetik (S. 314 bis S. 348)

600) a) Wodurch wird das äußere Erscheinungsbild eines Menschen geprägt? b) Worin liegt der Vorteil eines attraktiven Erscheinungsbildes für die Person?

601) a) Weshalb ist es so schwierig, Schönheit zu bestimmen? b) Durch welche Merkmale zeichnen sich schöne Menschen aus? c) Weshalb ist Schönheit weder an ein Lebensalter noch an ein Geschlecht gebunden?

602) Worin liegen die Unterschiede zwischen typorientierter und individueller Gestaltung?

603) a) Welchen Nutzen hat der Farbkreis für die Kosmetikerin? b) Zählen Sie die drei Grundfarben in abnehmender Helligkeit auf. c) Warum heißen sie Grundfarben? d) Nennen Sie die drei Mischfarben erster Ordnung. e) Woraus entstehen die Mischfarben erster Ordnung? f) Zählen Sie die sechs Mischfarben zweiter Ordnung auf. g) Woraus entsteht eine Mischfarbe zweiter Ordnung?

604) a) Was versteht man unter Komplementärfarben? b) Nennen Sie sechs verschiedene Komplementärfarbpaare. c) Erklären Sie stichwortartig in einer Tabelle, was man unter den folgenden Begriffen versteht, und geben Sie jeweils ein Beispiel: Klarfarben, Nichtfarben, Pastellfarben, Trübfarben. d) Wie entsteht Farbharmonie beim Make-up? e) Wie können Sie beim Make-up Farbkontraste erzielen?

605) a) Sie wollen eine Kundin davon überzeugen, dass sie von einer Farb(typ)beratung sehr profitieren wird. Notieren Sie mindestens fünf Argumente (= Begründungen) in direkter Rede (= was Sie wortwörtlich zur Kundin sagen können), um sie für dieses Dienstleistungsangebot zu begeistern. b) Welchem Farbtyp stehen warme und farbintensive Farben besonders gut? c) Welche Farben passen zum Farbtyp Sommer?

606) Welches sind die Merkmale eines eleganten Stils in Frisur, Kleidung und Make-up?

607) Welches sind die Merkmale eines sportlichen Stils in Frisur, Kleidung und Make-up?

608) Weshalb ist das Modell des goldenen Schnitts kaum für die Gestaltung in der Kosmetik geeignet?

609) Was versteht man unter Proportionen des Gesichts?

610) Wozu können Orientierungslinien an einer menschlichen Gestalt dienen?

611) Welche Merkmale für schöne, weibliche Gesichter sind weithin anerkannt?

612) Beschreiben Sie die Voraussetzungen zur Erstellung eines professionellen Make-ups: a) Ausstattung des Arbeitsplatzes und b) Vorbereitung der Kundin.

613) Welche Wirkungen sind mit einem Tages-Make-up beabsichtigt?

614) Nach welchen Kriterien wählen Sie die Grundierung aus?

615) Beurteilen Sie die Gestaltmerkmale der Haut bei einer Person Ihrer Wahl in Bezug auf die Porengröße und das Vorhandensein von Falten: am Kinn, an der Nase, an der Stirn und Augenpartie, in der Umgebung des Mundes und an den Wangen.

616) Sie wollen ein Make-up erstellen. Dazu müssen verschiedene Kriterien beachtet werden.
a) Erstellen Sie ein Diagnoseblatt, auf dem u. a. folgende Kriterien berücksichtigt sind: Alter, Anlass, Augenfarbe, Beruf, Geschmack der Klientin, Gesichtsform, Haarfarbe, Hauttyp, Hautzustand, Kleidung, Mode, Mundform.
b) Befragen Sie mithilfe dieses Diagnoseblatts eine Person Ihrer Wahl. Führen Sie anschließend das Make-up aus.

617) a) Welche Funktionen haben Puder bei einem Make-up? b) Nennen Sie die Inhaltsstoffe von Puder.

618) a) Nach welchen Kriterien wählen Sie einen Lidschatten aus? b) Beschreiben Sie das fachgerechte Auftragen eines Lidschattens.

619) Nennen Sie Präparate, die für ein Augen-Make-up verwendet werden.

620) Welche Wirkung kann mit einem Augenbrauenstift erzielt werden?

621) a) Beschreiben Sie Ihre Vorgehensweise bei der Erstellung eines Augen-Make-ups. b) Führen Sie ein Augen-Make-up bei einer Person Ihrer Wahl durch.

622) a) Welche Wirkung kann mit Mascara erzielt werden? b) Wie tragen Sie Mascara auf? c) Nennen Sie die Inhaltsstoffe von Mascara.

623) a) Welche Funktion hat ein Konturenstift? b) Beschreiben Sie die Anwendung eines Konturenstifts.

624) Welche Hygienemaßnahmen müssen Sie bei der Anwendung von Lippenstift beachten?

625) a) Welche Funktion hat Rouge? b) Nennen und beschreiben Sie die Rougearten, deren Aufgaben und die Verwendungsmöglichkeiten.

626) Worin unterscheidet sich das Abend-Make-up vom Tages-Make-up?

627) Welche Grundierung wählen Sie für ein Abend-Make-up im Vergleich zum Tages-Make-up?

628) Beschreiben Sie die Schritte bei der Ausführung eines Abend-Make-ups.

629) Welche Besonderheiten müssen Sie bei der Erstellung eines Brillen-Make-ups beachten: a) bei Kurzsichtigkeit und b) bei Weitsichtigkeit?

630) Erstellen Sie ein Brillen-Make-up bei einer Person Ihrer Wahl.

631) Beschreiben Sie die Besonderheiten eines Foto-Make-ups.

632) Erstellen Sie ein Foto-Make-up bei einer Person Ihrer Wahl. Fotografieren Sie die Person vor dem Make-up und nach dem Make-up. Beurteilen Sie anschließend die Wirkung des Foto-Make-ups durch Vergleich beider Fotos.

633) Welche Besonderheiten müssen Sie bei der Erstellung eines Braut-Make-ups beachten?

634) Beschreiben Sie die Besonderheiten eines Senioren-Make-ups.

635) Erstellen Sie ein Senioren-Make-up bei einer älteren Person Ihrer Wahl.

636) Erklären Sie den Begriff „Camouflage“ und nennen Sie verschiedene Einsatzgebiete.

637) Beschreiben Sie die Ausführung eines Camouflage-Make-ups.

638) Nennen und beschreiben Sie Werkzeuge und Hilfsmittel zum fachgerechten Auftragen dekorativer Kosmetikpräparate.

639) Beschreiben Sie die Reinigungsmöglichkeiten verschiedener Werkzeuge und Hilfsmittel der dekorativen Kosmetik. Beachten Sie dabei die Hygienevorschriften.

9 Von der Kosmetikfachfrau zur erfolgreichen Unternehmerin (S. 349 bis S. 379)

640) a) Welche Funktion hat ein Berufspraktikum? b) Welche Verpflichtungen hat der Praktikumsbetrieb gegenüber der Praktikantin zu erfüllen? c) Wer muss für einen Schaden, den die Praktikantin grob fahrlässig verursacht hat, haften bzw. aufkommen? d) Unter welchen Voraussetzungen kann ein Praktikantenvertrag gekündigt werden?

641) a) Welche besonderen vertraglichen Regelungen sollten vor Abschluss eines Vertrags für eine Kosmetikerin im Angestelltenverhältnis geklärt werden? b) Was bedeutet eine Wettbewerbsklausel im Vertrag?

642) Nennen Sie Bedürfnisse, Beweggründe (Motive) und Indikationen für eine kosmetische Behandlung folgender Zielgruppen: a) Jugendliche, b) Herren/Männer und c) Senioren.

643) Welche Besonderheiten müssen bedacht werden, wenn Sie Männer im Kosmetikinstitut behandeln wollen?

644) a) Für welche Bereiche kann der Computer im Kosmetikinstitut eingesetzt werden? b) Beschreiben Sie das richtige Sitzen und Stehen bei der Arbeit am Computer. Demonstrieren Sie dies zugleich Ihren Mitschülerinnen.

645) Welche Beratungshilfen kennen Sie?

646) a) Welche Vorteile bietet eine gut geführte Kundenkartei? b) Führen Sie eine Anamnese und Diagnose bei einer Person Ihrer Wahl durch und notieren Sie die Ergebnisse in einer Kundenkartei.

647) Erstellen Sie einen Hautpflegepass.

648) a) Was sind geschlossene Fragen? b) Was sind offene Fragen? c) Welche Frageart sollten Sie vermehrt zu Beratungsbeginn und welche mehr zum Beratungsabschluss einsetzen? Begründen Sie Ihre Antwort.

649) Was versteht man unter aktivem Zuhören?

650) a) Fassen Sie die Schritte einer Beratung stichwortartig zusammen. b) Was muss beim Beratungsgespräch unbedingt vermieden werden?

651) a) Was versteht man unter aktivem Verkaufen? b) Suchen Sie konkrete Beispiele für die kosmetische Beratung.

652) a) Nennen Sie die Bestandteile einer vollständigen Argumentation. b) Sie wollen eine Kundin vom Kauf eines Nagellacks überzeugen. Wie können Sie in direkter (wortwörtlicher) Rede argumentieren?

653) Welche Präparate und Hilfsmittel können Sie nach einer kosmetischen Behandlung für die Heimbehandlung empfehlen und verkaufen? Erstellen Sie eine Liste für den Verkauf von Präparaten für verschiedene Zielgruppen. a) Männlicher Jugendlicher mit geringen Hautunreinheiten, b) Klientin mit anspruchsvoller,

athrophischer Haut, c) Männer, d) Klientin mit empfindlicher Haut.

654) Woran kann es liegen, dass so viele Kosmetikinstitute innerhalb von wenigen Jahren wieder geschlossen werden müssen?

655) Welchen Fragen muss sich eine Kosmetikerin als Unternehmerin über die fachlichen Fragen hinaus stellen?

656) Worüber muss ein Konzept zur Unternehmensgründung Auskunft geben?

657) Welches sind die grundsätzlichen Voraussetzungen für den unternehmerischen Erfolg einer Kosmetikerin?

658) Welches sind die entscheidenden Standortfaktoren für ein Kosmetikinstitut?

659) Prüfen Sie einen beliebigen Standort auf Eignung zur Gründung eines Kosmetikinstituts.

660) Diskutieren Sie die jeweiligen Vor- und Nachteile bei a) Neugründung eines Kosmetikinstituts, b) bei Betriebsübernahme, c) Unternehmensbeteiligung und d) Franchising.

661) Welche Berater kommen neben Familienangehörigen für eine Unternehmensgründerin in Frage?

662) Woraufhin ist ein Finanzierungsplan zu prüfen?

663) Ermitteln Sie den voraussichtlichen Kapitalbedarf für ein von Ihnen zu gründendes Kosmetikinstitut.

664) Erstellen Sie eine Rentabilitätsprognose für „Ihr“ Kosmetikinstitut.

665) Welchen durchschnittlichen Bruttoumsatz müssen Sie in Ihrem Institut erzielen, um wirtschaftlich existenzfähig zu bleiben?

666) Welche öffentlichen Starthilfen stehen einer Existenzgründerin zur Verfügung?

667) Was wird bei der Risikoabschätzung durch Geldgeber beurteilt?

668) Nennen und erläutern Sie drei verschiedene Rechtsformen für ein Kosmetikinstitut.

669) Was versteht man unter Depotverträgen?

670) Welche Versicherungen muss eine selbstständige Kosmetikerin a) für ihre eigene Person, b) für eine Mitarbeiterin und c) für die Institutsräume abschließen? Erstellen Sie eine Tabelle.

671) In welcher Form können Sie für Ihr Kosmetikinstitut werben?

672) Was versteht man unter a) Corporate Identity und b) Corporate Design?

673) Welche Ziele sollen durch eine sorgfältige Kalkulation von Dienstleistungen und Handelswaren erreicht werden?

674) Berechnen Sie den Einstandspreis einer Tagescreme, die zu einem Listenpreis von 10,00 EUR pro Stück angeboten wird.

675) Berechnen Sie eine Dienstleistung mit eigenen Preisannahmen.

676) Weshalb ist regelmäßige Fortbildung für die Kosmetikerin eine notwendige Aufgabe?

677) a) Ermitteln Sie mithilfe von Fachzeitschriften und des Internets mindestens drei Fortbildungsangebote, die Sie als Kosmetikerin interessieren würden. b) Informieren Sie Ihre Mitschüler/-innen über Ihre Rechercheergebnisse und diskutieren Sie die Erfordernisse und die beabsichtigte Zielsetzung (Tipp: Erstellen Sie vorher ein Info-Plakat).

Bildquellenverzeichnis

AKG Images, Berlin: 11.1, Übernahmen: S. 13.1-2, 15.2, 16.1, 17.1, 292.2, 315.2-7
Ägyptischer Kulturladen, Berlin: S. 11.4
Hartmut Babst, Schwedt/Oder: S. 371.1
Beauty Forum, Karlsruhe: S. 301.1-2
Beiersdorf, Hamburg : S. 33.1-4, 33.5
Bilderbox, Thening, Austria : S. 186.1-2
Birkenstock Orthopädie GmbH & Co. KG, Vettelschoß: S. 270.1-4
Hans Blossey, Essen: 9.1-2
Heidi Capl, Fotografie, Bad Münstereifel: S. 213.1-4, 215.4-6, 229.2-7, 279.2-7,329.2, 338.1-5, 339.4-7, 340.1-11, 345.1-4, 347.1-9
Cosmomed Beauty GmbH, Wetter: S. 209.2-3, 313.1-2
Deutsches Grünes Kreuz, Prof Cremer: S. 328.7-8
Deutsches Hygienemuseum, Dresden: S. 10.1,12.1
Thomas Deutschmann, Hannover: S. 261.1-6
dpa Infografik, Frankfurt/Main: S. 22.1 glo4027
Electro Medical, Duisburg: S. 310
Eucerin, Hamburg: S. 53.2, 54.2, 57.1, 81.1, 83.2, 88.4, 210.2
Farb-Gefühl Karin Hunkel, Farb- und Stilberatung, Frankfurt, www.farb-gefuehl.de: S. 321.2, 321.4
Fa. Gschwind, Wien: S. 135.3
Gustav Fischer Verlag, Stuttgart: S. 108.1-2
Fotolia: S. 27.1 Benjaminet, 67.2 Gina Sanders, 77.1 Stéphane Bidouze, 84.1 Farina3000, 85.1 Farina3000, 105.1 Imagemaker, 106.1 Angela Shirinov, 135.1 SyB, 135.2 Aquilegia, 150.1 Olga Lyubkina, 166.1 emeraldphoto, 166.2 kernel, 167.1 Fradoray, 167.2 Marion Neuhauß, 167.3 Michael Wolf; 168.1 martine wagner; 170.1 The physicist; 174.1 Birgit Kutzera, 174.2 Christian Jung; 174.3 Olivier Tuffé; 178.1 Sapiswai; 181.1 Sapsiwai, 191.1 DRON_FOTO, 193.2 konradbak, 193.3 Subbotina Anna, 193.4 Jason Stitt; 201.1 stefanfister, 238.1, Yanik Chauvin; 238.2 Nicolas PAULIN; 238.3 Bernard BAILLY; 253.1 Dash; 253.2 amelie, 255.2 Claus Mikosch, 256.1 corinne matusiak; 257.2 Max Tactic; 259.3, Mikhail Basov; 263.1 Andrey Chmelyov; 265.1; Dron; 265.2 Nail-78; 314.1 michaeljung; 269.1 Bea Busse, 275.2 unpict, 279.10, 291.1 gemphotography, 314.1 michaeljung, 314.2 Brian Weed, 314.3 C Quenum, 314.4 Elke Dennis, 314.6 Monkey Business, , 315.1 Otto Durst, 315.2 El Gaucho, 318.1 Galina Barskaya, 318.2 Patrizia Tilly, 319.1 Dash, 319.4 Sandro Götze, 319.7 Neugebauer, 319.8 Sean Gladwell, 319.9 Balin, 319.10 Galyna Andrushko, 320.1 Nitsan Tal, 320.2 Dash, 320.3 Melvyn goodman, 321.1 franck camhi, 321.3 agb, 325.2 Subbotina Anna, 326.2 David Davis , 329.1 puje, 342.1 Martin, 348.1 Ruslan Olinchuk, 352.1 Tomasz Trojanowski, 352.2 Yanik Chauvin, 353.1 Monkey Business, 355.1 Leuwico, 342.1 Martin Valigursky; 347.1 Tomasz Trojanowski; 352.2 Yanik Chauvin; 355 Leuwico
Fotostudio Voigt, Fotograf M. Dömer, Bad Rothenfelde**:** **S.** 259.2
Fuhlendorf Perfect Beauty, Hamburg: S. 299.3-4
Ganther Schuhfabrik, Waldkirch: S. 270.1-4
Ghanieri GmbH, Moers: S. 283.3-6, 293.1, 297.3-5, 311.1-3
Getty Images: S. 16.3 Felix Clinton gi200572324-001, 64.1 gi74365495, 67.1 CMSP gi91280479, 71.3 CMSP gi88999577, 83.1 gi/CMSP/91280471, 97.3 Visuals Unlimited, Inc./Dr. Barry Slaven gi 106456071, 178.1 Joos Mind gi109233578, 199.1 96322321, 359.1 indeed gi102161519
Goldwell AG/ KPPS Hair, Darmstadt: S. 328.6
Great Lengths HaarvertriebsGmbH, St. Stefan/Austria: S. 193.1, 319.2, 325.1, 325.5, 325.6
Hainhölzer Dental-Werkstatt GmbH, Hannover: S. 279.1
Hydrosun cosmetics, Wiesbaden: S. 306.1
Institut de beauté pyrene, Paris: S. 301.3
Ionto-Comed GmbH, Karlsruhe: S. 291.2, 308.1, 310.1, 312.1-2
Kneipp-Blätter Bad Wörrishofen/Promum Werbeagentur GmbH, Völklingen: S. 275.1, 275.3-6 276.1-4,
Rene Koch Cosmetics, Münster: S. 346.4
Kosmetik International, Baden-Baden: S. 157.1, 175.3-4
Krause Kosmetik, München: S. 230.1-2, 230.5, 231.2
Sabine Kuska, Wadenburg: S. 115.3
Christian Lersch, shapefruit AG: Bad Neuenahr-Ahrweiler: S. 371.2
Limmer Medical, Appen: S. 307.1
Mauritius Images: S. 103.1 Westend61; 193.2 mau83583765,
Med Beauty Swiss Center, Dr. Gerny, Zürich: S. 308.1-8
Medical Pictures, Köln: S. 17.3, 27.2, 29.1, 30.3
Medical Electronics GmbH, Lichtenau: S. 308.11
Medizintechnik und Cosmetics, München: S. 310
MEV Verlag, Augsburg: S. 314.5, 316.1-4, 321.4, 325.7, 327.1-2, 328.1-5
Messe Düsseldorf/Tillmann: S. 379.1
Miele AG, Gütersloh: S. 280.3
Okapia, Frankfurt/M.: S. 150.1 Francois Schier
Parkschlösschen, Wellnesshotel Bad Wildstein, Traben-Trabach: S. 255.1
Dr. Peters, Essen: S. 353.2
picture-alliance/dpa, Frankfurt/Main: S. 11.3 dpa - Report pa11941630, 16.2 picture alliance/Photoshot pa7978818, 54.1 pa/OKAPIA KG, Germany 6420333, 56.1 pa/OKAPIA KG, Germany 6931780,

70.1 pa/ZB/ 21571522, 171.1 pa2270708 , 171.2 Acro Imagespa22915191, 171.3 Reinhard Dirscherl pa28200650, 171.4 Wildlife pa27062114, 173.1 dpa report pa11838240, 175.1 Emu/OKAPIA pa4798954; 175.2 Emu/OKAPIA pa4841632, 244.1, 244.2 pa /ZB Patrick Pleul 11264243, 244.3 Geisler-Fotopress pa19494233, 244.4 pa21737304308.2 pa/dpa Archiv pa3447057, 250.1 pa2672584, 338.6 pa8381678 dpa/dpaweb, 351.1 pa20624858 Bildagentur-online/TIPSImages, 260.1 VA 298.1 scanpix, 308 re Spalte 1,2; 338.6 pa8381679 dpa-Report
Praxis „Die Hautärzte“, Berlin: S. 305.1-2
Prävention, Büchen: S. 92.2-7
Primavera Life: S. 172.1
Revita Biomedical Supply GmbH, München: S. 122.1
Illeana Schnell Cosmetic, München: S. 225.1-6, 260.1-6
Prof. Dr. H.J. Schwanitz, Universität Osnabrück: S. 56.2, 70.2, 71.1-2, 79.1, 86.1, 90.1, 97.4
Dr. Christine Schrammek, Essen: S. 120.1-8
Schwarzkopf, Hamburg: S. 10.2-3, 11. 2, 14.1-4, 15.1, 15.3
Science Pictures, Agentur SPL: S. 86.2 4CID ISM Agentur Focus
Klaus Seeberger, Neuss: S. 18.1-4, 32.3-5, 105.2, 114.2, 186.3, 203.1, 204.1-4, 205.1-2, 213.4-5, 213.8, 215.1-3, 217.1, 221.2, 222.1-12, 223.1-12, 224.1, 226.1-2, 227.1-4, 230.2-3, 231.1, 233.1-2, 234.1-4, 235.1, 241.1-2, 242.1-2, 252.1, 262.1-3, 264.2, 265.3-8, 266, 267, 282, 291.2, 294.1, 333.1-3, 334.1-6, 335.1-6, 336.1-6, 341.3-6, 343.1-5, 344.1-2, 346.1-3, 361. 372.1
SG-Kosmetik, Berlin: S. 209.1, 217.2
Solenie Classic GmbH: S. 282.4
Stam Verlagsarchiv: S. 145.1-4
Ullsteinbild: S. 256.2 60612971 ullstein-imagebroker.net, 256.3 Springer-Pics 00873035, 256.4 Neuhauser 00540322, 274.5 ullstein-Caro/Riedmiller ull702218
Vichy, Düsseldorf: S. 169.1-2
Carmen Wallstein Cosmetics: S. 341.1-2
Weyergans High Care, Düren: S. 283.1-2, 284.3
Wella AG, Darmstadt: S. 211.1-2
Wikipedia, Commons: S. 95.1 Silver442n at en.
Julius Zorn GmbH, Aichach: S. 97.1-2

Zeichnungen:
Brigitte Baumgartner/Bildungsverlag EINS GmbH, Köln: S. 329 (Zeichnungen), 330 (linke Spalte)
Birgitt Biermann-Schickling, Hannover/Bildungsverlag EINS GmbH, Köln: S. 82, 91 (links), 107, 110, 114, 125, 156, 158, 216, 299.1, 299.2, 304 (4x), 406 (3x)
Angelika Brauner, Hohenpeißenberg/Bildungsverlag EINS GmbH, Köln: S. 17.2, 18. 5, 18.6 (Mikroorganismen), 19, 24, 26, 28 (2x), 30.1, 30.2, 32.1, 32.2, 33 (Zeichnung), 36.1, 36.2, 41, 47, 58 (alle), 64 (Zeichnungen), 68, 78, 80, 88 (Zeichnungen), 92, 97.1, 97.2, 98 (2x), 131 (2x), 136 (4x), 181.2, 221 (Zeichnungen), 236, 237, 248, 249, 270 (Zeichnungen), 271 (2x), 272 (5x), 273, 302, 303.1 – 303.3, 316 (Zeichnungen)
Elisabeth Galas, Bad Breisig/Bildungsverlag EINS GmbH, Köln: S. 21, 25 (2x), 29.2, 31, 36.3, 37 (2x), 39, 51 (alle), 53, 65, 66, 75, 89, 91 (rechts), 101, 103, 115, 229.1, 259 (Zeichnungen), 261, 268, 277, 279.2, 284.1, 284.2, 291.3, 292 (Zeichnungen), 293 (Zeichnungen), 296, 297, 298, 303.4 – 303.6, 317, 319 (Zeichnungen), 372, 384, 390
Picture-Alliance/dpa: S. 257.1, 257.2
Gabriele Timm, Kaarst/Bildungsverlag EINS GmbH, Köln: S. 258 (Zeichnungen), 263.2 – 263.5, 264 (Zeichnung), 324, 331.1 – 331.5, 331.8 – 331.12, 339.1 – 339.3

Titelfoto
MEV Verlag, Augsburg
Klaus Seeberger, Neuss (2-4)

Für ihre Unterstützung danken wir besonders:

Berufsbildende Schulen, Oldenburg i. O.

Berufsfachschule Dr. Christine Schrammek – Kosmetik, Essen

Berufskolleg Stadtmitte der Stadt Mülheim an der Ruhr

Hotel Panorama, Kranzach/Walchsee, Österreich

Stanley Thornes (Publishers) Ltd., GB, Cheltenham

Typ und Image, Ute Herger, Angelika Richter, Troisdorf